# 강서연
# 교육학 _ 기출문제

미래가치

# GUIDE
## 이 책의 구성과 활용법

### STEP ❶ 기출문제 스스로 풀기

공무원 9급·7급 및 유초등·중등 임용시험 등에서 출제된 「교육학」 객관식 기출문제를 엄선하여 학습흐름에 따라 배치하였습니다. 다양한 문제를 통해 자주 출제되는 포인트를 파악하시고 문제를 푸는 능력을 길러 보세요.

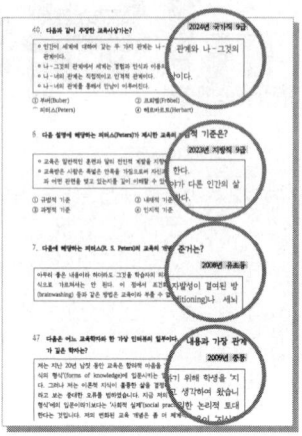

### STEP ❷ 해설로 개념 정리하기

시험에 자주 출제되는 개념과 이론을 이해하고 정리할 수 있도록 상세한 해설을 수록하였습니다. 정답에 대한 해설에 더해, 오답에 대한 해설을 통해 잘못된 이해를 바로바로 수정할 수 있도록 하였습니다.

### STEP ❸ 암기 POINT로 핵심정리

출제포인트별로 시험에 출제된 핵심내용을 간단하게 요약하여 정리하였습니다. 문제에서 묻고 있는 내용이 무엇인지를 확인하고, 빠르게 복습하는 데에도 활용할 수 있습니다. 이에 더해, 나만의 암기노트를 정리해 보는 것도 좋습니다.

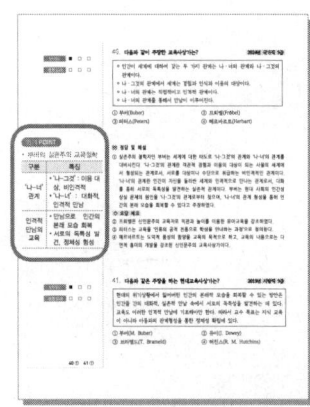

강서연 교육학
**기출문제**

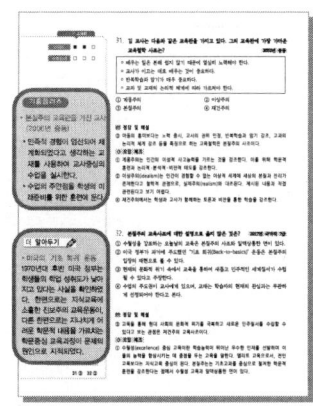

### 🎓 기출PLUS & 더 알아두기

본문에 제시된 문제와 유사한 문제들을 기출플러스로 추가하여 풍부한 자료 학습이 가능하도록 하였습니다.
더 알아두기를 통해 문제와 관련된 배경지식을 보충할 수 있도록 하였습니다.

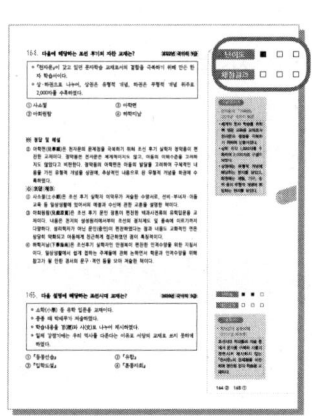

### 🎓 난이도와 채점결과

문항별로 난이도를 표시하여 자신의 실력을 점검해 볼 수 있게 하였습니다.
채점결과를 표시하는 체크박스를 수록하여 3회 이상 반복하여 문제를 풀 수 있게 하였습니다.

### 🎓 기본서 관련 페이지 안내

기본서 학습과 병행하고자 하는 경우에는 출제포인트별로 표시된 해당 페이지를 찾아 학습한 후 문제를 풀도록 합니다. 이 책에 제시된 해설로 충분한 이해가 되지 않는 경우에도 기본서를 이용하여 보충하여 학습합니다.

# GUIDE
## 한 눈에 보는 출제경향

### ◆ 지방직 9급 「교육학개론」 영역별 출제비율 분석

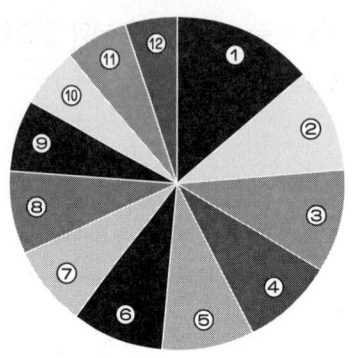

지방직 9급 영역별 출제비율

❶ 교육행정실제  ❷ 교육심리학  ❸ 교육과정  ❹ 교육사회학
❺ 교수설계공학  ❻ 교육행정이론  ❼ 교육평가연구  ❽ 평생교육
❾ 생활지도  ❿ 교육철학  ⓫ 서양교육사  ⓬ 한국교육사

| 지방직 9급 | 2024 | 2023 | 2022 | 2021 | 2020 | 2019 | 2018 | 2017 | 2016 | 2015 | 합계 | 비율 |
|---|---|---|---|---|---|---|---|---|---|---|---|---|
| 1. 교육행정실제 | 2 | 2 | 3 | 3 | 1 | 5 | 5 | 2 | 2 | 3 | 28 | 14% |
| 2. 교육심리학 | 2 | 2 | 2 | 3 | 2 | 3 | 1 | 2 | 1 | 2 | 20 | 10% |
| 3. 교육과정 | 3 | 2 | 1 | 2 | 1 | 2 | 2 | 2 | 2 | 2 | 19 | 10% |
| 4. 교육사회학 | 2 | 1 | 2 | 2 | 3 | 1 | 1 | 2 | 2 | 2 | 18 | 9% |
| 5. 교수설계공학 | 1 | 1 | 3 | 1 | 4 | 0 | 2 | 2 | 2 | 2 | 18 | 9% |
| 6. 교육행정이론 | 3 | 2 | 2 | 2 | 2 | 1 | 0 | 2 | 2 | 2 | 18 | 9% |
| 7. 교육평가연구 | 2 | 2 | 1 | 1 | 2 | 2 | 2 | 2 | 1 | 1 | 16 | 8% |
| 8. 평생교육 | 2 | 3 | 1 | 2 | 1 | 1 | 1 | 1 | 2 | 1 | 15 | 8% |
| 9. 생활지도 | 1 | 2 | 2 | 1 | 1 | 1 | 2 | 1 | 2 | 1 | 14 | 7% |
| 10. 교육철학 | 1 | 1 | 2 | 1 | 1 | 1 | 1 | 1 | 2 | 1 | 12 | 6% |
| 11. 서양교육사 | 0 | 1 | 1 | 0 | 1 | 2 | 2 | 2 | 1 | 2 | 12 | 6% |
| 12. 한국교육사 | 1 | 1 | 0 | 2 | 1 | 1 | 1 | 1 | 1 | 1 | 10 | 5% |
| 합계 | 20 | 20 | 20 | 20 | 20 | 20 | 20 | 20 | 20 | 20 | 200 | 100% |

## 국가직 9급 「교육학개론」 영역별 출제비율 분석

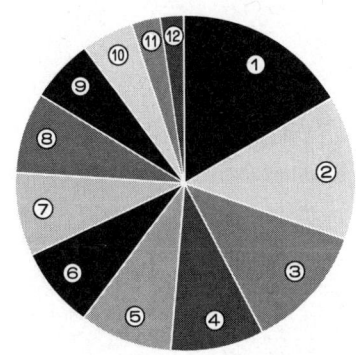

① 교육심리학  ② 교육행정실제  ③ 교육행정이론  ④ 교수설계공학
⑤ 평생교육    ⑥ 교육사회학    ⑦ 교육과정      ⑧ 교육평가연구
⑨ 한국교육사  ⑩ 교육철학      ⑪ 생활지도      ⑫ 서양교육사

| 국가직 9급 | 2024 | 2023 | 2022 | 2021 | 2020 | 2019 | 2018 | 2017 | 2016 | 2015 | 합계 | 비율 |
|---|---|---|---|---|---|---|---|---|---|---|---|---|
| 1. 교육심리학 | 4 | 3 | 3 | 4 | 3 | 3 | 3 | 3 | 4 | 4 | 34 | 17% |
| 2. 교육행정실제 | 2 | 1 | 1 | 1 | 4 | 5 | 3 | 4 | 3 | 4 | 28 | 14% |
| 3. 교육행정이론 | 4 | 4 | 4 | 4 | 2 | 2 | 1 | 0 | 1 | 2 | 24 | 12% |
| 4. 교수설계공학 | 1 | 2 | 2 | 1 | 2 | 2 | 1 | 2 | 2 | 3 | 18 | 9% |
| 5. 평생교육 | 1 | 2 | 3 | 2 | 2 | 0 | 2 | 1 | 2 | 3 | 18 | 9% |
| 6. 교육사회학 | 3 | 2 | 1 | 2 | 1 | 2 | 2 | 2 | 1 | 0 | 16 | 8% |
| 7. 교육과정 | 2 | 1 | 1 | 2 | 1 | 1 | 2 | 3 | 2 | 1 | 16 | 8% |
| 8. 교육평가연구 | 1 | 2 | 2 | 1 | 2 | 1 | 2 | 1 | 2 | 1 | 15 | 8% |
| 9. 한국교육사 | 0 | 2 | 2 | 2 | 1 | 1 | 1 | 1 | 1 | 1 | 12 | 6% |
| 10. 교육철학 | 1 | 1 | 1 | 1 | 1 | 1 | 1 | 1 | 1 | 0 | 9 | 5% |
| 11. 생활지도 | 1 | 0 | 0 | 0 | 1 | 1 | 1 | 1 | 0 | 1 | 6 | 3% |
| 12. 서양교육사 | 0 | 0 | 0 | 0 | 0 | 1 | 1 | 1 | 1 | 0 | 4 | 2% |
| 합계 | 20 | 20 | 20 | 20 | 20 | 20 | 20 | 20 | 20 | 20 | 200 | 100% |

## GUIDE
한 눈에 보는 출제경향

### 🎓 국가직 7급 「교육학」 영역별 출제비율 분석

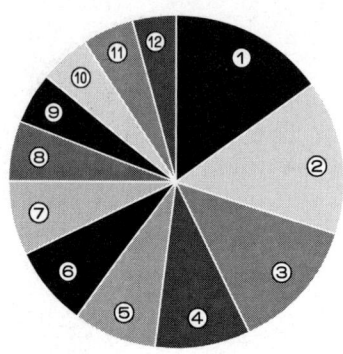

**국가직 7급 영역별 출제비율**

❶ 교육행정이론　❷ 교육행정실제　❸ 교육심리학　❹ 교수설계공학
❺ 교육사회학　❻ 교육평가연구　❼ 교육과정　❽ 평생교육
❾ 한국교육사　❿ 교육철학　⓫ 서양교육사　⓬ 생활지도

| 국가직 7급 | 2024 | 2023 | 2022 | 2021 | 2020 | 2019 | 2018 | 2017 | 2016 | 2015 | 합계 | 비율 |
|---|---|---|---|---|---|---|---|---|---|---|---|---|
| 1. 교육행정이론 | 2 | 5 | 3 | 5 | 2 | 2 | 4 | 3 | 3 | 3 | 32 | 15% |
| 2. 교육행정실제 | 5 | 3 | 6 | 1 | 4 | 2 | 3 | 1 | 3 | 4 | 32 | 15% |
| 3. 교육심리학 | 3 | 2 | 3 | 4 | 3 | 3 | 2 | 4 | 3 | 2 | 29 | 13% |
| 4. 교수설계공학 | 1 | 4 | 3 | 1 | 2 | 3 | 1 | 2 | 2 | 1 | 20 | 9% |
| 5. 교육사회학 | 2 | 2 | 2 | 1 | 2 | 1 | 2 | 1 | 2 | 3 | 18 | 8% |
| 6. 교육평가연구 | 2 | 2 | 2 | 1 | 1 | 2 | 2 | 2 | 2 | 2 | 18 | 8% |
| 7. 교육과정 | 4 | 1 | 1 | 4 | 2 | 1 | 1 | 0 | 1 | 1 | 16 | 7% |
| 8. 평생교육 | 2 | 1 | 0 | 3 | 1 | 1 | 1 | 2 | 1 | 1 | 13 | 6% |
| 9. 한국교육사 | 1 | 1 | 2 | 2 | 1 | 2 | 1 | 1 | 1 | 0 | 12 | 5% |
| 10. 교육철학 | 2 | 1 | 1 | 1 | 2 | 0 | 1 | 1 | 1 | 1 | 11 | 5% |
| 11. 서양교육사 | 0 | 1 | 0 | 2 | 0 | 2 | 1 | 2 | 1 | 1 | 10 | 5% |
| 12. 생활지도 | 1 | 2 | 2 | 0 | 0 | 1 | 1 | 1 | 0 | 1 | 9 | 4% |
| 합계 | 25 | 25 | 25 | 25 | 20 | 20 | 20 | 20 | 20 | 20 | 220 | 100% |

# CONTENTS 차례

## 01 교육철학
1. 교육의 개념과 목적 ········· 12
2. 교육학과 교육철학의 이해 ········· 19
3. 20세기 전반의 교육철학 ········· 22
4. 20세기 후반의 교육철학 ········· 35

## 02 서양교육사
1. 고대의 교육사상 ········· 56
2. 중세의 교육사상 ········· 67
3. 근대의 교육사상 ········· 69

## 03 한국교육사
1. 고려시대 이전의 교육 ········· 96
2. 고려시대의 교육 ········· 105
3. 조선시대의 교육 ········· 112
4. 근현대의 교육 ········· 139

## 04 교육심리학
1. 발달이론의 이해 ········· 152
2. 인지발달이론 ········· 156
3. 성격발달이론 ········· 175
4. 도덕성 발달이론 ········· 187
5. 지능이론 ········· 191
6. 창의성과 인지양식 ········· 210
7. 학습동기 ········· 219
8. 행동주의 학습이론 ········· 236
9. 인지주의 학습이론 ········· 256

## 05 교육사회학
1. 교육사회학의 이해 ········· 278
2. 새로운 교육사회학 ········· 306
3. 교육과 사회평등 ········· 319
4. 학업성취격차와 학력상승 이론 ········· 327
5. 교육평등의 관점과 정책 ········· 340
6. 교육개혁과 대안교육 ········· 359

## 06 교육과정
1. 교육과정의 이해 ········· 364
2. 교육과정의 유형 ········· 379
3. 교육과정의 개발과 실행 ········· 395
4. 우리나라의 국가 교육과정 ········· 425

# CONTENTS 차례

## 07 교수설계와 교육공학
1. 객관주의 교수설계이론 …………… 444
2. 구성주의 교수설계이론 …………… 466
3. 교수·학습 방법 …………………… 486
4. 교육공학과 교수체제설계 ………… 499
5. 교수매체의 선정과 활용 ………… 512
6. 뉴미디어와 원격교육 …………… 521

## 08 교육평가와 교육연구
1. 교육평가의 이해 ………………… 544
2. 교육평가의 유형 ………………… 548
3. 평가도구의 양호도 ……………… 569
4. 문항제작과 문항분석 …………… 588
5. 평가결과의 통계분석 …………… 599
6. 교육연구 ………………………… 611

## 09 생활지도와 상담
1. 생활지도 ………………………… 628
2. 상담활동의 기초 ………………… 646
3. 상담의 이론과 기법 ……………… 657

## 10 교육행정의 이론
1. 교육행정의 개념과 원리 ………… 688
2. 교육행정 이론의 발달 …………… 699
3. 조직 이론 ………………………… 714
4. 직무동기 이론 …………………… 738
5. 지도성 이론 ……………………… 753
6. 교육기획과 교육정책 …………… 767

## 11 교육행정의 실제
1. 교육법과 학교제도 ……………… 788
2. 교육행정조직 …………………… 817
3. 교육인사행정 …………………… 826
4. 장학행정 ………………………… 856
5. 교육재정 ………………………… 867
6. 학교경영 ………………………… 892

## 12 평생교육
1. 평생교육 이론 …………………… 908
2. 평생교육의 실제 ………………… 932

●부록● 한 눈에 보는 출제 포인트 ………… 956

# CHAPTER 01

## 교육철학

1. 교육의 개념과 목적
2. 교육학과 교육철학의 이해
3. 20세기 전반의 교육철학
4. 20세기 후반의 교육철학

# 1. 교육의 개념과 목적

## 01. 교육의 개념

### 출포 1. 교육의 정의 방식

🌐 기본서 17~18쪽

**1.** 교육의 정의 방식에 대한 설명으로 알맞지 않은 것은?  2013년 지방직 9급

① 규범적(programmatic) 정의는 교육의 용어를 객관적이고 가치중립적인 입장에서 규정하는 방식이다.
② 조작적(operational) 정의는 교육활동의 요소와 그것이 작용하는 실제 과정을 관찰할 수 있는 형태로 설명하는 방식이다.
③ 기술적(descriptive) 정의는 사전(辭典)의 용어 설명 방식과 유사하게 용어의 일상적 의미를 풀어서 설명하는 방식이다.
④ 약정적(stipulative) 정의는 원활한 의사소통을 위해 복잡한 내용이나 현상을 약속을 통하여 간략한 용어로 나타내는 방식이다.

■ **정답 및 해설**
① 규범적 정의는 교육행위자의 관점에서 교육이 추구하는 가치나 기준을 규정하거나 가치가 실현된 상태를 기술하는 방식으로, 주관적이고 가치지향적인 정의 방식에 해당한다.

◇ **오답 체크**
② 조작적 정의는 개념을 보다 분명히 정의하기 위해, 추상성을 제거하고 교육활동의 요소와 실제 과정을 관찰할 수 있는 형태로 정의하는 방식이다. 교육을 '인간 행동의 계획적 변화'로 정의하는 것이 대표적인 예시이다.
③ 기술적 정의는 개념의 일상적인 의미를 쉽게 풀어서 설명하는 방식으로, 가치중립적 태도로 객관적으로 기술하는 사전적 정의 방식에 해당한다.
④ 약정적 정의는 원활한 의사소통을 위한 사회적 약속의 형태로서, 복잡한 개념을 간략한 용어나 내용 요소로 나타내는 정의 방식이다.

**2.** 교육의 개념에 대한 설명으로 옳지 않은 것은?  2013년 국가직 9급

① 교육의 사회적 기능이 부각되면서 사회가 요구하는 가치나 규범을 내면화하는 개념으로 사회화라는 개념이 쓰이게 되었다.
② 교육의 기초인 양육은 물질적인 원조뿐만 아니라 정신적, 심리적 조력을 모두 포괄하는 개념이다.

---

**암기 POINT**

· 개념의 정의 방식(쉐플러)

| 기술적 정의 | 일상적 의미, 객관적 기술 |
|---|---|
| 약정적 정의 | 의사소통의 편의, 사회적 약속 |
| 규범적 정의 | 추구하는 가치, 교육자의 관점 |
| 조작적 정의 | 관찰가능한 형태, 연구자의 관점 |

1 ① 2 ④

③ 조작적 정의를 견지하는 학자들은 교육을 '인간행동을 계획적으로 변화시키는 과정'이라고 본다.
④ 훈련(training)은 자연의 원리에 따르는 교육에서 유래한 것으로, 신념체계 전체를 변화시키는 '전인적' 교육이다.

■ 정답 및 해설
④ 훈련은 비교적 단기간의 연습을 통해 특정한 기술이나 행동을 자동화 수준에 이르도록 발전시키는 과정으로서 신념체계의 변화와 전인적 성장과는 거리가 멀다. 반면, 교육은 비교적 장기간의 체계적 활동을 통해 신념체계 전반을 변화시키며 지식, 기능, 태도 등의 변화를 포함하는 전인적인 성장을 추구하는 활동이다.

◇ 오답 체크
① 사회화는 인간이 사회의 구성원으로서 살아가는데 필요한 사회적 가치나 규범 및 행동방식 등을 내면화하여 공동체의 구성원으로서의 정체성을 형성해 나가는 과정을 말한다. 사회화는 사회를 존속시키며 사회를 통합·발전시키는 데 기여한다. 교육의 사회적 기능이 강조되면서 교육을 사회화의 한 과정으로 보아야 한다는 주장도 제시되고 있다.
② 양육은 미성숙한 아동을 성숙한 인간으로 성장할 수 있도록 돌보는 활동으로서, 교육의 기초가 된다. 아동을 건강하게 기르기 위해서는 물질적 원조 뿐 아니라 정신적, 심리적 조력도 중요하다.
③ 조작적 정의는 개념을 과학적으로 정의하는 한 가지 방식으로서, 개념을 보다 분명히 하기 위해 개념의 요소와 작용 과정을 관찰할 수 있는 형태로 정의하는 것이다. 교육을 '인간행동을 계획적으로 변화시키는 과정'이라고 정의하는 것은 '인간행동의 변화'라는 관찰가능한 대상을 교육의 결과물로 규정하고 있으므로 조작적 정의의 예시라 할 수 있다.

### 암기 POINT
• 교육과 구별되는 개념

| 교육 | 전인적 변화 추구<br>장기간의 활동 |
|---|---|
| 양육 | 아동을 돌봄<br>물리적+심리적 |
| 훈련 | 특정한 행동 변화<br>단기간의 활동 |
| 사회화 | 사회규범 내면화<br>사회의 유지·통합 |

## 출포 2. 교육의 비유적 정의

🌐 기본서 18~19쪽

**3.** (가), (나)에 들어갈 말을 바르게 연결한 것은?   2022년 국가직 7급

　(가)　의 비유에서 교육은 마치 석회나 진흙을 일정한 모양의 틀에 부어 어떤 것을 만들어 내는 것과 같다. 교사는 장인에 해당하고 학생은 석회나 진흙과 같은 재료에 해당한다. 신체의 근육을 단련하듯이 교육을 통해 마음의 능력인 지각, 기억, 의지 등을 단련하는 데 초점을 둔다.
　(나)　의 비유는 권위주의나 전제주의적 교육에 대한 비판적 관점을 반영한다. 식물이 스스로 자라나듯이 교육은 아동이 가진 잠재적 가능성을 자연스럽게 실현해가는 과정으로 본다.

3 ④

|     | (가) | (나) |     | (가) | (나) |
| --- | --- | --- | --- | --- | --- |
| ① | 만남 | 성년식 | ② | 만남 | 성장 |
| ③ | 주형 | 성년식 | ④ | 주형 | 성장 |

■ 정답 및 해설

④ (가) 교육을 교사의 의도대로 아동을 변화시키는 일이라고 보는 관점은 '주형'의 비유에 해당된다. 주형의 비유에 의한 교육에서는 아동의 자발성을 무시하며, 교사주도적인 교육을 강조한다. 신체의 근육을 단련하듯이 교육을 통해 마음의 능력을 단련하는 데 초점을 두는 로크의 형식도야론이나 행동주의 심리학에 기초한 왓슨의 교육만능설이 대표적 사례이다.

(나) 권위주의적인 교육관을 비판하면서, 교육을 아동이 가진 잠재적 가능성을 자연스럽게 실현시키는 과정으로 보는 관점은 '성장'의 비유에 해당된다. 아동의 자연적인 본성에 따른 성장을 위하여 소극적 교육의 필요성을 강조한 루소의 자연주의 교육관이나 듀이의 진보주의 교육관이 대표적이다.

◇ 오답 체크

- 만남의 비유에서 교육은 교사와 학생이 인격적 만남을 통해 주체의 각성과 성장 또는 변화를 경험하게 되는 과정으로 이해된다. 교육의 비의도적이며 단속적(비연속적) 측면도 강조된다.
- 성년식의 비유에서 교육은 인류 문화유산에 입문하는 것 또는 문명화된 삶의 형식에 입문하는 과정으로 비유된다. 즉 교육을 통해 성인들이 살아가는 사고의 형식이나 삶의 형식 안으로 들어오게 된다는 것을 의미한다.

**암기 POINT**

• 교육의 비유적 정의

| 주형 | 교사의 의도대로 아동을 변화시킴<br>예 로크, 왓슨 |
| --- | --- |
| 성장 | 아동의 잠재적 가능성 실현<br>예 루소, 듀이 |
| 성년식 | 인류 문화유산에로의 입문<br>예 피터스, 뒤르켐 |
| 만남 | 인격적 만남을 통한 성장과 변화<br>예 부버, 볼노우 |

**4.** 다음 내용에 가장 부합하는 것은?   2017년 지방직 9급

- 교육은 학습자와 교육내용을 모두 고려해야 한다.
- 교육내용의 내재적 가치는 선험적으로 정당화된다.
- 교육은 합리적인 사고와 지적 안목을 도덕적인 방식으로 전달하는 과정이다.
- 교육은 인류의 문화유산이라는 공적(公的) 전통으로 학생을 안내하는 과정이다.

① 주입(注入)으로서의 교육　　② 주형(鑄型)으로서의 교육
③ 성년식(成年式)으로서의 교육　④ 행동수정(行動修正)으로서의 교육

**기출플러스**

• 피터스의 '선험적 정당화' (2008년 중등)

- 사회적 필요에 의하여 교과의 가치를 확립한다. (×)
- 교과를 배우지 않은 사람은 정당화 문제를 제기할 수 없다. (○)
- 공적 전통에의 입문이라는 개념과 밀접한 관련을 맺게 된다. (○)
- 교과의 정당화를 요청한 사람에게 요청의 논리적 가정을 밝혀준다. (○)

4 ③

■ 정답 및 해설

③ 제시된 자료는 피터스가 정의한 교육의 개념에 관한 설명이다. 특히, 피터스는 『윤리학과 교육』이라는 저서를 통해 교육을 '인류의 공적 전통으로 입문시키는 성년식'

이이라고 정의하였다. 피터스의 정의는 교육이 아동이 성인으로 대우받기 위해 거쳐야 하는 과정인 성년식과 유사한 기능을 한다는 점을 강조한 것이다.

한편, 피터스는 교육을 '합리적 사고와 지적 안목을 도덕적인 방식으로 전달하는 과정'으로 정의하였다. 즉 교육이 가져야 하는 개념적 준거로서 규범적 준거 뿐 아니라, 인지적 준거와 과정적 준거를 제시한 것이며, 이는 교육내용과 학습자 모두를 고려해야 한다는 점을 시사한다.

교육내용의 내재적 가치가 선험적으로 정당화된다는 것은 교육이 그 자체로 가치 있는 목적을 추구하는 활동이므로, 교육내용의 가치는 경험적 증거를 통해 증명할 필요 없이 이미 스스로 정당성을 가지고 있다는 의미이다.

◇ 오답 체크
① 주입으로서의 교육은 학습자에게 가치있는 내용을 전달하는 일을 교육으로 보는 관점이다. 학습자의 주체성이나 자율성을 무시하는 권위주의 교육관에 해당된다.
② 주형으로서의 교육은 아동을 교사의 의도대로 일정한 틀에 맞추어 변화시키는 일로 보는 관점이다.
④ 행동수정으로서의 교육은 행동주의 이론을 기초로 학습자의 행동을 특정한 방향으로 변화시키는 일을 교육으로 보는 관점이다. 교육은 가치중립적이며 공학적인 활동으로 이해된다. 왓슨의 교육만능설이 대표적이다.

**더 알아두기**
• 교육내용과 학습자
피터스에 의하면, 전통교육은 미리 정해진 내용이나 목표에 맞도록 아동을 조형해 낼 수 있다는 가정 하에 교육의 '내용'에 주의를 집중한 나머지, '방법'에 있어서 배려가 부족하였다. 이에 비해, 진보교육은 교육의 '과정적 원리' 혹은 방법만을 강조하여 교육내용의 가치를 등한시하였다.
전통교육과 진보교육 모두의 한계는 교육의 '내용'과 '방법'적 측면 가운데 어느 하나에 집착하여 다른 하나를 배제하는 오류를 범하고 있다는 것이다. 피터스는 교육의 '내용'과 '방법'의 문제는 서로 별개의 것이라기보다는 개념적으로 관련되어 있는 것이며, 교육의 개념 속에 통합되어야 한다고 보았다.

## 출포 3. 피터스의 교육 개념

📖 기본서 20~21쪽, 234쪽

**5.** 피터스(R. S. Peters)가 제시한 교육의 개념적 준거(criterion)에 대한 설명으로 옳지 않은 것은?   2023년 국가직 7급

① 피터스는 자신의 저서 『윤리학과 교육』에서 교육의 개념을 규정하였다.
② 규범적 준거에 따르면, '교육'은 교육의 개념에 붙박여 있는 내재적 가치를 추구하는 활동이어야 한다.
③ 인지적 준거는 학습자가 부분적인 기능에 숙달하여도 이를 용인하는 것을 의미한다.
④ 과정적 준거는 교육의 규범적 준거가 방법 면에서 상세화된 것을 말한다.

■ 정답 및 해설
③ 피터스는 교육의 개념적 준거로 규범적 준거, 인지적 준거, 과정적 준거를 제시하였다. 이 세 가지 준거는 상호 관련되는 것으로, 교육목적이 가치 있는 것이어야 하는 만큼 교육내용과 교육방법도 목적에 부합하여야 한다고 본다.
인지적 준거는 교육의 규범적 준거가 내용 면에서 상세화된 것이다. 교육은 인류가 축적한 지식에 대한 이해를 바탕으로 인지적 안목 전체를 변화시키는 과정이어야 한다고 설명한다. 즉 교육이 특정한 부분에 관한 지식이나 기능의 숙달을 위한 훈련과 다른 것이어야 한다고 보는 것이다.

**암기 POINT**
• 피터스의 교육의 개념적 준거

| 규범적 준거 | 교육의 목적<br>내재적 가치 추구<br>합리적 마음 계발 |
|---|---|
| 인지적 준거 | 교육의 내용<br>지식의 형식 학습<br>지적 안목의 형성 |
| 과정적 준거 | 교육의 방법<br>도덕적으로 온당한<br>학습자의 자발성 |

5 ③

◇ 오답 체크
① 피터스는 1964년 발표한 논문인 「성년식으로서의 교육」과 1966년 발표한 저서인 『윤리학과 교육』을 통해 교육의 개념을 체계적으로 제시하였다.
② 규범적 준거는 교육의 목적에 대한 것이다. 교육은 모종의 가치있는 것을 추구하는 활동으로, 교육의 개념 자체에 가치를 내재화하는 준거이다. 피터스는 교육을 인류의 문명화된 삶의 형식에로의 입문으로 정의하며, 합리적 마음(이성)을 획득하는 것이 핵심적인 교육목적으로 설정된다.
④ 피터스가 제시한 교육의 과정적 준거는 교육의 규범적 준거가 방법 면에서 상세화된 것이다. 즉 교육은 도덕적으로 온당한 방식으로 이루어져야 하며, 최소한 학습자의 의지와 자발성을 전제로 하여야 한다는 것이다. 아무리 좋은 내용을 가르친다 하더라고, 학습자의 의지와 자발성의 전제로 하지 않는 주입, 강요, 반복훈련, 조건화, 세뇌 등을 교육이 될 수 없다고 보는 것이다.

## 6. 다음 설명에 해당하는 피터스(Peters)가 제시한 교육의 개념적 기준은?

2023년 지방직 9급

○ 교육은 일반적인 훈련과 달리 전인적 계발을 지향해야 한다.
○ 교육받은 사람은 폭넓은 안목을 가짐으로써 자신과 분야가 다른 인간의 삶과 어떤 관련을 맺고 있는지를 깊이 이해할 수 있어야 한다.

① 규범적 기준
② 내재적 기준
③ 과정적 기준
④ 인지적 기준

■ 정답 및 해설
④ 교육은 전인적 계발을 지향하며, 폭넓은 안목을 가짐으로써 자신과 세상을 깊이 이해할 수 있게 해 주는 활동이어야 한다고 보는 것은 무엇을 가르칠 것인가와 관련된다. 즉 교육은 단순히 잡다한 사실의 축적이 아니라, 자신과 세상에 대한 통합된 안목을 길러 줄 수 있어야 한다는 의미이다. 이와 같이 교육을 지식, 이해, 인지적 안목을 길러주는 것으로 보는 점은 교육의 내용 면에서 교육의 목적을 상세화한 것이므로, 인지적 준거에 해당된다.

### 기출플러스
• 피터스의 교육의 개념적 준거 (2018년 국가직 9급)

| 규범적 준거 | '무엇인가 가치있는 것'을 추구함 |
| --- | --- |
| 인지적 준거 | 지식, 이해, 인지적 안목을 기르는 것 |
| 과정적 준거 | 학습자의 의지와 자발성을 전제함 |

## 7. 다음에 해당하는 피터스(R. S. Peters)의 교육의 개념적 준거는?

2008년 유초등

아무리 좋은 내용이라 하더라도 그것을 학습자의 의지와 자발성이 결여된 방식으로 가르쳐서는 안 된다. 이 점에서 조건화(conditioning)나 세뇌(brainwashing) 등과 같은 방법은 교육이라 부를 수 없다.

6 ④    7 ①

① 과정적 준거 ② 규범적 준거
③ 기술적 준거 ④ 인지적 준거

■ 정답 및 해설
① 제시된 내용은 교육은 학습자의 의지와 자발성을 전제로 하는 것이어야 한다는 의미이며, 달리 말하면 도덕적으로 온당한 방식으로 이루어져야 한다는 것이다. 이러한 내용은 교육의 방법 면에서 교육의 개념을 정의한 것이므로 과정적 준거에 해당된다.

## 02. 교육의 목적

### 출포 4. 교육의 목적과 가치

> 기본서 21~22쪽

**8.** 교육의 목적을 내재적·외재적 목적으로 구분할 때, 외재적 목적에 해당하는 것으로만 묶은 것은? `2015년 지방직 9급`

| ㄱ. 국가 경쟁력 강화 | ㄴ. 지식의 형식 추구 |
| ㄷ. 인적 자원의 개발 | ㄹ. 합리적 마음의 계발 |

① ㄱ, ㄴ ② ㄱ, ㄷ
③ ㄴ, ㄹ ④ ㄷ, ㄹ

■ 정답 및 해설
② 교육의 외재적 목적은 교육활동 외부에 존재하는 목적으로서 사회적으로 바람직하다고 생각되는 목적을 의미한다. 본래 교육과 무관한 목적이지만 경험적으로 교육을 통해 달성 가능한 목적으로 생각되는 것들이 해당된다. 'ㄱ. 국가 경쟁력 강화'나 'ㄷ. 인적자원의 개발'이 대표적 사례이다.

◇ 오답 체크
교육의 내재적 목적은 교육활동 그 자체가 본질적으로 추구하는 목적이나 가치를 말한다. 교육이라는 개념에 논리적으로 함의되어 있는 목적으로 볼 수 있는 것들이 해당된다. 'ㄴ. 지식의 형식 추구'나 'ㄹ. 합리적 마음의 계발'은 피터스가 교육의 목적으로 제시한 것으로, 내재적 목적의 대표적 사례이다.

**암기 POINT**
• 내재적 목적과 외재적 목적

| 내재적 목적 | 외재적 목적 |
|---|---|
| 교육 그 자체 | 교육 밖 목적 |
| 본질적 기능 | 수단적 기능 |
| 논리적 관계 | 경험적 관계 |
| 합리성 계발 | 국가발전 |
| 자아실현 | 직업준비 |

8 ②

## 9. 빈칸 A와 B에 들어갈 말을 바르게 나열한 것은?
**2005년 중등**

교육의 기능은 크게 두 가지로 나누어 설명할 수 있다. 첫째는 교육이라는 개념에 함의된 기능, 즉 인간을 가르치고 기르는 기능이다. 둘째는 교육 이외의 바람직한 결과를 가져오는 기능이다. 교육을 통한 경제 발전이 그 예이다. 이 중 전자를 교육의 ☐A☐ 기능이라 하고, 후자를 ☐B☐ 기능이라 부른다.

|   | A | B |   | A | B |
|---|---|---|---|---|---|
| ① | 실용적 | 장식적 | ② | 본질적 | 수단적 |
| ③ | 자연적 | 인위적 | ④ | 외재적 | 내재적 |

### ■ 정답 및 해설
② A : 교육은 그 자체로 가치 있는 목적을 추구하는 활동이므로 교육 그 자체가 아닌 다른 것의 수단이 되어서는 안 된다고 보는 관점이다. 교육의 내재적 목적을 추구하는 것으로 이를 교육의 본질적 기능이라고도 한다.
B : 교육은 그 자체로 가치를 가지는 것보다는 교육활동 바깥에 존재하는 바람직한 결과를 달성하기 위한 수단으로 보는 관점이다. 교육의 외재적 목적을 추구하는 것으로, 이를 수단적 기능이라고 한다.

## 10. 다음의 (가)와 (나)에 들어갈 말을 바르게 나열한 것은?
**2006년 유초등**

교육목적에 대하여 듀이(J. Dewey)는 교육활동 그 자체, 피터스(R. S. Peters)는 교과의 고유한 가치에 주목하면서 교육의 ☐(가)☐ 을 주장하였다.
또한 우리 선조들은 ☐(나)☐ 이라는 말로 공부의 근본적 목적이 자아의 성찰과 완성에 있음을 강조하였다.

|   | (가) | (나) |
|---|---|---|
| ① | 내재적 목적 | 위기지학(爲己之學) |
| ② | 내재적 목적 | 위인지학(爲人之學) |
| ③ | 외재적 목적 | 위기지학(爲己之學) |
| ④ | 외재적 목적 | 위인지학(爲人之學) |

### ■ 정답 및 해설
① (가) 교육활동 그 자체와 교과의 고유한 가치에 주목하는 관점은 교육의 목적을 교육활동 내부에 두는 관점이므로 내재적 목적관에 해당된다.
(나) 공부의 근본 목적을 자아의 성찰과 완성에 두는 공부 행태를 위기지학이라고 하였다. 반대로, 위인지학은 공부의 목적을 다른 사람들에게 학식을 뽐내거나 출세나 과거시험 합격 등에 두는 공부 행태를 말한다.

# 2. 교육학과 교육철학의 이해

## 01. 교육학의 성격

### 출포 5. 교육학의 성격

🌀 기본서 23쪽

11. 교육학의 성격에 대한 오코너(O'Connor)와 허스트(Hirst) 사이의 논쟁에서 오코너의 입장으로 옳은 것은? **2016년 국가직 7급**

① 교육이론은 신념, 도덕, 종교 등 형이상학적 가치판단의 문제를 포함해야 한다.
② 엄밀한 자연과학적 이론체계를 갖추고 있지 못한 교육이론은 예우상의 경칭(a courtesy title)에 불과하다.
③ 교육이론은 실제적 질문에 판단을 내리고 합리적으로 정당화한 것이다.
④ 교육이론은 자연과학이론에 종속되거나 열등한 이론이 아니다.

**■ 정답 및 해설**

② 오코너와 허스트는 모두 분석철학자이지만, 교육학의 성격에 대해서는 논쟁을 벌였다. 오코너는 분석철학의 가치중립적 접근을 고수한 반면, 허스트는 교육학이 가치 문제를 포함하는 규범적 관점을 취하여야 한다고 보았다.
오코너는 전형적인 분석철학의 관점에서 자연과학의 이론이야말로 이론의 전형적인 모습이며, 교육학도 가치중립적 입장에서 현상을 탐구하는 경험적 학문이 되어야 한다고 보았다. 하지만 오코너는 당시의 교육이론은 이러한 체계를 갖추지 못하고 있으므로 교육이론이라는 명칭은 부적절하며, 단지 '예우상의 경칭'에 불과하다고 지적하였다.

**◇ 오답 체크**

① 허스트는 교육이론은 과학적 지식 뿐 아니라, 도덕 등 형이상학적 가치판단 문제를 포함하는 규범적 학문으로 정립되어야 한다고 보았다. 이러한 관점에서 허스트는 피터스와 함께 교육의 개념을 교육이 추구해야 할 내재적 가치를 탐색하는 방식으로 교육의 개념을 정의하였다.
③ 허스트는 교육이론은 실제적 문제에 대한 판단과 정당화를 위한 '실제적 이론'으로서 충분히 가치가 있으며, 반드시 모든 학문이 가치중립적인 경험적 학문만을 지향할 필요가 있는 것은 아니라고 보았다.
④ 허스트는 교육이론이 자연과학 이론에 비해 열등한 이론이 아니며, 실제적이며 규범적인 학문으로서 충분한 가치를 갖는다고 주장하였다.

**암기 POINT**

• 오코너와 허스트의 논쟁

| 오코너 | 허스트 |
|---|---|
| 경험적 현상 탐구 | 실제적 문제 처방·정당화 |
| 가치중립적 입장 | 가치판단 문제 포함 |
| '예우상의 경칭' | 실제적·규범적 학문 |

11 ②

## 02. 교육철학의 이해

### 출포 6. 교육철학의 이해

🌀 기본서 23~24쪽

**12.** 다음에 제시된 A와 B 두 교사의 철학적 관심 영역을 바르게 나열한 것은?

**2005년 중등**

> ○ A 교사 : 나는 지식의 전달자로서 지식의 속성, 진리의 요건, 인간이 지식을 획득하는 과정에 대해 관심이 있다.
> ○ B 교사 : 나는 인성을 지도하는 사람으로서 선악에 관한 인간의 인식과 선악을 구분하는 기준에 대해 관심이 있다.

| | A 교사 | B 교사 | | A 교사 | B 교사 |
|---|---|---|---|---|---|
| ① | 존재론 | 가치론 | ② | 존재론 | 인식론 |
| ③ | 인식론 | 가치론 | ④ | 인식론 | 존재론 |

**암기 POINT**
• 교육철학의 관심 영역

| 존재론 | 존재의 본질 탐구<br>(세계의 탐구자) |
|---|---|
| 인식론 | 지식의 속성 탐구<br>(지식의 전달자) |
| 가치론 | 선악의 구분 기준<br>(인성의 지도자) |

### ■ 정답 및 해설

③ 교육철학의 관심 영역은 존재론, 인식론, 가치론으로 구분된다. 존재론은 존재의 본질을 탐구하는 영역으로 '존재의 본질은 무엇인가?', '실재(reality)는 어디에 있는가?'와 같은 질문을 던지는 영역으로 형이상학이라고도 한다. 인식론은 지식의 속성을 탐구하는 영역으로, '지식이란 무엇인가?', '지식은 어떻게 얻어지는가?'와 같은 질문을 던진다. 가치론은 선악이나 미추와 같은 가치의 판단에 관심을 가지는 영역으로, '무엇이 옳거나 그른가?', '무엇이 좋은 삶인가?', '가치 판단은 어떻게 이루어지는가?'와 같은 질문을 던지는 영역으로, 윤리학과 미학으로 구성된다.

• A 교사 : 지식의 속성, 진리의 요건, 인간이 지식을 획득하는 과정에 대한 관심을 다루는 철학의 영역을 인식론이라고 한다. 절대론과 상대론, 합리론과 경험론 등은 철학을 인식론적 관점에서 분류한 것이다. 지식의 전달자로서의 교사는 인식론적 논의에 대해 관심을 가질 것이다.

• B 교사 : 선악에 대한 인간의 인식과 선악을 구분하는 기준에 대한 관심을 다루는 철학의 영역을 가치론이라고 한다. 윤리학과 미학은 가치론의 영역에 해당하는 학문들이다. 인성의 지도자로서의 교사는 가치론적 논의에 대해 관심을 가질 것이다.

### ◇ 오답 체크

존재론은 존재의 본질이나 궁극적 실재를 탐구하는 철학의 영역이다. 관념론, 실재론, 프래그머티즘은 철학을 존재론적 관점에서 분류한 것들이다. 세계와 지식의 탐구자로서의 교사는 존재론적 논의에 관심을 가질 것이다.

12 ③

13. 다음에 해당하는 교육철학의 기능은?  2012년 국가직 7급

> ○ 교육에 관한 새로운 이론이나 설명체계를 구안하여 제시하는 활동
> ○ 교육의 이론적·실천적 문제를 해결하기 위한 대안적 의견이나 가설을 창출하려는 노력

① 분석적 기능
② 사변적 기능
③ 평가적 기능
④ 통합적 기능

■ 정답 및 해설

② 교육철학의 기능은 분석적, 평가적, 사변적, 통합적 기능으로 구분된다. 이 중 교육에 관한 새로운 이론이나 설명체계를 구안하여 제시하거나, 교육의 문제를 해결하기 위한 대안이나 가설을 창출하는 기능을 '사변적 기능'이라고 한다. 교육에 관한 사고에 대한 지적 성찰을 이끌어 내는 기능으로서 구성적 기능이라고도 한다.

◇ 오답 체크

① 분석적 기능이란 교육철학이 교육의 애매모호한 언어의 의미를 명료화하거나, 개념이나 명제의 논리적 가정이나 함의를 밝혀주는 기능을 하는 것을 말한다.
③ 평가적 기능은 교육철학이 바람직한 교육이 갖추어야 할 조건을 제시하거나, 실제 교육행위의 가치나 의미를 평가하는 기능을 하는 것을 말한다. 규범적 기능이라고도 한다.
④ 통합적 기능은 교육철학이 다양한 관점을 조화시켜 일관성을 추구하게 하고, 교육현상을 종합적으로 이해하는 안목을 형성시켜주는 기능을 하는 것을 말한다.

암기 POINT

• 교육철학의 기능

| | |
|---|---|
| 분석적 기능 | 개념이나 명제의 의미를 명료화 |
| 평가적 기능 | 실제 교육행위의 가치를 판단 |
| 사변적 기능 | 교육에 관한 새로운 이론 구성 |
| 통합적 기능 | 다양한 관점 통합, 종합적인 이해 |

13 ②

# 3. 20세기 전반의 교육철학

## 01. 진보주의 교육철학

**출포 7. 진보주의 교육의 원리**　　　　　　　　　　　B

📖 기본서 24~26쪽

**14.** 진보주의 교육원리에 대한 설명으로 옳지 않은 것은?　　2022년 지방직 9급

① 미래의 생활을 위한 준비가 아니라 현재의 생활 자체를 의미 있게 만들어야 한다.
② 학습자의 관심과 흥미를 강조한다.
③ 고대 그리스의 자유교양교육을 교육적 이상으로 삼는다.
④ 경험에 의한 학습과 학습자의 참여를 중시한다.

### ■ 정답 및 해설

③ 고대 그리스의 자유교양교육은 전통 교양교과(학문)를 통해 불변의 진리를 학습하여 인간의 이성(합리적 마음)을 계발하는 데 목적을 둔다. 고전에 대한 학습을 통해 영구불변의 진리를 학습하고 합리성을 계발하고자 하는 것은 항존주의 교육의 특징이다.

### ◇ 오답 체크

① 진보주의는 교육이 미래의 성인생활을 준비하는 데 목적을 두기 보다는, 아동의 현재 생활 자체를 의미있게 만드는 데 중점을 두어야 한다고 보았다.
② 진보주의는 전통교육의 문제점을 지적 하면서 등장한 아동중심 교육사상이다. 교육의 과정은 학습자가 주도하여야 하며, 교육활동은 아동의 관심과 흥미, 필요를 중심으로 이루어져야 한다고 보았다.
④ 진보주의는 듀이의 프래그머티즘 철학에 기초해 있다. 아동이 경험하는 실생활 문제의 탐구와 해결의 과정을 통해 유용한 지식을 발견할 수 있다고 보고 '경험에 의한 학습'과 '학습자 참여'를 중시한다.

**15.** 진보주의 교육철학의 교육관으로 보기 어려운 것은?　　2015년 특채

① 교육의 목적은 현재 경험의 계속적 성장에 있다.
② 학습자는 스스로의 경험을 통해 지식을 습득해야 한다.
③ 교육은 미래 생활의 준비가 아니라 현재의 생활 그 자체를 의미있게 만들어가는 것이다.
④ 사회적 유산으로서의 인류의 경험을 전달하기 위한 교육은 논리적으로 조직된 교과에 맞추어 이루어져야 한다.

---

**암기 POINT**

• 진보주의 교육의 원리

| | |
|---|---|
| 목적 | 경험의 재구성(성장)<br>개인적 자아실현 |
| 내용 | 아동의 현재 생활<br>아동의 관심과 흥미 |
| 방법 | 아동중심, 생활중심,<br>경험중심 |
| 한계 | 기초교육 소홀 |
| 학자 | 듀이, 킬패트릭 |

14 ③　15 ④

■ 정답 및 해설
④ 사회적 문화유산으로서 인류의 경험이 논리적으로 조직된 교과를 중심으로 체계적인 지식교육이 이루어져야 한다고 보는 관점은 본질주의 교육철학의 교육관에 해당한다.
◇ 오답 체크
① 현재 경험의 계속적 성장, ② 학습자 경험을 통한 학습, ③ 현재 생활 그 자체를 중시하는 것은 진보주의 교육관에 해당한다.

## 16. 다음 설명에 해당하는 교육사조는? 2020년 국가직 7급

- 킬패트릭(Kilpatrick)의 교육사상을 지지한다.
- 아동중심 교육관에 기반하여 아동의 흥미를 중시한다.
- 교육원리는 프래그머티즘(pragmatism)에 철학적 기반을 둔다.
- 교육은 현재 생활 그 자체이지 미래 생활을 준비하는 과정이 아니다.

① 구성주의
② 인본주의
③ 진보주의
④ 사회재건주의

■ 정답 및 해설
③ 진보주의는 20세기 전반 미국의 개력운동을 주도한 철학으로, 아동중심 교육관과 프래그머티즘 철학 및 루소의 자연주의 사상을 결합한 교육철학이다. 킬패트릭은 듀이와 함께 진보주의교육협회를 설립하고 진보주의 교육운동을 전개한 대표적 학자이다. 킬패트릭은 학습자가 실생활 문제를 스스로 탐구하고 문제를 해결하는 프로젝트법(구안법)을 제시하였다.

기출플러스
- 진보주의 교육사조 (2010년 국가직 9급)
  - 학습자의 필요와 흥미에 따른 학습 중시
  - 경험 중심 교육과정 운영
  - 개인적 자아실현을 교육목적으로 추구
  - 구안법(project method) 수업

## 17. 다음 설명과 같은 교육과정 통합(curriculum integration)을 위해 적극적인 노력을 기울일 것을 주장한 교육사조는? 2008년 국가직 9급

교육과정 통합은 각각 다른 학습경험들을 상호 관련짓고 의미 있게 모아서 하나의 전체로서 학습을 완성시키는 과정 또는 결과로 정의할 수 있다.

① 본질주의
② 진보주의
③ 항존주의
④ 재건주의

■ 정답 및 해설
② 진보주의 교육사조는 아동의 현재 생활을 중심으로 경험을 통한 학습을 강조한다. 실생활 경험은 여러 교과의 경계를 넘나드는 내용들을 포괄하므로, 여러 교과들을 의미있게 관련짓는 교육과정 통합을 필요로 한다.

16 ③ 17 ②

◇ 오답 체크
①, ③ 본질주의나 항존주의는 체계적인 지식의 학습을 강조하므로, 전통적인 교과의 형태를 취하는 분과형 교육과정을 지지한다.
④ 재건주의에서는 교육과정 통합의 문제에 주목하기 보다는 사회개혁적인 이슈를 교육과정에 포함시킬 것을 주장하였다.

18. 다음은 교사 A , B , C의 교육관을 나타낸 것이다. 진보주의 교육관을 가진 교사를 모두 고른 것은?　　2005년 중등

A : 교육의 출발점은 아동이어야 한다. 따라서 모든 교육활동은 아동의 필요와 흥미를 중심으로 이루어져야 한다.
B : 교육은 아동의 경험을 토대로 하는 활동이다. 따라서 교사는 아동의 경험이 확장되도록 교육의 과정을 주도해야 한다.
C : 교육에서 경쟁은 아동을 동기화시키는 중요한 수단이라고 생각한다. 그러므로 교사는 경쟁을 적절히 활용할 필요가 있다.

① A
② B
③ A, C
④ A, B, C

■ 정답 및 해설
① A : 진보주의 교육사조는 아동중심 교육관을 바탕으로 하며, 아동의 필요와 흥미, 관심을 중심으로 교육활동이 이루어져야 한다고 본다.
◇ 오답 체크
　B : 진보주의 교육사조는 아동이 교육의 과정을 주도해야 한다고 본다.
　C : 진보주의 교육은 경쟁보다는 협력이 중요한 수단이 되어야 한다고 본다.

### 출포 8. 듀이의 교육사상

● 기본서 25쪽

19. 듀이(Dewey) 교육관의 특징에 해당하지 않는 것은?　　2013년 국가직 9급
① 사회적 가치보다는 아동의 흥미를 더 중시하는 아동중심적 교육관이다.
② 이론 중심의 전통적 교육관에 대해 비판적이다.
③ 학습자 경험의 재구성과 성장을 중시하는 교육관이다.
④ 전통주의와 진보주의 교육 사이에서 극단적인 입장을 취하기보다는 절충적인 입장을 취한다.

18 ①　19 ①

■ 정답 및 해설
① 듀이는 프래그머티즘 철학과 민주주의에 대한 신념을 바탕으로, 진보주의 교육사조의 이론적 기초를 제공하였다. 듀이는 실제 삶에서의 경험을 통한 학습과 아동의 흥미를 존중할 필요를 강조한다. 한편으로 학교가 민주사회 건설을 위해 민주적 생활습관과 성향을 기르는 장소가 되어야 한다고 보고 사회적으로 올바른 가치를 추구할 것을 주장한다. 즉 듀이는 아동의 흥미와 사회적 가치를 모두 중시하는 교육관을 제시하였다.

◇ 오답 체크
② 듀이는 학생들에게 이론 중심의 교과를 가르치는 데 치중한 전통적 교육관에 대해 비판적이다. 듀이는 사회 속에서 실제적 문제를 해결하는 유용한 수단이 될 때 교과의 가치가 존재한다고 본다.
③ 듀이는 세상의 모든 존재는 끊임없이 변화하며 경험과 변화만이 유일한 실재라고 보는 프래그머티즘 철학에 기초해 있다. 이러한 관점에 기초해서 아동들도 자신의 경험을 재구성하는 과정을 통해 끊임없이 변화하고 성장하는 존재라고 보았다. 따라서 듀이의 교육관은 경험의 재구성과 성장을 중시한다.
④ 듀이는 학습자의 흥미나 관심을 고려하지 않고 추상적이며 논리적으로 정제된 지식(교과)을 학생에게 주입하는 일을 교육이라고 보는 전통주의 교육을 비판하였다. 다른 한편으로는 아동의 즉각적인 흥미에만 치중하여 교과의 학습을 통한 지적 성장을 소홀히 하는 진보주의 교육도 비판하였다. 이와 같이 듀이는 전통주의와 진보주의 교육 사이에서 극단적 입장을 취하기보다는 절충적인 입장을 취한다.

### 암기 POINT
• 듀이의 교육사상

| 프래그머티즘 | 상대적 진리관<br>경험에 의한 입증<br>불확실, 변화가능 |
|---|---|
| 경험학습 | 경험을 통한 학습<br>실생활 문제 해결<br>반성적 사고 |
| 민주주의 | 합리적 삶의 양식<br>민주적 교육 필요 |
| 절충주의 | 아동의 흥미 중시<br>교과의 가치 존중 |

### 기출플러스
• 듀이의 교육관 (2003년 중등)
교육은 삶의 본질인 성장(成長)과 동일하며, 교육 그 자체 이외의 다른 목적을 가지지 않는다.

---

20. 다음에서 설명하는 교육사조와 대표적 학자를 바르게 묶은 것은?

2007년 영양교사

○ 경험과 변화를 유일한 실재라고 본다.
○ 절대적 진리관보다는 상대적 진리관을 취한다.
○ 경험에 의해 실용성과 효용성이 입증된 것을 가치롭게 본다.

① 프래그머티즘 - 듀이
② 분석철학 - 피터스
③ 항존주의 - 허친스
④ 본질주의 - 브리드

■ 정답 및 해설
① 존재론적 관점에서 경험과 변화를 유일한 실재로 보고, 인식론적 관점에서 상대적 진리관을 취하며, 가치론적 관점에서 경험에 의해 효용성이 입증된 것을 중시하는 관점을 프래그머티즘이라고 한다. 프래그머티즘에 기초해서 교육철학을 탐구한 학자는 듀이이다.

◇ 오답 체크
② 분석철학 - 피터스는 언어 속에 실재가 있다고 보고, 언어의 기능과 논리구조의 분석을 통해 가치있는 지식에 도달할 수 있다고 본다.

### 암기 POINT
• 20세기 전반의 교육철학 비교

|  | 주요 사상가 |
|---|---|
| 진보주의 | 듀이 : 반성적 사고<br>킬패트릭 : 프로젝트<br>올센 : 지역사회학교<br>파커스트 : 달톤플랜 |
| 항존주의 | 허친스 : 위대한 고전<br>아들러 : 파이데이아<br>마리탱 : 신학, 인격 |
| 본질주의 | 배글리, 브리드 : 본질<br>스미스, 베스터 : 기초 |
| 재건주의 | 카운츠 : 사회개혁<br>브라멜드 : 문화적 개혁 |

20 ①

③ 항존주의 - 허친스는 절대적·객관적 진리가 존재한다고 보며, 고전 교과를 통한 학습을 강조하였다.
④ 본질주의 - 브리드(F. Breed)는 인류의 문화유산 중 본질적이고 보편적인 것을 간추려 학생들에게 전수하여야 한다고 본다. 절대적 진리관을 취하면서도, 항존주의와 달리 영원불변의 진리가 존재한다고 보지는 않는다.

**21.** 다음 글에서 듀이(J. Dewey)의 반성적 사고의 특징을 설명한 것으로만 묶은 것은?

2011년 국가직 9급

ㄱ. 궁극적으로 변화를 추구한다.
ㄴ. 과학적 탐구과정의 수단으로 활용될 수 있다.
ㄷ. 문제해결과정에서 최초 목표에 대한 수정이 불가능하다.
ㄹ. 개인의 내적 사고과정이므로 타인과의 상호작용에 가치를 두지 않는다.

① ㄱ, ㄴ   ② ㄱ, ㄹ
③ ㄴ, ㄷ   ④ ㄷ, ㄹ

■ 정답 및 해설
① ㄱ. 듀이는 인간은 경험 그 자체로부터가 아니라, 경험을 반성하는 것으로부터 배운다고 주장하면서, 반성적 사고의 중요성을 강조하였다. 듀이는 반성적 사고를 미해결 문제를 해결하기 위한 정신적 작용으로서, 궁극적으로는 문제의 해결이라는 변화를 추구하는 과정으로 개념화하였다.
ㄴ. 반성적 사고는 지성적 사고와 경험적 지식을 이용하여 과학적으로 문제를 해결해 나가는 방식이다. 이러한 과학적 문제해결 방식은 과학적 탐구 뿐 아니라, 사회적, 도덕적, 정치적 탐구의 수단으로도 활용될 수 있다.

◇ 오답 체크
ㄷ. 듀이는 반성적 사고를 미해결문제에 대한 논리적 검토와 경험적 관찰을 통한 문제해결의 과정으로 개념화한다. 구체적으로는, 반성적 사고의 과정은 미해결 문제의 인식(제안) → 문제의 명료화(지성화) → 가설의 설정(가설) → 가설의 검토(추론) → 경험적 검증(검증)의 순으로 전개된다. 반성적 사고를 통해 얻게 되는 지식은 상대적이며 상황맥락적이므로 변화가능하다. 문제해결의 과정에서 최초 목표는 언제든 수정이 가능하며, 목표 수정을 통해 보다 엄밀한 문제해결의 방법을 찾아 나갈 수 있다.
ㄹ. 듀이는 반성적 사고를 주변의 환경과 상호작용하는 가운데 문제를 해결해 나가게 하는 정신 과정이라고 본다. 타인과의 상호작용은 반성적 사고를 촉진하는 과정에 포함된다. 따라서 반성적 사고는 개인의 내적 사고과정을 넘어서 사회적 문제해결의 과정으로 볼 수 있으며, 타인과의 상호작용이 중요한 가치를 갖는다.

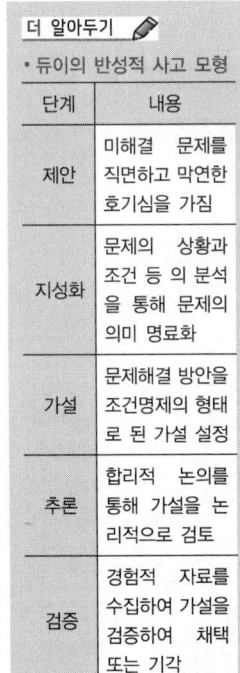

더 알아두기
• 듀이의 반성적 사고 모형

| 단계 | 내용 |
| --- | --- |
| 제안 | 미해결 문제를 직면하고 막연한 호기심을 가짐 |
| 지성화 | 문제의 상황과 조건 등의 분석을 통해 문제의 의미 명료화 |
| 가설 | 문제해결 방안을 조건명제의 형태로 된 가설 설정 |
| 추론 | 합리적 논의를 통해 가설을 논리적으로 검토 |
| 검증 | 경험적 자료를 수집하여 가설을 검증하여 채택 또는 기각 |

21 ①

# 02. 항존주의 교육철학

## 출포 9. 항존주의 교육철학  B

🌐 기본서 27~28쪽

**22.** 항존주의 교육철학에 대한 설명으로 옳은 것은?  2023년 국가직 9급
① 아동 존중의 원리를 채택한다.
② 교육을 통한 사회 개조를 중시한다.
③ 지식이나 진리의 영원성을 강조한다.
④ 실제적인 삶의 문제를 해결하는 데 초점을 둔다.

■ 정답 및 해설
③ 항존주의 교육철학은 진보주의 교육을 비판하며 등장한 보수적인 교육이념으로, 관념론과 신학을 바탕으로 지식이나 진리의 영원성을 강조한다.

◇ 오답 체크
① 아동 존중의 원리를 채택하여 교육활동에서 아동의 흥미, 관심, 필요를 중시할 것을 주장한 것은 진보주의 교육철학이다.
② 교육을 통한 사회를 개조하고 새로운 사회질서를 수립하고자 한 교육철학은 재건주의 교육철학이다.
④ 아동이 현재 생활에서 접하는 실제적인 삶의 문제를 해결하는 과정을 통한 학습에 초점을 두는 교육철학은 진보주의 교육철학이다.

**암기 POINT**
• 항존주의 교육의 원리

| | |
|---|---|
| 목적 | 영원불변한 진리의 세계로의 안내 |
| 내용 | 공통교과의 필수화<br>자유교양교과 중심<br>형이상학과 신학 |
| 방법 | 이성의 계발과 단련<br>'위대한 고전' 읽기<br>도덕적 훈육 강조 |
| 한계 | 엘리트 중심 교육 |
| 학자 | 허친스, 아들러 |

**23.** 교육철학 사조와 그 내용으로 옳지 않은 것은?  2015년 국가직 7급
① 분석적 교육철학은 교육적 언어의 의미를 분석하고 교육적 개념을 명료화하는 데 초점을 두었다.
② 본질주의는 형이상학과 신학이 고등교육의 교육과정에 포함되어야 한다고 주장하였다.
③ 항존주의는 미국 사회의 진보주의 교육운동을 비판하며 등장한 보수적인 교육철학 이념이다.
④ 포스트모더니즘은 사회의 이질성과 다원성을 의식하고 인정하는 교육을 강조하였다.

■ 정답 및 해설
② 형이상학과 신학을 고등교육의 교육과정에 포함하여야 한다고 주장한 사조는 항존주의 교육철학이다.

22 ③  23 ②

**24.** 다음의 내용과 관계가 깊은 20세기 미국의 현대 교육사조는?

2013년 지방직 9급

- 지식은 모든 곳에서 동일해야 한다.
- 교육은 아동을 진리에 적응시키는 것이다.
- 이성의 훈련과 지성의 계발을 위해 교양교육을 실시해야 한다.

① 본질주의  ② 항존주의
③ 진보주의  ④ 재건주의

■ 정답 및 해설

② 항존주의는 언제 어디서나 동일하게 영원성, 불변성, 항구성을 가진 지식이 진리라고 본다. 교육은 이러한 영원불변한 진리의 세계에 아동을 적응시키는 것을 임무로 한다고 본다. 아동을 진리의 세계로 안내하기 위해서는 고대로부터 이어지는 전통적인 교양교육을 통해 이성과 지성을 계발하고 도덕성을 길러야 한다고 강조한다.

**25.** 다음 주장에 함의되어 있는 교육관으로 가장 적절한 것은?  2011년 유초등

> 교육은 가르침이요, 가르침은 지식이다. 지식은 진리이며, 진리는 모든 곳에서 동일하다. 그러므로 교육은 모든 곳에서 동일하다.
> — 허친스(R. Hutchins)

① 교육은 생활을 위한 준비가 아니라 생활 그 자체이어야 한다.
② 교육은 인간 본성인 이성을 계발하는 일이므로 지식을 중심으로 이루어져야 한다.
③ 교육은 아동의 흥미와 필요를 존중하고 아동의 발달 단계에 근거하여 이루어져야 한다.
④ 교육은 새로운 사회 질서의 창조에 전력해야 한다는 점에서 사회적 자아실현을 추구해야 한다.
⑤ 교육은 한 사회의 고유한 문화적 전통과 가치를 전수함으로써 그 사회의 후속 세대를 길러내야 한다.

■ 정답 및 해설

② 진리는 모든 곳에서 동일하므로, 교육도 모든 곳에서 동일하여야 한다는 생각은 진리의 불변성, 항존성, 영원성을 전제로 하는 항존주의 교육관에 해당된다. 허친스를 중심으로 한 항존주의 교육관에서는 진리의 세계로 들어가기 위해 이성과 지성의 계발을 위해 지식교육을 강조한다.

◇ 오답 체크

①, ③ 진보주의, ④ 재건주의, ⑤ 본질주의 교육관에 해당된다.

**암기 POINT**

- 20세기 전반의 교육철학 비교

| | 교육목적 |
|---|---|
| 진보주의 | 현재 생활 그 자체 / 개인적 자아실현 |
| 항존주의 | 진리의 세계 적응 / 이성의 계발 |
| 본질주의 | 문화적 전통 전수 / 미래 생활 준비 |
| 재건주의 | 새로운 사회 창조 / 사회적 자아실현 |

24 ②  25 ②

## 26. 교육사상가들에 대한 설명으로 옳지 않은 것은?

2017년 국가직 9급

① 파크허스트(H. Parkhurst)는 달톤 플랜(Dalton plan)에서 학생과 교사가 계약을 맺는 계약학습을 제시하였다.
② 아들러(M. J. Adler)는 파이데이아 제안서(Paideia proposal)에서 학생들이 동일한 교육목표를 가지는 교육과정을 주장하였다.
③ 허친스(R. M. Hutchins)는 듀이(J. Dewey)와 함께 진보주의교육협회를 설립하고 진보주의 교육운동을 전개하였다.
④ 킬패트릭(W. H. Kilpatrick)은 학생이 자신의 학습을 계획하고 활동을 수행하는 프로젝트 학습법(project method)을 제시하였다.

### ■ 정답 및 해설

③ 허친스는 항존주의 교육철학의 창시자로서, 진보주의 교육운동에 대해 비판적 입장을 취하였다. 교육을 영원불변한 진리와 가치의 세계로 복귀시킬 것을 주장하며, 이성의 계발과 단련을 위한 교육을 주장하였다. 아들러와 함께 대학에서 '위대한 고전(Great Books)' 읽기 교육을 창안하여 보급하였다.
한편, 듀이와 함께 진보주의교육협회를 설립하고 진보주의 교육운동을 전개한 학자는 킬패트릭이다.

### ◇ 오답 체크

① 파크허스트는 진보주의 교육사상가로서, 학습자의 개인차에 알맞은 교육과정 및 학습활동 방안으로 달톤 플랜을 제시하였다.
② 아들러는 항존주의 교육철학자로서, 1930년대에는 허친스와 함께 '위대한 고전' 읽기 운동에 참여하였다. 1980년대에는 파이데이아 제안서를 통해 미국의 초·중등교육의 개혁방안을 제시하였다. 주요 내용은 모든 학생들이 동일한 교육목표를 가지고 동일한 교육과정을 학습하여야 하며, 그 내용은 인문교양교과를 중심으로 하여야 한다는 것이다.
④ 킬패트릭은 진보주의 교육사상가로서, 학습자 스스로 자신의 생활 속 문제를 해결하기 위한 학습 계획을 수립하고 활동을 수행하는 프로젝트 학습법(구안법)을 제시하였다.

### 더 알아두기

• 파크허스트의 달톤 플랜
1919년 미국 매사추세츠 주의 달톤 시에서 시행된 프로그램으로, 학습자의 개인차를 고려한 교육과정 조직 및 학습활동의 방안이다. 자유와 협동의 원리를 기초로 학생과 교사는 학습과제에 대한 계약을 맺도록 하였다. 계약내용은 학생들에게 1개월에 하나씩 과제를 주고, 이를 기간 내에 완료하는 것이다. 학생들은 배포된 학습지침서를 활용하여 개별적으로 과제를 해결하며 과제해결의 정도를 진도표에 기입한다. 교사는 학생과의 면담을 통하여 학습진도를 조절하고 학습의 진전 상황을 파악하기 위한 평가를 실시한다. 학생들은 학습 과정 중에 적극적으로 협력하도록 격려된다.

## 27. 1980년대 미국 교육과정에서 나타난, 주지주의 교육으로의 복고 경향과 관련이 깊은 것을 <보기>에서 모두 고른 것은?

2010년 중등

ㄱ. 환경교육, 소비자교육, 인권교육 등의 새 프로그램 개발
ㄴ. 중핵교육과정(core curriculum)의 강조
ㄷ. 파이데이아 제안서(Paideia Proposal)의 발표
ㄹ. 조직화된 지식 습득과 지적 기능 계발의 강조

① ㄱ, ㄴ
② ㄱ, ㄹ
③ ㄷ, ㄹ
④ ㄱ, ㄴ, ㄷ
⑤ ㄴ, ㄷ, ㄹ

26 ③ 27 ③

### 더 알아두기

• 아들러의 파이데이아 제안서
파이데이아 보고서는 아들러가 주축이 되어 1982년에 작성한 미국 교육의 개혁방안에 관한 보고서이다. 아들러는 허친스와 함께 '위대한 고전 읽기' 프로그램을 전개한 사람으로, 고대의 교양교육을 이상적 교육으로 생각하였다. 파이데이아(Paideia)란 고대 그리스어로 '교양' 또는 '교육'을 의미한다. 파이데이아는 신체적·정신적·도덕적 발달이 조화된 전인적 인간을 형성하는 데 목적을 두는 교육을 의미한다.
보고서는 당시 교육의 질적 저하 문제를 지적하면서, 인문 교과 중심의 교양교육을 되살려 교육의 질을 제고하고자 하였다. 이렇게 구성된 교육과정은 모든 학생들에게 제공되어야 한다고 주장하였다. 그간 학생들의 흥미와 관심, 필요에 기초하여 운영되어 온 선택과목 제도를 폐지하고, '모든 학생을 위한 동일한 교육과정'(국민공통 기본교육과정)을 제안한 것이다.]

### ■ 정답 및 해설

③ ㄷ. 파이데이아 제안서는 1982년 아들러를 중심으로 제안된 교육 개혁안이다. 전통적인 교양교과와 고전을 이용한 소크라테식 토론 교육을 통해 학생들의 사고력과 판단력을 기르는 데 중점을 두었다. 항존주의 교육철학과 관련된다.
ㄹ. '기초 회귀(back-to-basics)' 운동을 위시한, 1980년대 미국의 주지주의 교육으로의 복고 경향에서는 조직화된 지식 습득과 지적 기능 계발을 강조한다. 학생들의 흥미와 관심, 필요에 중점을 둔 진보주의 교육의 영향으로 지식습득과 지적기능의 계발이 경시되어 왔다는 점을 지적한다. 이러한 강조점은 본릿루의 교육철학과 관련이 깊다.

### ◇ 오답 체크

ㄱ. 현대 사회의 위기 극복과 새로운 사회질서 창조를 위한 주제로서 환경교육, 소비자교육, 인권교육 프로그램을 새로 도입할 것을 주장한 사조는 재건주의 교육철학이다.
ㄴ. 중핵 교육과정이란 특정한 주제나 문제를 중심으로 여러 교과의 내용을 통합하여 기존의 교과 구분이 완전히 사라지도록 조직하는 교육과정을 말한다. 중핵 교육과정 등 교육과정 통합을 강조한 사조는 진보주의 교육철학이다.

## 03. 본질주의 교육철학

**출포 10. 본질주의 교육철학**    B

🌐 기본서 28~29쪽

**28.** 본질주의와 항존주의에 대한 설명으로 옳지 않은 것은? 2020년 국가직 7급
① 항존주의는 본질주의를 비판하면서 태동하였다.
② 본질주의는 읽기, 쓰기, 셈하기 등의 기초학습능력을 강조하였다.
③ 허친스(Hutchins)는 '위대한 고전(Great Books)' 읽기 교육을 주장하였다.
④ 본질주의는 인류의 문화유산 중 핵심적인 것을 다음 세대에 교육할 것을 주장하였다.

### 암기 POINT

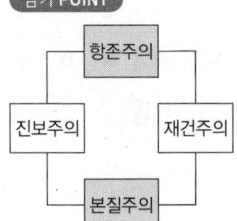

☐ 개혁적, 아동·경험중심
■ 보수적, 교사·교과중심

28 ①

### ■ 정답 및 해설

① 항존주의와 본질주의는 모두 진보주의를 비판하면서 등장한 보수주의 교육이념이다. 이들은 진보주의 교육의 아동의 흥미와 관심, 경험과 생활을 중심으로 한 교육이 교육의 질을 저하시켰다고 비판한다. 항존주의와 본질주의는 전통적인 교과 중심 교육을 강조하며 교사의 권위를 옹호하고 도덕적 훈육을 중시한다는 점에서도 유사한 관점을 갖는다.

**29.** 서양의 교육철학 사조에 대한 설명으로 가장 적절한 것은? 2018년 국가직 7급

① 본질주의 - 아동이 당장 흥미가 없고 힘들더라도 철저히 학습하도록 하는 것이 필요하다고 보았다.
② 항존주의 - 위대한 고전을 이용한 교육을 실용적인 직업교육과 융합하려고 노력하였다.
③ 재건주의 - 문화유산과 고전과목 등 전통적 교과과정을 중시하였다.
④ 진보주의 - 최초로 주장한 학자는 허친스(R. M. Hutchins)이다.

■ 정답 및 해설
① 본질주의는 인류 문화유산을 체계적으로 조직한 교과의 핵심적인 지식과 가치를 전수하는 데 중점을 둔다. 아동이 당장 흥미가 없고 힘들어하더라도 교육내용을 철저하게 가르치는 것이 필요하다고 본다. 본질주의는 진보주의가 아동의 흥미와 관심을 지나치게 강조하여 교과의 학습을 소홀히 해 왔다고 비판한다.

◇ 오답 체크
② 항존주의는 위대한 고전을 이용한 교육은 인간의 합리성을 계발하고 진리를 추구하기 위한 교양교육이므로, 실용적인 목적의 직업교육과 구분된다고 본다.
③ 전통적 교과과정을 중시하는 것은 본질주의와 항존주의이다.
④ 허친스가 창시한 교육사상은 항존주의이다.

**암기 POINT**
- 진보주의와 본질주의 비교

| | 진보주의 | 본질주의 |
|---|---|---|
| 목적 | 현재 생활 속 성장 | 미래 생활의 준비 |
| 내용 | 아동의 경험 실제 문제 | 기초교과 전통교과 |
| 교육과정 | 중핵 교육과정 | 분과형 교육과정 |
| 방법 | 흥미 강조 | 노력 강조 |
| 교사 | 아동의 자율성 존중 | 교사의 엄격한 지도 |

**30.** 현대 교육철학 사조 중 본질주의에 대한 설명으로 옳은 것은? 2014년 국가직 9급

① 인류의 전통과 문화유산을 소중히 여기며 교육을 통해 문화의 주요 요소들을 다음 세대에 전달할 것을 강조한다.
② 진리를 인간의 경험에서 나오는 실험적 혹은 가설적인 것으로 간주한다.
③ 교육에서 전통과 고전의 원리를 강조하고 불변의 진리를 인정한다.
④ 교육이 문화의 기본적인 가치를 실현시키는 새로운 사회질서를 창조하는 일에 전념할 것을 강조한다.

■ 정답 및 해설
① 본질주의에서는 인류의 전통과 문화유산 중 핵심적이고 본질적인 지식과 가치를 다음 세대에 전달하는 일을 교육의 임무로 생각한다.

◇ 오답 체크
② 진리는 인간의 경험으로부터 나오며, 경험을 통해 지속적으로 입증되어야 할 실험적이며 가설적인 것으로 보아야 한다는 것은 프래그머티즘 철학이다. 교육철학 사조 중 진보주의과 관련된다.
③ 교육에서 전통과 고전의 원리를 중시하며, 불변의 절대적 진리를 인정하는 관점은 항존주의 사조에 해당한다.
④ 교육을 통해 문화의 기본가치를 실현하고 새로운 사회질서를 창조하여야 한다고 주장하는 사조는 재건주의 사조이다.

**암기 POINT**
- 항존주의와 본질주의 비교

| | 항존주의 | 본질주의 |
|---|---|---|
| 배경 | 관념론 신학 | 실재론 과학 |
| 목적 | 이성과 지성의 계발 | 문화유산 핵심 전수 |
| 내용 | 교양교과 고전학습 | 기초교과 현실반영 |
| 방법 | 진리탐구 토론 도덕훈육 | 반복학습 암기 도덕훈육 |

29 ① 30 ①

## 강서연 교육학

**31.** 김 교사는 다음과 같은 교육관을 가지고 있다. 그의 교육관에 가장 가까운 교육철학 사조는?  *2002년 중등*

> ○ 배우는 일은 본래 쉽지 않기 때문에 열심히 노력해야 한다.
> ○ 교사가 이끄는 대로 배우는 것이 중요하다.
> ○ 반복학습과 암기가 매우 중요하다.
> ○ 교과 및 교재의 논리적 체계에 따라 가르쳐야 한다.

① 계몽주의  ② 이상주의
③ 본질주의  ④ 재건주의

### 기출플러스
- 본질주의 교육관을 가진 교사 (2006년 중등)
- 민족적 경험이 엄선되어 체계화되었다고 생각하는 교재를 사용하여 교사중심의 수업을 실시한다.
- 수업의 주안점을 학생의 미래준비를 위한 훈련에 둔다.

### ■ 정답 및 해설
③ 아동의 흥미보다는 노력 중시, 교사의 권위 인정, 반복학습과 암기 강조, 교과의 논리적 체계 강조 등을 특징으로 하는 교육철학은 본질주의 사조이다.

### ◇ 오답 체크
① 계몽주의는 인간의 이성적 사고능력을 기르는 것을 강조한다. 이를 위해 학문적 훈련과 논리적·분석적·비판적 태도를 강조한다.
② 이상주의(idealism)는 인간이 경험할 수 없는 이상적 세계에 세상의 본질과 진리가 존재한다고 철학적 관점으로, 실재주의(realism)와 대조된다. 제시된 내용과 직접 관련된다고 보기 어렵다.
④ 재건주의에서는 학생과 교사가 함께하는 토론과 비판을 통한 학습을 강조한다.

**32.** 본질주의 교육사조에 대한 설명으로 옳지 않은 것은?  *2017년 국가직 7급*

① 수월성을 강조하는 오늘날의 교육은 본질주의 사조와 일맥상통한 면이 있다.
② 미국 정부가 과거에 주도했던 '기초 회귀(Back-to-basics)' 운동은 본질주의 입장의 재현으로 볼 수 있다.
③ 현재의 문화적 위기 속에서 교육을 통하여 새롭고 민주적인 세계질서가 수립될 수 있다고 주장한다.
④ 수업의 주도권이 교사에게 있으며, 교재는 학습자의 현재의 관심과는 무관하게 선정되어야 한다고 본다.

### 더 알아두기
- 미국의 '기초 회귀' 운동 1970년대 후반 미국 정부는 학생들의 학업 성취도가 낮아지고 있다는 사실을 확인하였다. 한편으로는 지식교육에 소홀한 진보주의 교육운동이, 다른 한편으로는 지나치게 어려운 학문적 내용을 가르치는 학문중심 교육과정이 문제의 원인으로 지적되었다.

### ■ 정답 및 해설
③ 교육을 통해 현대 사회의 문화적 위기를 극복하고 새로운 민주질서를 수립할 수 있다고 보는 관점은 재건주의 교육사조이다.

### ◇ 오답 체크
① 수월성(excellence) 중심 교육이란 학습능력이 뛰어난 우수한 인재를 선발하여 이들의 능력을 향상시키는 데 중점을 두는 교육을 말한다. 엘리트 교육으로서, 전인교육보다는 지식교육 중심이 된다. 본질주는 기초교과를 중심으로 철저한 학문적 훈련을 강조한다는 점에서 수월성 교육과 일맥상통한 면이 있다.

31 ③　32 ③

② '기초 회귀(Back to Basics)' 운동은 1970~1980년대에 교육개혁의 일환으로 진행된 교육운동이다. 학생들의 기본 학력(읽기, 쓰기, 산수 등) 강화, 교육과정 단순화, 학업성취평가 강화, 교사의 책임 강화 등을 주요 내용으로 한다. 본질주의에서도 기초교과의 지식과 기술 학습, 철저한 지적 훈련과 도덕적 훈육, 교사 주도의 전통적 교수법(반복학습, 암기 등) 등을 중시한다는 측면에서 이 운동을 본질주의의 재현이라고 할 수 있다.

④ 본질주의 교육사조는 사회의 문화유산 중 핵심적이고 본질적인 지식과 가치를 가르쳐야 한다고 본다. 교사는 학생들에게 가르칠 지식과 가치는 선정하고 전달하는 데 전문가로서의 권위를 가진다고 보므로, 교사에게 수업의 주도권을 부여한다. 교재 선정에 있어서도 학생의 현재 관심보다는 사회적으로 중요하다고 여겨지는 내용을 선정하여 논리적 체계에 따라 구성한 교재를 선정하여야 가르쳐야 한다고 본다.

이에, 다시 '기본으로 돌아가자(Back-to-basics)'는 주장이 힘을 얻었다. 기초회귀 운동의 주요 내용은 다음과 같다.
- 기초학력 강화 : 읽기, 쓰기, 수학 등 기초교과 교육 우선시
- 교육과정 단순화 : 전통적인 교과목에 집중
- 학업성취평가 표준화 : 표준화된 시험을 통해 학업성취 모니터링

## 04. 재건주의 교육철학

**출포 11. 재건주의 교육철학**    C

기본서 29~30쪽

**33.** 20세기 미국의 재건주의 교육의 기본 원리에 해당하지 않는 것은?

2021년 국가직 7급

① 교육에서는 개인의 자유가 존중되어야 하며, 교육의 목표는 개인적 자아실현의 추구이어야 한다.
② 교육은 문화의 기본적 가치 실현을 위한 새로운 사회질서 창조에 기여해야 한다.
③ 교육의 목적과 방법은 행동과학의 연구성과에 의해 혁신되어야 한다.
④ 교사는 새로운 사회건설의 긴급성과 타당성을 학습자들에게 교육해야 한다.

■ **정답 및 해설**
① 교육의 목표를 개인적 자아실현의 추구에 두는 것은 진보주의 교육이다. 재건주의 교육에서는 개인의 자유보다는 개인의 사회적 책임을 강조하며, 교육을 통한 사회 변화, 즉 사회적 자아실현을 추구한다. 여기서 사회적 자아실현이란 자신이 지향하는 방향으로의 사회개혁에 참여함으로써 자아실현을 추구하는 것을 말한다.

◇ **오답 체크**
② 재건주의는 교육을 통해 단순히 개인의 성공을 추구하기보다는, 사회 전체의 발전을 추구하는 문화를 형성하려고 하였다. 공동체와 협력, 민주적 가치, 사회적 정의와 책임 등을 바람직한 문화의 기본 가치로 상정하고, 이에 기초한 사회질서 창조를 위해서는 교육이 중요한 역할을 하여야 한다고 보았다.

**암기 POINT**
- 진보주의와 재건주의 비교

| | 진보주의 | 재건주의 |
|---|---|---|
| 목적 | 개인적 자아실현 (경험, 성장) | 사회적 자아실현 (사회개혁) |
| 내용 | 아동의 생활, 경험 | 사회개혁적 이슈 |
| 방법 | 실생활 문제, 프로젝트 (실용주의) | 사회적 쟁점 탐구, 토론 (행동과학) |
| 교사 | 조력자, 안내자 | 지도자, 촉진자 |
| 학자 | 듀이, 킬패트릭 | 카운츠, 브라멜드 |

33 ①

③ 재건주의는 사회의 재건을 위해서는 인간의 사고와 행동을 변화시켜야 한다고 보았다. 당시 심리학을 중심으로 발달된 행동과학의 연구성과를 반영하여 교육의 목적과 방법을 설계할 필요가 있다고 보았다.
④ 재건주의는 교육을 통해 학생들이 사회적 책임감을 갖고 새로운 사회를 만드는 데 기여할 수 있도록 도와야 한다고 본다. 이를 위해 교사는 새로운 사회건설의 긴급성과 타당성을 교육하는 데 적극적이어야 한다고 보았다.

## 34. 현대 교육사조에 대한 설명으로 옳지 않은 것은? 〔2007년 국가직 7급〕

① 진보주의 교육사상은 기초지식의 학습을 소홀히 하였다.
② 본질주의 입장에서는 교과서가 중요한 의미를 지닌다.
③ 항존주의는 고전과 형이상학에 대한 비판에서 출발하였다.
④ 재건주의는 브라멜드(Brameld), 카운츠(Counts) 등이 주창하였다.

### ■ 정답 및 해설

③ 항존주의는 고전과 형이상학을 바탕으로 진리의 영원성과 불변성을 강조하는 이념이며, 이들 내용을 학교에서 보다 적극적으로 가르칠 것을 주장한다.

### ◇ 오답 체크

① 진보주의 교육사상은 아동의 흥미와 관심, 실제적 경험을 중심으로 한 학습을 강조한 반면, 읽기, 쓰기, 셈하기 등 기초지식의 학습을 소홀히 하고 인지적인 교과의 비중을 축소시켰다는 비판을 받는다.
② 본질주의 입장에서는 사회의 문화유산 중 본질적인 지식과 가치를 엄선하여 논리적 체계에 따라 조직해 놓은 교과서(교재)에 따라 교육을 실시하여야 한다고 본다. 즉 본질주의는 교과서의 권위와 중요성을 높게 보는 입장이다.
④ 1930년대에 주로 활동한 카운츠는 교육이 사회변화를 주도할 수 있으며, 이를 위해 학교가 사회의 부조리를 해결하고 민주적 가치를 증진하는 데 기여해야 한다고 주장하였다. 1950년대에 주로 활동한 브라멜드는 당시의 다양한 교육철학들을 두루 비판하며, 현대 사회의 문명사적 위기 극복을 위해서는 사회적·문화적 재건주의 교육철학의 필요성을 역설하였다.

34 ③

# 4. 20세기 후반의 교육철학

## 01. 실존주의 교육철학

**출포 12. 실존주의 교육철학**     A

📖 기본서 31~33쪽

**35.** 실존주의 교육철학에 대한 설명으로 옳지 않은 것은?    2022년 지방직 9급
① '나 – 너'의 진정한 만남을 통해 인간의 본래 모습을 회복한다.
② 불안, 초조, 위기, 각성, 모험 등의 개념에 주목한다.
③ 부버(Buber), 볼르노(Bollnow) 등이 대표적인 학자이다.
④ 의도적인 사전 계획과 지속적인 훈련을 강조한다.

### ■ 정답 및 해설

④ 실존주의 철학자인 볼르노(볼노우)는 교육의 형식을 지속적인 교육형식과 단속적인 교육형식으로 구분한다. 지속적인 교육형식은 인간이 점진적이고 지속적으로 발달한다고 보고, 교육에서 의도적인 사전 계획과 지속적인 훈련을 강조한다. 기계적 교육관(주형으로서의 교육)과 유기적 교육관(성장으로서의 교육) 모두 지속적 교육형식에 포함된다. 반면, 단속적인 교육형식은 인간은 때로는 퇴보하거나 성장을 멈추기도 하는 존재라고 보고, 교육에서 사전에 의도하지 않은 비연속적·단속적·도약적 변화와 성장의 계기를 제공할 것을 강조한다. 실존주의 교육철학에서는 단속적 교육형식에 대한 강조를 통해 이 두 형식이 서로를 보충할 수 있도록 해야 한다고 본다.

**36.** 실존주의 교육철학의 특징에 해당하는 것은?    2020년 지방직 9급
① 삶의 긍정적·부정적 측면을 통해 학습자 스스로가 삶의 문제를 해결하고 주체적으로 성장할 수 있다.
② 교육의 사회적 역할을 강조하고 교육을 통한 사회개조를 강조한다.
③ 교육의 주도권은 교사에게 있고 교육과정의 핵심은 소정의 교과를 철저하게 이수하는 것이다.
④ 교육에서 현실의 학문을 무시하고 고전의 지식을 영원한 것으로 여기며 지적인 훈련을 매우 강조한다.

---

**암기 POINT**

• 실존주의 교육의 원리

| | |
|---|---|
| 목적 | 자유롭고 주체적이며 창조적인 인간 형성 |
| 내용 | 삶의 다양한 측면 포함 (긍정+부정 모두) 정서적 심미적 도덕적 측면(인문, 예술) 강조 |
| 방법 | 위기, 각성, 모험 주체들의 인격적 만남 철학적 대화와 토론 |
| 한계 | 비체계적, 현장적용 어려움, 지식교육 소홀 |
| 학자 | 볼노우, 부버 |

35 ④    36 ①

■ 정답 및 해설
① 실존주의 교육철학은 20세기 전반을 지대한 관념론과 실증주의 사상에 대한 반동으로서, 인간의 일반성, 보편성, 평균성에 대한 부정한다. 실존주의는 인간을 자율적·주체적·개별적 존재로 이해하며, 삶의 긍정적·부정적 측면에서 자유로운 선택과 책임있는 결단을 통해 스스로 삶의 문제를 해결하고 주체적인 존재로 성장할 수 있다고 본다.

◇ 오답 체크
② 교육을 통한 사회개조를 강조하는 것은 재건주의 교육철학의 특징에 해당한다.
③ 교사 주도의 교육 및 철저한 교과 학습의 중요성을 강조한 부분은 본질주의 교육철학의 특징에 해당한다.
④ 현실의 학문보다는 고전의 지식을 학습함으로써 영원불변의 진리를 배우고 지적인 훈련을 통해 이성을 계발할 것을 강조한 것은 항존주의 교육철학이다.

### 37. 실존주의 교육철학관에 대한 설명으로 옳지 않은 것은? 2019년 국가직 9급
① 교육의 목적은 자유롭고 주체적이며 창조적인 인간형성에 있다.
② 교육은 자기결정적인 자아의 형성을 위한 것이다.
③ 교육에서는 인간적인 만남이 중요하다.
④ 인간의 본질을 규격화된 것으로 이해한다.

■ 정답 및 해설
④ 실존주의 교육철학에서는 인간의 본질을 규격화된 것 혹은 보편적인 것, 평평균적인 것, 이미 주어져 있는 것으로 보는 관점을 거부한다. 실존주의는 개별적이고 주체적인 존재로서 학생 스스로 자신의 개성을 발견하고 자신의 삶을 책임감 있게 개척할 것을 강조한다.

◇ 오답 체크
① 실존주의 교육은 학생 개인의 삶과 자유를 존중하고, 자신의 삶의 문제를 주체적으로 결정하는 자기결정적인 자아의 형성을 그 목적으로 한다.
② 실존주의 교육은 학습자들을 자신의 삶을 주체적으로 만들어 나갈 수 있는 자기결정적 자아로 성장시키는 데 중점을 둔다.
③ 실존주의 교육철학인 부버는 교육이 인간적인 만남을 통해 현대문명의 위기를 극복하고 인간의 본래 모습을 회복하는 데 중점을 두어야 한다고 본다.

### 38. 실존주의 교육철학의 기본 관점으로 가장 거리가 먼 것은?
2013년 국가직 7급
① 지식과 진리는 주체의 삶 속에서 구체적인 의미를 부여하며 '지금 여기에' 존재한다.
② 인간의 성장과 발달은 점진적이고 지속적으로 이루어진다.
③ 교육은 인간의 본래적 모습을 회복하는 데 초점을 두어야 한다.
④ 교육은 적극적 형성 작용도 아니고 소극적 보호 작용도 아니다.

**더 알아두기**

• 관념론과 실존주의

| 관념론 | 실존주의 |
|---|---|
| 정신적 실재, 이념(본질) | 구체적 경험, 존재(실존) |
| 보편적 이념 추구 | 주체성 회복 추구 |
| 합리주의, 실증주의 | 현상학, 해석학 |

• 실증주의 vs. 실존주의

| 실증주의 | 실존주의 |
|---|---|
| 경험적 관찰 과학적 방법 | 심층적 관찰 성찰적 해석 |
| 객관적 사실 발견 | 개인의 경험 이해 |
| 보편적 법칙 일반화 | 실존적 각성 주체적 실천 |

37 ④  38 ②

■ 정답 및 해설

② 실존주의 철학에서는 교육의 형식을 지속적인 교육형식과 단속적인 교육형식으로 구분한다. 지속적인 교육형식은 인간의 성장과 발달은 점진적이고 지속적으로 이루어진다고 본다. 단속적인 교육형식은 인간의 성장과 발달이 도약적이고 단속적이며 불연속적으로 이루어진다고 본다. 실존주의 교육철학(볼노우)는 이 두 가지 교육형식의 가치를 인식하며 두 가지 교육형식이 상호 보완적으로 이루어져야 한다고 본다.

◇ 오답 체크

① 실존주의는 지식과 진리가 보편적인 것이 아니라, '지금 여기에(now and here)' 존재하는 주체의 삶에 구체적으로 의미가 있는 것이어야 한다고 본다.
③ 실존주의는 기존의 교육이 인간은 평균적이고 규격화된 인간으로 양성해 왔다고 비판한다. 실존주의 교육에서는 인간이 각자의 개성과 주체성을 발견하여 스스로 삶의 의미를 탐구하고 인간의 본래 모습을 회복하여야 한다고 본다.
④ 적극적 형성 작용이란 의도적인 계획과 훈련을 통해 인간을 특정한 방향으로 변화시키려는 작용으로, 기계적인 교육관에 해당한다. 소극적 보호 작용은 학습자를 부적절한 간섭으로부터 보호하여 학습자의 자연스러운 성장을 돕고자 하는 작용으로, 유기적인 교육관에 해당한다. 실존주의 철학자인 볼노우는 교육을 이 두 가지 작용으로 보는 관점은 모두 지속적인 교육형식에 속하는 것이며, 교육은 지속적인 교육형식만으로 설명되지 않는다고 보았다.

### 39. 현대 교육철학의 특징에 관한 설명으로 옳지 않은 것은? 2009년 중등

① 분석적 교육철학은 교육의 주요 개념 및 용어에 대한 철학적 분석을 강조한다.
② 실존주의 교육철학은 인간의 본질이 실존에 우선한다고 보고, 인간의 본질을 탐구한다.
③ 포스트모더니즘 교육철학은 진리의 상대성을 주장하며, 다원주의적 입장에 서 있다.
④ 페미니즘 교육철학은 교육에서 상대적으로 소외되어 온 가정의 삶 영역과 여성의 가치 회복을 중시한다.
⑤ 비판적 교육철학은 현대사회의 학교교육에서 나타나는 교육의 불평등과 부정의(不正義)를 드러내는 데 관심이 있다.

■ 정답 및 해설

② 인간의 본질이 실존에 우선한다고 보고 인간의 본질을 탐구하는 철학의 전통은 칸트나 헤겔로 대표되는 관념론의 특징에 해당된다. 인간의 본질이 경험 이전에 이미 정해져 있고, 인간은 그 본질에 따라 규정된다고 보는 관점이다.
이와는 반대로, 실존주의에서는 '실존이 본질에 우선한다'(사르트르)고 주장한다. 인간은 자신의 선택과 결단에 따라 주체적으로 행동하는 존재이므로, 인간의 현실적인 세계 내에서의 행위나 경험이 인간의 본질을 결정한다는 의미이다. 따라서 탐구의 대상은 인간이 본질이 아니라 실존이 되어야 한다고 본다.

## 출포 13. 부버의 교육철학

🔹 기본서 32쪽

**40.** 다음과 같이 주장한 교육사상가는?　　2024년 국가직 9급

> ○ 인간이 세계에 대하여 갖는 두 가지 관계는 나-너의 관계와 나-그것의 관계이다.
> ○ 나-그것의 관계에서 세계는 경험과 인식과 이용의 대상이다.
> ○ 나-너의 관계는 직접적이고 인격적 관계이다.
> ○ 나-너의 관계를 통해서 만남이 이루어진다.

① 부버(Buber)　　② 프뢰벨(Fröbel)
③ 피터스(Peters)　　④ 헤르바르트(Herbart)

### ■ 정답 및 해설

① 실존주의 철학자인 부버는 세계에 대한 태도로 '나-그것'의 관계와 '나-너'의 관계를 대비시킨다. '나-그것'의 관계란 객관적 경험과 이용의 대상이 되는 사물의 세계에서 형성되는 관계로서, 서로를 대상이나 수단으로 취급하는 비인격적인 관계이다. '나-너'의 관계란 인간이 자신을 둘러싼 세계와 인격적으로 만나는 관계로서, 대화를 통해 서로의 독특성을 발견하는 실존적 관계이다. 부버는 현대 사회의 인간성 상실 문제의 원인을 '나-그것'의 관계로부터 찾으며, '나-너'의 관계 형성을 통해 인간의 본래 모습을 회복할 수 있다고 주장하였다.

### ◇ 오답 체크

② 프뢰벨은 신인문주의 교육자로 직관과 놀이를 이용한 유아교육을 강조하였다.
③ 피터스는 교육을 '인류의 공적 전통으로 학생을 안내하는 과정'으로 정의한다.
④ 헤르바르트는 도덕적 품성의 함양을 교육의 목적으로 하고, 교육의 내용으로는 다면적 흥미의 개발을 강조한 신인문주의 교육사상가이다.

### 암기 POINT

- 부버의 실존주의 교육철학

| 구분 | 특징 |
|---|---|
| '나-너' 관계 | • '나-그것' : 이용 대상, 비인격적<br>• '나-너' : 대화적, 인격적 만남 |
| 인격적 만남의 교육 | • 만남으로 인간의 본래 모습 회복<br>• 서로의 독특성 발견, 정체성 형성 |

**41.** 다음과 같은 주장을 하는 현대교육사상가는?　　2019년 지방직 9급

> 현대의 위기상황에서 잃어버린 인간의 본래적 모습을 회복할 수 있는 방안은 인간들 간의 대화적, 실존적 만남 속에서 서로의 독특성을 발견하는 데 있다. 교육도 이러한 인격적 만남에 기초해야만 한다. 따라서 교수 목표는 지식 교육이 아니라 아동과의 관계형성을 통한 정체성 확립에 있다.

① 부버(M. Buber)　　② 듀이(J. Dewey)
③ 브라멜드(T. Brameld)　　④ 허친스(R. M. Hutchins)

40 ① 41 ①

■ 정답 및 해설
① 인간들 간의 대화적, 실존적 만남을 통해 서로의 독특성을 발견하는 '인격적 만남'의 중요성을 강조하며, 교육의 목표를 아동과의 인격적 만남을 통한 정체성 확립에 두는 학자는 실존주의 교육철학자인 부버이다.

◇ 오답 체크
② 듀이는 프래그머티즘(실용주의) 철학에 기초하여, 교육의 목표를 아동의 '경험의 계속적인 재구성' 과정을 통한 성장에 둔다.
③ 브라멜드는 재건주의 교육철학에 기초하여, 교육을 통해 현대문명의 위기를 극복하는 새로운 사회질서 창출을 추구하였다.
④ 허친스는 항존주의 교육철학에 기초하여, '위대한 고전' 학습을 통해 절대적 진리와 가치를 복원하고 인간의 이성과 지성을 단련시키는 교육을 주장하였다.

기출플러스
• 실존주의 교육철학에 기초한 교장의 연설 내용 (2018년 지방직 9급)
우리 학교는 지금까지 지식교육에 매진해 온 결과, 학업성취도에서는 우수한 성과를 거두었습니다. 하지만 학생들은 그다지 행복하지 않은 것 같고, 왜 교과지식을 배우는지도 모르는 것 같습니다. 그래서 저는 앞으로 교과보다는 학생에 관심을 기울이고, 교사와 학생의 인격적 만남을 중시하며, 교과 지식도 학생 개개인의 삶에 의미 있는 것이 되도록 하는 학교를 만들어 가겠습니다.

## 02. 분석적 교육철학

### 출포 14. 분석적 교육철학  B
기본서 33~35쪽

**42.** 분석적 교육철학에 대한 설명으로 옳지 않은 것은? 2022년 국가직 9급
① 위대한 사상가의 교육사상이나 교육적 주장에서 교육의 목적과 방향을 찾으려 하였다.
② 전통적 교육철학에서 애매하거나 모호하게 사용되고 있는 개념의 의미를 명료화하는 데 치중하였다.
③ 교육을 과학적·논리적 방법으로 탐구함으로써 교육철학을 객관적인 체계를 갖춘 독립 학문으로 발전시키려 하였다.
④ 이차적 또는 반성적이라는 철학적 방법의 성격상 교육의 가치나 실천의 문제에 소홀한 한계를 지닌다.

■ 정답 및 해설
① 분석적 교육철학은 위대한 사상가의 교육사상이나 교육적 주장에서 교육의 목적과 방향을 찾으려하기 보다는, 언어의 논리적 분석을 통해 교육적 개념을 명료화하고 이로부터 교육의 목적과 방향을 제시하고자 하였다. 그럼에도 불구하고, 교육의 방향을 분명히 제시하지는 못하였다는 비판을 받고 있다.

◇ 오답 체크
② 분석적 교육철학은 전통적 교육철학에서 애매모호하게 사용되어 온 교육, 지식, 훈육 등의 개념이 어떻게 사용되고 있는지를 분석하여 개념의 의미를 명료화하고 그것의 일관성과 타당성을 검증하는 데 치중하였다.

암기 POINT
• 분석적 교육철학의 특징

| 연구 목적 | 교육적 개념과 논리의 명료화 |
|---|---|
| 연구 방법 | 언어의 일상적 용법이나 논리적 구조 분석 |
| 의의 | 교육철학의 객관화, 과학화, 체계화 |
| 한계 | 사회적 측면 고려 부족 교육의 방향 제시 소홀 |
| 학자 | 볼노우, 부버 |

42 ①

③ 분석적 교육철학은 전통철학의 형이상학적·사변적·규범적인 성격을 비판하면서 과학적·분석적·논리적 방법을 동원하여 교육을 탐구하였다. 이를 통해 교육철학의 과학화와 체계화에 기여하였다. (⇒ '허스트와 오코너의 논쟁' 참고)
④ 분석적 교육철학은 교육에 관한 철학적 문제의 의미를 명료화하는 논리적으로 분석하는 데 치중하였다. 이는 분석적 교육철학이 현장의 교육을 위한 실천적 논의를 제공하기 보다는, 이론적이고 메타적 수준에서 개념적 논의를 수행한다는 의미이다. 그러한 점에서 분석적 교육철학은 교육의 가치나 실천의 문제에 소홀하였다고 평가된다.

**43.** 다음과 같이 주장하는 교육철학은?  2016년 지방직 9급

> 교육철학은 철학 이론들로부터 교육실천의 함의를 이끌어 내는 데 주력하지 말고, 교육의 목적이나 교육의 실제 그 자체에 대해 철학적으로 사고하는 일에 집중해야 한다. 또한 기존 교육 사상들이 가정하고 있는 개념적 구조를 명료화하고 개념의 일관성과 타당성을 검토함으로써 언어의 혼란으로 인해 빚어진 교육 문제를 제거하는 일에 관심을 두어야 한다.

① 분석적 교육철학          ② 비판적 교육철학
③ 실존주의 교육철학        ④ 프래그머티즘 교육철학

■ **정답 및 해설**
① 교육의 개념적 구조를 명료화하고 논리적 일관성과 타당성을 검토함으로써 교육문제를 제거하는 일에 관심을 둔 교육철학은 분석적 교육철학이다. 분석적 교육철학은 교육의 그 자체에 대해 철학적으로 사고하는 일에 치중하여, 교육실천의 함의를 이끌어 내는 데에는 소홀하였다는 비판을 받는다.
◇ **오답 체크**
② 비판적 교육철학은 교육이 처해 있는 사회의 불평등한 구조를 비판적으로 분석하고 변혁하려는 철학적 접근이다.
③ 실존주의 교육철학은 인간의 자율성과 주체성을 회복하고 자신의 삶을 책임있게 살아갈 수 있도록 돕는 실천적 교육철학이다.
④ 프래그머티즘 교육철학은 학생들이 경험 속에서 능동적으로 지식을 구성하고, 현재 생활의 문제를 해결하는 경험을 통해 변화하는 사회에 적응할 수 있도록 돕는 교육의 방향을 제시한다.

43 ①

## 44. 다음 교사들의 토론에서 최 교사의 견해와 가장 유사한 교육철학은?

**2012년 유초등**

> 김 교사 : 학교에서는 무엇보다 지식교육을 해야 합니다. 학교에서 지식교육을 하지 않고 도대체 어떤 교육을 할 수 있단 말입니까?
>
> 박 교사 : 글쎄요, 김 선생님께서는 학교에서 지식교육을 해야 한다고 주장하시는데, 지금까지 지식교육을 해 온 결과가 어떻게 되었는지 생각해 보십시오. 학교에서 그토록 열심히 지식을 가르쳐 왔는데도 불구하고, 제대로 된 인간을 기르는 데 실패하지 않았습니까? 저는 지식교육이 그 자체로 상당한 결함이 있다고 보고, 그렇기 때문에 인간교육을 해야 한다고 생각합니다.
>
> 최 교사 : 잠깐만요. 두 선생님의 주장에는 지식교육과 인간교육이 다르다는 것이 논리적으로 가정되어 있군요. 제 생각에는 '지식교육을 해야 한다.' 혹은 '인간교육을 해야 한다.'는 주장에 대해 논하기 전에 지식교육과 인간교육이 과연 별개의 개념인지를 검토해야 할 것 같습니다.

① 분석적 교육철학
② 비판주의 교육철학
③ 실존주의 교육철학
④ 진보주의 교육철학
⑤ 포스트모던 교육철학

### ■ 정답 및 해설

① 최 교사는 다른 두 교사의 주장에 반박하기에 앞서, '지식교육'과 '인간교육'이라는 용어가 어떤 의미를 갖는지, 두 개념의 관계는 어떠한지를 검토해야 한다고 지적한다. 이와 같이, 교육적 논의 속에서 모호하게 사용되고 있는 언어의 용법과 논리적 구조를 체계적으로 분석하여 그 의미를 보다 명확히 하는 일에 관심을 두는 접근은 분석적 교육철학이다.

---

**기출플러스**

• 분석철학의 연구방법 예시 (2004년 중등)

'똑똑하다' 는 말은 여러 가지 의미로 사용될 수 있다. 이 말은 경우에 따라서 학교성적이 우수하다는 뜻으로, 실생활에서 부딪히는 문제를 잘 처리한다는 뜻으로 사용될 수 있다. 심지어는 영악하다는 뜻으로도 사용될 수 있다. 그러므로 '똑똑하다' 는 말을 들었을 때에 우리는 그 말이 어떤 뜻으로 사용되는 것인가 하는 의문을 가질 수 있으며, 똑똑하다는 것은 과연 무엇인가 하는 의문을 가질 수도 있다. 나아가 우리는 '똑똑하다' 는 말이 '영리하다', '뛰어나다' 라는 것과 같은 유사한 다른 말과 의미상의 차이는 무엇인지 궁금해 할 수 있다.

---

## 45. 다음과 같은 비판을 받고 있는 교육철학적 접근은?

**2007년 유초등**

> ○ 언어의 투명성에 대해 지나치게 신뢰한다.
> ○ 교육의 가치지향성을 충분히 고려하지 못한다.
> ○ 교육적 언어의 역사적·사회적 측면을 소홀히 한다.

① 분석철학적 접근
② 실존주의적 접근
③ 구조주의적 접근
④ 마르크스주의적 접근

### ■ 정답 및 해설

① 언어의 분석을 통해 교육의 문제를 해결하려 했던 분석철학은 언어의 투명성을 과신하여 언어의 역사적·사회적 측면을 소홀히 하였다. 또, 교육이 가치지향적인 활동이라는 점을 충분히 고려하지 못하였기 때문에, 논리적·과학적 분석에만 치중하

44 ①   45 ①

여 교육의 목적과 가치를 제시하는 데에는 소홀하였다는 점도 분석철학적 접근의 한계로 지적된다.

◇ **오답 체크**

② 실존주의적 접근의 한계로는 교육의 사회적 기능 취약, 교육의 체계성 부족, 요행주의 기대 우려, 현장에의 적용 어려움 등이 지적된다.
③ 구조주의적 접근은 인간의 경험이나 행동을 개별적인 요소나 사건보다는 전체적인 구조와 맥락 안에서 이해하려는 관점을 말한다. 구조주의적 접근은 언어의 역사적·사회적 측면 및 교육의 가치치향성을 강조한다.
④ 구조주의적 접근의 한 부류인 마르스크적 접근은 인간의 의식은 물질적 현실의 반영에 불과하다고 본다. 즉 교육·학문·예술·법·정치 등의 상부구조는 생산력과 생산관계로 특징지어지는 하부구조(생산양식)에 의해 결정된다고 본다. 따라서 교육적 언어는 사회역사적 맥락의 영향을 받으며 지배집단의 가치에 의해 왜곡되어 있다고 본다.

## 출포 15. 허스트의 교육철학

🌐 기본서 34쪽

**46.** 다음의 주장과 가장 관계가 깊은 현대 교육철학자는?  2021년 국가직 9급

> 교육의 내용은 일차적으로 특정한 사회적 활동(social practices)의 영역에 학생을 입문시키는 일로 이루어져야 한다. 그러한 활동들은 '사회적으로' 발전되거나 형성된 것들로서, 해당 사회를 구성하는 사람들이 개인적으로나 집단적으로 종사하는 행위의 패턴들이다. 교육에서 가장 근본적인 것은 건강한 삶을 사는 것이며, 바로 이 활동들이야말로 개인의 건강한 삶을 구성하는 요소들이 된다.

① 피터스(Peters)   ② 허스트(Hirst)
③ 프레이리(Freire)   ④ 마르쿠제(Marcuse)

■ **정답 및 해설**

② 교육을 '특정한 사회적 활동(실제)의 영역에 학생들을 입문시키는 일'로 정의한 교육철학자는 허스트이다. 1970년대에 허스트는 피터스와 함께 교육을 '문명화된 삶의 형식' 또는 '지식의 형식'에 학생들을 입문시키는 일로 정의하였다. 1990년대에 들어 허스트는 이전의 입장이 교육을 이론적 지식을 가르치는 것에만 치중하였다는 한계를 인정하고, 보다 다양한 삶의 형식을 가르쳐야 한다는 입장을 표명하게 되었다. 이렇게 허스트는 교육의 목적을 다양한 사회적 활동 영역에의 입문으로 보고, 그에 따라 교육의 내용으로 보다 실제적인 것들을 포함시켜야 한다고 보는 주장하였다.

---

**암기 POINT**

• 허스트의 교육철학

| 전기 | -피터스와 함께 지식의 형식 분류<br>-교육은 '지식의 형식'으로의 입문 과정 |
|---|---|
| 후기 | -이론적 지식에만 치중한다는 비판 수용<br>-교육은 '사회적 실제'에의 입문 과정 |

46 ②

◇ 오답 체크
① 피터스는 교육의 내용이 고유한 개념, 논리구조, 진리 검증의 방식을 가진 '지식의 형식들'로 입문시키는 일로 이루어져야 한다고 보았다.
③ 프레이리는 교육의 내용이 학생들에게 사회의 문제에 대해 비판적 의식을 갖고 저항적 실천(프락시스)을 할 수 있도록 격려하는 일로 이루어져야 한다고 보았다.
④ 마르쿠제는 급진적 비판이론가로서 노동자 계급을 '획일적인 인간'으로 만들어내는 자본주의 산업사회와 반대세력을 비폭력적인 방식으로 억압하는 부르주아 민주주의를 비판하였다. 더 나아가 인간 해방을 위해서는 자본주의와 민주주의 모두를 전면적으로 부정하는 '위대한 거부'를 주장한 학자이다.

**47.** 다음은 어느 교육학자와 한 가상 인터뷰의 일부이다. 이 내용과 가장 관계가 깊은 학자는?

2009년 중등

> 저는 지난 20년 남짓 동안 교육은 합리적 마음을 계발하기 위해 학생을 '지식의 형식'(forms of knowledge)에 입문시키는 일이라고 생각하여 왔습니다. 그러나 저는 이론적 지식이 훌륭한 삶을 결정하는 유일한 논리적 토대라고 보는 중대한 오류를 범하였습니다. 지금 저의 입장은 교육이 '지식의 형식'에의 입문이라기보다는 '사회적 실제'(social practices)에의 입문이어야 한다는 것입니다. 저의 변화된 교육 개념은 좀 더 체계적으로 가다듬어야 할 필요가 있고, 종전 견해와의 관련성에 대해서도 더 논의가 필요합니다. 그럼에도 불구하고, 저는 교육이 근본적인 면에서 '사회적 실제'에 학생을 입문시키는 일이어야 한다는 주장에는 주저함이 없습니다.

① 듀이(J. Dewey)　　② 피터스(R. S. Peters)
③ 허스트(P. H. Hirst)　　④ 화이트(J. P. White)
⑤ 오크쇼트(M. Oakeshott)

■ 정답 및 해설
③ 초기에는 교육을 합리적 마음을 계발하기 위해 학생들을 '지식의 형식'에 입문시키는 일이라고 생각하였으나, 후기에는 건강한 삶을 살게 하기 위해 학생들을 '사회적 실제'에 입문시키는 일이라고 본 학자는 허스트이다.
◇ 오답 체크
① 듀이는 교육을 학습자가 자신의 경험을 재구성함으로써 성장해 나가는 과정으로 보았다.
② 피터스는 교육을 합리적 마음을 계발하기 위해 학생들을 '지식의 형식'에 입문시키는 일이라고 보았다.
④ 화이트는 피터스와 허스트의 관점을 비판하면서, 교육은 '웰빙(잘삶, well-being)'을 추구하는 데 가치있는 활동으로 구성되어야 한다고 주장한다. 웰빙을 위해서는 합리적인 마음의 계발을 넘어서 '총체적인 마음의 계발'이 필요하다 본다. 이를 위해 이론적 지식을 넘어서, 자기지식에 기반한 자율성과 도덕성을 넘어서는 이타주의를 기르는 것이 포함되어야 한다고 본다.

47 ③

⑤ 오크쇼트는 교육을 실제적 필요로부터 자유롭게 진리를 추구하는 활동으로 보았다. 구체적으로는 교육을 인류의 지적인 성취인 '문명으로의 입문', 현재적인 것을 넘어서 영원한 것으로의 '초월의 과정', 교사와 학생과의 시적 언어를 통한 '대화'의 과정으로 개념화하였다. 이러한 오크쇼트의 내재적 목적관은 피터스와 허스트의 교육관에 영향을 미쳤다고 평가된다.

## 03. 비판적 교육철학

### 출포 16. 비판적 교육철학  B

기본서 35~37쪽

**48.** 비판적 교육철학 또는 비판교육학(critical pedagogy)에 대한 설명으로 옳지 않은 것은?  
2020년 국가직 9급

① 인간의 자유로운 의식의 형성을 억압하고 왜곡하는 사회적, 경제적, 정치적 제약요인들을 분석하고 비판한다.
② 하버마스(J. Habermas), 지루(H. Giroux), 프레이리(P. Freire) 등이 대표적인 학자이다.
③ 지식 획득을 포함한 인간의 모든 인식행위는 가치중립적인 것으로 간주한다.
④ 교육문제에 대해 좀 더 실제적이고 정치사회적인 관점을 취한다.

■ **정답 및 해설**

③ 비판적 교육철학은 인간의 자유로운 의식 형성을 억압하는 사회·정치·경제적 제약요인들을 분석하고 비판함으로써 인간과 사회의 해방을 추구하는 실천철학이다. 지식 획득을 포함한 인간의 모든 인식행위는 가치내재적인 것으로 간주한다. 인간의 모든 행위는 사회경제적 구조에 의해 영향을 받으며, 그 속에 내재해 있는 이데올로기의 영향을 받기 때문이다.

**49.** 다음에 해당하는 현대 교육철학 사조는?  
2016년 국가직 9급

> ○ 교육이 처해 있는 사회 구조나 제도에 대해 의문을 제기한다.
> ○ 의사소통적 합리성이라는 개념을 통해 교육에서 조작이나 기만, 부당한 권력 남용 등을 극복할 수 있는 발판을 마련하였다.
> ○ 교육을 교육의 논리가 아니라 정치·경제·사회의 논리에 의해 해석하는 경향이 있다.

① 실존주의 교육철학
② 분석적 교육철학
③ 비판적 교육철학
④ 포스트모더니즘 교육철학

---

**암기 POINT**

• 비판적 교육철학의 특징

| 연구목적 | 교육문제에 대한 비판<br>교육을 통한 사회변혁 |
|---|---|
| 연구방법 | 교육문제의 정치경제적 영향요인 분석<br>교육이론과 실천의 이데올로기 비판 |
| 의의 | 사회-교육 관계 규명<br>대안적 교육방향 제시 |
| 한계 | 교육의 순기능 외면<br>교육의 본질 논의 부족 |
| 학자 | 하버마스 : 의사소통적 합리성<br>지루 : 저항이론(문화)<br>프레이리 : 민중교육론 |

48 ③  49 ③

■ 정답 및 해설
③ 비판적 교육철학은 교육이 처한 사회구조나 제도에 대해 의문을 제기함으로써 교육을 통해 사회적 불평등과 억압을 극복하고자 하는 교육철학이다. 하버마스 등이 주축이 된 프랑크푸르트 학파의 '의사소통적 합리성' 개념을 통해 사회비판의 규범적 토대를 마련하였다. 이들은 교육이 정치·경제·사회의 논리에 의해 왜곡되고 있다고 보고, 교육의 재정립을 통해 사회변혁을 추구한다.

## 50. 교육철학 사조와 강조점을 짝지은 것으로 옳지 않은 것은?

2011년 국가직 7급

① 분석적 교육철학 - 교육적 언어의 의미 분석, 교육적 개념의 명료화
② 항존주의 - 교양과 고전, 지적 수월성, 사회적 미덕
③ 진보주의 - 인간 의식의 사회적, 경제적, 정치적 제약 요인의 분석과 비판
④ 포스트모더니즘 - 개인의 감정과 정서, 지식의 사회·문화적 구성

■ 정답 및 해설
③ 진보주의 교육사조는 학생의 경험과 흥미를 중심으로 한 실생활과 연계된 학습을 통해 민주적 시민을 육성하는 교육을 추구한다. 한편, 자유로운 인간 의식을 억압하는 사회적, 경제적, 정치적 제약 요인을 분석하고 비판하는 데 중점을 두는 교육철학은 비판적 교육철학이다.

## 51. 다음 명제들을 가장 충실하게 따르는 교육철학은?

2008년 중등

○ 철학은 사변적인 학문인 동시에 실천적인 학문이다.
○ 철학의 핵심 과제는 인식과 행위의 가능성과 한계를 엄격하게 따지는 것이다.
○ 교육철학은 교육이론과 교육실천에 숨어 있는 이데올로기적 전제를 드러냄으로써 교육의 자율성을 추구한다.

① 비판적 교육철학
② 실존주의 교육철학
③ 현상학적 교육철학
④ 해석학적 교육철학

■ 정답 및 해설
① 교육이론과 교육실천에 숨어있는 이데올로기적 전제를 드러냄으로써 그것의 한계성과 비판하고 궁극적으로 교육의 자율성을 추구하는 교육철학은 비판적 교육철학이다. 비판적 교육철학은 교육과 교육문제에 대해 이론적으로 논하는 사변적인 학문에 머무르지 않고, 실제의 교육 현실을 변화시키는 데 적극적으로 기여하고자 하는 실천적인 학문으로서의 성격을 갖는다.

---

**기출플러스**

• 비판적 교육철학의 연구내용 (2011년 중등)
  • 특정 사회의 정치·경제 구조가 교육에 미치는 영향에 관한 분석
  • 교육에서 발생하는 억압 관계와 인간 소외 문제를 개선하는 방안 마련
  • 교육의 과정에서 왜곡된 의사소통을 합리적인 의사소통으로 전환시키려는 시도
  • 교육이념의 사회적 발생 조건을 학문적으로 밝히고 그 잘못된 영향을 드러내려는 시도

50 ③   51 ①

◇ 오답 체크
② 실존주의 교육철학은 학습자들의 실존적 자각과 주체적 실천을 중요시한다.
③ 현상학적 교육철학은 학습자의 경험과 의식의 탐구를 통해 교육의 본질적 의미를 탐구하는 데 초점을 둔다.
④ 해석학적 교육철학은 교육의 과정에서 발생하는 다양한 현상의 의미를 내부자의 관점에서 맥락적·심층적으로 이해하는 데 관심을 가진다.

## 출포 17. 프랑크푸르트 학파의 비판이론

기본서 35~36쪽

**52.** 다음 내용과 관련이 있는 교육철학은?  2017년 지방직 9급

○ 프랑크푸르트 학파의 이론적 성과를 수용하였다.
○ 교육 현상에 대해 규범적, 평가적, 실천적으로 접근하였다.
○ 자본주의 사회의 불평등 문제와 교육의 관련성에 주목하였다.
○ 인간의 의식과 지식이 사회, 정치, 경제에 의해 결정되는 것으로 보았다.

① 비판적 교육철학
② 분석적 교육철학
③ 홀리스틱 교육철학
④ 프래그머티즘 교육철학

### 더 알아두기

• 프랑크푸르트 학파
1923년 호르크하이머가 설립한 프랑크푸르트 대학의 사회연구소를 중심으로 형성된 학파이다. 나치 정권의 폭압으로 연구소가 폐쇄되었다가, 전쟁이 끝난 후 아도르노를 중심으로 재건되면서 "비판이론"을 정립하였다. 하버마스 등이 참여하면서 거대한 철학적 조류로 자리잡았으며, 현실 사회운동('68 혁명' 등)에도 실질적 영향력을 미쳤다.
독일 관념론, 마르크스주의, 정신분석학 등 다양한 이론을 바탕으로 근대 계몽주의를 비판하고 새로운 사회이념을 구축하고자 하였다. 이들은 '비판없는 사회'의 문제를 지적하면서, 권위주의적 파시즘 정치로부터 인간을 해방시키고 자유를 복원하기 위한 철학적 담론을 제공하였다.

■ 정답 및 해설
① 프랑크푸르트 학파의 이론적 성과에 기초하여, 교육 현상에 대해 규범적, 평가적, 실천적으로 접근한 교육철학은 비판적 교육철학이다. 이들은 사회의 불평등 문제가 교육의 본질을 왜곡시키고 교육의 자율성을 억압하고 있다고 비판한다. 이러한 사회, 정치, 경제의 구조와 제도는 인간의 자유로운 의식 형성과 지식 탐구를 억압하고 변질시키고 있다고도 지적한다.

◇ 오답 체크
② 분석적 교육철학은 교육 현상에 대해 객관적, 과학적, 가치중립적으로 접근하여야 한다고 본다.
③ 홀리스틱 교육철학은 인본주의 철학을 바탕으로, 인간의 지적, 정서적, 신체적, 사회적, 영적 측면을 통합적으로 성장시키는 전인교육을 추구하는 철학이다.
④ 프래그머티즘 교육철학은 실용주의 철학을 바탕으로, 지식과 진리의 가치를 실제 경험과 실천에서 찾는 교육철학이다.

52 ①

## 53. 다음의 내용과 관련되는 학자들로 묶인 것은?

2008년 국가직 7급

- 도구적 합리성 비판
- 해방적 인식관심
- 이상적 담화
- 사회적 삶의 실질적 조건에 대한 계몽

① 퍼스(Peirce), 제임즈(James), 듀이(Dewey)
② 니체(Nietzsche), 사르트르(Sartre), 부버(Buber)
③ 비트겐슈타인(Wittgenstein), 피터스(Peters), 허스트(Hirst)
④ 호르크하이머(Horkheimer), 아도르노(Adorno), 하버마스(Habermas)

### ■ 정답 및 해설

④ 호르크하이머, 아도르노, 하버마스는 프랑크푸르트 학파를 대표하는 학자들로서, 비판적 교육철학의 이론적 바탕을 제공한다. 호르크하이머와 아도르노는 『계몽의 변증법』이라는 책을 통해 계몽의 개념을 비판적으로 재구성하고자 하였다. 본래 근대 계몽주의 철학에서 '계몽'은 인간이 이성의 힘을 통해 미신, 편견, 무지로부터 벗어나 자율적이고 합리적으로 사고하여 진리와 자유를 추구하는 과정으로 정의되어 왔다. 이들은 파시즘의 근원이 계몽과 진보, 근대성 자체에 내재해 있다고 지적하면서, 인간이 이성적 사고를 통해 사회적 삶을 구성하는 실질적 조건과 제약요인을 비판적이고 이해하고 이를 개선하려는 과정까지 포함하여 계몽의 개념을 확장시켜야 한다고 주장하였다.

하버마스는 인간의 인식이 특정한 사회적 목적이나 관심에 의해 주도된다고 전제하고, 인간의 자유와 해방을 추구하는 '해방적 인식관심'의 필요성을 주장하였다. 이에 기초해서, 비판이론은 인간의 자유를 억압하는 사회적, 경제적, 정치적 제약요인들을 분석·비판하고 인간과 사회의 해방을 추구하는 실천철학이 되어야 한다고 주장하였다.

하버마스는 기존의 실증주의 철학이 채택한 합리성은 '도구적 합리성'이라 비판하며, 새로운 합리성의 개념으로 의사소통적 합리성을 제안하였다. 도구적 합리성이란 주어진 목표를 위해서 최선의 수단이나 방법을 찾아내는 합리성을 의미한다. 효율성과 같은 가치중립적 기준이 가치판단의 기준이 된다. '의사소통적 합리성'이란 의사소통 상황 속에서 다른 사람들을 납득시켜 상호 이해와 합의를 도출해내는 합리성을 의미한다. 여러 사람의 합의와 협력을 이끌어낼 수 있는지가 가치판단의 기준이 된다. 하버마스는 다양한 사회적 주체들이 참여하여 합리적 대화를 자유롭게 나눌 수 있는 '이상적 담화' 상황 속에서 의사소통적 합리성은 사회의 구조적 모순을 해결하고 인간 해방의 이상으로 나아갈 수 있게 하는 사회적 대안이 될 수 있다고 보았다.

### ◇ 오답 체크

① 퍼스, 제임스, 듀이는 프래그머티즘 철학을 대표하는 학자들이다.
② 니체, 사르트르, 부버는 실존주의 철학을 대표하는 학자들이다.
③ 비트겐슈타인, 피터스, 허스트는 분석철학을 대표하는 학자들이다.

### 더 알아두기

• 하버마스의 '인식관심'
- 인간의 인식은 특정한 목적이나 관심에 의해 주도됨
- 인식관심의 유형

| 구분 | 의미 |
|---|---|
| 기술적 관심 | 대상을 도구로 활용하기 위한 인식관심 |
| 해석적 관심 | 상호 의사소통을 유지하려는 인식관심 |
| 해방적 관심 | 사회의 억압으로부터 벗어나, 자유와 해방을 추구하고자 하는 인식관심 |

53 ④

# 04. 포스트모더니즘과 교육

## 출포 18. 포스트모더니즘 교육철학 B

기본서 37~39쪽

**54.** 포스트모더니즘 교육론의 특징으로 옳지 않은 것은? `2024년 지방직 9급`
① 획일적 교육방식에서 벗어나 교육내용과 방법의 다원화를 추구한다.
② 국가주도의 공교육 체제보다는 유연하고 다양한 교육체제를 요구한다.
③ 교육에서 다루는 지식의 가치를 절대적이고 보편적인 것으로 인식하고 있다.
④ 교육과정은 지식의 논리적 특성보다 지식의 사회문화적 특성에 근거해야 한다고 본다.

### ■ 정답 및 해설

③ 학교에서 가르치는 지식을 절대적이고 보편적인 것으로 인식하는 사고는 모더니즘적 사고이다. 모더니즘은 근대 계몽주의 철학에 기초한 철학, 문화, 예술 등을 통칭하는 개념이다.
반면, 포스트모더니즘에서는 지식이란 특정한 주체가 자신의 주관과 삶의 맥락에 기초해서 구성한 작은 이야기(소서사)이며, 따라서 학교에서 가르치는 지식은 단지 학교의 교육과정에 영향을 미치는 주체들의 주관적 가치와 경험을 반영하는 것일 뿐이라고 본다. 포스트모더니즘 교육론에서는 교육에서 다루는 지식의 가치를 절대적이고 보편적인 것으로 인식하지 않으며, 교육에서 다양한 주체들이 구성한 작은 이야기들을 다양하게 소개하여야 한다고 본다.

**55.** 포스트모더니즘의 특징으로 옳지 않은 것은? `2021년 지방직 9급`
① 다원주의를 표방한다.  ② 반권위주의를 표방한다.
③ 반연대의식을 표방한다.  ④ 반정초주의를 표방한다.

### ■ 정답 및 해설

③ 포스트모더니즘은 20세기 중반 이후 등장한 철학, 예술, 과학, 문화 전반에 나타난 새로운 담론으로, 현대 사회의 기초인 근대성(모더니즘)의 한계를 인식하고 탈근대적, 해체주의적, 성찰적 담론을 제시한다. 반보편주의, 반정초주의, 반권위주의, 반합리주의, 다원주의를 표방하며, 서로 간의 차이와 다양성을 존중하고 주체들 간의 연대를 추구하는 연대의식을 표방한다.

---

**암기 POINT**

• 포스트모더니즘의 특징

| | |
|---|---|
| 반보편주의 | 전체성, 획일성 거부<br>국지성, 다양성 존중 |
| 반정초주의 | 객관성, 절대성 부정<br>주관성, 상대성 긍정 |
| 반권위주의 | 전통, 권위, 권력 비판<br>다양한 관점의 존중 |
| 반합리주의 | 이성 중심 사고 비판<br>감정, 경험, 직관 존중 |
| 다원주의 | 주류적 대서사 거부<br>다양한 소서사 존중 |

54 ③  55 ③

**56.** 포스트모던 교육철학을 반영한 교육적 실천으로 볼 수 없는 것은?

2016년 지방직 9급

① 학교 내 소수자를 보호하는 방안을 모색한다.
② 발표 수업에서 학생들의 다양한 관점을 수용한다.
③ 대화와 타협의 과정에 충실한 토론식 수업을 권장한다.
④ 학습 과정에서 지식의 실재성과 가치의 중립성을 강조한다.

■ 정답 및 해설
④ 포스트모더니즘에서 지식이란 특정한 주체가 자신의 주관에 기초해서 구성한 작은 이야기(소서사)이며 따라서 인식주체의 가치를 내포한다. 따라서 포스트모던 교육에서는 지식의 주관성과 가치의 다양성을 강조하여야 한다.

**57.** 다음에서 포스트모더니즘과 관련된 교육적 주장과 합치되는 것을 모두 고른 것은?

2010년 국가직 7급

ㄱ. 보편적·절대적 지식 추구
ㄴ. 사회의 다원성을 인정하는 교육 강조
ㄷ. 다문화적 문해교육 강조
ㄹ. 서구 계몽주의 교육유산의 계승
ㅁ. 교육에서의 거대담론 거부 또는 해체

① ㄱ, ㄴ, ㄷ
② ㄴ, ㄷ, ㅁ
③ ㄷ, ㄹ, ㅁ
④ ㄱ, ㄹ, ㅁ

■ 정답 및 해설
② ㄴ. 포스트모더니즘은 사회의 보편성을 전제로 한 획일적 교육을 거부하고, 사회의 다원성을 인정하는 교육을 지향한다.
　ㄷ. 포스트모더니즘은 다양한 문화가 공존하고 교류하는 현실 속에서 문화적 다양성을 이해하고 존중하도록 돕는 다문화적 문해교육의 중요성을 강조한다.
　ㅁ. 포스트모더니즘은 학교의 지식이 사회의 주류에 의해 형성된 거대담론에 의존하는 경향을 비판하며, 이제까지 소외되어 온 다양한 주체들의 목소리를 반영하는 소수담론(소서사)을 균형적으로 다루어야 한다고 주장한다.

◇ 오답 체크
　ㄱ. 보편적·절대적 지식을 추구하는 교육을 주장하는 것은 모더니즘적 교육관이다. 포스트모더니즘에서는 지식의 보편성과 절대성, 객관성을 부정하며, 다양한 주체들의 경험과 주관을 반영하는 국지적인 지식을 다룰 것을 주장한다.

암기 POINT
• 포스트모더니즘 교육의 특징

| 모더니즘 | 포스트모더니즘 |
| --- | --- |
| 절대성, 객관성, 보편성, 합리성, 논리성, 추상성 | 상대성, 주관성, 다원성, 진정성, 맥락성, 구체성 |
| 지식 중심 교육 | 다양한 요소 통합 |
| 강의식 수업, 암기 강조 | 토론과 탐구, 문제해결 학습 |
| 학교교육 중심 | 대안적 교육체제 |

56 ④　57 ②

ㄹ. 서구 계몽주의 교육유산이란 이성, 합리성, 보편성을 중시하는 교육의 전통을 의미한다. 포스트모더니즘은 계몽주의적 신념을 재검토하고 감정과 정서, 다양한 삶의 양식, 개인들의 다양성을 존중하는 교육을 강조한다.

## 58. 포스트모더니즘과 교육의 관계를 설명한 것으로 옳지 않은 것은?

2007년 국가직 7급

① 포스트모던 사회에서는 소서사(작은 이야기)가 정당화되며, 지식 면에서 인지적 요소 뿐만 아니라 윤리적, 미적인 요소가 다양한 삶의 양식으로 대등하게 다루어질 것이 요구된다.
② 포스트모더니스트들은 가치란 문화적 구성물이기 때문에 적어도 기초는 존재한다고 주장한다.
③ 포스트모던 사회의 교육 문제로는 극단적 이기주의, 생태위기와 환경문제, 감각과 쾌락의 증대로 인한 정신적 빈곤화를 들 수 있다.
④ 지식사회의 도래, 과학기술혁명의 진전과 함께 포스트모던 시대에는 급격한 사회변화에 따른 교육의 질적 변화가 한층 더 요구된다.

■ 정답 및 해설
② 포스트모더니스트들은 가치를 문화적 구성물이라고 보는 관점은 가치를 단순히 보편적이거나 자연적으로 주어진 것이 아니라, 특정한 사회나 문화에 의해 형성되고 정의된 것으로 보는 관점이다. 이것은 가치의 절대적인 기초는 존재하지 않으며 객관적인 가치라는 것도 존재하지 않는다고 보는 관점으로 반정초주의적 입장에 해당한다. 포스트모더니즘은 지식이나 가치에 대한 정초주의 입장을 거부한다.

## 59. 포스트모던주의자의 주장과 그 속에 함축된 교육적인 변화 요청을 가장 적절하게 짝지은 것은?

2010년 유초등

① 전체성(全體性: totality)에 대한 거부 – 자기 실험과 자기 창조의 윤리에 입각하여 차이를 존중하는 생활지도를 해야 한다.
② 정초주의(定礎主義: foundationalism)에 대한 거부 – 여러 영역으로 세분화된 언어게임을 재통합시켜줄 형식논리학 교육을 확대해야 한다.
③ 권위주의(權威主義: authoritarianism)에 대한 거부 – 지식교육의 패러다임을 교육(instruction)에서 교화(indoctrination)로 전환해야 한다.
④ 대서사(大敍事: grand narratives)에 대한 거부 – 인간해방과 역사의 진보를 교육이념으로 채택함으로써 교육활동의 정당성을 확보해야 한다.
⑤ 본질주의(本質主義: essentialism)에 대한 거부 – 지식의 유한성과 상대성을 극복할 수 있도록 보편적 이성에 기반을 둔 학습을 강화해야 한다.

58 ② 59 ①

■ 정답 및 해설
① 포스트모더니즘이 전체성을 거부한다는 의미는 하나의 통합적이고 절대적인 진리나 의미 체계를 인정하지 않는다는 의미이다. 따라서 자기 실험과 자기 창조의 윤리에 입각한 차이를 존중하는 교육을 해야 한다고 본다.

◇ 오답 체크
② 여러 영역으로 세분화된 '언어게임'을 재통합시켜줄 형식논리학 교육을 확대해야 한다는 주장은 다양한 학문, 영역, 또는 사회적 담론들이 서로 다른 언어적 규칙과 논리 체계에 따라 분리되어 있기 때문에 공통의 합의나 이해를 이루기 어렵다는 문제의식에 기초한다. 형식논리학은 어떤 사고의 진위를 판별하기 위해서 논리의 구조와 추론의 규칙을 다루기 때문에, 다양한 언어게임을 재통합할 수 있는 도구로 제안된다. 모든 언어게임은 인간의 보편적 이성에 의해 형성되는 것이므로 다양한 형태를 띠고 있다 하더라도, 근본적인 논리적 구조는 보편적이며 통합이 가능하다는 전제에 기초한 주장이다.
반면, 포스트모더니즘에서는 모든 언어게임을 아우르는 보편적 도구로 작용할 수 없다고 보며, 오히려 각 언어게임의 고유한 규칙과 맥락을 존중해야 한다고 주장한다.
③ 일반적으로 교육은 이성의 계발을 통해 학생들이 자율적으로 지식이나 가치를 습득하고 활용하도록 돕는 활동으로 정의되는 반면, 교화는 교수자가 특정한 지식이나 가치를 일방적으로 주입하려는 시도로 정의된다. 권위주의를 거부하는 포스트모더니즘은 지식교육의 패러다임을 교육에서 교화로 전환해야 한다는 주장에 동의하지 않는다.
④ 인간해방과 역사의 진보를 교육이념으로 채택함으로써 교육활동의 정당성을 확보해야 한다는 주장은 근대 계몽주의적 신념에 해당한다. 포스트모더니즘에서는 인간해방과 역사의 진보를 주장하는 계몽주의적 관점을 거부한다. 역사를 진보와 발전의 이야기로 간주하는 것은 서구중심적인 서사일 뿐, 다양한 문화와 사회적 맥락에서는 다른 서사들이 존재할 수 있다고 본다. 따라서 포스트모더니즘에서는 일원론적인 관점의 대서사를 교육이념으로 채택하기 보보다는, 다양한 소서사들(micro-narratives)을 소개하고 학생들이 다원적 관점에서 세상을 이해하도록 돕는 것이 더 바람직하다고 본다.
⑤ 지식의 유한성과 상대성을 극복할 수 있도록 보편적 이성에 기반을 둔 학습을 강화해야 한다는 주장은 합리주의 철학에 뿌리를 두고 있으며, 지식의 한계를 초월하여 보편적 진리를 추구해야 한다는 주장이다. 포스트모더니즘은 오히려 지식의 유한성과 상대성을 인정하고, 이를 통해 다양한 관점과 이해를 공존시키는 것이 중요하다고 본다.

더 알아두기
• 비트겐슈타인의 '언어게임'
분석철학자인 비트겐슈타인은 언어를 게임에 비유했다. 게임에 따라 행동의 규칙이 다르듯이, 언어가 사용되는 상황이나 맥락에 따라 언어의 의미가 달라진다고 본 것이다. 언어의 의미가 고정불변의 실체가 아니라, 그 언어가 사용되는 영역, 맥락, 규칙, 관습에 따라 유동적임을 설명하는 개념이다.

## 출포 19. 푸코, 데리다, 리오타르의 포스트모더니즘

💠 기본서 38~39쪽

**60.** 20세기 말 이후 교육학의 새로운 패러다임으로서 포스트모더니즘이 등장하였다. 포스트모더니즘을 주장한 주요 학자와 핵심개념이 바르게 연결되지 않은 것은?
2012년 국가직 9급

① 윌리스(Willis) - 모방, 저항
② 푸코(Foucault) - 권력과 지식, 광기
③ 리오타르(Lyotard) - 소서사, 주체성
④ 데리다(Derrida) - 해체, 차연

### 암기 POINT
- 포스트모더니즘 학자

| 이름 | 주요 개념 |
|---|---|
| 푸코 | 권력과 지식, 감시와 규율 |
| 데리다 | 해체, 차연 |
| 리오타르 | 소서사, 주체성 |

### ■ 정답 및 해설

① 윌리스는 노동계급 학생들이 학교에서의 공식 교육을 거부하고, 자신들의 문화적 정체성을 형성하며 이를 통해 저항한다고 설명한다. 노동계급의 학생들은 노동계급의 문화를 모방하는 형태의 반학교 문화를 형성하며 사회적 권위와 제도에 저항하지만, 이러한 저항이 실제로는 기존의 불평등을 강화하는 결과를 낳는다는 역설을 보여준다. 윌리스의 연구는 지루와 애플의 문화적 저항이론에 기초한 것으로 비판적 교육철학을 주장한 학자로 보아야 한다.

### ◇ 오답 체크

② 푸코는 『광기의 역사』(1961)라는 책을 통해 광기(madness)가 단순히 의학적 문제나 자연적인 현상이 아니라, 사회의 권력에 의해 구성된 개념임을 보여준다. 즉 지식과 권력이 분리된 것이 아니라 상호 의존적이라는 주장이다. 권력이 지식을 생산하고, 지식이 다시 권력을 정당화하는 방식으로 작동하는 것이다. 푸코의 이러한 주장은 역사적 '진보'나 '이성'과 같은 거대서사를 부정하는 것으로 포스트모더니즘과 직접 관련된다.

③ 리오타르는 『포스트모던의 조건』(1979)이라는 책을 통해 포스트모더니즘의 핵심 성격으로 소서사와 주체성을 제시한다. 포스트모더니즘은 거대서사를 거부하고, 이질적인 다수의 주체들이 만들어내는 국지적인 담론의 중요성을 강조한다. 리오타르는 주체가 독립적이고 일관된 정체성을 갖는다는 주장을 비판하면서, 주체성은 다른 주체들과의 복합적인 상호작용 관계들 속에서 계속해서 변화되고 구성되는 것으로 보아야 한다고 주장한다.

④ 데리다는 해체주의 철학을 통해 텍스트의 의미를 해석하고자 한다. 데리다는 텍스트의 의미가 고정된 것이 아니라, 다른 텍스트와의 관계 속에서 끊임없이 변화되고 확장된다고 본다. 따라서 어떤 텍스트에 대한 하나의 해석을 해체할 때에서야 변화하는 텍스트의 의미를 이해할 수 있다는 점에서 '해체'라는 개념을 강조한다. 또 다른 개념으로 데리다는 '차연'이라는 개념을 강조하는데, 차연은 차이와 지연을 결합한 개념이다. 즉 텍스트의 의미는 고정되지 않고 지속적으로 변화되면서 새로운 의미를 갖게 된다는 점을 설명하는 개념이다.

60 ①

61. 다음에서 푸코(M. Foucault)가 설명한 근대 학교의 특성을 고르면?

2008년 유초등

> 가. 학교는 중세의 지하 감옥과 동일한 형태로 되어 있다.
> 나. 시험은 학생들을 규격화하여 기존 질서에 순응하도록 만든다.
> 다. 학교는 가시적 폭력을 중심으로 통제와 지배가 행사되는 공간이다.
> 라. 교사가 학생 전체를 한눈에 감시할 수 있는 판옵티콘(panopticon) 구조로 되어 있다.

① 가, 나
② 나, 라
③ 나, 다
④ 다, 라

■ 정답 및 해설

② 푸코는 『감시와 처벌』(1975)이라는 책을 통해 근대 사회가 인간을 규율하기 위해 사용하는 감시와 처벌의 메커니즘을 설명하였다. 그는 감옥, 병원, 학교 등에서 나타나는 권력 구조를 통해 사람들이 어떻게 자신의 행위를 스스로 감시하게 되는지 분석하였다. 이를 통해 근대 사회는 근대적인 권력은 가시적인 폭력과 처벌보다는 비가시적인 감시와 규율(훈육)을 통해 개인의 행동을 지배하고 통제하고 있다고 설명한다.

나. 시험은 일정한 기준에 따라 학생들의 능력을 측정하고 분류하는 장치로서, 학생들을 규격화하여 기존 질서에 순응하게 만드는 역할을 한다.

라. 학교의 교실은 교사가 학생 전체를 한눈에 감시할 수 있는 판옵티콘의 구조로 되어 있어 비가시적인 감시와 통제를 가능하게 한다.

◇ 오답 체크

가. 중세의 지하감옥은 물리적 격리와 신체적 억압을 통해 수감자들의 행위를 통제하는 형태인 반면, 학교는 비가시적 감시와 통제에 의해 지배되는 판옵티콘과 동일한 구조로 되어 있다.

다. 학교는 가시적이며 직접적인 폭력보다는 비가시적인 감시와 규율에 의해 통제와 훈육이 이루어지는 공간이다.

---

**기출플러스**

- 푸코의 교육에 관한 주장 (2007년 중등)
- 다양한 기법과 전술을 통한 몸길들이기를 훈육(discipline)이라고 한다.
- 권력의 힘과 지식의 힘은 동일하며, 그 관계를 '지식-권력'으로 표현한다.
- 학교의 각종 검사와 시험은 드러나지 않는 방식으로 규율적 권력을 행사한다.
- 판옵티콘으로서의 학교구조의 훈육기능은 근본적으로 감옥구조의 그것과 다르지 않다.

**더 알아두기**

- 판옵티콘의 구조
중앙에 위치한 간수탑의 내부가 수감자의 위치에서는 보이지 않기 때문에 수감자들은 항상 감시당하고 있다고 느낀다.

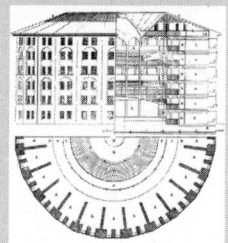

# CHAPTER 02

# 서양교육사

1. 고대의 교육사상
2. 중세의 교육사상
3. 근대의 교육사상

# 1. 고대의 교육사상

## 01. 고대 그리스의 교육

### 출포 20. 고대 그리스의 교육

> 기본서 43~44쪽

**암기 POINT**
• 고대 그리스의 교육

| | 스파르타 | 아테네 |
|---|---|---|
| 교육체제 | 전체주의, 국가주도 | 자유주의, 개인중심 |
| 법적근거 | 리쿠르구스 법전 | 솔론의 헌법 |
| 교육목적 | 용감한 군인 | 건전한 자유시민 |
| 교육내용 | 체육, 군사훈련 | 인문교과 중심 |
| 교육방법 | 통제, 훈련 | 자유, 개성 |
| 기타 | 여성교육 중시 | 여성교육 소홀 |

**62.** 스파르타와 아테네의 교육을 비교한 것으로 옳지 않은 것은?  [2015년 특채]

| | 스파르타 | 아테네 |
|---|---|---|
| ① 교육목적 | 용감한 군인의 양성 | 건전한 자유시민의 양성 |
| ② 교육내용 | 인문 교과 중심 | 체육 중심 |
| ③ 교육방법 | 통제와 훈련 위주 | 개성 존중 |
| ④ 교육받은 인간상 | 국가가 필요로 하는 강인한 군인 | 지혜로운 인간 또는 철학자 |

■ **정답 및 해설**

② 스파르타는 엄격한 전체주의적 통치체제로 국가 중심의 교육을 실시하였다. 국가가 필요로 하는 용감한 군인의 양성을 위해 체육과 군사훈련을 강조하였다.
아테네는 개방적이고 자유로운 통치체제로 개인 중심의 교육이 이루어졌다. 심신이 조화롭고 건전한 자유시민의 양성을 위해 인문 교과 중심의 지식교육도 중시되었다.

**63.** 고대 그리스의 교육을 가장 잘 설명한 것은?  [2003년 중등]

① 아테네인들은 여성의 교육을 특별히 중시했다.
② 솔론(Solon)의 입법에 의해 스파르타 교육제도의 기초가 놓여졌다.
③ 이소크라테스(Isocrates)의 학교는 수학과 변증법을 가르치는 철학 학교였다.
④ 아테네 교육은 B.C. 5세기 후반 소피스트의 출현과 함께 질적 변화를 이루었다.

■ **정답 및 해설**

④ 고대 그리스는 여러 개의 도시국가들로 나뉘어져 있었는데, 그 중 스파르타와 아테네가 강력하게 발전하였다. 스파르타는 국가주의와 전체주의적 문화가, 아테네는 개인주의적 문화가 발전하였다. 아테네에서는 기원전 5세기 후반 소피스트의 출현과 함께 보다 전문적인 교육이 발달하는 질적 변화를 이루었다.

62 ②  63 ④

◇ 오답 체크
① 여성의 교육을 중시한 도시국가는 스파르타이다. 스파르타에서는 여성들의 사회진출이 활발하였고 그만큼 여성의 교육에 대해서도 관심을 가졌다. 반면, 아테네에서의 여성은 가정 내에서 현모양처의 역할로 규정되었고 여성교육은 소홀히 다루어졌다.
② 솔론은 아테네의 왕으로서 솔론의 입법에 의해 교육제도의 기초가 마련된 것은 아테네이다. 솔론의 헌법에서는 법과 도덕에 대한 교육 통해 건전한 자유시민을 길러내도록 하였으며, 시민의 공동체에 대한 책임과 의무를 강조하며 정치적 참여를 장려하였다. 또 문학과 음악, 체육 등 다양한 문화 활동을 장려하여 시민들의 정서와 교양을 함양하도록 하였다.
③ 고대 그리스의 대표적 철학자인 플라톤은 '아카데미아'라는 철학학교를 세우고, 절대적 진리의 발견과 지성의 덕을 함양하기 위하여 수학과 변증법을 가르쳤다. 반면, 이소크라테스는 아카데미아의 교육을 비판하면서 보다 보편적인 인간교육의 이념을 추구하였다. 이소크라테스는 '수사학교'를 설립하고, 공공선에 기여하는 훌륭한 웅변가 양성을 위해 수사학적 기술과 문학과 논리학 등의 일반교양교과들을 가르쳤다.

**64.** 소피스트들과 이소크라테스(Isocrates)의 교육 방식과 철학에 대한 비교로 옳지 않은 것은? **2011년 국가직 9급**

① 대부분의 소피스트들은 연속이고 체계적인 교육을 제공하였지만, 이소크라테스(Isocrates)는 인간의 삶에 관계되는 다양한 질문을 하면서 산발적이며 비형식적인 교육을 하였다.
② 소피스트들은 젊은이들에게 수사학의 기술을 가르쳐 유능한 대중 연설가로 키우는 것이 목적이었으나, 이소크라테스(Isocrates)는 수사학의 기술과 함께 이들에게 인간의 정신을 도야하도록 가르쳤다.
③ 소피스트들은 출세위주의 입신양명에 교육목적을 두었으나, 이소크라테스(Isocrates)는 자신이 소피스트가 아니라고 주장했다.
④ 자유분방한 소피스트들은 법과 권위를 당연한 것으로 받아들이지 않는 회의주의적 도덕관을 가졌으나, 이소크라테스(Isocrates)는 보편적인 인간교육 이념을 확산시켰다.

■ 정답 및 해설
① 소피스트들은 개인별로 활동하는 직업적 교사들로 산발적이며 비형식적인 방식으로 교육을 하였지만, 이소크라테스는 수사학교를 설립하여 보다 연속적이고 체계적인 교육을 제공하였다.

**암기 POINT**
• 고대 그리스의 교육자들

| | 소피스트 | 이소크라테스 |
|---|---|---|
| 개요 | 직업교사 집단 | 수사학교 설립 |
| 도덕관 | 회의주의, 상대주의 | 보편주의, 절대주의 |
| 교육 목적 | 유능한 웅변가 (출세) | 훌륭한 지도자 (공공선) |
| 교육 내용 | 수사학적 기술 (웅변술) | 수사학, 교양교육, 도덕교육 |
| 교육 방법 | 산발적, 비형식적 | 연속적, 체계적 |

64 ①

## 02. 고대 그리스의 교육사상

### 출포 21. 소크라테스의 교육사상      A

🌐 기본서 44~46쪽

**65.** 소크라테스의 회상설(回想說)에 대한 설명으로 옳은 것만을 모두 고르면?

2023년 국가직 7급

> ㄱ. 진리는 본래 알고 있는 것을 상기하는 것이다.
> ㄴ. 학습자의 마음을 백지(白紙) 상태라고 규정한다.
> ㄷ. 학습 및 교수 방법으로서 대화법과 산파술이 적합하다.
> ㄹ. 교사는 학습자에게 지식을 주입하는 데 주력해야 한다.

① ㄱ, ㄴ      ② ㄱ, ㄷ
③ ㄴ, ㄹ      ④ ㄷ, ㄹ

**더 알아두기** ✏️

• 소크라테스의 질문법 (메논과의 대화)

소크라테스: 여기 한 변이 2피트인 정사각형이 있다. 이 정사각형의 면적은 몇 평방피트인가?
소년: 4평방피트입니다.
소크라테스: 그렇다면 이 정사각형의 면적을 두 배로 만들려면, 한 변의 길이가 몇 피트가 되어야 할까?
소년: 4피트가 되어야 할 것 같습니다.
소크라테스: 그렇다면, 한 변이 4피트인 정사각형의 면적은 얼마인가?
소년: 16평방피트입니다.
소크라테스: 하지만 우리가 원하는 것은 8평방피트인 정사각형이다. 네가 말한 4피트는 너무 크지 않니?
…(중략)…
소년: (고민하며) 잘 모르겠습니다.
소크라테스: 그렇다면 이렇게 해보자. 정사각형의 대각선에 대해 생각해보자. 이 대각선이 새 정사각형의 한 변이 되면, 그 면적이 8평방피트가 될까?
소년: (곰곰이 생각한 후) 네, 그렇게 될 것 같습니다.

65 ②

### ■ 정답 및 해설

② ㄱ. 소크라테스의 회상설(theory of recollection)은 인간이 지식을 학습하는 과정은 본래 알고 있던 것을 상기(회상)하는 것이라는 주장이다. 회상설은 영혼의 불멸성을 전제로 하는 개념으로, 영혼이 육체에 깃들기 이전에 영혼(보편적 이성)의 세계에서 이미 모든 진리를 인식하고 있었다는 전제를 바탕으로 한다. 인간이 현실의 세상에서 어떤 것을 새롭게 배운다고 생각하지만, 이 생각은 잘못된 것이며 사실은 영혼이 이미 이전에 알고 있었던 것을 찾아 기억해내는 과정일 뿐이라는 것이다. 회상설은 플라톤의 『대화편』 중 「메논」에 등장하는 개념으로, 플라톤의 이데아론과 연결되어 있다.

ㄷ. 소크라테스의 회상설에 따라 학습이 이미 영혼 속에 내재되어 있던 지식을 회상하는 과정이라면, 교수 방법은 적절한 질문을 던져 학습자가 스스로 답을 찾아 나가게 하는 활동이 된다. 『메논』에서 제시된 예에서 소크라테스는 노예 소년에게 기하학 문제를 제시하고 계속된 질문을 던져 스스로 답을 찾아나가게 한다. 이 과정에서 사용된 대화법을 질문법, 반문법, 산파술이라고도 한다.

### ◇ 오답 체크

ㄴ. 학습자의 마음을 백지 상태라고 규정한 철학자는 17세기 경험주의 철학자인 로크(Locke)이다. 로크는 백지설을 전제로, 모든 지식은 경험을 통해 형성된다고 보았다. 소크라테스의 회상설에서는 학습자의 마음속에 진리가 내재해 있다고 본다.

ㄹ. 회상설에서는 지식은 학습자가 이미 알고 있는 지식을 상기해내는 과정에서 획득된다고 본다. 따라서 교사는 학생에게 지식을 주입하기 위해 노력하기 보다는, 적절한 질문을 제시하여 스스로 진리를 회상해 내도록 주력해야 한다.

**66.** 다음 설명과 가장 밀접한 것은?  　　　　　　　　　2018년 국가직 7급

> ○ 지식을 주입하는 대신에 질문을 통하여 스스로 생산적 사고를 하도록 한다.
> ○ 지혜는 물이 높은 곳에서 낮은 곳으로 흘러가듯 교사로부터 학생에게 손쉽게 전달되지는 않는다.

① 반문법과 산파술
② 코메니우스(J. A. Comenius)의 감각교육
③ 실물교육과 노작교육
④ 3학 4과 교육

**기출플러스**
- 산파술에 들어있는 지식교육에 대한 관점 : 회상설 (2006년 유초등)

학습자가 지식을 회상해 내도록 교사는 탐구의 과정을 안내하고 필요한 조력을 제공해야 된다.

■ **정답 및 해설**

① 제시된 자료에 따르면, 지식이나 지혜는 교사로부터 학생에게 주입되거나 전달되는 것이 아니라, 학생이 스스로 질문을 통해 발견해 내야 하는 것이다. 소크라테스가 제시한 반문법과 산파술은 교사가 학생에게 질문을 던짐으로써 스스로 참된 지식을 탐구할 수 있도록 이끄는 교육방법이다. 이런 과정이 마치 산파가 산모로부터 뱃속의 아기를 받아내는 과정과 같다고 하여 '산파술'이라고 부른다.

◇ **오답 체크**

② 코메니우스의 감각교육은 실물에 대한 직접경험을 통해 지식을 학습할 것을 강조하는 방법이다.
③ 실물교육과 노작교육은 페스탈로치가 강조한 교육방법으로 실물에 대한 감각적 경험과 노동을 통한 교육에 초점을 둔다.
④ 3학 4과 교육이란 전통적인 자유교양교과를 가르치는 교육을 말하는 것으로, 3학은 문법, 수사학, 논리학을, 4과는 대수, 기하, 천문, 음악을 말한다. 3학4과 교육은 이들 교과를 가르침으로써 가치있는 지식을 전달하고 지혜를 기를 수 있다고 보는 관점을 전제로 한다.

**67.** 다음 내용과 관련이 있는 교육사상가는? 　　　　　　　　　2017년 지방직 9급

> 교사는 학생에게 정답을 미리 알려주지 않고 학생이 알고 있는 것이 참인지 거짓인지를 판단하면서 학생 스스로 진리의 세계로 들어갈 수 있도록 돕는 역할을 한다. 이를 위해 교사는 반어적인 질문을 학생에게 던짐으로써 학생 자신이 무지를 깨닫게 한다. 지적(知的)인 혼란에 빠진 학생은 교사와의 끊임없는 대화를 통해 진리를 성찰하게 되면서 점차 참된 지식에 이를 수 있게 된다.

① 아퀴나스(T. Aquinas)　　② 소크라테스(Socrates)
③ 프로타고라스(Protagoras)　④ 아리스토텔레스(Aristoteles)

66 ①　67 ②

■ 정답 및 해설
② 학생에게 정답을 미리 알려 주지 않고 학생에게 질문을 던짐으로써 자신의 무지를 깨닫게 하고 결국은 스스로 참된 지식을 발견할 수 있도록 이끄는 대화법에 기초한 교육방법을 강조한 교육사상가는 소크라테스이다.

◇ 오답 체크
① 아퀴나스는 중세의 스콜라 철학을 체계적으로 완성한 사람으로, 아리스토텔레스 철학을 이용해서 신의 존재를 논리적으로 증명하였다.
③ 프로타고라스는 소피스트의 대표 인물로서 '인간은 만물의 척도'라는 명제를 통해 상대주의적 가치관을 제시하였다.
④ 아리스토텔레스는 본성, 습관, 이성의 조화로운 발달을 교육목적으로 제시하고, 특히 합리적 이성의 발달을 위해 지식 그 자체를 목적으로 하는 자유교육의 필요성을 강조하였다.

68. 소크라테스의 '산파술'에 대한 설명으로 적절하지 않은 것은?

2008년 국가직 9급

① 교육자는 상대가 이미 알고 있다고 생각하는 관념에 대해 그것이 과연 타당한 것인지 계속해서 질문을 제기한다.
② 교육자는 대화를 통해 상대방이 스스로 발견한 지식의 옳고 그름을 판정해주는 역할을 한다.
③ 교육자가 피교육자에게 무엇인가를 일러주는 것이 아니라 피교육자 스스로 생각하도록 유도하는 교육방법이다.
④ 상대방으로 하여금 결국 자신이 모르고 있었다는 것을 깨닫게 하여 배움의 새로운 단계로 이끄는 교육방법이다.

■ 정답 및 해설
② 소크라테스의 산파술은 크게 두 종류의 과정으로 나뉜다. 학습자의 무지를 깨닫게 하는 과정인 소극적 대화의 단계와 학습자가 진리에 접근해 가게 하는 적극적 대화의 단계이다. 소극적 대화의 단계에서는 학습자가 이미 알고 있다고 생각하는 관념을 깨뜨리기 위해 반대되는 사례나 질문을 던지며 자신의 무지를 깨닫게 한다는 점에서, 파괴적 사고의 단계라고도 한다. 적극적 대화의 단계에서는 학습자가 교사의 질문에 답을 찾아 나가는 과정에서 스스로 지식을 발견하게 한다는 점에서, 생산적 사고의 단계라고 한다.
이러한 과정에서 교육자는 상대방이 발견한 지식의 옳고 그름을 판정해주는 역할을 하기 보다는, 학습자가 스스로 지식의 옳고 그름을 판정해 볼 수 있게 하는 질문을 던지는 역할을 한다. 학습자가 옳다고 생각하는 관념에 대해 그것이 과연 타당한 것인지 생각해 보게 하는 반대되는 사례를 묻거나 논리의 허점을 파고드는 질문을 하는 것이 그 사례이다.

암기 POINT
• 소크라테스식 대화법의 과정

| | | |
|---|---|---|
| 반문법 단계 | 소극적 대화 (파괴적 사고) | 무지의 무지 → 무지의 자각 |
| 산파술 단계 | 적극적 대화 (생산적 사고) | 무지의 자각 → 진리의 회상 |

68 ②

69. 고대 그리스의 소크라테스 교육사상에 대한 설명으로 틀린 것은?

2015년 지방직 9급

① 덕(德)과 지식은 동일하다고 주장하였다.
② 도덕성 함양을 위해 습관 형성을 강조하였다.
③ 교육방법으로 대화법과 산파술을 사용하였다.
④ 절대적이고 객관적인 진리의 존재를 역설하였다.

■ 정답 및 해설
② 도덕성 함양을 위해 지식보다는 습관 형성의 중요성을 강조한 고대의 사상가로는 크세노폰(Xenophon)이나 아리스토텔레스(Aristoteles) 등이 있다.

◇ 오답 체크
① 소크라테스는 덕(선)과 지식은 동일한 것으로, 덕을 알아야 덕을 실천할 수 있다고 보았다(지덕복합일설). 소크라테스는 '악행은 무지의 결과'이며, 선의 본질을 대한 이해가 덕을 행하는 기초가 된다고 보았다. 따라서 도덕적 인간 양성을 위해서는 도덕적 지식의 학습이 중요하다는 점 강조하였다.
③ 학생에게 정답을 미리 알려 주지 않고 학생에게 질문을 던짐으로써 자신의 무지를 깨닫게 하고 결국은 스스로 참된 지식을 발견할 수 있도록 이끄는 대화법과 산파술을 교육방법으로 사용하였다.
④ 소크라테스는 보편적 이성(영혼)의 세계와 선험적 진리의 존재를 신뢰하는 관점을 가진다. 객관적·절대적·불변적 진리가 존재하며, 인간은 합리적인 사고를 통해 이러한 진리를 발견해 낼 수 있다고 역설한다.

## 출포 22. 플라톤의 교육사상

● 기본서 46쪽

70. 플라톤이 『국가론』에서 주장한 내용으로 옳은 것은?

2019년 지방직 9급

① 교육의 궁극적인 목적은 개인의 자아실현에 있다.
② 국가는 능력에 따라 구분된 계급에 적합한 교육을 시켜야한다.
③ 모든 인간은 백지상태에서 태어나므로 개인의 사회적 역할은 평등하다.
④ 국가는 교육에 최소한으로 개입하여 개인의 발달을 보장해야 한다.

■ 정답 및 해설
② 플라톤은 여러 계급들이 각자의 덕목을 실현하여 조화를 이루는 것이 이상적인 국가의 모습이라고 보았다. 생산계급은 절제, 수호계급은 용기, 통치계급은 지혜를 갖추고, 이들이 조화를 이룰 때 정의가 실현된다는 것이다. 따라서 국가는 능력에 따라 구분된 계급에 적합한 교육을 시켜야 한다고 주장하였다.

암기 POINT
• 플라톤의 「국가론」

| 정의 |
| --- |
| (조화) |

| 절제 | 용기 | 지혜 |
| --- | --- | --- |
| 생산계급 | 수호계급 | 통치계급 |

◇ 오답 체크
① 교육의 궁극적 목적을 개인의 자아실현에 둔 고대의 철학자는 아리스토텔레스이다.
③ 모든 인간은 백지상태에서 태어난다는 '백지설'을 주장한 사상가는 로크이며, 이에 기초하여 개인의 사회적 역할은 평등하다고 보았다.
④ 국가의 개입이 최소화된 상태, 즉 자연 상태에서의 개인의 발달을 보장할 것을 강조한 사상가는 루소이다.

## 71. 다음 내용과 가장 관련이 깊은 것은?
2018년 지방직 9급

> ○ 핵심 주제는 정의, 즉 올바른 삶이다.
> ○ 올바른 삶을 위해 가장 중요한 것은 이성의 덕인 지혜를 갖추는 것이다.
> ○ 초기교육은 음악과 체육을 중심으로 하고, 후기교육은 철학 또는 변증법을 강조한다.

① 플라톤(Platon)의 『국가론』
② 루소(J. J. Rousseau)의 『에밀』
③ 듀이(J. Dewey)의 『민주주의와 교육』
④ 피터스(R. S. Peters)의 『윤리학과 교육』

■ 정답 및 해설
① 플라톤의 『국가론』은 핵심 주제인 '정의'에 대해 논의하면서, 개인적 차원에서의 올바른 삶과 사회적 차원에서의 이상적인 국가에 대해 논하였다. 개인적 차원에서의 올바른 삶이란 이성을 길러 지혜를 갖추는 것이며, 이를 위해 철학과 변증법을 가르칠 것을 강조하였다.

◇ 오답 체크
② 루소의 『에밀』에서 다룬 핵심 주제는 인간의 자연적 본성에 따른 교육이며, 아동의 자연스러운 발달에 따른 교육의 단계를 제시하였다.
③ 듀이의 『민주주의와 교육』에서 다룬 주제는 민주적 사회와 교육의 관계이며, 경험에 의한 학습과 민주사회의 축소판으로서의 학교에 대해 논의하였다.
④ 피터스의 『윤리학과 교육』에서 다룬 핵심 주제는 윤리와 교육의 관계이며, 교육이 추구해야 할 가치와 교육의 개념적 준거를 제시하였다.

## 72. 플라톤의 교육사상에 대한 설명으로 옳은 것은?
2004년 중등

① 교육의 초기 단계에서는 변증법을 공부한다.
② 교육의 최종 단계는 선의 이데아를 획득하는 것이다.
③ 학문을 탐구하는 목적은 변화의 모습을 파악하는 데 있다.
④ 계층에 관계없이 모든 사람에게 동일한 교육을 실시한다.

71 ① 72 ②

---

**기출플러스**

• 플라톤의 「국가론」에 따른 교육의 단계
(2005년 유초등)

플라톤의 『국가론』에 따르면, 철인왕의 육성을 위한 교육은 신체 단련과 덕성 함양, 산술·기하 등의 교과 교육으로 이루어지는 기초 교육, 2년간의 '신체 및 군사' 교육, 20세부터 10년간의 '수학, 기하, 천문, 음악 등의 교양' 교육, 5년 간의 '철학(변증법)' 교육, 그리고 행정 실무 활동에의 참여라는 순서로 이루어진다.

**암기 POINT**

• 플라톤의 계급에 따른 교육

| 대상 | 덕목 | 교육내용 |
|---|---|---|
| 생산계급 | 절제 | 덕성교육(가정) 기초교육(3R) 신체, 군사훈련 |
| 수호계급 | 용기 | 교양교육 (수학 등 4과) |
| 통치계급 | 지혜 | 철학, 변증법 행정 실무 |

■ 정답 및 해설

② 플라톤은 모든 사물의 본질은 '이데아'라는 완전하고 불변적인 세계에 있으며, 현실 세계는 이데아의 불완전한 모사에 불과하다고 본다. 이데아의 최고 위치에 완전한 진선미의 가치가 존재한다. 진선미 중에서도 선(善, Goodness)이 모든 존재가 지향해야 할 궁극적 목적이며 최고의 가치로 여겨진다. 따라서 플라톤의 교육론에서 교육의 최종 단계는 선의 이데아를 획득하는 것이 된다.

◇ 오답 체크

① 플라톤의 국가론에 제시된 바에 따르면, 교육의 초기 단계에는 음악과 체육을 중심으로 공부하여 덕성을 함양하고 신체를 단련하며, 철학과 변증법은 교육의 후기 단계에 이르러서 공부하는 것이 바람직하다.
③ 플라톤은 현실에서 변화의 모습을 파악하는 것으로는 사물의 본질이나 불변적인 진리를 발견할 수 없다고 본다. 오직 인간의 이성(사고)을 통해 이데아계에 존재하는 영원불변의 진리를 깨닫는 것만이 학문 탐구의 목적이 된다고 본다.
④ 플라톤은 이상적인 국가, 즉 정의의 실현을 위해서는 능력에 따라 계급을 구분하고, 각 계급에 적합한 교육을 실시하여 여러 계급의 덕목이 조화되게 하여야 한다고 본다.

암기 POINT

• 플라톤의 교육사상

| 세계관 | 이원론적 세계관 (이데아계-현상계) |
| --- | --- |
| 교육 목적 | 이데아의 실현 (진, 미 → 선) |
| 교육 원리 | 이성의 계발을 통한 불변적 진리 탐구 |
| 이상적 교육 | 계급에 적합한 교육 (정의의 실현) |

## 출포 23. 아리스토텔레스의 교육사상

기본서 47쪽

73. 아리스토텔레스의 교육사상에 대한 설명으로 옳은 것만을 모두 고르면?

2020년 지방직 9급

ㄱ. 모든 인간은 장차 실현될 모습을 스스로 지니고 있다는 목적론적 세계관을 지향한다.
ㄴ. 교육의 최종적인 목적은 행복한 삶을 영위할 수 있는 인간을 기르는 것이다.
ㄷ. 자유교육은 직업을 준비하거나 실용적인 목적을 위해 행해지는 것이 아니라 지식 자체의 목적에 맞추어져 있다.

① ㄱ, ㄴ
② ㄱ, ㄷ
③ ㄴ, ㄷ
④ ㄱ, ㄴ, ㄷ

■ 정답 및 해설

④ ㄱ. 아리스토텔레스는 모든 존재는 장차 실현될 모습(목적)을 스스로 지니고 있다고 보는 목적론적 세계관을 주장하였다. 이러한 세계관은 모든 인간은 장차 실현될 모습을 내적으로 가지고 있으며, 개인이 가진 내적 소질을 발현시키는 것(자아실현)을 통해 인간 존재의 목적인 행복에 도달할 수 있다고 보는 관점으로 연결된다.
ㄴ. 아리스토텔레스는 인간 삶의 궁극적 목적은 행복이며, 교육의 최종적인 목적은 행복한 삶을 영위할 수 있는 인간을 기르는 것이라고 보았다.

암기 POINT

• 아리스토텔레스의 교육사상

| 세계관 | 목적론적 세계관 |
| --- | --- |
| 교육 목적 | 행복한 삶 (지적+도덕적 탁월) |
| 교육 원리 | - 내적 소질의 발현 (자아실현)<br>- 본성, 습관, 이성의 조화(*습관 강조) |
| 이상적 교육 | 자유교육 (지식 그 자체 추구) |

73 ④

ㄷ. 아리스토텔레스는 인간이 가진 본질적 속성은 이성이라고 보고, 이성의 훈련을 통해 지성적 탁월성에 도달할 때 행복에 이를 수 있다고 보았다. 따라서 지식 그 자체를 학습하는 데 목적을 두는 자유교육은 행복한 삶을 위한 기초가 되는 것이다. 이러한 측면에서 직업을 준비하거나 실용적인 목적을 위해 행해지는 교육이 아니라, 지식 자체의 목적에 두는 자유교육이 교육의 이상적인 모습이라고 본다.

## 74. 아리스토텔레스의 교육 사상에 대한 설명으로 옳지 않은 것은?

**2016년 지방직 9급**

① 교육은 시민들의 행복한 삶을 다룬다는 점에서 정치와 동일하다.
② 도덕적 탁월성이란 개인이 가진 내적 소질을 최대한 발현시키는 것이다.
③ 인간을 포함하여 존재하는 모든 것은 장차 실현될 모습을 스스로 지니고 있다.
④ 반어법(反語法)과 산파술(産婆術)은 학습자의 무지를 일깨우기 위한 교수법이다.

■ **정답 및 해설**
④ 학습자의 무지를 일깨우기 위한 반어법과 산파술은 소크라테스가 제시한 교수법에 해당한다. 아리스토텔레스는 구체적인 교수법을 제시하지는 않았으나, 교수법적 원리로서 논리적 탐구, 실천적 경험, 단계적 학습을 조화롭게 통합하여 개인의 전인적 성장을 목표로 하는 접근 방식을 제시하였다.

◇ **오답 체크**
① 아리스토텔레스는 인간의 궁극적 목적은 행복한 삶을 사는 것이며, 행복한 삶을 실현하기 위해 교육과 정치가 필수적이라고 생각하였다. 교육은 이성적 판단 능력을 기르고 도덕적 품성을 함양하여 행복한 삶에 이르게 한다. 정치는 시민들이 공동체를 구성하여 공동선을 추구한다는 점에서 행복한 삶을 다룬다고 본다.
② 아리스토텔레스는 행복한 삶을 위해서는 지적인 탁월성과 도덕적인 탁월성이 조화와 균형을 이루어야 하며, 양측면의 탁월성은 모두 개인이 가진 내적 소질을 최대한 발현시키는 것(자아실현)이라고 본다.
③ 아리스토텔레스는 인간을 포함한 모든 존재는 장차 실현될 모습(목적)을 스스로 지니고 있다고 보는 목적론적 세계관을 주장하였다.

## 75. 고대 그리스 시대의 교육사상에 대한 설명으로 옳지 않은 것은?

**2012년 중등**

① 소크라테스(Socrates)는 교수방법으로서 반어법과 문답법을 활용하였다.
② 플라톤(Platon)은 웅변가를 이상적으로 교육받은 인간상으로 간주하였다.
③ 이소크라테스(Isocrates)는 논증과 변론을 통한 수사학 교육을 강조하였다.
④ 프로타고라스(Protagoras)는 모든 가치의 기준이 개인에 따라 상대적이라고 주장하였다.
⑤ 아리스토텔레스(Aristoteles)는 최고선으로서의 행복을 추구하기 위해 지성적 삶과 습관 형성을 중시하였다.

---

**기출플러스**

- 아리스토텔레스의 교육론 (2002년 중등)
  - 인간의 영혼은 신체적 힘의 총화로서 신체가 없이는 존재할 수 없다.
  - 교육은 참된 윤리적 생활을 가능하게 하는 것으로 정치적 문제와 관련되어 있다.
  - 본성, 습관, 이성이 함께해야 교육이 가능하다.

74 ④  75 ②

■ 정답 및 해설

② 플라톤은 지혜를 갖춘 철학자를 이상적으로 교육받는 인간상으로 간주하였다. 웅변가를 이상적인 인간상으로 보는 이들은 고대 그리스의 소피스트들이다.

◇ 오답 체크

① 소크라테스가 제시한 교수방법인 대화법은 학습자의 기존 관념을 파괴하는 반어법과 기억의 회상을 통해 새로운 지식을 구성하는 문답법을 활용한다.
③ 이소크라테스는 단순한 수사학적 기술을 가르치는 소피스트들을 비판하면서, 논증과 변론에 기초한 수사학 교육을 통해 상황과 맥락에 맞는 적절한 주장을 펼쳐 청중을 설득할 수 있는 능력을 갖춘 웅변가를 기르고자 하였다.
④ 프로타고라스는 소피스트로서 '인간은 만물의 척도'라는 명제를 통해 모든 가치 기준이 개인에 따라 달라질 수 있다고 보는 상대주의적 관점을 제시한다.
⑤ 아리스토텔레스는 인간 삶의 최고선은 행복이며, 행복한 삶을 살기 위해서는 지성적인 삶과 습관 형성이 필요하다고 보았다. 특히 아리스토텔레스는 무엇이 옳은지를 아는 것을 넘어서, 그것을 반복적으로 행동하는 좋은 습관을 통해서 도덕적 탁월성이 길러진다고 보았다.

## O3. 고대 로마의 교육

### 출포 24. 고대 로마의 교육

🔘 기본서 48쪽

**76.** 고대 로마의 교육에 대한 진술 중 옳지 않은 것은?  2007년 국가직 9급

① 로마 초기에는 부모가 자녀교육에 대하여 절대적인 권한을 행사하였다.
② 문법학교가 수사학교보다 높은 수준의 교육기관이었다.
③ 중등교육기관에서는 7자유학과를 체계적으로 가르쳤다.
④ 현학적인 학문보다 실용적인 학문을 더 중요시하였다.

■ 정답 및 해설

② 고대 로마의 제정시대에 발달된 학교 중 문법학교는 중등 수준의 학교이므로, 고등 수준의 학교인 수사학교보다 낮은 수준의 교육기관이다. 문법학교에서는 라틴어, 문법, 문학, 등 7자유학과의 교육이 이루어졌다. 수사학교에서는 고등 수준의 라틴어, 문법, 수사학 등에 대한 전문적인 교육이 이루어졌다.

**암기 POINT**

• 고대 로마의 학제

| 학교 | 수준 | 교육내용 |
|---|---|---|
| 문자학교 | 초등 | 읽기, 쓰기 |
| 문법학교 | 중등 | 7자유학과 |
| 수사학교 | 고등 | 라틴어, 문법, 수사학 등 |

76 ②

**77.** 서양의 자유교육(liberal education) 전통에 관한 설명으로 옳은 것을 <보기>에서 모두 고른 것은?

2009년 중등

> ㄱ. 자유교육은 이론적 지식보다는 실제적 지식을 추구한다.
> ㄴ. 현대의 자유교육론은 마음과 지식의 논리적 관계에 토대를 두고 있다.
> ㄷ. 영국의 서머힐(Summerhill) 학교는 자유교육의 이상을 실현할 목적으로 설립되었다.
> ㄹ. 고대 로마나 중세 유럽의 자유교육은 7자유학과를 가르치는 프로그램으로서의 자유교육을 강조하는 경향이 있었다.
> ㅁ. 자유교육의 출발점은 이소크라테스(Isocrates)의 사상에서 찾기도 하나, 아리스토텔레스의 사상에서 비롯되었다고 보는 것이 일반적이다.

① ㄱ, ㄷ  ② ㄱ, ㄴ, ㄹ
③ ㄴ, ㄷ, ㅁ  ④ ㄴ, ㄹ, ㅁ  ⑤ ㄱ, ㄷ, ㄹ, ㅁ

### ■ 정답 및 해설

④ ㄴ. 현대의 자유교육론은 피터스와 허스트의 주장이 대표적이다. 이들은 인류의 공적 전통인 지식의 형식들은 합리적인 사고에 의해 만들어진 지적 성취이므로, 이러한 지식의 학습은 인간의 마음을 합리적으로 발전시킨다고 주장한다.

ㄹ. 고대 로마나 중세 유럽의 자유교육에서는 고대 그리스의 자유교육을 체계화하여 7자유학과(liberal arts)를 가르치는 프로그램으로 진전시켰다. 7자유학과란 전통적인 서양의 기본 교과목들로, '언어'를 중심으로 한 3학(문법, 수사학, 논리학)과 '수'를 중심으로 한 4과(대수, 기하, 천문, 음악)를 말한다.

ㅁ. 자유교육의 출발점은 수사학적 인간도야를 위해 일반교양을 가르쳐야 한다고 주장한 이소크라테스(Isocrates)의 사상에서 찾기도 하나, 지적 탁월성과 도덕적 탁월성이 조화된 전인의 육성을 강조한 아리스토텔레스의 사상에서 비롯되었다고 보는 것이 일반적이다. 아리스토텔레스는 자유교육은 다른 것의 수단이 아닌 교육 그 자체가 목적인 교육이라는 점을 강조하였다.

### ◇ 오답 체크

ㄱ. 자유교육은 실제적 지식보다는 이론적 지식을 추구한다. 실용적인 목적의 지식은 자유교육보다는 직업교육에서 주로 나타나는 모습입니다.

ㄷ. 영국의 서머힐 학교는 인간주의 또는 홀리스틱 교육의 이상을 실현할 목적으로 설립되었으며, 일체의 통제와 규율로부터 벗어나 학생들의 자유를 최대로 보장하는 대안적 교육을 추구한다.

---

**암기 POINT**

• 자유교육(liberal education)

| 고대 그리스 | 아리스토텔레스 (자유인을 위한 교육, 이성과 덕성의 조화) |
| --- | --- |
| 고대 로마, 중세 | 7자유학과 교육 (언어 3학 + 수 4과, 로마의 문법학교) |
| 현대 | 피터스와 허스트 (지식의 형식론) |

77 ④

## 2. 중세의 교육사상

### 출포 25. 중세의 교육　　　　　　　　　　　D

🌀 기본서 49~50쪽

**78.** 유럽 중세의 교육에 대한 설명 중 가장 적절하지 않은 것은?

2007년 국가직 9급

① 초기의 대학은 조합(길드)의 형태로 발전하였다.
② 기사를 양성하는 기사도 교육이 체계화되었다.
③ 문답학교는 수도사를 양성하는 교육기관이었다.
④ 도제제도는 수공업 기술자를 양성하기 위한 제도였다.

■ **정답 및 해설**
③ 중세시대의 문답학교는 아직 세례를 받지 않은 이교도들을 교화하고 기독교 세례를 준비하기 위한 초등 수준의 교육기관이다. 수도사를 양성하는 교육기관은 최고 수준의 학교인 수도원학교(승원학교)이다.

**암기 POINT**
• 중세 전기의 기독교 학교

| 학교 | 수준 | 교육목적 |
|---|---|---|
| 문답학교 | 초등 | 세례준비 |
| 고급문답학교 | 중등 | 문답학교 교사 양성 |
| 본산학교 | 고등 | 성직자 양성 |
| 수도원학교(내) | 고등 | 수도사 양성, 학문연구 |

**79.** 유럽의 중세 시민교육에 관한 설명으로 옳지 않은 것은?　　2012년 유초등

① 학교의 형태는 각 나라와 도시에 따라 다양하다.
② 시민학교는 시민계급에게 의무·무상교육을 실시하였다.
③ 중세 상공업의 발달로 출현한 시민계급의 수요에 의해 생겨났다.
④ 시민학교는 교육수준에 따라 크게 상류층을 위한 학교와 하류층을 위한 학교로 나뉜다.
⑤ 읽기, 쓰기, 셈하기, 직업기술의 습득, 법률적 지식 등 시민계급의 실제적 필요를 충족시키기 위해 학교가 설립되었다.

■ **정답 및 해설**
② 중세 유럽의 시민교육은 도시 상공업의 발달로 출현한 시민계급의 수요에 의해 시민학교를 통해 이루어졌다. 이들 시민학교는 개인들의 선택과 자금조달에 의해 운영되었다. 이들 학교는 의무교육도 아니고 무상교육도 아니었다.

◇ **오답 체크**
① 시민학교의 형태는 나라와 도시에 따라 상이하였다. 독일의 독일어학교와 라틴어학교(김나지움), 영국의 조합학교와 라틴문법학교 등이 대표적 사례이다.
③ 시민학교는 복선제 학제로, 상류층을 위한 학교와 하류층을 위한 학교가 구분되어 발달하였다. 하류층을 위한 학교에서는 읽기, 쓰기, 셈하기 등의 기초교과 학습과 직업기술 및 법률 등 실용적 지식을 가르쳤다. 상류층을 위한 학교에서는 대학준비를 위해 라틴어와 7자유교과 등 학문적 지식을 주로 가르쳤다.

**암기 POINT**
• 중세 후기의 시민학교

| 하류층 | 상류층 |
|---|---|
| 직업준비 (초등) | 대학준비 (중등) |
| 3R, 직업기술, 법률지식 | 라틴어, 7자유교과 |
| 독일어학교 조합학교 | 김나지움(독) 문법학교(영) |

78 ③　79 ②

## 출포 26. 중세 대학의 발달

📖 기본서 50~51쪽

**80.** 중세시대 대학 발생의 주요 배경에 대한 설명으로 옳지 않은 것은?

2017년 국가직 7급

① 스콜라 철학이 발달하면서 학문적 열기가 고조되었다.
② 십자군 원정 이후 외부 지역으로부터 실용학문이 널리 유입되었다.
③ 대중의 교육적 요구에 따라 조합학교(guild school)가 새롭게 등장하였다.
④ 도시와 상공업이 발달하면서 법조인, 의사와 같은 전문 인력에 대한 수요가 증가하였다.

### ■ 정답 및 해설
③ 조합학교는 주로 상공업 분야의 장인들이 결성한 조직인 길드(조합)이 운영한 학교로, 조합원의 자녀나 도제들에게 직업적 교육을 하던 학교였다. 직업기술 외에도 읽기, 쓰기, 셈하기의 기초소양과 종교를 가르쳤다.
한편, 초기의 대학은 학자들과 학생들의 조합(길드)으로 발달하였으나, 이것은 조합학교와는 다른 성격의 것이다.

### ◇ 오답 체크
① 수도원학교를 중심으로 발달된 스콜라 철학은 학문적 열기를 고조시켜 대학의 성립에 영향을 미쳤다.
② 십자군 원정 이후 외부 지역으로부터 유입된 실용학문은 수학, 과학, 법학, 의학 등 다양한 학문의 발달을 이끌었으며, 대학의 발달에 영향을 미쳤다.
④ 중세 후기 도시와 상공업의 발달로 법조인과 의사와 같은 전문 인력에 대한 수요가 증가하면서 대학의 발달이 촉진되었다. 이탈리아 북부의 볼로냐 대학은 법과대학이었으며, 이탈리아 남부의 살레르노 대학은 의과대학이었다.

**81.** 대학(university)의 역사에 관한 진술로 적절하지 않은 것은?

2004년 유초등

① 초창기의 대표적인 대학으로는 볼로냐와 파리의 대학이 유명하였다.
② 중세 대학은 '국가 안의 국가'로 불릴 정도로 고도의 자치권을 향유하였다.
③ 초기의 대학은 자유로운 학자와 학생들의 조합(길드)을 제도적 기반으로 하였다.
④ '고독과 자유'라는 근대 대학 이념이 최초로 주창된 나라는 프랑스이다.

### ■ 정답 및 해설
④ 중세의 대학은 학문연구보다는 지식인 양성 교육에 중점을 두었다. 근대의 대학은 점차로 교육보다 연구가 중심이 되면서, 학문의 자유가 대학이념으로 자리잡게 되었다. 19세기 초 독일 베를린 대학의 훔볼트 교수는 대학을 진리를 탐구하는 곳으로 규정하고, 대학의 이념을 '고독과 자유'로 주창하였다.

80 ③   81 ④

# 3. 근대의 교육사상

## 01. 르네상스기 인문주의 교육

**출포 27. 인문주의 교육사상**  C

📖 기본서 51~53쪽

**82.** 16세기 서양의 인문주의 교육사상에 대한 설명으로 옳은 것은?

2017년 지방직 9급

① 고대 그리스·로마의 자유교육의 이상을 계승하였다.
② 자연이나 실재하는 사물을 매개로 하는 실물교육을 도입하였다.
③ 민족적으로 각성된 관점에서 공동체 의식을 기르는 데 주력하였다.
④ 고등교육이 아닌 초등교육 수준에서 구체적인 교육방안을 제안하였다.

### ■ 정답 및 해설

① 16세기는 고대 그리스·로마의 문화와 예술을 부흥시켜 인간해방을 추구한 르네상스 운동의 시대이다. 인문주의 교육사상은 르네상스 운동의 일환으로, 고대 그리스와 로마의 자유교육의 이상을 계승하고자 하였다. 즉, 자유교양교과 교육을 통해 자유롭고 개성있는 인간을 길러내고자 하였다.

### ◇ 오답 체크

② 실물교육을 도입한 것은 17세기 실학주의 교육이다. 인문주의 교육은 자연이나 실물보다는 언어와 고전을 이용한 학습을 강조하였다.
③ 민족적 관점에서 공동체 의식을 강조한 것은 19세기 신인문주의 교육이다. 16세기 인문주의 교육에서는 민족 공동체보다는 인간 또는 시민으로서 개인의 개성과 자유가 강조되었다.
④ 초등교육에 대한 구체적 교육방안을 제안한 것은 18세기 범애주의 교육이다. 인문주의 교육은 중등교육 이상 수준의 상류층 교육에 주로 적용되었다.

**83.** 르네상스 시기의 인문주의 교육에 대한 설명으로 옳지 않은 것은?

2016년 국가직 9급

① 인간 중심적 사고를 강조하였다.
② 감각적 실학주의를 비판하며 등장하였다.
③ 북유럽의 인문주의 교육은 개인보다는 사회 개혁에 주된 관심을 가졌다.
④ 이탈리아의 인문주의 교육에서는 자기 표현 및 창조적 능력의 실현을 강조하였다.

---

**암기 POINT**

• 인문주의 교육(16세기)

| 배경 | 르네상스 운동<br>(인간중심 사상 부활) |
|---|---|
| 교육<br>목적 | 완전한 인간과 선량한<br>시민 양성 |
| 교육<br>내용 | 라틴어, 고전 학습<br>고대의 자유교육 계승 |
| 교육<br>방법 | 고전의 해석과 암송<br>자유, 개성, 창의성 |

82 ① 83 ②

**암기 POINT**

• 인문주의 교육의 유형

| 개인적<br>인문주의 | 이탈리아 중심<br>자기표현의 자유와<br>개성, 창의성 강조 |
|---|---|
| 사회적<br>인문주의 | 북부유럽 중심<br>사회·의식개혁을<br>위한 도덕·종교교육 |
| 키케로<br>주의 | 키케로 문체 모방<br>언어적 형식주의 |

■ 정답 및 해설

② 르네상스 시기의 인문주의 교육은 중세 기독교적 복음주의를 비판하며 등장하였다. 감각적 실학주의는 이 시기 이후인 17세기에 등장한 교육철학이다.

◇ 오답 체크

① 르네상스 시기의 인문주의 교육은 당시 사회 전반에서 일어난 문예부흥 운동의 영향을 받았다. 르네상스 운동은 교회의 권위에서 벗어나, 현세의 생활을 긍정하고 개인의 자유와 개성을 중시하는 인간중심 사상과 문화·예술을 복원시키고자 한 인본주의 운동이었다. 따라서 인문주의 교육에서는 신 중심적 사고를 비판하며, 인간 중심적 사고를 강조하였다.

③ 당시 인문주의 교육은 발달지역에 따라 차별적인 양태를 보였다. 북유럽의 인문주의 교육은 개인적 측면에서의 표현의 자유와 개성을 추구하기 보다는 사회개혁에 관심을 두고 도덕교육과 종교교육을 강조하였다.

④ 르네상스 시기 초기부터 발달된 이탈리아의 인문주의 교육에서는 고대의 사상과 문화를 되살려 개인의 자기 표현 및 창조적 능력의 실현을 강조하였다.


**84.** 르네상스 시기의 인문주의 교육에 관한 설명으로 옳은 것을 모두 고르면?

2011년 유초등

ㄱ. 과학혁명의 성과가 반영되어 과학이 가장 중요한 교과가 되었다.
ㄴ. 자유교육을 통하여 완전한 인간과 선량한 시민을 길러 내고자 하였다.
ㄷ. 키케로의 문체를 작문의 유일한 표본으로 삼은 사람들은 언어적 형식주의에 빠져 있다는 비판을 받았다.
ㄹ. 자국 문화와 언어에 대한 관심이 높아지면서 라틴어가 퇴조하고 모국어가 교육의 주된 언어로 자리 잡았다.

① ㄱ, ㄴ   ② ㄱ, ㄷ
③ ㄱ, ㄹ   ④ ㄴ, ㄷ   ⑤ ㄴ, ㄹ

■ 정답 및 해설

④ ㄴ. 르네상스 시기의 인문주의 교육은 고대 그리스와 로마의 자유교육의 이상을 계승하고자 하였다. 자유교육을 통해 지성과 도덕이 조화된 완전한 인간과 사회의 공동선을 추구하는 선량한 시민을 길러내고자 하였다.
ㄷ. 고대 로마의 대문호인 키케로의 문체를 모방하는 데 치중하는 경향을 키케로주의라 한다. 키케로주의는 언어의 형식적 측면에만 몰두하고 그 속에 담긴 내용적 측면은 소홀히 하였다는 비판을 받았다.

◇ 오답 체크

ㄱ. 17세기 실학주의 교육에 관한 설명이다. 르네상스 시기의 인문주의 교육에서는 고전을 중심으로 한 문학과 예술이 중요한 교과가 되었다.
ㄹ. 자국 문화와 언어에 대한 관심이 높아지면서 라틴어 대신 모국어를 교육의 주된 언어로 가르친 것은 17세기 실학주의 교육에 해당한다.

84 ④

## 02. 종교개혁기의 교육

### 출포 28. 종교개혁기의 교육

📖 기본서 53쪽

**85.** 종교개혁이 서양 근대교육에 미친 영향으로 옳은 것은? `2021년 국가직 7급`
① 교육의 구심점이 국가에서 교회로 이동하였다.
② 성서 중심 교육이 중시되어 교육의 종교화를 초래하였다.
③ 아동의 발달단계에 따른 교육을 강조하는 계기가 되었다.
④ 라틴어 대신에 모국어가 성경과 교육의 언어로 사용되면서 교육의 보편화에 기여하였다.

■ **정답 및 해설**
④ 종교개혁은 교회의 부패와 타락에 대한 루터의 비판으로부터 시작된다. 당시 교회는 면죄부 판매를 통해 대성당 건설자금을 모금하는 등 각종 부패와 부조리가 만연해 있었다. 이에 루터는 1517년 '95개조의 반박문'을 발표함으로써 종교개혁 운동의 출발점을 제공하였다. 루터는 오직 성경에 쓰여 있는 하나님의 말씀에 대한 믿음과 도덕적 회개를 통해 구원을 받을 수 있다고 강조하였다. 종교개혁은 성서 중심의 신앙해방운동으로 확장되면서, 성서를 모국어로 번역하고 기초 문해교육을 발달시키는 데 영향을 미쳤다. 고대의 라틴어 대신 각 국가의 모국어가 성경과 교육의 언어로 사용되면서 교육은 더욱 보편화되었다.

◇ **오답 체크**
① 종교개혁으로 인해 교육의 구심점이 교회에서 국가로 이동하였다. 교육을 교회의 통제로부터 벗어나게 하고 국가가 교육을 관리하는 근대 공교육제도의 기초를 형성하는 계기가 마련된 것이다.
② 중세 시대부터 교육은 이미 종교화되어 있었으므로, 성서 중심 교육이 교육의 종교화를 초래한 것은 아니다.
③ 아동의 발달단계에 따른 교육을 강조하는 것은 18세기 자연주의 교육사상과 관계가 깊다.

**86.** 종교개혁기의 서양교육에 대한 설명으로 옳은 것은? `2019년 국가직 7급`
① 교회 중심의 기독교 교육을 강조하였다.
② 교육에서 현세의 고행과 금욕을 강조하였다.
③ 성서 읽기를 위한 기본 문해교육이 강조되었다.
④ 스콜라 철학을 바탕으로 한 대학교육이 발달하였다.

**암기 POINT**
• 종교개혁기의 교육(16세기)

| 종교개혁 | 기독교 개혁 운동 → 성서 중심의 신앙해방 |
|---|---|
| 교육적 영향 | 모국어, 문해교육 확대 → 교육의 보편화<br>교회 약화, 국가 강화 → 공교육 발달<br>평등사상 확대 → 의무교육 촉진<br>칼뱅의 직업소명설 → 직업교육 강조 |

85 ④  86 ③

■ 정답 및 해설
③ 종교개혁을 주도한 루터는 교회에 대한 충성을 통해서가 아니라 성서 읽기를 통해 구원받을 수 있다고 주장하였다. 종교개혁은 기독교 개혁 운동으로 시작하였으나 성서 중심의 신앙해방운동으로 확장되었다. 성서 읽기가 강조되면서 기본 문해교육이 강조되었으며, 성서 상의 평등사상에 따라 국가가 공립학교를 설립하고 의무교육을 실시하여야 한다는 주장이 등장하기 시작하였다.

◇ 오답 체크
① 중세에는 교회 중심의 교육을 강조하였으나, 종교개혁기에 교육은 국가의 일이라는 관념이 확대되면서, 교육의 구심점이 교회에서 국가로 이동하였다.
② 종교개혁을 주도한 칼뱅은 수도원 안에서의 고행과 금욕을 통해서가 아니라, 현실 세계 속에서의 근면과 성실을 바탕으로 한 직업적 성공을 통해서 구원받을 수 있다고 주장하였다.
④ 스콜라 철학은 중세 수도원학교를 중심으로 발달한 철학사상으로 신의 존재를 철학적으로 증명하는 데 관심을 가졌다. 스콜라 철학의 발달은 학문적 열기를 고조시켜 중세 후기 대학의 발달에 영향을 미쳤다.


**87.** 종교개혁으로 인한 유럽 교육의 변화를 설명한 것으로 가장 타당한 것은?

2005년 유초등

① 의무교육 사상의 형성이 촉진되었다.
② 교육에 대한 희랍 문화의 영향이 증대되었다.
③ 도시학교에 대한 교회의 통제력이 강화되었다.
④ 교육은 본래 개인의 일이라는 관념이 정착되었다.


■ 정답 및 해설
① 종교개혁은 성서 읽기를 통한 구원을 강조함으로써 성서 읽기를 위해 모국어로 성경을 번역하고 시민들에게 모국어를 가르치는 문해교육이 확산되었다. 성서 상의 평등사상에 따라 국가가 교육을 책임지고 모든 국민을 위한 교육을 실시해야 한다는 생각이 확산되면서 의무교육 사상의 형성이 촉진되었다.

◇ 오답 체크
② 고대 희랍(그리스) 문화의 영향이 증대된 것은 19세기 신인문주의 교육이다.
③ 종교개혁으로 인해 도시학교(시민학교)에 대한 교회의 통제력은 약화되었다.
④ 종교개혁으로 인해 교육은 본래 국가의 일이라는 관념이 정착되고, 근대 공교육제도의 기초가 형성되었다.

87 ①

# 03. 실학주의 교육사상

## 출포 29. 실학주의 교육사상 개관  A

📖 기본서 54~57쪽

**88.** 다음에서 설명하고 있는 교육사조로 가장 적절한 것은?  2009년 국가직 9급

- 교육내용으로 과학과 모국어를 중시했다.
- 시청각 중심의 교육방법을 채택하여 합리적이고 과학적인 교육을 하였다.
- 이 사조를 대표하는 사람인 코메니우스(Comenius)는 감각에 의존하는 실물학습을 강조하였다.

① 실학주의  ② 인문주의
③ 실존주의  ④ 본질주의

### ■ 정답 및 해설

① 17세기는 자연과학과 근대사상이 발달된 시대이다. 고전학습 중심의 인문주의 교육은 근대정신을 구현할 수 없다는 반성이 제기되었다. 실학주의 교육은 추상적이며 관념적인 지식보다는 현실의 생활과 관련된 실제적이며 실천적인 지식을 가르칠 것을 강조하였다. 교육내용으로 과학과 모국어가 중시되었으며, 실물에 대한 관찰과 실험과 같은 시청각(감각)을 활용하는 과학적인 교육방법이 강조되었다. 인문적 실학주의, 사회적 실학주의, 감각적 실학주의로 구분되며, 감각적 실학주의에 해당하는 코메니우스가 대표적인 학자이다.

**89.** 17세기 서양의 실학주의(realism) 교육사조에 해당하는 것만을 있는 대로 고른 것은?  2013년 중등

ㄱ. 현학적인 교양인을 기르는 데 목적을 두었다.
ㄴ. 구체적 사물에 대한 직접적 경험을 강조하였다.
ㄷ. 현실 생활에 대한 이해와 교육의 현실적 적합성을 중시하였다.
ㄹ. 이성에 의해 모든 것을 판단하는 합리적 인간을 이상적 인간상으로 보았다.
ㅁ. 모든 사람이 교육받아야 하며 국가가 교육을 관장해야 한다는 새로운 교육적 이상을 제시하였다.

① ㄴ, ㄷ  ② ㄴ, ㅁ  ③ ㄱ, ㄷ, ㅁ
④ ㄱ, ㄹ, ㅁ  ⑤ ㄴ, ㄷ, ㄹ

**암기 POINT**

• 실학주의 교육(17세기)

| 배경 | 자연과학 및 근대사상의 발달 |
|---|---|
| 교육 목적 | 현실 생활에 유능한 교양인(사회인) 육성 |
| 교육 내용 | 과학, 모국어 등 실제적·실용적 지식 |
| 교육 방법 | 실물, 여행, 관찰, 실험 감각적 경험 중시 |
| 학자 | 몽테뉴, 코메니우스 |

88 ①  89 ①

### 기출플러스

- 실학주의 교육사조의 특징 (2009년 중등)
  - 세상은 가장 훌륭한 교과서이다.
  - 감각적 경험이 올바른 지식을 획득하는 통로이다.
  - 고전 공부의 진정한 목적은 현학적 지식의 습득이 아니라 인간의 삶에 대한 이해를 통하여 교육의 현실적 적합성을 추구하는 것이다.
  - 삶의 지혜와 학문적 지식은 구분되어야 하며, 아이에게서 실제적 지혜의 기초가 충분히 다져지기 전까지는 학문적 지식에 대한 공부를 보류해야 한다.

### ■ 정답 및 해설

① ㄴ. 실학주의는 근대사상과 자연과학의 발달에 의해 영향을 받아, 현실 세계의 구체적 사물에 대한 직접적인 경험을 통해 지식을 획득하고자 하였다.
  ㄷ. 실학주의는 실제적이며 실천적이고 실용적인 지식을 추구하였다. 즉 현실 생활에 대한 이해와 교육의 현실적 적합성을 중시하였다.

### ◇ 오답 체크

ㄱ. 실학주의는 현실생활에 유능한 교양인을 기르는 데 목적을 두었다. 사회적 실학주의를 대표하는 몽테뉴는 교육적 인간상을 '신사'로 설정하였다. 이는 현학적인 지식보다는 현실 생활에 유용한 지식과 실제적 지혜를 두루 갖춘 교양인을 의미한다.
ㄹ. 이성에 의해 모든 것을 판단하는 합리적 인간을 이상적 인간상으로 본 교육사조는 18세기 계몽주의이다. 17세기 실학주의는 실용적이고 실천적인 지식을 갖춘 현실적인 인간을 이상적 인간상으로 설정하였다.
ㅁ. 모든 사람이 교육받아야 하며 국가가 교육을 관장해야 한다는 교육적 이상이 새롭게 제시된 시기는 종교개혁기이다. 이후 계몽주의나 국가주의 교육사조에서도 유사한 주장이 제시되었다.

## 출포 30. 실학주의 교육의 유형

⊛ 기본서 54~55쪽

**90.** 17세기 서양의 실학주의 철학 사조에서 강조하는 교육의 특징으로 옳지 않은 것은?

2018년 국가직 9급

① 인문적 실학주의 - 고전연구를 통해 현실생활에 잘 적응하는 유능한 인간 양성을 강조하였다.
② 사회적 실학주의 - 여행과 같은 경험중심 교육을 통하여 사회적 조화와 신사 양성을 교육목적으로 강조하였다.
③ 감각적 실학주의 - 감각적 경험을 통하여 생활의 지식을 습득하며, 이해와 판단을 중시하는 교육방법을 강조하였다.
④ 인문적 실학주의 - 고전중심의 교과를 토의와 설명에 의해 개별적으로 교육하는 것을 강조하였다.

### 암기 POINT

- 실학주의 교육의 유형

| 구분 | 주요 특징 |
|---|---|
| 인문적 실학주의 | 고전학습을 통한 현실생활 이해 |
| 사회적 실학주의 | 여행, 사회생활을 통한 실제적 학습 (몽테뉴) |
| 감각적 실학주의 | 감각적 경험을 통한 과학지식 학습 (코메니우스) |

### ■ 정답 및 해설

③ 감각적 실학주의는 감각적 경험을 통하여 과학적 지식을 습득하며, 지각과 관찰을 중시하는 교육방법을 강조하였다.
사회생활을 통하여 생활의 지식 습득을 강조하며, 이해와 판단을 중시하는 방법을 강조한 것은 사회적 실학주의이다.

90 ③

**91.** 서양의 감각적 실학주의(Sensual Realism)에 관한 설명으로 가장 적절한 것은?  
2018년 지방직 9급

① 인문주의 교육을 비판한 몽테뉴(Montaigne)가 대표적인 사상가이다.
② 고전을 중시하지만, 고전을 가르치는 목적이 현실 생활을 이해하는 데 있다.
③ 세상은 가장 훌륭한 교과서이며, 세상사에 밝은 인간을 기르는 데 교육의 목적이 있다.
④ 자연과학의 지식과 방법론을 활용하여 교육의 현실적 적합성과 실용성을 추구한다.

■ **정답 및 해설**

④ 감각적 실학주의는 자연과학의 방법론에 따라 관찰과 실험 등의 감각적 경험에 통해 지식을 획득할 것을 강조한다. 이 때 학습자들이 획득해야 할 지식은 현실 생활을 살아 나가는 데 적합한 실용적·실제적 지식이어야 한다고 본다.

◇ **오답 체크**

① 인문주의 교육을 비판한 몽테뉴는 사회적 실학주의를 대표하는 사상가이다. 몽테뉴는 교육은 학자를 양성하는 것이 아니라 교양있는 신사를 양성하는 데 목적을 두어야 한다고 보았다. 현학적인 지식들을 머리속에 담아두는 일이 아니라, 현실적인 삶을 잘 살아가는 데 필요한 실천적 지혜를 가를 칠 것을 강조했다. 사교활동이나 여행 등을 통해 현실 생활 속에서 아이들을 교육할 것을 주장하기도 하였다.
② 고전을 가르치되, 현실 생활의 이해에 목적을 두어야 한다고 본 사상은 인문적 실학주의이다.
③ 세상사에 밝은 인간을 기르는 데 교육의 목적을 두고 세상을 가장 훌륭한 교과서로 보는 교육방법을 중시한 것은 사회적 실학주의이다.

**92.** 서양교육사에서 나타난 사실로 옳은 것은?  
2017년 국가직 9급

① 고대 그리스의 스파르타에서는 신체와 영혼의 균형을 교육의 목적으로 추구하여 교육과정에서 읽기, 쓰기, 문학, 철학의 비중이 컸다.
② 고대 로마시대에는 초기부터 공립학교 중심의 공교육 체제가 확립되어 유행하였다.
③ 17세기 감각적 실학주의는 감각을 통한 지각, 관찰학습, 실물학습을 중시하였다.
④ 산업혁명기 벨(A. Bell)과 랭커스터(J. Lancaster)의 조교법(monitorial system)은 소규모 토론식 수업방법이었다.

91 ④  92 ③

■ 정답 및 해설
③ 감각적 실학주의는 자연과학의 방법론을 교육에 적용하여, 감각을 통한 지각, 관찰과 실험, 실물을 이용한 학습 등을 중시한다.

◇ 오답 체크
① 신체와 영혼의 균형을 추구하며, 읽기, 쓰기, 문학, 철학의 비중이 컸던 것은 고대 그리스 아테네의 교육이다.
② 고대 로마시대의 초기에는 가정교육이나 비형식적 교육이 중심이 되었다. 공립학교 중심의 공교육 체제가 확립된 것은 로마시대 후기인 제정시대의 일이다.
④ 산업혁명기 영국의 빈민교육운동에 참여했던 벨과 랭커스터는 대규모 강의식 수업으로 많은 학생을 가르쳐야 했던 당시 상황에 대처하기 위해 조교법을 창안하였다. '조교법'은 학생들 중에서 성적이 우수하거나 나이가 많은 학생을 조교로 임명하여 다른 학생들을 지도하게 하는 방법이다.

## 출포 31. 코메니우스의 교육사상

⊕ 기본서 56~57쪽

**93.** 코메니우스(Comenius)의 교육사상에 대한 설명으로 옳지 않은 것은?

2023년 국가직 9급

① 모든 사람에게 모든 것을 철저하게 가르쳐야 한다고 주장하였다.
② 그림을 넣은 교재인 『세계도회』를 제작하여 문자 위주 언어교육의 문제를 해결하고자 하였다.
③ 동굴의 비유를 통해 교육의 핵심적 원리와 지식의 단계를 제시하였다.
④ 어머니 무릎 학교, 모국어 학교, 라틴어 학교, 대학으로 이어지는 단계적 학교 제도를 제안하였다.

■ 정답 및 해설
③ 동굴의 비유를 통해 교육의 핵심적 원리와 지식의 단계를 제시한 학자는 고대 그리스의 플라톤이다.

◇ 오답 체크
① 코메니우스는 기독교적 평등주의 사상을 기초로 모든 사람에게 모든 것을 철저하게 가르쳐야 한다고 주장하는 범지학적 교육론을 펼친다. 여기서 '모든 것'이란 단순한 지식뿐만 아니라 도덕적, 종교적, 실용적인 측면을 포괄한다.
② 코메니우스는 감각적 실학주의 교육사상가로서 '감각과 직관의 원리'에 따른 교육을 강조하였다. 이러한 차원에서 그림을 넣은 교재인 『세계도회』(1658)를 제작하였다. 이 책은 자연, 사회, 도덕 등 여러 분야에 대한 기초 지식을 다루면서, 라틴어와 모국어로 된 설명이 함께 포함하여 학생들이 자연스럽게 언어를 배울 수 있도록 하고 있다.

---

**암기 POINT**
• 코메니우스의 교육사상

| 개요 | 감각적 실학주의 |
|---|---|
| 교육 목적 | 이성, 도덕성, 신앙심을 겸비한 전인 육성 |
| 교육 내용 | 모든 사람에게 모든 것을 가르침(범지학) |
| 교육 방법 | 감각과 직관의 원리 (실물교육, 감각교육, 『세계도회』) 합자연의 원리 (아동의 발달단계, 학습의 순서, 아동의 흥미 고려 등) |
| 학교 제도 | 어머니 무릎학교 - 모국어학교 - 라틴어학교 - 대학(『대교수학』) |

93 ③

④ 코메니우스는 『대교수학』(1632)이란 책을 통해 어머니 무릎 학교, 모국어 학교, 라틴어 학교, 대학으로 이어지는 4단계 학교제도를 제안하였다. 코메니우스의 제안은 독일이나 미국의 근대적 단선형 학제의 성립에 영향을 미쳤다.

## 94. 코메니우스(J. A. Comenius)의 교육사상에 대한 설명으로 옳지 않은 것은?

2019년 국가직 9급

① 고전(古典)의 내용을 체계적으로 전달하고 이해하는 것이 중요하다.
② 감각교육의 중요성을 강조한다.
③ 교육을 이끌어가는 방법상의 원리를 자연에서 찾는다.
④ 수업에서는 사물이 사물에 대한 언어보다 앞서야 한다.

### ■ 정답 및 해설
① 코메니우스는 실학주의 교육사상가로 학습자들이 획득해야 할 지식은 현실 생활을 살아 나가는 데 적합한 실용적·실제적인 지식이어야 한다고 본다. 고전의 내용을 체계적으로 전달하고 이해하는 것을 강조한 사상은 인문주의 교육이다.

◇ 오답 체크
② 코메니우스는 감각적 실학주의자로서, 실물에 대한 관찰과 실험 등의 감각적 경험에 통해 지식을 획득할 것을 강조한다.
③ 코메니우스는 교육의 방법적 원리를 자연에서 찾는 합자연의 원리를 제시한다. 코메니우스가 말하는 합자연의 원리란 자연과학을 통해 파악되는 자연의 작동 원리를 교육에 적용하는 것을 의미한다.

### 더 알아두기
• 코메니우스의 합자연 원리
• 자연에 때가 있듯이, 교재는 아동의 연령과 이해력에 맞게 배열·배당하여야 함
• 자연에는 순서가 있듯이, 교재는 쉬운 것부터 어려운 것으로 점진적으로 배열함
• 자연에는 불필요한 반복이 없듯이, 유용하고 가치 있는 것만 가르쳐야 함
• 사물이 사물에 대한 언어보다 앞서도록 교재는 구체적·감각적으로 구성해야 함
• 개개 사물에 대한 지식을 먼저 가르친 뒤, 전체적인 체계를 가르쳐야 함
• 체벌로 학습을 강요하지 말고 아동의 흥미와 욕구를 불러일으켜야 함

## 95. 다음의 내용을 담고 있는 저술은?

2012년 유초등

○ 교육에 바쳐야 할 기간을 각각 6년씩 유아기, 아동기, 소년기, 청년기의 4단계로 구분한다.
○ 4단계에 상응하는 네 가지 교육기관으로 가정마다 어머니(무릎) 학교, 마을마다 모국어 학교, 도시마다 라틴어 학교, 왕국 또는 주마다 대학을 두도록 한다.
○ 어머니 학교에서는 외적 감각을, 모국어 학교에서는 상상과 기억을, 라틴어 학교에서는 이해와 판단을, 대학에서는 이 모든 것을 조화하는 의지를 계발해야 한다.

① 루소의 『에밀』
② 로크의 『교육론』
③ 칸트의 『교육론』
④ 코메니우스의 『대교수학』
⑤ 페스탈로치의 『은자의 황혼』

94 ① 95 ④

**기출플러스**

- 코메니우스의 교육사상 (2007년 유초등)
  - 시각적 라틴어 교재 편찬
  - 신플라톤주의와 신비주의
  - 공교육제도 기본틀 제시
  - 감각적 실학주의

### ■ 정답 및 해설

④ 코메니우스는 『대교수학(Didactica Magna)』이란 책을 통해 근대 공교육 제도의 기본틀이 된 4단계 학제를 제시하였다. 단선형 학제를 기본으로 하면서 6년씩 4단계의 교육기관을 거쳐 교육이 진행되도록 하였다. 어릴 때에는 감각을 기르는 교육을 중심에 놓고, 점차로 상상과 기억, 이해와 판단, 전인적 통합을 중심에 두는 교육의 단계를 제시하였다.

## 04. 계몽주의 교육사상

### 출포 32. 계몽주의 교육사상  C

기본서 57~58쪽

**96.** 다음에 해당하는 서양 근대의 교육사조는?  2021년 국가직 7급

> ○ 교육은 합리적인 자연의 원리에 합당해야 한다는 교육방법의 원칙을 채택한다.
> ○ 교육의 목표를 사회적 분업에 따른 유용한 인간을 양성하는 데 둔다.

① 계몽주의  ② 국가주의
③ 인문주의  ④ 신인문주의

**암기 POINT**

- 계몽주의 교육사상(18세기)

| | |
|---|---|
| 교육목적 | 교육을 통한 무지의 타파, 사회개혁 |
| 교육목표 | 사회적 분업에 유용한 인간 양성 |
| 교육내용 | 이성을 기르는 교과(자연과학, 철학 등) |
| 교육방법 | 감각경험, 학문훈련 합리적 자연의 원리 |
| 학자 | 로크, 칸트 |

### ■ 정답 및 해설

① 계몽주의는 17세기와 18세기에 걸쳐 유럽에서 발달한 철학적·사회적 사조로, 이성, 합리성, 과학적 사고를 중시하며, 역사의 진보와 발전을 신뢰한다. 계몽주의는 사회의 발전을 중요한 목표로 삼았으며, 이러한 목표는 사회의 각 부분들이 합리적이고 효율적으로 조직되고 운영될 때 가능해진다고 보았다. 이를 위해 교육은 사회적 분업에 적합한 유용한 인간을 양성하는 데 목표를 두어야 한다고 보았다.
한편, 계몽주의는 인간의 합리성과 과학적 방법론을 통해 파악할 수 있는 자연의 보편 법칙을 찾아 이를 교육에 적용하고자 하였다. 자연의 원리에 따르는 교육의 원칙을 제시하는 자연주의 교육사상에서도 계몽주의는 객관적 자연주의의 유형에 해당하며, 몽테뉴나 코메니우스와 같은 실학주의 사상도 여기에 포함된다. 참고로, 루소, 페스탈로치, 프뢰벨 등은 인간의 자연스러운 본성의 원리에 따른 교육을 강조하는데, 이러한 사상은 주관적 자연주의로 분류한다.

96 ①

**97.** 18세기 유럽의 계몽주의 교육사조에 대한 설명으로 틀린 것은?

2015년 지방직 9급

① 인간의 이성적 능력을 신뢰하였다.
② 전통적인 관습과 권위에 도전하였다.
③ 인문·예술 교과를 통한 감성 교육을 강조하였다.
④ 교육을 통한 무지의 타파와 사회 개혁을 추구하였다.

■ 정답 및 해설
③ 18세기 계몽주의 교육사조에서는 자연과학과 철학 교과를 통한 이성 교육을 강조하였다. 인문·예술 교과를 통한 감성 교육을 강조한 교육사조는 16세기 인문주의 또는 19세기 신인문주의 교육사조이다.

**98.** 18세기 서양 계몽주의 교육사상에 관한 설명으로 옳은 것은?

2011년 중등

① 예술적 능력의 배양을 주요 교육목표로 삼았다.
② 아동이 갖고 태어나는 신성(神性)의 발현을 강조하였다.
③ 감정이나 종교적 계시보다 합리성을 기르는 데 초점을 두었다.
④ 참다운 인간성을 고대 그리스 문학과 예술에서 찾고자 하였다.
⑤ 역사와 민족성을 근거로 하여 국민적 자각을 강조하는 경향이 있었다.

■ 정답 및 해설
③ 계몽주의 교육사상은 인간의 이성적 능력을 신뢰하여 합리성을 최고의 원리로 삼았다. 계몽주의는 감정은 시시각각 변화하고 예측 불가능한 것이며, 종교적 계시는 논리적인 근거가 없이 전통적인 권위에 의존한 것이어서 개인과 사회의 나아갈 방향을 안내하지 못한다고 보았다. 따라서 계몽주의 교육사상은 교육을 통해 인간의 합리성을 기르는 데 초점을 두어야 한다고 보았다.

◇ 오답 체크
①, ②, ④, ⑤는 낭만주의, 신비주의, 국가주의 등의 영향이 반영된 신인문주의 교육에 대한 설명이다.

---

**암기 POINT**

• 계몽주의와 신인문주의 비교

| 계몽주의 | 신인문주의 |
|---|---|
| 합리주의 (이성 중시) | 낭만주의 (이성+감정) |
| 개인주의 (합리적 자아) | 국가주의 (국민적 자각) |
| 주지주의 (지식 중심) | 전인교육 (지식+예술) |
| 객관적 자연주의 (합리적 자연의 원리) | 주관적 자연주의 (인간 발달의 법칙) |

97 ③   98 ③

## 출포 33. 로크의 교육사상

📖 기본서 58쪽

**99.** 고대 아리스토텔레스(Aristoteles)의 교육론과 근대 로크(J. Locke)의 교육론에서 찾을 수 있는 공통점이 아닌 것은?     `2008년 중등`

① 체육, 덕육, 지육의 통합적인 교육을 주장한다.
② 교육목적으로 관조적인 삶의 실현을 내세운다.
③ 인간은 정치적(사회적) 존재라는 것을 전제로 한다.
④ 학습뿐만 아니라 훈련과 습관의 중요성도 함께 강조한다.

### ■ 정답 및 해설

② 고대 그리스의 철학자 아리스토텔레스는 이성을 통해 절대적 진리를 관조할 수 있는 삶이 최고로 행복한 삶이며, 행복한 삶을 영위할 수 있는 인간을 기르는 것을 교육의 목적으로 삼았다. 아리스토텔레스가 말하는 '진리를 관조하는 삶'이란 실용적인 목적이나 외적 보상을 위해서가 아니라, 진리 자체에 대한 사랑과 관심에서 순수하게 진리를 추구하고 이해하려고 노력하는 삶을 의미한다. 한편, 계몽주의 철학자인 로크는 몽테뉴의 사회적 실학주의의 영향을 받아, 사회적으로 유능한 신사의 양성을 교육목적으로 삼았다. 따라서 현실의 생활에 유용한 실제적 지식을 강조하였으며 실용적 목적도 중시하였다.

### ◇ 오답 체크

① 아리스토텔레스는 행복한 삶을 위해서는 지·덕·체의 조화로운 발달이 중요하다고 보았다. 이에 따라, 아동의 교육 초기단계에는 신체단련(지)에, 중등단계에는 정서발달 및 도덕적 습관 형성(덕)에, 고등단계에는 이성의 도야(지)에 중점을 두도록 하였다. 한편, 로크는 교육의 목적을 사회적으로 유능한 신사의 양성에 두었는데, 이 때 '신사'란 지성과 도덕성, 교양을 조화롭게 갖춘 사람으로 정의된다. 또, '건강한 신체에 건강한 정신이 깃든다'고 하여 신체단련의 중요성을 강조하였다.
③ 아리스토텔레스와 로크 모두 인간을 정치적(사회적) 존재로 전제한다. 즉 인간은 정치적(사회적) 공동체의 한 구성원으로서, 사회의 공동선에 기여하기 위한 현실적 참여를 하여야 한다고 본다.
④ 아리스토텔레스는 교육의 방법으로서 훈련과 습관의 중요성을 강조하였다. 특히 도덕적 품성을 기르기 위해서는 올바른 행동을 훈련하여 습관으로 형성하는 것이 중요하다고 하였다. 올바른 행동을 반복하다보면 그 속에 내재해있는 도덕적 미덕이 내면화될 수 있다고 보기 때문이다. 로크는 백지설을 통해 인간은 백지 상태로 태어나며 어떤 경험을 하는지에 따라 품성이 결정된다고 보았다. 따라서 도덕적으로 올바른 행동을 경험하고 훈련하고 습관으로 형성함으로써 인간의 마음을 도덕적으로 발달시킬 수 있다고 보았다.

---

**암기 POINT**

• 아리스토텔레스와 로크의 교육사상

| | |
|---|---|
| 공통 | 인간의 정치적 존재<br>지덕체 통합적 교육<br>훈련과 습관도 중요 |
| 차이 | 아 : 관조적 삶 추구<br>(내재적 목적론)<br>로 : 사회적 유능성<br>(외재적 목적론) |

99 ②

# 05. 자연주의 교육사상

## 출포 34. 자연주의 교육사상

🔵 기본서 58~59쪽

**100.** 자연주의 교육원리에 대한 설명으로 옳지 않은 것은? `2013년 국가직 7급`

① 위대한 고전을 통하여 교양의 폭을 넓힘으로써 개인적 발달을 가져올 수 있다고 믿었다.
② 교육에 있어서 인공적인 것을 배격하는 입장을 취하였다.
③ 자연의 법칙을 발견하여 그것을 교육의 과정에 적용하는 것을 강조하였다.
④ 20세기의 진보주의 교육운동과 아동중심 교육운동으로 이어졌다.

■ 정답 및 해설
① '위대한 고전'을 통해 교양을 넓힘으로써 개인적 발달을 가져올 수 있다는 점을 강조한 사상은 항존주의 교육사상이다.

◇ 오답 체크
② 자연주의 교육에서는 교육에서 인공적인 것을 배격하고 자연의 원리에 따라 교육할 것을 강조한다.
③ 자연주의 교육사상에서 몽테뉴, 코메니우스 등의 객관적 자연주의는 합리적인 자연의 법칙을 발견하여 그것을 교육의 과정에 적용할 것을 강조하였다.
④ 자연주의 교육사상은 아동의 자연스러운 본성과 흥미, 자발성에 교육을 지향하는 입장으로 20세기의 진보교육과 아동중심 교육운동으로 이어졌다.

## 출포 35. 루소의 교육사상

🔵 기본서 59~60쪽

**101.** 다음 설명에 해당하는 교육사상가는? `2022년 지방직 9급`

> ○ 아동이 무엇을 배울 수 있을 것인가에 대해 생각하지 않고 성인이 알아야 할 것에 대해서만 열중하고 있다는 점을 비판하였다.
> ○ 자연주의 교육사상을 주장하였다.
> ○ 자신의 교육관을 담은 『에밀(Emile)』을 저술하였다.

① 루소(Rousseau)  ② 페스탈로치(Pestalozzi)
③ 듀이(Dewey)     ④ 허친스(Hutchins)

---

**암기 POINT**

• 계몽주의와 자연주의 비교

| 계몽주의 | 자연주의 |
|---|---|
| 개인의 자유와 권리 존중 ||
| 유능한 시민의 양성 | 아동의 잠재력 실현 |
| 합리주의 (이성 중시) | 낭만주의 (이성+감정) |
| 지식 중심 (백과사전식) | 경험 중심 (실물, 감각) |
| 교사중심 (교육만능설) | 학생중심 (소극적 교육) |

100 ①  101 ①

### 암기 POINT

• 루소의 자연주의 교육사상

| 저서 | 『에밀』 |
|---|---|
| 교육<br>목적 | '고상한 야인'<br>(자연인, 성선설) |
| 교육<br>방법 | 소극적 교육(인공X)<br>자연적·자발적 학습<br>감각적 경험 활용 |
| 교육<br>단계 | 유아~아동기 : 소극<br>적 교육(경험중심)<br>소년~청년기 : 적극<br>적 교육(지식,도덕)<br>성인기 : 남녀별학 |
| 영향 | 신인문주의, 진보주<br>의, 아동중심 교육 |

난이도
채점결과

### 기출플러스

• 루소의 교육관
 (2005년 유초등)

• 초기의 교육은 전적으로 소극적이어야 한다. 그것은 미덕이나 진리를 가르치는 것이 아니라 마음을 악습으로부터, 정신을 오류로부터 지켜주는 교육이다.

• 아동의 신체와 감각기관을 단련시켜라. 그렇지만 아동의 정신은 가능한 한 오랫동안 한가롭게 내버려 두라. 악이 생겨나는 것을 막아 주겠다며 일찍부터 선을 행하도록 서두르는 일은 금물이다.

102 ②

### ■ 정답 및 해설

① 자연주의 교육사상을 대표하며, 『에밀』을 저술한 사람은 루소이다. 루소는 아동의 자연스러운 본성과 흥미, 자발성에 기초한 교육을 지지하며, 성인이 알아야 할 것만을 전수하는 데 열중하는 교육의 문제점을 비판하였다.

### ◇ 오답 체크

② 페스탈로치는 루소의 영향을 받아 자연주의 교육사상을 계승·발전시켰지만, 신인문주의 교육사상가로 분류된다. 『은자의 황혼』(1780)을 저술하였다.
③ 듀이는 프래그머티즘 철학을 바탕으로 경험을 통한 교육을 강조하며, 진보주의 교육사상의 이론적 기초를 제공하였다. 『학교와 사회』(1899), 『민주주의와 교육』(1916), 『경험과 교육』(1938)을 저술하였다.
④ 허친스는 항존주의 교육사상가로서 고전학습 중심의 교양교육을 통해 지성을 계발하고 이성을 훈련하는 교육을 지향하였다. 『자유를 위한 교육』(1948)을 저술하였다.

## 102. 다음 글에 해당하는 교육사상가는?   2014년 국가직 9급

"모든 것은 조물주의 손에서 나올 때는 순전히 선하나 인간의 손에 넘어오면서 타락한다."고 주장하며, 인위적 교육을 비판하고 자연의 원리에 맞는 교육을 해야 한다고 강조하였다.

① 니일(A. S. Neill)　　② 루소(J. J. Rousseau)
③ 듀이(J. Dewey)　　④ 로크(J. Locke)

### ■ 정답 및 해설

② 제시된 자료는 인간의 본성에 대해 성선설을 전제로, 인위적인 교육을 비판하고 자연의 원리에 맞는 교육을 주장하고 있다. 루소의 『에밀』에 나오는 내용으로, 아동의 타고난 본성을 보호하기 위해 인간의 간섭을 최소화하는 소극적 교육론을 펼친 것이며, 아동의 자발적·자연적 성장으로서의 교육관에 해당한다.

### ◇ 오답 체크

① 니일은 1921년에 서머힐 학교를 세운 교육사상가로, 어떠한 규율이나 통제가 없는 자유로운 환경에서 자기주도적인 학습을 통해 학생들 각자가 생각하는 성장과 행복을 추구하는 것을 교육의 목표로 두었다. 루소는 '자연의 원리에 맞는 교육'이라는 일정한 제한을 둔 반면, 니일은 개인의 절대적인 자유와 행복을 우선시하며, 규칙은 공동체의 합의를 통해서만 설정하도록 하였다.
③ 듀이는 프래그머티즘(실용주의) 철학에 기초하여, 교육의 목표를 아동의 '경험의 계속적인 재구성' 과정을 통한 성장에 둔다. 루소는 인위적 교육을 비판하고 자연의 원리에 따른 교육을 주장한 반면, 듀이는 교육을 통해 민주적 생활습관과 성향을 길러야 한다는 점도 강조한다.
④ 로크는 계몽주의 교육사상가로, 인간의 마음은 백지 상태로 태어나며 모든 지식과 성품은 후천적인 경험의 축적을 통해 만들어진다고 보았다. 로크는 사회적으로 유능한 교양인인 '신사'를 기르는 것을 교육의 목표로 하며, 엄격한 훈련과 습관의 형성을 중시하였다.

**103.** 다음 글은 유아기 교육에 관한 어느 교육 사상가의 교육지침이다. 누구의 어떤 사상을 설명한 것인가?  `2007년 국가직 9급`

> ○ "아이가 울 때 배가 고파서 우는 것이 아니라면 내버려 두어라."
> ○ "아이를 지나치게 보호하여 우상처럼 떠받들지 말고 강하게 키워라."
> ○ "아이로 하여금 다양한 감각 경험을 하도록 하여라."

① 코메니우스(Comenius)의 실학주의
② 루소(Rousseau)의 자연주의
③ 페스탈로치(Pestalozzi)의 계발주의
④ 프뢰벨(Fröbel)의 신비주의

■ 정답 및 해설

② 제시된 자료는 아이를 지나치게 보호하고 간섭하기 보다는, 아이가 스스로 경험을 통해 성장할 수 있도록 기다려 주어야 한다는 입장의 자연주의 교육사상을 나타낸다. 자연주의 교육사상은 아동의 자율성과 자발성을 중시하며, 세계에 대한 이해와 지식을 획득하는 통로로 감각 경험을 중시한다. 교사의 역할은 아동의 자발적 성장을 가로막는 인위적 간섭을 제거하는 소극적 역할에 머물러야 한다고 본다.

◇ 오답 체크

① 코메니우스는 모든 사람에게 모든 것을 철저하게 가르치는 범지학적 교육론을 주장하였다. 자연의 원리에 맞는 교육을 주장하기는 하지만, 코메니우스가 생각하는 자연의 원리에 맞는 교육은 자연의 일정한 질서와 규칙에 따르는 교육을 의미한다. 교사는 학습을 이끌어가는 중요한 역할을 하며, 체계적인 지도와 교재를 통한 학습이 강조된다.
③ 페스탈로치는 루소의 영향을 받아 자연주의 교육사상을 계승·발전시켰으나, 지덕체의 조화로운 발달을 강조하는 계발주의(신인문주의) 교육사상이다. 페스탈로치는 교사가 부모의 마음으로 사랑과 정서적 안정을 제공하면서, 아동의 도덕적, 지적, 신체적 발달을 촉진하는 적극적인 역할을 해야 한다고 보았다.
④ 프뢰벨은 세계 최초로 '유치원(아동의 집)'을 설립한 신인문주의 교육사상가로, 유아 교육의 중요성을 강조하였다. 아동의 신체 감각 뿐 아니라 정신과 감정을 도야하는 기능을 가진 활동으로서 '놀이'와 체계적 구상에 의해 만들어진 '은물(교육용 놀잇감)'의 활용을 중요시한다. 제시된 자료에 나타난 루소의 자연주의 입장과 같은 소극적 교육관으로 보기 어렵다.

강서연 교육학

난이도 ■ ■ □
채점결과 □ □ □

**104.** 다음 글의 저자가 가지고 있는 견해와 가까운 것은?   2009년 국가직 7급

> ○ 자연의 질서 속에서는 인간은 모두 다 평등하다. 그러므로 그들의 공통된 천직은 인간의 상태로 있는 일이다.
> ○ 인간은 그 무엇으로도 폐기될 수 없는 하나의 권리에 의하여 성년에 도달하고, 자기의 지배자가 되며, 그를 공동체에 가입시키고 있는 계약을 파기하고, 그 공동체를 성립하고 있는 나라를 떠날 자유까지 가지고 있기 때문이다.

① 올바른 사회생활보다는 자연으로의 회귀에 의한 인간본성 회복을 강조하였다.
② 인간의 보편적 권리를 실현하기 위해 자연에 의한 교육을 강조하였다.
③ 남녀차별을 두지 않는 교육을 주장하였다.
④ 자연적 원리에 근거한 주지주의적 교수방법을 제시하였다.

### 기출플러스

- 루소의 교육관 (2007년 중등)
- 고상한 야인 (noble savage)
- 소극교육론
- 발달단계론
- 남녀별학(男女別學)

■ **정답 및 해설**

② 제시된 자료는 자연의 질서 속에서 부여된 모든 인간의 천부적 권리와 자유, 평등성을 강조하고 있다. 국가와 같은 사회적 공동체는 개인의 권리와 자유를 침해할 수 없다는 점도 지적하고 있다. 이러한 내용은 루소가 저술한 『인간불평등기원론』과 『사회계약론』에 제시된 내용들이다. 루소는 이러한 자유주의 사상에 기초하여, 인간의 보편적 권리를 주장하였으며 이를 실현하기 위한 방법으로 자연의 원리에 따르는 교육을 강조하였다.

◇ **오답 체크**

① 제시된 자료에서 루소는 자연 상태에서의 순수한 인간 본성을 회복하고, 인간으로서의 권리를 모든 인간이 누릴 수 있어야 한다고 주장한다. 이 내용에서 루소는 인위적인 통제가 없는 자연 상태로의 회귀를 통해 인간 본성의 회복을 주장하고 있지만, 사회가 개인의 인간으로서의 권리(천부인권)을 보장하여야 한다고 주장하고 있기 때문에 올바른 사회생활도 부정한다고 할 수 없다.
③ 루소는 『에밀』에서 성인이 된 에밀이 '소피'라는 배우자를 찾는 과정을 소개하면서 여성교육에 대한 관점을 제시하였다. 루소는 남성과 여성이 자연적으로 다른 역할을 수행하도록 타고났기 때문이며, 그 역할에 충실하게 교육해야 한다고 보았다. 여성은 남성보다 감정적이고, 돌봄의 역할에 더 적합하다고 보았으며, 이를 교육을 통해 강화해야 한다고 보았다. 여성은 가정에서의 역할에 머물러야 하며, 공적 영역에서 활동할 필요가 없다고 주장하기도 하였다. 현대의 관점에서는 남녀차별적인 시각에 입각한 교육론이라는 비판을 받는다.
④ 루소는 이성 중심의 사고와 지식 중심의 교육을 강조하는 합리주의 교육사상에 대해 비판적이다. 루소는 인간을 인간답게 만드는 것은 도덕성이며, 도덕성은 도덕적 이성뿐 아니라 자연적 감정인 양심으로 구성된다고 본다. 이러한 점에서 루소의 교육사상은 정서적 도야를 강조하는 낭만주의 교육사상으로도 볼 수 있다.

104 ②

# 06. 신인문주의 교육사상

## 출포 36. 신인문주의 교육사상 개관  A

📖 기본서 61~65쪽

**105.** 신인문주의 교육에 대한 설명으로 옳지 않은 것은?   2019년 국가직 7급
① 인간 본성의 미적, 지적 차원의 조화로운 발달을 추구하였다.
② 국민국가의 민족적 관점에서 전통과 유산을 중요한 교육소재로 삼았다.
③ 고전 연구와 교육을 위해 이탈리아의 궁정학교와 독일의 김나지움 같은 학교가 생겨났다.
④ 공리주의적이고 실리적인 계몽주의에 맞서 학교교육 전반에 걸친 개혁을 추구하였다.

### ■ 정답 및 해설
③ 고전 연구와 교육을 위해 이탈리아의 궁정학교와 독일의 김나지움과 같은 학교가 만들어진 것은 16세기 인문주의 교육의 영향이다. 이들 학교는 고대 교양교육의 전통을 되살리고자 하였다. 프랑스의 콜레와 리세, 영국의 라틴문법학교도 이들 학교와 유사한 성격을 지닌다.

### ◇ 오답 체크
① 신인문주의는 18세기 후반에서 19세기 초 독일을 중심으로 발전한 교육사조로, 16세기의 (구)인문주의에 뿌리를 두고 있다. 신인문주의는 18세기 계몽주의 교육의 이성중심적이고 주지주의적인 경향에 대한 반작용으로 나타났으며, 인간의 전인적 발달을 강조하였다. 즉 신인문주의 교육은 인간 본성의 미적, 지적 차원의 조화로운 발달을 추구하였다.
② 신인문주의는 계몽주의의 보편주의(초국가주의) 및 개인주의 경향에 대해 비판하면서, 국민국가의 민족적 관점에서 국가의 통합과 발전에 기여하는 국민적 정체성의 형성을 강조하였다. 이를 위하여 고대의 고전에 대한 학습을 강조하면서도, 민족의 전통과 유산을 중요한 교육 소재로 삼았다.
④ 신인문주의는 계몽주의의 공리주의 및 실리주의 경향을 비판하며 학교교육 전반에 걸친 개혁을 추구하였다. 계몽주의는 이성, 과학, 실용성에 중점을 두고, 교육을 통해 사회적으로 유용한 인간을 길러내고자 하였다. 이와 달리, 신인문주의에서는 개인의 사회적 성공을 추구하기 보다는, 인간 본연의 전인적 발달을 추구하였다. 이를 위해 지적, 도덕적, 정서적 측면에서의 균형적 발달을 교육의 목표로 삼았으며, 특히 도덕적 품성의 도야를 강조하였다.

---

**암기 POINT**

- 신인문주의 교육사상(19세기)

| | |
|---|---|
| 등장 배경 | • 계몽주의 비판 : 주지, 개인, 실리주의<br>• 인문주의 비판 : 고전의 형식만 학습 |
| 교육 목적 | 인간의 전인적 발달 (지덕체의 조화) |
| 교육 내용 | 고전학습(내면, 정신)<br>민족적 전통과 유산<br>과학적·실용적 지식 |
| 교육 방법 | 인간발달의 자연적 법칙에 따르는 교육 |
| 학자 | 페스탈로치, 프뢰벨, 헤르바르트 |

105 ③

### 강서연 교육학

**106.** 서양의 사상가와 그 교육사상을 시대 순으로 바르게 나열한 것은?

2012년 국가직 9급

ㄱ. 로크(인간의 마음계발)
ㄴ. 피히테(국가를 위한 국민교육)
ㄷ. 스펜서(과학과 실용성에 기초한 교육)
ㄹ. 코메니우스(대교수학)

① ㄱ - ㄹ - ㄷ - ㄴ
② ㄹ - ㄱ - ㄷ - ㄴ
③ ㄹ - ㄱ - ㄴ - ㄷ
④ ㄱ - ㄹ - ㄴ - ㄷ

■ 정답 및 해설

③ ㄹ. 코메니우스 - 『대교수학』(1632)을 저술한 학자로, 감각적 실학주의에 기초하여 17세기 중반까지 활동하였다.
ㄱ. 로크 - 『인간오성론』(1690)을 저술한 학자로, 인간의 마음에 관하여 백지설과 형식도야론을 전개하였다. 주요 활동 시기는 18세기이다.
ㄴ. 피히테 - '독일 국민에게 고함'(1807)이란 연설을 통해 사회개조와 국가재건을 위해 국민교육을 강화할 것을 호소하였다. 국민 전체를 위한 교육, 교육비의 국가 부담, 기초교육의 공통화 등을 국민교육 제도의 원리로 주장하였다.
ㄷ. 스펜서 - 『교육론』(1860)을 저술한 학가로서, 근대 '과학'의 연구 성과를 교육 과정 논의에 적용하였다. 교과의 가치를 판단하는 기준으로 '생활에의 유용성'이라는 준거를 제시하였는데, 특히 '과학'의 중요성을 강조한 점이 특징적이다.

**기출플러스**

• 국가주의 교육사상
피히테, 라 샬로테, 아담 스미스, 꽁도르세
(2003년 중등)

나는 감히 프랑스를 위하여, 오직 국가에만 의존하는 교육체제를 확립할 것을 주장한다. 그 이유는, 교육은 본질상 국가의 일이라는 데에 있으며, 모든 국가는 각각 그 구성원을 가르칠 신성불가침의 권리를 가지고 있다는 데에 있으며, 한마디로 말하여 국가의 어린이는 국가의 구성원에 의하여 양육되어야 한다는 데에 있다.

— 라 샬로테, 『국가교육론』(1763)

---

**107.** 근대 유럽의 신인문주의(neohumanism) 교육사조에서 제기했던 핵심적인 문제의식으로 가장 적절한 것은?

2007년 유초등

① 기독교적 경건주의 교육에 대한 비판
② 주지주의에 입각한 기능적 인간 양성에 대한 비판
③ 역사적 전통과 민족의식을 넘어서는 교육 이념의 확립
④ 비합리적 세계관에 대한 비판과 과학적 인식 방법의 도입

■ 정답 및 해설

② 19세기 신인문주의 교육사조는 18세기 계몽주의 교육사조의 주지주의에 입각한 기능적 인간 양성에 대해 비판을 제기하는 것으로부터 출발하였다.

◇ 오답 체크

① 신인문주의 교육사조가 등장한 시기는 18세기 후반에서 19세기 초반으로 당시의 교육은 기독교의 영향으로부터 상당 부분 벗어나 있었다. 중세의 기독교적 경건주의 교육에 대한 비판을 핵심적 문제의식으로 하는 사조는 16세기 인문주의 교육사조이다.

106 ③    107 ②

③ 신인문주의는 계몽주의 교육사조의 보편주의(초국가주의) 및 개인주의 경향을 비판하면서, 국가(민족)의 역사적 전통과 민족의식의 형성을 강조하는 교육이념을 정립하였다. 역사적 전통과 민족의식을 넘어서는 초국가적 교육이념을 추구한 교육사조는 계몽주의 사조이다.
④ 비합리적 세계관에 대한 비판과 과학적 인식 방법의 도입을 핵심적인 문제의식으로 한 교육사조는 계몽주의 사조이다. 계몽주의는 인간의 이성을 신뢰하며, 합리적인 세계관과 과학적 인식 방법을 교육에 도입하고자 하였다.

## 출포 37. 페스탈로치의 교육사상

기본서 62~63쪽

**108.** 페스탈로치(Pestalozzi)의 교육사상에 대한 설명으로 옳지 않은 것은?

2023년 국가직 9급

① 『일반교육학』을 저술하여 심리학적 원리에 기초한 교육방법을 정립하였다.
② 아동의 자발적 활동과 실물을 활용한 직관교육을 중시하였다.
③ 루소의 자연주의 교육사상을 교육 실제에 적용하여 빈민학교를 설립하였다.
④ 전체적인 구조 속에서 신체적 능력, 도덕적 능력, 지적 능력의 조화로운 발달을 주장하였다.

### ■ 정답 및 해설
① 『일반교육학』을 저술하여 심리학적 원리에 기초한 교육방법을 정립한 교육사상가는 헤르바르트이다.

### ◇ 오답 체크
② 페스탈로치는 루소의 교육론을 계승·발전시킨 교육사상가로 신인문주의(계발주의) 교육사조로 분류된다. 페스탈로치는 교육의 핵심 원리의 하나로 '직관교육'을 중시하였다. 페스탈로치의 직관교육이란 아동의 자발적 활동과 실물을 활용하는 교육이며, 사물에 대한 언어보다는 사물 자체에 대한 직접 경험이 우선시되는 교육을 의미한다.
③ 페스탈로치는 루소의 자연주의 교육사상을 교육 실제에 적용하여 빈민과 고아를 위한 학교를 설립하였다. 학교를 운영하면서, 사랑과 정서적 안정을 주는 교육환경, 부모로서의 교사, 노작을 통한 교육 등의 가치에 주목하게 되었다.
④ 페스탈로치는 교육의 목적은 인간의 본성(인간성)을 계발하는 것이며, 그것은 인간의 내면에 잠재되어 있는 능력을 이끌어내고 성장시키는 것이라고 보았다. 더 나아가, 개인의 전인적 완성을 추구하는 교육을 통해 행복한 삶과 사회의 개혁이 가능해진다고 보았다. 페스탈로치는 인간의 본성이 신체적 능력, 도덕적 능력, 지적 능력으로 구성되어 있으며, 그 전체적인 구조 속에서 이들 세 능력을 조화롭게 발달시켜야 한다고 주장하였다.

### 암기 POINT
• 페스탈로치의 교육사상

| | |
|---|---|
| 생애 | 루소의 영향(자연주의 → 신인문주의) 빈민·고아학교 운영 |
| 교육 목적 | 전인적 인간 육성 (지적, 신체적, 도덕적 능력(3H)의 조화) |
| 교육 방법 | 합자연 교육(자발성, 조화, 발달, 안방) 직관교육(실물, 감각 경험+내적 성찰) 노작교육(노동+교육, 일반 정신도야) |

108 ①

강서연 교육학

**기출플러스**

페스탈로치의 교육사상
(2006년 중등)
- 아동의 흥미와 노력을 중시한다.
- 교육방법은 직관의 원리에 따른다.
- 아동을 성인의 축소판으로 보지 않는다.
- 교육목적을 지식·도덕·기능의 조화로운 발달에 둔다.

**109.** 서양 교육사상가의 교육사상과 실천에 대한 설명으로 옳은 것은?

2016년 국가직 7급

① 루소(Rousseau)는 부모와 교사가 주도적 역할을 하는 적극교육의 중요성을 강조하였다.
② 페스탈로치(Pestalozzi)는 빈민과 고아를 위한 학교를 운영하며 노작의 교육적 가치에 주목하였다.
③ 프뢰벨(Fröbel)은 종교, 자연, 수학, 언어를 중심으로 한 유아교육을 강조하였다.
④ 헤르바르트(Herbart)가 제시한 수업의 형식단계설에서 체계와 방법은 전심(concentration) 과정에 해당한다.

■ **정답 및 해설**

② 페스탈로치는 빈민과 고아를 위한 학교를 운영하면서 노작의 교육적 가치에 주목하였다. 노동과 교육을 접목한 활동을 통해 정신능력을 도야할 수 있으므로 전인교육의 중요한 방법이 된다고 보았다.

◇ **오답 체크**

① 루소는 아동기에는 부모와 교사가 소극적인 역할에 머물러야 한다고 보았다.
③ 프뢰벨의 교육론에서 종교, 자연, 수학, 언어를 중심으로 한 교육은 청소년기의 교육에 해당한다. 유아교육에서는 직관을 활용하는 놀이를 중심으로 한 교육을 강조하였다.
④ 헤르바르트가 제시한 수업의 형식단계설에서 체계와 방법은 치사(reflection) 과정에 해당된다.

**110.** 페스탈로찌(J. H. Pestalozzi)가 말하는 합자연(合自然) 교육의 방법적 원리와 그에 대한 설명을 가장 적절하게 짝지은 것은?

2010년 유초등

① 자발성의 원리 – 자발성은 외부적 자극에 의해 촉발되므로, 외부로부터의 주입과 주형이 교육의 근간이 되어야 한다.
② 도덕성 중시의 원리 – 교육은 손(기능), 가슴(심정), 머리(지력)의 조화로운 발달을 도모하지만, 그 중심은 가슴이 되어야 한다.
③ 안방(거실) 교육의 원리 – 교육의 목적은 사회적 인간을 육성하는 것이기 때문에, 안방교육은 공공교육기관의 원리를 따라야 한다.
④ 일반도야의 원리 – 인간적인 실존의 바탕은 직업이기 때문에, 직업교육이 전인교육에 앞서야 하며 전인교육은 직업교육에 종속되어야 한다.
⑤ 직관의 원리 – 직관은 감각이 아니라 마음의 눈을 통해서 세계의 본질을 직접 파악하는 것이기 때문에, 감각 중심의 교육을 지양해야 한다.

■ **정답 및 해설**

② 페스탈로치는 교육의 방법적 원리 중의 하나로 '조화의 원리' 또는 '도덕성 중시의 원리'를 제시한다. 이것은 인간의 보편적 본성(인간성)에 포함되는 능력인 지적 능력(머리), 정의적 능력(가슴), 신체적 기능(손)을 조화롭게 발달시켜야 하며, 그 중심은 정의적 능력의 발달이 중심이 되어야 한다는 것을 의미한다.

109 ② 110 ②

◇ 오답 체크
① 자발성의 원리 - 자발성은 학습자 내부에 있는 자연적 힘(흥미)에 의해 촉발되므로, 외부로부터의 주입과 주형이 아니라, 내부로부터의 계발과 성장이 교육의 근간이 되어야 한다.
③ 안방(거실)교육의 원리 - 가정(안방)은 사랑과 신뢰를 통해 도덕적 능력이 발달하는 본보기 장소이다. 교육의 목적은 도덕적 인간을 육성하는 것이기 때문에, 공공 교육기관은 안방교육의 원리를 따라야 한다. 일생생활 속의 사회적 관계가 인간을 교육하는 힘을 가지고 있다는 의미에서 '사회의 원리'라고도 한다.
④ 일반도야의 원리 - 교육의 목적은 인간의 전인적인 발달이므로, 직업교육은 전인교육의 목적 하에 이루어져야 한다. 노동과 교육을 접목한 노작교육은 근면성과 같은 일반정신의 도야를 통해 전인교육의 한 형태로 이루어져야 한다.
⑤ 직관의 원리 - 직관은 인식의 절대적인 기초이다. 직관은 외적 직관과 내적 직관으로 구분된다. 외적 직관은 감각기관을 통한 외부 세계에 대한 인상을 받아들이는 것을, 내적 직관은 마음의 눈을 통해 세계의 본질을 체험하는 것을 말한다. 따라서 직관의 원리에 따라, 이성적 사고 뿐 아니라 감각적 경험도 중시하는 교육도 지향해야 한다.

### 암기 POINT
* 페스탈로치의 교육방법 원리

| 자발성 | 아동의 내적 흥미 |
|---|---|
| 발달(방법) | 인간 발달의 원리 |
| 도덕성 중시 (조화) | 도덕성 중심 3H의 조화(전인교육) |
| 직관 | 감각+마음을 통한 |
| 안방교육 (사회) | 신뢰와 사랑이 도덕교육의 기초 |
| 일반도야 | 노동+교육→전인 |

## 출포 38. 헤르바르트의 교육사상

기본서 63~64쪽

**111.** 다음과 같이 주장한 교육학자는?   2023년 지방직 9급

> 교육의 목적은 궁극적으로 학생의 도덕적 품성을 강화하는 것이다. 도덕적 품성은 다섯 가지 기본 이념으로 이루어져 있으며, 내적 자유의 이념, 완전성의 이념, 호의(선의지)의 이념, 정의(권리)의 이념, 공정성(보상)의 이념이다.

① 페스탈로치(Pestalozzi)   ② 피히테(Fichte)
③ 프뢰벨(Fröbel)   ④ 헤르바르트(Herbart)

### ■ 정답 및 해설
④ 헤르바르트는 19세기 신인문주의 교육사상가로, 교육의 궁극적 목적을 도덕적 품성의 도야에 두었다. 헤르바르트는 도덕적 행위가 자율적인 실천이성으로부터 나온다고 주장한 칸트의 실천철학을 기초로 교육의 목적을 체계화화였다. 도덕적 기본 이념의 형성을 기초로 도덕적 행동의 욕구가 발생하고 그런 행동을 실천하는 과정을 통해 도덕적 품성(도덕성)이 발달된다고 본 것이다. 헤르바르트는 도덕적 품성의 기초가 되며 다섯 가지 기본이념으로 내적 자유, 완전성, 호의, 정의, 공정성의 이념을 제시하였다.

◇ 오답 체크
① 페스탈로치는 머리(지적 능력), 가슴(도덕적 능력), 손(신체적 기능)의 조화로운 발달을 통한 전인의 육성을 교육목적으로 설정하였다.

### 더 알아두기
* 도덕적 품성의 구성요소
  - 내면적 자유의 이념 : 도덕적 행위는 개인의 자유의지에 따라 결정하여야 한다는 생각
  - 완전성(완벽성)의 의념 : 의지가 행동으로 실천될 수 있도록 강력, 충실, 조화의 세 조건을 구비함
  - 호의(선의지)의 이념 : 타인의 행복을 자신의 의지의 대상으로 삼음
  - 정의(권리)의 이념 : 타인의 의지를 나의 의지와 동등하게 존중함
  - 공정성(보상)의 이념 : 누구든지 자신의 행동에 따라 응분의 보상이나 대가를 받아야 한다는 생각

111 ④

② 피히테는 사회개조와 국가재건을 위해 도덕성과 종교적 신앙심을 가진 애국적 국민을 양성할 것을 교육의 목적으로 설정하였다.
③ 프뢰벨은 아동의 내적인 신성(선천적 잠재력)을 계발하여 외부로 발현시키는 것, 즉 자아실현을 교육의 목적으로 설정하였다.

## 112. 헤르바르트(J. F. Herbart) 4단계 교수론에서 다음이 설명하는 단계는?

2019년 지방직 9급

> 이 단계에서는 지식 사이의 중요한 관련과 중요하지 않은 관련이 명백히 구분되고, 지식은 하나의 통일된 전체로 배열된다. 이 단계에서 학습의 성공은 학습자의 내부에 들어 있는 표상들이 완전한 통합을 이루도록 하는 데 있다.

① 명료화(clearness)  ② 연합(association)
③ 방법(method)  ④ 체계(system)

### ■ 정답 및 해설
④ 헤르바르트의 4단계 교수론은 명료화 - 연합 - 체계 - 방법의 순서로 전개된다. 그 중 지식들 간의 관련성이 파악되어 하나의 통일된 전체로 배열되고 표상들이 완전한 통합을 이루는 단계는 '체계'의 단계이다.

### ◇ 오답 체크
① '명료화'는 학습할 대상과 관련된 내용요소를 세분하여 명료하게 설명해 주고, 학생들이 이들 내용에 집중적으로 관심을 기울이게 하는 단계이다.
② '연합'은 새로 학습한 내용을 이전에 학습한 내용과 관련지어 설명해 주고, 학생들이 이들의 관련성을 이해하게 하는 단계이다.
③ '방법'은 학습한 내용을 새로운 문제나 대상에 적용하는 방법을 설명해 주고, 학생들이 직접 적용해 보는 연습을 통해 적용능력을 기르는 단계이다.

## 113. 다음과 같이 주장한 교육사상가는?

2017년 국가직 7급

> ○ '다면적 흥미'의 형성을 중시하였다.
> ○ 명료, 연합, 체계, 방법으로 이어지는 수업의 단계를 주장하였다.
> ○ 단순한 지식 전달을 넘어 도덕적 인격을 갖추는 데 기여하는 '교육적인 수업'을 강조하였다.

① 퀸틸리아누스(Quintilianus)  ② 헤르바르트(Herbart)
③ 루소(Rousseau)  ④ 듀이(Dewey)

### ■ 정답 및 해설
② 19세기 신인문주의(계발주의) 교육사상가인 헤르바르트는 교육의 목적을 도덕성 품성에 도야에 두고, 수업이 단순한 지식 전달을 넘어 도덕적 인격을 갖게 하는 수업을 강조하며 이를 '교육적인 수업'이라고 하였다.

---

### 기출플러스
- 헤르바르트의 교수단계론
  – 국어 수업에의 적용
  (2010년 중등)
- 명료 : '시의 구조' 개념과 관련된 내용 요소를 세분하여 학생들에게 명료하게 설명하였다.
- 연합 : '시(詩)의 구조'를 학생들이 이미 배운 시에 관한 지식과 관련지어 설명하였다.
- 체계 : '시의 구조'를 구성하고 있는 지식들 사이에 체계적인 질서가 있음을 설명하였다.
- 방법 : 이번 시간에 배운 '시의 구조' 개념을 새로운 시에 적용하여 해석할 수 있도록 설명하였다.

112 ④  113 ②

헤르바르트는 교육적으로 아동이 삶의 모든 측면에 흥미를 가질 수 있도록 그의 마음을 계발해 주는 것이 가장 이상적인 교육이라고 보고, '다면적 흥미'의 개념을 제시하였다. 다면적 흥미는 지적인 흥미와 윤리적 흥미로 대별된다.

헤르바르트는 전심과 치사의 상호작용 과정을 통해 새로운 정보와 기존의 관념이 결합되면서 학습이 일어난다고 보는 4단계 교수법을 제시하였다. 4단계 교수법이란 명료, 연합, 체계, 방법으로 이어지는 수업의 단계론을 말한다.

◇ 오답 체크
① 퀸틸리아누스는 로마시대의 교육사상가로, 수사학을 중심으로 전인교육을 강조하였다. 교수방법에 있어서는 아동의 요구나 흥미를 고려하는 자연성(개성) 존중의 교육을 강조하였으며, 교사는 아동에게 도덕적 모범을 보임으로써 도덕적 가치를 심어주는 역할을 해야 한다고 역설하였다.
③ 루소는 18세기 자연주의 교육사상가로, 아동의 자연적인 본성과 흥미, 자발성에 기초한 교육을 주장하였다. 지식과 가치를 전수하는 데 초점을 두는 교육에 대해 반대하며, 교사의 역할도 소극적인 수준에 머물러야 한다고 보았다.
④ 듀이는 프래그머티즘 철학에 개초한 진보주의 교육사상가로, 교육의 목적을 아동의 개인적 자아실현(성장)에 두었다. 교육방법의 측면에서 아동의 현재 경험의 재구성을 통한 학습을 강조하였으며, 반성적 사고의 개념을 중시하였다.

### 암기 POINT
- 헤르바르트의 교육사상

| 학문<br>성과 | 교육학의 체계 정립<br>(교육목적-윤리학,<br>교육방법-심리학) |
|---|---|
| 교육<br>목적 | 도덕적 품성 함양<br>(5가지 도덕관념 -<br>내적 자유, 완전성,<br>호의, 정의, 공정성) |
| 교육<br>내용 | 다면적 흥미의 계발<br>(지적+윤리적 흥미) |
| 교육<br>방법 | 교육적인 교수(인격<br>형성, 전심-치사)<br>4단계 교수법(명료-<br>연합-체계-방법) |

**114.** 헤르바르트(Herbart)의 교육사상에 대한 설명으로 옳지 않은 것은?　　2012년 국가직 7급
① 심리학과 윤리학을 교육학의 기초학문으로 삼았다.
② 명료 - 연합 - 체계 - 방법이라는 4단계 교수법을 제시하였다.
③ 교육의 모든 세부적 목적들을 포괄하는 최고의 목적으로 도덕성의 함양을 강조하였다.
④ 어머니무릎학교 - 모국어학교 - 라틴어학교(김나지움) - 대학으로 구성된 4단계의 학교제도를 제안하였다.

■ 정답 및 해설
④ 어머니무릎학교 - 모국어학교 - 라틴어학교(김나지움) - 대학으로 구성된 4단계의 학교제도를 제안하여 독일과 미국 등의 근대적 학제 형성에 영향을 미친 교육사상가는 17세기 실학주의 사조에 속하는 코메니우스이다.

**115.** 헤르바르트의 교육적 공헌에 대한 설명으로 옳은 것은?　2007년 유초등
① 교육학을 근대적 의미에서의 학문으로 정립하였다.
② 교육에서 심미적(審美的) 차원을 제거하고자 하였다.
③ 능력심리학에 입각하여 통각(統覺) 개념을 설명하였다.
④ 교육 목적을 정당화하기 위해 헤겔의 실천철학을 활용하였다.

114 ④　115 ①

### 더 알아두기

• 능력심리학 vs. 표상심리학
능력심리학(faculty psy.)은 인간의 정신능력을 구성하는 몇 가지 요소를 구분함으로써 정신활동을 설명하는 심리학을 말한다.
표상심리학(representation psy.)은 정신활동의 과정에서 표상(表象), 즉 외부 세계의 대상이나 사건에 대한 정신적인 이미지를 어떻게 형성하고 활용하는지를 다루는 심리학을 말한다.

### ■ 정답 및 해설

① 헤르바르트는 교육철학과 학습심리학을 기초로 교육학의 체계를 정립하였으며, 이를 통해 교육학을 독립된 학문으로 정립시키는 데 크게 기여하였다. 관련된 대표적 저서로 『일반교육학』, 『교육학강의개요』 등이 있다.

◇ 오답 체크

② 헤르바르트는 다면적 흥미의 계발을 강조하였으며, 다면적 흥미는 지적인 흥미와 윤리적 흥미로 대별된다. 지적인 흥미는 경험적 흥미, 사변적 흥미, 심미적 흥미를 포함하며, 윤리적 흥미는 공감적 흥미, 사회적 흥미, 종교적 흥미를 포함한다. 즉 헤르바르트는 교육에 심미적 차원을 포함하고자 하였다.

③ 헤르바르트는 표상심리학에 입각하여 통각의 개념을 설명하였다. 표상심리학은 감각정보가 단순히 수동적으로 받아들여지는 것이 아니라, 인식주체에 의해 능동적으로 처리되고 해석된다고 본다. 통각(統覺)은 새로운 정보가 기존의 표상 체계와 결합되는 과정으로, 학습에 있어 중요한 메커니즘으로 설명된다.

④ 헤르바르트는 교육목적의 정당화를 위해 칸트의 실천철학을 활용하였다. 실천철학(윤리학)의 측면에서, 칸트는 도덕 원칙의 보편성과 절대성을 강조하며, 이성과 자율성에 기반한 도덕적 판단을 중시한 반면, 헤겔은 도덕 원칙이 역사적·사회적 맥락에서 발전한다고 보며, 개인의 자유와 도덕이 사회적 관계와 공동체의 발전에 연결된다고 주장하였다. 헤르바르트는 칸트의 입장을 수용하여, 도덕성 교육의 기초로 보편적인 도덕 법칙에 해당하는 도덕적 기본이념에 대한 학습을 강조하였다.

## 07. 근대 공교육체제의 성립

### 출포 39. 근대 공교육체제의 성립  C

⊕ 기본서 65~67쪽

**116.** 서양의 근대 공교육 제도의 발달에 대한 설명으로 옳지 않은 것은?

2015년 국가직 7급

① 종교개혁 과정에서 국가의 대중교육에 대한 책무가 강조되었다.
② 프랑스 혁명기에 꽁도르세(Condorcet)는 '공교육조직법안'에서 교육의 자유원칙을 주장하였다.
③ 영국에서는 19세기 말에 자유주의자들과 비국교도들이 국가교육연맹을 구성하여 의무무상교육 운동을 전개하였다.
④ 미국에서는 1890년대에 중등학교 취학률이 급격히 증가하여 복선제 학제가 강화되었다.

116 ④

■ 정답 및 해설
④ 미국에서는 독립(1776년) 이후 공립학교가 설립되고 근대 학교제도가 빠르게 정착하면서 단선형 학제가 정립되었다. 미국의 중등학교 취학률이 빠르게 증가한 것은 1940~50년대이다.
한편, 1890년대에 중등학교 취학률이 급격히 증가하여 복선제 학제가 강화된 국가는 독일이다. 당시 독일은 급속한 산업화를 겪으면서 기술 인력에 대한 수요가 증가하여 직업계 학교를 중심으로 중등학교 취학률이 급격히 증가하였다. 독일의 중등학교는 인문계학교(김나지움)과 직업계학교의 구분이 명확한 복선제 학제를 가지고 있었으며, 이 시기를 거치면서 복선제 학제가 강화되었다.

◇ 오답 체크
① 종교개혁(16세기)은 부패한 교회의 개혁운동이자, 성서 중심의 신앙해방운동이었다. 이 과정에서 일반대중들에 의한 성서 읽기가 강조되면서 문해교육이 요청되었고, 국가가 공립학교를 설립하여 의무교육을 실시하여야 한다는 주장이 등장하였다. 즉 종교개혁 과정에서 대중교육에 대한 국가의 책무가 강조되었으며, 근대 공교육 제도의 발달에 중요한 영향을 미쳤다.
② 프랑스 혁명기(1789~1799)에 꽁도르세는 '공교육조직법안'을 통해 공교육의 기본 원칙을 제시하였다. 이 법안은 교육의 종교로부터의 자유, 국가의 교육에 대한 통제권 강화, 완전한 무상교육 실시 등의 원칙을 제시하였다.
③ 영국의 자유주의 경제학자인 아담 스미스는 『국부론』(1776)을 통해 교육은 개인적·사회적 투자이며, 국가가 경제적 취약계층에게 교육을 제공해야 한다는 주장을 펼쳤다. 한편 영국의 비국교도들은 종교적 자유를 확보하기 위해 국교(성공회)와 국가의 분리를 주장하였으며, 산업혁명과 도시화의 과정 속에서 사회적 불평등과 노동자의 권리 문제를 개선하려는 다양한 운동을 지원하였다. 19세기 말에 이르러 자유주의자들과 비국교도들은 국가교육연맹을 구성하여 의무무상교육 운동을 전개하였다.

**암기 POINT**
- 공교육 제도의 발달과정

| | |
|---|---|
| 독일 | 고타교육령(1642) 프로이센법전(1803) (종교개혁, 국가성립) |
| 미국 | 독립전쟁(1775)이후 단선형 학제 정립 (국가성립, 산업화) |
| 프랑스 | 프랑스 대혁명 이후 꽁도르세법안(1792) (시민혁명, 종교개혁) |
| 영국 | 자유주의+비국교도 초등교육법(1870) (산업화, 종교개혁) |

**117.** 서양의 근대교육에 관한 진술로 옳은 것은?     2004년 유초등
① 프랑스에서는 대혁명(1789) 이전에 의무, 무상, 세속의 근대 공교육 이념이 제도화되었다.
② 프로이센에서는 19세기 초에 '교육은 국가의 일'이라는 원칙 아래 국가교육의 체제가 갖추어졌다.
③ 미국에서는 남북전쟁(1861~1865) 이후에 동부지역 중심으로 근대 공교육제도가 최초로 도입되었다.
④ 영국에서는 산업혁명으로 축적된 국부와 노동운동 활성화에 힘입어 일찍이 단선형 통일학제가 정비되었다.

■ 정답 및 해설
② 독일의 「고타 교육령」(1642)은 세계 최초의 의무교육령으로 부모의 취학의무를 명확히 하고 정부가 교육을 관리하는 원칙을 제시하였으나, 국가교육체제로 발전하지는 못하였다. 한편, 19세기 초 프로이센(현재의 독일을 중심으로, 폴란드,

**기출플러스**
- 근대 공교육의 기본적 성격 (2007년 영양교사)
  - 보편교육(universal edu)
  - 대중교육(mass edu)
  - 국민교육(national edu)
  - 세속교육(secular edu)

117 ②

덴마크 등의 일부 지역에 걸친 왕국) 지방에서 선포된 「프로이센 법전」(1803)은 '교육은 국가의 일'이라는 원칙 아래에, 모든 아동에 대한 의무교육, 국가의 학교 설립과 관리, 교육의 질 관리 체계 등에 관한 내용을 포함하여 국가교육의 체제를 확립하였다.

◇ 오답 체크
① 프랑스에서는 대혁명(1789) 이후에 의무교육, 무상교육, 세속교육이라는 근대 공교육 이념이 제도화되기 시작하였다.
③ 미국에서는 독립전쟁(1775~1783) 이후부터 동부지역 중심으로 공립학교가 설립되기 시작하면서 근대 공교육 제도가 빠르게 확산되었다.
④ 영국에서는 산업혁명으로 축적된 국부와 노동운동 활성화에 힘입어 공교육제도가 정립되기 시작하였으나, 여전히 상류층과 일반서민의 학제가 분리되어 있는 복선형 학제가 유지되었다. 영국의 학제는 1944년 「교육법」 개정을 통해서야 비로소 단선형 통일학제로 정비되었다.


**118.** 서양 근대 학교제도의 등장 배경에 대한 설명으로 적절하지 않은 것은?

2005년 중등

① 시민계층의 권리 의식이 고조됨에 따라 교육에 대한 보다 많은 욕구가 표출되었다.
② 민족국가가 출현함에 따라 모든 국민을 대상으로 하는 공민교육의 필요성이 대두되었다.
③ 사회가 급속히 산업화됨에 따라 노동 생산성의 증진을 위한 대규모 교육이 필요하게 되었다.
④ 교회와 국가가 분리되는 과정에서 구교도 신앙의 이완 현상을 방지하기 위해 체계적인 종교교육의 필요성이 대두되었다.

■ 정답 및 해설
④ 종교개혁 시기에 교회와 국가가 분리되는 과정에서 체계적인 종교교육의 필요성이 대두된 것은 신교도 쪽이다. 종교개혁을 이끌었던 신교도는 이교도에 대한 포교 및 기존 신자들의 신앙심 강화 및 종교적 구원을 위해 체계적인 종교교육을 실시하고자 하였다. 이 과정에서 교육에 대한 국가의 책임과 국민으로서의 교육(취학) 의무 개념이 등장하면서 근대 학교제도가 등장하였다.

118 ④

CHAPTER

# 한국교육사

1. 고려시대 이전의 교육
2. 고려시대의 교육
3. 조선시대의 교육
4. 근현대의 교육

# 01. 고려시대 이전의 교육

## 01. 삼국시대~조선시대 교육 개관

### 출포 40. 시대별·국가별 교육기관 개관

📖 기본서 71쪽, 74~75쪽, 78~79쪽,

**119.** 각 시대별 교육기관이 바르게 짝지어진 것은?  2012년 국가직 9급

① 백제(경당), 고구려(국학), 고려(오경박사), 조선(국자감)
② 통일신라(사부학당), 백제(서당), 고려(향교), 조선(국학)
③ 고구려(태학), 통일신라(국학), 고려(십이공도), 조선(향교)
④ 고구려(경당), 백제(학당), 고려(국학), 조선(성균관)

**암기 POINT**
• 시대별·국가별 교육기관

| | 초등 | 중등 | 고등 |
|---|---|---|---|
| 고구려 | | 경당 | 태학 |
| 백제 | | (박사) | |
| 통일신라 | | 화랑도 | 국학 |
| 발해 | | – | 주자감 |
| 고려 | 서당 | 5부학당 향교 | 국자감 12공도 |
| 조선 | 서당 | 4부학당 향교 서원 | 성균관 |

\* ▨ 사립교육기관

■ **정답 및 해설**
③ 고구려의 교육기관으로는 태학과 경당, 통일신라는 국학이 있었다. 백제는 교육기관에 대한 기록은 없고, 박사제도가 운영되었다. 고려의 교육기관으로는 서당, 학당, 향교, 십이공도, 국자감이 있었다. 조선의 교육기관으로는 서당, 학당, 향교, 서원, 성균관이 있었다.

◇ **오답 체크**
① 고구려(경당), 통일신라(국학), 고려(국자감), 조선(성균관)
② 조선(사부학당), 고려·조선(서당), 고려·조선(향교), 통일신라(국학)
④ 고구려(경당), 고려·조선(학당), 통일신라(국학), 조선(성균관)

**120.** 대학 수준의 고등교육기관으로 보기 어려운 것은?  2015년 특채

① 고구려의 태학(太學)   ② 통일신라의 국학(國學)
③ 고려의 국자감(國子監)   ④ 조선의 4부학당(四部學堂)

■ **정답 및 해설**
④ 조선의 4부학당은 중앙에 설치된 중등교육기관이다.

119 ③   120 ④

**121.** 전통적 교육기관인 경당, 12도, 서원의 공통점으로 적합한 것은?

2009년 국가직 7급

① 국가가 직접 통제하지 않는 사립교육기관
② 문무를 겸비한 인재를 양성하는 교육기관
③ 일반서민들을 주요 대상으로 하는 교육기관
④ 조선시대의 향교와 비슷한 성격의 교육기관

■ 정답 및 해설
① 고구려의 경당, 고려의 12도, 조선의 서원은 모두 국가가 직접 통제하지 않는 사립교육기관이다.
◇ 오답 체크
② 문무를 겸비한 인재를 양성하는 교육기관이라는 설명은 경당에만 해당된다.
③ 일반서민들을 주요 대상으로 하는 교육기관이라는 설명은 경당에만 해당된다.
④ 조선시대의 향교는 지방에 설치한 관학으로 중등교육기관에 해당한다.

**122.** 국가가 설립한 교육기관이 아닌 것은?

2008년 국가직 9급

① 국자감(國子監)  ② 12도(十二徒)
③ 향교(鄕校)     ④ 학당(學堂)

■ 정답 및 해설
② 12도는 사립교육기관이다. 12도는 개경 지방에 위치한 12개의 유명 사학을 일컫는 말로, 이 중 가장 먼저 등장한 문헌공도는 최충이 설립하였다.
◇ 오답 체크
① 고려의 국자감은 국가가 설립한 최고 수준의 교육기관으로, 유교 이념에 충실한 국가 관리를 양성하는 데 교육의 목적을 두었다.
③ 향교는 고려와 조선에 발달하였던 중등교육기관으로, 지방 양반 및 서민의 자제에게 유학을 전파하고 지방민의 풍속을 교화하기 위해 국가가 설립하였다.
④ 학당은 고려와 조선에 발달하였던 중등교육기관으로, 중앙(개경, 한양)에 설치하여 유학 중심의 교육을 실시하기 위해 국가가 설립하였다.

121 ①  122 ②

# 02. 삼국시대의 교육

## 출포 41. 고구려의 교육

🔵 기본서 71~72쪽

**123.** 고구려의 경당에 대한 설명으로 옳지 않은 것은?  2022년 국가직 9급
① 문과 무를 아울러 교육하였다.
② 미혼 자제들을 위한 교육기관이다.
③ 『문선(文選)』을 교재로 사용하였다.
④ 유교 경전으로는 사서(四書)를 중시하였다.

### ■ 정답 및 해설

④ 고구려의 경당은 송경습사(誦經習射)의 문무겸비 교육을 실시한 교육기관이다. 유교경전으로 오경(五經)과 역사서로 삼사(三史), 한자학습용 도서 뿐 아니라, 문학작품인 『문선(文選)』을 교재로 하여 가르쳤다. 유교경전으로 사서(四書)가 중시된 것은 성리학이 주요 학풍으로 정착된 조선시대부터이다.

### ◇ 오답 체크

① 고구려의 경당은 문무겸비의 교육으로 송경습사(경전암송과 활쏘기)의 교육을 실시하였다. 학문과 무예의 연마를 함께 하였다는 점에서 신라의 화랑도와 성격상 유사하다고 보는 견해도 있다.

② 고구려의 경당은 주로 지방에 거주하는 서민층의 미혼 자제들을 위한 교육기관으로 운영되었다. 경당이 중앙(수도)에도 설치되었으며, 귀족층의 자제까지도 교육대상으로 하였다는 의견도 있다. 종합하면 고구려의 경당은 미혼 자제들을 교육하는 기관이라고 할 수 있다.

③ 고구려의 경당에서는 『문선(文選)』을 교재로 사용하였다. 이 책은 중국 양나라의 태자 소통이 진·한 이후의 대표적인 시문을 모아 엮은 책으로, 문학적 소양을 기르기 위해 사용된 것으로 생각된다.

**124.** 우리나라 교육의 역사에 대한 설명 중 옳지 않은 것은?  2008년 국가직 7급
① 경당(扃堂)은 고려시대의 교육기관으로 최초의 지방 학교였다.
② 향교(鄕校)는 고려시대에 설립되었으나 조선시대에 들어와 크게 확충되었다.
③ 태학은 고구려시대에 설립된 관학(官學)으로서 우리나라 최초의 고등교육기관이다.
④ 통일신라의 학교교육은 당나라의 교육제도를 모방하여 설립한 국학에서 시작되었다.

■ 정답 및 해설
① 경당은 고구려시대의 교육기관으로, 최초의 사립교육기관으로 평가된다. 지방의 서민층의 미혼 자제를 주요 교육대상으로 하는 교육기관이다.

### 125. 고구려의 학교교육에 대한 설명으로 적절하지 않은 것은? 2005년 유초등
① 경당은 서민층 미혼 자제들이 공부하던 곳이다.
② 경당에서는 송경습사(誦經習射) 교육이 이루어졌다.
③ 태학의 설립은 국가 체제의 정비와 관련이 깊다.
④ 태학의 교재는 유교, 불교, 도교 경전으로 구성되어 있다.

■ 정답 및 해설
④ 태학의 교육 내용에 대해서는 전하는 바가 없어 구체적으로 알 수 없다. 중국의 역사서인 『구당서(舊唐書)』에 의하면, 고구려에서 유교 경전인 5경(五經) 이외에도 『사기(史記)』·『한서(漢書)』·『후한서(後漢書)』·『삼국지(三國志)』·『진춘추(晉春秋)』 등의 역사서, 『옥편(玉篇)』·『자통(字統)』·『자림(字林)』 등의 한자 관련 서적, 그리고 문학 작품인 『문선(文選)』 등을 중요하게 여겼다고 전하고 있어, 태학에서도 이 책들을 교육했을 것으로 추정된다. 종합하면, 태학은 유교이념에 충실한 관리를 양성할 목적으로 설립된 최고의 국립교육기관으로서, 태학의 교재는 유교 경전으로 구성되며, 불교나 도교의 경전을 가르치지 않았을 것으로 볼 수 있다.

◇ 오답 체크
③ 태학이 설치된 시기는 왕권 중심의 정치 체제가 갖추어진 시기였다. 이에 유교이념에 입각하여 왕권을 강화하는 한편, 왕을 보좌하여 행정 업무를 수행할 고급관리들을 양성하기 위해 태학을 설치했던 것으로 보인다.

### 더 알아두기
• 고구려 경당의 교육대상
경당이 지방 촌락에 소재했고 서민층을 위한 학교였다고 보는 견해에서는 경당이 전국적인 군사동원체제를 정비하려는 의도를 반영한다고 해석한다. 지방에 산재한 기존의 청소년 집단을 재편해 전쟁 시에 동원할 수 있도록 활쏘기와 같은 군사훈련을 실시했다고 본 것이다.
이와 달리, 경당이 왕도와 지방의 주요 도시에 소재했고 지방 귀족까지를 대상으로 포함하는 학교였다고 보는 견해도 있다. 이 견해에서는 경당의 학생이 하급의 실무관원 내지 무관으로 진출하였다고 보고, 지방의 귀족까지를 위한 교육기관으로 경당이 세워졌다고 본다.

## 출포 42. 백제의 교육

> 기본서 72쪽

### 126. 우리나라 교육사에 관한 설명으로 옳지 않은 것은? 2024년 지방직 9급
① 백제에서는 교육기관으로 국학을 세웠다.
② 고구려에서는 교육기관으로 태학을 세웠다.
③ 유형원은 『반계수록』에서 교육제도 개혁을 주장하였다.
④ 근대적 관립학교인 육영공원을 세웠다.

125 ④  126 ①

### 암기 POINT
• 백제의 박사 제도

| 성격 | 유학 및 전문분야에 능통, 교육 담당 관리 |
|---|---|
| 종류 | 유학 : 오경박사, 모시박사, 강예박사<br>잡학 : 의박사, 역(易)박사, 역(歷)박사 |
| 의의 | 학교교육의 존재 가능성 시사 |

### 기출플러스
• 삼국시대의 교육사상가 (2012년 중등)
- 왕인은 왜(倭)에 『논어』와 『천자문』을 전해주었으며, 당시 왜태자의 스승이 되었다.
- 원광은 신라 사회의 현실을 고려하여 세속오계를 제정하였으며, 신라의 청년들을 가르치는 스승이 되었다.
- 원효는 일심(一心)·화쟁(和諍)·무애(無碍) 사상을 주창하였으며, 대중을 교화하는 방법으로 그들의 수행 능력에 맞는 염불을 사용하였다.
- 설총은 당시 신라 말[方言]로써 구경(九經)을 읽어 후학들을 훈도하였으며, 화왕계(花王戒)를 통해 왕을 바른 길로 이끌었다.
- 최치원 독서삼품과에서 특품으로 발탁되었으며, 국학에서 생도들을 가르치지는 않았다.

### ■ 정답 및 해설
① 국학은 통일신라에서 설립된 교육기관이다. 백제는 교육기관에 대한 기록이 존재하지 않으며, 박사제도에 대한 기록을 통해 유학 및 잡학에 대한 전문적인 수준의 교육이 이루어졌을 것이라 추정된다.

### ◇ 오답 체크
② 고구려에서는 태학을 세워서 유교이념에 충실한 관리를 양성하였다.
③ 실학자인 유형원은 『반계수록』에서 교육제도 개혁을 주장하였다. 유형원은 과거제를 폐지하고, 능력만 갖추면 누구나 관직으로 진출할 수 있게끔 교육제도 개혁을 통해 관학을 강화해야 한다고 주장하였다.
④ 1886년 정부는 근대적 관립학교인 육영공원을 세우고, 신문물에 밝은 엘리트(관리)를 양성하고자 하였다.

---

### 127. 삼국시대의 교육에 관한 설명으로 바르지 못한 것은?  2006년 유초등
① 고구려에는 태학과 경당이라는 학교가 있었다.
② 박사(博士) 제도의 존재는 백제에서 학교교육이 이루어졌을 가능성을 시사한다.
③ 신라는 화랑도 제도를 통하여 문무 일치의 교육을 실시하였다.
④ 신라의 국학은 공식 기록으로 확인되는 우리나라 최초의 학교이다.

### ■ 정답 및 해설
④ 공식 기록으로 확인되는 우리나라 최초의 학교는 고구려의 태학이다. 『삼국사기』에 따르면, 고구려의 태학은 372년(소수림왕 2년)에 설립되었으므로, 우리나라 최초의 학교이자, 최초의 국립 교육이관이자, 최초의 고등교육기관이라는 역사적 의의를 가진다. 다만, 태학이 실제로 어떻게 운영되었는지는 국내기록은 알 수가 없고, 중국에서 편찬한 역사기록을 통해 전문적인 유학교육을 했을 것이라 추정될 뿐이다.
한편, 682년(신문왕 2년)에 설립된 신라의 국학에 대해서는 『삼국사기』에서 운영규정을 확인할 수 있다. 즉 신라의 국학은 국내의 역사기록으로 운영규정을 확인할 수 있는 최초의 학교라는 역사적 의의를 갖는다.

### ◇ 오답 체크
② 백제에서는 학교에 관한 공식기록이 존재하지 않는다. 다만, 박사(博士) 제도의 존재가 백제에서 학교교육이 이루어졌을 가능성을 시사한다. '박사'는 유학 및 전문분야에 능통한 학자들로서 교육의 소임을 맡은 관직으로, 오경박사(五經博士), 모시박사(毛詩博士), 강예박사(講禮博士)에 대한 기록을 통해 체계적인 유교교육이 이루어졌을 가능성을 엿볼 수 있다. 그 외에도, 의박사(醫博士), 역박사(易博士), 역박사(歷博士)에 대한 기록은 잡학교육의 존재 가능성을 시사한다.

127 ④

## 출포 43. 신라의 교육

📖 기본서 72~74쪽

**128.** 신라시대의 국학(國學)에 대한 설명으로 옳은 것은? `2019년 지방직 9급`
① 교수와 훈도를 교관으로 두어 교육하게 하였다.
② 6두품 출신 자제들에게만 입학 자격이 부여되었다.
③ 독서삼품과를 도입하여 독서의 정도에 따라 관직에 진출시켰다.
④ 수학 기간은 관직에 진출할 때까지 누구에게도 제한하지 않았다.

### ■ 정답 및 해설

③ 국학은 귀족 자제들을 입학시켜 유교사상에 입각한 관리로 양성하는 교육기관이었지만, 골품제의 영향으로 인해 크게 발달하지 못하였다. 이에 788년(원성왕 4년) 국학의 졸업시험 제도와 같은 성격을 가진 독서삼품과를 설치했고, 독서의 정도에 따라 관직에 진출시켰다. 기본적인 등급은 하품, 중품, 상품으로 구분하고, 특히 오경과 삼사, 제자백가서에 두루 능통한 자를 특품으로 분류하여 관리로 등용하였다. 관직 진출의 통로로서 국학의 위상을 강화하고, 가문보다는 개인의 능력을 기준으로 인재를 등용하기 위한 조치였다.

### ◇ 오답 체크

① 국학에서는 박사와 조교가 교육을 담당하였다. 한편, 교수와 훈도를 교관으로 두어 교육하였던 기관은 조선의 향교이다.
② 국학은 6두품 이외에도 성골과 진골 같은 귀족 집안 자제에게 입학자격을 부여하였다. 실제로는 성골과 진골 같은 최상위층 귀족은 국학에 소극적이었고, 6두품 같은 하위층 귀족들이 주로 입학하였다.
④ 국학의 수학기간은 원칙적으로 9년으로 제한하였다. 15세부터 30세까지에 해당하는 자가 입학을 할 수 있었으며, 9년을 기한으로 재학할 수 있게 했다. 우둔해서 교화되지 않는 자는 그만두게 하는 것을 원칙으로 하였다.

**암기 POINT**

• 신라의 국학

| 성격 | 관립 | 고등 | 중앙 |
|---|---|---|---|
| 기능 | 강학+향사(문묘 설치) | | |
| 교육 목적 | 유교사상에 입각한 국가 관리 양성 | | |
| 교육 대상 | 귀족 집안의 자제 (15~30세, 9년 수학) | | |
| 교육 내용 | 필수: 논어, 효경<br>선택: 유학과(오경 삼사, 문선 등), 기술과 (산학, 의학, 천문학) | | |
| 교육 방법 | 유교경전 해석과 암송<br>박사와 조교가 교육 | | |
| 의의 | 국내기록으로 운영규정 확인되는 최초의 학교 | | |

---

**129.** 다음 내용에 해당하는 우리나라 교육제도는? `2015년 지방직 9급`

> ○ 유(儒)·불(佛)·선(禪) 삼교의 융합
> ○ 청소년들의 심신을 수련하는 교육 집단
> ○ 원광(圓光)의 세속오계를 통한 교육이념의 체계화

① 고구려의 경당
② 신라의 화랑도
③ 고려의 국자감
④ 조선의 성균관

**암기 POINT**

• 신라의 화랑도

| 성격 | 사립 | 초중등 | 전국 |
|---|---|---|---|
| 조직 정비 | 자생집단 → 국가제도 (진흥왕, 국선-화랑도) | | |
| 교육 이념 | 유불선 + 낭가의 융합 (원광의 세속오계) | | |
| 교육 내용 | 문무겸비(심신수련)<br>전인교육(지+덕+체) | | |

128 ③   129 ②

■ 정답 및 해설

② 우리나라의 전통교육기관 중 유·불·선 삼교를 융합한 교육이념에 기초해서 청소년들의 심신을 수련하는 교육 집단은 신라의 화랑도이다. 신라의 화랑도의 교육이념은 원광에 의해 세속오계로 정립되면서 체계화되었다. 세속오계는 사군이충(事君以忠), 사친이효(事親以孝), 교우이신(交友以信), 임전무퇴(臨戰無退), 살생유택(殺生有擇)으로 유교적 덕목과 불교적 덕목을 융합하고 있다.

◇ 오답 체크

① 고구려의 경당은 청소년들의 심신을 수련하는 교육 집단으로서의 성격을 갖지만, 유교 사상을 교육이념으로 하였다.
③ 고려의 국자감과 ④ 조선의 성균관은 유교 사상을 교육이념의 기초로 국가를 경영할 관리를 육성하는 최고 수준의 교육기관이었다.

## 130. 통일신라 시대의 국학(國學)에 관한 설명 중 사실과 다른 것은?

2009년 유초등

ㄱ. 국학은 국내의 역사 기록에서 운영규정을 확인할 수 있는 최초의 대학이다.
ㄴ. 신라는 삼국을 통일한 이후, 필요한 관리 양성을 위해 이전의 화랑도(花郎徒)를 개편하여 국학을 설립하였다.
ㄷ. 국학 설립 과정에서 당(唐)의 국자감(國子監)을 모델로 삼았지만, 현실이 당과는 달랐기 때문에 동일하게 운영하지는 않았다.
ㄹ. 신라는 불교와 전통사상이 강한 상황이어서, 멸망할 때까지 문묘(文廟)를 설치하지 않았다.
ㅁ. 국학이 설립되자 박사와 조교가 교육을 담당하여 15세부터 30세까지의 학생을 대상으로 유학경전 등을 가르쳤다.

① ㄱ, ㄷ
② ㄱ, ㅁ
③ ㄴ, ㄹ
④ ㄴ, ㅁ
⑤ ㄷ, ㄹ

### 기출플러스
- 신라의 국학 『삼국사기』 (2013년 중등)
- 교수 방법은 『주역』, 『상서』, 『모시』, 『예기』, 『춘추좌씨전』, 『문선』으로 나누어 학업을 닦게 하였다. 박사(博士)나 조교(助敎) 1인이 혹은 『예기』, 『주역』, 『논어』, 『효경』을 가르쳤고, 혹은 『춘추좌씨전』, 『모시』, 『논어』, 『효경』을, 그리고 『상서』, 『논어』, 『효경』, 『문선』으로써 교수하였다.
- 학생은 대사(大舍) 이하부터 지위가 없는 자까지로서 나이가 15세부터 30세까지인 자들로 채웠다. 수학 기한을 9년으로 하였으며, 자질이 부족한 학생이 있으면 그만두게 했다.

■ 정답 및 해설

③ ㄴ. 신라는 유교적 이념에 따라 왕권을 중심으로 국가를 경영할 관리를 양성하기 위해 만든 교육기관으로, 당의 국자감을 모델로 하였다. 한편, 화랑도는 청소년의 심신을 수련을 위해 만들어진 자생적 집단으로, 통일 후 이전의 조직을 재편하여 국가조직으로 제도화되었다.
ㄹ. 신라의 국학은 유교사상을 근간으로 만들어진 교육기관이므로, 공자와 그의 제자들을 모시는 문묘(文廟)를 설치하고 제례를 실시하였다.

◇ 오답 체크

ㄱ. 국내의 역사 기록에서 운영규정을 확인할 수 있는 최초의 대학은 신라의 국학이 맞다. 참고로, 『삼국사기』에는 국학의 입학조건, 교육내용, 교육방법 등에 관한 운영규정이 소개되어 있다.

ㄷ. 국학 설립 과정에서 당(唐)의 국자감(國子監)을 모델로 삼았지만, 현실이 당과는 달랐기 때문에 동일하게 운영하지는 않았다. 당의 국자감은 유학부, 율학부(법학), 서학부(문학), 산학부(수학) 등의 여러 부서가 마련되어 있어 다양화된 체계적 교육이 이루어졌고, 과거제도가 정책되어 있어 각 분야의 학문적 성취에 따라 관료로 진출할 수 있는 길이 열려 있었다. 신라의 국학은 여전히 가문의 혈통에 따라 사회적 지위가 배분되는 상황 속에서 능력에 의해 관직에 진출할 수 있는 시스템도 제한적이었고, 높은 수준의 교육을 할 만한 학문적 역량도 축적되지 못한 것이 현실이었다. 따라서 신라의 국학은 유교적 덕목과 윤리를 중심으로 한 교양교육 수준에 머물렀던 것으로 평가된다.

ㅁ. 국학이 설립되자 박사와 조교가 교육을 담당하여 15세부터 30세까지의 학생을 대상으로 유학경전 등을 가르쳤다. 교재는 『논어』와 『효경』을 필수과목으로, 『예기』, 『주역』, 『춘추좌씨전』, 『모시』, 『상서』, 『문선』 등을 선택과목으로 해서 가르쳤다.

## 131. 다음에서 독서삼품출신과(讀書三品出身科)에 대한 설명으로 옳은 것을 모두 고르면?

**2008년 유초등**

> 가. 신라 원성왕 4년(788년)에 국학에 설치된 관리 선발 제도이다.
> 나. <사서오경>에 대한 독서의 정도를 상·중·하의 삼품으로 평가하여 관직을 제수한다.
> 다. <오경>과 <삼사(三史)>, <제자백가서>에 두루 능통한 경우에는 특별히 발탁하여 등용한다.
> 라. 신라 사회가 인재 선발의 기준으로 무예를 강조하던 시대에서 학식을 중시하는 시대로 이행하고 있음을 보여준다.

① 가, 다
② 나, 라
③ 가, 다, 라
④ 가, 나, 다, 라

### ■ 정답 및 해설

③ 가. 독서삼품과는 신라 원성왕 때 설치된 국학의 졸업시험으로, 관리를 선발하는 제도로도 활용되었다.

다. 『삼국사기』에 의하면, 『춘추좌씨전』이나 혹은 『예기』, 『문선』을 읽고 그 뜻에 능통하면서 아울러 『논어』와 『효경』에 밝은 자를 상품(上品)으로, 『곡례』와 『논어』, 『효경』을 읽은 자를 중품(中品)으로, 『곡례』와 『효경』을 읽은 자를 하품(下品)으로 선정하여 관리로 삼았다.

라. 독서삼품과의 도입은 인재등용의 기준이 문벌과 가문에서 개인의 능력으로 변화되었다는 것과 개인의 능력을 판단하는 기준으로 무예를 강조하였던 것에서 학식을 중시하는 사회로 변모되었다는 것을 보여준다.

---

**암기 POINT**

• 독서삼품과

| 성격 | 국학의 졸업시험 |
|---|---|
| 평가 기준 | 곡례, 효경, 논어, 문선, 및 삼사, 제자백가서 등의 독서 정도 |
| 평가 등급 | 상중하 3품으로 구분, 오경·삼사·제자백가서 능통하면 특별 선발 |
| 의의 | 학식 중시, 능력 본위의 인재선발(과거제 전신) |

**더 알아두기**

• 사서오경(四書五經)

사서는 "논어", "맹자", "대학", "중용"을 말하고, 삼경은 "시경", "서경", "역경"을 말한다. 삼경에 "춘추"와 "예기"를 합해 오경이라 부른다.

성리학적 학풍이 주류가 된 조선시대에는 오경보다 사서를 중심으로 교육이 이루어졌다. 성리학은 인간의 도덕적 수양과 군주의 정치적 윤리, 특히 '수기치인(修己治人)'의 원칙을 강조한다.

131 ③

◇ 오답 체크

나. 독서삼품과에서는 상·중·하의 삼품 이외에도, 오경(五經)과 삼사(三史), 제자백가서에 널리 통달한 사람이라면 등급을 뛰어넘어 뽑아 등용하도록 하였다.

한편, 고려 말 주자의 성리학이 도입되고 조선의 통치이념으로 채택되면서, 교육 내용 및 평가의 기준으로 〈사서오경〉이 강조되엇다. 조선시대에는 유학교육에서 〈사서〉를 중심으로 한 경전교육(명경)이 중시되고 문학적 소양에 대한 교육(제술)은 덜 중시하는 경향이 나타났다.

## 출포 44. 발해의 교육

⊙ 기본서 74쪽

**132.** 삼국시대 및 통일 신라와 발해의 교육에 대한 설명으로 옳은 것은?

**2011년 중등**

① 백제 성왕 대에는 전업박사(專業博士)가 사서(四書)를 가르쳤다.
② 신라 진흥왕 대에는 화랑도(花郎徒)를 개편하고 국선(國仙)을 두었다.
③ 신라의 국학(國學)은 독서삼품과(讀書三品科)를 통해 입학생을 선발하였다.
④ 고구려의 경당(扃堂)은 태학(太學) 입학을 준비하기 위한 귀족 교육기관이었다.
⑤ 발해는 국자감(國子監)에 왕족 여성 교육을 위한 여사(女師) 제도를 두었다.

■ 정답 및 해설

② 신라 진흥왕(재위 540~576)은 한강 유역을 확보하고 중국과 직접 교통함으로써 삼국통일의 토대를 닦았다고 평가된다. 진흥왕 대에는 기존의 자생적 청소년 집단이었던 화랑도를 국가조직으로 제도화하고 전국의 화랑과 낭도를 이끄는 최고 책임자로 국선을 두었다.

◇ 오답 체크

① 백제시대에는 박사제도를 두어 학문과 교육에 힘쓰게 하였다. 박사는 크게 유학 분야의 박사와 전문기술 분야의 박사로 구분된다. 유학분야의 박사에는 『역경』·『시경』·『서경』·『예기』·『춘추』 등 다섯 경서에 능통한 '오경박사' 이외에도 각 경전별 전문가인 '모시박사', '강예박사' 등이 있었다. 전문기술 분야의 박사는 전업박사라고 하였으며, 의박사(의학)·역박사(역사)·역박사(천문과 지리)·와박사(기와瓦博士)·노반박사(露盤博士) 등이 있어 전문기술 분야를 가르쳤다. 종합하면, 백제의 전업박사는 다양한 분야의 전문기술을 가르쳤다.
③ 신라의 독서삼품과는 국학의 졸업시험으로, 『논어』, 『효경』, 『춘추좌씨전』, 『예기』, 『문선』 및 삼사와 제자백가서에 대한 독서 정도에 따라 상품·중품·하품으로 구분하고, 실력이 출중할 경우 관리로 등용하였던 제도이다.
④ 고구려의 경당은 주로 미혼의 서민층 자제들을 대상으로 문무경비(송경습사)의 교육을 하던 곳이다. 경당의 교육은 태학의 입학을 준비하기 위한 것이라기 보다는, 청소년의 심신을 수련하기 위한 것이라 보아야 할 것이다.
⑤ 발해의 고등교육기관은 주자감(胄子監)이며, 왕족 여성 교육을 위한 여사 제도는 왕실에 별도로 두었다.

132 ②

---

**암기 POINT**

• 발해의 교육

| | |
|---|---|
| 주자감 | 관학, 고등교육기관 귀족 대상, 유교경전 |
| 여사 제도 | 개별, 왕족 여성 교육 유교적 덕목과 지성 |

## 2. 고려시대의 교육

### 01. 고려의 학교제도

**출포 45. 고려의 관학**

🔹 기본서 75~76쪽

**133.** 고려시대 국자감에 대한 설명으로 옳지 않은 것은? `2011년 국가직 9급`
① 국자감은 유학부와 기술부의 이원체제로 운영되었다.
② 국자감의 유학부에서는 논어와 주역을 필수교과로 하였다.
③ 예종 때에 국자감에 설치한 7재에는 무학도 포함되어 있었다.
④ 국자감은 향사의 기능을 가진 문묘와 강학의 기능을 가진 학당이 별도로 있었다.

■ **정답 및 해설**
② 국자감의 유학부는 국자학, 태학, 사문학으로 구성되었고, 학과별로 입학자격이 달랐으며 선택할 수 있는 교과로 다르게 배정되어 있었다. 다만, 유학부의 모든 학생들은 논어와 효경을 필수교과로 학습하였다. 논어와 효경을 필수교과로 한 점은 신라의 국학과 공통적이다.

◇ **오답 체크**
① 성종 11년(992년) 설립 당시에 국자감은 국자학·태학·사문학을 포함하는 유학부만으로 구성되었다. 이후 1063년(문종 17) 문종은 국자감에 율학·서학·산학을 포함하는 기술부를 추가하여 종합대학으로 정비하였다. 즉 이때부터 국자감은 유학부(경학과)와 기술부(잡학과)의 이원체제로 운영되었다. 유학부는 국자학, 태학, 사문학을 전공으로 하는 학과로 세분되어 있었으며, 기술부는 율학, 서학, 산학을 구분되어 있었다.
③ 국자감은 왕권을 중심으로 국가체제를 정비하고 유교이념에 충실한 고급 관리를 양성하기 위해 설립되었다. 하지만 당시 과거 시험은 국자감 수학이 필수가 아니었고, 중앙 관료의 자제들은 십이도와 같은 사학(私學)에서 과거를 준비하는 경향이 나타나면서 국자감 교육이 침체되었다. 예종 대에 이르러 국자감에 7재를 새로 설치하고 보다 전문적인 전공별 강좌를 제공하여 국자감 교육을 진흥하고자 하였다.
④ 국자감은 당대 최고의 유학교육기관으로서, 향사의 기능을 가진 문묘와 강학의 기능을 가진 학당이 별도로 두고 있었다.

**암기 POINT**

• 고려의 국자감

| 성격 | 국립 | 고등 | 중앙 |
|---|---|---|---|
| 기능 | 강학(학당)+향사(문묘) | | |
| 교육목적 | 유교이념에 투철한 관리 양성(과거시험 준비) | | |
| 교육내용 | 성종 | 유학부만 운영 | |
| | 문종 | -유학부 : 국자학, 태학, 사문학 (논어, 효경 필수)<br>-기술부 : 율학, 서학, 산학 | |
| | 예종 | 전공별 강좌 추가 유학재(6재)+강예재(무학, 문신의 반대로 폐지) | |
| 교육방법 | - 유학부 : 박사와 조교<br>- 기술부 : 박사만 배치 | | |
| 입학대상 | - 유학부 : 관료의 자제<br>- 기술부 : 서인도 포함 | | |

133 ②

**134.** 통일신라의 국학과 고려의 국자감에서 공통으로 필수 과목이었던 두 책은?  `2021년 지방직 9급`

① 『논어』와 『맹자』
② 『논어』와 『효경』
③ 『소학』과 『가례』
④ 『소학』과 『대학』

■ 정답 및 해설

② 통일신라의 국학과 고려의 국자감에서 공통으로 필수 과목이었던 것은 『논어』와 『효경』이다. 『논어』는 중국 춘추시대의 사상가 공자와 그 제자들의 언행을 기록한 유교경전이다. 삼국시대에 유교의 전래와 함께 전해져 읽히기 시작했으며, 4서에도 포함되어 조선시대에는 더욱 널리 확산된 중요한 경전이다. 『효경』은 효의 원칙과 규범을 수록한 유교경전으로, 유교를 근간으로 하는 사회의 기본 윤리서라고 할 수 있다. 먼저 효도의 근본적 의의를 말한 다음 천자로부터 백성에 이르는 각 계층이 실천할 수 있는 효도의 방법을 기록하고 있다.

**135.** 고려시대 국자감과 관련된 내용을 바르게 기술한 것은?  `2012년 유초등`

① 교관(教官)을 좌주(座主), 생도를 문생(門生)이라 호칭하였다.
② 경주, 평양, 청주에 설치하여 지역 교육의 발전을 도모하였다.
③ 양현고(養賢庫)를 설치하여 문묘(文廟) 관리를 담당하게 하였다.
④ 율학(律學), 서학(書學), 산학(算學) 분야는 12도(徒)에 위탁하여 교육하였다.
⑤ 칠재(七齋) 중 무학(武學) 분야인 강예재(講藝齋)는 설치되었다가 폐지되고 육재(六齋)로 운영되었다.

■ 정답 및 해설

⑤ 예종 때 설치한 7재는 유학재 6재와 강예재로 만들어졌다. 이 중 무학(武學)분야에 해당하는 강예재는 문반의 반발로 인종 때 폐지되고, 이후 6재로만 운영되었다. 참고로, 유학재는 가르치는 교육내용(경전)에 따라 여택재(주역), 대빙재(상서), 경덕재(모시), 구인재(주례), 복응재[대례(예기)], 양정재(춘추)로 구분되었다.

◇ 오답 체크

① 좌주는 고려시대 과거시험을 주관한 지공거를, 문생은 과거시험 급제자를 부르는 말이다. 국자감에서 교관을 담당한 자는 박사와 조교이다.
② 국자감은 국립의 고등교육기관으로 개경(중앙)에 설치하였다.
③ 양현고는 국자감의 진흥을 위해 설치한 장학재단으로, 학생들의 학비를 지원하는 일을 담당하였다.
④ 고려시대 국자감에는 기술부(잡학과)가 설치되어 율학, 서학, 산학을 직접 교육하였다. 12도는 사립의 유학교육기관이므로 잡학교육과 관련이 없다.

---

**암기 POINT**

• 예종의 교육개혁

| 목적 | 관학(국자감) 진흥 |
|---|---|
| 세부 정책 | - 문무 7재 설치 (강예재(무학) 포함)<br>- 양현고(장학재단), 청연각·보문각(도서관) 설치<br>- 과거 응시자에게 국자감 수학 의무 부여 |

134 ②  135 ⑤

**136.** 삼국시대에서 고려시대까지의 교육에 대한 서술로서 옳은 것을 다음에서 모두 고른 것은?  2010년 중등

> ㄱ. 고구려에는 평민도 교육 받을 수 있는 교육기관이 존재했다.
> ㄴ. 백제는 박사 파견 등을 통해 고대 일본의 학문과 교육 발전에 영향을 미쳤다.
> ㄷ. 신라의 화랑도 교육에는 고유의 사상 및 종교의 요소가 있었다.
> ㄹ. 고려의 학교교육은 불교사상을 근간으로 전개되었다.

① ㄱ, ㄷ   ② ㄴ, ㄹ
③ ㄱ, ㄴ, ㄷ   ④ ㄱ, ㄷ, ㄹ   ⑤ ㄴ, ㄷ, ㄹ

■ 정답 및 해설

③ ㄱ. 고구려에는 평민도 교육 받을 수 있는 교육기관으로 경당이 존재했다. 참고로, 고구려의 태학은 귀족이나 관리와 같은 상류층의 자제를 교육대상으로 하였다.
ㄴ. 백제는 박사 파견 등을 통해 고대 일본의 학문과 교육 발전에 영향을 미쳤다. 일례로, 백제의 왕인 박사는 왜(倭)에 『논어』와 『천자문』을 전해주었으며, 당시 왜태자의 스승이 되었다.
ㄷ. 신라의 화랑도 교육은 유(儒)·불(佛)·선(禪) 삼교에 우리 고유의 사상인 낭가사상, 신선사상, 풍류사상, 무속신앙 등의 요소를 융합한 교육이념에 기초해 있었다. 즉 신라의 화랑도 교육은 우리 고유의 사상 및 종교의 요소를 포함하고 있었다.

◇ 오답 체크
ㄹ. 우리나라의 전통적인 학교교육은 유교사상을 근간으로 전개되었다. 유교사상을 바탕으로 왕권을 중심으로 국가체제를 정비하고 왕권을 보좌할 관리를 양성하기 위해 학교가 만들어졌기 때문이다. 같은 이유로, 고려의 학교교육은 유교사상을 근간으로 전개되었다.

## 출포 46. 고려의 사학

기본서 76~77쪽

**137.** 고려시대 교육제도에 대한 설명으로 옳지 않은 것은?  2014년 국가직 7급

① 서당은 향촌에 설치된 민간의 자생적인 사설 초등교육기관이다.
② 국자감은 유학계의 3학인 국자학, 태학, 사문학과 기술계의 3학인 율학, 서학, 산학으로 구성되었다.
③ 향교는 공자 등 성현을 모시는 제사 기능의 문묘와 학생들에게 수업을 하는 교육 기능의 명륜당으로 구성되었다.
④ 십이도는 서민 자제의 교육을 위해 국가가 경영한 학교로서 문묘가 없이 학생을 가르치는 교육 기능을 하였다.

### 암기 POINT

• 고려의 십이도

| 성격 | 사립 | 고등 | 중앙 |
|---|---|---|---|
| 구성 | 문헌공도 등 11개 사학 ||| 
| 교육<br>목적 | 유교이념에 투철한 인간<br>양성(과거시험 준비) |||
| 교육<br>내용 | 과거시험과목 : 구경삼사<br>(명경)+시문(제술) |||
| 교육<br>방법 | 하과, 각촉부시, 신급제<br>자(체계적, 과거준비) |||
| 영향 | 국자감 쇠퇴→교육개혁<br>높은 합격률→학벌 형성 |||

난이도 ■ ■ ■
채점결과 ☐ ☐ ☐

### 더 알아두기

• 십이도의 종류

| 명칭 | 설립자 |
|---|---|
| 문헌공도(文憲公徒) | 최충 |
| 홍문공도(弘文公徒) | 정배걸 |
| 광헌공도(匡憲公徒) | 노단 |
| 남산도(南山徒) | 김상빈 |
| 서원도(西園徒) | 김무체 |
| 문충공도(文忠公徒) | 은정 |
| 양신공도(良愼公徒) | 김의진 |
| 정경공도(貞敬公徒) | 황형 |
| 충평공도(忠平公徒) | 류감 |
| 정헌공도(貞憲公徒) | 문정 |
| 서시랑도(徐侍郎徒) | 서석 |
| 구산도(龜山徒) | 미 상 |

138 ①

---

### ■ 정답 및 해설
④ 십이도는 고려시대 개경 지방에 만들어진 12개의 사립 고등기관을 통칭하는 용어이다. 최충이 설립한 문헌공도를 중심으로, 11개 유명 사학이 만들어져 귀족 자제들의 교육을 담당하였다. 과거시험 준비를 위해 구경삼사(명경)와 시문(제술)을 가르쳤으며, 전문적이고 체계적인 교육방법으로 높은 성과를 보였다.

### ◇ 오답 체크
① 서당은 향촌에 설치된 민간의 자생적인 사설 초등교육기관으로, 입학에 신분제한이 없어 서민 자제들에게도 교육의 기회를 제공하였다.
② 국자감은 초기에 경사6학 체제로 운영되다가, 예종 대에 이르러 문무7재 체제로 개편되었다. 초기에 운영된 경사6학 체제는 유학계의 3학인 국자학, 태학, 사문학과 기술계의 3학인 율학, 서학, 산학으로 구성되었다.
③ 향교는 지방에 거주하는 양반 및 서민 자제의 교육을 위해 국가가 경영한 학교로서, 성현께 제사를 지내는 향사 기능과 학생을 가르치는 교육 기능을 함께 수행하였다. 공간적으로는, 공자 등 성현을 모시는 제사 기능의 문묘와 학생들에게 수업을 하는 교육 기능의 명륜당으로 구성되었다.

### 138. 다음『고려사(高麗史)』의 발췌문에 나타난 교육기관과 그것에 대한 진술로 옳은 것은?
  2010년 유초등

> 그가 후진(後進)을 불러 모아 가르치기를 게을리 하지 않으니, 생도들이 몰려들어 길거리를 가득 메웠다. 이에 구재(九齋)로 나누어 낙성(악성, 樂聖), 대중(大中), 성명(誠明), 경업(敬業), 조도(造道), 솔성(率性), 진덕(進德), 대화(大和), 대빙(待聘)이라고 하였다. (……중략……) 무릇 과거(科擧)에 응시하는 자제는 반드시 먼저 여기에 소속해서 공부했다.

① 문헌공도(文憲公徒) - 생도들에게 구경삼사(九經三史)를 가르쳤다.
② 문헌공도(文憲公徒) - 국자감의 박사(博士)들이 교육을 담당하였다.
③ 광헌공도(匡憲公徒) - 주자(朱子)가 저술한 사서집주(四書集註)를 주로 가르쳤다.
④ 광헌공도(匡憲公徒) - 문묘(文廟)인 대성전(大成殿)을 갖추고 봄과 가을에 제사를 지냈다.
⑤ 동서학당(東西學堂) - 민간 교육시설로 미혼의 평민 자제에게 유학(儒學)을 가르쳤다.

### ■ 정답 및 해설
① 고려시대의 교육기관으로 과거시험에 응시하고자 하는 이들이 몰렸던 기관으로 개인이 설립한 기관은 십이도이다. 십이도는 1055년(문종 9) 최충이 '문헌공도'라는 사숙을 열어 후진을 양성한 데서 비롯되었다. 교육내용은 국자감과 거의 같은 구

경(九經), 삼사(三史), 제술 등이었으며, 매년 여름철이면 특별강회인 하과(夏課)를 열고, 과거에 급제하고도 아직 관직에 진출하지 않은 선비를 불러 학생들을 교도하게 하였다.

십이도가 크게 발달하게 배경에는 두 가지 이유가 있다. 하나는 국자감의 침체이고, 다른 하나는 과거에 치중하는 사회풍조이다. 국자감은 사회혼란과 국가의 장학정책 부족으로 실력이나 열정이 없는 이들이 학생을 지도하게 되어 침체 분위기가 형성되었다. 한편, 십이도의 설립자들은 대부분 과거시험 출신으로 지공거(知貢擧)로서 과거시험을 책임져 본 경력자였으며, 사학을 통해 학벌이 형성되어 관직에 진출하기도 유리했기 때문에 큰 호응을 받았다. 이들 십이도가 활성화되면서 학문적 연구와 교육이 활성화될 뿐 아니라, 예종 대에는 관학진흥책이 마련되는 등 고려 말까지 고려 교육의 큰 영향을 미쳤다.

◇ 오답 체크
② 국자감의 박사들이 문헌공도와 같은 사립교육기관에서 교육을 하지는 않았다.
③ 광헌공도도 십이도에 속하는 교육기관이다 하지만 주자가 저술한 사서집주(사서)는 성리학에서 중시하는 책으로, 고려시대보다는 조선시대에 주로 가르쳐진 책이다. 십이도에서는 구경과 삼사 및 제술을 주로 가르쳤다.
④ 십이도는 사립 교육기관으로 문묘를 설치하지 않았다.
⑤ 동서학당은 수도인 개경에 설치한 국립 교육시설로 중등교육 수준의 유학교육을 하였으므로, 제시문의 내용에 부합하지 않는다.

139. 다음은 고려에 사신으로 왔던 송나라 사람 서긍이 『고려도경(高麗圖經)』에서 고려의 교육 상황을 묘사하고 있는 부분을 발췌한 것이다. <보기>의 내용과 가장 가까운 성격의 학교는? **2006년 유초등**

> 마을의 거리에 경관(經館)과 서사(書社)가 두셋씩 서로 마주보고 있어, 백성들의 미혼 자제가 무리를 지어 머물며 스승을 모시고 경(經)을 배운다. ...(중략)... 또한 어린 아이들도 향선생(鄕先生)에게 가서 배운다. 아아, 성하도다!

① 서당　　　　　　② 향교
③ 국자감　　　　　④ 5부학당

■ 정답 및 해설
① 고려시대부터 마을마다 자생적으로 만들어진 교육기관으로 일반 백성들의 자제들에게 경전을 가르친 곳은 서당이다. 서당은 '경관(經館)', '서사(書社)', '서숙(書塾)' 등으로 불리기도 하였고, 서당의 훈장을 '향선생'이라고도 불렀다.

◇ 오답 체크
② 향교는 지방에 설치된 관립 중등교육기관으로, 행정구역 단위로 하나씩 설치되었다. 따라서 한 마을에 여러 개가 설치되었다는 내용에 부합하지 않는다.

**암기 POINT**
- 고려의 서당

| 성격 | 사립 | 초등 | 전국 |
|---|---|---|---|
| 교육 대상 | 어린 아이들부터 청소년까지(신분제한 없음) | | |
| 교육 목적 | 한자학습, 유학경전 기초 입문 | | |
| 교육 방법 | 강의, 암송, 습자 훈장, 접장 | | |

139 ①

③ 국자감은 개경에 설치된 관립의 고등교육기관이었기 때문에, 어린 아이들이 찾아가 배운다는 내용에 부합하지 않는다.
④ 5부학당은 개경에 설치된 관립의 중등교육기관으로, 동학, 서학, 남학, 북학, 중학을 총칭하는 용어이다. 따라서 한 마을에 여러 개가 설치되었다는 내용에 부합하지 않는다.

## 02. 고려의 과거제도와 교육사상

### 출포 47. 고려의 과거제도

기본서 77~78쪽

**140.** 전근대기 우리나라 교육에 관한 설명으로 옳지 않은 것은?

2004년 유초등

① 과거(科擧)는 백제를 통해 수입되어 통일신라 때 정착되었다.
② 고려 국자감에서는 유학과 함께 실용기술의 교육도 행해졌다.
③ 조선시대에는 후기로 갈수록 향교에 비해 서당이 더 발전하였다.
④ 관학에는 대부분 강학(講學) 시설과 함께 향사(享祀) 시설도 있었다.

■ 정답 및 해설
① 과거는 고려시대 광종 때 후주에서 귀화한 쌍기의 건의로 도입되었으며, 조선시대에 더욱 발전하였다. 통일신라 때는 아직 과거가 도입되지 않았다.

◇ 오답 체크
② 고려의 국자감은 유학부와 기술부의 이원체제로 운영되어, 유학과 함께 실용기술의 교육도 행해졌다. 국자감에서 교육한 기술분야는 율학, 서학, 산학이다.
③ 조선시대에는 후기로 갈수록 향교는 교육적 기능이 쇠퇴하고 제사기능만 남게 되었다. 조선 중기 이후 지방에서 교육을 담당하는 역할로 서원과 서당이 발전하였다. 서원이 중등교육을 담당하게 되면서 점차 서당은 초등 수준의 교육을 담당하는 것으로 정착되면서 서당의 교육은 더욱 발전하였다.
④ 관학은 유교이념을 확산시키고자 하는 목적으로 국가가 만든 교육기관이므로, 대부분 학생들을 교육하는 강학 시설과 함께 성현의 위패를 모시고 제사를 지내는 향사 시설을 갖추었다.

**암기 POINT**
• 고려의 과거제도

| 성격 | 능력 본위의 인재선발 |
|---|---|
| 도입 | 광종 9년(958) 쌍기의 건의로 도입 |
| 시험 종류 | -문과 : 제술과, 명경과 (명경보다 제술 중시)<br>-잡과 : 율서산의복 등<br>-승과 : 교종시, 선종시<br>-무과 : 실제 시행 못함 |

140 ①

**141.** 고려시대 전문기술 분야의 교육 및 선발 제도에 관한 설명으로 옳은 것을 다음에서 모두 고르면?    2011년 유초등

> ㄱ. 율·서·산학은 성종 11년(992) 국자감 설립 당시부터 국자감에 속해 있었다.
> ㄴ. 의학, 천문·지리학 등은 태의감, 태사국과 같은 실무관서에서 운영하였다.
> ㄷ. 광종 9년(958) 과거 시행 첫 해부터 문관 선발 시험과 함께 의(醫), 복(卜) 등 전문기술관 선발 시험도 시행되었다.
> ㄹ. 전문기술관 선발 시험으로는 명법업, 명산업, 명서업, 의업, 지리업 등이 있었다.

① ㄱ, ㄴ
② ㄱ, ㄹ
③ ㄴ, ㄷ
④ ㄴ, ㄷ, ㄹ
⑤ ㄱ, ㄴ, ㄷ, ㄹ

■ **정답 및 해설**

④ ㄴ. 율학, 서학, 산학은 국자감에서 교육이 이루어졌지만, 그 외 의학은 태의감, 천문·지리학은 태사국과 같은 실무관서에서 운영하였다. 고려 말 국자감을 성균관으로 명칭을 변경하면서부터는 율학, 서학, 산학도 각각 전법사, 전교시, 판도사 등의 실무관서에서 교육하게 되었다.

ㄷ. 광종 9년(958) 쌍기의 건의로 고려의 과거제도가 시작되었다. 시행 첫 해부터 문관 선발 시험과 함께 의(醫), 복(卜) 등 전문기술관 선발 시험도 시행되었다. 승과는 광종 대부터 시행되었으며, 무과는 공양왕 대에 제도화되기는 하였으나 거의 시행되지 못했다.

ㄹ. 고려시대의 과거는 제술업, 명경업, 잡업으로 구분된다. 제술업과 명경업은 문관을 등용하기 위한 시험으로 양대업이라 하였으며, 잡업은 전문기술관 등용을 위한 시험이었다. 전문기술관 선발 시험은 점차 증가하여 고려 말에는 명법업, 명산업, 명서업, 의업, 지리업 등이 있었다.

◇ **오답 체크**

ㄱ. 성종 11년(992년) 설립 당시에 국자감은 국자학·태학·사문학을 포함하는 유학부만으로 구성되었다. 이후 1063년(문종 17) 문종은 국자감에 율학·서학·산학을 포함하는 기술부를 추가하여 종합대학으로 정비하였다. 따라서 설립 당시부터 율·서·산학이 국자감에 속해 있었던 것은 아니다.

# 3. 조선시대의 교육

## 02. 조선의 학교제도

### 출포 48. 조선의 성균관

📖 기본서 79~80쪽

**142.** 조선시대 성균관에 대한 설명으로 옳지 않은 것은?　　2016년 국가직 9급

① 문묘와 학당이 공존하는 묘학(廟學)의 형태를 띠고 있었다.
② 고려의 국자감과 달리 순수한 유학(儒學) 교육기관으로 운영되었다.
③ 유생들이 생활하며 공부할 때 지켜야 할 수칙으로 학령(學令)이 존재하였다.
④ 재학 유생이 정원에 미달하면 지방 향교(鄕校)의 교생을 우선적으로 승보시켰다.

### ■ 정답 및 해설

④ 성균관은 원칙적으로 '생원과 진사'를 입학시키는데, 생원과 진사로 정원에 미달하면, 사학(四學)의 학생들을 우선적으로 승보시켰다. 사학 생도는 승보시라고 불린 소정의 자격시험을 통과하여야 입학할 수 있었다. 승보시는 지방 향교에서는 실시되지 않고 중앙의 사학에서만 실시되었는데, 이것은 중앙의 양반관료 자제들에 대한 일종의 특혜인 것으로 보인다. 그 외, 성균관 정원 미달시 입학할 수 있었던 대상에는 고위 공신의 자제, 한성시나 향시의 합격자, 현직 관리 중 희망자 등이 있었다.

### ◇ 오답 체크

① 조선시대의 교육기관 중 문묘와 학당이 공존하는 묘학(廟學)의 형태를 띠고 있었던 곳은 성균관과 향교이다.
② 고려의 국자감은 유학 이외도 기술학을 교육하였던 것과 달리, 조선의 성균관은 순수한 유학(儒學) 교육기관으로 운영되었다.
③ 성균관 유생들이 생활하며 공부할 때 지켜야 할 수칙으로 학령(學令)이 존재하였다. 학령은 성균관 학칙인 동시에 관학(官學) 일반의 학칙으로서 주자의 성리학에 기초한 생활 수칙을 담고 있다.

**143.** 조선시대 성균관에 대한 설명으로 옳은 것은?　　2013년 국가직 9급

① 양반(귀족)의 자제면 누구나 입학할 수 있다.
② 성현의 제사를 지내는 것이 주목적이다.
③ 강독, 제술, 서법 등이 교육내용이다.
④ 생원이나 진사가 되기 위한 준비기관이다.

---

**암기 POINT**

• 조선의 성균관

| 성격 | 국립 | 고등 | 중앙 |
|---|---|---|---|
| 기능 | 강학(학당)+향사(문묘) |||
| 교육목적 | 유교이념에 투철한 관리 양성(과거(대과) 준비) |||
| 입학자격 | 생원·진사(소과합격자) (미달: 4학의 우수자 등) |||
| 교육내용 | 유교경전(사서오경, 역사서), 제술, 서법 등 |||
| 교육방법 | 9재법('대학'부터), 정기시험, 과거시험 특전 |||
| 학사관리 | – 학령 : 유생 생활수칙<br>– 원점제 : 출석확인 |||

**더 알아두기**

• 한성시와 향시
문과·무과·생원진사시의 초시(1차) 시험으로, 한성시는 한성부에서, 향시는 전국의 8도에서 지역별로 시행하였다. 한성시는 전국 모든 지역에서, 향시는 해당 지역의 거주자만 응시할 수 있었다. 합격자에게는 복시에 응시할 수 있는 자격을 주었다.

142 ④　143 ③

■ 정답 및 해설
③ 성균관의 교육내용은 유교경의 강독, 제술, 서법 등이 교육내용이다. 구체적으로는, ≪대학≫·≪논어≫·≪맹자≫·≪중용≫의 사서와 ≪예기≫·≪춘추≫·≪시전≫·≪서전≫·≪주역≫의 오경을 비롯하여, ≪근사록≫·≪성리대전≫·≪통감≫ 등의 역사서를 공부하였다. 이 밖에 시(詩)·부(賦)·송(頌)·책(策)과 같은 글을 짓는 방법을 비롯하여 왕희지와 조맹부의 서법도 익히게 하였다. 성리학(주자학) 이외의 노자, 장자, 불교, 제자백가서는 철저하게 배격되었다.

◇ 오답 체크
① 성균관의 입학자격은 원칙적으로 소과시험에 합격한 자로 하였으므로, 양반(귀족)의 자제라도 누구나 입학할 수 있었던 것이 아니다.
② 성균관은 묘학의 구조로, 성현의 제사를 지내는 것과 학생들을 교육하는 것 모두를 목적으로 하였다.
④ 성균관은 원칙상 생원이나 진사가 되어야 입학할 수 있었고, 최종적으로는 대과시험에 합격하여 고급 관리가 되기 위한 준비기관이다.

> 더 알아두기
> • 성균관의 입학자격
> 『경국대전』에 의하면, 성균관 입학자격은 (ㄱ) 생원과 진사, (ㄴ) 사학생도 중 15세 이상으로 ≪소학≫ 및 사서오경 중 1경에 통한 자, (ㄷ) 공신과 3품 이상 관리의 적자(嫡子)로서 ≪소학≫에 통한 자, (ㄹ) 문과 및 생원·진사시의 초시인 한성시와 향시에 합격한 자, (ㅁ) 관리 중 입학을 원하는 자에게만 주어졌다. 참고로, 생원과 진사로서 입학한 유생들을 정규생(상재생)으로, 나머지는 기재생(하재생)으로 구분하였다. 기재생은 대체로 사학생도로서 소정의 시험에 합격하여 입학한 승보기재와 집안의 공덕으로 입학한 문음기재였다.

**144.** 조선시대 성균관 유생의 출석 확인을 위한 방식은?  2019년 국가직 9급
① 학교모범(學校模範)   ② 원점법(圓點法)
③ 탕평책(蕩平策)   ④ 학교사목(學校事目)

■ 정답 및 해설
② 성균관에 입학한 유생들은 동재와 서재에 나누어 기숙하면서 공부하였는데, 아침·저녁 식사 때마다 식당에 비치된 명부인 도기(到記)에 서명하게 하여 원점(圓點)을 부여하였다. 이러한 원점은 오늘날의 출석점수와 같은 것으로서 성균관 유생들이 학업에 열중하게 하기 위한 것이었다.

◇ 오답 체크
① 학교모범은 1582년(선조 15)에 이이가 저술한 청소년 교육 지침서로, 학령(學令)의 미비한 점을 보충하기 위해 만들어진 것이다. 모두 16개조로 되어 있는데, 학교생활 뿐만 아니라 가정 및 사회생활의 준칙까지 제시되어 있다. 특히, 첫 번째 조인 '입지'에서는 학문을 배우려는 자는 먼저 뜻을 세워 도(道)로써 자임(自任)할 것을 강조하였다. 세 번째 조인 '독서'에서는 글 읽는 순서를 ≪소학≫을 먼저 배워 근본을 배양하고, 다음에는 ≪대학≫과 ≪근사록≫으로써 그 규모를 정하고, 그 다음에는 ≪논어≫·≪맹자≫·≪중용≫ 등 오경을 읽으라고 하였다.
③ 탕평책은 영조와 정조 시기 붕당정치로 인한 갈등을 해소하기 위한 통합적 인재등용정책이다.
④ 학교사목은 1582년(선조 15)에 이이가 집필한 교육법규로, ≪학교모범≫과 함께 '학령'의 미비한 점을 보충하고 있다. 모두 10항목으로 되어 있는데, 전 5항은 교사의 선발과 임용 및 대우에 관한 것이고, 후 5항은 학생의 입학·정학·선발·거재·대우·장학 및 자격에 관한 규정을 다루었다.

144 ②

**강서연 교육학**

난이도 ■ ■ □
채점결과 □ □ □

**더 알아두기** ✏️

• 「학령」의 주요 내용
① 학관일강(일고 : 강경시험)과 순과(순고 : 제술시험)를 실시하며, 그 성적은 식년시에 참작한다.
② 노자·불교·백자가서를 읽는 자, 고담이론(高談異論)을 좋아하는 자는 벌한다.
③ 조정을 비방하는 자, 스승을 모독하는 자, 재물과 뇌물을 상의하는 자, 주색을 즐겨 말하는 자, 권세에 아부하여 벼슬을 꾀하는 자는 벌한다.
④ 오륜(五倫)을 범하는 자, 절개를 굽힌 자, 교만한 자, 스스로 자랑하는 자, 사치한 자, 교묘한 말과 보기 좋게 꾸민 얼굴빛으로 남의 환심을 사려는 자 등은 재(齋)에서 쫓아낸다.
⑤ 고강분수(考講分數 : 강경시험의 점수)는 대통(大通)·통(通)·약통(略通)·조통(粗通)으로 나누며, 조통 이하는 벌한다.
⑥ 매월 8일·23일은 의복을 세탁할 수 있도록 휴가를 준다. 휴가일에 활쏘기, 장기, 바둑, 사냥, 낚시 등 유희를 즐기는 자는 벌한다.
⑦ 매년 품행이 단정하고 시무(時務)에 밝은 유생 1, 2인을 천거하여 관서에 추천한다.

난이도 ■ ■ □
채점결과 □ □ □

145. ④  146. ②

**145.** 조선시대 성균관의 「학령」에 대한 설명으로 옳은 것을 다음에서 고른 것은?  
2018년 지방직 9급

ㄱ. 사서오경과 역사서뿐만 아니라 노자와 장자, 불교, 제자백가 관련 서적도 함께 공부하도록 하였다.
ㄴ. 매월 옷을 세탁하도록 주어지는 휴가일에는 활쏘기와 장기, 바둑, 사냥, 낚시 등의 여가활동을 허용하였다.
ㄷ. 유생으로서 재물과 뇌물을 상의하는 자, 주색을 즐겨 말하는 자, 권세에 아부하여 벼슬을 꾀하는 자는 벌하도록 하였다.
ㄹ. 매년 여러 유생이 함께 의논하여 유생들 중 품행이 탁월하고 재주가 출중하며 시무에 통달한 자 한두 명을 천거하도록 하였다.

① ㄱ, ㄴ
② ㄱ, ㄹ
③ ㄴ, ㄷ
④ ㄷ, ㄹ

■ **정답 및 해설**

④ ㄷ. 학령은 성리학적인 사고와 행동규범을 가르치기 위한 규정들로 구성되어 있다. 따라서 유생으로서 재물과 뇌물을 상의하는 자, 주색을 즐겨 말하는 자, 권세에 아부하여 벼슬을 꾀하는 자는 벌하도록 하였다.
ㄹ. 매년 여러 유생이 함께 의논하여 유생들 중 품행이 탁월하고 재주가 출중하며 시무에 통달한 자 한두 명을 천거하도록 하여, 학령의 규범을 충실히 따르도록 격려하기도 하였다.

◇ **오답 체크**

ㄱ. 성균관은 성리학(주자학) 이념에 충실한 관리를 양성하는 기관으로 주자의 가르침을 실천하는 선비를 길러내는 데 교육의 목적을 두었다. 따라서, 사서오경과 역사서 이외에, 노자, 장자, 불교, 제자백가서를 읽는 것은 금지하였다.
ㄴ. 성균관 유생은 선비로서 언제나 학문에 열성을 다하고 품행을 단정히 할 것이 요구되었다. 매월 옷을 세탁하도록 주어지는 휴가일에도 활쏘기와 장기, 바둑, 사냥, 낚시 등의 여가활동을 즐기는 것을 금하도록 하였다.

**146.** 조선 초 권근(權近)이 제정한 성균관 학칙으로, 학생의 성적, 벌칙, 일과, 자치활동 등을 포함하고 있는 것은?  
2014년 지방직 9급

① 학교모범(學校模範)
② 학령(學令)
③ 학제조건(學制條件)
④ 구재학규(九齋學規)

114 강서연 교육학 기출문제

■ 정답 및 해설

② 성균관의 학칙으로 학생의 성적, 벌칙, 일과, 자치활동 등을 포함하고 있는 것은 학령(學令)이다. 학령은 성균관 학칙인 동시에 관학(官學) 일반의 학칙으로서 조선의 관립 교육기관에 널리 적용되었다. 학령은 조선 초 권근이 작성하였는데, 자신이 저술한『권학사목』에서 제시한 성리학 교육의 이념적 지침을 구체적인 규칙으로 적용한 내용으로 구성되어 있다.

◇ 오답 체크

① 학교모범은 1582년(선조 15)에 이이가 저술한 청소년 교육 지침서로, 학령(學令)의 미비점을 보충하기 위해 만들어진 것이다. 모두 16개조로 되어 있는데, 입지의 중요성을 강조하고, 독서의 순서를 소학-대학의 순서로 제시하였다.

③ 학제조건은 1584년(선조 17)에 김우현이 성균관 대사성으로 있을 때 올린 글로, 당시 성균관의 유생들이 문자공부나 과거준비에 치중하는 문제를 지적하면서 덕을 숭상하고 윤리를 실천하도록 학습풍토를 혁신할 것을 주장하였다. 이에 따른 학제의 조건으로 학령(學令)·독법(讀法)·치경행재(置經行齋)·택사유(擇師儒)·선생도(選生徒)·공사(貢士)·취사(取士) 등의 7조를 시행할 것을 건의하였다.

④ 구재학규는 1458년(세조 4) 예조에서 성균관의 교육을 위해서 만든 학규이다. 사서오경인 대학·논어·맹자·중용과 시경·서경·춘추·예기·주역을 각각 재(齋)로 편성하여 구재(九齋)로 하고, 대학에서부터 순차적으로 주역에까지 나아가게 하되, 매년 봄과 가을에 정기시험을 치러 합격한 자만을 승급시키도록 하였다.

**암기 POINT**

• 조선의 교육법규와 지침서

| 명칭 | 내용 |
|---|---|
| 학령 (권근) | 학생의 성적, 벌칙, 일과, 자치활동 등 |
| 원점절목 | 학생의 출석 점검 |
| 구재학규 | 경전의 학습순서 (사서오경, 대학~) |
| 학교모범 (이이) | 청소년 교육, 입지, 독서(소학 강조) |
| 학교사목 (이이) | 교사의 임용 및 학생의 선발 규정 |
| 학제조건 (김우현) | 학생들의 학습풍토 혁신 제안 |

---

**147.** 다음은 조선시대 학교교육과 관련이 있는 용어이다. 이와 관련되는 영역은?

2005년 유초등

> 강(講), 순고(旬考), 약통(略通), 조(粗)

① 학교재정  ② 학업평가
③ 학급조직  ④ 생활지도

■ 정답 및 해설

② 성균관에서는 다양한 시험을 통해 학생들이 학업에 매진하게 하였다. 매일 학관이 지정하는 경서의 대목을 암송하도록 하는 '학관일강(일고)'와 열흘마다 시제를 주고 시와 부의 형식의 글을 짓게 하여 '순고'가 실시되었다. 그 외에도, 예조의 당상관이 매달 성균관에 와서 사서삼경을 돌아가며 암송시킨 '월고'와 매년 의정부와 육조에서 실시하는 제술시험 '연고'가 있었다. 즉 강(講)과 순고(旬考)는 성균관에서 치러진 시험의 종류이다.

또, 학령에는 '고강분수(考講分數)는 대통(大通)·통(通)·약통(略通)·조통(粗通)으로 나누며, 조통 이하는 벌한다.'는 내용이 있다. 즉 약통(略通)과 조(粗)는 학업성적의 등급을 의미하는 용어이다.

147 ②

**148.** 고등교육기관으로서 고려시대 국자감과 조선시대 성균관의 특성을 비교한 것으로 옳은 것은? 2004년 중등

① 국자감의 최고관리자는 태학감, 성균관은 대사성이었다.
② 국자감은 관리 양성, 성균관은 유학자 양성을 주요 목적으로 하였다.
③ 국자감은 관리의 자제만, 성균관은 양반만이 입학할 수 있었다.
④ 국자감의 교육내용에는 잡학(기술학)이 포함되어 있었으나, 성균관의 교육내용에는 포함되어 있지 않았다.

■ **정답 및 해설**

④ 국자감은 경사6학의 체제로 교육내용에는 유학 뿐 아니라 잡학(기술학)이 포함되어 있었으나, 성균관은 순수유학교육기관으로 잡학(기술학)이 교육내용에는 포함되어 있지 않았다.

◇ **오답 체크**

① 국자감과 성균관 모두 최고관리자는 대사성이었다. 태학감은 신라시대 국학이 잠시 명칭을 바꾸었을 때 쓰인 용어이다.
② 국자감과 성균관은 모두 유학적 소양을 갖춘 관리를 양성하는 것을 주요 목적으로 하였다. 고려와 조선은 모두 유학을 통치이념으로 채택하였으므로, 유학자 양성과 관리 양성이라는 두 목적이 따로 있지 않다고 보았다.
③ 국자감과 성균관 모두 일반 양인(서인)에게도 입학의 기회가 열려 있었다. 국자감은 유학부에는 양반 관리의 자제만 입학할 수 있었지만, 기술부에는 서인의 자제도 입학할 수 있었다. 성균관은 생원시나 진사시에서 합격한 자들에게 입학자격을 주었는데, 이들 시험(소과)에 합격하면 일반 양인도 성균관에 입학할 수 있었다. 다만 실제로 일반 양인이 입학하는 경우는 매우 드물었다.

**출포 49. 조선의 학당**

기본서 80~81쪽

**149.** 조선시대 사학(四學)에 대한 설명으로 옳지 않은 것은? 2009년 국가직 9급

① 경서 중에서 소학(小學)은 필수과목이었다.
② 향교와 같이 중등교육을 담당하였다.
③ 성균관과 같이 명륜당과 문묘를 갖추고 있었다.
④ 입학 후 15세 이상이 되어 학문이 우수하면 성균관에 입학할 수 있었다.

148 ④  149 ③

■ 정답 및 해설

③ 조선의 학제(學制)는 당나라 제도를 모방해 중앙에는 성균관과 학당(4학)을 두고, 지방에는 성균관을 축소한 학교인 향교를 설치하는 형태였다. 성균관과 향교는 강학(講學)과 향사(享祀)의 두 가지 기능을 하도록 명륜당과 문묘를 갖추고 있었다. 조선의 4학(4부학당)은 강학의 기능만을 배치하여 문묘를 설치하지 않았다. 즉 4학은 성균관의 부속학교와 같은 성격을 가진 순수교육기관으로 볼 수 있다.

◇ 오답 체크

① 4학의 교육내용은 경서 중에서 소학(小學)은 필수과목으로 하고, 그 외 효경, 사서, 오경 등도 공부하였다. 조선 초 성리학자 권근이 『권학사목』에서 ≪소학≫의 교육을 강조하여 우선적으로 가르칠 것과 생원시에 응시하고자 하는 자는 반드시 ≪소학≫을 통한 자로 할 것을 주장한 것의 영향이 크다.
② 4학은 중앙에서, 향교는 지방에서 중등교육을 담당하였다. 생원시와 진사시에 응시하려는 자들은 이들 기관에서 학문을 탐구하였다.
④ 4학의 생도들은 입학 후 15세 이상이 되어 학문이 우수하면 승보시를 통해 성균관에 입학할 수 있었다. 성균관은 원칙적으로 '생원과 진사'를 입학시키는데, 생원과 진사로 성균관 입학정원이 미달하면 사학(四學)의 학생들에게 입학 기회를 우선적으로 제공하였다.

**암기 POINT**

• 조선의 사부학당

| 성격 | 국립 | 중등 | 중앙 |
|---|---|---|---|
| 기능 | 강학(학당)의 기능만 (동, 서, 남, 중부 학당) ||||
| 교육 목적 | 유학의 기초지식 교육(성균관 진학 준비) ||||
| 입학 자격 | 약 10세 이상의 양반 및 양인의 자제 ||||
| 교육 내용 | 『소학』필수, 효경 및 사서오경 공부 ||||
| 교육 방법 | 성균관의 학칙과 운영방식에 따름 ||||
| 졸업 | - 생원·진사시 합격<br>- 성균관 승보시 합격 ||||

**150.** 고려의 동서학당(東西學堂)과 조선의 사부학당(四部學堂)에 관한 진술로 옳은 것은?
　　　　　　　　　　　　　　　　　　　　　　　　　　2009년 유초등
① 동서학당은 국자감 창설과 동시에 설립되었다.
② 동서학당은 각촉부시(刻燭賦詩)로 유명하였다.
③ 사부학당은 개화기에 배재학당으로 전환되었다.
④ 사부학당은 동학, 서학, 남학, 북학을 지칭하였다.
⑤ 사부학당은 성균관(成均館)의 관할 하에 운영되었다.

■ 정답 및 해설

⑤ 사부학당은 성균관의 관할 하에 있는 부속학교와 같은 기관으로 운영되었다. 사부학당에는 교수관 2명과 훈도 5명을 두었는데 모두 성균관 관원이 겸임하도록 하였다. 정기적으로 시험을 쳐서 우수한 성적을 거둔 자에게는 성균관 입학 자격을 부여하기도 하였다. 사학 생도들의 공부법이나 생활수칙도 모두 성균관의 규칙을 따르도록 하였다.

◇ 오답 체크

① 국자감은 992년(성종 11)에 설립되었으며, 동서학당은 이보다 늦은 1261년(원종 2)에 설립되었다.
② 각촉부시는 고려의 사립교육기관인 십이도 중의 하나인 문헌공도에서 사용된 시험 방법으로, 촛불을 켜 놓고 빠른 시간 내에 시 짓기를 겨루었던 시험을 말한다.

150 ⑤

③ 배재학당은 기독교계에서 설립한 신식교육기관이다. 배재학당은 사부학당을 본떠 그 명칭을 '학당'이라고 하였으나, 실제적인 관련성은 없다.
④ 사부학당은 동부, 서부, 남부, 중부 학당으로 이루어진 4개의 학당을 의미한다. 당초 북부 학당을 설립할 계획은 있었으나, 끝내 이루지 못하였다.

## 출포 50. 조선의 향교

기본서 81쪽

**151.** 조선시대의 향교에 대한 설명으로 옳지 않은 것은? 2021년 국가직 9급
① 전국의 부·목·군·현에 일읍일교(一邑一校)의 원칙에 따라 설립된 지방 관학이다.
② 교관으로는 중앙에서 파견하는 교수(敎授)나 훈도(訓導)가 있었다.
③ 성균관과 마찬가지로 문묘와 학당으로 구성된 묘학(廟學)의 구조를 갖추고 있었다.
④ 향교 유생들은 성균관 유생들을 대상으로 거행하는 알성시나 황감제, 도기과 등의 시험에 함께 응시할 수 있었다.

### ■ 정답 및 해설
④ 알성시, 황감제, 도기과 등의 시험은 성균관 유생에게만 응시를 허용된 특별 시험이었다. 이와 같이, 국가 최고 교육기관인 성균관 유생에게만 응시가 허용된 시험에 지방의 중등교육기관 향교의 유생들은 참여가 허락되지 않았다.
참고로, 알성시는 국왕이 성균관의 문묘에 참배한 뒤 직접 시행한 시험이며, 황감제는 매년 제주도에서 감귤이 진상되어올 때 성균관 유생들에게 감귤을 나누어준 뒤 치룬 시험이다. 도기과는 거재(居齋) 중인 유생을 대상으로 한 시험으로, 그날의 도기(출석부)에 이름을 올린 유생들만 응시할 수 있었다.

### ◇ 오답 체크
① 향교는 지방에 유교이념을 확산시켜 왕권을 강화하기 위한 목적으로 운영된 지방 관학이다. 조선시대 들어 군현제의 정비와 함께 확대되어, 전국의 부·목·군·현에 일읍일교(一邑一校)의 원칙에 따라 설립되었다.
② 중앙에서는 향교의 교육을 지원하기 위해 지방으로 교관을 파견하였다. 고려시대에는 박사나 조교가 파견되었고, 조선시대에는 교수(敎授)나 훈도(訓導)가 파견되었다. 조선시대의 경우, 도호부 이상은 교수, 그 이하에는 훈도가 파견되었다. 교수는 문과 출신, 훈도는 생원·진사로서 임명하는 것을 원칙으로 하였다.
③ 조선시대 관학 교육기관 중 지방의 향교는 성균관과 마찬가지로 문묘와 학당으로 구성된 묘학(廟學)의 구조를 갖추고 있었다.

151 ④

---

**암기 POINT**

• 조선의 향교

| 성격 | 국립 | 중등 | 지방 |
|---|---|---|---|
| 기능 | 강학(학당)+제례(문묘) (지방 교육문화의 중심) | | |
| 설치 | 부목군현에 일읍일교의 원칙에 따라 설립 | | |
| 교육 목적 | 지방에 유학 전파, 풍속 교정, 인재 양성 | | |
| 교육 대상 | 지방 양반 및 일반 양인 (학비 무상, 군역 면제) | | |
| 교육 방법 | 중앙의 교수, 훈도 파견 관찰사가 '도회' 개최 | | |
| 발달 쇠퇴 | -고려시대에 처음 시작<br>-조선 중기까지 확대<br>-조선 중기 이후 교육기능 쇠퇴(서원의 영향) | | |

**152.** 조선시대 교육기관에 대한 설명으로 옳지 않은 것은? 2013년 국가직 7급
① 향교는 문묘와 명륜당을 둔 지방의 대표적 교육기관이었다.
② 사학으로서 서원이 등장하여 발전하였다.
③ 중앙의 사립 고등교육기관으로서 12도가 등장하여 발전하였다.
④ 향교와 비슷한 수준의 교육기관으로 4학이 있었다.

■ 정답 및 해설
③ 중앙의 사립 고등교육기관으로서 12도가 발전되었던 것은 고려시대이다. 한편, 조선시대에는 관립인 성균관의 체제정비와 기능 강화로, 중앙의 사립 고등교육기관이 발전하지 못하였다.

◇ 오답 체크
① 향교는 지방의 대표적 교육기관으로 성현을 모시는 문묘와 학생을 가르치는 명륜당을 두어, 향사 기능과 강학 기능을 수행하였다.
② 조선 중기 이후 지방의 유림세력들이 성장하면서 사학(사립교육기관)으로서 서원이 등장하여 크게 발전하였다.
④ 향교는 지방에 설치된 중등 수준의 교육기관이었다. 이와 비슷한 교육기관으로, 중앙(한성)에 설치된 중등 수준의 교육기관인 4학(학당)이 있었다.

**153.** 향교(鄕校)에 대한 설명으로 옳지 않은 것은? 2008년 국가직 9급
① 향교의 기능은 크게 제례(祭禮)와 강학(講學)의 두 가지로 나뉜다.
② 향교는 조선시대에 처음 설치된 관학 교육기관이다.
③ 향교의 교생은 양반 이외에 일반 양인(良人) 신분도 등록할 수 있었다.
④ 향교에 대한 관리와 감독은 지방수령의 기본 업무 중 하나이다.

■ 정답 및 해설
② 향교는 고려시대에 처음 설치되었다. 중앙집권체제를 강화하기 위하여 지방의 군현에 박사와 교수를 파견하여 생도를 교육하게 하였고, 이것이 향교로 발전하게 되었다. 조선시대의 향교는 군현제의 재정비와 함께 더욱 적극적으로 운영되었다.

◇ 오답 체크
① 고려와 조선의 학제(學制)는 당나라 제도를 모방해 중앙에는 최고교육기관인 국자감과 성균관을 두고, 지방에는 이를 축소한 학교인 향교를 설치하였다. 즉 향교는 국자감(성균관)과 동일하게 제례(祭禮)와 강학(講學)의 두 가지 기능을 하도록 하였다. 공간구성에 있어서도 문묘와 명륜당(학당)을 배치하여 이 기능에 충실하도록 하였다.

③ 향교의 교생은 양반 이외에 일반 양인(良人) 신분도 등록할 수 있었다. 조선의 신분체제에도 불구하고 향교의 교생에는 양인들이 상당수 점유하고 있었다는 점이 역사기록을 통해 확인되고 있다.
④ 향교는 전국의 부·목·군·현에 일읍일교(一邑一校)의 원칙에 따라 설립된 지방 관학이다. 향교에 대한 관리와 감독은 해당 고을의 행정 업무를 책임지고 있는 지방 수령의 기본 업무 중의 하나로 포함되었다.

**154.** 조선시대의 향교에 관한 진술로 옳지 않은 것은?  2007년 유초등
① 양반 사족뿐 아니라 일반 평민의 자제들도 입학할 수 있었다.
② 전국의 단위 행정 구역인 주·부·군·현에 각각 한 곳씩 설립하는 것이 원칙이었다.
③ 각 향교마다 중앙에서 파견된 박사 1인과 조교 1인이 교생(校生)의 교육을 담당하였다.
④ 각 도의 관찰사가 매년 6월에 도 내의 교생을 대상으로 도회(都會)를 개최하는 제도가 있었다.

■ 정답 및 해설
③ 조선시대에 중앙에서 지방의 향교에 파견한 교관은 교수와 훈도였다. 중앙에서 파견할 교관을 충원하지 못한 경우에는 교도직 또는 학장 등의 이름으로 생원·진사 중에서 선발하여 충원하기도 하였다. 그러나 점차 교관의 확보가 어려워지면서 향교의 모든 교관은 없어지게 되고, 교육기능이 쇠퇴하게 되었다.
한편, 고려시대에 중앙에서 향교로 파견한 교관은 박사와 조교라고 불렀다.
◇ 오답 체크
① 향교는 양반 사족뿐 아니라 일반 평민의 자제들도 입학할 수 있었다. 특히 지방의 향교에는 일반 평민 출신의 교생이 많았다.
② 전국의 단위 행정 구역인 주·부·군·현에 각각 한 곳씩 설립하는 것이 원칙이었다. 일읍일교의 원칙에 따라 마을마다 향교를 설립하고자 한 것이다.
④ 각 도의 관찰사가 매년 6월에 도 내의 교생을 대상으로 도회(都會)를 개최하는 제도가 있었다. 도회란 향교 생도들의 학업을 권장하기 위해 향교 생도들을 각도 도회소(都會所)에 모아 교육한 뒤에 이를 평가하는 제도였다. 1429년(세종 11) 황희 등의 건의에 의해 시작하였다. 이후 여러 번의 설치와 폐지를 반복하다가 『경국대전』에서 6월에 한 번만 실시하는 것으로 규정되었다.

154 ③

## 출포 51. 조선의 잡학교육

기본서 81~82쪽

**155.** 한국의 전통적 교육제도에 대한 설명으로 옳은 것만을 모두 고른 것은?

2016년 국가직 7급

> ㄱ. 삼국시대의 교육제도 성립과 발전에 결정적인 영향을 준 것은 유교, 불교, 천도교였다.
> ㄴ. 고려시대의 관학에는 국자감, 학당, 향교가 있었고, 사학에는 12도, 서당, 서원이 있었다.
> ㄷ. 조선시대 성균관의 교육과정은 4서와 5경, 역사서의 강독과 제술 및 서법으로 구성되어 있었다.
> ㄹ. 조선시대 잡학교육은 장악원, 사역원, 전의감, 관상감 등에서 담당하였다.

① ㄱ, ㄴ
② ㄱ, ㄹ
③ ㄴ, ㄷ
④ ㄷ, ㄹ

### ■ 정답 및 해설

④ ㄷ. 조선시대 성균관은 성리학적 이념에 충실한 관리양성을 위해 세워진 순수유학 교육기관으로, 성균관의 교육과정은 4서와 5경, 역사서의 강독과 제술 및 서법으로 구성되어 있었다. 제자백가서, 노자, 불교서 등의 이단서는 금지하였다.

ㄹ. 고려시대 잡학교육은 국자감에서 이루어지기도 하였으나, 조선시대 잡학교육은 장악원, 사역원, 전의감, 관상감 등 실무관청에서 담당하였다. 장악원은 악학(樂學), 사역원은 역학(譯學), 전의감은 의학(醫學), 관상감은 음양학(陰陽學) 분야의 전문기술 인력을 양성하는 교육기관의 역할을 담당하였다.

### ◇ 오답 체크

ㄱ. 삼국시대의 교육제도 성립과 발전에 결정적인 영향을 준 것은 유교였다. 유교 이념에 기반하여 왕권을 중심으로 한 중앙집권체제를 구축하고자 하였다. 이를 위해 유교사상을 확산시키고 관리를 양성하는 교육제도를 성립·발전시켰다.

ㄴ. 고려시대의 관학에는 국자감, 학당, 향교가 있었고, 사학에는 12도, 서당이 있었다. 서원은 조선시대에 발달한 사학에 해당한다.

**156.** 조선시대의 잡학(雜學)과 그 담당관서가 바르게 연결된 것은?

2011년 국가직 7급

① 역학(譯學) - 이조(吏曹)
② 의학(醫學) - 도화서(圖畵署)
③ 음양학(陰陽學) - 관상감(觀象監)
④ 율학(律學) - 호조(戶曹)

---

### 암기 POINT

• 조선의 잡학교육

| 성격 | 담당관청, 실무+교육 |
|---|---|
| 목적 | 기술실무 관리 양성 |
| 교육 대상 | 주로 중인계급 중심 (일부 양반, 천민 참여) |
| 교육 내용 | 『경국대전』 10학 체제 (유학,무학+8가지 잡학) |

• 10학 교육기관

| 교육과목 | 담당기관 |
|---|---|
| 역학(譯學) | 사역원 |
| 음양학(陰陽學) | 관상감 |
| 의학(醫學) | 전의감 |
| 악학(樂學) | 장악원 |
| 산학(算學) | 호조 |
| 율학(律學) | 형조 |
| 화학(畵學) | 도화서 |
| 도학(道學) | 소격서 |
| 유학(儒學) | 예조 |
| 무학(武學) | 병조 |

155 ④  156 ③

■ 정답 및 해설
③ 음양학(陰陽學)은 천문학, 지리학, 명과학 등을 다루는 분야로, 조선시대 천문·지리·기상 등에 관한 일을 담당했던 관상감이 교육을 담당하였다.

◇ 오답 체크
① 역학(譯學)은 외국어의 통·번역을 다루는 분야로, 사역원에서 담당하였다.
② 의학은 의약의 처방에 관한 분야로, 전의감과 혜민서에서 담당하였다.
④ 율학은 법률의 시행에 관한 분야로, 형조에서 담당하였다.

## 출포 52. 조선의 서원

기본서 82~83쪽

**157.** 다음 설명에 해당하는 조선시대 교육기관은?   2022년 국가직 7급

○ 조선 중기 이후 각 지방에 세워진 사학(私學)이다.
○ 선현 존숭(尊崇)과 후진 양성을 목적으로 하였다.
○ 지역 양반사회의 결속과 유대 강화의 기능을 하였다.

① 서원   ② 향교
③ 성균관   ④ 사부학당

■ 정답 및 해설
① 조선 중기 이후 각 지방에 세워진 사립교육기관으로, 선현을 기리고 후진을 양성하는 목적으로 향사와 강학의 기능을 담당하는 교육기관은 서원이다. 서원은 지역 양반사회의 결속과 유대 강화의 기능을 하는 등 향촌의 자치운영기구로서의 성격도 가진다.

◇ 오답 체크
② 향교는 각 지방에 세워진 관학(官學)이다.
③, ④ 성균관과 사부학당은 중앙에 세워진 관학(官學)이다.

**158.** 조선시대 교육기관인 서원(書院)에 대한 설명으로 옳지 않은 것은?
2017년 지방직 9급

① 관학(官學)인 향교(鄕校)와 대비되는 사학(私學)이다.
② 퇴계 이황은 서원의 교육목적을 위인지학(爲人之學)에 두었다.
③ 원규(院規) 혹은 학규(學規)라고 불리는 자체의 규약을 갖추고 있었다.
④ 교육의 기능뿐만 아니라 선현(先賢)을 숭상하고 그의 학덕을 기리는 제사의 기능도 겸하였다.

---

**암기 POINT**
• 조선의 서원

| 성격 | 사립 | 중+고등 | 지방 |
|---|---|---|---|
| 기능 | 강학(강당)+제례(사우) (+향촌사회의 자치조직) | | |
| 발달 배경 | 향교의 교육기능 쇠퇴, 사림세력의 지방 은거 | | |
| 교육 목적 | 유교이념에 충실한 관리 양성 및 학문적 연구 | | |
| 교육 대상 | 학구열이 높은 자 등 (*소과합격자 거재유생) | | |
| 교육 내용 | 소학~사서오경~역사서, 제술, 서법 등 | | |
| 학칙 | 원규(학규)-자치규약 | | |
| 대표 사례 | 백운동서원(주세붕) → 소수서원(사액, 이황) | | |

157 ①  158 ②

■ 정답 및 해설
② 퇴계 이황은 서원의 교육목적을 위기지학(爲己之學)에 두었다. 위기지학은 자신의 성찰을 통해 참된 본성의 실현을 지향하는 공부로서, 성현의 말씀을 통해 도리와 덕행의 참뜻을 깨닫고 실행하는 공부를 의미한다. 반대로, 남에게 보이기 위한 공부 또는 자신의 출세, 사회적 지위, 명성을 위한 공부는 위인지학(爲人之學)이라 하여 경계하였다. 즉, 사회적 성공을 추구하기 보다는 자신의 인격 수양에 힘쓰는 공부를 서원이 추구해야 할 교육목적으로 두었다.

◇ 오답 체크
① 조선시대 지방에 위치한 대표적 교육기관으로 향교와 서원이 있었다. 향교는 국가가 설립한 관학인 반면, 서원은 민간에서 만든 사학(私學)이다.
③ 서원은 국가의 법적 통제로부터 상대적으로 자유로운 위치에 있었다. 대신에, 원규(院規) 혹은 학규(學規)라고 불리는 자체의 규약을 갖추고 서원을 관리하고 원생들을 교육하였다.
④ 서원은 지방의 사림세력이 중심이 되어 만든 교육기관으로서, 교육의 기능뿐만 아니라 선현(先賢)을 숭상하고 그의 학덕을 기리는 제사의 기능도 겸하였다. 서원에는 학생들을 가르치는 건물인 강당(서당)과 함께, 선현에 대한 제사를 지내는 건물인 사우(사당)이 위치하였다.

## 159. 소수서원(紹修書院)에 대한 설명으로 옳지 않은 것은? 2012년 국가직 7급

① 처음에는 '백운동서원'이라 불리었다.
② 관학인 향교의 발달에 대응하여 사림들이 설립한 사학이다.
③ 퇴계 이황의 요청에 의해 우리나라 최초의 사액서원이 되었다.
④ 소과 합격자인 생원·진사에게 거재(居齋) 유생의 자격을 우선적으로 부여하였다.

■ 정답 및 해설
② 소수서원은 1541년(중종 36) 풍기군수 주세붕이 이곳 출신 유학자인 안향(安珦)을 기리기 위해 사당을 세우고, 유생 교육을 겸비한 백운동서원을 설립한 것으로부터 출발하였다. 당시 지방의 향교에는 사회적 혼란 속에서 군역회피나 과거시험 준비를 위해 입학하는 풍토가 팽배하며, 교관의 질적 저하로 인해 제 기능을 다하지 못하고 있었다. 한편, 정치적 혼란 속에서 지방으로 은거한 학자들은 후학을 양성하고 선현을 모시는 일에 관심을 가지면서 서원이 발달하게 되었다. 종합하면, 소수서원(백운동서원)은 지방의 관학인 향교의 침체에 대응하여 사림들이 설립한 사학이라고 보아야 할 것이다.

◇ 오답 체크
① 소수서원은 처음에 만들어질 때에는 '백운동서원'이라고 하였다. 이후 1550년 '소수서원(紹修書院)'이라 사액되었고, 아울러 국가의 지원도 받게 되었다.
③ 백운동서원은 1548년에 풍기군수로 부임한 이황의 요청에 의해 우리나라 최초의 사액서원이 되었다.

---

**기출플러스**

• 서원의 공간과 교육적 의미 (2002년 유초등)

1. 사우 – 법성현(法聖賢) : 성현의 뜻을 본받음
2. 강당 – 강의(講儀) : 경전의 의미를 강론함
3. 동·서재 – 독서궁리(讀書窮理) : 책을 읽고 깊이 생각에 잠김
4. 정자 – 우유함영(優游涵泳) : 여유롭게 한가로이 지냄

159 ②

④ 서원은 지방의 중등 및 고등 수준의 교육기관으로, 소학에서부터 시작하여 사서오경을 중심으로 공부하였다. 성현을 본받아 인품이 훌륭한 선비를 길러내는 데 교육의 목적을 두었으나, 현실적으로는 과거 시험에 합격하여 관리가 되기 위한 준비를 하였다. 따라서 소과 합격자인 생원·진사에게는 거재(居齋) 유생의 자격을 우선적으로 부여하여 학문에 더욱 힘쓰도록 하였다.

**160.** 다음은 퇴계 이황(李滉)이 풍기군수로 재직 시 경상도 관찰사에게 보낸 글의 일부를 번역한 것이다. (가)와 (나)에 들어가야 할 것은?

2010년 유·초등

> 제가 현재 국학(國學: 성균관)을 살펴보니, 진실로 어진 선비들의 관문(關門)입니다. 그러나 지방 군·현(郡·縣)에 설치되어 있는 교육기관의 경우는 한낱 허울에 불과합니다. 그 교육이 크게 무너져 선비들이 (가) 에 머물며 공부하는 것을 수치로 여기니, 시들고 피폐함이 매우 심합니다. 어떤 방법으로도 고칠 수 없으니 한심하다 하겠습니다. 오직 (나) 에서의 교육이 지금부터 활발하게 일어난다면 아마도 학정(學政)의 부족한 부분을 채울 수 있고, 배우는 사람들이 돌아와 의탁할 곳이 있게 될 것입니다.
> - 『퇴계선생문집(退溪先生文集)』

|  | (가) | (나) |
|---|---|---|
| ① | 사학(四學) | 도회(都會) |
| ② | 서원(書院) | 사학(四學) |
| ③ | 영학(營學) | 도회(都會) |
| ④ | 영학(營學) | 향교(鄕校) |
| ⑤ | 향교(鄕校) | 서원(書院) |

■ 정답 및 해설
⑤ 이황은 관학인 (가)향교의 교육기능이 심각하게 훼손되었다는 점을 지적하면서, (나)서원의 진흥을 통해 지방 교육의 위기를 극복해야 한다고 주장하였다.

160 ⑤

## 출포 53. 조선의 서당

기본서 83~84쪽

**161.** 조선 시대 교육기관으로서 서당(書堂)에 대한 설명으로 옳은 것만을 모두 고르면?

2023년 국가직 7급

ㄱ. 중종 38년 풍기 군수 주세붕이 안향을 제향(祭享)하면서 세운 사당에 기원을 두고 있다.
ㄴ. 국가가 운영하는 관학(官學) 성격의 교육기관이었다.
ㄷ. 촌락이나 동리와 같이 향촌 사회에 널리 설립되어 운영되었던 초급 교육기관이었다.
ㄹ. 서재(書齋), 서실(書室), 서숙(書塾)은 서당을 지칭하는 또 다른 용어이다.

① ㄱ, ㄴ
② ㄱ, ㄹ
③ ㄴ, ㄷ
④ ㄷ, ㄹ

### ■ 정답 및 해설

④ ㄷ. 조선시대 서당은 촌락이나 동리와 같이 향촌 사회에 널리 설립되어 운영되었던 초급 교육기관이었다. 주로 마을의 어린아이들에게 한문과 유교 경전, 기본 예절 등을 가르쳤던 곳이다.
ㄹ. 서재(書齋), 서실(書室), 서숙(書塾)은 서당을 지칭하는 또 다른 용어이다. 본래 서재, 서실, 서숙 등은 학자들이 공부하는 방이나 학문을 연구하기 위해 만든 공간이라는 의미이지만, 실제로는 혼용하여 사용되었다.

### ◇ 오답 체크

ㄱ. 중종 38년 풍기 군수 주세붕이 안향을 제향(祭享)하면서 세운 사당에 기원을 두고 있는 것은 소수서원(백운동서원)이다.
ㄴ. 서당은 개인 훈장이나 마을 공동으로 설립하여 사학(私學) 성격의 교육기관이었다. 18세기 후반에는 동족마을이 서당 설립의 주도 세력으로 자리잡았다.

**162.** 조선시대의 서당에 관한 설명이 아닌 것은?

2006년 중등

① 계절을 고려하여 교과목을 운영하였다.
② 개인차에 따른 개별 수업을 실시하였다.
③ 개인이나 마을 주민들이 공동으로 설립·운영하였다.
④ 학령(學令)에 선현 향사(享祀)에 관한 규정이 있었다.

### 암기 POINT

• 조선의 서당

| 성격 | 사립 | 초등 | 전국 |
|---|---|---|---|
| 명칭 | 서재, 서실, 서숙과 혼용 | | |
| 설립 | 개인 훈장, 마을 공동 | | |
| 교육 대상 | 7~15세 정도의 아동들 (신분제한 없음) | | |
| 교육 내용 | 한문, 유교경전, 예절 경전강독, 제술, 습자 | | |
| 교육 방법 | 훈장과 접장, 개별학습, 계절학습, 놀이학습 | | |
| 학칙 | 「향학지규」 | | |

161 ④  162 ④

■ 정답 및 해설

④ 학령은 성균관 유생들의 일과, 상벌, 퇴학 등에 관한 규정을 담고 있다. 서당에 관한 규정으로는 향학지규가 있다. 서당은 민간에서 운영한 초등교육기관으로, 선현향사의 기능이 없으며, 강학의 기능만을 가지고 있었다.

◇ 오답 체크

① 서당에서는 계절을 고려하여 교과목을 운영하였다. 예컨대, 겨울에는 경사(經史)와 같은 어려운 학과를 하고, 여름에는 시율(詩律)과 같은 흥미본위의 학습을 시행하였으며, 봄·가을에는 사기나 고문과 같은 글을 읽게 하여 선비로서의 뜻을 세우는데 도움이 되게 하였다.

② 서당에서는 개인차에 따른 개별 수업을 실시하였다. 날마다 학동의 실력에 맞게 범위를 정하여 배우고, 그날의 학습량은 그날에 숙독하도록 하였다. 1일의 독서량을 그 이튿날 확인하여 합격하면 새로운 학습으로 나아갔다. 이는 학동의 능력에 따라 서로 달랐으므로 일종의 완전학습의 형태와 같은 것이다.

③ 서당은 개인이나 마을 주민들이 공동으로 설립·운영하였다. 초기에는 아직 벼슬에 나가지 않은 생원·진사가 개인적으로 서당을 열어 운영하는 경우가 많았다. 점차로 동족마을의 종중이 나서서 서당을 운영하거나, 경제력이 부족한 평민들이 서당계(契)를 만들어 공동으로 운영하기도 하였다.

## 출포 54. 서당의 교재　　　　　　　　　　B

◎ 기본서 84쪽

**163.** 조선 후기 실학자에 의해 직접 편찬된 한자 학습용 교재는?

2024년 국가직 9급

① 아학편　　　　　　　　② 천자문
③ 동몽선습　　　　　　　④ 입학도설

■ 정답 및 해설

① 아학편은 조선 후기 실학자 정약용이 직접 편찬한 한자 학습용 교재이다.

◇ 오답 체크

② 천자문은 중국 남조 시대 주흥사라는 학자가 편찬한 것으로 알려져 있다.

③ 동몽선습은 조선 전기의 성리학자인 박세무가 편찬했다. 내용은 유학의 핵심 윤리(오륜)와 중국 및 우리나라의 역사를 담고 있다. 초학 아동들이 『천자문』 다음 단계에서 반드시 학습하였던 대표적인 아동용 교재였다.

④ 입학도설은 고려 말에서 조선 초에 활동한 성리학자 권근이 편찬하였다. 입학도설은 성리학의 기초지식을 그림을 활용하여 쉽게 소개한 책으로, 한자 학습용 교재가 아니라 유학 입문용 교재에 해당된다.

---

암기 POINT
- 서당의 한자학습용 교재

| 제목 | 편찬자 | 특징 |
|---|---|---|
| 천자문 | 주흥사 | 중국교재 (1,000자) |
| 유합 | 미 상 | 한글독음 (1,500자) |
| 신증유합 | 유희춘 (선조) | 유합 증보 (3,000자) |
| 훈몽자회 | 최세진 (중종) | 실자 위주 (3,360자) |
| 아학편 | 정약용 (실학) | 유형자(상) 무형자(하) (2,000자) |

163 ①

**164.** 다음에 해당하는 조선 후기의 자찬 교재는?  `2022년 국가직 9급`

> ○ 『천자문』이 갖고 있던 문자학습 교재로서의 결함을 극복하기 위해 만든 한자 학습서이다.
> ○ 상·하권으로 나누어, 상권은 유형적 개념, 하권은 무형적 개념 위주로 2,000자를 수록하였다.

① 사소절  ② 아학편
③ 아희원람  ④ 하학지남

■ 정답 및 해설

② 아학편(兒學編)은 천자문의 문제점을 극복하기 위해 조선 후기 실학자 정약용이 편찬한 교재이다. 정약용은 천자문은 체계적이지도 않고, 아동의 이해수준을 고려하지도 않았다고 비판한다. 정약용의 아학편은 아동의 발달을 고려하여 구체적인 내용을 가진 유형적 개념을 상권에, 추상적인 내용으로 된 무형적 개념을 하권에 수록하였다.

◇ 오답 체크

① 사소절(士小節)은 조선 후기 실학자 이덕무가 저술한 수양서로, 선비·부녀자·아동교육 등 일상생활에 있어서의 예절과 수신에 관한 교훈을 설명한 책이다.
③ 아희원람(兒戲原覽)은 조선 후기 문인 장혼이 편찬한 백과사전류의 유학입문용 교재이다. 내용은 천지의 생성원리에서부터 조선의 정치제도 및 풍속에 이르기까지 다양하다. 성리학자가 아닌 문인(중인)이 편찬하였다는 점과 내용도 교화적인 면은 상당히 약화되고 아동에게 친근하게 접근하였던 점이 특징적이다.
④ 하학지남(下學指南)은 조선후기 실학자인 안정복이 편찬한 인격수양을 위한 지침서이다. 일상생활에서 쉽게 접하는 주제들에 관해 논하면서 학문과 인격수양을 위해 참고가 될 만한 경서의 문구·격언 등을 모아 저술한 책이다.

---

**165.** 다음 설명에 해당하는 조선시대 교재는?  `2020년 국가직 9급`

> ○ 소학(小學) 등 유학 입문용 교재이다.
> ○ 중종 때 박세무가 저술하였다.
> ○ 학습내용을 경(經)과 사(史)로 나누어 제시하였다.
> ○ 일제 강점기에는 우리 역사를 다룬다는 이유로 서당의 교재로 쓰지 못하게 하였다.

① 『동몽선습』  ② 『유합』
③ 『입학도설』  ④ 『훈몽자회』

### 기출플러스

- 『천자문』의 문제점을 비판하며 만든 한자 학습용 교재 (2008년 유초등)
- 유희춘의 『신증유합』
- 정약용의 『아학편』

### 암기 POINT

• 서당의 유학입문용 교재

| 제목 | 편찬자 | 특징 |
|---|---|---|
| 소학 | 유자징 (송) | 유교윤리 (국가적 장려) |
| 동몽선습 | 박세무 (중종) | 유교윤리 + 중·한 역사 |
| 격몽요결 | 이이 (선조) | 초학자 '입지' 강조 |
| 입학도설 | 권근 (고려) | 유학 기초, 그림 해설 |

난이도 ■ ■ □
채점결과 □ □ □

### ■ 정답 및 해설

① 조선 전기 중종 때 성리학자인 박세무가 저술한 책으로, 소학 등 유학입문용 교재에 해당하는 책은 『동몽선습』이다. 학습내용을 경(유학)에 관한 것과 사(역사)에 관한 것으로 나누어 제시하였고, 우리나라의 역사를 담고 있다는 이유로 일제 강점기에는 사용이 금지되기도 하였다.

### ◇ 오답 체크

② 『유합』은 16세기 경에 편찬된 작자 미상의 한자학습용 교재이다. 한자를 수량·방위 등 종류에 따라 구별하고, 한글로 뜻과 음을 붙인 교재로 약 1,500자를 수록하였다. 한편, 조선 선조 때 유희춘은 유합을 수정·증보하여 약 3,000자를 수록한 『신증유합(新增類合)』을 저술하였다.

③ 『입학도설』은 고려 말에서 조선 초에 활동한 성리학자 권근이 1390년에 편찬한 유학입문용 교재이다. 사서오경을 기초로 성리학의 기초지식을 그림을 활용하여 쉽게 소개한 책이다. 조선시대 도설류 교재의 효시로, 코메니우스의 『세계도회』보다 앞서서 편찬되었다. 학생들이 자주 하는 질문과 저자의 대답을 실어 학습자의 이해를 도왔다는 점도 특징적이다.

④ 『훈몽자회』는 조선 중종 때 최세진이 편찬한 한자학습용 도서이다. 문자를 구체적 사물과 관련시켜 제시하지 않는 천자문의 문제점을 보완하고자 하였다. 동식물의 이름과 같은 구체적 사물과 관련된 실자(實字)를 보강하여, 3,360자를 수록하고 한글로 뜻과 음을 병기하였다.

---

**166.** 양촌 권근의 『입학도설』에 대한 설명으로 옳지 않은 것은?

2007년 유초등

① 조선시대 도설류(圖說類) 교재의 효시가 되었다.
② 『소학』의 형식을 본 따 편찬한 아동용 교재이다.
③ 학생들이 평소 자주 하는 질문과 그에 대한 저자의 답을 싣고 있다.
④ <4서5경>의 핵심 내용을 그림으로 그려 초학자(初學者)들의 이해를 돕고자 하였다.

### 기출플러스

- 권근의 『입학도설』 (2008년 중등)

그림이 들어 있는 교재로, 코메니우스(J. A. Comenius)의 『세계도회(世界圖會)』는 권근의 『입학도설(入學圖說)』보다 먼저 발간되었다.

### ■ 정답 및 해설

② 『소학』은 유학입문용 교재로서 중국 송나라의 유자징이 편찬하였다. 유교사회의 도덕규범 중 기본적이고 필수적인 내용을 담은 책으로, 일상생활 속에서 지켜야 할 예의범절의 내용을 설명하고, 수양을 위한 격언과 충신·효자의 행실 등을 소개하는 형식으로 구성되어 있다.

이와 달리, 권근의 『입학도설』은 소학과 달리 그림을 추가하여 아동들의 이해를 돕고, 학생들의 질문과 저자의 대답을 통해 이를 보완하는 새로운 형식을 취하고 있다. 조선시대 도설류 교재의 효시라고 볼 수 있다.

166 ②

# 03. 조선의 과거제도

**출포 55. 조선의 과거제도**    B

📖 기본서 85쪽

**167.** 조선시대 과거제도에 대한 설명으로 옳지 않은 것은?    2021년 국가직 7급
① 크게 문과, 무과, 잡과의 세 종류로 나뉜다.
② 3년에 한 번, 식년(式年)에 실시하는 것을 원칙으로 한다.
③ 잡과의 시험은 초시, 복시, 전시의 3단계로 치러진다.
④ 생원시와 진사시의 합격자에게는 성균관에 입학하여 수학할 수 있는 자격이 주어진다.

### ■ 정답 및 해설
③ 조선시대 과거에서 잡과는 기술관 등용 시험으로 의과, 음양과, 역과, 율과의 네 종류가 있었다. 의과와 음양과는 고려시대부터 있었고, 역과(譯科)와 율과는 조선시대에 새로 설치되었다. 대과·소과의 구별이 없는 단일과로서, 식년시와 증광시에만 실시하였다. 시험은 초시와 복시 2단계만 있고 전시는 없었다.

### ◇ 오답 체크
① 조선시대 과거는 크게 문과, 무과, 잡과의 세 종류로 나뉜다. 고려시대의 제술과와 명경과를 통합하여 문과로 하였으며, 무과를 실시하였다. 문과와 무과 양과가 모두 운영됨으로써 명실상부한 양반(兩班) 관료 체제를 갖추게 되었다. 그 외 기술관 등용시험으로 잡과를 실시하였다.
② 조선시대 과거는 3년에 한 번, 식년(式年)에 실시하는 것을 원칙으로 하며, 이를 식년시라고 하였다. 이와 별도로, 나라의 경사 등 특별한 일이 있을 때 부정기적으로 실시하는 시험은 별시(別試)라고 하였다. 증광시(增廣試), 정시(庭試), 알성시(謁聖試) 등이 모두 별시에 포함된다. 식년시와 증광시에는 모든 과거 시험을 다 실시하지만, 그 외 별시의 경우에는 문과와 무과만 실시하였다.
④ 생원시와 진사시는 각각 생원과 진사를 선발하는 시험으로, 소과(小科)라 부르기도 하였다. 생원시와 진사시의 합격자에게는 성균관에 입학하여 수학할 수 있는 자격이 주어진다. 합격자의 일부는 생원 또는 진사의 자격으로 관직에 임명되는 경우도 있었으나, 합격한 후 성균관에 들어가 공부하다가 문과(대과)에 합격하여 관직에 오르는 것이 정상적인 길이었다.

---

**암기 POINT**

• 조선의 과거시험

| 종류 | 과목 | 단계 |
|---|---|---|
| 생진과 (소과) | 생원(명경) 진사(제술) | 초시 복시 |
| 문과 (대과) | 단일과 (명경+제술) | 초시 복시 전시 |
| 무과 (대과) | 단일과 (궁술+총술+ 강서) | 초시 복시 전시 |
| 잡과 | 단일과 (역과/의과/ 음양과/율과) | 초시 복시 |

• 과거시험 시행시기

| 식년시 | 3년마다 정기적으로 |
|---|---|
| 별시 | 증광시, 알성시, 정시, 절일제 등 |

167 ③

**168.** 과거시험과 성리학 교육에 대한 설명으로 옳지 않은 것은?

2018년 국가직 7급

① 고려시대에는 경학(經學)보다 사장(詞章)이 중시되면서 제술업 급제자가 명경업 급제자보다 많았다.
② 조선시대의 문과시험 중 대과는 초시와 복시 2단계로 구분되었다.
③ 율곡 이이는 입지(立志)와 성경(誠敬)을 바탕으로 지행합일, 내면적 동기, 반복학습을 통한 점진적 발전 등을 강조하였다.
④ 퇴계 이황은 거경(居敬)과 궁리(窮理)를 근본원리로 삼아, 도덕적 심성을 배양하고 의심이 없도록 사물의 이치를 깨닫는 교육방법을 강조했다.

### ■ 정답 및 해설
② 조선시대의 문과시험 중 대과는 고급 문관을 선발하는 시험으로, 초기, 복시, 전시의 3단계로 구분되었다.

### ◇ 오답 체크
① 고려시대에는 경학(經學)보다 사장(詞章)이 중시되면서 제술업 급제자가 명경업 급제자보다 많았다. 고려시대에 시행된 과거에서 문관을 선발하기 위한 시험은 제술업(製述業)과 명경업(明經業)으로 나뉘어 있었다. 한당유학의 영향으로 경학보다 사장이 중시되었기 때문에 제술업이 중시되었다.
③ 율곡 이이는 사회적 실천을 통해 도덕적 이상을 실현하기 위한 노력을 강조하는 사상가로, 입지(立志)와 성경(誠敬)을 바탕으로 지행합일, 내면적 동기, 반복학습을 통한 점진적 발전 등을 강조하였다.
④ 퇴계 이황은 내면적 완성과 이치 탐구를 통해 도덕적 완성을 추구하는 태도를 강조하는 사상가로, 거경(居敬)과 궁리(窮理)를 근본원리로 삼아, 도덕적 심성을 배양하고 의심이 없도록 사물의 이치를 깨닫는 교육방법을 강조했다.

---

**기출플러스**
- 조선시대 과거시험 평가방법 (2003년 유초등)

조선시대 과거시험의 평가방법을 강경(講經)으로 할 것인지, 제술(製述)로 할 것인지에 대한 논쟁을 '강제시비(講製是非)'라고 한다. 이 논쟁에서 강경과 제술을 오늘날의 시험과 비교하면, 강경은 구술시험, 제술은 논술시험과 유사하다.

---

**169.** 조선시대 과거제도에 대한 설명으로 옳지 않은 것은?

2014년 국가직 9급

① 문과 대과에 급제한 자에게는 홍패(紅牌)가 지급되었다.
② 생진과의 복시(覆試)에 합격한 자에게는 성균관에 입학할 수 있는 자격이 주어졌다.
③ 생원시에서는 유교경전을, 진사시에서는 부(賦), 시(詩) 등의 문학을 시험보았다.
④ 과거시험은 정규시험인 정시(庭試)와 특별시험인 별시(別試)로 구분된다.

### ■ 정답 및 해설
④ 과거시험의 정규시험은 식년시라고 하였다. 정시(庭試)는 나라에 경사가 있을 때 전정(殿庭), 즉 대궐의 뜰에서 보았던 특별시험을 부르는 명칭이다.

168 ② 169 ④

◇ **오답 체크**
① 문과 대과에 급제한 자에게는 홍패(紅牌)가 지급되었다. 홍패는 붉은 색의 종이에 급제자의 이름과 시험에 관한 내용이 기록된 것으로, 오늘날의 합격증서에 해당한다. 문과 대과와 무과의 급제자에게는 홍패가, 생진과(문과 소과)와 잡과의 급제자에게는 백패가 수여되었다.
② 생진과의 복시(覆試)에 합격한 자에게는 성균관에 입학할 수 있는 자격이 주어졌다. 생진과는 초시와 복시 2단계로만 치러졌으므로 생진과의 복시 합격이 최종 합격을 의미한다. 일반적으로 생진과의 합격자는 성균관에 입학하여 대과 시험 준비를 하였다.
③ 생원시에서는 유교경전을, 진사시에서는 부(賦), 시(詩) 등의 문학을 시험보았다. 생원시는 사서오경과 같은 유교경전에 대한 지식을 묻는 시험이었으며, 진사시는 부(賦), 시(詩) 등의 문학 형식에 따른 문예창작 능력을 평가하는 시험이었다.

**암기 POINT**
• 과거시험 합격자 대우

| 종류 | | 합격자 |
|---|---|---|
| 문과 | 소과 | -성균관 입학<br>-초급 문관<br>-백패 수여 |
| | 대과 | -고급 문관<br>-홍패 수여 |
| 무과 | | -고급 무관<br>-홍패 수여 |
| 잡과 | | -기술 관리<br>-백패 수여 |

**170.** 조선시대의 과거제도에 대한 설명으로 옳은 것은? **2007년 중등**
① 생원시는 시(詩), 부(賦)와 같은 문예 창작의 재능을 시험하였다.
② 문과 식년시(式年試)는 제술(製述)과 함께 강경(講經)을 부과하였다.
③ 진사시는 사서오경(四書五經)과 같은 유학 경전의 소양을 시험하였다.
④ 문과 식년시(式年試)의 복시(覆試)는 선발인원을 지역별로 할당하였다.

■ **정답 및 해설**
② 조선시대의 과거제도에서 문과 식년시(式年試)는 3년마다 정기적으로 치러지는 문과 대과 시험을 말한다. 문과 시험은 제술(製述)과 함께 강경(講經)을 부과하는 단일과의 시험이었다.

◇ **오답 체크**
① 생원시는 사서오경과 같은 유학 경전의 소양을 시험하였다. 생원시는 사서의(四書疑)와 오경의(五經義)의 제목으로 유학 경전에 관한 지식을 논하는 문제로 출제하였다.
③ 진사시는 시, 부와 같은 문예 창작의 재능을 시험하였다. 시(詩)는 일정한 운율과 형식을 갖추어 짧은 구절 속에 작자의 생각을 함축적으로 표현하는 문체를 말한다. 부(賦)는 작자의 생각이나 눈앞의 경치 같은 것을 있는 그대로 표현해 보이는 문체로, 오늘날의 산문 형식에 해당하는 것을 말한다.
④ 문과 식년시의 초시는 선발인원을 지역별로 할당하여 균형적인 인재 선발이 이루어질 수 있도록 한 반면, 전시와 복시에서는 지역할당의 원칙을 적용하지 않았다. 참고로, 문과 식년시의 초시에는 관시·한성시·향시가 있었다. 응시자의 거주지에 따라 시험 장소가 정하여졌다. 서울 거주자는 한성시, 지방 거주자는 향시, 성균관에서 공부하는 유생은 관시에 응시하였다. 초시는 모두 240인을 선발하되, 관시 50인, 한성시 40인, 향시 150인으로 할당하여 뽑았으며, 향시는 다시 각 도별로 인원이 정해져 있었다.

**암기 POINT**
• 단계별 선발인원

| 생진과<br>(소과) | -초: 700명(지역할당)<br>-복: 100명 |
|---|---|
| 문과<br>(대과) | -초: 240명(지역할당)<br>-복: 33명(합격)<br>-전: 33명(순위결정) |

170 ②

## 04. 조선의 교육사상

### 출포 56. 성리학과 교육 개관   B

기본서 86~87쪽

**171.** 다음에서 조선의 성리학자들이 공통적으로 말하고 있는 것은?

2016년 지방직 9급

> ○ 도리(道理)를 우리들이 마땅히 알아야 할 것으로 삼고 덕행(德行)을 우리들이 마땅히 실천해야 할 것으로 삼아 먼 곳보다 가까운 데서 겉보다 속부터 공부를 시작해서 마음으로 터득하여 몸소 실천해야 한다.
> - 퇴계 이황, 『퇴계집』의 「언행록」 -
>
> ○ 처음 배우는 이는 먼저 뜻을 세우되, 반드시 성인(聖人)이 될 것을 스스로 기약해야 하며 조금이라도 자신을 별 볼 일 없게 여겨 물러나려는 생각을 가져서는 안 된다.
> - 율곡 이이, 『격몽요결』의 「입지」 -

① 위기지학(爲己之學)  ② 격물치지(格物致知)
③ 실사구시(實事求是)  ④ 권학절목(勸學節目)

■ **정답 및 해설**

① 위기지학이란 자신의 성찰을 통해 참된 본성의 실현을 지향하는 공부로서, 이황과 이이 모두 위기지학을 참된 공부의 모습이라고 주장하였다.

◇ **오답 체크**

② 격물치지 : 앎에 이르기 위해 사물의 이치를 끝까지 파고든다는 뜻으로, 성리학에서 강조한 학문의 자세를 의미한다.
③ 실사구시 : 실제적인 것에 관심을 갖고 진리를 탐구한다는 뜻으로, 조선 후기 실학자들이 강조한 학문의 자세를 말한다.
④ 권학절목 : 1732년(영조 8)에 경상감사 조현명이 제정한 교육법규로, 리(숙사)→면(서원·서당)→군·현(향교)→도(낙육재)로 이어지는 학교체계를 갖추고, 면의 서원·서당에는 면훈장, 군·현의 향교에는 도훈장이 교육을 담당하도록 하는 내용을 담고 있다.

---

**기출플러스**

- 퇴계 이황의 '올바른 공부란 무엇인가'에 대한 의견 (2007년 유초등)

'위기지학(爲己之學)'이란 우리가 마땅히 알아야 할 바가 도리이며 우리가 마땅히 실천해야 할 바가 덕행이라 믿고, 가까운 데서부터 시작하여 나가되 마음으로 이해하고 몸으로 실천하는 것을 목표로 삼는 공부이다. '위인지학(爲人之學)'은 마음으로 이해하고 몸으로 실천하는 데 힘쓰는 대신 자기 안의 공허함을 감추고 바깥으로 관심을 돌려 지위와 명성을 얻고자 하는 공부이다.

171 ①

## 172. 주자학(朱子學)에서 제시하는 바람직한 공부의 모습과 거리가 먼 것은?

2010년 중등

① 위기지학(爲己之學)을 통한 참된 본성의 실현을 지향한다.
② 공부의 전(全) 과정에서 경(敬)의 자세가 근간이 된다.
③ 소학(小學)에서 대학(大學)으로 이어지는 단계를 밟는다.
④ 지(知)와 행(行)이 서로를 밝히고[相發] 함께 진전한다[竝進].
⑤ 독서 공부는 순서상 역사서를 두루 읽은 후 사서(四書)로 나아간다.

■ 정답 및 해설

⑤ 주자의 독서법에서는 먼저 사서(대학→논어→맹자→중용)을 읽고, 다음으로 오경(시경→서경→춘추→예기→주역)을 읽은 후, 마지막으로 여러 역사서를 읽는 순서로 공부하도록 권고한다.

## 173. 고려 말 주자학의 도입이 한국 전통교육에 끼친 영향에 관한 설명으로 올바른 것을 모두 고르면?

2007년 유초등

가. 학풍이 훈고·사장학적 유학에서 성리학적 유학으로 변화하였다.
나. 종래의 <5경> 중심 유학 교육과정이 <4서5경> 체제로 재편되었다.
다. 수기(修己)를 강조하는 교육에서 치인(治人)을 중시하는 교육으로 전환하였다.
라. 이상적 인재상과 관련하여 문학적 소양보다 경학적 소양을 더 강조하게 되었다.

① 가, 나
② 다, 라
③ 가, 나, 라
④ 나, 다, 라

■ 정답 및 해설

③ 가. 고려 말 주자학의 도입으로 학풍이 훈고·사장학적 유학에서 성리학적 유학으로 변화하였다. 훈고·사장(訓詁·詞章)학적 유학이란 경전의 문구 해석에 치중하거나, 문장의 수사적 기교에 중점을 둔 유학을 말한다. 반면, 성리학적 유학이란 성리(性理)·의리(義理)·이기(理氣)에 관한 학문으로서 우주의 본질이나 인간의 심성에 대한 철학적 탐구를 중심에 두는 유학을 말한다.
나. 종래의 <5경> 중심 유학 교육과정이 <4서5경> 체제로 재편되었다. 성리학을 중심으로 유학을 재편한 주자(주희)는 유교경전 중에서 ≪대학≫·≪논어≫·≪맹자≫·≪중용≫의 4서를 경전화시킴으로써 그 지위를 격상시켰다.
라. 고려시대에는 사장학적 유학의 영향으로 문학적 소양이 경학적 소양보다 중시되었다. 고려 말 주자학의 도입으로 성리학적 유학이 정착되면서 이상적 인재

**암기 POINT**

• 주자학(성리학)의 영향

| 학풍 | 훈고학·사장학적 유학<br>→ 성리학적 유학 |
|---|---|
| 교육<br>목적 | 치인(治人) 중시<br>→ 수기(修己) 중시<br>[위기지학(爲己之學)] |
| 교육<br>내용 | 문학(제술) 중시<br>→ 경학(명경) 중시 |
| 교육<br>과정 | 오경 중심<br>→ 사서오경 체제 |

172 ⑤  173 ③

상과 관련하여 문학적 소양보다 경학적 소양을 더 강조하게 되었다. 즉 사서오경을 중심으로 한 유학 경전에 담긴 철학적 의미를 이해하고 실천하는 능력을 갖춘 인재상을 추구하였다.

◇ 오답 체크

다. 수기치인(修己治人)은 나 자신을 수양함으로써 주위 세계를 변화시킨다는 의미로, 유학이 실현하고자 하는 진리 구현의 방식을 가리키는 유교용어이다. 전통유학에서는 지배층의 도덕적 실천을 의미하는 치인(治人)을 중시하였으나, 주자학에서는 자기 자신의 도덕적 완성을 의미하는 수기(修己)를 중시한다. 주자학의 도입으로 세상에 대한 관심에 앞서 자기 자신의 내면을 완성하기 위한 공부를 더욱 중시하게 되었다.

## 출포 57. 이황과 이이의 교육사상

◉ 기본서 87쪽

**174.** 다음 괄호 부분에 들어갈 알맞은 말은?   2009년 국가직 7급

> 조선의 대유학자이자 교육가인 퇴계 이황은 유교교육의 일반적 목적과 같이 인(仁)을 체득한 사람인 성현이 되는 것에 교육목적을 두었으며, 부단히 기질을 변화시키는 것을 중요시하였다. 보다 구체적으로는 (      )을(를) 중시하고 있는데, (      )이란(란) 지적 행위와 실천행위를 보다 넓고 깊게 철저화한 개념으로서 일신의 주재인 심(心)을 다시금 주재하는 것이다.

① 각(覺)   ② 경(敬)   ③ 성(誠)   ④ 지(志)

### ■ 정답 및 해설

② 조선시대 성리학자들은 인(仁)을 체득한 사람인 성현이 되는 것을 교육의 목적으로 두고, 이를 위해서는 부단히 자신의 기질을 변화시키는 공부를 중요시하였다. 보다 구체적인 공부의 방법으로는 성(誠)과 경(敬)을 중시하였다. '성'은 자신의 본성에 충실하고 진실한 마음가짐을 의미하며, '경'은 모든 일에 경건하며 엄숙한 마음가짐을 의미한다. 이황은 성과 경을 모두 중시하였으나, 경의 자세를 좀 더 중시하였다.

◇ 오답 체크

① 각(覺)은 수행을 통해 삼라만상의 실상과 마음의 근원을 깨닫는 앎을 가리키는 불교의 개념으로, 신라의 원효가 집대성하고 심화시켰다.

③ 성(誠)은 자신의 본성에 충실하고 진실한 마음가짐을 의미하는 개념으로, 이이가 중시한 공부의 자세이다.

④ 지(志)는 마음의 근원을 생각하고 그곳으로 되돌아가려는 것을 의미하는 개념으로, 맹자가 중시한 공부의 자세이다.

---

### 기출플러스

- 조선시대 성리학자 '이황' (2007년 영양교사)
- 영남학파에 속하며 풍기의 소수서원과 관련이 있다.
- 교육방법으로 성(誠)보다는 경(敬)을 더 강조하였다.
- 『성학십도』, 『주자서절요』, 『자성록』 등의 저술을 남겼다.

### 암기 POINT

- 이황과 이이의 교육사상

| 이황 | 이이 |
|---|---|
| 이상 중시 (이기이원론적 주리론) | 현실 중시 (이기일원론적 주기론) |
| 법성현 거경궁리 (성<경) | 입지, 역행 지행합일 (성>경) |
| 성학십도 주자서절요 퇴계선생문집 | 성학집요 학교모범 격몽요결 |

174 ②

## 175. 다음 내용이 포함된 율곡 이이의 책은?

<small>2020년 국가직 7급</small>

> 그 독서하는 순서는 먼저 『소학』으로 근본을 배양하고, 다음으로는 『대학』과 『근사록』으로 그 큰 틀을 정하고, 다음으로 『논어』와 『맹자』, 『중용』, <오경>을 읽고, 그 사이사이에 역사서와 선현들의 성리서를 읽어 의취를 넓히고 식견을 정밀하게 한다.

① 『만언봉사』
② 『성학십도』
③ 『성학집요』
④ 『학교모범』

### ■ 정답 및 해설

④ 이이가 편찬한 청소년 교육에 관한 지침서로, 소학을 먼저 공부하여 근본을 배양한 뒤, 사서와 오경, 역사서 순으로 진행하는 공부 순서를 제시한 책은 『학교모범』이다.

### ◇ 오답 체크

① 『만언봉사』는 이이가 왕에게 올린 상소문으로, 당시 정사의 문제점 7항과 대안의 9항을 실제 상황을 열거하며 체계적으로 논술하였다.
② 『성학십도』는 이황이 왕에게 올린 상소문으로, 성군이 되기 위해 지켜야 할 10가지 군왕의 도(道)를 제시하고 이를 도표를 이용하여 설명하였다.
③ 『성학집요』는 이이가 왕에게 올린 군왕학에 관한 책으로, 학문을 닦고 정사를 돌보는 데 있어서 요긴하다고 생각되는 중요한 말씀들을 선별하여 정리하였다.

### 기출플러스

- 경전의 독서 순서(학교모범) (2013년 중등)
- 조선 시대 학규인 「학교모범」 독서 조항에서는 『소학』을 읽어 근본을 배양하고, 다음으로 『대학』과 함께 『근사록』을 읽도록 하고 있다. 다음으로 『논어』와 『맹자』 등의 공부로 나아가야 한다고 되어 있다.
- 주희(朱熹)는 『논어』와 『맹자』가 일에 따라 묻고 답한 책이어서 요령(要領)을 알기 어려운 데 비해, 『대학』은 내용의 앞뒤가 서로 연결되고 체계가 모두 갖추어져 있다고 말한다. 따라서 『대학』을 즐겨 읽어 옛사람이 학문함에 있어서 향(向)했던 바를 알고 나서 『논어』와 『맹자』를 읽는 것이 적절하다고 하였다.

---

## 176. 다음 율곡 이이의 저술 내용 중 (가)에 공통적으로 들어갈 용어는?

<small>2012년 유초등</small>

> ○ 배우는 이는 먼저 마땅히 ___(가)___ 하여 도(道)로써 자신의 임무를 삼아야 한다. 도(道)는 높고 먼 것이 아닌데도 사람이 스스로 행하지 않는다.
> — 이이, 「학교모범」
>
> ○ 처음으로 배우는 이는 먼저 마땅히 ___(가)___ 해야 한다. 반드시 성인(聖人)이 되는 것을 자기의 목표로 삼고서, 털끝만큼이라도 스스로 작게 여기고 물러서고 미루려는 생각을 가져서는 안 된다. 대개 보통 사람도 성인과 그 본성은 동일하다. ……(중략)…… 그러므로 맹자는 성(性)이 선(善)하다고 말하시며 늘 요순(堯舜)을 언급해 그것을 실증하면서 "사람은 다 요순이 될 수 있다."고 하였다. 어찌 우리를 속이셨으랴!
> — 이이, 『격몽요결』

① 격물(格物)
② 치지(致知)
③ 수의(守義)
④ 입지(立志)
⑤ 거경(居敬)

### 더 알아두기

- 이이의 『학교모범』
1. 뜻을 세워라 – 입지(立志)
2. 몸가짐을 단속하라 – 검신(檢身)
3. 독서하라 – 독서(讀書)
4. 말을 신중하게 하라 – 신언(慎言)
5. 욕심을 버리고 마음을 지켜라 – 존심(存心)
6. 부모를 잘 모셔라 – 사친(事親)
7. 스승에게서 배워라 – 사사(師事)
8. 친구를 잘 사귀어라 – 택우(擇友)
9. 가정생활을 잘하라 – 거가(居家)
10. 사람들과 좋은 관계로 지내라 – 접인(接人)

175 ④   176 ④

### 더 알아두기

• 이이의 「학교모범」 (계속)
11. 시험에 응시하라 - 응거(應擧)
12. 이익보다는 의(義)를 중시하라
    - 수의(守義)
13. 참되고 꿋꿋한 마음을 지녀라
    - 상충(尙忠)
14. 정중하고 겸손하게 행하라
    - 독경(篤敬)
15. 학교생활을 잘하라 - 거학(居學)
16. 독서모임에 참여하라 - 독법(讀法)

### 기출플러스

• 정약용의 「오학론」
  - 조선 후기의 학풍 비판
    (2004년 중등)
• 글자의 뜻을 파악하는 데에 치중하는 훈고학
• 미사여구를 구사하는 기법에 치중하는 문장학
• 현실과 유리된 공리공론에 치중하는 성리학
• 인재 등용문인 과거시험 위주의 공부에 치중하는 과거학
• 재난을 피하고 복을 구하는 일에 치중하는 술수학

---

### ■ 정답 및 해설

④ 이이는 공부를 시작할 때부터 성인이 되겠다는 뚜렷한 목적의식을 갖고 이런 각오를 끝까지 유지하는 '입지'의 중요성을 강조하였다.

### ◇ 오답 체크

① 격물(格物)은 사물의 이치를 깊이 탐구한다는 의미이며, ② 치지(致知)는 지식을 넓힌다는 의미로, 격물치지는 성리학 공부의 기본자세에 해당된다.
③ 수의(守義)는 이익보다 의로움을 중시하라는 뜻으로, 이이가『학교모범』에서 제시한 16가지 가르침 중 하나이다.
⑤ 거경(居敬)은 경건한 자세를 바탕으로 도덕적 심성을 기른다는 뜻으로, 이황이 중시한 공부 자세이다.

---

## 출포 58. 실학사상과 교육    B

🌐 기본서 88~89쪽

**177.** 조선 후기 실학자들의 교육에 대한 주장으로 볼 수 없는 것은?

2019년 국가직 7급

① 실용을 위한 공부와 교육을 해야 한다.
② 우리나라의 역사와 문화를 가르쳐야 한다.
③ 신분의 구별 없이 교육의 기회를 제공해야 한다.
④ 『천자문』, 『사략』, 『통감』 등의 교재로 아동교육을 내실화해야 한다.

### ■ 정답 및 해설

④ 대표적 실학자인 정약용은 천자문, 사략, 통감을 아동에게 읽혀서는 되는 안 되는 책이라고 하였다. 천자문은 문자배열이 비체계적이고 아동의 이해수준 고려하지 않았기 때문에, 사략은 역사책이지만 허구적인 전설, 신화 등이 다수 포함되어 있기 때문에, 통감은 저자를 신뢰할 수 없고 그 내용도 가치가 없기 때문에 아동의 교육에 도움이 되지 않는다고 하였다.

### ◇ 오답 체크

① 실학은 임진왜란 후 피폐해진 사회를 구원하려는 현실 개혁의 열망과 서양 문물과 청조 문물의 유입에 따른 영향으로 인해 일어난 새로운 학풍이다. 실학의 핵심 이념은 실사구시, 이용후생, 경제치용으로 압축된다. 이런 관점에서 실학은 현실의 개혁을 위해 실용을 위한 공부와 교육을 해야 한다고 보았다.
② 성리학은 중국 중심의 세계관으로서 우리나라가 중국의 일부로밖에 인식되지 않았으나, 실학은 민족주의적 관점으로서 우리 역사와 문화에 대한 독자적 인식을 강조하였다. 따라서 교육에서도 우리나라의 역사와 문화를 가르칠 것을 강조했다.
③ 실학은 실학에는 사회 체제의 개혁이나 생산력의 증대를 추구한다는 점에서 근대지향적인 성격을 내포하고 있다. 당시 신분제 사회의 한계를 극복하기 위해, 신분의 구별 없이 교육의 기회를 제공해야 한다고 보았다.

177 ④

**178.** 다음은 유형원의 『반계수록』에 나오는 과거제도에 대한 비판이다. 이에 대한 설명으로 가장 적합하지 않은 것은?

2010년 국가직 7급

> 과거(科擧)는 이름을 풀로 봉하고 등록하여 사람을 잠시 사이에 버리고 뽑는 것이므로 천거하는 사람은 임용을 보증하는 책임이 없어서 인물의 현우(賢愚)를 식별하지 못함을 근심하지 아니하며 선비되는 사람은 구차히 한때의 요행을 바라면서 자신의 수양에는 뜻을 두지 아니하니 비록 재주가 없이 과거에 합격한 사람이 있더라도 고시관은 말하기를 나는 그 문사(文詞)를 고사(考査)하는 것만 알 뿐이오 그이외의 일은 알지 못하였다고 하고 선비된 사람은 또 한 말하기를 과장(科場)에서 요행히 합격하는 것은 이것이 보통의 일이다.

① 학문의 과정보다는 결과를 중시하는 선발 방식의 문제점을 지적하고 있다.
② 평가의 타당도를 문제 삼고 있다.
③ 채점자 간의 신뢰도를 문제 삼고 있다.
④ 오늘날 대학 수시입학 제도의 취지와 관련이 있다.

■ **정답 및 해설**
③ 채점자 간 신뢰도란 여러 명의 채점자들이 일관되지 않은 점수를 부여하는 문제에 관한 것인데, 제시된 자료에는 이와 관련된 내용이 포함되어 있지 않다.

◇ **오답 체크**
① '고시관은 말하기를 나는 그 문사를 고사하는 것만 알 뿐이오, 그 이외의 일은 알지 못하였다고 하고'는 등의 내용으로 보아, 저자는 과거제도는 학문의 과정보다는 결과를 중시하여 선발 방식을 취하고 있다고 비판한 것이다.
② '과거(科擧)는 … 인물의 현우(賢愚)를 식별하지 못함을 근심하지 아니하며' 등의 내용으로 보아, 저자는 과거제도가 본래 평가하고자 하는 바를 충실히 나타내지 못하는 평가방법이라고 지적하며 평가의 타당도를 문제 삼고 있다.
④ 저자는 이 글에서 과정을 중시하며 타당도가 높은 평가의 필요성을 주장하고 있다. 저자인 유형원은 이러한 취지에서 과거제 폐지와 공거제 시행을 주장하였다. 오늘날 대학 수시입학 제도는 대학수학능력시험의 반영 비율을 낮추고, 학교생활기록부의 내용을 학생 선발에 더 많이 반영하는 선발방식으로, 이 글의 취지와 관련이 있다.

**179.** 정약용과 최한기의 교육사상을 비교한 것으로 옳지 않은 것은?

2008년 국가직 7급

① 정약용과 최한기는 실용주의적 입장을 취했다는 공통점을 지닌다.
② 정약용은 아학편을 지어 학습자 중심의 교육자료를 개발하였고, 최한기는 논리와 분석력을 기르기 위해 수(數) 교육의 중요성을 강조하였다.
③ 정약용은 주자의 영향을 받아 성현을 본받는 법성현을 강조하였고, 최한기는 학습의 준비 태세로 입지를 매우 중시하였다.
④ 정약용은 신분의 귀천을 가리지 않는 인본적 평등주의를 주장하였고, 최한기는 경험과 지각에 기초한 경험주의를 주장하였다.

---

**강서연 교육학**

난이도 ■ ■ □
채점결과 □ □ □

**기출플러스**
• 유형원의 과거제도 개혁론 (2006년, 2008년 중등)
• 과거제 폐지와 공거제(貢擧制) 시행을 주장하였다.
• 유형원은 『반계수록(磻溪隧錄)』에서 과거제를 폐지하고 학교교육을 통하여 능력 있는 인물을 관리로 등용할 것을 주장하였다.

**암기 POINT**
• 실학자의 교육사상

| 학자 | 주요 주장 |
|---|---|
| 유형원 | - 관학 강화·내실화 (4단계 학제)<br>- 과거제 폐지, 공거제 실시 주장<br>- 주자학(성리학) 인정 |
| 정약용 | - 아학편(한자책) 저술<br>- 교치설(천자문, 사략, 통감은 불가독)<br>- 오학론(성리학 비판) |
| 최한기 | - 추측지리(경험,지각)<br>- 수 교육(논리,분석) |
| 이익 | - 과거제 개혁 주장 |

난이도 ■ ■ ■
채점결과 □ □ □

178 ③   179 ③

## 기출플러스

- 조선 후기 실학자의 교육사상 (2006년 중등)
- 이익은 교육방법으로 일신전공(日新全功)을 주장하였다.
- 정약용은 교육덕목으로 효(孝)·제(悌)·자(慈)를 주장하였다.

### ■ 정답 및 해설

③ 정약용은 주자의 성리학이 현실과 유리된 공리공론에 치중한다고 비판하였고, 최한기는 학습의 준비 태세로 경험과 지각을 중시하는 추측지리를 중시하였다. 법성현과 입지는 모두 성리학적 교육관에서 강조되는 개념으로, 제시된 선지는 각각 이황과 이이로 수정하면 올바른 진술이 된다.

### ◇ 오답 체크

① 정약용과 최한기는 실학자로서 실용주의적 입장을 취했다는 공통점을 지닌다.
② 정약용은 아학편을 지어 학습자의 발달과 이해를 고려한 학습자 중심의 교육자료를 개발하였고, 최한기는 실증주의적 사고에 기초하여 논리와 분석력을 기르기 위해 수(數) 교육의 중요성을 강조하였다.
④ 정약용은 신분의 귀천을 가리지 않는 인본적 평등주의 또는 민본주의를 주장하였다. 최한기는 일찍이 서양의 과학문물을 접하고 이를 유학사상과 접목하여 자신만의 독창적인 기철학으로 발전시켜 나갔으며, 경험과 지각에 기초한 경험주의를 주장하였다.

---

**난이도** ■ ■ ■
**채점결과** □ □ □

## 기출플러스

- 유형원의 교육제도 개혁론 (2003년 중등)
- 지방 유생의 안거강학(安居講學)을 장려하여 사학(私學)을 진흥한다. (×)
- 엄격한 학력 시험에 입각한 개인 능력 본위의 취사(取士) 제도를 도입한다. (×)
- 방상(坊庠), 향상(鄕庠)에서 태학(太學)에 이르는 4단계의 학제를 시행한다. (○)
- 모든 교육 단계에서 사(士)와 민(民)의 구별이 없는 만민평등의 교육을 행한다. (×)

**180.** 조선 후기 교육개혁론자인 유형원(柳馨遠)의 주장에 해당되는 것은?

2009년 유초등

① 우수한 인재가 모여 있는 한성(漢城)과 경상도부터 개혁해야 한다.
② 주자학은 공리공론(空理空論)이므로 실용적인 교육내용으로 대체해야 한다.
③ 과거제도가 문제는 많지만 점진적으로 개선하여 부작용을 최소화해야 한다.
④ 능력만 갖추면 반상(班常)을 불문하고 관직으로 진출할 수 있게 해야 한다.
⑤ 학교 교육을 확대하기 위해서 관학(官學)과 사학(私學)을 고루 지원해야 한다.

### ■ 정답 및 해설

④ 유형원은 관학을 중심으로 교육체제를 개편함과 동시에, 과거제를 폐지하고 공거제를 시행하여, 반상을 불문하고 능력만 갖추면 관직으로 진출할 수 있게 해야 한다고 주장하였다.

### ◇ 오답 체크

① 유형원은 서울과 지방에서 방상(향상)-사학(읍학)-중학(영학)-태학으로 이어지는 단계적 학제를 운영할 것을 제안하였다. 이와 같이 국가의 행정조직에 일관되게 학교를 세워 운영함으로써 전국적인 수준에서의 교육개혁을 주장했다.
② 유형원(1622~1673)은 17세기 중반의 시기를 살았던 학자로서 주자학의 이념을 인정하면서도, 부민(富民)·부국(富國)을 위해 현실의 제도적 개혁을 추구한 인물로 볼 수 있다. 한편, 주자학은 공리공론(空理空論)이므로 실용적인 교육내용으로 대체해야 한다고 주장한 것은 정약용(1762~1836)이다.
③ 유형원은 과거제도가 문제는 많으므로 과거제를 폐지하고, 국가가 관리하는 교육기관에서 인재를 추천해 관리로 임용하는 제도인 공거제를 실시할 것을 주장하였다.
⑤ 유형원은 관학을 집중 지원·강화해야 한다고 주장하였다. 반상에 구별없이 개인의 능력에 따라 교육을 받을 수 있도록 모든 경비를 국가 재정으로 지출하여야 한다고도 하였다.

180 ④

# 4. 근현대의 교육

## 01. 개화기의 교육

### 출포 59. 개화기의 신식학교    A

기본서 90~92쪽

**181.** 개화기에 설립된 우리나라 관립 신식학교에 해당하는 것만을 모두 고르면?    2021년 지방직 9급

| ㄱ. 동문학 | ㄴ. 육영공원 | ㄷ. 연무공원 |

① ㄱ, ㄴ
② ㄱ, ㄷ
③ ㄴ, ㄷ
④ ㄱ, ㄴ, ㄷ

■ 정답 및 해설

④ ㄱ. 동문학(통변학교)은 조미통상조약(1882) 체결에 따라 영어 통역관 양성을 위해 1883년에 만든 관립 신식학교이다. 통상아문(외무아문)의 부속기관으로 독일인 묄렌도르프가 초대 교장을 맡았고, 뒤에 영국인 할리팩스가 주무교사로 임명되면서 주로 영어를 가르쳤다.

ㄴ. 육영공원은 신문물에 밝은 엘리트를 양성하기 위해 1886년에 만든 관립 신식학교이다. 학무아문 소속으로 최초의 관립 근대학교로 불리기도 한다. 미국인 헐버트, 길모어 등이 교수직을 담당하였으며, 영어와 신학문 및 각국의 역사와 문화를 가르쳤다. 현직관료나 양반자제들 중에서 학생을 선발하였다.

ㄷ. 연무공원은 근대식 군대의 초급장교 양성을 위해 1888년에 만든 관립 신식학교이다. 미국인 다이 등이 교관을 맡아 가르쳤다.

**182.** 우리나라 개화기 교육에 대한 설명으로 옳지 않은 것은?    2020년 지방직 9급

① 동문학은 통역관 양성을 위한 목적으로 출발하였다.
② 배재학당은 우리나라 최초로 설립된 민간 신식교육기관이다.
③ 육영공원은 엘리트 양성을 위한 목적으로 설립된 관립 신식교육기관이다.
④ 안창호는 대성학교를 설립하여 무실역행을 강조하였다.

■ 정답 및 해설

② 우리나라 최초로 설립된 민간 신식교육기관은 1882년에 원산에 만들어진 원산학사이다.

---

**암기 POINT**

• 개화기에 설립된 신식학교

| 학교 | 구분 | 특징 |
|---|---|---|
| 동문학 | 관립 | 통역관 양성 |
| 육영공원 | 관립 | 엘리트 양성 |
| 연무학교 | 관립 | 근대식 군대 |
| 원산학사 | 사립 | 최초, 주민참여 |
| 배재학당 | 사립 | 기독교 선교사 |
| 이화학당 | 사립 | 기독교 여학교 |
| 점진학교 | 사립 | 안창호, 남+여 |
| 대성학교 | 사립 | 안창호, 무실역행 |

181 ④    182 ②

### 기출플러스

**육영공원(育英公院)**
(2008년 유초등)

- 1886년에 설립된 관립 신식학교이다.(○)
- 설립 초기에는 외교 교섭에 필요한 영어 어학연수가 주 목적이었다.(○)
- 대부분의 입학생은 이전부터 외국어를 전공하였던 역관과 그 자제들이었다.(×)
- 미국인 교사를 초빙하여 영어와 함께 서양 신학문에 대한 교육을 실시하였다.(○)

---

**183.** 다음 중 육영공원(育英公院)에 대한 설명으로 옳지 않은 것은?

2010년 국가직 7급

① 1886년에 조선 정부가 설립한 교육기관이었다.
② 핼리팩스(T. E. Halifax)가 주무 교사였으며, 통역관을 양성하기 위해 설립되었다.
③ 헐버트(H. B. Hulbert), 길모어(G. W. Gilmore), 벙커(D. A. Bunker) 등의 교사들이 영어로 서양의 신학문을 주로 가르쳤다.
④ 정부의 재정 부족을 비롯한 입학생의 신분제한, 교육내용과 교사수급의 한계 등으로 인해 1894년에 폐교되었다.

■ **정답 및 해설**
② 핼리팩스가 주무 교사로 학생들을 가르쳤으며, 통역관을 양성하기 위해 설립된 학교는 동문학이다.

---

**184.** 19세기 중반 이후 한국 근대교육의 형성기에 등장한 여러 신식(新式) 학교에 관한 설명으로 옳지 않은 것은?

2009년 중등

① 조선 정부에서 설립한 것으로는 동문학과 육영공원이 있다.
② 원산학사는 개항장인 함경남도 원산의 일본인 거류지에 일본 상인들이 주도하여 설립하였다.
③ 장로교 선교사들이 설립한 것으로는 제중원 부설 의학교, 언더우드학당, 그리고 정동여학당 등이 있다.
④ 배재학당과 이화학당은 감리교 선교사인 아펜젤러(H. G. Appenzeller)와 스크랜튼(M. F. Scranton)이 각각 설립하였다.
⑤ 천주교에서는 충청북도 제천에 배론신학교(성요셉신학당)를 설립하여 철학·라틴어를 중심으로 다양한 서양 학문과 문물을 함께 교육하였다.

■ **정답 및 해설**
② 원산학사는 개항장인 함경남도 원산에서 일본 상인의 침투에 대한 대응책을 세워야 할 것을 절감한 지역주민들이 자발적인 성금을 모아 설립하였다. 새로운 세대에게 신지식을 교육하여 인재를 양성하여 외국의 도전에 근본적으로 대응하고자 했다.

185. 개항 이후 우리나라에 등장하기 시작한 신식 학교에 관한 설명으로 옳은 것은?  
2006년 유초등
① 관립 신식 학교는 갑오개혁 이후 처음으로 설립되었다.
② 배재학당은 조선인에 의해 세워진 최초의 근대식 학교이다.
③ 기독교계 신식 학교는 을사늑약 이후 일제의 탄압을 받아 대부분 폐쇄되었다.
④ 일부 신식 학교에서는 외국어와 실용 교과 이외에 한문이나 유교 경전에 대한 교육을 실시하기도 하였다.

■ 정답 및 해설
④ 일부 신식 학교에서는 외국어와 실용 교과 이외에 한문이나 유교 경전에 대한 교육을 실시하기도 하였다. 대표적으로, 1883년 설립된 원산학사는 서당을 개량한 신식학교로, 외국어와 실용교과와 같은 근대교과와 함께 한문이나 유교경전과 같은 전통교과도 가르쳤다.

◇ 오답 체크
① 관립 신식학교는 갑오개혁(1894~1896) 이전부터 설립되었다. 대표적으로, 동문학은 1883년, 육영공원은 1886년, 연무공원은 1888년에 설립되었다.
② 배재학당은 기독교계 선교사에 의해 세워진 최초의 근대식 학교이다. 1885년 미국의 선교사 아펜젤러가 학교를 설립하였으며, 성경, 영어, 천문, 지리, 생리, 수학 등 서양식 교과목을 서양식 교육 방식으로 가르쳤다.
③ 을사늑약(1905) 이후 일제는 사립학교령(1908)을 공포하여 사립학교들에 대한 탄압을 시행하였다. 사립학교령의 주요 내용은 사립학교 설립을 인가제로 전환하고, 학교운영에 대한 규제와 감독을 강화하여, 경우에 따라서는 폐교를 명령할 수 있게 하는 것이었다. 다만, 외국인 선교사들의 반발로 기독교계 신식학교들은 실제로는 적용대상에서 제외되었고, 한국인이 설립한 학교에만 일제의 탄압이 집중되어 많은 민족계 신식학교가 폐쇄되었다.

## 출포 60. 고종의 교육입국조서

기본서 92쪽

186. 새로운 교육의 방향을 제시하기 위해 고종이 갑오개혁 시기에 반포한 「교육입국조서」의 내용으로 옳은 것만을 모두 고른 것은?  
2018년 국가직 9급

ㄱ. 초등단계의 의무교육을 시행할 것임을 선언하였다.
ㄴ. 유교식 교육기관인 성균관을 근대식 대학으로 전환할 것을 천명하였다.
ㄷ. 교육의 3대 강령으로 덕양(德養), 체양(體養), 지양(智養)을 제시하였다.
ㄹ. 과거의 허명(虛名)교육을 버리고 실용(實用)교육을 중시할 것임을 밝혔다.

① ㄱ, ㄴ    ② ㄱ, ㄹ
③ ㄴ, ㄷ    ④ ㄷ, ㄹ

185 ④  186 ④

**암기 POINT**

• 고종의 교육입국조서(1895.2)

| 교육<br>목적 | 교육을 통한 국가건설<br>(구국을 위해 교육) |
|---|---|
| 3대<br>강령 | -덕양(오륜의 행실)<br>-체양(몸을 건장하게)<br>-지양(사물의 이치) |
| 교육<br>방향 | 허명교육을 버리고,<br>실용교육을 추구 |

■ 정답 및 해설

④ ㄷ. 고종의 교육입국조서는 교육의 3대 강령으로 덕양(德養), 체양(體養), 지양(智養)을 제시하였다. 여기에서 덕양은 오륜의 행실을 닦는 것이고, 체양은 몸을 건장하게 하는 것이며, 지양은 사물의 이치를 연구하는 것이라 하였다.

ㄹ. 고종의 교육입국조서는 과거의 허명(虛名)교육을 버리고 실용(實用)교육을 중시할 것임을 밝혔다. 책을 읽고 글자를 익히어 고인(古人)의 찌꺼기만 주워 모으고 시대의 큰 형국에 어두운 자를 만드는 교육은 허명교육이며, 세상 형편을 돌아보면 부유하고 강성하여 독립하는 나라가 되도록 백성을 개명(開明)시키는 교육을 실용교육이라 하였다.

◇ 오답 체크

ㄱ. 고종의 교육입국조서는 신하와 백성들에게 구국의 마음으로 교육에 힘쓸 것을 권장하였을 뿐, 의무교육 시행을 선언한 것은 아니다. 우리나라에서 의무교육 시행을 선언한 것은 1946년 조선교육심의회에서 초등교육의 의무교육 실시안을 가결·채택한 때이며, 1948년 제정된 헌법에서도 초등학교의 의무교육 조항을 포함시켰다.

ㄴ. 고종의 교육입국조서(1895년 2월)는 허명을 버리고 실용교육을 중시할 것을 강조하였으나, 성균관을 근대식 대학으로 전환할 것을 천명한 것은 아니다. 성균관을 근대식 교육기관으로 변경하고자 한 것은 1895년에 7월과 8월에 각각 공포된 「성균관 관제」와 「성균관 경학과 규칙」을 통해서이다. 유학 전통적 학과목 외에 역사, 지리 등 근대적 학문도 도입하여 근대식 교육기관으로 전환하고자 하였으나, 근대식 대학으로 발전한 것이라 보기는 어려운 수준이었다.

**187.** 구한말 고종이 선포한 '교육입국조서'의 내용으로 옳지 않은 것은?

2007년 국가직 9급

① 체·덕·지 순으로 그 중요성을 강조하였다.
② 교육을 통한 국가건설을 주창하였다.
③ 허명(虛名)을 버리고 실질을 숭상할 것을 역설하였다.
④ 학교를 널리 세워 인재를 양성할 것을 제창하였다.

■ 정답 및 해설

① 고종의 교육입국조서에서는 덕양, 체양, 지양의 순으로 교육의 3대 강령을 제시하고 있어, 덕, 체, 지의 순으로 그 중요성을 강조하였다고 볼 수 있다.

187 ①

## 출포 61. 갑오개혁기의 교육개혁 성과

기본서 92~93쪽

**188.** 1894년부터 1896년까지 추진된 갑오개혁의 과정에 관제(官制) 또는 영(令)에 의해 설립된 근대 교육기관이 아닌 것은?  2023년 지방직 9급

① 소학교
② 중학교
③ 외국어학교
④ 한성사범학교

■ 정답 및 해설
② 중학교는 광무개혁(1897~1904)의 과정에서 1899년에 중학교 관제가 공포된 후 설립되었다.

◇ 오답 체크
① 갑오개혁 과정에서 1895년 7월 「소학교령」과 같은 해 8월 「소학교규칙대강」이 공포됨에 따라 소학교가 설립되기 시작하였다.
③ 외국어학교는 1895년 5월 「외국어학교관제」가 공포됨에 따라, 1895년 법어학교(法語學校), 1896년 아어학교(俄語學校), 1897년 한어학교(漢語學校), 1898년 덕어학교(德語學校)가 각각 설립되었다.
④ 한성사범학교는 소학교의 교사를 양성하는 기관으로 1895년 4월 공포된 「한성사범학교 관제」에 따라 같은 해 5월에 설립되었다.

**189.** 우리나라 근대 초등교육의 역사에 대한 설명으로 옳은 것은?  2021년 국가직 7급

① 1895년에 한성사범학교가 설립되어 근대적인 초등교원을 양성하였다.
② 통감부 시기에 초등 교육기관의 명칭이 보통학교에서 소학교로 바뀌었다.
③ 제1차 조선교육령(1911년)에는 소학교와 보통학교의 수업연한 상의 차별이 없었다.
④ 제2차 조선교육령(1922년)에 의해 초등 교육기관의 명칭이 국민학교로 바뀌었다.

■ 정답 및 해설
① 한성사범학교는 우리나라 최초의 근대적 교원교육기관으로 소학교의 교사를 양성하였다. 1895년 4월 공포된 「한성사범학교 관제」에 따라 같은 해 5월에 설립되었다.

◇ 오답 체크
② 통감부 시기에 공포된 보통학교령(1906)에 의해 기존의 소학교가 보통학교로 바뀌었다. 초등교육기관의 수업연한이 6년에서 4년으로 단축된 것이다.
③ 제1차 조선교육령(1911)에서는 소학교와 보통학교의 수업연한 상의 차별이 있었다. 일본인이 다니는 소학교는 6년제로, 조선인이 다니는 보통학교는 4년제로 운영되었다.
④ 초등 교육기관의 명칭이 국민학교로 바뀐 것은 1941년 공포된 「국민학교령」에 의해서이다.

### 암기 POINT

• 갑오개혁기의 학교관제

| 명칭 | 공포시기 |
| --- | --- |
| 한성사범학교 관제 | 1895. 4. |
| 외국어학교 관제 | 1895. 5. |
| 소학교령 | 1895. 7. |
| 성균관 관제 | 1895. 7. |

• 광무개혁기의 학교관제

| 명칭 | 공포시기 |
| --- | --- |
| 의학교 관제 | 1899. 3. |
| 중학교 관제 | 1899. 4. |
| 상공학교 관제 | 1899. 6. |

188 ②  189 ①

**190.** 갑오·광무 교육개혁 시기에 이루어진 한국 근대교육의 성과에 해당하는 것은?  `2019년 국가직 7급`

① 사립학교령의 제정·공포
② 한성사범학교 관제의 공포·시행
③ 최초의 여성교육기관인 이화학당의 설립
④ 외국어와 신학문 교육을 위한 육영공원의 설립

### ■ 정답 및 해설
② 갑오개혁은 1894~1896년, 광무개혁은 1897~1904년 기간 동안 추진된 개혁을 말한다. 이 중 한성사범학교 관제의 공포·시행된 것은 1895년이므로, 이 시기에 이루어진 교육적 성과에 해당한다.

### ◇ 오답 체크
① 사립학교령은 1908년에 공포되었다.
③ 이화학당은 1886년에 설립되었다.
④ 육영공원은 1886년에 설립되었다.


**191.** 갑오개혁기에 나타난 교육계의 변화로 옳은 것은? `2009년 유초등`

① 실용교육을 제창하는 교육조서(敎育詔書)가 반포되었다.
② 관료를 선발하는 과거제도에 서양의 근대적인 과목이 도입되었다.
③ 한성사범학교를 통하여 관립 소학교 및 중학교 교원이 양성되었다.
④ 학무국(學務局)을 중심으로 근대적인 교육법령이 수립되기 시작하였다.
⑤ 소학교, 중학교, 전문학교, 대학교로 이루어진 새로운 학제가 마련되었다.

### ■ 정답 및 해설
① 갑오개혁기 교육개혁의 방향을 제시하는 문서로 새로운 국가건설을 위해 실용교육을 제창하는 고종의 교육조서(敎育詔書)가 1895년 2월 반포되었다.

### ◇ 오답 체크
② 1894년 갑오개혁기에 근대적인 관리 등용법이 제정되면서 과거 제도는 폐지되었다.
③ 1895년 갑오개혁기에 설립된 한성사범학교에서는 소학교 교원이 양성되었다.
④ 갑오개혁기의 정부체제는 의정부 산하의 6개의 아문체제로 개편되었다. 그 중 교육을 관장하는 기관인 학무아문이 설치되어 근대적인 교육법령 수립을 주도하였다. 한편, 학무국은 1910년 국권침탈 후 조선총독부가 설치한 행정 조직으로, 일제강점기 조선에서 문교, 종교, 사회 행정을 관장하였다.
⑤ 갑오개혁기에는 소학교와 한성사범학교, 외국어학교만 설립되었다. 이후 광무개혁기에 중학교와 전문학교가 설립되었다. 우리나라 최초의 근대적 대학은 1924년에 설립된 경성제국대학이다.

190 ②  191 ①

## 02. 일제강점기의 교육

### 출포 62. 일제강점기의 교육정책    B

📖 기본서 93~97쪽

**192.** 다음 내용을 포함하고 있는 일제강점기의 조선교육령은?

2021년 국가직 9급

> ○ 보통학교의 수업연한은 6년으로 한다. 단, 지역의 상황에 따라 5년 또는 4년으로 할 수 있다.
> ○ 전문교육은 전문학교령에, 대학교육 및 그 예비교육은 대학령에 의한다.

① 제1차 조선교육령  
② 제2차 조선교육령  
③ 제3차 조선교육령  
④ 제4차 조선교육령

■ **정답 및 해설**

② 「보통학교령」(1906)에 의해 설립된 보통학교는 본래 수업연한이 4년이었다. 기존의 소학교의 수업연한이 6년이었던 것에 비하면 수업연한이 줄어든 것이었다. 이러한 보통학교의 수업연한을 다시 6년으로 연장한 것은 제2차 조선교육령에 의한 조치였다. 다만, 지역의 상황을 고려하여 5년이나 4년으로 할 수도 있도록 하였다. 또, 전문학교령과 대학령을 마련하여 전문교육과 대학교육 및 예비교육을 강화한 것도 제2차 조선교육령(1922)에 의한 것이다.

◇ **오답 체크**

① 제1차 조선교육령(1911)은 일본에 충량(忠良)한 국민 육성을 목적으로, 시세(時勢)와 민도(民度)에 맞는 교육을 실시한다는 원칙에 따라 이원적인 복선형 학제를 운영하였다. 조선인 학교와 일본인 학교를 분리하고, 조선인 학교의 수업연한을 일본인 학교보다 짧게 하여 상급학교 진학을 억제하였다. 즉 일본인이 다니는 소학교와 중학교는 각각 6년제로 운영하되, 조선인이 다니는 보통학교와 보통학교는 각각 4년, 여자보통학교는 3년으로 운영하였다.

③ 제3차 조선교육령(1938)은 외형상 조선인에 대한 차별을 철폐하면서 황국신민화 교육을 더욱 강화하였다. 복선형 학제를 폐지하여 일본인학교와 조선인학교의 명칭을 하나로 통일하였다. 이에 따라, 보통학교가 소학교로, 고등보통학교가 중학교로, 여자고등보통학교가 고등여학교로 개칭되었다.

④ 제4차 조선교육령(1943)은 학교를 전시교육체제로 개편하고, 전쟁인력 확보를 위한 교육을 실시하는 데 중점을 두었다. 이에 따라, 중학교, 고등여학교, 실업학교 수업연한을 4년으로 단축하여 운영하였다.

---

**암기 POINT**

- 보통학교령(1906) : 통감부
  - 소학교(6년)→보통학교(4년)
- 1차 조선교육령(1911)
  - 일본인 소학교, 조선인 보통학교(복선형 학제)
- 2차 조선교육령(1922)
  - 보통학교 설치 확대, 보통학교 6년으로 연장
  - 조선어 필수 과목
  - 경성제국대학 설치(1924)
- 3차 조선교육령(1938)
  - 보통학교→소학교로 개칭 (일원화, 단선형 학제)
  - 국민학교로 개칭(1941)
- 4차 조선교육령(1943)
  - 전시준비교육, 인력동원

192 ②

## 강서연 교육학

**난이도** ■ ■ ■
**채점결과** □ □ □

### 기출플러스
- 일제강점기 식민지 교육 (2006년 중등)
  - 우민화(愚民化) 교육
  - 황민화(皇民化) 교육
  - 복선형 학교제도
  - 관·공립학교 우위 정책
  - 중앙집권형 교육행정

**193.** 일제 강점기 교육에 대한 설명으로 옳은 것은?     2017년 국가직 7급

① 1920년대에 소학교를 국민학교로 개칭한 후 일본인과 조선인을 함께 교육하였다.
② 제3차 조선교육령 시기에 조선인들의 고등교육에 대한 요구를 충족시키기 위하여 경성제국대학을 설립하였다.
③ 일제의 우민화 정책에도 불구하고 제2차 조선교육령 시기에 조선인의 보통학교 재학생 수는 증가하였다.
④ 전쟁인력을 확보하고자 제1차 조선교육령 시기에 학교에서 전시준비교육을 실시하였다.

■ **정답 및 해설**

③ 일제의 우민화 정책에도 불구하고, 제2차 조선교육령에서는 보통학교 설치 기준을 '3면 1교' 정책에서 '1면 1교' 정책으로 전환하면서 교육기회를 양적으로 확대하였다. 이에 따라, 제2차 조선교육령 시기(1922~1937)에 보통학교의 설립이 증가하고 조선인의 보통학교 재학생 수가 크게 증가하였다. 반면, 보통학교로 초등교육의 중심이 옮겨감에 따라 전통적인 초등교육기관인 서당의 학생 수는 크게 감소하였다.

◇ **오답 체크**

① 소학교를 국민학교로 개칭하고 일본인과 조선인을 함께 교육한 것은 제3차 조선교육령 시기이다. 국민학교라는 명칭이 사용되기 시작한 것은 1941년 공포된 「국민학교령」에 의한 것이다.
② 조선인들의 고등교육에 대한 요구를 충족시키기 위하여 경성제국대학을 설립한 것은 제2차 조선교육령 시기이다. 경성제국대학은 「대학령」에 따라 1924년에 설립되었다.
④ 전쟁인력을 확보하고자 학교에서 전시준비교육을 실시한 것은 제4차 조선교육령 시기이다.

**난이도** ■ ■ □
**채점결과** □ □ □

**194.** 일제 강점기의 제2차 조선교육령에 대한 설명으로 옳지 않은 것은?     2015년 국가직 9급

① 조선어를 필수과목으로 정했다.
② 고등보통학교의 수업 연한을 3년으로 정했다.
③ 대학 설립에 관한 조항을 두었다.
④ 3·1 운동으로 표출된 반일감정을 무마하기 위한 회유책이었다.

■ **정답 및 해설**

② 제2차 조선교육령 시기는 반일감정을 무마하기 위한 회유책을 동원하였던 시기이다. 그러한 정책의 일환으로 일제는 조선인 학교와 일본인 학교의 차별을 폐지한다는 명목으로 조선인 학교의 수업연한을 연장시켰다. 이에 따라 보통학교의 수업연한을 기존 4년에서 6년으로, 고등보통학교의 수업연한을 기존 4년에서 5년으로 연장하였다.

193 ③    194 ②

## 195. 갑오개혁부터 을사늑약 전까지의 시기에 해당하는 교육 상황을 다음에서 고른 것은?  2013년 중등

ㄱ. 「사립학교령」을 공포하여 사립학교에 대한 규제를 강화하였다.
ㄴ. 「조선교육령」을 통해 수업 연한 3년의 여자고등보통학교 제도를 시행하였다.
ㄷ. 외국어를 비롯한 서구의 지식들을 가르치기 위해 육영공원(育英公院)을 신설하였다.
ㄹ. 고종은 이른바 '교육입국조서'를 통해 새로운 교육 강령으로 덕양(德養), 체양(體養), 지양(智養)을 선언하였다.
ㅁ. 「중학교관제」를 제정하여 중학교의 수업 연한을 심상과(尋常科) 4년, 고등과(高等科) 3년으로 규정하였다.

① ㄱ, ㄴ  ② ㄱ, ㄹ  ③ ㄴ, ㄷ
④ ㄷ, ㅁ  ⑤ ㄹ, ㅁ

### ■ 정답 및 해설
⑤ ㄹ. 고종이 '교육입국조서'를 통해 새로운 교육 강령을 선언한 것은 1894년이다. 따라서 갑오개혁부터 을사늑약 전까지의 시기에 해당한다.
ㅁ. 「중학교관제」를 제정하여 중학교의 수업 연한을 심상과(尋常科) 4년, 고등과(高等科) 3년으로 규정한 것은 1899년이다. 따라서 갑오개혁부터 을사늑약 전까지의 시기에 해당한다.

### ◇ 오답 체크
ㄱ. 사립학교령은 1908년에 공포되었으므로, 을사늑약이 체결된 1905년 이후이다.
ㄴ. 수업 연한 3년의 여자고등보통학교 제도를 시행한 시기는 제1차 조선교육령 시기이다. 제1차 조선교육령은 1911년에 공포되었으므로 을사늑약 이후이다.
ㄷ. 육영공원은 1886년에 신설되었으므로, 갑오개혁 시기(1894~1896) 이전이다.

---

## 196. 한국 근대 시기의 초등교육에 관한 설명으로 잘못된 것은?  2011년 유초등

① 한성사범학교관제(1895년)의 공포·시행으로 근대적 초등교원 양성 교육이 시작되었다.
② 소학교령(1895년)에 의하여 심상·고등 두 과를 둘 수 있는 관·공·사립의 소학교가 설립되어 나갔다.
③ 통감부 치하에서 제정된 보통학교령(1906년)에 의하여 기존의 소학교가 보통학교로 명칭이 바뀌고 수업연한이 4년에서 5~6년으로 연장되었다.
④ 제1차(1911년)·제2차(1922년) 조선교육령 시기에는 조선인 자녀들이 다니는 보통학교와 조선에 거주하는 일본인 자녀들을 위한 소학교가 별도로 존재하였다.
⑤ 제3차 조선교육령(1938년)에 의하여 기존의 보통학교가 일본과 동일한 소학교로 명칭이 바뀌었지만, 이후 학교에서 조선어의 사용과 교육이 금지되는 등 황국 신민화 교육이 더욱 강화되었다.

---

### 기출플러스
- 갑오개혁기의 교육개혁 (2010년 유초등)
  - 외국어교육을 위해 「외국어학교관제」를 제정하였다. (O)
  - 교원양성기관인 한성사범학교(漢城師範學校)를 설치하였다. (O)
  - 관립의 고등교육기관이 설립되어 성균관(成均館)은 폐지되었다. (×)
  - 「서당규칙(書堂規則)」을 제정하여 서당(書堂)을 소학교로 인가하였다. (×)
  - 초등단계교육 실시를 위해 「소학교령」과 「소학교규칙대강」을 제정하였다. (O)

195 ⑤  196 ③

■ 정답 및 해설

③ 통감부 치하에서 보통학교령(1906)에 의해 기존의 소학교가 보통학교로 명칭이 바뀌고, 수업연한이 6년에서 4년으로 단축되었다.

## 출포 63. 항일민족교육운동

📖 기본서 97~98쪽

**197.** 다음은 을사늑약에서 일제강점 시기에 이르기까지 조선인에 의한 민족교육운동과 관련된 내용이다. 바르게 설명한 것만을 있는 대로 고른 것은?

2012년 중등

---
ㄱ. 조선민립대학설립운동의 일환으로 경성제국대학을 설립하였다.
ㄴ. 언론사를 중심으로 '브나로드(Vnarod) 운동'과 같은 농촌계몽운동을 전개하였다.
ㄷ. 간도(間島)나 블라디보스토크(Vladivostok)와 같은 지역에서도 학교를 설립, 운영하였다.
ㄹ. 신간회와 근우회는 유교적 가정교육의 강화를 설립 이념 및 행동 강령으로 채택하였다.

---

① ㄱ, ㄴ   ② ㄱ, ㄹ   ③ ㄴ, ㄷ
④ ㄱ, ㄷ, ㄹ   ⑤ ㄴ, ㄷ, ㄹ

■ 정답 및 해설

③ ㄴ. 언론사를 중심으로 '브나로드(Vnarod) 운동'과 같은 농촌계몽운동을 전개하였다. '브나로드'는 '민중 속으로'라는 뜻으로, 학교 밖 사회교육을 통해 민중을 계몽하고 민족정신을 고취하는 데 중점을 두었다.

ㄷ. 우리 민족 지도자들은 국내 뿐 아니라, 간도나 블라디보스토크와 같은 지역에서도 학교를 설립, 운영하면서 국내뿐 아니라 간도나 블라디보스토크 등지에서도 학교를 설립하여 항일정신 고취하고 민족인재를 양성하고자 하였다. 대표적으로, 1907년에 안창호는 평양에 대성학교를, 이승훈은 정주에 오산학교를 설립하여 교육을 통한 구국운동에 앞장섰다.

◇ 오답 체크

ㄱ. 경성제국대학은 일제가 우리 민족의 조선민립대학설립운동을 봉쇄하기 위한 정책의 일환으로 설립한 것이다.

ㄹ. 신간회와 근우회는 민족해방운동의 통합을 추구하기 위해 설립된 단체들이다. 특히 근우회는 여성해방운동단체로서 유교주의의 봉건적 굴레에서 벗어나는 여성 자신의 해방과 일제 침략으로부터의 해방을 설립 이념 및 행동강령을 제시하고, 여성을 위한 이념교육 및 직업교육 활동을 전개하였다.

197 ③

198. 도산 안창호의 교육활동에 해당하는 것은?  2011년 중등
① 초등교육기관인 강명의숙(講明義塾)을 설립하였다.
② 점진학교(漸進學校)를 설립하여 남녀공학으로 운영하였다.
③ 교육구국을 위해 서우사범학교(西友師範學校)를 설립하였다.
④ 모곡학교(牟谷學校)를 설립하고 토론과 변론술을 연마시켰다.
⑤ 독립운동에 필요한 인재를 양성하기 위하여 오산학교(五山學校)를 설립하였다.

■ 정답 및 해설
② 도산 안창호 선생은 독립운동가·사상가로서, 독립협회, 신민회, 흥사단 등에서 활발하게 독립운동 활동을 하였다. 항일독립정신을 고취하고 민족의 지도자를 양성하기 위해 국내외에서 다수의 학교를 설립하였다. 안창호 선생이 설립한 학교로는 점진학교, 대성학교, 동명학원 등이 있다. 점진학교(1899)는 최초로 남녀공학으로 운영된 초등학교였으며, 대성학교(1907)는 평양에 세운 중등학교였다. 동명학원(1924)은 중국 난징에 설립하였다.

◇ 오답 체크
①, ⑤ 강명의숙과 오산학교는 이승훈이 설립하였다.
③ 서우사범학교는 서우학회에서 설립하였다.
④ 모곡학교는 남궁억이 설립하였다.

## 03. 해방 이후의 교육

### 출포 64. 해방 이후의 교육  C
기본서 98~99쪽

199. 우리나라 초·중등교육의 확대 과정에서 나타난 특징으로 옳지 않은 것은?
2022년 국가직 7급
① 국민의 교육 요구를 제도적으로 충족시키기 위한 정책이 시행되면서 취학률은 초등교육 단계부터 빠르게 상승하였다.
② 국가 교육재정의 한계로 인해 교육기회의 양적 팽창에 사립학교가 상당한 역할을 하였다.
③ 교육을 통한 사회이동의 기대와 맞물려 진학경쟁이 과열되는 문제가 대두되었다.
④ 고교평준화 정책은 고등학교 완전취학이 달성된 1970년에 전국적으로 동시에 시행되었다.

**기출플러스**
- 우리나라의 교육사적 사건 (2004년 유초등)
- 교육자치제도의 도입 (1952년)
- 중학교 무시험입학제의 시행(1969년)
- 고등학교 평준화 정책의 시행(1973년)
- 9년제 의무교육의 단계적 시행(1984년)

198 ② 199 ④

■ 정답 및 해설

④ 고교평준화 정책은 고교 입시 과열 문제의 해소를 목적으로 1973년부터 시행되었다. 인문계 고교의 입학시험을 면제하고, 학군에 따라 추첨으로 학생들을 배정하는 조치가 중심이었다. 고교평준화 정책은 서울과 부산을 시작으로 해서, 점진적으로 전국으로 확대하였다.
한편, 중학교 의무교육 정책은 초등학교 완전취학이 달성된 1980년대에 시행되었다. 1985년에 도서·벽지에서부터 우선 시행되었고 점차 전국으로 확대하였다. '의무교육 완성 6개년 계획'(1954~1959)에 따라 초등학교 취학률은 1970년에 이미 92%에 도달해 있었던 수준이었다.

**200.** 우리나라 대학교육의 양적 변화에 관한 설명으로 가장 적절한 것은?

2004년 중등

① 1950년대는 6. 25 전쟁으로 인해 대학정원이 축소된 시기이다.
② 1960년대는 5. 16 군사정변으로 인해 대학설립 붐이 조성된 시기이다.
③ 1970년대는 정원억제 정책으로 인해 대학정원이 축소된 시기이다.
④ 1980년대는 7. 30 교육개혁조치로 인해 대학정원이 팽창한 시기이다.

■ 정답 및 해설

④ 1980년대는 1980년 발표된 7.30 교육개혁 조치로 인해 대학정원이 급격히 변동된 시기이다. 대학입시를 위한 사교육을 억제하고 공교육을 정상화하기 위한 조치로서, 과외금지, 대학 본고사 폐지, 대학 졸업 정원제 도입 등의 정책이 실시되면서 대학정원이 크게 팽창하였다.

◇ 오답 체크
① 1950년대는 광복 이후 고등교육에 대한 국민의 높은 수요와 정부의 자유방임정책으로 인해 대학이 양적으로 팽창하고 대학정원이 증가된 시기이다.
② 1960년대는 5. 16 군사정변 이후 학교정비기준령(1961) 및 대학정원령(1965)을 동원하여 정부가 대학의 정원을 규제하여 대학정원이 축소된 시기이다.
③ 1970년대는 중학교무시험진학제와 고교평준화정책으로 중등교육 인구가 팽창하였으나, 대학생 정원 억제 정책이 지속되면서 대학입시가 과열된 시기이다.

---

**기출플러스**

- 1980년 7.30 교육개혁조치
  (2003년 중등)
  - 과외금지
  - 대학 본고사 폐지
  - 대학 졸업 정원제 실시

200 ④

# CHAPTER 04

# 교육심리학

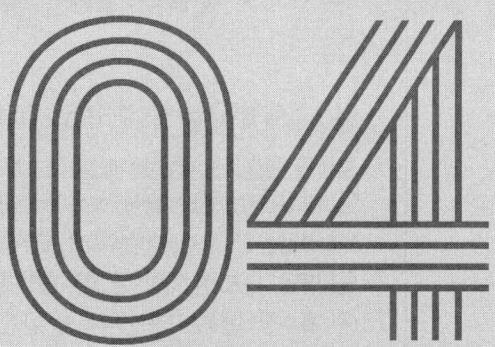

1. 발달이론의 이해
2. 인지발달이론
3. 성격발달이론
4. 도덕성 발달이론
5. 지능이론
6. 창의성과 인지양식
7. 학습동기
8. 행동주의 학습이론
9. 인지주의 학습이론

# 1. 발달이론의 이해

## 01. 발달의 개념과 원리

### 출포 65. 발달의 일반적 원리

🌐 기본서 103~104쪽

**201.** 발달학자들이 제시하는 발달의 일반적 원리로 볼 수 없는 것은?

2016년 국가직 9급

① 발달은 일정한 순서와 단계를 따른다.
② 발달은 성숙과 학습의 상호작용의 결과이다.
③ 발달 속도는 개인 간 및 개인 내 차이가 있다.
④ 특수한 반응에서 전체적인 반응으로 이행하며 발달해 나간다.

■ **정답 및 해설**

④ 발달의 일반적 원리에 따르면, 발달은 전체적인 반응에서 특수한 반응으로 이행하며 발달해 나가는 특성을 보인다.

◇ **오답 체크**

① 발달은 일정한 순서와 단계를 따른다. 발달은 머리에서 발쪽으로, 중심에서 말초 방향으로 진행되는 경향이 있다. 앞선 단계의 발달은 이후 단계 발달의 기초가 되면서 일정한 단계를 따른다.
② 발달은 성숙과 학습의 상호작용의 결과이다. 즉 발달은 유전과 환경의 상호작용의 결과이다. 유전은 발달의 한계를 결정하는 반면, 환경은 그 한계 내에서 실제 개인의 구체적 발현 정도를 결정한다.
③ 발달 속도는 개인 간 및 개인 내 차이가 있다. 즉 아동과 아동간의 발달 속도의 차이가 있을 뿐 아니라, 한 개인 아동이 가지고 있는 인지적, 정의적, 신체적 분야의 여러 능력 간에도 발달 속도의 차이가 있다.

**202.** 인간발달에 대한 설명으로 옳지 않은 것은?

2010년 5급 사무관

① 발달은 유전과 환경 간 상호작용의 결과이다.
② 발달의 순서와 방향은 동일하다.
③ 발달은 계속적인 과정이다.
④ 인지발달과 정서발달은 상호 독립적이다.
⑤ 발달속도와 시기별 개인차가 있다.

**암기 POINT**

• 발달의 기본 원리
 - 유전과 환경의 상호작용
 - 순서와 방향성 존재
 - 연속성(미)과 불연속성(거)
 - 결정적 시기 존재
 - 누적적 효과
 - 개별성과 다양성
 - 상호관련성

201 ④  202 ④

■ 정답 및 해설
④ 인간 발달에 있어서 인지발달과 정서발달은 상호영향을 주고 받으며 전체적인 조화와 균형을 추구해 나가는 경향성이 있다.
◇ 오답 체크
① 발달은 유전과 환경의 상호작용의 결과이다. 유전은 발달의 한계를 결정하는 반면, 환경은 그 한계 내에서 실제 개인의 구체적 발현 정도를 결정한다.
② 발달의 순서와 방향은 동일하다. 일반적으로 발달은 머리에서 발쪽으로, 중심에서 말초 방향으로 진행되는 경향이 있다.
③ 발달은 계속적인 과정이다. 앞선 단계의 발달은 이후 단계 발달의 기초가 되면서 일정한 단계를 따른다. 특정한 시기에 발생한 발달상의 결핍은 이후에 보충해 주어도 회복하기 어려울 수 있다.
⑤ 발달속도와 시기별 개인차가 있다. 발달의 순서와 방향은 보편적이지만, 발달의 속도와 시기에는 개인차가 명백히 존재한다.

## 02. 발달 연구의 동향

### 출포 66. 발달 연구의 최근 동향

🔵 기본서 104~105쪽

**203.** 인간 발달에 대한 연구자와 이론을 바르게 연결한 것은?

2020년 국가직 7급

① 비고츠키(Vygotsky) - 동화와 조절을 통해 환경에 적응해 나감으로써 인지발달이 이루어진다.
② 콜버그(Kohlberg) - 아동은 인지적 성숙과 사회적 경험을 통해 타율적 도덕성 단계에서 자율적 도덕성 단계로 발달한다.
③ 프로이트(Freud) - 생의 특정 시점에서 경험하는 사회적 요구에 의해 나타나는 위기를 어떻게 해결하느냐에 따라 심리사회적 발달이 이루어진다.
④ 브론펜브레너(Bronfenbrenner) - 인간은 개인에게 직접적인 영향을 주는 가족뿐만 아니라 사회적·문화적 환경을 포함한 여러 수준의 환경과 다양한 상호작용을 통해 발달한다.

■ 정답 및 해설
④ 브론펜브레너는 생태학적 발달이론을 제시한 학자로서, 인간을 둘러싼 다양한 수준의 환경이 상호작용하며 발달에 영향을 미친다는 점을 강조하였다.
◇ 오답 체크
① 피아제의 인지 발달이론에 대한 설명이다. 비고츠키는 사회적 상호작용과 내면화를 통해 인지발달이 이루어진다고 보았다.

**암기 POINT**
• 발달 연구의 동향

| 연구자 | 주요 개념 |
|---|---|
| 프로이트 | 무의식, 성적 욕구 |
| 에릭슨 | 의식, 사회적 요구 |
| 피아제 | 인지, 동화와 조절 도덕성, 탈중심화 |
| 콜버그 | 도덕성, 추론능력 |
| 비고츠키 | 인지, 언어, 문화, 사회적 상호작용 |
| 브론펜브레너 | 가족~사회문화적 환경과의 상호작용 |

203 ④

② 피아제의 도덕성 발달이론에 대한 설명이다. 콜버그는 전인습 수준에서 인습 수준으로, 다시 후인습 수준으로 도덕성이 발달한다고 설명하였다.
③ 에릭슨의 성격 발달이론에 대한 설명이다. 프로이트는 아동기에 경험하는 성적 충동에 의한 위기를 어떻게 해결하느냐에 따라 발달이 이루어진다고 보았다.

**204.** 브론펜브레너(U. Bronfenbrenner)에 의해 제안된 인간발달의 생태이론에서 중간체계(mesosystem)에 대한 설명으로 가장 적절한 것은?

2015년 국가직 9급

① 아동이 속해 있는 사회의 이념, 가치, 관습, 제도 등을 의미한다.
② 아동과 아주 가까운 주변에서 일어나는 활동과 상호작용을 나타낸다.
③ 가정, 학교, 또래집단과 같은 미시체계들 간의 연결이나 상호관계를 나타낸다.
④ 아동이 직접적으로 접촉하고 있지는 않지만 아동에게 영향을 주는 환경(부모의 직장, 보건소 등)을 나타낸다.

■ 정답 및 해설
③ 브론펜브레너의 생태학적 발달이론에서 중간체계는 미시체계들 간의 연결이나 상호관계로 이루어진 체계를 의미한다. 여기에서 미시체계란 아동의 발달에 직접적으로 영향을 미치는 활동과 상호작용이 일어나는 환경으로서 가정, 학교, 또래집단 등이 포함된다.

◇ 오답 체크
① 사회의 이념, 관습, 제도 등은 아동이 속해 있는 사회문화적 환경으로서 거시체계에 포함된다.
② 아동과 아주 가까운 주변에서 일어나는 활동과 상호작용은 아동의 발달에 직접 영향을 미치는 환경으로서 미시체계를 의미한다.
④ 아동이 직접 접촉하지는 않지만 아동에게 영향을 줄 수 있는 환경을 외체계라고 한다. 부모의 직장, 부모의 친구, 대중매체, 지역사회서비스 등이 포함된다.

**205.** 다음의 진술들과 가장 부합하는 인간발달 이론은?

2012년 유초등

○ 개인의 발달은 유전과 환경 모두의 영향을 받는다.
○ 환경의 다차원적인 체계가 상호작용하여 발생하는 힘이 개인의 발달과 행동에 영향을 미친다.
○ 개인을 둘러싼 환경은 미시체계, 중간체계, 외체계, 거시체계의 네 층과 시간체계로 구분된다.
○ 개인의 발달에 영향을 미치는 지배적인 환경은 연령 증가에 따라 미시체계에서 바깥층의 체계로 점차 이동한다.

204 ③  205 ⑤

---

**암기 POINT**
- 브론펜브레너의 생태학적 발달이론

| 환경체계 | 특징 및 예시 |
|---|---|
| 미시체계 | 직접적 상호작용<br>예) 가정, 친구 |
| 중간체계 | 미시체계 간 연결<br>예) 부모 간 관계 |
| 외부체계 | 간접적 접촉&영향<br>예) 부모의 직장 |
| 거시체계 | 사회문화적 환경<br>예) 가치, 법률 |
| 시간체계 | 시간에 따른 변화<br>예) 유아기~소년기 |

① 엘더(G. Elder)의 생애 이론
② 게젤(A. Gesell)의 성숙 이론
③ 반두라(A. Bandura)의 사회인지 이론
④ 에릭슨(E. Erikson)의 심리사회적 이론
⑤ 브론펜브레너(U. Bronfenbrenner)의 생태학적 이론

■ 정답 및 해설

⑤ 개인의 발달이 유전과 환경 모두에 의해 영향을 받으며, 환경의 다차원적인 체계들 간의 상호작용이 발달에 영향을 미친다고 보는 관점은 생태학적 관점의 발달이론이다. 그 중에서도 개인을 둘러싼 환경을 미시체계, 중간체계, 외체계, 거시체계 및 시간체계로 개념화하고, 발달에 영향을 미치는 지배적인 환경이 미시체계에서 점차 바깥층의 체계로 이동한다고 설명하는 이론은 브론펜브레너의 이론이다.

◇ 오답 체크

① 엘더의 생애 이론은 생태학적 발달이론이자 전생애적 발달이론에 속하는 이론으로서 환경의 영향을 보다 체계적으로 설명한 이론이다. 엘더는 급변하는 사회에서 각기 다른 연령대의 사람들이 각기 다른 역사적 환경의 영향을 받게 된다는 점에 중점을 두고 장기-종단적 연구를 통해 발달의 과정을 분석하였다. 그에 따르면, 개인의 발달은 자신이 살고 있는 역사적 시기와 장소, 역사적 사건과 개인의 사회적 역할 등에 의해 일생동안 영향을 받는다. 예를 들면, 취학 전에 대공황기를 경험한 아동들은 그렇지 않은 아동들에 비해 독립심과 성취지향성이 강하게 발달한다는 것이다. 종합하면, 엘더의 이론은 생태학적 발달이론에서 활용하는 체계의 개념을 활용하면서도, 아동의 발달에 거시체계와 시간체계와 같은 가족 외적 환경의 중요성을 특히 강조하였다는 점이 특징이다.

② 게젤의 성숙 이론은 아동의 발달에 있어서 유전적 요인의 영향에 중점을 두는 이론으로서, 발달의 가장 강력한 영향 요인으로 성숙의 중요성을 강조한 이론이다. 특히 게젤은 아동의 발달에서 일정하게 나타나는 규칙성을 발견하는 데 중점을 두었는데, 아동 스스로 자신의 발달을 조절하는 '자기규제', 좌뇌와 우뇌 사이의 '상호교류', 다양한 영역들 간의 '기능적 비대칭성' 등을 주요 개념으로 제시하였다.

③ 반두라의 사회인지 이론은 학습은 타인과의 상호작용 과정에서 형성된 사고과정의 결과로서, 관찰학습, 자기강화, 자기효능감 등과 같은 개념을 강조하였다.

④ 에릭슨의 심리사회적 이론은 생의 과정 속에서 경험하는 사회적 요구에 의해 나타나는 위기를 어떻게 해결하느냐에 따라 심리사회적 발달이 이루어진다고 본다.

# 2. 인지발달이론

## 01. 피아제의 인지발달이론

### 출포 67. 피아제 이론의 개요

기본서 106쪽

**206.** 피아제(Piaget)의 인지발달이론에 대한 설명으로 옳지 않은 것은?

2007년 국가직 7급

① 인지발달은 인지구조의 변화에 의해 일어난다.
② 인지발달단계는 사고의 질적 변화를 나타낸다.
③ 인지기능은 적응과 조직화 기능으로 구성된다.
④ 고차적 인지능력은 사회적 상호작용의 결과다.

■ 정답 및 해설
④ 피아제는 아동과 환경의 상호작용의 결과로 고차적 인지능력이 발달한다고 본다. 고차적 인지능력은 사회적 상호작용의 결과라고 보는 것은 비고츠키의 관점이다. 이러한 측면에서 피아제의 이론은 발생론적(개인적, 인지적) 인식론이라고 하고, 비고츠키의 이론은 사회문화적 인식론이라고 한다.

◇ 오답 체크
① 피아제는 인지발달이 인지구조의 변화에 의해 일어난다고 본다. 즉 인지발달은 아동과 환경이 상호작용하며 새로운 인지구조로 변화되는 과정을 의미한다.
② 인지발달단계는 사고의 질적 변화를 나타낸다. 인지발달단계는 질적으로 다른 인지구조가 형성되었는지를 기준으로 구분된다.
③ 인지기능은 적응과 조직화 기능으로 구성된다. 인지발달은 아동의 인지구조와 외부의 환경 사이에 평형화 과정을 통해 일어나며, 이 과정은 인지의 적응 기능과 조직화 기능에 의해 일어난다. 적응 기능이란 외부 환경의 요구에 맞는 인지구조를 만들어 나가는 기능이며, 조직화 기능이란 기존의 인지구조를 체계적으로 통합하면서 재구성하는 기능을 의미한다.

**207.** 다음의 내용이 설명하는 것은?

2007년 영양교사

○ 피아제(J. Piaget) 인지발달 이론의 주요 개념이다.
○ 인지구조를 균형 있게 유지하려는 경향성을 의미한다.
○ 동화와 조절이 기본적인 기제이다.

① 일반화　　　　　　② 조건화
③ 부호화　　　　　　④ 평형화

### 기출플러스

• 피아제의 '인지도식(스키마)' (2015년 특채)
사고의 기본단위로서, 대상을 표상할 때 혹은 그에 대해 생각할 때 사용하는 조직화된 사고체계를 의미한다.

### 암기 POINT

• 피아제의 인지발달 기제

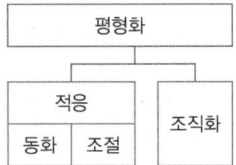

206 ④　207 ④

■ 정답 및 해설
④ 피아제는 학습자 자신의 인지구조로 외부 세계에 대한 경험을 이해할 수 있는 상태, 즉 평형 상태를 찾아가는 과정을 통해 인지발달이 일어난다고 본다. 평형화는 기존 도식에 맞춰 새로운 정보를 해석하는 동화의 과정과 새로운 정보에 맞춰 기존 도식을 변화시키는 조절의 과정을 통해 일어난다고 본다.

## 출포 68. 피아제의 인지발달기제

기본서 106~107쪽

**208.** 피아제(J. Piaget)는 인지발달이론에서 "인간은 적응을 위해 새로운 경험과 도식을 서로 조정한다"라고 하였다. 다음의 예와 피아제가 제시한 적응의 유형이 옳게 짝지어진 것은?  2017년 국가직 9급

(가) 다른 나라를 방문할 때 그 나라의 문화와 음식, 언어에 빠르게 순응하려고 노력하는 것
(나) 아빠는 양복을 입은 사람이라는 생각을 가진 유아가 양복을 입은 사람을 모두 '아빠'라고 부르는 것

|     | (가)    | (나)    |
| --- | ------ | ------ |
| ①   | 탈중심화 | 중심화  |
| ②   | 조절    | 동화    |
| ③   | 중심화  | 탈중심화 |
| ④   | 동화    | 조절    |

■ 정답 및 해설
② (가) 다른 나라를 방문하여 새로 접한 문화나 언어에 순응하려고 노력하는 것은 새로운 정보에 맞게 자신이 기존에 가지고 있던 도식을 새롭게 변화시키려는 것을 의미하므로 '조절'에 해당된다.
(나) '양복을 입은 사람은 아빠'라는 도식을 그대로 유지한 채 새로 만난 대상을 해석하려고 하는 것이므로, 기존 도식에 맞추어 새로운 정보를 해석하는 과정인 '동화'에 해당된다.

◇ 오답 체크
• '중심화'는 가장 분명하게 지각되는 측면에만 초점을 두고 다른 측면들을 무시해버리는 경향을 의미하는 용어로, 전조작기의 인지적 특성에 해당된다.
• '탈중심화'는 대상의 여러 측면들을 동시에 고려할 수 있는 경향을 의미하며, 구체적 조작기에 이르러 나타난다.

### 암기 POINT
• 피아제의 인지발달 기제

| 비평형 | 기존 도식과 새로운 경험의 불일치 상태 |
| --- | --- |
| 평형화 | 새로운 경험을 이해 가능한 도식 형성 |
| 적응 - 동화 | 기존 도식에 맞추어 새로운 경험을 해석 |
| 적응 - 조절 | 새로운 경험에 맞게 기존 도식을 변경 |

208 ②

**209.** 피아제(Piaget)의 동화의 예에 해당하는 것은? `2006년 5급 사무관`

① 새로운 정보가 기존의 도식에 맞지 않을 때 무시해 버린다.
② '박쥐'를 보고 '새'라고 하지 않고 '새'와는 다른 것이라고 부른다.
③ '강아지'만 보아온 아이는 '고양이'를 보고 '강아지'라고 한다.
④ 손으로 물체를 잡는 도식을 가지고 있는 경우 젓가락이나 장난감 등 손에 와 닿는 것은 무엇이나 잡으려 하나 칼은 잡으려 하지 않는다.
⑤ 사과와 배, 감을 더 일반적인 과일의 하위범주로 생각한다.

■ 정답 및 해설

③ 고양이라는 새로운 정보를 보고도 이를 강아지와 비슷하게 생긴 동물을 모두 '강아지'라고 해석하는 도식에 맞추어 해석하는 것이므로, 동화에 해당한다.

◇ 오답 체크

① 새로운 정보와 기존 도식 사이의 불일치가 너무 클 경우 새로운 정보를 무시해 버리는 현상이 나타난다.
② '날아다는 것은 새'라는 도식을 가지고 있던 아동이 '박쥐'를 보고 '새'가 아닌 다른 것이라고 구별해냄으로써 기존의 도식을 새로운 상황에 맞게 변화시키는 과정이므로, 조절에 해당한다.
④ '손으로 물체를 잡는' 도식을 가지고 있던 아동이 '칼'을 접하고 물체에 반응하는 기존 도식을 새로운 상황에 맞게 변화시키는 과정이므로, 조절에 해당한다.
⑤ 기존의 도식들의 관계를 체계적으로 재구성하여 평형화를 이루려는 과정에 해당하며, 이를 '조직화'라고 한다.

**210.** 다음은 삐아제 (J. Piaget) 이론의 인지발달 기제와 관련된 예화이다. ㉠, ㉡, ㉢에 해당되는 개념을 바르게 나열한 것은? `2005년 중등`

> 현아는 모둠 학습과제를 위해 디지털 카메라를 꺼내어 작동시켜 보았더니 고장이 나 있었다. 그래서 어머니께서 빌려다 주신 것을 사용하게 되었다. ㉠ 낯선 제품이었지만 평소 자기의 카메라를 다루던 방식으로 전원 스위치를 눌렀더니 작동이 되었다. 그러나 ㉡ 풍경모드로 전환하는 방식이 예전의 자기 것과는 달라 당황스러웠다. 현아는 ㉢ 기능 버튼을 이리저리 눌러 보고 새로운 제품의 사용방법을 익혔다. 그 결과 그 제품을 자유로이 다룰 수 있게 되었다.

| | ㉠ | ㉡ | ㉢ | | ㉠ | ㉡ | ㉢ |
|---|---|---|---|---|---|---|---|
| ① | 도식 | 조절 | 동화 | ② | 조절 | 동화 | 도식 |
| ③ | 동화 | 비평형화 | 조절 | ④ | 조절 | 비평형화 | 동화 |

209 ③  210 ③

■ 정답 및 해설

③ ㉠ 낯선 제품을 평소 자기의 카메라를 다루던 방식으로 다루었더니 작동이 되었다는 것은 새로운 정보를 기존의 도식으로 이해하였다는 것을 의미하므로, '동화'의 과정에 해당한다.

㉡ 모드 전환 방식이 예전의 자기의 것과 달라 당황스러웠다는 것은 기존의 도식으로 새로운 정보를 이해할 수 없는 상태에 이르렀다는 것을 의미한다. 달리 말하면, 동화의 실패로 인해 기존의 도식과 새로운 정보 사이의 평형 상태가 깨어진 상태, 즉 인지적 비평형 상태에 이르게 되었다는 것을 의미하므로, '비평형화' 과정에 해당한다.

㉢ 버튼을 눌러보면서 새로운 제품의 사용방법을 익혔다는 것은 새로운 정보를 이해할 수 있는 형태의 새로운 도식을 갖게 되었다는 것을 의미하므로, 기존의 도식을 새로운 정보에 맞게 변화시키는 과정인 '조절'에 해당된다.

## 출포 69. 피아제의 인지발달단계

기본서 108~110쪽

**211.** 피아제(J. Piaget)의 인지발달단계를 순서대로 바르게 나열한 것은?

2019년 지방직 9급

| ㄱ. 전조작기 | ㄴ. 형식적 조작기 |
| ㄷ. 감각운동기 | ㄹ. 구체적 조작기 |

① ㄱ → ㄴ → ㄷ → ㄹ
② ㄱ → ㄷ → ㄴ → ㄹ
③ ㄷ → ㄱ → ㄹ → ㄴ
④ ㄷ → ㄴ → ㄱ → ㄹ

■ 정답 및 해설

③ 피아제의 이론에서 인지발달은 인지구조의 질적 변화를 의미한다. 인지구조의 질적 변화는 이전 단계와는 다른 새로운 인지도식이 발달하는 것이며, 외부 대상이나 사건에 반응하는 사고나 행동의 패턴이 달라지는 것을 의미한다.
유아기(0~2세)에는 감각과 운동을 통해 환경과 상호작용하는 도식이 발달하므로 '감각운동기'라고 한다. 학령기 전의 아동기(2~7세)에는 불완전하고 비논리적인 사고를 통해 환경과 상호작용하므로, 조작(operation) 능력이 발달하기 전의 단계라는 의미로 '전조작기'라고 한다. 초등학교 수준의 학령기(7~11세)에는 구체적인 상황에 대해서는 논리적인 사고가 발달하므로 '구체적 조작기'라고 한다. 중학교 이상의 청소년기(12세~)에는 추상적이며 가설적인 상황에서도 논리적인 사고가 발달하므로 '형식적 조작기'라고 한다. 종합하면, 피아제의 인지발달단계는 '감각운동기(ㄷ) → 전조작기(ㄱ) → 구체적 조작기(ㄹ) → 형식적 조작기(ㄴ)' 순으로 나타난다.

암기 POINT

• 피아제의 인지발달단계

| 단계 | 특징 |
|---|---|
| 감각운동기 (~2세) | 목표지향 행동 대상영속성 인식 |
| 전조작기 (2~7세) | 비논리적 사고 자기중심적 사고 |
| 구체적 조작기 (7~11세) | 분류, 보존, 서열화 구체-논리적 사고 탈자기중심화 |
| 형식적 조작기 (11세~) | 추상-논리적 사고 가설-연역적 사고 |

211 ③

**212.** 피아제(Piaget)의 인지발달 단계에서 구체적 조작기에 대한 설명으로 옳은 것만을 모두 고르면?  *2021년 국가직 7급*

> ㄱ. 가설연역적 사고가 가능하다.
> ㄴ. 서열화와 분류가 가능하다.
> ㄷ. 상징을 형성하고 사용하는 능력이 발달하기 시작한다.
> ㄹ. 가역적 사고가 가능하다.

① ㄱ, ㄷ  ② ㄱ, ㄹ
③ ㄴ, ㄷ  ④ ㄴ, ㄹ

■ 정답 및 해설

④ ㄴ. 구체적 조작기는 구체적인 상황에 대한 논리적이고 체계적으로 사고하는 능력이 발달하는 시기이다. 구체적 조작기에는 구체적인 개념을 이해하고, 대상의 수, 크기, 색상, 모양 등의 특성을 기준으로 사물들을 서열화하거나 분류할 수 있는 능력이 발달한다.

ㄹ. 구체적 조작기에는 논리적인 사고가 발달하면서 가역적 사고(reversible thinking)가 가능해진다. 가역적 사고는 어떤 과정이나 사물의 상태를 원래의 상태로 되돌려 생각할 수 있는 능력으로, 사물이 크기나 형태가 변해도 그 본질이 변하지 않는다는 것을 이해할 수 있게 해 주는 보존(conservation)의 개념을 획득하게 한다.

◇ 오답 체크

ㄱ. 가설연역적 사고가 가능해지는 것은 형식적 조작기의 특징이다. 가설연역적 사고란 어떤 문제에 대해 "만약 ~라면"과 같은 형식의 가설을 수립하고 이를 논리적이며 체계적인 과정을 통해 결론을 도출해 내는 사고 능력을 말한다.

ㄷ. 상징을 형성하고 사용하는 능력이 발달하기 시작하는 시기는 전조작기이다. 즉 어떤 대상을 직접 사용하는 대신에 상징으로 표현하고 활용하는 사고 능력이 발달한다는 의미이다. 예를 들면 막대를 말이나 칼로 상상하여 놀이를 하는 것은 이러한 능력의 발달을 보여준다. 그에 따라, 언어라는 상징체계를 이용하여 어떤 대상을 표상하는 능력도 전조작기에 급격히 성장한다.

**213.** 피아제(J. Piaget)의 인지발달이론에서 구체적 조작기의 특징으로 옳지 않은 것은?  *2008년 국가직 9급*

① 물활론적 사고  ② 가역적 사고
③ 보존개념  ④ 탈중심화

■ 정답 및 해설

① 물활론적 사고란 생명이 없는 대상에게 생명과 감정을 부여하는 사고로서, 전조작기 아동에게 나타나는 비논리적 사고의 한 가지 형태이다.

**214.** 다음 글에서 설명하고 있는 피아제(Piaget)의 인지발달 단계는?

2012년 국가직 7급

> 한 아이에게 같은 양의 주스를 채운 두 개의 동일한 모양의 컵을 보여준다. 그런 다음에 한 컵의 주스를 지금보다 가늘고 긴 다른 컵에 옮겨 붓는다. 그리고 그 아이에게 어느 컵의 주스가 더 많은지 묻자 그 아이는 가늘고 긴 컵의 주스가 더 많다고 대답한다.

① 감각운동기  ② 전조작기
③ 구체적 조작기  ④ 형식적 조작기

■ **정답 및 해설**
② 컵의 모양(길이)이 변하더라도 물질의 양(부피)과 같은 본질적 속성은 그대로 유지된다는 사실을 이해하는 것을 '보존'의 개념을 획득한다고 한다. 제시문의 아이는 컵의 모양에 따라 주스의 양을 판단하고 있으므로, 보존 개념을 획득하지 못한 것이다. 보존 개념은 구체적 조작기에 획득되므로, 이 아이는 그 이전 단계인 전조작기에 해당된다고 볼 수 있다.

◇ **오답 체크**
① 제시문의 아이는 불완전하고 비논리적이기는 하지만 나름대로의 사고를 통해 주스의 양을 추정하였으므로, 감각과 운동을 통해 환경과 상호작용하는 감각운동기는 넘어서는 단계에 있다고 볼 수 있다.
③ 구체적 조작기와 ④ 추상적 조작기에는 보존의 개념을 획득하여 사고하므로, 주스의 양은 동일하다고 답할 것이다.

---

**215.** 피아제(J. Piaget)의 인지발달 단계 중 전조작기의 특징을 다음에서 고르면?

2007년 유초등

> 가. 대상영속성이 나타난다.
> 나. 가설·연역적으로 추론한다.
> 다. 사고와 언어가 자기중심적이다.
> 라. 상징을 형성하고 사용하는 능력이 발달하기 시작한다.

① 가, 나  ② 가, 다
③ 나, 라  ④ 다, 라

■ **정답 및 해설**
④ 다. 전조작기의 아동은 사고 능력이 발달하기는 하지만 지각이 사고에 앞서기 때문에 직관적이며 비논리적인 사고 경향을 보인다. 이로 인해 사고와 언어가 자기중심적인 특징을 보인다.

---

**기출플러스**

• 피아제이 전조작기 특징 (2009년 유초등)

(사례)
입학 첫날, 김 교사는 반 아동들에게 교실행동 요령을 가르치고 있었다. "선생님의 질문에 답하려면 먼저 오른손을 드세요. 그리고 선생님이 이름을 부르면 일어나서 대답하세요."라고 말하고, 아동들을 똑바로 마주 보고 시범을 보이면서 "선생님처럼 오른손을 들어 보세요."라고 지시했다. 그러자 아동들은 대부분 왼손을 들었다.

(해석) 전조작기의 자기중심성에서 완전히 벗어나지 못한 아동은 다른 사람의 관점을 고려하지 못한다.

214 ② 215 ④

## 암기 POINT
- 전조작기 아동의 특징
  - 상징 사용 능력 발달
  - 직관적 사고 경향
  - 중심화(집중화) 경향
  - 비논리적 사고 경향 (인공론, 물활론 사고)
  - 자기중심적 사고와 언어
  - 분류, 서열화, 보존 개념 미발달

라. 전조작기의 아동은 감각운동기에서 벗어나면서 상징을 형성하고 사용하는 능력의 발달이 발달하며, 이를 통해서 언어능력이 발달하는 특징을 보인다.

◇ 오답 체크
가. 대상영속성 개념은 대상이 눈에 보이지 않아도 계속 존재한다는 것을 알게 되는 것으로, 감각운동기 단계에 획득된다. 대상영속성 개념은 감각운동기의 후반부(생후 8~9개월경)부터 본격적으로 나타난다.
나. 가설·연역적으로 추론한다는 것은 어떤 문제에 대해 "만약 ~라면"과 같은 형식의 가설을 수립하고 이를 논리적이며 체계적인 과정을 통해 결론을 도출해 낸다는 것을 의미한다. 이러한 사고 능력은 형식적 조작기에 발달한다.

**216.** 수빈이의 행동 중 피아제(Piaget)의 구체적 조작기(period of concrete operations)의 특징을 가장 잘 나타내 주는 예는?  2007년 국가직 9급

① 아빠가 "토끼가 뭐야?"라고 묻자, 수빈이는 "토끼는 하얀 거야, 그리고 눈이 빨간 거야."라고 말하였다.
② 수빈이는 빨간 사과, 빨간 꽃, 노란 오렌지, 노란 꽃을 꽃과 과일별로 나누기도 하고, 색깔별로 나누거나 묶기도 하면서 논다.
③ 수빈이는 앞마당에 떨어진 나뭇잎들을 모아놓고 반찬이라고 하면서 소꿉놀이하기를 좋아한다.
④ 수빈이는 미래에 어떤 직업인이 될지 고민하면서 상담실을 방문하였다.

### 기출플러스
- 피아제 전조작기의 특징 (2005년 유초등)

교사: 진수야, 그림 속에는 장미꽃이 몇 송이나 있지?
진수: 여덟 송이요.
교사: 국화꽃은 몇 송이지?
진수: 다섯 송이요.
교사: 장미꽃과 국화꽃 중에서 어느 것이 더 많을까?
진수: 장미꽃이요.
교사: 그러면 장미꽃이 많을까, 꽃이 많을까?
진수: 장미꽃이요.
교사: 왜 그렇게 생각하지?
진수: 그냥 그래요.

■ 정답 및 해설
② 대상들의 특성을 일정한 기준(종류별, 색깔별)으로 묶거나 나누는 능력을 범주화(유목화) 능력이라고 한다. 범주화 능력은 구체적 조작기에 발달한다.

◇ 오답 체크
① 토끼를 설명하면서 하얀 색깔이나 빨간 눈과 같이 가장 분명하게 지각되는 측면에만 초점을 맞추는 직관적 사고 경향이 나타나므로, 전조작기에 해당된다.
③ 나뭇잎을 반찬을 의미하는 상징으로 사용하고 있다. 상징을 사용하는 능력이 발달하는 시기는 전조작기이므로, 전조작기에 해당한다고도 볼 수 있다.
④ 아직 현실로 존재하지 않는 상황을 상상해보고 그로 인한 결과까지도 추론해 보는 능력이 필요하므로, 추상적이며 가설연역적인 사고가 가능한 형식적 조작기에서야 가능할 것으로 보인다.

216 ②

**217.** 영희의 행동특징을 피아제(J. Piaget)의 인지발달 이론에 기초하여 파악한 교사가 영희의 발달단계에 맞게 지도한 교수활동이라고 할 수 없는 것은?

2010년 유초등

> 영희는 요즘 들어 물건 정리에 재미를 붙인 듯하다. 학급문고의 책들을 위인전과 동화책으로 나누어 다른 칸에 꽂더니 곧 위인전은 두꺼운 순서대로, 동화책은 표지의 색깔별로 정리하고 있다. 책 정리 다음에는 친구들의 연필을 모두 모아서 길이대로 늘어놓는다.

① 교실과 교무실의 크기를 비교하게 한 후, 면적의 차이를 가르쳤다.
② 친척이라는 추상적인 개념은 가계도 그림 자료를 활용하여 설명하였다.
③ 오징어와 문어의 그림을 보고 공통점과 차이점을 설명해 보도록 하였다.
④ 감추기-찾기 놀이를 통해 눈에 보이지 않는 물건도 세상에 존재함을 알게 하였다.
⑤ 지도에 경계선을 그려가며 서울의 행정구역 단위인 구(區)와 동(洞)의 포함관계를 가르쳤다.

### ■ 정답 및 해설

④ 피아제는 아동의 발달단계에 맞는 교수방법을 활용하여야 한다고 보았다. 영희가 학급문고의 책들을 종류별로 분류하거나, 두꺼운 순서대로 정리하는 것 등을 즐겨하는 것으로 보아 분류와 서열화 개념이 발달하는 구체적 조작기에 해당하는 것으로 보인다. 교사의 교수활동은 아동에게 적절한 수준의 인지적 비평형 상태를 유발함으로써 평형화를 추구하는 과정을 통해 발달이 촉진되도록 도울 수 있도록 설계되어야 한다. 감추기-찾기 놀이를 통해 대상 영속성 개념을 가르치는 것은 이 개념이 발달하는 감각운동기 단계에 있는 아동에게 적합한 교수활동이지, 구체적 조작기의 아동에게는 적합하지 않다.

### ◇ 오답 체크

① 대상들의 크기나 면적을 비교하는 것은 서열화 개념이 발달하는 구체적 조작기의 아동에게 적합한 활동이다.
② 추상적 개념을 구체적인 그림 자료를 활용하여 가르치는 것은 구체적인 상황에 대한 논리적 사고가 발달하는 구체적 조작기의 아동에게 적합한 활동이다.
③ 대상의 공통점과 차이점을 설명해 보는 것은 대상을 일정한 기준에 따라 분류(범주화)하는 능력이 발달하는 구체적 조작기의 아동에게 적합한 활동이다.
⑤ 지도에 나타난 행정구역의 경계를 그려보면서 시-구-동 개념들 간의 위계 관계를 가르치는 활동은 분류 능력이 발달하는 구체적 조작기에 적합하다.

217 ④

**강서연 교육학**

난이도 ■ ■ □
채점결과 □ □ □

**암기 POINT**
- 형식적 조작기의 아동
  - 논리적 조작 능력 발달
  - 추상적 사고 발달
  - 명제적 사고
  - 가설-연역적 사고
  - 조합적 추리
  - 이상주의적 사고

**218.** 다음과 같은 인지발달 단계의 학생에게 가장 적합한 교수방법은?

2003년 중등

○ 가설 연역적 사고와 명제적 사고가 가능하다.
○ 실험을 통한 과학적 원리의 탐색이 가능하다.
○ 비현실적인 것에 대한 상상과 추론이 가능하다.

① 기억 속의 사물에 대한 표상 활동을 하도록 지도한다.
② 사물은 보는 각도에 따라 동일한 사물이 다양한 모습으로 인지됨을 알려준다.
③ 시청각 자료와 실물을 활용하여 학습자가 직접 경험을 통해 학습할 수 있도록 안내한다.
④ 이해에 선행하여 관련 스키마를 구성하고, 이를 활용하여 체계적으로 문제를 해결하도록 유도한다.

■ **정답 및 해설**

④ 가설 연역적 사고와 명제적 사고가 가능하며, 실험 상황에서의 원리 탐색과 비현실적인 대상에 대한 추론이 가능한 것으로 보아 형식적 조작기 단계에 해당하는 학생이다. 이 단계에 해당하는 학생들은 관련된 선행지식들을 구성하고, 이를 활용하여 논리적이며 체계적으로 문제를 해결하도록 유도하는 탐구적 교수방법이 적합하다.

◇ **오답 체크**

① 어떤 대상을 다양한 상징으로 표현하는 능력은 전조작기에 발달한다. 따라서 그림, 기호, 언어 등의 다양한 상징을 이용하여 기억 속의 사물에 대한 표상 활동을 하도록 지도하는 것은 전조작기의 아동에게 적합하다.
② 동일한 사물도 그것을 바라보는 각도에 따라 다르게 보일 수 있다는 사실을 인식하는 것을 사고의 탈자기중심화라고 하며, 이것이 발달하는 단계는 구체적 조작기이다. 피아제는 '세 개의 산 모형 실험'을 통해 전조작기의 아동이 자기중심적 사고 경향을 보인다는 점을 보여주었다. 제시된 교수활동은 자기중심적 사고를 벗어난 시기인 구체적 조작기에 해당하는 아동에게는 적합하다.
③ 구체적인 형태를 나타내는 시청각 자료나 실물 또는 직접 경험을 통해 학습하도록 지도하는 것이 적합한 단계는 구체적 조작기이다. 반면, 형식적 조작기 단계의 아동은 추상적인 개념과 상징을 활용하거나 모의적인 상황이나 간접 경험을 통해 학습하도록 유도하는 것이 보다 적합하다.

**더 알아두기**
- 피아제의 인지발달 실험
  - 세 개의 산 모형 실험

아동에게 인형이 바라본 산의 모습을 표현한 그림을 찾으라고 요청한다. 자기중심적 사고를 벗어나지 못한 아동은 옳은 그림을 찾지 못하였다. 구체적 조작기에 해당하는 아동들은 다른 관점에서 본 모습을 제대로 찾아낼 수 있었다.

218 ④

## 02. 비고츠키의 인지발달이론

### 출포 70. 비고츠키 이론의 개요

● 기본서 111~112쪽

**219.** 비고츠키(L. S. Vygotsky)의 인지발달 이론에 대한 설명으로 옳지 않은 것은?  
2010년 국가직 7급
① 학교교육은 과학적 개념(scientific concepts)보다는 자발적 개념(spontaneous concepts)의 학습을 지향해야 한다.
② 사회적 상호작용을 인지발달의 주된 원인으로 보았다.
③ 발판 제공하기(scaffolding) 기법으로는 프롬프트, 암시, 점검표, 모델링, 피드백 제공, 인지 구조화하기, 질문하기 등이 있다.
④ 아동이 스스로 할 수 있는 것과 약간의 도움을 받아 성취할 수 있는 것 간의 차이인 근접발달영역(ZPD)을 강조한다.

■ 정답 및 해설
① 비고츠키의 구분에 따르면, 자발적 개념은 학습자가 일상적인 경험을 통해 스스로 학습하는 비체계적인 개념이며, 과학적 개념은 사회문화적 맥락 내에서 일반화된 개념으로서 체계적인 개념이다. 비고츠키는 사회적으로 구성된 지식을 내면화하는 것을 인지발달로 보기 때문에, 학교교육은 학생들의 자발적 개념을 과학적 개념으로 변화시키는 것을 지향해야 한다고 본다.

**220.** 다음 문 교사의 생각에 근거가 되는 학자의 견해와 부합하는 것만을 <보기>에서 있는 대로 고른 것은?  
2013년 중등

문 교사는 금년 하계 방학 연수에서 학생들의 지능이나 인지발달 수준을 측정할 때, 그들이 이미 알고 있는 것이 아니라 학습에 대한 잠재적 능력을 측정해야 한다는 학자의 이론을 배웠다. 이 학자는 전통적인 지능검사의 한계를 지적하면서 근접발달영역(zone of proximal development)이라는 개념을 처음으로 주장했다. 연수 이후 문 교사는 학생들이 혼자서 해결할 수는 없지만 타인의 도움을 받으면 해결할 수 있는 근접발달영역에서 학습이 가장 효과적으로 이루어지며, 이 영역이야말로 교수·학습 및 평가 활동에서 강조되어야 한다고 생각하게 되었다.

219 ①  220 ②

<보기>
ㄱ. 인지발달은 언어발달에 선행한다.
ㄴ. 적절한 학습이 인지발달을 촉진한다.
ㄷ. 개인의 발달을 이해하기 위해서는 그 개인이 속해 있는 사회·문화적 환경을 이해하는 것이 중요하다.
ㄹ. 평형화(equilibration)는 개인이 스스로 자신의 인지구조를 형성하고 재구성하는 인지발달의 핵심 기능이다.

① ㄱ, ㄴ   ② ㄴ, ㄷ
③ ㄷ, ㄹ   ④ ㄱ, ㄴ, ㄷ   ⑤ ㄱ, ㄷ, ㄹ

■ 정답 및 해설

② ㄴ. 비고츠키는 적절한 학습이 인지발달을 촉진한다고 보았다. 비고츠키는 근접발달영역에서 성인이나 유능한 또래와의 상호작용을 통해 인지발달이 일어난다고 설명한다. 즉 현재의 발달 수준을 약간 넘어서는 수준에서의 적절한 학습이 인지발달을 촉진한다는 것이다.
ㄷ. 비고츠키는 사회문화적 맥락 내에서 일어나는 사회적 상호작용을 통해 발달이 이루어진다고 본다. 따라서 개인의 발달을 이해하기 위해 사회문화적 환경을 이해하는 것이 중요하다고 할 수 있다.

◇ 오답 체크

ㄱ. 비고츠키는 발달의 초기에는 인지발달이 언어발달에 선행하지만, 점차로 언어발달이 인지발달에 영향을 미친다고 보았다. 비고츠키의 이론에서 발달의 핵심 과정은 사회적으로 구성된 지식을 내면화하는 과정이므로, 언어가 발달될수록 인지발달이 촉진된다는 관점이다.
ㄹ. 평형화가 인지발달의 핵심 기능이라고 보는 것은 피아제의 인지발달이론이다.

## 출포 71. 근접발달영역에서의 인지발달

기본서 112~113쪽

**221.** 비고츠키(Vygotsky)의 사회문화이론에 근거할 때, (가)에 들어갈 말은?

2023년 국가직 9급

타인의 도움을 받아서 수행할 수 있는 수준과 자기 혼자서 독립적으로 수행할 수 있는 수준 사이에 (가) 이 있다.

① 집단 무의식   ② 근접발달영역
③ 학습된 무기력   ④ 잠재적 발달영역

221 ②

■ 정답 및 해설

② 비고츠키 이론의 핵심 개념인 '근접발달영역'은 타인의 도움을 받아서 수행할 수 있는 있는 수준인 '잠재적 발달 수준'과 자기 혼자서 독립적으로 수행할 수 있는 수준인 '실제적 발달 수준' 사이에 있는 영역을 의미한다.

◇ 오답 체크

① 집단 무의식은 분석심리학자인 융이 제시한 개념으로, 개인의 마음 속에 존재하는 인류 보편적 심리적 성향과 구조를 의미한다.
③ 학습된 무기력이란 오랜 기간 동안 회피할 수 없는 혐오자극(예. 폭력)에 노출된 경우 자신이 어떤 노력을 하더라도 결코 그 혐오자극으로부터 벗어날 수 없을 것이라는 믿음을 갖게 된 상태를 의미한다. 이런 신념을 갖게 되면 해당 혐오자극을 피하려는 시도조차 하지 못하는 상태에 이르게 된다.
④ 잠재적 발달영역이라는 용어는 부적절하며, 잠재적 발달수준이라는 용어가 사용된다. 잠재적 발달수준은 아동이 다른 사람으로부터 약간의 도움(스캐폴딩)을 받아 성취할 수 있는 능력 수준을 의미한다.

> 암기 POINT
>
> • 비고츠키의 사회문화이론
>   – 근접발달영역(ZPD)
>
> | | |
> |---|---|
> | 실제적 발달수준 | 학습자 혼자서 수행할 수 있는 수준 |
> | 잠재적 발달수준 | 도움을 받아서 수행할 수 있는 수준 |
> | 근접발달 영역 | 실제적 발달수준과 잠재적 발달수준 사이의 영역 |

## 222. 다음에서 설명하는 개념은?  `2017년 국가직 9급`

- 학생의 인지발달을 위해서 교사가 찾아야 하는 것
- 학습자가 주위의 도움을 받아서 문제를 해결할 수 있는 범위
- 학습자의 실제적 발달 수준과 잠재적 발달 수준 간의 차이

① 비계(scaffolding)
② 근접발달영역(ZPD)
③ 내면화(internalization)
④ 메타인지(metacognition)

■ 정답 및 해설

② 근접발달영역은 학습자의 실제적 발달수준과 잠재적 발달수준 사이에 있는 영역을 의미한다. 학습자는 이 영역 내에서 성인이나 유능한 또래의 도움을 받아 혼자서는 해결할 수 없었던 과제를 해결하면서 인지발달을 이루게 된다. 따라서 교사는 학습자의 근접발달영역을 찾아서 이 영역 내에서 사회적 상호작용이 일어날 수 있도록 도와야 한다.

**223.** 학생이 문제해결능력이 없는 경우, 교사가 어떤 역할을 해야 하는지에 대한 비고츠키(L. Vygotsky)의 관점으로 보기 어려운 것은?  2015년 국가직 9급

① 구조화를 형성할 수 있는 단서를 제공한다.
② 세부사항과 단계를 기억할 수 있도록 조력하고 격려한다.
③ 표준화 지능검사 문항을 풀게 하여 학생의 지적 발달수준을 측정한다.
④ 학생이 혼자서 풀 수 있는 문제와 도움을 받아야 하는 문제를 모두 평가하여 지적 발달 수준을 측정한다.

■ 정답 및 해설

③ 비고츠키의 관점에서 볼 때, 학생이 어떤 문제를 해결할 수 있는 능력이 없다는 것은 그 문제가 학생의 실제적 발달 수준을 넘어서는 문제라는 것을 의미한다. 이러한 상황에서 교사가 '약간의 도움'을 주어서 학생이 그 문제를 해결할 수 있다면 그 문제는 근접발달영역 내에 있는 수준의 문제라고 볼 수 있다. 교사는 근접발달영역에서의 '스캐폴딩(도움 주기)'를 통해 학습자의 발달을 이끌어야 한다는 것이 비고츠키의 관점이다. 이러한 맥락에서, 표준화 지능검사 문항은 정태적 평가 방법으로서 학생의 현재 상태에서의 실제적 발달 수준만을 파악할 수 있으므로, 비고츠키가 강조한 근접발달영역을 파악하는 데에는 적절하지 않다. 오히려, 학습의 잠재력을 확인하는 데 초점을 두는 '역동적 평가'를 통해 학습자의 발달수준을 측정해야 한다.

◇ 오답 체크

① 문제를 구조화할 수 있는 단서를 제공하는 것은 근접발달영역에서의 '스캐폴딩(도움 주기)' 활동에 포함된다.
② 세부 사항과 단계를 기억할 수 있도록 조력하고 격려하는 것은 근접발달영역에서의 '스캐폴딩(도움 주기)' 활동에 포함된다.
④ 학생이 혼자서 풀 수 있는 문제와 도움을 받아야 하는 문제를 모두 평가하여 지적 발달 수준을 측정하는 것은 역동적 평가의 방법에 해당한다.

**224.** 다음 글이 설명하고 있는 것과 가장 관련이 있는 것은?  2011년 국가직 9급

> 구성주의 학습이론에 따르면 직접적인 지시보다는 간접적인 힌트, 암시, 단서, 질문 등의 전략을 통해 초기에는 많은 도움을 주다가 점차 도움을 줄여서 학습자가 자기주도적 학습능력을 기르게 할 필요가 있다.

① 근접발달영역(ZPD)
② 비계설정(scaffolding)
③ 프로젝트학습(project-based learning)
④ 정착수업(anchored instruction)

223 ③  224 ②

■ 정답 및 해설
② 비고츠키의 관점에 바탕을 둔 구성주의 학습이론에서는 간접적인 힌트나 도움을 통해 학습자가 스스로 문제를 해결할 수 있도록 돕는 교수학습 전략을 강조한다. 이와 같은 교수학습 전략을 비계설정(스캐폴딩)이라고 한다.

◇ 오답 체크
① 근접발달영역은 실제적 발달수준과 잠재적 발달수준 상에 있는 영역을 말한다.
③ 프로젝트학습은 학습자가 실생활에서 접하는 과제를 설정하고 이를 해결하는 과정을 통해 학습을 전개하는 것을 의미한다.
④ 정착수업은 실제 상황의 맥락 속에 기초를 둔 문제해결 활동을 통해 학습을 전개하는 구성주의 수업모형이다.

225. 비고츠키(Vygotsky)의 근접발달영역을 가장 잘 설명한 것은?

2007년 국가직 9급

① 아동의 실제 인지적 발달 수준을 나타낸 것이다.
② 아동의 미발달 능력을 나타낸 것이다.
③ 아동의 발달된 능력과 발달 중인 능력을 합한 영역이다.
④ 아동이 다른 사람의 도움을 받아 발달할 수 있는 영역이다.

■ 정답 및 해설
④ 근접발달영역이란 실제적 발달 수준(이미 발달된 능력)과 잠재적 발달 수준(미발달된 능력) 사이에 있는 영역으로, 다른 사람의 도움을 받아 발달할 수 있는 영역을 의미한다.

## 출포 72. 언어와 인지발달

기본서 114쪽

226. 아동의 혼잣말(private speech)에 대한 비고츠키(L. Vygotsky)의 견해로 옳지 않은 것은?

2017년 지방직 9급

① 자기중심적 언어로서 미성숙한 사고를 보여준다.
② 자신의 사고과정과 행동을 스스로 조절하고 주도한다.
③ 연령이 증가함에 따라 점차 줄어들면서 내적 언어로 바뀐다.
④ 쉬운 과제보다 어려운 과제를 해결할 때 더 많이 사용한다.

■ 정답 및 해설
① 비고츠키는 아동기의 '혼잣말(사적 언어, 자기중심적 언어)'은 언어와 사고가 결합되는 과정에서 나타난다고 설명한다. 즉 사고와 독립적으로 발달하던 언어가 사고와 본격적으로 결합되면서, 사고를 조절하고 안내하는 도구로 언어가 발전된 양상을 보여주는 증거라는 것이다.

더 알아두기
• 비고츠키의 언어발달이론

| 단계 | 언어와 사고의 관계 |
|---|---|
| 내적 언어 | 언어와 사고 |
| 사적 언어 | |
| 순수 심리적 언어 | 언어와 사고 |
| 원시적 언어 | 언어 비개념적 / 사고 비언어적 |

225 ④  226 ①

반면, 피아제는 아동의 혼잣말을 전조작기에 나타나는 자기중심적 사고를 보여주는 자기중심적 언어로서 미성숙한 사고를 보여준다고 이해한다.

◇ 오답 체크
② 비고츠키는 아동이 자기 자신과 대화하는 사적 언어는 단순한 혼잣말이 아니라, 자기 행동을 계획하고 통제하기 위한 도구로 작용한다고 본다. 문제해결 과정에서 혼잣말은 아동이 자신의 사고와 행동을 스스로 조절하고 주도할 수 있게 해 준다는 의미이다.
③ 점차 나이가 들면서 소리내어 말하는 혼잣말인 사적 언어는 밖으로 소리내지 않고 마음 속으로 말하는 '내적 언어(inner speech)'로 변화된다.
④ 아동의 혼잣말은 사고와 문제해결을 돕는 역할을 하므로, 어려운 과제를 해결할 때에는 더 많은 사적 언어를 사용하게 된다.

## 227. 비고츠키(L. Vygotsky)의 인지발달이론을 가장 잘 설명한 것은?

2008년 국가직 9급

① 학생의 현재 발달수준보다 앞선 내용을 가르치는 것은 효과적이지 않다.
② 성인과의 상호작용보다는 또래와의 상호작용이 인지발달에 유용하다.
③ 문제해결에 있어서 곤란도가 높아지면 내적 언어사용은 감소한다.
④ 언어의 습득은 아동의 인지발달에 있어 매우 중요한 변인이다.

■ 정답 및 해설
④ 비고츠키는 개인의 인지발달에 있어서 사회문화적 맥락과 사회적 상호작용이 중요한 역할을 한다고 보기 때문에, 상호작용의 매개 역할을 하는 언어의 습득이 아동의 인지발달에 있어 매우 중요한 변인이 된다고 본다.
◇ 오답 체크
① 피아제의 관점이다. 비고츠키는 학생의 현재 발달수준보다 조금 앞선 근접발달영역에 포함되는 내용을 가르치는 것이 인지발달에 효과적이라고 보았다.
② 비고츠키는 성인과의 상호작용이 인지발달에 매우 중요하다고 보았다.
③ 비고츠키는 내적 언어가 문제해결을 돕는 도구로서의 기능을 갖는다고 본다. 따라서 문제해결의 곤란도가 높아지면 내적 언어의 사용이 증가한다고 보았다.

## 228. 비고츠키(Vygotsky)의 언어와 사고 발달에 대한 설명으로 옳지 않은 것은?

2003년 중등

① 어려운 문제를 해결할 때, 내적 언어의 사용 빈도가 증가한다.
② 아동의 지적 발달은 내적 언어와 사회적 언어 모두에 영향을 받는다.
③ 2세 경이 되면 사고와 언어가 결합되어, 언어는 점차 합리적으로 표현된다.
④ 사고는 언어에 선행하므로, 인지발달이 적절한 수준에 이르지 못하면 언어 학습의 효과가 없다.

---

**기출플러스**
• 비고츠키의 언어와 인지발달 (2006년 중등)
(사례) 유치원생인 수진이는 퍼즐 문제를 해결하면서 "아니야, 그것은 맞지 않아, 이렇게 하면 어떨까? 여기로? 아니다. 차라리 저기가 어떨까? 그 다음에는 어떻게 하지"라고 혼잣말을 하였다.
(해석)
• 언어가 사고로 내면화되는 과정이다.
• 혼잣말을 통해 자기조절 및 인지적 통제가 이루어지고 있다.

227 ④  228 ④

■ 정답 및 해설

④ 비고츠키는 발달의 초기에는 사고와 언어의 발달이 독립적으로 이루어지다가, 일정 시점이 되면 언어와 사고가 통합되면서 상호작용적으로 발달한다고 본다. 비고츠키는 아동의 발달과정에서 언어와 사고가 결합되면서 합리적인 언어와 개념적 사고가 발달하며, 이후에는 언어가 사고에 영향을 미친다고 본다. 즉 비고츠키는 사고와 언어가 상호작용적으로 발달한다고 본다.

또, 비고츠키는 언어가 단순히 사회적 의사소통의 도구일 뿐 아니라, 개인의 내적 사고를 형성하고 조절하는 수단으로도 기능한다고 본다. 즉 언어 학습은 인지발달을 촉진하는 역할을 한다는 관점이다. 즉 인지발달이 없으면 언어 학습이 효과적이지 않다는 주장은 비고츠키의 관점과 거리가 멀다.

한편, 제시된 문장은 피아제의 관점에 가깝다. 피아제는 언어발달이 인지발달의 결과라고 보았다. 즉 피아제는 사고가 언어에 선행하므로, 인지발달이 적절한 수준에 이르지 않았을 때 이루어지는 언어 학습은 효과가 없다고 보았다.

◇ 오답 체크

① 내적 언어는 문제해결을 하는 과정에서 아동이 자신의 사고과정을 스스로 조절하고 통제하는 수단으로서 기능하므로, 어려운 문제를 해결할 때에는 내적 언어의 사용 빈도가 증가한다.
② 비고츠키의 언어발달이론에서 사회적 언어는 사회적 상호작용을 돕는 언어이며, 내적 언어는 개인 내면의 사고를 조절하는 언어이다. 이 둘 모두는 아동의 지적 발달에 중대한 영향을 미친다.
③ 2세 이전까지의 아동의 언어는 사고에 기반하지 않은 언어로서 '원시적 언어'라고 불린다. 이후 2세 경이 되면 사고와 언어가 점차로 결합되면서 합리적인 언어로 발전하며, 사회적 언어가 출현하여 타인과의 상호작용이 가능해 진다.

암기 POINT
- 언어발달과 인지발달의 관계

| 피아제 | 비고츠키 |
| --- | --- |
| 인지발달<br>⇒ 언어발달 | 인지발달<br>⇌ 언어발달 |
| 자기중심적<br>언어<br>(전조작기) | 사적 언어<br>(문제해결의<br>도구) |

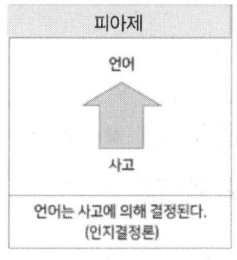

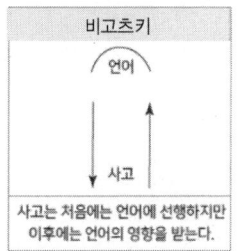

## 출포 73. 피아제와 비고츠키 이론의 비교

🌑 기본서 115쪽

**229.** 아동의 인지발달과정에 대한 피아제(Piaget)와 비고츠키(Vygotsky) 이론의 차이점으로 옳지 않은 것은?  **2020년 지방직 9급**

① 피아제는 학습이 발달을 주도한다고 보는 반면 비고츠키는 발달에 기초하여 학습이 이루어진다고 본다.
② 피아제는 아동은 스스로 세계를 구조화하고 이해하는 존재라고 생각한 반면 비고츠키는 아동이 타인과의 관계에서 영향받아 성장하는 사회적 존재임을 강조한다.
③ 피아제는 혼잣말을 미성숙하고 자기중심적 언어로 보지만 비고츠키는 혼잣말이 자신의 사고를 위한 수단, 문제해결을 위한 사고의 도구라고 생각한다.
④ 피아제는 개인 내적 지식이 사회적 지식으로 확대 또는 외면화된다고 보는 반면 비고츠키는 사회적 지식이 개인 내적 지식으로 내면화된다고 본다.

난이도
채점결과

암기 POINT
- 피아제와 비고츠키의 비교

| 피아제 | 비고츠키 |
| --- | --- |
| 개인 인지적<br>관점 | 사회문화적<br>관점 |
| 아동-환경의<br>상호작용을<br>통한 발달 | 사회적<br>상호작용을<br>통한 발달 |
| 동화, 조절,<br>평형화 | 스캐폴딩,<br>근접발달영역 |
| 개인적으로<br>구성된 지식<br>→ 외면화 | 사회적으로<br>구성된 지식<br>→ 내면화 |
| 발달수준에<br>맞는 학습 | 학습이<br>발달을 주도 |
| 또래와의<br>상호작용 | 성인과의<br>상호작용 |

229 ①

■ 정답 및 해설

① 비고츠키는 학습이 발달을 주도한다고 보는 반면, 피아제는 발달에 기초하여 학습이 이루어진다고 보았다. 따라서 비고츠키는 학습자의 실제적 발달 수준보다 약간 높은 수준인 근접발달영역에서의 교수-학습 활동을 통해 발달이 촉진된다고 보았다. 반면, 피아제는 아동의 발달수준을 뛰어넘는 학습은 지양하여야 하며, 아동의 발달 수준에 맞게 학습이 이루어져야 한다고 주장하였다.

**230.** 발달이론을 제안한 학자와 그의 관점에 대한 설명으로 옳지 않은 것은?

2019년 국가직 7급

① 에릭슨(Erickson) – 각 발달단계에서 겪게 되는 위기를 어떻게 해결하느냐에 따라 성격발달이 이루어진다.
② 콜버그(Kohlberg) – 개인의 도덕적 판단은 인지발달 수준과 병행한다.
③ 비고츠키(Vygotsky) – 한 개인이 수행할 수 있는 수준과 타인의 도움을 받아 수행할 수 있는 수준의 차이가 존재한다.
④ 피아제(Piaget) – 자기중심적 언어는 단순히 자기만의 생각을 표현하는 것이 아니라 문제해결을 위한 사고의 도구이다

■ 정답 및 해설

④ 피아제는 아동의 혼잣말을 상대방의 반응에 관계없이 단순히 자기 생각만을 표현하는 것으로 보고 자기중심적 언어라고 명명하였다. 아동기의 미성숙한 자기중심적 사고를 나타내는 것으로 보았다. 한편, 아동의 혼잣말을 문제해결을 위한 사고의 도구로 보고 언어의 발달이 사고의 발달을 돕는다고 본 것은 비고츠키이다. 비고츠키는 이러한 혼잣말을 사적 언어라고 불렀다.

◇ 오답 체크
① 에릭슨 – 인간은 전 생애를 통해 다양한 발달적 위기를 겪는다는 점에 주목하여 발달단계를 구분하였다. 각 발달단계에서 겪게 되는 위기를 어떻게 해결하느냐에 따라 성격발달이 이루어진다.
② 콜버그 – 도덕성의 발달을 도덕적 추론능력의 발달로 개념화하므로, 인지발달은 도덕성 발달의 필수 조건이 된다고 본다. 따라서 개인의 도덕적 판단은 인지발달 수준과 병행한다고 본다.
③ 비고츠키 – 한 개인이 수행할 수 있는 수준과 타인의 도움을 받아 수행할 수 있는 수준의 차이가 존재하며, 그 사이에 있는 영역을 근접발달영역이라고 한다.

---

기출플러스
- 피아제와 비고츠키의 비교 (2008년 유초등)
- 적절한 학습이 발달을 촉진한다. (비)
- 언어가 사고발달을 촉진하기보다는 사고가 언어발달을 촉진한다. (피)
- 아동은 혼자서 세계에 대한 폭넓은 이해를 구성하는 '작은 과학자'이다. (피)
- 아동의 인지발달을 위해 성인이나 유능한 또래와의 협동적 상호작용이 중요하다. (비)

230 ④

231. 피아제(Piaget)와 비고츠키(Vygotsky)의 발달이론에 대한 설명으로 옳은 것은?  
2015년 국가직 7급
① 피아제는 전조작기 단계에서 아동의 자기중심적 사고가 타인에 대한 관심으로 전환된다고 보았다.
② 피아제는 아동이 획득하는 특정 사고와 기술을 결정하는 데 문화가 중요하다고 강조하였다.
③ 비고츠키는 아동의 자기중심적 언어가 문제해결을 위한 사고의 도구라고 주장하였다.
④ 비고츠키는 학습자의 인지가 연령에 따라 단계적으로 발달한다고 설명하였다.

■ 정답 및 해설
③ 비고츠키는 인지발달에 있어서 언어의 역할을 강조하였으며, 특히 아동의 사적 언어가 문제해결을 위한 사고의 도구라고 주장하였다는 점이 특징적이다. 한편, '자기중심적 언어'라는 용어는 피아제가 사용한 용어로, 아동의 미성숙한 자기중심적 사고를 반영하는 언어라는 의미를 나타낸 것이다.

◇ 오답 체크
① 피아제는 구체적 조작기 단계에서 아동의 자기중심적 사고가 타인에 대한 관심으로 전환되는 탈자기중심화 과정을 거친다고 보았다.
② 아동이 특정 사고와 기술을 획득하는 데 문화가 중요하다고 본 것은 비고츠키의 발달이론이다.
④ 학습자의 인지발달이 연령에 따라 단계적으로 발달한다고 본 것은 피아제의 이론이다. 비고츠키는 인지발달이 학습자의 사회적 상호작용에의 참여 정도에 따라 발달한다고 보았으며, 연령에 따른 인지발달의 단계를 제시하지는 않았다.


232. 피아제(J. Piaget)와 비고츠키(L. S. Vygotsky)의 발달이론이 지닌 공통점은?  
2011년 국가직 7급
① 인지발달 단계를 4단계로 구분하였다.
② 인지발달에서 환경과의 상호작용을 강조했다.
③ 인지발달이 학습에 선행하는 것으로 보았다.
④ 자기중심적 언어를 문제해결의 도구로 보았다.

■ 정답 및 해설
② 피아제와 비고츠키의 발달이론은 모두 인지발달에서 환경과의 상호작용을 강조하였다. 다만, 피아제는 물리적 환경과의 상호작용을, 비고츠키는 사회적 환경과의 상호작용을 강조하였다는 점에서 차이가 있다.

231 ③　232 ②

◇ 오답 체크
① 인지발달 단계를 4단계(감각운동기, 전조작기, 구체적 조작기, 형식적 조작기)로 구분한 것은 피아제이다. 비고츠키는 인지발달단계를 구분하지 않았다.
③ 인지발달이 학습에 선행하는 것으로 본 것은 피아제이다. 비고츠키는 적절한 학습이 인지발달을 촉진한다고 보았다.
④ 자기중심적 언어(사적 언어)를 문제해결의 도구로 본 것은 비고츠키이다. 피아제는 자기중심적 언어를 미성숙의 부산물로 보았다.

**233.** 다음은 인지발달에 관한 피아제(J. Piaget)와 비고츠키(L. Vygotsky)의 관점을 비교한 것이다. 옳은 진술을 모두 고른 것은? 2007년 중등

> ㄱ. 피아제는 개인 내부에서 새로운 지식이 어떻게 구성되는가에 관심을 두었으나, 비고츠키는 문화의 맥락 안에서 정신적 도구가 어떻게 매개되는가에 관심을 두었다.
> ㄴ. 피아제는 사회적 상호작용이 언어를 습득하고 생각을 교환하는 수단이라고 보았으나, 비고츠키는 사회적 상호작용이 인지구조를 검증하고 확인하는 수단이라고 보았다.
> ㄷ. 피아제는 교사가 아동의 평형화를 깨뜨리는 경험을 제공해야 한다는 점을 시사하였으나, 비고츠키는 교사가 아동에게 발판을 제공하고 상호작용을 안내해야 한다는 점을 시사하였다.

① ㄱ, ㄴ   ② ㄱ, ㄷ
③ ㄴ, ㄷ   ④ ㄱ, ㄴ, ㄷ

■ 정답 및 해설
② ㄱ. 피아제는 개인 내부에서 일어나는 지식의 구성 과정에 관심을 가지는 반면, 비고츠키는 사회·문화적 맥락 안에서의 지식 구성 과정에 관심을 가진다.
ㄷ. 피아제는 인지구조의 비평형 상태를 평형화하는 과정을 통해, 비고츠키는 발판을 활용하여 스스로 문제를 해결하는 과정을 통해 인지발달이 이루어진다고 본다.

◇ 오답 체크
ㄴ. 사회적 상호작용을 통해 언어의 습득과 생각의 교환이 일어난다고 보는 것은 비고츠키이고, 사회적 상호작용은 인지구조를 검증하고 확인하는 수단이라고 보는 것은 피아제이다.

233 ②

# 3. 성격발달이론

## 01. 프로이트의 성격발달이론

**출포 74. 프로이트의 성격 구조**  C

🌐 기본서 116쪽

**234.** 다음에 해당하는 프로이트(Freud)의 성격 구조 요소는?  2022년 국가직 9급

- 도덕적 원리를 추구한다.
- 부모나 양육자로부터 영향을 많이 받는다.
- 양심과 자아이상이라는 두 가지 하위체계로 구성된다.

① 무의식  ② 원초아
③ 자아   ④ 초자아

### ■ 정답 및 해설

④ 프로이트는 성격을 구성하는 요소로 원초아, 자아, 초자아가 있다고 본다. 이중 도덕적 원리를 추구하며, 양심과 자아이상으로 구성되는 성격의 구성요소는 초자아이다. 초자아는 성장 과정에서 부모나 양육자의 가치, 신념, 행동을 내면화하는 과정을 통해 형성되므로, 부모나 양육자의 영향을 많이 받는다.

### ◇ 오답 체크

① 프로이트는 인간의 정신세계가 의식, (전의식), 무의식의 세계로 구성되어 있다고 보았다. 프로이트는 정신세계의 대부분이 무의식의 영역에 속해 있다고 보고, 무의식 속에 숨겨져 있는 욕구를 이해하는 것이 중요하다고 주장했다.

② 원초아는 선천적으로 타고나는 성격으로, 쾌락의 원리를 추구한다. 인간의 성격과 행동을 지배하는 정신에너지가 저장된 창고와 같다.

③ 자아는 현실 속에서 원초아가 수정·분화되는 과정 속에서 형성되는 성격으로, 현실의 원리를 추구한다. 자아는 원초아의 본능적 욕구와 초자아의 도덕적 기준 사이의 갈등을 조정하며 합리적 행동을 모색하는 역할을 한다.

### 암기 POINT

• 프로이트의 성격 구조

| 요소 | 작동원리 | 발달시기 |
|---|---|---|
| 원초아 (id) | 쾌락의 원리 | 구강기 |
| 자아 (ego) | 현실의 원리 | 항문기 |
| 초자아 (super-ego) | 도덕의 원리 | 남근기 |

234 ④

235. 다음은 프로이트(Freud)의 이론에서 가정하는 인간의 성격구조를 그림으로 표현한 것이다. 이 그림에서 A의 특징에 해당되는 것은?

2003년 유초등

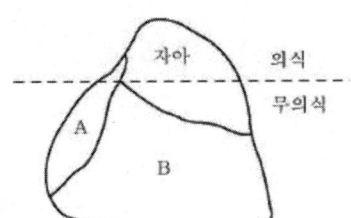

① 현실원리를 따른다.
② 너무 강하면 불안을 야기한다.
③ 인간정신의 모든 것을 관장한다.
④ 인간의 정신에너지가 저장된 창고이다.

■ 정답 및 해설
② 인간의 성격구조 중 의식의 대부분을 차지하는 성격은 자아이며, 무의식의 대부분을 차지하는 성격은 원초아이다. 초자아는 성격구조 중 가장 적은 비중을 차지하면서, 의식과 무의식 모두에 걸쳐있다. 즉 A는 초자아, B는 원초아이다.
초자아(A)는 도덕적 원리를 추구하는 자아로서, 개인의 행동을 사회적·도덕적으로 적합하게 통제하는 역할을 한다. 하지만 초자아가 너무 강하면 불안을 야기할 수 있어서 이상성격을 만들어낼 수도 있다.

◇ 오답 체크
① 현실원리를 따르는 것은 자아이다. 자아는 잘못된 결과를 초래하지 않으면서도 원초아의 욕구를 충족하는 현실적이며 합리적 방법을 모색하려 한다. 동시에 자아는 부모나 사회의 도덕기준이 내면화된 초자아의 통제를 받는다.
③ 인간정신의 거의 대부분을 관장하는 것은 원초아(B)이다. 원초아를 구성하고 있는 본능적인 욕구들은 인간정신의 거의 대부분을 관장한다.
④ 인간의 정신에너지가 저장된 창고는 원초아(B)이다. 원초아가 추구하는 본능적 욕구들이 인간의 행동을 일으키는 에너지를 제공한다.

235 ②

## 출포 75. 프로이트의 성격 발달단계

🌀 기본서 117쪽

**236.** 다음 설명에 해당되는 프로이트(S. Freud)의 성격 발달단계는?

**2007년 영양교사**

> 이 단계는 본능적 충동인 배설과 외부적 현실인 배변훈련과 관련되어 성격이 형성되는 시기이다. 지나치게 엄격한 배변훈련으로 인해 자율성의 발달이 지장을 받을 수도 있는 단계이다.

① 구강기
② 항문기
③ 남근기
④ 잠복기

---

### ■ 정답 및 해설

② 프로이트는 본능적 욕구(리비도)의 집중 부위에 따라 성격발달단계를 구분하였다. 발달단계는 구강기 → 항문기 → 남근기 → 잠복기 → 생식기 순으로 진행된다. 이 중 배설 충동과 배변훈련 사이의 갈등 속에서 성격이 형성되는 시기는 항문기이다. 배변 훈련을 통해 외부적 요구(부모의 요구)에 적응하여 자신의 충동을 조절하는 법을 배우며, 자아가 발달하고 자율적, 창의적, 생산적 성격이 형성된다.

### ◇ 오답 체크

① 구강기는 입으로 먹고 빨고 무는 활동에서 내적 충동의 만족을 느끼는 시기로, 생득적으로 타고난 원초아가 개인의 행동을 지배하는 시기이다. 적절한 욕구 충족시 낙천적, 긍정적, 외향적 성격이 형성된다.
③ 남근기는 성기에 대한 관심이 높아지고, 이성 부모에 대한 애착으로 동성 부모와 심리적 갈등(오이디푸스/엘렉트라 콤플렉스)을 겪는 시기이다. 이 과정을 거치면서 아동은 동성 부모와의 동일시를 통해 대리만족을 경험하며 성적 정체감을 정립하고, 성역할 태도, 규범과 가치를 발달시키게 된다.
④ 잠복기는 성적 욕구는 잠재되는 반면, 외부 세계에 대한 관심이 증가하는 시기이다. 학교생활과 친구관계를 통해 사회적 성장을 이루며, 사회적 기술과 지적 능력을 개발하는 데 집중한다. 자아와 초자아가 더욱 성숙되는 시기이다.

---

**암기 POINT**

• 프로이트의 성격발달단계

| 단계 | 연령 | 성격발달 |
|---|---|---|
| 구강기 | 0~1세 | 신뢰감 |
| 항문기 | 1~3세 | 자율성 |
| 남근기 | 3~6세 | 성정체성 |
| 잠복기 | 6~12세 | 자아성숙 |
| 생식기 | 12세~ | 심리적 독립 |

**기출플러스**

• 프로이트의 성격발달단계 - 남근기 (2006년 유초등)

이 시기에 남자 아이는 어머니에 대한 이성애적 감정과 갈등을 경험하고 극복하게 되는데, 아버지와의 동일시를 통해 대리 만족을 경험할 뿐만 아니라 성역할 태도를 발달시키고 부모의 가치와 규범 등을 내면화하게 된다.

## 02. 에릭슨의 성격발달이론

### 출포 76. 에릭슨의 성격 발달단계 B

기본서 118~120쪽

**237.** 에릭슨(Erikson)의 심리사회적 발달이론에서 (가) ~ (라)에 들어갈 발달단계를 A ~ D와 바르게 연결한 것은? 2021년 국가직 7급

신뢰감 대 불신감 - (가) - (나) - 근면성 대 열등감 - (다) - (라) - 생산성 대 침체감 - 통합성 대 절망감

A. 자율성 대 수치심과 회의  B. 주도성 대 죄책감
C. 정체성 대 역할혼미  D. 친밀감 대 고립감

|  | (가) | (나) | (다) | (라) |
|---|---|---|---|---|
| ① | A | B | C | D |
| ② | A | B | D | C |
| ③ | B | A | C | D |
| ④ | B | A | D | C |

■ 정답 및 해설

① 에릭슨의 심리사회적 발달이론은 프로이트의 심리성적 발달이론에 비해 사회문화적 요소를 강조한 이론이다. 인간이 평생 동안 겪은 다양한 심리사회적 위기를 어떻게 극복하는가에 따라 성격이 형성된다고 보았다. 에릭슨이 제시한 8단계의 성격발단단계는 다음과 같다.

1단계(영아기)는 '신뢰감 대 불신감' 단계로 유아가 세상에 대한 신뢰 관계를 수립하는 시기이다. 2단계(유아기)는 '자율성 대 수치심' 단계로 자신의 의지와 통제력을 발달시킨다. 3단계(초기 아동기)는 '주도성 대 죄책감' 단계로 자신의 삶에서의 목표감을 추구한다. 4단계(후기 아동기)는 '근면성 대 열등감' 단계로 인지적·사회적 기술을 연마하여 자신의 능력에 대한 신념을 키우는 단계이다. 5단계(청소년기)는 다양한 시도를 통해 자신의 역할과 가치를 발견하는 '자아정체감 대 역할 혼미' 단계이다. 6단계(성인 초기)는 친밀한 대인 관계를 형성하는 '친밀감 대 고립감' 단계이며, 7단계(중년기)는 다음 세대를 위해 공헌을 하고 보람을 추구하는 '생산성 대 침체감' 단계이다. 마지막으로 8단계(노년기)는 자신의 인생을 회고하고 성찰하는 '자아통합 대 절망감' 단계이다.

따라서, 빈 칸에 들어갈 내용은 '(가) - A. 자율성 대 수치심과 회의, (나) - B. 주도성 대 죄책감, (다) - C. 정체성 대 역할혼미, (라) D. 친밀감 대 고립감'이다.

### 암기 POINT

• 에릭슨의 성격발달단계

| 단계 | 연령 | 덕목 |
|---|---|---|
| 신뢰감/불신감 | 0~1 | 희망 |
| 자율성/수치심 | 1~3 | 의지력 |
| 주도성/죄책감 | 3~6 | 목적 |
| 근면성/열등감 | 6~12 | 능력 |
| 자아정체감/역할혼미 | 12~20 | 충성심 |
| 친밀감/고립감 | 청년기 | 사랑 |
| 생산성/침체감 | 장년기 | 배려 |
| 자아통합/절망감 | 노년기 | 지혜 |

237 ①

**238.** 에릭슨(Erikson)의 심리사회적 발달단계에 따라 취학전 아동의 주도성(initiative)을 격려하기 위한 수업지침으로 가장 적절한 것은?

2013년 국가직 9급

① 어린이들이 좋아하는 이야기에 어울리는 옷을 스스로 선택하고 등장인물이 되어 실연하면서 학습에 참여하게 한다.
② 짧고 간단한 숙제부터 시작해서 점차 양이 많은 과제를 내어주고, 향상 점검점(check point)을 설정하여 목표를 향해 열심히 학습하도록 격려한다.
③ 유명한 위인들의 생일을 표시한 달력을 만들어 각각의 생일마다 그 사람의 업적에 대해서 토론하고 자신의 미래 직업에 대해 탐색하게 한다.
④ 수학문제를 틀렸을 경우, 다른 어린이들의 모범답안을 보여주어 자신의 문제풀이 과정과 비교할 수 있게 한다.

■ **정답 및 해설**
① 취학 전 아동의 주도성을 기르기 위해서는, 아동이 스스로 자신의 표현하거나 활동을 선택하게 하는 자기주도적인 학습 기회를 제공하는 것이 적절하다.

◇ **오답 체크**
②, ④ 아동이 학습에서의 성공경험을 가질 수 있도록 도움으로써 자신감과 유능감을 길러 주므로, 후기 아동기의 '근면성'을 기르는 데 적절하다.
③ 다양한 역할 모델들에 대해 토론하면서 자신의 미래 직업 등을 탐색하게 하므로, 청소년기의 '자아정체감'을 기르는 데 적절한 수업지침이다.


**239.** 에릭슨(E. Erikson)의 사회심리적 발달이론에서 볼 때, 다음과 같이 지도한 결과로 형성되는 것과 가장 관련이 있는 것은?

2011년 국가직 9급

> ○ 자서전을 쓰게 한다.
> ○ 자신의 약점과 강점을 스스로 평가하게 한다.
> ○ 학습한 내용이 직업에서 어떻게 활용될 수 있는지 생각하게 한다.

① 자율성
② 주도성
③ 근면성
④ 정체성

■ **정답 및 해설**
④ 스스로 자신의 강점과 약점을 파악하고, 자신의 역할과 가치를 발견하는 과정을 통해 정체성이 형성될 수 있다.

◇ **오답 체크**
① 자율성 - 자신의 행동(예. 배변활동)을 스스로 통제할 수 있도록 적절히 도와주고 격려해 주어야 한다.
② 주도성 - 아동의 자기주도적 행동에 대해 칭찬하고 격려해 주어야 한다.
③ 근면성 - 아동이 성취감을 맛볼 수 있도록 적절한 수준의 과제를 제공하고 목표달성을 돕고 격려한다.

238 ① 239 ④

## 강서연 교육학

**암기 POINT**
- 에릭슨과 프로이트의 발달단계

| 에릭슨 | 연령 | 프로이트 |
|---|---|---|
| 신뢰감 | 0~1 | 구강기 |
| 자율성 | 1~3 | 항문기 |
| 주도성 | 3~6 | 남근기 |
| 근면성 | 6~12 | 잠복기 |
| 자아정체감 | 12~20 | 생식기 |

**기출플러스**
- 프로이트와 에릭슨의 성격발달단계 비교 (2007년 중등)
  - (에릭슨) 근면성/열등감 (프로이트) 잠복기

이 시기의 아동은 소방관이나 경찰관과 같이 자신이 이해할 수 있는 직업을 수행하는 사람들을 유심히 지켜보거나 모방하려 하며, 자기가 속해 있는 사회에서 직업을 수행하는 데 필요한 기술을 직접 익히기 시작한다. 사회는 아동이 지식과 기술을 배워서 유능한 사람이 되도록 준비시켜야 한다. 만일 이 시기에 유능한 존재가 되려는 바람을 훌륭하게 성취할 수 있다면, 청소년기의 직업 선택은 단순히 보수와 지위의 문제를 초월하게 될 것이다.

---

**240.** 프로이드가 제안한 성격발달단계와 에릭슨이 제안한 심리사회적 발달단계를 짝지은 것 중 시기적으로 유사하지 않은 것은? 〈2010년 국가직 9급〉

① 항문기 - 자율성
② 구강기 - 기본적 신뢰
③ 남근기 - 주도성
④ 잠복기 - 친밀성

■ 정답 및 해설
④ 프로이트의 성격발달단계는 '구강기→항문기→남근기→잠복기→생식기' 순이다. 한편, 에릭슨의 성격발달단계는 '신뢰감→자율성→주도성→근면성→자아정체감→친밀감→생산성→자아통합' 순이다. 프로이트의 잠복기는 에릭슨의 근면성 발달단계와 시기적으로 유사하다.

---

**241.** 에릭슨(E. Erikson)의 인성발달 이론에 근거할 때 (가)와 (나)에 들어갈 말로 가장 적합한 것끼리 짝지은 것은? 〈2011년 유초등〉

'근면성 대 열등감' 단계의 아동은 지금까지의 가정이나 유치원 이외의 더 큰 세계로 나아가면서 인지적·사회적 능력의 개발이라는 새로운 과제에 직면하게 된다. 학업뿐만 아니라 또래 및 성인과의 상호작용에서 근면성을 발휘하게 되면 ___(가)___ 을 갖게 되는 반면, 이들 과제 수행에 어려움을 겪거나 실패하면 열등감을 갖게 될 수 있다. 이 단계의 심리·사회적 위기를 잘 극복한 아동은 긍정적인 자아개념을 획득하고 ___(나)___ 을 갖게 되어 능동적이고 활발한 성격을 형성하게 된다.

|  | (가) | (나) |
|---|---|---|
| ① | 자신감 | 유능감 |
| ② | 자신감 | 의지력 |
| ③ | 자율성 | 신뢰감 |
| ④ | 자율성 | 의지력 |
| ⑤ | 친밀감 | 유능감 |

■ 정답 및 해설
① 근면성의 단계에서의 주요 욕구는 유능한 존재가 되려는 것이다. 따라서 이러한 욕구가 적절히 충족되면 '자신감'과 '유능감'을 갖게 되지만, 욕구 충족에 실패하면 열등감을 갖게 된다.

◇ 오답 체크
② '의지력'은 자율성 대 수치심 단계의 아동의 발달과 관련되어 있다.
③ '자율성'은 자율성 대 수치심 단계, '신뢰감'은 신뢰감 대 불신감 단계와 관련된다.
④ '자율성'은 자율성 대 수치심 단계, '의지력'은 자율성 대 수치심 단계와 관련된다.
⑤ '친밀감'은 친밀감 대 고립감 단계의 발달과 관련되어 있다.

240 ④  241 ①

## 출포 77. 프로이트와 에릭슨 이론의 비교

> 기본서 118쪽

**242.** 에릭슨(E. Erikson)의 심리사회적 발달단계에 대한 설명으로 옳은 것만을 모두 고른 것은?  **2018년 국가직 9급**

> ㄱ. 인생 주기 단계에서 심리사회적 위기가 우세하게 출현하는 최적의 시기는 개인에 따라 차이가 있지만, 그것이 출현하는 순서는 불변한다고 가정한다.
> ㄴ. 현 단계에서는 직전 단계에서 실패한 과업을 해결할 수 없다고 본다.
> ㄷ. 청소년기에는 이전 단계에서의 발달적 위기가 반복하여 나타난다고 본다.

① ㄱ
② ㄴ
③ ㄱ, ㄷ
④ ㄱ, ㄴ, ㄷ

### ■ 정답 및 해설

③ ㄱ. 에릭슨의 발달이론에서 각 단계의 출현시기는 개인에 따라 차이가 있지만, 출현순서는 불변한다고 가정한다.

ㄷ. 에릭슨은 청소년기는 자아정체감을 형성하는 시기로 인생의 전 과정에 있어서 매우 중요한 시기라고 보았다. 이 시기에는 이전 단계에서의 발달적 위기가 반복하여 나타나면서 위기 극복에 성공하면 자아정체성이 형성되지만, 실패하면 역할 혼미 상태에 빠지게 된다고 보았다. 즉, 청소년기에는 자신의 정체성에 대한 의문을 갖는 과정 속에서, 1단계의 유아처럼 자신이 신뢰하고 따른 역할 모델을 찾는다. 2단계의 아동처럼 자율성을 추구하며 독립적으로 자신의 정체성을 탐색하고자 한다. 3단계의 아동이 다양한 역할을 수행해 보는 것처럼 자신의 미래 역할을 탐색한다. 4단계의 아동이 자신이 잘할 수 있는 일을 찾는 것처럼 자신의 강점과 약점을 파악하고 직업을 탐색한다.

### ◇ 오답 체크

ㄴ. 에릭슨은 이전 단계에서 실패한 과업을 이후 단계에서 해결할 수 있다고 보았다. 이전 단계에서 발달적 위기 극복에 실패하면 이후에도 그 위기가 반복적으로 나타나며, 다시 그 위기를 극복할 기회가 주어진다는 것이다. 그렇기 때문에, 인간의 성격은 고정된 것이 아니라, 전 생애의 과정을 통해 형성·변화되는 것이라고 보았다.

### 암기 POINT

- 프로이트와 에릭슨의 성격발달 이론 강조점 비교

| 프로이트 | 에릭슨 |
|---|---|
| 성적 욕구 | 사회적 요구 |
| 무의식 세계 | 의식 세계 |
| 원초아 | 자아 |
| 아동기 초기에 발달 | 전 생애에 걸쳐 변화 |
| 부모와의 관계 | 다양한 사회적 관계 |
| 발달의 부정적 측면 | 발달의 긍정적 측면 |

### 243. 에릭슨(Erikson)의 발달이론에 대한 설명으로 옳은 것을 골라 묶은 것은?

2008년 5급 사무관

ㄱ. 발달에서 자아가 중심 역할을 수행한다.
ㄴ. 발달은 출생부터 평생 동안 이루어진다.
ㄷ. 인간의 거의 모든 행동은 무의식의 지배를 받는다.
ㄹ. 청소년기의 핵심적인 과제는 정체감 확립이다.
ㅁ. 발달의 긍정적 측면과 부정적 측면을 모두 중시하였다.

① ㄱ, ㄴ
② ㄴ, ㄷ
③ ㄷ, ㅁ
④ ㄱ, ㄷ, ㄹ
⑤ ㄱ, ㄴ, ㄹ

■ 정답 및 해설

⑤ ㄱ. 프로이트의 발달이론에서는 원초아(id)가 발달에 있어서 중심 역할을 한다고 본 반면, 에릭슨의 발달이론은 자아(ego)가 중심 역할을 수행한다고 본다.
ㄴ. 프로이트는 아동기 초기에 성격의 대부분이 형성된다고 보고 청년기 이후의 발달에 대해서는 무관심하였던 반면, 에릭슨은 성격이 출생부터 평생 동안에 걸쳐 발달한다고 보고 전 생에 걸친 발달단계를 제시하였다.
ㄹ. 프로이트는 청소년기의 발달을 성적 에너지의 분출에 초점을 두어 이성 친구와의 친밀한 관계 형성 및 부모로부터의 독립 욕구에 중심으로 설명한다. 반면, 에릭슨은 청소년기의 핵심 과제를 자아정체감 확립에 두고, 자신의 역할과 가치를 탐색하고 대안적인 자기개념을 형성해 나가는 시기로 보았다.

◇ 오답 체크

ㄷ. 프로이트는 인간의 거의 모든 행동이 무의식의 지배를 받는다고 보았다. 반면, 에릭슨은 인간의 행동이 의식에 의해서 통제된다는 점을 강조하였다.
ㅁ. 에릭슨은 발달의 긍정적 측면을 중시하며 원만한 성격이 발달되기 위한 조건을 탐색하였다. 반면, 프로이트는 발달의 부정적 측면을 중시하며 정신병리적 문제의 원인을 탐구하였다.

## 244. 프로이트와 에릭슨 이론에 관한 설명 중 옳지 않은 것은?

1998년 국가직 7급

① 프로이트는 인간의 정신구조에서 무의식의 흐름을 중시한 정신분석이론을, 에릭슨은 의식의 흐름을 중시한 심리사회이론을 주장하였다.
② 프로이트는 아동의 발달단계를 아동-모친-부친의 삼각관계에 두었는데, 에릭슨은 부모-형제와의 관계에 두었다.
③ 발달이론에 있어 프로이트는 성적 발달 측면에, 에릭슨은 자아의 기능에 중점을 두었다.
④ 프로이트는 성격발달의 단계를 병리학적 입장에 두었는데, 에릭슨은 발달적 위기의 성공적 해결에 초점을 두었다.

### ■ 정답 및 해설

② 프로이트는 발달에 있어서 초기 아동기에서의 욕구 충족/좌절 경험이 아동의 성격 발달에 중요한 영향을 미친다고 보고, 아동과 부모와의 관계를 중시하였다. 특히 남근기에는 아동-모친-부친 사이의 삼각관계로 인해 빚어지는 성적 갈등이 오이디푸스/엑렐트라 콤플렉스를 일으키며 성격발달에 중요한 영향을 미친다고 보았다.
에릭슨은 심리사회적 발달 이론에서는 발달의 주요 관계가 더 넓은 사회적 관계로 확장된다고 보았다. 즉 부모, 형제, 배우자, 자녀, 친구, 직장동료 등 다양한 사회적 관계와의 상호작용이 각 발달단계마다 중요한 역할을 한다고 보았다.

### ◇ 오답 체크

① 프로이트는 무의식적인 본능적 욕구와 갈등이 인간 행동과 성격 형성에 결정적이라고 보고, 정신구조를 분석하는 것을 중요시하였다. 에릭슨은 인간은 사회적 관계 속에서 살아가며 다양한 발달적 위기를 겪으며 이를 의식적인 노력과 사회적 상호작용을 통해 극복하며 성숙해 간다고 보았다.
③ 프로이트는 인간의 행동을 결정하는 데 있어서 본능적이며 성적 에너지인 리비도가 어떤 부위에 집중되는지에 따라 발달이 이루어진다고 보았다. 에릭슨은 인간의 발달이 평생에 걸쳐 이루어지며, 각 발달 단계에서 의식적인 자아가 사회적 요구와 도전을 어떻게 해결하는지가 핵심이라고 보았다. 이러한 점에서 프로이트의 이론을 심리성적 발달이론, 에릭슨의 이론은 심리사회적 발달이론이라고 부른다.
④ 프로이트는 성격 발달의 각 단계에서 발생하는 성적 갈등이 해결되지 않을 경우, 어떤 병리적 문제(예: 고착)가 발생하는지를 설명하고자 하였다. 에릭슨은 각 발달 단계에서 마주하는 발달적 위기를 성공적으로 해결하는 과정을 통해 자아가 성숙해진다고 보고, 원만한 성격이 어떻게 발달될 수 있는지를 설명하고자 하였다.

# 03. 청소년기의 발달 특징

## 출포 78. 마샤의 정체성 지위 이론

> 기본서 121쪽

**245.** 마샤(Marcia)의 정체성 지위 이론에서 다음의 특징에 해당하는 것은?

2024년 국가직 9급

○ 정체성 위기의 상태에 있다.
○ 구체적인 과업에 전념하지 못하고 있다.
○ 자신의 정체성에 대해 적극적으로 탐색한다.

① 정체성 동요(identity agitation)
② 정체성 상실(identity foreclosure)
③ 정체성 유예(identity moratorium)
④ 정체성 혼미(identity diffusion)

### ■ 정답 및 해설

③ 마샤의 정체성 지위 이론에서는 정체성 위기 경험의 여부와 정체성에의 몰입 여부에 따라 정체성 지위를 분류한다. 정체성 지위의 유형에는 정체성 혼미, 정체성 상실, 정체성 유예, 정체성 확립이 포함된다. 이 중 자신의 정체성을 아직 확립하지 못한 상태로 구체적인 과업에 전념하지 못하는 상태에 있으나, 자신의 정체성을 적극적으로 탐색하고 있는 유형은 '정체성 유예' 유형이다.

◇ 오답 체크
① 정체성 동요는 마샤의 정체성 지위 유형에 포함되지 않는다.
② 정체성 상실은 정체감 위기를 경험하지 않은 채로, 이미 선택한 역할에 몰입해 있는 상태를 말한다.
④ 정체성 혼미는 정체감 위기를 경험하지 못한 상태이며, 자신의 정체성을 탐색하려는 시도나 욕구도 부족한 상태에 해당한다.

---

**기출플러스**

- 마샤의 정체감 유형 분류
 - 정체감 혼미
  (2005년 유초등)

- 정체감 위기를 경험하지 못했다.
- 삶에 대한 방향감이 결여되어 있다.
- 어떤 일을 하더라도 왜 하는지 모른다.
- 타인이 어떤 일을 왜 하는지에 관심이 없다.

**암기 POINT**

- 마샤의 정체성 지위 유형

|  |  | 위기 경험 | |
|---|---|---|---|
|  |  | × | ○ |
| 몰입 여부 | × | 정체성 혼미 | 정체성 유예 |
|  | ○ | 정체성 상실 | 정체성 확립 |

245 ③

**246.** 다음에 해당하는 자아정체감의 개념은?

*2021년 국가직 9급*

> 의사결정을 할 때, 대안을 고려하지 않고 부모 등이 제시하는 역할이나 가치를 그대로 선택하거나 수용한다.

① 정체감 성취(achievement)
② 정체감 유예(moratorium)
③ 정체감 유실(foreclosure)
④ 정체감 혼미(diffusion)

■ **정답 및 해설**

③ 자아정체감의 상태는 위기경험과 몰입(관여)의 여부를 기준으로 구분한다. 위기경험이란 자신의 정체성에 대한 결단을 내리는 과정에서 다양한 대안 탐색과 신중한 선택의 과정을 거쳤는지를 의미한다. 몰입이란 특정한 자아정체감에 대한 신념을 명확히 표현하며 그에 따라 행동하고 있는 것을 의미한다. 이렇게 볼 때, 다른 대안을 고려하지 않고 부모의 제시 방향을 따라서 자신의 역할과 가치를 선택하고 수용하였다는 것이므로, 정체감 유실 상태에 해당한다고 볼 수 있다. (위기경험 X, 몰입 ○)

◇ **오답 체크**

① 정체감 성취는 다양한 대안의 탐색을 통해 자신이 스스로 자신의 역할과 가치를 선택한 경우에 해당한다. (위기경험 ○, 몰입 ○)
② 정체감 유예는 다양한 대안을 탐색하였으나 여전히 자신의 역할이나 가치를 선택하지 못하고 있는 경우에 해당한다. (위기경험 ○, 몰입 X)
④ 정체감 혼미는 자신의 역할을 탐색하려는 욕구나 시도가 부족한 채로 삶의 목표나 방향이 없이 살아가고 있는 경우에 해당한다. (위기경험 X, 몰입 X)

---

## 출포 79. 청소년기의 심리적 발달 특징

🌐 기본서 120쪽, 125쪽

**247.** 청소년기의 심리적 발달 특징에 대한 학자들의 견해를 잘못 기술한 것은?

*2010년 중등*

① 안나 프로이드(A. Freud)는 청소년기를 정서적 갈등과 별난 행동으로 특징지어지는 심리적 불안정의 시기라고 가정하였다.
② 해비거스트(R. Havighurst)는 부모나 다른 성인으로부터 정서적으로 독립하는 일을 청소년기 발달과업 중 하나로 제시하였다.
③ 에릭슨(E. Erikson)은 심리사회적 발달이론에서 정체감 위기를 겪고 있는 청소년들의 지배적인 심리상태를 심리적 유예라고 명명하였다.
④ 셀만(R. Selman)은 조망수용이론에서 형식적 조작 과제를 통과한 청소년들의 조망수용 능력이 사회정보적 조망 수준에 머물러 있다고 설명하였다.
⑤ 엘킨드(D. Elkind)는 청소년기에 나타나는 자아중심적 사고의 특징을 상상적 청중(imaginary audience)과 개인적 우화(personal fable)로 기술하였다.

---

**기출플러스**

- 수민이의 정체감 유형
 - 정체감 유실(상실, 폐쇄)
 (2014년 5급 사무관)

- 현선 : 난, 앞으로 무엇을 해야 할지 잘 모르겠어. 그래서 적성검사를 받아 볼까 해. 수민아, 넌 앞으로 무엇을 하고 싶니?
- 수민 : 나도 내가 뭘 하고 싶은지는 잘 모르겠지만 난 의대에 가려고 해. 우리 할아버지도 아버지도 삼촌들도 모두 의사야. 부모님이나 다른 친척들도 모두 내가 의사가 되어야 한다고 생각하셔.
- 현선 : 수민아, 하지만 넌 개구리 해부도 못 하잖아. 넌 피아노를 정말 잘 치고 좋아하잖아?

**암기 POINT**

- 청소년기의 심리적 발달 특징

| 학자 | 주요 특징 |
|---|---|
| 안나 프로이트 | 심리적 불안정 (갈등, 별난 행동) |
| 해비거스트 | 정서적 독립 (발달과업) |
| 에릭슨 | 심리적 유예 (정체감 위기) |
| 셀만 | 제3자적 조망~ 사회적 조망 |
| 엘킨드 | 자아중심적 사고 (상상적 청중, 개인적 우화) |

246 ③  247 ④

■ 정답 및 해설

④ 셀만은 타인의 인지, 관점, 감정 등을 추론하여 이해하는 능력인 '사회적 조망수용 능력'의 발달단계를 제시하였다. 그에 따르면, '자기중심적 조망 → 사회정보적 조망 → 자기반성적 조망 → 제3자적 조망 → 사회적 조망 순으로 발달한다. 이 중 형식적 조작기에 이른 청소년들은 논리적이며 추상적인 사고능력이 발달하므로 제3자적 조망(10~15세)이나 사회적 조망(12세 이후)이 가능해진다. 사회정보적 조망 단계는 다른 사람의 관점을 자신의 입장에서 주관적으로 이해하는 단계로 사고의 탈자기중심화가 시작되는 구체적 조작기의 초기에 나타난다.

◇ 오답 체크

① 안나 프로이트는 아버지인 지그문트 프로이트의 정신분석학을 교육영역으로 확대시키고 청소년기에 대한 연구에 관심을 가졌다. 안나 프로이트는 청소년기는 본능적 욕구와 자아 메카니즘 사이의 평형 상태가 일시적으로 무너짐으로써 질풍노도의 시기가 도래하는 시기라고 설명한다. 따라서 청소년기는 정서적 갈등과 별난 행동으로 특징지어지는 심리적 불안정의 시기라고 가정한다.

② 해비거스트는 특정 문화권 내에서 발달하는 각 아동이 당면하는 과업을 발달 과업이라고 정의하고, 각 단계별 발달 과업을 제시하였다. 해비거스트가 제시한 청소년기의 발달 과업은 아래와 같다. 즉 해비거스트는 부모나 다른 성인으로부터 정서적으로 독립하는 일을 청소년기 발달과업 중 하나로 제시하였다.

③ 에릭슨의 심리사회적 발달이론에서 청소년기는 자아정체감과 역할혼미의 발달적 위기 속에서 자신의 강점과 약점을 파악하고, 미래의 역할과 가치를 발견하며, 대안적인 자기개념을 탐색하는 시기이다. 이 시기의 청소년들은 자신의 정체감을 탐색하고 있는 과정 중에 있으므로 '심리적 유예기'에 있다고 명명하였다.

⑤ 엘킨드는 피아제의 발달이론에서 자아중심성의 개념을 적용하여 청소년기를 설명하였다. 그에 따르면, 청소년은 자기 자신에 대한 강한 몰두하여 자기중심적으로 사고하는 경우가 빈번하다. 청소년기의 자아중심적 사고의 형태로 상상적 청중과 개인적 우화를 들 수 있다. 상상적 청중은 자신은 무대 위의 주인공이며 청중인 다른 사람들의 관심을 한 몸에 받고 있다고 생각하는 경향을 말한다(예. 자신의 외모에 대한 지나친 관심). 개인적 우화란 자신의 다른 사람들과는 구별되는 특별한 존재로 여기는 경향을 말한다(예. 위험을 고려하지 않는 과감한 비행 행동).

---

더 알아두기

- 헤비거스트의 발달이론
  - 청소년기의 발달과업
- 자기의 신체를 인정하고 성 역할을 수용한다.
- 동성이나 이성의 친구와 새로운 관계를 형성한다.
- 신체적 변화와 남녀의 사회적 역할을 학습한다.
- 부모와 다른 성인으로부터 정서적으로 독립한다.
- 경제적 독립의 필요성을 느낀다.
- 직업을 선택하고 준비한다.
- 유능한 시민으로서 갖추어야 할 지적 기능과 개념을 획득한다.
- 사회적으로 책임 있는 행동을 원하고 실천한다.
- 결혼과 가정생활을 준비한다.
- 과학적 세계관을 맞추어 가치 체계를 형성한다.

# 4. 도덕성 발달이론

## 출포 80. 콜버그의 도덕성 발달이론

기본서 122~125쪽

**248.** 콜버그(Kohlberg)의 도덕성 발달이론에 대한 설명으로 옳은 것은?

2023년 국가직 9급

① 아동 초기에 초점을 둔 이론으로 도덕성 발달은 동화와 조절의 과정을 거쳐 이루어진다.
② 전인습(preconventional) 수준에서 도덕성 발달의 시작은 처벌을 피하기 위한 행동에서 비롯된다.
③ 선악을 판단하는 초자아(superego)의 작동에 의해 도덕성이 발달한다.
④ 인습(conventional) 수준에서 도덕성은 정의, 평등, 생명과 같은 보편적인 원리를 지향한다.

### ■ 정답 및 해설

② 콜버그는 피아제의 인지발달이론을 기반으로 도덕성이 발달하는 단계를 제시했다. 도덕성 발달 단계는 세 가지 수준과 여섯 단계로 구분된다. 그 중 가장 낮은 수준인 전인습 수준은 다시 처벌 회피 지향의 단계와 개인적 보상 지향의 단계로 구분된다. 즉, 전인습 수준에서 도덕성 발달의 시작은 처벌을 피하기 위한 행동에서 비롯된다.

### ◇ 오답 체크

① 아동 초기에 초점을 둔 이론으로 동화와 조절의 과정을 통해 도덕성이 발달된다고 이론은 피아제의 이론이다. 콜버그는 도덕성의 발달이 전 생애에 걸쳐 이루진다고 본다.
③ 초자아의 작동에 의해 도덕성이 발달한다는 보는 것은 프로이트이다. 초자아는 부모나 양육자의 가치, 신념, 행동을 내면화하는 과정을 통해 형성되는 성격구조의 구성요소를 말한다.
④ 정의, 평등, 생명과 같은 보편적 원리를 지향하는 것은 후인습 수준의 도덕성이다. 인습 수준의 도덕성은 타인의 인정이나 사회질서나 규범을 지향한다.

### 암기 POINT

• 피아제와 콜버그의 도덕성 발달 단계 비교

| 학자 | 발달단계 구분 |
|---|---|
| 피아제 | - 타율적 도덕성 : 실재론, 결과 중심<br>- 자율적 도덕성 : 상대론, 의도 고려 |
| 콜버그 | - 전인습 수준 : 처벌회피/보상지향<br>- 인습 수준 : 타인승인/법질서<br>- 후인습 수준 : 사회계약/도덕양심 |

**249.** 콜버그(L. Kohlberg)의 도덕성 발달이론에 대한 설명으로 옳은 것을 다음에서 고른 것은?

ㄱ. 피아제(J. Piaget)가 구분한 아동의 도덕성 발달단계를 더 세분화하여 성인기까지 확장하였다.
ㄴ. 도덕적 사고력을 길러 주기 위해서는 성인에 의한 사회적 전수가 중요한 교육방법이라고 하였다.
ㄷ. 다섯 번째 단계인 '사회계약 정신 지향' 단계에서는 '착한 소년·소녀'처럼 타인으로부터 도덕적이라고 인정받는 것이 중요하다.
ㄹ. 길리건(C. Gilligan)은 콜버그의 도덕성 발달이론에 대해 남성 중심의 이론이며 여성의 도덕성 판단기준은 남성과 다르다고 비판하였다.

① ㄱ, ㄷ
② ㄱ, ㄹ
③ ㄴ, ㄷ
④ ㄴ, ㄹ

■ 정답 및 해설

② ㄱ. 피아제는 아동 초기의 도덕성 발달에 초점을 둔 반면, 콜버그는 피아제가 구분한 도덕성 발달단계를 3수준 6단계로 세분화하고 성인기까지 확장하였다. 콜버그의 도덕성 발달단계는 전인습 수준은 대체로 4~10세, 인습 수준은 10세~성인기 초기, 후인습 수준은 성인기에서 나타나며, 단지 일부의 성인만이 최고 수준의 도덕성에 도달할 수 있다고 보았다.

ㄹ. 콜버그는 권리, 규칙 등을 중시하는 '정의'의 관점에서 도덕적 판단을 내리는 이성적 능력을 기준으로 도덕성 발달단계를 구분하였다. 길리건은 콜버그의 이론을 서구의 백인 남성들만의 기준을 반영한 남성 중심의 이론이라고 비판하면서, 여성이 바라보는 도덕성의 기준을 반영하는 도덕성 이론의 필요성을 제기하였다. 그에 따라, 길리건은 책임감, 인간관계 등을 중시하는 '배려'의 관점에서 도덕적 판단을 내리는 감성적 능력을 기준으로 도덕성 발달을 설명한다.

◇ 오답 체크

ㄴ. 콜버그는 도덕적 사고력을 길러 주기 위해서는 학생 상호 간의 자유로운 토론을 중요한 방법으로 활용하여 한다고 보았다. 전통적인 도덕교육의 방법이었던 성인에 의한 사회적 전수, 즉 교화는 도덕적 사고력을 길러주는 데에는 적절하지 않다고 보았다.

ㄷ. '사회계약 정신 지향' 단계에서는 법과 규칙 속에 내재되어 있는 사회적으로 합의된 기준 혹은 정신을 지키는 것이 중요하다고 한다. 타인의 인정을 중요하게 생각해서 '착한 소년·소녀'를 지향하는 단계는 세 번째 단계이다.

## 출포 81. 콜버그의 도덕성 발달단계 A

기본서 123~124쪽

**250.** 콜버그(L. Kohlberg)의 도덕성 발달이론에 비추어 볼 때, 다음 상황에 대한 아동의 대답이 해당하는 발달단계는?
2019년 지방직 9급

───── <상 황> ─────
한 남자의 아내가 죽어가고 있다. 아내를 살릴 수 있는 약이 있지만 너무 비싸고, 약사는 싼 가격에는 약을 팔려고 하지 않는다. 남자는 아내를 위해 하는 수 없이 약을 훔쳤다. 남자는 정당한 일을 하였는가?

───── <아동의 대답> ─────
"나는 찬성한다. 좋은 남편은 아내를 잘 돌보아야 하기 때문에 사랑하는 아내를 살리기 위한 이러한 행위는 정당하다."

① 1단계: 복종과 처벌 지향
② 2단계: 개인적 쾌락주의
③ 3단계: 착한 소년/소녀 지향
④ 4단계: 사회질서와 권위 지향

■ 정답 및 해설
③ 남자의 행위를 '좋은 남편'은 아내를 잘 돌보아야 하기 때문에 그에 합당한 행위를 했으므로 정당하다고 주장하고 있다. 즉, 어떤 행위를 했을 때 '좋은 남편'으로 평가받을 것인지를 기준으로 판단하고 있으므로, 타인의 인정과 칭찬을 기준으로 판단하는 단계인 '3단계 - 착한 소년/소녀 지향 단계'에 해당된다.

**251.** 콜버그(Kohlberg)의 도덕성 발달 단계에 따른 도덕적 판단의 예가 옳게 연결되지 않은 것은?
2014년 국가직 7급

① 1단계 - 들키지만 않으면 좋은 점수를 받기 위해서 부정행위를 해도 괜찮다.
② 2단계 - 불쌍한 사람을 위해서는 내가 조금 누명을 써도 괜찮다.
③ 3단계 - 부모님을 실망시키지 않기 위해서 바른 행동을 해야 한다.
④ 4단계 - 금전적 손실이 있더라도 법으로 정해진 세금을 꼬박꼬박 내야 한다.

■ 정답 및 해설
② '불쌍한 사람을 위해서'라는 기준이 도덕적 판단의 기준이 되고 있는데, 이것은 보편적 도덕원리이자 자신이 선택한 윤리적 양심을 기준으로 하여 행위를 판단하는 것이므로, 6단계에 해당한다. 2단계는 자신의 욕구를 충족시키는지의 여부에 따라 도덕성을 판단하는 단계이므로 제시된 진술문의 내용과 어울리지 않는다.

◇ 오답 체크
① '들키지만 않으면 된다'는 것이 도덕적 판단의 기준이 되고 있으므로, 처벌회피 지향의 단계인 1단계에 해당된다.
③ '부모님을 실망시키기 않기 위해'라는 기준은 타인의 인정과 칭찬을 지향하는 단계인 3단계에 해당된다.
④ '법으로 정해진' 것인지의 여부가 판단의 기준이 되므로 법과 질서를 지향하는 단계인 4단계에 해당된다.

---

### 기출플러스
• 콜버그의 도덕성 발달단계 (1단계 : 처벌-복종 지향) (2002년 유초등)

만일 남자가 약을 훔친다면 그것은 잘못된 것이다. 그렇게 하면 경찰에게 잡혀서 감옥에 갈 것이기 때문이다.

### 암기 POINT
• 콜버그의 도덕성 발달단계

| 단계 | 판단의 기준 |
| --- | --- |
| 처벌 회피 지향 | 처벌 가능성 회피 권위에의 복종 |
| 개인적 보상 지향 | 자신의 욕구 충족 타인의 욕구 고려 |
| 착한 아이 지향 | 타인의 칭찬 추구 대인관계의 조화 |
| 법과 질서 지향 | 법과 규칙 준수 사회질서 유지 |
| 사회계약 지향 | 사회규범과 개인 권리의 조화 |
| 보편원리 지향 | 보편적 도덕원리 개인적 양심 |

250 ③  251 ②

강서연 교육학

**기출플러스**

- 콜버그의 도덕성 발달단계
  (2단계 : 개인적 보상 지향)
  (2007년 유초등)
- 자신의 욕구가 옳고 그름을 결정하는 기준이 된다.
- 도덕적 행위는 자신과 타인을 만족시키는 수단이라고 생각한다.
- "네가 내 등을 긁어 주었으니 나도 너의 등을 긁어 줄게."와 같은 입장에서 도덕적 판단을 한다.

**252.** 다음 글과 가장 적합한 콜버그(L. Kohlberg)의 도덕성 발달단계는?

2011년 국가직 9급

○ 주변에서 착한 아이라는 말을 듣기 좋아한다.
○ 부모님을 기쁘게 해 드리기 위해 열심히 공부한다.
○ 부모님이 걱정하시지 않도록 일찍 귀가한다.

① 처벌 – 복종지향 단계
② 상대적인 쾌락주의 단계
③ 대인관계 조화 단계
④ 법과 질서의 도덕적 추론 단계

■ 정답 및 해설

③ '착한 아이'라는 말을 듣고, 부모님을 기쁘게 해 드리거나 걱정하시지 않게 하는 일을 옳은 일이라고 판단하는 것은 도덕적 판단기준이 다른 사람이 자신을 어떻게 판단하는지에 따라 달라진다고 보는 것이므로 '대인관계 조화(착한 아이 지향) 단계'에 해당된다.

**253.** 다음은 콜버그(L. Kohlberg)의 도덕발달 단계 중 일부 단계의 도덕적 판단 근거를 기술한 것이다. 발달 순서대로 바르게 나열한 것은?  2006년 중등

| ㄱ. 물질적 보상과 벌 | ㄴ. 타인의 칭찬과 인정 |
| ㄷ. 사회적 관습과 법 | ㄹ. 보편적 도덕원리와 양심 |

① ㄱ – ㄴ – ㄷ – ㄹ
② ㄱ – ㄷ – ㄴ – ㄹ
③ ㄷ – ㄱ – ㄴ – ㄹ
④ ㄷ – ㄴ – ㄱ – ㄹ

■ 정답 및 해설

① ㄱ. '물질적 보상'의 획득 가능성을 근거로 판단을 내리는 단계는 2단계인 개인적 보상 지향 단계이다. '벌'을 회피할 수 있는지를 기준으로 판단하는 단계는 1단계인 처벌회피 지향 단계이다.
ㄴ. '타인의 칭찬과 인정'을 받을 수 있을지를 기준으로 도덕적 판단을 내리는 단계는 3단계 단계인 착한 아이 지향 단계이다.
ㄷ. '사회적 관습과 법'에 따르는 행위인지의 여부를 기준으로 도덕적 판단을 내리는 단계는 4단계인 법과 질서 지향 단계이다.
ㄹ. '보편적 도덕원리와 양심'을 준수하는 행위인지의 여부를 기준으로 도덕적 판단을 내리는 단계는 6단계인 보편적 원리 지향 단계이다.

252 ③   253 ①

# 5. 지능이론

## 01. 전통적 지능이론

### 출포 82. 스피어만의 일반요인설

기본서 126쪽

**254.** 지능이론에 대한 설명으로 옳은 것은?  2016년 국가직 7급

① 스피어만(Spearman)은 지능이 일반요인과 특수요인으로 구성된다고 하였다.
② 카텔(Cattell)은 지능을 유동지능과 발달지능으로 구분하였다.
③ 스턴버그(Sternberg)는 다양한 측면의 지능을 인정하는 다중지능이론을 주장하였다.
④ 가드너(Gardner)는 지능을 성분적, 경험적, 맥락적 요소로 설명하였다.

■ 정답 및 해설

① 스피어만은 지능이 단일 개념이 아니라, 일반요인과 특수요인으로 구성된다고 보는 일반요인설을 주장하였다. 일반요인은 거의 모든 지적 과제를 수행하는 데 공통적으로 필요한 정신능력을 의미한다. 특수요인은 특수한 분야의 과제를 수행하는 데에만 작용하는 능력을 말한다. 즉 특정한 과제를 해결하는 데 있어서 일반요인과 해당 분야의 특수요인이 함께 작용한다고 본다. 따라서 지능의 일반요인이 우수한 아동은 어떤 분야에서든지 높은 성과를 보일 수 있다고 본다.

◇ 오답 체크
② 카텔은 지능을 유동지능과 결정지능으로 구분하였다.
③ 가드너의 다중지능이론에 대한 설명이다.
④ 스턴버그의 삼원지능이론에 대한 설명이다.

**암기 POINT**

• 주요 지능이론의 비교

| 학자 | 주요 개념 |
|---|---|
| 스피어만 | 일반요인(모든 분야) 특수요인(각 분야별) |
| 써스톤 | 7가지 기본정신능력 (언어이해~지각속도) |
| 길포드 | 3차원 지능구조(내용, 조작, 산출) |
| 카텔 | 유동지능(두뇌발달) 결정지능(학습, 경험) |
| 가드너 | 다중지능(상호독립적, 언어지능~신체운동) |
| 스턴버그 | 성공지능(분석적+창의적+실제적 지능) |

254 ①

## 출포 83. 카텔의 위계적 요인설

> 기본서 127쪽

**255.** 다음 설명에 해당하는 지능은?  `2024년 국가직 9급`

> ○ 카텔(Cattell)과 혼(Horn)이 제시한 지능 개념이다.
> ○ 유전적·신경생리적 영향을 받는 지능이다.
> ○ 기계적 암기, 지각, 일반적 추리 능력과 관련된다.
> ○ 청소년기까지 증가하다가 성인기 이후 점차 쇠퇴한다.

① 결정지능  ② 다중지능
③ 성공지능  ④ 유동지능

### 암기 POINT

- 카텔과 혼의 지능이론
  - 유동성 지능: 유전 및 생물학적 발달의 영향
  - 결정성 지능: 경험, 문화, 환경, 교육의 영향

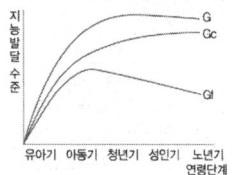

■ 정답 및 해설
④ 카텔과 혼이 제시한 지능 개념은 결정지능과 유동지능이다. 이 중 유전적·신경생리적 영향을 받으며 청소년기까지 증가하는 지능은 유동지능이다. 결정적 지능은 교육이나 훈련의 결과로 형성되는 것으로 보았다.

◇ 오답 체크
① 결정지능은 경험적·문화적 영향을 받으며 성인기 이후에도 꾸준히 증가한다.
② 다중지능은 가드너가 제시한 지능 개념이다.
③ 성공지능은 스턴버그가 제시한 지능 개념이다.

**256.** 지능에 대한 학자의 설명으로 옳은 것은?  `2016년 국가직 9급`

① 길포드(J. P. Guilford)는 지능이 내용, 형식, 조작, 산출이라는 4개의 차원으로 구성된다고 가정하였다.
② 스턴버그(R. J. Sternberg)는 지능이 맥락적 요소, 정신적 요소, 시간적 요소로 구성된다는 삼위일체이론을 주장하였다.
③ 가드너(H. Gardner)는 지능이 사회문화적 맥락의 영향을 받지 않는, 서로 독립적이며 다양한 능력으로 구성되어 있다고 보았다.
④ 카텔(R. B. Cattell)은 지능을 유동적 지능과 결정적 지능으로 구분하고, 결정적 지능은 교육이나 훈련의 결과로 형성되는 것으로 보았다.

■ 정답 및 해설
④ 카텔은 지능을 유동적 지능과 결정적 지능으로 구분하였다. 이 중 결정적 지능은 교육이나 훈련의 결과로 형성되는 것으로 보았다. 유동적 지능은 유전 및 신경생리학적 영향을 받으므로, 생물학적 발달에 비례하여 발달한다고 보았다.

255 ④   256 ④

◇ 오답 체크
① 길포드는 지능이 내용, 조작, 산출이라는 3개의 차원으로 구성된다고 가정하고, 이들 각각의 차원들이 조합되는 180개의 하위 능력이 있다고 설명하였다.
② 스턴버그는 지능이 성분적, 경험적, 맥락적 요소로 구성된다는 삼위일체이론을 주장하였다.
③ 가드너는 지능이 서로 독립적이며 다양한 능력들로 구성되어 있으며, 이들 능력들은 특정한 사회문화적 맥락의 영향을 받는다고 보았다.

## 257. 지능이론에 대한 설명으로 옳지 않은 것은?  2014년 국가직 9급

① 유동지능은 탈문화적이고 비언어적인 능력과 관련되며 두뇌발달에 영향을 받는다.
② 삼원지능이론에서는 일상적인 문제와 사회적 상황을 효과적으로 처리하고 반응하는 것이 지능의 주요 요소 중 하나이다.
③ g요인설을 통해 언어 능력과 추론 능력이 동시에 우수한 사람에 대한 설명이 가능하다.
④ 결정지능은 태어날 때 이미 결정되어 있기 때문에 새로운 지식이나 경험이 영향을 미치지 않는다.

■ 정답 및 해설
④ 결정지능은 교육이나 훈련, 문화적 경험을 통해 형성되는 지능이므로, 태어날 때 이미 결정되어 있지 않고 후천적으로 축적되는 새로운 지식이나 경험이 중대한 영향을 미치는 지능이다.

◇ 오답 체크
① 유동지능은 태어날 때부터 유전 및 신경생리학적 영향에 의해 타고나는 지능으로 생물학적 두뇌 발달에 비례하여 발달한다. 유동지능은 정보처리 속도, 새로운 상황에의 유연성, 지각과 도형추리 등에 관련된 지능으로서, 탈문화적이고 비언어적인 능력과 관련된다.
② 삼원지능이론에서는 지능의 세 가지 요소로 분석적 지능, 창의적 지능, 실제적 지능이 있다고 본다. 이 중 실제적 지능은 일상적인 문제와 사회적 상황을 효과적으로 처리하고 반응하는 지적 능력으로서, 삼원지능이론의 지능 요소 중 하나이다.
③ 스피어만의 g요인설에서는 다양한 지적 과제를 처리하는 데 있어서 공통적으로 적용되는 지적 능력이 있다고 보고, 이러한 능력을 일반요인(g요인)이라고 하였다. 따라서 언어 능력과 추론 능력은 서로 다른 분야의 능력이지만, 이들 과제에 공통적으로 작용하는 g요인이 우수한 사람은 이 두 분야에서 동시에 우수한 성과를 보일 수 있다는 것이다.

257 ④

## 02. 현대적 지능이론

### 출포 84. 가드너의 다중지능 이론

기본서 127~129쪽

**258.** 다음 설명에 해당하는 것은?  2022년 지방직 9급

> ○ 지능은 사회문화적 맥락의 영향을 받는, 서로 독립적인 다양한 능력으로 구성되어 있다.
> ○ 지능의 예로 언어 지능, 논리수학 지능, 음악 지능, 공간 지능, 신체운동 지능, 대인관계 지능 등이 있다.
> ○ 학습자는 누구나 강점 지능과 약점 지능을 가지고 있으므로, 수업방식을 다양화하는 교육방식이 필요하다.

① 스피어만(Spearman)의 일반요인이론  ② 길포드(Guilford)의 지능구조모형
③ 가드너(Gardner)의 다중지능론  ④ 캐롤(Carroll)의 지능위계모형

■ 정답 및 해설
③ 사회문화적 맥락의 영향을 받는 다양한 능력이 서로 독립적으로 존재하며, 언어 지능이나 논리수학 지능 이외에도, 음악 지능, 공간 지능, 신체운동 지능, 대인관계 지능 등이 지능의 종류로 언급되는 지능이론은 가드너의 다중지능이론이다. 다중지능이론에서는 개인들의 강점 지능을 최대화하는 교육을 추구하므로, 학생들이 가진 지능프로파일의 다양성을 고려하여 수업방식을 다양화해야 한다고 본다.

**259.** 지능에 대한 설명으로 가장 옳은 것은?  2009년 국가직 9급

① 지능지수는 생활연령과 정신연령의 차이로 계산한다.
② 가드너(Gardner)의 다중지능 가운데 공간적 능력은 조각가와 관련이 있다.
③ 스턴버그(Sternberg)의 삼원지능이론은 실제적 능력, 자기성찰적 능력, 대인적 능력으로 구성되어 있다.
④ 써스톤(Thurstone)은 인간의 기본 정신능력의 핵심요소로서 언어능력, 수리능력, 예술적 능력을 들고 있다.

■ 정답 및 해설
② 가드너의 다중지능에 속하는 공간적 능력은 형상과 위치 등 시각-공간적 관계를 지각, 변형, 창조하는 능력을 의미하는 것으로, 조각가, 항해사, 건축가 등과 관련이 있다.

---

**기출플러스**
- 가드너의 다중지능이론 (2000년 유초등)
- 감성지능(EQ), 도덕지능(MQ), 성공지능(SQ)과 같은 새로운 지능이론이 출현하는 데 기여하였다.
- 지능검사는 학생들의 각기 다른 능력을 드러낼 수 있도록 달라져야 하며, 학교교육도 개인의 장점을 극대화할 수 있도록 개선되어야 한다.
- 언어적 능력, 논리-수학적 능력만을 지나치게 강조하는 종래의 지능이론에 대한 거부감을 표시한다.

**암기 POINT**
- 가드너 다중지능의 종류
  - 언어지능
  - 논리-수학지능
  - 대인관계지능
  - 자연친화지능
  - 개인내적지능
  - 음악지능
  - 시각-공간지능
  - 신체운동지능

258 ③   259 ②

◇ 오답 체크
① 비율지능지수의 경우, 지능지수는 생활연령과 정신연령의 비율로 나타낸다.
③ 스턴버그의 삼원지능이론은 분석적 능력, 창의적 능력, 실제적 능력으로 구성되어 있다. 자기성찰적 능력과 대인적 능력은 가드너의 다중지능이론에 포함된다.
④ 써스톤은 인간의 기본정신능력의 7가지 요소로 언어이해력, 언어유창성, 수리력, 공간지각력, 기억력, 추리력, 지각속도를 제시하였다.

260. 지능에 관련된 설명으로 옳은 것을 다음에서 모두 고르면?

2011년 유초등

ㄱ. 플린 효과(Flynn effect)란 인간의 지능검사 점수가 해를 거듭할수록 점차 낮아지는 세계적인 경향을 말한다.
ㄴ. 가드너(H. Gardner)의 다중지능 이론에서는 여러 지능들이 상호 독립적이며 각각의 상대적 중요성이 동일하다고 가정한다.
ㄷ. 카텔(R. Cattell)의 결정성 지능(crystallized intelligence)이란 환경적·문화적·경험적 영향에 의해 발달하는 지능으로, 자신의 학습과 경험을 적용하여 획득한 능력을 말한다.
ㄹ. 스턴버그(R. Sternberg)의 삼원지능 이론에서 창의적 지능이란 현실 상황에 적응하거나 상황을 선택·변형하는 능력으로, 일상의 문제해결 능력이나 사회적 유능성과 같은 지능을 말한다.

① ㄱ, ㄴ  ② ㄴ, ㄷ  ③ ㄷ, ㄹ
④ ㄱ, ㄴ, ㄷ  ⑤ ㄴ, ㄷ, ㄹ

■ 정답 및 해설
② ㄴ. 가드너의 다중지능 이론에서는 여러 지능들이 상호 독립적이며 각각의 상대적 중요성이 동일하다고 가정한다.
ㄷ. 카텔의 결정성 지능이란 환경적·문화적·경험적 영향에 의해 발달하는 지능으로, 자신의 학습과 경험을 적용하여 획득한 능력을 말한다. 언어이해력, 논리적 추리력, 판단력, 문제해결력 등과 같이, 언어적이며 문화적인 능력들을 포함한다.

◇ 오답 체크
ㄱ. 플린 효과는 인간의 지능검사 점수가 해를 거듭할수록 점차 높아지는 경향을 말한다. 매체의 증가, 학습환경의 개선, 지능검사의 반복 사용 등이 원인이다.
ㄹ. 스턴버그의 삼원지능이론에서 실제적 지능에 대한 설명이다. 스턴버그의 이론에서 창의적 지능이란 새로운 것을 창조하고 독창적인 방식으로 문제를 해결하는 능력으로, 창의적인 문제해결 능력이나 혁신적인 사고방식과 같은 지능을 말한다.

기출플러스
• 가드너의 다중지능이론
– '시각-공간지능' 활용
(2007년 유초등)

다중 지능을 이용한 수학 수업에서 박 교사는 나눗셈의 풀이 과정을 세 단계로 나누고 각 단계별 풀이 과정을 세 개의 네모 칸에 기록하였다. 그런 후 네모 칸에 각각 다른 색을 칠하여 풀이 과정을 색깔별로 구분하고 색깔과 연결지어 나눗셈의 풀이 과정을 기억하도록 가르쳤다.

261. (가)의 관점을 비판하는 가드너(H. Gardner)의 주장과 가장 가까운 것은?

2010년 유초등

> 박 교사는 (가)학생의 지적 능력은 일반적인 단일능력이기 때문에 지능이 높은 학생은 전 교과에서 높은 성취를 보일 것이라고 생각한다. 박 교사는 모든 영역에서 고른 성취를 강조하고 열심히 공부하는 학급분위기를 조성하기 위해 학생간 상호경쟁을 유도하고 있다. 또한 우수한 학생과 열등한 학생을 변별하여 개인의 상대적 위치를 확인시켜 주기 위해 평가를 활용하고 있다.

① 인간의 지적 능력은 문화권과 무관하게 규정된다.
② 지능은 고정적이고 개인에게 내재된 불변의 특성이다.
③ 인간의 지적 활동은 조작, 내용, 산출의 3차원 상호조합에 의해 발휘된다.
④ 인간의 지적 능력은 상호독립적인 여러 개의 지능으로 구성되므로 특정 영역에서만 뛰어난 성취를 보이는 경우도 있다.
⑤ 인간의 지적 능력은 언어이해력, 언어유창성, 수리력, 기억력, 공간지각력, 지각속도, 추리력 등 일곱 개의 기본정신능력으로 구성된다.

■ 정답 및 해설

④ (가)의 진술은 스피어만의 일반요인설의 관점에 해당된다. 가드너는 일반요인설의 주장을 비판하면서, 인간의 지적 능력은 상호독립적인 여러 개의 지능으로 구성되어 있다고 보는 다중지능이론을 제시하였다. 다중지능이론에서는 여러 개의 지능들은 각기 독립적이기 때문에 어떤 특정 분야에서 우수한 성취를 보이는 학생이 다른 분야에서는 그렇지 않을 수 있다고 본다.

◇ 오답 체크
① 가드너는 인간의 지적 능력의 가치를 판단하는 데에는 사회문화적 맥락의 영향이 중요하다고 본다.
② 가드너는 지능이 환경과 훈련 등에 의해 향상될 수 있는 유동적인 특성을 갖고 있다고 보았다.
③ 길포드의 지능구조모형에 대한 설명이다.
⑤ 써스톤의 기본정신능력(PMA) 모형에 대한 설명이다.

261 ④

## 출포 85. 스턴버그의 삼원(성공)지능 이론

기본서 129~131쪽

**262.** 지능에 대한 설명으로 옳지 않은 것은? 2020년 국가직 9급

① 서스톤(Thurstone) - 지능의 구성요인으로 7개의 기본정신능력이 존재한다.
② 길포드(Guilford) - 지능은 내용, 산출, 조작(operation)의 세 차원으로 구성되어 있다.
③ 가드너(Gardner) - 8개의 독립적인 지능이 존재하며, 각각의 지능의 가치는 문화나 시대에 따라 달라진다.
④ 스턴버그(Sternberg) - 지능은 유동적 지능과 결정적 지능으로 구성되며 결정적 지능은 경험에 따라 변할 수 있다.

**■ 정답 및 해설**
④ 지능을 구성하는 요소를 유동적 지능과 결정적 지능으로 구분하는 이론은 카텔의 지능이론이다. 스턴버그는 지능이 분석적 지능, 창의적 지능, 실제적 지능으로 구성된다고 보았다.

**암기 POINT**
- 스턴버그의 삼원지능이론

| 지능 | 하위이론 | 요인 |
| --- | --- | --- |
| 분석적 지능 | 요소이론 | 개인 |
| 창의적 지능 | 경험이론 | 행동 |
| 실제적 지능 | 상황이론 | 상황 |

**263.** 스턴버그(Sternberg)의 삼원지능이론(triarchic theory of intelligence)에 대한 설명으로 옳은 것은? 2009년 국가직 7급

① 지능을 경험 포착, 관계 유출, 상관인 유출의 인지원리를 사용하는 능력으로 파악하였다.
② 지능을 인지활동, 내용영역, 결과의 세 차원이 상호작용하여 산출해내는 정신능력으로 보았다.
③ 지능을 상황하위이론, 경험하위이론, 요소하위이론으로 구성된 종합적 능력으로 보았다.
④ 지능의 하위요소로 음악적 지능, 신체운동적 지능, 대인관계적 지능을 제시하였다.

**■ 정답 및 해설**
③ 스턴버그는 지능을 특정한 사회문화적 맥락 내에서 성공적인 삶을 살기 위해서는 필요한 능력으로 개념화하고, 구성요소로 분석적 능력, 창조적 능력, 실제적 능력을 제시하였다. 이 세 가지 능력이 균형적·협력적으로 작동할 때 성공적인 삶을 위한 현명한 행위가 가능하다고 보았다. 더불어, 지능을 이해하기 위해서는 개인, 경험, 상황이라는 세 가지 요인을 고려해야 한다고 제안하면서, 요소하위이론, 경험하위이론, 상황하위이론을 제시하였다.

262 ④  263 ③

◇ 오답 체크
① 지능을 경험 포착, 관계 유출, 상관인 유출의 인지원리를 사용하는 능력으로 파악한 것은 스피어만의 일반요인이론이다.
② 지능을 인지활동(조작), 내용영역(내용), 결과(산출)의 세 차원이 상호작용하여 산출해내는 정신능력으로 본 것은 길포드의 지능구조모형이다.
④ 지능의 하위요소로 음악적 지능, 신체운동적 지능, 대인관계적 지능으로 포함하여 사회문화적으로 가치있거나 중요한 산출물을 만들어내는 능력으로 본 것은 가드너의 다중지능이론이다.

**264.** 지능과 관련된 설명으로 옳은 것은?    2007년 국가직 7급
① 가드너 (Gardner)는 지능이 일반요인(general factor)과 특수요인(specific factor)으로 구성되어 있다고 하였다.
② 스턴버그(Sternberg)는 지능연구에서 상황적 측면, 경험적 측면, 그리고 요소적 측면을 고려해야 한다고 하였다.
③ 현재 주로 활용되는 표준화된 지능검사는 정신연령에 대한 생활연령의 비율로 지능지수를 산출한다.
④ 스탠포드-비네(Stanford-Binet) 검사는 집단용 지능검사로 개발되었다.

■ 정답 및 해설
② 스턴버그는 지능의 구성요소를 분석적 지능, 창의적 지능, 실제적 지능으로 구분하고, 각각의 지능에 해당하는 측면으로서 요소적 측면, 경험적 측면, 상황적 측면을 고려하여야 한다고 보았다. 요소적 측면은 분석적 지능과 관련된 것으로, 문제 해결을 위해 필요한 인지적 과정과 관련 요소를 연구해야 한다는 의미이다. 경험적 측면은 창의적 지능과 관련된 것으로, 과거의 경험에서 얻은 지식을 문제 해결에 어떻게 활용하는지를 다룬다. 상황적 측면은 실제적 지능과 관련된 것으로, 실제적인 상황과 환경을 어떻게 처리하여야 하는지와 관련된다.
◇ 오답 체크
① 지능이 일반요인과 특수요인으로 구성되어 있다고 한 것은 스피어만의 일반지능이론이다. 한편, 가드너는 지능이 상호독립적인 8개의 지능으로 구성되어 있다고 보는 다중지능이론을 제시하였다. 즉, 가드너는 지능이 언어지능, 논리-수학지능, 대인관계지능, 자연친화지능, 개인내적지능, 음악지능, 시각-공간지능, 신체운동지능으로 구성되어 있다고 하였다.
③ 정신연령에 대한 생활연령의 비율로 산출하는 지능지수는 비율지능지수로, 스탠포드-비네 검사에서부터 도입되었으나 현재에는 거의 사용되지 않는 개념이다. 현대의 지능검사에서는 하나의 연령집단 내에서의 상대적 위치로 지능 수준을 표현하는 방법인 편차지능지수를 주로 사용한다.
④ 스탠포드-비네 검사는 개인용 지능검사로 개발되었다. 집단용 지능검사로는 군인용 알파 검사, 군인용 베타 검사, 쿨만-앤더슨 검사 등이 있다.

264 ②

265. 스턴버그(R. J. Sternberg)의 삼원지능이론에서 상황적 하위이론(contextual subtheory)에 부합하는 능력은?  2008년 유초등
① 새로운 지식을 획득하고 이를 논리적 과제 해결에 적용하는 분석적 능력
② 원만한 인간관계, 사회적 유능성, 뛰어난 적응력 등과 같은 실제적 능력
③ 서로 관련되어 있지 않은 사실들을 조합하여 새로운 아이디어를 생성하는 창의적 능력
④ 기존의 지능 개념과 유사한 것으로, 추상적이고 학업적인 문제 해결에 관여하는 메타인지적 능력

■ 정답 및 해설
② 스턴버그의 삼원지능이론에서 상황적 하위이론에 부합하는 능력은 실제적 능력이다. 실제적 능력은 일상적인 상황 속에서 문제를 해결하기 위해 실제 상황에 적응하거나 상황을 선택·변형하는 능력에 해당된다. 원만한 인간관계를 맺고, 사회적으로 유능하게 행동하며, 변화하는 상황에 적응하는 능력 등과 관련되어 있다.

◇ 오답 체크
① 새로운 지식을 획득하고 이를 논리적 과제 해결에 적용하는 분석적 능력은 요소적 하위이론에 부합하는 능력이다.
③ 서로 관련되어 있지 않은 사실들을 조합하여 새로운 아이디어를 생성하는 창의적 능력은 경험적 하위이론에 부합하는 능력이다.
④ 스턴버그의 이론에서 기존의 지능 개념과 유사한 것으로, 추상적이고 학업적인 문제 해결에 관여하는 능력은 분석적 능력이다. 이 때, 분석적 능력은 메타인지적 능력, 인지적 수행 능력, 지식획득 능력을 포함한다.

### 기출플러스
• 스턴버그의 '실제적 지능' (2006년 유초등)
철수는 공부할 때 방해를 받지 않기 위해 자기 방문에 '공부중'이라는 팻말을 걸어두었다.

## 출포 86. 가드너와 스턴버그 이론의 비교
기본서 126쪽, 130~131쪽

266. 최근에 대두된 다중지능(Multiple Intelligence), 정서지능(Emotional Intelligence), 도덕지능(Moral Intelligence), 성공지능(Successful Intelligence)에 관한 논의들은 지능을 어떤 능력으로 보려고 하는가?  2002년 중등
① 학문적 수행 능력
② 정의적 행동 능력
③ 실제적 삶의 영위 능력
④ 언어·논리·수리적 사고 능력

■ 정답 및 해설
③ 과거의 전통적인 지능이론에서는 지능을 학문적 수행 능력과 유사한 것으로 보고 언어, 논리, 수학적 사고능력을 중심으로 이해하였다. 이와 달리, 최근 대두된 다중지능이론, 정서지능, 도덕지능, 성공지능 등에 관한 논의들은 지능을 '실제적 삶의 영위 능력'으로 보려는 관점에 기초해 있다. 즉 현대지능이론들에서 지능은 특정한 사회적 현실 속에서 요구되는 과제를 해결하거나 성취를 만들어 냄으로써 삶

### 암기 POINT
• 가드너와 스턴버그의 비교

|  | 가드너 | 스턴버그 |
|---|---|---|
| 공통 | 실제 삶의 영위 능력<br>사회문화적 영향 받음<br>학습을 통해 발달가능 | |
| 차이 | 전문성<br>상호독립<br>지능의<br>종류 구분 | 지혜<br>상호연관<br>지능의<br>작용과정 |

265 ② 266 ③

을 성공적으로 영위할 수 있는 능력으로 개념화되고 있다. 따라서 현대지능이론들에서는 지능을 사회문화적 맥락의 영향을 받는 것으로 보고, 고정된 능력이 아니라 교육을 통해 발달가능한 것으로 이해한다.

**267.** 가드너(H. Gardner)의 다중지능이론과 스턴버그(R. Sternberg)의 성공지능이론의 공통점을 다음에서 고른 것은?    2009년 중등

> ㄱ. 인간의 지능을 사회·문화적 맥락을 고려하여 이해한다.
> ㄴ. 지능의 작용 과정보다는 지능의 독립적 구조를 밝히는 데 주력하고 있다.
> ㄷ. 지능의 개념 정의에서 전문성(developing expertise)과 지혜(wisdom)가 중시된다.
> ㄹ. 학교 수업과 평가는 학생의 강점 지능을 활용하고 약점 지능을 교정·보완하는 데 초점을 맞추어야 한다고 강조한다.

① ㄱ, ㄴ   ② ㄱ, ㄹ   ③ ㄴ, ㄷ
④ ㄴ, ㄹ   ⑤ ㄷ, ㄹ

■ 정답 및 해설

② ㄱ. 가드너의 다중지능이론과 스턴버그의 성공지능이론은 모두 인간의 지능을 사회문화적 맥락 내에서 이해하는 관점을 지닌다. 즉, 지능을 '실제적 삶의 영위 능력'으로 보고, 사회문화적 맥락 내에서 실제적 가치나 중요성을 갖는 능력으로 이해한다.

ㄹ. 가드너와 스턴버그는 학생들이 각자의 강점지능과 약점지능을 가지고 있다고 보고 학교 수업과 평가가 학생들의 개별적인 지능 특성을 파악하여 강점지능을 활용·강화하고 약점지능을 교정·보완하는 데 초점을 맞추어야 한다고 주장한다.

◇ 오답 체크

ㄴ. 가드너는 지능의 독립적 구조를 밝히고 지능의 영역을 확장하는 데 관심을 가진 반면, 스턴버그는 인지과제의 요소와 정보처리 과정에 관심을 두어 지능의 작용 과정을 밝히는 데 주력하였다.

ㄷ. 가드너는 지능을 특정한 사회나 문화권에서 가치있는 결과물을 만들거나 중요한 문제를 해결해 내는 능력으로 본다. 즉 가드너는 지능을 사회문화적으로 가치있다고 여겨지는 여러 분야들에서 전문성을 쌓아 역량을 발휘하게 하는 능력으로 이해한다. 한편, 스턴버그는 지능을 특정한 사회문화적 맥락 속에서 성공적인 삶을 살기 위해 필요한 정보처리 능력으로 본다. 스턴버그는 다양한 삶의 문제를 현명하게 해결하기 위해서는 분석적 지능, 창의적 지능, 실제적 지능이 균형적·협력적으로 작동하여야 한다고 본다. 단순한 정보처리 능력을 넘어서 과거의 경험을 활용한다거나 현실의 상황에 맞는 해결방안을 찾아내는 능력을 포함하므로, 스턴버그의 지능은 지혜와 유사한 개념으로 볼 수 있다.

## 03. 지능검사

### 출포 87. 지능지수의 개념

📖 기본서 131~135쪽

**268.** 지능에 대한 설명으로 옳지 않은 것은?  `2017년 국가직 7급`

① 비율지능지수는 편차지능지수의 문제점을 해결하기 위해 고안된 것으로 정신연령과 생활연령의 비로 나타낸다.
② 스턴버그(Sternberg)는 분석적 능력, 창의적 능력, 실제적 능력의 세 가지 능력으로 구성된 성공지능을 제안하였다.
③ 정서지능은 개인의 정서적 능력이 학교에서의 성공 및 사회에서의 성공과 밀접한 관계가 있음을 시사해 준다.
④ 가드너(Gardner)는 지능이 높으면 모든 영역에서 우수하다고 간주하는 종래의 지능이론을 비판하고 지능이 상호독립적인 여러 지능으로 구성된다고 주장했다.

■ 정답 및 해설
① 정신연령과 생활연령의 비로 지능을 나타내는 비율지능지수는 지능지수의 의미가 연령에 따라 달라진다는 점에서 문제점이 지적되었다. 즉 비율지능지수의 분모인 정신연령은 15세 이후에는 거의 증가하지 않으나 분자인 생활연령은 지속적으로 증가하기 때문에, 나이가 들수록 지능지수가 낮아지는 것처럼 나타나게 된다는 것이다. 이와 같은 비율지능지수의 문제점을 해결하기 위해 고안된 것이 편차지능지수이다. 편차지능지수는 특정한 연령집단 내에서 개인이 차지하는 상대적 위치로 지능을 나타낸다.

**암기 POINT**
• 지능지수의 산출 방식

| 비율<br>지능지수 | 정신연령과 생활<br>연령의 비 |
|---|---|
| 편차<br>지능지수 | 연령집단 내에서<br>의 상대적 위치 |

**269.** 지능에 관한 학자들의 업적을 바르게 설명한 것은?  `2007년 중등`

① 비네(A. Binet)는 세계 최초로 지능검사에 지능지수(IQ)를 도입하였다.
② 웩슬러(D. Wechsler)는 정신연령에 기초하여 지능지수(IQ)를 산출하였다.
③ 스턴버그(R. Sternberg)는 분석력, 창의력 등을 포함하는 성공지능이론을 제안하였다.
④ 가드너(H. Gardner)는 창의성의 지적 능력에 해당하는 확산적 사고를 지능의 요인에 추가하였다.

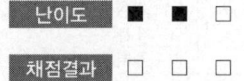

### 정답 및 해설

③ 스턴버그는 분석적 지능, 창의적 지능, 실제적 지능을 포함하는 삼원지능이론을 제안하였다. 스턴버그는 지능을 개인이 특정한 사회문화적 맥락 내에서 성공적인 삶을 살기 위해 필요한 정보처리 능력이라고 정의하였기 때문에 성공지능이론이라고도 한다.

### ◇ 오답 체크

① 세계 최초로 지능검사에 지능지수(IQ)를 도입한 검사는 터만(Terman)이 개발한 스탠포드-비네 검사이다. 비네 검사는 지능검사에 정신연령(MA, mental age) 개념을 도입하였다.
② 웩슬러는 편차지능지수를 이용하여 지능지수를 산출하였다. 편차지능지수는 특정한 연령집단 내에서 개인이 차지하는 상대적 위치로 지능을 산출하는 방법이므로, 정신연령을 기초로 하지 않는다.
④ 가드너의 다중지능에는 확산적 사고가 포함되지 않는다. 창의성의 지적 능력에 해당하는 확산적 사고를 지능의 요인에 추가한 것은 길포드의 지능구조이론이다. 길포드의 지능의 세 가지 차원 중 조작 차원의 6가지 요소 중 하나로 확산적 사고를 포함하고 있다.

---

**270.** 지능검사 결과를 바르게 해석하고 있는 교사는?  2007년 중등

① 집단지능검사 결과 A학생의 IQ는 130으로 나타났다. 김교사는 A학생을 영재아라고 판단하였다.
② 집단지능검사 결과 B학생의 IQ는 102이고, C학생의 IQ는 98이었다. 이교사는 B학생이 C학생보다 지적 능력이 우수하다고 판단하였다.
③ K-WISC-III 검사 결과 D학생의 전체 IQ는 60으로 나타났다. 박교사는 D학생이 경미한 수준의 정신지체를 보일 가능성이 있다고 판단하였다.
④ K-WISC-III 검사 결과 E학생의 언어성 IQ는 113이고 동작성 IQ는 118이었다. 정교사는 E학생이 충동적 성향을 보일 가능성이 있다고 판단하였다.

### ■ 정답 및 해설

③ K-WISC III 검사 결과만으로 아동의 지적 능력의 수준을 확정적으로 판단하는 것은 바람직하지 않으며, 단지 어느 정도의 가능성을 보여준다고 판단하여야 한다. IQ 수치는 100을 기준으로 하여 ±2 표준편차에 해당하는 범위인 70~130까지의 범위에 속하는 아동은 정상 아동으로, 55~70은 경미한 수준의 정신지체, IQ 40~55는 중등도 수준의 정신지체를 보일 가능성이 있는 것으로 판단한다.

### ◇ 오답 체크

① 집단지능 검사는 동시에 많은 학생들을 검사할 수 있으며 검사비용이 저렴하며 사용이 용이하다는 장점이 있지만, 고차원적인 사고능력이나 감각운동능력의 측정이 어렵다는 단점이 있다. 따라서 영재아 판별을 위해서는 개인용 지능검사를 활용하는 것이 적합하다. 더 나아가, 영재아 판단을 위해서는 표준화된 지능검사 결과 뿐 아니라, 창의성이나 과제집착력 등도 고려하여야 한다.

② 지능검사 결과에는 측정의 오차가 존재하므로 지능지수를 단일한 수치로 이해하면 안 된다. 오히려 측정의 표준오차 범위 내에 속하는 점수들은 동일한 점수대에 있는 것으로 이해하는 것이 바람직하다. 따라서 B학생과 C학생의 지적 능력은 표준오차 15 범위 내에 있으므로 같은 수준이라고 판단하여야 한다.
④ 웩슬러 검사에서는 전체 IQ 이외에도, 하위검사의 점수를 이용하여 언어성 IQ과 동작성 IQ를 산출할 수 있다. 언어성 IQ보다 동작성 IQ가 높을 때에는 충동적 성향을 보일 가능성이 있다고 판단할 수는 있지만, 그 점수의 차이가 15점 이상일 때에만 유의한 차이로 해석한다. E학생의 경우, 언어성 IQ보다 동작성 IQ가 높지만 그 점수 차이가 5점 밖에 나지 않으므로 유의미한 차이가 없는 것으로 해석해야 한다.

**271.** 지능 지수에 대한 <보기>의 설명에서 적절한 것만 묶은 것은?

2002년 유・초등

가. 지능 지수는 인간의 종합적인 능력을 나타낸다.
나. 정보처리 속도가 **빠른** 사람에게 높게 나타난다.
다. 학력이나 문화적 영향을 크게 받는다.
라. 지능 지수의 평균은 90이고, 표준 편차는 15이다.

① 가, 나　　　　② 가, 라
③ 나, 다　　　　④ 다, 라

■ 정답 및 해설
③ 나. 지능검사는 기본적으로 속도검사에 해당하므로, 정보처리속도가 빠른 사람에게 지능지수가 높게 나타난다.
　다. 지능검사는 학력이나 문화적 영향을 크게 받는다. 실제로 학력이 높고 현대 사회의 문화에 노출이 많은 사람들일수록 지능지수가 높게 나타난다. 현재로 올수록 사람들의 지능지수가 높아지는 플린 효과가 나타난다는 사실이 발견된 바 있다.

◇ 오답 체크
　가. 지능지수는 인간의 전체 능력 중 단지 일부분만을 측정한 것이지, 인간의 종합적인 능력을 나타낸 것이 아니다. 따라서 지능지수는 개인의 능력을 평가하기 위한 하나의 참고자료로서만 활용되어야 한다.
　라. 웩슬러 검사의 경우, 지능지수는 평균을 100으로 하고, 표준편차는 15로 해서 표준화하여 산출한다.

**암기 POINT**
• 지능지수의 해석

| 특징 | 해석 |
|---|---|
| 부분적 평가 | 종합적 능력을 나타내는 것 아님 |
| 속도 검사 | 정보처리속도가 빠르면 높게 나옴 |
| 대략적 수준 | 측정의 오차 존재 표준편차 내 차이는 무시 |
| 문화적 편향성 | 학력이나 문화의 영향을 크게 받음 |

271 ③

강서연 교육학

## 출포 88. 지능검사의 종류

기본서 132쪽, 134~135쪽

**272.** 다음과 같은 상황에서 실시될 수 있는 지능 검사들로 가장 적절한 것은?

2012년 유초등

난이도 ■ ■ ■
채점결과 ☐ ☐ ☐

> 수미는 어렸을 때부터 줄곧 외국에 살면서 유치원과 초등학교를 다녔다. 최근에 귀국한 수미는 언어적 어려움을 겪고 있으며, 학력 평가에서 국어 30점, 수학 40점을 받아 기초학력 부진으로 의심되었다. 김 교사는 수미의 학력부진 원인을 파악하기 위해 상담센터에 심리검사를 의뢰하였다. 상담센터에서는 수미의 특수한 상황을 고려하여 다양한 사회적·문화적 배경을 지닌 아동의 지적 능력을 공평하게 평가할 수 있는 문화공평검사(culture-fair test)를 실시하고자 한다.

① 고대-비네 검사, 카우프만 검사(K-ABC)
② 고대-비네 검사, 웩슬러 검사(KEDI-WISC)
③ 카우프만 검사(K-ABC), 레이븐 검사(CPMT)
④ 쿨먼-앤더슨 집단지능 검사, 레이븐 검사(CPMT)
⑤ 쿨먼-앤더슨 집단지능 검사, 웩슬러 검사(KEDI-WISC)

### 암기 POINT

- 문화공평 지능검사
  - 웩슬러 검사(WAIS)
  - 카우프만 검사(K-ABC)
  - 레이븐 검사(RPM, CPMT)

### ■ 정답 및 해설

③ 수미의 경우처럼 언어적 능력의 부족이 지능의 결함으로 오인되는 문제를 막기 위해서는 문화공평검사를 활용하여야 한다. 문화공평검사들은 그림이나 도표 등의 비언어적인 검사자료를 이용하거나, 속도의 영향을 감소시키기 위해 검사시간 제한 완화하는 등의 방법으로 문화적 편향성을 최소화한다. 카우프만 검사(K-ABC), 레이븐 검사(CPMT), 동작성 보편지능검사(UNIT), 다문화-다원적 사정체제(SOMPA) 등이 문화공평검사에 포함된다. 웩슬러 검사(KEDI-WISC)도 동작성 검사의 비중이 높아 문화적 편향을 일부 완화시킬 수 있다.

### ◇ 오답 체크

①, ② 고대-비네 검사는 고려대에서 제작한 한국판 비네 검사이다. 만 4세부터 14세 아동에게 실시할 수 있는 개인용 지능검사이다. 비네류의 지능검사는 언어성 검사의 비중이 높아 문화적 편향이 큰 검사에 속한다.

④, ⑤ 쿨먼-앤더슨 집단지능 검사는 미국에서 만들어진 대표적인 집단지능 검사이다. 스탠포드-비네 검사의 영향을 많이 받아 주로 언어성 검사로 이루어져 있어 문화적 편향이 큰 검사에 속한다.

272 ③

## 04. 영재와 특수학습자

### 출포 89. 영재와 영재교육

기본서 135~136쪽

**273.** 렌줄리(Renzulli)가 제시한 영재성의 세 가지 요소에 해당하지 않는 것은?

2021년 지방직 9급

① 높은 도덕성
② 높은 창의성
③ 높은 과제집착력
④ 평균 이상의 능력

■ 정답 및 해설

① 렌줄리는 영재성이 세 가지 요소로 구성되었다고 보는 세 고리 모형을 제시하였다. 영재성을 구성하는 세 가지 요소는 평균 이상의 일반 능력, 높은 창의성, 높은 과제집착력이다. 즉 지적인 특성 이외에 창의성이나 동기적 특성이 탁월한 성취를 보이는 데 중요한 영향을 미친다는 점을 보여준다. 렌줄리의 모형에서 도덕성은 영재성의 요소에 포함되지 않는다.

기출플러스
• 렌줄리의 영재성 구성요인 (2005년 유초등)

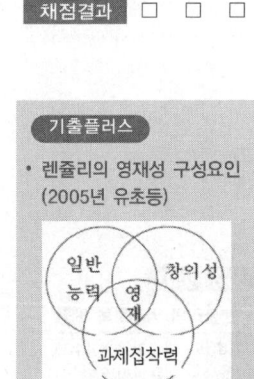

**274.** 렌줄리(J. S. Renzulli)가 제안한 영재성 개념의 구성요인이 아닌 것은?

2014년 국가직 9급

① 평균 이상의 일반능력
② 평균 이상의 지도성
③ 높은 수준의 창의성
④ 높은 수준의 과제집착력

■ 정답 및 해설

② 렌줄리가 제시한 영재성의 세 가지 요소는 평균 이상의 일반 능력, 높은 수준의 창의성, 높은 수준의 과제 집착력이다. 지도성은 렌줄리가 제시한 영재성의 구성 요소에 포함되지 않는다.

더 알아두기
• 렌줄리의 영재성 요소

| 요소 | 하위 요소 |
|---|---|
| 일반능력 | 추상적 사고 경험의 통합 정보처리기능 |
| 창의성 | 유창성, 유연성 독창성, 개방성 위험 감수 |
| 과제 집착력 | 인내, 근면, 집중 자신감, 직관 |

273 ① 274 ②

강서연 교육학

**275.** 김 교사가 (가)와 같이 수행한 방법과 가장 가까운 것은? `2010년 유초등`

> 김 교사는 해당 학년에서 성취해야 할 교육과정상의 목표가 있으며 그 성취 정도를 평가해 성취목표 달성수준에 대한 정보를 제공하고, 학습자가 성취목표를 달성할 수 있도록 효과적으로 돕는 것이 중요하다고 생각한다. (가)김 교사는 학생들의 성취목표 도달 정도를 확인해 이미 학습목표를 성취한 학생들과 학습계약을 맺어 별도의 학습과제를 부여해 수업시간을 낭비하지 않도록 하고 있다.

① 발견학습(discovery learning)
② 협동학습(cooperative learning)
③ 상보적 학습(reciprocal learning)
④ 선행조직자(advanced organizer)
⑤ 교육과정 압축(curriculum compacting)

■ 정답 및 해설

⑤ 학생들이 성취목표 도달 정도를 확인하여 이미 학습목표에 도달한 학생들에게는 별도의 학습과제를 부과함으로써 교육과정을 이수하는 데 소요되는 시간을 줄이고 개인맞춤형으로 교육과정을 운영하는 방식을 '교육과정 압축'이라고 한다. 교육과정 압축은 교육과정을 가속화하는 한 가지 방법으로서, 영재교육을 위해 주로 사용된다. 영재를 위한 교육의 접근방법으로는 교육과정의 풍부화와 교육과정의 가속화가 있으며, 교육과정 압축은 교육과정의 가속화에 해당된다.

암기 POINT
• 렌줄리의 영재교육 모형

| 가속화 | - 대학과목선이수제<br>- 교육과정 압축 |
|---|---|
| 풍부화 | 일반적 탐색활동 →<br>집단 훈련활동 →<br>실제 탐구활동(영재만) |

**276.** 렌줄리(J. S. Renzulli)의 심화학습 모형에 대한 다음의 설명 중 옳은 것을 고르면? `2008년 유초등`

> 가. 처음에는 영재 학생들을 위해 제안된 수업모형이었으나, 일반 학생들을 포함한 학교 전체 심화학습 모형으로 발전하였다.
> 나. 이 모형에 근거한 최초의 프로그램은 중등학교 학생들을 대상으로 개발되었다.
> 다. 수업의 전개는 일반적 탐색활동 → 집단 훈련활동 → 개인과 소집단의 실제문제 탐구활동의 3단계로 이루어진다.
> 라. 개인과 소집단의 실제문제 탐구활동은 영재 수준의 학생들보다 보통 수준의 학생들에게 더 적합하다.

① 가, 나
② 가, 다
③ 나, 라
④ 다, 라

275 ⑤  276 ②

■ 정답 및 해설

② 가. 렌줄리는 풍부화 접근의 영재교육 모형으로, 3단계 심화학습 모델(Enrichment Triad Model)을 제시하였다. 이 모형은 원래 영재 학생을 위한 수업 모형으로 제시되었으나, 일반 학생을 포함하는 학교 전체 심화학습 모형으로 발전하였다.
다. 렌줄리의 심화학습 모델에서 수업의 전개는 일반적 탐색활동 → 집단 훈련활동 → 개인과 소집단의 실제문제 탐구활동의 3단계로 이루어진다. 첫 번째 일반적 탐색활동 단계에서는 정규 교육과정에서 제공하기 어려운 다양한 주제를 제공하고, 학생들에게 동기를 부여한다. 두 번째 집단 훈련 활동 단계에서는 사고력, 창의력, 탐구능력, 자료활용 능력 등 탐구활동에 필요한 능력을 향상시키는 활동을 한다. 마지막으로, 개인 또는 소집단 단위로 실제문제에 대한 탐구를 통해 새로운 지식을 창출하는 활동을 전개한다.

◇ 오답 체크

나. 이 모형에 근거한 최초의 프로그램은 초등학교 학생들을 대상으로 개발되었다.
라. 렌줄리의 심화학습 모형에서 1단계와 2단계의 활동에는 보통 수준의 학생도 참여하게 하였지만, 3단계는 영재 수준의 학생만 참여하게 하였다.

기출플러스

• 렌줄리의 영재교육 모형 – (가) 교육과정 압축 (2010년 유초등)

김 교사는 해당 학년에서 성취해야 할 교육과정상의 목표가 있으며 그 성취정도를 평가해 성취목표 달성수준에 대한 정보를 제공하고, 학습자가 성취목표를 달성할 수 있도록 효과적으로 돕는 것이 중요하다고 생각한다. (가)김 교사는 학생들의 성취목표 도달 정도를 확인해 이미 학습목표를 성취한 학생들과 학습계약을 맺어 별도의 학습과제를 부여해 수업시간을 낭비하지 않도록 하고 있다.

## 출포 90. 특수학습자와 특수교육

기본서 136~138쪽

**277.** 특수 학습자 유형을 바르게 설명한 것은?  2018년 국가직 9급

① 학습부진(under achiever) - 정서적 혼란과 같은 의미로 사용되며 개인적 불만, 사회적 갈등, 학교성적 부진이 지속적으로 나타난다.
② 학습장애(learning disabilities) - 지능 수준이 낮지 않으면서도 말하기, 쓰기, 읽기, 셈하기 등 특정 학습에서 장애를 보인다.
③ 행동장애(behavior disorders) - 지적 수준이 심각할 정도로 낮고, 동시에 적응적 행동의 결함을 보인다.
④ 정신지체(mental retardation) - 선수학습 결손으로 인해 자신의 지적능력에 비해서 최저 수준에 미달하는 학업 성취를 보인다.

■ 정답 및 해설

② 「장애인 등에 대한 특수교육법」에 의하면, 시각장애, 청각장애, 지적장애, 지체장애, 정서행동장애, 자폐성장애, 의사소통장애, 학습장애, 건강장애, 발달지체 및 기타에 해당하는 사람 중 특수교육이 필요한 사람으로 진단·평가된 사람이 특수 학습자로 정의된다. 학습장애는 특수 학습자의 유형에 포함되며, 제시된 바와 같이 지능 수준이 낮지 않으면서도 말하기, 쓰기, 읽기, 셈하기 등 특정 학습에서 장애를 보이는 경우를 말한다.

암기 POINT

• 특수교육 대상자의 유형

| 구분 | 특징 |
|---|---|
| 지적장애 (정신지체) | 낮은 지능 수준 + 적응적 행동 결함 |
| 학습장애 | 보통의 지능 수준, 특정 학습(읽기, 쓰기 등)에서 장애 과목 간 수행 차이 |
| 정서·행동장애 | 보통의 지능 수준, 일상적 상황에서 부적절한 감정이나 행동으로 부적응 |

◇ 오답 체크
① 제시된 내용은 정서장애에 대한 설명이다. 정서장애는 일반적인 상황에서 부적절한 감정을 나타내므로, 정서적 혼란과 같은 의미로 사용된다. 불안증이나 우울증이 대표적인 사례이다. 한편, 학습부진은 자신의 능력에 비해 성취 수준이 현저히 낮은 상태를 말한다. 학습부진은 특수 학습자의 유형에 포함되지 않는다.
③ 제시된 내용은 지적장애(정신지체)에 대한 설명이다. 지적장애는 지적 능력과 적응적 행동에 뚜렷한 결함을 보인다.
한편, 행동장애는 일상적인 상황에서 부적절한 행동을 반복하여 하는 경우를 말한다. 주의력결핍·과잉행동장애(ADHA), 틱장애, 품행장애 등이 포함된다.
④ 제시된 내용은 학습부진에 대한 설명이다.

### 278. 다음의 행동특성을 모두 포함하는 것으로 가장 적합한 것은?

2010년 국가직 7급

> ○ 몸의 균형과 신체기관 간 협응의 결여
> ○ 목적 없는 행동 및 산만한 경향
> ○ 수행력과 과제 완성력의 결여
> ○ 과목 간의 불균등한 수행

① 정신지체
② 주의력 결핍·과잉행동 장애(ADHD)
③ 행동장애
④ 학습장애

■ 정답 및 해설
④ 학습장애란 지능 수준이 낮지 않으면서도, 말하기, 쓰기, 읽기, 셈하기 등의 특정 능력의 획득 및 사용에 심각한 곤란을 보이는 장애를 말한다. 학습장애는 기본적으로 대뇌의 특정 영역의 발달적 기능 장애로 인한 것으로 보고된다. 특정 뇌 영역 간의 연결망에 발달적 결함을 가지므로, 몸의 균형과 신체기관 간 협응의 결여, 목적없는 행동 및 산만한 경향, 수행력과 과제 완성력의 결여, 과목 간의 불균등한 수행 등이 증상으로 나타난다.

◇ 오답 체크
① 지적장애(정신지체)는 지적 기능과 적응행동에 심각한 제한이 있는 상태로, 행동 전반에 문제가 나타난다.
② 주의력결핍·과잉행동장애(ADHD)는 지속적으로 주의력이 부족하여 산만하고 과다한 활동과 충동적 행동을 보이는 상태를 말한다.
③ 행동장애는 일상적인 상황에서도 정상적인 행동에 어려움을 겪고 있는 상태로, 주의력결핍·과잉행동장애(ADHD), 틱장애, 품행장애, 중독장애 등이 포함된다.

278 ④

**279.** 다음의 행동 특징을 보이는 아동에 대한 담임교사의 지도전략으로 적합한 것을 <보기>에서 모두 고른 것은? 2009년 유초등

- 자리에 앉아 있어야 하는 수업장면에서 지나칠 정도로 돌아다닌다.
- 수업시간에 끊임없이 친구들의 일에 참견하거나 간섭하여 학습을 방해한다.
- 공부를 포함하여 학교에서 이루어지는 대부분의 활동에서 주의를 집중하지 못하고 과제를 완성하지 못한다.

<보기>
ㄱ. 행동교정을 위해 단회상담적 접근방법을 적용한다.
ㄴ. 부모가 비협조적이라도 설득을 통해서 지도과정에 참여시킨다.
ㄷ. 행동수정 기법, 인지행동적 기법, 사회성 증진훈련 등을 다양하게 활용한다.
ㄹ. 학습을 지도할 때 시청각 보조자료, 구조화된 자료, 조작가능한 자료 등은 주의를 분산시킬 수 있으므로 사용하지 않는다.

① ㄱ, ㄴ  ② ㄱ, ㄹ
③ ㄴ, ㄷ  ④ ㄱ, ㄴ, ㄷ  ⑤ ㄴ, ㄷ, ㄹ

■ **정답 및 해설**

③ ㄴ. 제시된 내용은 주의력결핍·과잉행동장애(ADHD)에 대한 설명이다. ADHD 학생의 행동 변화를 위한 노력은 학교 뿐 아니라 가정에서도 일관되게 이루어져야 한다. 따라서 부모가 비협조적이라도 설득하여 지도과정에 참여시켜야 한다.

ㄷ. 일상생활에서 과제 지속성, 규칙준수, 만족감 지연, 참을성을 기르며, 또래관계를 더 원활하게 하고, 학습상황에서 실수를 줄여 자기능력을 최대한 발휘하도록 도와야 한다. 이를 위해 행동수정 기법, 인지행동적 기법, 사회성 증진훈련 등을 다양하게 활용하도록 한다.

◇ **오답 체크**

ㄱ. 행동교정을 위해서는 지속적인 상담적 접근방법을 적용하여야 한다.
ㄹ. 주의력이 부족한 학생이므로, 시청각 보조자료, 구조화된 자료, 조작가능한 자료 등을 사용하여 주의를 집중시킬 수 있도록 한다.

# 6. 창의성과 인지양식

## 01. 창의성

**출포 91. 창의성의 개념과 측정**    C

기본서 138~140쪽

### 280. ㉠, ㉡에 들어갈 말로 옳은 것은?    2014년 국가직 7급

> 벽돌의 용도를 묻는 창의성 검사에서 철수는 벽돌의 용도를 많이 열거하기는 하였지만 그것은 모두 무언가를 건설하는 것과 관련되어 있었다. 이렇게 볼 때 철수는 창의성의 요소 중 ( ㉠ ) 점수는 높을지라도 ( ㉡ ) 점수는 낮다고 할 수 있다.

     ㉠     ㉡                          ㉠     ㉡
① 유창성 융통성                  ② 독창성 유창성
③ 융통성 유창성                  ④ 유창성 독창성

■ **정답 및 해설**

① 토랜스의 창의적 사고 검사(TTCT)에서는 창의성을 구성하는 요소로 유창성, 융통성, 독창성, 정교성을 포함시키고 있다. 그 중 유창성은 제시된 과제가 요구하는 반응(아이디어)을 많이 제시할수록 높은 점수를 부여한다. 한편, 융통성은 제시된 아이디어의 범주가 다양할수록 높게 평가된다. 독창성은 피험자 집단이 보인 반응들에 비해 참신하고 희귀한 반응일수록 높게 평가되며, 정교성은 반응의 세부 내용이 많을수록 높게 평가된다.

### 281. 창의성과 관련한 다음 진술 중 가장 적절한 것은?    2002년 중등

① 유창성은 창의성의 주요 요소이다.
② 창의성은 학교 학업 성적에 영향을 주지 않는다.
③ 창의성이 높은 학생일수록 자신을 개방하려는 경향이 적다.
④ 지능이 높을수록 창의성이 높으며 그 상관계수는 약 80 정도이다.

■ **정답 및 해설**

① 토랜스의 창의성 검사에 의하면, 창의성을 구성하는 요소에는 유창성, 융통성, 독창성, 정교성이 포함된다. 유창성은 제시된 과제가 요구하는 반응(아이디어)을 최대한 많이 제시할 수 있는 능력을 의미한다.

---

**기출플러스**

- 창의성 검사의 측정 요소
  - '융통성' 측정 문항
  (2002년 유초등)

> 바늘의 주된 용도는 옷을 깁는 것이다. 이 용도 외에 바늘의 다른 용도를 가능한 한 많이 써 보시오.(제한 시간 30초)

**암기 POINT**

- 토랜스의 창의성 검사 요소

| 요소 | 평가기준 |
|---|---|
| 유창성 | 제시된 반응의 갯수 |
| 융통성 | 반응 범주의 다양성 |
| 독창성 | 참신한 희귀한 반응 |
| 정교성 | 세부 내용의 충실성 |

280 ①    281 ①

◇ **오답 체크**
② 창의성과 학업성적 사이의 관계에 대해서는 다양한 주장이 존재한다. 다만, 최근의 학교에서는 창의성을 교육목표에 포함하는 경우가 많으므로, 창의성이 학교 학업성적에 영향을 줄 수 있다.
③ 창의성과 개방적 태도 사이의 관계에 대해서도 다양한 주장이 존재한다. 예를 들면, 스턴버그는 창의적인 사람들은 자신을 개방하려는 경향이 있다고 보지만, 칙센트미하이는 창의성과 개방성(외향성/내향성) 간에는 분명한 관계가 없다고 본다.
④ 지능과 창의성의 관계에 대해서는 다양한 견해가 존재한다. 스턴버그는 지능이 너무 높을 경우에는 분석적 사고가 우세해져 창의적 사고를 저해한다고 주장하였다.

**암기 POINT**
• 창의적인 사람의 성격 특성
 - 모호함에 대한 인내심
 - 높은 과제 집착력(의지)
 - 새로운 것에 대한 호기심
 - 위험에 도전하는 모험심
 - 자기 자신에 대한 믿음

## 출포 92. 창의적 사고 기법

기본서 141~143쪽

**282.** 오스본(Osborn)이 주장한 창의적 사고 기법인 브레인스토밍(brainstorming)의 기본 원칙으로 옳은 것을 모두 고르면?  2012년 국가직 7급

ㄱ. 아이디어의 양보다는 질을 우선한다.
ㄴ. 아이디어들끼리의 결합과 개선을 추구한다.
ㄷ. 아무리 우스꽝스러운 아이디어라도 수용한다.
ㄹ. 아이디어에 대한 평가는 마지막까지 유보한다.

① ㄱ, ㄷ  ② ㄴ, ㄹ
③ ㄴ, ㄷ, ㄹ  ④ ㄱ, ㄴ, ㄷ, ㄹ

■ **정답 및 해설**
③ 브레인스토밍은 새로운 아이디어 창출에 초점을 둔 소집단 토론으로 토론 진행에 있어서 자유로운 방식의 토론을 지향한다.
브레인스토밍의 기본 원칙은 '(1) 아이디어의 질보다는 양을 우선시한다, (2) 아무리 우스꽝스러운 아이디어라도 수용한다, (3) 아이디어에 대한 평가는 마지막까지 유보한다, (4) 아이디어들끼리의 결합과 개선을 추구한다' 등이 제시되고 있다.

**암기 POINT**
• 브레인스토밍의 기본 원칙
 - 아이디어의 질보다 양 우선
 - 어떤 아이디어든지 수용
 - 평가는 마지막까지 유보
 - 아이디어 결합과 개선 추구

**283.** 다음에서 설명하는 창의성 개발 기법은?  2008년 중등

○ 아이디어, 건의, 제안 등을 처리하는 창의적인 기법으로 사용된다.
○ 학생들은 단순히 어떤 아이디어를 좋아하거나 좋아하지 않는다고 판단하지 않는다.
○ 학생들에게 어떤 아이디어에 대하여 먼저 좋은 점을 생각하고, 다음에는 나쁜 점을 생각하며, 마지막으로 좋지도 나쁘지도 않지만 주목할 만한 가치가 있다고 생각되는 점을 살펴보도록 하여 사고의 방향을 안내한다.

282 ③  283 ①

① 드 보노(E. de Bono)의 PMI
② 오스본(A. F. Osborn)의 CPS
③ 에벌리(B. Eberle)의 SCAMPER
④ 브랜스포드(J. D. Bransford)의 IDEAL

■ 정답 및 해설
① 어떤 아이디어에 대해 좋은 점(Plus), 나쁜 점(Minus), 좋지도 나쁘지도 않지만 주목할 만한 가치가 있는 점(Interesting)을 살펴보면서 창의적인 사고를 유도하는 기법은 드 보노의 PMI 기법이다.

◇ 오답 체크
② 오스본의 CPS(창의적 문제해결과정) 기법은 목표발견, 사실발견, 문제발견, 아이디어발견, 해결책발견, 실천방안발견 순으로 전개되는 문제해결과정을 통해 창의적 사고를 유도한다.
③ 에벌리의 SCAMPER 기법은 대체, 결합, 적용, 수정, 다른용도로의 적용, 제거, 재배열의 순으로 창의적 사고를 유도하는 기법이다.
④ 브랜스포드의 IDEAL 기법은 문제 확인, 목표 설정, 전략 탐색, 결과 예측 및 실행, 재검토 및 평가 순으로 전개해 가면서 창의적 사고를 유도한다.

### 284. 다음에 해당되는 창의적 사고기법은? 2005년 중등

> ○ 측면적·수평적 사고(lateral thinking)를 하게 함
> ○ 감정적, 객관적, 긍정적 측면 등의 사고를 한 번에 한 가지씩 할 수 있도록 돕는 도구를 사용함

① 스캠퍼(SCAMPER)
② 속성 열거(Attribute Listing)
③ 브레인라이팅(Brainwriting)
④ 육색 사고 모자(Six Thinking Hats)

■ 정답 및 해설
④ 사고의 유형을 수직적 사고와 수평적 사고로 구분한 학자는 드 보노이다. 수직적 사고란 하나의 옳은 해결방법을 찾기 위해 논리적·단계적으로 사고하는 것을 말하며, 수평적 사고란 다양한 해결방법을 생성해내기 위해 여러 관점의 아이디어들을 편견 없이 탐색하는 것을 말한다. 수평적 사고는 사고의 융통성에 초점을 둔다는 점에서 창의성과 관계가 깊다.
이와 같은 수평적(측면적) 사고의 개념을 기초로 창의적 사고를 유도하는 기법으로서, 감정적(빨), 객관적(흰), 긍정적(노), 부정적(검), 창의적(녹), 메타인지적(파) 사고를 경험해 볼 수 있게 하는 기법은 육색 사고 모자이다. 실제 수업에서는 각각의 사고 유형을 나타내는 색깔 모자를 준비하고 각 모자를 쓸 때마다 그 역할에 맞는 사고를 하면서 토론에 참여하게 한다.

---

**기출플러스**

- 창의적 사고 기법 활용 수업
  – 드 보노의 PMI
  (2012년 유초등)
  · 디지털 카메라에 대해 긍정적인 측면, 부정적인 측면, 주목할 만한 측면을 차례로 생각해 보게 하였다.
  (드 보노의 PMI 기법)
  · 디지털 카메라에 대해 대체, 결합, 적용, 수정, 다른 용도로의 적용, 제거, 재배열하기 순으로 생각해 보게 하였다.
  (에벌리의 스캠퍼 기법)

난이도

**기출플러스**

- 창의적 사고기법 –
  시넥틱스(synectics)
  (2004년 중등)
  · 고든(W. Gordon) 등에 의해 제안되었으며, 창의적인 사람들이 무의식적으로 사용하는 전략들을 활용하는 것이다.
  · 당연한 것으로 받아들이던 대상이나 요소에 대해 의문을 가져본다.
  · 내가 만일 새롭게 고안된 병따개라면 어떤 모양이 되고 싶은가? 와 같이 사람이 문제의 일부분이 되어 봄으로써 새로운 관점을 창출한다.
  · 동·식물이 스스로를 보호하고 있는 방법에서 아이디어를 얻어 신변 안전장치를 개발할 수도 있다.

284 ④

◇ 오답 체크
① 스캠퍼(SCAMPER) 기법은 어떤 대상에 대해 대체, 결합, 적용, 수정, 다른 용도로의 적용, 제거, 재배열하기 순으로 생각해 보게 함으로써 창의적 사고를 유도하는 기법이다.
② 속성 열거(Attribute Listing)은 어떤 대상에 대해 속성을 분석하여 열거해 보고, 각각에 대해 깊이 생각해 보게 하는 방법이다. 해당 대상에 대한 사고의 범위를 확장하고 사고방식을 개선하여 창의적인 사고를 유도하는 기법이다.
③ 브레인라이팅(Brainwriting)은 포스트잇에 각자 아이디어를 적어 제출하여 브레인스토밍하는 방법이다. 발언순서를 기다리지 않아도 되므로 아이디어 차단효과를 줄일 수 있고, 익명성이 보장되어 평가불안을 줄이며, 아이디어를 분류하기 쉽다는 장점이 있다.

## 02. 인지양식

### 출포 93. 위트킨의 인지양식 분류

📖 기본서 143~144쪽

**285.** 개인차에 대한 설명으로 옳지 않은 것은?    2017년 국가직 7급
① 결정성 지능은 경험에 따라 변화될 수 있다.
② 창의적인 사람은 모호성을 잘 견디고 과제 집착력이 높은 경향이 있다.
③ 문제를 해결할 때 충동형 학습자는 속도에 주안을 두지만 숙고형 학습자는 정확성에 주안을 둔다.
④ 장독립형 학습자는 사물을 전체적으로 지각하기 때문에 정보 항목들 사이의 관련성을 파악하는 데 능하다.

■ 정답 및 해설
④ 제시된 내용은 장의존형 학습자에 대한 설명이다. 장독립형 학습자는 사물을 주변 상황과 관계없이 독립적으로 지각하기 때문에 정보의 내적 특성을 파악하는 데에는 능하지만, 정보들 사이의 관련성을 파악하는 데는 미숙하다.

◇ 오답 체크
① 카텔은 지능을 유동성 지능과 결정성 지능으로 구분한다. 유동성 지능은 생물학적 발달에 따라 변화되는 반면, 결정성 지능은 후천적인 학습이나 경험에 따라 변화될 수 있다.
② 스턴버그에 따르면, 창의적인 사람은 모호성을 잘 견디고 과제 집착력이 높은 경향이 있다. 즉 쉽게 답을 찾을 수 없는 상황 속에서 자신만의 답을 찾을 때까지 인내하며, 어떠한 장애물이 있더라도 이를 극복해내고 답을 찾아내려는 강력한 의지를 보이는 경향이 있다.

**암기 POINT**
• 위트킨의 인지양식 분류

| 장의존형 | 장독립형 |
|---|---|
| 상황 속에서 전체적으로 지각 | 내적 특성을 분석적으로 지각 |
| 대인관계 중시 협동학습 선호 | 외부 반응에 무관심 개별학습 선호 |
| 자료의 구조 수용 구조화된 과제 선호 선형적 CAI 프로그램 | 자료를 직접 재구조화 비구조화된 과제 선호 하이퍼텍스트 프로그램 |
| 외적 보상에 의한 동기화 | 내적 보상에 의한 동기화 |

285 ④

③ 케이건은 인지양식을 충동형과 숙고형으로 구분한다. 충동형 학습자는 깊이 생각하지 않고 생각나는 대로 답하는 경향이 있지만, 숙고형 학습자는 여러 대안을 탐색하며 신중하게 답을 선택하는 경향이 있다. 즉 문제를 해결할 때 충동형 학습자는 속도에 주안을 두지만 숙고형 학습자는 정확성에 주안을 둔다.

**286.** 인지 양식을 장독립적 양식과 장의존적 양식으로 구분할 때, 장독립적 양식을 지닌 학습자의 일반적인 특성으로 옳은 것은? `2015년 지방직 9급`
① 정보를 분석적으로 처리한다.
② 개별학습보다는 협동학습을 선호한다.
③ 비구조화된 과제의 수행에 어려움을 겪는다.
④ 교사 또는 동료 학생과의 대인 관계를 중시한다.

■ **정답 및 해설**
① 위트킨의 분류에 따르면, 장독립적 인지 양식을 가진 학습자는 정보를 개별적으로 지각하며 분석적으로 처리한다. 비구조화된 과제라도 스스로 구조화하여 학습할 수 있으므로 학습 수행에 어려움이 없다. 동교들과의 관계보다는 과제의 수행 자체에 관심을 가지므로, 협동학습보다는 개별학습을 선호한다.

◇ **오답 체크**
②, ③, ④ 장의존적 인지 양식을 가진 학습자는 정보를 주변 상황과 관련지어 종합적으로 파악하는 데 능숙하다. 과제의 내적 특성을 파악하는 데에는 미숙하므로, 비구조화된 과제의 수행에 어려움을 겪는다. 교사 또는 동료 학생과의 대인 관계를 중시하며, 외적 보상에 의해 잘 동기화된다. 따라서 개별학습보다는 협동학습을 선호한다.

**287.** 장(場) 의존적 학습유형(learning style)을 가진 학습자의 특성과 거리가 먼 것은? `2007년 유초등`
① 외부의 비판에 민감하게 반응한다.
② 사물을 분석적으로 지각하는 것을 선호한다.
③ 타인과의 상호작용이나 토론하기를 선호한다.
④ 대상을 요소로 분리하지 않고 전체로 지각한다.

■ **정답 및 해설**
② 사물을 주변 상황과 관계없이 분석적으로 지각하는 것을 선호하는 것은 장독립형 학생들의 특징이다.

---

**기출플러스**
- 장의존형 학습자에게 적합한 학습환경 (2002년 중등)
  - 구조화된 과제 (O)
  - 비구조화된 과제 (×)
  - 선형적인 CAI 프로그램 (O)
  - 하이퍼텍스트적인 CAI 프로그램 (×)

286 ①　287 ②

◇ 오답 체크
①, ③, ④ 장의존형의 학생들은 대상을 주변의 상황과 관련지어 전체적으로 지각하는 경향이 있다. 타인과의 관계에 관심을 가지므로, 타인과의 상호작용 하는 것을 선호하며, 외부의 비판에 민감하게 반응한다.

288. 그림은 왼쪽 도형을 오른쪽 배경에서 찾아내는 수준에 따라 개인의 인지양식을 진단하는 '잠입도형검사(Embedded Figure Test)'의 예이다. 이 검사 점수가 높은 학생들의 인지양식에 맞추어 지도한 교사의 행동을 <보기>에서 고른 것은?

2010년 유초등

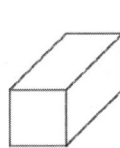 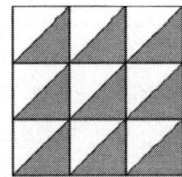

<보기>
ㄱ. 외적 보상을 통해서 동기를 유발하였다.
ㄴ. 안내와 시범 없이 스스로 수학문제를 풀도록 하였다.
ㄷ. 모둠별 활동보다 개인별 활동을 할 수 있도록 하였다.
ㄹ. 교사가 작성한 구조화된 표를 주고 암석의 종류를 비교해 보도록 하였다.

① ㄱ, ㄴ    ② ㄱ, ㄷ    ③ ㄱ, ㄹ
④ ㄴ, ㄷ    ⑤ ㄴ, ㄹ

■ 정답 및 해설
④ 잠입도형검사는 복잡한 그림 속에 숨어있는 도형을 찾는 검사로, 잠입도형검사에서 높은 점수를 받은 학생들은 장독립형 인지양식을 가진 것으로 해석된다.
  ㄴ. 장독립형 인지양식을 가진 학생들은 스스로 과제를 구조화하는 데 능숙하므로 교사의 안내와 시범 없이 스스로 문제를 해결하는 것을 선호한다.
  ㄷ. 장독립형 인지양식을 가진 학생들은 주변의 동료와의 상호작용보다는 과제에 대한 탐구 그 자체에 관심을 가지므로, 모둠별 활동보다는 개인별 활동을 선호한다.

◇ 오답 체크
  ㄱ. 장독립형 인지양식의 학생들은 내적 보상에 의해 동기가 유발되는 경향이 있다. 외적 보상을 통해 동기를 유발하는 전략은 장의존형 인지양식의 학생들에게 보다 적합하다.
  ㄹ. 장독립형 인지양식의 학생들은 교사에 의해 구조화된 자료를 이용하기 보다는 자신이 스스로 자료를 탐색하고 재구조화는 것을 선호한다. 따라서, 교사가 작성한 구조화된 자료를 제공하여 학습을 하게 하는 전략은 장의존형 인지양식을 가진 학생들에게 보다 적합하다.

**289.** 다음 두 교사의 대화에서 (가)와 (나)의 내용에 부합하는 학습양식 이론에 대한 설명으로 옳은 것만을 <보기>에서 있는 대로 고른 것은? **2012년 중등**

> 강 교사 : 학생들마다 공부하는 방식에 차이가 있는 것 같아요. 어떤 사물을 지각할 때 (가) <u>그 사물의 배경이 되는 맥락의 영향을 많이 받고 배경과 요소들을 연결지어 지각하는 학생이 있는 데 반해, 맥락의 영향을 별로 받지 않고 사물의 요소들을 분리하여 지각하는 학생이 있는 것 같아요.</u>
> 윤 교사 : 강 선생님이 이야기한 학습양식의 차이 외에도 어떤 자극에 대한 (나) <u>반응속도가 빠르지만 반응오류를 범하는 학생이 있는 반면, 반응속도는 느리지만 사려가 깊어서 정확한 반응을 하는 학생도 있는 것 같아요.</u>

<보기>

ㄱ. (가) : 잠입도형검사(Embedded Figure Test)에서 점수가 높은 학생들은 장의존형 학습자로 판별된다.
ㄴ. (가) : 장독립형 학습자는 과제와 관련된 구체적인 상황이 주어지지 않아도 분석적 능력을 요구하는 학습과제를 잘 해결하는 경향이 있다.
ㄷ. (나) : 충동형과 반성형의 학습양식을 판별하는 방법으로 케이건(J. Kagan)의 같은그림찾기(Matching Familiar Figure) 검사가 있다.
ㄹ. (나) : 충동형 학습양식을 반성형 학습양식으로 수정하기 위한 방법으로 매켄바움(D. Meichenbaum)의 자기교수법(self-instruction)이 있다.

① ㄱ, ㄴ　　② ㄱ, ㄹ　　③ ㄴ, ㄷ
④ ㄱ, ㄴ, ㄹ　　⑤ ㄴ, ㄷ, ㄹ

■ 정답 및 해설

⑤ 강 교사는 학생들의 학습양식을 (가) 장의존형과 장독립형으로 구분하고 있고, 윤 교사는 (나) 충동형과 반성형(숙고형)으로 구분하고 있다.

ㄴ. 장독립형 학습자는 주변 맥락의 영향을 받지 않고 대상의 내적 구성요소들을 분석적으로 지각하는 경향이 있다. 따라서 과제와 관련된 구체적인 상황이 주어지지 않아도 분석적 능력을 요구하는 학습과제를 잘 해결하는 경향이 있다.

ㄷ. 충동형과 반성형의 학습양식을 판별하는 방법으로 케이건의 같은그림찾기(유사 도형찾기)검사가 있다. 보기의 그림과 비슷한 그림들이 여러 개 주어지고 그 중에서 같은 그림을 찾게 하는 검사이다. 충동형은 답을 빨리 찾겠다는 욕구가 강해 반응속도는 빠르지만 반응오류를 많이 범하는 반면, 반성형은 시간이 걸리더라도 옳은 답을 찾겠다는 욕구가 강해 반응속도는 느리지만 반응오류는 적은 경향이 있다.

ㄹ. 충동형 학습양식을 반성형 학습양식으로 수정하기 위한 방법으로 매켄바움의 자기교수법이 있다. 매켄바움의 자기교수법은 비고츠키의 사적 언어와 내적 언어를 활용하여, 학습자의 자기지시에 의해 반성적인 과제수행을 할 있도록 훈련시킨다.

◇ 오답 체크

ㄱ. 잠입도형검사는 복잡한 그림 속에 숨어있는 도형을 찾는 검사로, 잠입도형검사에서 높은 점수를 받은 학생들은 장독립형 인지양식을 가진 것으로 해석된다.

## 출포 94. 기타 인지양식 유형 구분

🌐 기본서 144~145쪽

**290.** 다음은 버틀러(K. A. Butler)의 정보처리 접근 양식을 기준으로 학습자를 네 가지 유형으로 구분한 것이다. (나)에 해당하는 학습자의 일반적 특징에 대한 설명으로 가장 올바른 것은?  *2008년 유초등*

|  | 계열적 정보처리 | 비계열적 정보처리 |
|---|---|---|
| 구체적 정보처리 | (가) | (나) |
| 추상적 정보처리 | (다) | (라) |

① 시행착오적이고 탐구적인 수업환경에서 잘 학습하는 경향이 있으며, 게임이나 시뮬레이션과 같은 탐색적인 학습을 선호한다.
② 언어적·상징적 메시지를 잘 해독하는 경향이 있으며, 교사 중심의 강의식 수업이나 교과서 중심의 직접적 수업방식을 선호한다.
③ 비언어적인 학습내용을 체계적으로 제시해 줄 때 잘 학습하는 경향이 있으며, 체계적 실험과 같은 구조화된 학습환경을 선호한다.
④ 언어적·상징적 내용을 체계적으로 제시해 줄 때 잘 학습하는 경향이 있으며, 집단토의와 같은 언어 중심의 비구조화된 수업을 선호한다.

■ **정답 및 해설**
① 버틀러는 학습자가 선호하는 정보의 양식과 정보를 처리하는 방식에 따라 학습양식을 분류하였다. (나)는 구체적 정보를 비계열적으로 처리하는 것을 선호하는 학습자에 해당한다. 게임이나 시뮬레이션은 구체적 정보에 해당하며, 시행착오적이고 탐구적인 수업방식은 비계열적 정보처리에 해당한다.

◇ **오답 체크**
② 추상적 정보를 계열적으로 처리하는 (다)에 해당한다.
③ 구체적 정보를 계열적으로 처리하는 (가)에 해당한다.
④ 추상적 정보를 비계열적으로 처리하는 (라)에 해당한다.

**암기 POINT**
- 버틀러의 인지양식 분류와 선호하는 학습유형

|  |  | 정보처리 | |
|---|---|---|---|
|  |  | 계열적 | 비계열적 |
| 정보지각 | 구체적 | 체계적 실험 | 시뮬레이션, 게임 |
|  | 추상적 | 강의식 수업 | 집단토의 |

**291.** 다음 글에 언급된 콜브의 네 가지 학습유형 중 (ㄱ)에 속하는 학습자의 특성을 가장 잘 설명한 것은?  *2011년 유초등*

> 김 교사는 대학원 강의에서 뱅크스(J. Banks)가 다문화 교육을 위해 제안한 '공평한 교수법'을 공부하였다. 이것을 예전에 공부하였던 콜브(D. Kolb)의 네 가지 학습유형(learning style)과 연결하면 다문화 가정 학생들의 특성에 적합한 교수법을 고안하는 데 도움을 줄 수 있을 것 같았다. 김 교사는 대학원에 와서 공부하기를 참 잘했다는 생각과 함께 학생들의 해맑은 얼굴이 떠올라 살며시 미소를 지었다.

290 ① 291 ③

```
                    구체적 경험
                        │
                      정│
                      보│  발산형 학습자
              (ㄱ)    지│   (Diverger)
  활동적 실험 ──────정보처리방식────── 반성적 관찰
                      각│
                      방│  동화형 학습자
              수렴형   │   (Assimilator)
             (Converger)
                        │
                    추상적 개념화
```

① 논리성과 치밀성이 뛰어나고 귀납적 추리에 익숙하므로 이론화를 잘한다.
② 상상력이 뛰어나고 상황을 여러 관점에서 조망하며 다양한 분야에서 많은 아이디어를 낸다.
③ 계획 실행에 뛰어나고 새로운 경험을 추구하고 새로운 상황에 잘 적응하며 지도력이 탁월하다.
④ 여러 아이디어를 잘 종합하고 다각적으로 이해할 수 있어서 이론적 모형을 만드는 일을 잘한다.
⑤ 아이디어를 실제적으로 잘 응용할 뿐만 아니라 가설 설정과 연역적 추리에 익숙하며 기술적인 과제와 문제를 잘 다룬다.

### 암기 POINT
- 콜브의 인지양식 분류와 선호하는 학습유형

| 구분 | 특성 |
| --- | --- |
| 조절형 | 새로운 경험을 추구하며, 지도력 뛰어남 |
| 발산형 | 상상력이 뛰어나 다양한 아이디어 산출 |
| 동화형 | 귀납적 추리에 익숙, 이론화에 능함 |
| 수렴형 | 연역적 추리에 익숙, 이론의 실제적 응용 |

### ■ 정답 및 해설
③ 콜브는 학습양식의 유형을 조절형, 발산형, 수렴형, 동화형으로 구분한다. (ㄱ)은 구체적 경험을 통해 정보를 지각하며 활동적 실험을 통해 정보를 처리하는 유형이므로, 조절형(적응형) 학습자에 해당한다. 조절형 학습자는 새로운 경험을 추구하고 새로운 상황에 잘 적응하며, 어떤 행동을 위한 계획을 수립하고 실행하는 데 뛰어나 지도력을 탁월하게 발휘한다.

### ◇ 오답 체크
① 논리성과 치밀성이 뛰어나고 귀납적 추리에 익숙하여 이론화를 잘 한다는 것은 정보를 추상적으로 개념화하고 이를 반성적으로 사고하는 데 능숙하다는 것을 의미하므로 동화형(융합형) 학습자에 해당한다.
② 상상력이 뛰어나고 상황을 여러 관점에서 조망하며 다양한 분야에서 많은 아이디어를 낸다는 것은 구체적 경험을 통해 정보를 지각하며 반성적으로 사고하는 유형에 해당하므로 발산형 학습자에 해당한다.
④ 여러 아이디어를 종합해서 이론적 모형을 만드는 일은 추상적 개념화와 반성적 사고 능력을 필요로 하므로 동화형(융합형) 학습자의 특성에 해당한다.
⑤ 아이디어를 실제에 응용하며 연역적 추리에 전개하고 기술적 과제를 다루기 위해서는 추상적 개념화와 활동적 실험에 능해야 하므로 수렴형 학습자에 해당한다.

# 7. 학습동기

## 01. 동기의 개념과 유형

### 출포 95. 학습동기의 유형

🌀 기본서 146~147쪽

**292.** 내재적 동기 수준이 높은 학습자를 위한 지도 방법으로 적절하지 않은 것은?

2004년 중등

① 학습의 과정보다 결과의 중요성을 강조한다.
② 학습과제에 대한 기대와 호기심을 갖게 한다.
③ 과제 선택의 기회를 주어 자기주도적 학습 환경을 제공한다.
④ 학습자의 수준보다 약간 높은 수준의 곤란도를 가진 학습과제를 제시하여 도전감을 유발한다.

■ **정답 및 해설**
① 내재적 동기 수준이 높은 학습자는 학습의 결과로 얻을 수 있는 외적 보상보다는 학습과제나 학습활동 그 자체를 가치 있게 생각하므로, 학습의 결과보다 과정의 중요성을 강조하는 지도 방법이 적절하다.

◇ **오답 체크**
② 내재적 동기 수준이 높은 학습자는 학습하는 과제이나 활동에 대한 지적 흥미나 호기심, 성취감 등 때문에 학습하므로, 학습과제에 대한 기대와 호기심을 갖게 하는 지도 전략이 바람직하다.
③ 내재적 동기 수준이 높은 학습자는 이미 학습하고자 하는 태세를 갖추고 있으므로, 스스로 학습할 과제를 선택할 기회를 주어 자기주도적 학습 환경을 제공하는 지도 전략이 적절하다.
④ 내재적 동기 수준이 높은 학습자는 학습과제에 대한 지적 흥미, 호기심, 성취감 등을 바탕으로 학습하므로, 학습자의 수준보다 약간 높은 수준의 곤란도를 가진 학습과제를 제시하여 도전감을 유발하는 전략이 효과적이다.

292 ①

**293.** 학습동기 측면에서 다음과 같은 상황을 가장 경계하는 학습이론은?

2006년 중등

> 우희는 컴퓨터 게임을 마친 후, '이제 공부 좀 해야겠다'고 결심하였다. 그리고 책꽂이에서 책을 꺼내 공부하려고 하는데, 갑자기 밖에서 "얘, 공부 좀 해!"라는 어머니의 말씀을 듣고 공부할 의욕이 사라졌다.

① 사회적 학습이론
② 인본주의 학습이론
③ 정보처리 학습이론
④ 행동주의 학습이론

■ **정답 및 해설**

② 제시된 자료에서는 학습자가 스스로 동기를 가진 행동에 대해 타자가 그 행동을 지시함으로써 오히려 학습동기가 사라져 버리게 되는 상황을 경계하고 있다. 이와 같이, 학습자에게 학습을 하도록 요구하거나 지시하는 것은 오히려 학습동기를 감소시키며, 학습자가 스스로 자신의 행동을 선택할 기회와 선택권을 주는 것이 중요하다고 보는 것은 인본주의 학습이론의 관점이다.

◇ **오답 체크**

① 사회적 학습이론에서는 학습자에게 모델이 될 수 있는 사람이 하는 행동을 관찰하게 하거나 언어적으로 권유하는 것이 학습동기를 촉진할 수 있다고 본다.
③ 정보처리 학습이론은 인간의 학습 과정을 컴퓨터의 정보 처리 과정에 비유하여 설명하는 이론으로, 학습동기가 정보처리의 모든 과정에 영향을 준다고 본다.
④ 행동주의 학습이론에서는 학습자의 외적 동기를 촉진할 수 있는 적절한 강화물을 제공하는 것이 중요하다고 본다.

293 ②

## 02. 학습동기 이론

### 출포 96. 데시의 자기결정 이론   C

🌐 기본서 148쪽

**294.** 다음 설명에 해당하는 동기이론은?   2015년 국가직 9급

> ○ 학생은 자기 자신의 행동과 운명을 자율적으로 선택할 수 있다.
> ○ 학습에 대한 선택권을 제공함으로써 학생의 자율성을 신장시킬 수 있다.
> ○ 학생이 스스로 과제를 선택할 때, 보다 오랫동안 과제에 참여하고 즐거운 학습경험을 하게 된다.

① 귀인 이론
② 기대-가치 이론
③ 자기결정성 이론
④ 자기효능감 이론

■ **정답 및 해설**

③ 학습자가 자신의 행동을 자율적으로 선택할 수 있을 때 학습동기가 높아진다는 점을 강조하는 동기이론은 데시의 자기결정성 이론이다. 자기결정성 이론에서는 인간은 자율성 등의 기본욕구를 가진 자기실현적 존재이므로, 스스로 과제를 선택하고 과제에 참여할 수 있을 때 학습동기가 신장된다고 본다.

◇ **오답 체크**

① 귀인 이론에서는 학습자가 자신의 성공이나 실패의 원인을 무엇으로 돌리는지에 따라 학습동기가 달라진다는 점을 강조한다.
② 기대-가치 이론에서는 학습자가 어떤 과제의 성공 가능성에 대한 기대와 그 과제가 가지는 주관적 가치를 어떻게 평가하는지에 따라 학습동기가 달라진다고 본다.
④ 자기효능감 이론에서는 어떤 과제를 성공적으로 수행할 수 있는 자신의 능력에 대한 판단 또는 신념이 학습동기의 형성에 중대한 영향을 미친다고 본다. 반두라가 강조한 자기효능감의 형성에는 과거의 성공경험, 대리경험, 주변의 언어적 설득, 정서적 안정감 등이 영향을 미친다.

**암기 POINT**

• 데시의 자기결정이론
 - 내재적 동기: 인간의 기본욕구(자율성, 유능감, 관계유지 등) 충족되면 동기 증가
 - 인지적 평가: 외부의 통제/평가를 받는다고 느끼면 동기 감소

---

**295.** 다음 내용과 관계가 깊은 동기이론은?   2014년 지방직 9급

> ○ 사람들은 원인의 소재가 외부에 있을 때보다 내부에 있을 때 동기유발이 더 잘 되고 행동을 적극적으로 수행하려고 한다.
> ○ 외재적 동기가 사회화 과정을 거치면서 점차 내면화되어 내재적 동기로 변화된다고 가정한다.

① 자기결정성 이론
② 귀인 이론
③ 성취목표 이론
④ 자기효능감 이론

294 ③  295 ①

■ 정답 및 해설
① 자신의 행동을 결정하는 요인이 자신의 내부에 존재하며, 자기결정에 의한 행동을 할 수 있을 때 동기유발이 더 잘 된다고 보는 이론은 자기결정성 이론이다.
자기결정성 이론에서는 외재적 동기가 사회화 과정을 거치면서 점차 내면화되어 내재적 동기로 변화될 수 있다고 가정한다. 예를 들면, 처음에는 부모님의 칭찬을 받기 위해 공부를 시작하였지만, 공부를 하면서 점점 그 자체로 흥미나 성취감을 느끼게 되어 스스로 공부에 빠져들게 된다는 것이다. 이와 같이, 자기결정성 이론에서는 외재적 동기와 내재적 동기가 서로 대립되는 개념이 아니라, 연속선상에 있는 것으로서 외재적 동기가 내재적 동기로 변화될 수 있다고 본다.

◇ 오답 체크
② 귀인 이론에서는 학습자가 자신의 성공이나 실패의 원인을 무엇으로 돌리는지에 따라 학습동기가 달라진다는 점을 강조한다.
③ 성취목표 이론은 학습자가 어떤 목표를 가지고 학습에 임하는지가 학습의 과정과 결과를 다르게 한다고 본다. 성취목표(지향성)는 숙달목표와 수행목표로 구분된다.
④ 자기효능감 이론에서는 어떤 과제를 성공적으로 수행할 수 있는 자신의 능력에 대한 판단 또는 신념이 학습동기의 형성에 중대한 영향을 미친다고 본다.

## 296. 다음과 같은 견해에 가장 부합하는 학습동기 이론은? 〈2011년 유초등〉

> ○ 학생들의 자율성, 유능감, 관계 유지 욕구를 자극하고 충족시키면 그들의 내재적 동기가 높아진다.
> ○ 학생들은 자신이 외재적 보상을 받거나 처벌을 피하기 위해서가 아니라 자신의 의지에 의해 그러한 행동을 한다고 믿고 싶어 한다.
> ○ 학생들은 과제 자체에 대한 흥미 때문에 특정한 과제를 수행하는 경우도 있지만, 외재적 보상 때문에 시작한 행동이 점차 내면화되어 결국 외재적 보상이 없어도 그러한 행동을 지속하는 경우가 많다.

① 귀인이론  ② 성취목표이론
③ 욕구위계이론  ④ 자기효능감이론  ⑤ 자기결정성이론

■ 정답 및 해설
⑤ 인간은 자율성 등의 기본욕구를 가진 자기실현적 존재로서 이러한 욕구가 충족될 때 내재적 학습동기가 증가하며, 학습자 스스로 자신의 행동을 결정할 수 있을 때 학습동기가 높아진다는 점을 강조하는 동기이론은 데시의 자기결정성 이론이다.
자기결정성 이론에서는 외재적 동기와 내재적 동기는 서로 상반되거나 대립되는 개념이 아니라, 연속선상에 있는 것으로 이해하여야 한다고 본다. 즉 외재적 보상 때문에 시작한 행동이 점차 내면화되어 결국 외재적 보상이 없어도 그러한 행동을 지속하게 된다는 것이다.

296 ⑤

## 출포 97. 드웩의 목표지향성(성취목표) 이론

기본서 149~151쪽

**297.** (가), (나)에 들어갈 말을 바르게 연결한 것은?　　2024년 지방직 9급

> 학습동기에 대한 목표지향성 이론에 따르면, 학습자가 ─(가)─ 목표를 갖고 있으면, 자신의 능력을 높이기 위한 목표를 성취하기 위해 도전적인 새로운 과제를 선택하는 경향이 높지만, 학습자가 ─(나)─ 목표를 갖고 있으면, 자신의 능력이 부족해 보이는 것을 피하기 위해 새롭고 도전적인 과제보다 이미 충분히 학습된 쉬운 과제를 선택하려는 경향이 높다.

|　| (가) | (나) |
|---|---|---|
| ① | 수행 | 숙달 |
| ② | 숙달 | 수행 |
| ③ | 사회적 | 숙달 |
| ④ | 수행접근 | 과제회피 |

### ■ 정답 및 해설

② 학습자가 학습의 목표를 숙달과 수행 중 어디에 두는지를 기준으로 분류하는 이론은 목표지향성이론이다. 이에 따르면, '숙달' 목표 지향형 학습자는 학습의 목표를 학습 그 자체의 숙달이나 능력의 향상에 둔다. 따라서 자신의 능력을 높이기 위해 도전적인 새로운 과제를 선택하여 학습하는 경향이 있다. 반면, '수행' 목표 지향형 학습자는 학습의 목표를 타인으로부터 인정을 받거나 능력을 과시하는 데 둔다. 따라서 이미 학습된 쉬운 과제를 선택하여 자신의 능력을 과시하고자 하는 경향이 있다.

### ◇ 오답 체크

③ 목표지향성 이론에서 사회적 목표는 다른 사람들과의 관계 속에서 인정받고자 하는 목표로, '친구 사귀기'와 같은 것을 학습의 목표로 두는 것을 말한다.
④ 수행접근 목표는 자신의 능력 과시나 타인과의 비교에서의 우위를 차지하는 데 목표를 두는 것을 말하며, 과제회피 목표는 과제의 숙달이나 능력의 향상에 있어서 무능한 것이 확인되는 것을 회피하는 목표를 말한다.

### 암기 POINT

- 드웩의 목표지향성 이론

| 숙달목표 지향성 | 수행목표 지향성 |
|---|---|
| 학습 그 자체, 과제의 숙달 | 타인과 비교, 유능함 입증 |
| 절대적, 내적 참조기준 | 상대적, 외적 참조기준 |
| 내재적 동기 높음 | 내재적 동기 낮음 |
| 도전적이고 새로운 과제 | 쉽고 친숙한 과제 선택 |
| 성장 마인드셋 | 고정 마인드셋 |
| 노력 귀인, 실패시 노력 | 능력 귀인, 실패시 포기 |

---

**298.** 숙달목표지향성의 특징에 해당하지 않는 것은?　　2020년 국가직 9급

① 도전 추구　　② 능력 입증
③ 노력 귀인　　④ 절대적, 내적 자기참조 기준

■ 정답 및 해설
② 자신의 능력을 과시하거나 입증하는 데 목표를 두는 것은 수행목표지향성의 특징이다. 숙달목표지향성은 학습 그 자체에 관심을 가지고 과제 숙달을 목표로 한다.
◇ 오답 체크
① 숙달목표지향성의 학습자는 과제의 숙달을 통해 자신의 능력을 증가시키고자 하므로, 다소 어려운 과제를 선택하여 학습하는 도전을 추구한다.
③ 숙달목표지향성의 학습자는 학습의 성공이나 실패의 원인을 자신의 노력으로 귀인하는 경향이 있다. 따라서 과제해결에 실패한 경우에도 자신의 노력 부족으로 귀인하므로, 학습동기가 유지되거나 증가하는 경향이 있다.
④ 숙달목표지향성의 학습자는 타인과의 상대적인 비교보다는 자신의 가진 절대적 또는 내적 자기참조 기준에 따라 학습성과를 평가한다.

**299.** 성취목표를 숙달목표와 수행목표로 구분할 때, 숙달목표를 지닌 학습자의 특성으로 옳지 않은 것은?  2017년 국가직 7급
① 자신의 유능성을 입증하고자 과제에 대하여 계속해서 노력하는 경향이 있다.
② 어려움이나 실패에 직면했을 때에도 학습을 지속해 나가는 경향이 있다.
③ 학습기회를 극대화하는 과제를 선택하고 도전하는 경향이 있다.
④ 자신의 능력을 진단하고 향상을 도울 수 있는 피드백을 추구하는 경향이 있다.

■ 정답 및 해설
① 숙달목표를 지닌 학습자는 자신의 능력이 향상되는 것을 추구할 뿐, 그것을 다른 사람들에게 증명하거나 과시하려 하지 않는다. 반면, 자신의 유능성을 입증하고자 노력하는 학습자는 수행목표를 지닌 학습자이다. 수행목표를 지닌 학습자는 상대적이며 외적인 기준에 의해 자신의 능력을 평가하기 때문이다.
◇ 오답 체크
② 숙달목표를 지닌 학습자는 어려움이나 실패에 직면했을 때에도 학습을 지속해 나가는 경향이 있다. 어려움이나 실패에 직면했을 때에는 자신의 노력을 증가시키거나 타인의 도움을 적극적으로 요청한다.
③ 숙달목표를 지닌 학습자는 자신의 능력을 향상시키는 데 관심이 있으므로, 학습기회를 극대화하는 과제를 선택하고 도전하는 경향이 있다.
④ 숙달목표를 지닌 학습자는 자신의 능력을 향상시키는 데 관심이 있으므로, 자신의 능력을 진단하고 향상을 도울 수 있는 피드백을 추구하는 경향이 있다.

299 ①

**300.** 목표지향이론에서 제시하고 있는 수행접근목표에 해당하는 것은?

*2020년 국가직 7급*

① 그림을 못 그린다고 놀림을 받을 것 같아 미술 과제를 제출하지 않았다.
② 지난번보다 더 나은 결과물을 만들기 위해 열심히 과제를 준비하였다.
③ 기말시험에서 경쟁자인 동급생보다 더 잘하기 위하여 열심히 공부하였다.
④ 뛰어난 운동선수가 실력이 떨어질 것 같아 새로운 기술의 습득을 주저하였다.

■ **정답 및 해설**
③ 목표지향이론에서 제시하고 있는 '수행접근목표'는 자신의 능력을 과시하거나 타인과의 비교에서의 우위를 차지하는 데 목표를 두는 것을 의미한다. 즉 수행목표와 관련하여 성공을 추구하는 목표에 해당한다. 따라서 기말시험에서 경쟁자들보다 더 잘하고자 하는 것은 수행접근목표에 해당한다.

◇ **오답 체크**
① 다른 사람과의 비교에 있어서 무능해 보이는 것을 회피하는 것을 목표로 추구하는 행동이므로, 수행회피목표에 해당한다.
② 학습과제에 있어서 성공적인 결과를 얻거나 자신의 능력 향상을 추구하는 것을 숙달접근목표라고 한다. 제시된 학습자의 행동은 자신의 성취가 더 나아지는 것을 추구하고 있으므로, 숙달접근목표에 해당한다.
④ 학습과제를 성취하는 데 실패하거나 자신의 능력이 퇴보하는 것을 회피하는 것을 숙달회피목표라고 한다. 제시된 학습자의 행동은 자신의 실력이 퇴보하는 것을 회피하기 위한 행동이므로, 숙달회피목표에 해당한다.

**암기 POINT**
- 드웩의 목표지향성 이론
  - 2차 분류

|  | 숙달목표 지향성 | 수행목표 지향성 |
|---|---|---|
| 접근 | 숙달접근 목표 (과제성공 추구) | 수행접근 목표 (유능함 입증 추구) |
| 회피 | 숙달회피 목표 (과제실패 회피) | 수행회피 목표 (무능함 입증 회피) |

---

**301.** 다음 내용에 가장 부합하는 동기 이론은?

*2015년 지방직 9급*

> 학생들의 학습 동기는 두 가지로 구분할 수 있다. 첫째, 숙달(mastery)에 초점을 맞추는 학생은 공부의 목적을 학습 자체에 두고 지식이나 기능을 습득하며, 적극적으로 학습활동에 참여하고, 도전적인 과제를 선택하는 경향이 있다. 둘째, 수행(performance)에 초점을 맞추는 학생은 다른 사람에게 자신의 능력을 과시하거나 인정을 받기 위해 공부하며, 어려운 과제보다 쉬운 과제를 선택하는 경향이 있다.

① 강화이론(reinforcement theory)
② 충동감소이론(drive reduction theory)
③ 목표지향성이론(goal orientation theory)
④ 인지부조화이론(cognitive dissonance theory)

### ■ 정답 및 해설

③ 학습동기를 숙달과 수행 중 어디에 두는지를 기준으로 분류하는 이론은 목표지향성이론이다. 학습동기를 학습 그 자체의 숙달에 두는 것을 숙달 지향이라고 하고, 타인의 인정이나 능력 과시에 두는 것을 수행 지향이라고 한다.

### ◇ 오답 체크
① 강화이론은 행동의 결과로 긍정적 보상을 받은 행동은 강화되어 행동의 빈도나 강도가 증가되고, 부정적 보상(처벌)을 받은 행동은 약화된다고 보는 이론이다. 스키너의 조작적 조건화이론을 바탕으로 하는 동기이론으로, 인간의 동기를 외재적 보상이나 처벌로 인해 발생하는 것으로 설명한다.
② 충동감소이론은 인간의 행동은 욕구로 인해 발생하는 충동을 감소시키는 방향으로 진행된다는 이론으로, 헐(Hull)이 대표적이다.
④ 인지부조화이론은 개인의 신념, 태도, 행동 간의 불일치 혹은 부조화 상태가 발생하면 심리적 불편감이 생기게 되고, 이를 해소하기 위해 기존의 태도나 행동을 바꾸게 된다는 이론이다. 신포도 기제나 단레몬 기제가 대표적 사례이다.

---

**302.** 학습동기에 관한 설명으로 가장 옳은 것은?   2009년 국가직 7급

① 능력에 대한 증가적 견해를 가진 학생은 학습에 대한 동기가 낮을 가능성이 높다.
② 실패회피동기가 낮은 학습자는 과제를 성공했을 때 동기가 감소하는 경향이 있다.
③ 자아개입 학습목표를 가진 학습자는 타인의 평가보다는 과제의 숙달에 관심을 가질 가능성이 높다.
④ 성취동기가 높은 학습자는 과제수행의 결과에 크게 관심을 보이지 않는 경향이 있다.

### 암기 POINT
• 앳킨슨의 성취동기 이론

| 성공추구동기<br>높은 학습자 | 실패회피동기<br>높은 학습자 |
| --- | --- |
| 과제 성공시<br>동기 감소 | 과제 성공시<br>동기 증가 |
| 과제 실패시<br>동기 증가 | 과제 실패시<br>동기 감소 |

### ■ 정답 및 해설

② 앳킨슨은 성취동기를 성공추구동기와 실패회피동기로 구분한다. 성공추구동기가 높은 학습자는 목표한 바를 성취하는 긍정적인 결과를 달성하려고 노력하는 반면, 실패회피동기가 높은 학습자는 실패를 두려워하며 부정적인 결과를 피하는 데 중점을 둔다. 일반적으로 이 둘은 대립적인 관계로, 성공추구동기가 강할수록 실패에 대한 두려움이 줄어들 수 있으며, 실패회피동기가 강할수록 성공추구동기가 약해질 수 있다.

실패회피동기가 낮은 학습자는 실패에 대한 불안감이 적고, 과제를 해결하지 못해도 큰 스트레스를 받지 않는 성향이 있다. 따라서 과제에 실패했을 때에도 보다 지속적인 노력을 통해 과제의 성공을 추구하는 경향을 보인다. 반대로, 과제를 성공했을 때에는 목표한 바를 이미 성취하였으므로 해당 과제에 대한 흥미가 잃고 동기가 감소하는 경향이 있다.

302 ②

◇ 오답 체크
① 능력에 대한 증가적 견해를 가진 학생은 학습에 대한 동기가 높은 경향이 있다. 즉 학습을 통해 자신의 능력을 성장시킬 수 있다고 믿기 때문에 학습하고자 하는 동기가 높다는 의미이다.
③ 자아개입 학습목표를 가진 학습자는 과제의 숙달보다는 타인의 평가에 관심을 가질 가능성이 높다. 타인에게 능력을 입증하여 자존감을 확인하려고 하기 때문에, 과제의 숙달보다는 타인의 반응이 더 큰 동기 요인이 된다.
④ 성취동기가 높은 학습자는 과제를 성공적으로 수행하려는 욕구가 강하기 때문에 과제수행의 결과에 크게 관심을 보이는 경향이 있다.

303. 학습동기의 성취목표 이론에 근거할 때, 영희가 보여주는 목표지향성의 특성에 부합하는 것을 <보기>에서 고른 것은?  2012년 중등

영희는 자신의 능력이 다른 사람의 능력과 어떻게 비교되느냐에 주된 관심을 갖고 있고, 학교에서 높은 성적을 받아 자신의 능력이 뛰어나다는 것을 보여주기 위해 공부한다.

<보기>
ㄱ. 개인의 지적 능력은 변하지 않는다는 관점을 갖기 쉽다.
ㄴ. 학습과제를 선택할 때 도전적이고 새로운 과제를 선호한다.
ㄷ. 성공은 '내적이고 통제 가능한 원인'에서 비롯된다고 지각한다.
ㄹ. '우리 반 광수보다 더 높은 점수 받기'와 같은 목표를 설정한다.

① ㄱ, ㄴ  ② ㄱ, ㄹ
③ ㄴ, ㄷ  ④ ㄴ, ㄹ  ⑤ ㄷ, ㄹ

■ 정답 및 해설
② 영희는 타인과의 비교나 자신의 능력 과시에 관심을 가지므로, 수행목표지향성의 특성을 보이는 것으로 볼 수 있다.
   ㄱ. 수행목표지향성의 학습자들은 개인의 지적 능력은 변하지 않고 고정되어 있다는 견해를 갖는 경향이 있다. 이로 인해 학습 과정에서 능력의 향상을 추구하기 보다는 타인과의 비교에 관심을 집중하게 된다.
   ㄹ. 수행목표지향성의 학습자들은 타인과의 비교에서 우위를 차지하는 것에 목표를 두는 경향이 있다. 따라서 경쟁적인 평가를 선호하며 경쟁 상황에서 학습동기가 높아지는 경향이 있다.
◇ 오답 체크
   ㄴ. 수행목표지향성의 학습자들은 도전적이고 새로운 과제보다는 자신이 성취하기 쉽고 친숙한 과제를 선호한다.
   ㄷ. 수행목표지향성의 학습자들은 성공이나 실패의 원인을 개인의 능력에서 찾으며, 능력은 '내적이고 통제 불가능한 원인'에 해당된다.

303 ②

## 출포 98. 와이너의 귀인 이론 　　　　　　　　　　　　　B

📖 기본서 151~152쪽

**304.** 와이너(Weiner)의 귀인 이론에 따르면 그 소재가 내부에 있고 불안정하며 통제 가능한 귀인은?　　　　　　　2024년 국가직 9급

① 과제난이도　　　　　　② 교사의 편견
③ 일시적인 노력　　　　　④ 시험 당일의 기분

**난이도** ■ □ □
**채점결과** □ □ □

**암기 POINT**
• 와이너의 귀인 이론

| 귀인 | 소재 | 통제 | 안정 |
|---|---|---|---|
| 능력 | 내부 | 불가 | 안정 |
| 노력 | 내부 | 가능 | 불안 |
| 과제난이도 | 외부 | 불가 | 안정 |
| 운 | 외부 | 불가 | 불안 |

■ 정답 및 해설
③ 와이너가 제시한 귀인의 유형 중 책임소재가 내부에 있으며 불안정하고 통제 가능한 귀인은 학습자 자신의 노력이다.
◇ 오답 체크
① 과제난이도는 책임소재가 외부에 있으며 안정적이며 통제 불가능한 귀인이다.
② 교사의 편견은 책임소재가 외부에 있으며 안정적이며 통제 불가능한 귀인이다.
④ 시험 당일의 기분은 책임소재가 내부에 있고 불안정하며 통제 불가능한 귀인이다.

**305.** 와이너(B. Weiner)의 귀인이론에서 (가)에 들어갈 귀인요소는?
　　　　　　　　　　　　　　　　　　　　　2011년 국가직 9급

| 귀인요소 | 원인의 소재 | 통제가능성 | 안정성 |
|---|---|---|---|
| ( 가 ) | 외적 | 통제불가 | 안정 |
| ( ) | 내적 | 통제가능 | 불안정 |
| ( ) | 내적 | 통제불가 | 안정 |
| ( ) | 외적 | 통제불가 | 불안정 |

① 운　　　　　　　　② 과제난이도
③ 노력　　　　　　　④ 능력

**난이도** ■ □ □
**채점결과** □ □ □

**기출플러스**
• '과제난이도'의 귀인 유형
(2021년 국가직 9급)
• 원인의 소재 : 외적
• 안정성 : 안정적
• 통제가능성 : 통제불가

■ 정답 및 해설
② 원인의 소재가 외부이며, 통제 불가능하며, 안정적인 귀인 요소는 과제난이도이다.
◇ 오답 체크
① 운은 원인의 소재가 외부에 있으며, 통제 불가능하며, 불안정적인 귀인 요소이다.
③ 노력은 원인의 소재가 내부에 있으며, 통제 가능하며, 불안정적인 귀인 요소이다.
④ 능력은 원인의 소재가 내부에 있으며, 통제 불가능하며, 안정적인 귀인 요소이다.

304 ③　305 ②

**306.** 체육시간에 A와 B가 한 팀, C와 D가 한 팀을 이루어 테니스 시합을 하여 C와 D팀이 이겼다. 테니스 시합에 대해 각 사람이 다음과 같이 한 이야기를 토대로 판단해 볼 때, 시합에서의 승패를 외적 요인에 귀인하고 있는 사람은?  
2009년 국가직 9급

> A : 오늘 우리 팀이 좋은 기량을 발휘하지 못했어.  
> B : 평상시 연습을 게을리한 탓이야.  
> C : 너희가 진 건 그냥 운이 안 좋아서 그랬던 것뿐이야.  
> D : 우리 실력이 향상된 건 코치 선생님이 가르쳐 준 기술을 열심히 연습했기 때문이야.

① A   ② B   ③ C   ④ D

### ■ 정답 및 해설
③ C는 패배의 원인을 '운'으로 돌리고 있는데, 운은 원인의 소재가 외부에 있다.

### ◇ 오답 체크
① A는 패배의 원인을 좋은 기량을 발휘하지 못한 것에 두고 있으므로, 일시적인 컨디션을 탓하고 있다고 볼 수 있다. 즉 원인의 소재가 내부에 있다고 본다.
② B는 평상시 연습을 게을리한 것을 지적하고 있으므로, '노력'으로 귀인하고 있는 것으로 볼 수 있으므로, 원인의 소재가 내부에 있다고 본다.
④ D는 패배에도 불구하고 실력이 향상된 것은 열심히 연습했기 때문이라고 하고 있으므로, '노력'에 귀인하고 있다. 즉 내적 요인에 귀인하고 있다.

**기출플러스**
- 영희의 귀인 유형 (2006년 유초등)

(사례)  
영희는 "시험칠 때 갑자기 배가 아팠어요."라고 시험 점수가 낮은 이유를 부모님께 말씀드렸다.

(귀인 유형)
- 원인의 소재 : 내적
- 안정성 : 불안정
- 통제가능성 : 불가능

**307.** 다음은 시험이 끝난 직후 4명의 학생이 한 말이다. 이를 와이너(B. Weiner)의 귀인이론(attribution theory)에 적용해 볼 때, 아래 그림에서 A, B 유형에 해당되는 학생을 바르게 나열한 것은?  
2005년 중등

> ㄱ. "난 역시 똑똑해!"  
> ㄴ. "이번엔 운이 없었어!"  
> ㄷ. "이번엔 공부를 너무 안 했어!"  
> ㄹ. "이번 시험은 너무 어려웠어!"

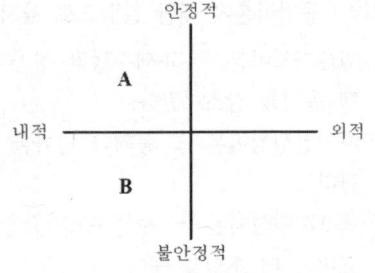

|   | A | B |   |   | A | B |
|---|---|---|---|---|---|---|
| ① | ㄱ | ㄴ |   | ② | ㄱ | ㄷ |
| ③ | ㄴ | ㄹ |   | ④ | ㄹ | ㄴ |

### ■ 정답 및 해설
② ㄱ. 자신의 '능력'으로 귀인하고 있으므로, 내적이면서 안정적인 귀인 유형인 A에 해당된다.

ㄷ. 자신의 '노력' 부족 탓으로 귀인하고 있으므로, 내적이면서 불안정적인 귀인 유형인 B에 해당된다.

◇ 오답 체크

ㄴ. '운'이 없었던 탓으로 귀인하고 있으므로, 외적이면서 불안정적인 귀인 유형이다.
ㄹ. '과제난이도' 탓으로 귀인하고 있으므로, 외적이면서 안정적인 귀인 유형이다.

### 308. 동기이론 중 귀인이론에 관한 설명으로 옳지 않은 것은?
2008년 국가직 7급

① 귀인은 통제가능성 차원에 따라 내적 귀인과 외적 귀인으로 구분된다.
② 성공과 실패에 영향을 주는 주요 원인으로 능력, 노력, 과제난이도, 행운 등을 들 수 있다.
③ 학습의 실패를 자신의 능력보다 노력에 귀인시킬 때 학습동기는 증가하는 경향이 있다.
④ 학교학습 장면에서 학생이 자신의 성공과 실패의 원인을 어떻게 설명하는가에 대해 체계적으로 이해할 수 있게 해 준다.

■ 정답 및 해설
① 귀인은 통제가능성 차원에 따라 통제가능한 귀인과 통제불가능한 귀인으로 구분되며, 책임소재(통제소재)의 차원에 따라 내적 귀인과 외적 귀인으로 구분된다.

### 출포 99. 앳킨슨의 기대-가치 이론
기본서 152~153쪽

### 309. 동기이론에 대한 설명으로 옳지 않은 것은?
2016년 국가직 7급

① 기대가치이론 - 과제수행의 성공가능성에 대한 개인의 높은 기대는 과제수행 동기를 감소시킨다.
② 자기결정성이론 - 통제나 평가를 받고 있다고 느낄 때 내재적 동기는 감소한다.
③ 목표지향성이론 - 수행목표지향은 자신의 능력을 증명하고 다른 사람과 비교하는 데 초점을 둔다.
④ 자기가치이론 - 자기장애(self-handicapping) 전략은 실패를 정당화하고 자기가치를 보호하기 위해 사용된다.

■ 정답 및 해설
① 기대가치이론은 자신이 어떤 과제에 대해 성공할 가능성이 높고, 그 과제가 자신에게 중요한 가치를 갖는 것일 때 동기가 높아진다고 보는 이론이다. 즉 과제수행의 성공가능성에 대한 개인의 기대가 높을수록 과제수행 동기가 증가한다고 본다.

◇ 오답 체크
② 자기결정성이론 - 인간은 자신의 행동을 스스로 결정할 수 있을 때 내재적 동기가 증가한다고 보는 이론이다. 이에 따르면, 누군가로부터 통제나 평가를 받고 있다고 느낄 때 내재적 동기는 감소한다.
③ 목표지향성이론 - 목표지향성을 숙달목표지향과 수행목표지향으로 구분하다. 숙달목표지향은 학습 그 자체나 자신의 능력 상향에 초점을 두는 반면, 수행목표지향은 자신의 능력을 증명하고 다른 사람과 비교하는 데 초점을 둔다.
④ 자기가치이론 - 인간은 자기가치에 대한 인식을 중시하며, 이를 보호하려는 욕구를 가지고 있다고 보는 이론이다. 이에 따르면, 어떤 일에 실패하여 부정적으로 평가받을 우려가 있을 때, 실패를 정당화하고 자기가치를 보호하기 위해 자기장애(self-handicapping) 전략이 사용된다.

310. 다음 (가)와 (나)의 대화에서 최 교사가 활용하고 있는 동기유발 활동에 부합하는 동기이론으로 가장 적절한 것은?    2013년 중등

(가) 은미: 선생님, 처음에는 역사가 재미있어서 열심히 했는데, 요즘에 배우는 고려 시대 내용은 재미도 없고 너무 어려운 것 같아요.
최 교사 : 그래? 그런데 내가 생각하기로는 잘 하고 있는 것으로 보이는데……. 그리고 너는 고고학자가 꿈이잖아. 아마 지금 배우고 있는 고려 시대 내용은 너에게 중요하고 앞으로 도움이 많이 될 거야.

(나) 최 교사 : 미영아, 다음 주에 배울 6단원의 주제들이 조금 어렵긴 하지만, 이 중 어떤 주제를 언제 발표할지 정해서 알려 줄래?
미영 : 맞아요. 6단원 내용이 어려운 것 같아요. 하지만 해 볼 만한 것 같아요. 저는 6단원 중에서 '조선 시대의 통치 체제'에 대해 준비해서 발표할게요. 발표는 다음 주 수요일에 할게요.

|  | (가) | (나) |
|---|---|---|
| ① | 귀인이론 | 욕구위계이론 |
| ② | 귀인이론 | 자기결정성이론 |
| ③ | 기대-가치이론 | 강화이론 |
| ④ | 기대-가치이론 | 욕구위계이론 |
| ⑤ | 기대-가치이론 | 자기결정성이론 |

■ 정답 및 해설
⑤ (가) 최 교사는 은미의 학습동기를 유발하기 위해서 지금 배우고 있는 내용이 은미가 가진 꿈을 이루는데 중요하며 실용적인 가치가 높다는 점을 강조하고 있다. 이것은 학습동기가 과제의 성공가능성에 대한 기대와 과제가 학습자에게 갖는 주관적 가치에 따라 달라진다고 보는 기대-가치이론에 부합한다.
(나) 최 교사는 미영이에게 발표할 주제를 직접 결정하게 함으로써 학습동기를 유발하려고 하였다. 이와 같이 학습자가 자신의 행동을 선택하고 결정할 기회를 제공할수록 학습동기가 촉진된다고 보는 이론은 자기결정성이론이다.

기출플러스

• 동기이론 (2010년 유초등)
 - 기대-가치 이론 : 이 교사
 - 자기결정성 이론 : 최 교사
 - 목표지향성 이론 : 윤 교사

• 이 교사 : 학생들이 새로운 일을 해야 할 때, 그 일을 잘 해낼 수 있는가 뿐만 아니라 그 일이 본인에게 얼마나 중요한가에 따라서도 동기 수준이 달라지는 것 같아요.

• 최 교사 : 학생들은 자율적이고 싶어해요. 자신의 행동을 스스로 통제하고 조절할 수 있다는 믿음에 의해서 동기가 유발되는 것이지요.

• 윤 교사 : 실수를 해도 새로운 일에 도전하고 그 일을 하면서 느끼는 성취감이 중요하다고 생각하는 학생들이 있는 반면, 어떤 학생들은 점수도 점수지만 항상 친구들과의 비교를 중요하게 생각하더군요.

## 출포 100. 코빙턴의 자기가치 이론

● 153~154쪽

**311.** 다음 사례에서 경수의 학습행동에 대한 김 교사의 견해와 가장 부합하는 학습동기이론은?

2012년 유초등

> 경수는 선생님이나 다른 학생들의 평가에 매우 민감하게 반응한다. 그는 특히 선생님에게 부정적인 평가를 받을까 봐 전전긍긍하며, 무엇보다 실패에 대한 불안이 크다. 이 때문에 중요한 시험을 앞두고서도 공부를 하지 않거나 과제를 마지막까지 미루어 자신의 능력을 제대로 드러내지 못하는 경향이 있다.
> 김 교사는 자기존중감이 동기화의 결정적인 요인이라고 생각한다. 그는, 경수가 중요한 시험을 앞두고서 이처럼 자기장애 전략(self-handicapping strategy)을 사용하는 것은 자기존중감을 보호하려는 동기를 지니고 있기 때문이며, 경수가 이러한 전략을 계속 사용할 경우 심각한 결과를 초래할 수도 있다고 판단하였다. 그래서 경수에게 성공적인 학습을 위해서는 좀 더 적극적인 노력을 기울여 자기존중감을 유지하는 것이 무엇보다 중요하다고 조언하고 지속적으로 격려하였다.

① 강화이론  
② 기대가치이론  
③ 자기가치이론  
④ 자기결정성이론  
⑤ 자기효능감이론

■ **정답 및 해설**

③ 김 교사는 경수의 행동을 설명하는 결정적 요인을 자기존중감으로 보고, 경수가 시험을 앞두고 취한 행동을 자기장애 전략으로 개념화하였다. 이와 같이 인간은 자기가치(self-worth)에 대한 인식을 중시하며, 자기가치를 위협받을 때 이를 보호하려는 자기장애 전략을 사용한다고 보는 이론은 자기가치 이론이다.

◇ **오답 체크**

① 강화이론은 행동의 결과로 긍정적 보상을 받은 행동은 강화되어 증가 또는 유지되고, 부정적 보상(처벌)을 받은 행동은 약화(감소)된다고 보는 이론이다.
② 기대가치이론은 자신이 어떤 과제에 대해 성공할 가능성이 높고, 그 과제가 자신에게 중요한 가치를 갖는 것일 때 동기가 높아진다고 보는 이론이다.
④ 자기결정성이론은 자신의 행동을 스스로 결정할 수 있을 때 내재적 동기가 증가한다고 보는 이론이다.
⑤ 자기효능감이론은 자신이 어떤 과제를 성공적으로 수행할 수 있는 능력이 있다는 신념을 가질 때 동기가 증가된다고 보는 이론이다.

311 ③

## 출포 101. 켈러의 학습동기 설계이론 (ARCS 모형)

기본서 154~155쪽

**312.** 켈러(Keller)가 제시한 학습자의 동기유발을 위한 4요소에 해당하지 않는 것은?  
2024년 국가직 9급
① 관련성  ② 만족감
③ 자신감  ④ 자율성

■ 정답 및 해설
④ 켈러가 다양한 동기이론을 종합하여 학습자의 동기수준을 최대화하여 학업성취를 높일 수 있는 교수설계 모형을 제시하였다. 켈러가 제시한 학습자의 동기유발을 위한 4가지 요소는 주의집중(A), 관련성(R), 자신감(C), 만족감(S)이다. 켈러의 동기설계 모형에 자율성이라는 요소는 포함되지 않는다.

**313.** 다음의 교수설계 전략에 해당하는 ARCS 모형의 요소는?  
2021년 국가직 9급

○ 학습에서 성공기회를 제시한다.
○ 학습의 필요조건을 제시한다.
○ 개인적 조절감 증대 기회를 제시한다.

① 주의집중  ② 관련성
③ 자신감   ④ 만족감

■ 정답 및 해설
③ 학습에서 성공기회를 제시하고, 학습에 필요조건을 제시하며, 개인적 조절감 증대 기회를 제시하는 것은 학습에서 성공할 수 있을 것이란 기대와 신념을 길러주는 자신감 전략에 해당한다.

### 암기 POINT
• 켈러의 학습동기 설계이론

| 요소 | 교수설계전략 |
|---|---|
| 주의 집중 (A) | 생생한 시청각 효과 비일상적 사례 제시 호기심 자극 과제 다양한 교수방법 |
| 관련성 (R) | 실용적 목적 지향 학습자 흥미와 일치 친숙한 내용, 사례 |
| 자신감 (C) | 학습 성공기회 제시 학습의 필요조건 제시 개인적 조절감 증대 |
| 만족감 (S) | 외재적 보상, 강화 내재적 동기 유발 수업-평가의 일관성 |

**314.** 다음은 켈러(J. Keller)의 ARCS 이론에 기초하여 동기 유발·유지를 위해 수립한 교수학습 전략들이다. (가)~(라)에 해당하는 ARCS 요소를 바르게 짝지은 것은?  
2018년 국가직 9급

(가) 비일상적인 내용이나 사건을 제시함으로써 학습자의 흥미를 유발한다.
(나) 쉬운 것에서부터 어려운 것 순으로 과제를 제시해 준다.
(다) 친밀한 예문이나 배경지식, 실용성에 중점을 둔 목표를 제시한다.
(라) 적절한 강화계획을 세워, 의미 있는 강화나 보상을 제공한다.

312 ④  313 ③  314 ④

|   | (가) | (나) | (다) | (라) |
|---|---|---|---|---|
| ① | 주의집중 | 관련성 | 만족감 | 자신감 |
| ② | 자신감 | 주의집중 | 관련성 | 만족감 |
| ③ | 만족감 | 관련성 | 주의집중 | 자신감 |
| ④ | 주의집중 | 자신감 | 관련성 | 만족감 |

■ 정답 및 해설

④ (가) 비일상적 내용이나 사건을 제시하여 학습자의 흥미와 관심을 유발하면 학습자가 학습에 주의를 집중하게 되어 학습동기가 증가한다.
(나) 쉬운 것에서부터 어려운 것 순으로 과제를 제시하면 학습자가 학습에 어려움을 덜 느끼고 학습에 대한 자신감을 갖게 되어 학습동기를 갖게 된다.
(다) 학습자에게 친밀한 예문이나 실용적인 목표를 제시하는 것은 학습자가 학습내용이나 목표를 자신의 삶과 관련있는 것으로 인식하여 학습동기를 갖게 된다.
(라) 의미있는 강화나 보상을 제공하면 학습자가 학습을 위해 수행하는 행동에 대해 만족감을 느끼게 되므로 학습 행동을 유지하거나 강화시킬 동기를 갖게 된다.

**기출플러스**
- 켈러의 ARCS 모형 – '관련성' 요소 (2009년 유초등)

강 교사는 새로운 학습내용을 제시하기에 앞서 학생들의 사전 지식과 경험을 활성화하여 동기를 유발하였다.

**315.** 다음에서 켈러(J. Keller)의 학습동기 설계이론(ARCS) 중 '만족감' 요소로 가장 적절한 것은?  2013년 중등

정수 : 우리 국어 선생님 수업은 재미있지. ㉠ 수업방법이 다양하잖아. 변화가 있어. 그래서 선생님 수업에서 눈을 뗄 수가 없어.
혜민 : 맞아. 나는 그 수업 시간마다 ㉡ 선생님이 다음에는 무슨 말씀을 하실까 궁금해져. 나는 때로 선생님이 다음에는 이런 말을 하실 것이라고 추측도 해 봐. 내 추측이 맞을 때도 있고 틀릴 때도 있어.
정수 : 선생님 수업은 귀에 쏙쏙 들어와. ㉢ 선생님은 우리 생활 주변에서 자주 예를 가져오시잖아. 아마 선생님은 좋은 예를 찾기 위해서 우리가 좋아하는 텔레비전 프로그램도 일부러 보시는 것 같아.
혜민 : 정말 그렇지. ㉣ 선생님이 흥미로운 그림이나 짧은 비디오도 가끔 보여 주시잖아. 난 그것도 재미있어. 무엇보다도 ㉤ 학습목표에 맞게 가르치고, 가르친 대로 시험문제도 출제하시기 때문에, 선생님 말씀을 따라서 공부하면 국어 성적이 높아져서 좋아.

① ㉠   ② ㉡   ③ ㉢
④ ㉣   ⑤ ㉤

■ 정답 및 해설

⑤ ㉤ 혜민이는 선생님의 수업에서 가르치는 대로 공부하면 성적이 높아진다고 생각하고 있다. 이는 수업과 학습목표 및 평가의 일관성을 유지하여 수업에 대한 만족감을 형성하는 전략에 해당된다.

315 ⑤

◇ 오답 체크
① ㉠ 정수는 다양한 수업방법을 활용해서 좋다고 하는데, 이것은 수업의 방법이나 매체를 다양화하여 학습동기를 유발하는 전략으로 '주의집중(A)' 전략이라고 한다.
② ㉡ 혜민이는 선생님이 무슨 말을 할지 궁금해서 수업에 집중하게 한다고 하는데, 이것은 호기심을 자극하여 동기를 유발하는 전략인 '주의집중(A)' 전략이다.
③ ㉢ 정수는 선생님이 생활 주변의 친숙한 사례를 사용하는 것이 좋다고 말하는데, 이것은 학생들에게 관련된 내용을 다루어 동기를 유발하는 '관련성(R)' 전략이다.
④ ㉣ 정수는 선생님이 흥미로운 그림이나 비디오를 보여 주어서 좋다고 하는데, 이것은 학생들에게 흥미로운 시청각 자료를 활용하여 동기를 유발하는 '주의집중(A)' 전략에 해당된다.

316. ARCS 모형의 동기유발 요소별 활용전략으로 적절한 것을 다음에서 고르면?    2009년 유초등

ㄱ. 주의집중(Attention) : 강의 형태의 일방적 정보 제시와 토론 등의 상호작용 위주의 교수·학습 방법을 적절히 혼합하여 수업 방식에 변화를 준다.
ㄴ. 관련성(Relevance) : 학습자의 흥미와 일치하고 학습자에게 의미와 가치가 있는 학습과제, 목표, 활동 등을 제시한다.
ㄷ. 자신감(Confidence) : 학습자의 호기심과 탐구심을 자극하고 학습에 대한 기대감을 갖게 한다.
ㄹ. 만족감(Satisfaction) : 다양한 난이도의 과제를 제공하고, 학습자가 학습 속도, 상황의 복잡성 등을 스스로 조절하도록 한다.

① ㄱ, ㄴ
② ㄱ, ㄷ
③ ㄴ, ㄷ
④ ㄴ, ㄹ
⑤ ㄷ, ㄹ

■ 정답 및 해설
① ㄱ. 주의집중 : 다양한 수업방식을 활용하는 것은 학생들의 주의를 집중시켜 동기를 유발하는 전략에 해당한다.
ㄴ. 관련성 : 학습자가 흥미있어 하고 의미있다고 여기는 학습 과제, 목표, 활동을 제시하는 것은 수업이 학습자 자신과 관련되어 있다고 생각하여 동기를 갖게 하는 전략에 해당한다.

◇ 오답 체크
ㄷ. 학습자의 호기심과 탐구심을 자극하고 기대감을 갖게 하는 것은 학습자들의 주의를 환기시키고 집중시켜 동기를 유발하는 전략에 해당한다. (자신감 → 주의집중)
ㄹ. 다양한 난이도의 과제를 제공하거나 학습 속도나 상황의 복잡성 등을 스스로 조정하게 하는 것은 학생들에게 과제 성공에 대한 기대감을 갖게 할 뿐 아니라 수업에 대한 통제감을 느끼게 한다. 즉 성공에 대한 기대감을 바탕으로 학습에 자신감을 갖게 하여 동기를 유발하는 전략에 해당된다. (만족감 → 자신감)

# 8. 행동주의 학습이론

## 01. 행동주의 학습이론 개관

**출포 102. 행동주의와 인지주의 학습이론 비교**

🌐 기본서 155~156쪽, 166~167쪽

**317.** 행동주의 학습이론에 대한 설명으로 옳지 않은 것은?  2019년 지방직 9급
① 환경은 학습자의 행동에 영향을 끼치는 변인이다.
② 학습자는 상황에 관계없이 스스로 사고하고 판단하는 존재이다.
③ 바람직한 행동뿐만 아니라 부적응 행동도 학습의 결과이다.
④ 학습은 외현적 행동으로 나타나기 때문에 과학적 연구가 가능하다.

■ 정답 및 해설
② 행동주의 학습이론에서 학습자는 외부 환경의 변화에 대해 수동적으로 반응하는 존재로 전제된다. 이와 달리, 인지주의 학습이론에서는 학습자를 스스로 사고하고 판단하는 존재로 본다.

◇ 오답 체크
① 행동주의 학습이론에서 학습자는 환경에 수동적으로 반응하는 존재로 전제되므로, 환경은 학습자의 행동에 영향을 끼치는 핵심 변인이 된다.
③ 행동주의 학습이론에서는 학습을 외부의 환경 자극에 의한 행동의 변화로 정의한다. 이 때 학습의 결과로 일어나는 행동의 변화는 바람직한 행동뿐만 아니라 부적응 행동도 포함한다.
④ 행동주의 학습이론에서는 학습에 대한 과학적 연구를 위해서는 연구대상을 객관적으로 관찰할 수 있는 외현적 행동의 변화로 한정하여야 한다고 보았다. 내면적인 사고, 신념, 감정, 동기 등은 객관적으로 측정하기 어렵기 때문에, 과학적 연구의 대상이 될 수 없다고 판단하였기 때문이다.

**318.** 행동주의 학습이론과 관련이 없는 것은?  2023년 지방직 9급
① 강화                    ② 사회학습이론
③ 조작적 조건화           ④ 통찰학습이론

■ 정답 및 해설
④ 통찰학습이론은 학습이 단순한 시행착오나 외부 자극에 의한 조건 형성에 의해서 이루어지는 것이 아니라, 문제 상황을 이해하고 문제의 구조를 파악하는 순간적인 깨달음(통찰)에 의해 학습이 이루어진다고 주장하는 이론이다. 학습자의 인지적 과정을 중시하는 이론이므로 인지주의 학습이론에 포함된다.

---

**암기 POINT**
- 행동주의와 인지주의 학습이론

| 행동주의 | 인지주의 |
|---|---|
| 수동적 존재 | 능동적 존재 |
| 관찰가능한 행동의 변화 | 내적 정신구조의 변화 |
| 자극-반응 연합 | 경험의 재구성 |
| 고전적 조건화 조작적 조건화 사회학습이론 | 통찰학습 이론 형태주의 이론 정보처리이론 |

**기출플러스**
- 인지주의 학습이론 (2007년 영양교사)
  - 통찰 (O)
  - 선행조직자 (O)
  - 정보처리모델 (O)
  - 시행착오 (X)

317 ②  318 ④

## 02. 파블로프의 고전적 조건화 이론

### 출포 103. 고전적 조건화의 기본 원리

📖 기본서 156~157쪽

**319.** 다음과 가장 관계가 깊은 학습 이론은?  2022년 국가직 9급

> 영수는 국어 성적이 좋지 않아서 시험 성적이 나올 때마다 여러 번 국어 선생님으로부터 꾸중을 들었고, 꾸중을 들을 때마다 기분이 상해서 얼굴이 붉어졌다. 어느 날 영수는 우연히 국어 선생님을 복도에서 마주쳤는데, 잘못한 일이 없음에도 불구하고 자신도 모르게 얼굴이 붉어졌다.

① 구성주의 이론
② 정보처리 이론
③ 고전적 조건형성 이론
④ 조작적 조건형성 이론

### ■ 정답 및 해설

③ 국어 선생님(중립자극)으로부터 꾸중을 듣고(무조건자극) 기분이 상해서 얼굴이 붉어진 경험(무조건 반응)을 여러 번 반복하였던 영수는 어느새 국어 선생님만 보면(조건자극) 얼굴 붉어지는 반응(조건반응)을 보이게 되었다. 이와 같이, 원래 중립적인 자극이 특정한 신경생리적 반응이나 정서적 반응을 불러일으키는 무조건자극과 연합되면서, 독립적으로도 특정한 불수의적 반응을 불러일으킬 수 있는 조건자극으로 변화되는 과정을 설명하는 이론은 고전적 조건형성 이론이다.

**320.** 행동주의 학습이론인 고전적 조건화이론에 대한 설명으로 옳은 것은?  2008년 국가직 7급

① 조건 자극이 무조건 자극으로 대체된다.
② 대표적인 학자로는 Skinner와 Hull을 들 수 있다.
③ 반응 뒤에 자극이 오기 때문에 R-S이론이라고도 한다.
④ 불수의적 행동이 어떻게 학습되는지를 이해하는 데 도움이 된다.

### ■ 정답 및 해설

④ 고전적 조건화 이론은 파블로프의 개 실험에서와 같이 어떤 자극에 반응하여 반사적으로 유발되는 불수의적 행동이 어떻게 학습되는지를 연구하는 데 관심을 가졌다. 불수의적 행동은 신경생리적 반응이나 정서적 반응을 의미한다. 반면, 조작적(작동적) 조건화 이론은 어떤 목표를 추구하기 위해 의도적으로 취하는 행동인 목표지향적 행동 또는 수의적 행동을 주요 관심 대상으로 하였다.

---

### 암기 POINT
• 고전적 조건화의 원리

| | 파블로프 실험 |
|---|---|
| 조건화 이전 | 먹이(무조건자극) +종소리(중립자극) → 침(무조건반응) |
| 조건화 이후 | 종소리(조건자극) →침(조건반응) |

### 암기 POINT
• 고전적 조건화 이론과 조작적 조건화 이론 비교

| 고전적 조건화 | 조작적 조건화 |
|---|---|
| 자극-반응 (S-R) 이론 | 반응-자극 (R-S) 이론 |
| 불수의적 행동 학습 | 수의적 행동 학습 |
| 파블로프 | 스키너 |

◇ 오답 체크
① 고전적 조건화이론에서는 반사적으로 생리적·정서적 반응을 유발하는 무조건자극이 원래는 생리적·정서적 반응을 유발하지 못하는 중립자극으로 대체되어 기대하는 반응을 유발하는 조건자극으로 변화되는 과정을 연구하였다.
② 행동주의 이론을 구행동주의와 신행동주의로 구분하기도 한다. 구행동주의는 인간의 행동을 단순한 자극과 반응의 연합 관계로 설명하며, 학습자의 정신적 과정을 완전히 배제한다(S-R). 왓슨의 교육만능론이나 파블로프의 고전적 조건화 이론이 대표적이다. 한편, 신행동주의는 1930년대 이후에 등장한 행동주의 이론들로서, 자극과 반응의 연합 관계로 학습의 과정을 설명하면서도 학습자의 정신적 과정이 일부 개입된다는 점을 인정한다(S-O-R). 스키너의 조작적 조건화 이론, 헐의 충동감소 이론, 톨만의 잠재학습 이론 등이 대표적이다.
③ 고전적 조건화 이론에서는 특정한 생리적·정서적 반응을 불러일으키는 자극에 대해 설명하므로 S(자극)-R(반응) 이론이라고 한다. 반면, 조작적 조건화 이론에서는 특정한 반응(행동) 이후에 오는 보상이 학습자의 추후 반응(행동)을 강화하는 자극으로 작동하는 과정을 설명하므로, R(반응)-S(자극) 이론이라고 한다.

321. 조건반응이 소거(extinction)된 후 조건자극이나 무조건자극을 제시하지 않다가 조건자극이 다시 제시되면 소거된 것으로 보였던 조건반응이 재생되는 현상은?  2001년 국가직 9급
① 재조건형성(reconditioning)
② 자발적 회복(spontaneous recovery)
③ 고차적 조건형성(higher-order conditioning)
④ 자극변별(stimulus discrimination)

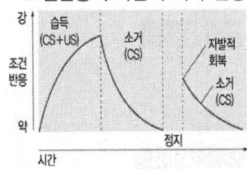

■ 정답 및 해설
② 소거는 무조건자극 없이 조건자극만 계속해서 제시하면 이미 습득되었던 조건반응이 점차로 사라지는 현상을 말한다. 일정 기간 동안 조건자극이나 무조건자극을 제시하지 않아 소거되었던 조건반응도 조건자극이 다시 제시되면 소거된 것으로 보였던 조건반응이 재생되기도 하는데 이를 자발적 회복 현상이라고 한다. 자발적 회복 현상은 고전적 조건화 학습에서 뿐만 아니라, 조작적 조건화 학습에서도 나타날 수 있다.

◇ 오답 체크
① 재조건형성은 소거 후 원래의 조건자극과 무조건자극을 짝지어 제시하면 처음의 과정보다 신속하게 학습되는 현상을 말한다.
③ 고차적 조건형성은 조건자극을 다른 제2자극과 짝지어 제시해도 조건반응이 유발되는 현상을 말한다. (예 종소리(CS) + 불빛(UCS)→침흘리기(CR) ⇒ 불빛(CS)→침흘리기(CR))
④ 자극변별은 서로 다른 자극의 차이를 구별하고 각각의 자극에 대해 다르게 반응하는 현상을 말한다. 이와 반대로, 조건자극과 비슷한 다른 자극들에 대해서도 동일한 반응을 일으키는 현상은 자극 일반화라고 한다.

321 ②

322. 다음의 조건화 과정에서 무조건자극, 중립자극 및 조건자극에 해당하는 요소들을 바르게 짝지은 것은?  2006년 중등

> 1995년에 가영이는 A중학교에 입학하였다. 그곳에서 가영이는 담임 선생님의 칭찬을 받으면서 즐거운 학교생활을 보냈고, 성적도 향상되었다. 3년이 경과한 1998년에 가영이는 고등학교에 진학하였는데, 등하교 시 전에 다녔던 A중학교를 지날 때마다 그 학교에서의 좋은 일들이 떠올라 유쾌해졌다.

| | 무조건자극 | 중립자극 | 조건자극 |
|---|---|---|---|
| ① | 칭찬 | A중학교(1998년) | A중학교(입학시) |
| ② | A중학교(입학시) | A중학교(1998년) | 칭찬 |
| ③ | 칭찬 | A중학교(입학시) | A중학교(1998년) |
| ④ | A중학교(1998년) | A중학교(입학시) | 칭찬 |

■ 정답 및 해설

③ 입학시 A중학교는 특정한 반응을 유발하지 않는 '중립자극'이었지만, 학교를 다니는 동안 담임 선생님의 칭찬은 즐거운 정서적 반응(무조건 반응)을 유발하는 '무조건자극'이다. 이러한 경험이 반복되면서 3년이 경과한 1998년에 떠올린 A중학교는 가영이에게 유쾌한 기분(조건반응)을 유발할 수 있는 '조건자극'이 되었다. 이와 같이 고전적 조건화 과정을 통해 특정한 반응을 유발할 수 없는 중립자극에서 특정한 신체적·정서적 반응을 자연적으로 유발할 수 있는 조건자극이 된다.

### 출포 104. 고전적 조건화 원리를 적용한 행동치료 기법

기본서 158쪽

323. 체계적 둔감화(systematic desensitization)의 예로 적절한 것은?  2009년 국가직 7급

① 지각을 자주하는 찬혁이는 좀더 일찍 일어나야겠다고 스스로 다짐하였다.
② 은미는 심부름을 도울 때마다 엄마에게 초콜릿을 선물로 받았다.
③ 경민이는 얕은 물에서부터 점차 깊은 물로 들어가는 상상과 긴장이완을 통해 물에 대한 두려움을 줄여나갔다.
④ 잘하는 것이 없다고 고민하던 승아는 어려움을 극복해내는 영화의 주인공을 보고 자기도 열심히 노력하기로 마음먹었다.

322 ③   323 ③

**암기 POINT**
- 체계적 둔감화 기법

| 분류 | 고전적 조건화 이론 |
|---|---|
| 원리 | 근육 이완(심호흡) + 자극의 점진적 노출 (약한→강한) |

■ 정답 및 해설

③ 체계적 둔감화 기법은 특정 자극이나 상황에 대하여 비정상적으로 강한 불안이나 공포를 나타내는 사람을 치료하기 위해 사용된다. 구체적으로 문제가 되는 불안이나 공포와 양립할 수 없는 근육 이완 상태를 유도한 상태에서 문제가 되는 자극에 점진적으로 노출시키는 방법이다. 불안이나 공포를 덜 일으키는 자극으로부터 시작하여 점차 더 강한 불안이나 공포를 일으키는 자극에 노출시켜, 최종적으로 특정 자극에 대해 나타내던 비정상적인 반응을 완전히 제거하고자 한다.

◇ 오답 체크
① 학습자 개인이 스스로 자기 행동을 조절하려 하고 적절한 보상을 부여하는 기법으로 자기 조절(self-regulation) 또는 자기 강화(self-reinforcement)에 해당한다.
② 심부름을 돕는 행동을 할 때마다 초콜릿이라는 보상을 제공하는 방식이므로 조작적 조건화의 정적 강화에 해당된다.
④ 영화의 주인공의 행동을 관찰하고 이를 모방하려는 시도이므로 사회학습이론의 관찰학습에 해당한다.

324. 다음은 초등학교 교사가 행동주의 학습이론을 교실 수업에 적용한 사례들을 제시한 것이다. 고전적 조건형성의 원리에 기초하고 있는 교사의 행동을 고른 것은?  2009년 유초등

ㄱ. 김 교사 - 수학 시간에 학생들에게 '½+¼=?'의 문제를 내 주고 먼저 풀이 과정에 대한 시범을 보인 후, 학급의 모든 학생이 다 풀 수 있을 때까지 연습을 시켰다.
ㄴ. 박 교사 - 신학기 첫날부터 매일 아침, 반 학생들에게 반갑게 미소를 짓고 등을 다독이며 친근감을 표시하고, 자주 유머를 사용하여 그들을 즐겁게 해 주려고 노력하였다.
ㄷ. 정 교사 - 반 학생들에게 과제를 제시한 후 교실을 돌아다니면서, 조용히 과제를 수행하고 있는 학생에게 도서상품권을 나누어 주고 서점에서 책을 살 때 사용하도록 하였다.
ㄹ. 최 교사 - 일제고사를 앞둔 학생들에게 시험범위는 물론 문제형식과 수험요령 등 관련 정보를 자세히 알려 주고, 시험 직전에는 심호흡을 유도하여 그들의 불안감을 해소해 주려고 노력하였다.

① ㄱ, ㄴ
② ㄱ, ㄷ
③ ㄴ, ㄷ
④ ㄴ, ㄹ
⑤ ㄷ, ㄹ

324 ④

■ 정답 및 해설
④ 고전적 조건형성의 원리에서는 외부 환경의 자극과 이에 따른 수동적 반응의 연합을 통해 학습이 일어난다고 본다. 이와 같은 과정을 통해 학습되는 행동은 반사적 또는 본능적으로 일어나는 침 흘리기와 같은 생리적 반응이나 즐거움이나 공포와 같은 정서적 반응으로, 불수의적 행동에 해당한다.
ㄴ. 박 교사는 친절한 행동이라는 자극을 통해 즐거움이라는 반응을 유발하려고 하고 있으므로, 고전적 조건형성의 원리를 적용한 것이다.
ㄹ. 정 교사는 시험에 대해 불안감을 느끼는 학생들에게 심호흡이라는 이완 훈련을 통해 불안감을 해소시키고 있다. 고전적 조건형성 원리를 활용한 체계적 둔감화 기법을 적용한 것이다.

◇ 오답 체크
ㄱ. 교사의 시범을 관찰하고 교사의 행동을 모방하여 연습하여 행동을 학습하는 방식이므로, 사회학습이론의 관찰학습 원리를 적용한 것이다.
ㄷ. 과제를 조용히 잘 수행하는 바람직한 행동에 대해서 도서상품권이라는 보상을 제공하는 방식이므로, 조작적 조건형성의 원리를 적용한 것이다.

## 03. 스키너의 조작적 조건화 이론

### 출포 105. 쏜다이크의 자극-반응 연합설

기본서 159쪽

**325.** 다음 설명에 해당하는 학습이론은?　　　2023년 국가직 7급

> ○ 학습이란 시행착오의 과정을 통해 이루어진다.
> ○ 시행착오 학습은 성공적인 반응이 결합되는 점진적인 과정을 통해 일어난다.
> ○ 쏜다이크(E. L. Thorndike)에 의해 체계화된 이론이다.

① 통찰설
② 자극-반응 연합설
③ 조작적 조건형성설
④ 목적적 행동주의설

■ 정답 및 해설
② 쏜다이크는 고양이 상자 실험 등을 통해 학습의 과정을 설명하고자 하였다. 실험에서 상자 속 고양이는 처음에는 상자를 탈출하기 위해서 다양한 반응(행동)을 시행해 보지만, 점차로 상자를 탈출하는 데 성공적인 반응은 강화하고 그렇지 않은 반응은 줄여가면서 탈출행동을 학습해 갔다. 이와 같이, 학습은 주어진 자극에 대하여 성공적인 반응이 점진적으로 결합되는 과정을 통해 일어난다고 보는 이론을 쏜다이크의 자극-반응 연합설 또는 시행착오설이라고 한다.

**암기 POINT**

• 쏜다이크의 자극-반응 연합설

| 분류 | 도구적 조건화 이론 |
|---|---|
| 학습 | 시행착오의 과정을 통해 점진적으로 일어남 |
| 원리 | - 효과의 원리 : 결과 (보상)이 만족스러운 행동이 학습됨<br>- 연습의 원리 : 반복적인 경험으로 학습 |

325 ②

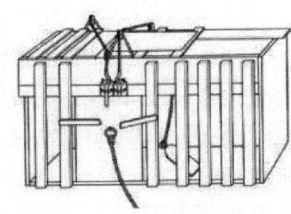
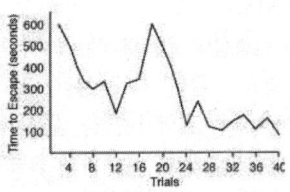

〈쏜다이크의 고양이상자 실험〉

◇ 오답 체크
① 통찰설은 형태주의 심리학에 기초한 쾰러의 학습이론이다. 쏜다이크는 학습은 수차례의 시행을 반복하면서 점진적으로 오류를 줄여나가는 과정을 통해 일어난다고 보는 시행착오설을 제시하였다.
③ 조작적 조건형성설은 스키너의 학습이론을 부르는 용어이다. 어떤 반응에 대해 보상을 주는 방식이나 시기를 달리함으로써 그 반응을 증가시키거나 감소시킬 수 있다는 의미이다.
④ 목적적 행동주의설은 톨만의 학습이론을 부르는 용어이다. 학습이 단순한 자극-반응의 결과가 아니라, 인간의 목적과 의도가 포함된 복잡한 과정이라고 본다는 의미이다. 쏜다이크나 스키너의 이론은 도구적 행동주의설이라고 하는데, 행동은 어떤 보상을 얻기 위한 도구로 이해한다는 의미이다.

## 출포 106. 조작적 조건화의 기본 원리

기본서 158~160쪽

**326.** 강화에 대한 설명으로 옳은 것만을 모두 고르면?   2021년 지방직 9급

ㄱ. 행동의 강도와 빈도를 높이는 데 있어 강화보다 벌이 더 효과적이다.
ㄴ. 선호하지 않는 것을 제거함으로써 행동의 강도와 빈도를 높일 수 있다.
ㄷ. 선호하는 것을 제공함으로써 행동의 강도와 빈도를 높일 수 있다.

① ㄱ, ㄴ
② ㄱ, ㄷ
③ ㄴ, ㄷ
④ ㄱ, ㄴ, ㄷ

■ 정답 및 해설
③ 강화는 특정 행동의 강도나 빈도를 높이기 위해 행동 이후에 따라오는 보상을 조절하는 것을 의미한다.
  ㄴ. 선호하지 않는 것을 제거함으로써 행동의 강도와 빈도를 높이는 것을 부적 강화라고 한다.
  ㄷ. 선호하는 것을 제공함으로써 행동의 강도와 빈도를 높이는 것을 정적 강화라고 한다.

326 ③

**암기 POINT**
• 스키너의 조작적 조건화
 – 강화와 벌의 유형

| | | |
|---|---|---|
| 강화 | 정적 강화 | 유쾌자극 제시 → 행동 ⇧ |
| | 부적 강화 | 불쾌자극 제거 → 행동 ⇧ |
| 벌 | 수여성 벌 | 불쾌자극 제시 → 행동 ⇩ |
| | 제거성 벌 | 유쾌자극 제거 → 행동 ⇩ |

◇ 오답 체크
ㄱ. 벌은 특정 행동의 반응확률을 감소시키기 위해 보상을 조절하는 행동수정 기법이다. 행동의 강도와 빈도를 높이는 데 있어서는 벌보다 강화가 더 효과적이다.

### 327. 다음에 해당하는 학습원리는?
2021년 국가직 9급

- 학습태도가 좋은 학생을 칭찬한다.
- 미술시간에 과제를 잘 수행한 학생의 작품을 전시한다.

① 정적 강화  
② 부적 강화  
③ 수여성 벌  
④ 제거성 벌  

■ 정답 및 해설
① 교사의 칭찬이나 우수작품 전시와 같이 학생들이 선호하는 것을 제공함으로써 학생들의 바람직한 학습태도나 과제수행을 증가시키고자 하는 것이므로 '정적 강화'에 해당된다.

### 328. 행동주의 심리학의 '부적 강화(negative reinforcement)'에 대한 예로서 알맞은 것은?
2008년 국가직 9급

① 과제를 잘 해온 학생들에게 별도의 놀이시간을 제공한다.
② 과제를 안 해온 학생들은 반성문을 작성하게 한다.
③ 과제를 안 해온 학생들에게는 일주일간 동아리 활동을 금지시킨다.
④ 과제를 잘 해온 학생들에게는 원할 때 꾸지람을 면제해 준다.

■ 정답 및 해설
④ 과제를 계속 잘하게 하기 위해 학생들이 선호하지 않는 자극인 꾸지람을 면제하는 것이므로, 부적 강화이다.

◇ 오답 체크
① 정적 강화, ② 수여성 벌, ③ 제거성 벌이다.

**기출플러스**
- 강화와 벌의 종류 (2004년 유초등)

| 강화자극 | 자극의 성질 | |
|---|---|---|
| | 유쾌 | 불쾌 |
| 제시방식 제시 | (가) | (나) |
| 제시방식 제거 | (다) | (라) |

(가) 숙제를 다하면 나가서 놀게 한다.
(다) 소란을 피울 때 자유시간을 박탈한다.
(라) 착한 일을 할 때 교실 청소를 면제한다.

### 329. 행동수정과 관련된 다음 예들 중에서 부적 강화(negative reinforcement) 기법에 해당되는 것은?
2007년 국가직 7급

① 교장 선생님께 공손하게 인사한 영희는 칭찬 스티커를 받았다.
② 중간시험에서 교과성적이 많이 오른 영수는 화장실 청소를 면제 받았다.
③ 게임하느라고 엄마 심부름을 하지 않은 철수는 용돈이 줄어들었다.
④ 수학 수업시간에 지각한 지희는 선생님으로부터 꾸중을 들었다.

327 ①  328 ④  329 ②

■ 정답 및 해설
② 학생들이 선호하지 않는 자극인 화장실 청소를 면제함으로써 시험 성적이 오른 데에 대한 보상을 제공하는 것이므로, 부적 강화에 해당된다.
◇ 오답 체크
① 정적 강화, ③ 제거성 벌, ④ 수여성 벌이다.

## 출포 107. 강화계획

🌑 기본서 160~161쪽

**330.** 행동주의 학습이론에 대한 설명으로 옳은 것은?  2020년 지방직 9급
① 고정비율 강화계획은 일정한 시간 간격을 기준으로 강화가 제시되는 것을 의미한다.
② 부적 강화란 어떤 행동 후 싫어하는 자극을 제거함으로써 특정 행동을 증가시키는 것을 의미한다.
③ 일차적 강화물은 그 자체로 강화능력을 가지고 있지 않는 자극이 다른 강화물과 연합하여 가치를 얻게 된 강화물이다.
④ 프리맥 원리는 차별적 강화를 이용하여 목표와 근접한 행동을 단계적으로 형성해 나가는 것이다.

■ 정답 및 해설
② 부적 강화란 어떤 행동을 강화하기 위해 보상을 제거하는 강화 기법이다. 싫어하는 자극을 제거하면 학습자에게 심리적 만족감을 주어 특정 행동이 증가되므로 강화의 한 종류에 해당된다.
◇ 오답 체크
① 고정간격 강화계획, ③ 이차적 강화물, ④ 행동형성(조형) 기법에 대한 설명이다.

**331.** 효과적인 교수·학습을 위해 행동주의 관점에서 강화를 사용하고자 할 때 올바른 방법은?  2011년 중등
① 새로운 주제의 초기 학습 단계라면 계속강화계획보다 간헐강화계획을 사용한다.
② 학생의 나쁜 습관을 없애고자 한다면 그 행동을 보일 때 부적강화를 사용한다.
③ 학습이 진행되는 동안 점진적으로 강화의 제시 횟수를 줄이고 제시 간격을 넓힌다.
④ 강화 제공의 시점을 특별히 정해두지 않았다면 즉시강화보다 지연강화를 사용한다.
⑤ 학습자의 반응 지속성을 높이기 위해서는 변동강화계획보다 고정강화계획을 사용한다.

330 ②    331 ③

■ 정답 및 해설
③ 학습이 진행되는 동안에는 점차로 강화간격을 넓히고 강화 횟수를 줄여나가는 간헐적 강화(부분 강화)와 용암법(fading)을 적용한다.

◇ 오답 체크
① 학습의 초기 단계에는 계속강화계획을 사용하는 것이 바람직하다.
② 학생의 나쁜 습관을 없애고자 한다면 수여성 벌이나 제거성 벌을 사용한다. 부적 강화는 바람직한 행동을 강화(증가)시키기 위한 기법이다.
④ 일반적으로 강화 제공의 시점은 행동한 직후에 즉시 제공하는 것이 효과적이다.
⑤ 변동강화계획은 강화의 제공시점에 대한 예측가능성이 적기 때문에 고정강화계획보다 반응 지속성이 높다.

**암기 POINT**
- 스키너의 강화계획의 원리
  - 학습 진행 동안 강화의 제시 횟수 줄이고 간격 넓힘
  - 초기에는 계속강화계획 → 점차로 간헐강화계획
  - 반응지속성을 높이기 위해서 변동강화계획 사용
  - 특별한 계획이 없다며, 지연 강화보다는 즉시강화 제공

## 출포 108. 조작적 조건화 원리를 활용한 행동수정 기법
기본서 161~162쪽

**332.** 더 선호하는 활동을 덜 선호하는 활동의 강화원으로 활용하는 강화 방법은?

2022년 국가직 7급

① 조형(shaping)의 원리
② 프리맥(Premack) 원리
③ 토큰 경제(token economy)
④ 타임 아웃(time out)

■ 정답 및 해설
② 더 선호하는 활동을 덜 선호하는 활동의 강화원으로 사용하는 기법을 프리맥의 원리라고 한다. 심리학자 프리맥이 발견한 원리로, 학습자의 반응을 강화물로 사용하므로, 별도의 강화물을 준비할 필요가 없다는 점이 장점이다.

◇ 오답 체크
① 조형의 원리는 목표행동에 도달하는 과정을 보다 세부적인 단계나 과제들로 나누어 제시하고 점진적으로 강화함으로써 최종 목표행동을 학습하게 하는 행동수정의 원리이다.
③ 토큰 경제는 바람직한 행동을 했을 때 토큰(2차적 강화물)을 나누어 주어 일정한 개수가 모이면 실제적인 강화물(1차적 강화물)로 교환해 주는 강화기법이다.
④ 타임아웃은 부적절한 행동을 하는 학생을 잠시 동안 학습 활동이나 사회적 상호작용에서 격리시켜 그 행동을 멈추게 하는 기법이다.

**암기 POINT**
- 조작적 조건화 원리를 적용한 행동수정 기법

| | |
|---|---|
| 토큰경제 | 2차적 강화물(스티커 등) 사용 |
| 프리맥의 원리 | 학습자가 더 선호하는 행동을 강화물로 사용 |
| 타임아웃 | 사회적 격리를 통해 문제행동 중단, 강화기회 차단 |
| 소거 | 제공되던 강화를 중단하여 반응을 점진적으로 소멸 |
| 조형 | 목표행동을 세분화하고 점진적으로 차별적 강화 |

332 ②

제4장 교육심리학

**333.** 다음 대화에서 교사가 적용하려는 행동수정방법은?  2016년 국가직 7급

> 학생 : 오늘도 이론만 공부해요? 다른 반은 실험을 하면서 재미있게 공부하고 있는데요.
> 교사 : 다른 반은 지난 시간에 이론을 다 마쳐서 실험을 할 수 있는 거예요.
> 학생 : 저희도 실험하고 싶어요. 이론은 너무 지겨워요. 실험부터 하면 안 될까요?
> 교사 : 그럼 이론을 먼저 30분 공부하고 나서 20분 동안 실험을 하도록 하지요. 이론 공부가 잘 되면 더 일찍 실험을 시작할 수도 있어요.

① 간헐적 강화
② 프리맥(Premack) 원리
③ 체계적 둔감법
④ 타임아웃(time-out)

■ 정답 및 해설
② 학생들이 더 선호하는 활동인 '실험'을 덜 선호하는 활동인 '이론 공부'의 강화원으로 활용하고 있으므로, 프리맥의 원리를 적용한 것이다.
◇ 오답 체크
① 간헐적 강화는 특정 행동에 대해 매번 강화를 제시하지 않고 일정한 혹은 부정기적인 간격을 두어 강화를 하는 기법이다.
③ 체계적 둔감법은 특정 반응을 유발하는 자극을 점진적으로 제시하면서 신체적 이완 훈련을 동반하여, 해당 자극에 대한 반응을 둔감하게 하는 방법이다.
④ 타임아웃은 부적절한 행동을 하는 학생을 잠시 동안 학습 활동이나 사회적 상호작용에서 격리시켜 그 행동을 멈추게 하는 기법이다.

**334.** 조작적 조건화(operational conditioning)에 의한 행동수정의 예로 적절하지 않은 것은?  2010년 국가직 7급

① 부적 강화 : 수업시간 중 휴대폰으로 문자를 보내는 학생의 휴대폰을 빼앗는다.
② 정적 강화 : 교사의 질문에 바르게 답한 학생에게 칭찬 스티커를 지급한다.
③ 타임아웃(time out) : 수업에 방해되는 행동을 한 학생을 복도에 세워 둔다.
④ 소거 : 교사의 관심을 끌기 위해 소란을 피우는 학생을 무시하고 그냥 내버려둔다.

■ 정답 및 해설
① 수업 중에 문자를 보내는 행동을 감소시키기 위해서 학생이 선호하는 자극인 휴대폰을 압수하는 것이므로 '제거성 벌'에 해당된다.

333 ②  334 ①

◇ 오답 체크
② 칭찬 스티커를 지급하여 질문에 바르게 답하는 행동을 증가시키고자 한 것이므로 정적 강화에 해당한다.
③ 수업에 방해되는 행동을 복도로 이동시켜 일정 시간 동안 사회적으로 격리한 것이므로 타임 아웃에 해당한다.
④ 교사의 관심을 보상으로 생각하고 소란을 피우는 학생을 무시하고 그냥 내버려두는 것은 강화를 더 이상 제공하지 않아 이전에 형성된 조건화가 사라지게 하는 것이므로 소거에 해당한다.

335. 스키너(Skinner)의 '선택적 강화'를 사용한 행동수정의 단계를 순서대로 바르게 나열한 것은? 2009년 국가직 9급

ㄱ. 바라는 방향으로 행동을 변화시킬 수 있는 강화인자를 확인한다.
ㄴ. 목표행동을 설정한다.
ㄷ. 목표행동이 일어났을 때 강화를 제공한다.
ㄹ. 다양한 방법을 사용하여 행동을 관찰하고 기록한다.

① ㄴ → ㄹ → ㄱ → ㄷ
② ㄱ → ㄴ → ㄷ → ㄹ
③ ㄷ → ㄴ → ㄹ → ㄱ
④ ㄹ → ㄷ → ㄱ → ㄴ

■ 정답 및 해설
① 선택적 강화란 학습자가 보이는 여러 행동들 중 바람직한 행동에 대해서만 반응하여 강화를 제공하고, 그렇지 않은 행동에 대해서는 강화를 제공하지 않음으로써 바람직한 행동의 빈도를 증가시키는 기법을 말한다. 선택적 강화 원리를 사용하는 기법에는 조형(행동형성)과 행동수정 기법이 있다. 제시된 내용은 학습자가 평상시 수행하고 있는 행동을 변화시키고자 하기 위한 목적이므로, 행동수정 기법에 해당한다. 행동수정 기법은 목표행동 설정(ㄴ) → 평상시 행동의 관찰을 통해 기저선 설정(ㄹ) → 강화방법 결정(ㄱ) → 목표행동 할 때 강화제공(ㄷ) → 행동개선 정도에 따라 강화빈도 조절 순으로 이루어진다.

암기 POINT
• 조작적 조건화 : 행동수정 기법

| 원리 | 선택적 강화 |
|---|---|
| 절차 | 1) 목표행동 설정<br>2) 기저선 설정<br>3) 강화방법 선택<br>4) 강화 제공<br>5) 강화빈도 조절 |

336. 초등학교 교사가 아이들이 수업시간에 조용히 앉아서 수업에 집중할 때마다 만화캐릭터 스티커를 노트에 붙여 주고 일정한 수 이상의 스티커가 모아지면 아이들에게 인형이나 성적에 대한 보너스 점수를 부여했을 경우, 이 교사가 활용한 강화기법은? 2008년 국가직 7급

① 부적 강화
② 토큰 경제
③ 긍정적 실습
④ 프리맥 원리

■ 정답 및 해설
② 2차적 강화물인 스티커를 이용해서 강화를 제공하고 있으므로, 토큰경제 기법이다. 1차적 강화물을 사용하지 않고도 강화 효과를 거둘 수 있으며, 강화의 지속효과가 높다는 점이 장점이다.

◇ 오답 체크
① 부적 강화는 불쾌자극을 제거하여 특정 행동을 증가시키는 기법이다.
③ 긍정적 실습(적극적 실습, positive practice)은 특정 행동의 오류가 발생했을 때 올바른 행동으로 대체하여 반복적으로 실습하게 하고 이에 대해 강화를 제공하여 행동을 수정하는 기법이다.
④ 프리맥의 원리는 학습자가 더 선호하는 활동을 덜 선호하는 활동의 강화원으로 사용하는 기법이다.

### 337. 다음의 (가)와 (나)에 해당하는 행동수정기법은?  2008년 유초등

(가) 김 교사는 수업시간에 장난치는 영수의 행동을 고치기 위해 영수가 그런 행동을 보일 때 교실 뒤로 보내서 5분간 벽을 보고 서 있도록 하였다.
(나) 최 교사는 미영이가 수업시간에 발표를 잘 할 수 있도록 하기 위해 교사와 눈 맞추기, 발표하기 위해 손들기, 일어서서 발표하기 등의 행동 변화 단계를 정하고, 미영이가 그 행동을 했을 때 적절한 강화물을 제공하였다.

|  | (가) | (나) |  | (가) | (나) |
|---|---|---|---|---|---|
| ① | 소멸 | 고정간격강화 | ② | 소멸 | 행동형성법 |
| ③ | 타임아웃 | 행동형성법 | ④ | 타임아웃 | 고정간격강화 |

■ 정답 및 해설
③ (가) 수업 중 장난을 친 학생을 잠시 동안 교실 뒤로 보낸 것은 부적절한 행동을 한 학생을 학습 활동이나 사회적 상호작용에서 격리시켜 그 행동을 멈추게 하는 기법이므로, 타임아웃에 해당된다.
 (나) 차별적 강화를 이용하여 목표행동(수업시간에 발표 잘하기)을 단계적으로 형성해 나가는 기법이므로, 행동형성법에 해당된다.

◇ 오답 체크
①, ② 소멸(소거, 강화중단)은 문제행동을 의도적으로 무시하고 강화를 주지 않음으로써 문제행동의 빈도를 점차로 감소시키거나 사라지게 하는 방법이다. 참고로, 타임아웃은 특정 행동이 발생할 때 적용하여 행동을 곧바로 중단시키는 역할을 한다. 반면 소멸은 특정 행동에 대한 보상을 더 이상 제공하지 않음으로써 특정 행동이 서서히 사라지는 것을 목표로 한다.

337 ③

## 04. 반두라의 사회학습이론

### 출포 109. 사회학습이론의 기본 원리

기본서 163~164쪽

**338.** 다음에 해당하는 이론은? 2021년 국가직 7급

- 특정한 행동을 관찰하고 흉내내는 모델링
- 타인의 행동을 관찰함으로써 학습이 되는 대리학습
- 타인의 행동을 관찰하고 유사한 행동을 하는 관찰학습

① 톨만(Tolman)의 잠재학습
② 반두라(Bandura)의 사회인지학습이론
③ 쾰러(Köhler)의 통찰학습
④ 브루너(Bruner)의 발견학습

**기출플러스**
- 사회학습이론에 기초한 학습 (2008년 중등)
 - 통찰학습(insight learning) (×)
 - 관찰학습(observational learning) (○)
 - 프로그램학습 (programmed learning) (×)
 - 자기조절학습(self-regulated learning) (○)

■ **정답 및 해설**

② 모델링, 대리학습, 관찰학습을 모두 중시하는 학습이론은 반두라의 사회인지학습이론이다. 모델링은 다른 사람(모델)의 행동을 보고 그 행동을 그대로 따라하는 과정을 통해 일어난다. 대리학습은 타인의 행동을 관찰하고, 그 행동의 결과(보상이나 처벌 등)를 통해 간접적으로 학습하는 과정을 말한다. 관찰학습은 타인의 행동을 관찰하고 그와 유사한 행동을 하는 학습을 의미한다. 이와 같이 학습은 타인과의 사회적 상호작용 속에서 일어난다는 점을 강조하는 학습이론은 반두라의 사회인지학습이론이다.

◇ **오답 체크**

① 톨만의 잠재학습은 학습이 행동으로 나타나지 않더라도 내적으로 이루어질 수 있다는 점을 강조하는 개념이다. 학습은 특정한 행동과 결과 사이에서 목적-수단 관계에 대한 이해를 형성하는 과정이라고 보는 목적적 행동주의설에 해당한다.
③ 쾰러의 통찰학습은 관련 없어 보이던 요소들이 유의미한 전체로 파악되고 결합되면서, 문제해결의 방법을 갑자기 알게 되는 학습을 말한다. 쾰러의 형태주의 학습이론에서 강조되는 개념이다.
④ 브루너의 발견학습은 학습자가 스스로 탐구하고 문제를 해결하면서 지식을 발견해 나가는 학습 방식을 의미한다. 학문중심 교육과정론자인 브루너에 의해 제안된 개념으로, 학습자가 능동적으로 문제를 해결함으로써 보다 깊이 있는 이해를 하게 된다는 것을 전제로 합니다. 발견학습은 학습자가 자신의 지식 구조를 형성하고, 이를 통해 새로운 문제에 적용할 수 있는 사고 능력을 기르는 데 중점을 둔다.

338 ②

**339.** 스키너(B. F. Skinner)의 행동주의 학습과 반두라(A. Bandura)의 사회인지학습의 공통점에 해당하지 않는 것은?　2017년 국가직 9급

① 강화와 처벌의 개념을 받아들인다.
② 학습의 요인으로 경험의 중요성을 인정한다.
③ 신념과 기대가 행동의 변화를 가져온다고 본다.
④ 행동을 촉진하기 위해서는 피드백이 중요하다고 본다.

### 암기 POINT
• 스키너의 조작적 조건화 이론과 반두라의 사회인지(학습)이론

| 스키너 | 반두라 |
|---|---|
| 학습은 경험의 결과 강화와 벌의 효과 인정 | |
| 자신의 직접경험의 결과 | 타인의 경험에 대한 관찰 중시 |
| 자극과 반응의 연합 | 신념과 기대 자기효능감 |
| 개인은 환경에 수동적 반응 | 개인과 환경은 상호작용 |
| 조작적 조건화 (강화는 필수) | 관찰학습 자기조절학습 (강화는 선택) |

### ■ 정답 및 해설
③ 스키너의 행동주의는 신념이나 기대와 같은 인지적 요소를 학습 과정에 포함하지 않으며, 행동은 외부 환경의 강화와 처벌에 의해 형성된다고 본다. 반면, 반두라의 사회인지이론에서는 신념, 기대, 자기 효능감과 같은 인지적 요인이 학습과 행동 변화에 중요한 역할을 한다고 본다.

### ◇ 오답 체크
① 두 이론 모두 강화와 처벌을 학습에 중요한 요소로 본다. 다만, 스키너는 외적 강화를 중시한 반면, 반두라는 외적강화 이외에도 대리강화와 자기강화를 중시했다.
② 두 이론 모두 학습이 경험을 통해 이루어진다는 점을 인정한다. 다만, 스키너는 학습자 자신의 경험을 통해서만 학습이 일어난다고 본 반면, 반두라는 다른 사람의 행동에 대한 관찰을 통해서도 학습이 일어난다고 보았다.
④ 두 이론 모두 피드백이 학습을 촉진한다고 본다. 피드백은 학습자가 자신의 행동 결과를 인식하고, 그에 따라 행동을 수정하는 데 필요한 정보를 제공해준다.

**340.** 다음에 해당하는 학습이론은?　2016년 국가직 9급

> ○ 강화 없이 관찰하는 것만으로 학습이 일어날 수 있다.
> ○ 강화는 수행을 위해 필요한 조건이지 학습을 위해 반드시 필요한 조건은 아니다.
> ○ 인간의 행동은 보상이나 처벌보다는 자기 조절에 의해 이루어진다.

① 형태주의 학습이론　② 사회인지 이론
③ 행동주의 학습이론　④ 병렬분산처리 이론

### ■ 정답 및 해설
② 반두라의 사회인지이론은 대부분의 인간 학습은 사회적 상황 속에서 다른 사람의 행동을 관찰하고 모방함으로써 일어난다는 점에 주목한다. 이 과정에서 자신의 행동에 대한 강화가 없어도, 다른 사람이 한 행동과 그 결과를 관찰함으로써 새로운 행동을 학습할 수 있다는 것이다. 즉 강화는 학습된 행동을 수행하기 위해 필요한 조건이지 학습을 위해 반드시 필요한 조건은 아니라고 본다. 이와 같이 인간의 학습은 단순히 자신의 행동에 대한 보상이나 처벌에 의존하기 보다는, 다른 사람의

행동과 그 결과에 대한 관찰을 통해서 이루어지는 경우가 많다. 인간의 행동에는 특정 행동에 대한 신념과 기대, 자기효능감 등을 바탕으로 자신의 행동을 스스로 평가하고 그에 따라 행동을 조절하는 자기 조절이 중요한 역할을 하기 때문이다.

◇ 오답 체크
① 형태주의 학습이론에서는 인간이 정보를 능동적으로 인지하고 해석하는 과정에 대해 관심을 가진다.
③ 행동주의 학습이론에서는 외적 보상이나 처벌에 의한 강화가 학습을 위해 반드시 필요한 조건이라고 본다.
④ 병렬분산처리 이론은 인간의 뇌가 정보를 처리하는 방식을 설명하는 인지주의 학습이론이다. 이 이론은 정보처리 과정이 순차적으로 일어나는 것이 아니라, 복잡한 신경망 속에서 분산된 방식으로 동시다발적으로 일어난다고 설명한다.

341. 사회인지이론(social cognitive theory)에서 주장하는 것으로 적절하지 않은 것은?  2012년 국가직 7급
① 학습은 단순히 모델을 관찰하는 것만으로도 이루어질 수 있다.
② 학습에서는 개인의 신념, 자기 지각 등과 같은 인지적 요인들의 역할이 중요하다.
③ 모델이 높은 지위와 능력을 가지고 있다고 판단될 경우 모델의 행동을 모방할 가능성이 높아진다.
④ 행동의 빈도를 결정하는 것은 결과에 대한 개인의 해석으로서, 강화는 행동의 지속에 중요한 역할을 하지 못한다.

■ 정답 및 해설
④ 사회인지이론에서 행동의 빈도를 결정하는 것은 모델의 행동과 그 결과에 대한 개인의 해석이다. 즉 모델에 대한 관찰을 통해서 특정 행동이 어떤 결과를 가져올지에 대한 신념과 기대를 형성하며, 이를 통해서 비슷한 상황 속에서 자신의 행동을 조절하게 된다. 이 때, 강화는 학습에 반드시 필요한 조건은 아니지만, 학습된 행동의 수행 및 수행의 지속에 중요한 역할을 한다.

◇ 오답 체크
① 사회인지이론에서는 관찰학습(모델링)의 개념을 중시한다. 관찰학습은 학습자가 직접 행동을 경험하거나 수행하지 않더라도, 다른 사람(모델)의 행동을 관찰하는 것만으로도 학습이 이루어질 수 있다는 것을 의미한다.
② 사회인지이론에서는 단순한 행동의 결과뿐 아니라, 특정 행동에 대한 개인의 신념이나 자기효능감(self-efficacy)과 같은 자기 지각 등과 같은 인지적 요인들이 학습에 있어서 중요한 역할을 한다고 본다.
③ 사회인지이론에서 중시하는 관찰학습에서 모델의 특성은 학습에 중요한 영향을 미친다. 모델이 높은 지위와 능력을 가지고 있다고 판단될 경우 모델의 행동은 유익하고 올바른 것이라고 믿게 되며, 모델의 행동을 모방할 가능성이 높아진다.

암기 POINT
• 반두라의 관찰학습에서 효과적인 모델의 조건
 - 학습자와 유사할수록
 - 능력과 지위가 높을수록

341 ④

## 342. 다음의 내용과 가장 가까운 학습이론은?

2008년 유초등

> ○ 환경, 개인, 행동은 서로 영향을 주고받는다.
> ○ 교사는 학생들의 자기효능감과 자기조절능력을 증진시켜야 한다.
> ○ 교사는 학생들이 학업성취에 대해 긍정적이고 현실적인 기대를 갖도록 해야 한다.
> ○ 학생들은 사회적 상황 속에서 다른 사람의 행동을 관찰하고 모방함으로써 학습한다.

① 톨만(E. C. Tolman)의 기호형태이론
② 반두라(A. Bandura)의 사회인지이론
③ 노만(D. A. Norman)의 정보처리이론
④ 로저스(C. R. Rogers)의 인간주의학습이론

■ **정답 및 해설**

② 인간의 학습은 사회적 상황 속에서 다른 사람의 행동을 관찰하고 모방함으로써 일어난다고 보는 이론은 반두라의 사회인지이론이다. 사회인지이론에서 학습에 영향을 미치는 요소로서 환경, 개인, 행동 간의 상보적 인과관계를 가정한다. 즉 인간의 행동이 단순히 외부 환경에 의해서만 결정되는 것이 아니라, 개인의 내적 요인과 그 행동이 모두 서로 영향을 미친다는 것을 의미한다. 예를 들어, 한 학생이 자신의 학습 능력에 대한 높은 자기효능감을 가지고(개인 요인), 열심히 공부하면(행동), 학급에서 좋은 평가를 받고(환경), 이는 다시 그 학생의 자기효능감을 높여 더 열심히 공부하게 되는 선순환을 형성하게 된다.

따라서 사회인지이론에 기초한 교수활동에서는 학생들의 자기효능감을 증진하여 학업성취에 대한 긍정적이고 현실적인 기대를 형성함과 동시에, 자기조절능력을 증진하여 학생들이 스스로 설정한 목표를 달성하기 위해 자신의 감정, 사고, 행동을 조절할 수 있게 하는 것이 중요하다. 이 때, 자기효능감이란 어떤 과제의 수행과 관련하여 자신이 가진 능력에 대한 판단 또는 신념을 의미한다.

◇ **오답 체크**

① 톨만의 기호형태이론은 학습이 단순히 자극-반응의 연합이 아니라, 특정한 행동과 결과 사이의 목적-수단 관계에 대한 이해를 형성하는 과정이라고 보는 이론이다. 학습을 목적-수단 관계에 대한 이해를 형성하는 과정이라고 본다는 점에서 목적적 행동주의설이라고 불리지만, 인지적 과정의 중요성을 강조하고 있어 인지주의 학습이론으로 분류된다. 특히 잠재학습이라는 개념을 통해, 학습이 행동으로 나타나지 않더라도 내적으로 이루어질 수 있다는 점을 제시하였다.

③ 노만의 정보처리이론은 인간이 정보를 어떻게 처리하고 기억하는지를 설명하는 정보처리 이론의 한 유형이다. 이 이론은 컴퓨터의 정보 처리 과정과 유사하게 인간의 인지 과정을 설명한다. 인간은 작업기억과 장기기억을 이용하여 외부 자극으로부터 정보를 받아들이며, 정보를 선택하고 해석한 후, 기억 속에 저장하여 필요할 때 인출하는 과정을 거친다.

342 ②

④ 로저스의 인간주의학습이론은 인간의 자기실현 경향성을 강조하며, 학습을 학습자 자신이 개인적 성장을 추구하는 과정이라고 보는 이론이다. 학습은 강요되거나 외부에서 주어지는 것이 아니라, 학습자의 내적 동기에서 비롯된다고 보기 때문에 학습에 있어서 비지시적 접근법을 활용할 것을 주장한다.

## 출포 110. 반두라의 관찰학습 모형

기본서 164~165쪽

**343.** 사회인지이론에서 주장하는 관찰학습의 단계를 순서대로 바르게 나열한 것은?
2019년 국가직 9급
① 파지단계 → 재생단계 → 동기화단계 → 주의집중단계
② 주의집중단계 → 파지단계 → 재생단계 → 동기화단계
③ 동기화단계 → 주의집중단계 → 파지단계 → 재생단계
④ 재생단계 → 주의집중단계 → 동기화단계 → 파지단계

### ■ 정답 및 해설
② 사회인지이론에서 주장하는 관찰학습은 주의집중단계 → 파지단계 → 재생단계 → 동기화단계 순으로 이루어진다.
- 주의집중 단계 : 모델의 행동에 주의를 집중하여 관찰하는 단계
- 파지 단계 : 관찰한 내용을 부호화하여 기억에 저장하는 단계
- 재생 단계 : 모델의 행동을 자신의 행동으로 연습해 보는 단계
- 동기화 단계 : 강화를 통한 동기부여에 의해 학습된 행동을 실천하는 단계

**암기 POINT**
- 반두라의 관찰학습 모형

| 단계 | 주요 활동 |
|---|---|
| 주의 집중 | 모델의 행동에 주의 집중하여 관찰 |
| 파지 | 관찰 내용을 상징적 기호로 기억에 저장 |
| 재생 | 모델의 행동을 반복하여 연습, 교정 |
| 동기화 | 학습된 행동을 수행하고 강화를 받음 |

**344.** 반두라(Bandura)의 관찰학습 단계 중 모델의 행동을 언어적·시각적으로 부호화하는 단계는?
2022년 국가직 9급
① 재생
② 파지
③ 동기화
④ 주의집중

### ■ 정답 및 해설
② 반두라의 관찰학습은 '주의집중단계 → 파지단계 → 재생단계 → 동기화단계' 순으로 이루어진다. 이 중 모델의 행동을 언어적·시각적으로 부호화하여 기억에 저장하는 단계는 파지 단계이다. 이 단계에서는 모델의 행동을 마음 속 상상으로 따라해 보는 내적 시연(인지적 연습)이나 기존 지식과 새로이 학습한 지식의 관계를 재설정하는 인지적 재구조화가 이루어지기도 한다.

강서연 교육학

난이도 ■ ■ ■
채점결과 □ □ □

**345.** 다음은 반두라 (A. Bandura)의 관찰학습 과정에 관한 모형도이다. 이를 한 학생이 연예인의 행동을 모방하게 되는 과정에 적용해 볼 때, B 단계에 해당되는 설명은?           2005년 중등

모방 대상 → A → B → C → D → 수행

① 연예인의 행동을 상징적 기호로 저장한다.
② 연예인의 독특하고 재미있는 표정이나 몸짓에 주의를 기울인다.
③ 연예인의 행동과 같아지기 위해 연습을 반복하고, 자기의 행동을 스스로 관찰한다.
④ 관찰을 통해 기억된 연예인의 행동을 친구들 앞에서 해 본 후 칭찬을 받는다.

**기출플러스**

- 반두라의 관찰학습 모형 - '파지'의 단계 (2006년 중등)
  - 인지적 내적 시연(rehearsal)이 이루어진다.
  - 관찰된 모델의 행동이 시각적이거나 언어적인 형태로 부호화된다.
  - 관찰된 모델의 행동에 따라 자신이 행동하는 것을 마음 속으로 상상해 본다.

■ **정답 및 해설**
① 반두라의 관찰학습은 주의집중단계(A) → 파지단계(B) → 재생단계(C) → 동기화단계(D) 순으로 이루어진다. 이 중 모델의 행동을 언어적·시각적으로 부호화하여 기억에 저장하는 단계는 파지(B) 단계이다.
◇ **오답 체크**
② 주의집중단계(A), ③ 재생단계(C), ④ 동기화단계(D)에 대한 설명이다.

### 출포 111. 자기효능감과 자기조절학습

🌀 기본서 165~166쪽

난이도 ■ ■ ■
채점결과 □ □ □

**346.** 다음 설명에 해당하는 개념은?           2023년 국가직 7급

○ 어떤 결과를 산출하기 위해 요구되는 행동을 성공적으로 수행할 수 있다는 신념을 말한다.
○ 개인적인 능력의 판단과 관계가 있다.
○ 영향요인으로는 숙달 경험, 신체적 혹은 정서적 각성, 대리경험 및 사회적 설득이 있다.

① 자아개념(self-concept)
② 자기조절(self-regulation)
③ 자기효능감(self-efficacy)
④ 자아존중감(self-esteem)

345 ① 346 ③

■ 정답 및 해설

③ 제시된 내용은 반두라가 제안한 자기효능감에 대한 설명이다. 자기효능감은 어떤 결과를 얻기 위해 필요한 행동을 성공적으로 수행할 수 있다고 믿는 개인의 신념을 말한다. 이는 자신이 특정 상황에서 효과적으로 대처할 수 있을 것이라는 기대와 관련된 개인의 능력에 대한 판단에 해당한다. 자기효능감의 주요 영향 요인에는 숙달 경험, 대리경험, 사회적 설득, 신체적 혹은 정서적 각성 등이 있다. 즉, 자신이 과거에 성공적으로 어떤 과제를 수행한 경험이 있고(숙달경험), 다른 사람이 비슷한 과제를 성공적으로 수행하는 것을 관찰한 경험이 있으며(대리경험), 다른 사람들로부터 자신의 능력에 대한 긍정적인 피드백이나 격려를 받으며(사회적 설득), 건강하고 긍정적인 신체적 및 정서적 상태에 있을 때 자기효능감이 높아진다. 자기효능감은 학습, 동기, 성취에 중요한 영향을 미치는 요인으로 주목받고 있다.

◇ 오답 체크

① 자아개념은 자신에 대한 전반적인 이해와 인식을 말한다. 즉, 자신이 어떤 사람인지, 어떤 장점과 단점을 가지며, 어떤 가치를 추구하는지 등 다양한 측면을 포함한 자신의 정체성에 대한 인식이다.
② 자기조절은 자신이 목표를 달성하기 위해 자신의 행동, 감정, 사고를 통제하고 관리하는 과정을 의미한다. 구체적인 목표를 세우고, 행동을 계획하며, 성취를 위한 전략을 조정하는 능력을 포함한다.
④ 자아존중감은 자신의 가치에 대한 평가로, 자신을 얼마나 긍정적으로 바라보는지에 대한 감정적 평가를 의미한다. 자기 자신에 대한 전반적인 존중과 자부심을 포함한다.

---

**암기 POINT**

• 반두라의 자기효능감

| 개념 | 어떤 과제를 성공적으로 수행할 수 있다고 믿는 개인의 신념 |
|---|---|
| 형성 요인 | - 과거의 성공경험<br>- 타인을 통한 대리경험<br>- 주변의 언어적 설득<br>- 신체적·정서적 상태 |
| 영향 | 학습동기에 긍정적 영향 |

# 9. 인지주의 학습이론

## 01. 초기의 인지주의 학습이론

### 출포 112. 톨만의 목적적 행동주의

기본서 167~168쪽

**347.** 다음 설명에 해당하는 이론은?  2019년 국가직 7급

- 강화가 없어도 학습이 이루어진다.
- 눈에 보이는 행동의 변화만이 학습은 아니다.
- 구체적인 행동이 아니라 인지도(cognitive map)를 학습한다.
- 학습은 자극-반응을 결합하는 것이 아니라 어떤 행동을 하면 특정한 결과를 얻을 것이라는 기대를 획득하는 것이다.

① 목적적 행동주의  ② 사회적 구성주의
③ 행동수정  ④ 메타인지

**암기 POINT**
- 톨만의 잠재학습이론

| 목적적 행동주의 | - 인간은 목적지향적 존재, 결과에 대한 기대로 행동<br>- 학습은 특정 행동을 통해 목적한 결과를 얻으리라는 기대의 획득 과정 |
|---|---|
| 잠재학습 | - 12일째부터 보상집단은 그 기간 동안 구체적 행동의 변화는 없지만, 인지도를 학습함<br>- 눈에 보이는 행동의 변화만이 학습은 아님 |

■ **정답 및 해설**

① 눈에 보이는 행동의 변화가 학습이며, 강화가 학습의 필수조건이라는 것은 행동수정 이론의 관점이다. 이에 반해, 톨만은 쥐를 이용한 미로실험을 통해서 강화가 없어도 학습이 이루어지며, 눈에 보이는 행동의 변화만이 학습은 아니라는 점을 지적하였다. 특히 일정 기간 동안 강화를 제공받지 않다가 이후 보상을 받게 된 집단의 쥐들이 빠른 속도로 미로탈출 행동을 보이는 것에서, 학습의 핵심은 구체적인 행동이 아니라 미로에 대한 인지도를 학습하는 것이었다고 주장한다. 즉 학습은 어떤 행동을 통해 목적한 결과를 얻을 수 있을 것이라는 기대를 획득하는 과정이며, 특정한 행동과 그 결과 사이에서 목적-수단 관계에 대한 이해를 형성하는 과정이라고 본다. 이와 같은 톨만의 이론을 잠재학습 이론 또는 목적적 행동주의설이라고 한다.

◇ **오답 체크**

② 사회적 구성주의 이론에서는 학습이 사회적으로 구성된 지식을 내면화하는 과정으로 정의된다.
③ 행동수정 이론에서는 강화가 있어야 학습이 이루어지며, 눈에 보이는 행동의 변화만을 학습으로 본다.
④ 메타인지 이론에서는 자신의 인지과정에 대해 인지하는 능력이 학습결과에 유의미한 차이를 만들어낸다는 점을 강조한다.

347 ①

348. 다음 그래프는 톨만(E. Tolman)이 실시한 미로학습 실험에서 보상의 유형에 따른 과제의 수행 결과를 나타낸 것이다. 그래프를 바르게 해석한 것은?

2007년 중등

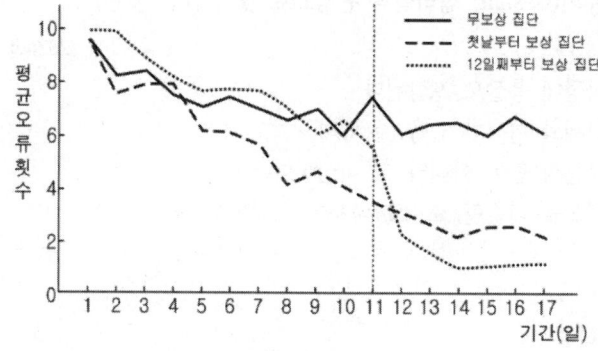

① 과제의 수행 정도는 보상과 아무런 관계가 없다.
② 과제의 수행 정도는 보상의 양에 비례하여 상승한다.
③ 보상을 받지 않아도 과제의 학습은 어느 정도 일어난다.
④ 보상을 철회하면 과제의 학습에 부정적인 영향을 미친다.

■ 정답 및 해설

③ 평균 오류횟수의 변화 추이를 보면, 무보상 집단(a), 첫날부터 보상 집단(b), 12일째부터 보상 집단(c) 모두에서 오류횟수가 감소하고 있다. 이것은 보상(강화)을 받지 않아도 과제의 학습은 어느 정도 일어난다는 것을 의미한다.
이 중 집단 (c)의 오류횟수가 보상이 주어지는 12일째부터 급격히 감소하며, 첫날부터 보상을 받은 집단 (b)의 오류횟수보다도 감소한다는 것이 특징적이다. 톨만은 이에 대해 집단 (c)의 쥐들은 보상을 받기 전에도 이미 미로에 대한 인지도를 학습하였기 때문이라고 설명한다. 12일째부터 주어지는 보상은 미로찾기 행동의 결과로 무엇을 얻게 될 것인지를 알게 하고 목적적 행동을 유인하는 역할을 하였기 때문에 오류횟수의 변화가 크게 나타난다고 설명한다.

◇ 오답 체크
① 보상의 방식에 따라 평균 오류횟수의 변화에 있어서 차이가 나타나기 때문에 과제의 수행 정도와 보상은 일정한 관계를 가진다고 볼 수 있다.
② 최종적으로 가장 많은 보상을 받은 집단 (c)보다 더 적은 보상을 받은 집단 (b)의 과제 수행 정도가 더 높다.
④ 주어진 실험 조건에서 보상 철회가 학습에 미치는 영향은 알 수 없다.

## 출포 113. 형태주의(게슈탈트) 심리학

기본서 168쪽

**349.** 형태주의(Gestalt) 심리학의 관점으로 옳지 않은 것은?

2024년 지방직 9급

① 학습의 과정에 통찰도 포함된다.
② 지각은 실제와 차이가 있을 수 있다.
③ 전체는 부분의 합이 아니라 그 이상이다.
④ 복잡한 현상을 단순한 요소로 나누어 설명한다.

### 암기 POINT
- 형태주의(게슈탈트) 심리학

| 지각의 원리 | - 외부자극을 '전체'로 구성하여 지각<br>- '전체'는 부분의 합 이상을 의미<br>- 통찰의 과정 포함<br>- 지각 ≠ 실재 (베르트하이머의 파이 현상) |
|---|---|
| 지각의 법칙 | - 전경과 배경의 원리 : 개인마다 다르게 구성<br>- 정보의 조직화 원리 : 완전성, 근접성, 유사성 등 |

### ■ 정답 및 해설
④ 형태주의 심리학은 감각기관을 통해 받아들이는 정보의 지각과정에 대해 관심을 두는 심리학이다. 형태주의 심리학은 복잡한 현상을 단순한 구성 원자로 환원하여 이해할 수 있다고 보는 환원론적 관점(구조주의 등)을 비판한다. 현상을 구성하는 구성요소들을 모두 알게 되더라도 그것이 전체를 알게 해 주는 것은 아니라고 보기 때문이다.

### ◇ 오답 체크
① 형태주의 심리학에서는 지각, 즉 학습은 대상을 구성하는 요소들이 유의미한 전체로 파악될 때 갑자기 일어난다고 본다. 즉 학습의 과정에 통찰이 포함된다.
② 지각은 개별 정보 요소들을 구조화·조직화하여 전체로 구성한 것을 인식하는 것을 의미한다. 즉 지각은 능동적 구성을 통해 이루어지므로 지각과 실제 사이에는 차이가 있을 수 있다. 예를 들어, 2개의 불빛이 번갈아 점멸할 때 불빛이 움직이고 있다고 착각하는 현상(베르트하이머의 파이 현상)은 지각과 실제의 차이를 단적으로 보여준다.
③ 형태주의 심리학에서는 지각의 과정에서 인간은 외부자극을 단순히 합하는 것 이상의 작업을 수행한다고 본다. 즉 전체는 부분의 합이 아니라 그 이상을 의미한다고 본다.

**350.** 형태주의 심리학(Gestalt psychology)의 관점에 대한 설명으로 옳지 않은 것은?

2022년 국가직 7급

① 인간은 완전하지 않은 대상을 보완하여 완전한 형태로 지각하는 경향이 있다.
② 전체는 단순히 부분의 합이 아닌 그 이상을 의미한다.
③ 복잡한 현상을 단순한 구성 원자로 환원할 때 더 정확하게 이해할 수 있다.
④ 파이 현상(phi phenomenon)의 사례처럼 지각은 종종 실재와 다르다.

349 ④   350 ③

■ 정답 및 해설
③ 형태주의 심리학은 복잡한 현상을 단순한 구성 원자로 환원하여 이해할 수 있다고 보는 관점(환원주의 관점)에 대해 비판한다. 즉 형태주의 심리학에서는 전체는 부분의 합 이상으로서, 현상을 구성하는 원자들을 모두 알게 되더라도 전체를 아는 것은 아니라고 본다.

◇ 오답 체크
① 형태주의 심리학에 의하면, 인간은 감각기관을 통해 들어오는 정보를 조화롭고 의미있는 형태로 조직화하여 지각하는 경향성이 있다. 정보를 조직화하는 과정에서 작동하는 원리로는 완전성의 원리, 근접성의 원리, 유사성의 원리, 연속성의 원리 등이 존재한다. 이 중 완전성의 원리는 인간은 완전하지 않은 대상을 보완하여 완전한 형태로 지각하는 경향을 설명하는 원리이다.
② 형태주의 심리학에서는 전체는 단순히 부분의 합이 아닌 그 이상을 의미한다. 즉, 대상의 지각 과정에서 개별적인 요소를 하나하나 인식하기보다는, 그 요소들이 어떻게 배열되고 조직되어 있는지에 따라 전체적인 인식을 하게 된다는 것이다.
④ 파이 현상(phi phenomenon)은 2개의 불빛이 번갈아 점멸할 때 불빛이 움직이고 있다고 착각하는 현상을 말하는 것으로, 지각은 종종 실재와 다르다는 점을 단적으로 보여준다.

## 351. 학습이론에 대한 설명으로 옳지 않은 것은?  2021년 지방직 9급

① 형태주의 심리학에 따르면 학습은 계속적인 시행착오의 결과이다.
② 사회인지이론에 따르면 개인, 행동, 환경의 상호작용에 의해 학습이 이루어진다.
③ 행동주의 학습이론에 따르면 학습의 근본적인 원리는 자극과 반응 간의 연합이다.
④ 정보처리이론에 따르면 정보저장소는 감각기억, 작업기억, 장기기억의 세 가지로 구분된다.

■ 정답 및 해설
① 형태주의 심리학과 행동주의 학습이론을 구분하는 개념 중의 하나가 시행착오이다. 행동주의 학습이론에서는 학습이 계속적인 시행착오의 과정을 거치면서 점진적으로 이루어진다고 본 반면, 형태주의 심리학에서는 시행착오 없이 갑작스러운 통찰을 통해 학습이 비약적으로 이루어진다고 본다.

◇ 오답 체크
② 사회인지이론에서 학습에 영향을 미치는 요소로서 환경, 개인, 행동 간의 상보적 인과관계를 가정한다. 즉 인간의 행동이 단순히 외부 환경에 의해서만 결정되는 것이 아니라, 개인의 내적 요인과 그 행동이 모두 서로 영향을 미친다는 것을 의미한다.

351 ①

③ 행동주의 학습이론에 따르면 학습의 근본적인 원리는 자극과 반응 간의 연합이다. 즉 외부 환경으로부터 특정한 자극이 주어질 때, 그에 따라 나타나는 반응이 반복적인 경험을 통해 강화되고, 이를 통해 학습이 이루어진다는 것이다.
④ 정보처리이론에 따르면 정보저장소는 감각기억, 작업기억, 장기기억의 세 가지로 구분된다. 정보처리이론은 인간의 학습 과정은 컴퓨터가 정보를 처리하고 저장하는 방식에 비유하며, 각각의 정보저장소에서 어떻게 정보를 처리하고 저장하는지를 설명한다.

**352.** 형태주의 심리학(Gestalt psychology)에 대한 설명으로 옳지 않은 것은?

2019년 국가직 9급

① 학습자는 세상을 지각할 때 외부자극을 단순히 합하는 것 이상의 작업을 수행한다.
② 문제 장면에 존재하는 다양한 요소의 관계를 파악하는 통찰에 주목한다.
③ 학습은 인지구조의 변화가 아니라 행동의 변화를 나타낸다.
④ 쾰러(W. Köhler)의 유인원 실험은 중요한 근거를 제공한다.

■ **정답 및 해설**
③ 형태주의 심리학은 인지주의 학습이론에 속하는 이론으로서, 학습을 행동의 변화가 아니라 내적 정신구조의 변화 또는 인지구조의 변화라고 본다. 학습을 행동의 변화로 보는 관점은 행동주의 학습이론이다.

◇ **오답 체크**
① 형태주의 심리학에서는 대상의 지각 과정에서 개별적인 요소를 하나하나 인식하기보다는, 그 요소들이 어떻게 배열되고 조직되어 있는지에 따라 전체적인 인식을 하게 된다고 본다. 따라서 지각의 과정은 외부자극을 단순히 합하는 것 이상의 작업을 수행하는 과정이 된다.
② 통찰은 문제 장면에서 존재하는 다양한 요소들이 어떻게 서로 연결되고 상호작용하는지를 갑작스럽게 파악하는 인지작용이다. 형태주의 심리학은 지각의 과정이 개별 요소들 간의 관계를 이해하고, 그 관계를 전체적으로 조직하는 과정이라는 점을 강조하기 때문에 통찰에 주목한다.
④ 쾰러의 유인원 실험은 통찰을 통한 문제해결을 검증하기 위한 실험이므로, 통찰의 개념을 강조하는 형태주의 심리학이 중요한 근거를 제공한다고 볼 수 있다. 쾰러의 실험을 통해 인간과 고등 동물의 문제해결 학습이 단순히 반복적인 시행착오의 과정이 아니라, 전체적인 상황을 갑작스럽게 파악하는 통찰의 과정을 통해 이루어진다는 점이 설명되었다.

352 ③

### 출포 114. 쾰러의 통찰학습 이론

🔹 기본서 169쪽

**353.** 다음 설명에 해당하는 학습이론은?   `2018년 국가직 7급`

> ○ 문제해결의 과정에서 관련 없어 보이던 요소들이 유의미한 전체로 파악되고 결합된다.
> ○ 전날 저녁 내내 문제가 풀리지 않았으나 새벽에 일어나서 보니 해결방법이 갑자기 떠올랐다.

① 스키너(B. F. Skinner)의 조작적 조건 형성
② 톨만(E. C. Tolman)의 잠재학습
③ 쾰러(W. Köhler)의 통찰학습
④ 반두라(A. Bandura)의 관찰학습

■ 정답 및 해설

③ 관련 없어 보이던 요소들이 유의미한 전체로 파악되고 결합되면서, 문제해결의 방법을 갑자기 알게 되는 학습을 통찰학습이라고 한다. 쾰러는 침팬지가 바나나를 따 먹는 방법을 시행착오 없이 갑자기 발견하는 것을 보고 통찰학습의 개념을 제시하였다.

**암기 POINT**

- 쾰러의 통찰학습이론

| 분류 | 형태주의에 기초한 인지주의 학습이론 |
|---|---|
| 실험 | 침팬지 실험 (바나나 따먹기) |
| 통찰학습 | 문제 상황을 구성하는 요소들의 관계를 파악하여 문제해결방법을 갑작스럽게 알게 됨 |

---

**354.** 다음 내용과 가장 관련이 깊은 학습 이론은?   `2018년 지방직 9급`

> 굶주린 침팬지가 들어 있는 우리의 높은 곳에 바나나를 매달아 놓았다. 침팬지는 처음에는 이 바나나를 먹으려고 손을 위로 뻗거나 뛰어 오르는 등 시행착오 행동을 보였다. 몇 차례의 시도 후에 막대를 갖고 놀던 침팬지는 마치 무엇을 생각한 듯 행동을 멈추고 잠시 서 있다가 재빠르게 그 막대로 바나나를 쳐서 떨어뜨렸다. 쾰러(W. Köhler)는 이것이 통찰에 의해 전체적 관계를 파악함으로써 학습이 이루어지는 좋은 예라고 주장하였다.

① 구성주의
② 인간주의
③ 행동주의
④ 형태주의

■ 정답 및 해설

④ 쾰러는 침팬지 실험을 통해 인간과 고등 동물의 문제해결 학습이 단순히 반복적인 시행착오의 과정이 아니라, 전체적인 상황을 갑작스럽게 파악하는 통찰의 과정을 통해 이루어진다는 점을 증명하였다. 이와 같은 통찰학습의 개념은 상황을 구성하고 있는 개별 요소들 간의 관계를 이해하고, 그 관계를 전체적으로 조직하는 과정을 통해 지각을 형성한다고 보는 형태주의 심리학과 관계가 깊다.

353 ③   354 ④

## 02. 정보처리이론

### 출포 115. 정보저장소의 특징과 학습전략

🌐 기본서 170~171쪽

**355.** 정보처리이론에서 장기기억에 해당하지 않는 것은?   2021년 국가직 7급

① 감각기억   ② 의미기억
③ 일화기억   ④ 절차기억

**암기 POINT**
• 정보처리이론 : 장기기억

| 특징 | 다양한 형태의 정보망과 도식으로 구성됨 | |
|---|---|---|
| 구성 요소 | 명시적 기억 | 일화기억 의미기억 |
| | 암묵적 기억 | 절차기억 정서기억 조건화기억 |

■ 정답 및 해설
① 정보처리이론에 따르면, 정보저장소는 감각기억, 작업기억, 장기기억으로 구분된다. 감각기억은 감각기관을 통해 들어온 정보를 잠시 있는 그대로 유지하는 저장소이다. 장기기억은 부호화된 정보가 영구적으로 저장되는 곳으로, 의미기억, 일화기억, 절차기억, 정서기억, 조건화기억 등으로 구성된다.

◇ 오답 체크
② 의미기억은 일반적인 사실, 개념, 명제, 규칙 등에 관한 기억으로서, 장기기억에 해당한다.
③ 일화기억은 개인적 경험과 사건에 대한 기억으로서, 장기기억에 해당한다.
④ 절차기억은 어떤 행위를 수행하는 기술이나 절차에 관한 기억으로, 장기기억이다.

**356.** 작업기억(working memory)의 특징에 해당되는 것으로만 묶인 것은?

2011년 국가직 7급

ㄱ. 저장 용량이 제한되어 있다.
ㄴ. 컴퓨터의 이동식 저장장치(USB)에 비유될 수 있다.
ㄷ. 저장 용량에 개인차가 존재한다.
ㄹ. 노력을 하지 않으면 정보가 저장되는 시간이 1초 정도이다.
ㅁ. 의식에 의해 부분적으로 통제된다.

① ㄱ, ㄴ, ㄹ   ② ㄱ, ㄷ, ㄹ
③ ㄱ, ㄷ, ㅁ   ④ ㄴ, ㄹ, ㅁ

**기출플러스**
• 작업기억의 특성과 학습전략
  – '자동화'
  (2004년 유초등)
아동의 과제 처리 능력의 발달을 '작업기억에서 조작 공간은 감소하지만, 저장공간은 증가하는 것'으로 해석된다.

355 ①   356 ③

■ 정답 및 해설

③ ㄱ. 작업기억은 정보를 일시적으로 저장하면서 능동적으로 처리하는 기억으로, 의식적인 정보처리의 중심에 있다. 다만, 작업기억의 저장 용량은 제한되어 있어서, 동시에 처리할 수 있는 정보의 양에 한계가 있다.
ㄷ. 작업기억의 저장 용량은 평균적으로 7±2개, 즉 5~9개의 정보를 동시에 처리할 수 있다. 다만, 작업기억의 저장용량에도 개인차가 존재하는데, 개인차에 영향을 미치는 요인들에는 연령, 지능, 주의력, 정서상태, 학습전략 등이 있다.
ㅁ. 작업기억에서는 의식적으로 주의를 기울이는 정보가 처리되므로, 의식에 의해 많은 부분이 통제된다. 하지만, 작업기억에서 정보를 처리하는 과정에서 자동화된 과정은 의식에 의한 통제를 받지 않을 수도 있다.

◇ 오답 체크
ㄴ. 컴퓨터의 이동식 저장장치(USB)에 비유되는 것은 장기기억이다. 정보를 오랫동안 저장할 수 있으며, 필요할 때 꺼내어 쓸 수 있게 해준다는 점이 유사하다.
한편, 작업기억은 컴퓨터의 RAM이나 작업대(책상, 메모지 등)에 비유될 수 있다. 컴퓨터의 RAM은 컴퓨터에서 실행 중인 프로그램과 데이터를 임시로 저장하는 공간으로, 정보를 일시적으로 저장하는 처리하는 작업기억과 유사하다. 작업대(책상, 메모지 등)는 현재 작업 중인 업무를 일시적으로 보관하고 처리하는 공간이면서 그 공간이 제한적인 특성을 보이는데 이러한 점이 작업기억과 유사하다.
ㄹ. 노력하지 않으면 정보가 저장되는 시간이 1초 정도인 것은 감각기억이다. 노력하지 않는 상태에서 작업기억에 정보가 저장되는 시간은 20~30초 정도이다.

**357.** 다음 인간정보처리모형에서 기억장치 (나)의 특징에 대한 설명으로 옳은 것은?  
2007년 중등

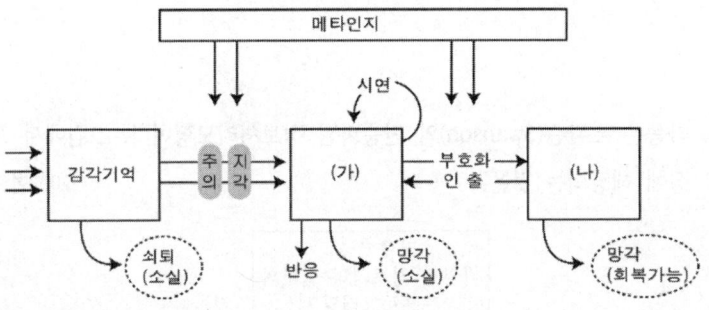

① 지속 기간이 비교적 짧고 시연하지 않으면 1분 이상 유지하기 어렵다.
② 많은 양의 정보를 처리하는 경우 기억의 병목현상이 발생할 우려가 크다.
③ 명제와 산출 등에 기초한 다양한 형태의 정보망과 도식적 지식으로 이루어져 있다.
④ 기억 용량에는 거의 제한이 없으나 처리가 곧바로 이루어지지 않으면 기억의 흔적이 사라진다.

357 ③

### ■ 정답 및 해설

③ 정보의 최종 저장소 역할을 하는 장기기억은 단순한 정보의 저장소가 아니라, 체계적으로 조직되고 연결된 지식 구조를 형성하고 있다. 장기기억은 명제와 산출 등에 기초한 다양한 형태의 정보망과 도식적 지식으로 구성되어 있다.

여기에서 말하는 명제(proposition)는 의미기억에 해당하는 것으로, 어떤 사실이나 아이디어를 나타내는 의미 단위이다. 둘 이상의 개념 간의 관계를 나타내는 것으로, "고양이는 동물이다."와 같은 형태의 기억 요소이다. 산출(production)은 절차기억에 포함되는 것으로, 특정한 조건이 충족될 경우 어떤 행위가 산출되어야 하는지를 나타낸다. 조건-행위 규칙이라고도 하는데, "신호등이 빨간 불이면, 멈춘다."와 같은 형태이다.

### ◇ 오답 체크

① 지속시간이 비교적 짧고 시연이라는 의식적인 노력이 없으면 1분 이상 유지하기 어려운 기억은 작업기억(가)이다. 이 때, 시연은 작업기억에서 정보를 유지하기 위해 반복적으로 생각하거나 말로 되뇌이는 인지 과정을 말한다.

② 작업기억(가)은 정보의 처리용량에 한계가 있기 때문에, 많은 양의 정보를 처리하는 경우 기억의 병목현상이 발생한다. 즉 작업기억에서 한 번에 처리할 수 있는 정보의 양이 제한적이기 때문에, 많은 양을 한꺼번에 처리하려고 할 때 정보의 처리 속도가 느려지거나 일부 정보가 손실되는 현상이 발생하는 것이다.

④ 기억 용량에는 거의 제한이 없는 기억은 감각기억과 장기기억(나)이다. 그 중 처리가 곧바로 이루어지 않으면 기억의 흔적이 사라지는 것은 감각기억이다. 감각기억은 외부에서 들어오는 감각정보를 거의 제한 없이 받아들이지만, 감각기억에 저장된 정보에 주의를 기울이지 않거나 추가적인 정보처리가 이루어지지 않으면 곧바로 사라진다. 예를 들어, 빠르게 지나가는 차를 보았을 때, 그 이미지가 눈에 잠깐 저장되지만, 그 차를 주의 깊게 보지 않으면 바로 잊어버리게 된다. 감각기억에 들어온 정보 중 일부만이 선택적으로 주의되며 지각이라는 정보처리 과정을 거치면서 작업기억으로 전달되어 기억 속에 남게 된다.

### 더 알아두기

• 정보망과 도식적 지식
장기기억 속의 정보들은 다양한 형태의 정보망을 구축하고 있다. 정보망 속에서 정보들은 서로 연관된 방식으로 저장되어 있기 때문에, 하나의 정보를 인출할 때 관련된 다른 정보들도 함께 떠오르게 된다. 또, 정보들은 도식(schema)을 구성하기도 한다. 도식은 특정한 주제나 상황에 대한 일반화된 지식의 구조로, 생각이나 행동의 조직화된 패턴을 의미한다. 예를 들어, "식당"에 관한 도식은 일반적으로 식당에서 일어나는 상황(주문, 음식 먹기, 계산 등)에 대한 일반적인 지식을 포함한다. 도식은 새로운 정보를 빠르게 처리하는 데 도움을 준다. 식당에 관한 도식은 처음 가는 식당에서도 상황을 빠르게 이해하고 행동할 수 있게 해 준다.

---

**358.** 다음은 스완슨(Swanson)의 단순화된 정보처리모형이다. 그림에서 A의 특징에 해당되는 것은?   2003년 유초등

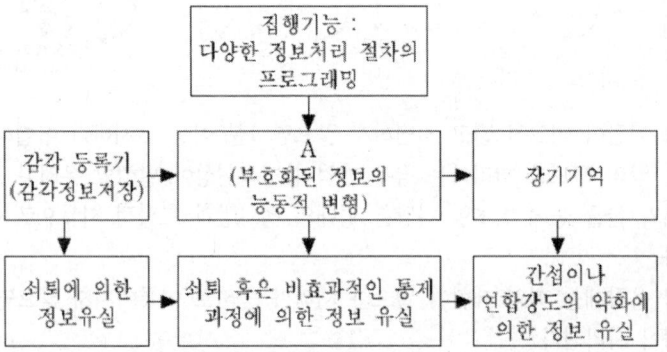

① 이 곳의 정보 내용은 대개 의식되지 않는다.
② 여기서는 정보를 아주 짧은 기간(1~2초) 동안 보유한다.
③ 이 곳은 보통 7±2 의미단위(chunk)의 정보를 저장할 수 있다.
④ 여기에 들어갈 수 있는 정보의 양이나 정보가 머무는 시간은 한계가 없다.

■ 정답 및 해설
③ A는 감각등록기로부터 부호화된 정보를 전달받아 능동적으로 변형하여 처리하는 기능을 하는 장소로서 작업기억에 해당된다. 작업기억의 정보저장용량은 제한되어 있는데, 평균적으로 7±2 의미단위(청크)의 정보를 저장할 수 있다.

◇ 오답 체크
① 처리되는 정보의 내용이 대개 의식되지 않는 기억은 감각기억이다. 감각기억은 대개 무의식적으로 처리되고 일부만이 의식적으로 주의와 지각의 과정을 거친다.
② 정보가 1~2초 정도만 보유되는 곳은 감각기억이다. 감각기억은 외부에서 들어오는 정보를 거의 제한 없이 받아들이지만 보유시간은 아주 짧다.
④ 정보의 저장 용량이나 저장 시간에 한계가 없는 것은 장기기억이다.

### 기출플러스
• 작업기억의 특성과 학습전략 - 청킹(chunking) (2006년 유초등)

김 교사는 10개의 수 '0, 4, 1, 3, 4, 5, 9, 9, 8, 7'을 칠판에 쓴 후 학생들이 쉽게 기억하도록 하기 위해 041, 345, 9987로 묶어 다시 제시하였다.

## 출포 116. 정보처리과정의 특징과 학습전략

📖 기본서 172~174쪽

**359.** 학습에 대한 관점 중 정보처리이론에 대한 설명으로 옳은 것은?

2022년 지방직 9급

① 감각기억 - 인지과정에 대한 자각과 통제로 자신의 사고를 확인하고 점검하는 기능을 한다.
② 시연 - 관련 있는 내용을 공통 범주나 유형으로 묶는 과정이다.
③ 정교화 - 새로운 정보를 저장된 지식에 연결하고 의미를 부여하기 위해 정보를 재처리하는 과정이다.
④ 조직화 - 정보에 대한 시각적 이미지를 머릿속에 표상하는 과정이다.

■ 정답 및 해설
③ 정교화는 장기기억에 새로운 정보를 저장된 지식에 연결하고 의미를 부여하기 위해 정보를 재처리하는 과정을 말한다. 즉 새로운 정보를 기존에 알고 있던 정보와 관련지어 이해하는 과정이며, 정보에 추가적인 의미를 부여하여 해당 정보를 풍부하게 만들어주는 과정이다. 정교화는 정보를 단순히 암기하는 것이 아니라 심층적인 정보처리 과정이므로 정보의 저장 가능성을 높이고 인출을 용이하게 한다.

◇ 오답 체크
① 메타인지, ② 조직화, ④ 심상화에 대한 설명이다.

### 암기 POINT
• 정보의 부호화 전략

| 구분 | 핵심 과정 |
| --- | --- |
| 정교화 | 기존의 지식과 새로운 정보를 연결지음 |
| 조직화 | 정보들을 범주로 묶거나 위계적으로 정리 |
| 심상화 | 시각적 이미지로 표상 |
| 활동화 | 적극적 활동을 수행 |
| 맥락화 | 시간, 장소, 감정 등 맥락 정보와 연결 |

359 ③

**360.** 인지주의 학습이론에 대한 설명으로 옳지 않은 것은? 2020년 국가직 9급

① 부호화 - 제시된 정보를 처리가능한 형태로 변형하는 과정
② 인출 - 장기기억 속에 있는 정보를 작업기억으로 가져오는 과정
③ 조직화 - 기존에 가지고 있던 정보를 새 정보에 연결하여 정보를 유의미한 형태로 저장하는 과정
④ 메타인지 - 사고과정에 대한 지식으로 자신의 인지과정 전체를 지각하고 통제하는 정신활동

■ 정답 및 해설
③ 조직화는 개별 정보들을 공통의 범주로 묶거나 위계 관계를 기준으로 정리하고 구조화하여 처리하는 과정을 말한다. 한편, 새로운 정보를 기존에 알고 있던 정보와 연결함으로써 유의미한 정보로 변형하는 과정은 정교화라고 한다.

**361.** 인지주의 학습전략 중 기존에 가지고 있던 정보를 새로운 정보에 연결하여 정보를 유의미한 형태로 바꾸는 것은? 2019년 국가직 9급

① 정적 강화
② 부적 강화
③ 체계적 둔감화
④ 정교화

■ 정답 및 해설
④ 새로운 정보를 기존에 알고 있던 정보와 연결함으로써 유의미한 정보로 변형하는 과정은 정교화라고 한다. 정교화는 새로운 정보를 기존에 알고 있던 정보와 관련지어 이해하는 과정이며, 정보에 추가적인 의미를 부여하여 해당 정보를 풍부하게 만들어주는 과정이다. 예들 들면 "영수"라는 새로운 친구의 이름을 외울 때, 이미 알고 있던 친구인 "한수"와 관련지어 기억한다거나, "세포"의 기능을 이해하고자 할 때 세포를 "공장"에 비유해서 이해하는 식이다.

**362.** 학습전략에 대한 설명으로 옳지 않은 것은? 2019년 국가직 7급

① 묶기(chunking) - 많은 작은 정보를 몇 개의 큰 묶음으로 처리함으로써 파지할 수 있는 정보의 양을 늘릴 수 있다.
② 심상(imagery) - 정보에 대한 시각적 이미지를 머릿속에 표상하는 전략으로, 개념에 대한 정신적 이미지를 만든다.
③ 정교화(elaboration) - 공통 범주나 유형을 기준으로 새로운 정보를 장기기억에 저장되어 있는 정보와 연결하는 부호화 전략이다.
④ 조직화(organization) - 구체적인 방법으로 개요 작성과 개념도가 있으며, 개념도는 개념 간의 관계를 보여 주고 주제와의 관련성을 도형화하는 것이다.

360 ③  361 ④  362 ③

■ 정답 및 해설
③ 공통 범주나 유형을 기준으로 정보를 재구성하는 것은 조직화 전략이다. 정교화 전략은 새로운 정보와 기존에 알고 있던 정보를 연결하는 전략이다.

363. 다음은 정보처리이론에서 부호화(encoding)를 촉진하기 위한 전략을 설명한 것이다. (가)~(다)에 해당하는 전략을 바르게 짝지은 것은?
2017년 지방직 9급

(가) 개별적 정보를 범주나 유형으로 묶는다. 도표나 그래프, 위계도를 작성하는 것이 그 예이다.
(나) 정보를 시각적인 형태인 그림으로 저장한다. 자동차를 언어적 서술 대신에 그림으로 기억하는 것이 그 예이다.
(다) 새로운 정보를 기존의 지식과 관련짓는다. 학습한 정보를 자신의 말로 바꾸어 보거나 또래에게 설명해 보는 것이 그 예이다.

|    | (가) | (나) | (다) |
|---|---|---|---|
| ① | 정교화 | 심상 | 조직화 |
| ② | 정교화 | 조직화 | 심상 |
| ③ | 조직화 | 정교화 | 심상 |
| ④ | 조직화 | 심상 | 정교화 |

■ 정답 및 해설
④ 정보처리이론에서 부호화는 정보를 장기기억에 저장할 수 있도록 재처리하고 변형하는 과정을 말한다. 정교화, 조직화, 심상, 맥락화 등이 대표적인 부호화 과정이자 촉진 전략이다.
(가) 도표, 그래프, 위계도 등을 활용하여, 개별 정보를 범주나 유형으로 묶거나 위계적 관계를 기준으로 구조화하는 전략은 '조직화'라고 한다.
(나) 정보를 시각적인 형태인 그림으로 저장하는 전략은 '심상' 전략이라고 한다. 인간은 언어적 의미로도 기억을 하지만, 시각적 이미지로도 정보를 저장한다는 점을 활용하는 전략이다.
(다) 학습한 정보를 자신의 말로 바꾸어 보거나 또래에게 설명해 보는 전략은 자연스럽게 새로운 정보와 자신이 기존에 알던 정보들을 연결지어 말하게 하기 때문에 효과적인 정교화 전략이 된다.

기출플러스

• 정보처리(부호화) 전략
 – 조직화와 정교화
 (2012년 중등)

〈조직화〉
• 우리나라의 주요 하천에 대한 학습을 촉진하고자 하천의 흐르는 방향, 특징 등의 범주로 묶은 도표를 제시하면서 설명하였다.
• 식물에 대한 학습을 촉진하고자 식물을 크게 종자식물과 포자식물로, 다시 종자식물을 속씨식물과 겉씨식물로 구분한 위계도(位階圖)를 사용하여 설명하였다.

〈정교화〉
• 인체의 순환기 체계에 대한 학습을 촉진하고자 순환기 체계와 유사한 펌프 체계에 연결하여 설명하였다.
• 우리 주변의 여러 가지 힘 중 마찰력에 대한 학습을 촉진하고자 등산화 밑창, 체인을 감은 자동차 바퀴 등을 사례로 제시하면서 설명하였다.

**364.** 정보처리 이론의 부호화 과정에 해당하지 <u>않는</u> 것은? 2016년 국가직 9급

① 필요한 정보를 도표, 개념지도, 개요 등으로 조직화한다.
② 새로운 정보를 장기기억에 저장되어 있는 선행지식과 연결시키는 작업을 한다.
③ 새로운 정보를 유사하고 유관한 정보 조각과 연합하여 유의미하게 한다.
④ 새로운 자극에 주의를 기울일 수 있도록 화려한 멀티미디어를 사용한다.

### ■ 정답 및 해설

④ 정보처리이론에서 부호화 과정은 정보가 장기기억에 효과적으로 저장될 수 있도록 정보를 재처리하고 변형하는 과정을 말한다. 구체적으로는 정교화, 조직화, 심상화, 맥락화 등이 정교화 과정에 포함된다.
화려한 멀티미디어를 사용하여 새로운 자극에 주의를 기울이도록 하는 것은 학습 내용에 대한 흥미를 유발하고 중요한 정보에 집중하게 만드는 전략으로서, 정보를 감각기억에서 작업기억으로 효율적으로 전달되도록 돕는 역할을 한다.

### ◇ 오답 체크

① 정보를 도표, 개념도, 개요 등으로 '조직화'하는 것은 개별 정보를 범주나 유형으로 묶거나 위계관계를 기준으로 구조화하는 과정으로서, 부호화 과정에 해당한다.
② 새로운 정보를 선행지식과 연결시키는 작업은 정보를 의미를 이해하고 풍부화하는 과정으로서 '정교화' 과정이라고 하며, 부호화 과정에 해당한다.
③ 새로운 정보를 유사하고 유관한 정보들과 연합하여 유의미하게 하는 과정은 새로운 정보와 기존의 정보를 연결짓는 과정에 해당하므로 부호화의 과정 중에서도 '정교화'에 해당한다.

**기출플러스**
• 정보처리(주의) 전략
– 선택적 주의
(2007년 유초등)
최 교사는 공기를 주제로 과학 수업을 하면서 풍선에 공기를 서서히 불어 넣어 학생들 앞에서 터뜨리기도 하고, 판서할 때 중요한 개념 밑에 노란색으로 밑줄을 그어 그 개념을 강조하기도 하였다.

**365.** 인지학습이론(cognitive learning theories)에 기초한 수업방식으로 적절하지 <u>않은</u> 것은? 2013년 국가직 9급

① 관련된 모든 내용을 학생들에게 제공하여 더 많은 정보를 얻게 한다.
② 주어진 내용을 분명하게 조직적으로 제시한다.
③ 학생들의 주의를 환기하고 유지하기 위해 다양성, 호기심, 놀라움을 강조한다.
④ 새로운 내용과 이미 알고 있는 내용을 연결할 수 있도록 도와준다.

### ■ 정답 및 해설

① 인지주의 학습 이론에서는 학습자가 주어진 정보를 효율적으로 처리하고, 자신의 기존 지식과 연관지어 부호화하는 능동적 학습 과정을 중요하게 여긴다. 교사가 관련된 모든 내용을 제시할 경우 학습자는 중요한 내용에 적절한 주의를 기울이지 못하거나 인지적 과부하를 일으켜 정보를 효율적으로 처리하지 못할 수 있다. 또, 지나치게 많이 제공된 정보는 학습자가 정보를 체계적으로 이해하고 유의미하게 부호화하여 학습하는 것을 방해할 수 있다. 따라서 인지주의 학습이론에 따른 수

업에서는 관련된 모든 내용을 다 제공하기 보다는 중요한 내용을 중심으로 조직화하고 학습자가 능동적인 정보 처리 과정을 거칠 수 있도록 심도있는 학습 기회를 제공하는 것이 적절하다.

◇ 오답 체크
② 주어진 내용을 분명하게 조직적으로 제시하는 것은 학습자가 주어진 정보를 체계적으로 구조화하여 이해하도록 돕는다.
③ 학생들의 주의를 환기하고 유지하기 위해 다양성, 호기심, 놀라움을 강조하는 수업방식은 감각기억에 들어 온 정보 중 중요한 정보에 주의를 기울이게 하고 작업기억으로 전달하는 과정을 돕는다.
④ 새로운 내용과 이미 알고 있는 내용을 연결할 수 있도록 하는 수업방식은 학생들로 하여금 새로운 정보를 정교화하여 유의미한 부호화를 할 수 있도록 돕는다.

**366.** 다음 중 정교화와 조직화 전략의 공통적인 기능은?  2004년 유초등

가. 수업 내용의 이해를 도와준다.
나. 작업기억 공간을 유지시켜 준다.
다. 장기기억의 용량을 확장시켜 준다.
라. 정보의 인출을 용이하게 한다.

① 가, 다
② 가, 라
③ 나, 다
④ 나, 라

■ 정답 및 해설
② 정교화와 조직화 전략은 모두 장기기억에 정보를 저장할 수 있독록 정보를 재처리하는 과정인 부호화를 촉진하는 전략에 해당한다.
　가. 정교화나 조직화 전략을 활용하여 유의미한 부호화 과정을 거치면 학습한 정보에 대한 이해가 용이해진다.
　라. 정보가 어떻게 부호화되어 저장되었는지는 인출의 용이성에 영향을 미친다. 새로운 정보가 기존 지식과 강하게 연결될수록, 유사하거나 연관된 정보들이 서로 잘 연결되고 위계적으로 구조화되어 있을수록 정보의 인출이 용이해진다.

◇ 오답 체크
　나. 정보의 처리에 과도한 인지적 노력이 요청될 경우에는 작업기억의 저장 공간이 줄어들 수 있다. 작업기억 공간을 유지시키기 위해서는 제공되는 정보의 양이나 난이도를 적정수준으로 관리하고, 정보처리 과정을 자동화시킬 필요가 있다.
　다. 장기기억의 용량은 무제한이므로 저장 용량을 별도로 확장시켜 줄 필요가 없다. 기억의 용량을 확장시키기 위한 전략이 필요한 것은 작업기억이며, 정보처리의 자동화를 통해 작업기억의 저장용량을 확장시킬 수 있다.

366 ②

## 강서연 교육학

**더 알아두기**
- 부잔의 마인드 맵
정보를 시각적으로 구조화하는 학습 도구로, 창의적인 사고, 기억력 향상, 문제 해결 능력을 증진시키는 데 효과적이라고 알려져 있다. 마인드 맵을 작성할 때에는 중심 주제를 가운데 위치시키고, 가지를 방사형으로 뻗어나가면서 중심 주제와 관련된 하위 개념을 나타낸다. 간단한 키워드를 사용하며, 색상과 이미지를 덧붙이기도 한다.

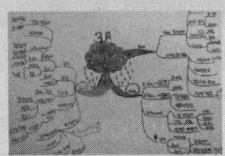

**367.** 다음의 개념들이 공통적으로 강조하는 것으로 가장 적절한 것은?

2007년 유초등

> ○ 부잔(T. Buzan)의 마인드 맵(mind map)
> ○ 파이비오(A. Paivio)의 이중 부호화(dual coding)

① 인지적 갈등 유발  ② 수렴적 사고의 형성
③ 선수지식의 활성화  ④ 정보의 시각적 표현

■ **정답 및 해설**

④ 부잔의 마인드맵은 핵심 주제를 중심으로 관련된 개념들을 위계적으로 배열하여 시각적으로 표현하는 도구이다. 마인드맵은 개념들의 관계를 구조화하고 위계적으로 표현한다는 점에서 조직화 전략인 동시에, 개념들의 관계를 시각적으로 표현한다는 점에서 심상화 전략에 해당하기도 한다. 한편, 파이비오의 이중 부호화란 인간의 기억에서 정보가 언어(의미)적 형태와 시각적 형태로 동시에 처리된다는 점을 설명하는 개념이다. 이러한 특성을 고려할 때 정보를 처리할 때 정보의 언어적 표현 뿐 아니라, 정보의 시각적 표현을 동시에 활용하는 것이 효과적이다. 따라서, 제시된 내용 모두에 해당하는 것은 '정보의 시각적 표현'이다.

**368.** 다음은 학습자의 정보처리과정에 관한 모형이다. ㉠과 관련된 설명으로 옳은 것은?

2004년 중등

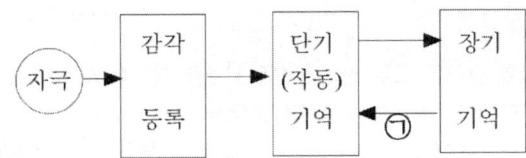

① 정보를 부호화(encoding)한다.
② 정보를 반복해서 읽고 암기한다.
③ 외부에서 유입된 정보를 일시적으로 보유한다.
④ 생각이 날 듯 말 듯 혀끝에서 맴도는 현상이 발생할 수 있다.

■ **정답 및 해설**

④ ㉠은 장기기억에서 단기(작동)기억으로 정보를 가져오는 과정, 즉 장기기억 속의 정보를 의식세계로 떠올리는 과정으로서 '인출'이라고 한다. 이 때, 가끔은 어떤 정보가 생각이 날 듯 말 듯 하지만 혀끝을 맴돌며 기억나지 않기도 하는데, 이를 '설단 현상'이라고 한다. 설단 현상은 기억에 있는 정보의 일부만 인출되고 전체적인 정보에는 도달하지 못하는 상태로, 인출작업의 부분적 실패로 설명된다.

367 ④  368 ④

## 출포 117. 메타인지(상위인지)

🔘 기본서 174~175쪽

**369.** 메타인지(meta-cognition)에 대한 설명으로 옳지 않은 것은?

2017년 국가직 7급

① 자신의 인지과정을 점검하고 조절하는 기능을 한다.
② 시연, 정교화, 조직화와 같이 정보를 처리하는 방식을 의미한다.
③ 사고에 대한 사고, 인지에 대한 인지로 볼 수 있다.
④ 내가 무엇을 알고 무엇을 모르는지에 대한 지식이다.

■ 정답 및 해설
② 시연, 정교화, 조직화와 같이 정보를 처리하는 방식은 인지전략 또는 학습전략이라고 한다. 메타인지는 자신의 인지에 대한 인지로서, 자신의 인지전략을 스스로 계획하고 점검하고 조절하는 정신활동을 의미한다. 즉 메타인지는 자신이 무엇을 알고 무엇을 모르는지를 점검하고, 자신의 인지과정을 조절하여 보다 나은 학습을 계획하는 데 관여하는 정신적 활동을 의미한다.

**370.** 메타인지(metacognition)에 대한 설명으로 옳지 않은 것은?

2015년 국가직 7급

① 메타인지는 자신의 인지를 알고 통제하고 조절하는 것이다.
② 메타인지는 주의·부호화·조직화 등 정보를 처리하는 방식이다.
③ 자신의 학습전략이 효과적인지 아닌지를 판별하는 것도 메타인지의 사례이다.
④ 새로운 개념을 학습할 때 그 이해과정을 모니터하는 것도 메타인지에 포함된다.

■ 정답 및 해설
② 주의, 부호화, 조직화 등 정보를 처리하는 방식은 인지 전략(활동, 과정)에 해당된다. 메타인지는 자신의 인지를 자각하고 평가하고 조절하는 정신적 활동을 의미한다. 예를 들면, '평상시 나를 생각해 볼 때 다시 생각나지 나지 않을 것 같아.'(인지활동에 대한 자각과 평가), '노트에 따로 적어 두는 것이 좋겠어.'(학습전략의 조절) 등과 같이 생각하는 활동에 해당한다.

---

### 암기 POINT
- 메타인지

| | |
|---|---|
| 개념 | 학습과정에 대한 의식적 반성과 통제 인지에 대한 인지, 사고에 대한 사고 |
| 기능 | - 계획: 학습순서 결정, 학습방법 선택<br>- 점검: 학습의 진행상 모니터링<br>- 조절: 부적절한 학습방법 수정<br>- 평가: 학습의 과정 및 결과 평가 |

### 기출플러스
- 메타인지의 활용 사례 (2007년 유초등)

수업 중 한 학생이 다음과 같은 생각을 하였다.
'방금 공부한 것을 노트에 따로 적어두는 것이 좋겠어. 평상시 나를 생각해 볼 때 다시 생각나지 않을 것 같아.'

---

369 ② 370 ②

**371.** 다음은 인간의 정보처리에 관한 모형을 제시한 것이다. (가)에 대한 설명이 아닌 것은?

2009년 유초등

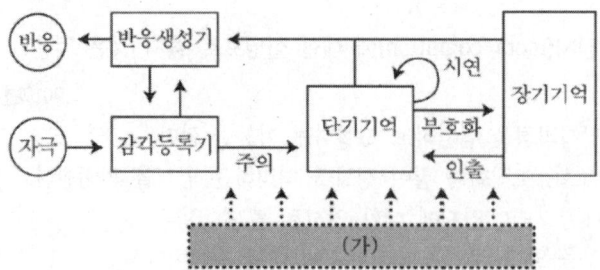

① 정신체계 내에서 정보의 흐름을 통제한다.
② 정신체계의 의식적이고 반성적인 부분이다.
③ 감각등록기부터 입력된 정보를 의미적 부호로 변환한다.
④ 감각입력정보 중에서 무엇에 주의를 기울일 것인지를 결정한다.
⑤ 효율적인 정보처리를 위한 전략을 선택하고 적용하며 모니터한다.

■ 정답 및 해설
③ (가)는 인지에 대한 인지, 사고에 대한 사고로서 메타인지에 해당한다. 감각등록기로부터 입력된 정보를 의미적 부호로 변환하는 과정은 인지과정이라고 한다.

◇ 오답 체크
① 메타인지는 자신의 인지 과정에 대한 자각과 통제로서 정신체계 내에서 정보의 흐름을 통제하는 역할을 한다.
② 메타인지에 의한 정신체계의 통제는 의식적으로 이루어지며, 정보처리 과정을 점검하고 평가한다는 의미에서 반성적인 부분에 해당한다.
④ 메타인지에 의한 통제는 정보처리과정 전반에 영향을 미친다. 감각입력정보 중 무엇에 주의를 기울일 것인지를 결정하는 것부터 어떤 부호화 전략을 사용할 것인지를 결정하는 것까지 인지과정 전반에 메타인지가 작동한다.
⑤ 메타인지는 효율적인 정보처리를 위한 전략을 선택하고 적용하며 모니터한다. 즉 인지전략에 대한 계획, 점검, 평가, 조절 등이 주요한 활동이다.

371 ③

# 05. 학습의 전이

## 출포 118. 학습의 전이 유형     B

기본서 177쪽

**372.** 다음 사례에 해당하는 학습의 전이(transfer)가 아닌 것은?

2023년 지방직 9급

> 수학 시간에 사칙연산을 배우는 것은 가게에서 물건값을 지불하고 잔돈을 계산하는 데 도움을 준다.

① 긍정적(positive) 전이  
② 특수(specific) 전이  
③ 일반(general) 전이  
④ 수평적(lateral) 전이

### ■ 정답 및 해설

③ 일반 전이는 한 영역에서 배운 지식이나 기술이 전혀 다른 상황에 적용될 때의 전이를 의미한다. 일반 전이가 가능한 이유는 학습한 내용과 적용할 상황이 직접적으로 관련이 없더라도, 학습 과정에서 길러진 사고 능력이나 문제 해결 능력에 도움이 되기 때문이다. 예를 들어, 논리적 사고를 요구하는 수학 문제를 풀어본 경험이 나중에 추상적인 철학적 문제를 해결하는 데 도움이 주는 경우를 말한다.

### ◇ 오답 체크

① 긍정적 전이는 선행학습이 후행학습에 도움이 되는 것을 말하며, 부정적 전이는 선행학습이 후행학습을 방해하는 것을 말한다. 수학시간에 배운 것이 물건값 계산을 하는 데 도움을 주었으므로 긍정적 전이에 해당한다.

② 가게에서 물건값 계산도 사칙연산에 기초하므로 수학시간에 사칙연산을 하는 것과 유사한 상황이다. 즉, 선행학습이 이와 유사한 상황에서의 후행학습에 영향을 주는 것이므로 특수전이에 해당한다.

④ 수평적 전이는 한 분야에서 학습한 것이 대등한 수준의 다른 분야를 학습하는 데 도움이 되는 것이며, 수직적 전이는 학습의 위계상 보다 높거나 낮은 수준의 학습에 도움이 되는 것을 말한다. 수학시간에 배운 사칙연산과 유사한 수준에 있는 가게에서의 물건값 계산에 도움이 된 것이므로 수평적 전이에 해당한다.

### 암기 POINT

- 학습의 전이 유형 분류

| | | |
|---|---|---|
| 효과 | 긍정적 전이 | 선행학습이 후행학습을 도움 |
| | 부정적 전이 | 선행학습이 후행학습을 방해 |
| 범위 | 특수 전이 | 선행학습과 유사한 상황에만 |
| | 일반 전이 | 모든 다양한 상황에 전이 |
| 위계 | 수평적 전이 | 유사 수준의 다른 분야에 전이 |
| | 수직적 전이 | 난이도가 높은 수준으로 전이 |

372 ③

**373.** '수학시간에 가감승제를 배운 것이 물리시간에 배우는 공식을 이해하는 데 도움이 되는 것'을 나타내는 전이의 두 가지 종류는?

2014년 국가직 7급

① 긍정적 전이와 수평적 전이
② 부정적 전이와 수평적 전이
③ 긍정적 전이와 수직적 전이
④ 부정적 전이와 수직적 전이

■ 정답 및 해설

① 전이의 유형은 다양한 기준으로 구분된다. 긍정적 전이는 선행학습이 후행학습에 도움이 되는 것을 말하며, 부정적 전이는 선행학습이 후행학습을 방해하는 것을 말한다. 수평적 전이는 한 분야에서 학습한 것이 대등한 수준의 다른 분야를 학습하는 데 도움이 되는 것이며, 수직적 전이는 먼저 학습한 것이 학습의 위계상 보다 높거나 낮은 수준의 학습에 도움이 되는 것을 말한다.

'수학시간에 가감승제를 배운 것이 물리시간에 배우는 공식을 이해하는 데 도움이 되는 것'은 선행학습이 후행학습이 도움이 되었으므로 긍정적 전이에 해당한다. 또, 같은 학년에서 다른 과목의 학습에 도움이 된 것으로 볼 수 있으며, 따라서 유사한 수준에서의 학습에 도움이 된 것이므로 수평적 전이에 해당한다.

## 출포 119. 학습의 전이 이론

 기본서 177~178쪽

**374.** 학습의 전이에 대한 설명으로 옳지 않은 것은?   2018년 국가직 7급

① 특정 장면에서 학습한 내용이 다른 장면의 학습에 영향을 미치는 것을 말한다.
② 일반적으로 원래의 학습장면과 새로운 학습장면이 다를수록 전이가 촉진된다.
③ 학습 원리를 학습자 스스로가 경험할수록 전이가 촉진된다.
④ 다양한 사례와 충분한 연습의 기회를 제공할수록 전이가 촉진된다.

■ 정답 및 해설

② 전이는 특정한 상황에서 학습한 지식이나 기술이 새로운 상황에서의 학습에 영향을 미치는 것을 말한다. 일반적으로 원래의 학습장면과 새로운 학습장면이 유사할수록 전이가 촉진된다. 그 외에도, 선행학습과 후행학습 사이의 시간간격이 짧을수록, 선행학습의 정도가 철저할수록, 학습자가의 학습태도가 적극적일수록, 학습시간이 충분할수록 학습의 전이효과가 높다.

**암기 POINT**

- 학습의 전이 이론

| 형식도야설 | 정신능력의 훈련으로 모든 분야에 전이 |
|---|---|
| 동일요소설 | 동일한 요소(내용)이 있는 경우에 전이 |
| 일반화설 | 동일한 원리가 적용되는 경우에 전이 |
| 형태이조설 | 요소들 간의 관계가 동일한 상황에 전이 |
| 상황학습설 | 다양한 사례와 충분한 연습이 전이 촉진 |

373 ① 374 ②

### 375. 다음의 내용에 부합하는 학습 전이 이론은?

> ○ 두 학습과제 간에 원리가 동일하거나 유사할 때 전이가 이루어진다.
> ○ '지식의 구조'를 강조하는 브루너(J. S. Bruner) 등의 학문중심 교육과정에서 지지되고 있다.
> ○ 수중 30cm 깊이에 있는 표적 맞추기 실험을 했을 때 굴절의 원리를 배운 학생들이 배우지 않은 학생들보다 표적을 잘 맞추었다.

① 일반화설
② 동일요소설
③ 형식도야설
④ 형태이조설

**2008년 유초등**

---

■ **정답 및 해설**

① 학습의 전이에 관한 이론 중에서 두 학습과제 간에 원리가 동일하거나 유사할 때 전이가 일어난다고 보는 이론은 일반화설이다. 1908년 주드(Judd)의 실험 연구에 기초한 이론으로, 동일원리설이라고도 한다. 주드의 실험은 물리학의 원리(예 굴절의 원리)를 이해하는 것이 이 원리가 적용되는 문제(예 수중의 표적 맞추기)를 해결하는 데 효과적이라는 것을 확인하였다. 즉, 단순한 훈련이나 반복 학습보다는 원리에 이해를 기반으로 한 학습이 새로운 문제에의 전이 가능성을 높인다는 것이다. 일반화설은 일반화된 원리를 학습하는 것의 중요성을 지지하였으며, 이후 부르너의 학문중심 교육과정의 기초가 되었다. 일반화설은 동일요소설의 확장으로 이해되기도 한다.

◇ **오답 체크**

② 동일요소설은 1903년 손다이크(Thorndike)가 제시한 이론으로, 학습의 전이가 일어나기 위해서는 두 학습과제 간에 동일요소가 존재해야 한다는 이론이다. 즉 선행학습과 후행학습 간에 내용이나 방법에 있어서 동일한 요소나 활동이 존재하는 경우에 전이가 잘 일어난다는 이론이다. 일반전이의 가능성을 주장한 형식도야설에 대립되는 주장에 해당한다.

③ 형식도야설에서는 인간의 마음은 기억력, 추리력, 주의력, 상상력 등 몇 개의 일반 정신능력으로 구성되어 있으며, 이러한 정신능력들을 단련하면 어떤 상황에서도 적용할 수 있다고 본다. 형식도야설은 각각의 정신능력을 개발하는 데 적합한 교과가 따로 있다고 주장한다. 예컨대, 고전어는 기억력을, 수학은 추리력을, 음악은 감정을 기르는 데에 적합하기 때문에 배워야 한다는 식이다. 이러한 교과의 학습을 통해 훈련된 정신 능력은 어떤 상황에도 일반적으로 적용될 수 있다고 보는 이론으로서, 일반전이의 가능성을 높게 본다.

④ 형태이조설은 형태주의 심리학자들이 주장하는 전이이론으로서, 학습장면을 구성하고 있는 요소들 간의 관계를 파악(통찰)하거나 학습할 문제의 구조적 성질을 이해하였을 때 전이가 일어난다고 보는 이론이다. 예를 들어, 평행사변형 면적을 계산하는 문제에서 평행사변형의 구조적 성질을 파악한 집단은 기계적으로 면적을 계산한 집단에 비해 전이 문제에서 높은 성취를 보인다는 것이다.

---

**기출플러스**

• 학습의 전이에 대한 관점 – 형식도야설 (2006년 중등)

진 영: 학교에서는 실생활에 도움도 되지 않는 수학을 왜 그렇게 많이 가르치지요?

최 교사: 수학공부가 당장 쓸모는 없어 보여도 논리력을 길러주어 그 능력을 장래 여러 가지 일에 발휘할 수 있게 해주기 때문이지. 마치 운동을 열심히 하면 근력이 길러져서 힘든 일을 더 잘 할 수 있는 것과 같은 이치지.

375 ①

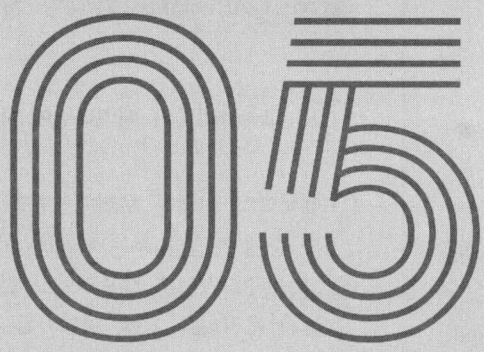

# CHAPTER 05 교육사회학

1. 교육사회학의 이해
2. 새로운 교육사회학
3. 교육과 사회평등
4. 학업성취격차와 학력상승 이론
5. 교육평등의 관점과 정책
6. 교육개혁과 대안교육

# 1. 교육사회학의 이해

## 01. 교육사회학의 발달 과정

### 출포 120. 교육사회학의 발달 과정

● 기본서 183쪽

**376.** 교육사회학의 패러다임에 대한 설명으로 옳지 않은 것은?

2013년 국가직 7급

① 해석학적 관점은 사회구성원과 행위자의 행위 및 상호작용, 학교의 내적 상황 등에 초점을 두는 미시적 접근이다.
② 갈등주의 관점은 자본주의 사회에서 학교가 지배계급에게 유리하게 작용함으로써 물신화와 소외, 비인간화 등을 가져오는 것에 대한 비판적 접근이다.
③ 기능주의 관점에서 교육은 사회체계를 이루는 한 부분인 동시에 독립적으로 하나의 소사회인 교육체계를 형성한다.
④ 신교육사회학적 관점에서는 교과과정의 효율성과 학교교육의 외적 과정에 관심을 갖는다.

■ **정답 및 해설**

④ 신교육사회학에서는 교과과정의 사회·정치적 성격과 학교교육의 내적 과정에 관심을 갖는다. 즉, 신교육사회학에서는 학교에서 가르치는 지식과 사회의 정치적 권력 사이의 관계에 대해서 탐구하며, 다른 한편으로는 학교 내에서 이루어지는 사회적 상호작용의 사회적 의미를 탐구한다.

◇ **오답 체크**

① 해석학적 관점은 1970년대 이후 등장한 교육사회학의 새로운 접근으로, 학교의 내적 상황을 심층적으로 이해하는 데 중점을 둔다.
② 갈등주의 관점은 사회를 구성하는 집단들 간의 경쟁과 갈등이 연속되는 곳으로, 사회의 각 기관은 권력을 가진 집단에 유리하게 작동한다고 본다. 자본주의 사회에서는 지배계급(자본가)와 피지배계급(노동자)이 갈등하고 있으며, 지배계급에게 유리한 교육은 자본이나 상품을 물신화하고, 피지배계를 비인간화하고 소외시키고 있다고 본다.
③ 기능주의 관점에서는 사회가 유기체와 같이 각 부분들이 전체 사회의 생존을 위해 상호의존인 체계를 가지고 있다고 본다. 즉 사회체계의 한 부분인 교육은 전체 사회의 유지와 발전에 기여하는 기능을 수행하는 동시에, 교육이라는 영역 또한 하나의 독립적으로 하나의 소사회인 교육체계를 형성하고 있다고 본다. 특히 이러한 관점을 구조기능주의 또는 사회체제이론이라고 한다.

376 ④

---

**더 알아두기**

• **물신화(fetishism)**
물신화는 사물에 고유의 가치가 부여된 것처럼 생각하고 그것에 집착하는 것을 말한다. 사물을 생산하는 과정에서 부여된 인간의 노동과 사회적 관계가 가려지면서 사물이 마치 독립적으로 의미를 지닌 것처럼 여겨지는 것을 지적하는 개념이다. 마르크스의 자본주의 비판에서 비롯되었다.

**암기 POINT**

• 교육사회학의 발달과정

| 구분 | 접근 방법 | 주요 개념 |
|---|---|---|
| 기능론 | 거시적 실증적 객관적 법칙적 | 사회구조 사회제도 계층관계 |
| 갈등론 | | |
| 신교육 사회학 | 미시적 해석적 주관적 귀납적 | 교육내용 교육과정 상호작용 생활세계 |

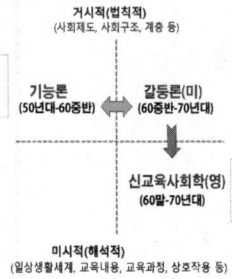

377. 교육에 대한 기능이론과 갈등이론의 공통점으로 볼 수 없는 것은?

2010년 국가직 7급

① 교육을 정치·경제적 구조의 종속변수로 본다.
② 교육을 기존의 사회구조와 문화를 그대로 반영한 것으로 본다.
③ 인간과 사회의 관계에서 인간의 수동성을 가정한다.
④ 교육현상에 대해 미시적으로 접근한다.

■ 정답 및 해설
④ 기능이론과 갈등이론은 구교육사회학으로서 사회와 교육의 관계를 거시적으로 탐구한다. 이와 달리, 기존의 접근방법을 비판하며 등장한 신교육사회학에서는 교육현상에 대해 미시적으로 접근할 것을 주장한다.

◇ 오답 체크
① 기능이론과 갈등이론은 사회를 바라보는 관점은 상이하지만, 두 이론 모두 사회의 정치경제적 구조가 인간의 행위를 결정한다고 보는 관점을 공유한다. 즉 사회의 정치경제적 구조는 독립변수이며, 교육은 그것의 종속변수라고 본다.
② 기능이론과 갈등이론은 교육을 기존 사회의 구조와 문화를 그대로 반영한 것으로 본다. 기능이론의 관점에서 교육은 기존 사회의 문화와 가치를 반영하며 이를 후속세대에게 전수하는 기능을 한다. 갈등이론의 관점에서 교육은 기존 사회의 불평등한 사회구조를 재생산하며 지배층의 문화를 정당화하는 역할을 한다.
③ 기능이론과 갈등이론은 인간의 행위가 사회의 구조에 의해 결정된다고 본다. 즉 인간은 수동적 존재로서 사회구조에 순응적으로 행동한다고 본다.

암기 POINT
• 구교육사회학과 신교육사회학

| | 구교육사회학 | 신교육사회학 |
|---|---|---|
| 연구 목적 | 과학적 법칙 추구 | 행위자의 의미 이해 |
| 인간 | 수동적 존재 | 능동적 존재 |
| 연구 대상 | 학교와 전체 사회의 관계 | 학교 내부의 교육과정, 상호작용 |
| 연구 관점 | 거시적 관점 | 미시적 관점 |
| 관련 이론 | 기능이론 갈등이론 | 저항이론 상징적 상호작용론 |

## 02. 기능론과 갈등론의 개관

### 출포 121. 기능론적 교육사회학의 관점

기본서 184~185쪽, 187쪽

378. 기능주의 관점에서 학교 교육을 설명하는 내용으로 옳지 않은 것은?

2023년 국가직 7급

① 학교 교육은 공동체 의식과 사회적 연대를 강화하는 역할을 한다.
② 학교 교육은 기존 이념을 전수할 뿐 새로운 이념을 창출하지는 않는다.
③ 학교 교육은 사회의 한 부분으로서 전체 사회를 유지하는 기능을 담당한다.
④ 학교 교육에서의 성취 수준에 따라 사회적 지위가 달라지는 것을 공정하다고 간주한다.

377 ④  378 ②

**암기 POINT**

- 기능론적 관점에서 본 학교교육의 사회적 기능

| | |
|---|---|
| 문화전달 | 문화유산 전달, 사회적응, 사회화 |
| 사회통합 | 지적·정서적 일체화, 동질성 유지 |
| 사회충원 | 분야별 인력 양성, 선발, 분류, 배치 |
| 사회이동 | 능력주의에 따른 사회적 지위 배분 |
| 사회혁신 | 사회혁신 보급, 사회변화, 문제해결 |

■ 정답 및 해설

② 기능론적 교육사회학에서는 학교 교육의 사회적 기능에는 문화전달, 사회통합, 사회충원, 사회이동, 사회혁신 등이 포함된다고 본다. 즉, 학교 교육은 문화전달의 측면에서 기존 이념을 전수하는 기능을 하지만, 사회혁신의 측면에서 새로운 이념을 창출하고 사회문제의 해결과 사회발전을 도모하는 기능도 수행한다고 본다.

◇ 오답 체크

① 기능론적 관점에서 본 학교교육의 기능 중 하나로 사회통합의 기능이 있다. 즉 학교 교육은 공동체 의식과 사회적 연대를 강화하여 사회의 동질성을 유지하고 통합된 집단으로 형성하는 역할을 한다.

③ 기능론적 관점에서는 사회를 구성하는 각 부분들을 사회 전체의 존속에 공헌하는 기능을 수행한다고 본다. 이러한 관점에서 볼 때, 학교교육은 사회의 한 부분으로서 사회의 안정과 질서 유지에 기여하는 기능을 수행한다.

④ 기능론적 관점에서는 학교교육이 능력주의 원칙에 따라 인재를 선발하고 적재적소에 배치하는 역할을 하며, 이러한 능력주의 원칙은 사회의 공정성을 유지하는 기본 원리가 된다고 본다. 즉 학교 교육에서의 성취 수준에 따라 사회적 지위가 달라지는 것을 공정하다고 간주한다.

**379.** 다음에 해당하는 교육의 사회적 기능은?  2022년 국가직 9급

○ 산업구조와 사회구조의 급격한 변화에 대응하는 인력 수급의 기능을 담당한다.
○ 사회의 존속을 위해 필요한 다양한 기능에 적합한 학생을 교육하여 적재적소에 배치한다.

① 문화전승의 기능  ② 사회이동의 기능
③ 사회통합의 기능  ④ 사회충원의 기능

■ 정답 및 해설

④ 사회가 필요로 하는 인력을 공급해 주는 역할을 하는 기능을 사회충원의 기능이라고 한다.

◇ 오답 체크

① 문화전승의 기능 - 기존의 사회의 문화유산을 새로운 사회구성원에게 전수하는 기능
② 사회이동의 기능 - 능력있는 인재를 선발하여 기존의 지위보다 높은 지위로 이동하는 것을 촉진하는 기능
③ 사회통합의 기능 - 사회 구성원들이 공통적인 감정, 신념, 태도, 의식을 갖게 하여 사회의 동질성을 유지·강화하고 통합된 집단을 형성하는 기능

379 ④

## 380. 학교교육에 대한 기능론적 관점으로 옳은 것만을 모두 고른 것은?

2016년 지방직 9급

ㄱ. 기존의 계층 간 사회 불평등을 유지·심화한다.
ㄴ. 자본주의 이데올로기에 순응하는 노동력을 양산한다.
ㄷ. 개인을 능력에 따라 합리적으로 분류·선발·배치한다.
ㄹ. 사회구성원에게 보편적 가치를 내면화하여 구성원의 동질성을 확보한다.

① ㄱ, ㄴ
② ㄷ, ㄹ
③ ㄱ, ㄴ, ㄷ
④ ㄴ, ㄷ, ㄹ

### ■ 정답 및 해설

② 기능론적 관점에서는 학교교육이 사회화와 선발의 기능을 수행한다고 본다.
   ㄷ. 선발의 기능이란 학교가 개인을 능력에 따라 분류·선발·배치하는 기능을 말한다. 학교가 선발 기능을 담당하는 것은 공정하며 합리적인 것으로 이해된다.
   ㄹ. 사회화의 기능이란 학교가 사회구성원에게 보편적 가치와 규범을 내면화시킴으로써 사회 구성원의 동질성을 확보하고 사회를 통합시키는 역할을 한다는 것이다.

### ◇ 오답 체크

ㄱ. 학교는 계층 간 불평등을 유지·심화한다고 보는 것은 갈등론적 관점이다. 즉 학교가 기존 사회의 불평등 구조를 재생산하는 기능을 한다고 본다.
ㄴ. 학교가 자본주의 이데올로기에 순응하는 노동력으로 양산하는 기능을 한다고 보는 것은 갈등론적 관점이다. 즉 학교가 학생들을 자율적인 사회 구성원으로 길러내는 데 힘쓰기 보다는, 자본주의 체제를 유지하는 데 필요한 순응적인 노동력으로 길러내는 데 중점을 두고 있다고 본다.

### 기출플러스

- 기능론적 관점에서 본 학교교육과 사회의 관계 (2007년 중등)
- 학교교육은 중요한 사회적 선발 장치이다. (○)
- 학교의 교육과정을 통해 지배집단의 문화가 재생산된다. (×)
- 학교는 개인의 사회적 지위 획득을 위한 집단 간 지위경쟁의 장이다. (×)
- 학교의 교육내용은 보편적 가치와 사회 구성원의 합의에 기초하여 선정되는 것이다. (○)

## 381. 학교교육의 사회적 기능에 대한 기능주의적 관점으로 볼 수 없는 것은?

2016년 국가직 9급

① 사회구성원을 선발·분류하여 적재적소에 배치한다.
② 체제 적응 기능을 수행해 전체 사회의 유지에 기여한다.
③ 지배집단의 신념과 가치를 보편적 가치로 내면화시킨다.
④ 새로운 세대에게 기존 사회의 생활양식, 가치와 규범을 전수한다.

### ■ 정답 및 해설

③ 기능주의적 관점에서는 사회의 여러 집단과 구성원들 사이에 주요한 정서, 가치관 및 신념체계에 있어서 합의된 기반을 가지고 있다고 본다. 이에 따라 학교가 가르치는 신념과 가치는 사회 전체가 합의한 보편적 가치를 반영하고 있다고 본다.
이와 달리, 학교가 지배집단의 신념과 가치를 보편적 가치로 정당화하고 이를 학생들에게 내면화시키는 기능을 하고 있다고 보는 것은 갈등론적 관점에 해당한다.

380 ② 381 ③

**382.** 학교교육의 다양한 사회적 기능 중 다음 설명에 해당하는 것은?

2012년 국가직 9급

> 현대사회는 귀속적 지위보다 업적적 지위를 더 중요시한다. 예컨대, 개인의 학업 성적이나 전문 지식과 기술 등을 바탕으로 획득한 지위를 가정 배경이나 종교, 성별 등에 따라 주어지는 지위보다 더 중요하게 여기는 것이다. 업적적 지위의 획득에 필요한 개인의 전문적 지식이나 기술은 주로 학교교육을 통하여 습득되기 때문에, 현대사회에서 학교교육은 개인이 자신의 사회적 지위를 향상시키는 데 필요한 조건이나 능력을 마련해 주는 기능을 수행한다고 할 수 있다.

① 사회이동　　② 사회충원
③ 사회통합　　④ 사회혁신

■ 정답 및 해설
① 능력주의 사회에서 학교교육을 통해 개인의 능력을 향상시키고 이를 통해 사회적 상승이동을 촉진하는 기능에 대한 설명이므로, 사회이동의 기능에 해당된다.

◇ 오답 체크
④ 사회혁신이란 학교가 새로운 사회에서 요구되는 지식, 기술, 태도 등을 교육함으로써 미래사회의 변화를 주도하고 혁신을 창출하는 역할을 하는 것을 말한다.

**383.** 다음의 내용과 가장 가까운 교육의 사회적 기능은?

2007년 유초등

> ○ 남북한이 통일되면 남북한 학생의 이질성을 극복하기 위한 교육이 시급한 과제가 될 것이다.
> ○ 학교에서는 사회 구성원들의 지역, 계층 및 인종 사이의 문화적 차이를 극복하기 위한 공통 교육과정을 운영한다.

① 통합　　② 선발
③ 충원　　④ 문화전승

■ 정답 및 해설
① 통일된 남북한이 이질적인 국가 구성원들에게 공통의 문화와 가치, 신념, 지식 등을 가르쳐 동질성을 확보하고 하나의 집단으로 형성하는 기능에 대한 설명이므로, 사회통합의 기능에 해당된다.

382 ①　383 ①

## 출포 122. 갈등론적 교육사회학의 관점

> 기본서 185~186쪽

**384.** (가), (나)에 들어갈 말을 바르게 나열한 것은?  `2022년 지방직 9급`

| (가) |은 학교가 개인을 사회적 존재로 성장시킨다고 본다. 학교는 능력주의에 따라 학생을 선발하고 교육 수준에 따라 인재를 적재적소에 배치하는 기능을 한다. 반면, | (나) |은 학교가 기존의 불평등한 계층구조를 재생산한다고 본다. 학교는 교육내용뿐만 아니라 교육분위기를 통해 기존의 계층구조를 정당화하는 교육을 한다.

|   | (가) | (나) |
|---|------|------|
| ① | 기능주의적 관점 | 갈등론적 관점 |
| ② | 갈등론적 관점 | 기능주의적 관점 |
| ③ | 해석적 관점 | 기능주의적 관점 |
| ④ | 현상학적 관점 | 갈등론적 관점 |

### ■ 정답 및 해설

① (가) 학교가 개인을 사회적 존재로 길러내는 사회화 기능을 수행하며, 능력에 따라 학생을 선발하고 적재적소에 배치하는 기능을 수행한다고 보는 관점은 기능주의적 관점이다. 기능주의적 관점은 사회를 유기체에 비유하며, 사회를 구성하는 각 부분들은 전체의 존속에 공헌하는 기능을 한다고 보는 관점이다. 이러한 관점에서 볼 때, 학교의 사회적 기능의 핵심은 사회화와 선발 기능이다.

(나) 학교가 기존 사회의 불평등한 계층구조를 재생산하며, 학교에서 가르치는 교육과정은 기존의 계층구조를 정당화하는 역할을 한다고 보는 관점은 갈등론적 관점이다. 갈등론적 관점은 사회를 구성하는 개인과 집단들 사이에는 불평등한 권력관계가 존재하며, 지배계층은 제도적 장치들을 이용하여 자신들의 권력을 유지하고 있다고 본다. 학교는 지배계층에게 유리한 이데올로기를 공식적·비공식적 교육과정에 반영함으로써 기존의 불평등한 계층구조를 정당화하며 재생산하는 역할을 하고 있다고 본다.

### ◇ 오답 체크

③ 해석학적 관점은 신교육사회학의 접근방법으로, 학교 내부에서 일어나는 상호작용의 과정 속에서 행위자들이 자신과 타인의 행위에 대해 부여하는 의미와 그에 대한 해석을 이해하는 데 중점을 두는 관점을 말한다. 해석학적 관점에서는 학교에서 가르치는 교육과정 및 교사와 학생의 상호작용에 관심을 가진다.

④ 현상학적 관점은 신교육사회학의 접근방법으로, 기존의 개념이나 이론의 틀로 세상을 이해하기보다는 우리가 체험하는 세계를 있는 그대로 탐구하여 그것의 본질적 의미를 새롭게 발견하는 데 중점을 두는 관점이다. 현상학 관점에서도 학교에서 가르치는 지식과 교사-학생의 상호작용에 관심을 둔다.

### 암기 POINT

- 기능론과 갈등론 비교 : 학교교육의 사회적 기능

| 기능론 | 갈등론 |
|--------|--------|
| · 보편적 지식·가치 전달 | · 지배 이데올로기 정당화 |
| · 구성원의 동질성 확보 | · 계층 간 차별적 사회화 |
| · 능력에 따른 선발과 배치 | · 순응적인 노동력 양산 |
| · 사회이동과 평등화 촉진 | · 계층 간 불평등 재생산 |
| 긍정적 측면 강조 | 부정적 측면 강조 |

384 ①

**기출플러스**

- 기능론과 갈등론의 비교 (2006년 중등)

〈기능론적 관점〉
- 학교는 사회생활에 필요한 보편적 가치를 어린 세대에게 가르친다.

〈갈등론적 관점〉
- 학교는 이데올로기적 국가 기구이다.
- 학교 시험은 지배적 문화와 가치관을 주입시키는 도구이다.
- 학교는 자본주의 사회의 생산관계를 재생산하는 데 기여한다.

---

**385.** 학교교육의 기능을 보는 관점이 다른 것은?  
　　　　　　　　　　　　　　　　2019년 국가직 9급

① 학교는 불평등한 경제적 구조를 재생산한다.
② 학교의 문화전달과 사회통합적 기능을 높이 평가한다.
③ 학교는 능력에 맞게 인재를 사회의 적재적소에 배치하는 데 기여한다.
④ 학교교육의 사회화 기능을 긍정적으로 평가한다.

■ **정답 및 해설**

① 학교가 불평등한 정치·경제적 구조를 재생산하고 있다고 보는 관점은 갈등론적 관점에 해당한다. 갈등론적 관점은 학교교육의 기능 중 부정적 측면을 강조하는 경향이 있다.

◇ **오답 체크**

② 기능론적 관점에서는 학교의 사회적 기능을 문화전달, 사회통합, 사회충원, 사회이동, 사회혁신 등으로 설명한다. 이 중 문화전달 기능이란 학교가 기존 사회의 전통과 문화유산을 전달하고 사회구성원으로서 사회체제에 적응하게 하는 기능을 수행한다는 것이다. 사회통합 기능이란 교육이 사회 구성원을 지적·정서적으로 일체화하여 동질성을 유지하고 공동체의식을 길러 사회를 통합시키는 기능을 한다는 의미이다. 기능론적 관점에서는 이러한 학교교육의 기능을 긍정적으로 본다.

③ 기능론적 관점에서는 학교가 능력주의 원칙에 의해 인재를 선발하고 분류하며 적재적소에 배치하는 기능을 수행한다고 본다. 학교의 이러한 선발 기능은 사회를 보다 합리적으로 운영되게 하는 토대가 된다고 보고, 긍정적으로 평가한다.

④ 기능론적 관점에서는 학교가 새로운 세대에게 사회의 보편적 가치와 규범, 생활양식을 가르쳐 사회 구성원으로 길러내는 사회화의 기능을 수행한다고 보고, 이를 긍정적으로 평가한다.

---

**386.** 갈등론적 관점에서의 학교교육에 대한 설명으로 옳지 않은 것은?  
　　　　　　　　　　　　　　　　2013년 국가직 9급

① 학교교육의 기능을 부정적, 비판적으로 본다.
② 학교교육은 기존의 사회구조를 재생산한다.
③ 학교교육은 사회의 안정과 질서에 기여하는 제도이다.
④ 학교교육은 계급구조와 불평등을 정당화한다.

■ **정답 및 해설**

③ 갈등론적 관점은 계급(계층)을 중심으로 사회구조를 이해하는 마르크스와 베버의 이론에 기초해 있다. 이들은 기존의 사회구조는 지배계급이 피지배계급의 이익을 불합리하게 착취하여 독점하는 불평등한 상태에 있다고 본다.
학교교육은 기존의 불평등한 사회구조를 재생산하는 기능과 이러한 불평등한 구조를 정당한 것으로 인식하게 하는 기능을 수행하고 있다고 본다. 이러한 점에서 학교는 보다 평등한 사회로 발전하는 것을 가로막는 역할을 하고 있으므로, 비판받아 마땅하고 지적한다.

385 ①　386 ③

반면, 기능론적 관점에서는 사회의 각 부분들이 전체 사회의 유지와 발전을 위해 서로 조화와 균형을 이루고 있다고 본다. 이러한 관점에서, 학교교육은 사회의 안정과 질서 유지에 기여하는 긍정적 기능을 수행하는 제도로 이해된다.

### 387. 갈등이론(conflict theory)에 대한 설명으로 옳지 않은 것은?

2008년 국가직 9급

① 사회제도와 각 집단은 서로 다른 목적과 이해관계를 추구한다.
② 사회관계는 지배와 피지배관계로 설명된다.
③ 학교는 사회적 불평등을 재생산하는 제도적 장치에 불과하다.
④ 사회는 유기체와 마찬가지로 각 부분이 전체의 존속을 위해 각기 기능을 수행한다.

■ 정답 및 해설
④ 갈등이론은 사회의 각 부분들이 서로 상충되고 모순되며, 각 부분들이 서로 대립하고 갈등하고 경쟁하는 과정 속에서 사회의 변화와 발전에 기여하는 기능을 수행한다고 본다.
유기체와 같이, 사회의 각 부분이 전체의 존속을 위해 기능한다고 보는 것은 기능이론이다. 기능이론은 사회의 각 부분이 조화, 균형, 합의를 이룰 때 사회의 존속과 유지·발전이 가능하며, 갈등은 사회발전을 저해한다고 본다.

### 388. 다음 대화에서 학교교육에 관한 기능론적 관점에 가까운 얘기를 한 교사들은?

2009년 유초등

| 김 교사 : 요즘, 교과서에 대해 말이 많죠? 역시 교과서 내용은 특정 집단의 입장이 반영된 것이라는 생각을 하게 되요.
| 최 교사 : 글쎄요. 교과서는 모든 국민들이 합의하고 있는 내용을 담은 것이라 생각해요.
| 박 교사 : 그나저나 요즘은 집안형편이 어려운 학생들이 점점 대학에 진학하기 어려운 것 같아요.
| 정 교사 : 좋은 성적을 받아서 명문대학에 가려면 부유한 집에 태어나는 게 유리하죠.
| 민 교사 : 그래도 학교는, 가난하지만 노력하는 학생들에게 기회를 주는 곳이라고 봐요.

① 김 교사, 최 교사  ② 김 교사, 민 교사
③ 박 교사, 정 교사  ④ 최 교사, 정 교사
⑤ 최 교사, 민 교사

387 ④  388 ⑤

**■ 정답 및 해설**

⑤ 최 교사 : 기능론적 관점에서는 학교가 사회의 보편적인 가치와 규범, 생활양식을 가르쳐 사회의 동질성을 유지하는 역할을 한다고 본다. 따라서 교과서가 보편적으로 합의한 내용으로 구성된다고 보는 최 교사의 관점은 이에 부합한다.

민 교사 : 기능론적 관점에서는 학교가 능력에 따라 학생들을 적재적소에 선발, 분류, 배치하는 역할을 한다고 본다. 따라서 학교는 부모의 사회경제적 배경에 관계없이 학생 본인의 능력을 바탕으로 사회적 계층이동의 기회를 제공하는 평등화 장치의 역할을 가지고 있다고 본다. 따라서 학교는 가난하지만 노력하는 학생들에게 기회를 제공한다고 보는 민 교사의 관점은 기능론적 관점에 부합한다.

**◇ 오답 체크**

김 교사 : 갈등론적 관점에서는 학교는 지배집단의 이데올로기를 정당화하고 내면화하는 기능을 한다고 본다. 교과서는 특정 집단의 입장이 반영된 것이라고 보는 김 교사의 관점은 갈등론적 관점에 해당한다.

박 교사, 정 교사 : 갈등론적 관점에서는 가정의 사회경제적 배경이 학생들의 학업성취에 큰 영향을 미치며, 이로 인해 기존 사회의 계층 간 격차가 교육을 매개로 재생산된다고 본다. 가정의 사회경제적 수준이 대학 진학이나 명문대학 입학에 영향을 미친다고 보는 박 교사와 정 교사의 관점은 갈등론적 관점에 해당된다.

## 출포 123. 기능론적 관점의 주요 이론

기본서 184쪽

**389.** 다음 내용과 다른 입장을 가진 교육사회학자는?   2015년 지방직 9급

> ○ 사회를 유기체에 비유한다.
> ○ 사회의 각 부분은 상호의존적이다.
> ○ 학교의 사회적 기능은 사회화, 선발 및 배치에 있다.
> ○ 사회의 각 부분은 사회 전체의 유지와 조화에 기여한다.

① 파슨스(T. Parsons)   ② 드리븐(R. Dreeben)
③ 뒤르켐(E. Durkheim)   ④ 번스타인(B. Bernstein)

**■ 정답 및 해설**

④ 사회를 유기체에 비유하여, 사회의 각 부분이 사회 전체의 유지와 조화에 기여할 수 있도록 상호의존적으로 구성되어 있다고 보는 관점은 기능론적 관점이다. 이들은 학교가 사회화, 선발 및 배치 기능을 수행한다고 본다. 뒤르켐, 파슨스, 드리븐은 기능론적 관점의 교육사회학자로서 제시된 내용에 부합한다.

반면, 번스타인은 계급 간 언어 차이가 불평등의 재생산에 미치는 영향을 분석한 학자로서, 갈등론적 관점에 속해 있다.

**암기 POINT**

• 기능론과 갈등론 주요 이론

| 기능론 | 갈등론 |
|---|---|
| 사회화 이론<br>- 뒤르켐<br>- 파슨스<br>- 드리븐 | 재생산 이론<br>- 보울즈·긴티스<br>- 부르디외<br>- 알튀세르 |
| 기술기능이론<br>발전교육론<br>인간자본론 | 지위경쟁이론<br>종속이론<br>의식화이론 |

389 ④

**390.** 교육이론을 기능주의 이론과 갈등주의 이론으로 구분할 때, 기능주의 이론에 해당하는 것은?
2021년 국가직 7급

① 인간자본론
② 재생산이론
③ 종속이론
④ 저항이론

■ 정답 및 해설

① 기능주의 교육이론은 교육이 사회의 통합, 유지, 발전에 기여하는 기능을 수행하고 있다고 본다. 이러한 관점의 이론들에는 사회화이론, 기술기능이론, 발전교육론, 인간자본론 등이 포함된다. 이 중 인간자본론은 교육을 인적자본의 생산성 향상을 위한 투자행위로 본다. 결국 교육에 대한 투자는 노동자의 생산성을 향상시켜 개인의 소득 향상 및 기업과 국가의 발전에 기여한다고 본다.

◇ 오답 체크

② 재생산이론은 교육이 기존 사회의 불평등한 계층구조를 재생산하는 역할을 한다고 보는 이론으로, 갈등주의 교육이론에 포함된다.
③ 종속이론은 교육을 통해 제국주의 국가(중심부)와 식민지 국가(주변부) 국가 사이의 불평등한 국제질서가 유지·존속된다고 보는 이론으로, 갈등주의 이론이다.
④ 저항이론은 교육이 단순히 학생들에게 사회적 가치를 주입하는 것이 아니라, 학생들이 이를 비판적으로 수용하거나 거부할 수 있음을 강조하는 이론이다. 저항이론은 갈등이론과 상징적 상호작용론의 영향을 받았으며, 교육이 사회 불평등을 재생산하는 과정에서 학생들이 능동적으로 저항하는 과정과 방식에 초점을 맞춘다.

**391.** 다음은 학교교육의 사회적 기능에 대한 관점 중 하나이다. 이 관점에 대한 설명으로 옳지 않은 것은?
2011년 중등

> 사회를 구성하고 있는 각 요소는 전체의 존속에 공헌한다. 각 구성요소들은 서로 영향을 미치는 상호의존적 관계에 있으며, 전체적으로 조화롭게 통합되어 있다. 지각·정서·가치관·신념체계의 주요 부분에 대해서 사회 구성원들 사이에 합의가 이루어져 있다. 교육은 전체 사회의 한 구성요소이며, 전체 사회의 존속과 유지에 공헌한다.

① 학교교육의 주요 기능은 사회화에 있다.
② 사회체제 존속에 필요한 규범교육을 강조한다.
③ 학교교육은 업적주의 사회 기반을 공고히 한다.
④ 대표적 이론가로 뒤르켐(E. Durkheim)과 파슨스(T. Parsons)가 있다.
⑤ 교육을 둘러싼 집단 간의 이해관계를 분석하는 데 주안점을 둔다.

390 ① 391 ⑤

■ 정답 및 해설

⑤ 제시된 자료는 기능론적 관점에 대한 설명이다. 기능론적 관점에서는 학교교육의 기능을 사회화와 선발 및 배치로 본다. 특히, 뒤르켐은 학교의 주요 기능을 사회화로 보고 사회 전체가 공유하는 보편적인 규범을 어린 학생들에게 내면화시켜야 한다는 점을 강조한다. 파슨스는 학교가 능력(업적)에 따라 학생들을 분류하고 적재적소에 인재를 배치하는 일을 한다는 점을 강조한다. 이러한 학교의 기능은 업적주의(능력주의)에 기초한 사회를 공고히 하게 된다.
교육을 둘러싼 집단 간의 이해관계를 분석하는 데 주안점을 두는 것은 갈등론적 관점에 대한 설명이다.

## 출포 124. 갈등론적 관점의 주요 이론

기본서 186쪽

**392.** 학교교육에 대한 다음 주장과 가장 거리가 먼 것은?  2017년 국가직 9급

○ 학교는 지배집단의 '문화자본'을 재창조하고 정당화하는 역할을 수행한다.
○ 학습결과인 성적도 학생이 속해 있는 계급의 영향에서 벗어나지 못한다.
○ 경제구조가 학교교육을 일방적으로 결정한다고 비판한다.

① 부르디외(P. Bourdieu)
② 구조기능주의
③ 재생산이론
④ 보울스(S. Bowls)와 진티스(H. Gintis)

■ 정답 및 해설

② 제시된 자료는 갈등론적 관점에 관한 설명이다. 보울스와 진티스는 경제적 재생산이론을 제시하였으며, 부르디외는 문화자본을 매개로 재생산이론을 전개하였다.
구조기능주의는 사회를 사회체계로 개념화하고 사회구조의 독특한 특징이 이러한 체계들의 유지에 공헌한다는 점을 설명하는 이론이다. 파슨스가 대표적인 연구자이며, 기능주의 이론의 특수한 접근을 지칭하는 용어로 사용된다.

◇ 오답 체크
① 부르디외는 문화적 관점에서, ④ 보울스와 진티스는 경제적 관점에서 학교교육과 사회구조와의 관련성을 설명하는 ③ 재생산이론을 제시한 학자들이다.

392 ②

**393.** 비판적 교육사회학 이론가들의 교육관으로 가장 적절한 것은?

2012년 국가직 9급

① 부르디외(Bourdieu), 애플(Apple), 가드너(Gardner)는 상호작용의 관점에서 학교의 현상을 설명한다.
② 학교의 지식은 그 시대의 사회적 합의에 의하여 만들어진다.
③ 특정 입장에 대한 편향성을 지양하므로 가치중립적 관점을 추구한다.
④ 교과지식의 획득보다는 사회의 구조적 문제해결에 더 관심을 둔다.

■ 정답 및 해설
④ 비판적 교육사회학이란 기존의 사회구조를 비판적으로 바라보는 관점을 말하는 것으로 갈등론적 관점의 교육사회학과 같은 의미로 볼 수 있다. 이들은 사회의 구조적 문제들이 인간의 소외와 억압, 불평등을 야기하고 있다고 지적하면서, 사회의 구조적 문제를 해결하여야만 비로소 올바른 교육이 가능하다고 주장한다.

◇ 오답 체크
① 부르디외는 문화재생산론을, 애플은 저항이론(비판적 교육과정론)을 주장한 학자들로서 비판적 교육사회학 이론가에 해당된다. 가드너는 다중지능이론을 주장한 심리학자이다.
② 비판적 교육사회학에서는 학교의 지식은 사회적 합의에 의해 만들어진다는 주장을 비판하면서, 오히려 학교의 지식의 지배계급이 선호하는 지식을 일방적으로 반영하여 만들어진다고 주장한다.
③ 비판적 교육사회학에서는 특정한 입장에 편향되지 않는 가치중립적 지식이 존재한다고 보는 실증주의적 관점을 거부한다. 비판적 이론가들은 교육이론과 실천 속에 숨어있는 특정 입장에 편향된 이데올로기를 밝혀내고 비판하는 데 관심을 가져야 한다고 주장한다.

393 ④

### 394. 교육사회학의 주요 이론에 대한 설명으로 옳지 않은 것은?

2012년 국가직 7급

① 문화재생산론은 경제재생산론이 학생을 재생산 구조에 수동적으로 따르는 존재로 보는 관점을 극복하였다.
② 상징적 상호작용이론은 교사와 학생의 개별적 상황은 강조하지만, 학급이 속한 학교제도나 사회구조의 한계는 관심의 대상이 아니다.
③ 인간자본론은 교육 수준과 생산 수준이 일치한다고 보기 때문에 학력 인플레이션 현상을 설명하기 어렵다.
④ 지위경쟁이론은 학력별 교육수익률의 변화가 기술수준과 관계없이 발생할 수 있다고 본다.

### ■ 정답 및 해설

① 경제재생산론과 마찬가지로, 문화재생산론도 학생을 재생산 구조에 수동적으로 따른 존재로 보는 관점을 견지하고 있다. 경제재생산론은 사회의 불평등이 경제자본의 소유 여부에 따라 결정된다고 전제하고, 학교가 계급에 따른 차별적 사회화 과정을 통해서 불평등을 재생산하는 역할을 한다고 본다. 한편, 문화재생산론은 자본의 개념을 경제자본, 상징자본, 문화자본 등을 포함하는 것으로 확장시킨다. 학교는 상징적 폭력을 통해 지배계층의 문화에 보편타당한 지식으로서의 권위를 부여한다. 결국 지배계층의 문화자본을 소유하였는지의 여부에 따라 학업성취가 결정되며, 사회경제적 불평등이 재생산되는 결과를 낳게 된다. 즉, 문화재생산론은 경제재생산론이 가진 교육과 사회불평등 사이의 관계에 대한 일차원적 관점을 극복하고, 보다 다양한 차원에서 그 관계를 이해하고자 한다.

### ◇ 오답 체크

② 상징적 상호작용이론은 신교육사회학에 속하는 이론으로, 교사와 학생이 어떻게 상황을 규정하고 자신의 역할을 개념화하는지, 각자의 행위가 서로에게 어떻게 영향을 미치는지에 관심을 갖는다. 이와 같이 상징적 상호작용이론은 교사와 학생의 개별적 상황은 강조하지만, 학교제도나 사회구조의 한계는 관심의 대상이 아니다. 학교제도나 사회구조의 문제에 관심을 가지는 것은 갈등론적 관점이다.
③ 인간자본론은 교육에 대한 투자는 그에 따른 비용과 편익을 고려한 합리적 판단에 의해 결정된다고 본다. 즉 한 사회의 교육 수준은 교육 투자를 통해 추가적으로 얻을 수 있는 경제적 순편익(생산성의 순증가분)만큼 이루어진다는 것이다. 이와 같이 교육 수준과 생산 수준이 일치한다고 보기 때문에, 생산 수준을 초과하여 교육 수준이 높아지는 학력 인플레이션 현상을 설명하기 어렵다.
④ 지위경쟁이론은 학력이 지위획득의 합법적 수단이 되기 때문에 높아진다고 본다. 즉 사회의 지위경쟁이 심화될수록 학력 수준이 높아지며, 학력의 공급이 수요에 비해 많아져 학력별 교육수익률이 낮아진다고 본다. 이와 같이, 학력별 교육수익률의 변화는 사회적 지위획득을 위한 경쟁수준과 관련하여 발생하는 것이며, 직업세계의 기술수준과는 관계없이도 발생할 수 있다고 본다.

394 ①

395. 다음에서 재생산이론, 인간자본론, 의식화이론의 각 관점에 가장 부합하는 것은?

2012년 유초등

> ㄱ. 경제적인 측면보다 사회 변화에 맞춰 청소년들의 의식과 가치관을 합리적으로 변화시키는 것이 더욱 중요하다.
> ㄴ. 국가의 예산을 투입하여 지식과 기술력을 갖춘 인재를 육성하는 것은 경제적인 측면에서 매우 생산적이고 유용하다.
> ㄷ. 사회구조상 계층이동 방식이 상위계층에 의해 결정되기 때문에 하위계층의 학생들은 상위계층에 진입하기가 힘들며 계층의 대물림이 이어진다.
> ㄹ. 교육을 통해서 사회 불평등에 대한 모순을 깨닫게 하고, 비판적 의식을 저항의 실천으로 옮길 수 있도록 해야 한다.

|    | 재생산이론 | 인간자본론 | 의식화이론 |
|----|-----------|------------|------------|
| ① | ㄱ | ㄴ | ㄹ |
| ② | ㄱ | ㄹ | ㄷ |
| ③ | ㄷ | ㄱ | ㄴ |
| ④ | ㄷ | ㄴ | ㄹ |
| ⑤ | ㄹ | ㄷ | ㄴ |

■ 정답 및 해설

④ ㄷ. 사회적 지위 배분의 방식이 상위계층에 의해 결정되므로 기존의 사회구조가 다음 세대에서도 재생산된다고 보는 관점으로, 재생산이론에 해당된다.
ㄴ. 국가가 인재를 육성하는 일을 경제적 측면에서 생산성을 증가시키는 일로 이해하고 있으므로, 인간자본론의 관점에 부합한다.
ㄹ. 교육을 통해서 비판적 의식을 기르고 저항의 실천을 할 수 있도록 이끌어야 한다는 관점으로, 의식화 이론에 부합한다. 의식화 이론은 프레이리가 주장한 이론으로 학교가 문제제기식 교육을 통해서 학생들이 사회의 불평등과 모순을 깨닫게 하고, 비판적 의식을 형성하여 사회의 구조적 문제에 저항하는 실천(프락시스)을 하도록 격려해야 한다고 주장한다.

◇ 오답 체크

ㄱ. 학교가 사회 변화에 발맞춰 새롭게 요청되는 의식과 가치관을 가르치는 역할을 해야 한다는 관점으로 기능론적 관점에 해당된다.

---

**기출플러스**

• 기능론과 갈등론의 주요 이론
– 발전교육론/재생산이론
(2011년 유초등)

(발전교육론)
• 김 교사: 국가 차원에서 교육의 양과 질을 계획적으로 조절하는 것은 당연합니다. 이 과정에서 적지 않은 비용이 투입되기는 하지만, 경쟁력 있는 인재를 양성하고 합리적 가치를 지향하는 사회가 형성되어 결과적으로 국가적 이익이 창출되는 것이지요.

(재생산이론)
• 박 교사: 그런데 실제로는 모든 국민이 아닌 특정 계층에게만 혜택이 돌아가고 있습니다. 교육의 과정에서 상위 계층의 자녀들에게는 다양한 기회가 주어지지만, 하위 계층의 자녀들에게 그것은 허상일 뿐입니다. 결국 빈부의 대물림으로 이어지는 것입니다.

395 ④

# 03. 기능론적 교육사회학 이론

## 출포 125. 뒤르켐의 도덕사회화 이론

◉ 기본서 187쪽

**396.** (가), (나)에 들어갈 단어를 바르게 나열한 것은?  2021년 지방직 9급

| (가) |은/는 사회화를 보편적 사회화와 특수 사회화로 구분하면서 도덕교육을 강조하였다. 그리고 사회의 동질성을 유지하기 위해 한 사회의 공통적인 감성과 신념, 집단의식을 새로운 세대에 내면화시키는 (나) 가 필요하다고 주장하였다.

|      | (가)            | (나)        |
|------|-----------------|--------------|
| ①    | 뒤르켐(Durkheim) | 특수 사회화   |
| ②    | 뒤르켐(Durkheim) | 보편적 사회화 |
| ③    | 파슨스(Parsons)  | 특수 사회화   |
| ④    | 파슨스(Parsons)  | 보편적 사회화 |

### ■ 정답 및 해설
② 뒤르켐이 말하는 보편적 사회화는 한 사회가 전체적으로 공유하는 보편적인 태도와 신념, 의식을 갖게 하는 것을 의미한다. 한편, 특수 사회화는 특정 직업집단의 규범과 전문지식을 학습시키는 것을 의미한다.

### ◇ 오답 체크
③, ④ 파슨스는 사회화의 내용을 인지적 사회화와 인성적 사회화로 구분하였다.

---

**397.** 다음은 뒤르켐(E. Durkheim) 저술의 일부이다. ㉠~㉢에 해당하지 않는 것은?  2018년 국가직 9급

"교육은 아직 사회생활에 준비를 갖추지 못한 어린 세대들에 대한 성인 세대들의 영향력 행사이다. 그 목적은 전체 사회로서의 정치 사회와 그가 종사해야 할 특수 환경의 양편에서 요구하는 ( ㉠ ), ( ㉡ ), ( ㉢ ) 제 특성을 아동에게 육성 계발하게 하는 데 있다."

① 지적
② 예술적
③ 도덕적
④ 신체적

### ■ 정답 및 해설
② 뒤르켐은 학교가 사회가 요구하는 지적, 도덕적, 신체적 제 특성을 아동에게 길러주는 역할을 해야 한다고 보았다. 예술적 특성은 포함시키지 않았다.

---

**암기 POINT**
- 뒤르켐의 도덕사회화 이론
  - 사회화의 내용 구분

| 보편 사회화 | 사회의 공통적인 감성, 신념, 의식 형성 (* 교육의 핵심) |
|---|---|
| 특수 사회화 | 특정 직업집단의 전문지식과 가치 학습 |

396 ② 397 ②

**398.** 뒤르켐(E. Durkheim)의 교육사회학적 입장에 대한 설명으로 옳은 것은?

2008년 유초등

① 사회구조가 변화하더라도 교육해야 할 도덕이념은 동일하다.
② 세대가 바뀌어도 집합의식이 유지될 수 있도록 기성세대의 영향을 최소화해야 한다.
③ 산업사회에서 분업화가 진행될수록 보편사회화보다는 특수사회화가 더 중요해진다.
④ 이기적인 어린 세대에게 규율의 정신을 가르치는 것은 필요하나, 체벌을 허용해서는 안 된다.

### 강서연 교육학

난이도 ■ ■ ■
채점결과 □ □ □

**기출플러스**

- 뒤르켐의 교육론 (2006년 중등)
- 교육은 사회화의 기능을 수행한다. (O)
- 교사의 권위를 세우기 위해서 체벌은 불가피하다. (×)
- 학교교육은 사회적 기능을 수행하기 때문에 국가가 관여해야 한다. (O)
- 시대가 바뀌더라도 도덕교육의 내용은 변하지 않는다. (×)

■ **정답 및 해설**

④ 뒤르켐은 교육을 미성숙하여 이기적인 아동을 성숙한 도덕적 존재로 길러내는 도덕적 사회화의 과정이라고 보았다. 이를 위하여, 도덕교육의 내용으로 규율의 정신, 집단에 대한 애착, 의지의 자율성을 길러주어야 한다고 보았다.
뒤르켐은 교사는 도덕적 권위를 지닌 존재로서 스스로 규율을 실천하는 모범을 보임으로써 아동이 사회의 규율(규범)에 따라 행동하도록 이끌어야 한다고 보았다. 또, 교사는 규율의 정신을 가르치기 위해 규칙을 준수하여야 한다는 것을 강조하고 규칙을 위반할 경우 엄정하게 처벌을 할 수 있다고 보았다. 다만, 신체적 위해를 가하는 체벌은 금지하였다.

◇ **오답 체크**

① 뒤르켐은 도덕을 고정불변의 가치기준으로 보기 보다는, 특정 사회의 필요에 의해 역사적으로 형성된 행위규칙으로 보는 관점을 취한다. 즉, 사회구조가 변화되면 도덕이념도 변화될 수 있으며, 따라서 도덕교육의 내용도 바뀔 수 있다고 보는 입장에 서 있었다.
② 뒤르켐은 도덕성의 요소로 집단에 대한 애착을 포함하였는데, 이것은 사회화를 위해서는 구성원들이 하나의 사회집단을 구성하는 일원으로서의 집합의식을 가져야 한다는 점을 강조한 것이다. 즉, 세대가 바뀌어도 집합의식이 유지될 수 있도록 기성세대와 미래세대가 공통된 감정과 신념, 의식을 공유하는 것이 중요하다고 보았다.
③ 뒤르켐은 보편사회화와 특수사회화 중에서도 핵심은 보편사회화에 있으며, 산업사회에서 분업화가 진행되더라도 보편사회화의 중요성은 여전히 유지된다고 보았다.

398 ④

## 출포 126. 파슨스의 역할사회화 이론

> 기본서 188쪽

**399.** 파슨스(Parsons)의 관점으로 옳은 것만을 모두 고르면? `2020년 지방직 9급`

> ㄱ. 사회화는 장차 성인이 되어 담당하게 될 역할수행에 필요한 정신적 자세와 자질을 기르는 것이다.
> ㄴ. 학교교육은 지배와 종속의 관계를 유지시켜 주는 역할을 한다.
> ㄷ. 역할을 담당할 인재를 선발하여 적재적소에 배치하는 것이 교육의 중요한 기능이다.

① ㄱ, ㄴ
② ㄱ, ㄷ
③ ㄴ, ㄷ
④ ㄱ, ㄴ, ㄷ

■ 정답 및 해설

② ㄱ. 파슨스는 교육의 기능을 사회화로 본다는 점에서는 뒤르켐과 같은 입장을 취하지만, 파슨스는 사회화의 기능을 미래에 성인이 되어 담당하게 될 사회적 역할을 수행할 수 있는 정신적 자세와 자질을 기르는 과정으로 본다는 점에서 뒤르켐과는 차이가 있다.
ㄷ. 구조기능주의 이론으로 불리는 파슨스의 이론에서 사회는 서로 다른 역할을 가진 사회체계들이 상호의존적으로 구성되어 있다고 설명된다. 그 속에서 기능하는 개인들도 각자의 역할에 맞게 적재적소에 배치되어야 하는데, 그와 같은 배치를 위해 인재를 분류하고 선발하는 일이 바로 교육의 중요한 기능이라고 보았다.

◇ 오답 체크
ㄴ. 갈등론적 관점에서 본 학교교육의 기능에 대한 설명이다. 이와 달리, 파슨스는 기능주의 관점의 이론으로서 학교교육이 사회 각 부분들의 상호의존적인 관계를 유지시켜주는 역할을 한다고 보았다.

**400.** 파슨즈(T. Parsons)의 구조기능주의적 관점에서 보는 학교교육의 주요 기능으로 맞는 것은? `2007년 영양교사`

① 사회화와 선발
② 사회계층의 영속화
③ 문화자본의 형성
④ 지식의 사회적 구성

■ 정답 및 해설

① 파슨스의 구조기능주의 관점에서는 학교교육의 주된 기능이 사회화와 선발 및 배치라고 보았다.

◇ 오답 체크
②, ③, ④는 갈등론적 관점에서 주장하는 학교교육의 기능이다.

## 출포 127. 드리븐의 규범사회화 이론

기본서 188~189쪽

**401.** 드리븐(R. Dreeben)이 주장하는 현대사회에서 요구되는 핵심적인 네 가지 규범 중 다음 글에 해당하는 것은?     2011년 국가직 9급

> 학생들은 시험에서 부정행위를 했거나 표절을 했을 때 제재를 받는다는 사실을 통해서 이 규범을 익히게 된다. 이 규범에 적응함으로써 학생들은 자신들의 행위에 대해 개인적으로 책임져야 한다는 것을 깨닫게 된다.

① 독립성(independence)     ② 성취의 중요성(achievement)
③ 보편주의(universalism)     ④ 특수성(specificity)

### ■ 정답 및 해설
① 제시된 사례 속에서 학생은 자신의 행위에 대해 개인적으로 책임져야 한다는 규범을 학습하게 되므로, '독립성'의 규범을 배우는 것으로 볼 수 있다.

◇ 오답 체크
② '성취의 중요성'은 주어진 과제를 최선을 다해 수행해야 한다는 규범을 말한다.
③ '보편주의'는 누구나 동일한 행위를 한 경우 동일하게 평가된다는 규범을 말한다.
④ '특수성'은 합리적인 이유가 있는 경우 각자의 특수한 상황을 고려하여 달리 평가될 수 있다는 규범을 말한다.

### 암기 POINT
- 드리븐의 규범사회화 이론
  – 학교에서 가르칠 규범의 내용

| 규범 | 학교교육 |
|---|---|
| 독립성 | 자신이 맡은 과제를 스스로 처리, 자신의 잘못에 대한 책임 |
| 성취성 | 맡은 과제는 최선을 다해서 수행 |
| 보편성 | 동일연령의 학생은 동일한 과제 학습 |
| 특정성 | 연령 증가시, 교육내용과 방법 차별화 |

---

**402.** 드리븐(R. Dreeben)의 학교사회화 내용 중 다음의 ( )에 해당하는 것은?     2007년 중등

> ( )은 학년이 높아짐에 따라 흥미와 적성에 맞는 분야의 교육에 집중함으로써 학생들이 학습하게 되는 것이다.

① 독립성     ② 특정성
③ 보편성     ④ 성취성

### ■ 정답 및 해설
② 학년이 높아짐에 따라 학생들의 수준을 고려하여 흥미와 적성에 맞게 교육내용을 차별화하는 것은 각자의 특수한 상황을 고려하여 달리 평가된다는 '특정성(특수성)'의 규범을 배우게 한다.

401 ①    402 ②

# 04. 갈등론적 교육사회학 이론

## 출포 128. 보울즈와 긴티스의 경제적 재생산이론

🌐 기본서 189~191쪽

**403.** 다음 주장을 한 학자는?  2020년 지방직 9급

> ○ 학교는 자본주의적 사회관계의 유지에 필수적인 통합기능을 수행하는 기관이라고 보았다.
> ○ 경제적 재생산이라는 개념을 사용하여 학교교육이 자본주의 경제체제를 재생산하는 데 어떻게 기여하는지 그 메커니즘을 설명하고자 하였다.
> ○ 학교 교육체제에서 학생이 미래에 차지할 경제적 위치를 반영하여 차별적 사회화가 이루어진다고 주장하였다.

① 해비거스트(Havighurst)
② 보울스와 진티스(Bowles & Gintis)
③ 콜만(Coleman)
④ 번스타인과 영(Bernstein & Young)

**난이도** ■ ■ □
**채점결과** □ □ □

### 암기 POINT
• 보울즈와 긴티스의 '경제적 재생산 이론'
  - 상응 원리 : 학교와 사회의 사회관계의 형식이 같음
  - 차별적 사회화 : 예상되는 사회적 지위에 따라 서로 다른 교육 실시
  - 교육과 사회이동 : 교육을 통해 부모의 사회경제적 지위가 재생산됨

### ■ 정답 및 해설
② 제시된 자료에서 '자본주의적 사회관계'란 자본가와 노동자의 불평등한 사회관계를 의미한다. 즉 학교는 자본주의 사회의 불평등한 사회관계를 유지하여 자본주의 경제체제를 재생산하는 데 기여한다고 주장하는 경제적 재생산이론을 주장한 학자를 찾는 문제이다. 경제적 재생산이론을 주장한 학자는 보울스와 진티스이다.

### ◇ 오답 체크
① 해비거스트는 교육이 개인의 능력을 계발하고, 사회에 인력을 공급하는 기능을 함으로써 사회를 평등하게 하는 역할을 한다고 주장한 학자로, 기능론적 관점에 해당한다.
③ 콜만은 기능론적 관점에 기초해서 교육평등 정책의 방향을 탐색한 학자이다. 콜맨은 가정배경(특히 가정의 사회자본)이 학생들의 학업성취에 중대한 영향을 미친다는 점을 지적하면서, 학교교육의 개선만으로는 집단 간의 학업성취격차를 해소하기 어렵다고 주장하였다.
④ 번스타인과 영은 신교육사회학자로서, 학교 교육과정의 사회적 성격을 분석한 학자들이다.

403 ②

404. 보울스(S. Bowles)와 긴티스(H. Gintis)의 대응이론(correspondence theory)에서 바라본 교육과 노동의 사회적 관계에 대한 설명으로 옳지 않은 것은?

2008년 중등

① 학생과 노동자는 각각 학습과 노동으로부터 소외되어 있다.
② 학교에서의 성적 등급은 작업장에서의 보상 체제와 일치한다.
③ 작업장에서의 사회적 관계는 학교에서의 사회적 관계에 그대로 반영되어 있다.
④ 지식의 단편화와 분업을 통해서 학생과 노동자의 임무가 효율적으로 확장된다.

■ 정답 및 해설
④ 보울스와 긴티스는 지식의 단편화와 분업을 통해서 학생과 노동자의 임무가 교사와 관리자에 의해 효과적으로 통제된다고 본다. 즉 학교의 교육과정은 계열을 구분하고 지식을 과목별로 잘게 나누어 학생의 학습을 효과적으로 통제한다. 생산현장의 생산과정은 각자에게 잘게 나누어진 분업을 통해서 노동자의 행동을 효과적으로 통제한다.

◇ 오답 체크
① 학생과 노동자는 각각 자신의 학습과 노동으로부터 소외되어 있다는 말은 각자 자신의 학습과 노동에 대한 통제권이나 소유권을 상실한 상태에 있다는 의미이다. 마르크스가 제시한 '소외'의 개념을 활용한 표현이다.
② 학생과 노동자가 자신의 학습과 노동에서 소외된 양상을 보여주는 양상의 하나로서, 학습과 노동의 수단성을 의미하는 내용이다. 학생은 학교에서 학습 그 자체를 목적으로 하기 보다는 성적 등급을 받기 위한 학습을 하며, 노동자는 작업장에서 노동 그 자체가 아니라 보상(임금)을 얻기 위해서 일한다는 것이다.
③ 보울즈와 긴티스의 대응이론은 작업장에서의 사회적 관계가 학교에서의 사회적 관계에 그대로 반영되어 있다고 본다. 학교에서부터 성인이 되어 일하게 될 자본주의 체제의 작업장에서의 사회적 관계에 익숙해지도록 하는 것이며, 이를 통해 학생들은 자본주의 체제에 순응적인 노동자로 길러진다는 의미이다.

405. 보울스와 긴티스(S. Bowles & H. Gintis)의 경제적 재생산론에 나타난 학교교육관을 바르게 설명한 것은?

2004년 중등

① 학교교육은 하위 계급의 학생에게 비판적 의식을 심어주고 있다.
② 학교교육은 능력주의(meritocracy) 이념을 통해 계급적 모순을 은폐하고 있다.
③ 학교교육은 사회 불평등을 해소하고 있다.
④ 학교교육은 학생을 능동적이며, 인격적 존재로 대우하고 있다.

■ 정답 및 해설
② 기능론적 관점에서는 학교에서의 학업성취는 개인의 능력에 따라 결정되며, 학교교육은 능력주의 이념을 통해 사회평등에 기여하고 있다고 주장한다. 그러나 보울스와 긴티스는 개인의 능력보다 가정배경이 학생의 학업성취에 더 큰 영향을 미친다

고 본다. 학교의 능력주의 이념은 학생의 학업성취가 계급에 따라 결정되는 모순을 은폐하고 기존의 사회구조를 정당화하는 기능을 하고 있다고 비판한다.

◇ 오답 체크
① 보울스와 긴티스는 일반적인 공립학교의 교육이 하위 계급의 학생에게 자본주의 사회체제에 순응적인 가치관을 심어주고 있다고 본다.
③ 보울스와 긴티스는 학교교육이 작업장의 사회관계를 학교교육에 그대로 가져올 뿐 아니라, 계층에 따른 차별적 사회화를 통해 사회 불평등을 재생산하는 역할을 하고 있다고 본다.
④ 보울스와 긴티스는 학교교육이 학생들을 수동적인 존재로 취급하고, 타율적이며 수단적인 학습을 하게 한다고 본다.

### 더 알아두기
- 보울즈와 긴티스의 학교교육효과 모형

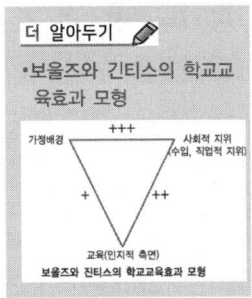

## 출포 129. 부르디외의 문화적 재생산이론

기본서 191~192쪽

**406.** 다음 설명에 해당하는 것은?  2024년 국가직 9급

> ○ 몸에 각인된 행동거지, 말하고 생각하고 행동하는 방식으로 계급적 배경을 반영한다.
> ○ 문화자본의 일종이다.

① 아비투스  ② 패러다임
③ 헤게모니  ④ 이데올로기

### 암기 POINT
- 부르디외의 '문화적 재생산 이론'
  - 문화자본 : 가정의 문화자본이 학업성취에 영향을 미침
  - 아비투스 : 체화된 문화자본 (문화적 취향, 행동방식)
  - 상징적 폭력 : 학교의 교육과정은 지배층의 문화를 반영하고 있음
  - 교육과 사회이동 : 교육을 통해 부모의 사회경제적 지위가 재생산됨

■ 정답 및 해설
① 부르디외가 말한 문화자본의 유형 중 개인의 행동이나 태도로 내면화된 문화자본 또는 체화된 문화자본을 일컬어 '아비투스(habitus)'라고 한다.

◇ 오답 체크
② 패러다임은 어떤 한 시대에 사람들의 생각을 지배하고 있는 이해의 틀 또는 개념의 집합체를 의미한다. 패러다임은 새로운 발견과 혁신에 의해 생성되고 기존의 패러다임이 쇠퇴하면서 변화되어 가는 특징을 갖는다.
③ 헤게모니는 대중의 지적, 도덕적, 이념적 동의를 기초로 확보되는 지배력 또는 지배력의 행사방식을 의미한다.
④ 이데올로기는 어떤 사회집단이 공유하는 관념적인 주의나 주장, 강령, 신조 등을 의미한다.

406 ①

**407.** 다음 설명에 해당하는 이론은?  
2023년 지방직 9급

- 사회질서는 상징적 폭력을 매개로 하여 재생산된다.
- 체화된 상태의 자본(취향, 태도 등), 객관화된 상태의 자본(책, 예술작품 등), 제도화된 상태의 자본(졸업장, 학위 등)을 강조한다.

① 경제재생산이론  
② 문화재생산이론  
③ 저항이론  
④ 지위경쟁이론

■ 정답 및 해설

② 상징적 폭력과 문화자본의 개념을 통해 학교의 재생산 기능을 설명하는 이론은 부르디외의 문화재생산이론이다. 브루디외는 개인이 갖고 있는 문화자본이 사회적 지위와 성공을 결정짓는 중요한 요소라고 보았다. 문화자본의 유형에는 객관화된 문화자본, 제도화된 문화자본, 체화된 문화자본을 포함시켰다. 문화자본은 부모로부터 자녀에게 상속되며 계층(계급)에 따라 문화자본의 소유 정도가 다르다. 학교는 상류계층(지배계급)의 문화를 보다 가치있는 것으로 정당화하는 반면, 하류계층의 문화는 열등한 것으로 취급하는 상징적 폭력을 행사한다. 결국 상류계층의 문화에 익숙한 상류계층의 학생들이 높은 학업성취를 보이며, 사회적으로도 높은 지위를 획득하게 된다. 결국 문화가 정치경제적 불평등을 재생산하는 과정을 매개한다는 이론이 문화재생산이론이다.

암기 POINT
- 브루디외의 문화자본의 유형

| 구분 | 예시 |
|---|---|
| 객관화된 문화자본 | 문화적 재화<br>책, 예술작품 등 |
| 제도화된 문화자본 | 공인된 능력<br>졸업장, 학위 등 |
| 체화된 문화자본 | 아비투스<br>취향, 태도 등 |

**408.** 부르디외(P. Bourdieu)의 문화자본 이론에 대한 설명으로 옳은 것만을 모두 고르면?  
2023년 국가직 7급

ㄱ. 문화자본은 개인의 기술적 생산력을 나타내는 인적 자본에 해당한다.  
ㄴ. 학교 졸업장은 소유할 수 있는 재산의 형태를 띤 가장 대표적인 객관화된 문화자본이다.  
ㄷ. 학교는 지배집단의 자의적인 문화 상징물에 대해 가치와 정통성을 부여해 주는 역할을 한다.  
ㄹ. 문화자본은 계급관계를 재생산하는 역할을 수행한다.

① ㄱ, ㄴ  
② ㄱ, ㄷ  
③ ㄴ, ㄹ  
④ ㄷ, ㄹ

407 ② 408 ④

■ 정답 및 해설

④ ㄷ. 부르디외의 문화자본 이론에 따르면, 학교는 지배집단의 자의적인 문화 상징물에 대해 가치와 정통성을 부여해 주는 역할을 한다. 이와 같이 특정 집단의 상징체계(언어, 지식, 관습, 취향 등)에 더 큰 가치와 정당성을 부여하여 이를 다른 집단에게 강제로 주입하는 행위를 브루디외는 상징적 폭력이라고 개념화하였다.

ㄹ. 브루디외의 문화자본 이론에 따르면, 문화자본은 계급관계를 재생산하는 역할을 수행한다. 현대 자본주의 사회에서는 상류계층에게 익숙한 문화자본의 소유 여부가 계급관계를 구분짓는 기준이 된다. 결국 상류계층의 문화에 익숙한 상류계층의 자녀들이 높은 학업성취와 사회적 성공을 거두게 되며, 문화자본이 학교교육을 통해 계급관계를 재생산하는 역할을 하게 된다.

### 409. 다음에 해당하는 개념은?  2021년 국가직 9급

○ 특정 계급적 환경에서 내면화된 지속적 성향이나 태도를 의미한다.
○ 내면화된 문화자본으로서 계급적 행동유형과 가치체계를 반영한다.

① 아노미(anomie)
② 쿠레레(currere)
③ 패러다임(paradigm)
④ 아비투스(habitus)

■ 정답 및 해설

④ 부르디외가 말한 문화자본의 유형 중 개인의 성장이나 태도로 내면화된 문화자본 또는 체화된, 습성화된 문화자본을 일컬어 '아비투스'라고 한다.

◇ 오답 체크
① 아노미는 원래 '무규범'이라는 뜻이지만, 사회학적으로는 '사회나 개인의 행위를 통제하던 기존 사회의 규범이 작동되지 않는 상황'(뒤르켐)이나 '공유된 문화적 목표와 제도화된 수단 사이의 불일치 상황"(머튼)을 의미한다.
② 쿠레레는 현대에서 교육과정(커리큘럼)의 어원으로서 '경주말이 도는 코스' 또는 '경주로를 뛰는 행위'라는 의미를 갖는다.
③ 패러다임은 과학철학자인 토마스 쿤이 제시한 개념으로, 어떤 한 시대에 사람들의 생각이나 관점을 지배하고 있는 총체적인 이해의 틀 또는 개념의 집합체를 의미한다. 패러다임은 새로운 발견과 혁신에 의해 생성되고 기존의 패러다임이 쇠퇴하면서 변화되어 가는 특징을 갖는다.

409 ④

## 410. 부르디외(P. Bourdieu)의 문화재생산 이론에 부합하는 내용만을 모두 고르면?

2019년 지방직 9급

ㄱ. 교육은 사회에 적합한 인간을 양성하는 순기능적인 사회화 과정이다.
ㄴ. 문화자본은 가정에서 자녀의 교육을 위해 지출하는 직접적인 교육비를 의미한다.
ㄷ. 지배집단은 자신들의 문화를 학교교육에 투입시켜 불평등한 사회적 관계를 정당화한다.
ㄹ. 학교에서 가치 있다고 여겨지는 문화자본을 많이 소유한 사람이 그렇지 못한 사람에 비해 성공할 가능성이 높다.

① ㄱ, ㄴ
② ㄱ, ㄷ
③ ㄴ, ㄹ
④ ㄷ, ㄹ

### ■ 정답 및 해설

④ ㄷ. 지배집단은 자신들의 문화에 더 큰 가치와 정당성을 부여하여, 자신들의 문화를 학교교육에 투입하는 상징적 폭력을 행사하고 있다. 지배집단의 문화를 반영하는 학교 교육과정은 지배집단의 학생들에게는 편안하고 익숙한 반면, 피지배집단의 학생들에게는 그렇지 않다.

ㄹ. 학교에서 가치 있다고 여겨지는 문화자본은 학교에서 가르쳐지는 교육과정을 구성한다. 따라서 학교에서 가치있다고 여겨지는 문화자본의 소유 정도가 학업성취에 중대한 영향을 미치며, 사회적으로도 성공 가능성을 결정한다. 결국 상류계층의 학생들은 학교에서 중시하는 문화자본을 소유하고 있으므로 높은 성적을 받고 사회적으로 성공할 가능성이 높아지는 것이고, 이를 통해 불평등이 재생산된다.

### ◇ 오답 체크

ㄱ. 부르디외의 문화재생산 이론에서 교육은 사회의 불평등 구조를 재생산하는 과정이라고 보는 갈등론적 관점의 이론이다. 한편, 교육을 순기능적 사회화 과정으로 보는 관점은 기능론적 관점에 해당한다.

ㄴ. 문화자본은 사회적 지위와 부를 획득하는 데 사용될 수 있는 문화적 능력이나 재화를 의미한다. 한편, 가정에서 자녀의 교육을 위해 지출하는 직접적 교육비는 재정자본(경제자본)에 해당한다.

**411.** 다음 내용과 가장 관련이 깊은 학자는?  `2018년 지방직 9급`

> ○ 문화 자본에는 예술 작품과 같이 객체화된 것, 학력이나 자격과 같이 제도화된 것, 일종의 행동성향처럼 습성화된 것이 있다.
> ○ 지배집단의 자녀들은 자신들이 상속받은 문화 자본을 학교가 제공하는 학벌과 같은 다른 형태의 문화 자본으로 쉽게 전환하여 부모 세대의 사회경제적 지위를 재획득한다.
> ○ 능력주의가 지배하는 현대사회에서 부모의 사회경제적 지위는 문화 재생산을 통해 자녀에게 합법적으로 세습된다.

① 베버(M. Weber)  ② 일리치(I. Illich)
③ 파슨스(T. Parsons)  ④ 부르디외(P. Bourdieu)

■ 정답 및 해설
④ 기존의 경제적 재생산이론에서는 자본주의 사회에서 생산수단의 역할을 하는 자본의 개념을 경제적 자본에만 한정시켰다. 부르디외의 문화재생산이론에서는 물질적 재화뿐만 아니라, 사회 내에서 상징적 가치를 가지는 문화적 소유물들을 자본의 개념에 포함시키면서 문화자본이라는 개념을 제시하였다. 문화자본은 가정에서의 사회화 과정을 통해 자녀에서 전수되며, 현대 사회에서 사회경제적 지위를 획득하는 데 결정적 기여를 한다. 부르디외는 문화자본을 객체화된, 제도화된, 습성화된 문화자본으로 분류하였다.

**412.** 다음 글을 가장 잘 설명하는 교육사회학 이론은?  `2011년 국가직 9급`

> 학교에서는 '상징적 폭력'을 행사하여 지배와 종속을 강화하며, 학교교육을 통해 자본가 계급의 '아비투스(habitus)'를 노동자 계급의 아동들에게 주입하여 기존의 질서를 유지시켜나간다.

① 기능이론  ② 경제재생산이론
③ 문화재생산이론  ④ 저항이론

■ 정답 및 해설
③ 현대 사회에는 자본가 계급의 아비투스가 가치있는 지식이나 능력으로 평가하여 그들의 문화를 학교교육에 투입하고 있다. 학교교육을 통해 노동자 계급의 아동들에게도 자본가 계급의 아비투스가 주입되며, 자본주의 지배질서를 정당화하는 가치와 신념을 갖게 된다. 이것은 자본주의 사회의 불평등한 관계를 정당한 것으로 인식하게 하여 기존의 질서를 계속 유지하게 하며 불평등을 재생산한다.

411 ④  412 ③

413. 부르디외(P. Bourdieu)가 말한 '상징적 폭력(symbolic violence)'에 해당하는 사례를 모두 고르면?　　　2011년 유초등

> ㄱ. 민철이는 집안이 갑자기 경제적으로 어려워져 전학을 하게 되었는데 상급생들이 인사를 안 한다고 자주 때려서 그 학교가 싫어졌다.
> ㄴ. 종현이는 전국 사투리 경연대회에 나가 1등을 하였는데 친구들이 매우 부러워해서 어른이 되면 사투리를 연구하는 사람이 되겠다고 다짐했다.
> ㄷ. 수업시간에 선생님이 해외 여행 경험을 발표하라고 해서 여러 학생들이 다양한 나라의 여행 경험을 발표했으나 현영이는 외국에 가 본 적이 없어서 창피했다.
> ㄹ. 지혜는 선생님이 클래식 음악회에 다녀와서 감상문을 써 내라고 숙제를 내줬는데 자신은 클래식 음악을 접해 보지도 못한 데다 가정형편상 음악회에 다녀올 수도 없어 괴로웠다.

① ㄱ, ㄴ　　② ㄱ, ㄷ　　③ ㄱ, ㄹ
④ ㄴ, ㄹ　　⑤ ㄷ, ㄹ

■ 정답 및 해설
⑤ 상징적 폭력이란 지배계급의 문화(언어, 지식, 관습, 취향 등)를 보다 가치있고 정당한 것으로 평가하여 피지배계급에게도 받아들이도록 강제하는 과정을 지칭한다.
　ㄷ, ㄹ. 해외여행이나 클래식 음악회 참석은 사회경제적으로 여유가 있는 지배계급이 주로 향유하는 문화이다. 이를 모든 학생들이 당연히 가져야 하는 경험으로 취급하여 피지배계급을 소외시키고 있으므로 상징적 폭력에 해당된다.

◇ 오답 체크
　ㄱ. 상급생이 때리는 것은 물리적 폭력에 해당된다.
　ㄴ. 자신이 소유한 피지배계급의 문화에 대해 자긍심을 가지는 사례이므로, 상징적 폭력의 사례에 해당하지 않는다.

414. 갈등이론과 관련된 진술로 옳은 것은?　　　2005년 중등
① 학교교육이 기존의 계급구조를 재생산한다고 본다.
② 아동에 대한 교육적 관심이나 유대감을 문화적 자본이라고 한다.
③ 학교에서 체벌을 사용하여 지식을 가르치는 것을 상징적 폭력이라고 한다.
④ 보울스와 긴티스(S. Bowles & H. Gintis)는 학교와 공장에서 다루는 지식의 내용이 동일하다고 본다.

413 ⑤　414 ①

■ 정답 및 해설

① 갈등론적 관점에서는 학교교육이 기존의 계급구조를 재생산한다고 본다.

◇ 오답 체크

② 콜맨은 부모가 보여주는 자녀에 대한 교육적 관심이나 유대감을 사회자본이라고 하였다. 문화자본은 가정에서 전수되는 문화적 경험, 지식, 언어, 문화적 취향 등을 가리킨다.
③ 부르디외는 학교가 지배계급의 문화를 모든 학생들이 배워야할 교육과정으로 부과하는 것을 상징적 폭력이라고 하였다. 체벌을 사용하여 지식을 가르치는 것은 물리적 폭력이라고 볼 수 있다.
④ 보울스와 긴티스의 재생산이론에서는 학교와 공장에서 다루는 지식의 내용이 아니라, 두 장소에서 이루어지는 작업(교육)의 형식 및 사회관계가 동일하다고 본다.

### 출포 130. 알튀세의 이데올로기적 재생산이론

● 기본서 192쪽

**415.** 다음은 학교의 사회적 역할과 기능에 대한 학자들의 주장이다. (가)와 (나)가 나타내는 개념은?  2012년 중등

> (가) 학교에서 교장과 교사, 교사와 학생, 학생과 학생, 학생과 학업 사이의 관계는 위계적 노동 분업을 그대로 본뜨고 있다. 자본주의 기업체의 노동 분업처럼 학교제도도 정교하게 구분된 위계적 권위와 통제 체제를 가지고 있으며, 경쟁과 외적인 보상체계가 참여자들의 관계를 지배한다.
> (나) 자본주의 사회는 생산 관계의 재생산을 통해 유지된다. 이는 가족, 교회, 학교, 언론, 문학, 미디어 등에 의해 자본주의적 생산 관계의 유지에 필요한 지식, 기술, 태도, 가치 등이 전달되기 때문에 가능하다. 특히 학교는 자본주의 사회에 복종하는 순치된 노동력을 재생산하는 핵심 장치이다.

| (가) | (나) |
|---|---|
| ① 대응원리 | 이데올로기적 국가기구 |
| ② 대응원리 | 억압적 국가기구 |
| ③ 헤게모니 | 관료주의적 국가기구 |
| ④ 아비투스(habitus) | 억압적 국가기구 |
| ⑤ 아비투스(habitus) | 관료주의적 국가기구 |

415 ①

■ 정답 및 해설
① (가) 학교의 교사들과 학생들 사이의 사회적 관계가 기업체에서의 위계적 노동 분업을 그대로 본뜨고 있다고 보는 관점은 보울즈와 긴티스의 재생산이론에 해당한다. 이들은 학교와 사회의 사회적 관계가 구조적으로 일치한다는 점에서 '대응원리'를 제시하였다.

(나) 자본주의 사회는 생산관계의 재생산을 통해 유지되며, 자본주의적 생산관계의 유지를 위해서는 이에 부합하는 지식, 기술, 태도, 가치 등의 전달이 필요하다고 보는 관점은 알뛰세의 재생산이론에 해당한다. 그가 말한 자본주의에 순응하는 지식, 기술, 태도, 가치 등을 총칭하여 자본주의적 이데올로기라고 할 수 있으며, 교회, 학교, 미디어 등은 이데올로기를 재생산하는 '이데올로기적 국가기구'에 해당한다.

### 암기 POINT
- 알뛰세의 이데올로기적 재생산 이론 : 국가기구의 유형

|  | 통치수단 | 예시 |
|---|---|---|
| 억압적 국가기구 | 강제력 | 군대 |
| 이데올로기적 국가기구 | 동의 | 학교 |

## 416. 다음의 (가)와 (나)에 들어갈 가장 적합한 용어는?   2007년 중등

알뛰세(L. Althusser)는 학교가 이데올로기적 국가기구로서 사회적 기능을 수행한다고 보았다. 이데올로기적 국가기구로서 학교가 억압적 국가기구와는 달리 가족이나 언론 매체와 유사한 기능을 수행하는 것은, ( 가 )보다는 ( 나 )을(를) 통해 그 구성원들에게 영향력을 행사한다는 것을 의미한다.

　　(가) ----- (나)　　　　　　　　(가) ----- (나)
① 교 화 ----- 학 습　　　　　② 공권력 ---- 관 리
③ 강제력 ---- 동 의　　　　　④ 이 념 ----- 설 득

■ 정답 및 해설
③ 알뛰세는 국가의 역할이 자본주의의 생산조건을 재생산하는 것이라고 보았다. 그에 따르면, 국가가 유지되기 위해서는 억압적 국가기구 뿐 아니라 이데올로기적 국가기구가 작동하여야 한다. 사법제도, 군대, 경찰 등이 억압적 국가기구의 사례이며, 학교, 교회, 미디어와 같은 제도들은 이데올로기적 국가기구의 사례이다. 억압적 국가기구는 강제력의 사용이나 강제력을 사용할 수 있다는 위협에 의해 기능하는 반면, 이데올로기적 국가기구는 기존 질서를 정당화하는 이데올로기를 생산하고 유포함으로써 국민들의 동의를 형성하는 과정을 통해 작동한다.

## 2. 새로운 교육사회학

### 01. 신교육사회학의 이해

**출포 131. 신교육사회학의 이해**

기본서 193~194쪽

**417.** 신교육사회학에 대한 설명으로 옳지 않은 것은?  2021년 국가직 9급
① 학교 교육과정 또는 교육내용에 주목한다.
② 불평등의 문제를 학교 교육 안에서 찾는다.
③ 학교에서 가르치는 지식의 사회적 성격을 탐구한다.
④ 구조 기능주의에 기반하여 교육의 사회적 기능을 탐구한다.

■ **정답 및 해설**
④ 구조기능주의에 기반하여 교육의 사회적 기능을 탐구한 것은 종전의 교육사회학 이론 중에서도 기능론적 관점이다. 구조기능주의는 사회를 사회체계로 개념화하고 사회구조의 독특한 특징이 이러한 체계들의 유지에 공헌한다는 점을 설명하는 이론이다. 대표적으로 파슨스의 이론을 구조기능주의라고 한다.

◇ **오답 체크**
①, ②, ③ 신교육사회학은 불평등의 문제를 학교교육 안에서 찾으며, 특히 학교는 지식을 다루는 사회기관이라는 점에서 교육과정에 주목한다. 영의 지식사회학 이론에 기초하여 학교에서 가르치는 지식의 사회적 성격을 탐구한다.

**418.** 신교육사회학(The new sociology of education)에 대한 설명으로 옳지 않은 것은?  2018년 국가직 7급
① 학교에서 가르치는 지식의 정치학적 성격에 주목한다.
② 교육과정 및 교사-학생 간 상호작용이 주요 연구주제이다.
③ 종전의 교육사회학이 사회구조적 문제를 도외시했던 점을 비판한다.
④ 교육내용의 성격과 그것이 전수되는 과정을 이해하고자 하였다.

■ **정답 및 해설**
③ 종전의 교육사회학이나 신교육사회학 모두 사회구조적 문제에 관심을 갖는다. 다만, 종전의 교육사회학은 사회구조적 문제가 인간의 교육적 행위를 결정한다고 보는 결정론적 관점을 가진 반면에, 신교육사회학은 이러한 결정론적 관점을 비판하면서, 인간의 교육적 행위가 사회구조적 문제로부터 상대적으로 자유로울 수 있다고 본다.

417 ④  418 ③

**419.** 교육사회학 연구에서 해석학적 접근이 지니는 특징으로만 묶인 것은?

2011년 국가직 7급

> ㄱ. 미시적 관점에서 교육과정에 관심을 갖는다.
> ㄴ. 사회현상에 대한 가치중립적이며 객관적 이해를 추구한다.
> ㄷ. 학교에서 일어나는 다양한 상호작용의 장면을 중요시한다.
> ㄹ. 방법론의 측면에서 질적 방법을 많이 활용한다.

① ㄱ, ㄴ, ㄷ  ② ㄱ, ㄴ, ㄹ
③ ㄱ, ㄷ, ㄹ  ④ ㄴ, ㄷ, ㄹ

■ 정답 및 해설
③ 교육사회학 연구에서 해석학적 접근은 학교 내부에서 일어나는 상호작용의 과정 속에서 행위자들이 자신과 타인의 행위에 대해 부여하는 의미와 그에 대한 해석을 이해하는 데 관심을 가진다. 신교육사회학의 접근방법에 해당한다.
  ㄱ, ㄷ. 해석학적 접근에 의한 교육사회학 연구에서는 학교교육에 미시적인 관점으로 접근하여, 학교에서 가르치는 교육과정이나 학교에서 일어나는 사회적 상호작용에 주목한다.
  ㄹ. 내부 행위자의 관점에서 자신과 타자의 행위를 해석하고 의미를 부여하는 과정에 관심을 가지므로, 연구의 방법론 측면에서는 질적 방법을 많이 활용한다.

◇ 오답 체크
  ㄴ. 실증주의적 관점에 대한 설명이다. 해석학적 관점은 실증주의적 태도를 비판하면서, 연구자가 내부 행위자의 관점을 공유하는 (상호)주관적 이해를 추구한다.

**420.** 신교육사회학의 입장에 해당하는 것을 모두 고른 것은? 2009년 국가직 7급

> ㄱ. 학교는 개인의 사회적 지위를 결정하는 공정한 선발기관이다.
> ㄴ. 학교는 인간을 다룰 뿐만 아니라 지식을 다루는 사회기관이다.
> ㄷ. 교육은 정치·경제적 구조에 의해 종속된다.
> ㄹ. 교육내용은 보편적인 가치를 지니는 것이 아니라 선택적이며 상대적인 가치를 지닌다.

① ㄱ, ㄴ  ② ㄱ, ㄷ
③ ㄴ, ㄹ  ④ ㄷ, ㄹ

419 ③  420 ③

> 기출플러스
>
> • 신교육사회학의 특징 (2007년 영양교사)
> • 이론적 기초자는 영(M. F. D. Young)이다.
> • 이론적 배경은 지식사회학이다.
> • 학교의 교육과정과 내부현상에 관심을 가진다.
> • 학교교육에 대한 새로운 미시적 해석이다.

■ 정답 및 해설

③ ㄴ. 학교는 학생들에게 배워야 하는 지식을 선정하고 전달하는 기능을 하는 사회기관이다. 신교육사회학은 학교에서 가르치는 지식에 대한 분석을 통해 지식의 사회적 성격과 교육이 사회적 결과를 이해하고자 한다.

ㄹ. 신교육사회학은 지식사회학적 관점에 기초하여 지식을 사회적 산물로 이해한다. 따라서 교육내용은 사회적으로 선택된 것이며 그것의 가치는 사회적 맥락이나 관점에 따라 상대적인 것으로 이해된다.

◇ 오답 체크

ㄱ. 구교육사회학에서도 기능론적 관점의 입장이다.
ㄷ. 구교육사회학에 해당되는 기능론과 갈등론에 공통적으로 해당하는 입장이다.

## 421. 교육사회학이론과 그 이론을 주장한 대표 학자가 바르게 연결되지 않은 것은?
<sub>2009년 국가직 9급</sub>

① 상징적 상호작용이론 - 블루머(Blumer)
② 저항이론 - 지루(Giroux)
③ 경제적 재생산이론 - 애플(Apple)과 카노이(Carnoy)
④ 문화적 재생산이론 - 부르디외(Bourdieu)와 번스타인(Bernstein)

■ 정답 및 해설

③ 경제적 재생산이론을 주장한 대표 학자는 보울즈와 긴티스이다. 문제에 제시된 애플은 저항이론을, 카노이는 종속이론(문화제국주의)을 주장한 학자이다.

◇ 오답 체크

① 상징적 상호작용이론은 개인들의 사회적 상호작용이 상징을 통해 이루어진다는 점을 강조하는 이론으로, 미드(Mead)와 블루머(Blumer)가 대표적 학자이다.
② 저항이론은 교육이 단순히 지배 이데올로기를 주입하는 수단이 아니라, 교사나 학생들이 비판적 사고를 통해 불평등한 구조에 능동적으로 저항할 수 있다는 점을 강조하는 이론이다. 지루, 애플, 프레이리, 윌리스 등이 대표적 학자이다.
④ 문화적 재생산이론은 사회의 주류인 지배집단의 문화를 학교교육에 투입시켜 불평등한 사회적 관계를 정당화하고, 불평등한 질서를 재생산하는 역할을 한다고 주장한다. 부르디외는 아비투스를 중심으로, 번스타인은 언어를 중심으로 문화적 재생산 과정을 설명한다.

421 ③

## 02. 교육과정사회학

### 출포 132. 교육과정사회학 개관

> 기본서 194~197쪽

**422.** 다음 중 교육과정사회학의 관점에 해당되는 것은?    2003년 유초등

> 가. 교육과정에 들어 있는 지식은 사회적, 정치적으로 형성된 것이다.
> 나. 교육과정은 보편타당한 객관적인 내용을 구성되어 있다.
> 다. 무엇이 학교지식으로 중요시되는가에 관심이 많다.
> 라. 교사는 주어진 교육과정을 학생들에게 충실히 전달하면 된다.
> 마. 교육과정에는 주로 지배집단의 이데올로기가 반영되어 있다.

① 가, 나, 다      ② 가, 다, 마
③ 나, 라, 마      ④ 다, 라, 마

■ 정답 및 해설

② 가. 교육과정사회학은 학교에서 가르치는 지식이 선택·분배·조직되는 기준과 방식을 연구하는 분야이다. 교육과정사회학자들은 교육과정에 포함되어 있는 지식이 사회적·정치적으로 형성된 것이라고 본다.
   다. 학교 교육과정이 학교 밖 사회의 정치경제적 권력구조에 의해 영향을 받는다고 본다. 즉 학교에서 어떤 지식을 중요하게 가르치는지를 분석함으로써 학교교육에 관련된 권력관계를 분석하고자 한다.
   마. 기존 연구들에 따르면 학교의 교육과정에는 주로 지배집단의 이데올로기가 반영되어 있다. 예를 들어, 애플의 연구에 의하면, 미국의 학교 교육과정은 자본주의 이데올로기를 반영하고 있다.

◇ 오답 체크

나. 교육과정사회학에서는 교육과정이 보편타당한 객관적인 내용으로 구성된다기보다는, 사회의 지배집단에게 유리한 내용으로 편향적으로 구성되며 그러한 지식의 가치는 상대적이며 가변적이라고 본다.
라. 대표적인 교육과정사회학자인 애플은 교사가 비판적 지식인으로서 대항헤게모니를 형성하고 학교교육을 변혁하는 데 주된 역할을 담당해야 한다고 본다. 교육과정사회학자들은 학교교육과정을 비판적으로 이해하기 때문에 주어진 교육과정을 학생들에게 충실히 전달하는 것만 강조하는 관점을 적절하지 않다고 본다.

---

**기출플러스**

- 신교육사회학의 지식관 (2003년 중등)
  - 지식은 사회적으로 구성된다. (○)
  - 지식의 가치는 사회적으로 위계화되어 있다. (○)
  - 지식의 본질은 사회적 역사적으로 변화되지 않는다. (×)
  - 학교지식은 특정 집단의 이해관계를 반영하고 있다. (○)

## 출포 133. 번스타인의 교육과정사회학(문화전수이론)

📖 기본서 194~195쪽

**423.** 번스타인(Bernstein)의 문화전수이론에 대한 설명으로 옳지 않은 것은?

2016년 국가직 7급

① 지식은 사회적 진공상태에서 전수되는 것이 아니며, 권력과 통제가 교육과정의 모든 국면에 스며든다.
② 분류(classification)는 과목 간, 학과 간 구분으로서 각 교육내용들 간 경계의 선명도를 말한다.
③ 구조(frame)는 교육내용의 선택, 조직, 진도에 대한 교사와 학생의 통제력 정도를 말한다.
④ 구조화(framing)가 강하면 학생의 관심과 요구를 반영하여 교육과정을 편성하기가 용이하다.

■ 정답 및 해설

④ 번스타인의 문화전수이론에서 구조화(framing)가 강하다는 것은 교육내용의 선택, 조직, 진도에 대한 교사의 통제력이 강하다는 것을 의미한다. 즉, 구조화가 강하면 교육과정 편성시 학생들의 관심과 요구를 반영하기 어렵고, 전통적인 교과 중심의 교육과정의 형태로 교육이 전개된다.

**암기 POINT**
• 번스타인의 교육과정사회학 (문화전수이론)
 - 분류: 교과 간 경계 구분
 - 구조: 교사-학생의 통제력
 - 집합형: 강한 분류와 구조
 - 통합형: 약한 분류와 구조

**424.** 번스타인(B. Bernstein)의 교육과정사회학 이론 중 분류(classification)의 개념에 대한 설명으로 바른 것은?

2006년 유초등

① 분류는 교과 또는 학과 내의 내용 구분을 말한다.
② 분류가 강한 경우 타 분야와의 교류가 활발해진다.
③ 분류가 약한 경우 상급 과정으로 올라갈수록 교과내용이 전문화·세분화된다.
④ 분류가 약할수록 교육과정이 사회·경제적 요구에 민감하게 반응하여 변화한다.

■ 정답 및 해설

④ 번스타인의 교육과정사회학 이론에서 분류(classification)는 교과 또는 학과 사이의 구분(경계)이 선명한 정도를 가리키는 개념이다. 분류가 강한 경우에는 교과들 사이의 경계가 선명하여 각 교과가 전문화되고 세분화되어 가르쳐지고 교과의 내부적 논리에 따라 조직된다. 분류가 약한 경우에는 여러 교과들의 지식이 통합되거나 여러 분야들 간의 교류가 활발하게 일어나며 교육과정이 사회경제적 요구에 민감하게 반응하여 변화한다.

423 ④   424 ④

425. 번스타인(B. Bernstein)의 '보이는 교수법(visible pedagogy)'과 '보이지 않는 교수법(invisible pedagogy)'에 대한 설명으로 잘못된 것은?

2008년 유초등

① 전통적인 지식교육은 '보이는 교수법'에 해당한다.
② '보이는 교수법'은 강한 분류와 강한 구조를 특징으로 한다.
③ '보이지 않는 교수법'에서는 놀이와 공부를 엄격히 구분한다.
④ 두 교수법 사이의 갈등은 신-구 중간계급 사이의 갈등을 반영하고 있다.

■ 정답 및 해설
③ 번스타인의 교수법 분류에서 '보이지 않는 교수법'은 교육과정의 분류와 구조가 약한 교육과정에서 나타나는 교수법으로서 진보주의 열린교육 모델에서 나타나는 교수법에 해당한다. 즉, '보이지 않는 교수법'에서는 놀이와 공부의 구분이 불명확하며, 교사와 학생들의 자율적인 교육내용 및 교육방법 선택이 가능하며 횡적인 인간관계가 중시된다.

암기 POINT
• 번스타인의 교육과정 분류

| 집합형 교육과정 | 통합형 교육과정 |
|---|---|
| 전통교육 지식교육 | 진보주의 열린교육 |
| 강한 분류 강한 구조 | 약한 분류 약한 구조 |
| 보이는 교수법 | 보이지 않는 교수법 |

## 출포 134. 애플의 교육과정사회학(문화적 헤게모니 이론)

◉ 기본서 196쪽

426. 다음과 같이 주장한 교육사회학자는?  2023년 국가직 9급

○ 학교가 지배집단의 의미체계와 가치체계인 헤게모니를 주입하여 기존 질서를 정당화한다.
○ 학교 교육과정과 수업에서 가르치는 지식은 이데올로기적 속성을 갖는다.

① 애플(Apple)  ② 파슨스(Parsons)
③ 로젠탈(Rosenthal)  ④ 드리븐(Dreeben)

■ 정답 및 해설
① 학교가 지배집단의 지식과 가치를 주입하여 지배집단의 헤게모니를 유지·재생산하여 기존 질서를 정당화하는 역할을 한다고 보는 관점이나, 학교에서 가르치는 지식은 보편적이며 객관적인 것이라기보다는 특정 계급의 이익에 봉사하는 이데올로기적 속성을 갖고 있다고 보는 관점은 학교의 기능을 부정적으로 보는 비판적 관점의 이론에 해당된다. 제시된 보기 중 비판적 관점의 학자로는 애플이 적절하며, 애플은 학교에서 가르치는 지식이 이데올로기적 속성을 가지고 있으며, 이러한 교육과정을 통해 지배집단의 헤게모니를 정당화하고 있다고 주장하는 문화적 헤게모니 이론을 제시하였다.

암기 POINT
• 애플의 교육과정사회학

| 개관 | - 비판적 교육학<br>- 상대적 자율성 이론 |
|---|---|
| 교육 과정 | - 지배집단의 이데올로기를 주입<br>- 지배집단의 헤게모니 정당화, 질서 유지 |

425 ③  426 ①

◇ 오답 체크
②, ④ 파슨스와 드리븐은 학교의 교육적·사회적 기능을 긍정적으로 이해하는 기능론적 관점에 해당한다.
③ 로젠탈은 교사의 기대가 학생의 학업성취에 실제적 영향을 미치는 자성예언효과를 학교 실험을 통해 증명한 학자이다. 즉, 로젠탈은 학교교육을 사회구조적 관점으로 이해하기 보다는, 교사와 학생들 간의 사회적인 상호작용 과정으로 이해하는 상징적 상호작용론자에 해당한다.

**427.** 다음 내용과 공통적으로 관련된 개념은? 2010년 중등

○ 애플(M. Apple)이 교육사회학 이론에 활용한 그람시(A. Gramsci)의 개념이다.
○ 학교는 지배 이데올로기를 정당화하는 역할을 한다.
○ '학교교육이 교육의 기회를 공정하게 제공하고 능력에 따라 사회계층을 결정하게 한다.'고 믿게 하는 지배력 행사 방식이다.

① 프락시스(praxis)   ② 아비투스(habitus)
③ 문화적응(accommodation)   ④ 모순간파(penetration)
⑤ 헤게모니(hegemony)

■ 정답 및 해설
⑤ 애플이 교육사회학 이론에 활용한 개념으로서, 그람시가 주창한 개념은 헤게모니이다. 헤게모니란 사회 구성원들의 내면적인 동의를 획득하는 지배집단의 지적·도덕적 지도력을 말한다. 그람시는 현대 사회의 지배계급은 군대나 경찰, 법 등과 같은 물리적 권력에 의해 사람들의 행동과 선택을 외적으로 강제하는 것 뿐 아니라, 지배계급의 세계관, 지식, 가치 등을 사회 구성원들이 합의해 받아들이고 각 개인의 신념을 형성하고 행동하도록 함으로써 질서를 유지한다고 본다. 즉 기존 사회의 질서 유지와 재생산에 있어서 사회구성원의 동의에 기반한 통제력인 헤게모니의 역할이 중요시되고 있는 것이다.
애플은 이러한 그람시의 헤게모니 개념을 이용하여 학교가 지배집단의 이데올로기를 정당화하며 그들에 의해 지배를 정당한 것으로 받아들이고 사회질서 재생산하는 역할을 하고 있다고 본다. 대표적으로 학교는 능력주의 이데올로기를 유포함으로써 불평등한 사회질서를 공정한 것으로 생각하게 하는 기능을 한다는 것이다. 물론, 애플은 이러한 비판에 머물지 않고 다양한 사회적 주체들이 연대하여 대항 헤게모니를 형성하고 학교를 변혁하는 데 앞장서야 한다고 주장하였다. 즉, 비판적 교육사회학은 '비판의 언어'뿐만 아니라 '가능성의 언어'를 발전시켜야 한다고 역설하였다.

427 ⑤

---

기출플러스
- 애플의 교육사회학 이론 (2004년 유초등)
- 비판적 교육과정 이론가
- 상징적 체계를 통한 학교의 사회통제
- 문화적 헤게모니(hegemony)의 매개자로서의 학교

# 출포 135. 애니언의 교육과정사회학

🔹 기본서 196~197쪽

**428.** 다음과 같이 주장한 교육학자는? `2024년 지방직 9급`

> 역사 교과서에서 자본가 집단에 유리한 내용을 비중 있게 다루고 노동자들의 기여를 언급하지 않거나 부정적으로 다루고 있다.

① 애니언(Anyon)  ② 드리븐(Dreeben)
③ 프레이리(Freire)  ④ 보울즈와 진티스(Bowles & Gintis)

### ■ 정답 및 해설
① 애니언은 학교 교육과정의 정치적 성격을 분석하는 데 관심을 가진 교육과정 사회학자이다. 애니언은 공식적 교육과정 뿐 아니라 잠재적 교육과정의 개념을 이용하여 학교의 교육과정에서 실제로 가르쳐지고 있는 내용이 누구의 이익에 봉사하는지를 분석하고자 하였다. 구체적으로, 애니언은 역사 교과서는 부자와 강자의 이익을 옹호하는 내용으로 채워져 있으며, 이것은 학교교육이 지배집단의 이익에 봉사하는 이데올로기를 반영하고 있다는 점을 분석·비판하였다.

### ◇ 오답 체크
② 드리븐은 기능론적 관점의 교육사회학자로, 학교가 현대 자본주의 산업사회에서 요청되는 규범을 학생들에게 교육하는 기능을 가진다고 주장하였다.
③ 프레이리는 저항이론에 기초한 비판적 교육사회학자로, 은행예금식 교육의 문제점을 지적하며 문제제기식 교육을 주장하였다.
④ 보울즈와 긴티스는 갈등론적 관점에 기초하여 경제적 재생산론을 주장한 교육사회학자로, 교육이 차별적 사회화를 통해 불평등을 재생산하고 있다고 지적하였다.

### 암기 POINT
• 애니언의 교육과정사회학

| 개관 | 비판적 관점<br>문화적 헤게모니론<br>(애플의 영향) |
|---|---|
| 역사<br>교과서<br>분석 | 자본가에게 유리한 내용, 지배집단의 이데올로기 반영 |

**429.** 교육과정 사회학에 대한 설명으로 옳지 않은 것은? `2020년 국가직 7급`

① 영(Young)에 따르면 학교 교육과정은 학교 밖 정치권력 구조와 관계가 있다.
② 지루(Giroux)에 따르면 학교가 사회의 불평등한 경제적·정치적 질서를 재생산하고 있다.
③ 애니언(Anyon)은 학교에서 학생이 사용하는 언어와 그들의 사회계층과의 관계를 분석하였다.
④ 애플(Apple)에 따르면 학교 교육과정은 사회적 갈등의 부정적 측면을 강조하고 긍정적 측면을 배제하고 있다.

428 ①  429 ③

■ 정답 및 해설

③ 애니언은 학교 교육과정의 정치적 성격을 분석하는 데 관심을 가진 교육과정 사회학자이다. 애니언은 공식적 교육과정 뿐 아니라 잠재적 교육과정의 개념을 이용하여 학교의 교육과정에서 실제로 가르쳐지고 있는 내용이 누구의 이익에 봉사하는지를 분석하고자 하였다. 한편, 학교에서 학생이 사용하는 언어와 그들의 사회계층과의 관계를 분석한 것은 번스타인의 연구에 해당한다.

◇ 오답 체크

① 마이클 영은 지식사회학의 개념을 학교 교육과정 연구에 도입한 학자로서, 학교에서 다루는 지식이 학교 밖 정치권력 구조와 관계가 있다고 본다. 즉 학교에서 가르치는 지식의 사회성에 주목하여야 한다고 주장하였다.
② 지루는 학교가 사회의 불평등한 경제적·정치적 질서를 재생산하고 있다고 보면서도, 학생들이 불평등한 질서의 재생산에 능동적으로 저항할 수 있다는 점을 강조하는 저항이론을 제시하였다.
④ 애플은 비판적 교육학자의 입장에서 학교 교육과정의 사회적 성격을 분석하였다. 분석 결과, 학교 교육과정이 사회적 갈등의 부정적 측면을 강조하고 긍정적 측면을 배제하고 있다고 주장하였다..

## 출포 136. 왈라스의 교육과정사회학

기본서 197쪽

**430.** 다음 내용은 왈라스(A. Wallace)가 주장하는 사회역사적 변화 단계이다. 이 단계에 따른 교육과정의 강조점을 <보기>에서 골라 순서대로 나열한 것은?    2011년 경북

사회는 혁명기-보수기-복고기로 반복적인 순환과정을 갖는다.

<보기>
ㄱ. 도덕성 교육을 교육과정의 중심에 두며 정치적 이념도 허용한다.
ㄴ. 새로운 질서를 수립하기 위하여 지식교육보다 도덕성 교육을 강조한다.
ㄷ. 실용성에 입각하여 실제적인 기술과 지식 중심의 교육과정으로 편성한다.

① ㄱ-ㄷ-ㄴ    ② ㄴ-ㄱ-ㄷ    ③ ㄴ-ㄷ-ㄱ
④ ㄷ-ㄱ-ㄴ    ⑤ ㄷ-ㄴ-ㄱ

■ 정답 및 해설

③ 왈라스는 사회변화의 시기를 혁명기-보수기-복고기로 구분하고, 각 시기의 정치적 이념 변화에 따라 교육과정에서 강조하는 덕목을 연결지었다. 그에 따르면, (ㄴ) 새로운 질서를 수립하는 혁명기에는 도덕성을, (ㄷ) 보수기에는 실용성을, (ㄱ)복고기에는 다시 도덕성을 강조하는 교육과정이 나타난다.

### 암기 POINT

• 왈라스의 교육과정 사회학

| | |
|---|---|
| 혁명기 | 새로운 이념으로서 도덕성 강조 |
| 보수기 | 실용성을 강조하는 지식과 기술 강조 |
| 복고기 | 이념과 가치를 강조하는 도덕성 강조 |

430 ③

## 03. 교실사회학

### 출포 137. 교실사회학의 접근방법

기본서 197~199쪽

**431.** 교사와 학생의 상호작용을 연구하는 신교육사회학의 해석적 접근 방식과 거리가 먼 것은?  2007년 유초등
① 내부자 관점을 강조한다.
② 인과 법칙의 발견을 주 목적으로 한다.
③ 거시적 분석보다 미시적 분석을 강조한다.
④ 수집한 자료는 맥락 속에서 이해되어야 한다.

■ 정답 및 해설
② 신교육사회학의 해석적 접근 방식에서는 인간의 주체성, 능동성, 상징성을 강조한다. 즉 인간의 행위는 구조적 요인에 의해 결정되기 보다는 주관적 경험과 구체적 상황에 따라 달라질 수 있다고 본다. 따라서 사회구조의 분석보다는 행위자를 더 중시하여, 개인행위자들이 대상에 대해 어떤 의미를 부여하고 있는지를 파악하고자 한다. 이를 위하여 거시적 분석 보다는 미시적 분석을 강조하며, 상호작용이 일어나는 사회적 상황의 내부에 있는 행위자의 관점을 강조한다. 자료의 수집은 질적인 방식으로 이루어지며, 수집한 자료는 사회적 맥락 속에서 이해된다.
한편, 인과 법칙의 발견은 실증적 접근 방식에 의한 구교육사회학에서 추구한 연구의 주 목적이다.

**432.** 다음과 같은 학급상황을 설명하는 데 가장 적합한 이론은?  2010년 유초등

> 우리 학급 친구들은 대체로 쾌활하고 말이 많은 편이다. 영어 교과전담 선생님은 학급 분위기가 들떠 있어서 수업을 제대로 진행할 수가 없다고 하면서, 우리를 '문제 학생'이라고 부르며 자주 꾸짖으신다. 영어시간만 되면 힘들고 수업 분위기도 가라앉는다. 그런데, 담임 선생님은 우리를 '명랑 학생'이라고 부르며 자주 칭찬해 주신다. 담임 선생님의 수업시간에는 적극적으로 의사표현을 하게 되고 수업 분위기도 활발하다.

① 저항이론             ② 구조기능론
③ 경제재생산론       ④ 문화재생산론
⑤ 상징적 상호작용론

431 ②   432 ⑤

■ 정답 및 해설
⑤ 주어진 사례에서 학생들은 영어 교과전담 선생님과 담임 선생님의 수업시간에 각각 다른 행동방식을 보인다. 각각의 교사가 학생들에 대해 어떤 기대와 의미를 부여하는지에 따라 학생들이 다르게 적응하기 때문이라는 것이다. 이와 같이, 학교 내부에서 벌어지는 교사와 학생 간의 상호작용을 미시적으로 해석하는 데 관심을 가지며, 학교에서 교사와 학생이 자기 자신과 상대방을 어떻게 규정하는지에 따라 자신의 대응방식을 선택하여 행동한다고 보는 이론은 상징적 상호작용론이다.

◇ 오답 체크
① 저항이론은 교육이 단순히 학생들에게 사회적 가치를 주입하는 것이 아니라, 학생들이 이를 비판적으로 수용하거나 거부할 수 있음을 강조하는 이론이다. 저항이론은 교육이 사회 불평등을 재생산하는 과정에서 학생들이 능동적으로 저항하는 과정과 방식에 초점을 맞춘다. 지루, 애플, 프레이리, 윌리스 등이 포함된다.
② 구조기능론은 사회를 사회체계로 개념화하고 사회구조의 독특한 특징이 이러한 체계들의 유지에 공헌한다고 보는 이론이다. 교육이 전체 사회의 유지와 발전에 기여하기 위해 어떤 기능을 수행하는지를 연구한다. 기능론적 관점의 이론으로서 파슨스가 대표적인 학자이다.
③ 경제재생산론은 갈등론적 관점의 이론으로서, 거시적인 관점에서 정치경제적 사회구조와 학교교육 사이의 관계를 설명하고자 한다. 대표적으로, 보울스와 긴티스는 학교교육이 경제적 생산관계를 반영하는 교육방식을 통해 순응적 노동력을 양산하고 자본주의 경제체제를 재생산하는 데 기여하고 있다고 주장한다.
④ 문화재생산론은 갈등론적 관점의 이론으로서, 문화자본의 개념을 통해 학교의 재생산 기능을 설명하는 이론이다. 부르디외가 대표적 학자이다.

433. 맥닐(J. McNeil)의 방어적 수업과 가장 관계가 먼 것은? 2006년 유초등
① 논쟁의 여지가 있는 주제는 생략한다.
② 어려운 주제는 간단히 언급만 하고 넘어간다.
③ 복잡한 논의를 막기 위해 수업내용을 신비화한다.
④ 토론식 수업을 통해 학생과 활발하게 상호작용한다.

■ 정답 및 해설
④ 상징적 상호작용론에 의해 수업을 연구한 맥닐은 일반적인 공립학교의 교사들이 채택하는 수업방식을 '방어적 수업'이라고 불렀다. 즉 한 명의 교사가 수십 명의 학생들을 가르치는 학급상황에서 교사는 학생들로부터 자신을 지켜야 한다는 구조적인 방어의식을 갖게 되며, 이로 인해 방어적 수업전략을 사용한다는 것이다.
교사가 취하는 방어적 수업전략으로는 수업 내용을 단편적 지식으로 쪼개어 제시하는 '단편화' 전략, 복잡한 논의를 막기 위해 수업내용을 신비한 것처럼 다루는 '신비화' 전략, 논쟁의 여지가 있는 주제는 생략하는 '생략' 전략, 어려운 주제는 간

단히 언급만 하고 넘어가는 '방어적 단순화' 전략 등이 있다.
이러한 관점에서 볼 때, 토론식 수업을 통해 학생들과 활발하게 상호작용하는 것은 학급 상황에서 교사가 주도권을 빼앗기거나 학급 내 규율을 손상시킬 수 있으므로 교사들이 피하게 된다.

## 출포 138. 윌리스의 반학교문화 연구

기본서 200쪽

**434.** 교사가 회고하는 다음 학생의 삶을 가장 잘 설명하는 이론은?

2011년 중등

> 그 학생은 학창 시절 말썽을 많이 피웠지. 비슷한 또래들과 몰려다니면서 싸움도 자주 하고, 각종 교칙을 밥 먹듯이 위반했어. 수업을 시시하다고 하면서 방해하기도 하고, 공부 잘 하는 애들을 계집애 같다고 놀려 대기도 했어. 반면에 자기 부류의 애들은 사내답다며 우쭐댔지. 자기는 육체노동직에 종사하는 아버지처럼 사나이답게 살고 싶다고 했지. 나중에 보니 그 학생은 스스로 진학을 포기하고 자기 아버지와 같이 육체노동직을 선택하더라고.

① 저항이론
② 헤게모니이론
③ 문화재생산론
④ 경제재생산론
⑤ 상징적 상호작용론

### ■ 정답 및 해설

① 제시된 자료에서 교사는 그 학생이 육체노동을 이상적으로 보는 가치관 속에서 학교의 질서에 반하는 반학교 문화를 형성하며 스스로 진학을 포기하고 노동직을 선택하였다고 본다. 이러한 시각은 윌리스가 간파, 저항, 제약 등의 개념을 통해 노동자 계급 학생들의 반학교문화를 연구한 것과 일치한다.
윌리스는 애플과 지루의 저항이론에 기초하여, 인간은 사회의 지배질서를 단순히 수용하지 않고, 이를 거부하거나 비판하며 사회의 불평등 구조에 저항하는 능동적인 존재라는 점에 주목하였다.

### 암기 POINT

• 윌리스의 반학교문화 연구

| 개요 | 저항이론 (능동적 저항, 대항문화, 재생산) |
|---|---|
| 연구 질문 | 노동계급의 학생들의 왜 노동자가 되는가? |
| 분석 결과 | – 간파 : 불평등한 사회구조의 제약 간파<br>– 반학교문화 : 노동계급의 문화를 선택, 학교의 지시에 저항<br>– 한계(제약) : 불평등의 재생산으로 귀결 |

434 ①

**435.** 윌리스(P. Willis)가 『노동학습(Learning to labor)』에서 제시한 노동계급 학생들의 특성과 일치하지 않는 것은? 〈2007년 유초등〉

① 모범생들을 수동적인 존재로 간주하고 배척한다.
② 반(反) 학교 문화를 형성하는 자율적·능동적 존재이다.
③ 육체 노동을 남성적 우월성에, 정신 노동을 여성적 열등성에 결부시킨다.
④ 노동 계급의 처지를 벗어나기 위하여 스스로 포부 수준을 높게 설정한다.

■ 정답 및 해설

④ 윌리스는 저항이론의 관점에서 인간은 사회의 지배질서를 단순히 수용하지 않기보다는 기존 질서를 거부하거나 비판하며 사회의 불평등 구조에 저항하는 능동적인 존재라고 본다. 윌리스의 연구에 의하면, 노동자계급의 학생들은 스스로를 '싸나이들'이라고 칭하고, 모범생들을 '얌전이들'이라고 부면서 수동적인 존재로 간주하고 배척하였다. '싸나이들'은 학교의 규칙을 거부하고 학교의 권위에 대항하는 반(反) 학교 문화를 형성하는 자율적이며 능동적인 존재로서 '저항' 행위를 하는 것을 스스로 자랑스러워하였다. 이들은 육체노동을 남성적 우월성에, 정신노동을 여성적 열등성에 결부시키면서 육체노동문화를 자신의 이상으로 받아들여, 졸업 후 스스로 육체노동직을 선택하였다.

맥닐은 노동계급의 학생들이 이렇게 학교에서 요구하는 것에 반하는 방식으로 행동하는 이유를 '간파'의 개념을 통해 설명한다. 노동자계급의 학생들은 열심히 공부해 봤자 어차피 사회에서 성공할 가능성이 거의 없다는 것을 '간파'하고 있기 때문이라는 것이다. 따라서 이들은 스스로 포부 수준을 낮게 설정하여 노동계급을 선택한다는 것이다.

---

**기출플러스**

- 윌리스의 저항이론 (2005년 중등)

노동자계급의 자녀가 노동자가 되는 이유는 '남성우월주의적인 육체노동문화를 자신의 이상적 가치관으로 받아들이기 때문'이다.

435 ④

## 3. 교육과 사회평등

### 01. 교육선발과 사회이동

**출포 139. 시험의 사회적 기능**

🔗 기본서 201~202쪽

**436.** 밑줄 친 부분에서 설명하고 있는 시험의 기능으로 보기 어려운 것은?

2020년 국가직 9급

> 시험은 학문적으로 무엇이 가치가 있으며 교육제도가 선택적으로 가르치고자 하는 것이 무엇인가를 가장 극명하게 표출하지만, 시험의 의미는 그것만이 아니다. <u>지식의 사회적 의미규정과 그 표현방식을 학교의 시험을 통하여 학생들에게 강요함으로써, 지배문화와 지배문화의 가치관을 주입하는 가장 효과적인 도구로 시험이 이용되고 있는 것이다.</u>

① 교육과정과 교수방법 개선
② 지식의 공식화와 위계화
③ 기존 사회질서의 정당화와 재생산
④ 규범과 가치관 통제

■ **정답 및 해설**
① 밑줄 친 부분에서는 시험의 사회적 기능을 설명하고 있다. 지식의 공식화와 위계화, 기존 사회질서의 정당화와 재생산, 규범과 가치관 통제 등이 이러한 사회적 기능에 해당된다. 반면, 교육과정과 교수방법 개선, 학업성취 확인 및 피드백, 학습자의 동기부여 등에 기여하는 기능은 시험의 교육적 기능에 해당된다.

**암기 POINT**
• 시험의 기능

| 교육적 기능 | 사회적 기능 |
|---|---|
| - 학업성취 확인 | - 지식의 공식화와 위계화 |
| - 학습동기 부여 | - 규범과 가치관 통제 |
| - 교육과정 교수방법 개선 | - 기존 질서 정당화·재생산 |

**437.** 시험의 다양한 기능에 대한 설명으로 옳지 않은 것은?

2015년 국가직 7급

① 공식적 시험일수록 시험의 지식위계화 기능은 뚜렷하지 않다.
② 시험은 학습자들에게 선택적으로 학습하게 하고 시험기간에 공부를 집중하게 하는 기능이 있다.
③ 대학입학시험은 결과적으로 사회적 지위획득에 영향을 주므로 사회적 선발 기능을 수행하기도 한다.
④ 시험은 학습자들에게 학습목표를 지시해 줌과 동시에, 그 목표에 도달하고자 하는 동기를 촉발하는 유인으로 작용한다.

436 ① 437 ①

■ 정답 및 해설
① 공식적 시험일수록 어떤 지식이 보다 가치있는 지식인지를 결정하는 시험의 지식 위계화 기능이 뚜렷하다. 예를 들면, 대학수능시험은 지식의 위계화 기능이 뚜렷하여 시험이 역으로 학교의 교육과정을 영향을 미친다.

**438.** 시험의 교육적 기능에 대비한 사회적 기능이 아닌 것은?

2014년 국가직 9급

① 지식의 공식화와 위계화      ② 교육과정 결정
③ 문화의 형성과 변화           ④ 사회적 선발

■ 정답 및 해설
② 시험이 실질적으로 가르치는 또는 학습되는 교육과정을 결정하는 기능을 하는 것은 시험이 학교 내부에서 수행하는 교육적 기능에 해당된다.

◇ 오답 체크
①, ③, ④는 학교가 사회 전체에 어떤 영향을 미치는지 또는 전체 사회의 구조가 학교교육에 어떤 영향을 미치는지에 관한 것으로, 시험의 사회적 기능에 해당된다.

## 출포 140. 교육선발의 유형

기본서 202~203쪽

**439.** 호퍼(Earl Hopper)는 교육선발을 네 가지 측면에서 분석하였다. 분석내용으로 옳지 않은 것은?

2010년 국가직 9급

① 선발형식에 따라서는 선발의 중앙집권화와 표준화의 정도에 따라 형식성이 강한 것과 약한 것으로 나뉜다.
② 선발시기에 따라서는 초등학교 단계에서 중요한 선발을 실시하는 조기선발과 대학 단계에 이르러서야 선발이 이루어지는 만기선발로 나뉜다.
③ 선발대상에 따라서는 특별한 자질을 구비한 사람만을 뽑아야 한다는 특수주의와 누구나 교육받을 가치를 가지고 있다고 믿는 보편주의로 나뉜다.
④ 선발기준에 따라서는 지적 학업성취도의 서열을 강조하는 상대주의와 특정 목표 달성도를 중시하는 절대주의로 나뉜다.

■ 정답 및 해설
④ 호퍼는 교육선발의 유형을 선발기준에 따라 사회 전체의 이익을 우선 고려하는 집단주의와 개인의 자아실현을 강조하는 개인주의로 구분하였다. 한편, 학업성취도의 서열을 강조하는 상대주의와 목표 달성도를 중시하는 절대주의로 구분하는 것은 교육적 측면을 강조하는 분류로서, 참조체제를 기준으로 구분한 것이다.

---

**암기 POINT**
• 호퍼의 교육선발 유형 분류

| 기준 | 선발의 유형 |
|---|---|
| 선발 형식 | 집권주의(표준화) 분권주의(다양화) |
| 선발 시기 | 조기선발(초등) 만기선발(대학) |
| 선발 대상 | 특수주의(엘리트) 보편주의(누구나) |
| 선발 기준 | 개인주의(개인 중시) 집단주의(전체 이익) |

438 ②   439 ④

## 02. 교육과 사회평등의 관계

### 출포 141. 기능론적 관점(평등화 기여론)  B

기본서 203~204쪽

**440.** 다음과 같이 주장한 해비거스트(Havighurst)의 학교교육을 바라보는 입장으로 옳은 것은?   2014년 국가직 7급

> "과학기술의 발달은 훈련받은 기술인력의 공급을 필요로 하고 과학기술의 진보는 훈련받은 연구자들에게 달려 있다. 개인의 재능은 교육을 통하여 발전하고 잠재적 재능을 가진 어린이도 교육을 통하여 그 능력이 계발된다. … (중략) … 교육은 또한 하류층의 소비습관에도 영향을 주어 중류계급의 가치관과 소유양식을 가르친다. 심지어 하류층 사람들의 노동자교육과 초·중등교육의 확대를 통하여 자신들의 소득을 증가시키는 데 필요한 조직활동을 배울 수 있다는 사실을 깨달음으로써 소득격차를 줄이는 데 이바지할 수 있다."

① 일반적인 조건하에서 교육기회의 확대는 사회 불평등을 감소시키지 않으며, 이것은 교육기회의 분배가 호전되어도 마찬가지다.
② 교육은 다음 세대의 상향 이동을 촉진하므로 교육의 보편화는 평등사회의 촉진제가 된다. 따라서 학교교육이 사회불평등을 없애거나 줄일 수 있다.
③ 학교는 평등의 추구를 위하여 발전한 것이 아니고, 훈련받은 기술 인력을 자본주의 기업가들에게 공급하고 정치적 안정을 위한 사회통제의 필요 때문에 발전한 것이다.
④ 특정 수준의 학교교육이 보편화되는 단계에 이르면 그 수익률이 낮아져서 경제적으로는 가치가 없지만, 그나마 학교 졸업장도 없으면 사람 취급을 받기 어렵기 때문에 하류층도 다니게 된다.

■ **정답 및 해설**
② 해비거스트는 미국, 브라질, 영국, 호주의 자료를 분석한 뒤 자녀들을 위한 교육은 그들을 부모의 계층으로부터 상향 이동시킴으로써 사회평등화에 이바지한다고 결론을 내렸다. 과학기술의 발달로 직업의 구조가 변화하는 시대에 학교는 학생들에게 사회에서 요구하는 지식과 기술 뿐 아니라, 가치관과 생활양식을 가르쳐 사회적 상승이동을 할 수 있도록 돕는다는 것이다. 결국 교육은 상승이동을 촉진하므로, 교육의 보편화는 평등사회에 이르는 촉진제가 된다는 주장을 펼친 것이다.

◇ **오답 체크**
①, ③, ④는 갈등론적 관점의 입장으로, 학교교육을 통해 사회격차와 불평등이 심화된다고 보는 관점이다.

**암기 POINT**
• 교육과 사회평등의 관계 :
  평등화 기여론(기능론)
  – 해비거스트의 평등론
  – 블라우와 던컨 지위획득 모형
  – 스웰과 하우저 위스콘신 모형
  – 슐츠의 인간자본이론

**441.** 기능론적 관점에서의 지위 획득에 관한 설명으로 옳지 않은 것은?

2008년 국가직 7급

① 능력에 근거하여 개인들을 선발하고 노동시장에 배분함으로써 사회적 효율성이 신장된다.
② 기회의 균등 분배와 더불어 결과의 균등 분배까지 도모해야 사회평등을 위한 이상이 실현된다.
③ 선발 과정에서 우수한 사람을 공정하게 선발하는 합리성이 준수됨으로써 도덕적 정당성이 확산된다.
④ 교육체제는 직업세계의 분화에 따라 직업세계가 필요로 하는 사람들을 선발하여 길러내는 역할을 한다.

■ 정답 및 해설
② 기능론적 관점에서는 능력주의 이념에 기초하여 사회평등을 추구한다. 즉, 공정한 경쟁을 위한 기회의 균등 분배를 통해 사회평등을 위한 이상이 실현될 수 있다고 본다. 결과의 균등 분배까지 추구하는 것은 아니다.

**442.** 슐츠(T. Schultz)의 인간자본론(human capital theory)에 대한 설명으로 가장 적절한 것은?

2007년 유초등

① 교육은 생산성 향상을 위한 투자이다.
② 아동의 가정 배경이 사회적 지위 획득에 영향을 미친다.
③ 부모와 친밀한 관계를 맺고 있는 아동은 학업성취가 높다.
④ 신뢰할 수 있는 인간관계의 망은 고용과 소득 증가에 유리하게 작용한다.

■ 정답 및 해설
① 슐츠의 인간자본론에서는 교육은 생산성 향상을 위한 투자 행위로서, 개인은 교육을 통해 사회에서 받게 될 소득을 증대시킬 수 있다고 보는 이론이다. 국가의 예산을 투입하여 지식과 기술력을 갖춘 인재를 육성하는 것은 경제적인 측면에서 매우 생산적이고 유용할 뿐 아니라, 사회의 평등화에도 기여한다고 본다.

**443.** 블라우(P. Blau)와 던컨(O. Duncan)의 지위 획득 모형에서 지위 획득에 가장 큰 영향을 미치는 요인은?

2005년 유초등

① 본인의 교육 수준
② 본인의 첫 번째 직업
③ 아버지의 교육 수준
④ 아버지의 직업

441 ②　442 ①　443 ①

■ 정답 및 해설
① 블라우와 던컨의 지위 획득 모형은 사회적 이동과 직업적 성취에 영향을 미치는 다양한 요인들을 분석한 이론이다. 이들은 개인이 사회적 지위를 어떻게 획득하는지에 대해 부모의 배경, 교육 수준, 직업 경로 등을 포함한 다차원적 분석을 시도하였다. 모형의 주요 요인은 아버지의 직업과 교육수준 및 본인의 첫 번째 직업과 교육수준이었다. 연구 결과, 본인의 교육수준이 지위 획득의 핵심 요소라는 점이 확인되었으며(아래 그림 참조), 이것은 교육이 개인의 사회적 상승이동을 도움으로써 사회의 평등화에 기여한다는 점을 보여준다.

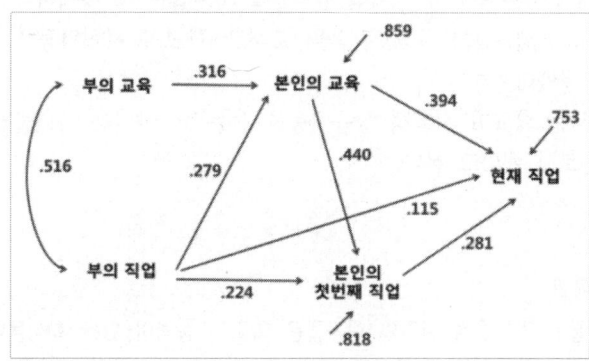

444. "학교교육이 사회평등에 기여한다." 는 입장을 뒷받침하는 것으로 가장 적절한 것은?  2005년 중등
① 교육수익률이 높을 때는 경제적 상류층이 학교교육을 받는다.
② 부모의 사회경제적 지위는 학교교육을 매개로 하여 학생에게 대물림된다.
③ 고용주가 노동자보다 학교교육연한에 따른 수입 증가의 비율이 더 높다.
④ 경제적으로 상·하층인 학생들 간의 성적차가 수업 기간 중에는 커지지 않는 반면, 방학 기간 중에는 커지는 경향이 있다.

■ 정답 및 해설
④ 수업기간 중에는 계층 간 성적차가 커지지 않지만, 방학기간 중에는 커지는 경향은 가정배경에 따른 성적차를 학교교육을 통해 완화시키고 있다는 의미로 해석된다. 따라서 "학교교육이 사회평등에 기여한다."고 보는 기능론적 관점에 해당한다.

◇ 오답 체크
① 교육의 기회가 제한적일 때에는 소수만이 학력을 획득하므로 교육수익률이 높다. 교육수익률이 높을 때에는 경제적 상류층만이 학교교육을 받으며, 이로 인한 학력격차가 사회경제적 격차를 만들어 낸다. 이것은 학교교육이 사회 불평등을 재생산한다고 보는 입장에 해당한다.
② 부모의 사회경제적 지위가 학교교육을 매개로 학생에게 대물림된다고 보는 관점은 갈등론적 입장에 해당한다.
③ 고용주가 노동자보다 학교교육 연한에 따른 수입 증가의 비율이 더 높다는 것은 학교교육의 사회평등화 효과가 계층별로 다르게 나타나며, 결국 계층별 격차를 재생산한다고 보는 갈등론적 입장에 해당한다.

## 출포 142. 갈등론적 관점(불평등재생산론)

기본서 205~206쪽

**445.** 학교와 사회평등의 관계에 대한 설명으로 옳지 않은 것은?

2022년 국가직 7급

① 취약계층 학생을 위한 보상교육 프로그램은 학교가 사회평등에 기여할 수 있다는 기대를 바탕으로 한다.
② 보울즈(Bowles)는 학교가 경제적 불평등을 바로잡는 데 무력하다고 보았다.
③ 파슨스(Parsons)는 능력주의 관점을 토대로 학교와 사회평등은 무관하다는 결론에 도달했다.
④ 갈등론에서는 학교가 사회적 상승이동을 돕는 게 아니라 사회불평등을 재생산하는 통로가 된다고 본다.

### ■ 정답 및 해설

③ 파슨스와 같은 기능론적 관점의 학자들은 학교가 능력이 있는 학생들에게 사회적으로 성공할 기회를 제공해 준다고 본다. 즉, 능력주의 관점을 토대로 학교는 사회평등에 기여할 수 있다고 본다.

### ◇ 오답 체크

① 기능론적 관점에서는 학교가 사회평등에 기여할 수 있다고 보고, 교육의 기회, 과정, 결과의 측면에서 평등을 추구하는 정책을 제안하고 있다. 취약계층 학생들을 위한 보상교육 프로그램은 결과의 평등을 통해 사회평등을 추구하는 정책이다.
② 보울즈는 경제적 재생산론을 주장한 갈등론적 관점의 학자로서, 학교가 경제적 불평등을 재생산하는 기능을 하고 있다고 주장한다. 따라서 학교가 경제적 불평등을 바로잡는 데 무력하다고 보았다.
④ 갈등론에서는 경제적 재생산론, 문화적 재생산론 등에서와 같이, 학교가 사회적 상승이동을 돕는 게 아니라 사회불평등을 재생산하는 통로가 된다고 본다. 따라서 교육기회의 확대는 사회불평등을 감소시키기 보다는, 오히려 불평등을 심화시킬 수도 있다고 주장한다.

**446.** 다음 내용과 가장 밀접한 것은?

2017년 국가직 7급

○ 회적 자본
○ 교육의 효과에 대한 갈등론적 접근
○ 스탠튼-살라자와 돈부시(Stanton-Salazar & Dornbusch)

① 지위획득 모형
② 위스콘신 모형
③ 노동시장 분단론
④ 연줄 모형

**암기 POINT**
• 교육과 사회평등 : 불평등 재생산론(갈등론)
 - 보울즈와 긴티스의 경제적 재생산론
 - 카노이의 교육수익률 분석
 - 스탠튼-살라자와 돈부쉬의 연줄모형
 - 노동시장 이중구조론

445 ③  446 ④

■ 정답 및 해설

④ 교육의 효과에 대한 갈등론적 접근의 이론으로서, 사회적 자본 개념을 중심으로 논하는 이론은 연줄 모형이다. 연줄 모형에서는 학생의 사회경제적 배경에 따라 사회적 자본의 획득과 축적 수준이 상이하며, 이것은 학업성취도 및 직업적 포부수준에 영향을 미친다고 본다. 즉, 상류층의 학생들은 풍부한 사회자본을 바탕으로 교육과 직업에 대해 높은 기대와 목표를 형성하므로 학업성취가 높아지지만, 하류층의 학생들은 그렇지 않으므로 격차가 심화된다는 것이다.

◇ 오답 체크

① 지위획득 모형은 기능론적 관점의 이론으로서, 부모의 사회경제적 지위보다는 본인의 교육 수준이 사회적 지위 또는 직업적 성공에 가장 큰 영향을 미친다고 본다. 즉, 개인의 노력과 능력을 바탕으로 교육을 통한 계층상승이 가능하며, 교육은 사회평등에 기여한다고 보는 관점이다.
② 위스콘신 모형은 블라우와 던컨의 지위획득 모형을 발전시킨 모형으로서, 객관적인 변인(아버지의 교육, 직업)뿐만 아니라 사회심리적인 변인(부모의 격려)을 추가하여 교육의 효과를 설명한다. 이에 따르면, 부모와 같은 '의미있는 타자'들의 격려는 가정의 사회경제적 배경이 학생들의 사회경제적 지위를 결정하는 데 강력한 매개변인이 된다.
③ 노동시장 분단론은 갈등론적 관점의 이론으로서, 학교교육이 승진과 임금상승에 영향을 준다는 기능론의 주장은 상위계층이 일하는 노동시장에 대해서만 옳을 뿐, 하위계층의 노동시장에는 적용되지 않는다고 본다.

**447.** 다음은 교육과 사회 평등의 관계에 대한 세 교사의 대화이다. 이들 교사의 관점에 대한 설명으로 옳지 않은 것은?  2012년 중등

(가) 박 교사 : 교육은 사람들의 직업 능력을 향상시켜 줍니다. 실제로 개인의 교육 수준이 직업을 획득하는 데 결정적인 역할을 하고 있기 때문이죠. 그러므로 교육을 통해 지위 이동이 가능하고 사회가 평등해질 수 있습니다.
(나) 이 교사 : 교육은 사회 평등을 실현하기보다는 오히려 사회 불평등을 유지한다고 생각합니다. 단적으로, 교육 기회는 모든 사람에게 공평하게 분배되기보다는 상위계층 자녀에게 유리하게 제공되고 있죠. 교육은 계층구조를 유지하는 데 결정적 역할을 하고 있습니다.
(다) 최 교사 : 교육은 사회 평등의 문제와는 관계가 없는 것 같아요. 설령 관계가 있다고 하더라도 무시할 정도가 아닐까요? 사회 평등 또는 불평등은 교육이 아닌 다른 요인의 영향을 받는 것 같습니다.

447 ⑤

① (가)의 관점은 블라우와 던컨(P. Blau & O. Duncan)의 지위획득모형에 반영되어 있다.
② (가)의 관점은 누구나 자신의 재능과 노력에 따라 상급 학교에 진학할 수 있고, 원하는 직업을 획득할 수 있다는 주장과 상통한다.
③ (나)의 관점은 교육이 자본주의 체제 내의 계층 간 불평등을 정당화하는 기제에 불과하다는 주장과 유사하다.
④ (나)의 관점은 교육수익률이 높을 때에는 교육 기회의 제한과 치열한 경쟁으로 인해 중상위계층만이 교육을 통해 이익을 누리게 된다는 카노이(M. Carnoy)의 연구 결과와 일치한다.
⑤ (다)의 관점은 교육수익률이 고용주, 관리자, 노동자의 순서로 높게 나타나는 현상에 적용해 볼 수 있다.

■ 정답 및 해설
⑤ (다) 최 교사는 교육은 사회평등의 문제와 관계가 없으며, 교육 이외의 다른 요인들에 의해 영향을 받는다고 본다. 교육수익률이 고용자, 관리자, 노동자의 순서로 높게 나타나는 현상은 라이트와 페론의 연구로 갈등론적 관점에 해당한다. 이들은 교육의 효과가 사회경제적 지위에 따라 다르게 나타나므로 교육으로 인해 사회불평등이 심화된다고 본다.

◇ 오답 체크
①, ② (가)의 관점은 교육이 사회평등에 기여한다고 보는 기능론적 관점이다. 이러한 관점을 반영하는 블라우와 던컨의 지위획득 모형에서는 가정배경(아버지의 교육수준, 아버지의 직업)과 교육(본인의 교육 수준, 본인의 첫 번째 직업)이 본인의 사회적 지위(현재 직업)에 미치는 영향을 분석하였다. 분석 결과, 본인의 교육 수준이 사회적 지위 또는 성공에 가장 큰 영향을 미치는 것으로 나타났다.
③ (나)의 관점은 교육이 불평등을 유지하거나 재생산하는 역할을 한다고 보는 갈등론적 관점이다. 이러한 관점을 반영하는 카노이의 연구에서는 교육의 발달단계에 따라 교육수익률이 어떻게 달라지며, 이러한 수익률을 어떤 계층이 차지하는지를 분석하였다. 분석 결과에 따르면, 교육의 발달 초기에는 교육기회가 한정되어 있어 교육수익률이 높은데, 이 때에는 중상위계층만이 교육을 통해 이익을 누리게 된다. 교육발달의 후기 단계에는 교육의 기회가 보편화되어 하류계층까지도 교육을 받을 수 있지만, 이미 이 단계에는 교육수익률이 낮아 교육을 통한 사회적 상승이동이 어려워진다. 결국 교육기회의 확대는 계층간 불평등을 재생산하는 결과를 낳게 된다는 것이 카노이의 연구 결과이다.

## 4. 학업성취격차와 학력상승 이론

### 01. 학업성취 격차 이론

**출포 143. 학업성취격차의 영향 요인**

🔹 기본서 214쪽

**448.** 학생의 학업성취에 영향을 미치는 학교 내 요인으로 가장 거리가 먼 것은?　　　　　　　　　　　　　　　　　　2013년 국가직 7급
① 학생 문화　　　　　② 학생의 지능
③ 학급 규모　　　　　④ 능력별 반편성

■ **정답 및 해설**

② 학업성취에 영향을 미치는 학교 내 요인은 학교가 갖는 특성에 해당되는 것들이다. 학생의 지능은 학생이 개인적으로 가지고 있는 능력으로서, 학교 외적인 요인으로 분류한다.

**449.** 다음에서 학업성취도에 영향을 미치는 학교 외적 요인을 바르게 묶은 것은?　　　　　　　　　　　　　　　　　　2007년 영양교사

| ㄱ. 지역사회의 교육여건 | ㄴ. 교사의 기대효과 |
|---|---|
| ㄷ. 학생문화와 학교풍토 | ㄹ. 부모의 사회·경제적 지위 |

① ㄱ, ㄴ　　　　　② ㄱ, ㄹ
③ ㄴ, ㄷ　　　　　④ ㄷ, ㄹ

■ **정답 및 해설**

② ㄱ, ㄹ. 학교 외적인 요인은 학생이 학교에 들어오기 전부터 가지고 있던 특성들을 말한다. 지역사회의 교육여건이나 부모의 사회경제적 지위는 학교 내부에서 일어나는 일과 관계없이 그 지역이나 학생이 가진 특성을 나타내므로, 학교 외적 요인에 해당한다.

◇ **오답 체크**

ㄴ, ㄷ. 교사의 기대효과나 학생문화와 학교풍토는 학교 자체 내부에서 일어나는 일이나 그것이 가지고 있는 특징에 해당되므로, 학교 내적 요인에 해당된다.

448 ②　449 ②

## 출포 144. 학업성취격차 설명 모형 개관

기본서 214~217쪽

**450.** 학업성취 격차의 원인을 이해하는 관점에 대한 설명으로 옳지 않은 것은?

2022년 국가직 7급

① 학업성취 격차의 원인을 지능에서 찾는 관점은 지능을 둘러싼 유전 – 환경 결정 논쟁과 관련이 깊다.
② 교육내용이 선정·조직되는 측면을 중시하는 관점은 학업성취 격차가 발생하는 과정을 '검은상자(black box)'로 남겨 두었다는 한계를 갖는다.
③ 가정의 문화적 환경을 중시하는 관점은 학교 내 변인만으로는 학업성취 격차를 해소하는 데 불충분하다고 본다.
④ 교사 – 학생 간 상호작용에 초점을 둔 관점은 교사의 기대수준 및 학생의 자기충족예언이 학업성취 격차에 미치는 영향에 관심을 둔다.

### ■ 정답 및 해설

② 교육내용이 선정·조직되는 측면을 도외시하는 관점인 기존의 교육사회학에서는 학업성취 격차가 발생하는 과정을 '검은상자(black box)'로 남겨 두었다는 한계를 갖는다. 여기서 '검은상자'로 남겨 두었다는 표현은 학업성취 격차가 발생하는 과정을 제대로 설명하지 않았다는 규명하지 않았다는 의미이다.

---

**451.** 학업성취의 격차를 지능 또는 문화소양의 차이로 설명하는 모형은?

2011년 국가직 7급

① 교육과정모형   ② 갈등모형
③ 기회모형       ④ 결핍모형

### ■ 정답 및 해설

④ 학업성취의 격차를 지능이나 문화소양의 차이로 보고, 낮은 학업성취가 발생하는 이유를 지능이나 문화소양을 갖지 못하였기 때문이라고 설명하는 이론을 결핍모형이라고 한다.

◇ **오답 체크**
① 교육과정 모형은 학업성취 격차의 발생 원인을 학교에서 가르치는 교육내용이나 교사와 학생 간 상호작용의 특징에서 찾는다.
② 갈등 모형에서는 학교의 교육과정이 특정 계급에게 유리하게, 다른 특정 계급에게는 불리하게 구성되었기 때문에 학업성취 격차가 발생한다고 설명한다.
③ 기회 모형은 학업성취의 격차가 교육기회나 자원의 불평등성으로 인해 교육기회가 불평등하게 배분되었기 때문이라고 설명한다.

---

**기출플러스**
- 학업성취도에 영향을 미치는 요인: 학교 내적/외적 요인 (2007년 영양교사)

(학교 내적 요인)
- 교사의 기대효과
- 학생문화와 학교풍토

(학교 외적 요인)
- 지역사회의 교육여건
- 부모의 사회·경제적 지위

---

**암기 POINT**
- 학업성취격차 설명 모형

| 구분 | 주요 요인 |
|---|---|
| 기회 모형 | 기능론적 관점<br>기회와 조건 차이 |
| 결핍 모형 | 지능의 차이<br>문화소양의 차이 |
| 교육과정 모형 | 자성예언 효과<br>계층별 언어차이<br>문화자본 차이 |

450 ②  451 ④

452. 집단간 학업성취 수준의 차이에 대한 다음의 설명 중 기능론적 입장에 해당하는 것은?

2003년 중등

가. 능력별 수업을 통해 집단간 학업성취 수준의 차이를 감소시킬 수 있다.
나. 우수한 교사를 농촌 지역에 배치하면, 지역적 학업성취의 차이를 감소시킬 수 있다.
다. 학업성취 수준의 차이는 학교교육에 지배집단의 문화가 반영된 결과이다.
라. 사회 계층의 차이에 따른 독특한 언어와 사고 양식은 학업성취 수준의 차이를 가져온다.

① 가, 나  ② 가, 다
③ 나, 다  ④ 나, 라

■ 정답 및 해설

① 가, 나. 기능론적 관점에서는 학업성취 격차가 학습자 간의 능력 차이로 인해 발생한다고 본다. 따라서 적절한 교육방법을 적용하거나 교육과정을 개선하는 노력을 통해 격차가 감소될 수 있다고 본다.

◇ 오답 체크

다. 부르디외의 문화적 재생산이론, 라. 번스타인의 사회언어학적 연구(문화전수이론)에 따른 설명이다. 이러한 설명은 갈등론적 관점에서 해당된다.

## 출포 145. 문화실조론(문화결핍론)

기본서 215쪽

453. 문화실조론에 대한 설명으로 옳은 것만을 모두 고르면?

2024년 국가직 9급

ㄱ. 미국 헤드스타트(Head Start) 프로그램의 배경이 되었다.
ㄴ. 학생의 학업성취 격차의 원인은 학교요인에 있다고 주장한다.
ㄷ. 문화상대주의자들은 문화실조라는 개념이 성립할 수 없다고 비판한다.

① ㄱ  ② ㄱ, ㄷ
③ ㄴ, ㄷ  ④ ㄱ, ㄴ, ㄷ

■ 정답 및 해설

② 문화실조론은 이민자 및 소수민족·인종 등 취약집단 가정의 아동이 학업성취가 낮은 이유는 가정에서 학교교육의 핵심이 되는 문화적 소양을 배우지 못하였기 때문이라고 보는 관점이다.

**암기 POINT**
- 문화실조론(문화결핍론)

| 학업성취 격차 발생요인 | 불리한 가정배경으로 인한 문화소양의 결핍이 낮은 학업성취를 낳음 |
|---|---|
| 격차 해소방법 | 보상교육 제공 (예 헤드스타트 프로그램) |
| 비판 | 동화주의 관점에 기초 |

ㄱ. 미국에서는 문화실조론의 관점에 기초해서 헤드스타트 프로그램이 제안되었다. 헤드스타트 프로그램은 취약집단 가정의 아동들이 학교 입학 전에 학교교육에 필요한 기초소양을 기를 수 있도록 교육 및 건강, 복지 등을 종합적으로 제공하는 프로그램이다.

ㄷ. 문화실조론은 소수인종·민족 집단들이 보이는 문화적 특성을 '문화적 차이'가 아니라 '문화적 결핍'이라고 본다. 즉 문화실조론은 모든 사회 구성원이 주류집단의 문화를 수용하고 동화되어야 한다고 보는 자문화 중심주의 관점에 기초해 있다.

한편, 문화상대주의자들은 소수집단의 고유한 문화를 인정하고 그들의 정체성을 유지하여 다양한 문화가 공존하는 사회를 지향한다. 이들은 '문화실조'라는 개념은 주류 집단의 문화만이 가치 있으며 필수적인 문화라고 보는 개념을 비판한다. 문화상대주의자들은 소수집단의 문화적 정체성을 유지하면서 모든 학생들이 다양한 문화를 존중할 수 있도록 하는 다문화 교육이 필요하다고 본다.

◇ 오답 체크

ㄴ. 문화실조론은 학생들의 학업성취 격차의 원인이 학교요인의 문제라기보다는 가정배경의 차이로 인해 발생하는 문제라고 본다.

**454.** 문화실조론의 주장으로 옳지 않은 것은?  2021년 지방직 9급

① 학생의 학습실패 중요 요인으로 학생의 문화적 경험 부족을 지목한다.
② 문화적 상대주의 관점이며, 학생 간의 교육격차가 문화적 결핍보다는 문화적 차이 때문이라고 본다.
③ 빈곤가정의 결핍된 문화적 환경을 보상하기 위한 프로그램 중 하나가 헤드스타트 프로그램이다.
④ 학교에서 학생들의 성공과 실패는 유전적으로 결정된 것이 아니라고 본다.

■ 정답 및 해설

② 문화실조론은 학생 간의 교육격차가 가정배경의 영향으로 인해 발생한다고 본다. 즉 가정에서 학교교육을 위해 필수적으로 요청되는 문화를 배우지 못한 소수집단의 학생들은 학교에서도 학업성취가 낮아질 수밖에 없다고 본다. 이러한 문화실조론은 계층적 편견을 포함하고 있다는 비판을 받는다. 즉, 이민자 가정이나 저소득계층의 문화를 낮게 평가하고, 주류집단의 중산층 문화를 기준으로 삼아 모든 학생을 판단하고 있기 때문이다. 즉 소수집단 또는 비주류집단의 문화는 주류집단의 문화에 비해 열등하다는 인식을 기초로 한 것이므로, 자문화중심주의(동화주의) 관점에 해당한다. 문화적 상대주의는 소수집단의 고유한 문화를 인정하고 다양한 문화의 공존을 추구하는 관점이므로, 문화실조론의 관점과 대립된다.

454 ②

**455.** 다음 대화에서 두 교사의 견해와 가장 관련이 깊은 이론에 대한 설명으로 옳지 않은 것은?   2011년 중등

> 김 교사 : 우리 반에는 부모님이 안 계셔서 할머니와 아주 어렵게 사는 학생이 있는데, 문화적으로 결핍된 부분이 많아요. 가정에서 적절한 학습지원을 못 받아서인지, 공부에 대한 의욕도 없고 교과내용에 대한 기초지식도 부족해요.
> 박 교사 : 우리 반에도 결혼이민자가정 학생이 몇 명 있는데, 학생들의 언어환경이 열악한 것 같아요. 그래서인지 기본적인 읽기, 쓰기가 되지 않고 수업에서도 잘 알아듣지 못해요. 이런 학생들의 학력(學力)을 어떻게 높여야 할지 걱정입니다.

① 취학 이전의 학생의 경험이 학업 성취에 중요하게 작용한다고 본다.
② 헤드스타트(Head Start) 프로그램은 이 이론과 관련된 보상정책 중 하나이다.
③ 이 이론을 지지하는 연구로 젠크스(C. Jencks)와 번스타인(B. Bernstein)의 연구가 있다.
④ 가정의 문화적 자원 및 활동이 부족하면 학교에서 학습하는 데 필요한 소양을 갖추기 힘들다고 본다.
⑤ 학교시설과 교사의 질과 같은 학교 교육환경의 차이로 인해 학생의 학업성취 격차가 발생한다고 본다.

■ 정답 및 해설
⑤ 김 교사는 조손가정의 학생이, 박 교사는 결혼이민자 가정의 학생이 가정으로부터 적절한 학습지원을 못 받고 있다는 점을 걱정하고 있다. 두 교사 모두 학교시설이나 교사의 질과 같은 학교 교육환경의 차이보다는 가정 배경의 차이로 인해 학생의 학업성취 격차가 발생한다고 보고 있다.

**456.** 문화결핍 이론에 대한 설명으로 가장 타당한 것은?   2003년 중등
① 보상교육의 필요성을 강조한다.
② 문화를 고급문화와 하급문화로 구분한다.
③ 가정의 사회계층이 학업 성취에 미치는 영향을 무시한다.
④ 교육 현상을 설명하는 데 문화는 중요한 요인이 아니라고 본다.

■ 정답 및 해설
① 문화결핍이론은 문화적으로 불리한 집단(소수민족, 이민자, 저소득층 등)의 아동을 가정에서 학교교육에 필수적인 문화(언어, 지식, 태도 등)를 배우지 못하기 때문에 학업성취가 낮다고 본다. 따라서 학교교육에 필요한 최소한의 문화소양을 길러주어

서 학습결과의 불평등을 사전적으로 예방하기 위한 보상교육이 필요하다는 점을 강조한다. 보상교육의 대표적인 사례는 미국의 헤드스타트 프로그램이다. 헤드스타트 프로그램은 취약집단 가정의 아동들이 학교 입학 전에 학교교육에 필요한 기초 소양을 기를 수 있도록 지원하는 프로그램이다.

◇ 오답 체크
② 문화결핍이론은 자문화중심주의(동화주의)적 관점에 기초하므로, 문화를 주류문화와 소수문화로 구분한다.
③ 가정의 사회문화적 배경이 아동이 가정에서 문화를 배우는 데 영향을 미치는 것이므로, 가정 배경이 학업성취에 미치는 영향에 관심을 가지고 있다.
④ 교육현상을 설명하는 데 문화가 중요한 영향을 미친다고 본다.

## 출포 146. 교사의 기대와 자기충족예언 효과

기본서 216쪽

**457.** 학생의 학업성취에 관한 학자의 주장을 바르게 진술한 것은?

2016년 지방직 9급

① 젠슨(A. Jensen)은 유전적 요인이 아닌 환경적 요인 때문에 소수 인종의 학업성취가 낮다고 주장하였다.
② 콜만(J. Coleman)은 학교 시설·자원이 가정 배경보다 학업성취에 더 큰 영향을 미친다고 주장하였다.
③ 로젠탈(R. Rosenthal)과 제이콥슨(L. Jacobson)은 학업성취가 올라가리라는 교사의 기대가 학생의 학업성취를 높인다고 주장하였다.
④ 번스타인(B. Bernstein)은 노동자 계층 자녀의 학업성취가 낮은 이유는 가정에서 제한된 언어 코드가 아닌 정교한 언어 코드를 사용하기 때문이라고 주장하였다.

■ 정답 및 해설
③ 로젠탈과 제이콥슨은 자성예언 효과(피그말리온 효과, 로젠탈 효과)의 개념을 통해 교사와 학생 간 상호작용이 학업성취에 미치는 영향을 설명하였다.

◇ 오답 체크
① 젠슨은 환경적 요인이 아닌 유전적 요인 때문에 소수 인종의 학업성취가 낮다고 주장하였다.
② 콜만은 가정 배경이 학교 시설·자원보다 학업성취에 더 큰 영향을 미친다고 주장하였다.
④ 번스타인은 노동자 계층 자녀의 학업성취가 낮은 이유는 가정에서 정교한 언어 코드가 아닌 제한된 언어 코드를 사용하기 때문이라고 주장하였다.

**암기 POINT**
• 교사의 기대 및 자성예언 효과

| 격차의 원인 | 학생에 대한 교사의 차별적 기대 |
|---|---|
| 발생 과정 | 교사와 학생 간의 상호작용에 영향 → 학생의 학습태도 변화 → 성취에 영향 |
| 관련 개념 | 자성예언 효과 (로젠탈 효과, 피그말리온 효과) |

457 ③

458. 다음의 내용을 설명하는 데 가장 적합한 개념은?　　　2007년 유초등

> ○ 교사는 아동의 가정 배경과 차림새에 따라 능력에 대한 기대를 달리하였다.
> ○ 교사는 자신이 기대하는 바에 따라 아동 집단을 구분하여 각각 다르게 대하였다.
> ○ 높은 능력 기대 집단에 속한 아동은 교사와의 상호작용이 활발해지고 성적도 좋아졌으나, 낮은 능력 기대 집단에 속한 아동은 학급 활동 참여가 줄고 성적도 낮아졌다.

① 문화 실조(cultural deprivation)
② 상응 원리(correspondence principle)
③ 자성 예언(self-fulfilling prophecy)
④ 사회적 자본(social capital)

■ 정답 및 해설
③ 교사의 기대한 바대로 아동의 학급 활동 참여나 성적이 나타나는 효과를 설명하고 있으므로, 자성예언(자기실현적 예언)의 개념이 가장 적합하다. 즉 특정한 학생에 대해 학업성취가 높을 것이라는 교사의 기대가 실제 학생의 학업성취를 높이는 효과를 말한다. 교사기대 효과, 로젠탈 효과, 피그말리온 효과 등으로 불리기도 한다. 구체적으로는, 교사가 특정 학생에 대해 차별적인 기대를 가지게 되면, 교사가 학생을 대하는 태도와 행동이 변화되는데, 이것이 학생의 자기개념을 변화시키고, 학생의 자기 기대의 변화는 학생들의 학습태도 및 행동을 변화시켜 결과적으로 학업성취에 영향을 미치게 된다고 본다.

### 기출플러스
- 피그말리온 효과와 자이가닉 효과 (2009년 유초등)
- 초등학교에서 학년 초 학생들에게 지능검사를 실시한 후 무작위로 20%를 선정하여 반을 편성하고 담임교사에게 그 학생들이 1년 후 놀랄 만한 지적 성장을 할 것이라고 말해 주었다. 그 결과 학년 말에 그들은 다른 반 학생보다 지능지수(IQ)가 유의하게 향상되었다. 이처럼 교사의 기대가 학생들의 성취에 미치는 긍정적 현상을 '피그말리온 효과'라고 한다.
- 레빈(K. Lewin)의 장이론에 따르면, 어떤 목표가 달성되면 긴장이 해소되어 더 이상 목표에 대한 생각을 하지 않게 되지만 목표가 달성되지 않으면 긴장이 계속되어 목표에 대한 생각이 유지된다. 그 결과 미완성 과제에 대한 회상율은 더 높아진다. 이처럼 완성된 과제보다 미완성된 과제를 더 잘 회상하는 현상을 '자이가닉 효과'라고 한다.

## 출포 147. 번스타인의 사회언어학적 연구
🌐 기본서 216~217쪽

459. 번스타인(Bernstein)의 계층과 언어사용에 대한 설명으로 옳지 않은 것은?　　　2024년 국가직 9급
① 학교교육에서는 제한된(restricted) 언어코드가 많이 사용된다.
② 학생의 출신 배경에 따라 사용하는 언어방식이 다르다.
③ 중류층 가정의 학생들은 정교한(elaborated) 언어코드를 많이 사용한다.
④ 노동자 계층 가정의 학생들은 제한된(restricted) 언어코드를 많이 사용한다.

458 ③　459 ①

## 암기 POINT

• 번스타인의 사회언어학적 연구 (문화전수이론)

| 격차 원인 | 사회계층별 언어코드의 차이 |
|---|---|
| 발생 과정 | 학교는 상류층 언어(정교한 어법) 사용, 하류층 언어(제한된 어법)을 사용하는 학생은 성취 낮음 |

### ■ 정답 및 해설

① 번스타인은 사회경제적 계층별로 사용하는 언어코드가 다르다는 점에 주목한 학자이다. 그에 따르면, 학교교육에서는 중상류계층이 사용하는 정교한 언어코드가 많이 사용된다. 노동자 계층 가정의 학생들은 제한된 언어코드를 많이 사용하므로, 학교교육에서 높은 성취를 얻기 어렵다는 것이다. 이와 같이, 번스타인은 가정에서 사용하는 언어코드의 특성이 학생들의 학업성취에 중대한 영향을 미친다고 설명하였다.

---

**460.** 학업성취격차에 관한 설명으로 옳지 않은 것은?  2014년 국가직 9급

① 번스타인(B. Bernstein)은 가정에서 사용하는 언어의 특성이 학업성취에 영향을 미치지 않는다고 설명하였다.
② 부르되(P. Bourdieu)의 문화자본이론은 특정 문화에 익숙한 계층이 학업성취에 유리하다고 설명하였다.
③ 사회자본이론은 가정환경이 지역사회 및 학교와의 사회적 관계를 통하여 학업성취에 영향을 미친다고 설명한다.
④ 학업성취에 대한 결과로서의 평등 측면에서 보상교육 프로그램이 실시되었다.

### ■ 정답 및 해설

① 번스타인은 가정에서 사용하는 언어의 특성이 학업성취에 중대한 영향을 미친다고 설명하였다. 학교에서는 중상류계층의 정교한 언어코드를 사용하는 반면, 하류계층의 학생들은 제한된 언어코드를 사용하기 때문에 학교교육에서 높은 성취를 얻기 어렵다는 것이다.

---

**461.** 다음의 내용과 관련 깊은 학자는?  2004년 중등

> 진석은 대화할 때, 논리적이며 추상적이고 문법과 문장규칙이 정확한 정교화된 언어를 구사하고 있다. 이와 달리 철수는 문법과 문장이 부정확하고 의미가 분명하지 않은 제한된 언어를 사용하고 있다. 이러한 언어 능력 차이로 인해 학교에서 진석은 철수보다 학업 성적이 우수한 것으로 나타났다.

① 영(M. F. D. Young)
② 애플(M. Apple)
③ 번스틴(B. Bernstein)
④ 콜린스(R. Collins)

### ■ 정답 및 해설

③ 언어를 사용하는 방식을 정교화된 언어와 제한된 언어로 구분하고, 언어 사용 방식이 학업 성적에 영향을 미친다는 점을 설명한 학자는 번스타인이다.

460 ①　461 ③

## 02. 학교팽창과 학력상승 이론

### 출포 148. 기능론적 관점

> 기본서 217~218쪽

**462.** 현대사회의 학력 상승 원인과 관련된 이론에 대한 설명으로 옳지 않은 것은?
2019년 국가직 7급

① 기술기능이론에서는 과학기술의 발달로 인한 직업기술 수준의 향상을 학력상승의 원인으로 강조한다.
② 학습욕구이론의 강점은 오늘날의 학교가 지적, 인격적 성장을 위한 학습 욕구를 제대로 충족시켜 주는 기관이라는 사실을 입증해 준다는 데 있다.
③ 지위경쟁이론에서는 학력이 사회적 지위획득의 수단이기 때문에 사람들이 경쟁적으로 높은 학력을 취득하는 탓에 학력이 계속 높아진다고 설명한다.
④ 국민통합이론은 정치단위인 국가의 이데올로기 통합 과정에서 교육제도가 수행하고 있는 정치적 기능을 새롭게 지적하였다는 데 의의가 있다.

■ **정답 및 해설**
② 오늘날의 학교는 지적·인격적 성장을 위한 학습 욕구를 제대로 충족시켜 주는 기관이 되지 못하고 있다는 시각이 일반적이다. 이러한 시각은 학습욕구이론의 단점에 해당한다.

**암기 POINT**
• 학력상승 이론

| 구분 | 관련 이론 | 차원 |
|---|---|---|
| 기능주의 | 욕구위계이론 | 심리 |
| | 기술기능이론 | 경제 |
| | 인간자본이론 | 경제 |
| | 국민통합이론 | 정치 |
| 갈등주의 | 재생산이론 | 경제 |
| | 지위경쟁이론 | 사회 |

**463.** 학력상승의 원인에 대한 대화이다. 기술기능이론에 바탕을 둔 B의 대답으로 옳은 것은?
2016년 국가직 7급

A: 학력이 지속적으로 상승하는 원인이 무엇이라고 생각하시나요?
B: (                    )

① 누구나 뭔가 새로운 것을 배우고자 하는 욕구가 있잖아요.
② 현대 사회에서 학력은 지위획득을 위한 합법적 사다리잖아요.
③ 사회에서 요구되는 직업전문성 수준이 계속 향상되기 때문이지요.
④ 교육을 통해 국민들 사이에 일체감을 형성할 필요가 있잖아요.

■ **정답 및 해설**
③ 기술기능이론에서는 학력상승의 원인을 과학기술의 발달로 인해 사회적으로 요구되는 직업전문성 수준이 계속 향상되기 때문이라고 본다.

◇ **오답 체크**
① 학습욕구이론, ② 지위경쟁이론, ④ 국민통합론에 바탕을 둔 대답이다.

**기출플러스**
• 기술기능론: 우리나라 대학의 팽창에 대한 설명 (2009년 유초등)

한국사회가 지식기반사회로 진입함에 따라 고급인력에 대한 수요가 증가하였다. 국가는 이러한 고급인력의 수요에 부응하기 위하여 대학교의 설립과 대학정원의 확대를 허용하였으며, 그 결과 대학이 팽창하였다.

462 ② 463 ③

**464.** 다음과 같이 현대사회의 학력상승을 설명하는 이론은?  `2015년 특채`

> ○ 교육은 생산능력을 향상시키는 수단이다.
> ○ 개인은 미래에 예상되는 금전적·비금전적 수익만큼 자신에게 투자한다.
> ○ 저소득층이나 저발전국가의 교육기회를 확대하면 이들의 빈곤을 해소하고 사회적 불평등을 줄일 수 있다.

① 학습욕구이론  ② 인간자본론
③ 계급투쟁론  ④ 지위경쟁론

■ 정답 및 해설

② 교육을 생산력을 향상시키는 수단으로 보는 관점은 인간자본론이다. 인간자본론에 따르면, 개인은 교육의 수익률에 따라 교육에 투자한다. 즉, 교육을 통해 더 많은 수익을 창출할 수 있을 것이라 기대할 때 교육에 투자한다는 것이다. 교육은 개인의 생산능력 향상을 가져오므로 모든 사람이 교육을 받을 수 있는 기회를 균등하게 가질 수 있다면 빈곤을 해소하고 사회적 불평등이 감소할 것이라고 본다. 이러한 시각에 따라 저소득층이나 저발전국가에게 교육의 기회를 확대하기 위한 정책을 지지한다.

---

**465.** 학교교육은 팽창하고 학력이 계속 높아지는 현상을 설명하는 이론 중 다음과 같은 내용을 포함하는 것은?  `2010년 국가직 7급`

> ○ 교육팽창을 정치적 요인으로 설명
> ○ 교육은 국민으로서의 정체감을 형성시키는 기제
> ○ 벤딕스(R. Bendix)에 의해 제시

① 학습욕구이론  ② 지위경쟁이론
③ 신마르크스주의이론  ④ 국민통합론

■ 정답 및 해설

④ 정치적 요인을 중심으로 학교교육의 팽창 및 학력상승 현상을 설명하는 이론은 국민통합론이다. 벤딕스는 교육은 국민적 정체감을 형성시키는 기제이므로, 다양한 국민을 하나로 통합하고 정체감을 부여하기 위해 국가가 교육을 확대시키고 있다고 본다.

◇ 오답 체크

③ 신마르크스주의는 전통 마르스크주의의 경제결정론이 가진 한계를 비판하면서, 사회의 각 영역이 가진 상대적 자율성을 인정하는 이론을 전개한다. 보울즈와 긴티스, 브루디외, 애플, 지루 등은 신마르크스주의에 해당한다고 볼 수 있다. 신마르크스주의자들은 현대 사회의 학력 상승 현상을 자본주의 사회에서 지배계급의 이익을 보호하고, 불평등한 사회 구조를 유지하기 위한 도구로 해석한다. 학력 경쟁은 사회적 평등을 촉진하기보다는 사회적 차별과 계층적 구조를 강화하고 재생산하는 역할을 한다고 비판한다.

---

**암기 POINT**

• 학력상승 이론

| 이론 | 대표 학자 |
|---|---|
| 욕구위계이론 | 매슬로우 |
| 기술기능이론 | 클라크 |
| 인간자본론 | 슐츠 |
| 국민통합론 | 벤틱스 |
| 재생산이론 | 보울스 |
| 지위경쟁이론 | 콜린스 |

464 ②  465 ④

466. 학력이 계속 상승하는 원인에 대한 이론적 설명으로 옳지 않은 것은?

2007년 국가직 7급

① 기술기능이론  ② 국민통합이론
③ 학습욕구이론  ④ 재생산이론

■ 정답 및 해설
④ 재생산이론에서는 학교교육이 자본주의 사회를 유지할 수 있는 순종적인 노동력을 필요로 하는 자본가들의 요구에 의해 시작되고 팽창되었다고 본다. 따라서 계급통제를 위해 교육의 기회가 제한되므로 기초적인 수준 이상으로는 학력이 더 이상 상승하지 않는다고 본다.

◇ 오답 체크
① 기술기능이론에서는 과학기술의 발달과 사회의 직업구조 변화에 따라 학력이 계속 상승한다고 본다.
② 국민통합이론에서는 다양한 정체성을 가진 사회구성원들을 하나의 국민으로 통합시킬 필요가 증가됨에 따라 학력이 계속 상승할 수 있다고 본다.
③ 학습욕구이론에서는 경제가 발전하고 사회가 안정되면서 자연스럽게 지적, 인격적 성장을 추구하고자 하는 욕구가 증가하여 학력이 계속 상승하게 된다고 본다.

## 출포 149. 갈등론적 관점

기본서 218~219쪽

467. 다음 내용에 해당하는 교육제도성장이론과 학자를 바르게 연결한 것은?

2007년 국가직 7급

> 그는 「학력주의 사회(The Credential Society)」라는 저서에서 미국 고등교육이 과잉 공급 상태에 있었음에 도불구하고 새로운 대학이 설립되는 등 고등교육의 팽창이 계속되는 현상에 주목하였다. 그리고 이러한 현상의 원인이 대학의 학위 인정권에 있었음을 밝히고 있다. 다시 말하면, 실용적인 훈련의 강조가 아니라 학위부여 기능을 대학이 가지게 됨으로써 교육팽창이 이루어졌다는 것이다.

① 인간자본론 - 베커(Becker)
② 지위집단경쟁이론 - 콜린스(Collins)
③ 계급재생산이론 - 보울스와 진티스(Bowles & Gintis)
④ 세계체제론 - 마이어(Meyer)

■ 정답 및 해설

② 교육제도의 성장을 '학력주의 사회'라는 개념을 통해 설명하는 이론은 콜린스의 지위집단경쟁이론이다. 그에 따르면, 학력주의 사회에서는 개인의 실제적 능력보다는 학력(학위)가 사회적 지위를 결정하는 주요 기준으로 작동한다. 따라서 학위 인정권을 가지고 있는 대학은 높은 사회경제적 지위를 차지하기 위해 경쟁의 장이 되며, 계속해서 더 많은 대학이 만들어지게 되는 팽창 현상이 나타나게 된다.

**468.** 다음은 학력(學歷) 상승의 원인에 대한 두 교사의 대화이다. 각 교사의 설명에 부합하는 학력상승 이론을 바르게 짝지은 것은? 〈2012년 중등〉

> 강 교사 : 학교는 산업사회를 지탱하는 핵심 장치입니다. 사람들의 학력이 높아지는 원인은 직종이 다양해지고 각 직업에서 요구하는 지식의 수준이 높아지는 데 있어요. 우리 시대가 유능한 인재를 요구하고 있으니, 학교는 인재 양성에 매진해야 합니다.
>
> 정 교사 : 저는 그렇게 생각하지 않습니다. 직업구조의 변화가 학력 상승을 유발하기는 하지만 그것만으로는 충분한 설명이 되지 못합니다. 남보다 한 단계라도 높은 학력을 가지고 있는 것이 좋은 직업 획득에 도움이 되는 상황을 생각해 보세요. 학력 상승은 그 결과로 발생하는 현상입니다.

|  | 강 교사 | 정 교사 |
|---|---|---|
| ① | 마르크스이론 | 지위경쟁이론 |
| ② | 기술기능이론 | 마르크스이론 |
| ③ | 기술기능이론 | 지위경쟁이론 |
| ④ | 지위경쟁이론 | 기술기능이론 |
| ⑤ | 지위경쟁이론 | 학습욕구이론 |

■ 정답 및 해설

③ 강 교사 : 직업에서 요구하는 기술 수준이 상승하면서 이에 부응하는 인재 양성의 필요 때문에 학력이 상승한다고 보는 이론은 기술기능이론이다.

정 교사 : 사회적 지위 경쟁 속에서 보다 유리한 위치를 점하기 위해 더 높은 학력을 취득하려 하기 때문에 학력이 상승한다고 보는 이론은 지위경쟁이론이다.

---

**기출플러스**

- 콜린스의 계층경쟁론 (2011년 유초등)
- 학벌주의란 학력(學歷)보다 지적·기술적 능력이 지위 결정에 중요한 요소로 작용하는 사회적 풍토를 말한다. (×)
- 학력 인플레이션이란 학력의 공급이 수요에 비하여 지나치게 많아 그 가치가 노동시장에서 평가절하되는 것을 말한다. (○)
- '졸업장병(diploma disease)'이란 학력이 지위 획득의 수단으로 작용하여 더욱 높은 학력을 쌓기 위한 경쟁이 계속되는 것을 말한다. (○)

468 ③

**469.** 콜린스(R. Collins)의 계층경쟁론에 대한 설명으로 옳은 것을 다음에서 고른 것은?
2009년 중등

ㄱ. 교육팽창의 주된 원인을 개인의 경제적 동기에서 찾고자 한다.
ㄴ. '학교교육 → 생산성 향상 → 소득 증대'라는 합리적 인과관계를 주장한다.
ㄷ. 학력 상승의 원인에 대한 기술기능이론의 설명에 들어 있는 모순 및 한계점을 비판한다.
ㄹ. 고등교육의 팽창 등 학력 인플레이션이나 과잉교육 현상의 원인을 설명하는 데 관심이 많다.

① ㄱ, ㄴ　　② ㄱ, ㄹ　　③ ㄴ, ㄷ
④ ㄴ, ㄹ　　⑤ ㄷ, ㄹ

### ■ 정답 및 해설

⑤ ㄷ. 콜린스의 계층경쟁론에서는 학력상승의 원인을 더 높은 사회계층을 차지하기 위한 집단 간의 경쟁이 학력을 중심으로 전개되기 때문이라고 설명한다. 이러한 설명은 기술기능이론이 단순히 사회적으로 요구되는 직업적 기술 수준의 상향을 학력상승의 원인이라고 보는 관점을 비판하는 것이다. 즉 직업적 기술 수준의 변화 없이도 학력상승이 일어날 수 있다는 것이다. 일례로, 일제강점기 초등교육 팽창 현상은 신분제 폐지를 통해 사회적 지위 상승이 가능해진 다양한 집단들이 서로 경쟁하는 상황 속에서 더 높은 학력으로 우위를 차지하고자 하는 개인들이 학교교육에 더 많이 참여하게 되었기 때문인 것으로 설명할 수 있다.

ㄹ. 콜린스는 사회적으로 요구되는 것 이상으로 학력이 상승하는 현상에 대해서 주목한다. 즉, 학력이 사회적 지위경쟁을 위한 수단이 되면서, 높은 수준의 학력을 가진 졸업자가 사회적 수요에 비해 과잉공급되고 있다는 것이다. 고학력자의 과잉공급은 학력의 가치를 떨어뜨리는 학력 인플레이션 현상을 만들어내며, 이것이 다시 더 높은 학력을 위한 경쟁이 지속하게 만든다는 것이다.

### ◇ 오답 체크

ㄱ. 콜린스의 계층경쟁론은 교육팽창의 주된 원인을 사회적 동기에서 찾는다.
ㄴ. 학교교육의 팽창을 교육이 개인의 생산성을 향상시키며 그로 인해 소득이 증대하기 때문이라고 보는 관점은 인간자본론에 해당한다. 콜린스의 계층경쟁론에서는 교육팽창이 이와 같은 합리적(경제적) 선택에 의한 것이 아니라, 지위경쟁을 둘러싼 비합리적 선택에 의한 것이라고 본다.

---

**기출플러스**

• 지위경쟁론 관점에서 본 일제강점기 초등교육 팽창의 사회적 동인(動因) (2012년 유초등)

• 경제발전을 위한 기술 인력의 수요 증가
• 강제 징집 또는 징용을 회피하려는 취학의 증가
• 신분제 폐지로 인한 학력(學歷)에 대한 수요 증가 (O)
• 조선총독부의 '내선일체(內鮮一體)'와 우민화 정책 실시
• 단순기술과 순응적 태도를 갖춘 노동자들에 대한 군수산업 자본가들의 수요 증가

# 5. 교육평등의 관점과 정책

## 01. 교육평등의 개념과 원리

**출포 150. 교육평등의 원리**　　　　　　　C

🔹 기본서 207~208쪽

**470.** 능력주의 평등화론에 대한 설명으로 옳지 않은 것은?　**2022년 국가직 9급**

① 지능과 노력의 합을 능력으로 보았다.
② 현대 서구 교육평등관의 바탕이 되었다.
③ 능력에서의 사회구조적 불평등을 고려하였다.
④ 학교교육을 대표적인 능력주의 실현 장치로 보았다.

### ■ 정답 및 해설

③ 능력주의 평등화론은 기능론적 관점에서 제시하는 평등화론이다. 즉 교육의 기회나 사회적 지위를 배분하는 데 있어서 개인의 능력을 기준으로 선발, 분류, 배치하면, 사회의 평등이 촉진된다고 보는 관점이다. 능력주의 평등화론에서 보는 교육평등은 공정한 경쟁에 참여할 기회의 균등을 의미하며, 경쟁의 결과로 발생하는 능력에 따른 차별은 정당한 것으로 인정하는 관점이다. 여기에서 말하는 '능력'이란 오직 개인의 타고난 소질과 후천적 노력에 의해 결정되는 것이므로, 사회구조적 불평등이 개인의 능력에 영향을 미치지는 않는다고 본다.

**471.** 다음 설명에 해당하는 롤스(Rawls)의 교육평등 원리는?

**2020년 지방직 9급**

> ○ 모든 이익이 평등하게 분배되도록 요구하지는 않지만 평등한 분배로부터의 일탈은 결과적으로 모든 사람에게 이득이 될 경우에만 인정되어야 함을 요구한다.
> ○ 사회적으로 가장 불리한 입장에 있는 사람의 필요에 특히 신경 쓸 것을 요구한다.
> ○ 모든 사람이 평등하게 살아야 한다는 것이 아니라 어떤 사람이 다른 사람의 희생으로 잘 살게 되는 것을 금지하는 것이다.

① 공정한 경쟁의 원리　　② 최대이익의 원리
③ 차등의 원리　　　　　　④ 인간존중의 원리

**암기 POINT**
• 교육평등의 원리

| 구분 | 관련 개념 |
|---|---|
| 기회균등의 원리 | 능력주의, 기회의 평등, 공정한 경쟁 |
| 최대이익의 원리 | 공리주의, 사회 전체의 이익 최대화 |
| 인간존중의 원리 | 인본주의, 같은 것을 같게 대우 |
| 차등의 원리 | 평등주의, 결과의 평등, 약자의 보호 |

470 ③　471 ③

■ 정답 및 해설
③ 롤스는 민주적 평등주의를 실현하기 위해서는 공정한 기회균등의 원리와 함께 차등의 원리가 강조되어야 한다고 보았다. 여기에서 차등의 원리란 사회의 모든 이익을 평등하게 분배하는 것이 언제나 정의롭다고 보기 어렵다는 관점이다. 오히려 사회적으로 가장 불리한 입장에 있는 사람의 필요에 특히 주의를 기울여 더 많은 이익을 배분하는 것이 결과적으로는 모든 사람에게 이득이 되는 것이므로 정의롭다는 원리이다. 롤스의 정의론은 최대 다수의 최대 이익의 원리를 추구하는 공리주의 관점을 비판하는 이론으로서, 아무리 많은 사람에게 이득이 돌아가더라도 그것이 다른 사람의 희생으로 인한 것이어서는 안 된다고 주장한다.

◇ 오답 체크
① 공정한 경쟁의 원리는 보수주의적 자유주의자들이 강조하는 원리이다.
② 최대이익의 원리는 공리주의적 관점에서 강조하는 원리로서, 사회의 일부 사람에게는 손해가 발생하더라도 사회 전체로 보았을 때 받을 수 있는 이익의 총량이 최대화되어야 한다는 의미이다.
④ 인간존중의 원리는 인본주의 관점에서 강조하는 원리로서, 모든 사람에게 인간으로서 자신의 능력을 계발할 기회를 균등하게 제공하여야 한다는 것을 의미한다.

**472.** 평등의 원리 중에서 '같은 것은 같은 방식으로 대우한다'는 동일성의 원리와 가장 부합하는 것은? 2004년 중등
① 대안학교의 운영
② 의무교육제도의 실시
③ 특수목적고등학교의 설치와 운영
④ 저소득층 자녀에 대한 보상교육의 실시

■ 정답 및 해설
② '같은 것은 같은 방식으로 대우한다'는 동일성의 원리는 모든 인간의 동등한 가치를 존중하여야 하며, 인간으로서 교육을 통해 자신의 잠재력을 계발할 기회를 균등하게 가져야 한다는 것을 의미한다. 이러한 관점을 가장 잘 반영한 것은 국민 모두에게 교육받을 권리를 실효적으로 보장하기 위한 의무교육제도이다.

◇ 오답 체크
①, ③는 개인의 능력이나 요구의 다양성을 인정하고 차별적인 교육을 선택할 권리를 존중하는 것이므로, 자유주의 원리 또는 기회균등의 원리에 부합한다.
④ 보상교육은 가정배경의 영향으로 인해 발생하는 개인의 능력 차이를 사회가 보상하기 위하여 제공하는 교육 프로그램으로서, 교육의 결과 평등을 추구하기 위한 조치이다. 따라서 롤스의 정의론에서 강조된 차등의 원리에 부합한다.

472 ②

## 02. 교육평등 정책의 관점

### 출포 151. 교육기회의 허용적 평등

🔹 기본서 208쪽

**473.** 교육평등관에 대한 설명으로 옳지 않은 것은?    2020년 국가직 7급

① '교육결과의 평등'을 위한 보상정책은 능력주의 지지자들의 비판을 받는다.
② 산골에 사는 어린이 대상 통학 교통편 무상지원 정책은 '교육기회의 허용적 평등'의 사례이다.
③ 미국의 헤드스타트사업(Project Head Start), 한국의 교육복지우선지원사업은 '교육결과의 평등'의 사례이다.
④ 학교의 시설, 교사의 자격, 교육과정 등에 있어서 학교 간의 차이를 줄이는 정책은 '교육조건의 평등'의 사례이다.

■ **정답 및 해설**

② 산골에 사는 어린이 대상 통학 교통편 무상지원 정책은 취학을 가로막는 지리적 장애물을 제거해서 교육기회를 실질적으로 보장하는 정책이므로, '교육기회의 보장적 평등'의 사례이다.
'교육기회의 허용적 평등'은 모든 사람에게 교육받을 기회를 허용하기 위해 취학기회를 가로막는 법적·제도적 차별을 철폐하려는 관점이다. 우리나라 헌법 제31조 제1항에서 '모든 국민은 능력에 따라 균등하게 교육을 받을 권리를 가진다.'거나, 교육기본법 제4조에서 '모든 국민은 성별, 종교, 신념, 사회적 신분, 경제적 지위 또는 신체적 조건 등을 이유로 교육에 있어 차별을 받지 않는다.'고 규정한 것이 대표적 사례이다.

**암기 POINT**
• 허용적 평등관
 - 교육기회에 대한 차별 철폐
 - 교육받을 권리의 인정
 - 헌법 제31조 제1항

**474.** 교육평등에 대한 설명으로 옳지 않은 것은?    2015년 국가직 7급

① 허용적 평등관은 개인의 역량 차이에 상관없이 모든 사람이 같은 수준의 교육을 받아야 한다는 것이다.
② 교육조건의 평등은 취학기회의 평등만이 아니라 우수한 학교에 평등하게 취학하는 것을 의미한다.
③ 결실의 평등은 학교를 졸업하고 사회에 진출하여 획득하는 교육의 결실(직업, 수입, 지위 등)이 일치하는 수준을 의미한다.
④ 교육평등의 개념은 기회의 균등에서 결과의 평등으로 점차 바뀌고 있다.

473 ②  474 ①

■ 정답 및 해설
① 허용적 평등관은 능력주의 이념에 기초해서 개인의 역량 차이에 비례하도록 교육기회를 분배하여야 한다고 본다. 특히 중등교육 이상의 교육기회는 엄격한 기준에 의해 선발된 능력있는 인재들에게만 주어져야 한다고 본다. 또, 개인이 이러한 상급학교에 취학할지의 여부는 국가가 개입하기보다는 당사자의 능력과 노력에 맡겨야 한다고 본다.

475. 다음 ㉠과 ㉡의 주장과 가장 관련이 깊은 교육평등관은?

2012년 국가직 7급

㉠ 사람이 타고나는 능력은 다르기 때문에, 교육의 양은 능력에 비례해야 한다. 따라서 교육기회는 엄격한 기준에 의한 선발을 통해 주어져야 한다.
㉡ 사람의 능력은 마치 '자연의 복권추첨'과 같은 것이므로, '복권을 잘못 뽑아' 불리해진 사람에게 우수한 능력을 가진 사람이 어느 정도의 적선을 하는 것이 도리에 맞다.

|  | ㉠ | ㉡ |
|---|---|---|
| ① | 기회의 보장적 평등 | 결과의 평등 |
| ② | 기회의 허용적 평등 | 조건의 평등 |
| ③ | 기회의 보장적 평등 | 조건의 평등 |
| ④ | 기회의 허용적 평등 | 결과의 평등 |

■ 정답 및 해설
④ ㉠ 개인의 능력에 따라 교육기회를 배분하여야 한다는 관점이다. 이것은 교육평등의 의미를 가장 제한된 범위로 보장하는 관점에 해당된다. 따라서 교육기회를 제한하는 제도적 차별을 철폐하는 수준에서 교육평등을 추구하는 '기회의 허용적 평등' 관점에 해당된다.
㉡ 타고난 능력이 부족한 사람에게도 어느 정도의 교육적 배려를 제공해야 한다는 관점이다. 개인의 타고난 능력이 부족한 것은 단지 우연에 의한 것이므로 그 개인에게 책임을 돌려 그로 인한 피해를 감당하게 하는 것은 타당하지 않다고 본다. 이것은 롤스의 정의론에서 주장하는 관점이다. 이러한 관점에서는 사회가 불리한 위치에 있는 개인의 권리와 복지에도 관심을 기울여 모든 사람이 어느 정도의 평등을 보장받는 '결과의 평등'을 추구해야 한다고 본다.

## 출포 152. 교육기회의 보장적 평등

🔗 기본서 208~209쪽

**난이도** ■ ■ ■
**채점결과** □ □ □

**476.** 경제적 빈곤가정의 자녀들이 방과후 학교프로그램에 참여할 수 있도록 교육비를 지원하는 제도와 관계가 깊은 교육평등의 개념은?

<sub>2009년 국가직 7급</sub>

① 교육기회의 보장적 평등
② 교육기회의 허용적 평등
③ 교육조건의 평등
④ 교육결과의 평등

**암기 POINT**
- 보장적 평등관
  - 교육받을 권리의 실질적 보장
  - 의무교육, 무상교육 제도화
  - 평생교육, 원격교육 확대

### ■ 정답 및 해설

① 경제적 빈곤가정의 자녀들이 방과후 학교프로그램에 참여할 수 있도록 교육비를 지원하는 것은 경제적 지원을 통해 교육기회를 실질적으로 보장해 주는 정책이므로, '교육기회의 보장적 평등'과 관련되어 있다. 참고로, 교육기회의 보장적 평등 정책은 경제적 지원을 통해 교육의 기회를 제공하는 데 초점이 있는 정책인 반면, 교육결과의 평등(보상적 평등) 정책은 사회경제적 배경의 영향으로 인해 학업성취나 진학, 진급 등에 있어서 불리한 학생들의 교육 결과를 개선하는 데 초점을 둔다는 점에 유의하도록 한다.

**난이도** ■ ■ □
**채점결과** □ □ □

**477.** 고등학교 의무교육제도화에 관한 교사들의 대화내용과 교육평등관을 가장 적절하게 연결한 것은?

<sub>2010년 유초등</sub>

> 홍 교사 : 이제 우리나라 경제수준도 높아지고 했으니, 모든 국민이 고등학교 교육을 받을 수 있도록 고등학교 무상의무교육제도를 도입하는 것이 좋을 것 같아요.
> 정 교사 : 개인의 고등학교 진학 여부는 국가에서 개입하기보다는 당사자의 능력과 노력에 맡기는 것이 좋지 않을까요?
> 박 교사 : 글쎄요. 저는 요즘 같은 사회양극화 시대에는 고등학교 무상의무교육제도 도입에서 한발 더 나아가, 계층 간 학업성취도의 격차를 좁힐 수 있도록 소외계층 학생을 위한 적극적 배려 정책이 필요하다고 보는데요.

|   | 홍 교사 | 정 교사 | 박 교사 |
|---|---|---|---|
| ① | 기회 허용적 평등 | 조건의 평등 | 기회 보장적 평등 |
| ② | 기회 보장적 평등 | 조건의 평등 | 결과의 평등 |
| ③ | 기회 보장적 평등 | 기회 허용적 평등 | 결과의 평등 |
| ④ | 조건의 평등 | 기회 허용적 평등 | 기회 보장적 평등 |
| ⑤ | 조건의 평등 | 결과의 평등 | 기회 허용적 평등 |

476 ① 477 ③

■ 정답 및 해설

③ 홍 교사는 기회 보장적 평등, 정 교사는 기회 허용적 평등, 박 교사는 결과의 평등을 중시하는 관점을 가지고 있다.

홍 교사 : 무상의무교육제도를 도입하는 것은 모든 학생들에게 교육기회를 실질적으로 보장하는 것을 추구한다.

정 교사 : 고교 진학 여부를 당사자의 능력과 노력에 맡기는 것은 모든 사람에게 교육기회를 허용하는 것이 교육평등이라고 보는 기회의 허용적 평등관에 해당된다.

박 교사 : 소외계층 학생을 위한 적극적 배려 정책은 계층 간 학업성취도 격차를 좁혀 교육결과의 평등을 추구하는 관점에 해당된다.

## 출포 153. 교육조건의 평등(과정적 평등)

⊙ 기본서 209쪽

**478.** 다음 설명에 해당하는 교육평등의 관점은?   2022년 지방직 9급

- 단지 취학의 평등만으로는 충분하지 않다.
- 고교평준화 정책이 지향한 목적이다.
- 시설, 교사의 자질, 교육과정 등에서 학교 간에 차이가 없어야 교육평등이 실현된다.

① 교육기회의 허용적 평등   ② 교육기회의 보장적 평등
③ 교육조건의 평등          ④ 교육결과의 평등

■ 정답 및 해설

③ 취학의 평등만으로는 충분하다고 보는 관점은 교육기회의 평등을 중요시하는 관점이다. 반면, 교육조건의 평등이나 교육결과의 평등 관점은 취학의 평등만으로는 충분하지 않다고 본다. 그 중에서도, 시설, 교사의 자질, 교육과정 등은 교육조건에 해당하므로 이것의 차이를 없애야 교육평등이 실현된다고 보는 관점은 교육조건의 평등 관점이다. 우리나라의 고교평준화 정책은 교육조건의 평등(과정적 평등) 정책의 대표적 사례이다.

**479.** "학교의 시설, 교사의 자질, 교육과정 등의 측면에서 학교 간의 차이가 없어야 한다."라는 관점에 해당하는 것은?   2019년 국가직 9급

① 교육기회의 허용적 평등   ② 장학금 제도
③ 교육조건의 평등          ④ 대학입학특별전형제도

### 암기 POINT
- 과정적 평등관
  - 교육조건의 평등
  - 학교시설, 교사, 교육과정의 학교 간 차이 제거
  - 고교 평준화, 단선형 학제

478 ③   479 ③

■ 정답 및 해설
③ 학교의 시설, 교사의 자질, 교육과정 등은 학교의 교육조건에 해당하는 것이므로, 이러한 측면에서 학교 간의 차이를 없애야 한다는 것은 교육조건의 평등 관점에 해당한다.

### 출포 154. 교육결과의 평등(보상적 평등)

기본서 209~210쪽

**480.** 보상적(補償的) 교육평등관에 해당하는 내용을 고른 것은?

2017년 지방직 9급

> ㄱ. 성별이나 인종의 차별 없이 교육에 접근할 수 있는 기회를 부여한다.
> ㄴ. 교육복지우선지원사업으로 사회적 취약 계층의 교육결과를 제고한다.
> ㄷ. 대학 입시에서 농어촌지역 학생들을 배려하기 위한 특별전형을 실시한다.
> ㄹ. 학교의 시설 및 여건, 교사의 전문성, 교육과정에서 학교 간 차이를 줄인다.

① ㄱ, ㄷ   ② ㄱ, ㄹ
③ ㄴ, ㄷ   ④ ㄴ, ㄹ

**암기 POINT**
• 보상적 평등관
 - 교육결과의 평등
 - 가장 적극적인 평등 정책
 - 저소득층을 위한 보상교육
 - 소수집단에 대한 특별전형
 - 저소득층 밀집 구역에 대한 특별지원(교육복지우선지원)

■ 정답 및 해설
③ 보상적 평등관은 교육결과의 평등을 추구하는 관점이다. 사회적 취약 계층의 교육결과를 제고하기 위해 특별한 지원을 제공하는 교육복지우선지원사업(ㄴ)이나, 농어촌 지역 학생들을 배려하는 특별전형(ㄷ)이 대표적 사례이다.

◇ 오답 체크
ㄱ은 허용적 평등관, ㄹ은 과정적 평등관에 해당한다.

**481.** 교육 평등에 관한 관점 중 교육결과의 평등을 위한 정책에 해당하는 것은?

2017년 국가직 9급

① 취학을 가로막는 경제적, 지리적, 사회적 제반 장애를 제거해주는 취학 보장 대책
② 저소득층의 취학 전 어린이들을 위한 보상교육(compensatory education)
③ 한국의 고교평준화 정책
④ 초·중등교육의 의무무상화

480 ③   481 ②

■ 정답 및 해설
② 저소득층의 취학 전 어린이들을 위한 보상교육을 제공하는 것은 사회적으로 불리한 위치에 있는 학생들에게 특별한 지원을 제공하여 교육결과의 평등을 추구하는 정책이다. 미국의 헤드스타트 사업이나 영국의 교육우선지역(EPA) 사업, 한국의 위스타트 사업이나 교육복지우선지원사업 등은 이와 같은 보상교육 프로그램에 해당된다.

◇ 오답 체크
①, ④ 교육기회의 보장적 평등을 위한 정책이다.
③ 교육조건의 평등을 위한 정책이다.

482. 다음 내용에 가장 부합하는 '교육의 평등'은?     2015년 지방직 9급

- 학업성취도가 낮은 학생들에게 보충교육을 실시한다.
- 농촌과 도서 벽지의 학생들에게 추가적인 교육 자료를 제공한다.
- 구체적 정책으로는 농어촌지역학생 대학입학특별전형제, 기회균등할당제 등이 있다.

① 교육 조건의 평등
② 교육 투입의 평등
③ 교육 과정의 평등
④ 교육 결과의 평등

■ 정답 및 해설
④ 학업성취도가 낮은 학생들이나 농촌과 도서 벽지의 학생들과 같이 불리한 위치에 있는 학생들에게 보충교육이나 추가적인 교육자료, 특별전형제 등과 같이 특별한 지원을 제공하는 것은 교육 결과의 평등을 추구하는 정책에 해당된다.

483. '교육결과의 평등'을 위한 조치로 옳은 것은?     2013년 국가직 9급
① 교육을 받을 수 있는 신분적, 법적 제약을 철폐한다.
② 교육을 위한 경제적, 지리적, 사회적 장애를 제거한다.
③ 모든 학생들이 평등한 조건에서 학습을 받을 수 있도록 교육조건을 정비한다.
④ 저소득층 아동들의 기초학습 능력을 길러주기 위해 보상교육을 제공한다.

■ 정답 및 해설
④ 저소득층 아동들은 불리한 가정배경의 영향으로 인해 기초학습 능력이 부족하여 취학 이후 학교 학습에 있어서도 낮은 성취를 보이는 경우가 많다. 이러한 교육결과의 불평등을 사전에 방지하기 위해 보상교육을 제공하는 것은 교육결과의 평등을 위한 조치라고 볼 수 있다.

◇ 오답 체크
① 교육기회의 허용적 평등, ② 교육기회의 보장적 평등, ③ 교육조건의 평등을 위한 조치이다.

기출플러스

- 보상적 평등관(차등의 원리) (2008년 중등)

오랫동안 쇠사슬에 묶였던 사람들을 갑자기 풀어준 뒤, '맘대로 뛰어보라.'며 달리기 출발선에 세운다면 그것은 공정한 교육정책이 아니다.
— 미국 존슨 대통령의 하 워드 대학 연설 중에서

(교육정책) 농어촌 자녀 특별전형제도 확대

482 ④   483 ④

제5장 교육사회학

**484.** 미국의 'Head Start Program'이나 영국의 '교육우선지역(EPA: Educational Priority Area)' 사업이 추구하는 평등의 유형은? 2013년 국가직 7급

① 허용적 평등
② 보장적 평등
③ 과정의 평등
④ 결과의 평등

■ 정답 및 해설
④ 미국의 헤드스타트 프로그램이나 영국의 교육우선지역(EPA) 사업은 저소득층의 학생들에게 보상교육이나 특별한 지원을 제공하는 프로그램이므로 교육결과의 평등을 추구하는 정책이다.

**485.** "교육의 결과는 평등해야 한다."는 평등론적 교육사회학의 입장으로 인하여 나타날 수 있는 교육의 직접적인 변화라고 보기 어려운 것은? 2011년 국가직 9급

① 무상교육이 확대된다.
② 사회적 약자의 성공 가능성이 높아진다.
③ 전체 국민의 평생학습 총량이 늘어난다.
④ 취학 전 어린이들을 위한 보상교육이 확대된다.

■ 정답 및 해설
① 무상교육을 확대하는 것은 교육기회의 보장적 평등에 의한 변화라고 볼 수 있다.
◇ 오답 체크
교육결과의 평등을 추구하는 관점은 사회적 약자들을 위한 특별한 지원을 제공하는 접근을 취하므로, ④ 취학 전 어린이들을 위한 보상교육이 확대되어 교육의 격차가 감소하고, ② 특별전형제도 등을 통해 사회적 약자의 성공 가능성이 높아진다. 이러한 정책은 사회적으로 불리한 위치에 있는 국민들도 교육에 참여하고자 하는 동기를 높일 수 있으므로 ③ 전체 국민의 평생학습 총량이 늘어나게 된다.

**486.** 교육의 보상적 평등관에 대한 설명으로 가장 적절한 것은? 2010년 국가직 7급

① 개인의 능력주의에 기초한다.
② 교육을 경쟁원리로 접근한다.
③ 모든 사람에게 동일한 취학 기회를 제공한다.
④ 저소득층 집단의 교육적 결손을 해소한다.

---

기출플러스

- 교육평등관과 그 예시
  (2004년 유초등)
  - 교육기회의 보장적 평등
    – 중등교육 무상 의무화
  - 교육여건의 평등
    – 고교평준화정책
  - 교육결과의 평등
    – 저소득층 자녀를 위한 보상교육

484 ④  485 ①  486 ④

■ 정답 및 해설
④ 교육의 보상적 평등관은 불리한 위치에 있는 학생들에게 특별한 지원을 제공함으로써 교육결과의 평등을 추구하는 관점이다. 즉 보상적 평등관은 저소득층 집단의 교육적 결손을 해소하는 데 각별한 관심을 가진다.
◇ 오답 체크
①, ②, ③은 교육이 허용적 평등관에 해당하는 설명이다.

**487.** 다음에서 공통적으로 설명하고 있는 '이것'은?    2012년 중등

○ 이것은 보상적 평등관에 입각해 있다.
○ 이것의 목적은 소득분배 구조 악화, 빈곤층 비중 확대, 지역별 계층 분화 현상 등이 심화됨에 따라, 경제적 취약집단을 비롯한 교육취약 아동·청소년의 교육적 성취를 제고하는 데 있다.
○ 이것의 내용에는 저소득층 학생이 취약한 환경에서 비롯된 어려움을 극복할 수 있도록 학습, 문화·체험, 심리·정서, 복지 등과 같은 영역의 프로그램이 포함된다.

① 고교선택제
② 복선형 학교제도
③ 고교다양화 정책
④ 교육복지우선지원사업
⑤ 농어촌학생특별전형제

기출플러스
• 교육평등관의 유형 (2009년 국가직 9급)
저소득층이나 장애인 등 사회적 소외계층을 위해 보상교육을 실시해야 한다는 주장은 교육의 평등을 <u>교육결과의 평등</u> 관점에서 보는 것이다.

■ 정답 및 해설
④ 교육취약 집단의 학생들의 교육적 성취를 제공하기 위해 학습 및 복지 등의 프로그램을 제공하는 정책을 통해 보상적 평등을 추구하는 정책의 대표적인 사례는 교육복지우선지원사업이다.
◇ 오답 체크
① 고교선택제와 ③ 고교다양화 정책은 신자유주의적 교육제도에 해당된다.
② 복선형 학교제도는 엘리트주의적 교육제도로서 교육평등관과는 거리가 멀다.
⑤ 농어촌학생특별전형제는 보상적 평등관에 입각해 있으나, 농어촌지역에 거주하는 학생들을 별도의 전형으로 선발하는 것으로 제시된 정책 내용과 거리가 멀다.

487 ④

**488.** 다음의 ㉠과 ㉡에 해당하는 교육의 평등 개념은?   2008년 유초등

> A군은 고등학교가 없는 도서 지역의 가난한 집안 출신이다. A군은 육지로 유학을 나가 고등학교에 다닐 수 있는 경제적 형편이 안 되어 걱정이 컸었는데, ㉠ 지방자치단체에서 통학을 위한 배편을 무상으로 지원하게 됨에 따라 집에서 고등학교를 다닐 수 있게 되었다. 더욱이 A군의 담임교사는 미술에 재능이 있는 A군이 작은 시골 학교에서 지도를 제대로 받을 수 없는 상황을 안타깝게 여겨, 방과후학교에 미술 강사를 초빙하여 지도를 받을 수 있도록 하였다. A군은 ㉡ 대도시에서 학교를 다닌 학생들 못지않은 미술 실력을 갖춰 M대학의 장학생으로 입학할 수 있게 되었다.

|  | ㉠ | ㉡ |
|---|---|---|
| ① | 기회의 보장적 평등 | 결과의 평등 |
| ② | 기회의 허용적 평등 | 조건의 평등 |
| ③ | 기회의 보장적 평등 | 조건의 평등 |
| ④ | 기회의 허용적 평등 | 결과의 평등 |

■ 정답 및 해설
① ㉠ 도서지역 학생들의 취학을 가로막는 지리적 장애를 해소하여 교육기회의 보장적 평등을 추구하는 관점이다.
㉡ 대도시 지역의 학생들에 비해 불리한 조건에 있는 도서지역의 학생에 별도의 교육 프로그램을 통해 대도시 학생들에 못지않는 결과를 성취할 수 있도록 지원한 것이므로, 결과의 평등을 추구하는 관점이다.

**489.** '교육의 평등'에 대한 주장으로 타당하지 않은 것은?   2005년 중등
① 교육에서 과정의 평등이란 교육 기회 및 조건의 평등을 의미한다.
② 모든 학생들에게 동등한 취학의 기회를 허용하는 것은 교육평등의 충분조건이다.
③ 교육에서 결과의 평등은 현대사회의 업적주의(meritocracy)와 갈등을 일으킬 소지가 있다.
④ 과정의 평등과 결과의 평등 중 어느 쪽이 더 중요한 것인가에 대한 결정은 평등에 대한 관점의 차이에 따라 달라질 수 있다.

■ 정답 및 해설
② 학업성취는 개인의 능력 뿐 아니라 가정배경의 영향을 받기 때문에, 모든 학생들에게 동등한 취학의 기회를 허용하는 것만으로는 교육평등을 달성하기 어렵다. 즉 교육기회의 허용적 평등은 교육평등의 충분조건이 아니다.

488 ①  489 ②

## 03. 콜맨 보고서

### 출포 155. 콜맨 보고서 개관

🌐 기본서 210~212쪽

**490.** 1966년에 발간된 「콜만보고서(Coleman report)」에 대한 설명으로 옳지 않은 것은?　　　　　　　　　　　　　　　2022년 국가직 7급
① 기본 문제의식은 학업성취도 격차의 완화기제로서 학교의 가능성을 알아보는 것이었다.
② 학교조건의 차이는 학업성취도 격차와 큰 관련이 없는 것으로 드러났다.
③ 학생의 학업성취도 격차를 설명하는 주된 요인은 가정 배경 관련 요인으로 나타났다.
④ 다른 연구자에 의해 관련 연구가 이어지지 못함으로써 당시 사용된 분석방법과 자료의 적합성은 검토되지 못했다.

■ 정답 및 해설
④ 콜맨 보고서 이후 학생들의 학업성취도 격차를 발생시키는 요인을 밝히고, 학교 효과를 설명하기 위한 연구가 젠크스 등의 연구자들에 의해 다양하게 이루어졌다.

**암기 POINT**
• 콜맨 보고서(1966)

| 연구 목적 | 교육평등 정책의 효과 (학교의 효과) 검증 |
|---|---|
| 연구 결과 | 학교의 교육조건보다는 가정배경이 학생의 성취에 큰 영향 |
| 영향 | 보상교육의 도입 근거 제공, 후속 연구 촉발 |

**491.** 콜맨(J. S. Coleman)에 대한 설명으로 옳지 않은 것은?
　　　　　　　　　　　　　　　　　　　　　　　2018년 국가직 7급
① 학교별 교육조건의 차이가 학생들의 성적에 어떻게 반영되는가를 분석하였다.
② 교육평등에 영향을 주는 가정배경 및 학교변인을 분석한 콜맨보고서(Coleman Report)를 발표하였다.
③ 효과적인 학교에 평등하게 취학 기회가 부여되어야 한다는 의미로 교육결과의 평등을 주장하였다.
④ 학업성취에 대한 가정의 영향을 규명하는 데 '사회자본(socialcapital)'의 유용성에 주목하였다.

■ 정답 및 해설
③ 콜맨은 "교육기회의 평등은 단지 취학의 평등이 아니라 평등하게 효과적인 학교를 의미하는 것이다."라는 말을 통해 교육기회의 평등의 개념을 교육조건의 평등을 포함하는 개념으로 확장하여 사용하였다.

490 ④　491 ③

**492.** 콜먼(J. Coleman)의 교육평등 연구에 대한 설명으로 옳지 않은 것은?

2013년 국가직 7급

① 1960년대 인권과 불평등에 대한 사회적 관심이 고조되는 가운데 수행되었다.
② 불우한 계층의 학업실패 원인이 학교에 있기보다는 학생의 가정 배경에 있다고 결론 내렸다.
③ 교육평등의 관점을 결과의 평등에서 기회의 평등으로 한 차원 높였다.
④ 불우한 계층의 교육기회를 실질적으로 보장하기 위한 정책들이 나오게 되었다.

■ 정답 및 해설
③ 콜맨 보고서는 학교의 교육조건이 학생들의 학업성취에 미치는 영향은 미미하며, 학생의 가정배경의 차이가 학업성취 격차에 지대한 영향을 미친다는 사실을 보고하였다. 이러한 연구 결과는 교육조건의 평등을 넘어서 교육결과의 평등을 위한 보상교육의 필요성을 주장하는 관점이 대두되었다. 즉, 콜맨은 교육평등의 관점을 기회의 평등에서 결과의 평등으로 한 차원 높이는 데 기여하였다.


**493.** 콜맨(Coleman)의 교육 불평등에 관한 보고서인 「교육기회의 균등」에서 도출된 연구 결과로 적절하지 않은 것은?

2009년 국가직 9급

① 학교의 교육 여건이 학업성취도에 큰 영향을 미치지 않는다.
② 학생들의 친구집단은 학업성적 차이에 별다른 영향을 주지 못한다.
③ 학교에서 불우한 계층의 열등한 학업성취는 고착되고 강화되는 경향이 있다.
④ 이 연구 결과로 인해 보상교육정책이 수립되었다.

■ 정답 및 해설
② 콜맨 보고서의 연구 결과로 학생의 가정배경이 다른 학교 요인들보다 학업성취에 미치는 영향력이 크다는 사실이 보고되었다. 학생의 가정배경 이외에도, 학생의 친구집단의 영향이 학업성취에 상당한 영향을 미치는 것으로 보고되었다. 그 다음으로 교사에 의한 영향이 부분적으로 존해하였다. 다만, 학교의 교육여건 중 비사회적 요인인 물리적 시설, 자료, 교육과정 등은 거의 영향을 미치지 못하는 것으로 나타났다.

**494.** '콜맨(Coleman) 보고서'의 내용으로 옳지 않은 것은? 2007년 국가직 7급
① 교육기회와 효과의 불평등 현상 및 원인을 밝히는데 목적을 두고 있다.
② 학교는 사회적 평등을 위한 기능을 제대로 수행하지 못하고 있다.
③ 교사의 질은 교육과정에 비해 학업성취에 미치는 영향이 상대적으로 작다.
④ 학생의 가정배경은 학업성취에 미치는 영향이 매우 크다.

■ 정답 및 해설
③ 콜맨 보고서에 따르면, 교육과정은 학업성취에 거의 영향을 미치지 않았으나, 교사의 질은 부분적으로 학업성취에 영향을 미치는 것으로 나타났다. 즉, 콜맨 보고서는 교육과정은 교사의 질에 비해 학업성취에 미치는 영향이 상대적으로 작다는 결과를 제시하였다.

**495.** 젠크스(Jencks)와 동료학자들의 연구인 『불평등』에 근거하여 볼 때, 다음 중에서 학생의 학업성취에 가장 큰 영향을 주는 2가지 요인은?
2003년 유초등

| 가. 가정의 사회경제적 배경 | 나. 학생의 인지적 능력 |
| 다. 교사의 질 | 라. 학교의 물리적 시설 및 환경 |
| 마. 능력별 반편성 | |

① 가, 나   ② 가, 라
③ 다, 마   ④ 라, 마

■ 정답 및 해설
① 젠크스와 동료 학자들은 가정의 사회경제적 배경(가), 학생의 인지적 능력(나), 학교교육의 질 순으로 학생의 학업성취에 영향을 준다고 보았다.

494 ③   495 ①

## 출포 156. 콜맨의 사회자본론

> 기본서 211~212쪽

**496.** 콜맨(Coleman)의 사회자본(social capital)에 대한 설명으로 옳지 않은 것은?　　　2023년 국가직 9급

① 부모-자녀 간의 상호신뢰, 긍정적 상호작용, 자녀에 대한 높은 기대 등으로 나타난다.
② 지역사회 주민들이 생활지도, 학습지원 방법, 학습분위기 조성 등에 대해 협력하는 활동이다.
③ 학생의 학업성취 격차를 설명하는 주요 변인이다.
④ 학교시설, 실험실 등 물리적·객관적 여건에 따라 좌우된다.

### 암기 POINT
- 콜맨의 사회자본론
  - 가정환경 변인의 종류

| 경제자본 | 자녀학업에 대한 경제적 지원 |
|---|---|
| 인적자본 | 자녀학업에 도움이 되는 지적 능력 |
| 문화자본 | 가정에서의 문화적 경험, 취향, 언어 |
| 사회자본 | 부모와 자녀의 친밀한 관계, 부모의 친구 및 사회적 관계 등 |

■ 정답 및 해설
④ 콜맨의 사회자본은 자녀의 학업성취에 영향을 주는 가정배경의 특성을 설명하는 개념이므로, 학교시설이나 실험실 등의 학교 여건에 따라 좌우되지 않는다.

**497.** 다음은 자녀의 학업성취 향상에 도움을 줄 수 있는 부모활동이다. 이 활동에 해당하는 자본의 명칭은?　　　2018년 국가직 9급

> ○ 부모가 이웃에 사는 친구 부모들과 자녀교육, 학습 보조 방법, 학습 분위기 조성에 관하여 대화하였다.
> ○ 부모가 자신의 자녀가 다니는 학교의 학부모회에 참석하고 학생지도에 협력하였다.

① 재정자본(financial capital)
② 인간자본(human capital)
③ 문화자본(cultural capital)
④ 사회자본(social capital)

■ 정답 및 해설
④ 콜맨은 부모가 자녀의 교육을 지원하고 격려하기 위해 주변 사람들이나 자신의 자녀와 맺는 사회적 관계를 사회자본이라고 하였다.
◇ 오답 체크
① 재정자본은 부모가 자녀의 학업을 위해 경제적 지원을 제공할 수 있는 재정적 능력을 말한다.
② 인간자본은 부모가 자녀의 학업에 도움을 줄 수 있는 지적 능력이나 학력수준을 말한다.
③ 문화자본은 가정에서의 얻어지는 문화적 경험이나 지식, 행동방식, 문화적 취향 등을 말한다.

496 ④　497 ④

498. 학교교육의 측면에서, 콜만(J. Coleman)의 사회자본에 대한 설명으로 가장 적절한 것은?           2017년 지방직 9급
① 학교에서 배운 지식과 기술에 따라 개인의 노동력에 차이가 발생한다.
② 학교교육과 경제생산체제 간의 상응관계를 통해 학교가 자본주의 경제구조를 재생산한다.
③ 교사, 학생, 학부모 간의 친밀한 관계 형성은 학생의 학업성취도에 긍정적인 영향을 미친다.
④ 학교가 특정 계층의 문화를 보편적 가치로 가르치기 때문에 학업에서 상위 계층의 자녀가 유리하다.

■ 정답 및 해설
③ 가정의 사회자본은 가정을 중심으로 맺어지는 사회적 관계를 의미한다. 부모가 자녀의 학업에 대한 가지는 관심과 기대, 부모와 자녀 사이의 신뢰와 유대감, 부모가 학교의 교사나 동료 학부모들과 맺는 관계 등이 대표적인 사례이다.
◇ 오답 체크
① 기술기능이론, ② 보울스와 긴티스의 경제재생산이론, ④ 부르디외의 문화재생산이론에 대한 설명이다.

**기출플러스**
• 콜맨의 사회자본론
 – 학업성취도와 가정환경
 (2010년 유초등)

진영이의 학업성적은 매우 우수하다. 사실 진영이의 가정은 경제적으로 어렵고, 부모님의 교육수준도 낮은 편이다. 그렇지만 부모님이 자녀교육에 대해 관심과 열의가 높아서, 평소 진영이의 공부를 잘 도와주는 것은 물론 대화도 자주 나눈다. 진영이는 이러한 부모님이 있어서 든든하다.

499. 학자와 그들의 주장으로 옳은 것은?           2015년 국가직 7급
① 블라우와 던컨(Blau & Duncan) : 경제적 불평등을 바로잡는 데 학교는 다른 어떤 요소보다 영향력이 적다.
② 번스타인(Bernstein) : 교육은 다음 세대의 상향이동을 촉진하므로 교육의 보편화는 평등사회에 이르는 촉진제가 된다.
③ 보울즈와 진티스(Bowles & Gintis) : 가정에서 부모가 사용하는 언어의 질과 가정의 교육적 분위기는 자녀의 학업성취에 영향을 미친다.
④ 콜만(Coleman) : 부모와 지역사회 간의 사회적 관계가 자녀의 학업성취에 영향을 미친다.

■ 정답 및 해설
④ 콜만은 부모와 지역사회 간의 사회적 관계를 가정의 사회자본이라고 개념화하고, 가정의 사회자본이이 자녀의 학업성취에 지대한 영향을 미친다고 보았다.
◇ 오답 체크
① 보울즈와 진티스, ② 블라우와 던컨, ③ 번스타인의 주장이다.

**500.** 다음은 사회적 자본에 대한 콜맨(J. Coleman)의 설명이다. (가)에 들어갈 것으로 적합하지 않은 것은?

2012년 중등

> 사회적 자본은 사람들 사이의 사회적 관계에서 형성된다. 가정을 중심으로 사회적 자본을 정의한다면, 좁게는 가정 내 부모와 자녀의 관계이고, 넓게는 부모가 가정 밖에서 맺고 있는 사회적 관계의 전체이다. 실증연구를 수행하고자 할 때, 가정의 사회적 자본은 _____(가)_____ 과(와) 같은 변인을 통하여 측정될 수 있다.

① 부모의 문화 취향
② 부모의 친구 관계
③ 어머니의 취업 여부
④ 자녀 교육에 대한 기대 수준
⑤ 이웃과의 교육정보 교류 정도

■ 정답 및 해설
① 가정의 사회적 자본은 부모가 가정의 안팎에서 맺는 사회적 관계를 설명하는 개념이다. 가정 내 부모와 자녀의 관계는 자녀 교육에 대한 기대 수준을 통해 측정 가능하며, 가정 밖에서 맺는 사회적 관계는 부모의 친구 관계, 어머니의 취업 여부, 이웃과의 교육정보 교류 정도 등으로 측정할 수 있다. 한편, 부모의 문화 취향은 가정의 문화적 자본에 해당된다.

**501.** 학생의 학업성취도에 영향을 미치는 가정배경에 관한 대화이다. 각 교사의 대화내용을 콜만(J. S. Coleman)이 제시한 세 가지 자본과 가장 적절하게 짝지은 것은?

2009년 유초등

> 권 교사 : 부모의 교육수준이 중요하죠. 학력이 높으면 지적 능력도 뛰어나고 자녀의 학습에도 알게 모르게 영향을 미칠 테니까, 결국 자녀의 성적도 높아진다고 봐야죠.
> 김 교사 : 저는 부모의 소득이 자녀의 성적에 크게 영향을 미친다고 봐요. 엄청난 사교육비를 생각해 보세요.
> 류 교사 : 학력과 소득이 높아도 자녀교육에 관심이 없으면 소용없어요. 자녀에게 관심을 가지고 격려도 하고 학습도우미 역할도 해 주고 그래야 성적이 좋아지죠.

|   | 권 교사 | 김 교사 | 류 교사 |
|---|---|---|---|
| ① | 경제자본 | 사회자본 | 인간자본 |
| ② | 사회자본 | 경제자본 | 인간자본 |
| ③ | 사회자본 | 인간자본 | 경제자본 |
| ④ | 인간자본 | 사회자본 | 경제자본 |
| ⑤ | 인간자본 | 경제자본 | 사회자본 |

**기출플러스**
- 콜만의 관점에서 본 가정배경 (2008년 중등)

철수는 서울 중심지의 작은 셋집에서 다섯 식구와 함께 살고 있는 중학교 2학년생이다. 부모님의 학력은 중졸이고 수입은 넉넉하지 않지만 화목한 가족 관계는 이웃의 모범이 될 정도이다. 철수는 반에서 1등을 놓친 적이 없으며, 작년에는 전국 수학경시대회에서 금상의 영예를 안았다.

(해석) 철수네 가정배경은 인적자본은 약하지만 사회자본은 강하다.

500 ① 501 ⑤

■ 정답 및 해설
⑤ 권 교사가 말하는 부모의 교육수준과 지적 능력은 가정의 '인간자본'에 해당된다. 김 교사가 강조하는 부모의 소득은 자녀의 교육에 대한 재정적 능력을 결정하므로 '경제자본'에 해당된다. 류 교사가 언급한 부모가 자녀의 교육에 관심을 가지고 도와주는 역할을 하는 것은 '사회자본'에 해당된다.

## 출포 157. 다문화교육

기본서 212~213쪽

**502.** 뱅크스(Banks)의 다문화교육을 위한 교육과정 접근법에 해당하지 않는 것은?

2024년 지방직 9급

① 기여적 접근
② 변혁적 접근
③ 동화주의적 접근
④ 의사 결정 및 사회적 행동 접근

■ 정답 및 해설
③ 뱅크스는 문화상대주의적 관점에 기초하여 다문화교육의 중요성을 강조한 학자이다. 따라서 동화주의는 자문화중심적인 관점에 해당하므로, 뱅크스의 다문화 교육의 접근방법에 해당하지 않는다.
문화상대주의는 소수집단의 고유한 문화를 인정하고 정체성을 유지하여 다양한 문화가 공존할 수 있게 해야 한다고 보는 관점이다. 반면, 동화주의는 소수집단에게 주류 집단의 언어나 문화를 가르쳐 단일한 문화적 정체성을 형성하게 해야 한다고 보는 관점이다.

◇ 오답 체크
①, ②, ④ 뱅크스는 다문화교육을 위한 교육과정 접근법으로는 기여적 접근, 부가적 접근, 사회행동적 접근, 변혁적 접근을 제시하였다.

| 구분 | | 교육과정 구성 방법 |
|---|---|---|
| 교육과정 유지 | 기여적 접근법 | 소수집단의 영웅, 명절 등과 같은 긍정적인 문화적 요소를 교육과정에 추가함 |
| | 부가적 접근법 | 소수집단과 관련된 내용, 개념, 주제, 관점을 과목이나 단원으로 교육과정에 추가함 |
| 교육과정 변화 | 변혁적 접근법 | 교육과정의 구조를 변화시켜 다양한 집단의 관점에서 개념, 이슈, 사건을 조망해 봄 |
| | 사회적 행동 접근법 | 소수집단에 관련된 중요한 사회적 이슈들에 대해 의사결정을 내리고 실천해 봄 |

암기 POINT
• 뱅크스의 다문화교육 접근법

| 관점 | 문화상대주의<br>(↔ 동화주의) |
|---|---|
| 교육<br>과정<br>구성 | - 기여적 접근<br>- 부가적 접근<br>- 변혁적 접근<br>- 사회행동적 접근 |

502 ③

## 기출플러스

- 다문화 가정 학생의 교육 (2011년 유초등 변형)
- 「다문화가족지원법」상 다문화 가족이란 결혼이민자와 「국적법」에 따라 출생, 인지, 귀화를 통해 대한민국 국적을 취득한 자로 이루어진 가족을 말한다.
- 국내 거주 사실이 서류상으로 확인된 외국인 근로자의 자녀들은 초등학교에 취학할 수 있다.
- 언어교육 등 다문화 가정 학생의 교육을 지원하는 것뿐만 아니라 일반 학생 대상의 다문화 이해 교육도 필요하다.
- 2022년 현재 다문화 가정 학생 수는 초등학생이 가장 많고, 그 다음이 중학생, 고등학생 순이다.

503 ①

---

**503.** 뱅크스(J. A. Banks)가 제시한 다문화교육의 목적이 아닌 것은?

**2014년 국가직 9급**

① 특정 인종이나 민족 또는 소외받은 자만을 대상으로 교육하는 것이다.
② 학생들에게 다른 문화의 관점을 통해 자신의 문화를 바라보게 함으로써 자기 이해를 증진시키는 것이다.
③ 학생들에게 문화적, 민족적, 언어적 대안과 선택을 가르치는 것이다.
④ 학생들이 전 지구적이며 테크놀로지화된 세계에서 살아가는 데 필요한 읽기, 쓰기, 수리적 능력을 습득하도록 돕는 것이다.

### ■ 정답 및 해설

① 뱅크스는 다문화주의적 관점에서 다문화 교육의 방향을 제시하였다. 그는 다문화 교육이 소수 인종이나 민족 집단의 학생을 주류 집단에 동화시키는 교육이 되어야 한다고 보는 동화주의적 관점을 비판한다. 뱅크스는 다문화 교육이 모든 사회집단 구성원들에게 다문화적 소양을 길러주는 교육이 되어야 한다고 본다. 따라서 다양한 문화 속에서 살아가는 능력과 가치를 가르치는 것을 다문화 교육의 목적으로 제시하였다.

## 6. 교육개혁과 대안교육

### 출포 158. 교육개혁의 방향

🔵 기본서 220~222쪽

**504.** 교사들의 대화내용과 공교육의 개혁방안에 대한 관점을 가장 적절하게 연결한 것은?　　　　　　　　　　　　　　　　2010년 유초등

> 김 교사 : 학교에 대한 국가의 획일적 통제와 학교의 비효율성이 문제입니다. 수요자의 선택권과 학교 간 경쟁을 강화하고, 민간주도의 교육서비스를 확대해야 합니다.
>
> 정 교사 : 그런 방식은 계급 간 교육 불평등을 더욱 심화시킬 뿐입니다. 교육 불평등을 줄일 수 있는 대책을 세워야 해요. 지배집단의 관점에 치우친 교육과정도 수정해야 하구요.
>
> 최 교사 : 저는 학교교육이 학습자의 자율성을 억압하는 것이 문제라고 생각해요. 누구나 자율적으로 학습할 수 있도록 학교를 '학습 조직망'으로 대체하는 것이 문제해결의 열쇠가 될 수 있을 것 같아요.

|   | 김 교사 | 정 교사 | 최 교사 |
|---|---|---|---|
| ① | 신자유주의 | 신마르크스주의 | 탈학교론 |
| ② | 신자유주의 | 포스트모던주의 | 생태주의 |
| ③ | 포스트모던주의 | 신자유주의 | 탈학교론 |
| ④ | 포스트모던주의 | 탈학교론 | 생태주의 |
| ⑤ | 탈학교론 | 신마르크스주의 | 생태주의 |

■ 정답 및 해설

① 김 교사는 신자유주의, 정 교사는 신마르크스주의, 최 교사는 탈학교론에 기초한 개혁방안을 제시하고 있다.
- 김 교사 : 국가의 획일적 통제와 학교의 비효율성을 비판하면서, 수요자의 선택권과 학교 간 경쟁 강화를 강조하는 것은 신자유주의 개혁에 해당한다.
- 정 교사 : 계급 간 교육 불평등 문제를 해소하기 위해서는 교육의 근본적인 개혁이 필요하다고 보는 것은 신마르크스주의 관점에 해당한다.
- 최 교사 : 학습자가 자율적으로 학습할 수 있도록 학교를 해체하고 '학습조직망'을 구축해야 한다고 보는 것은 탈학교론에 해당한다.

◇ 오답 체크

포스트모던주의는 반보편주의, 반권위주의, 반합리주의, 다원주의 등을 표방한다.
생태주의는 인간과 자연의 상생과 조화를 추구하며 정의적 측면의 교육을 강조한다.

---

**암기 POINT**

- 교육개혁의 담론들

| | |
|---|---|
| 신자유주의 | 수요자 선택권 강화<br>학교 간 경쟁 강화<br>교육서비스 민영화 |
| 신마르크스주의 | 대항이데올로기에 의한 교육과정 수정<br>학교의 공공성 확대 |
| 탈학교론 | 학습조직망 구축<br>학습사회 건설<br>학교 제도의 해체 |
| 생태주의 | 인간과 자연의 상생<br>정의적 측면 강조 |

504 ①

**505.** 그림은 권한의 소재와 개혁의 방향에 따라 교육개혁의 유형을 제시한 것이다. <유형 Ⅳ>에 대한 설명으로 바른 것은?  2005년 유초등

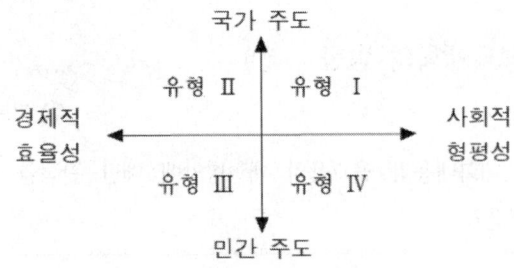

① 수월성 중심의 계획주의 교육개혁을 강조한다.
② 수월성 중심의 시장주의 교육개혁을 강조한다.
③ 국가가 개입하여 통합주의 교육개혁을 강조한다.
④ 시민의 자발적 참여를 통한 공동체주의 교육개혁을 강조한다.

■ 정답 및 해설
④ 교육개혁의 유형 중 사회적 형평성을 추구하며 민간 주도에 의해 새로운 교육적 변화를 시도하는 것은 공동체주의 교육개혁에 해당한다. 주로 시민의 자발적 참여에 의한 대안적 교육활동이나 학교 설립으로 추진된다.

◇ 오답 체크
① <유형 Ⅱ>, ② <유형 Ⅲ>, ③ <유형 Ⅰ>에 해당한다.

## 출포 159. 신자유주의 교육개혁

🌐 기본서 220~221쪽

**506.** 신자유주의적 관점과 관계가 먼 교육정책은?  2008년 국가직 7급
① 교육기관과 교육자의 자율성을 확대시켜 나가야 한다.
② 교육서비스 내용에 대한 피교육자의 선택이 확대되어야 한다.
③ 교사들간 및 학교들간의 경쟁의 도입과 확대가 필요하다.
④ 우수인재 양성을 위해 교육에 대한 정부의 간섭은 불가피하다.

■ 정답 및 해설
④ 신자유주의 관점에서는 교육에 대한 정부의 간섭은 불필요하며 비효율적인 결과를 낳는다고 본다. 따라서 정부의 간섭은 최소화하고, 교육기관과 교육자의 자율적인 시장경쟁에 따라 교육이 운영되는 것이 바람직하다고 본다.

## 507. 학교선택제의 내용으로 가장 적합한 것은?   2007년 국가직 9급
① 교육수요자의 교육권 존중
② 학교의 민영화
③ 공립학교의 통제
④ 국가경쟁력 제고

### 강서연 교육학

**기출플러스**
- 신자유주의의 관점 (2008년 유초등)
- 공립학교의 비효율적 운영의 근본 원인은 학교교육체제 내의 획일적 통제에 있으며, 이것은 선택과 경쟁이라는 방식을 통해 해결될 수 있다.
- 새로운 학교형태를 도입하여 학교 간의 경쟁을 강화하고, 민간 주도의 교육서비스를 확대한다.

### ■ 정답 및 해설
① 학교선택제는 신자유주의 교육개혁 담론에서 제시된 것으로 교육수요자가 자신이 원하는 교육을 자유롭게 선택할 권리를 강조하는 정책이다. 학교선택제는 교육수요자들의 다양한 수요에 맞는 학교들을 설립할 수 있는 제도를 마련하고, 국가의 규제나 간섭은 최소화하며, 수요자들에게는 학교선택권을 보장하기 위한 바우처를 지급하는 등의 지원을 제공하는 정책들을 포함한다.

## 508. 학교선택제와 거리가 먼 학교 유형은?   2012년 국가직 9급
① 마그넷학교(Magnet school)
② 협약학교(Charter school)
③ 블루리본학교(Blue-ribbon school)
④ 교부금지원학교(Grant-maintained school)

### ■ 정답 및 해설
③ 학교선택제는 교육수요자들의 다양한 요구에 맞춘 자율적인 형태의 공립 학교들을 설립하고 이들 학교의 운영을 정부가 지원하는 제도를 말한다.
블루리본학교는 민간에서 운영하는 학교평가·인증시스템을 통해 학교교육의 질적 수준에 대한 평가와 인증을 받은 학교를 말한다. 소위 공사립의 명문학교들이 포함된다.

### ◇ 오답 체크
① 마그넷학교는 음악, 미술, 과학, 컴퓨터, 외국어 등 특정 교과에 집중한 교육과정을 운영을 통해 학생들의 학업성취도와 진학률을 상승시키고자 한 미국의 공립학교이다.
② 협약학교는 교육청과 학교 사이의 협약한 목표 달성을 전제로 정부의 재정지원을 받으면서도, 지만, 교육과정, 교사고용 등 결정권한을 갖고 독자적으로 운영하는 미국의 공립학교이다.
④ 교부금지원학교는 영국의 신자유주의 정부에서 운영되었던 학교로, 지역교육 당국의 관할에서 벗어나 중앙정부로부터 직접 재정지원을 받아 운영되었던 공영형 자율학교이다.

507 ①   508 ③

**509.** 신자유주의 관점에 기초한 교육개혁과 관련성이 가장 적은 것은?

2010년 중등

① 교육복지정책을 확대하려고 한다.
② 교육에 대한 국가 역할을 축소하려고 한다.
③ 공교육 유지를 위한 비용의 한계에서 비롯되었다.
④ 학교 민영화를 통해 비효율적 요소를 개혁하려고 한다.
⑤ 학교 선택권 확대를 통해 교육 경쟁력을 제고하려고 한다.

■ 정답 및 해설

① 신자유주의 관점의 교육개혁에서는 교육에 대한 국가의 규제나 간섭을 최소화하고 자유로운 시장경쟁을 통해 교육서비스의 질을 개선하려는 데 초점을 두고 있다. 따라서 교육복지정책 확대에 대해서는 미온적인 혹은 비판적인 입장을 취한다.

**510.** 학교교육과 관련된 바우처(voucher) 제도에 관한 설명으로 옳은 것을 모두 고른 것은?

2009년 중등

ㄱ. 학교와 학생이 교육성취에 관하여 상호 계약을 맺는다.
ㄴ. 경제학자인 프리드만(M. Friedman)에 의해 주장되기 시작하였다.
ㄷ. 일반 학교에서는 운영하기 어려운 특성화된 교육 프로그램을 제공한다.
ㄹ. 학부모들이 특정 학교를 선택하여 학교에 등록금 대신 쿠폰을 제출하고, 학교는 이 쿠폰을 정부의 지원금과 교환한다.

① ㄱ, ㄴ    ② ㄱ, ㄷ
③ ㄴ, ㄹ    ④ ㄱ, ㄷ, ㄹ    ⑤ ㄴ, ㄷ, ㄹ

■ 정답 및 해설

③ ㄴ. 바우처 제도는 경제학자 프리드만에 의해 주장된 제도로서 국가가 소외계층을 지원하는 방법으로 제안되었다. 바우처 제도는 정부 지원금의 지급 대상을 서비스 공급자가 아니라 서비스 사용자로 변경함으로써 복지서비스 공급자들 간의 경쟁을 유도하고 서비스의 질을 제고할 수 있다고 기대된다.
ㄹ. 바우처 제도는 정부가 지원금을 현금이 아닌 쿠폰(교환권) 형태로 제공하므로, 지원금이 다른 용도로 사용되는 것을 예방하고 본래의 목적에 맞게 사용될 수 있도록 유도한다. 미국에서는 소수인종 밀집지역의 저소득층 학부모들에게 등록금 바우처를 제공하여 자녀들의 학업성취 향상과 사회격차 완화에 정책의 목적을 둔다.

◇ 오답 체크

ㄱ, ㄷ. 협약학교나 마그넷학교와 같은 자율형 학교에 대한 설명이다.

# CHAPTER 06

# 교육과정

1. 교육과정의 이해
2. 교육과정의 유형
3. 교육과정의 개발과 실행
4. 우리나라의 국가 교육과정

# 1. 교육과정의 이해

## 01. 교육과정의 개념

### 출포 160. 교육과정의 개념

기본서 227~228쪽

**511.** 교육과정에 대한 설명으로 옳은 것은?    2014년 국가직 7급
① 잠재적 교육과정에서는 문서 속에 담긴 교육계획이 중요한 의미를 가진다.
② 교육과정을 수업을 통해 실현된 학습경험으로 본다면 교육과정은 학생마다 다를 수 있다.
③ 우리나라의 공식적 교육과정은 국가 수준의 교육과정과 시·도 교육청 수준의 교육과정 편성 및 운영 지침 등 두 수준으로 구성된다.
④ 아이즈너(Eisner)는 영교육과정이 공식적 교육과정에 포함되지 않기 때문에 교육적으로 중요한 의미를 갖지 않는다고 하였다.

■ **정답 및 해설**
② 교육과정을 '실현된 교육과정'으로 본다는 것은 학생들이 실제로 배운 교육과정으로 본다는 의미이다. 학생들마다 개인차가 있으므로 학생들에 의해 학습된 또는 성취된 교육과정은 학생들마다 다를 수 있다.

◇ **오답 체크**
① 공식적 교육과정에 대한 설명이다. 잠재적 교육과정에서는 문서 속에 담긴 교육계획보다는 학교에서 실제로 가르쳐진 교육과정이나 학생들이 학습한 교육과정이 중요한 의미를 갖는다.
③ 우리나라의 공식적 교육과정은 국가 수준의 교육과정과 시·도 교육청 수준의 교육과정 편성 및 운영 지침 이외에도 학교 수준의 교육과정이 포함된다.
④ 아이즈너는 공식적 교육과정에서 의도적으로 배제된 영 교육과정이 교육적으로 중요한 의미를 갖는다고 보았다.

**512.** 실제 교수·학습 활동을 중요한 개념적 요소로 포함하는 교육과정의 정의는?    2006년 유초등
① 교육과정은 의도된 학습 결과이다.
② 교육과정은 교과 혹은 교과목에 담긴 내용이다.
③ 교육과정은 교육활동을 위한 문서화된 계획이다.
④ 교육과정은 학교의 지도 아래 학생이 겪는 경험이다.

---

**암기 POINT**
• 교육과정의 개념

| 차원 | 개념 |
|---|---|
| 계획 | 교육활동에 대한 문서화된 계획<br>(계획된 교육과정) |
| 과정 | 교사가 실제로 가르친 교육과정<br>(가르친 교육과정) |
| 결과 | 학생들이 갖게 된 학습경험의 총체<br>(학습된 교육과정) |

511 ② 512 ④

■ 정답 및 해설

④ 교육과정을 학생들이 학교에서 겪는 경험으로 보는 관점은 실제로 학교에서 이루어지는 교수·학습 활동을 통해 학생들에게 학습된 교육과정을 중요한 개념적 요소로 포함한다.

## 02. 교육과정의 존재형식(차원)

### 출포 161. 교육과정의 존재양태 구분

기본서 228~229쪽

**513.** (가)~(다)에 해당하는 교육과정의 개념을 바르게 짝지은 것은?

2017년 지방직 9급

(가) 교육적 가치가 있는 내용임에도 불구하고 학교교육과정에서 배제하여 가르치지 않았다.
(나) 국가 교육과정과 시·도 교육청 교육과정 편성·운영 지침에 의거해 학교교육과정을 편성하였다.
(다) 학교교육과정에서 계획하거나 의도하지 않았지만, 교육과정이 전개되는 동안 학생들은 바람직하지 못한 가치와 태도도 은연중에 배우게 되었다.

|     | (가) | (나) | (다) |
| --- | --- | --- | --- |
| ① | 잠재적 교육과정 | 공식적 교육과정 | 영 교육과정 |
| ② | 잠재적 교육과정 | 영 교육과정 | 공식적 교육과정 |
| ③ | 영 교육과정 | 잠재적 교육과정 | 공식적 교육과정 |
| ④ | 영 교육과정 | 공식적 교육과정 | 잠재적 교육과정 |

■ 정답 및 해설

④ (가) 가르칠만한 가치가 있는 것임에도 불구하고 공식적인 교육과정에 배제된 교육내용에 대한 설명이므로 영 교육과정에 해당된다.
 (나) 교육기관이나 교사 등에 의해 명시적으로 편성되고 공표된 교육과정에 대한 설명이므로 공식적 교육과정에 해당된다.
 (다) 공식적으로 의도하거나 계획되지 않았으나 학생들이 은연중에 배우게 된 교육내용에 대한 설명이므로 잠재적 교육과정에 해당한다.

암기 POINT

- 교육과정의 존재형식(차원)
  - 공식적(표면적) 교육과정: 교육과정 문서에 표명된 것
  - 잠재적 교육과정: 학교에서 은연중에 배우는 것
  - 영 교육과정: 학교에서 의도적으로 가르치지 않는 것

**514.** 다음 사례와 교육과정 유형을 바르게 짝지은 것은?　2009년 유초등

| | |
|---|---|
| 사례 A | 북한 초등교육기관에서는 의도적으로 종교에 관한 내용을 배제한다. |
| 사례 B | ○○교육청은 입학초기 적응 프로그램인 '우리들은 1학년'을 직접 제작하여 학교에 적용하였다. |
| 사례 C | 학교에서 받아쓰기 시험을 매일 보고 틀린 낱말을 30번씩 적게 했더니 학생들이 국어 공부를 싫어하게 되었다. |

| | 사례 A | 사례 B | 사례 C |
|---|---|---|---|
| ① | 영 교육과정 | 잠재적 교육과정 | 공식적 교육과정 |
| ② | 잠재적 교육과정 | 공식적 교육과정 | 영 교육과정 |
| ③ | 영 교육과정 | 공식적 교육과정 | 잠재적 교육과정 |
| ④ | 잠재적 교육과정 | 영 교육과정 | 공식적 교육과정 |
| ⑤ | 공식적 교육과정 | 영 교육과정 | 잠재적 교육과정 |

■ 정답 및 해설
③ 사례 A는 의도적으로 배제한 내용이므로 '영 교육과정', 사례 B는 교육청 수준에서 계획한 교육과정이므로 '공식적 교육과정', 사례 C는 의도하지 않았으나 학생들이 은연 중에 배운 내용이므로 '잠재적 교육과정'에 해당한다.

## 출포 162. 잠재적 교육과정

🌐 기본서 229~230쪽

**515.** 잠재적 교육과정에 대한 설명으로 옳지 않은 것은?　2023년 국가직 7급
① 공식적 교육과정과 구분되는 개념이다.
② 학교의 물리적 조건, 행정 조직, 사회 심리 상황 등의 환경에 기인한다.
③ 교사가 의도하지 않은 가운데 학생의 지식, 태도, 행동에 큰 영향을 끼친다.
④ 배울 만한 가치가 있음에도 교육과정에서 빠져 있는 교육내용을 가리킨다.

■ 정답 및 해설
④ 배울 만한 가치가 있음에도 교육과정에서 배제되어 있는 내용을 가리키는 개념은 '영 교육과정'이다.

---

**암기 POINT**
• 잠재적 교육과정의 특징

| | |
|---|---|
| 개념 | 교사가 의도하지 않았으나 학생이 은연중에 배우게 되는 것 |
| 교육 내용 | 지식, 태도, 행동 등 (주로 정의적인 측면) |
| 영향 요인 | 학교의 물리적 조건, 행정 조직, 사회심리 상황, 문화풍토 등 |
| 효과 | 긍정적+부정적 효과 장기적, 포괄적 영향 |

514 ③　515 ④

## 516. 다음과 관련된 교육과정은?

2020년 지방직 9급

- 교실풍토의 영향
- 잭슨(Jackson)
- 군집, 상찬, 평가 등이 학생의 삶에 미치는 영향
- 학생에게 무(無)의도적으로 전달되는 교육과정

① 공식적 교육과정  ② 영 교육과정
③ 잠재적 교육과정  ④ 실제적 교육과정

### ■ 정답 및 해설

③ 학생에게 무의도적으로 전달되는 교육과정을 지칭하는 개념이 잠재적 교육과정이다. 잭슨은 아동의 교실생활 연구를 통해 교실풍토의 영향 속에서 아동이 배우게 되는 것으로서 잠재적 교육과정의 개념을 제시하였다. 잭슨은 교사가 의도하지는 않았으나, 학생이 학교생활을 하면서 학교의 규칙, 규정 및 관례에 따라 행동하는 방식, 태도, 감정 등을 배운다고 설명하였다. 구체적으로는, 학생들은 학교의 물리적 조건, 행정 조직, 교사와 학생들 간의 관계, 교실의 문화풍토 속에서 '군집(crowd), 상찬(praise), 권력(power) 속에서 살아가는 방법'을 배운다는 것이다. 그 속에는 교육적으로 바람직한 내용 뿐 아니라, 바람직하지 않은 내용도 포함한다는 점에 유의하여야 한다.

### 기출플러스

- 잭슨의 잠재적 교육과정 연구 (2012년 중등)

학생들은 학교에서 교사의 희망 때문에 자기 자신의 욕망을 억누르고 또 공동선 때문에 자기의 행동을 조심하는 것을 배운다. 그들을 둘러싸고 있는 규칙·규정 및 관례에 따르는 것을 배운다. 그들은 사소한 좌절감을 극복하고, 권위를 가지고 있는 사람의 계획과 정책이 비합리적이고 불분명할지라도 그것에 따르는 것을 배운다. 다른 사회적 기관의 구성원들과 마찬가지로 학생들도 '세상이 다 그런 거야.'라고 말하는 것을 배운다.
– 잭슨, [아동의 교실생활]

## 517. 교실생활의 군집성, 상찬, 권력구조 등이 학생들의 행동과 학습결과에 미치는 영향을 설명하면서, 잠재적 교육과정의 개념을 제시한 인물은?

2017년 국가직 9급

① 잭슨(P. Jackson)  ② 보빗(F. Bobbitt)
③ 프레리(P. Freire)  ④ 위긴스(G. Wiggins)

### ■ 정답 및 해설

① 잭슨은 교실생활의 군집성, 상찬, 권력구조 등이 학생들의 행동과 학습결과에 미치는 영향을 설명하면서 이렇게 학습되는 결과를 잠재적 교육과정이라고 명명하였다. 학생들이 가정에서와 다른 환경인 교실생활 속에서 배우게 내용은 다음과 같다. 먼저, 교실은 많은 학생들이 생활하는 복잡한 장소이므로(군집성), 그 속에서 질서를 지키며 생활하면서 자신의 욕구를 통제해야 한다는 것을 배우게 된다. 또, 학교는 끊임없이 평가가 이루어지고 상과 벌이 부여되는 장소이므로(상찬), 그 속에서 상을 받기 위해 노력하다 보면 학생들은 교사가 중요시하는 가치에 순응하여 행동하는 방식을 배우게 된다. 또 학교는 교사와 학생, 상급생과 하급생으로 다양한 위계질서가 존재하는 공간이므로(권력구조), 그 속에서 생활하다보면 권력자의 요구에 따르는 게 이롭다는 것을 깨닫게 되어 복종과 순종의 습관을 익히게 된다. 이렇게 학습된 잠재적 교육과정은 학생의 학습과 행동에 장기적이고 광범위한 영향을 미치게 된다.

516 ③  517 ①

**518.** 잠재적 교육과정에 대한 설명으로 옳지 않은 것은?  2015년 국가직 7급
① 잠재적 교육과정은 주로 정의적 영역과 관계가 있다.
② 학교 환경과 교육활동을 의도적으로 조직·통제하는 행위와 결과는 포함되지 않는다.
③ 표면적 교육과정과 상호 조화될 때 교육효과는 더욱 높아진다.
④ 학교에서의 상과 벌, 평가, 사회적 관행 등이 잠재적 교육과정을 형성한다.

■ 정답 및 해설
② 잠재적 교육과정은 학교의 물리적 조건, 행정 조직, 사회심리적 상황 학교문화와 풍토뿐만 아니라 교육활동을 의도적으로 조직·통제하는 행위와 결과에 의해서도 영향을 받는다. 예를 들면, 한문 수업시간에 학생들에게 같은 글자를 100번씩 쓰게 하는 교사의 교수행위는 한문을 싫어하는 태도를 유발할 수 있는데, 이러한 공식적 교육과정에 의해 발생하는 부정적 결과도 잠재적 교육과정으로 볼 수 있다.

**519.** 다음 진술문 중 잠재적 교육과정에 해당하는 것은?  2010년 국가직 9급
① 모든 교과나 학문 분야에서 지식의 구조를 중시한다.
② 주로 정의적인 영역이나 학교풍토와 관련된다.
③ 정부나 교사에 의해 의도적으로 조직된다.
④ 교육목표가 구체적으로 설정되고 진술된다.

■ 정답 및 해설
② 잠재적 교육과정은 학생들이 학교생활을 하는 동안 은연중에 배우게 되는 내용으로서, 주로 정의적인 영역에 해당하는 가치와 태도와 관련된다. 잠재적인 교육과정은 학교의 교육방식, 상벌체계, 사회적 관행, 운영방식, 학교문화와 풍토 등에 의해 영향을 받는다.
◇ 오답 체크
①, ③, ④는 공식적 교육과정에 해당하는 설명이다.

**520.** 다음 중 잠재적 교육과정에서 강조하는 사항을 모두 고른 것은?  2008년 중등

ㄱ. 학생들의 교실생활이나 학교의 문화풍토를 중시한다.
ㄴ. 교육과정을 '의도'나 '계획'의 차원에 한정하지 않는다.
ㄷ. 공식적(formal) 교육과정의 부정적 결과에도 관심을 기울인다.
ㄹ. 교육과정은 교사가 해석하여 교육사태에서 재구성하는 것이다.

① ㄱ, ㄹ  ② ㄴ, ㄷ
③ ㄱ, ㄴ, ㄷ  ④ ㄱ, ㄷ, ㄹ

518 ②  519 ②  520 ③

■ 정답 및 해설
③ ㄱ. 잠재적 교육과정은 잭슨의 아동의 교실생활에 대한 연구로부터 제기된 개념으로, 학생들이 생활하는 교실과 학교의 물리적 조건, 행정 조직, 사회심리적 상황 학교문화와 풍토에 의해 영향을 받는다.
ㄴ. 잠재적 교육과정은 학생들이 학교생활을 하는 동안 은연중에 배우게 되는 내용으로서, 교육과정을 학교나 교사가 '의도한' 교육활동의 '계획'으로 보았던 기존의 관점을 확장하여 교육과정이 존재하는 또 하나의 차원을 발견하게 하는 개념이다.
ㄷ. 잠재적 교육과정은 학생들이 학교생활에서 은연중에 배우게 되는 교육내용으로 정의되는데, 공식적 교육과정에 의해 발생하는 부정적 결과도 잠재적 교육과정으로 볼 수 있다.

◇ 오답 체크
ㄹ. 교육과정을 교사에 의해 실제로 실현된(전개된, 가르친) 교육과정으로 보는 관점은 과정으로서의 교육과정을 강조하는 개념이다.


521. 잠재적 교육과정을 설명하는 사례로 가장 적절한 것은?  2006년 중등
① 계발활동에서 문예반을 선택하여 소설을 읽고 현대 소설의 특징을 이해하였다.
② 냉전시대 공산주의 국가에서는 시장 경제 체제의 장점을 제대로 가르치지 않았다.
③ 수업시간에 배운 한자를 30번씩 써 오라는 숙제 때문에 한문을 싫어하게 되었다.
④ 국어시간에 일제 강점기 독립운동에 기여한 문학 작품을 조사하고 각각의 특징을 기술하였다.


■ 정답 및 해설
③ 수업시간에 한자를 배우는 방식으로 인해 은연중에 한문을 싫어하는 태도를 학습하게 되었으므로, 잠재적 교육과정에 해당된다. 이와 같이, 잠재적 교육과정은 학교의 물리적 조건, 행정 조직, 사회심리적 상황 학교문화와 풍토뿐만 아니라 교육활동을 의도적으로 조직·통제하는 행위와 결과에 의해서도 영향을 받는다.

◇ 오답 체크
① 공식적 교육과정, ② 영 교육과정, ④ 공식적 교육과정을 설명하는 사례들이다.

## 출포 163. 영 교육과정

기본서 230쪽

**522.** 다음에 해당하는 교육과정 개념은?   2021년 국가직 9급

> 만약 우리가 학교의 프로그램이 가져오는 결과나, 그런 결과를 초래하는 측면에서 교육과정의 역할에 대하여 관심을 갖는다면, … (중략) … 학교가 가르치지 않는 것에 대하여도 고려할 필요가 있다.

① 공식적 교육과정
② 잠재적 교육과정
③ 영 교육과정
④ 의도된 교육과정

### ■ 정답 및 해설

③ 교육과정을 총체적으로 이해하기 위해서는 교육과정의 여러 존재형식을 이해할 필요가 있다. 그 중에서 학생들에게 가르칠만한 가치가 있으나, 학교의 교육과정에서 가르치지 않는 교육내용을 일컬어 '영 교육과정'이라고 한다.

### 암기 POINT
• 영 교육과정의 특징

| 개념 | 가르칠만한 가치가 있으나, 학교에서 가르치지 않는 내용 |
|---|---|
| 주요 내용 | 실용적인 지식, 심미적인 예술교과, 대중문화, 지배계층의 이해관계에 반하는 내용 |
| 영향 요인 | 학교의 시설, 교구, 교재 부족 등 학교나 교사의 의도적 가치판단 및 이해관계 |

**523.** (가)와 (나)에 해당하는 교육과정 유형을 바르게 짝지은 것은?   2018년 국가직 9급

> (가) 교사가 계획하거나 의식하지 않았음에도 불구하고 학생들의 지식·태도·행동에 영향을 미치는 '교육 실천과 환경' 및 '그 결과'를 의미한다.
> (나) 가르칠 만한 가치가 있음에도 불구하고, 공식적 교육과정이나 수업에서 빠져 있는 교육내용이다.

|   | (가) | (나) |
|---|---|---|
| ① | 실제적 교육과정 | 영 교육과정 |
| ② | 잠재적 교육과정 | 영 교육과정 |
| ③ | 영 교육과정 | 실제적 교육과정 |
| ④ | 영 교육과정 | 잠재적 교육과정 |

### ■ 정답 및 해설

② (가) 공식적으로 의도하거나 계획하지 않았으나 학생들이 은연중에 배우게 된 교육내용에 대한 설명이므로 잠재적 교육과정에 해당한다.
(나) 가르칠만한 가치가 있는 것임에도 불구하고 공식적인 교육과정에 배제된 교육내용에 대한 설명이므로 영 교육과정에 해당된다.

522 ③   523 ②

**524.** 영 교육과정(null curriculum)에 대한 설명으로 옳은 것을 다음에서 고른 것은?

2016년 지방직 9급

ㄱ. 아이즈너(E. Eisner)가 제시한 개념이다.
ㄴ. 교과 지식을 아동의 흥미와 요구에 맞추어 재구성한 것이다.
ㄷ. 학생이 학교생활을 통해 은연중에 가지게 되는 경험의 총화이다.
ㄹ. 교육적 가치가 있음에도 불구하고 학교에서 학생들이 학습할 기회를 갖지 못하는 내용이다.

① ㄱ, ㄷ
② ㄱ, ㄹ
③ ㄴ, ㄷ
④ ㄴ, ㄹ

■ 정답 및 해설

② ㄱ. 영 교육과정은 아이즈너가 그의 저서인 『교육적 상상력』에서 제시한 개념이다. 아이즈너는 학교가 관행적으로 가르쳐 온 전통적인 교과들에는 많은 시간을 배정하는 반면, 학생들에게 매우 유용하다고 입증된 대안적인 교과들은 가르치지 않는 현상을 비판하면서, 영 교육과정의 개념을 제시하였다.

ㄹ. 아이즈너는 영 교육과정을 교육적 가치가 있음에도 불구하고 학교에서 가르치지 않아 학생들이 배울 기회를 갖지 못하는 내용으로 정의한다. 영 교육과정은 소극적인 의미에서는 학교의 교재나 교구, 시설 등 수업환경이 적합하지 않거나 수업시수가 부족하여 가르치지 않는 내용을 의미하지만, 적극적인 의미에서는 학생들이 학습할 기회를 갖지 못하는 교육내용 또는 누군가가 의도적으로 금기(taboo) 시하여 아예 접근할 수 없도록 지워버린(nullified) 교육내용을 의미한다.

◇ 오답 체크

ㄴ. 교과 지식을 아동의 흥미와 요구에 맞추어 재구성한 것은 공식적 교육과정을 교사의 수업계획으로 재구성한 것이다.
ㄷ. 학생이 학교생활을 통해 은연중에 가지게 되는 경험의 총화는 잠재적 교육과정이라고 한다.

**525.** 아이즈너(E. W. Eisner)가 제시한 영 교육과정(Null Curriculum)에 대한 설명으로 옳은 것은?

2014년 국가직 9급

① 공식적 교육과정에서 의도하지 않았으나 학생들이 은연중에 배우게 되는 경험된 교육과정이다.
② 교사가 교실에서 실제로 가르친 교육과정이다.
③ 교육적 가치가 있음에도 불구하고 공식적 교육과정에서 배제된 교육과정이다.
④ 공적 문서 속에 기술되어 있는 교육계획으로서의 교육과정이다.

524 ② 525 ③

■ 정답 및 해설
③ 아이즈너가 제시한 영 교육과정은 교육과정 개발자에 의해 삭제되거나 사회적으로 금기시되어 가르쳐지지 않으나 배울만한 가치가 있는 지식이나 가치, 태도, 기능 등을 지칭하는 개념으로서, 공식적 교육과정으로 존재하지 않는다는 의미에서 영(null) 교육과정이라고 한다.

◇ 오답 체크
① 잠재적 교육과정, ② 실천된(전개된) 교육과정, ④ 공식적 교육과정에 대한 설명이다.

## 526. 다음 내용과 가장 밀접하게 관련된 개념은?  2011년 국가직 7급

○ 의도적으로 배제된 교육내용
○ 대중문화
○ 아이즈너(E.W.Eisner)의 주장

① 잠재적 교육과정　　　　　　② 영 교육과정
③ 묵시적 교육과정　　　　　　④ 재개념주의

**기출플러스**
• 영 교육과정의 개념 (2015년 특채)
학교에서 가르치지 않거나 소홀히 다루는 교육과정을 의미한다. 사례로 기독교의 창조론 등이 있다.

■ 정답 및 해설
② 아이즈너는 공식적 교육과정에서 의도적 배제된 교육내용을 존재한다는 점을 지적하기 위해 영 교육과정이라는 개념을 제시하였다. 예를 들면, 학교의 교육과정에서 클래식 음악만 가르치고 대중문화는 의도적으로 가르치지 않는다면, 대중문화가 바로 영 교육과정인 것이다.

◇ 오답 체크
① 잠재적 교육과정은 교사가 계획하거나 의도하지 않았음에도 불구하고 학생들의 지식·태도·행동에 영향을 미치는 교육적 실천 및 그 결과를 의미한다.
③ 묵시적 교육과정은 잠재적 교육과정과 같은 의미로 사용된다.
④ 아이즈너의 교육과정 이론은 재개념주의 교육과정 이론에 포함되지만 제시된 내용과 가장 밀접하게 관련된 개념은 영 교육과정이다.

## 527. 다음에 제시된 A교사의 생각을 가장 잘 설명해주는 교육과정은?  2003년 유초등

A교사는 평소 학교교육에서 예능 교과가 그 중요성에 비해 소홀히 다루어지고 있다고 생각한다. 지적 기능 못지않게 중요한 감성은 음악이나 미술 교과를 통해서 잘 계발될 수 있으나, 학교에서는 수업시수가 적어 많은 내용이 가르쳐지지 않고 배제되고 있다는 것이다.

526 ②　527 ①

① 영 교육과정  ② 중핵 교육과정
③ 융합 교육과정  ④ 상관 교육과정

■ 정답 및 해설

① 가르칠 만한 중요성을 가진 예능 교과가 학교에서 가르쳐지지 않고 배제되고 있는 상황에서 예능 교과는 영 교육과정이라고 볼 수 있다. 영 교육과정은 일반적으로 교육과정 개발 과정에서 의도적으로 제거되거나 금기시된 교육과정을 지칭하지만, 학교의 수업시간, 교재, 교구, 시설 등의 제약으로 인해 생략되거나 배제된 교육과정을 지칭하기도 한다.

### 기출플러스
- '영 교육과정'의 예시 (2002년 중등)
- 일본의 역사교과서에서 한국 침략 내용을 의도적으로 배제
- 진화론은 가르치나, 성경의 창조론은 배제
- 사회과 교과서에서 사회적 약자에 대한 논의 배제

## 03. 교육과정 연구의 관점

### 출포 164. 교육과정 연구의 패러다임 변화

🌀 기본서 231~232쪽

**528.** 다음의 학자들이 각각 강조하는 교육과정의 주요 관점은?  2007년 유초등

가. 타일러(R. Tyler)  나. 슈왑(J. Schwab)  다. 파이나(W. Pinar)

|   | 가 | 나 | 다 |   | 가 | 나 | 다 |
|---|---|---|---|---|---|---|---|
| ① | 이해 | 개발 | 실제 | ② | 개발 | 실제 | 이해 |
| ③ | 실제 | 개발 | 이해 | ④ | 개발 | 이해 | 실제 |

■ 정답 및 해설

② 가. 타일러는 교육과정 개발의 합리적 모형을 제시한 학자로, 타일러의 모형은 목표 중심 교육과정 개발 모형으로 알려져 있다. 교육과정을 설계할 때 명확한 목표를 설정하고, 이를 바탕으로 교육활동을 조직하며, 그 성과를 평가해야 한다고 주장하였다. 타일러는 1940~60년대에 주로 활동하였다.

나. 슈왑은 타일러의 목표 중심 교육과정을 비판하며, 교육과정을 단순히 사전 계획된 목표에 맞추기보다는 실제 교실에서의 문제 해결을 통해 발전시켜야 한다고 주장하였다. 교육과정 설계는 교사와 학생이 함께 참여하고 수정하는 과정이 되어야 한다는 것이다. 이와 같이 교육과정은 이론적 탐구의 대상이 아니라 실제적 탐구방법을 통해 연구되어야 한다고 주장하였다. 슈왑은 1960~70년대에 활발한 연구 활동을 펼쳤다.

다. 파이나는 재개념주의 이론의 대표적 학자로, 교육과정 개발에 관심을 두기 보다는 교육과정의 복합성을 이해하는 데 관심을 두었다. 파이나는 자서전적 교육과정 (autobiographical curriculum)의 개념을 강조하며, 교육과정은 학습자가 자신의 경험을 바탕으로 자아를 탐구하고 성찰하며 구성해 나가는 것이라고 보았다. 파이나는 1970~80년대에 주로 활동하며, 교육과정의 재개념화 운동을 이끌었다.

### 암기 POINT
- 교육과정 연구의 패러다임

| 구분 | 관점 | 성격 |
|---|---|---|
| 전통주의 | 개발 | 처방적 |
| 개념-경험주의 | 실제 | 서술적 |
| 재개념주의 | 이해 | 탐색적 |

528 ②

**529.** 교육과정에 대한 다음의 연구들을 발표된 순서대로 배열하면?

**2012년 유초등**

ㄱ. 보비트(F. Bobbitt)의 『교육과정(The Curriculum)』: 교육과정 계획 원리가 활동중심으로 제시되어 있으며, 교육과정의 과학화에 기여했다.
ㄴ. 브루너(J. Bruner)의 『교육의 과정(The Process of Education)』: 지식의 구조가 강조되는 학문중심 교육과정의 아이디어가 제시되어 있다.
ㄷ. 슈왑(J. Schwab)의 「실제성: 교육과정을 위한 언어(The Practical: A Language for Curriculum)」: 전통적 교육과정 연구의 정체성 위기를 비판하는 내용이 제시되어 있으며, 실제적 교육과정 탐구 패러다임 형성에 영향을 미쳤다.
ㄹ. 타일러(R. Tyler)의 『교육과정과 수업의 기본 원리(Basic Principles of Curriculum and Instruction)』: 교육과정 개발의 합리적 모형을 제시하여 교육과정 개발 연구 패러다임의 토대를 마련했다.

① ㄱ→ㄷ→ㄴ→ㄹ  ② ㄱ→ㄹ→ㄴ→ㄷ
③ ㄷ→ㄹ→ㄱ→ㄴ  ④ ㄹ→ㄱ→ㄴ→ㄷ
⑤ ㄹ→ㄷ→ㄱ→ㄴ

**암기 POINT**

• 교육과정 연구의 관점

| 관점 | 주요 학자 (키워드) | 주요연구 발표시기 |
|---|---|---|
| 개발 | 보비트(과학) | 1918 |
|  | 타일러(목표) | 1949 |
|  | 브루너(내용) | 1960 |
| 실제 | 슈왑(실제) | 1969 |
|  | 워커(숙의) | 1971 |
| 이해 | 파이너(실존) | 1975 |
|  | 애플(구조) | 1979 |
|  | 아이스너(예술) | 1979 |

■ 정답 및 해설

② ㄱ. 보비트는 교육과정 연구의 기본틀을 제시한 학자로서, 학교교육의 과학적 관리와 사회적 효율성을 추구하는 교육과정을 개발하고자 하였다. 1910~20년대에 활발히 활동한 교육과정학자로서, 보비트의 『교육과정』은 1918년에 발간되었다.
ㄹ. 타일러는 교육과정 연구의 관점 중 '개발' 관점의 연구를 대표하는 학자이다. 교육과정 연구의 가치를 교육과정 개발을 위한 합리적이고 과학적인 방법을 제시하는 데 두었다. 타일러가 주로 활동한 시기는 1940~60년대이며, 타일러의 『교육과정과 수업의 기본 원리』는 1949년에 발간되었다.
ㄴ. 브루너는 학문중심 교육과정 모형을 제시한 학자로서, 타일러와 달리 교육과정 설계에 있어서 목표 보다는 내용의 중요성을 강조하였다. 즉 교과가 속한 학문의 지식의 구조를 중심으로 교육과정을 설계하는 모형을 제시하였다. 1950~70년대에 활발하게 활동한 학자로, 브루너의 『교육의 과정』은 1960년에 발간되었다.
ㄷ. 슈왑은 타일러의 목표 중심 교육과정 개발 관점을 비판하며, 실제적인 탐구의 방법을 적용하는 교육과정 이론을 제시하였다. 1960~70년대에 주로 활동한 학자로, 슈왑의 「실제성: 교육과정을 위한 언어」는 1969년에 발간되었다.

529 ②

## 출포 165. 재개념주의 교육과정 연구

🔵 기본서 231~232쪽

**530.** 미국에서 1970년대부터 시작된 교육과정의 재개념화(reconceptualization)에 대한 옳은 설명은?

2014년 지방직 9급

① 교육과정 설계와 개발을 위한 이론 체계를 제시하였다.
② 과학적 합리주의에 바탕을 둔 교육과정 이론을 개발하였다.
③ 사회과학적 방법을 통한 지식의 구조화를 통해 교육과정 내용을 이론화하였다.
④ 해석학이나 현상학 같은 다양한 방법론을 교육과정 연구에 적용하였다.

### ■ 정답 및 해설

④ 교육과정의 재개념화 운동은 파이너(Pinar) 등이 교육과정을 기존의 개념과 다르게 새롭게 재정의하여야 한다고 주장한 것으로부터 시작한다. 교육과정의 재개념화론자들은 '개발' 패러다임의 행동주의, 과학주의, 기술공학적 접근을 비판하면서, 교육과정 연구가 '이해'의 패러다임으로 전환해야 한다고 주장하였다.

교육과정 재개념화 운동에서는 교육과정을 역사적, 정치적, 인종적, 심미적, 현상학적, 신학적, 제도적 맥락 등 여러 가지 맥락에서 이해될 수 있는 텍스트로 보고, 교육과정 이해를 위한 이론 체계를 제시하였다. 이러한 흐름은 파이너, 애플, 지루, 아이즈너 등에 의해 발전되었으며, 해석학, 현상학, 실존주의, 정치학, 미학, 신학 등의 다양한 방법론을 교육과정 연구에 적용하였다.

### ◇ 오답 체크

①, ② 전통주의 교육과정 연구, ③ 개념-경험주의 교육과정 연구에 대한 설명이다.

---

**암기 POINT**

• 재개념주의 교육과정 연구

| 학자 | 접근방법 |
|---|---|
| 파이너 | 현상학, 해석학, 실존주의적 접근 |
| 애플 | 구조적, 정치적, 비판적 접근 |
| 아이스너 | 예술적, 심미적적, 질적 접근 |

---

**531.** 교육과정 '이해' 패러다임에 대한 설명으로 옳지 않은 것은?

2012년 국가직 7급

① 교육과정의 정치적 독립성과 가치중립성을 강조한다.
② 교육과정 '개발' 패러다임의 행동주의와 과학주의를 비판한다.
③ 교육과정 개선을 위한 처방적 원리보다 교육과정 문제의 복합성에 더 관심을 갖는다.
④ 애플(Apple)의 정치적 텍스트로서의 교육과정 탐구, 아이즈너(Eisner)의 심미적 관점에서의 교육과정 탐구 등을 그 사례로 들 수 있다.

### ■ 정답 및 해설

① 제시된 내용은 '개발' 패러다임에 대한 설명이다. 교육과정 '이해' 패러다임은 교육과정을 역사적, 정치적, 심미적, 현상학적 맥락 등에서 이해하고자 한다. 이들은 교육과정 '개발' 패러다임에 대해 '공학적 합리성'에 근거한 접근으로 '탈정치적이고 탈윤리적' 접근이라고 비판하며, 교육과정을 역사적, 정치적, 사회적 텍스트로 보고 비판적으로 이해하고자 하였다.

530 ④  531 ①

532. '교육과정 재개념화'에 관한 진술로 옳은 것을 다음에서 고르면?

2012년 유초등

ㄱ. 다양한 담론을 활용하여 교육과정을 이해하고자 한다.
ㄴ. 교육과정 연구에서 질적 접근보다는 양적 접근을 중시한다.
ㄷ. 연구의 초점을 교수·학습 과정의 일반적 원리나 모형의 개발에 맞춘다.
ㄹ. 대표적인 학자로는 파이너(W. Pinar), 애플(M. Apple), 아이즈너(E. Eisner) 등을 들 수 있다.

① ㄱ, ㄴ  ② ㄱ, ㄹ
③ ㄴ, ㄷ  ④ ㄴ, ㄹ  ⑤ ㄷ, ㄹ

■ 정답 및 해설

② ㄱ. 교육과정 재개념화 운동에서는 교육과정을 역사적, 정치적, 인종적, 심미적, 현상학적 텍스트로 보고, 다양한 담론을 활용하여 교육과정을 이해하고자 한다.
ㄹ. 파이너는 현상학·해석학·실존주의에 기초하여 인간의 교육체험의 의미를 이해하는 데 초점을 두었다. 애플은 교육과정을 정치적 텍스트로 보고 교육과정에 반영되어 있는 지배 계층의 이데올로기를 분석하는 데 초점을 두었다. 아이즈너는 교육과정을 심미적 텍스트로 보고 질적 연구방법을 통해 학교의 교육과정을 이해하는 데 초점을 두었다.


533. 다음에서 파이너(W. Pinar)에 의하여 1970년대부터 추진되어 온 교육과정 재개념화(reconceptualization)의 특징에 해당되는 사항들로만 묶인 것은?

2007년 중등

ㄱ. 교육과정의 이해보다 개발의 중요성 강조
ㄴ. 기술공학적 교육과정 연구의 필요성 정당화
ㄷ. 개인적 교육체험의 자서전적 서술 방법 도입
ㄹ. 역사적, 정치적, 심미적 텍스트로서의 교육과정 탐구

① ㄱ, ㄴ  ② ㄱ, ㄹ
③ ㄴ, ㄷ  ④ ㄷ, ㄹ

■ 정답 및 해설

④ ㄷ. 파이너는 교육과정을 실존적 텍스트로 이해하는 관점을 제시하며, 개인들이 자신의 삶 속에서 갖는 교육체험을 성찰하고 그 의미를 이해하는 과정을 통해 교육과정을 구성할 수 있다고 보았다. 파이너는 이와 같은 자서전적 서술 방법을 '쿠레레' 방법으로 명명하고 교육과정 연구에 도입하였다.

ㄹ. 교육과정 재개념화 운동에 다양한 관점에서 교육과정을 이해하고자 하는 학자들이 참여하였다. 특히 파이너, 애플, 아이즈너를 중심으로 교육과정을 역사적, 정치적, 심미적 텍스트로서 이해하고 재개념화하고자 하는 학자들이 주축을 이루었다.

◇ 오답 체크

ㄱ. 교육과정의 이해보다 개발을 강조한 것은 보비트, 타일러, 브루너 등의 전통주의적 접근에 의한 교육과정 연구 관점이다.

ㄴ. 전통주의 교육과정 연구자들은 교육과정을 과학적, 체계적, 효율적으로 설계하는 것을 연구목적으로 한다. 특히 교육의 목표, 내용, 평가를 명확하고 체계적으로 계획할 것을 강조하므로, 기술공학적 교육과정 연구의 필요성을 정당화한다.

## 출포 166. 파이너의 교육과정 연구방법론

기본서 232쪽

**534.** 다음 내용과 가장 관련이 깊은 학자는? 2018년 지방직 9급

○ 교육과정이란 교육 속에서 개인들이 갖는 경험의 의미와 성질을 탐구하는 것이다.
○ 교수(teaching)는 학생들이 자신의 경험을 이해하고 해석하는 학습활동에 적극적으로 임할 수 있도록 안내하고 조력해 가는 과정이다.
○ 인간의 내면세계에 보다 가까이 다가가기 위해 학생 자신의 전기적(biographical) 상황에 주목하는 쿠레레(currere) 방법을 제시하였다.

① 보빗(F. Bobbit)  ② 파이너(W. Pinar)
③ 타일러(R. W. Tyler)  ④ 브루너(J. S. Bruner)

■ 정답 및 해설

② 교육과정을 개인들이 삶 속에서 갖는 교육적 경험을 구성하는 것으로 보고, 교육과정 연구를 개인들의 내적 경험의 의미와 성질을 탐구하는 활동으로 개념화한 학자는 파이너이다. 파이너는 교육과정의 재개념화를 주장한 학자로서, 교육과정 연구는 인간의 실존적 해방을 위해 되어야 한다고 주장하였다. 특히 파이너는 교육과정 연구의 새로운 방법으로 인간의 내면세계를 보다 심층적으로 이해하기 위해 현상학적·자서전적 방법을 활용하는 쿠레레 방법을 제시하였다.

◇ 오답 체크

① 보빗은 사회적으로 유능한 성인의 활동영역과 직무를 과학적으로 분석하여 교육과정을 설계하는 원리를 제시함으로써, 교육과정의 과학화에 기여하였다.
③ 타일러는 교육과정 연구의 가치를 교육과정 개발을 위한 합리적이고 과학적인 방법을 제시하는 데 두었다.
④ 브루너는 교육과정 설계에 있어서 교과의 내용을 구성하는 지식의 구조를 중심으로 하여야 한다고 보는 학문중심 교육과정 모형을 제시한 학자이다.

**535.** 다음은 파이너(W. Pinar)의 쿠레레(currere) 방법 4단계이다. (가)와 (나)의 특징을 <보기>에서 고른 것은?  2012년 중등

(가) → (나) → 분석 → 종합

<보기>
ㄱ. 자유연상을 통해 아직 현실화되지 않은 미래의 모습을 상상한다.
ㄴ. 내면의 목소리에 귀를 기울이고, 자기에게 주어진 현재의 의미를 자문한다.
ㄷ. 과거·미래·현재라는 세 장의 사진을 놓고, 이들 간의 복잡한 관계를 탐구한다.
ㄹ. 자신의 실존적 경험을 회상하면서 기억을 확장하고, 과거의 경험을 상세히 묘사한다.

|    | (가) | (나) |    | (가) | (나) |
|----|-----|-----|----|-----|-----|
| ①  | ㄱ  | ㄷ  | ②  | ㄴ  | ㄱ  |
| ③  | ㄴ  | ㄷ  | ④  | ㄹ  | ㄱ  |
| ⑤  | ㄹ  | ㄴ  |    |     |     |

■ 정답 및 해설

④ 파이너는 교육과정을 개인들이 삶 속에서 갖는 교육적 경험을 구성하는 것으로 보고, 교육과정 연구의 방법으로 현상학적·자서전적 방법을 활용하는 쿠레레 방법을 제시하였다. 쿠레레 방법은 회귀, 전진, 분석, 종합의 순으로 이루어진다.

- 회귀 단계(Regression) : 자신의 과거를 성찰하고, 과거 경험이 현재에 어떤 영향을 미치는지 분석한다. [ㄹ] ==> (가)
- 진보 단계(Progression) : 미래의 가능성을 상상하고, 자신의 목표와 비전에 대해 생각한다. [ㄱ] ==> (나)
- 분석 단계(Analysis) : 자신의 과거와 미래를 비판적으로 검토하며, 과거와 미래, 그리고 현재 사이의 상호작용을 분석한다. [ㄷ]
- 종합 단계(Synthesis) : 자신의 모든 경험을 통합하여 자기 자신에 대한 새로운 이해를 형성하며, 자신의 내면의 목소리에 귀를 기울이면서 자신에게 주어진 현재의 삶 속에서 실존적 의미를 탐구한다. [ㄴ]

535 ④

## 2. 교육과정의 유형

### 01. 교과중심 교육과정

**출포 167. 교과중심 교육과정의 특징**

📖 기본서 233쪽

**536.** 교육과정에 대한 설명으로 옳지 않은 것은?   2016년 국가직 7급

① 보비트(Bobbitt)는 성인의 활동영역을 전문적으로 분석하여 교육목표를 설정할 것을 강조하였다.
② 브루너(Bruner)는 지식의 구조를 나선형으로 조직하여 가르칠 것을 제안하였다.
③ 교과중심 교육과정은 교과지식을 통해 사회변화를 위한 비판적 의식을 기를 것을 강조한다.
④ 인간중심 교육과정은 교육을 삶 그 자체로 간주하고 학생의 정서를 중시한다.

■ 정답 및 해설
③ 교과중심 교육과정은 사회변화를 위한 비판적 의식을 기르는 것보다는, 전통적으로 내려오는 가치와 문화의 전수를 교육과정의 핵심으로 본다.

**암기 POINT**
- 교과중심 교육과정

| 교육 목적 | 인류의 문화유산 및 보편적 가치 전수 |
|---|---|
| 교육 내용 | 기초소양, 전통적 교과, 고전, 자유교과 |
| 내용 조직 | 논리적 순서와 체계에 따르는 배열 |
| 조직 형태 | 분과형, 상관형, 융합형, 광역형 |
| 교육 방법 | 교사의 강의와 설명, 반복과 연습 |
| 배경 이론 | 본질주의, 항존주의 형식도야설(일반전이) |

**537.** 다음 (가), (나)의 내용에 부합하는 교육과정 유형을 바르게 짝지은 것은?   2016년 지방직 9급

> (가) 인류가 축적한 문화유산을 체계화한 지식을 중심으로 교육과정을 설계한다. 교육의 주된 목적을 지식의 전수에 두고 있으며, 교사 중심의 강의식 수업을 중시한다.
> (나) 이론적 체계가 갖추어진 지식의 구조를 중심으로 교육과정을 설계한다. 학생의 탐구활동을 통한 발견학습과 지식의 전이를 강조한다.

|   | (가) | (나) |
|---|---|---|
| ① | 인간중심 교육과정 | 학문중심 교육과정 |
| ② | 인간중심 교육과정 | 경험중심 교육과정 |
| ③ | 교과중심 교육과정 | 학문중심 교육과정 |
| ④ | 교과중심 교육과정 | 경험중심 교육과정 |

536 ③   537 ③

■ 정답 및 해설

③ (가) 교과중심 교육과정은 문화유산을 체계화한 지식을 학생에게 전수하는 데 중점을 두고, 교사 중심의 강의식 수업을 주된 교수학습 방법으로 한다.
(나) 학문중심 교육과정은 교과가 기초한 학문의 지식의 구조를 교육과정의 핵심으로 하며, 학생이 스스로 탐구활동을 통해 지식을 발견하도록 돕는 학습을 강조한다.

◇ 오답 체크
①, ② 인간중심 교육과정은 전인적 발달을 도모하는 교육내용을 강조하며, 자신의 삶에 있어서 의미있는 내용을 가르치는 데 중점을 둔다.
②, ④ 경험중심 교육과정은 학생들이 흥미, 능력, 요구에 맞는 교육내용을 강조하며, 실생활에 부딪히는 문제들을 중심으로 교육내용을 구성한다.

### 출포 168. 형식도야이론과 교과중심 교육과정

기본서 233~234쪽

**538.** 형식도야이론에 대한 설명으로 옳지 않은 것은? 2013년 국가직 7급

① 능력심리학에 토대를 두면서, 지각이나 기억 등과 같은 정신능력을 단련시키는 것을 강조한다.
② 마음을 이루는 특정 능력은 적절한 교과나 학습자료를 이용한 계속적인 반복 연습을 통해 발달된다.
③ 20세기 초반에 형식도야이론에 입각한 전통적 교육과정을 거부하는 운동이 다양하게 일어났다.
④ 듀이(J. Dewey)는 형식도야이론을 철학적으로 정당화하였다.

■ 정답 및 해설

④ 형식도야이론은 도야적 가치가 높은 교과를 통해 일반 정신능력을 기르는 데 중점을 두며, 이렇게 길러진 정신능력이 어떤 상황에서나 전이될 수 있다고 보았다. 반면, 듀이는 프래그머티즘 철학의 입장에서, 지식이 경험을 통해 형성되며, 구체적인 상황 속에서 사용될 때만 유의미하다고 보았다. 구체적인 맥락이 제공되지 않은 채로 단순히 정신능력을 훈련시키는 것은 실제적인 문제 해결에서 효과적이지 않다고 비판하였다. 학습의 전이에 있어서도 특정한 상황에서 학습된 지식이나 능력은 유사한 맥락에서만 전이될 수 있으며, 맥락이 다르면 전이가 이루어지지 않는다고 주장하면서 형식도야이론이 주장한 일반도야설을 비판하였다. 이와 같이, 듀이는 형식도야이론을 철학적으로 비판하였다.

538 ④

### 539. 다음의 교육과정 관점에 대한 설명으로 옳지 않은 것은? `2011년 중등`

> 인간의 정신은 몇 개의 능력들(faculties)로 이루어져 있고, 이 능력들을 단련하는 데에는 거기에 적합한 교과가 있다. 교과 교육에서 무엇을 기억하고 추리하느냐가 중요한 것이 아니고, 기억되고 추리되는 내용이 무엇이든지 간에 그것을 기억하고 추리한다는 점이 중요하다. 따라서 교과는 인간의 정신을 도야하는 가치에 따라 그 중요성이 결정되며, 정신능력들을 도야하는 데 적합한 교과들을 학교에서 가르쳐야 한다.

① 교과 학습에서 흥미가 없는 교과라도 학습자의 노력이 중시된다.
② 교과 내용의 가치를 개인 생활의 의미와 사회적 유용성에서 찾는다.
③ 교과의 중요성은 구체적인 내용에 있기보다는 내용을 담는 형식에 있다.
④ 능력심리학에 근거하여 심근(心筋) 단련을 위한 수단으로 교과를 강조한다.
⑤ 교과를 가르치는 방법으로 훈련과 반복을 강조하고 일반적 전이를 가정한다.

■ 정답 및 해설

② 인간의 정신은 지각, 기억, 상상, 추리, 감정, 의지 등 몇 가지 능력들로 구성되어 있다고 보는 이론은 능력심리학이다. 능력심리학을 바탕으로 이러한 정신능력들을 단련하면 다루는 내용에 상관없이 어떤 상황에도 일반적으로 전이될 수 있다고 보는 이론이 형식도야론이다. 이러한 이론들을 바탕을 학교는 이러한 정신능력들을 단련(도야)하는 데 적합한 교과를 가르쳐야 한다고 보는 관점은 교과중심 교육과정 관점이다. 교과중심 교육과정에서는 도야적 가치가 높은 교과를 가르쳐야 하며, 학생들이 아무리 어려워하더라도 훈련과 반복을 통해 가르쳐야 한다고 본다.
한편, 교과 내용의 가치를 개인 생활의 의미와 사회적 유용성에서 찾는 관점은 경험중심 교육과정관이다.

**기출플러스**

• 형식도야론 관련 개념 (2008년 유초등)

인간의 마음은 지각, 기억, 상상, 추리, 감정, 의지 등의 이름으로 불리는 여러 가지 부소능력(部所能力)들로 이루어져 있으며, 이것들은 우리 몸의 근육과 마찬가지로 훈련에 의하여 발달될 수 있다. 고전어나 수학 등과 같은 교과는 이와 같은 부소능력, 곧 마음의 근육을 단련하는 지적 훈련에 적합한 내용으로 구성되어 있다.

• 형식도야(formal discipline) (○)
• 능력심리학(faculty psychology) (○)
• 훈련의 전이(transfer of training) (○)
• 지식의 형식(forms of knowledge) (×)

### 540. 다음의 형식도야론(Formal Discipline Theory)에 관한 설명 중 옳은 것끼리 묶인 것은? `2005년 중등`

> ㄱ. 실용적 기능에 의하여 교과의 가치가 판단된다.
> ㄴ. 과학적 심리학의 출현으로 그 타당성이 입증되었다.
> ㄷ. 능력심리학(faculty psychology)에 이론적 기반을 둔다.
> ㄹ. 재미없고 어려운 교과를 힘들여 공부하는 이유를 정당화한다.

① ㄱ, ㄴ
② ㄱ, ㄹ
③ ㄴ, ㄷ
④ ㄷ, ㄹ

539 ② 540 ④

■ 정답 및 해설

④ ㄷ. 형식도야론은 능력심리학에 이론적 기반을 두고 있으며, 인간의 정신을 구성하는 일반적인 능력들을 훈련을 통해 단련할 수 있다고 본다.
ㄹ. 형식도야론에서는 학교에서는 인간의 정신을 구성하는 일반적인 능력들을 도야하는 데 효과적인 교과들을 가르쳐야 한다고 주장하였다. 형식도야론은 아무리 재미없고 어려운 교과라할지라도 어떤 상황에서나 일반적으로 사용될 수 있는 정신능력에 대한 도야적 가치가 높기 때문에 공부해야 한다는 식으로 정당화한다.

◇ 오답 체크
ㄱ. 형식도야론에서 교과의 가치는 교과의 실용적 가치에 의해서가 아니라, 일반 정신능력들의 도야적 기능에 따라 판단되어야 한다고 주장한다.
ㄴ. 형식도야론은 과학적 심리학이 출현하면서 그 타당성이 훼손되었다. 예를 들면, 쏜다이크는 특정 교과를 통해서 도야된 정신능력이 일반적인 사태에 잘 전이가 되지 않으며, 특정한 교과가 다른 교과에 비해 도야적 가치가 높다는 사실도 입증되지 않는다는 점을 지적하였다.

## 02. 경험중심 교육과정

**출포 169. 경험중심 교육과정의 특징**                    C

🌐 기본서 234~236쪽

**541.** 다음에 해당하는 교육과정 관점은?        2016년 국가직 9급

> ○ 교사가 아니라 학생 중심의 수업을 강조한다.
> ○ 교육내용을 학생과 환경 간의 상호작용이라는 측면에서 이해한다.
> ○ 교육과정은 사전에 계획되는 것이 아니라 교육의 과정에서 생성되는 것으로 본다.

① 경험중심 교육과정      ② 교과중심 교육과정
③ 학문중심 교육과정      ④ 행동주의 교육과정

### 암기 POINT
• 경험중심 교육과정

| 교육 목적 | 경험을 통한 학습, 성장, 생활적응 교육 |
|---|---|
| 교육 내용 | 아동의 삶과 관련된 경험, 실제적 문제 |
| 내용 조직 | 아동의 흥미, 능력, 요구에 따른 심리적 배열 |
| 조직 형태 | 활동형, 생활형, 중핵형, 생성형 교육과정 |
| 교육 방법 | 학생 주도의 문제해결학습, 프로젝트법 |
| 배경 이론 | 진보주의, 듀이, 프래그머티즘, 동일요소설 |

541 ①

■ 정답 및 해설

① 경험중심 교육과정에서는 학생이 자신의 삶과 관련된 다양한 경험들을 통해 교과를 학습하는 교육과정을 말한다. 따라서 교육활동의 중심에는 교사가 아닌 학생이 있어야 하며, 학생의 능동적 활동을 중심으로 전개되어야 한다고 본다. 교육과정은 사전에 미리 계획되는 것이 아니라 교사, 학생, 환경이 상호작용하는 과정에서 생성되는 것으로 이해된다.

**542.** 경험중심 교육과정에 대한 설명으로 가장 옳은 것은? 2015년 지방직 9급

① 사전에 계획된 조직적이고 계통적인 수업을 선호한다.
② 학문의 핵심적인 아이디어 또는 기본 원리 및 개념을 중시한다.
③ 문화유산 가운데 영구적이고 객관적인 사실, 개념, 법칙을 강조한다.
④ 학생의 실생활 내용을 주로 다루며, 학생 흥미 위주의 수업을 지향한다.

■ 정답 및 해설
④ 경험중심 교육과정에서는 학생들이 관심과 흥미를 가지고 교육적 상호작용에 참여할 수 있도록 학생의 실생활 내용을 주로 다루며, 흥미 위주의 수업을 지향한다.

◇ 오답 체크
①, ③ 교과중심 교육과정에 대한 설명이다.
② 학문중심 교육과정에 대한 설명이다.


**543.** 교육과정 유형에 대한 설명으로 옳은 것만을 모두 고른 것은?

2011년 서울시 9급

ㄱ. 교과 중심 교육과정은 학생들에게 일률적인 교재를 제공한다.
ㄴ. 경험 중심 교육과정은 생활인의 육성을 목표로 한다.
ㄷ. 인간 중심 교육과정은 학교의 지도하에 학생들이 가지게 되는 모든 경험을 교육과정으로 본다.
ㄹ. 학문 중심 교육과정은 직관 통찰적 사고보다 논리 분석적 사고를 더욱 중시한다.

① ㄱ, ㄴ
② ㄴ, ㄷ
③ ㄷ, ㄹ
④ ㄱ, ㄹ

■ 정답 및 해설
① ㄱ. 교과 중심 교육과정은 교과의 지식을 체계적으로 전달하는 데 중점을 두는 교육과정으로, 교과지식은 보편적으로 합의된 것이므로 모든 학생에게 동일한 교재를 적용하고자 한다.
ㄴ. 경험 중심 교육과정에서는 학생들이 자신이 처한 실제적 삶의 문제를 해결할 수 있는 능력을 길러 자신의 삶에 효과적으로 적응할 수 있는 생활인으로 육성하고자 하는 목표를 가진다. 특히 생활적응 교육의 형태에서 두드러진 목표이다.

◇ 오답 체크
ㄷ. 학교의 지도하에 학생들이 가지게 되는 모든 경험을 교육과정으로 보는 관점은 경험 중심 교육과정이다. 인간 중심 교육과정은 학교가 의도하였던 의도하지 않았건 간에 학생들이 삶의 과정 속에서 가지게 되는 모든 경험을 교육과정으로 본다.

암기 POINT
• 교육과정의 개념 이해

| 유형별 | 교육과정의 개념 |
|---|---|
| 교과중심 교육과정 | 학교에서 가르치고자 하는 교과과정 |
| 경험중심 교육과정 | 학교의 지도하에 갖게 되는 모든 경험 |
| 학문중심 교육과정 | 교과 속에 담긴 '지식의 구조' |
| 인간중심 교육과정 | 학생의 삶에서 갖게 되는 모든 경험 |

542 ④  543 ①

ㄹ. 학문중심 교육과정에서는 학생들이 스스로 탐구하고 발견하는 과정을 중시한다. 이 과정에서 직관 통찰적 사고와 논리 분석적 사고는 모두 중시된다. 직관 통찰적 사고는 새로운 문제 상황에서 학생들이 갑작스럽게 핵심 원리나 해결 방법을 떠올리게 되는 사고이며, 논리 분석적 사고는 학문의 기본 개념과 원리를 논리적으로 분석하고 이를 토대로 지식을 체계화하는 사고이다.

**544.** 다음의 진술문에 가장 부합하는 교육과정 사조 또는 이론은? 2007년 중등

> 학교의 교과는 이론적, 학문적 지식 위주로 되어 있으며, 실제적 문제를 해결하는 데 별로 도움이 되지 않는다. 그러므로 그러한 학교의 교과는 별로 쓸모가 없다.

① 자유교육(liberal education)
② 논리실증주의(logical positivism)
③ 나선형 교육과정(spiral curriculum)
④ 생활적응교육(life adjustment education)

■ 정답 및 해설
④ 제시문의 내용은 학교의 교과를 이론적 지식 보다는 실제적 문제를 해결하는 데 도움이 되는 지식 위주로 구성해야 한다는 주장이다. 이는 경험중심 교육과정에서 주장하는 바이며, 특히 경험중심 교육과정의 한 형태인 생활적응교육에서 강조하는 관점이다. 생활적응교육은 '인간이 살면서 직면하게 될 문제들에 대한 적응을 위한 교육'을 지향하는 교육과정을 말한다.

◇ 오답 체크
① 자유교육은 지식 그 자체를 탐구함으로써 인간의 사고를 발달시키는 데 목적을 두는 교육이다. 자유교육에서는 직업을 준비하거나 실용적인 목적을 위해 행해지는 것은 올바른 교육이 아니라고 보았다.
② 논리실증주의는 20세기 초에 등장한 철학적 흐름으로, 체계적 논리와 경험적 검증을 통해서만 의미 있는 지식을 발견할 수 있다고 주장하는 철학이다.
③ 나선형 교육과정은 브루너가 제안한 교육과정으로, 교과의 핵심 개념과 원리를 학생의 발달단계에 맞게 수준을 달리하여 심화·반복적으로 제시하는 교육과정이다.

544 ④

## 출포 170. 중핵 교육과정

🌀 기본서 236쪽

**545.** 김 교사가 동료교사들과 개발한 교육과정의 유형으로 가장 적절한 것은?

2013년 중등

> 사회과 김 교사는 남대천이 흐르는 도시의 어느 중학교에서 근무하고 있다. 김 교사, 주민, 그리고 학생들은 지역사회의 가장 큰 문제가 남대천의 잦은 범람이라는 데 생각을 같이하고 있다. 김 교사는 과학과, 기술·가정과 교사와 협력하여 '남대천의 범람'을 주제로 한 교육과정을 개발하여 '창의적 체험활동' 시간에 운영하기로 하였다. 김 교사는 남대천의 범람 원인과 지역사회의 피해 정도를 세부 주제로 그 교육과정 전체의 핵심이 되는 한 개의 과정을 설계하였다. 그리고 과학과와 기술·가정과 교사는 지구 온난화가 환경에 미치는 영향, 범람을 막기 위해 실천 가능한 방안과 소요 비용 산출, 방안 실천 시 기술·과학적 고려사항 등을 세부 주제로 '주변 과정' 5가지를 설계하였다.

① 분과 교육과정
② 생성 교육과정
③ 중핵 교육과정
④ 나선형 교육과정
⑤ 잠재적 교육과정

### ■ 정답 및 해설

③ 제시문에서 김 교사는 학생들이 거주하는 지역의 하천인 '남대천의 범람'이라는 주제를 중심으로 교육과정 전체의 '핵심'이 되는 과정을 설계하고, 이와 관련된 세부 주제를 다루는 '주변 과정'을 설계하였다. 중심 과정과 이와 관련된 주변 과정이 동심원적으로 결합되어 전체 교육과정을 이루게 된다. 이와 같이 학생들의 삶에 의미있는 주제나 문제를 중심으로 교육과정의 중핵(핵심, core)을 설정하고, 이것을 중심으로 다양한 교과들을 통합하는 교육과정을 '중핵 교육과정'이라고 한다.

### ◇ 오답 체크

① 분과 교육과정은 교과중심 교육과정의 조직형태의 하나로, 각 교과를 독립적으로 분리하여 구성하는 방식의 교육과정을 의미한다. 교과 간 경계를 분명하게 구분하고 교과의 논리에 맞게 가르쳐 교과지식을 체계적으로 전달할 것을 강조한다.
② 생성 교육과정은 경험중심 교육과정의 조직형태의 하나로, 사전에 구체적으로 계획된 목표나 내용 없이, 수업의 과정에서 학생들의 흥미와 요구에 따라 유연하게 구성하는 교육과정을 말한다. 교육현장에서 학습자들이 활동하고자 하는 것을 교사가 파악하여 그 자리에서 직접 교육과정을 구성하여 가르치는 방식이다. 주로 유치원 및 초등 저학년에서 활용된다.
④ 나선형 교육과정은 학문중심 교육과정의 조직형태의 하나로, 교과의 핵심 개념과 원리를 학생의 발달단계에 맞게 수준을 달리하여 심화·반복적으로 제시하는 교육과정을 말한다.

---

### 더 알아두기
• 경험중심 교육과정의 유형

| | |
|---|---|
| 활동형 교육과정 | 학생들의 능동적 활동을 중심으로 구성 (예. 실습, 놀이, 탐구, 프로젝트 등) |
| 생활형 교육과정 | 학생들이 자주 접하는 실생활 문제를 중심으로 구성 (예. 가정경제, 인간관계, 건강관리 등) |
| 중핵형 교육과정 | 학생들의 삶과 관련된 주제나 문제를 교육과정의 중핵으로 설정하고, 이를 중심으로 여러 교과를 결합하여 주변과정을 구성 (예. 환경을 중심 주제로 한 통합수업) |
| 생성형 교육과정 | 사전에 계획된 목표나 내용 없이, 수업의 과정에서 학생들의 흥미와 요구에 따라 유연하게 구성하는 교육과정 |

### 더 알아두기
• 경험중심 교육과정의 유형

| | |
|---|---|
| 분과형 | 개별 교과를 독립적으로 분리하여 구성 |
| 상관형 | 둘 이상의 교과가 독립성을 유지하면서도, 서로 연관성을 맺도록 구성 |
| 광역형 | 관련 교과들을 넓은 범주에서 하나의 교과로 묶는 방식 (예. 통합사회) |
| 융합형 | 여러 교과의 경계를 완전히 없애고, 하나의 주제 또는 문제를 중심으로 통합적 학습하도록 구성 |

545 ③

**546.** 중핵 교육과정(core curriculum)의 특징을 가장 잘 나타낸 것은?

2008년 중등

① 두 교과 간 내용의 상호 관련성이 약화된다.
② 개별 교과의 기본 논리 혹은 구조를 파악하기에 용이하다.
③ 특정 주제를 중심으로 여러 교과의 내용을 결합할 수 있다.
④ 개별 교과의 특성을 유지하면서 내용을 체계적으로 조직할 수 있다.

■ **정답 및 해설**
③ 중핵 교육과정은 경험중심 교육과정의 조직형태의 하나로, 학생들의 삶에 의미있는 주제나 문제를 중심으로 교육과정의 중핵(핵심, core)을 설정하고, 이것을 중심으로 다양한 교과들을 통합하는 교육과정을 말한다. 교육과정 전체의 중핵이 되는 '중심 과정'과 이와 관련된 세부 주제를 다루는 '주변 과정'이 동심원적으로 결합되어 전체적으로 통합된 교육과정을 이루게 된다.

◇ **오답 체크**
① 중핵 교육과정에서 교과 간 내용의 상호관련성은 더욱 강화된다.
② 중핵 교육과정은 교육과정을 통합적으로 구성하기 때문에, 개별 교과의 기본 논리나 구조를 파악하기 어렵다.
④ 교과중심 교육과정에 해당하는 분과형 교육과정에 대한 설명이다.

**547.** '생성(emerging) 교육과정'의 특징을 가장 잘 설명한 것은?

2008년 유초등

① 학교에서 사회의 직업적 수요와 기업의 주문에 따라 제작하는 교육과정
② 학생의 요구를 중심으로 교사와 학생이 협력하여 구성하고 실천하는 교육과정
③ 교사가 유기체의 탄생, 성장, 성숙, 쇠퇴, 소멸의 주기에 따라 개발하는 교육과정
④ 국가에서 정치 이데올로기를 학생들의 의식 속에 내면화시키기 위해 수립하는 교육과정

■ **정답 및 해설**
② 생성 교육과정이란 교사와 학생이 상호작용하는 과정 속에서 함께 만들어 가는 교육과정을 말한다. 교육현장에서 학습자들의 요구를 교사가 파악하여 교사와 학생이 협력하여 구성하고 실천하는 교육과정을 말한다. 경험중심 교육과정의 한 형태로서, 교육과정은 사전에 계획되는 것이 아니라 교육의 과정에 생성되는 것이라는 관점에 바탕을 두고 있다.

546 ③  547 ②

# 03. 학문중심 교육과정

## 출포 171. 학문중심 교육과정의 특징

> 기본서 237쪽

**548.** 학문중심 교육과정에 대한 설명으로 옳지 않은 것은? `2023년 지방직 9급`
① 경험을 통한 생활적응학습을 강조한다.
② 지식의 구조를 중요시한다.
③ 나선형 교육과정으로 내용을 조직한다.
④ 발견학습을 강조한다.

### ■ 정답 및 해설
① 경험을 통한 생활적응학습을 강조하는 것은 경험중심 교육과정이다. 생활적응교육은 인간이 살면서 직면하게 될 문제들에 대한 적응을 위한 교육으로, 중등학교 이후의 삶의 준비, 직업준비, 부모 역할 이해하기, 여가활동 등을 교육과정의 영역으로 포함하였다. 교육의 반지성주의 경향이라는 비판을 받으며, 이후 학문중심 교육과정으로 빠르게 대체되었다.

### ◇ 오답 체크
② 학문중심 교육과정은 부르너가 주장한 교육과정 유형으로서, 교과가 속한 학문의 고유하고 핵심적인 아이디어, 개념, 원리, 법칙으로 구성된 '지식의 구조'를 중심으로 교육내용을 구성하여야 한다고 주장한다.
③ 학문중심 교육과정에서는 교과의 핵심 개념과 원리를 학생의 발달단계에 맞게 수준을 달리하여 심화·반복적으로 제시하는 나선형 교육과정의 형태로 교육내용을 조직하여야 한다고 주장한다.
④ 브루너는 지식의 구조를 가르치기 위해서 교사가 일방적으로 설명하는 강의식 수업은 적절하지 않다고 지적한다. 학습의 과정은 학자들이 지식을 발견하는 과정과 같이, 학생들 스스로 탐구하고 문제를 해결하면서 지식을 발견해 나가는 방식이어야 하며, 이것을 발견학습이라고 하였다.

**549.** 다음 설명에 해당하는 교육과정은? `2022년 국가직 7급`

> ○ 교과가 속한 학문의 고유한 구조를 강조한다.
> ○ 교과를 구성하는 기본개념 및 법칙과 원리를 중시한다.
> ○ 지식을 탐구하고 발견하는 교육방법을 활용한다.

① 학문중심 교육과정　　② 인간중심 교육과정
③ 경험중심 교육과정　　④ 사회중심 교육과정

### 암기 POINT
• 학문중심 교육과정

| 교육 목적 | 지식의 구조 이해, 지식 탐구 능력 개발 |
|---|---|
| 교육 내용 | 지식의 구조(교과의 고유한 개념과 원리) |
| 내용 조직 | 나선형 교육과정(핵심 내용을 학년별로 심화·반복하여 제시) |
| 교육 방법 | 발견학습, 탐구수업, 학습자 중심 |
| 배경 이론 | 본질주의, 구조주의 일반화설(동일원리설) 형태이조설 |

548 ① 549 ①

■ 정답 및 해설

① 교과가 속한 학문의 고유하고 핵심적인 아이디어, 개념, 원리, 법칙으로 구성된 '지식의 구조'를 중심으로 교육과정을 구성하며, 학생들이 직접 탐구를 통해 지식을 발견하는 교육방법을 중시하는 교육과정은 학문중심 교육과정이다.

**기출플러스**

- 학문중심 교육과정 (2013년 지방직 9급)
  - 교육목표를 자아실현에 두며, 잠재적 교육과정을 중시한다. (×)
  - 인류의 위대한 문화유산을 교육내용을 삼아 학습자에게 효과적으로 전달한다. (×)
  - 교육과정을 나선형으로 구성하여 교과에 담긴 핵심 개념이나 기본원리를 학생들의 사고방식에 알맞게 가르친다. (○)
  - 교과지식을 체계적으로 조직해 놓은 지식의 구조를 중시한다. (○)

**550.** 교육과정 유형에 대한 설명으로 옳지 않은 것은?  2022년 국가직 9급

① 경험중심 교육과정은 아동의 성장과 발달에 목적을 둔다.
② 교과중심 교육과정은 교사 중심의 설명식 교수법을 요구하는 경우가 많다.
③ 학문중심 교육과정은 전통적으로 내려오는 가치와 문화의 전수를 교육과정의 핵심으로 본다.
④ 인간중심 교육과정은 개인적 의미의 중요성을 강조하고 전인적 발달을 추구함으로써 학습자의 자아실현을 돕는다.

■ 정답 및 해설

③ 전통적으로 내려오는 가치와 문화의 전수를 교육과정의 핵심으로 보는 것은 교과중심 교육과정이다. 이와 달리, 학문중심 교육과정은 교과가 속한 학문의 핵심적인 아이디어, 개념, 법칙 등을 체계화한 지식의 구조를 가르칠 것을 교육과정의 핵심으로 한다.

**551.** 학문중심 교육과정의 기본관점에 대한 설명으로 옳은 것은?

2012년 국가직 9급

① 교과내용을 미리 선정하거나 조직하지 않고 학습의 장에서 결정한다.
② 교과의 목적은 사회의 재구조화를 위한 비판적 시민을 양성하는 데 있다.
③ 핵심적인 아이디어 또는 기본적인 원리 및 개념을 중시한다.
④ 교육과정의 효율성을 위하여 체계적이고 과학적인 방법론을 적용한다.

■ 정답 및 해설

③ 학문중심 교육과정은 교과가 속한 학문의 핵심적인 아이디어, 개념, 법칙 등을 체계화한 지식의 구조를 가르칠 것을 강조한다.

◇ 오답 체크

① 교과내용을 사전에 미리 계획하지 않고 학습의 장에서 교사와 학생이 협력적으로 구성하고 실천하여야 한다고 보는 생성 교육과정에서 대한 설명이다. 넓게 보면 경험중심 교육과정에 대한 설명이다.
② 학문중심 교육과정에서 교과의 목적은 교과가 속한 학문의 지식의 구조를 학습하며, 이를 발견할 수 있는 탐구능력을 개발하는 데 있다. 교과의 목적을 사회의 재구조화를 위한 비판적 시민 양성에 두는 것은 재건주의 교육철학에 해당한다.
④ 사회적 효율성을 위해 유능한 시민의 양성을 교육의 목적으로 두고, 교육과정 설계를 위해 과학적인 방법론을 적용한 보비트의 교육과정 이론에 대한 설명이다.

550 ③  551 ③

## 552. 다음의 내용을 강조하는 교육과정은?

2008년 국가직 7급

- 지식의 구조 중시
- 교과내용의 종적 계열성 중시
- 내적 보상에 의한 학습동기 유발
- 기본 원리 및 개념 중시

① 교과중심 교육과정  ② 경험중심 교육과정
③ 학문중심 교육과정  ④ 인간중심 교육과정

■ 정답 및 해설

③ 지식의 구조를 중심으로 교육과정을 구성하고 종적 계열성을 교육과정 조직의 원리로 강조하는 교육과정은 학문중심 교육과정이다. 학문중심 교육과정은 교과의 핵심적인 개념과 원리를 중심으로 교육과정을 설계하며, 학생들이 발견과 탐구를 통해 지식의 구조를 학습할 수 있게 하는 데 중점을 둔다.

### 기출플러스

- 학문중심 교육과정 (2015년 특채)
  - 지식의 구조 (O)
  - 발견학습 (O)
  - 나선형 조직 원리 (O)
  - 체계적인 교과지식 전달 (×)

## 553. 다음 내용 중 옳은 것을 모두 묶으면?

2008년 국가직 9급

ㄱ. 학문중심 교육과정은 지식의 구조를 교육과정의 핵심개념으로 보았다.
ㄴ. 잠재적 교육과정은 학교가 교육목표를 달성하는 과정에서 발생하는 모든 경험을 말한다.
ㄷ. 나선형 교육과정은 학문의 공통된 내용을 수준을 달리하여 반복적으로 학습하는 것과 관련 있다.
ㄹ. 경험중심 교육과정은 교과중심 교육과정을 비판하는 가운데 나온 것이다.
ㅁ. 학습 경험을 조직하기 위해 계속성, 계열성, 통합성의 원리를 고려해야 한다.

① ㄱ, ㄴ, ㄷ, ㄹ, ㅁ  ② ㄱ, ㄷ, ㄹ, ㅁ
③ ㄱ, ㄴ, ㄹ  ④ ㄴ, ㄷ, ㅁ

■ 정답 및 해설

◇ 오답 체크

ㄴ. 잠재적 교육과정은 교사가 계획하거나 의도하지 않았음에도 불구하고 학생들의 지식·태도·행동에 영향을 미치는 교육적 실천 및 그 결과를 의미한다.
학교가 교육목표를 달성하는 과정에서 발생하는 모든 경험을 교육과정으로 보는 관점은 경험중심 교육과정에 해당한다.

552 ③  553 ②

**강서연 교육학**

**기출플러스**

- 학문중심 교육과정 (2006년 중등)
  - 과학교과에서는 초등학교에서 배운 광합성의 원리를 중등학교에서도 심화·반복한다.
  - 경제 단원에서 자원의 희소성, 수요와 공급 등의 기본 개념과 원리를 교과 구조 속에서 강조한다.
  - 교사가 결과적 지식을 먼저 제시하기보다 학생들로 하여금 탐구과정을 통해 일반화된 원리를 발견하게 한다.

**554.** 다음과 같이 비판받고 있는 교육과정 유형은?  ―2004년 유초등

○ 사회가 당면한 문제나 학생이 흥미를 갖는 주제에 관심이 적다.
○ 교육과정 개발에서 교사의 실천적 지식을 잘 반영하고 있지 않다.
○ 학년이 올라감에 따라 동일 주제가 심화 확대되면서 교과 내용이 지나치게 어려워질 가능성이 있다.

① 인간중심 교육과정
② 학문중심 교육과정
③ 경험중심 교육과정
④ 공학중심 교육과정

■ 정답 및 해설

② 학문중심 교육과정은 교과를 구성하는 지식의 구조를 중심으로 교육과정을 구성하므로 사회의 당면 문제나 아동의 흥미에는 관심이 적다. 교육과정 개발은 교과내용 전문가를 중심으로 이루어지므로 교사의 실천적 지식을 잘 반영하고 있지 않다. 학문중심 교육과정의 나선형 교육과정은 동일 주제를 반복하면서 심화·확대하는 구조인데 학년이 올라갈수록 점차로 내용이 어려워지는 경향이 있다.

## 출포 172. 브루너의 교육과정 이론

기본서 237~238쪽

**555.** 브루너(J. S. Bruner)의 '지식의 구조'에 대한 설명으로 옳지 않은 것은?  ―2019년 지방직 9급

① 경험중심 교육과정의 핵심적인 원리이다.
② 특정 학문에서의 학문 현상을 이해하기 위한 개념적 수단이다.
③ 학문에 내재해 있는 기본적인 아이디어나 개념들을 구조화한 것이다.
④ 배운 내용을 사태에 적용하기 쉽고 위계적인 지식 사이의 간격을 좁힐 수 있게 해준다.

■ 정답 및 해설

① 브루너의 '지식의 구조'는 학문중심 교육과정의 핵심적인 원리이다. 학문중심 교육과정을 학생들이 지식의 구조를 이해하여, 스스로 문제를 탐구하여 지식을 발견할 수 있는 능력을 기르게 하는 데 중점을 둔다.

554 ②　555 ①

556. 다음과 같은 교육과정의 관점을 반영하여 교육내용을 가장 적절하게 조직하는 방법은?
2011년 중등

> 어떤 교과든지 그 교과를 특징적으로 교과답게 해 주는 골간(骨幹)으로서 구조가 있다. 교과의 구조란 각 교과가 모태로 삼고 있는 학문 분야의 기본적인 아이디어나 개념 및 원리를 말한다. 이러한 구조는 기본적이고 일반적이므로 단순하다. 그래서 어린 나이에도 지식의 구조 학습이 가능하며 나아가서는 새로운 문제에 대한 적용 범위도 넓다. 그리고 구조 학습을 통해 초보 수준의 지식과 고등 수준의 지식 간의 간극을 좁힐 수 있다.

① 구안법을 통하여 활동 중심으로 내용을 조직한다.
② 교과의 논리보다 학습자의 심리를 우선하여 조직한다.
③ 작업단원법에 따라 생활 영역을 중심으로 내용을 조직한다.
④ 사회의 주요 문제를 중심으로 핵심 및 주변 과정을 조직한다.
⑤ 기본 개념을 반복하면서 폭과 깊이를 확대·심화시켜 조직한다.

■ 정답 및 해설
⑤ 제시된 자료는 학문중심 교육과정에 대한 설명이다. 학문중심 교육과정에서는 교과가 속한 학문의 고유한 기본개념, 원리, 법칙 등이 체계적으로 구성된 지식의 구조를 가르치는 것을 중점에 둔다. 따라서 교육과정은 기본개념과 원리(지식의 구조)을 반복하여 제시하면서, 학생들의 발달수준에 맞게 점차로 그 폭과 깊이를 확대·심화시켜 조직하는 것이 적절하다고 본다. 이러한 방식으로 조직된 교육과정을 나선형 교육과정이라고 한다.

557. 형식도야(formal discipline) 이론과 지식의 구조(structure of knowledge) 이론에 공통적으로 해당하는 설명은?
2009년 중등
① 발견학습의 개념과 밀접히 관련되어 있다.
② 고등 지식과 초보 지식 사이의 간극을 좁힐 수 있다.
③ 교과에서 획득된 지식 또는 능력의 전이를 가정하고 있다.
④ 교육의 목적은 정신적 부소능력(faculties)의 발달에 있다.
⑤ 손다이크(E. Thorndike)와 듀이(J. Dewey)에 의하여 비판되었다.

■ 정답 및 해설
③ 형식도야론은 교과를 통해 훈련된 정신능력이 다양한 상황에 일반적으로 전이될 수 있다고 본다. 지식의 구조 이론은 일반화된 개념이나 원리를 학습하면 이것이 적용되는 상황에서 학습의 전이가 일어난다고 본다. 이와 같이 두 이론은 모두 학습의 전이 가능성을 가정하고 있다는 점에서 공통적이다.

◇ 오답 체크
①, ② 지식의 구조 이론에만, ④, ⑤ 형식도야 이론에만 해당하는 설명이다.

556 ⑤    557 ③

## 04. 인간중심 교육과정

### 출포 173. 인간중심 교육과정

기본서 239~240쪽

**558.** 교육과정 이론에 대한 설명으로 옳지 않은 것은?  〈2019년 지방직 9급〉
① 학문중심 교육과정은 나선형 교육과정의 원리를 채택한다.
② 인간중심 교육과정은 정의적 특성의 발달보다는 지적 능력의 성취를 강조한다.
③ 경험중심 교육과정은 학습자의 삶과 관련이 있는 다양한 경험을 주된 교육내용으로 삼는다.
④ 교과중심 교육과정은 문화유산의 전달을 목적으로 하는 내용을 논리적으로 체계화하여 교과로 분류한다.

■ 정답 및 해설
② 인간중심 교육과정은 교육을 삶 그 자체로 간주하며, 전인적인 인간 형성 및 자아실현을 교육의 목적으로 한다. 이를 위하여 지적 능력의 성취 보다는 정의적 특성의 발달을 강조한다. 교과의 지식은 자신의 삶과 세계에 대해서 반성할 수 있는 계기를 제공하는 것으로 이해된다.

**암기 POINT**
• 인간중심 교육과정

| 교육 목적 | 자아실현, 전인적인 인간 형성 |
| 교육 내용 | 삶 그 자체, 실존적 경험, 정의적 내용 중시 |
| 내용 조직 | 통합형 교육과정 (지+덕+체) |
| 교육 방법 | 삶의 의미 성찰, 교사-학생 간 존중과 공감 |
| 배경 이론 | 실존주의, 현상학, 인본주의 심리학 |

**559.** 인본주의 교육과정(humanistic curriculum)의 관점과 관련이 깊은 것을 다음에서 모두 고른 것은?  〈2010년 중등〉

ㄱ. 개인의 잠재적 능력 계발과 자아실현을 지향한다.
ㄴ. 사회가 요구하는 직업 능력을 갖춘 사회 구성원 양성을 주 목적으로 한다.
ㄷ. 교사와 학습자 간의 관계에서 존중, 수용, 공감적 이해를 중시한다.
ㄹ. 대표적인 학자로 메이거(R. Mager), 마자노(R. Marzano) 등이 있다.

① ㄱ, ㄷ    ② ㄴ, ㄷ    ③ ㄴ, ㄹ
④ ㄱ, ㄴ, ㄹ    ⑤ ㄱ, ㄷ, ㄹ

■ 정답 및 해설
① ㄱ. 인본주의 교육과정은 실존주의, 현상학, 인본주의 심리학 등을 바탕으로 인간의 자기실현 가능성을 신뢰한다. 이에 따라 개인의 잠재적 능력 계발과 자아실현을 지향하는 교육과정을 주장한다.
ㄷ. 인본주의 교육과정에서는 인간성 회복, 자아실현, 전인교육 등을 추구한다. 학습자는 스스로 자기실현적인 존재로 간주되며, 교사와 학습자 간의 관계에서 존중, 수용, 공감적 이해를 중시한다.

**기출플러스**
• 인간주의 교육사조 (2007년 영양)
• 인격을 함양하는 교육을 강조한다.
• 인간의 자유·희망·가능성·존엄성을 되찾고자 한다.
• 전인(全人)과 자아실현을 교육목표로 설정한다.

558 ②   559 ①

◇ 오답 체크
ㄴ. 사회가 요구하는 직업 능력을 갖춘 사회 구성원 양성을 중점에 두는 것은 경험중심 교육과정에 속하는 직업준비 교육에 해당하는 설명이다.
ㄹ. 메이거, 마자노 등은 행동주의적 교육목표 진술을 강조한 학자들이다.

## 560. 다음 내용이 가리키는 학교는?
2008년 중등

> ○ 인간을 수치로 평가하는 것을 거부한다.
> ○ 외국어를 1학년 입학할 때부터 가르친다.
> ○ 모든 학생이 학년 유급 없이 진급하며, 졸업 때까지 동일 교사가 담임을 맡는 것을 원칙으로 한다.
> ○ 주요 과목은 과목별로 한 과목씩 매일 두 시간 정도 3~5주간 수업하고, 그 후 다른 과목을 같은 방식으로 배우는 에포크(Epoch) 수업방식을 활용한다.

① 니일(A. S. Neill)의 섬머힐 학교
② 듀이(J. Dewey)의 시카고대학 실험학교
③ 프레네(C. Freinet)의 에콜 레옹그리모
④ 슈타이너(R. Steiner)의 발도르프 학교

■ 정답 및 해설
④ 인간을 수치로 평가하는 것을 거부하여 '성적 없는 성적표'를 활용하며, 모든 학생이 졸업 때까지 동일 교사와 함께 유급 없이 진급하는 '8년 담임제'를 채택하며, 주요 과목은 집중적인 학습을 실시하는 '에포크 수업'을 실시하는 학교는 슈타이너의 발도르프 학교이다.

◇ 오답 체크
① 니일의 섬머힐 학교는 학생의 자유를 폭넓게 존중하며 성인의 강압과 훈육을 제거한 교육을 특징으로 한다.
② 듀이의 시카고대학 실험학교는 아동의 경험과 실생활 문제를 중심으로 다양한 학습경험을 통합하는 중핵교육과정(core curriculum)을 운영한 것을 특징으로 한다.
③ 프레네의 에콜 레옹그리모는 산책수업, 인쇄도입 아뜰리에를 통한 노작교육을 강조한 프랑스의 대안학교이다.

## 05. 최근의 교육과정 유형

### 출포 174. 최근의 교육과정 유형

기본서 240~241쪽

**561.** 문제해결 과정에서 특정한 전략과 일련의 순서에 따라 지적·정의적 요소를 작동, 변화, 처치, 전환시키는 '사고력 향상 교육과정'은?

2009년 국가직 9급

① 인지중심 교육과정　　　② 교과중심 교육과정
③ 경험중심 교육과정　　　④ 인간중심 교육과정

### ■ 정답 및 해설

① 문제해결 전략과 일련의 순서에 따라 지적 및 정의적 요소를 작동하고 변화시키는 사고력을 향상시키는 교육과정은 인지중심 교육과정과 관련이 있다. 인지중심 교육과정은 학습자의 인지적 발달을 중심으로 설계된 교육과정으로, 사고력, 문제 해결 능력, 비판적 사고, 창의성을 발달시키는 것을 목표로 한다. 이 교육과정은 학습자가 단순히 개별적인 지식을 습득하는 것을 넘어, 핵심적인 지식을 심층적으로 이해하고 분석하며 새로운 상황에 적용하는 능력을 기를 것을 강조한다.

561 ①

## 3. 교육과정의 개발과 실행

### 01. 현대 교육과정 연구의 기초

**출포 175. 스펜서의 교육과정 연구**

🌀 기본서 242쪽

**562.** 다음은 예술 교육의 가치에 대한 서로 다른 입장이다. (가)와 (나)에 들어갈 학자는?
2008년 유초등

- (가) 은(는) 학교에서 가르칠 가치가 있는 지식에 대해 우선순위를 정하면서, 개인적 기호와 취미를 만족시키는 여가 활동에 관한 지식을 최하위에 두었다.
- (나) 은(는) 학교교육이 언어 논리나 수리력만 강조함으로써 창의력 신장이나 인성 함양에 지장을 가져왔다고 보고, 다양한 표현형식을 제공하는 예술이 교육과정에서 중요하게 취급되어야 한다고 주장하였다.

　　　(가)　　　　　　　　(나)
① 스펜서(H. Spencer)　　블룸(B. S. Bloom)
② 스펜서(H. Spencer)　　아이즈너(E. W. Eisner)
③ 허스트(P. Hirst)　　　블룸(B. S. Bloom)
④ 허스트(P. Hirst)　　　아이즈너(E. W. Eisner)

**■ 정답 및 해설**

② (가) 19세기 후반에 활동했던 스펜서는 교과의 가치를 '생활에서의 유용성'에 근거하여 평가하여 지식의 우선순위를 설정하였다. 스펜서는 '과학'의 중요성을 강조하는 관점을 가지고 있었기 때문에, 개인의 취미 및 여가 활동에 관한 지식은 최하위에 두었다.

> \* 학교에서 가르칠 지식의 우선순위 (스펜서의 분류)
> ㉠ 인간의 자기보존에 직접 관련 : 건강에 관한 지식
> ㉡ 자기 보존에 간접적으로 관련 : 자연과학, 사회과학
> ㉢ 자녀 양육과 교육 관련 : 생리학, 심리학 등
> ㉣ 사회정치적 관계의 유지 관련 : 역사, 공민(일반사회)
> ㉤ 개인의 기호와 취미, 여가활동 관련 : 시, 음악, 미술

(나) 아이즈너는 학교교육이 지나치게 언어, 논리, 수리력에 관련된 학문적 교과에 치중되어 있다고 비판하면서, 창의력 신장이나 인성 함양에 영향을 주는 예술적 교과를 강조하여야 한다고 주장하였다.

562 ②

## 출포 176. 보빗의 교육과정 연구

기본서 242쪽

**563.** 다음과 같이 주장한 교육학자는?  2024년 지방직 9급

> ○ 이상적인 성인의 활동분석을 통하여 교육목표를 설정한다.
> ○ 과학적인 방법에 따른 교육과정 개발이 필요하다.
> ○ 교육은 학생이 성인이 되어서 할 일을 미리 준비시켜 주는 것이다.

① 애플(Apple)  ② 보빗(Bobbitt)
③ 듀이(Dewey)  ④ 위긴스와 맥타이(Wiggins & McTighe)

■ 정답 및 해설
② 교육을 원만한 성인생활을 영위하는 데 필요한 준비로 보고, 교과는 '성인의 활동영역'에 대한 과학적 조사를 통해 새롭게 구성되어야 한다고 주장한 학자는 보빗이다. 보빗은 『교육과정(curriculum)』(1918)이란 책을 통해서 '교육과정'이란 용어를 처음으로 사용한 학자로서, 교육과정의 과학화에 기여한 것으로 평가된다.

◇ 오답 체크
① 애플은 교육과정 사회학 분야에서 교육과정의 정치적 성격을 연구하였다.
③ 듀이는 교육과정이 성인이 되어서 하게 될 일을 미리 준비하게 하는 것이라고 보다는, 아동이 현재의 삶 속에서 자신의 경험을 재구성하는 과정에서 성장하도록 돕기 위한 것이라고 보았다.
④ 위긴스와 맥타이는 교과의 핵심적인 개념이나 원리에 대한 영속적 이해의 중요성을 강조한 학자들로, 역행 설계 모형을 제시하였다.

**암기 POINT**
- 보비트의 교육과정 연구
  - 성인생활을 위한 준비 교육
  - 직무분석을 통한 목표 설정
  - 10가지 성인 활동영역 제시

**564.** 보빗(Bobbitt)의 교육과정이론에 대한 설명으로 옳지 않은 것은?  2021년 국가직 7급

① 교육에 과학적 관리기법을 적용하였다.
② 원만한 성인생활을 영위하는 데 필요한 준비로서의 교육을 주장하였다.
③ 직무분석을 통한 교육과정 개발을 주장하였다.
④ 아동의 흥미와 요구를 중심으로 교육과정을 구성할 것을 주장하였다.

■ 정답 및 해설
④ 보빗은 『교육과정(curriculum)』(1918)이란 책을 통해서 '교육과정'이란 용어를 처음으로 사용한 학자로서, 교육과정의 과학화에 기여한 것으로 평가된다. 보빗은 교육을 원만한 성인생활을 영위하는 데 필요한 준비로 보고, 교과는 '성인의 활동영역'에 대한 과학적 조사를 통해 새롭게 구성되어야 한다고 주장하였다. 즉, 교육과정 구성에 아동의 흥미와 요구보다는 성인생활에 대한 분석결과가 중요하게 고려된다.

563 ②  564 ④

**565.** 보비트(F. Bobbitt)의 교육과정 구성 방법과 거리가 먼 것은?

2007년 유초등

① 교육과정 구성은 교과의 형태를 취한다.
② 성인들의 활동을 분석한 자료에 근거한다.
③ 테일러(W. Taylor)의 과학적 관리 방법을 활용한다.
④ 교육내용 선정·조직 이전에 평가 계획을 먼저 수립한다.

■ 정답 및 해설

④ 보비트는 교육과정 구성의 단계를 (1) 인간경험의 광범위한 분석 → (2) 주요 분야의 직무 분석 → (3) 교육목표 열거 → (4) 교육목표 선정 → (5) 교육계획 구성으로 제시하였다. 평가계획에 대해서는 명시적으로 언급하지 않았다.

한편, 평가 계획의 수립을 교육과정 개발의 구성요소로 포함시키기 시작한 것은 타일러이다. 타일러는 교육과정 개발의 절차를 교육목표 선정 → 학습경험 선정 → 학습경험 조직 → 학습성과 평가 순으로 제시하였다. 이와 달리, 위긴스와 맥타이의 백워드(역행) 설계 모형에서는 성취목표를 효과적으로 달성할 수 있는 교육과정(수업계획)을 개발하기 위해서는 교육내용 선정·조직과 수업활동 구성 이전에 평가 계획을 먼저 수립하여야 한다고 주장하였다. 즉, 교육과정 개발 절차는 교육목표 설정 → 평가계획 수립 → 교육과정(수업활동) 계획 순으로 진행되어야 한다는 것이다.

## O2. 타일러의 교육과정 개발 모형

### 출포 177. 타일러의 교육과정 개발 모형 개관

기본서 243~244쪽, 249쪽

**566.** 타일러(Tyler)가 제시한 교육과정 개발에서 고려할 네 가지 질문에 해당하지 않는 것은?

2024년 지방직 9급

① 학교는 어떤 교육목표 달성을 위해 노력해야 하는가
② 교육목표 달성을 위하여 어떤 교육경험을 제공해야 하는가
③ 교육경험을 효과적으로 조직할 때 필요한 교육매체는 무엇인가
④ 교육목표 달성여부를 어떻게 판단할 것인가

■ 정답 및 해설

③ 타일러는 교육과정 개발의 절차를 교육목표 선정 → 학습경험 선정 → 학습경험 조직 → 학습성과 평가 순으로 제시하였다. 학습경험 조직과 관련하여 타일러가 던진 질문은 '선정된 교육경험을 효과적으로 조직하는 방법은 무엇인가?'라는 질문으로, 이 때 교육매체의 활용을 전제로 하거나 이에 주목한 것은 아니다.

◇ 오답 체크

① 교육목표 선정, ② 학습경험 선정, ④ 학습성과 평가와 관련한 질문이다.

565 ④  566 ③

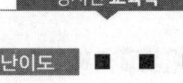

암기 POINT
- 타일러의 교육과정 개발 절차

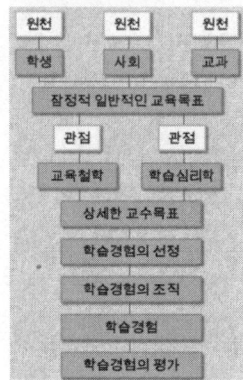

**567.** 타일러(Tyler)가 개념화시킨 교육과정 개발의 네 가지 단계에 해당하지 않은 것은?　　　　　　　　　　　　　　2012년 국가직 9급

① 지식의 구조　　　　　　　② 학습경험의 선정
③ 교육목표　　　　　　　　④ 학습자 평가

■ 정답 및 해설

① 타일러는 목표 중심 교육과정 개발 모형을 제시한 학자로서, 교육과정 개발 절차를 '교육목표 설정 → 학습경험 선정 → 학습경험 조직 → 학습자 평가'로 제시하였다. '지식의 구조'는 브루너의 교육과정 이론에서 제시된 개념이다.

**568.** 타일러(R. W. Tyler)의 교육과정 이론에 대한 설명으로 옳지 않은 것은?　　　　　　　　　　　　　　2019년 국가직 9급

① 교육목표를 설정할 때 학습자, 사회, 교과를 균형 있게 고려한다.
② 교육과정을 교육목적, 교육내용, 교육방법, 학습활동까지 포함하는 경험으로 파악한다.
③ 학습목표를 행위동사로 진술할 것을 주장한다.
④ 기존 교육과정에 대해 기계적이고 절차적인 모형이라는 비판을 가하였다.

■ 정답 및 해설

④ 타일러의 교육과정 모형은 합리적인 교육과정 개발 절차를 제시하는 데 초점을 둔 모형이다. 타일러는 기존의 교육과정 개발 과정이 정부의 행정가나 교과내용 전문가에 의해 주도되면서 교육과정 개발의 절차적 합리성이 확보되기 어려웠던 점에 대해 비판하면서, 보다 체계적인 과정을 거쳐 교육과정이 개발되어야 한다는 점을 강조하였다. 하지만, 이후의 교육과정 연구들에서는 타일러 모형에 대해 지나치게 기계적이고 절차적인 측면만 강조하는 모형이라는 비판을 가하였다.

**569.** 타일러(R. Tyler)의 교육과정 개발 모형의 특징 및 한계에 대한 설명으로 옳지 않은 것은?　　　　　　　　2013년 국가직 7급

① 교육과정 설계에서 교육목표는 가장 먼저 결정되어야 하고, 그 이후 모든 활동의 기준역할을 하는 것으로 간주되었다.
② 교육의 과정에서 형성되는 사회적 관계, 가치갈등 등에 주목하면서 내용을 목표보다 우위에 두었다.
③ 교육목표의 원천은 제시하고 있으나, 무엇이 교육목표이고 왜 다른 목표보다 우선적으로 선정되어야 하는지를 밝혀주지 못했다.
④ 교육목표는 학생들의 목표도달 여부를 판단할 수 있는 준거가 될 수 있도록 구체적이고 명시적으로 표현할 것이 강조되었다.

567 ①　568 ④　569 ②

■ 정답 및 해설
② 타일러의 교육과정 개발 모형은 교육과정 개발 절차의 공학적 합리성에 주목하면서 목표를 내용보다 우위에 두었다. 타일러의 모형은 교육과정 개발 과정을 가치중립적인 것으로 이해하기 때문에 사회적 관계나 가치갈등 등에 관심을 갖지 않는다.

**암기 POINT**
- 타일러 모형의 특징 및 한계

| 특징 | - 목표중심 모형 : 목표-학습경험-평가의 일관성 추구<br>- 처방적 모형 : 합리적 개발 절차 제시<br>- 공학적 모형 : 효율적인 목표 달성 중시 |
|---|---|
| 한계 | - 교육과정의 사회적·정치적 측면 무시<br>- 목표나 학습경험 선정의 근거 부족<br>- 수업의 부수적·생성적 결과 무시 |

**570.** 타일러(Tyler)의 교육과정 개발 모형의 특징으로 볼 수 없는 것은?

2008년 국가직 7급

① 집단적 숙의 과정을 거쳐 교육과정을 설계한다.
② 탈역사적인 성격을 가지며 가치중립성을 표방한다.
③ 교육과정 개발자들이 따라야 할 절차를 제시하는 처방적 모형이다.
④ 어떤 학습경험을 선정하는가는 설정되는 교육목표에 따라 달라진다.

■ 정답 및 해설
① 집단적 숙의 과정을 거쳐 교육과정을 설계한다고 보는 것은 워커의 교육과정 개발 모형이다. 타일러의 모형에서는 교육과정 개발 전문가, 교육철학 및 심리학 전문가, 교과내용 전문가 등이 참여하여 전문적인 조사와 분석 과정을 통해 교육과정이 설계되어야 한다고 본다.

**571.** 타일러(R. W. Tyler)의 교육과정 개발 모형에 대한 비판으로 볼 수 없는 것은?

2008년 중등

① 교육과정 개발을 지나치게 단순화해서 파악한다.
② 교육내용 선정에 대하여 직접적인 답을 제공하지 못한다.
③ 교육과정 개발에 개입되는 정치적 이해관계에 관심을 기울이지 않는다.
④ 학습경험의 조직을 지나치게 강조하여 교육목표의 효율적 달성을 소홀히 다룬다.

■ 정답 및 해설
④ 타일러의 교육과정 개발 모형은 교육목표의 효율적 달성을 지나치게 강조하여 학습경험의 조직에 대해서는 비교적 소홀히 다룬다는 비판을 받는다.

570 ① 571 ④

## 출포 178. 타일러의 교육목표 설정 절차

🌐 기본서 244~246쪽

**572.** 다음은 타일러(R. Tyler)의 교육목표 설정 절차에 대한 것이다. 그 순서가 올바른 것은?　　　　2017년 지방직 9급

> ㉠ 잠정적인 교육목표를 진술한다.
> ㉡ 교육철학과 학습심리학이라는 체에 거른다.
> ㉢ 학습자, 사회, 교과의 세 자원을 조사·연구한다.
> ㉣ 행동의 변화를 명시한 최종 교육목표를 진술한다.

① ㉠ → ㉡ → ㉢ → ㉣
② ㉠ → ㉢ → ㉡ → ㉣
③ ㉢ → ㉠ → ㉡ → ㉣
④ ㉢ → ㉡ → ㉠ → ㉣

### ■ 정답 및 해설

③ 타일러의 교육과정 개발 모형에서 교육목표 설정 절차는 ㉢ 교육목표의 원천이 되는 학습자, 사회, 교과의 요구 조사 → ㉠ 잠정적 교육목표 선정 → ㉡ 교육철학과 학습심리학이라는 체에 걸러서 선별 → ㉣ 최종 교육목표 선정 순으로 전개된다. 이 때, 교육목표는 학습자의 행동 변화를 확인할 수 있도록 진술하여야 한다.

**암기 POINT**
- 타일러의 교육목표 설정 원리

| 원천 | 사회, 학습자, 교과의 요구 |
|---|---|
| 정련 | 교육철학, 교육심리학 (잠정적 → 최종적) |
| 진술 | 내용과 행동 차원으로 구체적 행위동사로 명세화하여 진술 |

**573.** '수업목표의 행동적 진술'이 갖는 이점과 거리가 먼 것은?　　　　2008년 국가직 9급

① 학습자의 동기가 동일한 수준이 되도록 도와준다.
② 교수매체 선택을 도와준다.
③ 학습자와의 의사소통을 도와준다.
④ 평가 계획을 도와준다.

### ■ 정답 및 해설

① 수업목표를 구체적인 행동 변화를 명시하는 형태로 진술하는 것은 학습자의 동기 수준을 높이는 데 일정 정도 도움이 되지만, 그것이 모든 학습자의 동기가 동일한 수준이 되도록 하는 것과 같은 의미라고 보기는 어렵다.

◇ 오답 체크
②, ③, ④ '수업목표의 행동적 진술'은 학습자가 수업의 결과 최종적으로 성취해야 할 행동의 변화를 구체적으로 제시해 준다. 이렇게 수업목표를 명세화하는 것은 학습의 방향과 목표에 관해 학습자와 의사소통하고, 교수학습 활동을 위한 매체를 선정하며, 평가계획을 수립하는 데 도움이 된다.

572 ③　573 ①

574. 다음의 진술 중 타일러(R. Tyler)가 『교육과정과 수업의 기본원리』(1949)에서 제시한 교육목표에 관한 주장들로만 묶인 것은?     2007년 중등

ㄱ. 교육목표에 기초하여 교육경험(학습경험)을 선정, 조직해야 한다.
ㄴ. 교육목표는 인지적 영역, 정의적 영역, 심동적 영역으로 구분되어야 한다.
ㄷ. 타당한 교육목표 설정을 위해서 계속성, 계열성, 통합성의 원리를 준수해야 한다.
ㄹ. 교육목표에는 학생이 성취해야 할 행동, 그리고 삶의 내용 또는 영역이 포함되어야 한다.

① ㄱ, ㄴ    ② ㄱ, ㄹ    ③ ㄴ, ㄷ    ④ ㄷ, ㄹ

■ 정답 및 해설
② ㄱ. 타일러의 교육과정 개발 모형은 교육목표 달성에 효과적인 방식으로 교육과정을 개발하는 데 초점을 둔다. 이를 위하여 교육경험(학습경험)의 선정과 조직에 있어서도 교육목표를 그 기준으로 한다.
ㄹ. 타일러는 교육목표를 설정·진술할 때에는 교육목표의 내용 요소와 행동 요소가 포함되도록 하였다. 교육목표의 내용 요소는 학습의 대상이 되는 내용이나 영역을, 행동 요소는 학생이 성취해야 할 행동을 의미한다.

◇ 오답 체크
ㄴ. 블룸의 교육목표 분류체계에 대한 설명이다.
ㄷ. 학습경험을 조직할 때 준수해야 할 원리이다.

## 출포 179. 블룸의 교육목표 분류학

🌐 기본서 245~246쪽

575. 다음 설명에 해당하는 블룸(Bloom)의 교육목표 분류 범주는?     2023년 국가직 9급

○ 복잡한 사상이나 아이디어의 구조를 파악하는 수준의 행동으로, 그 구성요소나 관계의 확인을 포함한다.
○ 이 범주에 속하는 목표 진술의 예로는 사실과 추론을 구분하기, 원인과 결과를 찾아내기 등이 있다.

① 적용      ② 평가
③ 종합      ④ 분석

574 ②   575 ④

강서연 교육학

**암기 POINT**

- 블룸의 교육목표 분류학
  - 인지과정의 복잡성의 위계에 따른 분류

| 지식 | 사실, 원리 등 기억 |
|---|---|
| 이해 | 내용의 의미 이해·설명 |
| 적용 | 새로운 상황에의 적용 |
| 분석 | 구성요소 및 관계 파악 |
| 종합 | 여러 관련 요소를 종합 |
| 평가 | 근거에 기초한 가치판단 |

■ 정답 및 해설

④ 블룸은 인지적 영역의 교육목표를 분류하고 인지과정의 복잡성 수준에 따라 위계화하였다. 그에 따르면, 인지적 영역의 교육목표는 지식, 이해, 적용, 분석, 종합, 평가로 구분된다. 그 중 복잡한 사상이나 아이디어의 구성요소나 관계를 확인하여 그 구조를 파악하는 수준의 인지적 행동(예. 원인-결과 찾아내기)은 기본적으로 학습할 내용의 요소를 구분하고 요소들 간의 관계를 '분석'하는 일과 관련된다.

**576.** 블룸(Bloom)의 교육목표분류학에 대한 설명으로 옳지 않은 것은?

2020년 국가직 7급

① 학습목표를 행위동사로 기술한다.
② 교육목표 간의 유목 구분이 명확하다.
③ 통찰이나 직관 같은 인지능력이 교육목표에서 제외된다.
④ 인지적 영역 교육목표는 인지작용의 복잡성 정도에 따라 위계적으로 조직된다.

■ 정답 및 해설

② 블룸의 교육목표 분류학은 상위의 인지능력을 성취하기 위한 선행조건이 되는 하위 능력들을 체계적으로 제시해 준다는 점에서 효과적이다. 다만, 교육목표 간의 유목 구분이 명확하지 않다는 점에서는 한계가 있다.

◇ 오답 체크

①, ③, ④ 블룸의 교육목표분류학은 인지적 영역의 교육목표를 인지과정의 복잡성 수준에 따라 분류하고 위계화한 것으로서, 학습목표는 구체적인 행위동사로 기술하도록 한다. 지식, 이해, 적용, 분석, 종합, 평가와 같은 하위 목표들이 포함되며, 통찰이나 직관과 같은 초합리적인 인지능력들은 제외된다.

**577.** 다음은 교육목표에 관한 타일러(R. Tyler)와 블룸(B. Bloom)의 견해를 대화 형식으로 구성한 것이다. (가)~(다)에 들어갈 말을 바르게 나열한 것은?

2011년 유초등

> 타일러 : 저는 일찍이 (가) 의 입장에서 교육목표를 진술해야 한다고 말한 바 있습니다.
> 블 룸 : 예, 잘 알고 있습니다. 선생님께서는 또한 (나) 으로 이루어진 이원적 목표 진술을 강조하셨죠?
> 타일러 : 물론입니다. 그런데 선생님이 동료들과 함께 분류하려고 한 것은 그 중의 어느 것입니까?
> 블 룸 : 저희들은 그 두 차원 중에서 (다) 의 차원을 분류했습니다.

576 ②  577 ⑤

|   | (가) | (나) | (다) |
|---|---|---|---|
| ① | 교사 | 지식과 기능 | 기능 |
| ② | 교사 | 내용과 행동 | 행동 |
| ③ | 학생 | 지식과 기능 | 기능 |
| ④ | 학생 | 지식과 기능 | 지식 |
| ⑤ | 학생 | 내용과 행동 | 행동 |

■ 정답 및 해설

⑤ 타일러의 교육과정 개발 모형에서는 교육목표가 '학생'이 교육과정을 통해 성취해야 할 행동을 구체적이고 명시적으로 표현하되, 학습해야 할 '내용'의 차원과 성취해야 할 '행동'의 차원이 모두 포함되게 하는 이원적 목표 진술을 강조하였다.
블룸과 그의 제자들은 타일러가 제시한 교육목표의 행동적 차원을 인지적, 정의적, 심동적 목표로 분류하고, 세부적인 하위목표들로 구분하여 위계적 분류체계로 제시하였다.

### 기출플러스

- 블룸의 교육목표 분류학 – 복잡성의 위계 순으로 (2012년 5급 사무관)
- 어떤 자료의 내용에 포함되어 있는 뜻을 번역, 해석, 추론하는 능력 (이해)
- 특정한 구체적 사태에 추상적 개념을 사용할 수 있는 능력 (적용)
- 자료를 그의 상대적인 위계가 뚜렷해지거나 표시된 아이디어가 분명해지도록 구성요소나 부분으로 나누는 능력 (분석)
- 종합 전체를 구성하는 요소와 부분을 하나가 되도록 모으는 능력 (종합)
- 어떤 목적에 견주어 자료와 방법의 가치를 판단하는 능력 (평가)

**578.** 블룸(B. Bloom)의 인지적 영역 교육목표 분류와 크래쓰월(D. Krathwohl) 등의 정의적 영역 교육목표 분류에 대한 설명으로 적절하지 않은 것은?

2010년 중등

① 인지적 영역 목표의 분류 준거는 복잡성이다.
② 하위수준의 인지능력은 상위수준의 인지능력을 성취하기 위한 선행조건이다.
③ 정의적 영역 목표는 위계적으로 구성되어 있다.
④ 정의적 영역 목표의 분류 준거는 다양성이다.
⑤ 정의적 영역 목표는 감수, 반응, 가치화, 조직화, 인격화이다.

■ 정답 및 해설

④ 크래쓰월 등의 정의적 영역 교육목표 분류는 학생들에게 길러주고자 하는 가치나 태도가 얼마나 내면화되었는지를 기준으로 분류한다. 하위목표는 감수, 반응, 가치화, 조직화, 인격화의 수준으로 분류된다.

### 암기 POINT

- 크래쓰월의 교육목표 분류학

| 기준 | 정의적 영역의 목표 내면화 수준에 따른 분류 |
|---|---|
| 위계 | 감수, 반응, 가치화, 조직화, 인격화 |

## 출포 180. 타일러의 학습경험 선정 원리

🌀 기본서 246~247쪽

**579.** 타일러(Tyler)가 제시한 학습경험 선정의 일반적 원리에 해당하지 않는 것은?　**2021년 국가직 7급**

① 다성과의 원리　② 가능성의 원리
③ 통합성의 원리　④ 만족의 원리

**암기 POINT**
• 타일러의 학습경험 선정의 원리

| 기회 | 목표달성 기회 제공 (합목적성, 타당성) |
|---|---|
| 만족 | 학생이 학습과정에서 만족(흥미, 필요) |
| 가능성 | 학습자의 발달수준에 맞게(능력, 수준) |
| 다경험 | 하나의 목표를 위해 다양한 경험(다양성) |
| 다성과 | 하나의 활동으로 다양한 성과(경제성) |

■ **정답 및 해설**
③ 타일러는 학습경험 선정의 원리로 기회, 만족, 가능성, 다성과, 다경험의 원리를, 학습경험 조직의 원리로 계속성, 계열성, 통합성의 원리를 제시하였다.

◇ **오답 체크**
①, ②, ④는 학습경험 선정의 원리에 해당한다.

**580.** 교육내용 선정 시 고려해야 할 일반적인 원리에 대한 설명으로 옳지 않은 것은?　**2018년 국가직 7급**

① 다성과(多成果)의 원리 - 하나가 아닌 여러 가지 교육목표를 달성하는 데 도움이 되는 행동을 선택한다.
② 다활동(多活動)의 원리 - 동일한 목표를 달성하는데도 다양한 학습경험을 사용할 수 있다.
③ 만족의 원리 - 학생에게 요구되는 행동이 현재의 능력, 성취, 발달 수준에 맞아야 한다.
④ 기회의 원리 - 교육목표가 의미하는 행동을 학생  스스로 해보는 기회를 가지게 한다.

■ **정답 및 해설**
③ 제시된 설명은 '가능성의 원리'에 해당된다. 한편, '만족의 원리'는 학습경험이 학생들의 흥미나 필요에 부합하여 학습하는 과정 속에서 즐거움을 느낄 수 있어야 한다는 원리를 의미한다.

579 ③　580 ③

**581.** 다음의 (가), (나), (다)를 타일러(R. Tyler)가 제안한 학습경험 선정의 일반적 원리와 짝지은 것으로 가장 적절한 것은?  
2012년 유초등

> (가) 학습활동을 선택할 때는 여러 가지 목표를 동시에 달성하는 데 도움이 되는 활동을 선택하도록 한다.
> (나) 한 가지 교육목표를 달성하는 데는 여러 가지 활동이 있으므로 다양한 학습활동을 선정하도록 한다.
> (다) 특정 교육목표를 달성하기 위해 그 목표 달성에 필요한 활동을 학습자 스스로 해볼 수 있도록 한다.

|   | (가) | (나) | (다) |
|---|------|------|------|
| ① | 만족의 원리 | 기회의 원리 | 다성과의 원리 |
| ② | 기회의 원리 | 만족의 원리 | 가능성의 원리 |
| ③ | 다경험의 원리 | 가능성의 원리 | 만족의 원리 |
| ④ | 가능성의 원리 | 다성과의 원리 | 다경험의 원리 |
| ⑤ | 다성과의 원리 | 다경험의 원리 | 기회의 원리 |

■ 정답 및 해설

⑤ (가) 하나의 활동으로 하나의 목표만을 달성하는 활동보다는 여러 가지 다양한 성과를 동시에 얻을 수 있는 활동을 선정하라는 것이므로, 동경험 다성과의 원리에 해당한다.
(나) 특정한 하나의 활동을 통해서만 교육목표에 접근하기 보다는, 여러 가지 형태의 경험을 다양하게 해 보는 과정을 통해서 교육목표에 도달하게 하는 것이므로, 다경험의 원리에 해당한다.
(다) 학습자가 교육목표를 달성하는 데 필요한 활동을 할 수 있는 기회를 제공하여야 한다는 것이므로, 기회의 원리에 해당한다.

## 출포 181. 타일러의 학습경험 조직 원리

⊕ 기본서 247~248쪽

**582.** 타일러(Tyler)가 제시한 학습경험을 효과적으로 조직하기 위해 고려할 준거에 해당하지 않는 것은?  
2024년 국가직 9급

① 범위(scope)  
② 계속성(continuity)  
③ 계열성(sequence)  
④ 통합성(integration)

■ 정답 및 해설

① 범위의 원리는 특정 시점에서 학생들이 배워야 할 내용의 폭과 깊이를 결정하는 것에 관한 원리로서, 학습경험의 조직 원리에 해당되기는 하지만 타일러가 제시한 것은 아니다. 타일러가 제시한 학습경험의 조직 원리는 계속성, 계열성, 통합성의 원리 세 가지이다.

## 583. 타일러(Tyler)가 제시한 학습경험을 효과적으로 조직하는 원리에 해당하지 않는 것은?

2020년 국가직 9급

① 계열성의 원리
② 유용성의 원리
③ 계속성의 원리
④ 통합성의 원리

### ■ 정답 및 해설
② 유용성의 원리는 학습자의 삶에 실제적 유용성을 가진 내용을 선정하여야 한다는 원리로서, 학습경험 선정의 일반 원리에 해당한다. 하지만, 타일러가 제시한 학습경험 선정의 원리나 조직의 원리 중 어디에도 해당하지 않는다.

## 584. 다음에서 설명하는 교육내용의 조직 원리는?

2022년 지방직 9급

> ○ 학습내용과 경험의 여러 요소는 그 깊이와 너비가 점진적으로 증가되도록 조직된다.
> ○ 예를 들어 단순한 내용에서 복잡한 내용으로, 친숙한 내용에서 친숙하지 않은 내용으로, 선수학습에 기초해서 다음 내용으로, 사건의 역사적 발생의 순서대로, 구체적인 개념에서 추상적인 개념으로 내용을 조직할 수 있다.

① 적절성
② 스코프
③ 통합성
④ 계열성

### ■ 정답 및 해설
④ 교육내용의 조직 원리 중 교육내용의 요소가 점진적으로 발전·심화되도록 조직하는 원리는 계열성의 원리에 해당한다.

◇ 오답 체크
① 적절성의 원리는 타당성의 원리라고도 하는데, 교육내용이 설정된 교육목표를 달성하는 데 적절한 것으로 선정되어야 한다는 것을 의미한다.
② 스코프의 원리는 범위의 원리라고도 하는데, 학생들의 학습부담을 고려하여 특정 시점에서 학생들이 배워야 할 내용의 폭과 깊이를 적절하게 조절하여야 한다는 것을 말한다.
③ 통합성의 원리란 교육의 목표나 학습자의 수준 등을 고려하여 여러 교과나 영역에 있는 교육내용들을 관련지어 학습할 수 있도록 하나의 교과나 단원으로 함께 통합하여 조직하는 것을 말한다.

---

### 기출플러스
- 타일러가 제시한 '학습경험 조직의 원리' (2003년 유초등)
  - 교육철학에 비추어 학습경험이 교육적 가치가 있는지 판단한다. (×)
  - 학습 경험을 분리하기보다는 구조적인 관련성을 갖도록 한다. (O)
  - 하나의 교육 목표를 위해서 하나의 학습 경험을 제공한다. (×)
  - 학습 경험을 계속 제시하면서 심화·확대시킨다. (O)

583 ②  584 ④

585. 다음 설명에 해당하는 교육과정 조직의 원리는?  2015년 국가직 9급

> ○ 교육과정 내용이 제시되는 시간적 순서를 의미
> ○ 단순한 내용에서 복잡한 내용 순으로 제시
> ○ 친숙한 내용에서 낯선 내용 순으로 제시
> ○ 구체적인 개념에서 추상적인 개념 순으로 제시

① 범위
② 계속성
③ 계열성
④ 균형성

■ 정답 및 해설
③ 교육내용 조직의 시간적 순서에 있어서, 교육내용의 논리적 위계나 학습의 난이도 수준에 따라서 배열하는 것을 계열성의 원리라고 한다.
◇ 오답 체크
① 범위의 원리는 스코프의 원리라고도 하는 데, 특정 시점에서 학생들이 배워야 할 내용의 폭과 깊이를 적절하게 조절하는 것을 의미한다.
② 계속성의 원리는 동일한 교육내용 요소를 여러 학년에서 걸쳐 반복하여 가르치도록 조직하는 것을 말한다.
④ 균형성의 원리는 교육내용의 다양한 요소들이 교육과정의 수직적·수평적 차원에서 균형과 조화를 이루도록 조직하는 것을 말한다. 예를 들면, 교양교육과 실용교육이 어느 하나에 편향되기 보다는 각급 학교의 교육목적에 맞게 균형있게 조직되어야 한다는 것이다.

586. 다음에서 설명하고 있는 교육내용의 조직 원리로 가장 적절한 것은?  2009년 국가직 9급

> 학습자의 발달 단계에 따른 학습 능력을 고려하여 단순한 것에서 복잡한 것으로, 친숙한 것에서 생소한 것으로, 선수학습에 기초하여 그 다음 내용으로, 구체적인 것에서 추상적인 것으로 교육내용을 순차적으로 조직해 나간다.

① 계속성(continuity)
② 계열성(sequence)
③ 통합성(integration)
④ 균형성(balance)

■ 정답 및 해설
② 학습자의 학습능력 발달을 고려하기 학습이 용이한 것에서부터 학습이 어려운 것 순으로 순차적으로 조직해야 한다는 것은 계열성의 원리에 해당한다.

585 ③  586 ②

**587.** 다음의 언어교육 프로그램이 따르고 있는 교육과정 구성 방법으로 가장 적절한 것은?  
2011년 유초등

> 김 교사는 다문화 가정 학생들에게 시급하게 요구되는 언어 능력을 향상시키기 위한 프로그램을 만들었다. 이 프로그램은 학생들이 자주 접하지만 표현이나 발음이 서툰 일상적 어휘에서 시작하여 점차 교과서나 학습 장면에서 사용되는 낯선 어휘들에 대한 학습으로 이어지도록 구성되었다. 이 프로그램으로 학생들을 지도한 결과 언어 능력이 눈에 띄게 향상되었고, 학교생활에서도 활력을 되찾았다.

① 연대순에 따른 방법  
② 논리적 선행 요건에 따른 방법  
③ 교육내용의 친숙성에 따른 방법  
④ 주제를 중심으로 통합하는 방법  
⑤ 전체에서 부분으로 나아가는 방법

■ 정답 및 해설  
③ 학생들에게 친숙한 일상적 어휘에 대한 학습에서 시작하여 특정 장면에서만 사용되는 낯선 어휘에 대한 학습으로 이어지도록 교육내용을 조직하였으므로, 교육내용의 친숙성에 따른 방법으로 볼 수 있다.

**588.** 다음은 동물에 관한 학년별 교육 내용을 배열한 예이다. 여기에 적용된 내용 조직 원리는?  
2006년 중등

> ○ 1학년 : 동물  
> ○ 2학년 : 포유류, 조류, 양서류, 어류  
> ○ 3학년 : 염소의 소화기관, 기러기의 사계절, 개구리의 겨울잠, 연어의 한살이

① 계열성, 계속성  
② 계열성, 의존성  
③ 독립성, 계속성  
④ 통합성, 균형성

■ 정답 및 해설  
① 단순하고 전반적인 내용을 배우는 것에서 시작하여 점차로 복잡하고 세분화된 내용을 배우도록 교육내용을 조직하였다는 점에서 계열성의 원리를 적용한 것이다. 동물의 개념과 종류, 생활방식에 대해 배우는 내용이 소재를 달리하여 반복되고 있으므로 계속성의 원리를 반영한 것이다.

◇ 오답 체크  
② 의존성의 원리나 ③ 독립성의 원리는 교육내용 조직의 원리라고 보기 어렵다.  
④ 통합성의 원리나 균형성의 원리는 다른 교과나 영역의 내용들과의 관련성에 관한 교육내용 조직의 원리이다. 제시된 자료에서는 과학(생물) 교과에 해당하는 내용만이 제시되어 있으므로 이에 해당한다고 보기 어렵다.

587 ③    588 ①

## 출포 182. 교육내용 조직의 일반적인 원리

🌐 기본서 248쪽

**589.** 교육과정의 내용조직 원리에 대한 설명으로 옳은 것은? `2014년 국가직 9급`
① 범위성(scope)은 교과목이나 단원의 폭과 영역을 결정하는 것이다.
② 통합성(integration)은 교육내용을 결정할 때 생길 수 있는 여러 결절부를 중복, 비약, 후퇴, 누락 등이 없도록 부드럽게 조절하는 것이다.
③ 계열성(sequence)은 같은 내용이 반복되도록 조직하는 것이다.
④ 연속성(continuity)은 교육내용이 위계적·논리적 순서에 따라 심화 및 확대되도록 조직하는 것이다.

■ 정답 및 해설
① 범위성은 특정 시점에서 학습자가 배워야 할 단원의 폭과 영역을 적절하게 조절하여 결정하는 것을 말한다.
◇ 오답 체크
② 연계성(articulation), ③ 연속성(계속성), ④ 계열성에 대한 설명이다.

**암기 POINT**
- 교육내용 조직의 일반적 원리

| 범위성 | 교과나 단원의 폭과 영역(내용과 깊이)를 적절하게 조절 |
|---|---|
| 연계성 | 단원 간(수평적), 학년(수직적) 간 결절부를 부드럽게 조절 (중복, 누락, 비약 ×) |

**590.** 다음은 교육과정 조직의 원리 중 무엇에 해당하는가? `2010년 국가직 7급`

> 이 원리는 어떤 시점에서 학생들이 배워야 할 내용이 무엇이고, 그 내용을 얼마나 깊이 있게 배워야 하는가를 결정한다. 여기서 배워야 할 내용은 학교급, 학년, 교과목에 따라 달라지며, 깊이는 배울 내용에 할당된 수업시수로 표현된다.

① 계열성(sequence)의 원리  ② 계속성(continuity)의 원리
③ 범위(scope)의 원리  ④ 통합성(integration)의 원리

■ 정답 및 해설
③ 특정 학교, 학년, 교과목에서 배워야 할 내용의 폭과 깊이를 적절하게 결정하여야 한다는 것이므로, 범위의 원리에 해당한다. 교육내용의 범위를 결정할 때에는 주어진 수업시수와 학생들의 학습능력 등을 주요하게 고려한다.

589 ①　590 ③

**591.** 교육과정 내용 선정과 조직의 원리에서 '수평적 내용 조직'의 특징을 가장 잘 보여주는 것은?

2009년 중등

① 고등학교 1학년에서는 국사 교과를, 2학년에서는 세계사 교과를 배울 수 있도록 조직한다.
② 중학교 도덕 교과에서 다루었던 전통 윤리의 내용을 고등학교 전통 윤리 교과에서 반복하여 제시한다.
③ 고등학교 수학 교과에서는 수학과 내용을, 사회 교과에서는 사회과 내용을 각각 독립적으로 다룬다.
④ 중학교 1학년에서 환경을 주제로 과학 교과 내용과 기술·가정 교과 내용을 서로 긴밀히 관련지어 조직한다.
⑤ 중학교 1학년 국어 교과에서 시의 운율을 배운 후에, 2학년에서는 시에서 화자의 역할을 배우도록 배열한다.

■ 정답 및 해설
④ 교육과정의 '수평적 내용 조직'이란 하나의 학년 내에서 어떤 내용들을 배워야 하는지를 조직하는 것으로, 여러 교과들에 포함된 내용들이 서로 관련되고 연계되며 조화되어야 한다는 점을 강조한다. 따라서 환경을 주제로 하는 교육내용이 과학 교과와 기술·가정 교과에서 긴밀하게 관련되도록 조직하는 것이 가장 잘 보여주는 예시이다.
◇ 오답 체크
①, ②, ⑤는 수직적 내용 조직에 관한 예시이다.
③는 수평적 내용 조직에 관해 고려하지 않는 경우이다.

**592.** 다음에서 교육과정의 수직적 내용 조직의 특징을 나타내는 예를 골라 바르게 묶은 것은?

2005년 유초등

| 가. 아동 문학을 바탕으로 읽기, 쓰기, 말하기, 듣기를 함께 가르친다.
| 나. 수학 교과에서 비율의 개념을 가르친 후 사회 교과에서 축척의 개념을 가르친다.
| 다. 사회 교과에서는 정치, 경제, 사회, 문화, 지리, 역사 등을 균형 있게 가르친다.
| 라. 초등학교 6학년 과학 교과에서 가르친 에너지 개념을 중학교 1학년에서 심화하여 다룬다.

① 가, 나　　② 가, 다
③ 나, 라　　④ 다, 라

591 ④　592 ③

■ 정답 및 해설

③ 교육과정의 '수직적 내용 조직'이란 학년이 올라감에 따라 교육내용을 배우는 순서나 단계에 관한 것을 말한다. 수직적 내용 조직에 있어서는 계속성, 계열성, 수직적 연계성 등의 원리가 적용된다.

나. 축척의 개념을 이해하기 위해서는 비율의 개념을 먼저 이해하여야 하므로 이를 먼저 가르치도록 배열한다는 것이다. 이는 교과 영역과 관계없이 개념의 학습 순서에 관한 것이므로 수직적 내용 조직에 해당한다.

라. 에너지 개념을 초6과 중1에서 반복적으로 가르치되, 중1에서는 보다 심화하여 가르치는 것은 학년이 올라감에 따라 학습의 내용을 배열하는 것이므로 수직적 내용 조직에 해당한다.

◇ 오답 체크

가. 읽기, 쓰기, 말하기, 듣기를 따로 가르치기 보다는 아동 문학을 중심으로 통합하여 가르치는 것이므로, 교육내용의 수평적 조직에 해당한다.

다. 사회 교과에 포함된 여러 영역의 교육내용을 어떻게 조직할 것인가의 문제인 수평적 조직에 해당한다.

## 03. 타일러 모형의 계승과 확장

### 출포 183. 타바의 귀납적 교육과정 개발 모형

기본서 249쪽

593. 타바(H. Taba)의 교육과정 개발 모형에 대해 바르게 설명한 것을 다음에서 모두 고른 것은?   2010년 중등

ㄱ. 귀납적 접근 방법을 사용하였다.
ㄴ. 요구 진단 단계를 설정하였다.
ㄷ. 내용과 학습경험을 구별하여 개발 단계를 설정하였다.
ㄹ. 반응평가모형을 제안하였다.

① ㄱ, ㄷ     ② ㄱ, ㄹ     ③ ㄴ, ㄹ
④ ㄱ, ㄴ, ㄷ     ⑤ ㄴ, ㄷ, ㄹ

593 ④

## 암기 POINT

• 타일러와 타바의 교육과정 개발 모형 비교

| 타일러 모형 | 타바 모형 |
|---|---|
| 연역적 모형 (교과→단원) | 귀납적 모형 (단원→교과) |
| 학습자, 사회, 교과의 요구 | 학습자 요구 진단만 포함 |
| 교육내용과 학습경험을 구분하지 않음 | 교육내용과 학습경험을 구분하여 개발 |

## ■ 정답 및 해설

④ ㄱ. 타바의 교육과정 개발 모형은 개별 교사가 교과의 한 단원을 시험적으로 개발하는 것으로 시작하여, 교과 전체의 교육과정의 개발로 확장하는 귀납적 접근 방법을 사용하였다. 타일러의 교육과정 개발 모형은 교육과정 전체의 목표를 설정하는 것으로 시작하여, 세부적인 교육과정을 개발하는 연역적 접근 방법을 취한 것과 대비된다.

ㄴ. 타바의 교육과정 개발 모형에서 시험적으로 단원을 개발하는 과정에서 첫 단계는 학생들의 요구를 진단하는 단계이다. 타일러의 교육과정 개발 모형에서는 학생, 사회, 교과의 요구를 균형적으로 고려한 것과 대비된다.

ㄷ. 타바의 단원 개발 모형에는 수업 내용의 선정 및 조직과 학습경험의 선정 및 조직 단계를 별개의 단계로 구별하여 개발 단계를 설정하였다. 타일러의 교육과정 모형에서는 교과내용과 학습방법을 통합하는 개념으로 학습경험으로 보고 학습경험의 선정 및 조직 단계만 포함한 것과 대비된다.

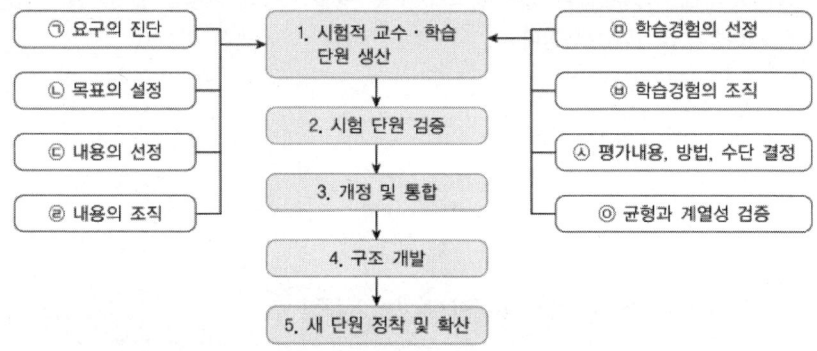

〈타바의 교육과정 개발 모형〉

### ◇ 오답 체크

ㄹ. 반응평가 모형은 객관적인 평가결과의 보고에 한정되기보다는, 평가의뢰자의 정보 요구에 민감하게 반응하여 다양한 관점을 고려하는 평가 모형으로 스케이크가 제시한 모형이다. 안면평가 모형 또는 고객중심 평가 모형이라고도 한다.

## 출포 184. 스킬벡의 학교중심 교육과정 개발 모형

🔹 기본서 250쪽

**594.** 스킬벡(M. Skilbeck)의 교육과정 개발 모형이다. (가)와 (나)에서 수행해야 할 활동을 <보기>에서 골라 바르게 짝지은 것은? 2011년 유초등

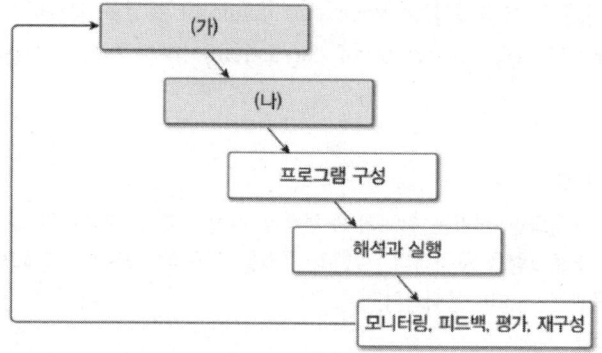

<보기>
ㄱ. 교육 활동의 방향을 설정한다.
ㄴ. 기대되는 학습 성과를 진술한다.
ㄷ. 교사의 가치관, 태도, 경험 등을 확인한다.
ㄹ. 학생들의 적성, 능력 및 교육적 요구를 조사한다.

|  | (가) | (나) |  | (가) | (나) |
|---|---|---|---|---|---|
| ① | ㄱ, ㄴ | ㄷ, ㄹ | ② | ㄱ, ㄷ | ㄴ, ㄹ |
| ③ | ㄱ, ㄹ | ㄴ, ㄷ | ④ | ㄴ, ㄷ | ㄱ, ㄹ |
| ⑤ | ㄷ, ㄹ | ㄱ, ㄴ |  |  |  |

### ■ 정답 및 해설

⑤ 스킬벡의 교육과정 개발 모형은 개별 학교의 특성을 고려하여 학교 수준의 교육과정을 개발하는 데 중점을 두는 현장중심 모형이다.

교육과정 개발의 첫 단계인 (가)에서는 학교가 처한 내·외적 상황 분석을 실시한다. 내적 상황과 관련해서는 학생들의 적성, 능력, 교육적 요구(ㄹ), 교사의 가치관, 태도, 기능, 지식, 경험, 강점과 약점(ㄷ), 학교의 풍토와 정치적 구조 및 학교의 시설, 설비, 장비 등을 포함하는 각종 자원 등을 분석한다. 외적 상황과 관련해서는 학부모의 기대감, 지역사회의 가치, 변화하는 인간관계, 이데올로기, 교육정책, 교과내용, 시험제도, 교사 지원체제, 교육자료 등이 분석된다.

(나) 단계에서는 상황분석의 결과에 대한 가치판단을 포함하여 교육 활동의 방향을 설정한다(ㄱ). 교육의 방향은 교육목표의 형태로 제시되어야 하는데 여기에는 기대되는 학습 성과가 구체적으로 진술되어야 한다(ㄴ).

---

### 기출플러스

- 스킬벡의 학교 중심 교육과정 개발 모형의 특성 (2007년 유초등)
  - 교육과정 개발의 과정은 지속적이고 역동적인 성격을 지닌다. (○)
  - 교육과정 개발은 학교 현실이나 상황에 기초하여 이루어진다. (○)
  - 상황 분석 단계에서는 상황 구성의 내·외적 요인을 분석한다. (○)
  - 교육과정 개발에서 강령(platform)을 중요한 요소로 삼는다. (×)

### 암기 POINT

- 스킬벡의 학교중심 교육과정 개발 모형(SBCD)

| 상황 분석 | 학교의 내외적 요인 분석 |
|---|---|
| 목표 설정 | 교육활동의 방향 진술 |
| 프로그램 구성 | 교수학습 활동 설계 등 |
| 해석과 실행 | 교육과정 변화 및 문제 대비 |
| 모니터링, 피드백, 평가 | 지속적 평가와 재구성 |

**595.** 학교수준교육과정 개발(SBCD)의 특징으로 가장 적절한 것은?

2009년 유초등

① 각 학교의 특성을 고려한 교육과정 개발이 용이하다.
② 연구·개발·보급 모형(RDD model)에 따라 개발된다.
③ 중앙-주변 모형(center-periphery model)에 따라 개발된다.
④ 전국적·공통적 교육과정(common curriculum)의 특성을 갖는다.
⑤ 교사배제 교육과정(teacher-proof curriculum)이라는 지적을 받는다.

■ **정답 및 해설**
① 학교수준 교육과정 개발은 학교의 구체적인 개별 상황을 분석하여 교육의 목표를 설정하고 프로그램을 구성하며, 실행의 결과를 피드백하므로 각 학교의 특성을 고려한 교육과정 개발이 용이하다.

◇ **오답 체크**
② 연구·개발·보급 모형(RDD model)은 새로운 교육 프로그램이나 교수 자료를 전문가들이 연구하고, 개발하여, 현장의 교사들에게 보급하는 과정을 통해 종합적 체계적인 교육개혁을 이루려는 모형으로 국가수준 교육과정에 적용되는 모형이다.
③ 중심-주변 모형은 중앙집권적 교육과정 개발 방식으로, 중앙에서 설계된 교육과정을 지역 및 학교로 전달하고, 이를 실행하는 방식이다. 이 모형은 교육의 통일성과 효율성을 보장하지만, 현장의 자율성과 학생 개별성을 충분히 고려하지 못할 수 있다는 한계가 있다.
④ 국가수준 교육과정은 전국적으로 공통적인 교육과정을 적용하는 데 효과적이다.
⑤ 교사배제 교육과정은 현장 교사들의 개입이나 전문성에 크게 의존하지 않고, 중앙의 교육과정 개발자나 교육 정책 결정자들이 교육과정을 계획하고 통제하는 교육과정을 말한다. 중앙집권적이고 표준화된 교육과정으로, 교사의 역할을 최소화하고, 교육의 일관성과 효율성을 강조하는 모델이다. 그러나 교사의 자율성과 창의성 및 전문성 개발을 억제하고, 학생들의 개별적 요구를 반영하는 데는 한계가 있다는 단점이 있다.

595 ①

## 출포 185. 위긴스와 맥타이의 백워드 설계 모형   C

 기본서 251~252쪽

**596.** 위긴스(Wiggins)와 맥타이(McTighe)가 제시한 이해중심교육과정(백워드 설계)의 세 가지 설계 단계에 해당하지 않는 것은? **2021년 국가직 7급**
① 학습자의 요구와 상황 분석하기
② 바라는 결과 확인하기
③ 학습경험 계획하기
④ 수용 가능한 증거 결정하기

■ **정답 및 해설**
① 위긴스와 맥타이의 이해중심 교육과정(백워드 설계)에서는 학습자가 교육과정에 근거한 성취목표를 효과적으로 달성할 수 있도록 수업활동을 계획하도록 하는 데 중점을 둔다. 이를 위하여 교육과정 설계의 절차는 (1) 바라는 결과 확인하기(목표설정) → 수용가능한 증거 결정하기(평가계획) → 학습경험 계획하기(수업계획) 순으로 진행한다. 이들의 모형에서 학습자의 요구와 상황을 분석하는 절차는 언급되지 않았다.

**597.** (가)의 백워드 교육과정 설계 방식을 가장 잘 설명한 것은? **2010년 유초등**

> 김 교사는 해당 학년에서 성취해야 할 교육과정상의 목표가 있으며 그 성취정도를 평가해 성취목표 달성수준에 대한 정보를 제공하고, 학습자가 성취목표를 달성할 수 있도록 효과적으로 돕는 것이 중요하다고 생각한다. 이와 같은 생각에서 김 교사는 교육과정을 (가)백워드(backward) 방식으로 설계하는 것이 적절하며, 이는 성취기준과 교육의 책무성이 강조되는 최근 상황에도 부합한다고 본다.

① 학습자 흥미를 강조하는 활동 중심으로 설계한다.
② 탈 목표(goal-free) 모형에 의해 평가가 이루어진다.
③ 목표설정, 평가계획, 수업활동계획 순으로 설계한다.
④ 교사와 학생의 협동 작업을 강조하는 구안법을 활용한다.
⑤ 학습자의 경험을 중시하는 과목 간의 횡적 통합을 강조한다.

■ **정답 및 해설**
③ 백워드 교육과정 설계 방식에서는 성취해야 할 교육목표를 설정하고, 교육목표의 성취여부를 판정하기 위한 평가방법을 계획하며, 평가활동에 적합한 수업활동을 계획하는 순서로 수업을 설계한다. 타일러의 교육과정 개발 모형에서 학습경험 선정 및 조직(수업활동 계획) 단계가 학습성과 평가(평가계획)의 단계 앞에 오는 것과는 반대 방향으로 교육과정 설계를 진행하므로, 백워드 방식이라고 한다.

---

**암기 POINT**

• 위긴스와 맥타이 백워드(역행) 설계 모형 : 이해중심 교육과정

| | |
|---|---|
| 목표 설정 | 수업 후 기대하는 교육결과 확인하기 (영속적 이해 추구) |
| 평가 계획 | 수용가능한 증거 결정하기 (GRASPS 모형) |
| 수업 계획 | 수업내용과 학습경험 선정 및 조직 (WHERETO 모형) |

596 ①　597 ③

598. 다음은 위긴스와 맥타이(G. Wiggins & J. McTighe)의 백워드 설계(Backward Design)에서 학교교육의 목표가 되는 6가지 이해에 관한 진술이다. (가) 가장 낮은 수준의 이해와 (나) 가장 높은 수준의 이해를 바르게 짝지은 것은?  2012년 중등

> ㄱ. 비판적이고 통찰력 있는 견해(관점)
> ㄴ. 의미를 제공하는 서술이나 번역(해석)
> ㄷ. 타인의 감정과 세계관을 수용할 수 있는 능력(공감)
> ㄹ. 지식을 새로운 상황이나 다양한 맥락에 효과적으로 사용하는 능력(적용)
> ㅁ. 사건과 아이디어들을 '왜' 그리고 '어떻게'를 중심으로 서술하는 능력(설명)
> ㅂ. 자신의 무지를 아는 지혜 혹은 자신의 사고와 행위를 반성할 수 있는 능력(자기지식)

|   | (가) | (나) |   | (가) | (나) |
|---|---|---|---|---|---|
| ① | ㄴ | ㄱ | ② | ㄴ | ㄷ |
| ③ | ㄹ | ㅂ | ④ | ㅁ | ㄷ |
| ⑤ | ㅁ | ㅂ | | | |

■ 정답 및 해설

⑤ 위긴스와 맥타이의 백워드 설계는 이해중심 교육과정을 지향한다. 즉, 단순히 많은 양의 지식을 전달하기 보다는 교과내용에 대한 '영속적 이해'를 형성하는 것을 교육목표로 한다. 영속적 이해는 다시 6가지 수준의 이해로 구분되는데, 가장 낮은 수준에서부터 높은 수준으로 열거하면 설명(ㅁ), 해석, 적용, 관점, 공감, 자기지식(ㅂ)의 순이다.

**암기 POINT**

• 위긴스와 맥타이의 이해중심 교육과정 : 영속적 이해의 수준

| 설명 | 사건과 개념을 서술 |
|---|---|
| 해석 | 의미를 번역 및 서술 |
| 적용 | 새로운 상황에 적용 |
| 관점 | 비판적 통찰적 견해 |
| 공감 | 타인의 감정 관점 수용 |
| 자기지식 | 자신의 사고와 행위를 반성하는 능력 |

598 ⑤

## 04. 워커의 자연주의적 모형

### 출포 186. 워커의 교육과정 개발 모형　C

기본서 253쪽

**599.** 다음의 내용을 모두 포함하는 교육과정개발 이론은? 　2017년 국가직 9급

- 강령을 표방하고, 해당 강령을 지지하는 자료를 검토하는 강령(platform) 단계
- 다양한 대안을 검토하고 이를 토대로 적절한 대안을 도출하는 숙의(deliberation) 단계
- 선택한 대안을 구체적 프로그램으로 만드는 설계(design) 단계

① 타일러(R. Tyler)의 이론
② 아이스너(E. Eisner)의 이론
③ 타바(H. Taba)의 이론
④ 워커(D. Walker)의 이론

■ 정답 및 해설

④ 교육과정이 '강령-숙의-설계'의 단계를 거쳐 개발된다고 보는 모형은 워커의 이론이다. 워커는 자연주의적 교육과정 개발 모형을 통해, 교육과정 개발 참여자들의 집단적 '숙의'의 과정을 중심으로 한 교육과정 개발 모형을 제시하였다.

**암기 POINT**

- 워커의 자연주의적 교육과정 개발 모형

| 강령 단계 | 교육과정 목적, 이념, 이론에 대한 참여자들의 공감대 형성 |
|---|---|
| 숙의 단계 | 교육과정 대안 검토 및 집단적 논의 전개 |
| 설계 단계 | 구체적인 프로그램 설계 및 문서화 |

**600.** 다음 ㉠과 ㉡에 해당하는 용어로 올바른 것은? 　2015년 지방직 9급

- 타일러(R.Tyler)는 교육과정 개발 단계를 ( ㉠ ), 학습경험 선정, 학습경험 조직, 교육평가로 제시하였다.
- 워커(D.Walker)가 제안한 교육과정 개발 단계는 강령(platform), ( ㉡ ), 설계(design)로 구성된다.

|　| ㉠ | ㉡ |
|---|---|---|
| ① | 교육목표 설정 | 숙의(deliberation) |
| ② | 교육내용 결정 | 숙의(deliberation) |
| ③ | 교육목표 설정 | 처방(prescription) |
| ④ | 교육내용 결정 | 처방(prescription) |

599 ④ 　600 ①

제6장 교육과정 **417**

■ 정답 및 해설
① ㉠ 타일러는 교육과정 개발 절차 중 '교육목표의 설정' 단계를 가장 중시하였으며, 교육과정 개발의 가장 첫 단계로 두는 목표중심 교육과정 모형을 제시하였다. 타일러는 교육의 목표를 설정하기에 앞서 교육내용을 먼저 결정하여 온 기존의 교육과정 개발 관행을 비판하였다.
㉡ 워커는 교육과정 개발 과정을 정치적 과정이라고 간주하면서, 참여자들이 '강령'을 표방하고, 이들 간에 '숙의'를 전개하며, 도출된 합의에 기초하여 교육과정을 '설계'하는 절차를 통해 교육과정이 개발되어야 한다고 주장하였다.

**601.** 워커(D. Walker)가 제안한 자연주의적 교육과정 개발 모형의 숙의(deliberation) 단계에 해당되는 사항을 다음에서 고르면? 2012년 유초등

> ㄱ. 대안들의 예상되는 결과를 검토하기
> ㄴ. 교육과정 개발의 목적과 그것을 달성하기 위한 방법을 확인하기
> ㄷ. 교육과정 개발 참여자들이 갖고 있는 개념, 이론, 목적 등에 관한 공감대 형성하기
> ㄹ. 교육과정을 구성하는 교과의 선정, 수업방법이나 자료 등을 확정하며, 이를 위한 행·재정적 지원 절차 등을 계획하기

① ㄱ, ㄴ   ② ㄱ, ㄷ   ③ ㄴ, ㄷ
④ ㄴ, ㄹ   ⑤ ㄷ, ㄹ

■ 정답 및 해설
① 워커의 자연주의적 교육과정 개발 모형에서 숙의 단계는 교육과정 개발 과정의 참여자들이 다양한 교육과정 대안들을 검토하고 최적의 대안을 찾아내기 위한 집단적 대화와 논쟁을 전개하는 단계이다. 구체적으로는, ⓐ 교육과정 문제를 규명하기, ⓑ 다양한 대안들을 창출하기, ⓒ 각 대안들의 장단점을 비교·검토하기, ⓓ 관련된 집단들의 입장과 가치를 검토하기, ⓔ 가장 적절한 대안을 선택하기의 절차를 거치는 것이 바람직하다.
ㄱ. 대안들의 예상되는 결과를 검토하는 것은 각 대안들의 장단점을 비교하기 위해 필요한 부분이다.
ㄴ. 교육과정 개발의 목적을 확인하는 것은 교육과정 문제를 규명하는 것이며, 목적 달성을 위한 방법을 확인하는 것은 다양한 대안을 창출하는 과정으로 볼 수 있다.

◇ 오답 체크
ㄷ은 강령 단계, ㄹ은 설계 단계에 해당한다.

601 ①

**602.** 워커(D. Walker)가 제안한 교육과정 개발 모형에 대한 설명으로 가장 적절한 것은?  2009년 유초등

① 합리적·처방적 교육과정 개발 모형에 속한다.
② 학업성취 향상을 위해서 역행설계(backward design) 방식을 취한다.
③ 교육과정 개발 절차를 준수할 것과 그 절차의 직선적 계열성을 강조한다.
④ 개발 참여자들의 기본 입장이 제시되는 강령(platform)이 중요한 요소이다.
⑤ 개발 과정이 5단계로 구분되어 있고, 어느 단계에서도 개발을 시작할 수 있다.

■ 정답 및 해설
④ 교육과정 개발 과정에의 참여자들이 바람직한 교육의 목적, 가치, 방향 등에 대한 입장을 제시하고 이에 관한 공감대를 형성하는 단계가 '강령' 단계이다. 이 단계를 통해 참여자들이 교육과정 개발을 위한 공통된 기반을 형성할 수 있으며, 이를 바탕으로 교육과정 대안을 검토하고 논의하는 숙의 단계를 진행하게 되므로, 교육과정 개발 과정의 중요한 요소가 된다.

◇ 오답 체크
①, ③ 타일러의 교육과정 개발 모형에 대한 설명이다. 타일러의 모형은 교육목표 달성을 위해 가장 효과적인 교육과정을 개발하는 공학적 절차를 제시하는 데 중점을 둔 모형이다.
② 위긴스와 맥타이어의 백워드 교육과정에 대한 설명이다.
⑤ 스킬벡의 학교중심 교육과정 개발 모형에 대한 설명이다. 스킬벡의 모형은 '상황분석 → 목표 설정 → 프로그램 구성 → 해석과 실행 → 모니터링, 피드백, 평가, 재구성'의 다섯 단계로 교육과정 개발 절차를 제시하였다. 스킬벡은 어떤 단계에서든지 개발 절차가 시작될 수 있으며, 각 단계들이 역동적으로 상호작용한다는 점을 강조하였다.

**603.** 교육과정 학자와 그의 업적이 잘못 연결된 것은?  2006년 중등

① 타바(H. Taba) : 귀납적 탐구 과정과 교육과정 개발에서 교사의 역할을 강조하였으며, 사회과의 '단원' 구성법을 제시하였다.
② 보빗(F. Bobbitt) : 과학적 관리에 기초한 활동 분석법을 활용하여 교육목표를 설정하였고, 전문가에 의한 교육과정 개발을 강조하였다.
③ 워커(D. Walker) : 교육 수요자의 요구 분석에 기초하여 교육목표를 설정하고, 체계적 절차를 따르는 교육과정 개발 모형을 제안하였다.
④ 스펜서(H. Spencer) : 근대 과학의 연구 성과를 교육과정 논의에 적용하였고, 실생활을 향상시키는 데 기여하는 지식의 우선순위를 정하였다.

■ 정답 및 해설
③ 워커는 교육과정 참여자들의 집단적·정치적 논쟁과 합의의 과정을 강조하였다. 설정된 교육목표에 따른 체계적 교육과정 개발 모형을 제안한 것은 타일러이다.

602 ④  603 ③

# 05. 아이스너의 예술적 모형

## 출포 187. 아이스너의 교육과정 개발 모형    B

기본서 254~255쪽

**604.** 아이즈너(Eisner)의 교육과정 이론에 대한 설명으로 옳은 것만을 모두 고르면?    2023년 지방직 9급

ㄱ. 행동목표 중심으로 교육과정을 개발해야 한다.
ㄴ. 내용선정 과정에서 영 교육과정에 대해서 신중히 고려해야 한다.
ㄷ. 학습기회의 유형을 개발할 때 교육적 상상력을 동원해야 한다.
ㄹ. 교육과정 개발 과정은 목표설정부터 평가방법 개발에 이르는 직선적 과정이다.

① ㄱ, ㄴ    ② ㄱ, ㄹ    ③ ㄴ, ㄷ    ④ ㄷ, ㄹ

### ■ 정답 및 해설

③ 아이즈너는 예술적 교육과정 모형을 통해 교육과정에 대한 새로운 개념과 접근방법을 제시하였다. 교육내용 선정과 관련하여 '영 교육과정'의 개념을 제안하면서 교육과정의 개념을 확장하였으며, 학습기회의 유형 개발과 관련하여서는 교육과정 개발에 참여하는 전문가(교사)들이 '교육적 상상력'을 동원하여 새로운 학습기회를 창출해 낼 것을 강조하였다.

### ◇ 오답 체크

ㄱ. 행동적 용어로 진술된 교육목표 중심으로 교육과정을 개발해야 한다고 주장한 학자는 타일러가 대표적이다.
ㄹ. 교육과정 개발 과정을 목표 설정에서 평가에 이르는 과정으로 제시하였으며, 교육과정 개발 과정을 직선적인 과정으로 보았다는 비판을 받는 학자는 타일러이다.

**605.** 아이즈너(Eisner)의 교육과정 이론에 대한 설명으로 옳지 않은 것은?    2020년 국가직 7급

① 교육적 감식안에 토대한 표준화 검사가 필요하다.
② 평가는 교육과정 개발의 모든 과정에서 이루어져야 한다.
③ 교육내용을 선정할 때 학교에서 가르치지 않는 것에 대하여 고려해야 한다.
④ 행동적 목표에 대한 보완으로 표현적 결과(expressive outcomes)를 고려해야 한다.

### ■ 정답 및 해설

① 아이즈너는 교육과정 및 평가를 공학적 절차에 비유한 타일러의 모형을 비판하면서, 교육과정 및 평가를 예술적 과정으로 이해해야 한다고 주장한다. 특히, 아이즈너는 학생을 평가하는 일은 예술작품을 비평하는 일과 유사한 일이며, 따라서 표

---

**암기 POINT**

• 아이스너의 예술적 교육과정 개발 모형

| 단계 | 관련 개념 |
|---|---|
| 교육목표 설정 | 행동적 목표<br>문제해결 목표<br>표현적 결과 |
| 교육내용 선정 | 영 교육과정 |
| 학습기회 개발 | 교육적 상상력 |
| 내용 조직 | 범교과적 조직 |
| 제시·반응 양식 개발 | |
| 평가절차 적용 | 양적+질적 평가<br>교육적 감식안<br>교육적 비평능력 |

604 ③    605 ①

준화된 평가도구를 사용하는 것 보다는 교육평가의 전문가인 교사가 교육적 감식안을 토대로 실시하는 것이 바람직하다고 보았다.

'교육적 감식안'이란 학습자의 특성이나 수행을 평가하는 데 있어서 평가대상의 미묘하면서도 중요한 특질을 정확히 인식하고 그 질을 판단할 수 있는 전문가적 능력을 말한다. 표준화된 검사를 이용한 평가는 양적·객관적·분석적인 접근에 의해 평가하지만, 교육적 감식안에 토대한 평가는 학습자를 질적·주관적·총체적인 방법으로 평가한다는 점에서 차이가 있다.

## 606. 교육과정 학자와 그의 업적이 바르게 연결된 것은?   2014년 지방직 9급

① 워커(Walker) : 교육과정을 쿠레레(currere)의 관점으로 재개념화하였다.
② 보비트(Bobbitt) : '목표 설정 – 학습경험의 선정 – 학습경험의 조직 – 평가'의 교육과정 구성 요소를 밝혔다.
③ 파이너(Pinar) : 실제 교육현장에서 이루어지는 교육과정 개발 과정을 3단계로 제시하였다.
④ 아이즈너(Eisner) : 예술 교육과 교육과정에 대한 질적인 연구를 시도하였다.

■ **정답 및 해설**

④ 아이즈너는 예술적 사고와 질적 평가의 개념을 통해 교육과정을 바라보는 새로운 시각을 제시한 학자이다. 교육과정 설계에 있어서는 예술적 사고를 통해 교육적 상상력을 발휘하여 다양한 학습기회를 개발할 것을 강조하였다. 아이즈너는 교육평가에서 정량적 평가의 한계를 지적하면서, 교육적 감식안을 이용한 비편적 평가를 중시하였다. 교육의 목표에 있어서도 사전에 계획하지 않았으나 결과적으로 발생한 교육적 성과를 평가의 대상으로 삼을 것을 강조하였다. 이와 같은 아이즈너의 접근은 질적 연구의 접근방법을 교육적으로 적용한 것으로 해석된다.

◇ **오답 체크**
① 교육과정 재개념주의 학자인 파이너에 대한 설명이다.
② 목표중심 교육과정 모형을 제시한 타일러에 대한 설명이다.
③ 실제적 교육과정 모형을 제시한 워커에 대한 설명이다.

## 607. 아이즈너(E. Eisner)가 말한 '표현적 결과(expressive outcome)'에 관한 설명으로 가장 적절한 것은?   2009년 유초등

① 수업내용을 분석하여 측정 가능한 행동 용어로 결과를 진술한다.
② 수업결과로 나타나는 목표를 의미하는 것으로서 수업 전에 미리 정해져 있다.
③ 수업시간에 일정한 조건을 주고, 그 조건 내에서 문제 해결책을 발견해 내는 활동이다.
④ 설정된 목표에 따라 학습 내용을 가르치고, 그 결과를 파악할 필요가 있을 경우에 적합하다.
⑤ 구체적인 목표 없이 수업을 시작하여 수업 활동 중 혹은 종료 후 결과적으로 얻게 되는 것이다.

606 ④   607 ⑤

### 기출플러스

- 아이즈너의 '문제해결 목표'
  (2007년 유초등)
- 몸이 불편한 친구를 돕기 위한 방법을 찾아낸다.
- 한정된 예산으로 학습 효과를 최대화할 수 있는 책들을 구입한다.

■ 정답 및 해설

⑤ 아이즈너의 표현적 결과 목표는 수업 전에는 구체적으로 알 수 없지만, 수업 활동 중 혹은 수업 종료 후 결과적으로 얻게 되는 것으로서 교육적 가치가 있는 결과를 의미한다. 표현적 결과 목표는 수업에서 학습자가 경험하게 되는 학습활동을 서술하는 방식으로 진술된다.

◇ 오답 체크

①, ②, ④ 행동목표에 대한 설명이다. 행동 목표는 수업을 마친 후에 학습자가 수행할 수 있어야 하는 행동을 관찰가능한 형태로 명료하게 진술한다. 행동 목표는 교사의 의도한 학습목표에 맞게 수업 이전에 결정되는 목표이다.

③ 문제해결목표에 대한 설명이다. 문제해결 목표는 일정한 조건 내에서 주어진 문제를 해결할 수 있는 다양한 방법을 발견하도록 하는 형태로 진술된다. 문제해결 목표는 다양한 해법이 가능한 문제 상황과 구체적인 조건만을 제시하고, 세부적인 행동적 결과를 미리 설정하지는 않는다는 특징이 있다.

### 608. 교육목표에 관한 아이즈너(E. Eisner)의 관점으로 적절하지 않은 것은?

2006년 유초등

① 모든 목표는 관찰 가능한 행동적 용어로 진술되어야 한다.
② 명백한 목표뿐만 아니라 의도되지 않은 목표도 고려해야 한다.
③ 어떤 교육활동에 대해서는 구체적인 목표를 미리 설정할 수 없다.
④ 어떤 목표는 교육활동이 전개된 이후에 설정되는 것이 타당하다.

■ 정답 및 해설

① 모든 교육목표는 관찰 가능한 행동적 용어로 진술되는 행동목표로 설정되어야 한다고 보는 것은 타일러의 관점이다. 아이즈너는 타일러의 이러한 주장을 비판하면서, 행동목표 이외에도 문제해결목표나 표현적 결과가 교육목표로 포함되어야 한다고 주장하였다.

### 609. 다음 중 교육과정에 대한 아이즈너(E. Eisner)의 관점에 해당하는 것은?

2004년 유초등

가. 교육과정 구성과 개발에 있어서 효율성을 우선시해야 한다.
나. 교육과정 개발자는 교육과정 현상에 대한 풍부한 '교육적 상상력'을 가져야 한다.
다. 교육목표는 구체적으로 표현될 수 있는 학습자의 행동에 초점을 두어야 한다.
라. 교육과정 평가자는 교육 현상을 보고 교육활동의 질을 판단할 수 있는 '교육적 감식안'을 지녀야 한다.

608 ① 609 ③

① 가, 나   ② 가, 다
③ 나, 라   ④ 다, 라

■ 정답 및 해설
③ 아이즈너의 교육과정 이론에서는 교육과정 개발자가 풍부한 '교육적 상상력'을 바탕으로 다양한 학습기회를 창출하여야 한다고 본다. 또, 교육과정 평가자는 '교육적 감식안'을 바탕으로 교육활동의 질을 판단하고 평가할 것이 강조된다.

◇ 오답 체크
(가)와 (다)는 타일러의 관점에 대한 설명이다.

## 06. 교육과정의 실행

### 출포 188. 스나이더의 교육과정 실행 관점    D

기본서 256~257쪽

610. 다음 대화에서 추론할 수 있는 교사와 교장의 교육과정 실행에 대한 관점을 옳게 연결한 것은?    2010년 유초등

김 교사 : 국가가 정한 교육과정이 얽매이기보다는 교사가 창의적으로 교육내용을 만들어서 가르치는 것이 중요하다고 봐요. 교육과정은 교사와 학생이 함께 만들어가는 교육경험이라 할 수 있잖아요.

이 교장 : 글쎄요. 국가 교육과정은 전국적인 교육의 질을 보장하기 위하여 공통된 내용을 정하여 실시하는 교육계획이지요. 그렇다면 교사가 수업을 임의로 해서는 안 되고, 당초 국가 교육과정에서 정한 목표와 내용을 중심으로 가르쳐야지요.

박 교사 : 두 분 말씀은 알겠는데요. 교육과정을 실제로 운영하는 것은 복잡한 일입니다. 국가 교육과정뿐만 아니라 교실 상황, 학습자 수준, 교사의 요구도 함께 고려해야죠. 교육과정 개발자와 사용자 간의 의견조정도 중요하다고 봐요.

|   | 김 교사 | 이 교장 | 박 교사 |
|---|---|---|---|
| ① | 형성(생성) 관점 | 충실성 관점 | 상호적응 관점 |
| ② | 형성(생성) 관점 | 상호적응 관점 | 충실성 관점 |
| ③ | 충실성 관점 | 상호적응 관점 | 형성(생성) 관점 |
| ④ | 충실성 관점 | 형성(생성) 관점 | 상호적응 관점 |
| ⑤ | 상호적응 관점 | 충실성 관점 | 형성(생성) 관점 |

610 ①

### 암기 POINT

• 교육과정 실행에 대한 관점

| 충실도 관점 | 계획된 교육과정을 수용하고 이를 충실하게 이행 |
|---|---|
| 상호적응 관점 | 계획된 교육과정을 상황에 맞게 융통성 있게 조정 |
| 생성적 관점 | 학생의 요구를 중심으로 교사와 학생이 함께 창출 |

■ 정답 및 해설

① 세 교사가 가진 교육과정 실행의 관점을 스나이더가 분류한 충실도, 상호적응, 형성(생성)의 관점으로 구분하면 다음과 같다.

김 교사 : 교육과정은 교사와 학생이 함께 만들어가는 것으로 보는 관점은 교육과정을 실행하는 것은 곧 교육과정을 생성하는 것이라고 보는 관점에 해당한다.

이 교장 : 교사는 국가 교육과정에서 정한 목표와 내용을 중심으로 가르치는 데 중점을 두어야 한다는 관점은 교육과정 실행의 적절성을 당초 계획에 얼마나 충실한지를 기준으로 평가하는 관점에 해당한다.

박 교사 : 교육과정을 실제로 운영하는 과정에서 국가 교육과정, 교실 상황, 학습자 수준, 교사의 요구 등을 융통성 있게 조정하여야 한다는 점을 강조하므로 상호적응 관점에 해당한다.

**611.** 교사들이 교육과정 개발에서 적극적인 역할을 수행하지 못할 경우, 교육과정을 중요하게 생각하지 않는 교육과정의 사소화 현상이 종종 일어난다. 다음에서 이러한 문제를 최소화하기 위한 적절한 방안을 골라 바르게 묶은 것은?　　　　　2005년 유초등

> 가. 단위 학교 내 학교교육과정위원회의 기능을 활성화한다.
> 나. 전문가의 연구·개발·보급 과정을 거쳐 현장에 적용하는 교육과정 개발 방식을 강화한다.
> 다. 국가는 교사 배제형 교육과정 (teacher-proof curriculum)을 개발하여 단위 학교에 보급한다.
> 라. 일반 원리에 따른 절차보다는 구체적인 실천 사례의 반성을 통해 교육과정을 개발한다.

① 가, 나　　　　　② 나, 다
③ 가, 라　　　　　④ 다, 라

■ 정답 및 해설

③ 교사들이 교육과정 개발에 적극적인 역할을 수행하지 못하는 교사배제 교육과정에 대해서는 교사들이 교육과정을 사소한 것으로 취급하는 현상이 일어난다고 하였으므로, 이를 최소화하기 위해서는 교사의 교육과정 개발 과정에의 참여를 확대하여야 할 것이다. 이를 위하여, 단위 학교 내 학교교육과정위원회의 기능을 활성화하고(가), 구체적인 실천 사례에 바탕을 교육과정을 개발할 필요가 있다(라).

◇ 오답 체크

나, 다. 교사 보다는 전문가 교육과정 개발의 중심이 되므로 교육과정 사소화 현상이 발생하기 쉽다.

611 ③

# 4. 우리나라의 국가 교육과정

## 01. 교육과정 개발 체제의 이해

### 출포 189. 교육과정 개발 체제의 이해

📖 기본서 258~259쪽

**612.** 지방 분권적 교육과정의 장점으로 볼 수 없는 것은?   2006년 유초등

① 단위 학교의 자율성과 책무성을 제고할 수 있다.
② 전국 수준의 표준화된 교육과정을 유지할 수 있다.
③ 지역 인재를 양성하여 국가 발전에 기여할 수 있다.
④ 지역 실정에 적합한 교육과정을 편성·운영할 수 있다.

■ 정답 및 해설

② 교육과정의 유형은 결정권한의 집중 정도에 따라 중앙집권적 교육과정과 지방분권적 교육과정으로 구분된다. 지방분권적 교육과정은 교육과정의 개발, 운영, 평가의 모든 활동이 해당 지역이나 단위 학교에서 이루어지는 교육과정을 말한다. 따라서 지역 실정에 적합한 교육과정을 편성·운영 있으며, 단위 학교가 자율적으로 교육과정을 운영하며 그에 대한 책임의식을 제고할 수 있다. 또한 지역 인재를 양성하여 균형적인 국가 발전에 기여할 수 있다.
한편, 중앙집권적 교육과정은 전국 수준의 표준화된 교육과정을 운영함으로써 지역 및 학교 간 교육과정의 일관성과 계속성을 확보할 수 있다. 국가가 교육의 질을 일정 수준으로 관리할 수 있으며, 지역별·학교별 교육과정을 개발하는 데 소요되는 비용을 절감할 수 있다는 장점이 있다.

**암기 POINT**

• 교육과정 개발 체제

| 중앙집권적 체제 | 지방분권적 체제 |
| --- | --- |
| 전국적인 표준화 | 지역 실정에 적합 |
| 일관성과 계속성 확보 | 전문성과 자율성 제고 |
| 국가 사회의 요구에 부응 | 단위 학교 책무성 제고 |

**613.** 다음에서 알 수 있는 우리나라 교육과정 변천과정의 경향은?   2004년 유초등

○ 초등학교 사회과에서 지역별 교과서를 개발하도록 하고 있다.
○ 시·도 교육청에 교육과정 편성 운영 지침 작성권을 부여하고 있다.
○ 학교의 실정이나 학생의 요구에 따른 교육과정을 편성·운영할 수 있도록 하고 있다.

① 교육과정 결정의 분권화   ② 교육과정 결정의 구조화
③ 교육과정 결정의 표준화   ④ 교육과정 결정의 집중화

612 ②   613 ①

■ 정답 및 해설
① 지역별 교과서를 개발하여 사용하도록 하거나, 시·도 교육청에 교육과정 편성 운영 지침 작성권을 부여하는 것은 학교의 실정이나 학생의 요구에 따른 교육과정을 편성·운영할 수 있게 하기 위한 조치로서 교육과정 결정의 분권화에 해당한다. 교육과정 결정의 분권화 경향은 제6차 교육과정(1995년 적용) 개정 시기부터 전면화 되었다.

614. 교육과정을 지방 자치적으로 운영하던 나라들이 국가 수준의 교육과정기준(National Standards) 또는 국가 교육과정(National Curriculum)을 채택하게 된 이유와 가장 거리가 먼 것은?  2002년 중등
① 교사의 전문성과 자율성을 향상시킬 수 있다.
② 교육의 책무성 강화를 통해 국가 경쟁력을 높일 수 있다.
③ 지역 교육과정 개발을 위한 비용과 시간을 절감할 수 있다.
④ 학생의 거주지 이동에 관계없이 교육의 계속성을 보장할 수 있다.

■ 정답 및 해설
① 중앙집권적 교육과정으로부터 출발하였던 우리나라와 달리, 영미권의 많은 국가들은 전통적으로 지방분권적 교육과정 체제를 가지고 있었다. 2000년대 들어 이들 국가에서는 국가의 교육경쟁력 하락과 지역 간 학력격차 등이 문제로 지적되면서 국가 수준의 교육개혁을 위한 조치들이 이루어지고 있다. 미국의 경우, 2010년에서야 국가 수준 교육과정 기준 '공통핵심기준(Common Core State Standards, CCSS)'이 채택되었다. 이런 변화는 교육의 책무성을 강화하여 국가 경쟁력을 높이고, 지역 간 교육격차를 해소하며 교육의 운영을 효율화하기 위한 조치들로 이해된다.
한편, 교사의 전문성과 자율성이 향상되는 것은 지방분권적 교육과정의 장점이다. 중앙집권적 교육과정에서는 교사들이 교육과정 결정 과정에서 소외될 수 있어 오히려 전문성과 자율성이 위축될 수 있다.

614 ①

## 02. 교육과정 개정 시기별 특징

### 출포 190. 교육과정 개정 시기별 특징

기본서 259~263쪽

**615.** 다음은 우리나라 국가 교육과정의 시기별 특징에 관한 진술이다. 시기적으로 오래된 것부터 순서대로 바르게 나열된 것은?  2012년 중등

ㄱ. 통합교과 체제의 도입
ㄴ. 창의적 체험활동의 신설
ㄷ. 시·도교육청에 교육과정 편성·운영권을 부여하기 시작
ㄹ. 고등학교 2~3학년 과정을 선택중심 교육과정으로 운영

① ㄱ-ㄷ-ㄴ-ㄹ
② ㄱ-ㄷ-ㄹ-ㄴ
③ ㄴ-ㄹ-ㄷ-ㄱ
④ ㄷ-ㄱ-ㄹ-ㄴ
⑤ ㄷ-ㄹ-ㄴ-ㄱ

■ 정답 및 해설

② ㄱ. '바른 생활'과 같은 통합 교과 교육과정은 제4차 교육과정(1981~87)에서부터 도입되었다.
ㄷ. 시도 교육청의 교육과정 편성 운영권은 제6차 교육과정(1992~97)에서부터 부여되기 시작하였다.
ㄹ. 고등학교 2~3학년 과정은 선택중심 교육과정으로, 초등 1학년~고등 1학년의 과정은 국민공통기본 교육과정으로 운영한 것은 제7차 교육과정(1997~2007) 이다.
ㄴ. 창의적 체험활동은 교육과정 편제를 대폭 변경한 2009년 개정 교육과정(2013~17)에서 신설되었다.

**616.** 다음의 국가 교육과정의 주요 변천 내용을 연도순으로 바르게 나열한 것은?  2008년 유초등

가. 유치원 교육과정이 처음 고시되었다.
나. 초등(국민)학교 교육과정에 외국어(영어)가 포함되었다.
다. 초등(국민)학교 교육과정에 '학교재량시간'을 신설·도입하였다.
라. 초등(국민)학교 저학년에 '바른생활', '슬기로운 생활', '즐거운 생활'과 같은 통합 교과 교육과정을 도입하였다.

① 가→다→라→나
② 가→라→다→나
③ 라→가→나→다
④ 라→가→다→나

### 암기 POINT

• 교육과정 개정시기별 특징

| 시기 | 특징 |
|---|---|
| 2차 (1963) | • 경험중심 교육과정<br>• 총론과 각론 구분<br>• 유치원 교육과정 도입 |
| 3차 (1973) | • 학문중심 교육과정 |
| 4차 (1981) | • 인간중심 교육과정<br>• 초 1, 2 통합교과 체제 도입 (바른생활 등) |
| 6차 (1992) | • 교육과정 결정 분권화<br>• 시·도 교육청 교육과정 편성·운영권 부여<br>• 학교재량시간 도입 |
| 7차 (1997) | • 학생중심 교육과정<br>• 국민공통기본(1~10)+선택중심 교육과정<br>• 수준별 교육과정 도입<br>• '재량활동' 도입<br>• 초등학교 영어과 도입 |
| 2007 개정 | • 수준별 교육과정 폐지 |
| 2009 개정 | • 공통 교육과정 9년, 선택 교육과정 3년<br>• 학년군, 교과군 도입<br>• 집중이수제, 교과군 시수 20% 증감 운영<br>• 창의적 체험활동 신설 |

615 ② 616 ②

■ 정답 및 해설

② 가. 유치원 교육과정은 2차 교육과정(1963~73)의 부분 개정이 이루어진 1969년에 처음 고시되었다.
　라. '바른 생활'과 같은 통합 교과 교육과정은 인간중심 교육과정을 표방한 제4차 교육과정(1981~87)에서부터 도입되었다.
　다. '학교재량시간'은 학교의 교육과정 편성 운영의 자율권을 확대하기 위한 것으로서, 교육과정 결정의 분권화를 표방한 제6차 교육과정(1992~97)에서 도입되었다.
　나. 1993년 김영삼 정부가 들어서면서 제시한 국정의 주요 과제 중 하나는 '세계화'였다. 세계화 시대의 인재 양성을 위해 1997년 처음으로 초등학교에 영어 교과가 도입되었다. 당시 초등학교 3~6학년에서 주당 2시간씩을 가르쳤다.

기출플러스
• 시기별 교육과정의 특징 (2006년 유초등)
• 제2차 교육과정은 '경험 중심 교육과정'을 표방하였다. (○)
• 제3차 교육과정은 '인간 중심 교육과정'을 표방하였다. (×)
• 제6차 교육과정은 '교육과정 결정의 분권화'를 표방하였다. (○)
• 제7차 교육과정은 '학생 중심 교육과정'을 표방하였다. (○)

**617.** 다음은 제1차 교육과정부터 제7차 교육과정까지 나타난 국가교육과정의 특징에 관한 진술이다. 옳은 것으로 묶인 것은?　2008년 중등

ㄱ. 교육과정은 9년을 주기로 개정하였다.
ㄴ. 교육과정은 교과서 편찬의 기준 역할을 하였다.
ㄷ. 수준별 교육과정은 제4차 교육과정부터 적용되었다.
ㄹ. 교과 영역과 특별활동 영역은 교육과정 편제에서 계속 유지되었다.

① ㄱ, ㄷ　　② ㄱ, ㄹ
③ ㄴ, ㄷ　　④ ㄴ, ㄹ

■ 정답 및 해설

④ ㄴ. 국가 교육과정은 학교교육에서 지켜야 할 일반적인 기준을 제시한 것으로서, 교과서 편찬에 있어서도 기준의 역할을 한다.
　ㄹ. (본 문제는 2008학년도에 출제된 문제이다. 이 시점을 기준으로 보면) 교육과정 편제 중 교과 영역과 특별활동 영역은 제1차 교육과정에서부터 계속 유지되어 왔다. 제7차 교육과정에서부터 재량활동이 추가되었다.

◇ 오답 체크
　ㄱ. 교육과정의 개정 주기는 일정하지 않으며, 현재는 부분·수시 개정 방식을 채택하고 있다.
　ㄷ. 수준별 교육과정은 제7차 교육과정에서 적용된 바 있다. 이후, 2007 개정 교육과정에서부터는 수준별 교육과정은 폐지하고 수준별 수업으로 보완하고 있다.

617 ④

**618.** 다음은 우리나라 국가교육과정의 특징을 기술한 것이다. 오래된 것부터 순서대로 바르게 나열한 것은?

2006년 중등

> ㄱ. 초등학교 1, 2학년에 통합 교육과정을 도입하였다.
> ㄴ. 국민공통기본 교육과정이 1~10학년까지 적용되었다.
> ㄷ. 시·도 교육청의 교육과정 편성 권한을 강조하기 시작하였다.
> ㄹ. 국가교육과정 문서를 총론과 각론으로 나누어 체계적으로 개발하기 시작하였다.

① ㄱ-ㄹ-ㄴ-ㄷ
② ㄴ-ㄱ-ㄹ-ㄷ
③ ㄷ-ㄱ-ㄹ-ㄴ
④ ㄹ-ㄱ-ㄷ-ㄴ

■ 정답 및 해설

④ ㄹ. 제2차 교육과정에서는 '교육과정'이라는 용어를 처음으로 사용하기 시작하였으며, 그 내용도 총론과 각론으로 나누어 제시하였다. 총론에서는 학교 교육과정 전반의 공통적이고 일반적인 기준을, 각론에서는 학교별 및 교과별 교육과정에 대한 구체적인 기준을 제시하였다.

ㄱ. 제4차 교육과정에서는 인간중심 교육과정을 표방하면서 통합 교육과정 체제를 도입하기 시작하였다. 특히, 초등학교 1, 2학년에서 '바른 생활'이나 '슬기로운 생활'과 같이 실생활 문제를 중심으로 여러 교과의 내용을 통합한 교과가 등장하기 시작하였다.

ㄷ. 제6차 교육과정 개정의 주요한 특징 중의 하나는 교육과정 결정의 분권화가 추진되었다는 것이다. 시·도 교육청에 교육과정 편성 운영 지침 작성 권한을 부여하고, 학교의 교육과정 운영 권한을 확대하였다(예. '학교재량시간' 도입).

ㄴ. 제7차 교육과정 개정은 세계화·정보화 시대에 맞는 교육을 위해서는 전면적 개혁이 필요하다는 인식을 배경으로 하였으며, 학습자 중심 교육과정을 표방하였다. 앞서 발표된 5.31 교육개혁안에서 제안한 '신교육체제'에 따라, 학습자의 개인별 특성에 맞는 다양한 교육을 제공하기 위한 변화가 이루어졌다. 대표적으로, 교육과정 체제를 국민공통기본 교육과정(1~10학년)과 선택중심 교육과정(11, 12학년)으로 나누도록 하였다.

## 03. 현행 교육과정(2009/2015/2022)

### 출포 191. 교육과정 구성의 방향

➡ 기본서 263~264쪽, 270~273쪽

**619.** 다음은 2022 개정교육과정에서 교육과정 구성의 중점 중 일부이다. (가), (나), (다)에 들어갈 말을 바르게 연결한 것은?  *2024년 국가직 9급*

> ○ 학생 개개인의 ___(가)___ 성장을 지원하고, 사회 구성원 모두의 행복을 위해 서로 존중하고 배려하며 협력하는 공동체 의식을 함양한다.
> ○ 모든 학생이 학습의 기초인 언어·수리· ___(나)___ 기초소양을 갖출 수 있도록 하여 학교 교육과 평생 학습에서 학습을 지속할 수 있게 한다.
> ○ 다양한 ___(다)___ 수업을 활성화하고, 문제 해결 및 사고의 과정을 중시하는 평가를 통해 학습의 질을 개선한다.

|   | (가) | (나) | (다) |
|---|---|---|---|
| ① | 인격적 | 디지털 | 학생 참여형 |
| ② | 인격적 | 외국어 | 학생 주도형 |
| ③ | 통합적 | 디지털 | 학생 주도형 |
| ④ | 통합적 | 외국어 | 학생 참여형 |

### ■ 정답 및 해설

① 2022 개정 교육과정의 총론에서는 본 교육과정 구성의 중점 사항을 제시하고 있다. 이 교육과정은 우리나라 교육과정이 추구해 온 교육 이념과 인간상을 바탕으로, 미래 사회가 요구하는 핵심역량을 함양하여 포용성과 창의성을 갖춘 주도적인 사람으로 성장하게 하는 데 중점을 둔다. 구체적으로는 (가) 학생 개개인의 '인격적 성장'을 지원하며, (나) 언어, 수리, 디지털 기초소양을 갖출 수 있도록 하며, (다) 학생 참여형 수업과 과정 중심 평가를 활성화하도록 하고 있다.

* 교육과정 구성의 중점 (2022 개정 교육과정)
가. 디지털 전환, 기후·생태환경 변화 등에 따른 미래 사회의 불확실성에 능동적으로 대응할 수 있는 능력과 자신의 삶과 학습을 스스로 이끌어가는 주도성을 함양한다.
나. 학생 개개인의 <u>인격적</u> 성장을 지원하고, 사회 구성원 모두의 행복을 위해 서로 존중하고 배려하며 협력하는 공동체 의식을 함양한다.
다. 모든 학생이 학습의 기초인 언어·수리· <u>디지털</u> 기초소양을 갖출 수 있도록 하여 학교 교육과 평생 학습에서 학습을 지속할 수 있게 한다.
라. 학생들이 자신의 진로와 학습을 주도적으로 설계하고, 적절한 시기에 학습할 수 있도록 학습자 맞춤형 교육과정 체제를 구축한다.
마. 교과 교육에서 깊이 있는 학습을 통해 역량을 함양할 수 있도록 교과 간 연계와 통합, 학생의 삶과 연계된 학습, 학습에 대한 성찰 등을 강화한다.

---

**암기 POINT**
- 교육과정 개정의 중점
- 미래 사회의 불확실성에 능동적 대응, 주도성 함양
- 학생 개개인의 인격적 성장, 공동체 의식 함양
- 언어·수리·디지털 기초소양 육성
- 자신의 진로와 학습 주도적 설계, 학습자 맞춤형 교육
- 교과 간 연계와 통합, 삶과 연계, 학습에 대한 성찰
- 학생 참여형 수업, 과정을 중시하는 평가, 학습의 질
- 교육과정 자율화·분권화, 교육주체 간 협조체제 구축

619 ①

바. 다양한 <u>학생 참여형 수업</u>을 활성화하고, 문제 해결 및 사고의 과정을 중시하는 평가를 통해 학습의 질을 개선한다.
사. 교육과정 자율화·분권화를 기반으로 학교, 교사, 학부모, 시·도 교육청, 교육부 등 교육 주체들 간의 협조 체제를 구축하여 학습자의 특성과 학교 여건에 적합한 학습이 이루어질 수 있도록 한다.

### 620. 2015 개정 교육과정이 제시한 미래사회 핵심역량에 해당하지 않는 것은?

2019년 국가직 7급

① 자기관리 – 자아정체성과 자신감을 가지고 자신의 삶과 진로에 필요한 기초능력과 자질을 갖추어 <u>자기주도적</u>으로 살아갈 수 있는 능력
② 문제해결 – 다양한 영역의 지식과 정보를 활용하여 문제 상황이 발생할 경우 창의적으로 해결할 수 있는 능력
③ 심미적 감성 – 인간에 대한 공감적 이해와 문화적 감수성을 바탕으로 삶의 의미와 가치를 발견하고 향유하는 능력
④ 의사소통 – 다양한 상황에서 자신의 생각과 감정을 효과적으로 표현하고 다른 사람의 의견을 경청하며 존중하는 능력

### ■ 정답 및 해설

② '핵심역량'이란 교육과정이 추구하는 인간상을 구현하기 위해 학교 교육의 전 과정을 통해 중점적으로 기르고자 하는 능력을 말한다. 2015 개정 교육과정에서는 미래사회 핵심역량으로 '자기관리 역량, 지식정보처리 역량, 창의적 사고 역량, 심미적 감성 역량, 의사소통 역량, 공동체 역량'을 제시하였다. 2022 개정 교육과정에서는 '의사소통 역량'을 '협력적 소통 역량'으로 명칭을 변경하고 보다 명확하게 규정하였다.

* 추구하는 인간상과 핵심역량 (2022 개정 교육과정)
가. 자아정체성과 자신감을 가지고 자신의 삶과 진로를 스스로 설계하며 이에 필요한 기초 능력과 자질을 갖추어 자기주도적으로 살아갈 수 있는 <u>자기관리 역량</u>
나. 문제를 합리적으로 해결하기 위하여 다양한 영역의 지식과 정보를 깊이 있게 이해하고 비판적으로 탐구하며 활용할 수 있는 <u>지식정보처리 역량</u>
다. 폭넓은 기초 지식을 바탕으로 다양한 전문 분야의 지식, 기술, 경험을 융합적으로 활용하여 새로운 것을 창출하는 <u>창의적 사고 역량</u>
라. 인간에 대한 공감적 이해와 문화적 감수성을 바탕으로 삶의 의미와 가치를 성찰하고 향유하는 <u>심미적 감성 역량</u>
마. 다른 사람의 관점을 존중하고 경청하는 가운데 자신의 생각과 감정을 효과적으로 표현하며 상호협력적인 관계에서 공동의 목적을 구현하는 <u>협력적 소통 역량</u>
바. 지역·국가·세계 공동체의 구성원에게 요구되는 개방적·포용적 가치와 태도로 지속 가능한 인류 공동체 발전에 적극이고 책임감 있게 참여하는 <u>공동체 역량</u>

**암기 POINT**

• 추구하는 인간상의 핵심역량

| 역량 | 주요 내용 |
|---|---|
| 자기관리 역량 | 자아정체성, 진로 설계, 자기주도 |
| 지식정보 처리 | 지식과 정보 이해, 비판적 탐구, 활용 |
| 창의적 사고 | 지식·기술·경험 융합, 새로운 것 창출 |
| 심미적 감성 | 문화적 감수성, 삶의 의미 성찰 |
| 협력적 소통 | 다른 사람의 관점 존중, 상호협력 |
| 공동체 역량 | 공동체 발전에 책임감있게 참여 |

621. 「2015 개정 교육과정」 총론에서 제시된 핵심역량에 해당하지 않는 것은?

2021년 지방직 9급

① 세계시민 역량
② 자기관리 역량
③ 심미적 감성 역량
④ 창의적 사고 역량

■ 정답 및 해설

① 2015 개정 교육과정에 제시된 핵심역량에는 자기관리 역량, 지식정보처리 역량, 창의적 사고 역량, 심미적 감성 역량, 의사소통 역량, 공동체 역량이 포함된다. '세계시민 역량'은 포함되지 않는다.

## 출포 192. 학교 교육과정 설계와 운영

기본서 273~277쪽

622. 「2015 개정 교육과정」에 근거해 볼 때, (가)에 들어갈 말은?

2021년 지방직 9급

> (가) 은/는 학생들이 교과를 통해 배워야 할 내용과 이를 통해 수업 후 할 수 있거나 할 수 있기를 기대하는 능력을 결합하여 나타낸 활동의 기준을 의미하며, 학생의 특성·학교 여건 등에 따라 교육과정 및 교과서 내용을 분석하여 교과협의회를 통해 재구조화할 수 있다.

① 성취기준
② 성취수준
③ 평가기준
④ 평가요소

■ 정답 및 해설

① 2015 개정 교육과정에서는 교과의 교육목표 및 교육내용을 제시할 때, 성취기준의 형식으로 제시하였다. 성취기준은 학생들이 교과를 통해 배워야 할 내용과 이를 통해 수업 후 할 수 있거나 할 수 있기를 기대하는 능력을 결합하여 나타낸 활동의 기준을 의미한다. 학교와 교사는 성취기준에 근거하여 학교에서 중요하게 지도한 내용과 기능을 평가하며 교수·학습과 평가 활동이 일관성 있게 이루어지도록 한다.

* 학교 교육과정 설계와 운영 (2022 개정 교육과정)
1. 설계의 원칙
   가. 학교는 이 교육과정을 바탕으로 학교 교육과정을 자율적으로 설계·운영하며, 학생의 특성과 학교 여건에 적합한 학습 경험을 제공한다.
   나. 학교 교육과정은 모든 교원이 전문성을 발휘하여 참여하는 민주적인 절차와 과정을 거쳐 설계·운영하며, 지속적인 개선을 위해 노력한다.

2. 교수·학습
   가. 학교는 학생들이 깊이 있는 학습을 통해 핵심역량을 함양할 수 있도록 교수·학습을 설계하여 운영한다.
   나. 학교는 학생들이 수업에 능동적으로 참여하고 학습의 즐거움을 경험할 수 있도록 교수·학습을 설계하여 운영한다.
   다. 교과의 특성과 학생의 능력, 적성, 진로를 고려하여 학습 활동과 방법을 다양화하고, 학교의 여건과 학생의 특성에 따라 다양한 학습 집단을 구성하여 학생 맞춤형 수업을 활성화한다.
   라. 교사와 학생 간, 학생과 학생 간 상호 신뢰와 협력이 가능한 유연하고 안전한 교수·학습 환경을 지원하고, 디지털 기반 학습이 가능하도록 교육공간과 환경을 조성한다.
3. 평가
   가. 평가는 학생 개개인의 교육 목표 도달 정도를 확인하고, 학습의 부족한 부분을 보충하며, 교수·학습의 질을 개선하는 데 주안점을 둔다.
   나. 학교와 교사는 성취기준에 근거하여 교수·학습과 평가 활동이 일관성 있게 이루어지도록 한다.
   다. 학교는 교과목의 성격과 학습자 특성을 고려하여 적합한 평가 방법을 활용한다.

## 출포 193. 교육과정 편성·운영의 기준 : 기본사항

기본서 277~278쪽

**623.** 「2015 개정 교육과정」 총론에서 제시한 학교 급별 교육과정 편성·운영의 기준에 해당하지 않는 것은?    2021년 국가직 7급

① 학년 간 상호 연계와 협력을 통해 학교 교육과정을 유연하게 편성·운영할 수 있도록 학년군을 설정한다.
② 학습 부담을 적정화하고 의미 있는 학습 활동이 이루어질 수 있도록 학기당 이수 교과목 수를 조정하여 집중이수를 실시할 수 있다.
③ 학교 교육과정을 편성·운영할 때 교원의 요구, 학생의 요구, 학부모의 요구, 지역사회의 요구 등을 반영하도록 노력한다.
④ 초등학교 1학년부터 중학교 3학년까지의 공통 교육과정과 고등학교 1학년부터 3학년까지의 선택 중심 교육과정으로 편성·운영한다.

■ 정답 및 해설
③ 2015 개정 교육과정에서는 학교 교육과정을 편성·운영할 때에는 교원의 조직, 학생의 실태, 학부모의 요구, 지역사회의 실정 및 교육 시설·설비 등 교육 여건과 환경을 충분히 반영하도록 노력할 것을 규정하고 있다.

623 ③

**624.** 2009 개정 교육과정에 대한 설명으로 옳은 것은?  2016년 국가직 9급

① 총론 중심의 교육과정 개정이었다.
② 초등학교에 창의적 체험활동을 없애고 '우리들은 1학년'을 신설하였다.
③ 중학교와 고등학교에 재량활동을 신설하였다.
④ 초등학교 1학년부터 고등학교 1학년까지 국민공통기본교육 과정을 적용하였다.

### ■ 정답 및 해설

① 2009 개정 교육과정은 2007 개정 교육과정이 제대로 시행되기도 전에 개정된 교육과정이었다. 2009 개정 교육과정은 교육과정 개정의 필요성에 대해 미래 사회의 변화에 대응하기 위해, 학교교육의 다양화와 자율화를 위한 총론 중심의 교육과정 개정이라는 점을 강조하였다. 이러한 방향에 따라, 2009 개정 교육과정에서는 교과군과 학년군 개념의 도입, 창의적 체험활동 신설(재량활동+특별활동 통합), 공통 및 선택 교육과정의 기간 조정 및 선택 과정 강화(공통교육과정 9년+선택 교육과정 3년), 학교의 교육과정 자율적 운영 강화(교과군별 시수 20% 이내 증감 운영, 집중이수제 등) 등의 교육과정 운영 체제상의 변화가 주로 이루어졌다.

### ◇ 오답 체크

② 2009 개정 교육과정에서는 초등학교에서 '우리들은 1학년'이라는 과목은 없애고, 새로 신설된 창의적 체험활동 시수를 활용하여 입학초기 적응 교육을 실시하도록 하였다. '우리들은 1학년' 과목은 제5차 교육과정 때 신설되었다.
③ 중학교와 고등학교에 재량활동을 신설하였던 것은 제7차 교육과정이다. 2009 개정 교육과정에서는 기존의 교과, 재량활동, 특별활동 편제에서 재량활동과 특별활동을 통합하여 창의적 체험활동을 신설하였다.
④ 초등학교 1학년부터 고등학교 1학년까지 국민공통기본교육 과정을 적용하였던 것은 제7차 교육과정이다. 2009 개정 교육과정에서는 학교 체제와 교육과정을 일치시키고 선택 교육과정을 강화하기 위해 공통 교육과정을 초등학교 1학년부터 중학교 3학년까지로 단축하였다.

---

\* 학교급별 교육과정 편성·운영의 기준 : 기본사항 (2022 개정 교육과정)

가. <u>초등학교 1학년부터 중학교 3학년까지의 공통 교육과정과 고등학교 1학년부터 3학년까지의 학점 기반 선택 중심 교육과정으로 편성·운영한다.</u>
나. 학교는 학교 교육과정 편성·운영 계획을 바탕으로 학년(군)별 교육과정 및 교과(군)별 교육과정을 편성할 수 있다.
다. <u>학년 간 상호 연계와 협력을 통해 학교 교육과정을 유연하게 편성·운영할 수 있도록 학년군을 설정한다.</u>
라. 공통 교육과정의 교과는 교육 목적상의 근접성, 학문 탐구 대상 또는 방법상의 인접성, 생활양식에서의 연관성 등을 고려하여 교과(군)로 재분류한다.
마. 고등학교 교과는 보통 교과와 전문 교과로 구분하며, 학생들의 기초소양 함양과 기본 학력을 보장하기 위하여 보통 교과에 공통 과목을 개설하여 모든 학생이 이수하도록 한다.
바. 교과와 창의적 체험활동의 내용 배열은 반드시 따라야 할 학습 순서를 의미하는 것은 아니며, 학생의 관심과 요구, 학교의 실정과 교사의 필요, 계절 및 지역의 특성

624 ①

등에 따라 각 교과목의 학년군별 목표 달성을 위해 지도 내용의 순서와 비중, 교과 내 또는 교과 간 연계 지도 방법 등을 조정하여 운영할 수 있다.
사. 학업 부담을 적정화하고 의미 있는 학습 활동이 이루어질 수 있도록 학기당 이수 교과목 수를 조정하여 집중이수를 실시할 수 있다.
아. 학교는 학교급 간 전환기의 학생들이 상급 학교의 생활 및 학습을 준비하는 데 필요한 교육을 지원하기 위해 진로연계교육을 운영할 수 있다.
자. 범교과 학습 주제는 교과와 창의적 체험활동 등 교육 활동 전반에 걸쳐 통합적으로 다루도록 하고, 지역사회 및 가정과 연계하여 지도한다.

> 안전·건강 교육, 인성 교육, 진로 교육, 민주시민 교육, 인권 교육, 다문화 교육, 통일 교육, 독도 교육, 경제·금융 교육, 환경·지속가능발전 교육

차. 학교는 가정과 학교, 사회에서의 위험 상황을 알고 대처할 수 있도록 체험 중심의 안전교육을 관련 교과와 창의적 체험활동과 연계하여 운영한다.
카. 학교는 필요에 따라 계기 교육을 실시할 수 있으며, 이 경우 계기 교육 지침에 따른다.
타. 학교는 필요에 따라 원격수업을 실시할 수 있으며, 이 경우 원격수업 운영 기준은 관련 법령과 지침에 따른다.
파. 시·도 교육청과 학교는 필요에 따라 이 교육과정에 제시되어 있는 과목 외에 새로운 과목을 개설할 수 있다. 이 경우 시·도 교육감이 정하는 지침에 따라 사전에 필요한 절차를 거쳐야 한다.
하. 특수교육 대상 학생에 대해서는 이 교육과정 해당 학년군의 편제와 시간(학점 배당)을 따르되, 학생의 교육적 요구를 고려하여 특수교육 교육과정의 교과(군) 내용과 연계하거나 대체하여 수업을 설계·운영할 수 있다.

## 출포 194. 초등학교 교육과정 편성·운영의 기준

기본서 278~281쪽

**625.** 2015 개정 교육과정(교육부 고시 제2015-74호)에서 신설된 것을 다음에서 모두 고른 것은?  2018년 지방직 9급

ㄱ. 통합사회    ㄴ. 통합과학
ㄷ. 안전한 생활    ㄹ. 창의적 체험활동
ㅁ. 우리들은 1학년

① ㄱ, ㄴ
② ㄱ, ㄴ, ㄷ
③ ㄱ, ㄷ, ㄹ, ㅁ
④ ㄴ, ㄷ, ㄹ, ㅁ

■ 정답 및 해설
② 2015 개정 교육과정에서는 창의융합형 인재 양성을 위해 기초소양교육을 강화하고자 하였다. 이를 위해 문과와 이과 구분 없이 모든 학생이 사회나 과학에 관한 기초소양을 교육하기 위한 교과로 「통합사회」와 「통합과학」 과목을 고등학교에 신설하였다.

**암기 POINT**
• 개정시기별 신설 교과목

| | |
|---|---|
| 2009 개정 | 창의적 체험활동 (편제) |
| 2015 개정 | 안전한 생활(초) 자유학기(중) 통합사회, 통합과학(고) |
| 2022 개정 | 학교자율시간 진로연계교육 데이터과학, 소프트웨어와 생활(고) |

625 ②

한편, 2014년 세월호 참사 이후 안전교육 강화에 대한 사회적 요구를 반영하여, 초등학교 1~2학년에는 「안전한 생활」이라는 교과를 신설하되, 창의적 체험활동으로 편성하였다. 2022 개정 교육과정에서는 안전한 생활의 내용을 재구조화하여 바른 생활, 슬기로운 생활, 즐거운 생활의 교과와 연계하여 생활중심의 안전교육으로 실시하도록 하였다.

◇ 오답 체크

ㄹ. '창의적 체험활동'은 교육과정 편제 영역의 하나로 2009 개정 교육과정에서 신설되었다. 세부 영역은 자율 활동, 동아리 활동, 봉사 활동, 진로 활동의 구성하였다.
2022 개정 교육과정에서는 창의적 체험활동의 세부 영역을 자율·자치 활동, 동아리 활동, 진로 활동의 3가지 영역으로 재편하였다. 기존의 봉사활동은 동아리활동 영역에 포함하되, 모든 활동과 연계 가능하도록 한 것이다.

ㅁ. '우리들은 1학년'은 초등학교 1~2학년에서 창의적 체험활동에 포함하여 교육하였던 교과로, 2009 개정 교육과정에서 폐지되었다.

### 암기 POINT

* 2022 개정 교육과정 수업시수 변화 (초등학교 1~2학년)

| | 교과 | 창체 | 합계 |
|---|---|---|---|
| 2015 개정 | 1,408 | 336 | 1,744 |
| 2022 개정 | 1,506 | 238 | 1,744 |
| 증감 | +98 | -98 | 0 |

### 더 알아두기

* 고등학교 시수(단위) 변화

| | 교과 | 창체 | 합계 |
|---|---|---|---|
| 2015 개정 | 94 (필수) 86 (자율) | 24 (408) | 204 |
| 2022 개정 | 84 (필수) 90 (자율) | 18 (288) | 192 |
| 증감 | -10 (필수) +4 (자율) | -6 (-120) | -12 |

**626.** 2015 개정 국가교육과정에 대한 설명으로 옳지 않은 것은?

2017년 국가직 9급

① 추구하는 인간상을 구현하기 위한 핵심역량으로 자기관리, 지식정보처리, 창의적 사고, 심미적 감성, 의사소통, 공동체 역량을 제시하였다.
② 고등학교 공통과목으로 통합사회와 통합과학을 신설하였다.
③ 초등학교에 '안전한 생활'을 신설하였다.
④ 초등학교 1~2학년의 학습부담을 줄이기 위하여 총수업시간 수를 감축하였다.

■ 정답 및 해설

④ 2015 개정 교육과정에서는 '안전한 생활'의 교육을 위해 초등학교 1~2학년에서 총 수업시간 수를 64시간 증가시켰다.
한편, 2022 개정 교육과정에서는 초등학교 1~2학년의 '안전한 생활'은 폐지하고, 통합교과와 연계하여 실시하도록 하였다. 그에 따라 창의적 체험활동의 수업시수는 축소하고, 교과 수업시수를 64시간 증가시켰다. 그 외에도, 기초문해력 신장을 위한 한글해독 교육 강화를 위해 국어 시간을 34시간 증가시켰다. 단, 총 수업시간 수는 기존대로 유지하였다.

* 초등학교 1~2학년 수업시수 증감

| 구 분 | 2009 개정 | 2015 개정 | 2022 개정 |
|---|---|---|---|
| 교과 | 1,408 | 1,408 | 1,506 |
| 창의적 체험활동 | 272 | 336 | 238 |
| 총 수업시간 수 | 1,680 | 1,744 | 1,744 |

626 ④

## 출포 195. 중학교 교육과정 편성·운영의 기준

기본서 281~283쪽

**627.** 「초·중등교육법 시행령」상 (가), (나)에 들어갈 말을 바르게 연결한 것은?  
2024년 지방직 9급

> 제48조의2(자유학기의 수업운영방법 등) ① 중학교 및 특수학교(중학교의 과정을 교육하는 특수학교로 한정한다)의 장은 자유학기에 ┌─(가)─┐ 을 실시하고 학생의 진로탐색 등 다양한 체험을 위한 ┌─(나)─┐ 을 운영해야 한다.

| | (가) | (나) |
|---|---|---|
| ① | 학생 참여형 수업 | 진로교육 |
| ② | 학생 참여형 수업 | 체험활동 |
| ③ | 학생 주도형 수업 | 진로교육 |
| ④ | 학생 주도형 수업 | 체험활동 |

### ■ 정답 및 해설

② 2022 개정 교육과정에 따라, 중학교 과정 중 한 학기는 자유학기로 운영하되, 해당 학기의 교과 및 창의적 체험활동을 자유학기 취지에 부합하도록 편성·운영한다. 자유학기에는 지역 및 학교 여건을 고려하여 자율적으로 학생 참여 중심의 주제선택 활동과 진로 탐색 활동을 운영한다. 자유학기에는 토의·토론 학습, 프로젝트 학습 등 학생 참여형 수업을 강화하고, 학습의 과정을 중시하는 다양한 평가 방법을 활용하되, 일제식 지필 평가는 지양한다.

**암기 POINT**

- 자유학기제
  – 초중등교육법 시행령

제48조의2(자유학기의 수업운영방법 등) ① 중학교 및 특수학교(중학교의 과정을 교육하는 특수학교로 한정한다)의 장은 자유학기에 학생 참여형 수업을 실시하고 학생의 진로탐색 등 다양한 체험을 위한 체험활동을 운영해야 한다.

---

**628.** 자유학기제에 대한 설명으로 옳은 것은?  
2018년 국가직 9급

① 자유학기제 기간에는 중간고사, 기말고사, 수행평가 등의 평가를 실시할 수 없다.
② 2013년도에 연구학교에서 시작되었고, 2015년도부터 모든 중학교에서 시행되었다.
③ 자유학기 활동으로는 진로탐색 활동, 주제선택활동, 예술·체육 활동, 동아리 활동이 있다.
④ 중학교의 장은 해당 학교 교원 및 학부모의 의견을 수렴하여 자유학기제의 실시 여부를 결정할 수 있다.

### ■ 정답 및 해설

③ 2015 개정 교육과정에서는 학생들이 자신의 적성과 미래에 대해 탐색하고, 학습의 즐거움을 경험하여 스스로 공부하는 자기주도적 학습 능력과 태도를 기를 수 있도록 '자유학기'를 도입하였다. 자유학기는 중학교 과정 중 한 학기 이상을 운영

**암기 POINT**

- 2015/2022 자유학기제

| | 시수 | 활동영역 |
|---|---|---|
| 2015 개정 | 170 | 주제선택 활동, 진로탐색 활동, 예술체육 활동, 동아리 활동 |
| 2022 개정 | 102 | 주제선택 활동, 진로탐색 활동 |
| 비고 | −68 | 영역 축소 |

627 ② 628 ③

하도록 법제화되었다. 세부 활동으로는 진로탐색, 주제선택, 예술체육, 동아리 활동으로 구성하도록 하였다.

한편, 2022 개정 교육과정에서는 자유학기제 영역의 시수를 적정화하는 차원에서 해당 학기의 수업시수 중 자유학기 활동을 위한 시수를 기존 170시간 이상으로 편성하였던 것을 102시간 이상으로 감축하도록 하고, 활동 영역도 주제선택 활동과 진로탐색 활동의 2가지로 개편하였다.

◇ 오답 체크
① 자유학기에는 학생의 학습과 성장을 지원하는 과정 중심의 평가인 수행평가를 실시하도록 권장되며, 중간고사와 기말고사 등의 일제식 평가는 지양한다.
② 자유학기는 2013년도에 연구학교에서 시작되었고, 2016년도부터 전국의 중학교에서 시행되었다.
④ 자유학기는 학교별 선택사항이 아니라, 2015년 개정된 「초·중등교육법시행령」에 법적 근거를 두어 해당 학교가 반드시 한 학기는 실시하여야 하는 의무 사항이다.

## 출포 196. 고등학교 교육과정 편성·운영의 기준

기본서 283~290쪽

**629.** 2009년에 개정·고시된 학교 교육과정의 편성·운영에 대한 설명으로 옳은 것은?  2011년 국가직 7급
① 교육과정은 교과(군), 특별활동, 창의적 체험활동으로 편제되어 있다.
② 중학교의 교과(군)에 선택이 편제되어 있다.
③ 초등학교의 경우 교과(군)별 수업 시수를 증감할 수 있으나 10% 이내로 제한된다.
④ 고등학교의 보통 교과 영역은 기초, 탐구, 생활·교양의 3영역으로 구성되어 있다.

■ 정답 및 해설
② 2009 개정 교육과정에서 중학교의 교과(군)는 필수 교과와 선택 교과로 구분된다. 선택 교과에는 한문, 정보, 환경, 생활 외국어(독일어, 프랑스어, 스페인어, 중국어, 일본어, 러시아어, 아랍어), 보건, 진로와 직업 등이 포함되었다.
2022 개정 교육과정에서 중학교의 선택 교과는 일부 변경되어, 한문, 환경, 생활 외국어(생활 독일어, 생활 프랑스어, 생활 스페인어, 생활 중국어, 생활 일본어, 생활 러시아어, 생활 아랍어, 생활 베트남어), 보건, 진로와 직업 등의 과목으로 구성되어 있다.

암기 POINT
• 고등학교 교과목 편제(2022 개정 교육과정)

| 보통교과 | [8개 교과군]<br>국어, 수학, 영어, 사회(역사/도덕 포함), 과학, 체육, 예술, 기술가정/정보/제2외국어/한문/교양 | |
|---|---|---|
| | 공통과목 | 선택과목<br>(일반,진로,융합) |
| 전문교과 | [특성화 고등학교, 산업수요 맞춤형 고등학교]<br>국가직무능력표준 등을 고려하여 구성 | |
| | 전문공통 | 전문일반 | 전공실무 |

629 ②

◇ 오답 체크
① 2009 개정 교육과정에서는 특별활동이 창의적 체험활동으로 통합되었기 때문에, 교육과정의 편제는 교과(군)와 창의적 체험활동만 구성되어 있다. 2022 개정 교육과정에서도 이 편제는 유지되고 있다.
③ 2009 개정 교육과정에서 초등학교와 중학교는 모두 학교의 특성, 학생·교사·학부모의 요구 및 필요에 따라 학교가 자율적으로 교과(군)별 수업 시수를 증감하여 운영할 수 있도록 하였으며, 그 범위는 20% 이내로 제한하였다. 2022 개정 교육과정에서도 이와 같은 규정이 적용된다.
④ 2009 개정 교육과정에서 고등학교 보통 교과의 영역은 기초, 탐구, 체육·예술, 생활·교양의 4영역으로 구성하였다. 2022 개정 교육과정에서는 영역을 따로 구분하지 않고, 국어, 수학, 영어, 사회(역사/도덕 포함), 과학, 체육, 예술, 기술·가정/정보/제2외국어/한문/교양의 8개 교과로 구분하고 있다. 또, 보통 교과는 공통 과목과 선택 과목으로 구분하고, 선택 과목은 일반선택, 진로선택, 융합선택 과목으로 구분한다.

## 출포 197. 학교 교육과정 지원

기본서 291~295쪽

**630.** 2015 개정 교육과정에서 현재 고시하고 있는 국가 수준의 지원 사항에 해당하는 것은?  2021년 국가직 9급
① 학교가 새 학년도 시작에 앞서 교육과정 편성·운영에 관한 계획을 수립할 수 있도록 교육과정 편성·운영 자료를 개발·보급하고, 교원의 전보를 적기에 시행한다.
② 교과와 창의적 체험활동에 필요한 교과용 도서의 인정, 개발, 보급을 위해 노력한다.
③ 교과별 평가 활동에 활용할 수 있는 다양한 평가방법, 절차, 도구 등을 개발하여 학교에 제공한다.
④ 안정적인 원격수업을 지원하기 위해 학교의 원격수업 인프라 구축, 교원의 원격수업 역량강화 등에 필요한 행·재정적인 지원을 한다.

■ 정답 및 해설
③ 국가 수준 교육과정 기준에서는 학교 교육과정의 충실한 설계와 운영을 위해 국가 수준의 지원 사항과 교육청 수준의 지원 사항을 각각 제시하고 있다. ③은 국가 수준의 지원 사항이며, ①, ②, ④는 교육청 지원 사항에 해당된다.
국가 수준의 지원 사항은 전국 공통으로 적용되는 기준 및 자료의 개발과 연구에 중점이 있으며, 교육청 수준의 지원 사항은 지역이나 학교의 특성을 반영하고, 학부모나 지역사회의 참여를 지원하며, 학교의 교육 인력, 시설 및 환경을 조성하는 것과 관련되는 일을 중점으로 한다.

630 ③

특히, 2022 개정 교육과정에서는 '교육과정의 질 관리', '학습자 맞춤교육 강화', '학교의 교육 환경 조성' 측면에서 각각 국가 및 교육청의 지원 사항을 제시하고 있다.

**암기 POINT**
- 학교 교육과정 지원(2022개정)
* 국 : 국가 수준, 교 : 교육청 수준

| 영역 | | 지원사항 |
|---|---|---|
| 교육과정 질 관리 | 국 | -학업성취도 평가, 교육과정평가, 기관평가 실시<br>-교육과정 편성·운영체제 평가 연구 |
| | 교 | -교육청 단위 교육 중점, 편성운영지침 마련<br>-시도 교육청 교육과정 위원회 조직<br>-학교 교육과정 운영실태 파악 |
| 학습자 맞춤교육 강화 | 국 | -학교에서 학생의 평가를 위한 방안 개발, 제공<br>-특성화고, 산업수요맞춤고 교육과정 편성운영 지원<br>-학습부진, 느린, 다문화가정 학생 지원방안 마련<br>-특수교육대상학생에 대한 편의제공 에 제반사항 지원 |
| | 교 | -지역, 학교, 학생의 특성 반영 교육과정 운영 지원<br>-학생이 스스로 진로설계할 수 있는 방안 마련, 지원<br>-학습자 다양성 존중,교육격차 방지 |
| 학교의 교육 환경 조성 | 국 | -교육주체들의 협조체제 구축<br>-시도 교육청과 학교의 활동에 대한 행재정적 지원<br>-교육청 교원 연수와 전국 교과연구회 활동 지원<br>-교원 에듀테크활용역량 함양 지원<br>-학교 시설 및 교원수급 계획 마련 |
| | 교 | -학교 교육과정 편성영 지원<br>-교원의 전보 적기 시행<br>-교과용 도서 개발, 인정, 보급 노력<br>-지역사회연계협력<br>-학교간및시도교육(지원)청간 협력<br>-단위학교 교원연수 등 지원<br>-원격수업 등 지원 |

---

* 학교 교육과정에 대한 지원 사항 (2022 개정 교육과정)
1. 교육과정의 질 관리
   가. 국가 수준의 지원
      1) 이 교육과정의 질 관리를 위하여 주기적으로 학업 성취도 평가, 교육과정 편성·운영에 관한 평가, 학교와 교육 기관 평가를 실시하고 그 결과를 교육과정 개선에 활용한다.
      2) 교육과정 편성·운영과 지원 체제의 적절성 및 실효성을 평가하기 위한 연구를 수행한다.
   나. 교육청 수준의 지원
      1) 지역의 특수성, 교육의 실태, 학생·교원·주민의 요구와 필요 등을 반영하여 교육청 단위의 교육 중점을 설정하고, 학교 교육과정 개발을 위한 시·도 교육청 수준 교육과정 편성·운영 지침을 마련하여 안내한다.
      2) 시·도의 특성과 교육적 요구를 구현하기 위하여 시·도 교육청 교육과정 위원회를 조직하여 운영한다.
      3) 학교 교육과정의 질 관리를 위해 각급 학교의 교육과정 편성·운영 실태를 정기적으로 파악하고, 교육과정 운영 지원 실태를 점검하여 효과적인 교육과정 운영과 개선에 필요한 지원을 한다.
2. 학습자 맞춤교육 강화
   가. 국가 수준의 지원
      1) 학교에서 학생의 성장과 성공적인 학습을 지원하는 평가가 원활히 이루어질 수 있도록 다양한 방안을 개발하여 학교에 제공한다.
      2) 특성화 고등학교와 산업수요 맞춤형 고등학교가 기준 학과별 국가직무능력표준이나 직무분석 결과에 기초하여 학교의 특성 및 학과별 인력 양성 유형을 고려하여 교육과정을 편성·운영할 수 있도록 지원한다.
      3) 학습 부진 학생, 느린 학습자, 다문화 가정 학생 등 다양한 특성을 가진 학생을 위해 필요한 지원 방안을 마련한다.
      4) 특수교육 대상 학생에 대한 정당한 편의 제공을 위해 필요한 교수·학습 자료, 교육 평가 방법 및 도구 등의 제반 사항을 지원한다.
   나. 교육청 수준의 지원
      1) 지역 및 학교, 학생의 다양한 특성을 반영하여 학교 교육과정이 운영될 수 있도록 지원한다.
      2) 학생의 진로 및 발달적 특성을 고려하여 자신의 진로를 스스로 설계해 갈 수 있도록 다양한 방안을 마련하여 지원한다.
      3) 학습자의 다양성을 존중하고 학습 소외 및 교육 격차를 방지할 수 있도록 맞춤형 교육을 지원한다.
3. 학교의 교육 환경 조성
   가. 국가 수준의 지원
      1) 교육과정 자율화·분권화를 바탕으로 교육 주체들이 각각의 역할과 책임을 충실하게 수행할 수 있는 협조 체제를 구축하고 지원한다.
      2) 시·도 교육청의 교육과정 지원 활동과 단위 학교의 교육과정 편성·운영 활동이 상호 유기적으로 이루어질 수 있도록 행·재정적 지원을 한다.

3) 이 교육과정이 교육 현장에 정착될 수 있도록 교육청 수준의 교원 연수와 전국 단위의 교과 연구회 활동을 적극적으로 지원한다.
4) 디지털 교육 환경 변화에 부합하는 미래형 교수·학습 방법과 평가체제 구축을 위해 교원의 에듀테크 활용 역량 함양을 지원한다.
5) 학교 교육과정이 원활히 운영될 수 있도록 학교 시설 및 교원 수급 계획을 마련하여 제시한다.

나. 교육청 수준의 지원
1) 학교가 이 교육과정에 근거하여 학교 교육과정을 편성·운영할 수 있도록 다음의 사항을 지원한다.
2) 학교가 새 학년도 시작에 앞서 교육과정 편성·운영에 관한 계획을 수립할 수 있도록 교육과정 편성·운영 자료를 개발·보급하고, 교원의 전보를 적기에 시행한다.
3) 교과와 창의적 체험활동 등에 필요한 교과용 도서의 개발, 인정, 보급을 위해 노력한다.
4) 학교가 지역사회의 관계 기관과 적극적으로 연계·협력해서 교과, 창의적 체험활동, 학교스포츠클럽활동, 자유학기 등을 내실 있게 운영할 수 있도록 지원하며, 관내 학교가 활용할 수 있는 우수한 지역 자원을 발굴하여 안내한다.
5) 학교 교육과정의 효과적 운영을 위하여 학생의 배정, 교원의 수급 및 순회, 학교 간 시설과 설비의 공동 활용, 자료의 공동 개발과 활용에 관하여 학교 간 및 시·도 교육(지원)청 간의 협조 체제를 구축한다.
6) 단위 학교의 교육과정 편성·운영 및 교수·학습, 평가를 지원할 수 있도록 교원 연수, 교육과정 컨설팅, 연구학교 운영 및 연구회 활동 지원 등에 대한 계획을 수립하여 시행한다.
7) 온오프라인 연계를 통한 효과적인 교수·학습과 평가가 이루어질 수 있도록 하며, 지능정보기술을 활용한 맞춤형 수업과 평가가 가능하도록 지원한다.

CHAPTER

# 교수설계와 교육공학

1. 객관주의 교수설계이론
2. 구성주의 교수설계이론
3. 교수·학습 방법
4. 교육공학과 교수체제설계
5. 교수매체의 선정과 활용
6. 뉴미디어와 원격교육

# 1. 객관주의 교수설계이론

## 01. 교수설계이론의 기초

### 출포 198. 교수설계이론의 성격

📖 기본서 299쪽, 301쪽

**631.** 다음은 수업 이론에 대한 브루너(J. Bruner)의 견해이다. (가)와 (나)에 알맞은 단어들을 순서대로 연결한 것은?   2005년 유초등

> 수업이론은 주어진 교육목표를 달성하기 위한 가장 효과적인 수업의 절차를 제시해야 한다는 점에서 __(가)__ 이다. 또한 학습자가 어떤 조건에서 어느 정도 학습해야 하는지 그 조건과 준거를 제시해야 한다는 점에서 __(나)__ 이다.

① 간접적 - 기술적
② 규범적 - 간접적
③ 처방적 - 규범적
④ 처방적 - 기술적

■ **정답 및 해설**

③ 브루너는 수업이론을 기술적 이론과 처방적 이론으로 구분하였다. 그에 따르면, 기술적 수업이론이란 주어진 교수조건에서 적용된 특정한 교수방법이 어떤 결과를 가져왔는지를 기술하는 데 중점을 두는 이론을 말한다. 이에 반해, 처방적 수업이론이란 주어진 교수조건에서 기대하는 교육목표를 달성하는 데에 가장 효과적인 수업의 절차를 제시하는 이론을 의미한다. 이러한 처방적 수업이론에서는 학습자가 특정 조건에서 어느 정도 학습해야 하는지 그 조건과 준거를 제시하는 '규범적'이고 '당위적'인 판단을 포함한다.

### 출포 199. 라이겔루스의 교수설계이론

📖 기본서 300쪽

**632.** 라이겔루스(Reigeluth)의 교수설계이론에서 제시한 교수방법의 세 가지 전략에 해당하지 않는 것은?   2021년 국가직 7급

① 조직전략   ② 전달전략   ③ 평가전략   ④ 관리전략

■ **정답 및 해설**

③ 라이겔루스의 교수설계이론에서 제시한 교수방법의 세 가지 전략은 조직전략, 전달전략, 관리전략이다. 조직전략은 수업내용의 조직에 관한 전략이며, 전달전략은 매체나 자료의 활용방식에 관한 전략이며, 관리전략은 조직전략과 전달전략을 언제, 어떻게 적용할 것인지에 관한 전략을 말한다.

---

**기출플러스**

- 수업 효과성 연구의 흐름
  - 로젠샤인의 구분
  (2009년 중등)
- 수업 효과성 연구의 흐름은 교사의 인성적 특성에 관한 연구, 과정과 산출에 관한 연구, 그리고 학습자의 적극적 참여에 관한 연구의 세 단계로 구분된다.
- 이 중 '학습자의 적극적 참여'에 관한 연구에서 수업 효과성을 높일 수 있는 변인에는 수업에서 다루어진 학습내용, 학습자가 학습에 사용한 시간의 양, 학습자의 수업 참여도를 높이는 학급 분위기 등이 포함된다.
- *학습자, 학교, 지역사회 사이의 상호작용 (×)
- *교사의 인성에 대한 학습자와 학교장의 평가 (×)

631 ③   632 ③

**633.** 다음은 교수설계 이론가인 라이겔루스(C. M. Reigeluth)가 제안한 교수설계의 3요소 중 교수조건, 교수방법, 교수결과 변인을 열거한 것이다. 이 중 교수조건에 해당되는 것으로만 묶은 것은?  *2010년 국가직 7급*

| ㄱ. 조직 전략 | ㄴ. 학습자 특성 |
| ㄷ. 효율성 | ㄹ. 제약 요소 |
| ㅁ. 매력성 | ㅂ. 교과 내용 |

① ㄱ, ㄴ, ㄷ  
② ㄱ, ㄷ, ㅁ  
③ ㄴ, ㄹ, ㅂ  
④ ㄷ, ㅁ, ㅂ  

■ 정답 및 해설
③ 라이겔루스는 주어진 '교수조건'과 기대하는 '교수결과'에 따라 특정한 '교수방법'을 설계할 때 고려해야 할 요소들을 체계적으로 제시하였다. 이 모형에서 교수설계의 3요소 중 '교수조건'에 해당하는 것은 교과내용의 특성(ㅂ), 교과나 수업의 목적, 학습자 특성(ㄴ), 각종 제약조건(ㄹ)이다.

◇ 오답 체크
- 라이겔루스가 제안한 교수설계의 3요소 중 '교수방법'은 조직전략(ㄱ), 전달전략, 관리전략을 포함한다.
- 교수설계의 3요소 중 '교수결과'는 효과성, 효율성(ㄷ), 매력성(ㅁ) 등을 포함한다.

### 암기 POINT
- 라이겔루스의 교수설계 변인

| 변인 | 주요 요소 |
|---|---|
| 교수조건 | - 교과내용 특성<br>- 교육목표<br>- 학습자 특성<br>- 제약조건 |
| 교수방법 | - 조직전략<br>- 전달전략<br>- 관리전략 |
| 교수결과 | - 효과성<br>- 효율성<br>- 매력성<br>- 안정성 |

**634.** 다음은 어느 교사가 작성한 교단일기 중의 일부이다. ㉠~㉤에서 라이겔루스(C. Reigeluth)가 제시한 교수의 3가지 변인 중 '조건' 변인에 해당하는 것으로 가장 적절한 것은?  *2013년 중등*

우리 학교의 교과별 교육과정에는 월별 계획뿐 아니라 매 시간 수업을 통해 도달해야 할 목표와 다루어야 할 교육내용이 상세하게 규정되어 있다. 모든 교사는 그 교육과정에 따라 수업을 진행해야 한다. 따라서 ㉠ 나는 정해진 수업목표와 교육내용을 바꿀 수 없었다. 그러나 ㉡ 수업목표 달성을 위한 전략은 내가 선택하여 사용할 수 있었다. 나는 교육내용을 강의식으로 설명하기보다는 학습자들이 서로 협력하여 토론하게 하는 전략을 활용하였다. 그 전략은 강의식에 비해 ㉢ 학습시간이 더 많이 소요되었다. 그렇지만 수업이 끝난 후 ㉣ 대부분의 학습자들이 수업목표에 도달하였고, ㉤ 수업에 대한 흥미도가 높아졌으며 그 수업의 내용에 대해서도 지속적인 관심을 보였다.

① ㉠  
② ㉡  
③ ㉢  
④ ㉣  
⑤ ㉤  

633 ③  634 ①

■ 정답 및 해설
① ㉠ 라이겔루스가 제시한 교수의 3가지 변인 중 '교수조건'은 교사가 통제할 수 없는 주어진 상황으로서 교과내용의 특성, 교과나 수업의 목적, 학습자 특성, 각종 제약조건을 포함한다. 제시된 보기 중 ㉠의 진술이 이에 해당한다.
◇ 오답 체크
㉡은 교사가 주어진 조건에서 의도한 교수결과를 성취하기 위해 채택한 수업전략을 말하는 것으로 교수방법 변인에 해당한다.
㉢, ㉣, ㉤은 교사가 새로 도입한 수업전략의 효과를 각각 효율성, 효과성, 매력성 측면에서 평가하고 있으므로 교육결과 변인에 해당한다.

## 02. 행동주의 교수설계이론

### 출포 200. 행동주의 교수설계 원리

🌐 기본서 163쪽, 301~302쪽

**635.** 행동변화를 위한 행동주의 수업기법에 해당하지 않는 것은?　　2015년 국가직 9급
① 모델링
② 행동조성
③ 체계적 둔감화
④ 선행조직자 제시

■ 정답 및 해설
④ '선행조직자 제시'는 오수벨의 유의미학습이론에 기초한 인지주의 수업기법이다.
◇ 오답 체크
① '모델링'은 반두라의 사회학습이론에서 강조된 행동주의 수업기법이다.
② '행동조성'은 스키너의 조작적 조건화이론에 기초한 행동주의 수업기법이다.
③ '체계적 둔감화'는 파블로프의 고전적 조건화이론에 기초한 행동주의 수업기법이다.

**636.** 행동주의에 기반한 교수설계 원리로 옳지 않은 것은?　2014년 국가직 9급
① 학습목표는 수업이 끝났을 때 학습자가 성취해야 하는 결과를 관찰 가능한 행동목표로 진술해야 한다.
② 학습이 이루어질 수 있도록 내재적 동기를 유발할 수 있는 교수전략을 수립해야 한다.
③ 수업의 내용은 쉬운 것에서부터 어려운 것으로 점진적으로 제시해야 한다.
④ 바람직한 수행을 유도하기 위하여 지속적인 평가와 피드백을 제공해야 한다.

635 ④　636 ②

■ 정답 및 해설
② 행동주의 학습이론에서는 학습자를 외부 환경의 영향에 수동적으로 반응하는 존재로 본다. 즉, 학습자는 외재적 보상에 의한 강화에 영향을 받아 동기화된다고 본다. 따라서 행동주의에 기반한 교수설계 원리에서는 외재적 동기를 유발할 수 있는 교수전략을 수립해야 한다는 점을 강조한다.

암기 POINT
• 행동주의 교수설계 원리

| 교육<br>목표 | 외현적 행동의 변화<br>수업목표의 명세화 |
|---|---|
| 수업<br>내용 | 수업내용의 세분화, 난이도 순으로 단계적·점진적으로 제시 |
| 학습<br>평가 | 목표에 따른 평가, 지속적인 평가와 피드백 |
| 동기<br>유발 | 외재적 동기유발, 긍정적 강화 활용 |

637. 조건화 이론에 따른, 행동 형성을 위한 교수 활동이 아닌 것은?

2003년 중등

① 이타적 행동 형성을 위하여 봉사활동 5회당 3점의 가산점을 사회 과목에 부여한다.
② 학습동기 유발을 위하여 쪽지 시험의 결과에 따라 다양한 스티커를 붙여준다.
③ 소극적인 학생의 발표력 향상을 위하여 학생이 정답을 말할 기회를 주고 칭찬한다.
④ 새로운 학습을 위하여 사전 학습내용을 활성화시키고 인지도(cognitive map)를 그리게 한다.

■ 정답 및 해설
④ 학습자의 사전지식과 인지도가 새로운 학습에 주요한 영향을 미친다고 보는 것은 인지주의 학습이론이다.

### 출포 201. 캐롤의 학교학습 모형

🌐 기본서 301~302쪽

638. 다음 설명에 해당하는 것은?

2023년 국가직 9급

○ 학습 정도를 시간의 함수로 본다.
○ 적성은 최적의 학습 조건하에서 학습 과제를 일정한 수준으로 성취하는 데 필요한 시간으로 표현된다.
○ 수업 이해력은 학습자가 수업내용, 교사의 설명, 제시된 과제를 이해하는 정도를 의미한다.

① 글래이저(Glaser)의 교수과정
② 캐롤(Carroll)의 학교학습모형
③ 브루너(Bruner)의 발견학습
④ 가네(Gagné)의 학습위계

637 ④  638 ②

### 암기 POINT

• 캐롤의 학교학습 모형

| 변인 | 주요 요인 |
|---|---|
| 학습에 사용된 시간 | 학습지속력 (학생) |
| | 학습기회 (교사) |
| 학습에 필요한 시간 | 적성 (학생) |
| | 수업이해력 (학생) |
| | 수업의 질 (교사) |

### ■ 정답 및 해설

② 캐롤의 학교학습 모형은 완전학습을 위한 변인을 제시하는 모형이다. 캐롤의 모형은 학교학습의 상황에서 나타나는 학생들의 학습성취도에 영향을 미치는 개인차 변인들을 학습에 필요한 시간량과 학습에 투입(사용)한 시간량의 함수로 설명하고 있다. 캐롤의 연구는 이후 블룸의 완전학습 이론에 중대한 영향을 주면서 크게 주목받았다.

### ◇ 오답 체크

① 글레이저의 교수과정은 교수의 일반적 절차를 간략하게 제시하는 교수설계 모형이다. 이에 따르면, 교수(수업)는 수업목표 설정, 출발점 행동 진단, 수업절차의 선정과 실행, 학습성과 평가 등 네 가지 구성요소가 순환적으로 서로 연계되도록 전개되어야 한다.

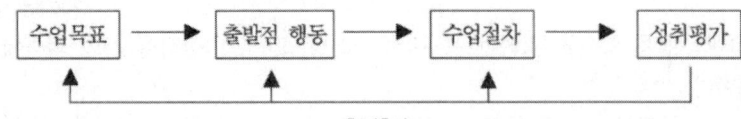

③ 브루너의 발견학습 이론은 학습자의 학습경향성의 자극, 지식의 구조화, 학습의 계열화, 내적 보상 등을 강조한 수업 이론이다.

④ 가네의 학습위계 이론은 효과적인 교수를 위해서는 먼저 학습과제를 위계에 따라 분석하고 이를 토대로 체계적인 계열의 교수계획을 세워야 한다고 주장하는 이론이다. 예를 들어, 인지적 기능의 학습을 위해서는 변별, 구체적 개념, 정의된 개념, 규칙(원리), 고차규칙(문제해결) 등의 기능이 위계적 구조를 이루고 있기 때문에 하위기능이 학습된 뒤에 상위기능의 학습을 전개해야 한다고 보았다.

**639.** 다음은 캐롤(Carroll)의 학교학습 모형에서 설정한 명제를 나타낸 공식이다. '학습에 사용된 시간'을 결정하는 변인에 해당하는 것은?

*2012년 국가직 7급*

$$학습의 정도 = f\left(\frac{학습에 사용된 시간}{학습에 필요한 시간}\right)$$

① 적성
② 수업 이해력
③ 수업의 질
④ 지속력

### ■ 정답 및 해설

④ '학습에 사용된 시간'은 교사가 학습자에게 학습과제의 학습을 위해 부여하는 시간의 양으로 정의되는 '학습기회'와 학습자가 능동적으로 학습에 몰두하는 시간의 양으로 표현되는 '학습지속력'에 의해 결정된다.

639 ④

◇ **오답 체크**

①, ②, ③은 '학습에 필요한 시간'을 결정하는 변인에 해당된다. ① '적성'은 최적의 학습 조건하에서 학습 과제를 일정한 수준으로 성취하는 데 필요한 시간으로 표현된다. ② '수업이해력'은 학습자가 수업내용, 교사의 설명, 제시된 과제를 이해하는 정도를 의미한다. ③ '수업의 질'은 교사가 제공하는 학습목표, 설명방식(화법), 학습활동의 계열화, 학습단서의 제공, 피드백 활동 등의 적절성을 의미한다.

**640.** 다음은 캐롤(J. Carroll)의 학교학습모형이다. 김 교사가 캐롤의 모형을 올바르게 이해한 것만을 <보기>에서 있는 대로 고른 것은? **2012년 중등**

$$학습의 정도 = f\left(\frac{학습에 사용한 시간}{학습에 필요한 시간}\right)$$

$$= f\left(\frac{학습기회, (가)}{적성, 수업이해력, (나)}\right)$$

<보기>
ㄱ. '학습에 사용한 시간'을 계산하기 위해 김 교사는 학생이 학습에 소비한 총 시간과 능동적으로 학습에 몰두한 시간을 구분할 수 있는 수업관찰 기법을 공부하였다.
ㄴ. (가)를 개선하는 한 방법으로, 김 교사는 우선 학생의 학습동기를 유발하고 유지하는 방법을 집중적으로 다루는 교수설계 기법에 관한 연수를 받았다.
ㄷ. 김 교사는 '수업이해력'이 교사의 일반지능과 언어능력에 의해 결정되지만 일반지능은 개선하기 어렵다고 판단하여 '교사의 수업 중 화법(話法) 개선' 연수에 참여하였다.
ㄹ. (나)와 관련해서, 김 교사는 학습활동의 계열화, 학습단서의 제공, 피드백과 학습교정 활동 등 수업의 질적 수준 향상을 위해 수업 후 협의회, 마이크로 티칭, 동료장학, 수업 컨설팅 등의 활동에 참여하였다.

① ㄱ, ㄴ    ② ㄱ, ㄷ    ③ ㄷ, ㄹ
④ ㄱ, ㄴ, ㄹ    ⑤ ㄴ, ㄷ, ㄹ

■ **정답 및 해설**

④ ㄱ. '학습에 사용한 시간'은 학습기회와 (가)(학습지속력)의 영향을 받는다. 학생이 학습에 소비한 총 시간은 학생에게 부여된 학습기회를 나타내며, 학생이 학습에 능동적으로 몰두한 시간은 학습지속력을 보여준다. 이들 두 변인에 관련된 학습시간을 파악할 뿐 아니라 두 변인 간의 관계도 파악하기 위해 엄밀한 수업관찰기법이 필요하다.

ㄴ. (가)는 '학습지속력'에 해당된다. 학습지속력은 학생이 능동적으로 학습에 몰두하는 시간으로 측정되며, 학생이 학습에 대해 갖는 동기 수준에 의해 영향을 받는다. 따라서 이를 관리하기 위해서는 교사가 학생의 학습동기의 유발과 유지 방법을 알아야 한다.

ㄹ. (나)는 '수업의 질'에 해당된다. 이는 교사가 제공하는 수업을 통해 학습을 완료하는 데 필요한 시간의 양이 얼마나 효과적으로 단축될 수 있는지를 의미한다. 학습필요시간은 학습활동의 계열화, 학습단서의 제공, 피드백 등의 수업기술에 의해 영향을 받는다. 이와 같은 수업기술 향상을 위해서는 교사가 다양한 형태의 장학활동 및 수업연구 활동에 적극 참여할 필요가 있다.

◇ 오답 체크
ㄷ. '수업이해력'은 교사 관련 변인이 아니라, 학생 관련 변인이다. 즉, 수업이해력은 수업에서 사용되는 교재나 교사의 설명을 이해할 수 있는 능력을 의미하는 개념으로, 학생의 일반지능과 언어능력에 의해 영향을 받는다.

## 출포 202. 스키너의 프로그램 학습 이론

기본서 302쪽

**641.** 교수-학습의 형태 중 프로그램 학습(programmed learning)을 가장 잘 설명하고 있는 것은?  
2010년 국가직 9급

① 특별한 형태로 짜여진 교재에 의해서 학습자료를 제시하고, 학생들에게 개별 학습을 시켜서 특정한 학습목표까지 무리없이 확실하게 도달시키기 위한 학습방법
② 학습자료를 최종 형태로 주지 않고 학생 자신이 그 자료를 조직하도록 요구하고 그 자료에 들어있는 정보들 간의 관련성을 발견하게 하는 학습방법
③ 교사의 명석한 설명과 제시방법 여하에 따라서는 학생들이 여러 가지 수준의 지적 학습을 할 수 있다는 전제 하에 취해지는 교수방법
④ 정보를 명료하고 의미가 확실하게 부각되도록 최종형태로 조직하여 제시하는 유의미학습

■ 정답 및 해설
① '프로그램 학습'은 스키너의 조작적 조건화 이론에서 특히 체계적 강화의 원리를 교육에 적용시킨 수업 모형이다. 스키너는 학습자들이 학습목표를 달성하는 데 효과적인 방법을 프로그램으로 설계하여 이를 적용한 '교수기계(teaching machine)'를 개발하였다. 학습내용의 계열적 조직 원리와 학습결과에 대한 체계적 강화 원리를 중시한다. 학습내용의 계열적 조직이란 학습목표의 명세화, 학습단계의 세분화, 쉬운 것에서 어려운 것 순으로 점진적 내용 제시 등을 의미한다. 학습결과의 체계적 강화란 학습자의 능동적 활동 유도, 학습결과에 대한 즉각적인 확인, 학습자의 능력과 수준에 따른 개별적 피드백 등을 의미한다.

◇ 오답 체크
② 브루너의 발견학습, ③ 메릴의 내용요소제시이론, ④ 오수벨의 유의미학습에 대한 설명이다.

---

**암기 POINT**
• 스키너의 프로그램 학습

| 원리 | 교수학습 활동 |
|---|---|
| 계열적 내용 조직 | 교육목표의 명세화 학습단계의 세분화 난이도에 따라 점진적으로 내용 제시 |
| 체계적 강화 제공 | 학습자의 능동적 반응 유도 학습자 반응에 따라 즉각적 강화 제공 능력과 수준에 맞는 개별 피드백 |

641 ①

**642.** 다음 중 학자와 이론이 바르게 짝지어진 것은?  2007년 국가직 9급
① 스키너(Skinner) - 행동주의 학습이론
② 블룸(Bloom) - 발견적 교수이론
③ 브루너(Bruner) - 유의미 학습이론
④ 글레이저(Glaser) - 완전학습이론

■ 정답 및 해설
① 스키너는 행동주의 학습이론인 조작적 조건화 이론을 바탕으로 한 교수 모형으로, 프로그램 학습 이론을 제시하였다.

◇ 오답 체크
② 발견적 교수이론을 제시한 학자는 브루너이다.
③ 유의미 학습이론을 제시한 학자는 오수벨이다.
④ 완전학습이론을 제시한 학자는 블룸이다. 블룸의 완전학습에서는 수업의 각 단계에서 진단평가, 형성평가, 총괄평가를 실시하고 학습자의 성취 수준에 따른 보충학습과 심화학습을 제공한다.
참고로, 글레이저는 수업설계 절차를 제시한 체계적 모형을 제시한 학자이다.

## 03. 인지주의 교수설계이론

### 출포 203. 인지주의 교수설계 원리

기본서 303~311쪽

**643.** 인지주의 학습이론을 가장 잘 반영한 것은?  2004년 중등
① 학습동기 유발을 위해 토큰강화기법을 사용한다.
② 수업의 중점을 학습자의 사고기능과 탐구능력 신장에 둔다.
③ 학습목표를 "인수분해 20문제를 제시했을 때 16문제 이상을 풀 수 있다."로 설정한다.
④ 수업에서 복잡하고 어려운 학습과제를 최소단위로 세분화하여 쉬운 것에서 어려운 것의 순서로 제시한다.

■ 정답 및 해설
② 인지주의 학습이론에서는 학습을 학습자의 내적인 정신구조의 변화로 정의한다. 인지주의 수업에서는 학습자의 외현적인 행동변화 보다는 내적인 인지도식의 발달, 사고기능의 신장, 신념구조의 변화 등에 두게 된다. 따라서 수업의 중점을 사고기능과 탐구능력 신장에 둔 것이 인지주의 학습이론을 가장 잘 반영한 것이다.

암기 POINT
• 인지주의 교수설계 원리

| 교육 목표 | 내적 정신구조의 변화 사고기능, 탐구능력 |
|---|---|
| 수업 내용 | 점진적 분화(전체에서 부분으로 전개) 통합적 조정(새로운 지식과 기존 지식 통합) 학습준비도(학습자의 경험과 인지구조 고려) |
| 학습 평가 | 다양한 사례에 학습한 지식을 적용(전이) 개념, 원리, 문제해결 등 고차적 지식 추구 |
| 동기 유발 | 학습경향성 인정 내재적 동기유발 강조 |

642 ① 643 ②

◇ 오답 체크
① 토큰강화기법은 행동주의 학습이론에 근거한 강화기법 중 하나이다.
③ 학습목표를 세분화하고 명시적인 행동용어를 사용하여 제시하는 것은 행동주의에 기초한 수업의 특징이다.
④ 수업의 과제를 세분화하고 쉬운 것에서 어려운 것 순으로 계열화하여 제시하는 것은 행동주의에 기초한 수업의 특징이다.

## 출포 204. 브루너의 발견학습 이론

기본서 237~238쪽, 303~304쪽

**644.** 다음 설명에 해당하는 교수-학습 방법은?     2023년 국가직 7급

> ○ 학생이 스스로 교과의 기본 개념·원리·법칙을 학습하도록 하는 방법이다.
> ○ 학습자의 사고력 함양에 주안점을 두고 교육목표와 교육방법을 수립한다.
> ○ 문제 파악, 가설 설정, 가설 검증, 원리 적용의 단계를 거쳐 학습하는 방법이다.
> ○ 학습자의 탐구활동을 위해서 탐구의 자극, 탐구의 유지, 탐구의 방향성을 조장해야 한다.

① 토의법
② 강의법
③ 발견학습법
④ 완전학습법

### 암기 POINT
• 브루너의 발견학습 이론

| 교육 목표 | 지식의 구조를 활용한 사고능력 함양 |
|---|---|
| 수업 내용 | 지식의 구조(핵심 아이디어, 개념, 원리) 학습이 계열화(학습자의 수준에 맞게) |
| 수업 절차 | 문제인식 - 가설설정 - 가설검증 - 적용 (탐구식 수업) |
| 동기 부여 | 학습자의 학습경향성 내재적 동기부여 중시 |

### ■ 정답 및 해설

③ 학생이 스스로 교과의 기본 개념·원리·법칙을 학습하도록 하기 위해 문제 파악, 가설 설정, 가설 검증, 원리 적용의 단계를 거쳐 학습하는 방법은 브루너의 발견학습법이다. 브루너는 학습자에게 결과물로서의 지식을 전달하는 데 중점을 두기 보다는 학습자가 지식을 발견해낼 수 있는 사고력을 기르는 데 중점을 두어야 한다고 보았다. 이러한 사고력의 함양은 학습자가 교과의 주요한 개념과 원리를 활용하여 탐구활동을 직접 전개하는 활동을 통해 가능하다고 보았다. 교사의 학생들의 탐구를 자극하고, 유지하고, 방향성을 조장할 수 있도록 학생들의 탐구를 지원하는 자료를 제공하거나 탐구의 과정을 안내하고 촉진하는 역할을 해야 한다고 보았다.

644 ③

## 645. 브루너(Bruner)의 교수이론에 대한 설명으로 옳지 않은 것은?

2020년 지방직 9급

① 어떤 교과든지 지적으로 올바른 형식으로 표현하면 어떤 발달 단계에 있는 아동에게도 효과적으로 가르칠 수 있다.
② 학습자의 발달 단계에 맞게 학습내용을 구조화하고 조직함으로써 학습자가 교과내용을 잘 이해할 수 있다.
③ 지식의 표상 양식은 영상적 표상으로부터 작동(행동)적 표상을 거쳐 상징적 표상의 순서로 발달해 나간다.
④ 지식의 구조를 이해하게 되면 학습자 스스로가 사고를 진행할 수 있으며, 최소한의 지식으로 많은 것을 알 수 있다.

### ■ 정답 및 해설
③ 브루너가 제시한 지식의 표상양식은 작동(행동)적 표상으로부터 영상적 표상을 거쳐 상징적 표상의 순서로 발달해 간다.

**암기 POINT**
- 브루너의 표상양식 발달단계

| 단계 | 표상양식 |
|---|---|
| 작동적 표상 | 운동 반응 |
| 영상적 표상 | 시각적 이미지 |
| 상징적 표상 | 언어나 기호 |

## 646. 브루너(J. Bruner)의 교수이론에 근거한 수업으로 보기 어려운 것은?

2016년 국가직 9급

① 내재적 보상보다 외재적 보상을 강조한다.
② 각각의 교과목이 가지고 있는 나름의 지식의 구조를 학생에게 탐색하도록 한다.
③ 기본적 원리나 개념의 이해를 통해 전이의 가능성을 최대로 한다.
④ 아동의 사고방식과 지적 수준을 고려하여 교과의 내용을 가르친다.

### ■ 정답 및 해설
① 브루너의 발견학습에서 강조되는 4가지 요소는 지식의 구조, 학습의 계열화, 학습 경향성, 강화이다. 그 중 강화는 외재적 보상보다는 내재적 보상에 의해 이루어져야 한다고 보았다. 호기심, 지식발견의 기쁨, 만족감, 성취감 등이 그 예이다.

## 647. 다음에서 설명하는 교수·학습 방법은?

2015년 지방직 9급

> ○ 브루너(J. Bruner)에 의해 제시되었다.
> ○ 수업의 과정은 '문제 인식, 가설 설정, 가설 검증, 적용'의 순으로 진행된다.
> ○ 교사는 지시를 최소한으로 줄이고, 학생 스스로 자발적인 학습을 통해서 학습목표를 달성하도록 지도한다.

① 설명학습   ② 협동학습
③ 발견학습   ④ 개별학습

645 ③   646 ①   647 ③

### 기출플러스

- 탐구식 수업(발견학습법) (2007년 영양교사)
  - 문제인식 – 가설설정 – 가설검증 – 결론의 사고과정을 거친다.
  - 과제수행에서 브루너(J. Bruner)의 개념획득 과정을 강조한다.
  - 학습자 스스로 문제를 인식하고 해결해 가는 과정을 중시한다.

### ■ 정답 및 해설

③ 브루너는 교과의 핵심적 아이디어, 개념 및 원리와 같은 지식의 구조가 교육내용의 초점이라고 주장하였다. 이에 더해, 지식의 구조는 교사가 직접 전달하는 방식이 아니라, 학습자가 스스로 발견해내는 방식으로 학습되어야 한다고 강조하였다. 발견학습을 안내하기 위한 수업방법으로는 문제인식, 가설 설정, 가설 검증, 적용 순으로 전개되는 탐구수업이 제안하였다. 발견학습에서는 학생이 스스로 자발적으로 학습할 수 있도록 교사의 지시는 최소화하고, 교사는 탐구자료를 제공하거나 탐구의 과정을 안내하고 촉진하는 역할을 하여야 한다고 본다.

## 출포 205. 오수벨의 유의미학습 이론

기본서 304~306쪽

**648.** 다음 내용에 해당하는 교수학습이론은?  2022년 지방직 9급

- 새로운 지식·정보와 선행 학습내용의 통합을 강조한다.
- 학습자의 인지구조에 알맞게 포섭 및 동화되도록 학습과제를 제시한다.
- 일반적이고 포괄적인 지식을 먼저 제시하고, 그 다음에 세부적이고 상세한 지식을 제시한다.

① 블룸(Bloom)의 완전학습이론
② 오수벨(Ausubel)의 유의미학습이론
③ 스키너(Skinner)의 행동주의 학습이론
④ 콜린스(Collins)의 인지적 도제학습이론

### 암기 POINT

- 오수벨의 유의미학습 이론 (설명식 수업, 선행조직자 모형)

| | |
|---|---|
| 유의미 학습 | 새로운 지식을 기존 인지구조에 포섭 설명식 수업 |
| 선행 조직자 | 수업 도입부에 제시하는 일반적, 포괄적, 추상적인 자료 |
| 수업 절차 | 선행조직자 제시 → 학습자료 제시 → 인지구조 강화 |

### ■ 정답 및 해설

② 선행학습을 통해 형성한 기존의 인지구조와 새로운 지식과 정보가 통합되도록 학습하는 것을 '유의미 학습'이라고 한다. 오수벨의 유의미 학습이론에서 제시된 개념으로, 학습자가 가진 기존의 지식과 관계없이 새로운 지식을 반복 암기하는 방식으로 학습하는 기계적 학습과 대비되는 개념이다. 학습자가 귀납적 추리를 통해 스스로 지식을 발견하는 데 중점을 두는 브루너의 발견학습이 실제 교실에서 효과적이지 않다고 비판하면서, 설명식 수업의 새로운 접근방법으로 제안한 개념이다.

#### ◇ 오답 체크

①, ③ 블룸의 완전학습이론이나 스키너의 행동주의 학습이론은 학습자의 기존 지식을 중요하게 고려하지 않는다.
④ 콜린스의 인지적 도제학습이론에서는 교수자의 모델링, 스캐폴딩, 코칭과 학습자의 명료화, 성찰, 탐색과 같은 활동을 중요하게 다룬다.

648 ②

**649.** 다음 설명에 해당하는 것은? `2018년 국가직 7급`

> ○ 선행조직자는 학습자의 인지구조의 조정을 위해 학습 이전에 미리 제공되는 일반적, 포괄적, 추상적인 도입자료이다.
> ○ 새로운 학습과제가 선행조직자와 연결이 잘될 때, 새로운 학습과제는 잘 획득되고 오래 지속된다.

① 직소(Jigsaw) 모형
② 글래이저(R. Glaser)의 수업모형
③ 오수벨(D. P. Ausubel)의 유의미학습이론
④ 스미스(P. L. Smith)와 라간(T. J. Ragan)의 교수설계모형

■ 정답 및 해설

③ 맹목적 암기와 같은 기계적 학습의 문제점을 지적하면서, 기존 지식과 새로운 지식이 잘 연결되는 유의미 학습의 중요성을 강조한 학자는 오수벨이다. 오수벨은 새로운 지식이 기존의 인지구조에 적절하게 포섭되거나 동화되는 학습을 유의미 학습이라고 개념화하고, 유의미학습이 될 때 학습효과가 잘 나타나며 오랫동안 지속될 수 있다고 하였다.
오수벨은 유의미 학습을 위해서는 새로운 지식을 포섭할 수 있는 관련정착의미가 활성화되어야 한다고 보았다. 관련정착의미를 형성하거나 활성화하기 위해 수업의 도입부에서 제시하는 자료를 선행조직자라고 하였다. 일반적으로, 선행조직자는 새로 학습할 내용보다 일반적, 포괄적, 추상적인 자료의 성격을 가진다.

**650.** 다음에 제시된 교수·학습 활동과 가장 관련이 있는 이론은? `2004년 중등`

> 학습목표는 "지구의 내부 구조를 이해한다."이다. 교사는 학습내용을 체계적이고 계열적으로, 포괄적인 내용에서 점차 세부적인 내용으로 조직하였다. 먼저 파워포인트를 이용하여 지난 시간에 학습한 지구와 관련된 내용을 요약해 주고, 지구 내부의 구조보다 더 포괄적인 내용을 제시하였다. 학습자의 학습동기 유발을 위해 학습자들이 잘 알고 있는 사례를 활용하였다.

① 마시알라스(B. Massialas)의 탐구학습 이론
② 오수벨(D. Ausubel)의 설명식수업 이론
③ 콜린스(A. Collins)의 인지적도제 이론
④ 스키너(B. Skinner)의 프로그램학습 이론

649 ③  650 ②

### 기출플러스

**오수벨의 유의미학습**
(2007년 중등)

오늘은 고래에 대해서 학습해 봅시다. 고래는 우선 생물체에 속하고, 생물체 중에도 동물, 그리고 물속에서 살고 있지만 사람과 같은 포유류에 속합니다. 그럼, 이제 오늘 수업 주제인 고래에 대해서 살펴봅시다.

### ■ 정답 및 해설

② 자료에서 제시된 수업은 교사의 체계적이고 계열적인 설명을 중심으로 전개되는 수업이다. 또, 교사의 내용 제시는 포괄적인 내용에서 세부적인 내용 순으로 전개된다. 학습자가 잘 알고 있는 사례를 활용한다는 점에서 학습자의 가진 선행지식을 적극 활용한다는 점을 알 수 있다. 이러한 특징은 오수벨의 유의미학습이론 및 설명식 수업 이론에 해당한다.

예를 들면, 본시 학습주제인 '고래'를 학습하기 전에 도입부에서 보다 일반적이고 포괄적인 주제인 '생물체, 동물, 포유류'의 개념을 소개하는 것이다. 이와 같은 선행조직자를 통해서 학습자의 기존 인지구조 내에서 새로 학습할 주제를 포섭하는 지식을 활성화함으로써 유의미한 학습을 가능하게 하는 것이다. 오수벨의 설명식 수업 모델은 유의미학습이론 또는 선행조직자 수업모형 등으로도 불린다.

### ◇ 오답 체크

① 마시알라스의 탐구학습 이론은 브루너의 발견학습에 바탕을 둔 이론으로, 대체로 문제인식-가설설정-가설검증-결론의 과정으로 전개되며 학습자가 수업을 주도한다.

③ 콜린스의 인지적 도제학습은 학습자(초보자)기 전문가(교사)의 사고과정을 내면화는 과정을 학습방법으로 제시하였다. 학습환경의 네 차원으로 내용, 방법, 순서, 사회학 차원을 제시하였다. 방법 차원으로는 모델링, 코칭, 비계설정, 발화, 반성, 탐구의 교수학습 방법을 제시하였다.

④ 스키너의 프로그램학습 이론은 최종적인 수업목표를 달성하기 위해 전제되어야 하는 학습단계들을 세분화하고, 단계별로 학습한 후 평가하고 이에 따른 즉각적 처방을 제시하는 방식으로 수업을 전개하여야 한다고 주장한다.

---

### 출포 206. 가네의 학습결과 유형 분류

기본서 306~308쪽

**651.** 가네(Gagné)가 제시한 학습의 결과에 해당하지 않는 것은?

2020년 국가직 9급

① 태도
② 언어정보
③ 탐구기능
④ 운동기능

### ■ 정답 및 해설

③ 가네는 수업을 통해 기대하는 학습의 결과를 언어정보, 지적 기능, 인지전략, 태도, 운동기능으로 분류하였다. 탐구기능은 가네가 분류한 학습결과의 유형에 포함되지 않는다.

651 ③

## 652. 다음 설명에 해당하는 가네(R. Gagné)의 학습 결과 유형은?

2018년 국가직 9급

○ 학습자가 그의 주위 환경을 개념화하여 반응하는 능력을 말한다.
○ 지식이나 정보의 내용(what)을 아는 것이 아니라, 그 방법(how)을 아는 것으로 정의한다.
○ 복잡성 수준에 따라 가장 단순한 것에서부터 변별, 개념, 규칙, 문제해결 등의 형태로 이루어져 있다.

① 지적기능  ② 인지전략
③ 언어정보  ④ 운동기능

### ■ 정답 및 해설

① 가네의 학습결과 유형 중 방법에 관한 지식에 해당하는 것은 지적 기능이다. 가네가 제시한 지적 기능 목표는 상징을 활용하여 주위 환경을 개념화하여 반응하는 능력으로 정의되며, 방법적(절차적) 지식에 해당하는 것으로 분류된다.

## 653. 학습에 대한 인지적 접근에서 말하는 선언적 지식(declarative knowledge)에 해당하는 가네(R. M. Gagné)의 교육목표는?

2011년 국가직 7급

① 언어정보  ② 지적기능
③ 인지전략  ④ 태도

### ■ 정답 및 해설

① 가네의 학습결과(교육목표) 유형 중 선언적 지식에 해당하는 것은 언어정보이다. 정보의 내용을 아는 것으로, 외부 대상의 명칭, 사실, 개념, 원리 등을 기억하는 것과 관련된다.

## 654. 다음 내용에 해당하는 가네(R. Gagné)의 학습 성과(learning outcomes) 영역은?

2017년 지방직 9급

○ 방법적 지식 혹은 절차적 지식에 해당한다.
○ 여러 가지 기호나 상징을 규칙에 따라 활용하는 것을 말한다.
○ 변별학습, 구체적 개념학습, 정의된 개념학습, 원리학습, 고차원리학습으로 세분되며, 이들은 위계적 관계에 있다.

① 언어정보  ② 운동기능
③ 인지전략  ④ 지적기능

---

### 암기 POINT

• 가네의 학습결과(목표) 분류

| 언어정보 | 사실, 개념, 원리, 일반화에 대한 지식<br>선언적 지식에 해당 |
| --- | --- |
| 지적기능 | 주위 환경을 개념화하여 반응하는 능력<br>변별, 개념, 원리, 문제해결 등으로 구분<br>방법적 지식에 해당 |
| 인지전략 | 학습, 기억, 사고를 통제·관리하는 능력<br>창조적 사고 능력 |
| 태도 | 어떤 대상에 대한 내적 성향(정의적 목표) |
| 운동기능 | 조직화된 동작을 수행하는 능력(심동적) |

### 기출플러스

• 지식기반사회에서 강조되는 지식의 유형 - '방법적 지식' (2004년 유초등)

• 다양한 지식과 정보를 효과적으로 활용할 수 있어야 한다.
• '무엇을 알고 있는가' 보다 '무엇을 할 수 있는가'가 중요하다.
• 새로운 정보와 문제해결 방안을 생성하고 창출하는 능력이 필요하다.

652 ①  653 ①  654 ④

■ 정답 및 해설
④ 가네의 학습결과(학습성과) 유형 중 방법적 지식 혹은 절차적 지식에 해당하는 것은 지적 기능이다. 지적 기능은 언어나 숫자와 같은 기호나 상징을 활용하여 외부 대상을 변별, 개념화, 일반화, 문제해결하는 능력으로 정의된다.

655. 가네(R. Gagné)가 제시한 인간의 학습된 능력(learning outcome) 중 지적 기능에 대한 설명으로 옳은 것은? 　2009년 유초등
① 지적기능은 개인의 학습, 기억, 사고행동을 통제한다.
② '말로 진술된 문제를 거꾸로 재배열하기'는 지적기능의 수행사례이다.
③ 지적기능으로 분류된 학습목표의 하위기능을 분석하기 위해서는 군집분석을 한다.
④ 지적기능은 학습자가 언어, 숫자 등 상징을 이용하여 환경과 상호작용하는 능력이다.
⑤ 선언적 지식(declarative knowledge), 혹은 '~에 관한 지식(knowing that)'은 지적기능에 해당한다.

■ 정답 및 해설
④ 가네의 학습결과(학습된 능력) 유형 중 지적 기능은 방법적 지식에 해당하는 것으로 언어, 숫자 등 기호나 상징을 활용하여 외부 대상(환경)과 상호작용하여 변별, 개념화, 일반화, 문제해결하는 능력으로 정의된다.
◇ 오답 체크
① 인지전략에 대한 설명이다.
② '문자로 진술된 문제를 거꾸로 재배열하기'(예. 'REKOJ'를 재배열하여 'JOKER' 라는 단어 만들기) 과제는 인지심리학에서 문제해결 과정을 연구하기 위해 자주 사용하는 과제이다. 이 과제를 효과적으로 수행하기 위해서는 무의미한 조합처럼 보이는 문자들을 거꾸로 배열하는 과정에서 발생하는 시행착오를 줄이면서 올바른 해답을 찾아내는 사고의 방법에 익숙해져야 한다. 따라서 다양한 상황에서의 문제해결 경험을 통해 습득되는 학습이나 사고의 통제 및 관리 능력에 해당한다. 즉, 인지전략의 수행사례로 볼 수 있다.
③ 지적기능으로 분류된 학습목표의 하위기능을 분석하기 위해서는 위계분석을 한다. 즉, 복잡하고 고차적인 상위의 기능으로부터 그러한 기능에 앞서 학습되어야 하는 보다 단순하고 저차적인 하위의 기능을 구분해내고, 그 위계의 순서에 따라 학습하도록 해야 한다.
⑤ 언어정보에 대한 설명이다.

---

기출플러스

• 가네의 학습결과 유형 분류 (2007년 중등)
• 언어 정보 – 중학생인 영훈이는 삼각형의 넓이를 구하는 공식을 회상하여 진술할 수 있다.
• 지적 기능 – 초등학생인 민아는 부모님에 대한 고마움을 적절한 비유법에 맞게 글로 표현할 수 있다.
• 인지 전략 – 고등학생인 혜진이는 가족 나들이 중 차 안에서 가족 모두 참여할 수 있는 게임을 창안해낼 수 있다.
• 운동 기능 – 학령 전 아동인 윤아는 연필을 사용하여 낱글자 쓰기를 포함하여 특정한 종류의 그리기를 할 수 있다.

655 ④

**656.** 다음의 내용과 모두 관계된 가네(R. Gagné)의 학습된 능력의 영역은?

2007년 유초등

- 학습이나 사고에 대한 통제 및 관리 능력이다.
- 다양한 상황에서의 문제해결 경험을 통해 개발된다.
- 비교적 오랜 기간에 걸쳐 습득되는 창조적 능력이다.

① 태도
② 지적 기술
③ 인지 전략
④ 언어적 정보

■ 정답 및 해설
③ 가네의 학습결과(학습된 능력) 유형 중 자신의 사고과정에 대한 통제 및 관리 능력에 해당하는 것은 인지전략이다. 인지전략은 오랜 기간 동안 다양한 상황에서 문제를 해결해 본 경험을 통해 습득되는 능력이다.

## 출포 207. 가네의 9가지 수업사태 모형

기본서 306쪽, 308쪽

**657.** 가네(R. M. Gagné)의 교수-학습이론에 대한 설명으로 옳지 않은 것은?

2023년 국가직 7급

① 수업 목표는 수업의 본질이나 내용을 말하는 것이 아니라 학습자의 수업 결과로 획득되는 능력을 말한다.
② 학습자의 학습 성과는 지적 기능, 언어정보, 인지 전략, 태도, 운동기능 영역으로 구분된다.
③ 행동주의에 기반을 둔 직접 교수 모형이기 때문에 정보처리이론이 배제되었다.
④ 학습의 외적 조건은 학습자 주위의 수업 사상(events)을 통해 학습자의 내적 과정을 지원해 주는 다양한 방법이다.

■ 정답 및 해설
③ 가네의 교수-학습 이론은 행동주의에서 출발하여 인지주의로 변화하는 주요 학습이론의 아이디어를 종합하여 수업이론으로 체계화한 것이다. 특히 정보처리이론을 바탕으로, 수업을 학습의 내적 인지과정을 돕는 일련의 외적 조건으로 보았다는 점에서 학습조건이론이라고도 한다. 가네의 수업 모형은 주의집중, 학습안내, 피드백 제공 등의 9단계 교수 사태 모형을 제시하였다.

### 기출플러스

- 가네의 학습조건이론 (2007년 영양교사)
- 지적 기능 수준을 학습위계로 설명한다.
- 학습의 영역을 언어정보, 지적기능, 운동기능, 태도, 인지전략으로 구분한다.
- 학습의 내적 인지과정을 돕는 외적 조건으로 주의집중, 학습안내, 피드백 제공 등의 교수사태를 제시한다.

656 ③   657 ③

### 암기 POINT
• 가네의 9가지 수업사태

| 수업사태 | 주요 활동 |
|---|---|
| 1. 주의집중 | 신선한 자극 |
| 2. 목표제시 | 구체적 목표 |
| 3. 선수학습 회상 | 선행학습요소 |
| 4. 자극자료 제시 | 학습내용 설명 |
| 5. 학습안내 | 부호화 촉진 |
| 6. 수행유도 | 연습문제 제시 |
| 7. 피드백 | 교정 피드백 |
| 8. 수행평가 | 성취도 확인 |
| 9. 파지와 전이 | 복습, 적용 |

**658.** 가네(Gagné)의 학습위계설의 중요한 영역은 수업사태(instructional events)이다. 다음 설명에 가장 적합한 수업사태는? 2012년 국가직 9급

> ○ 학생들에게 학습내용에 대한 힌트나 질문을 던진다.
> ○ 지난 시간에 학습한 내용과의 유사점과 차이점을 설명해준다.
> ○ 가요에 화학 원소 기호의 첫 글자로 개사하여 개사된 가요를 부르며 화학 원소 기호를 쉽게 외울 수 있도록 한다.

① 주의집중　　　　　　② 선수학습회상
③ 수행유도　　　　　　④ 학습안내

■ **정답 및 해설**
④ 학습내용에 대한 힌트나 질문 던지기, 관련 내용과의 유사점과 차이점을 설명하기, 노래를 이용한 암기법 알려주기는 모두 제시된 자료를 학습하는 방법, 즉 장기기억에 부호화하여 저장하는 방법을 안내해 주는 것에 해당한다. 가네의 9가지 수업사태 중 '학습안내'의 단계에 해당된다.

---

### 암기 POINT
• 가네의 수업사태와 학습과정

| 수업사태 | 학습과정 |
|---|---|
| 1. 주의집중 | 주의집중 |
| 2. 목표제시 | 기대감 형성 |
| 3. 선수학습 회상 | 탐색, 재생 |
| 4. 자극자료 제시 | 선택적 지각 |
| 5. 학습안내 | 의미적 부호화 |
| 6. 수행유도 | 재생, 반응 |
| 7. 피드백 | 강화, 동기화 |
| 8. 수행평가 | 단서인출 |
| 9. 파지와 전이 | 일반화 |

**659.** 가네(Gagné)가 제시한 다음의 수업사태는 어떤 학습과정을 촉진시키기 위한 활동인가? 2009년 국가직 7급

> 이 단계는 학습할 과제의 모든 요소들을 통합시키는 데 필요한 방법을 제시하는 것으로서, 학습자들이 과제를 적절히 수행할 수 있도록 모든 관련된 정보를 사용할 수 있는 규칙이나 모델을 제시하는 것이다. 적절한 예 제시, 시연, 도표 활용, 순차적 교수 등이 여기에 해당된다.

① 동기화　　　　　　② 선택적 지각
③ 탐색과 회상　　　　④ 의미적 부호화

■ **정답 및 해설**
④ 학습할 과제의 모든 요소를 통합시키는 데 필요한 방법을 제시하는 것은 학습할 과제들을 서로 관련지어 체계를 구성하며 인지구조로 통합하는 데 필요한 방법을 제시하는 것에 해당한다. 즉, 학습할 과제를 기존의 인지구조와 관련지어 유의미하게 학습하는 방법을 제시하는 것이다. 이것은 가네가 제시한 학습단계 중에서는 '의미적 부호화' 단계에 해당하며, 수업사태 중에서는 학습안내의 단계에 해당한다.

◇ **오답 체크**
① 동기화는 피드백 단계, ② 선택적 지각은 자극자료 제시 단계, ③ 탐색과 회상은 선수학습 회상 단계에서 촉진하는 학습과정에 해당한다.

658 ④　659 ④

**660.** 다음은 가네(R. Gagné)의 수업사태(instructional events) 중 자극자료 제시 단계에 해당하는 수업활동이다. 이를 통해 촉진하고자 하는 학습활동은?　　　　　　　　　　　　　　2012년 유초등

> ○ 삼각형의 내각의 합이 180°라는 것을 가르치기 위해 '삼각형의 내각의 합은 180°이다.'라는 문장을 적고 180° 밑에 빨강색으로 밑줄을 그어 삼각형의 내각의 합이 180°인 것을 강조하였다.
> ○ 평행사변형의 특징을 가르치기 위해 평행사변형을 그린 후, 한 쌍의 평행변은 초록색으로 또 다른 한 쌍의 평행변은 빨강색으로 칠해서 평행사변형의 마주하는 두 쌍의 변이 서로 평행하다는 것을 강조하였다.

① 기대(expectancy)
② 반응(responding)
③ 강화(reinforcement)
④ 선택적 지각(selective perception)
⑤ 의미적 부호화(semantic encoding)

**기출플러스**
- 가네의 수업사태 모형 – 자극자료 제시 단계 (2007년 중등)
- 학습내용의 적용 예를 설명한다.
- 학습내용의 핵심 요소를 설명한다.
- 학습내용과 관련된 영상자료를 보여준다.

■ **정답 및 해설**
④ 가네의 수업사태 중 '자극자료 제시' 단계에서는 학습자가 주의를 집중하여 제시되는 자료를 지각할 수 있도록 하여야 한다. 제시된 자료의 내용은 밑줄을 긋는다거나 색깔을 달리해서 학습자가 학습내용의 핵심요소에 주의를 집중할 수 있게 하는 교수활동들이다. 즉, 학습자의 '선택적 지각' 활동을 촉진하고자 하는 활동들이다.

◇ **오답 체크**
① 기대는 목표제시 단계, ② 반응은 수행유도 단계, ③ 강화는 피드백 단계, ⑤ 의미적 부호화는 학습안내 단계에서 촉진되는 학습과정의 요소이다.


**661.** 가네(Gagné)의 교수사태 중 다음에 해당하는 단계는?　　　　2003년 중등

> ○ 언어정보 : 정보진술의 정확성을 확인한다.
> ○ 지적기능 : 규칙이나 개념의 적용에 대한 정확성을 확인한다.
> ○ 인지전략 : 문제해결의 독창성을 확인한다.
> ○ 태도 : 행위 선택에 대한 직접적 혹은 간접적 강화를 제공한다.

① 수행의 평가
② 피드백의 제공
③ 파지 및 전이의 향상
④ 선수학습 요소의 회상 자극

■ **정답 및 해설**
② 학습자에게 기대된 행동인 학습목표가 성취되었는지를 확인하고 학습자의 반응에 대해 적절한 강화를 제공하는 교수 활동이므로, '피드백 제공' 단계에 해당한다.

660 ④　661 ②

**662.** 가네(R. Gagné)의 교수·학습이론에 대한 진술로 옳은 것만을 모두 고른 것은?                    2011년 중등

> ㄱ. 학습을 주관적 경험에 근거한 개인적 의미 창출 과정으로 본다.
> ㄴ. 학습 영역(learning outcomes)을 언어 정보, 지적 기능, 운동 기능, 태도, 인지 전략으로 나눈다.
> ㄷ. 학습자의 내적 학습 과정을 지원하기 위한 9가지 외적 교수사태(events of instruction)를 제안한다.
> ㄹ. 학습 영역(learning outcomes)을 세분화하여 제시한 메릴(M. D. Merrill)의 내용요소 제시 이론(component display theory)의 토대가 되었다.

① ㄱ, ㄹ     ② ㄴ, ㄷ     ③ ㄱ, ㄴ, ㄷ
④ ㄱ, ㄴ, ㄹ  ⑤ ㄴ, ㄷ, ㄹ

■ **정답 및 해설**

⑤ ㄴ, ㄷ, ㄹ. 가네의 교수-학습 이론은 행동주의에서 출발하여 인지주의로 변화하는 주요 학습이론의 아이디어를 종합하여 수업이론으로 체계화한 것이다. 학습결과(목표)의 영역은 언어정보, 지적기능, 인지전략, 태도, 운동기능으로 구분하였다. 이러한 교육목표의 분류는 메릴의 내용요소제시 이론에 영향을 주었다. 메릴은 학습목표를 내용 차원과 수행 차원으로 구분하고, 내용 차원은 사실, 개념, 절차, 원리로, 수행 차원은 기억, 활용, 발견으로 구분하였다.
수업의 과정에 있어서는 정보처리이론을 바탕으로, 수업을 학습의 내적 인지과정을 돕는 일련의 외적 조건을 제공하는 과정으로 보았다. 가네의 수업 모형은 주의집중, 학습안내, 피드백 제공 등의 9단계 교수사태로 제시되었다.

◇ **오답 체크**

ㄱ. 학습을 주관적 경험에 근거한 개인적 의미 창출 과정으로 보는 것은 구성주의 학습이론이다. 가네의 교수-학습 이론은 객관주의 학습이론에 해당하는 것으로, 인식론적 관점에서 지식의 객관성과 절대성을 인정한다. 즉 교사가 수업에서 가르쳐야 할 공통적이며 핵심적인 내용이 객관적으로 존재한다고 보는 관점에 해당한다.

**663.** 가네(R. Gagné)의 수업사태(events of instruction)에 관한 진술로 옳지 않은 것은?                    2008년 중등

① 학습자의 내적 학습 과정을 지원하는 일련의 외적 교수 활동이다.
② 교실수업을 계획할 때 수업사태의 순서를 변경하거나 생략할 수 있다.
③ '학습 안내 제공' 단계에서는 학습을 위한 적절한 자극자료를 제시하고, 교재나 보조자료의 구성과 활용방법을 안내한다.
④ '파지와 전이 촉진' 단계에서는 학습자에게 다양한 종류의 새로운 과제를 제시하여 학습의 전이가 잘 일어날 수 있도록 지원한다.

■ 정답 및 해설

③ 학습을 위한 자극자료를 제시하고, 교재나 자료의 활용 방법을 안내하는 단계는 '자극자료 제시' 단계이다. '학습 안내 제공' 단계는 자극자료 제시 단계의 다음 단계로서, 제시된 자극자료의 내용을 장기기억에 저장하기 위해 부호화를 촉진하는 단계이다. 부호화를 촉진하기 위한 전략으로서, 기존 지식과 새로운 지식을 연결하는 정교화 전략이나 지식들 간의 유사점이나 차이점을 설명하는 조직화 전략 등을 사용할 수 있다.

## 출포 208. 메릴의 내용요소 제시 이론

기본서 309~310쪽

**664.** 교수설계 모형을 제시한 학자와 그에 대한 설명으로 옳은 것은?

2019년 국가직 7급

① 켈러(Keller) - 학습자의 내적 학습과정을 유발하기 위한 외적 상황을 9가지로 제시하였다.
② 메릴(Merrill) - 복잡한 학습내용을 수행-내용 매트릭스에 따라 유형별로 나누고 그에 기초하여 교수전략을 개발하였다.
③ 라이겔루스(Reigeluth) - 인지과학적 구성주의를 기반으로 한 수행역량중심 모형을 제안하였다.
④ 가네(Gagné) - 학습동기를 유발하고 유지하기 위해 가장 중요한 변인들을 주의, 관련성, 자신감, 만족감으로 세분화하여 동기설계의 전략을 제공하였다.

■ 정답 및 해설

② 메릴의 교수설계 모형은 규칙 기반 교수설계이론으로서, 복잡한 학습내용을 수행-내용 매트릭스(기억, 활용, 발견 × 사실, 개념, 절차, 원리)에 따라 분류하고, 각 유형에 적합한 교수전략을 처방하는 미시적인 교수설계이론이다. 특히 인지적 영역의 수업설계에 효과적인 것으로 평가된다. 구인제시이론(component display theory)이라고도 한다.

◇ 오답 체크
①은 가네의 수업이론, ④는 켈러의 학습동기 설계이론에 대한 설명이다.
③ 인지과학적 구성주의를 기반으로 수행역량중심 모형은 메리엔보어(J. van Merriënboer)가 제시한 4C/ID(Four-Component Instructional Design) 모형이다. 그는 학습자가 지식을 실제적 문제에 적용하지 못하고 자기주도적 학습을 수행하지 못하는 현상에 대한 처방을 제시하고자 하였다. 이 모형에서는 교수설계의 4가지 요소로 학습과제(learning tasks), 지원정보(supportive information), 절차정보(procedural information), 부분과제 연습(part-task practice)을 제시하였다. 학습과제는 난이도에 따라 계열화하여 제시하되 근접발달영역 내에서 교수적 도움

### 암기 POINT

- 메릴의 내용요소제시 이론

| 학습 목표 | 수행-내용 매트릭스 (기억, 활용, 발견 * 사실, 개념, 절차 원리) |
|---|---|
| 수업 방법 | 학습목표 유형별로 교수전략(제시형태)을 처방 |

### 기출플러스

- 메릴의 내용요소제시 이론
  - 학습목표의 유형:
    절차 × 활용
    (2002년 유초등)

- 논설문 작성 방법을 사용하여 자신의 의견을 주장하는 글을 쓸 수 있다.
- 인터넷을 사용해 과제 수행에 필요한 자료를 찾을 수 있다.

664 ②

(스캐폴딩)을 적절하게 줄여나가면서 제시하도록 하였다. 지원정보는 테크놀로지를 활용하여 학습자가 학습과제를 완수하는 데 도움을 적기에 제공하여야 한다는 것이다. 절차정보는 자기주도적 학습을 수행하는 절차에 관한 적절한 도움을 제공하는 것을 말한다. 부분과제 연습은 학습과제의 완성에 필요한 특정한 세부기능이 자동화 수준에 이를 수 있도록 연습의 기회를 제공할 것을 강조한다. 그 외에도, 구성주의적 교수설계 모형에는 윌리스(Willis)가 제안한 R2D2(Recursive, Reflective Design and Development) 모형이 있다. R2D2 모형은 순환적이며 반성적인 수업설계 과정에 초점을 두는 모형으로서, 수업설계와 실제 수업이 순환적이며 맥락지향적인 비선형적인 과정으로 이루어져야 한다는 점을 강조한다.

**665.** 다음은 메릴(M. D. Merrill)의 내용요소제시이론에 대한 설명이다. 옳은 것을 모두 고른 것은?  *2008년 중등*

> ㄱ. 인지적 영역의 수업을 설계하는 데 효과적이다.
> ㄴ. 목표를 분류하고 이에 따른 교수 전략을 구체적으로 처방하는 데 활용할 수 있다.
> ㄷ. 개방적 체제로 구성되어서 지식의 전체적·통합적 이해를 용이하게 하도록 지원한다.

① ㄱ, ㄴ  
② ㄱ, ㄷ  
③ ㄴ, ㄷ  
④ ㄱ, ㄴ, ㄷ

### 기출플러스
- 메릴의 내용요소제시 이론 (2002년 중등)
- 학습결과의 범주를 이차원적인 수행-내용 행렬표로 제시하고 있다.
- 일차적 자료제시 형태는 일반성과 사례, 설명식과 탐구식으로 이루어져 있다.
- 이차적 자료제시 형태는 맥락, 선수학습, 암기법, 도움말, 표현법, 피드백을 포함한다.

### ■ 정답 및 해설
① 메릴의 내용요소제시이론은 학습내용(교육목표)을 수행-내용 매트릭스(기억, 활용, 발견 × 사실, 개념, 절차, 원리)에 따라 분류하고, 각 유형에 적합한 교수전략을 처방하는 미시적인 교수설계이론이다. 특히 인지적 영역의 수업설계에 효과적인 것으로 평가된다.

◇ 오답 체크
ㄷ. 메릴의 수행-내용 매트릭스는 복잡한 학습내용을 세분화하여 지식을 부분적·분석적으로 이해하도록 하는 데 용이하다.

665 ①

## 출포 209. 라이겔루스의 정교화 이론

🔵 기본서 310쪽

**666.** 교수설계이론에 대한 설명으로 옳은 것만을 모두 고르면?

2014년 국가직 7급

ㄱ. 켈러(Keller)의 ARCS 모형은 주의집중, 관련성, 자신감, 만족감을 학습동기 유발의 주요 요인으로 고려한다.
ㄴ. 메릴(Merrill)의 내용요소제시이론은 '내용' 수준과 '수행' 수준의 이차원적 구분에 따라 교수전략을 제안한다.
ㄷ. 라이겔루스(Reigeluth)의 정교화이론은 미시적 조직전략을 대표하는 것으로 복잡한 내용에서 점차 단순한 내용으로의 수업전개를 제안한다.
ㄹ. 글레이저(Glaser)의 교수모형은 수업목표 설정, 투입행동진단, 수업절차의 선정과 실행, 학습성과 평가 등 네 가지 구성요소가 피드백 순환선에 의해서 서로 연계되어 상호작용적 관계를 맺고 있는 체제적 접근을 취한다.

① ㄱ, ㄷ
② ㄴ, ㄷ
③ ㄱ, ㄴ, ㄹ
④ ㄱ, ㄴ, ㄷ, ㄹ

### ■ 정답 및 해설

③ ㄱ. 켈러는 다양한 동기이론을 바탕으로 학습자의 동기를 유발하고 유지하기 위한 수업의 구성요소로 주의집중, 관나련성, 자신감, 만족감 요인을 포함하는 ARCS 모형을 제시하였다.
ㄴ. 메릴의 내용요소제시이론은 학습내용(교육목표)을 수행-내용 매트릭스(기억, 활용, 발견 × 사실, 개념, 절차, 원리)에 따라 분류하고, 각 유형에 적합한 교수전략을 처방하는 미시적인 교수설계이론이다.
ㄹ. 글레이저는 수업의 구성요소들 간의 상호작용적 관계를 고려하는 체제적 접근의 교수설계 모델을 제시하였다. 글레이저는 수업의 구성요소를 수업목표 설정, 출발점 행동 진단, 수업절차의 선정과 실행, 학습성과 평가 등 4가지로 제시하였다.

◇ **오답 체크**

ㄷ. 라이겔루스의 정교화이론은 수업내용의 범위와 계열의 설정에 관한 거시적 수준의 조직전략에 관한 이론이다. 즉, 복합적인 내용으로 구성된 수업내용을 선택, 계열화, 종합, 요약하는 방법을 제시하는 이론이다. 수업내용의 전개는 단순하고 기본적인 것으로부터 점차 복잡하고 상세한 것으로, 일반적이고 추상적인 내용에서 세부적이고 구체적인 내용으로 학습내용을 순서화하여 제시하는 전략을 취한다.

---

**암기 POINT**
- 라이겔루스의 정교화 이론
  - 성격: 수업들 간의 계열 설정에 관한 거시적 조직 전략
  - 정교화된 계열: 기본적인 내용에서부터 상세한 것 순으로, 일반적인 내용에서부터 구체적인 내용 순으로 등

## 2. 구성주의 교수설계이론

### 01. 구성주의 교수설계이론 개관

**출포 210. 구성주의 교수설계 원리**

기본서 311~312쪽

**667.** 구성주의 관점에서 학습에 대한 설명으로 옳지 않은 것은?

2023년 국가직 7급

① 유의미한 지식은 학습자 스스로 구성하는 지식이어야 한다.
② 학습환경을 설계할 때의 중심은 학습자가 활용할 자원과 정보이다.
③ 교육과정 개발은 교과의 논리나 구조가 아니라 교사와 학습자의 삶의 맥락에 대한 이해에서 출발한다.
④ 교사는 학습자의 문제 해결을 촉진하기 위해 대화 및 협력 도구를 함께 제공해야 한다.

■ **정답 및 해설**

② 구성주의 관점에서는 학습자가 구체적인 삶의 맥락에서 능동적으로 구성하는 지식을 중요한 학습내용으로 본다. 따라서 학습환경을 설계할 때의 중심은 단순히 학습자가 활용하는 자원과 정보를 넘어서, 학습자는 스스로 탐구하고 문제를 해결할 수 있도록 하는 맥락과 경험, 또는 문제나 프로젝트를 학습환경의 중심에 둔다.

◇ **오답 체크**

① 구성주의에서는 학습자가 자신의 경험을 통해 지식을 구성한다고 본다. 즉 학습자는 단순히 정보를 수동적으로 받아들이는 것이 아니라, 자신의 기존 지식과 경험을 바탕으로 새로운 의미를 구성하는 주체이다. 이러한 맥락에서 유의미한 지식은 학습자가 스스로 구성하는 지식이 된다.
③ 구성주의에서는 학습이 학습자에게 실제적이고 의미 있는 맥락에서 이루어져야 한다고 본다. 따라서 교육과정 개발의 출발점은 교과의 논리나 구조가 아니라 학습자의 삶의 맥락에 대한 이해가 되어야 한다고 본다.
④ 구성주의에서는 협력적 학습과 사회적 상호작용을 중요시한다. 교사는 학습자가 문제를 해결하는 과정에서 협력과 대화의 기회를 제공하고, 다양한 협력 도구를 활용하여 학습자들이 서로 상호작용할 수 있도록 돕는 역할하여야 한다고 본다.

---

**암기 POINT**

• 구성주의 교수설계의 원리

| 학습자 중심 | 학습자가 스스로 지식을 구성 |
|---|---|
| 실제적 과제 | 실제 세계의 복잡성 반영한 과제 |
| 문제해결 중심 | 학습자 스스로 문제해결에 참여 |
| 협동적 학습 | 동료들과의 사회적 상호작용 참여 |
| 촉진자 역할 | 교사는 보조자나 촉진자 역할 |

667 ②

**668.** 구성주의 교육에 대한 설명으로 옳은 것만을 모두 고르면?

2020년 지방직 9급

ㄱ. 교수의 내용은 객관적 법칙이라고 밝혀진 체계화된 지식이다.
ㄴ. 실재하는 지식을 효과적으로 전달할 수 있는 교수·학습 방법을 강조한다.
ㄷ. 학습자가 정보를 획득하고 의미를 재구성할 수 있도록 복잡하고 비구조화된 과제를 제시한다.
ㄹ. 협동 수업, 소집단 활동, 문제해결학습 등을 통해 사고와 메타인지를 촉진하는 다양한 교육방법을 적용한다.

① ㄱ, ㄴ   ② ㄱ, ㄹ
③ ㄴ, ㄷ   ④ ㄷ, ㄹ

■ 정답 및 해설

④ ㄷ. 구성주의 교육에서는 학습자가 스스로 현실세계의 문제를 해결하는 경험을 통해 정보를 획득하며 지식을 구성하여야 한다고 본다. 이 때 다루는 문제가 복잡하고 비구조화된 과제일수록 학습자의 지식구성이 촉진된다.
ㄹ. 구성주의 교육에서는 학습자의 개인적 사고와 메타인지를 통한 지식 구성 뿐 아니라 사회문화적 상호작용을 통한 지식 구성도 강조한다. 따라서 협동수업, 소집단활동, 문제해결학습 등이 자주 활용된다.

◇ 오답 체크

ㄱ. 객관적 법칙에 해당하는 지식을 체계화하여 가르칠 것을 강조하는 것은 객관주의 교육에 해당한다.
ㄴ. 구성주의 교육에서는 지식이 실재한다는 관점을 거부한다. 따라서 실재하는 지식의 효과적 전달에 초점을 두는 것은 객관주의 교육에 해당한다.

**669.** 구성주의 학습이론에 기반한 교사의 교수기술로 적절하지 않은 것은?

2017년 국가직 9급

① 지식을 효과적으로 전달하기 위해 구조화된 문제와 반복학습을 강조한다.
② 학생 스스로 사고과정을 통해 문제를 해결하도록 촉진한다.
③ 협동학습을 통해 학생이 생각을 능동적으로 발전시키도록 돕는다.
④ 실제 환경에서 직면하게 되는 문제를 학습과제로 제시하여 학습한 내용과 실제 세계를 연결하도록 한다.

■ 정답 및 해설

① 지식의 효과적 전달을 위해 구조화된 문제와 반복학습을 강조하는 것은 객관주의 학습이론에 기초한 교수기술이다. 구성주의 학습이론에서는 실제 세계의 복잡성을 반영하는 비구조화된 문제를 학습자 스스로 해결하는 활동을 통해 학습자가 능동적으로 지식을 창출하고 구성하는 학습을 강조한다.

## 강서연 교육학

**기출플러스**
- 구성주의 수업방법 (2006년 유초등)
  - 학생들에게 예제의 풀이에 따라 문제를 풀게 했다. (×)
  - 학생들에게 5와트 전구를 켤 수 있는 풍차를 설계하도록 했다. (O)
  - 학생들에게 영화를 보게 하고 다양한 관점과 측면에서 토론하도록 했다. (O)
  - 학생들에게 환자의 임상 사례를 읽게 한 후 증상과 치료 방법을 제안하도록 했다. (O)

**670.** 구성주의 교수-학습 방법에 대한 설명으로 옳은 것은?

2015년 국가직 7급

① 지식의 외재적인 실재를 강조한다.
② 사실이나 개념, 원리 등 지식의 요소를 이해하는 것에 초점을 둔다.
③ 교수목표와 과제를 사전에 구체적으로 분석하고, 목표달성 전략을 고안한다.
④ 학습과정에서 학습자의 능동적 참여와 문제해결 수행 여부를 중시한다.

■ 정답 및 해설
④ 구성주의 교수-학습방법 상대주의적 인식론의 관점에 기초하여, 외재적인 실재보다는 그것을 인식하는 주체의 주관적 구성을 강조한다. 따라서 구성주의에서는 학습자가 실제적 문제의 해결에 능동적으로 참여하여 문제해결을 수행해보는 경험을 통해 학습이 촉진된다고 본다.

◇ 오답 체크
①, ②, ③ 객관주의 교수-학습방법에 대한 설명이다.

**671.** 구성주의 학습이론이 교수설계에 주는 시사점으로 옳지 않은 것은?

2013년 국가직 7급

① 구성주의는 학습자 중심의 학습환경을 강조한다.
② 구성주의는 실제적 과제와 맥락을 강조한다.
③ 구성주의는 문제해결 중심의 학습을 강조한다.
④ 구성주의는 외재적 동기의 강화를 강조한다.

■ 정답 및 해설
④ 구성주의 학습이론에서는 지식을 학습자가 스스로 주관적으로 구성하며, 학습자 스스로 자신의 삶의 문제를 해결하는 과정을 통해 학습한다고 본다. 따라서 학습의 과정은 학습자의 내적 동기에 의해 강화되어야 한다고 본다.

670 ④  671 ④

## 672. 구성주의 학습이론에 대한 설명으로 알맞지 않은 것은?

2013년 지방직 9급

① 학습자의 내적 사고전략과 교수자의 부호화 전략을 토대로 인간의 사고활동을 촉진시킨다.
② 복잡하고 비구조화된 실제적 학습과제를 제시하여 학습자의 자기주도적 학습능력을 증진한다.
③ 인간의 학습은 개인 경험에 근거하여 세계에 대한 새로운 의미를 창출하는 과정이다.
④ 교사는 지식 전달자로서가 아니라 학습보조자나 촉진자로서의 역할을 수행해야 한다.

■ 정답 및 해설
① 학습자의 내적 사고전략과 교수자의 부호화 전략을 중시하는 것은 인지주의 학습이론(정보처리이론)에 기초한 교수이론에 대한 설명이다. 구성주의 학습이론에서는 학습자의 능동적인 활동과 동료들과의 사회적 상호작용을 통한 주체적 지식 구성을 강조하며, 실제 세계의 복잡성을 반영하는 비구조화된 과제의 해결을 통한 학습을 강조한다.

## 673. 괄호 안에 들어갈 용어로 가장 적절한 것은?

2012년 국가직 9급

- 사회적 (    )는 비고츠키(Vygotsky)의 영향을 받아 전개되었다. 우리의 지식과 가치는 사회와 문화에 깊은 영향을 받는다.
- (    ) 이론은 듀이(Dewey), 피아제(Piaget), 비고츠키(Vygotsky) 등으로부터 직접적인 영향을 받았다.
- (    ) 학습모형에는 문제중심학습과 상황학습 등이 있다.

① 구조주의  ② 구성주의
③ 실용주의  ④ 인지주의

■ 정답 및 해설
② 듀이, 피아제, 비고츠키 이론의 영향을 받아 만들어진 학습이론으로, 문제중심학습과 상황학습 등을 대표적인 학습모형으로 하는 이론은 구성주의 학습이론이다. 구성주의 관점은 보편적이며 객관적인 지식의 존재를 부정하며, 유의미한 지식은 그것은 인식하는 주체인 인간에 의해 구성되는 것이라는 관점을 지지한다. 지식 구성의 핵심 주체와 그 과정에 대한 관점에 따라 인지적 구성주의, 사회(문화)적 구성주의, 상호작용적 구성주의로 구분하기도 한다.

### 암기 POINT
- 구성주의 학습이론의 기초

| 유형 | 주요 학자 |
| --- | --- |
| 인지적 구성주의 | 피아제 (개인의 주관적 의미 구성) |
| 사회적 구성주의 | 비고츠키 (사회적으로 공유된 의미) |
| 상호작용적 구성주의 | 듀이 (실제적, 실용적 지식 구성) |

### 강서연 교육학

**기출플러스**

- 구성주의적 교수학습 활동 (2003년 중등)

- 학생 입장에서 중요하고 의미 있는 과제를 제시한다. (O)
- 학생들이 알고 있는 지식을 최대한 활용하도록 장려한다. (O)
- 학생들이 토론을 통해 서로의 학습에 기여할 수 있도록 한다. (O)
- 학생들에게 학습 목표에 도달할 수 있는 최적의 방법을 분명하게 제시한다. (×)

**674.** 다음의 학습에 대한 관점에 입각한 수업 설계 원리로 적합하지 않은 것은?

2011년 국가직 7급

- 실재에 대한 지식은 매개를 거친다.
- 인간의 지각은 주체의 안목과 긴밀한 연계를 맺고 있다.
- 인식주체의 역사·문화적 상황을 떠난 절대적 관점은 존재하지 않는다.

① 학습의 평가는 준거지향 평가에서 벗어나야 한다.
② 수업 과제를 구체적으로 분석하여 사전에 수업목표를 설정한다.
③ 현실세계의 문제 상황과 관련된 지식을 제공한다.
④ 학습자가 지식을 해석하고 생성할 수 있는 환경을 조성한다.

■ **정답 및 해설**

② 제시문의 관점은 인간의 지각과 지식은 주체의 안목과 연계되며 역사-문화적 상황에 의해 영향을 받는다고 보는 것은 구성주의 관점에 해당된다. 구성주의적 수업설계에서는 학습자의 지식을 생성할 수 있는 환경을 조성하고, 현실세계의 문제를 해결하는 경험을 통해 지식을 구성하며, 학습의 평가는 준거지향 평가를 벗어나 성장지향 평가나 능력지향 평가를 추구한다.
수업 과제를 구체적으로 분석하여 사전에 수업목표를 설정하는 것은 행동주의(객관주의) 수업설계의 원리에 해당한다. 구성주의 수업설계에서 통합적인 지식의 구성을 강조하며, 따라서 수업목표를 사전에 수립하기 어렵다고 본다.

**675.** 다음은 교과서에 포함될 지식의 성격에 관한 최 교사의 주장이다. 이러한 주장을 뒷받침하는 인식론은?

2007년 중등

- 오류가 없는 표준적, 보편적 진리이어야 한다.
- 교과서를 구성하는 언어는 세계의 실재와 대응관계를 유지해야 한다.
- 과학 교과서의 지식은 과학의 발전 과정보다는 공인된 이론이어야 한다.

① 객관주의(objectivism)  ② 구성주의(constructivism)
③ 상대주의(relativism)  ④ 도구주의(instrumentalism)

■ **정답 및 해설**

① 교과서에 포함되는 지식은 보편적인 진리이자 공인된 이론이어야 하며, 그러한 지식은 실재를 반영하고 있다고 보는 관점은 객관주의 인식론이다.

674 ② 675 ①

◇ 오답 체크
② 구성주의는 지식은 인식주체의 주관적 구성 과정을 통해 만들어지므로, 실재와 직접 연관되지 않는다고 본다.
③ 상대주의는 보편적이며 절대적인 지식 혹은 진리의 존재를 부정하며, 지식은 인식주체의 관점과 맥락에 의해 영향을 받는다고 본다.
④ 도구주의는 지식은 일상생활을 살아가는 데 유용한 도구로서의 가치를 갖는다고 본다. 하지만 세계는 끊임없이 변화하므로 유용한 지식도 계속 변화한다고 본다.

**676.** 다음에서 구성주의 교육의 관점과 관계 깊은 내용을 골라 바르게 묶은 것은?  2005년 유초등

가. 객관적 지식의 습득을 강조한다.
나. 교과서를 여러 교재 가운데 하나로 다룬다.
다. 실제적 과제를 제시하는 통합 수업 자료를 개발한다.
라. 일반 전이 효과가 높은 고전 교과를 필수로 선정한다.
마. 학생의 자아성찰과 사회적 참여를 요구하는 과제를 개발한다.

① 가, 나, 다
② 나, 다, 마
③ 나, 라, 마
④ 다, 라, 마

■ 정답 및 해설
② 나. 구성주의 교육에서 교과서는 공인된 유일한 교재가 아니라, 여러 가지 참고자료 중의 하나로서 취급된다.
  다. 구성주의 교육에서 학생들이 현실세계의 문제를 해결하는 활동을 중시하므로 실제적 과제를 제시하며, 교과를 구분하지 않는 통합수업 자료가 적절하다.
  마. 구성주의 교육에서는 학습자의 주체적인 지식 구성과 사회문화적 맥락 내에서의 지식 구성을 강조한다. 이 학생의 자아성찰과 사회적 참여를 요구하는 과제를 개발하여 활용하는 것이 바람직하다.

◇ 오답 체크
가. 구성주의 교육의 관점에서는 객관적인 지식의 습득보다는 학습자의 주관적인 지식 구성을 강조한다.
라. 구성주의 교육에서는 보편적 지식의 존재를 부정하므로, 고전 교과의 학습을 필수로 생각하지 않는다.

기출플러스
• 구성주의적 교육의 관점 (2003년 유초등)
• 지식의 사회적·문화적 성격을 강조한다. (O)
• 학생의 주체적 지식 형성이 강조된다. (O)
• 교육 내용은 성취기준 식으로 제시되는 것이 바람직하다. (×)
• 교육 내용을 정당화하기 위해서 '지식의 형식' 개념이 필요하다. (×)
• 진정한 의미에서의 학습은 학습자의 일상적 삶과 밀착된 상황에서 이루어진다. (O)

## 02. 구성주의 수업이론과 모형

### 출포 211. 조나센의 구성주의 학습환경 설계 모형

기본서 312~313쪽

677. 조나센(D. Jonassen)의 구성주의 학습환경 설계 모형에 근거하여 박 교사가 프로젝트 수업을 위한 웹사이트를 제작하고자 한다. 설계 요소로서 (가)에 가장 적합한 것은?  2012년 중등

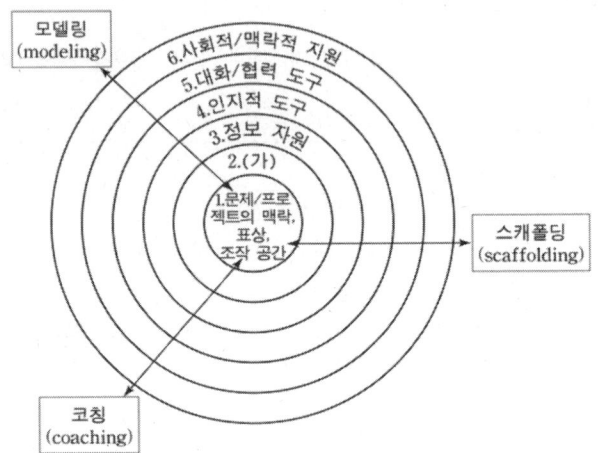

① 용어집
② 학습계획서
③ 성찰하기 도구
④ 개념도 그리기 도구
⑤ 프로젝트와 관련된 사례

■ 정답 및 해설
⑤ 조나센의 구성주의 학습환경 설계 모형에서는 학습자의 지식구성을 촉진하는 학습환경을 동심원의 형태로 제시하고 있다. 가장 중심에 있으며 학습의 출발점이 되는 학습환경은 문제/프로젝트의 맥락, 표상, 조작공간이며, 그 다음에 있는 학습환경은 해당 '문제/프로젝트와 관련된 사례'이다. 관련 사례는 해결해야 할 문제와 직·간접적으로 관련된 사례들로서, 학습자의 관련 경험의 부족 문제를 해소하고 보다 정교한 이해의 구성을 촉진하기 위해서 제공된다.

◇ 오답 체크
① '용어집'은 학습자가 필요할 때 언제든지 활용할 수 있는 풍부한 정보자원을 제공하는 것과 관련된다.
② '학습계획서', ③ '성찰하기 도구', ④ '개념그리기 도구'는 문제해결 과정에서 겪는 인지적 부담을 줄이고 인지적 활동을 활성화하는 도구로서 인지적 도구에 해당한다.

677 ⑤

678. 다음은 조나센(D. H. Jonassen)의 구성주의 학습 환경 설계 모형이다. 안에 들어갈 교수자의 교수 활동에 해당하지 않는 것은? 　　2008년 중등

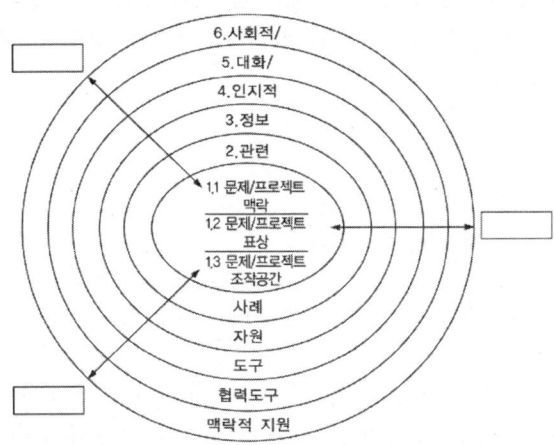

① 코칭(coaching)
② 통찰(insight)
③ 모델링(modeling)
④ 비계설정(scaffolding)

■ 정답 및 해설
② 조나센의 구성주의 학습환경 설계 모형에서는 학습환경을 관통하는 화살표를 통해 교수자가 수행해야 할 교수활동을 제시한다. 이에 따르면, 교수자의 교수활동은 코칭, 모델링, 비계설정과 같이, 직접적인 지식의 전달 보다는 학습자의 자기주도적 학습을 돕는 활동으로 이루어져야 한다.

## 출포 212. 인지적 도제학습이론

　　　　　　　　　　　　　　　　기본서 313~314쪽

679. 다음 설명에 해당하는 교수-학습 이론은? 　　2021년 지방직 9급

전문가와 초심자 간의 특정한 관계 속에서 실제적 과제를 해결해 나가는 과정을 통하여 새로운 지식을 구성함으로써 개념을 발전시켜 나간다. 전문가는 초심자의 지식 구성과정을 도와주는 역할을 하며, 초심자는 전문가와의 토론이나 초심자 간의 토론을 통하여 사회적 학습행동을 습득하고 자신의 인지적 활동을 통제하면서 인지능력을 개발한다.

① 상황학습 이론
② 문제기반학습 이론
③ 인지적 융통성 이론
④ 인지적 도제학습 이론

678 ② 　679 ④

**암기 POINT**

• 콜린스의 인지적도제이론

| 기본 원리 | 실제적 과제 해결 과정에서 전문가의 사고과정을 내면화 |
|---|---|
| 학습 환경 | 내용, 방법, 순서, 사회학 차원 |
| 수업 방법 | 모델링, 코칭, 스캐폴딩, 발화, 반성, 탐구 |

■ 정답 및 해설

④ 인지적 도제학습 이론은 전통적인 도제학습의 관계에서와 같이 초심자가 전문가의 수행을 관찰하고 모방함으로써 그 기능을 습득하게 방법을 설명한다. 인지적 도제학습은 과거의 도제학습과 달리, 새로운 지식의 구성 및 인지적 능력의 발달과 사회적 학습행동의 습득을 강조한다.

### 680. 다음 설명에 해당하는 이론은? [2020년 국가직 9급]

- 전문가의 사고과정을 내면화하는 것이다.
- 콜린스(Collins)와 동료들이 발전시켰다.
- 학습환경을 구성하는 내용, 방법, 순서, 사회학의 네 차원을 중시한다.
- 모델링, 코칭, 비계설정, 발화, 반성, 탐구의 수업방법을 활용한다.

① 완전학습 ② 전환학습
③ 학습공동체이론 ④ 인지적 도제학습

■ 정답 및 해설

④ 콜린스 등이 제안한 인지적 도제학습의 최종 목적은 학습자(초보자)가 전문가(교사)의 사고과정을 내면화는 것이다. 학습환경의 네 차원 중 방법 차원에서는 모델링, 코칭, 비계설정, 발화, 반성, 탐구의 수업방법을 활용한다.

### 681. 다음 설명에 해당하는 인지적 도제학습의 방법은? [2022년 국가직 7급]

- 학습자의 근접발달영역에 속하지만 독자적으로 수행하기 어려운 과제를 수행하도록 도와준다.
- 학습의 초기 단계에 교수자는 학습자에게 많은 지지를 제공하다가 단계적으로 감소시켜 학습자가 독립적으로 수행하게 한다.

① 비계설정(scaffolding) ② 반성적 사고(reflection)
③ 명료화(articulation) ④ 모델링(modeling)

■ 정답 및 해설

① 근접발달영역 내에서 학습자가 혼자 수행하기 어려운 과제의 수행을 도와주는 활동으로서, 점차 도움의 정도를 줄여서 학습자가 독립적으로 과제를 수행할 수 있게 하는 데 목적을 두는 두을 활동을 비계설정(스캐폴딩)이라고 한다.

**암기 POINT**

• 인지적 도제학습의 방법

| 모델링 | 모델(교수자)의 행동을 보고 따라 배우기 |
|---|---|
| 코칭 | 학습자의 수행을 관찰, 점검, 피드백해 주기 |
| 스캐폴딩 | 근접발달영역에서 과제 제시, 학습자의 수행에 도움주기, 점차 중단 |
| 명료화 | 학습한 지식과 기능을 분명하게 정리하기 |
| 성찰 | 학습자 자신의 수행의 문제점 찾고 수정하기 |
| 탐색 | 학습자의 독자적인 문제해결 방법 찾기 |

680 ④  681 ①

**682.** 인터넷을 활용한 인지적 도제수업을 설계하고자 할 때 (가)에 가장 적합한 수업 활동은?  
2011년 유초등

(가) → 코칭 → 스캐폴딩 → 명료화 → 성찰 → 탐색

① 학생들에게 문제해결 과정을 블로그에 스스로 정리하게 한다.
② 학생들에게 과제수행에 필요한 자료를 인터넷으로 조사하게 한다.
③ 학생들에게 과제수행 과정에 대한 UCC를 제작하여 수업게시판에 올리게 한다.
④ 전문가의 과제수행 과정이 담긴 동영상을 인터넷에서 찾아 학생들에게 보여준다.
⑤ 과제수행 중 문제에 봉착한 학생들에게 문제해결의 단서를 트위터를 통해 제공한다.

난이도 ■ ■ ■
채점결과 □ □ □

**기출플러스**
- 인지적 도제 수업의 전략 (2007년 유초등)
- 해독(decoding) (×)
- 코칭(coaching) (○)
- 시범(modeling) (○)
- 점진적 도움 중지(fading) (○)

■ **정답 및 해설**

④ (가)에 들어갈 활동은 모델링이며, 전문가가 과제를 수행하는 과정을 보여줌으로써 학생들이 그것을 배울 수 있는 기회를 제공하는 활동이다.

**683.** 다음은 인지적 도제 모형에 기초한 수업단계의 일부이다. 단계별 수업활동에 관한 설명으로 옳지 않은 것은?  
2009년 중등

| 1단계 : 실제적인 문제해결 과제 제시 |
| 2단계 : 시범 제공 |
| 3단계 : 코칭과 지원 제공 |
| 4단계 : 동료 학생들과의 협력 지도 |
| 5단계 : 일반적 원리로 초점을 옮겨가도록 지도 |

| | 단계 | 교사의 수업활동 |
|---|---|---|
| ① | 1단계 | 학생들이 자신의 삶에 활용할 수 있는 지식을 구성해 나가는 데 도움이 되는 실제적인 문제를 제시한다. |
| ② | 2단계 | 학생들이 스스로 문제를 해결하도록 교사는 문제를 풀어 나가는 자신의 사고 과정에 대한 설명 없이 시범을 보인다. |
| ③ | 3단계 | 수업 후반부로 갈수록 도움을 점차 감소시켜 학생들 스스로 과제를 수행하는 능력을 길러 나가도록 한다. |
| ④ | 4단계 | 협력학습의 과정에서 학생들이 해당 분야의 용어와 사고방식에 익숙해지는 문화적 적응의 기회를 갖게 한다. |
| ⑤ | 5단계 | 학생들이 특정 상황을 넘어 관련된 다른 상황에 적용할 수 있는 보편적 지식을 습득하게 한다. |

난이도 ■ ■ ■
채점결과 □ □ □

682 ④  683 ②

■ 정답 및 해설
② 인지적 도제학습에서는 초보자인 학생들이 전문가인 교사의 사고과정을 내면화하는 것을 목적으로 둔다. 따라서 2단계의 시범 제공(모델링) 활동에서는 교사가 자신의 내적인 사고 과정을 학생들에게 잘 전달할 수 있도록 그에 대한 충분한 설명을 제공하여야 한다.

## 출포 213. 상보적 교수 모형

기본서 315쪽

**684.** 다음 설명에 해당하는 교수-학습 모형은?    2012년 국가직 7급

> ○ 단기간에 독해 교육의 성과를 얻는 데 유용한 것으로 보고된 구성주의적 교수-학습 모형이다.
> ○ 학생들의 읽기와 듣기 이해력 향상을 위한 네 가지 핵심 전략으로 요약(summarizing), 질문(questioning), 명료화(clarifying), 예언(predicting) 등을 제시하였다.

① 상보적 교수(reciprocal teaching) 모형
② 상황적 수업(anchored instruction) 모형
③ 인지적 도제(cognitive apprenticeship) 모형
④ 문제 중심 학습(problem based learning) 모형

■ 정답 및 해설
① 구성주의적 독해교육을 위한 교수-학습 모형으로서, 요약, 질문, 명료화, 예언을 핵심 전략으로 하는 것은 팰린사와 브라운의 상보적 교수 모형이다. 교사와 학생이 서로 역할을 바꾸어가며 대화를 주고 받는 과정에서 학습이 이루어지는 교수·학습 방법으로서, 비고츠키의 사회문화적 구성주의 이론에 기초를 두고 있다.

◇ 오답 체크
② 상황적 수업 모형에서는 어떤 지식을 학습할 때에는 그것이 창출되거나 사용되는 실제적 상황 맥락 속에서 학습할 것을 강조한다.
③ 인지적 도제 모형에서는 지식이 창출되는 사회문화적 활동에 참여하여 전문가의 사고과정을 내면화하는 과정을 통해 학습할 것을 강조한다.
④ 문제중심 학습 모형에서는 의과대학의 수업을 개선하기 위해 제안된 모형으로서, 현실의 비구조화된 문제 상황 속에서 개별학습과 협동학습을 통해서 성찰적인 학습을 전개할 것을 강조한다.

---

**암기 POINT**
• 상보적 교수 모형

| 성격 | 독해력 지도 모형 |
|---|---|
| 수업 활동 | 요약하기, 질문하기, 명료화하기, 예측하기 |
| 교사 역할 | 시범, 질문, 피드백 등 학습과정 촉진, 지원 |

684 ①

**685.** 다음의 교수·학습 방법에서 강조하는 교사의 역할과 가장 거리가 먼 것은?

<sub>2010년 중등</sub>

- 팰린사(A. Palincsar)와 브라운(A. Brown)이 독해력 지도를 위해 제안하였다.
- 교사는 독해력을 지도할 때 질문하기, 요약하기, 명료화하기, 예견하기의 4가지 인지전략을 사용한다.
- 리더 역할은 경우에 따라 교사나 학생이 모두 수행할 수 있다.

① 수업의 처음 단계와 마지막 단계를 교사가 통제한다.
② 학생에게 현재 수준에 맞는 피드백과 조언을 제공한다.
③ 학생이 능동적으로 지식을 구성하도록 교사가 격려한다.
④ 사회적 상호작용을 통해 학생의 사고발달을 교사가 촉진한다.
⑤ 도입 단계에서 교사는 학생에게 인지전략을 설명하고 시범보인다.

■ **정답 및 해설**

① 팰린사와 브라운이 독해력 지도를 위해 제안한 모형으로서 질문하기, 요약하기, 명료화하기, 예견하기의 인지전략을 사용하는 모형은 상보적 교수 모형이다. 이 모형은 비고츠키의 이론에 기초를 둔 구성주의적 수업 모형이다. 따라서 꼭 필요한 경우가 아니라면, 교사가 수업을 통제하는 것은 바람직하지 않다.

◇ **오답 체크**

②, ③, ④, ⑤ 교사는 학생들이 능동적으로 지식을 구성하도록 격려하며, 사회적 상호작용을 통해 학생의 사고발달을 촉진한다. 학습의 도입 단계에서는 교사가 학생들에게 적절한 인지전략을 설명하고 시범보이며, 점차 수업의 후반부로 갈수록 학생들이 수업을 주도하게 한다. 이 때, 교사는 학생들에게 현재 수준에 맞는 피드백과 조언을 제공하도록 한다.

## 출포 214. 레이브와 웽거의 상황학습이론

기본서 315~316쪽

**686.** 다음 설명에 해당하는 학습은?

<sub>2022년 국가직 7급</sub>

- 유의미한 학습이 일어나기 위해서는 지식이 사용되는 맥락에 대한 정보가 제공되어야 한다.
- 전이를 촉진하기 위해 한 가지 주제를 다양한 맥락에서 다양한 예시와 함께 다룰 필요가 있다.
- 학습은 일상생활의 활동에 참여하는 경험을 통해 진행되므로 사회공동체의 활동에 참여하는 과정이 장려되어야 한다.

① 발견학습(discovery learning)
② 상황학습(situated learning)
③ 혼합학습(blended learning)
④ 거꾸로학습(flipped learning)

---

**강서연 교육학**

**기출플러스**

- 상보적 교수 모형 (2011년 유초등)
- 교사는 학생의 역할을 하면서 수업에 참여하기도 한다.
- 교사와 학생이 함께 대화를 주고받는 과정에서 학습이 이루어진다.
- 학생은 교사의 역할을 하면서 교사로서 제기할 질문을 스스로 만들어 본다.
- 예측하기, 질문 만들기, 요약하기, 명료화하기가 수업 활동의 핵심적인 요소가 된다.

685 ① 686 ②

## 암기 POINT

• 레이브와 웽거의 상황학습이론

| 실제적 맥락 | 지식이 사용되는 구체적 맥락에서 학습 |
|---|---|
| 사회적 참여 | 일상생활 속 사회공동체 활동에의 참여 |
| 학습의 전이 | 학습주제를 다양한 맥락과 사례로 학습 |

### ■ 정답 및 해설

② 유의미한 학습을 위해 지식이 사용되는 맥락에 대한 정보를 제공하며, 지식의 전이를 위해 다양한 맥락의 예시를 함께 다룰 것을 강조하는 학습 방법은 상황학습이다. 상황학습에서는 사회적 활동 속에서 지식이 구성된다는 보기 때문에, 일상생활의 활동 속에서 사회공동체의 활동에 참여하는 것을 강조한다.

◇ 오답 체크
① 발견학습에서는 능동적이며 탐구적 학습을 통해 일반화된 개념이나 원리를 발견할 것을 강조한다.
③, ④ 온라인 학습과 실제의 교실수업을 연계하기 위한 방법을 제시하는 모형이다.

---

**687.** 상황학습(situated learning)의 설계 원리에 대한 설명으로 옳지 않은 것은?   2019년 국가직 9급

① 지식이나 기능은 유의미한 맥락 안에서 제공되어야 한다.
② 교실에서 학습한 것과 교실 밖에서 필요로 하는 것의 관계 형성을 돕는다.
③ 전이(transfer)를 촉진할 수 있도록 추상적인 형태의 지식을 제공한다.
④ 다양한 사례를 활용하여 능동적인 문제해결을 유도한다.

### ■ 정답 및 해설

③ 상황학습에서는 지식의 전이를 촉진하기 위해서는 지식이 사용되는 다양한 맥락 속에 다양한 예시를 함께 다루는 것이 효과적이라고 본다. 기존의 객관주의 학습이론에서와 달리, 지식은 구체적인 상황 맥락 속에 붙박혀 있다고 보기 때문이다. 지식의 전이를 촉진하기 위하여 추상적인 형태의 지식을 제공하여야 한다고 보는 것은 부르너의 일반화론에 가까운 것으로 보인다.

---

**688.** 박 교사가 수업에 적용한 이론으로 가장 적절한 것은?   2012년 유초등

> 박 교사는 수학 교과는 실제적인 맥락에서 학습되어야 한다고 생각한다. 그래서 그는 수학 교과의 내용을 적용하여 실제적인 문제를 해결해 가는 이야기를 담은 동영상을 제작하고 이를 수업 시간에 제시하였다. 문제가 발생되는 장면에서 동영상을 멈추고 학생들에게 이야기 속에 암시된 여러 단서들을 찾아 스스로 문제를 해결해 보도록 하였다. 그런 다음 멈추었던 동영상을 다시 틀어 문제가 해결되는 과정을 보여 주었다.

① 이중부호화 이론(dual coding theory)
② 상황정착 수업 이론(anchored instruction theory)
③ 인지유연성 이론(cognitive flexibility theory)
④ 내용요소전시 이론(component display theory)
⑤ 정교화 수업 이론(elaboration theory of instruction)

687 ③   688 ②

■ 정답 및 해설
② 교과의 내용을 실제적인 맥락에서 그 지식을 적용하는 실제적인 문제 해결 과정을 통해 학습할 것을 강조하는 수업이론은 구성주의적 수업 이론인 상황정착 수업 이론이다.

◇ 오답 체크
① 이중부호화 이론은 인지주의 수업이론으로서, 인지과정 속에서 언어정보와 시각정보가 각기 다른 채널로 처리되므로 이 둘을 결합하여 학습할 때 더 효과가 높다는 점을 강조한다.
③ 인지유연성 이론에서는 복잡하고 다차원적인 지식의 학습을 위해서는 지식이 사용되는 맥락에 따라 즉각적으로 재구성할 수 있는 인지적 유연성을 기르는 것이 중요하다고 본다. 이를 위해 학습하고자 하는 지식의 구체적인 적용 사례들을 통해 지식을 다각도로 이해하도록 하여야 한다는 점을 강조한다.
④ 내용요소전시 이론에서는 학습내용을 내용과 수행 차원으로 구분하여 체계적으로 제시할 것을 강조한다.
⑤ 정교화 수업 이론에서는 단순한 내용에서 복잡한 내용으로 점차 정교화시켜 나가도록 한다.

기출플러스
• 상황정착학습 이론 (2006년 유초등)
'일반적인 문제해결 전략은 없다.'는 입장과 부합하는 접근으로서, 구체적인 내용과 실제적인 맥락을 중시하는 학습형태는 정착학습(anchored learning)이다.

**689.** 상황학습(situated learning)에 대한 설명으로 적절하지 않은 것은?

2007년 중등

① 상황학습에서 활용되는 평가방법에는 포트폴리오(portfolio) 평가가 있다.
② 상황학습은 실제적인 문제를 포함하는 환경에서 이루어지는 문화 적응 과정이다.
③ '실행공동체'(community of practice)와 '정당한 주변적 참여'(legitimate peripheral participation)는 상황학습의 주요 개념이다.
④ 상황학습환경을 설계할 때, 학습자간의 상호작용은 최소화하고 교사가 개별 학습자에게 정선된 학습내용을 지속적으로 전달할 수 있도록 해야 한다.

■ 정답 및 해설
④ 상황학습 이론에서는 지식의 사회적 구성 과정을 중시한다. 주요 개념으로 실행공동체(community of practice)와 정당한 주변적 참여(legitimate peripheral participation)를 강조한다. 따라서 상황학습을 위한 환경을 설계할 때에는 실행공동체에의 참여를 통해 교수자와 학습자 사이의 상호작용이나 학습자 간의 상호작용이 촉진될 수 있도록 하여야 한다.

## 출포 215. 인지적 유연성 이론

 기본서 316~317쪽, 347~348쪽

**690.** 다음의 진술과 가장 관계가 깊은 개념은?    2006년 유초등

> ○ 실제 사례를 '있는 그대로' 학습하도록 한다.
> ○ 영화 등 하이퍼미디어를 활용하는 것이 효과적이다.
> ○ 맥락을 벗어난 지식은 지나친 단순화와 일반화의 오류에 빠지기 쉽다.
> ○ 동일한 자료를 다른 시기에 다른 목적과 관점으로 검토함으로써 다양한 차원에서 지식을 이해하게 한다.

① 인지적 유연성
② 수단-목표 분석
③ 일반화된 문제 해결
④ 지식의 위계 구조

### ■ 정답 및 해설

① 스피로(Spiro) 등이 제안한 인지적 유연성 이론은 지식의 전이는 지식을 단순히 기억해내는 것이 아니라 지식이 사용되는 맥락에 따라 즉각적으로 재구성하는 것이라고 본다. 따라서 지식의 전이를 촉진하기 위해서는 지식을 단순화하거나 일반화하기 보다는 실제적 사례들 속에서 다양한 각도로 학습하여야 한다고 본다. 추상적인 개념이나 원리 그 자체의 학습보다는 실제로 지식을 사용해야 하는 상황에서 유연하게 지식을 재구성하는 능력 중요하다고 보기 때문이다. 실제적인 사례를 통해 학습하기 어려운 경우에는 하이퍼미디어가 효과적이라고 본다.

### ◇ 오답 체크

② 수단-목표 분석은 인간의 문제해결 과정을 모형화한 시뮬레이션 프로그램에서 광범위하게 사용되는 분석방법이다. 차이감소법의 일종으로, 현재 상태와 목표 상태 사이의 차이점을 찾고, 목표 달성을 위해 효과적인 수단을 찾아나가는 방법이다.
③ 일반화된 문제해결은 특정한 문제에만 적용되는 문제해결 방법이 아니라, 어떤 상황에서도 적용될 수 있는 문제해결 방법으로 일반화시키는 것을 말한다. 이를 학습하기 위해서는 구체적인 맥락으로부터 벗어나 추상적인 개념과 원리를 도출하는 학습이 강조된다.
④ 지식의 위계 구조는 가네의 학습과제 분석에서와 같이 학습해야 할 지식의 위계를 체계적으로 분석하여 단순하고 기초적인 지식에서부터 복잡하고 어려운 지식 순으로 학습하고자 할 때 중요시되는 개념이다.

690 ①

**691.** 다음 수업 모형들의 공통점은?  2009년 유초등

- 상황정착 수업(anchored instruction)
- 문제중심 학습(problem-based learning)
- 인지유연성 이론(cognitive flexibility theory)

① 수업의 목적은 명제적 지식을 획득하는 데 있다.
② 학습자 평가는 준거참조평가보다는 규준참조평가가 적절하다.
③ 지식이 사용되는 구체적 맥락을 제공하는 것이 수업에서 중요하다.
④ 수업의 목표는 관찰 가능한 행위동사를 사용하여 분명하게 기술한다.
⑤ 지식은 개별적인 것이므로 협동학습보다는 개별학습이 바람직하다.

■ 정답 및 해설
③ 상황정착 수업, 문제중심 학습, 인지유연성 이론은 모두 구성주의 교수학습 모형에 해당한다. 구성주의 학습이론에서는 지식이 구체적인 상황 속에서 학습되어야 그것의 온전한 의미를 이해할 수 있으며 유의미한 학습이 일어난다고 본다.

◇ 오답 체크
① 명제적 지식뿐만 아니라, 방법적 지식의 획득을 중시한다.
② 학습자 평가는 규준참조평가는 준거참조평가나 자기참조평가가 적절하다고 본다.
④ 수업의 목표를 관찰가능한 행위동사로 기술하는 것은 행동주의 학습이론에 기초한 수업모형들에 해당한다.
⑤ 지식은 사회적으로 구성되는 것이므로 개별학습 뿐 아니라 협동학습도 중요하게 다루어진다.

### 기출플러스

- 인지적 융통성 이론 (2003년 중등)
- 대부분의 지식은 복잡하고 다원적인 개념으로 형성되어 있다.
- 지식을 단순화 구조화하여 제시하는 것은 고차적 지식 습득을 오히려 방해한다.
- 지식의 전이는 지식을 단순히 기억해내는 것이 아니라 즉각적으로 재구성하는 것이다.
- 적용 사례들을 제시해 줌으로써 다양한 형태의 지식을 다각도로 체험하게 한다.

## 출포 216. 문제중심학습(PBL)

기본서 317~319쪽

**692.** 문제중심학습(Problem-Based Learning)에 대한 설명으로 옳지 않은 것은? 2023년 국가직 7급

① 의과대학의 교육생을 훈련할 때 발생한 교육적 문제점을 해결하기 위해 등장하였다.
② 학습에서 다루어지는 문제는 정답이 정해져 있으며 이론적 맥락에서 발생하는 성격을 가진다.
③ 학습자는 상호 의견을 나누고 정보를 공유하는 과정을 통해 성찰, 비판적 사고, 협동심을 키울 수 있다.
④ 교사는 지식전달자의 역할 대신 학습자가 자기 주도적으로 학습하도록 하는 역할을 한다.

691 ③  692 ②

## 암기 POINT

**문제중심학습(PBL)**

| 개요 | 배로우즈 등이 의대 교육 개선안으로 개발 |
|---|---|
| 학습 원리 | – 비구조화된 실제 문제<br>– 학습자 주도 문제해결<br>– 자기주도적 개별학습<br>+ 소집단 협동학습<br>– 과정 중심 성찰적 평가 |
| 교사 역할 | 상위인지적 수준에서 상호작용(촉진자, 코칭) |

### ■ 정답 및 해설

② 문제중심학습은 현실에서 실제로 발생하는 문제를 해결하는 과정을 통해 문제에 관련된 지식의 학습 뿐 아니라 학습하는 방법에 대한 학습을 추구한다. 이 과정에서 학습자는 스스로 문제를 정의하고 자료를 찾아내고 분석하며 전략을 찾아서 해결하며, 자기주도적 성찰을 통해 학습하도록 격려된다. 따라서 문제중심학습에서 다루어지는 문제는 정답이 정해져 있지 않으며 실제적 맥락에서 발생하는 문제라는 성격을 가진다.

### 693. 교수학습 방법에 대한 설명으로 옳지 않은 것은? <sub>2022년 지방직 9급</sub>

① 문제중심학습(problem-based learning) – 문제의 성격이 불분명한 비구조적 문제를 교수자가 사전에 제거할수록 학습자의 학습효과를 높일 수 있다.
② 토의법(discussion method) – 학습자 상호 간의 상호작용을 전제로 학습구성원의 자발성, 창의성 및 미지에 대한 인내심을 요구한다.
③ 지그소모형(Jigsaw model) – 협동학습 교수모형의 하나로 모집단이 전문가집단으로 갈라졌다가 다시 모집단으로 돌아오는 과정에서 구성원 간 상호의존성과 협동성을 유발하게 된다.
④ 발견학습(discovery learning) – 교수자는 학습자의 발견과정을 촉진하고 안내하는 역할을 담당하고, 학습자는 가설 검증을 통해 능동적으로 학습하는 주체가 된다.

### ■ 정답 및 해설

① 문제중심학습에서는 문제의 성격이 불분명한 비구조적 문제일수록 학습자의 학습효과를 높일 수 있다고 본다. 따라서 교수자가 이를 사전에 제거할 필요가 없다.

### 694. 문제중심학습(Problem-Based Learning)에 대한 설명으로 옳지 않은 것은? <sub>2019년 국가직 7급</sub>

① 모델링, 코칭, 비계설정, 명확한 표현, 반성적 사고 등이 핵심적인 방법으로 활용된다.
② 자기주도적 학습이 이루어지면서 문제해결 전략을 선택하고 적용하는 방법을 배우게 된다.
③ 실제 생활과 관련된 문제가 제시된다는 점에서 실제성이 강조되어 활동의 의미가 더 커진다.
④ 비구조적 문제를 특징으로 하며, 학습자가 문제를 찾아내고 분석하며 전략을 찾는다.

### ■ 정답 및 해설

① 모델링, 코칭, 비계설정, 명확한 표현, 반성적 사고 등을 핵심적인 방법으로 활용하는 학습이론은 인지적 도제학습이론이다.

**695.** 문제중심학습(problem-based learning)에 대한 설명으로 옳지 않은 것은?
2017년 국가직 7급

① 비구조화된 문제 상황에서 추론기능과 자기주도적 학습을 필요로 한다.
② 의과대학에서 전통적인 교육방식의 문제점을 개선하기 위해 개발된 모형이다.
③ 실제 문제를 중심으로 학습내용을 학습자가 찾아서 해결하는 학습자 중심의 모형이다.
④ 문제해결 과정이 끝난 후 실시되는 평가는 교사에 의해 시험으로 이루어진다.

### 기출플러스
- 문제중심학습(PBL)의 특징 (2015년 국가직 9급)
- 실제성 (O)
- 협동학습 (O)
- 자기주도학습 (O)
- 구조적인 문제 (×)

■ **정답 및 해설**

④ 문제중심학습에서 실시하는 평가는 학습의 최종적 결과만을 대상으로 하지 않고 학습의 과정에 대한 평가를 포함하여야 하며, 교사에 의한 평가 뿐 아니라 학습자 자신과 동료 학습자에 의한 평가를 포함하여야 한다. 즉, 문제해결 과정이 끝난 후 실시되는 평가는 교사에 의한 시험보다는 학습자의 자신의 학습과정 및 결과에 대한 성찰적 평가와 동료 학습자들에 대한 상호평가가 중심이 되게 이루어진다.


**696.** 문제기반학습(PBL: problem-based learning)에 대한 설명으로 옳지 않은 것은?
2009년 국가직 7급

① 문제개발과 평가가 용이하여 학교교육 및 기업교육에 보편적으로 활용되고 있는 교육방법이다.
② 비구조화된 문제해결능력을 함양하고자 하는 의과대학의 교육적 요구를 충족시키기 위해 개발된 것이다.
③ 새로운 지식과 기술의 습득을 위해 유의미하고 포괄적인 문제가 활용된다.
④ 복잡하고 비구조화된 문제의 해결을 위해 자기주도적 학습과 소집단 협동학습을 강조한다.

■ **정답 및 해설**

① 문제중심학습에서의 문제는 학습하고자 하는 지식이나 정보와 관련되면서 복잡하고 비구조적이며 실제적인 문제여야 한다. 또한 평가는 학습의 최종적 결과만을 대상으로 하지 않고 학습의 과정에 대한 평가를 포함하여야 하며, 교사에 의한 평가 뿐 아니라 학습자 자신과 동료 학습자에 의한 평가를 포함하여야 한다. 따라서 문제개발과 평가가 쉽지 않으며, 그로 인해 학교교육 및 기업교육에서 문제중심학습이 보편적으로 활용되지는 못하고 있다.

695 ④  696 ①

**697.** 문제중심학습(problem-based learning)에 관한 진술로 옳은 것을 다음에서 모두 고르면?

2011년 유초등

> ㄱ. 구성주의적 인식론에 바탕을 둔 학습 모형이다.
> ㄴ. 학습 문제는 기본적으로 구조화된 형태로 제시된다.
> ㄷ. 문제 해결을 위해 요구되는 정보, 지식, 해결 방법 등을 자기주도적으로 탐구한다.
> ㄹ. 학습자에게 제시되는 문제는 일상에서 접하게 되는 수준의 복잡성과 실제성을 가지는 것이 좋다.

① ㄱ, ㄷ  ② ㄴ, ㄹ  ③ ㄱ, ㄷ, ㄹ
④ ㄴ, ㄷ, ㄹ  ⑤ ㄱ, ㄴ, ㄷ, ㄹ

### ■ 정답 및 해설

③ ㄱ. 문제중심학습은 듀이의 경험주의 이론과 구성주의적 인식론에 바탕을 둔 학습 모형이다. 실제적 문제를 중심으로 학습자 스스로가 문제해결 방법을 찾아나가는 과정을 통해 교과지식의 학습 뿐 아니라 사고능력을 기르는 데 중점을 둔다.

ㄷ. 문제중심학습은 자기주도적 개별학습과 소집단 협동학습을 결합하는 방식의 학습을 추구한다. 학습자는 스스로 문제해결 전략을 선택하고 적용해 보는 과정을 통해 문제해결을 위해 요구되는 정보, 지식, 해결 방법 등을 자기주도적으로 탐구한다. 이와 더해, 소집단 학습을 통해 상호 의견을 나누고 정보를 공유하도록 한다.

ㄹ. 문제중심학습에서 학습자에게 제시되는 문제는 일상에서 접하게 되는 수준의 복잡성과 실제성을 가지는 것이 좋다. 실제적 문제는 문제의 성격이 불분명하며 비구조화된 문제이므로, 학습자는 문제를 정의하고 해결전략을 선택하고 관련된 정보를 수집하는 활동을 통해 교사가 제공하는 지식을 학습하는 것이 아니라, 스스로 문제를 해결하는 방법을 학습할 수 있게 된다.

### ◇ 오답 체크

ㄴ. 문제중심학습에서 다루는 학습 문제는 비구조화된 형태로 제시된다. 문제중심학습 이론에서는 학습 문제가 복잡하고 비구조적이며 실제적인 특성을 지닐수록 학습의 효과가 높다고 보기 때문이다.

---

**기출플러스**

- 문제중심학습(PBL)
- 상대주의적 인식론인 구성주의에 이론적 근거를 둔다. (○)
- 문제는 복잡하고 비구조적이며 실제적인 특성을 지닌다. (○)
- 학습방식은 자기주도적 학습과 협동학습으로 이루어진다. (○)
- 평가는 과정 중심적이라기보다는 결과 중심적이다. (×)

**698.** 다음은 문제기반학습에서 교사의 단계별 행동을 진술한 것이다. 순서대로 바르게 나열한 것은?

2008년 중등

> ㄱ. 학생들에게 자신의 탐구 능력과 사고 과정을 반성하게 한다.
> ㄴ. 학생들이 문제해결을 위한 연구 과제를 구체적으로 정의하도록 돕는다.
> ㄷ. 학생들이 적절한 자료를 수집하고 실험하여 원인과 해결책을 찾도록 지도한다.
> ㄹ. 학생들이 보고서, 비디오, 모형 등 적절한 결과물을 만들어서 발표하게 한다.
> ㅁ. 학생들에게 탐구할 과제와 그 요건을 설명하고 학생들이 과제를 선택하여 문제해결 활동에 참여하도록 안내한다.

① ㄴ→ㄹ→ㅁ→ㄷ→ㄱ
② ㄴ→ㅁ→ㄹ→ㄷ→ㄱ
③ ㅁ→ㄴ→ㄷ→ㄹ→ㄱ
④ ㅁ→ㄷ→ㄹ→ㄴ→ㄱ

■ 정답 및 해설
③ 문제기반학습(문제중심학습)은 '문제제시(ㅁ) - 문제확인(ㄴ) - 자료수집 및 해결안 도출(ㄷ) - 해결안 발표(ㄹ) - 정리 및 평가(ㄱ)' 순으로 진행된다. 교사는 각 단계에서의 활동이 진행되는 데 필요한 안내와 도움을 제공하는 역할을 한다.

**암기 POINT**
• 문제중심학습의 절차

| 문제 제시 | 탐구할 과제 및 요건 설명 |
|---|---|
| 문제 정의 | 문제 성격 정의 탐구방법 계획 |
| 해결 활동 | 자료수집 및 해결책 도출 |
| 결과 발표 | 학급 전체에게 결과물 발표 |
| 학습 평가 | 학습 과정 반성 개선할 점 도출 |

**699.** 다음에 제시된 이론에서 강조하는 교사의 역할에 해당하는 것은?

2005년 유초등

> ○ H. Barrows, J. Savery 등에 의해 제안되었다.
> ○ 학습자들은 문제를 협력적이고 자기주도적으로 해결해 간다.
> ○ 과제에 대한 학습은 물론, 비판적 사고력과 협력기능을 기른다.
> ○ 교수·학습 과정은 실제 발생하는 문제와 상황을 중심으로 전개된다.

① 추상적이고 이론적인 학습 과제를 제공한다.
② 학습자와 상위인지적 수준에서 상호작용한다.
③ 교수·학습의 과정에서 주도적인 역할을 한다.
④ 비구조적인 문제보다 구조적인 문제를 제시한다.

■ 정답 및 해설
② 제시문에서 설명하고 있는 학습은 문제중심학습이다. 문제중심학습에서 교사는 학습자가 발견해야 할 지식이나 문제해결방법을 직접적으로 제공하고 지시하는 역할보다는, 학습자가 자신의 문제해결방법을 찾아나갈 수 있는 과정을 계획, 점검, 조절, 평가할 수 있도록 안내하고 지원하는 역할을 한다. 즉, 교사는 학습자가 자신의 사고 및 학습과정을 통제·관리하는 활동인 상위인지(메타인지)적 수준의 활동을 중심으로 학생과 상호작용하는 역할을 한다.

## 3. 교수·학습 방법

### 01. 교사 중심의 교수학습 방법

**출포 217. 강의법과 질문법**

기본서 319~320쪽

**700.** 교사 중심의 교수·학습 방법은?   2018년 지방직 9급

① 학생들에게 정해진 교과 지식을 제시하고 설명한 후 형성평가를 실시하여 학습결과를 확인하였다.
② 학생들이 현실 생활에서 당면할 수 있는 문제를 소집단 협동학습을 통해 해결하도록 안내하였다.
③ 학생들의 사고력과 창의력을 향상시키기 위해 신문에 나온 기사와 칼럼을 활용하여 토론하게 하였다.
④ 학생들에게 학습 팀을 구성하여 자신들이 실제로 겪고 있는 문제를 확인하고 자료를 수집하여 해결방안을 모색하게 하였다.

■ **정답 및 해설**
① 교사 중심의 교수·학습 방법은 교사가 학생들에게 정해진 교과 지식을 효과적으로 전달하는 데 중점을 둔다. 교과 지식의 체계적 제시, 학습자의 이해를 촉진하는 설명, 학업성취 정도에 대한 평가와 피드백 등을 중시한다.

◇ **오답 체크**
②, ③, ④ 학생들이 자신들의 지식을 활용하거나 창출하는 활동에 주도적으로 참여하고 협력하며 교사는 이를 안내하는 데 중점을 두는 교수·학습 방법들로, 학생 중심의 교수·학습 방법에 해당한다.

700 ①

**701.** 다음은 효과적인 질문 기법에 관한 일련의 연구 결과들에서 도출한 내용이다. 이 내용에 근거해서 판단할 때, 수업 상황에서 교사가 바르게 사용한 질문 전략을 <보기>에서 모두 고른 것은?  2010년 중등

> 질문할 때 교사는 자주 질문하되, 가능한 한 모든 학생을 골고루 호명하여 소수 학생이 응답 기회를 독점하지 않게 해야 한다. 또한 질문을 먼저 하되 응답할 학생을 호명하기 전과 후에 잠시 침묵하여 생각할 수 있는 시간을 주어야 하며, 학생을 적절히 격려하여 참여를 유도해야 한다. 그러나 질문 내용이 기초 기능의 연습에 관련된 것이라면 대답은 빠를수록 좋다.

<보기>
ㄱ. 주 교사 : 학생들에게 간단한 암산 문제를 제시하고 가급적 빠른 시간 내에 대답하도록 하였다.
ㄴ. 장 교사 : 만유인력의 법칙에 대해 질문하고 호명한 학생이 당황하여 대답을 못하자 안심시킨 후 좀 더 알아듣기 쉽게 질문하였다.
ㄷ. 조 교사 : 지구과학 수업 중 질문하기 전에 먼저 한 학생을 지목하여 일어서게 한 후, 지층의 형성 과정에 관해 질문하고 설명하게 하였다.
ㄹ. 정 교사 : 특수한 역사적 사건의 의의에 관해 질문하고 잠시 학생들에게 생각할 시간을 준 다음, 학생들을 한 명씩 호명하여 각자의 생각을 말하게 하였다.

① ㄱ, ㄴ
② ㄴ, ㄷ
③ ㄷ, ㄹ
④ ㄱ, ㄴ, ㄹ
⑤ ㄱ, ㄷ, ㄹ

■ **정답 및 해설**
④ ㄱ. 간단한 암산 문제는 기초 기능의 연습에 관한 문제이므로 대답을 기다려 주는 시간은 짧게 주는 것이 좋다.
ㄴ. 복잡하고 어려운 내용을 묻는 문제이므로 대답을 어려워하더라도 다른 학생을 호명하기 보다는 적절한 도움을 통해 대답할 기회를 주는 것이 바람직하다.
ㄹ. 질문을 한 후에는 대답을 생각할 시간을 주어야 하며, 대답할 기회는 골고루 배분하는 것이 바람직하다.

◇ **오답 체크**
ㄷ. 수업에서 질문을 던질 때에는 일반적으로는 학급 전체를 대상으로 한다. 특정한 학생에게 응답하도록 할 때에도 교사가 먼저 전체 학생들에게 질문을 하고, 그런 다음에 응답할 학생을 호명하여 대답을 말하도록 요청하는 것이 바람직하다. 질문을 던진 후 아직 누가 대답해야 할지가 특정되지 않았을 때 모든 학생들이 그에 대한 대답을 생각해 보도록 할 수 있기 때문이다.

# 02. 학생 중심의 교수학습 방법

## 출포 218. 토의법

🌐 기본서 320~322쪽

**702.** 다음 설명에 해당하는 토의법은?     `2022년 국가직 7급`

- 3~6명으로 편성된 소집단이 주어진 주제에 대해 6분 가량 토론한다.
- 소집단별 토론 이후에 전체가 다시 모여서 그 결과를 공유하고 종합·정리하는 과정을 거친다.
- 소수 인원으로 소집단이 구성되기 때문에 서로 친근감을 갖게 되어 자유롭게 의견을 교환할 수 있다.

① 버즈 토의(buzz discussion)
② 단상 토의(symposium)
③ 배심 토의(panel discussion)
④ 공개 토의(forum)

### ■ 정답 및 해설

① 여러 개의 소집단이 주제에 대해 토의한 후 전체가 다시 모여 그 결과를 공유하고 종합·정리하는 토론 방법은 버즈토의이다. 버즈토의는 학급 내 모든 학생들이 토의과정에 적극적으로 참여하게 하는 데 중점을 둔 대안적 토의법이다.

◇ 오답 체크
② 단상토의(심포지엄)는 전문가들이 특정 주제에 대해 자신의 의견을 각자 개진하는 방식으로 진행한다.
③ 배심토의(패널토의)는 상반된 의견을 가진 대표자들이 일정한 규칙에 따라 토론하는 방식으로 진행한다.
④ 공개토의(포럼)는 전문가 주제 발표를 한 후에 그 내용에 대해 청중이 질의응답을 하는 방식으로 진행한다.

### 암기 POINT
- 토의법

| | |
|---|---|
| 원탁 토의 (라운드테이블) | 참가자들이 상호 대등한 관계 속에서 자유롭게 토론 |
| 배심 토의 (패널토의) | 상반된 입장의 대표자들이 일정한 규칙에 따라 토의 |
| 공개 토의 (포럼) | 전문지식을 가진 대표자들의 발표 → 청중과의 질의응답을 통한 토의 |
| 단상 토의 (심포지엄) | 서로 다른 입장의 전문가들이 발표 → 전문가 토의 |
| 버즈 토의 | 3~6명의 소집단 단위로 동시 토의 → 전체 토의 |

**703.** 다음 내용과 관계가 깊은 토의법은?     `2013년 지방직 9급`

- 특정 주제에 대해 전문가의 발표를 듣고 청중들이 그 내용에 대해서 질의응답을 하면서 진행한다.
- 비교적 형식이 자유롭고 주제 또한 대중적인 것이 많다.
- 포럼(forum)이라고도 불린다.

① 배심토론
② 심포지엄
③ 버즈(buzz)토의
④ 공개토의

702 ①   703 ④

■ 정답 및 해설
④ 전문가가 먼저 특정 주제에 대해 발표를 한 후에 그 내용에 대해 청중이 질의응답을 하는 방식으로 진행하며, '포럼'으로도 불리는 토의법은 '공개토의'이다.

◇ 오답 체크
① 배심토론은 특정 주제에 대해 상반된 의견을 갖는 4~6명의 대표자들끼리 일정한 규칙에 따라 토론하는 방법으로 '패널토론' 또는 '판결식 토의'로 불린다.
② 심포지엄은 전문가들이 사회자의 진행에 따라 자신의 의견을 각자 개진하고 전문가들 간의 토의를 진행하는 토의법으로 '단상토의' 또는 '강연식 토의'라고도 한다. 원칙상 심포지엄에서는 발표자와 청중의 질의응답이 포함되지 않는다.
③ 버즈 토의는 학급의 학생들을 여러 개의 소집단으로 나누어서 특정 주제에 대해 동시에 토의를 하게 하고, 소집단별 토론 이후에 전체가 다시 모여서 그 결과를 공유하고 종합·정리하는 방식으로 진행한다.

**기출플러스**
• 토의법 – 공개토의(포럼) (2007년 중등)
김 교사는 환경오염에 대한 수업시간에 환경전문가인 강 박사를 초청하였다. 김 교사는 수업방식 및 주제에 대하여 간단히 안내하였다. 강 박사는 학생들에게 약 15분간 지역의 환경오염 방지 방안을 설명하였다. 이후 김 교사의 사회로 학생들은 설명 내용에 대하여 30분간 강 박사와 질의응답 시간을 가졌다.

**704.** 다음의 내용과 가장 부합하는 토의 유형은? *2012년 유초등*

○ 여러 개의 소집단이 열띠게 토의하는 과정을 비유해 토의 유형의 이름이 붙여졌다.
○ 3~6명으로 편성된 소집단들이 주어진 주제에 대해 6분 정도 토의하는 형태로 시작된다.
○ 사회자가 비슷한 결론을 내린 소집단들을 점점 합쳐 가며 토의를 진행하고, 최종적으로 전체가 모여 토의의 결론을 내린다.
○ 좌석배치의 예를 들면 아래 그림과 같다.

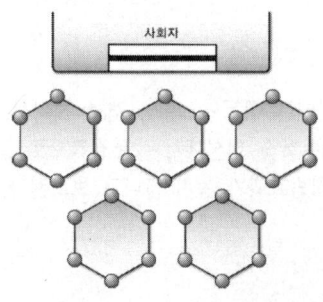

① 버즈토의(buzz)    ② 배심토의(panel)
③ 공개토의(forum)    ④ 단상토의(symposium)
⑤ 원탁토의(round table)

■ 정답 및 해설
① 학급 내 모든 학생들이 동시에 진행되는 소집단 토의에 참여하도록 하며, 소집단 토의 후 전체가 모여 결론을 내리는 방식으로 진행하는 토의법은 버즈토의이다. 학생들이 열띠게 토의하느라 시끄러운 교실 상황을 벌들이 윙윙 대는 소리에 비유해서 지은 이름이다.

704 ①

**705.** 다음에서 제시하고 있는 토의학습 유형에 해당되는 것은? `2004년 중등`

> 김 교사는 토의학습을 위해 7~8명의 학생을 학습집단으로 편성하였다. 토의학습에 참여한 모든 학생이 상호 대등한 관계 속에서 자유롭게 의견을 교환하도록 하였다. 각 집단은 주제에 관련된 사전 지식이 있는 학생을 사회자로 선출하고 기록자도 선정하였다. 김 교사는 구성원 모두가 발언할 수 있는 기회를 가질 수 있도록 안내하였다.

① 공개토의  ② 원탁토의
③ 배심토의  ④ 단상토의

■ 정답 및 해설
② 학습집단 내의 참가자 전원이 상호 대등한 관계 속에서 자유롭게 의견을 교환할 수 있는 토의학습 방법은 '원탁토의'이다. 원탁토의에서는 고정된 규칙은 없지만, 참가자 모두가 발언할 수 있는 기회를 갖도록 하는 데 유의한다.

## 출포 219. 협동학습의 일반 원리

기본서 322~323쪽

**706.** 협동학습의 일반적인 원리로 옳지 않은 것은? `2022년 국가직 9급`
① 개별 책무성  ② 동질적 집단구성
③ 긍정적 상호의존성  ④ 공동의 목표 달성 노력

■ 정답 및 해설
② 협동학습의 일반적 원리에는 공동의 목표, 개별 책무성, 긍정적 상호의존, 이질적 집단 등이 포함된다. 협동학습 이론에서는 동질적으로 집단을 구성하는 경우 사회적 상호의존성이 낮아 학습효과가 높지 않다고 보고된다.

**암기 POINT**
- 협동학습의 원리(특성)
  - 공동의 목표
  - 개별 책무성
  - 긍정적 상호의존성
  - 이질적 집단 구성

**707.** 수업모형의 하나인 '협동학습'에 대한 설명으로 옳지 않은 것은? `2013년 국가직 9급`

① 모든 구성원이 함께 참여하여 성취할 수 있는 명확한 공동의 목표가 있어야 효과적이다.
② 효과적인 협동학습이 되기 위해서는 기본적으로 동질집단으로 구성되어야 한다.
③ 자신의 역할을 완수하지 않으면 구성원이 불이익을 받게 된다.
④ 협동학습이 잘 이루어지기 위해서는 신뢰에 바탕을 둔 구성원 간의 상호의존 관계가 필요하다.

705 ②  706 ②  707 ②

■ 정답 및 해설
② 학업능력, 성별, 계층 등에 있어서 이질적인 학생들로 소집단을 구성해야 집단 내에서 사회적 상호의존적 상호작용이 활발해지면서 학습효과가 높게 나타난다고 본다.

### 708. 다음에서 협동학습에 대한 설명으로 맞는 것을 모두 고르면?
2004년 중등

ㄱ. 학습과정에서 리더십, 의사소통기술과 같은 사회적 기능들을 직접 배운다.
ㄴ. 협동기술은 청취기술, 번갈아 하기, 도움주기, 칭찬하기 등이 있다.
ㄷ. 정해진 시간에 다양한 지식을 전달할 수 있으며, 교사의 의사대로 수업시간과 학습량에 대한 조절이 용이하다.

① ㄱ
② ㄱ, ㄴ
③ ㄴ, ㄷ
④ ㄱ, ㄴ, ㄷ

■ 정답 및 해설
② ㄱ, ㄴ. 협동학습은 학습하는 지식을 배우는 것 이외에도 리더십이나 의사소통기술과 같은 사회적 기능과 긍정적 상호작용을 위한 협동기술을 배울 수 있다는 장점이 있다.

◇ 오답 체크
ㄷ. 협동학습은 학생들 간의 협력적 상호작용을 통해 학습이 이루어지므로, 정해진 시간에 다양한 지식을 전달하기 어렵고, 교사의 의사대로 수업시간과 학습량을 조절하기 어렵다는 한계를 갖는다.

## 출포 220. 협동학습의 모형

기본서 323~325쪽

### 709. 다음 설명에 해당하는 협동학습기법은?
2020년 국가직 7급

모둠원들에게 학습과제를 세부 영역으로 할당하고, 해당 세부 영역별로 전문가 집단을 구성한 후 전문가 집단별로 학습한다. 이후, 원래 모둠에 돌아와서 동료학습자를 교육한다.

① 직소모형(Jigsaw)
② 팀토너먼트게임모형(TGT: Teams Games Tournament)
③ 팀보조개별학습모형(TAI: Team Assisted Individualization)
④ 성취과제분담모형(STAD: Student Teams Achievement Division)

708 ② 709 ①

■ 정답 및 해설
① 소집단 내에서 과제를 세분하여 각자 학습할 소주제를 분담하고, 소주제별 전문가 집단 학습을 통해 심층적인 학습을 한 후, 원집단으로 돌아와 상호 교수를 실시하는 과정으로 진행하는 협동학습 모형은 직소 모형이다.

## 710. 다음 사례에 가장 잘 부합하는 협동학습 모형은?  2016년 지방직 9급

> 박 교사는 한국사 수업을 다음과 같이 진행하였다.
> (1) 고려 시대의 학습내용을 사회, 경제, 정치, 문화의 4개 주제로 구분하였다.
> (2) 학급 인원수를 고려하여 모둠을 구성하고, 모둠에서 각 주제를 담당할 학생을 지정하였다.
> (3) 주제별 담당 학생을 따로 모아 전문가 집단에서 학습하도록 하였다.
> (4) 전문가 집단에서 학습한 학생들을 원래의 모둠으로 돌려보내 각자 학습한 내용을 서로 가르쳐 주도록 하였다.
> (5) 모둠학습이 끝난 후, 쪽지 시험을 실시하여 우수 학생에게 개별보상을 하고 수업을 종료하였다.

① 팀경쟁학습(TGT) 모형
② 팀보조개별학습(TAI) 모형
③ 과제분담학습Ⅰ(JigsawⅠ) 모형
④ 학습자팀성취분담(STAD) 모형

■ 정답 및 해설
③ 수업의 전체 주제를 소주제로 구분하고 각 소집단에 속한 학생들에게 개별적으로 분담하게 하며, 각 소주제별로 전문가 집단을 구성하여 학습하고 원집단으로 돌아와 서로 가르치고 배움으로써 전체 주제를 학습하도록 하고 있다. 이와 같이 과제 분담을 중심으로 구성한 협동학습 모형을 과제분담학습(직소) 모형이라고 한다.

◇ 오답 체크
① 팀경쟁학습(TGT) 모형에서는 소집단 학생들이 모두 같은 주제를 함께 학습한 후, 집단 간 능력별 토너먼트 게임을 통해 집단 점수를 부여한다.
② 팀보조개별학습(TAI) 모형에서는 학생들에게 각자의 수준에 맞는 개별 학습과제를 학습하게 하되, 소집단 내에서 짝을 이루어 교환채점을 하는 등 서로를 가르치게 한 후, 최종 개별평가 점수에 따라 집단 보상을 제공한다.
④ 학습자팀성취분담(STAD) 모형에서는 소집단 학생들이 같은 주제를 함께 학습한 후, 개인별 평가에서 받은 개인별 향상 점수에 따라 집단 점수를 부여하는 방식의 집단 보상을 실시한다.

---

**암기 POINT**

• 협동학습 모형의 종류

| 유형 | 모형 | 학습 요소 |
|---|---|---|
| 팀경쟁학습 (STL) | 팀성취분배모형 (STAD) | 소집단학습 개별평가 (퀴즈) 집단보상 (향상점수) |
| | 팀경쟁학습 (TGT) | 소집단학습 토너먼트 게임 집단보상 |
| | 팀보조개별학습 (TAI) | 개별학습 소집단학습 (교환채점) 집단보상 |
| 협동프로젝트 (CP) | 과제분담학습 (직소 모형, Jigsaw) | 과제 분담 전문가집단 활동 원집단 활동 개별/집단보상 |
| | 자율적 협동학습 (Co-op, Co-op) | 과제 세분화 과제 선택 소집단 학습 (개별+집단) 보고서 발표 |
| | 집단조사 (GI) | 과제 세분화 과제 선택 소집단 학습 보고서 발표 |
| 기타 | 각본협동 | 구조화된 협동절차 |

## 711. 협동학습의 유형에 속하지 않는 것은?
2009년 국가직 9급

① 팀성취 분배보상기법(STAD : Student Teams Achievement Division)
② 팀 토너먼트식 게임법(TGT : Teams-Games-Tournament)
③ 직소 학습법 I(Jigsaw I)
④ 버즈 훈련 학습방법(Buzz Session Method)

■ 정답 및 해설
④ 버즈 훈련 학습방법은 토론주제를 중심으로 학습자 사이의 활발한 의사소통을 촉진하는 데 초점을 두는 토론학습 모형의 하나이다.


## 712. 다음에 제시된 학습모형의 공통적인 특징으로 가장 적절한 것은?
2008년 국가직 7급

| ○ Jigsaw 모형    ○ STAD 모형    ○ TGT 모형 |

① 컴퓨터 활용을 통한 학습을 강조한다.
② 초인지 전략의 활용을 통한 학습을 강조한다.
③ 교사와 학생 간의 문답을 통한 학습을 강조한다.
④ 학습자 간의 협력적인 상호 작용을 통한 학습을 강조한다.

■ 정답 및 해설
④ 제시된 학습모형들은 모두 협동학습에 속한다. 협동학습에서는 학습자 간의 협력적인 상호작용을 통한 학습을 강조한다.


## 713. 다음은 토의법과 협동학습에 대한 교사들의 대화이다. 각 교사의 요구에 가장 부합하는 토의법이나 협동학습 방법을 옳게 짝지은 것은?
2011년 중등

○ 이 교사: 발표자 중심의 교실 전체 토의수업에서는 나머지 학생들의 참여와 상호작용이 저조한 경우가 많아요. 소집단 토의처럼 학생들이 청중이 아닌 토론의 주체가 되어 활발하게 상호작용하면 좋겠습니다.
○ 장 교사: 저는 협동학습에서 무임승차하는 학생들이 더 문제라고 봅니다. 집단 보상 시에 개인의 성취 결과를 집단 점수에 반영하여 모든 학생들이 책무성을 갖도록 하면 좋겠습니다.
○ 김 교사: 토의법이나 협동학습에서 학생들은 무엇을 어떻게 해야 할지 몰라서 시간을 낭비하는 경우가 종종 있지요. 토의나 협동학습의 주제, 형식과 절차 및 구성원의 역할 분담이 명확하게 제시되면 좋겠습니다.

711 ④  712 ④  713 ②

|   | 이 교사 | 장 교사 | 김 교사 |
|---|---|---|---|
| ① | 버즈토의<br>(buzz discussion) | 함께 학습하기<br>(Learning Together) | 원탁토의<br>(round table discussion) |
| ② | 버즈토의<br>(buzz discussion) | 성취 - 과제분담<br>(STAD) | 과제분담학습 Ⅱ<br>(Jigsaw Ⅱ) |
| ③ | 배심토의<br>(panel discussion) | 팀경쟁학습<br>(TGT) | 집단조사<br>(Group Investigation) |
| ④ | 공개토의<br>(forum discussion) | 팀경쟁학습<br>(TGT) | 원탁토의<br>(round table discussion) |
| ⑤ | 배심토의<br>(panel discussion) | 함께 학습하기<br>(Learning Together) | 집단조사<br>(Group Investigation) |

■ 정답 및 해설

② • 이 교사 : 토의수업의 하나로 모든 학생들이 소집단 토의에 적극적으로 참여하고 활발하게 상호작용하는 데 초점을 두는 방법은 버즈토의이다. 하지만, 배심토의와 공개토의는 학급 전체 단위로 이루어지는 토의이므로, 발표자 중심으로 토론이 이루어져 다수 학생들이 소외되는 경우가 발생한다.

• 장 교사 : 성취과제분담(STAD) 모형은 개인의 성취 결과를 집단 점수에 반영하는 보상방식으로 개인의 책무성을 강화하는 협동학습 모형이다. 팀경쟁학습(TGT) 모형은 소집단 간 수준별 토너먼트 게임을 통해 평가를 실시한다. 개인의 승패에 따른 점수가 집단 점수에 반영된다. 함께 학습하기(LT) 모형은 소집단에 하나의 과제를 제시하여 공동으로 과제를 수행하게 하며, 소집단 학습 후 개인별 평가를 실시한 후 평균 점수를 산출하여 집단 내 모든 학생의 성적으로 부여하는 방식이다. 따라서 이 세 모형 모두 집단 점수에 개인의 성취결과를 나름대로 반영하고 있다.

• 김 교사 : 학생들에게 개별 과제를 부과하며, 협동의 형식과 절차, 역할을 보다 명확하게 제시하는 것은 과제분담학습 Ⅱ(Jigsaw Ⅱ) 모형이다. 하지만, 원탁토의는 모든 구성원들이 동등한 위치에서 자유롭게 토론에 참여하는 구조이므로 학생들의 역할분담이 명확하지 않다. 집단조사(GI) 모형은 학급 전체의 탐구과제를 세부 과제로 분담하여 소집단을 구성하고, 소집단 내 학습을 통해 세부과제를 탐구한 후 학급 전체와 공유하는 방식으로 학습이 진행된다. 집단조사 모형에서는 개별학습을 필수적 요소로 하지 않으므로, 역할분담이 명확하지 않을 수 있다.

714. 다음과 같은 방식에 따라 김 교사가 진행한 협동학습 유형으로 가장 적절한 것은?

2007년 중등

- 전체 학생들에게 기본적인 학습내용을 설명한 후, 학습능력 등을 고려하여 이질적인 4명씩으로 팀을 구성하였다.
- 팀별로 나누어준 학습지의 문제를 협동학습을 통하여 해결하도록 하였다.
- 팀별 활동이 끝난 후, 모든 학생들에게 퀴즈를 실시하여 개인 점수를 부여하였고, 이를 지난 번 퀴즈의 개인 점수와 비교한 개선 점수를 주었다.
- 개선 점수의 합계를 근거로 우수 팀을 선정하였다.

① 집단조사(Group Investigation)
② 팀 경쟁 학습(Team Games Tournaments)
③ 팀 보조 개별학습(Team Assisted Individualization)
④ 성취과제분담학습(Student Teams-Achievement Division)

■ 정답 및 해설
④ 소집단의 학생들이 모두 같은 주제를 함께 협동적으로 학습한 후, 개인별 평가(퀴즈)를 통해 받은 개인별 점수를 기초로 집단 점수를 부여(우수 팀 선정)하는 방식이므로, 성취과제분담학습(STAD) 모형이다.

◇ 오답 체크
① 집단조사(GI) 모형은 학급 전체의 탐구과제를 학생들과의 토론을 통해 세부 과제로 구분하고, 스스로 탐구하고 싶은 과제를 선택하여 같은 관심을 가진 학생들끼리 모둠을 구성하게 한다. 소집단 구성원들은 자신들이 선택한 과제에 대해 함께 조사활동을 전개해 나가는 방식의 협동학습 모형이다.
② 팀경쟁학습(TGT) 모형에서는 팀 간 토너먼트 경기를 통해 집단 점수를 산출한다.
③ 팀보조개별학습(TAI) 모형에서는 개인별 부과된 과제를 팀 내에서 개별적으로 학습한다는 특징을 갖는다.

**기출플러스**

- 협동학습 모형
  - 팀 보조 개별학습(TAI) 모형 (2004년 유초등)
- 사전 진단검사를 통해 능력수준이 각기 다른 학생들을 4~5명씩으로 하여 팀을 구성한다.
- 각자의 수준에 맞는 학습과제를 교사의 도움 아래 개별적으로 학습한다.
- 단원평가 문제를 각자 풀게 한 후, 팀 구성원들을 두 명씩 짝지어 교환채점을 하게 한다.
- 일정 성취수준에 도달하면, 그 단원의 최종적인 개별시험을 보게 한다.
- 개별점수를 합하여 각 팀의 점수를 산출한다.
- 미리 설정해 놓은 팀 점수를 초과한 팀에게 보상을 한다.

715. 두 명의 학생이 짝을 지어 정해진 순서에 따라 교대로 자료를 요약하고 그 내용을 서로 점검·논평해주는 교수·학습방법은?

2006년 유초등

① 팀성취분담법(STAD)
② 팀게임토너먼트(TGT)
③ 지그소(Jigsaw)
④ 각본 협동(Scripted Cooperation)

■ 정답 및 해설
④ 학생들이 협동학습을 위해 필요한 사회적 기능이 부족한 경우 혼란을 예방하기 위해 정해진 각본대로 협동적 학습 활동을 하게 할 수 있는데 이것을 '각본협동'이라고 한다. 각본협동은 학생들이 짝을 지어 정해진 순서에 따라 교대로 자료 요약과 점검 및 논평을 하는 방식으로 전개된다.

## 출포 221. 개별화 수업

기본서 325~326쪽

**716.** 개별화 수업의 특징으로 볼 수 없는 것은?  2016년 국가직 9급
① 교육목표는 학습자 개인의 동기·능력·희망·흥미에 따라 선택되고 결정된다.
② 평가 결과에 따라 교정이 이루어지거나 보충·심화 과제가 주어진다.
③ 효율적인 수업을 위해 교수자가 주도권을 가진다.
④ 학생의 수준과 속도에 따라 학습내용의 분량과 진도 등이 결정된다.

■ 정답 및 해설
③ 개별화 수업에서는 학습자가 자신의 동기, 능력, 흥미, 목표 등에 따라 스스로 학습목표를 선택하고, 학습내용의 분량과 진도를 결정하여야 하며, 학습에 대한 평가 결과를 바탕으로 교정·심화·보충하는 등의 과정을 통해 학습목표를 효과적으로 달성할 수 있다고 본다. 즉, 개별화 수업에서는 교수자보다는 학습자가 수업의 주도권을 가지는 것이 효율적인 수업을 가능하게 한다고 본다.

**717.** 다음은 켈러(F. Keller)의 개별화 교수체제(Personalized System of Instruction, 일명 Keller Plan) 모형을 적용하여 e-러닝과 교실수업을 혼합한 블렌디드 러닝(blended learning)을 설계한 것이다. 밑줄 친 (ㄱ)~(ㅁ) 중 개별화 교수체제 원리를 잘못 적용한 것은?  2010년 중등

학생들의 수학 교과 기초능력 결손을 보완하기 위해 김 교사는 개별화 교수체제 원리를 토대로 보충수업을 설계하였다. 김 교사는 (ㄱ) 전체 학습과제를 소단위로 나누어 단계적으로 학습하도록 e-러닝 콘텐츠를 설계하였다. 학생들은 인터넷을 통해 가정에서 (ㄴ) 자신의 학습속도에 맞게 e-러닝을 진행하였다. 각 소단위 학습을 마치면 곧바로 해당 단위에 대한 온라인 평가가 실시되고, (ㄷ) 해당 소단위 목표를 달성한 경우에만 다음 단계의 소단위 학습을 할 수 있었다. 소단위 학습목표 달성에 실패할 때는 해당 단위를 다시 학습하고 평가도 다시 받도록 하였다. e-러닝 시스템은 각 평가문항에 학생이 응답하면 즉시 정답 여부를 알려 주었다. (ㄹ) 별도의 학습조력자 없이 학생들이 개별적으로 전체 학습을 진행하도록 하였다. 김 교사는 학생의 개별 학습에 개입하는 것을 최소화하기 위해 모든 학습자료와 전달 사항을 인쇄물로 나누어 주었다. (ㅁ) 김 교사는 학생들에게 학습동기 유발이나 학습의 전이를 촉진할 필요가 있다고 판단될 때, 이를 위해 교실에서 강의식 수업을 간단하게 실시하였다.

① (ㄱ)  ② (ㄴ)  ③ (ㄷ)
④ (ㄹ)  ⑤ (ㅁ)

716 ③  717 ④

■ 정답 및 해설

④ (ㄹ) 켈러의 개별화 교수체제에서도 개별 학생들의 학습을 도와주고, 채점을 해주며, 질문에 답해 주는 등의 학습의 조력자가 필요하다.

◇ 오답 체크

①, ②, ③, ⑤ 켈러의 개별화 교수체제는 행동주의 학습이론에 기초해 있다. 따라서 전체 학습과제를 세분화하여 단계적으로 배열하고(ㄱ), 학생들이 각자 자신의 학습속도에 맞게 학습을 진행하도록 한다(ㄴ). 각 소단위 목표를 달성한 경우에만 다음 단계로 진행할 수 있도록 하는 점진적인 접근방법을 취한다(ㄷ). 학습동기 유발이나 학습의 전이 등을 위해 필요한 경우에는 교사가 학생에게 효과적인 방법으로 개입하여 안내하도록 한다(ㅁ).

**암기 POINT**

• 켈러의 개별화 교수체제 모형

| 수업내용 조직 | 소단위로 나누어 단계적으로 학습 |
|---|---|
| 수업 진행 | 단계별 평가를 통과한 경우에 진행 |
| 학생의 역할 | 학습자가 자신의 속도에 맞게 학습 |
| 교수자의 역할 | 채점, 피드백, 동기 유발, 개입 최소화 |

## 출포 222. 적성-처치 상호작용 모형

기본서 326쪽

**718.** 다음 내용과 직접 관련된 이론은?    2007년 국가직 7급

> 학교 수업 장면에서 불안수준이 낮은 학습자는 강의법보다 토의법에서 성취수준이 높다.

① 학교학습이론
② 완전학습이론
③ 적성 처치 상호작용이론
④ 학습위계이론

■ 정답 및 해설

③ 수업 장면에서 불안수준이 높은 학습자는 토의법보다 강의법에서 성취수준이 높다는 것은 동일한 수업방법이라도 학습자의 특성(개인차)에 따라 효과가 다르게 나타날 수 있다는 것을 의미한다. 이러한 측면에 주목하여 학습자의 적성에 맞는 수업 처치를 적용해야 한다는 점을 강조한 이론은 적성-처치 상호작용이론이다.

◇ 오답 체크

①, ②, ④는 수업의 효과에 영향을 줄 수 있는 일반적인 변인들을 제시한 이론들로서, 학습자의 특성에 따라 특정한 수업방법의 효과가 달라진다는 점에 대해 언급하지 않았다.

**719.** 다음과 같은 교사의 경험을 가장 잘 설명하고 있는 이론은? 2002년 유초등

> 지난 해 소집단 토론 수업을 실시한 결과 학생들의 학습 참여도와 학업 성취도가 설명식 수업 방법에 비해 크게 향상되어, 소집단 토론 수업 방법이 설명식 수업 방법보다 효과적이라는 확신을 갖게 되었다. 이런 확신 때문에 새로운 학교로 전근을 와서도 소집단 토론을 중심으로 수업을 진행하였다. 그러나 기대와는 달리 학생들의 학습 참여도와 학업 성취도가 설명식 수업을 실시하고 있는 다른 반 학생들보다 오히려 떨어졌다. 그래서 다시 설명식 수업 방법으로 전환하게 되었다.

① 정교화 이론
② 행동수정 이론
③ 유의미 학습 이론
④ 적성-처치 상호작용 이론

■ **정답 및 해설**

④ 설명식 수업과 토론식 수업의 효과가 이전 학교와 새로운 학교에서 다르게 나타난다고 보는 내용이므로, 동일한 수업방법이라 할지라도 학습자 특성에 따라 그 효과가 달리 나타난다고 보는 적성-처치 상호작용이론이 가장 적절한 설명이다.

719 ④

# 4. 교육공학과 교수체제설계

## 01. 교육공학의 이해

**출포 223. 교육공학의 정의와 구성요소**

🔹 기본서 327쪽

**720.** 교육공학의 기본영역별 하위영역에 대한 설명으로 옳지 않은 것은?

2015년 국가직 9급

① 평가영역에는 문제분석, 준거지향 측정, 형성평가, 총괄평가가 있다.
② 활용영역에는 프로젝트 관리, 자원관리, 전달체제관리, 정보관리가 있다.
③ 설계영역에는 교수체제 설계, 메시지 디자인, 교수전략, 학습자특성이 있다.
④ 개발영역에는 인쇄 테크놀로지, 시청각 테크놀로지, 컴퓨터기반 테크놀로지, 통합 테크놀로지가 있다.

### ■ 정답 및 해설

② 교육공학의 활용영역은 학습을 위해 절차나 자원을 사용하는 행위에 대한 연구로서, 하위영역으로는 매체의 활용(ASSURE 모형), 혁신의 보급, 실행과 제도화, 정책과 규제 등을 다룬다.
프로젝트 관리, 자원관리, 전달체제 관리, 정보관리 등은 프로젝트 및 조직의 관리에 관한 연구인 관리영역에 해당한다.

**암기 POINT**
• 교육공학의 영역

| 기본영역 | 하위 영역 |
|---|---|
| 설계 | 교수체제 설계, 메시지 디자인, 교수전략, 학습자 특성 |
| 개발 | 인쇄, 시청각, 컴퓨터기반, 통합 테크놀로지 |
| 활용 | 매체의 활용, 혁신의 보급, 실행과 제도화, 정책과 규제 |
| 관리 | 프로젝트, 자원, 전달체제, 정보 관리 |
| 평가 | 문제분석, 준거지향 측정, 형성평가, 총괄평가 |

**721.** 미국교육공학회(AECT)는 1994년에 교육공학(교수공학)의 정의를 내린 바 있다. 이 정의에 포함된 영역은?

2008년 중등

① 교수, 학습, 통신, 체제, 매체
② 설계, 개발, 활용, 관리, 평가
③ 시각매체, 청각매체, 교육방송, 컴퓨터
④ 교수방법, 교수매체, 학습환경, 학습전략

### ■ 정답 및 해설

② 1994년 미국교육공학회(AECT)에서는 교육공학(교수공학)을 학습을 위한 과정과 자원의 '설계, 개발, 활용, 관리, 평가'에 관한 이론과 실제로 정의하였다.

**기출플러스**
• 교육공학의 영역 (2004년 유초등)

교육공학의 영역 중 학습자의 개별 특성을 고려한 수업을 시행하기 위하여 학습자의 특성을 연구하는 영역은 (설계) 영역이다.

720 ②  721 ②

## 02. 교수체제설계 모형

### 출포 224. 교육공학적 접근의 특징

🌐 기본서 328쪽

**722.** 교수-학습방법 및 교육문제에 대한 교육공학적 접근의 특징으로 옳지 않은 것은?

2007년 국가직 9급

① 교육의 제 구성요소들이 상호연관된 요소들의 집합체로 이루어져 있다고 본다.
② 교육문제의 해결을 위해 처방적 활동을 지향한다.
③ 학습자가 보다 의미 있는 학습활동에 참여하도록 하기 위해 어떤 환경을 제공할 것인가에 관심을 가진다.
④ 교육에 대한 철학적 접근 및 심리학적인 접근 방법보다 앞서서 발전되기 시작했다.

■ 정답 및 해설

④ 교육공학적 접근이란 공학적 관점과 과학적 지식을 동원하여 교육문제에 영향을 미치는 요인을 발견하고 문제 모형을 고안하여 문제를 해결할 수 있는 방법을 발견하는 접근을 의미한다. 교수·학습방법 및 교육문제에 대해 공학적 접근 방법을 도입한 것은 1960~70년대이므로, 교육에 대한 철학적 접근 및 심리학적인 접근 방법보다 뒤늦게 발전되었다.

**암기 POINT**
• 수업에 대한 교육공학적 접근
 − 과학적·공학적 접근
 − 체제적·총체적 접근
 − 처방적·문제해결지향 접근
 − 학습자 중심적 접근

**723.** 교육공학의 주요 특징 중 하나인 체제 접근(systems approach)에 대한 설명으로 옳지 않은 것은?

2004년 유초등

① 기술적 성격보다는 처방적 성격을 강조한다.
② 교수 학습 활동의 전체적인 관점을 강조한다.
③ 교수 학습 과정에서 내용보다 매체를 강조한다.
④ 구성 요소들 간의 유기적인 상호작용을 강조한다.

■ 정답 및 해설

③ 체제 접근에 의한 교육공학에서는 교육의 제 구성요소들이 상호연관된 요소들의 집합체로 이루어져 있다고 보고, 구성요소들 간의 유기적인 상호작용을 강조하는 전체적인 관점을 강조한다. 이러한 접근을 취하는 이유는 교육 현상을 객관적으로 기술하는 것 보다는 실제적 문제를 해결하기 위한 처방을 도출하는 데 중점을 두기 때문이다.
교수학습 과정에서 내용보다 매체를 강조하는 것은 전통적인 교육공학의 특징으로 체제적 접근을 도입하기 이전의 교육공학에 대한 설명에 해당한다.

722 ④  723 ③

## 출포 225. 글레이저의 교수설계 모형

📖 기본서 328쪽

**724.** 교수-학습 과정 중 출발점 행동 진단에 대한 설명으로 옳지 않은 것은?

2023년 국가직 9급

① 학습내용과 매체를 선정하고 수업절차를 확인한다.
② 학습자가 해당 학습과제를 학습할 만한 발달수준에 도달했는지를 확인한다.
③ 학습자의 선수학습 요소를 확인한다.
④ 해당 학습과제에 대한 학습자의 흥미나 적성을 확인한다.

■ 정답 및 해설

① '출발점 행동 진단'은 글레이저의 교수설계 모형에서 제시한 단계이다. 글레이저 모형은 교수설계의 단계를 (1) 수업목표 설정, (2) 출발점 행동 진단, (3) 수업절차의 선정과 실행, (4) 학습성과 평가의 4단계로 제시한다. 이 중 '출발점 행동 진단'은 학습자가 해당 학습과제를 학습하는 데 필요한 흥미나 적성, 발달수준 및 선수학습 요소를 갖추었는지를 확인하는 단계이다.
학습내용과 매체를 선정하고 수업절차를 확인하는 활동은 '수업절차의 선정과 실행' 단계에 이루어지는 활동이다.

## 출포 226. 일반적 교수체제설계(ADDIE) 모형

📖 기본서 329쪽

**725.** ADDIE 모형에 대한 설명으로 옳지 않은 것은?

2023년 지방직 9급

① 분석 – 요구 분석, 학습자 분석, 환경 분석, 과제 분석 등이 실시된다.
② 설계 – 수행 목표 명세화, 교수전략 및 매체 선정 등이 실시된다.
③ 개발 – 설계명세서를 토대로 교수학습자료를 개발한다.
④ 평가 – 평가도구를 제작하고 평가를 실시한다.

■ 정답 및 해설

④ ADDIE 모형은 교수설계의 절차를 분석(Analysis), 설계(Design), 개발(Development), 실행(Implementation), 평가(Evaluation)의 다섯 단계로 구분하여 제시한다. 이 중 평가 단계는 투입된 교수프로그램이나 교수자료의 효과성과 효율성을 평가하는 단계로 총괄평가를 실시하고, 그 결과를 근거로 문제점을 파악하고 수정할 사항을 결정하는 단계이다. 이 때, 사용할 평가도구를 제작하는 일은 이미 앞선 단계인 설계 단계에서 이루어져야 한다고 주장한다.

**암기 POINT**

- ADDIE 모형

| 단계 | 세부 활동 |
| --- | --- |
| 분석 (A) | 요구분석, 과제분석, 학습자분석, 환경분석 |
| 설계 (D) | 학습목표 명세화, 평가도구 개발, 교수전략·매체 선정 |
| 개발 (D) | 교수자료·매체 제작, 형성평가 실시 |
| 실행 (I) | 교수프로그램 및 자료 사용 및 관리 |
| 평가 (E) | 총괄평가 실시, 문제점 및 수정사항 확인 |

724 ① 725 ④

### 726. 교수설계를 위한 ADDIE 모형 중 다음에 해당하는 단계는?

2021년 국가직 9급

> ○ 학습목표 명세화   ○ 평가도구 개발
> ○ 교수매체 선정

① 분석
② 설계
③ 개발
④ 실행

■ 정답 및 해설
② ADDIE 모형에서 학습목표를 명세화하고, 이에 근거하여 평가도구를 개발하며, 수업목표를 달성하기 위한 교수전략과 교수매체를 선정하는 작업은 설계 단계에서 이루어진다.


### 727. 교수설계이론에 대한 설명으로 옳은 것은?

2020년 지방직 9급

① 개발단계 - 학습을 위해 개발된 자원과 과정을 실제로 사용하는 것을 말한다.
② 실행단계 - 설계에서 구체화된 내용을 물리적으로 완성하는 단계로 실제 수업에서 사용할 자료를 만든다.
③ 평가단계 - 앞으로의 효과 및 결과를 예견하고 평가하는 과정으로 학습과 관련된 요인과 학습자 요구를 면밀히 분석한다.
④ 설계단계 - 설정된 목표를 달성하기 위해 어떤 내용을 어떻게 조직하고 제시해야 효과적인 결과를 얻을 것인가를 핵심질문으로 하는 수업의 청사진이다.

■ 정답 및 해설
④ 설계단계는 수업목표를 설정하고, 설정된 목표를 달성하기 위해 수업계획을 구체화하여 수업의 청사진을 수립하는 단계이다.
◇ 오답 체크
① 실행단계, ② 개발단계, ③ 분석단계에 대한 설명이다.


### 728. 교수설계절차인 ADDIE 모형의 단계에 대한 설명으로 옳지 않은 것은?

2016년 국가직 7급

① 설계 - 평가도구를 고안하고 교수전략과 교수매체를 선정한다.
② 개발 - 실제 수업에 사용할 교수 프로그램이나 교수자료를 제작한다.
③ 분석 - 요구분석, 환경분석, 과제분석 등을 포함한다.
④ 실행 - 투입된 교수자료의 효과성과 효율성을 결정한다.

726 ②　727 ④　728 ④

■ 정답 및 해설
④ 투입된 교수자료의 효과성과 효율성을 결정하는 단계는 평가 단계이다. 한편, 실행 단계는 개발된 교수 프로그램이나 교수자료를 실제 수업에 적용하고 관리하는 단계이다.

729. 체제적 교수설계(ADDIE)모형에서 '개발(development)'단계에 해당하는 활동은?　　2015년 지방직 9급
① 교수자료 및 매체를 제작한다.
② 학습자의 선수지식 정도를 확인한다.
③ 수업목표에 따라 단원의 계열을 결정한다.
④ 학습과제의 특성과 하위 요소 간의 관계를 파악한다.

■ 정답 및 해설
① 개발 단계에서는 설계에서 수립된 수업의 청사진에 따라 교수자료나 매체를 제작하여야 한다.
◇ 오답 체크
② 학습자 분석, ③, ④ 과제 분석에 해당하는 활동으로 분석(A) 단계에 해당한다.

730. 일반적 교수체제 설계모형(ADDIE)의 '분석 단계'에서 수행하는 활동을 다음에서 모두 고른 것은?　　2009년 유초등

| ㄱ. 요구 분석 | ㄴ. 환경 분석 |
| ㄷ. 교수자 분석 | ㄹ. 학습자 분석 |
| ㅁ. 직무 및 과제 분석 | |

① ㄱ, ㄴ, ㄷ　　② ㄱ, ㄹ, ㅁ　　③ ㄴ, ㄹ, ㅁ
④ ㄱ, ㄴ, ㄷ, ㄹ　　⑤ ㄱ, ㄴ, ㄹ, ㅁ

■ 정답 및 해설
⑤ 분석 단계에서는 (ㄱ) 요구분석, (ㄴ) 환경분석, (ㄹ) 학습자 분석, (ㅁ) 직무 및 과제분석을 실시한다.

729 ①　730 ⑤

**731.** 다음의 활동에 해당하는 일반적 교수체제 설계모형의 단계는?

2007년 영양교사

> ○ 교수자료의 효과성과 효율성을 확인한다.
> ○ 교육프로그램의 효과성과 효율성을 검증한다.
> ○ 해당 자료나 프로그램의 문제점 파악 및 수정사항을 결정한다.

① 분석단계  ② 설계단계
③ 개발단계  ④ 평가단계

■ 정답 및 해설
④ 교수자료 및 교육프로그램의 효과성과 효율성을 확인하고, 문제점 파악 및 수정사항 결정이 이루어지는 단계는 평가 단계이다.

## 출포 227. 딕과 캐리의 교수체제설계 모형

기본서 329~332쪽

**732.** 다음 설명에 해당하는 모형은?

2024년 지방직 9급

> 체제적 교수모형으로, 요구사정, 교수분석, 학습자 및 상황 분석, 수행목표 진술, 평가도구 개발, 교수전략 개발, 교수자료 개발 및 선정, 형성평가 개발 및 시행, 교수 수정, 총괄평가 설계 및 시행의 10단계로 구성된다.

① ADDIE 모형  ② 글레이저(Glaser) 모형
③ 켈러(Keller) 동기설계 모형  ④ 딕과 캐리(Dick & Carey) 모형

■ 정답 및 해설
④ 체제적 교수설계 모형 중 교수설계의 단계를 10단계로 세분화하여 제시한 모형으로, '실행' 단계를 포함하지 않는 모형은 딕과 캐리의 모형이다.

◇ 오답 체크
① ADDIE 모형은 교수설계의 단계를 5단계로 제시하였으며, 실행(I) 단계를 포함한다.
② 글레이저 모형은 교수설계의 단계를 수업목표 설정, 출발점 행동 진단, 수업절차의 선정과 실행, 학습성과 평가의 4단계로 제시한다.
③ 켈러의 동기설계 모형은 학생들의 학습동기를 유발·유지하기 위해 수업설계에 포함되어야 할 4가지 요소(ARCS)를 제시한 모형이다.

### 암기 POINT
• 딕과 캐리 모형

| | |
|---|---|
| A | - 교수목적 확인(요구분석)<br>- 교수분석(과제분석)<br>- 학습자 및 상황분석 |
| D | - 수행목표 진술<br>- 평가도구 개발<br>- 교수전략 개발 |
| D | - 교수자료 개발<br>- 형성평가<br>- 수정 |
| I | × |
| E | - 총괄평가 |

731 ④  732 ④

**733.** 딕과 캐리(W. Dick & L. Carey)의 교수설계모형에 대한 설명으로 옳지 않은 것은?　　　　　　　　　　　　　　　2016년 지방직 9급
① 교수설계자의 입장에 초점을 두어 개발된 체제적 교수설계모형이다.
② 교수분석 단계에서는 수업목표의 유형을 구분하고 세부과제를 도출한다.
③ 수행목표 진술 단계에서는 학습자에게 기대되는 성과를 구체적으로 진술한다.
④ 각 단계명의 영어 첫째 글자를 조합하여 ASSURE 모형으로 명명하기도 한다.

■ 정답 및 해설
④ ASSURE 모형은 교수매체의 선정 및 활용에 관한 교수설계모형이다.

**734.** 체제적 접근에 입각하여 교수목적 확인에서부터 총괄평가 실행에 이르는 일련의 과정을 제시하는 절차모형으로서, 효과적인 교수 프로그램을 만들어 내기 위해서 필요한 일련의 단계들과 그 단계들 간의 역동적인 관련성에 초점을 맞춘 대표적인 교수개발 모형은?　　2009년 국가직 9급
① 딕과 캐리(Dick & Carey)의 모형　② 가네(Gagné)의 모형
③ 켈러(Keller)의 모형　　　　　　　④ 젠트리(Gentry)의 모형

■ 정답 및 해설
① 딕과 캐리 모형은 체제적 접근에 입각하여 교수설계의 절차를 제시하는 모형으로, 일련의 단계들 간의 역동적 관련성을 강조한다.
◇ 오답 체크
② 가네의 모형은 인지주의와 행동주의 학습이론에 입각한 교수설계 모형이다.
③ 켈러의 모형은 동기이론에 입각한 교수설계 모형이다.
④ 젠트리의 모형은 학습자 중심의 교수 설계를 강조하는 모형 중 하나로, 학습자의 개별적 필요와 학습 환경을 고려하여 교육 프로그램을 설계하는 데 중점을 둔다. 교수설계의 절차는 (1) 학습목표의 설정, (2) 학습경험의 설계, (3) 학습자 지원 체계의 구축, (4) 평가와 피드백 단계로 구분된다. '학습목표의 설정'은 학습자의 필요와 수준에 맞추되, 구체적이고 측정 가능하도록 설정한다. '학습경험의 설계'에 있어서는 개별 학습자가 자율적으로 학습하며 자신의 학습 속도에 맞춰 학습을 진행할 수 있는 경험을 설계할 것을 강조하며, 이를 통해 학습자가 능동적으로 학습에 참여하고 실제적인 문제 해결 능력을 기를 수 있도록 하는 데 중점을 둔다. '학습자 지원 체계의 구축'에 있어서는 학습자가 학습 과정에서 어려움을 겪을 때, 이를 해결할 수 있도록 다양한 지원 도구와 자원을 제공하며, 교사, 동료 학습자, 학습 자료 등의 다양한 방식으로 지원하는 것을 포함한다. '평가와 피드백'에서는 학습자가 자신이 성취한 결과를 확인하고, 자신의 학습 과정을 수정하고 개선하는 데 중요한 피드백을 받을 수 있도록 하는 데 중점을 둔다.

733 ④　　734 ①

735. 딕과 캐리(W. Dick, L. Carey, & J. Carey)의 체계적 교수설계 모형을 활용하여 방과 후 영어수업 프로그램을 개발하고자 할 때, 교사가 (가) 단계에서 수행해야 할 활동으로 적절하지 않은 것은? 2011년 유초등

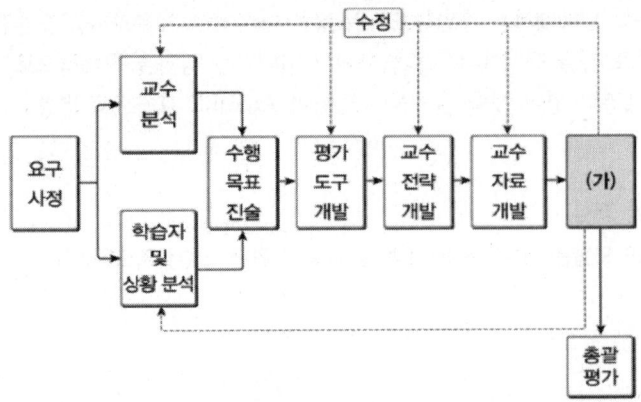

① 개발된 영어연극 교수전략이 학습자 특성에 부합하는지 점검하기 위해 소집단 평가를 실시한다.
② 개발된 교수자료의 영어 표현들이 적절한지를 확인하기 위해 원어민 영어교사에게 검토를 의뢰한다.
③ 개발된 프로그램이 타 학교 방과 후 프로그램보다 더 효과적인지를 판단하기 위해 지필평가를 실시한다.
④ 개발된 영어능력 평가 문항들의 타당성을 확인하기 위해 세 명의 학생을 선정하여 일대일 평가를 실시한다.
⑤ 개발된 프로그램을 정해진 수업시간 내에 실행할 수 있는지 확인하기 위해 학습자를 대상으로 현장평가를 실시한다.

■ 정답 및 해설
③ (가) 단계는 '형성평가'를 실시하는 단계이다. 형성평가 단계에서는 개발된 교수전략이나 교수자료 및 프로그램, 또는 평가문항의 효과성, 효율성, 타당성, 실용성 등을 확인하는 데 초점을 둔다. 즉, 개발된 프로그램의 절대적 가치를 확인하고 이를 개선하기 위한 정보를 수집하는 데 그 목적이 있다. 구체적 평가방법으로는 일대일 평가, 소집단 평가, 현장 평가, 전문가 평가 등의 방법을 활용한다.
위에서 제시된 개발된 프로그램의 효과를 타 프로그램의 효과와 비교해 봄으로써 그것의 상대적 가치를 평가하는 활동은 '총괄평가' 단계에서 실시하는 활동에 해당된다.

736. 딕과 케리(W. Dick, L. Carey & J. Carey)의 교수설계모형에 대한 설명으로 옳지 않은 것은?
2011년 중등

① 교수 프로그램을 설계 및 개발하기 위해 체계적인 접근을 한다.
② 딕과 케리의 교수설계모형에는 ADDIE 모형의 실행단계(I)가 생략되어 있다.
③ 교수 프로그램 설계 및 개발 과정을 주도한 교수설계자가 총괄평가를 실시할 것을 권한다.
④ 수행목표 진술 단계에서는 학습이 끝났을 때 학습자가 할 수 있는 것으로 기대되는 목표를 구체적으로 진술한다.
⑤ 교수분석 단계에는 목표를 학습 영역(learning outcomes)에 따라 분류하고 수행 행동의 주요 단계를 파악하는 활동이 포함된다.

■ 정답 및 해설
③ 딕과 케리의 교수설계모형에서는 객관적이며 전문적인 평가를 위해 총괄평가는 교수 프로그램 설계 및 개발 과정을 주도한 교수설계자 보다는 외부의 평가전문가에게 의뢰하여 실시하는 것이 바람직하다고 본다.

737. 다음은 딕과 케리(W. Dick, L. Carey & J. Carey)가 제시한 체제적 교수설계 모형이다. ㉠에서 수행해야 할 활동은?
2009년 유초등

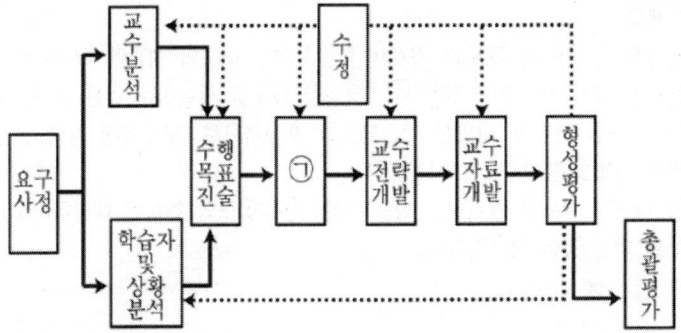

① 평가문항을 개발한다.
② 수업내용을 계열화한다.
③ 사용할 매체의 유형을 결정한다.
④ 학습자의 출발점 행동을 확인한다.
⑤ 과제분석을 통해 수업내용을 선정한다.

■ 정답 및 해설
① 딕과 케리의 교수설계모형에서 '수행목표 진술' 단계의 바로 다음 단계는 '평가문항 개발' 단계이다. 참고로, 딕과 케리 모형에서 '수행목표 진술 - 평가문항 개발 - 교수전략 개발'로 이어지는 단계는 일반적인 교수체제설계 모형(ADDIE) 모형의 설계(D) 단계에 해당된다.

◇ 오답 체크
②, ⑤ 교수분석, ③ 교수전략 개발, ④ 학습자 분석 단계에 이루어지는 활동이다.

738. 딕과 캐리(W. Dick & L. Carey)의 체제적 교수설계에서 제시하는 학습과제 분석에 대한 설명으로 옳은 것을 다음에서 모두 고른 것은?

2009년 중등

ㄱ. 최소공배수를 구하는 학습과제는 위계분석을 한다.
ㄴ. 시간을 잘 지키는 태도를 기르는 학습과제는 군집분석을 한다.
ㄷ. 각 나라와 그 수도를 연결하여 암기하는 학습과제는 통합분석을 한다.
ㄹ. 다항식의 덧셈을 하는 학습과제는 상위목표에서부터 하위목표로 분석해 나간다.

① ㄱ, ㄴ  ② ㄱ, ㄹ  ③ ㄴ, ㄷ
④ ㄴ, ㄹ  ⑤ ㄱ, ㄷ, ㄹ

### 암기 POINT
• 가네의 과제분석 방법

| 구분 | 분석방법 | 목표 |
|---|---|---|
| 군집분석 | 요소들을 동일한 범주로 묶기 | 언어정보 |
| 위계분석 | 상위목표에서 하위목표로 분석 | 지적기능 |
| 절차분석 | 세분화된 단계를 순서대로 나열 | 운동기능 |
| 통합분석 | 군집, 위계, 절차분석을 동시 적용 | 태도 |

### ■ 정답 및 해설
② 딕과 캐리의 체제적 교수설계 모형에서는 가네의 학습과제 분석 방법을 적용한다. 이에 따르면, 학습과제의 유형에 따라 다양한 분석방법을 사용하는 것이 바람직하다.
ㄱ. 최소공배수를 구하는 학습과제는 지적 기능의 학습에 초점이 있으므로, 위계분석을 하는 것이 적절하다.
ㄹ. 다항식의 덧셈을 하는 학습과제는 지적 기능의 학습에 초점이 있으므로, 위계분석을 실시한다. 위계분석은 최종적으로 도달하여야 하는 상위목표에서부터 하위목표로 분석해 나가는 방식으로 전개한다.

◇ 오답 체크
ㄴ. 시간을 잘 지키는 태도를 기르는 학습과제는 태도의 학습에 해당되므로, 통합분석을 실시하는 것이 적절하다. 특정한 태도를 학습하는 것은 언어정보, 지적기능, 운동기능 등 다양한 학습요소를 포함하므로, 학습과제 분석 방법으로도 여러 방법을 통합적으로 사용한다.
ㄷ. 각 나라의 수도를 암기하는 학습과제는 언어정보의 학습에 해당하므로, 군집분석을 하는 것이 바람직하다.

739. 체제적 수업설계 과정 중 요구분석에 대한 진술이다. 옳은 것을 모두 고른 것은?

2007년 중등

ㄱ. 요구분석은 불확실한 문제의 본질을 규명하고자 실시된다.
ㄴ. 요구분석에서 요구란 최적의 수행수준과 실제 수행수준 사이의 격차(discrepancy)를 뜻한다.
ㄷ. 요구분석은 학습의 결과로 획득되는 능력의 다양한 유형들을 확인하고, 구조화된 학습내용의 요소들이나 단위들을 계열화하는 것이다.

① ㄱ, ㄴ  ② ㄱ, ㄷ  ③ ㄴ, ㄷ  ④ ㄱ, ㄴ, ㄷ

738 ②  739 ①

■ 정답 및 해설
① ㄱ. 요구분석은 문제의 원인을 명확하게 파악하고, 문제해결 활동의 목적을 설정하기 위해서 실시된다. 이를 통해 불확실한 문제의 본질을 규명하여, 교육 설계에서 필요한 요소들을 도출하게 된다.
   ㄴ. 요구란 현재 상태와 목표로 삼고자 하는 이상적 상태 사이의 차이를 의미합니다. 학습자의 수행과 관련지어 설명하면, 현재 상태인 실제 수행수준과 이상적 목표인 최적의 수행수준 사이의 격차를 분석하는 것이 요구분석의 핵심이다.

◇ 오답 체크
   ㄷ. 학습의 결과로 획득되는 능력의 다양한 유형들을 확인하고, 구조화된 학습내용의 요소들이나 단위들을 계열화하는 것은 과제분석에 해당한다.

## 출포 228. 교수매체의 선정과 활용(ASSURE) 모형

기본서 332~334쪽

**740.** 교수매체의 효과적인 선정과 활용을 위한 ASSURE 모형에 대한 설명으로 옳지 않은 것은?　　2020년 국가직 7급
① 수업계획의 첫 단계는 학습자를 분석하는 것이다.
② 수업목표는 학습자가 수업 중 경험할 학습활동으로 제시한다.
③ 학습 내용에 대한 연습과 피드백 기회를 통해 학습자의 능동적인 참여를 유도한다.
④ 마지막 단계에서는 수업의 효과 및 영향에 대한 평가와 그에 따른 수정이 이루어진다.

■ 정답 및 해설
② ASSURE 모형은 교수매체의 선정 및 활용에 초점을 두는 학교 수업에 활용하도록 만들어진 모형이다. ASSURE 모형에서도 일반적인 교수체제설계 모형에서와 마찬가지로, 수업목표는 '학습자가 수업이 끝난 후 성취하게 될 능력이나 행동'을 의미한다.

**암기 POINT**
• 교수매체 선정과 활용 모형 (ASSURE 모형)

| | |
|---|---|
| A | 학습자 분석 |
| S | 목표 진술 |
| S | 방법, 매체, 자료 선정 |
| U | 매체와 자료 활용 |
| R | 학습자 참여 유도 |
| E | 평가와 수정 |

### 기출플러스

- ASSURE 모형
  – '매체와 자료 선정' 단계에서 교사가 할 일
  (2005년 유초등)

• 단답형 평가를 실시하여 성취도를 측정하였다.
• 학생들이 인터넷에서 자료를 검색하고 발표하게 하였다.
• 학생들이 모둠별로 데이터베이스를 만들도록 도와주었다.
• 사서 교사와 의논하여 비디오, 책, 지도 등을 예약해 두었다. (O)

### 암기 POINT

• ASSURE 모형에서 '매체와 자료 활용' 단계에서의 활동(5P)

| 자료의 점검 | 자료의 오류 여부, 적절성 점검하기 |
| 자료의 준비 | 자료의 순서 결정, 사전연습 실시 |
| 환경의 준비 | 매체 사용에 적절한 수업환경 준비 |
| 학생의 준비 | 내용 소개, 매체에 대한 기대감 형성 |
| 학습경험 제공 | 자료와 매체를 활용하여 수업 진행 |

---

**741.** 하이니히(Heinich) 등의 ASSURE 모형에 따른 교수매체 선정 및 활용 절차이다. ㉠~㉢에 들어갈 절차로 옳은 것은? **2016년 국가직 7급**

( ㉠ ) - ( ㉡ ) - 매체와 자료의 선정 - 매체와 자료의 활용 - ( ㉢ ) - 평가와 수정

|   | ㉠ | ㉡ | ㉢ |
|---|---|---|---|
| ① | 학습자 분석 | 학습자 참여유도 | 목표진술 |
| ② | 목표진술 | 학습자 분석 | 학습자 참여유도 |
| ③ | 학습자 분석 | 목표진술 | 학습자 참여유도 |
| ④ | 목표진술 | 학습자 참여유도 | 학습자 분석 |

■ 정답 및 해설

③ 하이니히 등의 ASSURE 모형에서 ㉠ 'A'는 학습자 분석(Analyze learners) 단계이다. ㉡ 'S'는 목표 진술(State objectives) 단계이다. ㉢ 'R'은 학습자 참여 유도(Require learner participation) 단계이다.

---

**742.** 하이니히(R. Heinich)가 제안한 ASSURE 모형의 '매체와 자료 활용' 단계에서 교사가 수행하는 활동이 아닌 것은? **2009년 유초등**

① 학습목표 달성을 위해 적절한 수업 방법, 매체 및 자료를 선정한다.
② 매체를 활용하여 수업을 진행함으로써 학생들에게 학습경험을 제공한다.
③ 수업자료의 내용을 미리 확인하여 그 자료를 충분히 효과적으로 활용할 수 있도록 한다.
④ 수업을 하려는 장소가 매체를 사용하기에 적절한지 점검하고 수업환경을 적절하게 준비한다.
⑤ 학생들에게 수업내용에 대한 개요를 소개하거나 학습목표를 알려줌으로써 수업에 대한 기대감을 갖게 한다.

■ 정답 및 해설

①은 매체와 자료의 선정(S) 단계에서 수행된다.

◇ 오답 체크

'매체와 자료 활용(U)' 단계에서 교사가 수행하는 활동은 자료의 점검(③), 매체의 준비, 환경의 준비(④), 학습자 준비(⑤), 학습경험 제공(②)의 5가지 요소를 포함한다.

741 ③  742 ①

**743.** ADDIE 모형, ASSURE 모형, 딕과 캐리 모형(W. Dick, I. Carey & J. Carey, 2005)에 대한 설명으로 옳은 것만을 있는 대로 고른 것은? **2012년 중등**

> ㄱ. ASSURE 모형은 학교 수업에 활용하도록 만들어졌으며, 모형 자체에는 과제분석(교수분석) 단계가 포함되지 않는다.
> ㄴ. 딕과 캐리 모형에서는 독립된 단계로서의 교수실행이 설정되어 있지 않다.
> ㄷ. ADDIE 모형과 딕과 캐리 모형은 모두 형성평가나 파일럿 테스트를 실시하고 교수 프로그램을 수정하도록 한다.
> ㄹ. 이들 세 모형은 모두 수행목표 각각에 대응하여 평가 항목을 만들도록 교수전략 개발 단계 이전에 평가도구 개발 단계를 두고 있다.

① ㄱ, ㄴ   ② ㄷ, ㄹ   ③ ㄱ, ㄴ, ㄷ
④ ㄱ, ㄴ, ㄹ   ⑤ ㄴ, ㄷ, ㄹ

■ **정답 및 해설**

③ ㄱ. ASSURE 모형은 '학습자 분석(A) - 목표 진술(S) - 매체와 자료 선정(S) - 매체와 자료 활용(U) - 학습자 참여 유도(R) - 평가와 수정(E)' 단계로 구성된다. 학교 수업에서 활용하도록 개발된 비교적 단순한 교수설계 모형으로, 학습자 분석 단계 이외의 과제분석(교수분석) 등은 포함하지 않는다.
ㄴ. 딕과 캐리 모형은 '교수설계자'의 입장에서 교수 프로그램을 설계 및 개발하기 위한 절차에 제시한 모형이다. 따라서 학교 현장의 교사가 수행하는 활동인 교수실행(I) 단계는 별도의 독립된 단계로 포함시키지 않았다.
ㄷ. ADDIE 모형에서는 개발(D) 단계에서, 딕과 캐리 모형은 교수자료 개발 다음의 단계에서 형성평가 또는 파일럿 테스트를 실시하도록 하고 있다. 또, 형성평가 결과에 따라 개발 중인 교수 프로그램을 수정하도록 하고 있다.

◇ **오답 체크**

ㄹ. ADDIE 모형에서는 교수전략 개발이 이루어지는 설계(D) 단계에서 평가도구의 개발 활동을 포함하도록 하고 있다. 딕과 캐리 모형에서는 교수전략 개발 단계 이전의 단계로 평가도구의 개발 단계를 두고 있다. ASSURE 모형에서는 평가도구 개발 단계를 별도로 두지 않는다.

## 5. 교수매체의 선정과 활용

### 01. 교수매체의 개념과 유형

**출포 229. 교수매체의 개념**

> 기본서 334쪽

**744.** 다음에서 설명하는 개념은?   2017년 국가직 9급

- 학습자에게 교수학습 내용을 전달하는 모든 수단이나 방법을 총칭한다.
- 교수학습을 위해 사용하는 시청각 기자재와 수업자료를 총칭한다.

① 교수매체  ② 시청각매체
③ 실물매체  ④ 디지털매체

■ 정답 및 해설
① 학습자에게 교수학습 내용을 전달하는 모든 수단이나 방법을 총칭하는 것으로, 시청각 기자재와 수업자료를 포괄하는 개념은 '교수매체'이다.

**745.** 다음에서 두 교사는 매체의 어떤 속성을 가장 잘 활용하고 있는가?   2002년 유초등

- 김 교사는 물고기가 움직이는 모습을 담은 비디오를 느린 동작으로 학생들에게 보여주었다.
- 최 교사는 개구리 해부도를 컴퓨터에 담고 중요한 부분을 붉은 색으로 칠한 후 빔 프로젝터로 확대하여 학생들에게 보여주었다.

① 고정성  ② 조작성
③ 구체성  ④ 반복성

■ 정답 및 해설
② 느린 동작으로 보여주거나 부분을 확대하는 등의 다양한 기법을 활용하여 사물이나 사건, 상황을 변형해 제시함으로써 학습을 도와주는 매체의 속성을 '조작성'이라고 한다.

---

**암기 POINT**

- 교수매체의 개념

| 개념 | 교수학습 내용을 전달하는 모든 수단과 방법 |
|---|---|
| 유형 | 실물, 시청각, 상징매체 아날로그, 디지털매체 |
| 기능 | 고정성, 반복성, 확충성, 구체성, 조작성 |

744 ①  745 ②

◇ 오답 체크
① 고정성이란 매체를 통해 시간적 제약을 받지 않고 정보를 기록·보존·재생할 수 있게 하는 속성을 말한다.
③ 구체성이란 추상적인 개념이나 원리 등을 구체적 형태로 표현할 수 있는 속성을 말한다.
④ 반복성이란 매체를 활용하면 정보를 필요에 따라 언제든지 반복하여 사용할 수 있는 속성을 말한다.

## 출포 230. 교수매체의 유형 분류

🌀 기본서 335쪽

**746.** 다음 설명과 가장 관계가 깊은 시청각교육 이론은?　　2013년 지방직 9급

- 시청각 교재를 구체성과 추상성에 따라 분류한 모형이다.
- 브루너(Bruner)의 세 가지 표현양식과 일치한다.
- 학습자의 학습유형을 행동, 관찰, 추상의 학습으로 분류한다.

① 버로(Berlo)의 SMCR 모형
② 데일(Dale)의 경험원추설
③ 하인리히(Heinrich)의 ASSURE 모형
④ 블룸(Bloom)의 완전학습이론

■ 정답 및 해설
② 시청각 교재를 구체성/추상성의 수준에 따라 분류한 모형은 데일의 경험원추설이다. 이 모형에서는 시청각 교재를 이용하는 학습자의 학습유형을 행동, 관찰, 추상의 학습으로 분류하였는데, 이러한 분류는 브루너의 세 가지 표현양식(행동적, 영상적, 상징적)과 일치한다.

◇ 오답 체크
① 버로의 SMCR 모형은 통신과정에 관한 모형으로서, 송신자(Sender)로부터 메시지(Message)가 의사소통 통로(Channel)를 통해 수신자(Receiver)에게 전달되는 과정을 보여준다.
③ 하인리히의 ASSURE 모형은 교수매체와 자료를 활용하는 교수학습 방법을 설계하는 절차에 관한 모형이다.
④ 블룸의 완전학습이론은 캐롤의 학교학습 모형에 기초하여 완전학습을 위한 교수·학습의 절차를 제시하는 모형이다.

암기 POINT
• 데일의 경험원추설

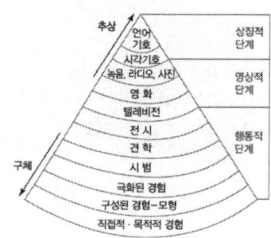

**747.** 데일(Dale)이 제시한 경험의 원추에 근거해 볼 때, 브루너(Bruner)의 인지적 학습단계 중 영상적 단계에 해당되지 않는 매체는? 2008년 국가직 7급
① 실물 표본  ② TV
③ 영화  ④ 녹음, 라디오

■ 정답 및 해설
① 데일의 경험의 원추에 제시된 시청각 교재를 브루너의 표현양식에 따라 분류할 수 있다. 이에 따르면, 영상적 학습단계에 포함되는 매체는 텔레비전, 영화, 녹음·라디오·사진이다. 한편, 실물표본은 행동적 학습단계에 해당된다.

**748.** 식물에 관해 수업할 때, 데일(E. Dale)의 '경험의 원추'에서 설명하는 가장 추상적인 경험에 해당하는 것은? 2007년 영양교사
① 식물원을 방문하여 채송화를 관찰한다.
② 채송화의 한살이에 대한 비디오를 시청한다.
③ 교실에서 채송화를 기르면서 자라는 과정을 관찰한다.
④ 채송화에 관한 책을 찾아서 읽는다.

■ 정답 및 해설
④ 데일의 경험의 원추에서 가장 구체적 경험은 직접적 경험이며, 가장 추상적 경험은 언어기호를 통한 정보이다. 영상매체들은 그 중간에 위치한다. 책은 언어기호를 중심으로 구성된 교재로 가장 추상적인 경험에 해당한다.
◇ 오답 체크
① 식물원에서 채송화를 관찰하는 것은 구체적이며 행동적 경험을 수반하는 교재로서 견학에 해당한다.
② 채송화에 관한 비디오를 시청하는 것은 영상매체를 이용한 것으로 구체-추상 중간 정도에 위치하는 경험이다.
③ 교실에서 직접 채송화를 기르면서 관찰하는 것은 학습자의 행동과 밀접하게 관련된 경험으로서, 가장 구체적인 형태의 교재인 직접적·목적적 경험에 해당한다.

---

**기출플러스**
- 데일의 경험원추설
  - 각 기호별 매체의 종류
  (2003년 유초등)

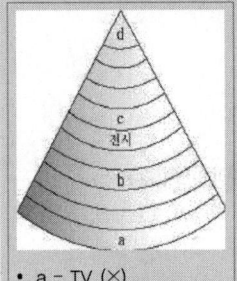

- a - TV (×)
- b - 시범 (○)
- c - 인쇄물 (×)
- d - 직접적 경험 (×)

## 02. 교수매체에 관한 연구

### 출포 231. 교수매체 연구의 유형

📖 기본서 336쪽

**749.** 교육매체 연구에 관한 설명으로 옳은 것을 모두 고른 것은? 2009년 중등

ㄱ. 교육매체 선호 연구에서는 매체 개발의 경제적 비용이 개발 콘텐츠의 질에 어떤 영향을 미치는지 연구한다.
ㄴ. 교육매체 속성 연구에서는 매체의 물리적 속성이 학습자의 인지적 과정에 어떤 영향을 미치는지 연구한다.
ㄷ. 교육매체 비교 연구에서는 새로운 매체의 사용으로 인한 흥미 유발 등의 신기성 효과(novelty effect)가 비교 결과에 섞여 들어갈 수 있다.
ㄹ. 교육매체 비교 연구에서는 흔히 새로운 매체가 효과적이라고 결론을 내리는데, 새로운 매체는 교수법의 변화도 수반하는 경우가 많아 매체만의 효과를 가려내기 어려운 경우가 있다.

① ㄱ, ㄴ  ② ㄱ, ㄹ  ③ ㄴ, ㄹ
④ ㄱ, ㄷ, ㄹ  ⑤ ㄴ, ㄷ, ㄹ

■ **정답 및 해설**
⑤ 교수매체의 활용 방안을 모색하기 위한 연구들은 매체비교 연구, 매체속성 연구, 매체선호 연구, 매체 경제성 연구 등으로 구분된다.

ㄴ. 교육매체 속성 연구에서는 매체의 물리적 속성(예: 시각적 또는 청각적 요소)이 학습자의 인지적 과정에 어떤 영향을 미치는지 연구한다. 이들 연구에서는 매체가 지닌 속성 자체가 학습자의 인지적 기능을 증진시켜서 학습 효과를 높일 것이라는 가정을 증명하고자 한다.
ㄷ. 매체비교 연구는 상이한 매체 유형(예: 비디오 vs. 텍스트)이 학업성취도에 미치는 효과를 탐색하는 연구이다. 다만 학업성취도의 차이가 매체 유형의 차이 때문인지를 증명하는 것은 쉽지 않다. 특히 새로운 매체의 사용으로 인한 흥미 유발 등의 신기성 효과(novelty effect)가 비교 결과에 섞여 들어갈 수 있다는 점에 유의하여야 한다.
ㄹ. 교육매체 비교 연구에서는 흔히 새로운 매체가 효과적이라고 결론을 내리는데, 새로운 매체는 교수법의 변화도 수반하는 경우가 많아 매체만의 효과를 가려내기 어려운 경우가 있다. 앞서 언급한 신기성 효과의 영향도 포함된다.

◇ **오답 체크**
ㄱ. 교육매체 선호 연구에서는 교수매체에 대한 학습자의 태도, 가치, 신념 등의 정의적 특성 변인들이 학습에 미치는 효과를 탐색한다. 매체 개발의 경제적 비용이 개발 콘텐츠의 질에 어떤 영향을 미치는지 연구하는 것은 매체 경제성 연구이다.

**암기 POINT**

- 교육매체에 관한 연구의 유형

| 구분 | 연구 내용 |
|---|---|
| 매체 비교 연구 | 상이한 매체 유형 (비디오 vs 텍스트)이 학습효과에 미치는 영향 탐구<br>행동주의 패러다임 |
| 매체 속성 연구 | 매체가 지닌 속성 (시각적 vs 청각적)이 인지적 처리과정 및 학습효과에 미치는 영향 탐구<br>인지주의 패러다임 |
| 매체 선호 연구 | 매체에 대한 학습자의 태도, 가치, 신념 등 정의적 변인이 학습효과에 미치는 영향 탐색 |
| 매체 경제성 연구 | 매체 개발의 경제적 비용이 학습효과에 미치는 영향 탐색 |

749 ⑤

**750.** 교수매체의 효과적이고 효율적인 활용 방안을 모색하고자 하는 다양한 연구가 진행되어 왔다. 다음 중 '매체비교연구'에 대한 진술로 옳은 것은?

2007년 중등

① 인지주의 패러다임의 영향을 받아서 시작된 연구이다.
② 상이한 매체 유형이 학업성취도에 미치는 효과를 탐색한다.
③ 교수매체에 대한 학습자의 태도, 가치, 신념 등의 정의적 특성 변인들이 학습에 미치는 효과를 탐색한다.
④ 매체가 지닌 속성 자체가 학습자의 인지적 기능을 증진시켜서 학습 효과를 높일 것이라는 가정을 증명하고자 수행된다.

### ■ 정답 및 해설

② 매체비교 연구는 상이한 매체 유형이 학업성취도에 미치는 효과를 탐색하는 연구이다. 즉 교육 효과를 극대화하기 위해 어떤 매체가 가장 효율적인지 알아보는 데 중점을 두며, 매체의 유형적 차이(예: 비디오 vs. 텍스트)가 학습 성과에 어떤 영향을 미치는지 비교하는 것이 연구의 핵심이다. 행동주의 패러다임의 영향을 받은 연구이다.

### ◇ 오답 체크

① 매체비교연구는 주로 행동주의 학습 이론의 영향을 받았으며, 학습자가 외부 자극(매체)에 어떻게 반응하는지를 관찰하는 데 중점을 두었다. 이후, 인지주의와 구성주의 패러다임이 발전하면서 매체 연구는 매체속성 연구에 관심을 가지게 되었다. 매체속성 연구는 매체의 속성이 학습자의 인지적 처리과정에 미치는 영향과 그로 인한 학습효과의 차이를 설명하는 데 중점을 둔다.
③ 교수매체에 대한 학습자의 태도, 가치, 신념 등의 정의적 특성 변인들이 학습에 미치는 효과를 탐색하는 연구는 매체선호 연구로 구분한다. 매체비교 연구에서는 매체의 특성이 학업성취도를 미치는 영향에만 관심을 가졌지만, 이후 연구들에서는 매체에 대한 학생들의 태도, 가치, 신념 등이 매체를 통한 학습의 효과에 어떤 영향을 미치는지를 탐색하였다.
④ 매체가 지닌 속성 자체가 학습자의 인지적 기능을 증진시켜서 학습 효과를 높일 것이라는 가정을 증명하고자 수행된 연구는 매체속성 연구이다. 매체 속성 연구는 매체가 가지고 있는 고유한 속성(예: 시각적 또는 청각적 요소)이 학습에 미치는 영향을 분석하였다. 매체비교연구는 매체의 속성보다는 매체 유형 간의 효과 차이를 비교하는 데 중점을 둔다.

750 ②

## 출포 232. 매체 커뮤니케이션에 관한 이론

🔵 기본서 336~337쪽

**751.** 의사소통 모형인 벌로(D. Berlo)의 SMCR 모형에 기초하여 김 교사와 학생의 수업과정을 분석할 때, M 단계의 하위 요소에 해당하는 것으로 옳은 것을 고른 것은?

2012년 중등

> 김 교사는 학생의 흥미와 수준을 고려하여 ㉠ 가르칠 내용의 순서에 따라 설명하기 때문에 학생도 수업의 흐름을 놓치지 않고 잘 따라온다. 김 교사의 ㉡ 교과와 수업에 대한 열의는 수업시간에 그대로 반영되어, 학생이 교사의 말에 더욱 집중하게 한다. 김 교사의 수업이 쉽고 지루하지 않은 것은 설명이 명확해서이기도 하지만, ㉢ 비언어적 표현, 즉 몸짓, 눈 맞추기, 표정 등을 적절히 활용하기 때문이다.
> 김 교사는 컴퓨터 활용 수업을 할 때에는 ㉣ 학생이 자료를 읽거나 사용하는 의사소통기술에 어려움이 없도록 지도한다. 전반적으로 김 교사의 수업에서는 학생들이 ㉤ 보고 듣기만 하는 것이 아니라, 만져보고 때로는 냄새를 맡고 맛을 보기도 하는 등 오감각을 통해 보다 풍부한 의사소통을 한다.

① ㉠, ㉡  ② ㉠, ㉢  ③ ㉡, ㉣
④ ㉢, ㉤  ⑤ ㉣, ㉤

### ■ 정답 및 해설

② 벌로의 SMCR 모형은 송신자(Sender)로부터 전달내용(Message)이 통신수단(Channel)를 통해 수신자(Receiver)에게 전달되는 과정을 보여주는 의사소통 이론 모형이다. 이상 4가지 요소(SMCR)가 메시지의 의사소통 효과에 영향을 미친다고 보고, 각 요소들의 하위 요소들을 제시하는 모형이다. 이 중 메시지(M) 요소는 내용, 요소, 구조, 코드, 처리 요소들을 하위 요소로 포함한다. 내용은 전달하고자 하는 내용, 요소는 메시지의 전달을 위해 선택되는 내용의 요소, 구조는 선택된 메시지 내용 요소의 순서와 조직, 코드는 메시지의 표현 방법, 처리는 메시지의 부호화 과정을 말한다.
㉠ 김 교사가 학생들의 흥미와 수준을 고려하여 가르칠 내용의 순서를 적절하게 조절하는 것은 메시지 요소이며, 특히 메시지의 구조 요소에 해당한다.
㉢ 비언어적 표현, 즉 몸짓, 눈 맞추기, 표정 등을 적절하게 활용하는 것은 메시지의 표현 방법을 의미하는 메시지 요소이며, 특히 메시지의 코드 요소에 해당한다.

### ◇ 오답 체크

㉡ 김 교사가 교과와 수업에 대한 열의가 수업에 반영되어 의사소통을 돕는 것은 송신자(S) 요소에 해당한다. 송신자(S) 요소는 송신자의 통신기술, 태도, 지식수준, 사회체계, 문화양식을 포함한다. 제시된 내용의 송신자의 태도 요소에 해당한다.
㉣ 학생들이 자료를 읽거나 사용하는 의사소통기술은 수신자(R) 요소에 해당한다. 수신자(R) 요소는 수신자의 통신기술, 태도, 지식수준, 사회체계, 문화양식을 포함한다. 제시된 내용의 수신자의 통신기술 요소에 해당한다.
㉤ 수업에서 오감각을 다양하게 사용하는 것은 의사소통 통로(C) 요소에 해당한다. 의사소통 통로(C) 요소는 시각, 청각, 촉각, 후각, 미각의 오감 통로를 포함한다.

---

**암기 POINT**

• 벌로의 SMCR 모형

| 요소 | 하위 요소 |
|---|---|
| 송신자 (S) | 통신기술, 태도, 지식수준, 사회체계, 문화양식 |
| 전달내용 (M) | 내용, 요소, 구조, 코드, 처리 |
| 통신수단 (C) | 시각, 촉각, 청각, 후각, 미각 |
| 수신자 (R) | 통신기술, 태도, 지식수준, 사회체계, 문화양식 |

**기출플러스**

• 벌로의 SMCR 모형 (2004년 중등)
• 송신자는 통신기술, 지식수준, 사회체제, 문화양식에 의해 영향을 받는다. (O)
• 메시지는 내용, 요소, 처리, 해독으로 구성된다. (X)
• 잡음(noise)을 메시지 전달 과정의 중요한 변인으로 고려한다. (X)
• 송신자의 메시지는 수신자의 시각과 청각에 의해서만 전달된다. (X)

751 ②

## 강서연 교육학

**난이도** ■ ■ □
**채점결과** □ □ □

752. 쉐논과 슈람(C. Shannon & W. Schramm)의 통신 모형을 수업 과정으로 해석할 때, 설명이 바르지 않은 것은? `2011년 유초등`

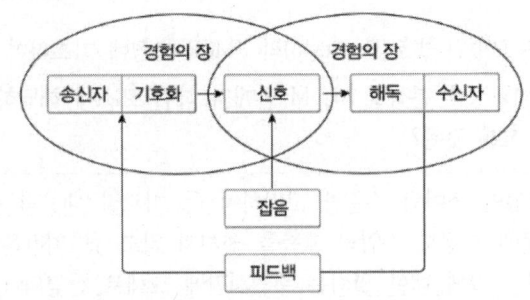

① 학생은 교육내용을 자신의 경험의 장에 비추어 받아들인다.
② 교사와 학생의 의사소통 과정에 불필요한 잡음이 개입될 수 있다.
③ 교사가 교육내용을 전달하는 방식은 교사의 경험의 장에 영향을 받는다.
④ 교사와 학생 사이에 공통된 경험의 장이 없더라도 효과적인 의사소통이 이루어진다.
⑤ 교사와 학생의 의사소통 과정에서 전달내용이나 서로의 경험 차이에 관한 피드백이 이루어진다.

■ 정답 및 해설
④ 쉐논과 슈람의 통신 모형은 경험의 장, 피드백, 잡음(noise)을 커뮤니케이션 과정의 중요한 변인으로 고려한다. 이에 따르면, 교사와 학생 사이에 공통된 경험의 장이 클수록 효과적인 의사소통이 가능하다.

### 암기 POINT
• 쉐논과 슈람의 통신 모형

| 요소 | 의사소통 영향 |
|---|---|
| 경험의 장 | 송신자와 수신자의 공통된 경험의 장이 클수록 효과적 |
| 피드백 | 상대방의 반응에 따라 메시지를 수정·보완해줄수록 효과적 |
| 잡음 | 불필요한 잡음(물리적, 심리적 잡음)이 최소화될수록 효과적 |

## 03. 주요 교수매체의 특징

### 출포 233. 아날로그 매체의 종류와 특징

기본서 338~339쪽

**난이도** ■ ■ □
**채점결과** □ □ □

753. 다음 내용과 가장 관련이 깊은 것은? `2007년 국가직 7급`

○ 장소에 구애를 받지 않고 사용이 간편하다.
○ 교사가 학습자를 마주보면서 수업을 할 수 있다.
○ 자료의 제작이 간편하다.
○ 자료의 조작이 용이하다.
○ 암막 장치가 필요 없다.
○ 단점으로 keystone 효과가 나타날 수 있다.

752 ④    753 ④

① 빔 프로젝터  ② 실물화상기
③ 슬라이드  ④ OHP

■ 정답 및 해설
④ 키스토닝 효과가 나타날 수 있다는 점으로 보아 투사매체에 해당하며, 그 중에서도 암막장치가 필요 없으며 자료 제작과 조작이 용이한 것은 OHP이다. OHP는 TP 자료를 이용하여 그래픽이나 문서 자료를 보여줄 수 있으며 투명 TP위에 직접 판서하는 방식으로 활용할 수 있다.

◇ 오답 체크
① 빔 프로젝터는 어두운 곳에서 활용 가능하므로 암막 장치가 필요하다.
② 실물화상기는 그림, 사진, 실물 등을 따로 가공하지 않고 그대로 투사하여 나타내는 매체이다. 실물 자료를 여러 사람에게 동시에 보여주고자 할 때 활용한다. 실물 그 자체를 자료로 이용하므로 자료가 손상되지 않도록 조작에 주의해야 한다.
③ 슬라이드는 보여주려는 자료를 촬영하여 슬라이드 필름으로 제작하여야 하므로 자료 제작이 비교적 까다롭다.

**기출플러스**
• 교수매체의 종류와 특징
  – 실물화상기
  (2006년 유초등)

• 사용 범위가 넓고 제시물을 원색 그대로 나타내준다.
• 그림, 사진, 실물을 따로 가공하지 않고 투영할 수 있다.
• 하나 밖에 없거나 작아서 여러 사람이 보기 힘든 자료를 확대 투영하여 많은 학습자에게 동시에 보여줄 수 있다.

754. 다음 중 학습자료의 특징을 잘못 설명한 것은?    2007년 영양교사
① 표본 : 실물을 추상적·상징적 형태로 제시할 수 있다.
② 도표 : 복잡한 정보를 알아보기 쉽게 제시할 수 있다.
③ 모형 : 실물의 전체나 일부분을 확대 또는 축소할 수 있다.
④ 실물 : 사물의 형태와 특성을 자연상태에서 직접 관찰할 수 있다.

■ 정답 및 해설
① 표본은 제시하고자 하는 실물의 특징을 가장 잘 나타내는 대표적인 사례에 해당한다. 따라서 실물과 마찬가지로 구체적이며 직관적인 형태의 교수학습 자료에 해당한다.

755. 교육매체에 대한 설명으로 옳은 것을 모두 고른 것은?    2005년 중등

ㄱ. 실물화상기와 빔프로젝터는 투사매체로 분류된다.
ㄴ. ASSURE 모형은 교육매체 활용을 위한 모형이다.
ㄷ. OHP 사용 시 화면왜곡현상(key stoning effect)이 발생할 경우 초점조절나사를 조작한다.

① ㄱ  ② ㄴ
③ ㄱ, ㄴ  ④ ㄱ, ㄴ, ㄷ

754 ①　755 ③

■ 정답 및 해설
③ ㄱ. 투사매체는 광원을 통해 이미지를 스크린이나 벽 같은 표면에 투사하여 시각적으로 보여주는 매체를 의미한다. 실물화상기, 빔프로젝터, 오버헤드 프로젝터(OHP 등이 대표적인 투사매체에 해당한다.
ㄴ. ASSURE 모형 하인니히 등이 개발한 교수설계 모형으로서, 교수매체의 선정 및 활용에 초점을 두고 있는 교수설계 모형이다.

◇ 오답 체크
ㄷ. 화면왜곡 현상(키스토닝 현상)은 영상의 양끝이나 좌우가 왜곡되어 사다리꼴이나 평행사변형으로 보이는 현상으로, 투사매체에 일반적으로 나타날 수 있는 문제이다. 투사매체에서 빛을 쏘는 렌즈와 영사막 사이의 각도가 적절하지 않을 때 발생한다. 이 문제는 OHP의 받침다리 높이를 조절해서 렌즈에서 투사되는 빛과 영사막이 적절한 각도를 이루도록 조절하면 해결된다. 초점조절나사는 화면의 초점이 맞지 않아 뿌옇게 보일 때 이를 조절하기 위한 용도이다.

## 출포 234. 디지털 매체의 종류와 특징

◉ 기본서 339쪽

**756.** 서책형 교과서와 비교하여 디지털 교과서의 장점으로 보기 어려운 것은?

2014년 국가직 9급

① 사용에 있어 시공간의 제약이 적다.
② 학습자의 능력 및 수준에 따른 맞춤형 학습이 용이하다.
③ 다양한 멀티미디어 콘텐츠의 활용을 통해 학습동기를 높일 수 있다.
④ 특정한 장비와 프로그램이 없어도 접근이 가능하여 시간과 비용을 절약할 수 있다.

■ 정답 및 해설
④ 디지털 교과서는 디지털 형태의 정보로 가공·저장한 교과서로, 다양한 형태의 멀티미디어 자료와 상호작용적 학습관리 도구를 연계하여 사용하도록 한 매체이다. 다양한 장점에도 불구하고, 특정한 장비와 프로그램이 있어야 접근이 가능하여 자료의 구축과 개신, 장비의 유지와 관리 등에 많은 시간과 비용이 소요된다는 한계가 있다.

756 ④

# 6. 뉴미디어와 원격교육

## 01. 컴퓨터의 교육적 활용

### 출포 235. 학습 보조도구로서의 컴퓨터 활용(CAI)

🌀 기본서 340~341쪽

**757.** 다음의 요소들과 가장 관련이 깊은 컴퓨터 기반 학습 환경은?

2007년 유초등

- 몰입(flow)
- 경쟁 및 도전
- 스토리텔링(storytelling)

① 전문가 시스템(expert system)
② 디지털 포트폴리오(digital portfolio)
③ 디지털 게임 기반 학습(digital game-based learning)
④ 전자 수행 지원 시스템(electronic performance support system)

■ 정답 및 해설

③ 몰입(flow)은 현재 하고 있는 일에 심취하여 무아지경의 상태에 이르게 된 상태로, 흥미라는 개념과 관련된다. 칙센트미하이의 몰입 이론에 따르면, 몰입은 분명한 목표가 있는 활동에서, 즉각적인 피드백이 주어지는 활동에서, 개인의 기술 수준과 과제의 난이도가 높은 수준에서 적절한 균형을 이룰 때 잘 일어난다. 특히 디지털 게임 기반 학습은 경쟁 및 도전 요소를 포함하고 있어서 몰입을 이끌어내는 데 적절한 환경을 제공한다.

최근 디지털 게임이 고사양화하면서 내용이 복잡해지고 서사적 특징이 강조되고 있다. 대부분의 디지털 게임이 시작과 함께 게임의 배경을 제시하며, 게임 참여자들에게 특정한 캐릭터와 역할을 부여하며, 화려한 시각적 장치를 이용하여 영상으로 스토리텔링을 구현한다.

이와 같이 게임형의 CAI 학습환경은 달성해야 할 목적, 경쟁과 도전감, 흥미 등과 같은 게임적 요소를 추가하여 학습자의 동기를 높여주는 학습유형이다.

◇ 오답 체크

① 전문가 시스템이란 전문가가 지닌 전문 지식과 경험, 노하우 등을 컴퓨터에 축적하여 전문가와 동일한 또는 그 이상의 문제 해결 능력을 가질 수 있도록 만들어진 시스템이라고 정의할 수 있다. 전문가 시스템은 의료 진단, 설비의 고장 진단, 주식 투자 판단, 생산 일정 계획 수립, 자동차 고장 진단, 효과적 직무 배치, 자재 구매 일정, 경영 계획 분야 등을 비롯한 인간의 지적 능력을 필요로 하는 분야에 적용되고 있다.

---

**기출플러스**

- 컴퓨터보조수업(CAI)의 형태
  - 게임형
  (2005년 중등)
- 도전감과 흥미를 준다.
- 집단 간의 경쟁을 통해 동기를 높인다.
- 정해진 규칙과 달성해야 할 목적이 있다.
- 사실, 원리, 사회적 기능, 태도 등의 학습에 사용된다.

**암기 POINT**

- 컴퓨터보조학습(CAI)의 유형

| | |
|---|---|
| 개인 교수형 | 새로운 정보 제시, 확인학습, 강화제공 |
| 반복 학습형 | 지속적인 반복 연습, 피드백과 강화 제공 |
| 시뮬레이션형 | 실제와 유사한 상황 구현, 현실감 부여 |
| 게임형 | 경쟁, 도전, 흥미, 몰입, 스토리텔링 |

757 ③

② 디지털 포트폴리오는 기존의 포트폴리오의 개념을 디지털화된 자료로 확장한 것을 의미한다. 디지털 포트폴리오에서는 학습 수행 과정에서 문서 뿐 아니라, 음성, 영상, 그래픽 등의 표현방식을 사용할 수 있고 다양한 디지털 도구를 활용하여 학습 성과물을 누적적으로 작성, 관리할 수 있다. 전통적인 포트폴리오보다 정보의 보관, 관리, 접근이 용이하며, 자료의 검색과 공유가 편리하여 평가자들로부터의 다양한 피드백을 받을 수 있다는 장점이 있다.
④ 전자수행 지원 시스템은 실제 업무 상황에서 사용자가 필요로 하는 정보, 도구, 방법 등을 적시에 제공하는 시스템을 말한다. 실제 업무 상황 속에서 업무의 보조와 사용자의 학습이 동시에 이루어지도록 함으로써 업무수행능력을 향상시키기 위하여 개발된 시스템이다. 학교에서는 수업이나 학급경영에서 발생하는 문제에 관한 지식이나 정보, 문제해결방법을 안내해주는 역할을 수행한다.

**758.** 컴퓨터보조수업(CAI) 중에서 아래의 그림과 관련이 깊은 유형은?

2003년 유초등

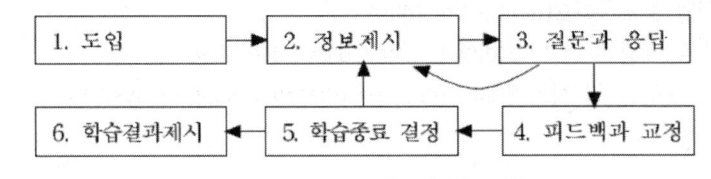

① 게임형  ② 개인교수형
③ 반복연습형  ④ 시뮬레이션형

■ 정답 및 해설
② 컴퓨터보조학습(CAI)의 유형 중 새로운 정보를 가르치고, 확인하고, 강화해주는 데 적합한 유형은 개인교수형이다. 개인교수형은 대체로 정보제시 → 질문과 응답 → 피드백과 교정 순으로 학습이 진행되며, 학습자의 학습능력에 따라 속도를 달리할 수 있도록 한다. 개념이나 원리의 학습에 주로 활용되며, 가네의 수업사태 모형이 효과적으로 적용된다.
◇ 오답 체크
① 게임형은 경쟁, 흥미, 도전, 몰입 등의 요소를 첨가하여 학습동기를 높이는 데 중점을 두는 유형이다.
③ 반복연습형은 이미 학습한 내용에 대한 반복 연습과 피드백을 제공하는 유형이다. 학습한 내용에 대한 파지와 과제수행 기술의 숙련도를 높이는 데 목적을 둔다.
④ 시뮬레이션형(모의실험형)은 실제와 유사한 상황을 구현하여 모의경험할 수 있도록 하는 유형이다. 실제 학습과제 수행이 위험하거나 비용 소요가 클 때, 현실 감각을 부여할 필요가 있을 때, 다양한 상황에서의 모의연습이 필요할 때 유용하다.

758 ②

기출플러스
• 컴퓨터보조수업(CAI)의 형태 - 개인교수형 (2002년 중등)
• 학습자가 독자적으로 학습할 수 있도록 해 주어야 한다.
• 가네(Gagne)의 아홉 가지 수업사태를 적용하면 효과적이다.
• 새로운 정보를 가르치고, 확인하고, 강화해 줄 필요가 있다.

**759.** 컴퓨터 활용 수업에 관한 설명 중 바른 것끼리 짝지은 것은? 2006년 중등

> ㄱ. 학습자의 개인차를 고려하는 적응적 수업에는 지능적 개인교수(intelligent tutorial)보다 반복 연습형 컴퓨터보조수업이 효과적이다.
> ㄴ. 실제 학습과제 수행이 위험하거나 비용 소요가 클 때 모의 실험형 컴퓨터보조수업을 사용할 수 있다.
> ㄷ. 전문가체제(expert system)에서 학습자는 관련된 의사결정 과정에 관한 조언을 구할 수 있다.
> ㄹ. 구성주의자들은 컴퓨터를 인지적 도구로 활용하는 것보다는 지식전달도구로 활용하는 것이 고차적 사고력 육성에 효과가 있다고 주장한다.

① ㄱ, ㄷ
② ㄱ, ㄹ
③ ㄴ, ㄷ
④ ㄴ, ㄹ

### ■ 정답 및 해설

③ ㄴ. 모의실험형(시뮬레이션형)은 실제와 유사한 상황을 구현하여 모의경험할 수 있도록 하는 유형이다. 실제 학습과제 수행이 위험하거나 비용 소요가 클 때 모의 실험형 컴퓨터보조수업을 사용할 수 있다.
ㄷ. 전문가체제(expert system)는 실제 상황에서 필요한 정보와 도구, 방법 등을 적시에 제공하는 시스템으로, 전자수행지원시스템(EPSS : Electronic Performance Support Systems)이라고도 한다. 전문가체제를 활용할 경우, 학습자는 관련된 의사결정 과정에 관한 조언을 구할 수 있다.

### ◇ 오답 체크

ㄱ. 학습자의 개인차를 고려하는 적응적 수업에는 반복 연습형 컴퓨터보조수업보다는 지능적 개인교수(intelligent tutorial)이 효과적이다.
ㄹ. 구성주의자들은 컴퓨터를 지식전달도구로 활용하는 것보다 인지적 도구로 활용하는 것이 고차적 사고력 육성에 효과가 있다고 주장한다. 컴퓨터를 인지적 도구로 활용한다는 것은 학습자가 사고와 문제 해결을 돕는 도구로 활용하는 것을 뜻한다. 예를 들어, 과학 수업에서 실험을 직접 수행하기 어렵거나 위험할 경우, 컴퓨터 시뮬레이션을 사용하여 실험 과정을 가상으로 실행할 수 있다. 이것은 학습자가 추상적인 개념을 구체적으로 이해하는 데 도움을 준다. 또, 학습자가 개념을 정리하고 관계성을 시각화할 수 있는 도구로 마인드맵 소프트웨어를 활용하는 것은 학습 내용의 구조화를 돕는다. 이와 같이 인지적 도구로 컴퓨터를 활용하게 되면, 컴퓨터는 학습자의 인지적 과정을 지원하고, 고차원적인 사고력을 발전시키는 데 기여할 수 있다.

### 출포 236. 학습 지원도구로서의 컴퓨터 활용

📖 기본서 341~342쪽

**760.** 가상현실(VR) 기술을 활용한 교육에 대한 설명으로 옳지 않은 것은?

2023년 국가직 9급

① 다양한 각도에서 수업자료를 탐구하도록 유도할 수 있다.
② 현실에서 직접 경험할 수 없었던 사물, 장소, 역사 속 사건 등을 재현할 수 있다.
③ 투사매체인 실물화상기나 OHP(overhead projector)를 핵심 장치로 활용한다.
④ 학습활동 과정에서 학습자의 흥미와 몰입감을 높일 수 있다.

■ 정답 및 해설

③ 가상현실(VR) 기술을 활용한 교육에서는 가상의 현실을 보여주는 시뮬레이션이 가능한 컴퓨터는 물론이고, 사용자의 움직임을 감지하고 반응하는 웨어러블 장치(예. VR 고글, 햅틱 글러브), 시각적 출력을 위한 디스플레이, 오디오 피드백을 위한 장치 등을 핵심 장치로 활용한다. 특히 시각적 디스플레이는 개별화된 컴퓨터 기반 장치를 통해 현실감 있게 표현하여 학습자의 흥미와 몰입감을 높인다.
투사매체인 실물화상기나 OHP는 학습 자료나 시청각 자료를 크고 명확한 화면에 투영하여 다수의 학습자가 함께 내용을 시각적으로 확인할 수 있도록 도와주는 장치이므로, 가상현실 기술 활용의 핵심 장치라고 보기 어렵다.

## 02. 정보통신기술의 교육적 활용

### 출포 237. 원격교육의 개념과 특징

📖 기본서 343쪽

**761.** 원격교육에 대한 설명으로 옳지 않은 것은?

2020년 지방직 9급

① 원격교육은 컴퓨터 통신망을 기반으로 등장하였다.
② 각종 교재개발과 학생지원 서비스 등을 위한 물리적·인적 조직이 필요하다.
③ 교수자와 학습자가 물리적으로 떨어져 있으나 교수·학습 매체를 통해 의사소통을 한다.
④ 다수를 대상으로 하면서도 공학적인 기재를 사용하여 사전에 계획, 준비, 조직된 교재로 개별학습이 이루어진다.

■ 정답 및 해설

① 원격교육은 교사와 학생이 물리적으로 분리된 상태로 이루어지는 교육을 총칭하는 개념으로, 컴퓨터 통신망 발달 이전부터 인쇄물, 라디오, TV 등을 활용하여 이루어져 왔다.

---

**암기 POINT**

• 원격교육의 개념 및 특징

| 개념 | 교사와 학생이 물리적으로 분리된 상태에서 이루어지는 교육 |
|---|---|
| 장점 | 교육대상의 범위 확대<br>다수 대상의 개별학습<br>매체 활용 의사소통 촉진 |
| 단점 | 학생 관리 감독 어려움<br>물리적·인적 조직 필요 |

760 ③  761 ①

762. 원격교육에 대한 설명으로 옳지 않은 것은?  2019년 국가직 7급
① 다양한 기술적 매체들에 의존하여 교수자와 학습자 간의 상호작용을 지원한다.
② 다수를 대상으로 하면서도 사전에 계획, 준비, 조직된 교재로 개별학습이 이루어진다.
③ 전통적인 면대면 교육에 비해 학습자들이 자기주도적으로 학습에 몰입하게 되므로 중도탈락률이 상대적으로 낮다.
④ 다양한 교육프로그램에 접근할 수 있는 가능성을 높여 교육대상의 범위를 확대하였다.

■ 정답 및 해설
③ 원격교육은 전통적인 면대면 교육에 비해 시공간적 제약을 극복하여 더 많은 학습자들에게 학습기회를 제공할 수 있다는 장점이 있는 반면에, 학습자들을 관리하거나 통제하기가 어렵기 때문에 중도탈락률이 상대적으로 높다는 한계를 갖는다.

## 출포 238. 이러닝의 개념과 특징

◈ 기본서 344~345쪽

763. '이러닝(e-learning)'의 교육공학적 방법이 교육 분야에 공헌한 것으로 보기 가장 어려운 것은?  2011년 국가직 9급
① 학습효과를 극대화시킨다.
② 교사와 학생 간 인격적 접촉을 증가시킨다.
③ 교육활동의 개별화를 촉진시킨다.
④ 교육의 경제성 및 대중화를 촉진시킨다.

■ 정답 및 해설
② 이러닝은 비대면 학습으로 교사와 학생간의 인격적 상호작용의 기회가 감소되고, 컴퓨터 통신망을 통한 의사소통이 주로 이루어진다. 이러한 교사와 학생, 또는 학생과 학생 간 인격적 접촉의 감소는 이러닝의 주요한 문제점으로 지적된다.

◇ 오답 체크
① 이러닝은 다양한 멀티미디어 자료, 상호작용 도구, 개별 학습 속도 조절을 통해 학습자에게 적합한 학습 환경을 제공한다. 이를 통해 학습자의 이해와 몰입을 촉진하여 학습효과를 극대화할 수 있다.
③ 이러닝은 학습자가 자신의 학습 속도와 필요에 맞추어 학습할 수 있는 기회를 제공하므로, 교육활동의 개별화를 촉진시킨다.
④ 이러닝은 시간적, 공간적 제약을 줄이고, 인터넷을 통해 전 세계로 학습 콘텐츠를 전달할 수 있어, 경제성과 대중화를 촉진한다. 특히 교통비, 교재비, 장소 대여 비용 등의 절감 효과로 나타난다.

**암기 POINT**
- 이러닝의 개념 및 특징

| | |
|---|---|
| 개념 | 컴퓨터와 정보통신 네트워크 기반의 학습 |
| 장점 | 시공간 초월한 학습<br>쌍방향 상호작용 촉진<br>학습의 개별화 촉진<br>평생학습 사회 구현 |
| 단점 | 막대한 시간과 비용<br>학습 관리감독 어려움<br>인격적 접촉 감소<br>교사의 탈숙련화 조장 |

## 강서연 교육학

**난이도** ■ ■ ■
**채점결과** □ □ □

**764.** 다음에서 인터넷 활용에 대한 설명으로 바른 것만을 골라 묶은 것은?

2005년 유초등

> 가. 지식 전달자로서 교사의 역할이 강조된다.
> 나. 정보의 생산자와 소비자가 엄격히 구분된다.
> 다. 문자, 소리, 동영상 등 다양한 매체를 활용할 수 있다.
> 라. 여러 장소에 있는 학습자끼리 협동학습을 수행하기가 용이하다.

① 가, 나   ② 가, 다   ③ 나, 라   ④ 다, 라

### 기출플러스

- 웹 기반 원격교육의 특징 (2005년 유초등)
  - 쌍방향 통신을 활용한다. (○)
  - 면대면 수업을 위주로 한다. (×)
  - 강좌를 선택할 수 있는 폭이 넓다. (○)
  - 평생학습 사회를 구현하는 데 기여한다. (○)
  - 공간을 초월하기는 쉽지만, 시간을 초월하기는 어렵다. (×)

■ **정답 및 해설**
④ 인터넷을 활용함으로써 다양한 멀티미디어 자료와 매체를 활용할 수 있으며(다), 여러 장소에 있는 학습자들 간의 상호작용과 협동학습이 가능해 진다(라).

◇ **오답 체크**
가. 교사가 지식을 제공하지 않더라도, 학습자가 인터넷을 통해 지식을 획득할 수 있게 되므로, 지식 전달자로서 교사의 역할이 약화된다.
나. 인터넷을 활용하면 정보를 소비하는 동시에, 정보를 생산하는 활동에 참여할 수도 있다. 예를 들면, 위키피디아를 이용하여 일반인도 인터넷으로 취득한 정보를 결합·편집·가공함으로써 새로운 정보를 생산·공유할 수 있다. 이와 같이 인터넷 환경 하에서는 지식의 생산자와 소비자의 구분이 불분명해 지며, 이러한 의미에서 지식의 '프로슈머'라는 용어가 나타나기도 하였다.

---

**난이도** ■ ■ ■
**채점결과** □ □ □

**765.** 교육정보화는 교사들이 학생들에게 보다 나은 학습경험을 제시하는데 도움을 줄 것이라는 견해도 있지만, 수업과 관련된 교사들의 활동기회를 줄여 '탈숙련화' 현상을 초래할 수 있다는 우려도 있다. 다음에서 이런 주장과 관련이 있는 것은?

2003년 유초등

> 가. 사이버공간에 개설된 대화방에서 '왕따 예방'에 대해 토론한다.
> 나. '삼투압의 원리'에 관한 판서내용이 순서대로 조직된 웹문서로 수업한다.
> 다. 웹자료실에서 다른 교사가 제작한 중간고사 시험문제를 내려받아 사용한다.
> 라. '월드컵 출전국 소개' 자료를 작성하여 웹 게시판에 제출하도록 과제를 낸다.
> 마. CD-ROM을 사용하여 영어로 인사하는 장면을 보여주고, 화면의 '따라하기' 버튼을 누른다.

① 가, 나, 다   ② 가, 다, 라
③ 나, 다, 마   ④ 나, 라, 마

**764** ④   **765** ③

■ 정답 및 해설

③ 교육정보화로 인한 교사의 '탈숙련화' 현상은 교사들이 스스로 교재나 프로그램을 개발하려는 노력을 기울이지 않고, 이미 누군가에 의해 만들어져 있는 교재나 프로그램을 내려받아 사용하기만 하는 경우에 나타난다. 교사의 능력에 관계없이 양질의 교육 프로그램을 보급할 수 있다는 장점도 있지만, 학생의 특성이나 교실의 환경에 적합하지 않은 교육활동을 수행하게 한다는 점에서 한계가 있다. 더 나아가, 현장 교육 전문가로서의 교사의 질을 떨어뜨려 장기적으로도 교육의 질적 저하를 유발할 수도 있다는 점에 유의하여야 한다.

◇ 오답 체크

가. 교사가 정보화 환경을 이용하여 다양한 교사나 전문가들과 적극적으로 소통하는 활동이므로, 교사의 숙련도를 높여줄 것으로 예상된다.

라. 웹 게시판을 이용하여 학생들의 적극적인 학습을 촉진하는 활동이므로, 교사의 탈숙련화 현상과는 관련이 없다.

## 출포 239. 스마트러닝의 유형과 특징

기본서 345~346쪽

**766.** 다음에 해당하는 학습 형태는?     2022년 국가직 9급

- 학습자가 언제 어디에서나 어떤 내용이건, 어떤 단말기로도 학습 가능한 지능화된 학습 형태
- 획일적이거나 강제적이지 않으며, 창의적이고 학습자 중심적인 교육과정 실현 가능
- 원하는 정보를 찾기 위해 학습자가 특정 시간에 특정 장소를 찾아가는 것이 아니라, 학습정보가 학습자를 찾아다니는 방식

① e-러닝(electronic learning)
② m-러닝(mobile learning)
③ u-러닝(ubiquitous learning)
④ 기계학습(machine learning)

■ 정답 및 해설

③ 언제 어디서나 어떤 단말기로도 학습이 가능하며, 학습자가 정보를 찾아가는 것이 아니라 학습정보가 학습자를 찾아다니는 방식은 유비쿼터스 러닝의 특징이다.

◇ 오답 체크

① e-러닝은 컴퓨터, 인터넷 네트워크, 쌍방향 통신, 다양한 정보와 매체 활용을 특징으로 한다.

② m-러닝은 무선 단말기(pda 등), 무선 네트워크, 공간을 이동하면서 즉각적인 정보 획득과 통신 가능 등을 특징으로 한다.

④ 기계학습은 컴퓨터가 다양한 경험을 통해 자동으로 자신의 정보처리 알고리즘을 개선해 나가는 과정을 가리키는 개념이다.

암기 POINT

• 이러닝의 유형과 특징

| | |
|---|---|
| e-러닝 | 컴퓨터와 정보통신망(인터넷) 기반 |
| m-러닝 | 무선단말기, 무선 네트워크 기반 학습자가 이동하는 중에도 이용 가능 |
| u-러닝 | 각종 정보화기기, 사물인터넷 기반 정보가 학습자를 찾아다니는 학습 |

766 ③

**767.** 다음 내용과 가장 관련이 깊은 학습 형태는?　　　2018년 지방직 9급

> ○ 무선 환경에서 네트워크에 접속하여 학습한다.
> ○ PDA, 태블릿 PC 등을 활용하여 물리적 공간에서 이동하면서 가상공간을 통하여 학습한다.
> ○ 기기의 4C(Content, Capture, Compute, Communicate) 기능을 활용하여 교수·학습을 촉진할 수 있다.

① 모바일 러닝(m-learning)　　② 플립드 러닝(flipped learning)
③ 마이크로 러닝(micro learning)　　④ 블렌디드 러닝(blended learning)

■ 정답 및 해설
① 태블릿 등의 장치를 이용하여 무선 통신 네트워크에 접속하여 물리적 이동 중에서 학습이 가능한 것을 특징으로 하는 학습 형태는 '모바일 러닝'이다.
◇ 오답 체크
② 플립드 러닝은 교실수업에 앞서 온라인으로 수업내용을 학습한 후, 교실에서는 학생 활동을 중심으로 면대면 수업을 하는 형태이다. 이러닝 활용 수업의 한 형태로 거꾸로 수업이라고도 한다.
③ 마이크로 러닝은 아주 작은 단위로 나누어 학습을 하는 형태를 의미한다. 학습용 콘텐츠를 작은 단위로 나누어(Small learning unit), 짧은 기간 동안(Short-term), 한번에 소화가능(Digestible)한 단위의 학습 컨텐츠/액티비티로 압축하여 학습하는 형태를 마이크로 러닝이라고 한다. 학습자가 모바일 기기를 이용하여 이동하면서 잠깐 동안씩 학습하는 행동 패턴이 확산되면서 최근 더욱 관심이 집중되고 있다.
④ 블렌디드 러닝은 면대면 수업과 온라인 수업을 결합하는 이러닝 활용 수업 형태를 총칭하는 개념으로, 혼합학습 이라고도 한다.

**768.** 유비쿼터스 러닝(ubiquitous learning)에 대한 설명으로 옳지 않은 것은?　　　2010년 국가직 7급

① 인터넷 네트워크 기술을 바탕으로 시간과 장소, 수준의 제약 없이 학습자가 다양한 학습경험을 할 수 있도록 지원하는 학습이다.
② 온라인 교육이 갖고 있는 강점과 면대면으로 이루어지는 오프라인 교육의 강점을 최대한 살려서 학습의 효과를 극대화하고자 하는 학습이다.
③ 무선 인터넷 및 위성통신 기술을 바탕으로 이동통신기기를 활용하여 다양한 교수학습 활동을 수행할 수 있도록 하는 학습이다.
④ 각종 정보화기기, 사물에 이식된 센서, 칩 등을 통해 어디서나 존재하는 컴퓨팅 기술을 활용하여 교수학습 활동을 수행할 수 있도록 하는 학습이다.

767 ①　768 ②

■ 정답 및 해설

② 블렌디드 러닝에 대한 설명이다. '유비쿼터스 러닝'은 무선 통신 기술과 사물 인터넷 기술을 활용하여 언제 어디서나 다양한 학습경험을 할 수 있게 하는 학습 형태이다. 기존의 이러닝 기술이 학습자가 학습정보를 찾는 것을 지원하는 수준이었다면, 유비쿼터스 러닝은 학습정보가 학습자를 찾아다니는 방식으로 발전하면서 정보통신 기술이 보다 적극적으로 학습을 촉진하는 기능을 한다는 것이 특징이다.

## 출포 240. 이러닝 활용 동향

기본서 346~347쪽

**769.** MOOC(Massive Open Online Courses)에 대한 설명으로 옳지 않은 것은?

2017년 국가직 7급

① MOOC 강좌들은 세계적으로 공통된 품질보증 및 규제에 따라 개발·관리되며 신뢰할 만한 교육내용을 제공하고 있다.
② 북미 명문대학 강좌의 온라인 운영 형태를 근간으로 출발하여 대안적 교육형태로 급부상하게 되었다.
③ 교수자와의 상호작용과 피드백을 중요시하는 cMOOC와 교수자의 개입을 최소화하고 수준 높은 강의내용 제공에 초점을 맞춘 xMOOC로 구분할 수 있다.
④ 국내에서도 정부 지원하에 K-MOOC를 개발하여 한국 고등교육의 국제경쟁력을 제고하고자 노력하고 있다.

■ 정답 및 해설

① MOOC는 대학이 보유한 양질의 교육 콘텐츠를 일반인에게도 공유할 수 있게 하며, 교수자와 학습자 간의 상호작용을 통해 학습을 관리해 주는 시스템이다. MOOC 강좌들은 콘텐츠를 제공하는 국가나 기관에 따라 다양한 기준에 따라 구축·관리되고 있기 때문에, 세계적으로 공통된 품질기준이나 규제가 존재하지는 않는다. 다만, MOOC 운영 기관의 목적에 맞는 기준을 통해 품질을 관리하고 있다. 2008년에 캐나다에서 처음 시작되었으며 이후 북미와 유럽의 명문대학을 중심으로 발전되었다. 우리나라에서도 K-MOOC를 개발하였으며, 현재 국가평생교육진흥원에서 운영하고 있다.

**암기 POINT**

• 고등교육에서의 이러닝

| | |
|---|---|
| 원격 대학 | 〈고등교육법〉 상의 '원격대학'(방송통신대학, 사이버대학 등) |
| | 〈평생교육법〉 상의 '원격대학 형태의 평생교육시설(2001년~) |
| 교육 자원 공유 | KOCW : 국내 대학 교육콘텐츠 공유 |
| | K-MOOC : 국내 대학 온라인 공개강좌 공유, 학점은행제 인정 |

769 ①

770. 인터넷과 웹의 등장으로 이러닝(e-learning)의 활용이 급속하게 확대되고 있다. 이러닝의 개념 및 정의는 학자마다 다를 수 있지만, 흔히 컴퓨터와 네트워크를 기반으로 이루어지는 학습형태를 총칭한다. 이러닝의 활용 동향에 대한 설명으로 가장 적합하지 않은 것은? **2007년 국가직 9급**
① 이러닝의 활용은 초·중등학교, 대학, 기업 등 교육의 전 분야에서 광범위하게 활용되고 있다.
② 우리나라의 경우 현재 이러닝을 통해 학사 및 석사학위를 받을 수 있다.
③ 이러닝을 이용한 사이버교육의 운영방식은 각 국가별 교육문화, 정책 및 제도, 비전 등에 따라 다르다.
④ 대학의 이러닝은 현재 고등교육법에 근거하여 2001년 이후 설립된 원격대학에서 활용되고 있다.

■ 정답 및 해설
④ 대학의 이러닝을 대표하는 '사이버대학'은 2001년 이후에는 「평생교육법」에 근거한 '원격대학 형태의 평생교육시설'로 설립되었으며, 설립 이후 점차로 「고등교육법」에 의한 '원격대학'으로 승격되었다. 그 외에도 대학의 이러닝은 학교 내외의 구성원이나 일반 시민에게 학습용 콘텐츠를 개방·공유하는 방식으로 활용되고 있다.

## 03. 이러닝 콘텐츠 개발

### 출포 241. 멀티/하이퍼미디어 자료의 특성과 활용
기본서 347~348쪽

771. 멀티미디어의 특성에 관한 설명으로 틀린 것은? **2006년 유초등**
① 많은 양의 정보를 다양한 형태로 수록할 수 있다.
② 정보가 선형적으로 제공되므로 모든 사용자가 동일한 정보를 얻는다.
③ 실제상황과 유사한 현상을 체험할 수 있는 다감각적 학습환경을 제공한다.
④ 상호작용이 가능하여 사용자의 반응에 따라 프로그램 진행이 달라질 수 있다.

■ 정답 및 해설
② 멀티미디어는 Multi(다중)와 Media(매체)의 합성어로, 문자, 그래픽, 음성, 영상 등 다양한 형태로 이루어진 정보를 디지털로 통합하여 전달하는 매체이다. 멀티미디어는 다중의 매체가 결합되므로 정보가 일정한 방향으로 순차적으로 처리되는 것이 아니라 사용자의 선택에 따라 다양한 방향으로 처리되며 사용자마다 서로 다른 정보를 얻을 수 있다.

772. 하이퍼미디어(hypermedia) 활용 수업에 관한 설명으로 옳지 않은 것은?

2006년 중등

① 학습자가 비선형적(nonlinear)으로 정보를 탐색할 수 있다.
② 학습자가 멀티미디어 요소를 활용하여 지식을 구성할 수 있다.
③ 학습자의 방향감 상실이나 인지 과부하(cognitive overload)를 야기할 수 있다.
④ 비구조화된 내용을 학습할 때 활용하면 학습자의 인지적 유연성을 기르기 어렵다.

■ 정답 및 해설
④ 하이퍼미디어란 문자, 그래픽, 음성, 영상 등 다중의 정보를 하이퍼링크로 연결해 놓은 정보 형태를 말한다. 하이퍼미디어 활용 수업은 학습자가 사전에 계열화되지 않은 정보에 비선형적인 방식으로 접근하는 방식으로, 학습자의 인지적 유연성을 기르는 데 데 도움이 된다.

## 출포 242. 컴퓨터 화면의 설계 원리

기본서 348~349쪽

773. 다음은 사이버 가정학습용 콘텐츠 개발에 참여하게 된 교사들의 대화이다. 각 교사들의 화면설계 전략과 밀접하게 관련된 것은?

2010년 유초등

김 교사 : 각 화면의 교육내용을 학생들에게 효과적으로 전달하기 위해서는 글만 제시하지 말고 그림을 함께 사용하면 좋을 것 같아요.
최 교사 : 화면에 글과 그림들을 배열할 때에는 관련된 요소들끼리 서로 가까이 배치하는 것이 좋겠어요.
박 교사 : 좋은 생각이네요. 그런데 한 화면에 너무 많은 글과 그림이 동시에 들어가게 되면 학생들의 이해를 방해할 수도 있을 것 같아요.

|   | 김 교사 | 최 교사 | 박 교사 |
|---|---|---|---|
| ① | 병렬분산처리 | 근접성의 원리 | 인지적 과부하 |
| ② | 병렬분산처리 | 유사성의 원리 | 인지적 과부하 |
| ③ | 이중부호화 | 근접성의 원리 | 인지적 과부하 |
| ④ | 이중부호화 | 유사성의 원리 | 정보처리 역행간섭 |
| ⑤ | 이중부호화 | 근접성의 원리 | 정보처리 역행간섭 |

772 ④　773 ③

### 암기 POINT

• 컴퓨터 화면설계의 인지적 기초

| 이론 | 화면설계 |
|---|---|
| 인지 과부하 | 제시되는 정보의 양을 적정하게 |
| 이중 부호화 | 글과 그림을 함께 사용하여 제시 |
| 근접성의 원리 | 관련된 글과 그림은 가까이 배치 |

■ 정답 및 해설

③ • 김 교사 : 이중부호화 이론(Dual Coding Theory)과 관련이 있다. 이중부호화 이론은 글(언어 정보)과 그림(시각 정보)을 함께 제시하면 두 정보가 처리되는 과정에서 서로를 보완하는 역할을 하기 때문에 학습 효과가 높아진다고 설명한다.
• 최 교사 : 근접성의 원리(Principle of Proximity)에 해당한다. 형태주의 심리학에서는 인간이 정보를 의미있는 형태로 조직화하여 지각한다고 설명한다. 형태주의 심리학에서는 지각의 원리로, 완전성, 근접성, 유사성, 연속성의 원리 등을 제시한다. 근접성의 원리는 화면에서 관련된 정보는 서로 가까이 배치해야 학습자가 더 쉽게 관련성을 이해하고 정보를 처리할 수 있다는 뜻이다.
• 박 교사 : 인지적 과부하(Cognitive Overload) 이론과 관련이 있다. 인지적 과부하는 학습자가 한꺼번에 너무 많은 양의 정보를 한 번에 처리하려고 할 때, 작업기억에 부담이 생겨 학습 효과가 떨어질 수 있다는 개념이다.

◇ 오답 체크
• 병렬분산처리는 인간의 정보처리 과정이 순차적으로 일어나는 것이 아니라, 복잡한 신경망 속에서 분산된 방식으로 동시다발적으로 일어난다고 보는 개념이다.
• 유사성의 원리는 유사한 요소들을 통합하여 하나의 형태로 지각한다는 원리로, 시각적 요소들이 서로 유사할 때 더 쉽게 연결된다는 데 적용될 수 있다.
• 정보처리 역행간섭은 새롭게 입력된 정보들로 인하여 기존의 정보를 회상하는 데 어려움을 겪거나 인출에 실패하는 현상을 의미한다. 역행간섭은 정보간의 유사성이 높을수록 잘 나타나는 경향이 있다.

---

**774.** 멀티미디어 활용 수업에서 나타나는 다음과 같은 학습자의 경험을 가장 잘 설명해 주는 것은? 2008년 유초등

○ 한 화면에 여러 가지 학습내용들이 동시에 제시되었을 경우 내용에 대한 이해도가 떨어졌다.
○ 단순화시킨 그림 자료보다 실제 모습을 담은 사진 자료를 제시했을 경우 개념 이해도가 떨어졌다.

① 인지적 부조화
② 인지적 과부하
③ 선수지식의 비활성화
④ 지식의 탈맥락화

■ 정답 및 해설

② 멀티미디어의 한 화면에 여러 가지 학습내용이 동시에 제시되는 경우, 제공되는 정보의 양이 작업기억에서 처리할 수 있는 정보의 양을 초과하므로 인지적 과부하가 발생하므로 이해도가 떨어진다. 실제 모습을 담은 사진 자료의 경우에 개념 이해도가 떨어지는 이유도 사진 자료에 포함된 정보의 양이 정보처리 능력에 비해 과도하여 이해가 낮아지는 인지적 과부하 현상으로 설명할 수 있다.

774 ②

◇ 오답 체크
① 인지적 부조화 이론에서는 개인이 가진 신념, 태도, 행동 사이의 부조화가 발생하면, 이로 인한 심리적 불편함을 해소하기 위해 자신의 신념이나 태도를 변화시킨다고 본다. 이솝우화의 '여우와 신포도' 이야기에서 여우가 포도를 따 먹을 수 없자 포도의 맛이 시기 때문에 먹기 싫다고 생각하는 현상이 대표적 사례이다.
③ 인지주의 학습이론에서는 선수지식이 새로운 경험을 이해할 수 있게 하는 도식의 역할을 한다고 본다. 장기기억 내에 어떤 대상에 대한 선수지식이 존재하더라도 활성화되지 못하면 외부 경험을 이해하기 어려울 수 있다.
④ 상황학습이론에서는 지식이 사용되거나 창출되는 맥락 속에서 학습하였을 때 그에 대한 이해도가 높아진다고 본다. 지식을 사용되는 맥락에서 분리시켜 일반화하여 제시할 때 지식의 탈맥락화 현상이 발생하여 이해도가 떨어질 수 있다.

## 775. 코스웨어를 개발할 때 컴퓨터 화면설계의 원리로 옳은 것은?

2004년 중등

① 한 화면에 되도록 많은 텍스트를 사용한다.
② 텍스트는 학습자의 특성에 따라 다르게 제시한다.
③ 기본 화면은 사실성, 대비성, 복잡성이 있어야 한다.
④ 그림과 관련된 텍스트는 그림과 별도로 제시하는 것이 좋다.

■ 정답 및 해설
② 텍스트는 학습자 특성에 따라 다르게 제시한다. 예를 들면, 어린 나이의 학습자일수록 텍스트의 크기를 크게 하며 친근한 서체를 사용한다.

◇ 오답 체크
① 한 화면에 너무 많은 텍스트를 사용하지 말고, 중요한 정보만 선별해서 간결하게 제시하도록 한다. 선별된 내용만을 제시할 경우 중요한 내용에 보다 많은 주의를 기울일 수 있어 효율적인 정보처리에 도움이 된다.
③ 기본 화면은 단순성, 일관성, 상징성, 공간성이 있어야 한다. 즉, 하나의 화면에는 하나의 주제만을 담고, 동일한 정보(기능)은 일관되게 표시하고, 나타내고자 하는 내용은 상징적으로 표현하며, 화면 상의 요소들은 각각의 기능에 맞게 적절하게 배치되어야 한다.
④ 그림과 관련된 텍스트는 그림과 함께 제시하여야 자료에 대한 이해를 높일 수 있다. 형태주의 심리학의 원리에 따라 인간은 정보를 의미있는 형태로 조직화하여 지각하며, 가까이 있는 정보를 하나로 묶어서 지각하는 경향이 있기 때문이다.

암기 POINT
• 컴퓨터 화면설계의 원리

| 원리 | 화면설계 |
|---|---|
| 단순성 | 중요한 내용에 집중하도록 단순하게 제시 |
| 일관성 | 동일 정보(메뉴 등)는 동일한 위치에 표시 |
| 상징성 | 제시 내용을 요약하여 상징적으로 표현 |
| 공간성 | 학습내용이나 지시사항 사이에 여백 확보 |

775 ②

## 출포 243. 코스웨어 개발의 절차

🌀 기본서 349~350쪽

**776.** 다음은 멀티미디어를 활용한 코스웨어의 일반적인 제작 과정이다. (가)~(라)의 단계에 대한 설명으로 가장 적합한 것은?  2011년 중등

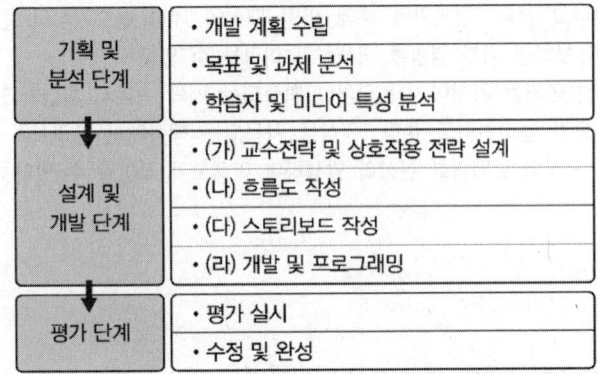

① (가) 단계에서는 요소자료를 수집한 후 저작도구를 사용하여 자료를 통합한다.
② (나) 단계에서는 제작할 내용을 분석·선정한다.
③ (다) 단계에서는 단위 화면의 내용, 그림, 메뉴 기능 등을 상세하게 작성한다.
④ (라) 단계에서는 항해전략(navigation)과 인터페이스를 결정한다.
⑤ (나) 단계보다 (다) 단계를 먼저 수행하는 경우가 많다.

### ■ 정답 및 해설
③ 스토리보드는 '컴퓨터 화면에 제시될 내용, 그래픽, 버튼의 기능 등을 상세하게 구성한 것'을 말한다. 스토리보드에는 화면에 나타날 내용, 그래픽, 오디오, 화면의 특징, 메뉴의 기능, 학습자의 반응에 대한 피드백 등을 상세하게 기술하고, 소프트웨어를 개발할 때 제작자가 유의할 사항을 포함하여야 한다.

### ◇ 오답 체크
① 소프트웨어 저작도구를 사용하여 자료를 통합하여 프로그래밍하는 단계이므로 (라) 단계에 해당한다.
② 코스웨어로 제작할 내용을 분석·선정하는 것은 교수전략과 관련되므로 (가) 단계에 해당한다.
④ 상호작용 전략 설계에 관한 설명이므로 (가) 단계에 해당한다.
⑤ 스토리보드는 하나의 화면에 제시되는 내용을 설계한 것이므로, 코스웨어의 전체적인 흐름을 설계한 다음에 작성하는 것이 바람직하다.

---

**기출플러스**

- 코스웨어의 개발 절차
  (2007년 중등)
  가. 시범 적용
  나. 프로그래밍
  다. 스토리보드 작성
  라. 목표 및 내용 분석
  마. 교수 방법 및 전략 설계
  바. 요구 분석 및 주제 선정
  (바→라→마→다→나→가)

776 ③

## 04. 이러닝 활용 수업

### 출포 244. Big 6 Skills 모형

> 기본서 351쪽

**777.** 자원기반학습 중 하나인 Big 6 Skills 모형에 근거하여 조선시대의 문학을 주제로 수업을 하려고 한다. 다음 (가) 단계에서의 활동으로 가장 적합한 것은?  2011년 중등

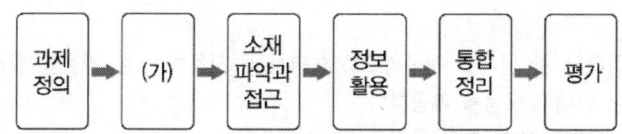

① 조선시대의 문학에 대한 정보를 읽고 적합한 정보를 가려낸다.
② 조선시대의 문학과 관련하여 중요한 주제가 무엇인지 파악한다.
③ 선택한 정보들을 체계적으로 정리하여 최종 결과물을 만든다.
④ 조선시대의 문학과 관련된 도서와 웹사이트에서 정보를 찾는다.
⑤ 사용 가능한 정보원의 형태와 종류를 파악하고 최적의 정보원을 선택한다.

### ■ 정답 및 해설

⑤ 자원기반학습은 학습자가 다양한 학습자원을 선택하여 학습활동을 전개하는 데 중점을 두는 학습 형태를 말한다. Big 6 Skills 모형은 정보문해력 학습의 표준으로서, '과제 정의 → 정보탐색 전략 확인 → 소재 파악과 접근 → 정보 활용 → 통합 정리 → 평가' 순으로 학습을 전개한다. (가)에 해당하는 '정보탐색 전략 확인' 단계에서는 과제해결을 위해 사용 가능한 정보원의 형태와 종류를 파악하고 최적의 정보원을 선택하는 활동을 전개한다.

### ◇ 오답 체크

① 정보 활용 단계, ② 과제 정의 단계, ③ 통합 정리 단계, ④ 소재 파악과 접근 단계에 해당한다.

---

**암기 POINT**

- Big 6 Skills 모형의 절차

| 단계 | 주요 활동 |
|---|---|
| 과제 정의 | 해결할 과제와 주제 파악하기 |
| 정보탐색 전략 확인 | 정보원 파악, 최적의 정보원 선택 |
| 소재 파악·접근 | 선택된 정보원에서 정보 검색하기 |
| 정보 활용 | 찾아낸 정보 검토, 적합한 정보 선별 |
| 통합정리 | 정보의 체계적 정리, 결과물 작성 |
| 평가 | 학습결과 및 학습과정 평가하기 |

777 ⑤

## 출포 245. 웹퀘스트 수업 모형

> 기본서 352쪽

**778.** 웹퀘스트 수업(Web-Quest instruction)에서 빈칸 (가)에 적합한 활동은?

2014년 지방직 9급

소개 → 과제 → (가) → 평가 → 결론

① 학생이 해야 할 것과 학생이 수행해야 할 것 또는 활동의 최종 산출물을 기술한다.
② 학생을 참여시키기 위해 활동을 소개하고 무대를 설정하고 기본적인 배경 정보를 제공한다.
③ 학생이 따라야 할 단계를 개략적으로 설명하고, 사용해야 할 자원을 알려주며, 학생을 위한 안내나 도움을 제공한다.
④ 활동에 적용되는 과제 측정 준거를 기술한다.

### ■ 정답 및 해설

③ 웹퀘스트 수업은 닷지(Dodge) 등에 의해 제안된 인터넷 정보를 활용한 과제해결 활동으로, 웹퀘스트라는 프로그램을 활용하여 온라인 프로젝트 활동을 전개하는 수업 모형이다. 웹퀘스트 수업의 절차는 '학습활동 소개(소개) → 활동과제 제시(과제) → 활동과정 안내 및 학습자원 제공(과정) → 평가기준 제시(평가) → 결론' 순으로 진행된다.
(가)는 활동과정 안내 및 학습자원 제공('과정')의 단계로, 교사는 학생들이 따라야 할 단계를 개략적으로 설명하며, 사용해야 할 인터넷 자원을 알려주며, 학생이 적절하게 탐구활동을 전개할 수 있도록 안내나 도움을 제공하도록 한다. 학생들에게 제공하는 자원은 신뢰할 수 있는 정보 출처나 관련 웹사이트 등의 링크 또는 인쇄된 텍스트 자료일 수 있으며, 학생들이 효율적으로 탐구 활동을 할 수 있도록 교사가 사전 검토한 자료들로 구성한다.
마지막 단계인 결론 단계에서는 학습 활동을 정리하고, 과제를 통해 배운 내용을 종합적으로 반성한다. 학습자가 얻은 지식과 경험을 바탕으로 더 깊이 있는 학습으로 이어지게 하며, 추가적인 학습 방향을 제시하기도 한다.

### ◇ 오답 체크
① 활동과제 제시('과제')의 단계로, 학습자가 수행해야 할 최종 목표나 산출물을 정의하는 단계이다.
② 학습활동 소개('소개')의 단계로, 학습자들이 과제에 흥미를 느끼도록 과제와 관련된 배경 정보와 맥락을 제공하는 단계이다. 학생들이 해결해야 할 문제나 과제를 개략적으로 설명하는 단계이기도 하다.
④ 평가기준 제시('평가')의 단계로, 학습자가 수행한 과제를 평가할 때 사용하는 기준을 명시하고, 그에 따라 학습자가 수행한 결과를 평가받는 단계이다.

778 ③

---

### 암기 POINT
- 웹 퀘스트 모형의 절차

| 단계 | 주요 활동 |
|---|---|
| 소개 | 과제 활동 소개, 맥락 정보 제공, 흥미 유발 |
| 과제 | 학습자가 수행해야 할 목표나 활동 구체화 |
| 과정 (자원) | 따라야 할 단계 설명, 참고할만한 정보 제공 |
| 평가 | 평가의 기준 제시, 수행 결과에 대한 평가 |
| 결론 | 학습활동 정리, 학습 과정 및 결과 성찰 |

**779.** 다음 내용을 공통적으로 포함하는 인터넷 활용 수업 모형은? 2010년 유초등

> ○ 닷지(B. Dodge)에 의해 제안된 인터넷 정보를 활용한 과제해결 활동이다.
> ○ 학생의 탐구활동은 소개(introduction) - 과제(task) - 과정(process) - 자원(resource) - 평가(evaluation) - 결론(conclusion)의 단계로 구성된다.
> ○ 교사는 학생들이 적합한 자료를 탐색할 수 있도록 과제와 관련된 인터넷 자료나 인쇄자료에의 접근방법을 제공한다.

① 혼합 학습(blended learning)
② 온라인 개인교수(online tutorial)
③ 웹퀘스트 수업(Web-Quest instruction)
④ 온라인 시뮬레이션(online simulation)
⑤ 온라인 인지적 도제학습(online cognitive apprenticeship)

■ 정답 및 해설
③ 닷지에 의해 제안된 인터넷 정보 활용 수업 모형으로 학생들이 온-오프라인의 자료를 활용하여 과제해결 활동을 수행하는 수업 모형은 웹퀘스트 수업이다.

◇ 오답 체크
① 혼합 학습(블렌디드 러닝)은 온라인 학습과 교실 현장 수업을 결합하는 수업 모형을 총칭하는 개념이다.
② 온라인 개인교수는 정보제시 → 질문과 응답 → 피드백과 교정 순으로 학습이 진행되는 학습 모형으로, 학습자의 학습능력에 따라 속도를 달리할 수 있다. 새로운 정보를 가르치고, 확인하고, 강화해주는 데 적합하다.
④ 온라인 시뮬레이션은 실제와 유사한 상황을 구현하여 모의경험할 수 있도록 하는 온라인 학습이다. 실제 학습과제 수행이 위험하거나 비용 소요가 클 때, 현실 감각을 부여할 필요가 있을 때, 다양한 상황에 대한 시뮬레이션이 필요할 때 유용하다.
⑤ 온라인 인지적 도제학습은 온라인 환경에서 인지적 도제학습을 전개하는 모형이다. 인지적 도제학습은 전문가와 초보자가 실제적 과제를 해결해 나가는 과정을 통하여 새로운 지식을 구성하고 개념을 발전시켜 나가는 과정에 중점을 두는 학습 모형이다. 학습 과정에서 전문가는 모델링, 스캐폴딩, 코칭의 과정을 통해, 초보자는 명료화, 성찰, 탐색의 과정을 통해 학습해 나아가도록 한다.

## 출포 246. 목표기반 시나리오

기본서 352~353쪽

**780.** 섕크(R. Schank)의 '목표기반 시나리오(Goal-Based Scenarios)'에 따라 멀티미디어 수업 프로그램을 설계하였다. 이 프로그램의 학습목표와 학습자의 임무(mission)는 다음과 같다. '표지 이야기(coverstory)'에 해당하는 내용으로 가장 적절한 것은?　　2013년 중등

> ○ 학습목표 : 조선시대 말기 운양호 사건을 둘러싸고 이루어진 정치적 의사결정 과정에 가상적으로 참여하는 경험을 통해 비판적·합리적 사고능력을 기른다.
> ○ 학습자의 임무 : 운양호 사건 당시에 고종의 조정 대신으로 중요한 직책을 맡아 조선의 운명을 긍정적으로 변화시킨다.

① 운양호 사건 발생 당시의 국내외 정치 상황과 주요 인물들을 소개하고, 조정 대신들이 그 사건에 대해 의논하는 장면을 제시한다.
② 학습자가 정책 제안을 할 때마다 고종과 대신들의 반응, 그리고 그로 인한 국내외 정세의 변화를 제시한다.
③ 학습자가 자신에게 부여된 직책을 수행할 때 참고할 수 있는 각종 정보와 문서를 제공한다.
④ 학습자의 정책 제안이 조선의 운명을 긍정적으로 이끄는 데 도움이 되고 있는지에 대한 피드백을 수시로 제공한다.
⑤ 프로그램 종료 시 학습내용과 학습과정에 대해서 성찰할 수 있는 기회를 학습자에게 제공한다.

### ■ 정답 및 해설

① 섕크의 '목표기반 시나리오(GBS)'는 컴퓨터 기반 학습 환경에서의 학습을 지원하기 위한 모형으로서, 학습자가 실제적 과제를 수행하는 과정에서 사전에 설정된 학습목표를 달성해나가는 시뮬레이션 형식의 학습 유형에 해당한다. 목표기반 시나리오의 설계 절차는 시나리오의 핵심 요소를 중심으로 한다. 즉, 학습목표 설정, 학습자의 임무 설정, 표지이야기 개발, 학습자의 역할 설정, 시나리오 운영 설계, 학습자원 개발, 피드백 제공 순으로 설계해 나간다.
이 중 표지 이야기는 학습자가 수행할 임무를 둘러싼 각종 배경에 대한 정보와 주요 등장인물 및 그들의 관계에 관한 정보를 제공하며, 학습자의 흥미와 몰입감을 높이는 역할을 한다. 학습자가 수행할 임무의 맥락과 의미를 보여줄 수 있는 결정적인 장면을 제시하는 형식으로 개발한다.

◇ 오답 체크
②, ④, ⑤ 피드백 제공, ③ 학습자원 제공에 대한 설명이다.

---

**암기 POINT**
• 목표기반 시나리오의 설계요소

| 요소 | 주요 내용 |
|---|---|
| 학습목표 | 학습 후 획득해야 할 핵심기술 설정 |
| 학습자 임무 | 학습자가 수행해야 할 구체적 과제 |
| 표지 이야기 | 임무의 상황과 맥락을 보여주기 |
| 학습자 역할 | 학습자가 맡게 되는 캐릭터 |
| 시나리오 운영 | 학습자가 수행하는 활동 설계 |
| 학습자원 | 학습자가 이용할 수 있는 정보들 |
| 피드백 | 과제 수행에 대한 피드백, 학습 성찰 |

780 ①

## 출포 247. 블렌디드 러닝과 플립 러닝

📖 기본서 354~355쪽

**781.** 다음 설명에 해당하는 학습법은?   **2022년 지방직 9급**

> ○ 면대면 수업이 갖는 시간적·공간적 제한점을 온라인학습의 장점을 통해 극복한다.
> ○ 인간접촉의 부재, 홀로 학습하는 것에 대한 두려움, 동기 저하 등의 문제를 면대면 교육으로 보완한다.

① 상황학습(situated learning)
② 블렌디드 러닝(blended learning)
③ 모바일 러닝(mobile learning)
④ 팀기반학습(team-based learning)

### ■ 정답 및 해설
② 면대면 수업의 장점과 온라인학습의 장점을 상호보완적으로 결합하는 학습 형태를 블렌디드 러닝(혼합학습)이라고 한다.

### ◇ 오답 체크
① 상황학습은 레이브와 웽거의 상황학습이론에서 강조하는 개념으로, 지식이 실제로 사용되는 맥락과 유사한 상황에서의 해당 지식을 학습하는 형태를 말한다.
③ 모바일 러닝은 무선 인터넷 환경에서 PDA와 같은 이동성이 높은 무선장치를 이용한 학습의 형태를 말한다.
④ 팀기반학습은 개별학습과 팀학습을 결합한 학습 형태로, 학습자들이 수업에 들어가기 전에 개별학습을 통해 사전학습을 하고, 수업시간에는 팀원들과 함께 비구조화된 문제를 해결하는 활동을 전개하는 학습방법이다. 수업 이후에는 문제해결 과정과 결과에 대한 평가를 통해 팀활동의 가치를 인식하고, 팀원으로서의 책무성을 갖도록 한다. 미래 사회의 인재가 갖추어야 할 핵심역량을 강화하기 위한 학습방법으로 최근 주목을 받고 있다.

**암기 POINT**
• 블렌디드러닝과 플립러닝

| 블렌디드 러닝 (혼합학습) | 교실수업과 온라인수업을 상호보완적으로 결합 |
|---|---|
| 플립 러닝 (거꾸로 학습) | 온라인 수업을 통해 학습한 후, 교실수업에서 학생 참여형 활동 전개 |

**782.** 학생이 사전에 온라인 등으로 학습내용을 공부해 오게 한 후 학교 수업에서는 문제해결이나 토론 등의 상호작용에 중점을 두는 수업 형태는?

**2019년 국가직 9급**

① 플립러닝(flipped learning)
② 탐구수업
③ 토론수업
④ 문제기반학습(problem-based learning)

### ■ 정답 및 해설
① 온라인 학습을 통해 사전 학습을 실시한 후 학교 수업에서는 학생 주도적이며 상호작용적인 활동을 실시함으로써 온라인 수업과 면대면 수업의 장점을 결합하는 수업방법은 플립 러닝이다.

781 ②   782 ①

**783.** 다음 내용에 가장 부합하는 교수·학습 방법은?　2017년 지방직 9급

> ○ 거꾸로 학습이나 거꾸로 교실로 알려져 있다.
> ○ 학습할 내용을 수업 이전에 온라인으로 미리 공부한다.
> ○ 일종의 블렌디드 러닝(blended learning)으로서 학습의 효과를 높이기 위한 전략이다.
> ○ 학교 수업에서 학습자는 질문, 토론, 모둠활동과 같은 형태로 수업에 적극적으로 참여한다.

① 플립드 러닝(flipped learning)
② 문제중심학습(problem-based learning)
③ 자원기반학습(resource-based learning)
④ 교사주도학습(teacher-directed learning)

■ 정답 및 해설
① 일종의 블렌디드 러닝으로서 학습할 내용을 수업 이전에 온라인으로 사전 학습을 한 후, 면대면 수업에서는 학습자의 질문과 토론 등의 적극적인 학습 활동을 전개하는 수업방법은 플립드 러닝(거꾸로 수업)이다.
◇ 오답 체크
② 문제중심학습은 배로우즈 등이 제안한 것으로, 현실의 비구조화된 문제 상황에서 추론 및 문제해결 능력을 기르는 데 초점을 두는 학습방법이다.
③ 자원기반학습은 학습자가 인터넷을 통해 풍부한 정보환경 내에서 다양한 학습자원을 선택하여 학습활동을 전개하는 학습 형태를 말한다. 학습자가 다양한 학습 자원들과 직접적인 상호작용을 하는 것에 초점을 둔다.
④ 교사주도학습은 교사가 체계화된 교과내용을 명료하게 전달하며 학생들의 활동을 교사가 직접적으로 지시·관리하는 수업방법을 통칭하는 개념이다.

**784.** 다음과 같은 방식으로 진행한 학습체제로 가장 적절한 것은?　2007년 중등

> 학생들은 학급 홈페이지에 교사가 게시한 학습내용을 수업시간 전에 스스로 학습하였다. 교실 수업시간에는 교사의 안내에 따라 그 학습내용을 토대로 토론을 진행하였다. 수업이 끝난 후에는 교사가 제시한 토의 주제에 대하여 홈페이지 게시판에 의견을 제시하였다.

① 블렌디드 학습(blended learning)
② 온라인 프로젝트 학습(online-project learning)
③ 비디오 회의 활용 학습(video conference learning)
④ 온라인 시뮬레이션 학습(online-simulated learning)

783 ①　784 ①

■ 정답 및 해설
① 온라인 홈페이지를 통해 수업시간 전에 학습내용을 스스로 학습한 뒤, 교실 수업 시간에는 학습내용을 토대로 토론을 진행하는 수업방법은 플립러닝이다. 기존의 온라인 학습에서는 교실 수업에서 교사가 학습내용을 가르친 후, 온라인 학습을 통해 적용 및 연습을 위한 학습을 진행했던 것과는 반대로 온-오프라인 수업이 연계된다는 점에서 플립러닝(거꾸로 수업)이라고 한다.

## 출포 248. 교사의 수업 전문성

기본서 355~356쪽

**785.** 다음 설명에 해당하는 것은? 　　2024년 국가직 9급

> ○ 슐만(Shulman)의 교수내용지식에 테크놀로지 지식을 추가한 개념이다.
> ○ 교수지식, 내용지식, 테크놀로지 지식 간의 상호작용을 이해하고 이를 바탕으로 수업환경에 적합한 테크놀로지를 통합하는 지식을 의미한다.

① ASSURE　② STAD　③ TPACK　④ WHERETO

■ 정답 및 해설
③ 슐만(Shulman, 1986)은 교사가 갖추어야 할 지식에 대해 연구한 학자로서 '교수내용지식(PCK: Pedagogical Content Knowledge)' 모형을 발표하였다. 최근 정보통신매체를 활용한 수업이 강조되면서, 미쓰라와 쾰러(Mishra & Koehler, 2006)가 슐만의 PCK 모형에 테크놀로지 지식(technology knowledge)을 추가해 TPACK(Technological pedagogical content knowledge) 프레임워크를 제시하였다. TPACK 프레임워크는 교수지식(pedagogical knowledge), 내용지식(content knowledge), 테크놀로지 지식(technological knowledge)을 구성요소로 한다. 교수지식은 학생들에게 효과적인 방법으로 교육을 제공하는 능력(수업 계획, 평가, 자료 개발 등)을 말한다. 내용지식은 교사가 가르치는 주제에 대한 지식과 전문성(학문적인 지식과 실제 수업 경험)을 의미한다. 테크놀로지 지식은 교육에 사용할 수 있는 다양한 기술 도구 및 애플리케이션을 이해하고 활용하는 능력(컴퓨터, 인터넷, 소프트웨어 등과 같은 기술에 대한 이해 등)을 말한다. 종합하면, TPACK은 이들 세 구성요소 간의 상호작용에 대한 이해를 바탕으로 수업환경에 적합한 방식으로 테크놀로지 기반의 수업을 운영할 수 있는 지식을 말한다.

◇ 오답 체크
① ASSURE 모형은 하인니히 등이 개발한 교수설계 모형으로서, 교수매체의 선정 및 활용에 초점을 두고 있는 교수설계 모형이다.
② STAD 모형은 슬래빈이 제안한 협동학습 모형으로서, 무임승차 문제를 해결하기 위한 방법으로서 보상의 상호의존성을 높게 설계한 협동학습 모형이다.
④ WHERETO 모형은 수업활동을 계획하는 절차에 관한 원리를 제시하는 모형으로서, 위긴스와 맥타이가 제시한 역행 설계 모형의 마지막 단계에 적용된다.

### 암기 POINT
• TPACK 프레임워크

| 개념 | 교과내용, 학습자, 수업환경에 적합한 방식으로 테크놀로지 기반 수업을 운영할 수 있는 교사의 전문적 지식 |
|---|---|
| 구성 요소 | 슐만의 교수내용지식(PCK)에 테크놀로지 지식(TK)를 추가<br>교수지식+내용지식+테크놀로지 지식 |

CHAPTER

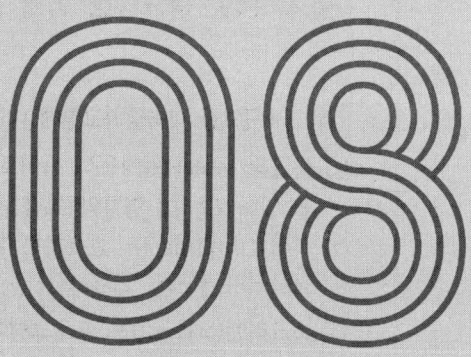

# 교육평가와 교육연구

1. 교육평가의 이해
2. 교육평가의 유형
3. 평가도구의 양호도
4. 문항제작과 문항분석
5. 평가결과의 통계분석
6. 교육연구

# 1. 교육평가의 이해

## 01. 교육평가의 모형

### 출포 249. 목표중심 평가 모형

🌐 기본서 362~365쪽

**786.** 다음 중 교육평가모형에 대한 설명으로 옳지 않은 것은?  2010년 국가직 9급

① 타일러(Tyler)는 행동적 용어로 진술된 목표와 학생의 성취도와의 일치 정도를 알아보는 데 평가의 초점을 맞추고 있다.
② 아이즈너(Eisner)는 교육평가가 예술작품을 비평하는 것과 같은 방식으로 이루어져야 한다고 주장하였다.
③ 스크리븐(Scriven)은 프로그램이 의도했던 효과만을 평가하고 부수적인 효과는 배제하였다.
④ 스터플빔(Stufflebeam)은 의사결정에 유용한 정보를 획득·기술·제공하는 과정으로 평가를 정의하였다.

■ 정답 및 해설
③ 스크리븐의 평가 모형은 평가를 평가자의 주관적 전문성을 활용하여 평가대상의 특성과 가치를 총체적으로 판단하는 활동으로 보는 판단 중심 모형에 해당한다. 평가의 과정에서 미리 설정된 목표를 수동적으로 받아들이기보다는 목표 자체의 가치를 판단할 필요가 있다는 점을 강조한다. 이에 따라 프로그램이 의도했던 효과를 평가하는 목표중심 평가 뿐만 아니라, 의도하지는 않았으나 교육적으로 가치 있는 부수적인 효과를 평가하는 탈목표 평가도 포함하여야 한다고 보았다.


**787.** 다음에서 목표중심평가의 장점을 골라 바르게 묶은 것은?  2005년 중등

ㄱ. 교육목표를 행동적 용어로 진술하여 명확한 평가기준을 제시한다.
ㄴ. 교육목표, 교육내용, 교육평가 간의 논리적 일관성을 유지해 준다.
ㄷ. 교육평가에서 평가자와 의사결정자의 역할이 명확하게 구분된다.
ㄹ. 교육목표로 설정되지 않은 부수적 교육활동에 대한 평가가 용이하다.

① ㄱ, ㄴ    ② ㄱ, ㄹ    ③ ㄴ, ㄷ    ④ ㄷ, ㄹ

■ 정답 및 해설
① 타일러가 제시한 목표중심 평가 모형에서는 교육평가를 사전에 수립한 교육목표를 준거로 삼아 그 목표가 얼마나 성취되었는지를 판단하는 활동이라고 본다. 목표중심 평가에서는 교육목표를 행동적 용어로 진술하여 명확한 평가기준을 제시하고

(ㄱ), 평가대상이 되는 교육현상을 객관적 검사도구를 활용하여 수량화하는 데 중점을 둔다. 이러한 평가 관점은 교육목표, 교육내용, 교육평가 간의 논리적 일관성을 유지해 준다는 점에서 장점이 있다(ㄴ).

◇ **오답 체크**

ㄷ. 의사결정 중심 평가 모형에 대한 설명이다. 의사결정 중심의 평가 모형에서는 교육평가를 교육 프로그램의 개선을 위해 프로그램에 관련된 의사결정자에게 유용한 정보를 제공하는 활동으로 정의한다. 즉 평가자와 의사결정자의 역할을 명확하게 구분하는 관점을 취한다.

ㄹ. 탈목표 평가 모형에 대한 설명이다. 목표중심 평가에서는 사전에 의도된 목표의 성취만을 평가하는 반면, 탈목표 평가에서는 사전에 의도하지 않았던 부수적인 효과를 평가 항목에 포함하여 평가를 실시한다.

## 출포 250. 가치판단 평가 모형

> 기본서 363~364쪽

**788.** 방과 후 학교 프로그램을 평가하는 데 참여한 각각의 교사들이 선호하는 교육평가 모형을 가장 적절하게 짝지은 것은?  **2011년 유초등**

> 김 교사 : 목표 달성 여부를 확인하기 위해 프로그램에 참여한 학생들의 학업성취도를 평가하는 것이 좋겠습니다.
> 이 교사 : 제 생각에는 평가의 주된 목적은 프로그램 개선을 위한 의사결정을 돕는 데 있다고 봅니다. 이를 위해서는 상황, 투입, 과정, 산출의 네 가지 측면에서 프로그램을 평가하는 것이 좋다고 생각합니다.
> 박 교사 : 저는 프로그램의 부수적인 효과까지 평가 항목에 포함해 분석하는 것이 더 좋다고 생각합니다. 목표달성에는 실패했지만 부수적인 효과가 큰 경우 그 프로그램을 계속 채택할 수 있기 때문입니다.

|   | 김 교사 | 이 교사 | 박 교사 |
|---|---|---|---|
| ① | 타일러 모형 | 스테이크 모형 | 스터플빔 모형 |
| ② | 타일러 모형 | 스터플빔 모형 | 스크리븐 모형 |
| ③ | 타일러 모형 | 스크리븐 모형 | 스테이크 모형 |
| ④ | 스테이크 모형 | 스크리븐 모형 | 타일러 모형 |
| ⑤ | 스테이크 모형 | 타일러 모형 | 스크리븐 모형 |

■ **정답 및 해설**

② • 김 교사 : 목표 달성 여부를 확인하기 위한 활동을 평가로 보고, 학생들의 최종적인 학업성취도 평가를 중점에 두는 평가 모형은 타일러 모형이다.
• 이 교사 : 평가의 주된 목적을 프로그램 개선을 위한 의사결정을 돕는 데 있다고 보고, 상황-투입-과정-산출(CIPP)의 네 가지 측면에서 평가할 것을 제안하는 평가 모형은 스터플빔 모형이다.

• 박 교사 : 프로그램의 부수적인 효과까지 평가한다는 것은 당초 목표로 설정하지 않았던 효과들도 평가에 포함한다는 것을 의미한다. 탈목표 평가를 강조한 스크리븐 모형에 해당한다.

**789.** 김 교사는 스크리븐(M. Scriven)의 판단모형을 활용하여 학교의 '특기적성교육' 프로그램을 평가하고자 한다. 이 때 활용할 수 있는 평가 방안으로 적절하지 않은 것은?   2007년 중등

① 비교 평가와 비(非)비교 평가
② 경험과학적 평가와 예술비평적 평가
③ 목표중심 평가와 탈목표(goal-free) 평가
④ 내재적 준거에 의한 평가와 외재적 준거에 의한 평가

### 암기 POINT

• 스크리븐의 판단 모형
 – 평가의 방법적 원리

| 목표중심 평가 | 탈목표 평가 |
| 내재적 준거에 의한 평가 | 외재적 준거에 의한 평가 |
| 비교 평가 | 비비교 평가 |
| 총괄평가 | 형성평가 |

### ■ 정답 및 해설

② 경험과학적 평가 관행을 비판하면서 예술비평적 평가를 도입할 것을 주장한 학자는 아이스너이다. 아이스너는 자료에 대한 통계적 분석을 지양하고 평가자의 전문성이나 경험에 입각한 질적 분석을 강조하였다.

◇ 오답 체크

①, ③, ④ 스크리븐의 판단 모형은 평가를 평가자의 전문성을 활용하여 평가대상의 특성과 가치를 총체적으로 판단하는 활동으로 정의한다. 스크리븐은 평가의 방법적 원리를 제시하면서 평가방법을 여러 가지 기준에 따라 구분하였다. 그 중에는 목표중심 평가와 탈목표 평가, 내재적 준거 참조 평가와 외재적 준거 참조 평가, 비교평가와 비비교 평가, 총괄평가와 형성평가가 포함된다.

## 출포 251. 의사결정 평가 모형

기본서 364~365쪽

**790.** 스터플빔(D. L. Stufflebeam)의 의사결정 평가 모형에 대한 설명으로 옳은 것만을 모두 고르면?   2023년 국가직 7급

ㄱ. 경영자의 결정에 판단적 정보를 제공한다는 점에서 경영자 위주의 접근이라고 불린다.
ㄴ. 상황(Context)평가, 투입(Input)평가, 과정(Process)평가, 산출(Product)평가로 구성된다.
ㄷ. 평가의 주된 목적은 목표 실현 정도를 파악하는 데 있다.
ㄹ. 예술작품을 비평하는 것과 같은 전문가의 감식안(connoisseurship)에 근거한 평가를 의사결정에 활용할 것을 제안하고 있다.

① ㄱ, ㄴ     ② ㄱ, ㄹ     ③ ㄴ, ㄷ     ④ ㄷ, ㄹ

789 ②  790 ①

■ 정답 및 해설
① ㄱ. 스터플빔의 평가 모형은 교육기관이나 교육프로그램을 운영하는 경영자의 결정에 판단적 정보를 제공한다는 점에서 경영자 위주의 접근이라고 불린다. 평가는 의사결정에 유용한 정보를 제공하여 의사결정을 지원하는 활동으로 규정된다.
ㄴ. 스터플빔의 평가 모형은 1960년대 체제이론을 평가에 적용한 것으로, 상황(Context)평가, 투입(Input)평가, 과정(Process)평가, 산출(Product)평가 네 측면로 구성된다.

◇ 오답 체크
ㄷ. 평가의 주된 목적을 목표 실현 정도를 파악하는 데 두는 평가 모형은 타일러의 목표중심 평가 모형이다.
ㄹ. 예술작품을 비평하는 것과 같은 전문가의 감식안에 근거한 평가를 의사결정에 활용할 것을 제안하는 평가 모형은 아이스너의 비평적 평가 모형으로, 전문가의 전문성에 기초한 판단을 중시하는 가치판단 중심 평가 모형에 해당한다.

**791.** 다음에서 스터플빔(D. L. Stufflebeam)의 CIPP모형에 해당하는 설명을 바르게 묶은 것은?   2008년 중등

ㄱ. 평가자의 주관적인 전문성을 가장 중요한 평가 전략으로 간주한다.
ㄴ. 평가구조의 차원을 수업, 기관, 행동으로 구성된 3차원으로 구분한다.
ㄷ. 평가자의 역할은 최종적인 가치판단이 아니라, 충분한 정보를 수집·제공하는 것이다.
ㄹ. 조직의 관리과정 및 의사결정을 중심으로 평가활동을 수행해야 한다는 점을 강조한다.

① ㄱ, ㄴ   ② ㄱ, ㄷ   ③ ㄴ, ㄹ   ④ ㄷ, ㄹ

■ 정답 및 해설
④ ㄷ. 스터플빔의 CIPP 모형은 의사결정 중심 평가 모형의 하나이다. 스터플빔은 평가자의 역할과 의사결정자의 역할을 구분하면서, 평가를 최종적인 가치판단 또는 의사결정에 충분한 정보를 수집·제공하는 과정으로 개념화하였다
ㄹ. 스터플빔은 조직의 관리 및 의사결정에 관한 체제이론을 평가에 적용하여, '상황(C) - 투입(I) - 과정(P) - 산출(P)'의 네 가지 측면에서 프로그램을 평가할 것을 주장하였다.

◇ 오답 체크
ㄱ. 전문가 중심 평가 모형에 대한 설명으로 스크리븐, 스테이크, 아이스너 등의 평가 모형에 해당한다. 가치판단 중심 평가모형이라고도 한다. 이들은 평가자의 주관적인 전문성, 즉 평가자의 가치관, 철학적 배경, 논리적 사고력과 판단력 등을 중요한 평가 전략으로 간주하였다.
ㄴ. 목표중심 평가 모형 중 하몬드의 3차원 평가 모형에 대한 설명이다. 하몬드는 평가는 교육목표의 달성 여부를 결정하는 것뿐만 아니라 교육활동의 성패에 영향을 주는 요소를 규명하는 과정이라고 보았다.

## 2. 교육평가의 유형

### 01. 평가기준에 따른 구분

**출포 252. 규준참조평가와 준거참조평가**

기본서 366~367쪽

**792.** 준거참조평가의 특징으로 옳은 것만을 모두 고르면? 〔2021년 지방직 9급〕

> ㄱ. 경쟁을 통한 학습자의 외적 동기 유발에 부족하다.
> ㄴ. 탐구정신 함양, 지적인 성취동기 자극 등을 장점으로 들 수 있다.
> ㄷ. 고등 정신능력의 함양보다는 암기 위주의 학습을 유도할 가능성이 있다.
> ㄹ. 일정 점수 이상을 획득한 대상에게 자격증을 부여할 때 주로 사용하는 평가이다.

① ㄴ, ㄷ
② ㄷ, ㄹ
③ ㄱ, ㄴ, ㄹ
④ ㄱ, ㄴ, ㄷ, ㄹ

■ **정답 및 해설**

③ 준거참조평가는 당초 교육과정에서 설정한 성취목표의 달성도를 확인하는 데 평가의 목적이 있다. 일정 점수 이상을 획득한 대상에게 자격증을 부여하거나 진급 여부를 결정할 때 주로 사용한다(ㄹ). 따라서 교육의 내적인 목적인 탐구정신 함양이나, 지적인 성취동기 자극 등에 효과적이다(ㄴ). 반면 학생들 간의 서열을 비교하는 데에는 중점을 두지 않기 때문에, 경쟁을 통한 학습자의 외적 동기 유발에는 부족한 면이 있다(ㄱ).

◇ **오답 체크**

ㄷ. 암기 위주의 학습을 유도하는 것은 상대적 서열 비교를 목적으로 하는 규준참조평가의 단점이다.

**793.** 규준참조(norm-referenced) 평가와 비교할 때, 준거참조(criterion-referenced) 평가의 특징으로 가장 옳은 것은? 〔2015년 지방직 9급〕
① 정규분포곡선과 표준점수를 기초로 한다.
② 선발적 교육관보다는 발달적 교육관에 근거한다.
③ 검사도구의 타당도보다는 신뢰도와 문항곤란도를 중시한다.
④ 학생들 사이의 개인차를 강조함으로써 경쟁심을 조장할 수 있다.

---

**암기 POINT**
• 준거참조평가의 특징

| 개념 정의 | 수업목표에 비추어 개인의 수행수준 해석 (절대평가) |
|---|---|
| 평가 관점 | 평가관(evaluation) (성취도 확인 → 교정, 개선 기회, 자격부여) |
| 교육 관점 | 발달적 교육관 (지능의 변화가능성) |
| 점수 기록 | 절대평가 평어 점수, 백분율 점수, 합격/불합격, 서술형 보고 |
| 점수 분포 | 부적 편포 기대 (완전학습 추구) |
| 평가 도구 | 타당도 중시 문항의 대표성 중시 |
| 장점 | 내적 동기 자극, 학습의 개선기회 제공 |
| 단점 | 개인차 변별 어려움 |

792 ③  793 ②

■ 정답 및 해설
② 준거참조평가는 교육을 통해 학습자의 능력이 성장할 수 있다고 전제하는 발달적 교육관에 근거한다. 반면, 규준참조평가는 학습자의 능력을 고정되어 있다고 보고 평가(교육)는 그들 사이에서 우수한 능력을 가진 학습자를 선발하는 데 중점을 두어야 한다고 보는 선발적 교육관에 기초해 있다.
◇ 오답 체크
①, ③, ④는 규준참조평가에 대한 설명이다.

**794.** 규준지향평가와 준거지향평가를 비교할 때 옳지 않은 것은?

2016년 국가직 7급

| 구분 | 규준지향평가 | 준거지향평가 |
|---|---|---|
| ① 목적 | 상대적 서열 평가 | 목표달성도 평가 |
| ② 검사문항 | 적절한 난이도와 변별도 강조 | 난이도와 변별도가 강조되지 않음 |
| ③ 득점분포 | 정규분포를 기대함 | 부적 편포를 기대함 |
| ④ 신뢰도 및 타당도 | 타당도 강조 | 신뢰도 강조 |

■ 정답 및 해설
④ 규준지향평가는 피험자 집단 내에서의 상대적 서열을 평가하는 평가방법이므로 검사도구가 안정되고 일관된 측정결과를 보여주는지를 나타내는 지표인 신뢰도가 중요하다. 반면, 준거지향평가는 교육목표의 달성도를 평가하는 평가방법이므로 검사도구가 측정하고자 하는 목표를 제대로 측정하는 도구인지를 나타내는 지표인 타당도가 강조된다.

**기출플러스**
• 준거지향평가의 특성 (97년 중등)
 • 개인차를 변별하는 데 목적을 둔다. (×)
 • 개인 간 점수의 분산이 클수록 우수한 검사이다. (×)
 • 일반적으로 50% 정도의 난이도를 유지한다. (×)
 • 학습자의 구체적인 성취행동에 초점을 맞춘다. (○)

**795.** 상대평가와 절대평가의 특성에 대한 설명으로 옳지 않은 것은?

2013년 국가직 9급

| 상대평가 | 절대평가 |
|---|---|
| ① 신뢰도 강조 | 타당도 강조 |
| ② 규준 지향 | 목표 지향 |
| ③ 편포 곡선 기대 | 정상분포 곡선 기대 |
| ④ 선발적 교육관 강조 | 발달적 교육관 강조 |

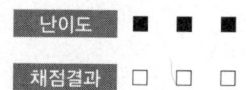

## 강서연 교육학

**암기 POINT**
- 규준참조평가의 특징

| 개념 정의 | 집단 내에서 개인의 상대적 위치에 따라 점수 부여(상대평가) |
|---|---|
| 평가 관점 | 측정관(개인차 변별 → 선별, 분류, 배치) |
| 교육 관점 | 선발적 교육관 (지능의 불변성 강조) |
| 점수 기록 | 상대평가 평어 점수, 백분위, 표준점수, 등수 |
| 점수 분포 | 정규분포 기대 (개인차 변별 추구) |
| 평가 도구 | 신뢰도 중시 난이도와 변별도 중시 |
| 장점 | 외재적 동기 유발, 개인차 변별, 행정적 기능의 평가에 적합 |
| 단점 | 학생 간 경쟁 유도 |

난이도
채점결과 ☐ ☐ ☐

난이도
채점결과 ☐ ☐ ☐

796 ② 797 ④

### ■ 정답 및 해설

③ 상대평가(규준참조평가)는 피험자 집단의 성적 분포가 평균을 중심으로 좌우 대칭을 이루는 정상분포 곡선을 보일 것이라 기대한다. 반면, 절대평가(준거참조평가)는 피험자 집단의 성적 분포가 대부분 성취기준을 상회하여 분포하는 부적 편포 곡선을 나타낼 것이라 기대한다.

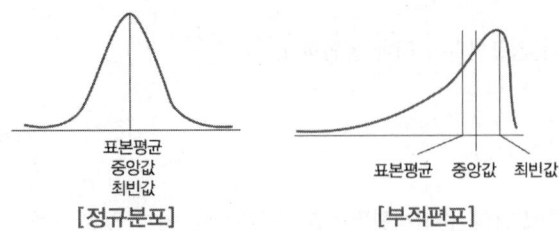

[정규분포]     [부적편포]

**796.** 준거지향평가(criterion-referenced evaluation)로 학생들의 성취도를 평가하고자 할 때 평가의 근거가 되는 것은?    2010년 국가직 9급
① 학습동기      ② 성취목표
③ 학생의 요구      ④ 전체 집단의 성적 분포

### ■ 정답 및 해설

② 준거지향평가는 학생들이 '성취목표'를 얼마나 달성하였는지를 확인하는 데 평가의 목적이 있다. 즉 준거지향평가는 학습자가 성취해야 할 과제나 목표에 비추어 평가하는 방법으로, 사전에 설정된 준거에 해당하는 교육목표, 수행기준, 성취기준 등 절대적 기준에 근거하여 학습자의 성취도를 평가한다.

**797.** 다음 중 규준참조평가(norm-referenced evaluation)와 준거참조평가(criterion-referenced evaluation)의 차이에 대한 올바른 진술로 짝지은 것은?    2007년 유초등

> 가. 규준참조평가는 발달적 교육관에 근거하지만, 준거참조평가는 선발적 교육관에 근거한다.
> 나. 규준참조평가에서는 변별도보다 타당도가 중시되지만, 준거참조평가에서는 타당도보다 변별도가 중시된다.
> 다. 규준참조평가에서는 다른 학생들보다 높은 점수를 얻기 위해 노력해야 하지만, 준거참조평가에서는 목표에 도달하고자 노력해야 한다.
> 라. 규준참조평가에서의 원점수는 규준에 따라 상대적으로 해석되지만, 준거참조평가에서의 원점수는 설정된 기준에 따라 일정한 의미를 지닌다.

① 가, 나     ② 가, 다     ③ 나, 다     ④ 다, 라

■ 정답 및 해설
④ 다. 규준참조평가는 상대적 서열이 중시되므로 다른 학생들보다 높은 점수를 얻기 위해 노력해야 하지만, 준거참조평가에서는 학습목표의 달성도에 따라 평가되므로 목표에 도달하고자 노력해야 한다.
　라. 규준참조평가에서의 원점수는 규준에 따라 그 의미가 달라진다. 즉 동일한 원점수라고 할지라도 피험자 집단의 평균점수와 표준편차에 따라 높은 점수가 될 수도 있고 낮은 점수가 될 수도 있다. 반면, 준거참조평가에서의 원점수는 설정된 기준에 따라 목표에 도달정도를 나타내므로 피험자 집단의 점수 분포와 상관없이 일정한 의미를 지닌다.

◇ 오답 체크
　가. 규준참조평가는 선발적 교육관에 근거하지만, 준거참조평가는 발달적 교육관에 근거한다.
　나. 규준참조평가에서는 타당도보다 변별도가 중시되지만, 준거참조평가에서는 변별도보다 타당도가 중시된다.

### 기출플러스
- 학부모가 원하는 정보를 제공하는 데 적합한 평가유형
  – 준거지향평가
  (2006년 유초등)

학부모 : 우리 주현이 수학 시험 성적은 어떤가요?
최교사 : 반에서 10등쯤 합니다.
학부모 : 그런가요? 그런데 저는 등수보다 우리 아이가 무엇을 할 줄 아는지를 더 알고 싶어요. 두 자리 수 뺄셈을 제대로 할 줄 아는지, 그런 것들을 좀 알고 싶어요.

798. 규준참조평가(norm-referenced evaluation)에 관한 진술로 가장 거리가 먼 것은?　　　　2006년 중등
① 규준이란 교과에서 설정한 학습목표이다.
② 학생 상호간의 점수 경쟁을 조장할 수 있다.
③ 개인의 집단 내 상대적 위치에 대한 정보 파악이 용이하다.
④ '수·우·미·양·가'의 평어를 부여할 때는 미리 정해놓은 각 등급의 배당비율을 따른다.

■ 정답 및 해설
① 규준참조평가에서 '규준'이란 피험자 집단의 전형적인 수행 수준을 의미하는 개념으로, 구체적으로는 동일한 시험을 치룬 학생들의 평균 점수가 규준이 된다.

799. A 학교에서는 수학과 학기말 고사를 실시하여 최저 성취수준에 미달되는 학생들을 대상으로 특별보충학습을 하려고 한다. 이러한 목적을 지닌 검사 도구를 제작할 때 유의해야 할 점이 아닌 것은?　　　2004년 유초등
① 검사문항의 대표성
② 교육목표의 재확인 및 상세화
③ 서열을 산출하기 위한 규준의 작성
④ 최저 성취수준을 판단하기 위한 준거의 설정

798 ①　799 ③

■ 정답 및 해설
③ 평가의 목적이 최저 성취수준에 미달되는 학생들을 선별하는 데 있으므로, 준거지향평가를 실시해야 한다. 서열을 산출하기 위한 규준을 작성하는 것은 규준지향평가에서 유의해야 할 점이다.

◇ 오답 체크
준거지향평가의 검사도구 제작을 위해서는 ② 교육목표를 재확인하고 상세화하는 과정을 통해서, ④ 최저 성취수준을 판단하기 위한 준거를 설정하여야 한다. ① 검사문항은 교육목표에의 성취 정도를 확인할 수 있는 대표성을 가진 문항이어야 한다.

## 출포 253. 성장참조평가와 능력참조평가

기본서 367~368쪽

**800.** 다음 설명에 해당하는 교육평가의 유형은?  2023년 지방직 9급

○ 평가의 교수적 기능을 중시한다.
○ 최종 성취수준에 대한 관심보다는 사전 능력 수준과 현재 능력 수준의 차이에 관심을 둔다.
○ 고부담시험보다는 영향력이 낮은 평가에서 사용하는 것이 바람직하다.

① 규준참조평가  ② 준거참조평가
③ 능력참조평가  ④ 성장참조평가

■ 정답 및 해설
④ 사전 능력수준과 현재 능력수준의 차이에 관심을 두는 평가는 '성장참조평가'이다. 즉, 교육과정을 통하여 학생이 얼마나 성장하였는지를 기준으로 점수를 부여하는 평가이므로, 평가의 교수적 기능을 중시하는 평가에 해당된다.

**801.** 성장참조평가에 대한 설명으로 옳은 것만을 모두 고르면?

2022년 국가직 9급

ㄱ. 교육과정을 통하여 학생이 얼마나 성장하였는지에 관심을 둔다.
ㄴ. 학업 증진의 기회를 부여하고 평가의 개별화를 강조한다.
ㄷ. 사전 측정치와 현재 측정치의 상관이 높을수록 타당한 결과를 얻을 수 있다.
ㄹ. 대학 진학이나 자격증 취득을 위한 행정적 기능이 강조되는 고부담검사에 적합하다.

① ㄱ, ㄴ   ② ㄷ, ㄹ   ③ ㄱ, ㄴ, ㄷ   ④ ㄴ, ㄷ, ㄹ

---

**암기 POINT**
• 성장참조평가의 특징

| 개념 정의 | 학습자가 얼마나 성장하였는지에 따라 평가 |
| --- | --- |
| 평가 관점 | 총평관(개인의 특성에 대한 종합적 이해) |
| 교육 관점 | 발달적 교육관 (개별학습 강조) |
| 평정 방법 | 사전 능력수준과 현재 능력수준 간의 차이를 기준으로 점수 산정 |
| 장점 | 평가의 개별화, 평가의 교수적 기능 강조 |
| 단점 | 신뢰도 낮음, 고부담검사에 적용 어려움 |

800 ④   801 ①

■ 정답 및 해설
① 성장참조평가는 교육과정을 통하여 학생이 얼마나 성장하였는지에 관심을 두는 평가(ㄱ)로, 학업 증진의 기회를 부여하고 평가의 개별화를 강조한다(ㄴ).

◇ 오답 체크
ㄷ. 성장참조평가는 사전 측정치인 잠재적 능력수준과 현재 측정치인 성취된 능력수준의 차이가 클수록 높은 점수를 부여하는 평가방법이다. 따라서 학생들마다 향상의 정도가 달라야 평가의 목적에 맞는 점수를 얻을 수 있다. 즉 사전 측정치와 현재 측정치의 상관이 낮을수록 타당한 결과를 얻을 수 있다.
ㄹ. 성장참조평가는 학생들마다 평가의 기준이 달라지는 자기참조평가이므로, 다른 학생들과의 비교나 절대적 기준의 달성도 확인을 위한 평가에는 적절하지 않다. 따라서 대학 진학이나 자격증 취득을 위한 행정적 기능이 강조되는 고부담검사에는 적절하지 않으며, 학습자의 성취동기 부여나 성장을 목적으로 하는 교수적 기능이 강조되는 저부담검사에 적용되는 것이 적절하다.

**802.** (가)와 (나)에 해당하는 평가의 유형을 옳게 짝지은 것은?

2019년 국가직 9급

> (가) 학습목표를 설정해 놓고 이 목표에 비추어 학습자 개개인의 학업성취 정도를 따지려는 것이다.
> (나) 최종 성취수준 그 자체보다 사전 능력수준과 평가 시점에 측정된 능력수준 간의 차이에 관심을 두는 평가로 개별화교육을 촉진할 수 있다.

　　　(가)　　　　　(나)
① 준거참조평가　　성장참조평가
② 준거참조평가　　능력참조평가
③ 규준참조평가　　성장참조평가
④ 규준참조평가　　능력참조평가

난이도
채점결과

**기출플러스**
- 교육평가의 유형
  - 김 교사 : 규준참조평가
  - 박 교사 : 성장참조평가
  (2012년 중등)
- 김 교사는 영어 시험에서 T점수로 40점 미만에 해당하는 학생을 찾아내어 특별보충 학습 프로그램에 참가하도록 하였다.
- 박 교사는 국어 시험에서 학기 초에 83점, 학기 중간에 84점, 학기 말에 85점을 얻은 A학생보다 학기 초에 60점, 학기 중간에 70점, 학기 말에 80점을 얻은 B학생이 더 많이 향상되었다는 사실을 고려하여 B학생을 더 긍정적으로 평가하였다. (단, 국어 시험 점수는 동간성이 있다고 가정한다.)

■ 정답 및 해설
① (가) 설정된 학습목표에 얼마나 도달하였는지를 기준으로 평가하는 것이므로, 준거참조평가에 해당한다.
(나) 학생의 능력수준이 얼마나 성장하였는지를 기준으로 평가하는 것이므로, 성장참조평가에 해당한다.

802 ①

## 강서연 교육학

**암기 POINT**
• 능력참조평가의 특징

| 개념 정의 | 개인의 능력에 비해 얼마나 최선을 다하였는지에 따라 평가 |
|---|---|
| 평가 관점 | 총평관(개인의 특성에 대한 종합적 이해) |
| 교육 관점 | 발달적 교육관 (개별학습 강조) |
| 평정 방법 | 학습자의 잠재능력 수준과 성취수준의 차이 기준으로 점수 산정 |
| 장점 | 평가의 개별화, 평가의 교수적 기능 강조 |
| 단점 | 신뢰도 낮음, 고부담 검사에 적용 어려움 |

**803.** 평가기준에 따른 평가유형에 대한 설명으로 옳지 않은 것은?

2017년 국가직 7급

① 규준참조(norm-referenced) 평가 - 서열화가 쉽고 경쟁유발에 유리하다.
② 능력참조(ability-referenced) 평가 - 모든 학생들에게 동일한 평가기준의 적용이 가능하다.
③ 성장참조(growth-referenced) 평가 - 사전 능력수준과 현재 능력수준 간의 차이를 참조하여 평가한다.
④ 준거참조(criterion-referenced) 평가 - 학습결과에 대한 직접적인 정보제공을 통해 교수·학습을 개선할 수 있다.

■ 정답 및 해설
② 능력참조평가는 개인이 지닌 잠재능력에 비해 얼마나 최선을 다하였는지를 평가하는 방법이다. 즉 학습자의 잠재적인 능력 수준과 실제 보인 성취 수준의 차이를 기준으로 점수를 부여하는 평가방법이다. 따라서 평가기준이 학생 개인들마다 다르게 설정되게 된다.

**804.** 평가에 관한 설명으로 옳지 않은 것은?

2008년 국가직 7급

① 규준참조평가는 개인의 성취수준을 비교집단의 규준에 비추어 판단하는 평가방법이다.
② 성장참조평가는 각 성장단계에서 학습자의 최종 성취결과를 확인하는 평가방법이다.
③ 능력참조평가는 학생이 지닌 능력에 비추어 얼마나 최선을 다했는지를 중시하는 평가방법이다.
④ 준거참조평가는 성취목표를 기준으로 목표의 달성 여부 또는 달성 정도를 확인하는 평가방법이다.

■ 정답 및 해설
② 성장참조평가는 학습자가 일정 기간의 교수학습 과정을 통해 얼마나 성장하였는지에 관심을 두는 평가방법이다. 즉, 사전에 측정한 능력수준과 평가시점에서 측정되는 능력수준 간의 차이를 기준으로 점수를 부여한다. 따라서 각 성장단계별로 학습자의 성취결과를 확인하는 평가라는 설명은 적절하지 않다.

803 ② 804 ②

805. 능력참조평가(ability-referenced evaluation)와 성장참조평가(growth-referenced evaluation)의 특징을 다음의 내용과 옳게 짝지은 것은?

**2009년 유초등**

> ㄱ. 학생들의 상대적 서열에 초점을 맞춰 능력의 변별에 관심을 둔 평가이다.
> ㄴ. 학생들의 성장단계를 고려해 학년별 성취목표의 달성여부에 관심을 둔 평가이다.
> ㄷ. 학생들이 자신의 능력수준에서 그 능력을 얼마나 발휘하느냐에 관심을 둔 평가이다.
> ㄹ. 교수·학습 과정을 통한 변화에 관심을 두며 초기 능력수준에 비해 얼마만큼 능력의 향상을 보였느냐를 강조하는 평가이다.

|   | 능력참조평가 | 성장참조평가 |
|---|---|---|
| ① | ㄱ | ㄴ |
| ② | ㄱ | ㄹ |
| ③ | ㄷ | ㄴ |
| ④ | ㄷ | ㄹ |
| ⑤ | ㄹ | ㄴ |

■ 정답 및 해설
④ ㄷ. 학생들 개인의 능력을 기준으로 그 능력을 얼마나 발휘하였는지에 관심을 두는 평가는 능력참조평가이다.
ㄹ. 교수·학습 과정을 통해 학생들이 얼마나 능력의 향상을 보였는지에 관심을 두는 평가는 성장참조평가이다.

◇ 오답 체크
ㄱ. 규준참조평가
ㄴ. 준거참조평가에 대한 설명이다.

805 ④

## 02. 평가시점(목적, 기능)에 따른 구분

### 출포 254. 진단평가

📖 기본서 369쪽

**806.** 어떤 단원의 학습을 위해, 수업 전에 학습자가 알고 있는 기초 지식이나 기술 등을 점검하는 평가는?  `2012년 국가직 9급`

① 형성평가  ② 진단평가
③ 중간평가  ④ 준거지향평가

■ **정답 및 해설**
② 수업 전에 학습자가 가지고 있는 선수지식, 적성, 흥미, 태도 등을 점검하기 위한 평가는 진단평가에 해당한다.

**807.** ㉠~㉢에 들어갈 평가 유형을 바르게 연결한 것은? `2019년 지방직 9급`

| 유형 | ( ㉠ ) | ( ㉡ ) | ( ㉢ ) |
|---|---|---|---|
| 시행 시기 | 수업 전 | 수업 중 | 수업 후 |
| 목적 | 출발점 행동과 학습결손의 원인을 확인하고자 한다. | 수업지도방법을 개선하거나 학습행동을 강화하고자 한다. | 수업목표의 달성 여부를 판단하고자 한다. |

| | ㉠ | ㉡ | ㉢ |
|---|---|---|---|
| ① | 진단평가 | 총괄평가 | 형성평가 |
| ② | 진단평가 | 형성평가 | 총괄평가 |
| ③ | 형성평가 | 진단평가 | 총괄평가 |
| ④ | 총괄평가 | 형성평가 | 진단평가 |

■ **정답 및 해설**
② ㉠ 수업 전에 출발점 행동을 진단하고 학습결손의 원인을 확인하기 위한 평가를 진단평가라고 한다.
㉡ 수업 중에 수업목표 달성 정도를 파악하여 수업지도방법을 개선하거나 학습행동을 강화하고자 하는 평가를 형성평가라고 한다.
㉢ 수업 후 수업목표의 달성 여부를 종합적으로 판단하기 위한 평가를 총괄평가라고 한다.

---

**암기 POINT**
• 진단평가, 형성평가, 총괄평가

| 구분 | 시기 | 목적 |
|---|---|---|
| 진단평가 | 수업 전 | 출발점 행동 진단, 학습자 특성 확인, 학습결손의 원인 파악 → 수업계획 반영 |
| 형성평가 | 수업 중 | 학습의 진전 상황 확인, 학습곤란 지점 파악 → 진행속도 조절, 수업방법 개선, 학습자 강화 |
| 총괄평가 | 수업 후 | 수업목표의 달성정도 판단 → 성적 산출, 진급이나 당락 결정, 프로그램 지속 여부 결정 |

806 ②    807 ②

808. 다음에서 진단평가의 기능을 골라 바르게 묶은 것은?  2007년 영양교사

ㄱ. 학습자의 선수학습 정도를 확인한다.
ㄴ. 진행 중인 수업의 수업방법 개선을 위한 정보를 제공한다.
ㄷ. 학습자의 학습목표 도달 여부를 판정하여 학업성적을 산출한다.
ㄹ. 교수·학습이 시작되기 전 학습자의 흥미, 적성, 태도 등을 파악한다.

① ㄱ, ㄷ   ② ㄱ, ㄹ   ③ ㄴ, ㄷ   ④ ㄴ, ㄹ

■ 정답 및 해설
② 진단평가는 교수·학습이 시작되기 전에 학습자의 선수학습 정도를 확인하고(ㄱ), 학습자의 흥미, 적성, 태도 등을 파악하기(ㄹ) 위해 실시한다. 이렇게 파악된 정보는 보다 효과적인 수업을 계획하는 데 반영된다.

## 출포 255. 형성평가

기본서 370쪽

809. 형성평가에 대한 설명으로 옳지 않은 것은?  2020년 국가직 7급
① 형성평가의 목적은 교수-학습 개선에 있다.
② 형성평가는 수업 전 학습곤란 정도를 파악한다.
③ 형성평가는 학습자의 학습을 강화하는 기능을 한다.
④ 형성평가는 학습의 진행 속도를 조절하는 기능을 한다.

■ 정답 및 해설
② 수업 전 학습곤란 정도를 파악하기 위한 평가는 진단평가이다. 형성평가는 수업 도중에 실시하며, 학습목표와 관련하여 학습자의 성취 정도를 파악하고, 학습과정상의 어려움을 확인하여 교수·학습 활동을 개선하기 위해 실시하는 평가이다.

**기출플러스**
- 형성평가의 특징 (2002년 중등)
• 수업 도중에 실시한다.
• 학습 단위에 관련된 학생의 진보 상태를 교사와 학생에게 피드백한다.
• 학습 단위의 구조에 따라 오류를 확인함으로써 교수 방법을 수정·보완하는 데 필요한 정보를 수집하기 위해 실시한다.

810. 다음 설명에 해당하는 교육평가 유형은?  2015년 국가직 9급

○ 학습보조의 개별화를 위한 자료를 제공한다.
○ 학습진전의 효율화를 확인하기 위한 자료를 제공한다.
○ 교수-학습 방법의 개선을 위한 자료를 제공한다.

① 형성평가   ② 진단평가
③ 절대평가   ④ 총괄평가

808 ②  809 ②  810 ①

■ 정답 및 해설
① 학습과정 중에 학습자들의 학습 진전의 정도를 확인하여 학습보조를 개별화하고 교수학습 방법을 개선하여 학습 진전을 효율화하기 위한 평가는 형성평가이다.

### 811. 형성평가의 특징에 대한 설명 중 옳은 것으로만 묶인 것은?

2011년 국가직 7급

> ㄱ. 학습이 시작되기 전에 학생의 특성을 체계적으로 관찰, 측정하는 평가이다.
> ㄴ. 절대평가를 지향하며 검사도구의 제작과 평가는 교사 중심으로 이루어진다.
> ㄷ. 학생의 성취 정도를 판단하여 정치(定置)한다.
> ㄹ. 준거참조평가와 규준참조평가를 혼용하여 사용한다.
> ㅁ. 수업과정에서 학생에게 피드백을 주고 수업방법을 개선하기 위한 평가이다.

① ㄱ, ㅁ    ② ㄱ, ㄹ    ③ ㄴ, ㅁ    ④ ㄷ, ㄹ

■ 정답 및 해설
③ ㄴ. 형성평가는 학습과정의 진행 중에 학습목표에의 도달 정도를 확인함으로써 교수-학습 방법을 개선하는 데 도움을 주기 위한 평가이다. 따라서 절대평가를 지향하며, 교사제작 검사를 사용하는 것이 일반적이다.
ㅁ. 형성평가는 학생의 학습 진전 상황을 확인하여 개별화된 피드백을 주고, 학습효과를 높일 수 있도록 수업방법을 개선하기 위한 자료를 수집하기 위해 실시한다.

◇ 오답 체크
ㄱ. 진단평가, ㄷ. 총괄평가, ㄹ. 진단평가와 총괄평가 모두에 해당하는 설명이다.

### 812. 다음은 형성평가를 위해 선택형 문항을 작성할 때 고려해야 할 사항이다. 이 중 학생들의 학습곤란이나 학습결손을 파악하려는 교사의 의도가 가장 잘 반영된 것은?

2007년 중등

① 답지가 서로 다른 차원의 내용을 포함하지 않도록 한다.
② 정답이 분명히 드러나지 않도록 오답지의 매력도를 높인다.
③ 추측에 의해 정답을 선택할 가능성이 높아지지 않도록 답지의 수를 늘린다.
④ 학생들이 자주 범할 수 있는 오류의 유형을 확인할 수 있도록 답지를 구성한다.

■ 정답 및 해설
④ 형성평가를 통해 학생들의 학습곤란이나 학습결손을 파악하기 위해서는 평가문항이 학생들이 자주 범하는 오류의 유형을 제시하여 그 중 어떤 유형의 오류를 범하고 있는지를 확인할 수 있도록 구성되어야 한다.

### 출포 256. 총괄평가

> 기본서 370~371쪽

**813.** 다음 내용에 가장 부합하는 교육평가 유형은?   `2017년 지방직 9급`

> ○ 교과내용 및 평가 전문가가 제작한 검사를 주로 사용한다.
> ○ 서열화, 자격증 부여, 프로그램 시행 여부 결정의 목적을 위해 시행한다.
> ○ 교수·학습이 완료된 시점에서 교육목표의 달성 정도를 종합적으로 판정한다.

① 총괄평가(summative evaluation)
② 형성평가(formative evaluation)
③ 능력참조평가(ability-referenced evaluation)
④ 성장참조평가(growth-referenced evaluation)

■ 정답 및 해설
① 교수학습이 완료된 시점에서 교육목표의 달성 정도를 종합적으로 판정하기 위한 평가는 총괄평가이다. 총괄평가에서는 교과내용 및 평가 전문가가 제작한 검사를 주로 사용한다.

**814.** 형성평가와 총괄평가에 대한 설명으로 옳지 않은 것은?   `2013년 국가직 9급`

① 형성평가는 학생 성적의 판정 및 진급 자격을 부여하거나 당락을 결정짓기 위해 시행된다.
② 형성평가는 교사의 학습지도 방법 개선에 큰 도움을 준다.
③ 총괄평가는 교수·학습이 완료된 시점에서 교육 목표의 달성 여부나 정도를 종합적으로 판정할 때 활용한다.
④ 형성평가는 학생의 학습에 대한 강화 역할을 한다.

■ 정답 및 해설
① 학생 성적의 판정 및 진급 자격을 부여하거나 당락을 결정짓기 위해 실시하는 평가는 총괄평가이다.

813 ① 814 ①

## 강서연 교육학

**난이도** ■ ■ ■
**채점결과** ☐ ☐ ☐

### 기출플러스

- 진단평가, 형성평가, 총괄평가의 비교
  (2004년 유초등)
- 진단평가는 학생의 출발점 행동을 알아보기 위해 실시된다. (O)
- 형성평가는 교수 학습 활동을 개선하기 위한 정보를 제공해 준다. (O)
- 형성평가에서는 교사가 제작한 검사보다는 표준화검사가 사용된다. (×)
- 총괄평가는 학습 목표 달성 여부를 판정하여 성적을 산출하는 데 활용된다. (O)

**815.** 다음의 교사 행동을 진단평가, 형성평가, 총합평가와 가장 적절하게 짝지은 것은?

2006년 중등

> ㄱ. 수업 중에 학습 오류 수정을 위하여 쪽지시험을 실시하였다.
> ㄴ. 수업계획을 수립하기 위하여 학생의 기초학습능력과 선수학습 정도를 파악하였다.
> ㄷ. 기말고사를 실시하여 성적을 부여하였다.

|   | 진단평가 | 형성평가 | 총합평가 |
|---|---|---|---|
| ① | ㄱ | ㄴ | ㄷ |
| ② | ㄴ | ㄱ | ㄷ |
| ③ | ㄴ | ㄷ | ㄱ |
| ④ | ㄷ | ㄴ | ㄱ |

■ 정답 및 해설

② ㄱ. 수업 중에 학습 오류 수정을 위해 실시하는 평가는 형성평가에 해당한다.
ㄴ. 수업 전에 학생의 기초 능력과 선수학습 정도를 파악하는 평가는 진단평가이다.
ㄷ. 수업 후에 학생에게 성적을 부여하기 위해 실시하는 평가는 총괄평가이다.

## 03. 검사방식 등에 따른 구분

### 출포 257. 표준화 검사와 교사제작 검사

 기본서 389~390쪽

**난이도** ■ ■ ■
**채점결과** ☐ ☐ ☐

**816.** 표준화 검사 도구를 활용할 때 유의할 점으로 적절하지 않은 것은?

2017년 국가직 9급

① 검사 실시 목적에 적합한 내용의 검사를 선택한다.
② 검사의 타당도, 신뢰도, 객관도, 실용도를 고려하여 검사를 선택한다.
③ 상황에 맞춰 검사의 실시·채점·결과의 해석을 융통성있게 변경한다.
④ 검사를 사용하는 사람이 검사에 대한 객관적인 식견이 있어야 한다.

### 기출플러스

- 표준화 검사
  (2006년 5급 사무관)
- 일반지능검사 (O)
- 단위학교 기말고사 (×)
- 다요인 적성검사 (O)
- 규준지향 성취도검사 (O)
- 성격유형검사 (O)

■ 정답 및 해설

③ 표준화 검사 도구는 모집단을 대표하는 피험자를 표집하여 일정한 지시와 절차에 의하여 검사를 시행한 후 객관적 채점방법에 의하여 규준이 만들어진 검사 도구이다. 교과내용 및 평가 전문가에 의해 제작되며, 미국의 SAT나 우리나라의 대학수학능력시험이 대표적 사례이다. 표준화 검사 도구를 사용할 때에는 사용자가 임의로 검사의 실시, 채점, 결과의 해석 방법을 변경하여서는 안 되고, 검사사용설명서에 제시된 방법을 준수하여야 한다.

815 ② 816 ③

◇ 오답 체크
①, ② 특정한 표준화 검사 도구를 선택할 때에는 측정하고자 하는 내용, 검사대상 집단의 특성, 타당도, 신뢰도, 객관도, 실용도 및 검사도구 제작시기 등을 확인하여 적절한 검사를 선택하여야 한다.
④ 표준화 검사 도구는 일반적으로 검사사용설명서를 포함한다. 사용설명서에는 검사가 측정하는 내용의 이론적 배경과 검사 사용시 유의사항, 검사도구의 타당도와 신뢰도, 검사의 적용 대상 등에 대해 설명하고 있다. 검사 도구를 사용하려는 사람은 이러한 내용을 충분히 이해하고 적절하게 사용할 수 있는 데 필요한 전문적이고 객관적인 식견을 가져야 한다.

## 출포 258. 속도검사와 역량검사

기본서 372쪽

**817.** 교육평가에 관한 설명으로 옳은 것은?  2023년 국가직 9급
① 속도검사 : 모든 학생이 모든 문항을 풀어볼 수 있도록 충분한 시간을 준 다음 측정한다.
② 준거지향평가 : 학생의 점수를 다른 학생들의 점수와 비교하여 상대적 서열 또는 순위를 매긴다.
③ 형성평가 : 학기 중 학습의 진척 상황을 점검하여 학습속도 조절이나 학습자 강화에 활용한다.
④ 표준화검사 : 교사가 제작하여 수업 진행 중 학생들의 학업성취도나 행동 특성을 측정한다.

■ 정답 및 해설
③ 형성평가를 통해 확인된 학습의 진척 상황에 따라 학습속도를 조절하거나, 학습자에게 외적 강화를 제공할 수 있다.

◇ 오답 체크
① 제시된 내용은 역량검사에 대한 설명이다. 속도검사는 제한된 시간 내에 얼마나 많은 문항을 정확하게 풀었는지를 측정하는 검사로 충분한 시간을 제공하지 않는다.
② 규준지향평가에 대한 설명이다. 준거지향평가는 성취목표의 도달정도에 따라 성적을 부여한다.
④ 교사제작검사(학급검사)에 대한 설명이다. 표준화검사는 교과내용 및 평가 전문가가 제작하며, 수업 후에 실시되는 총괄평가에서 주로 사용된다.

### 암기 POINT
• 평가 관련 용어 정의

| | |
|---|---|
| 속도 검사 | 제한된 시간 내에 얼마나 많은 문제를 풀었는지를 측정 |
| 역량 검사 | 충분한 시간을 주고 얼마나 어려운 문제를 풀었는지를 측정 |
| 고부담 검사 | 검사결과가 피험자에게 중대한 영향을 주는 검사 |
| 표준화 검사 | 검사의 실시·채점·해석이 동일하도록 모든 형식과 절차를 구조화시킨 검사 |

817 ③

# 04. 수행평가

## 출포 259. 수행평가의 개념 및 특징

기본서 373~375쪽

**818.** 수행평가에 대한 설명으로 옳지 않은 것은?  2018년 국가직 7급
① 수행평가의 유형으로는 지필식, 구술식, 실습식, 포트폴리오평가방법 등이 있다.
② 수행평가의 개발 절차에는 일반적으로 평가목적의 진술, 수행의상세화, 자료 수집·채점·기록 방법 결정, 수행평가 과제의 결정 등이 포함된다.
③ 채점자가 범할 수 있는 평정의 오류로는 집중경향의 오류, 후광 효과, 논리적 오류, 표준의 오류, 근접의 오류 등이 있다.
④ 비판적 사고능력의 개인별 변화 및 발달과정을 평가하기에적합한 수행평가 방식은 표준화검사이다.

### ■ 정답 및 해설
④ 수행평가는 비판적 사고능력과 같은 고차적인 지적 기능에 대한 평가에 적합하다. 수행평가의 방법에는 지필식, 구술식, 실습식, 포트폴리오 평가방법 등이 포함되지만, 표준화검사는 수행평가의 방법에 포함되지 않는다.

**819.** 수행평가에 대한 설명으로 옳지 않은 것은?  2013년 국가직 9급
① 실기 중심의 평가에 기원을 두고 있는 수행평가는 인지적 영역 중심의 교과에서는 적절하지 않다.
② 수행평가는 아는 것과 수행능력이 일치하지 않을 수 있다는 자각에서 대두되었다.
③ 수행평가는 결과에만 초점을 두는 것이 아니라 수행의 과정과 결과를 다양한 방법에 의해 종합적으로 평가하는 것이다.
④ 수행평가는 학생 개인의 활동뿐만 아니라 여러 사람이 수행한 공동 활동에 대해서도 평가한다.

### ■ 정답 및 해설
① 수행평가가 실기 중심의 평가에 기원을 두고 있는 것은 맞지만, 인지적 영역 중심의 교과에서도 충분히 적절한 것으로 평가받고 있다. 인지적 영역 중심의 교과에서 수행평가를 도입하는 이유는 고차적인 지식과 지적 기능에 대한 평가에 효과적이며, 학습의 결과 뿐 아니라 과정에 대한 평가가 가능하기 때문이다.

---

**암기 POINT**
• 수행평가의 특징

| 도입 배경 | 지식정보화 사회<br>구성주의 인식론 |
|---|---|
| 평가 목적 | 학습결과 및 과정 이해<br>학습개선을 위한 조언 |
| 평가 내용 | 인지적+정의적 특성<br>학습결과+과정 종합<br>고차적 사고능력 평가 |
| 평가 방법 | 수행을 직접 관찰<br>실제적 상황에서 평가<br>학생 스스로 정답 구성 |
| 평가 시기 | 학습활동과 평가활동의<br>유기적 연계 |
| 장점 | 평가의 개별화, 종합적<br>평가, 학습과정 피드백 |
| 단점 | 시간과 비용 소모, 객관성 확보 어려움 |

818 ④  819 ①

**820.** 맥밀란(McMillan)이 주장하는 수행평가의 특성으로 옳지 않은 것은?

2010년 국가직 9급

① 단편적 지식보다는 고차적 사고능력을 요구한다.
② 수행은 직접 관찰할 수 있는 성질의 것이어야 한다.
③ 단일의 정답은 존재하지 않는다.
④ 평가의 준거와 기준을 사전에 공개하지 않는다.

■ 정답 및 해설
④ 수행평가에서는 학생이 평가 과제가 요구하는 바를 보다 정확히 파악할 수 있도록 평가의 준거와 기준을 사전에 공개하는 것이 바람직하다. 또 수행평가에서의 채점에는 채점자의 주관이 반영될 수 있으므로, 이에 대한 논란을 예방하기 위해서도 평가의 준거와 기준을 명확히 공개할 필요가 있다.

**821.** 수행평가의 특징을 가장 적절하게 나타낸 것은?

2007년 국가직 7급

① 학생들로 하여금 문제의 정답을 선택하게 하는 것이 아니라, 학생 스스로 정답을 작성하거나 행동으로 나타내도록 하는 평가방식이다.
② 평가의 준거를 교육을 통해 달성하려고 하는 수업목표에 두는 것으로 교수-학습 방법의 개선 방향을 밝혀주는 평가방식이다.
③ 학습자 개개인에게 적합한 교수-학습의 기회를 제공하여 주어진 학습목표에 도달시킬 수 있다는 발달적 교육관을 바탕으로 하는 평가방식이다.
④ 경쟁을 통하여 학생들의 외현적 동기유발을 도모하는데 유리하며, 엄밀한 개인차의 변별이 가능한 평가방식이다.

■ 정답 및 해설
① 수행평가는 학생이 보이는 수행을 직접 관찰하여 평가하는 방식으로, 선택형 문제보다는 학생 스스로 정답을 작성하거나 행동으로 나타내도록 하는 평가방식을 취한다.

◇ 오답 체크
②, ③ 준거참조평가(절대평가), ④ 규준참조평가(상대평가)에 대한 설명이다.

820 ④  821 ①

## 기출플러스

- 수행평가의 특징 (2003년 중등)
  - 높은 신뢰도 (×)
  - 높은 타당도 (O)
  - 과정(process)에 대한 평가 (O)
  - 실제적인 상황에서의 평가 (O)

**822.** 수행평가에 대한 설명으로 거리가 먼 것은?  `2007년 영양교사`

① 학습한 내용, 지식, 기술, 기능 등을 행위나 결과물로 나타낸 정도를 평가하는 방법이다.
② 유형으로는 연구보고서, 포트폴리오(portfolio), 구술시험 등이 있다.
③ 평가도구의 개발이 용이하고, 객관적으로 채점할 수 있다.
④ 학습결과뿐만 아니라 학습과정에 대한 평가도 중시하는 대안적 평가방법이다.

■ 정답 및 해설

③ 수행평가 과제는 교육목표를 성취하였는지를 평가할 수 있으면서도 교육내용 및 교육방법과도 관련되어야 하며, 학습자에게 유의미하고 실제적인 과제가 되어야 하며, 평가를 실시하는 데 소요되는 시간과 비용도 적절해야 한다. 이렇게 다양한 측면을 고려하여 적절한 수행평가 도구를 개발하는 것은 쉽지 않다. 더불어, 수행평가는 채점 과정에 채점자의 주관이 개입할 여지가 충분하여, 객관적 채점이 쉽지 않다.

**823.** 다음은 포트폴리오(portfolio) 평가에 대한 기술이다. 포트폴리오 평가방식에 대한 설명으로 옳지 않은 것은?  `2007년 국가직 9급`

> 일정기간 동안 학생들의 수행 및 성취정도, 그리고 향상정도를 표현한 누적된 결과물에 대한 평가이다. 예를 들면, 그림 공부를 하는 학생이 미술담당 교사에게 지속적으로 지도를 받으면서, 자신의 작품을 그린 순서대로 차곡차곡 모아 둠으로써, 자기 자신의 변화와 발전과정을 스스로 파악할 수 있고, 그 작품집을 이용하여 지도 교사 뿐만 아니라 다른 사람으로부터 쉽게 평가 받을 수 있게 된다.

① 포트폴리오 평가의 수행목적은 포괄적으로 기술될 필요가 있다.
② 포트폴리오 평가는 학생의 결과물에 대한 평가보다 향상 정도를 파악하기 위한 방법이다.
③ 포트폴리오 평가는 개인 간의 비교에 초점이 있는 것이 아니라, 각 개인의 변화 및 진전도에 그 초점이 있다.
④ 포트폴리오 평가는 다양한 교과 과정상의 수행을 통합할 수 있다는 장점이 있다.

■ 정답 및 해설

① 포트폴리오 평가의 수행목적은 구체적이고 명확하게 기술되어야 한다. 수행목적이 포괄적으로 기술될 경우 학생들이 포트폴리오를 제작하는 목적이나 방향을 설정하기 어려울 뿐 아니라, 평가자가 학생들의 성취정도나 향상정도를 판단하기도 어려워질 수 있다.

822 ③   823 ①

**824.** 다음에서 포트폴리오를 이용한 수행평가에 해당하는 설명을 골라 바르게 묶은 것은?

**2005년 유초등**

> 가. 과정보다는 결과 평가에 중점을 둔다.
> 나. 신뢰도는 높으나, 타당도는 낮은 경향이 있다.
> 다. 지적 능력은 물론 정의적 특성도 평가할 수 있다.
> 라. 전통적인 인식론보다는 구성주의 인식론에 바탕을 둔다.

① 가, 나
② 가, 다
③ 나, 라
④ 다, 라

■ **정답 및 해설**

④ 다. 포트폴리오를 이용한 수행평가는 학습자가 만든 작품이나 과제 수행의 과정에서 만들어지는 다양한 산출물들을 모아 놓은 작품집을 이용하는 평가방법이다. 지적 능력은 물론 정의적 특성도 종합적으로 평가할 수 있다.
라. 구성주의 인식론에 바탕을 두는 평가방법으로,

◇ **오답 체크**
가. 포트폴리오를 이용한 수행평가는 결과 평가 뿐 아니라 과정 평가에도 중점을 둔다.
나. 목표에 부합하는 평가방법이므로 타당도는 높으나, 평가자의 주관이 개입하므로 신뢰도는 낮은 경향이 있다.

## 출포 260. 수행평가 과제의 개발

● 기본서 375~376쪽

**825.** 수행평가 과제의 제작과 관련하여 교사가 유의해야 할 점으로 가장 적절한 것은?

**2009년 유초등**

① 한 가지 이상의 해결책이나 정답이 가능한 과제는 피하도록 한다.
② 학생들의 과제집중력을 고려하여 과제수행 시간이 최대 20분을 초과하지 않도록 한다.
③ 교육목표 및 교육내용과의 관련성을 확인하여 수행평가 과제의 타당성을 확보하도록 한다.
④ 하나의 수행평가 과제에서는 한 가지 학습성과만을 평가할 수 있도록 과제를 구조화하도록 한다.
⑤ 객관식 검사가 측정하지 못하는 것을 측정하기 위해 교과학습 목표와는 독립적인 수행평가 과제가 되도록 한다.

824 ④   825 ③

■ 정답 및 해설
③ 수행평가 과제가 교육목표의 성취 정도 평가하여야 하며, 교육내용과 관련된 과제여야 한다. 이와 같은 특성은 평가도구의 타당성을 확보하는 것에 해당한다.

◇ 오답 체크
① 수행평가 과제는 한 가지 이상의 해결책이나 정답이 있는 과제 보다는, 학습자가 다양한 해결책이나 정답을 구성할 수 있는 과제가 적합하다.
② 수행평가 과제는 수업시간 이외의 시간 동안에 수행될 수 있다. 포트폴리오 평가 방법의 경우 한 학기 동안 수행된 과제를 종합적으로 평가하기도 한다.
④ 하나의 평가과제로 다양한 목표 및 내용을 포괄하는 종합적인 과제로 구성한다.
⑤ 수행평가 과제도 객관식 검사와 마찬가지로 구체적인 교과학습의 목표와 관련되게 작성되어야 한다.

826. 수행평가의 도입 배경에는 학생의 지적 능력과 정의적 특성에 대한 평가를 통합하고자 하는 의도가 있다. 이러한 의도를 가장 충실히 반영한 것은?
2007년 중등
① 기계모형을 해체하였다가 원상 복구하는 데에 걸리는 시간을 측정하는 평가
② '집합'의 개념을 수학과 생물학의 시각에서 조명하도록 요구한 논술형 평가
③ 최종 정답만이 아니라 문제 풀이 과정까지 드러내도록 요구한 수학의 서답형 평가
④ 모둠의 협동을 요구하는 과학 실험 과제를 제시하고 학생의 행동을 교사가 관찰하여 평정하는 평가

■ 정답 및 해설
④ 학생의 지적 능력과 정의적 특성에 대한 평가의 통합 방법으로 실제 수업의 과정을 관찰하여 평가하는 방법을 활용한다. 특히 협동학습은 지적 능력 뿐 아니라 사회적 기술이나 태도를 필요로 하므로, 종합적 평가의 취지에 적합하다.
◇ 오답 체크
①, ②, ③은 지적 능력의 평가에만 중점을 두고 있다.

## 출포 261. 수행평가 과제의 채점
기본서 376~377쪽

827. 어떤 하나의 특징에 입각하여 아동의 전체적인 능력을 평가하는 심리적 경향은?
2010년 국가직 9급
① 후광효과 ② 강화효과
③ 착시효과 ④ 피그말리온 효과

826 ④  827 ①

■ 정답 및 해설
① 어떤 하나의 특징에 입각하여 아동의 전체적인 능력을 평가한다는 것은 아동에 대해 가지는 특정한 인상이 다른 부분을 평가하는 데에도 영향을 미친다는 것을 의미한다. 이와 같이 평정대상에 대해서 가지고 있는 특정 선입견이 다른 특성을 평가하는 데에도 좋게 또는 나쁘게 영향을 미치는 효과를 후광 효과(halo effect) 또는 인상의 오류라고 한다.

◇ 오답 체크
② 강화 효과란 검사자가 피검자에게 물질적·비물질적 보상을 제공하여 검사결과에 영향을 주는 것을 말한다.
③ 착시 효과는 시각정보를 인지하는 과정에서 뇌가 착각을 일으키게 되는 현상을 말한다.
④ 피그말리온 효과란 검사자가 피검자에 대해 가지는 기대와 유사한 검사결과가 나타나는 현상을 의미한다.

### 암기 POINT
• 평정(채점)의 오류

| | |
|---|---|
| 집중경향의 오류 | 극단 점수를 피하고 평정의 중간 부분에 점수가 모이는 경향 |
| 인상의 오류 | 평정대상에 대한 기존 이미지가 평정에 영향(≒후광 효과) |
| 논리적 오류 | 논리적으로 관련성이 없는 특성을 평정에 반영하는 경향 |
| 표준의 오류 | 점수를 주는 표준이 평정자마다 달라서 생기는 평정 오류 |
| 대비의 오류 | 평가자 자신과 학생의 특성을 비교하여 잘못 평가하는 경향 |
| 근접의 오류 | 시공간적으로 근접한 대상들에 대해 비슷하게 평정하는 경향 |

---

**828.** 다음 대화에서 김 교사가 범하고 있는 평정의 오류는?  2011년 유초등

> 박 교사 : 이제 학생들의 실기평가 채점을 하도록 하지요. 오늘 학생들 중에서 제일 잘한 학생을 누구로 할까요?
> 이 교사 : 철수가 제일 연기를 잘한 것 같아요. 동작의 섬세함이나 대사의 표현력에서 다른 학생들보다 더 뛰어나게 연기한 것 같아요.
> 김 교사 : 그래요? 저는 철수가 평가장에 들어올 때부터 첫 느낌이 좋지 않았어요. 그래서 연기력도 별로인 것 같아 낮은 점수를 주었어요.

① 대비의 오류(contrast error)
② 관대성의 오류(leniency error)
③ 근접의 오류(approximate error)
④ 인상의 오류(error of halo effect)
⑤ 집중화 경향의 오류(error of central tendency)

■ 정답 및 해설
④ 김 교사가 철수에 대해 가진 첫 인상이 연기력을 평가하는 데 영향을 미치고 있으므로 '인상의 오류'를 범하고 있다고 할 수 있다. 인상의 오류는 후광 효과라고도 하는데, 피험자의 어떤 특성에 대해 평가자가 가진 인상이 다른 특성을 평가하는 데에도 지속적으로 영향을 미치는 현상을 설명한다.

◇ 오답 체크
① 대비의 오류는 평가자의 특성이 평가결과에 영향을 미치는 현상으로서, 평가자가 자기 자신과 학생의 특성을 비교하여 과대 혹은 과소평가하는 오류를 말한다.
② 관대성의 오류는 평가자가 평가대상에 대해 지나치게 호의적으로만 평가하는 경향을 말한다. 반대로 항상 부정적으로 평가하는 경향은 엄격성의 오류라고 한다.

### 기출플러스
• 평정자의 오류 유형 (2008년 중등)

• 논리적 오류(logical error)는 전혀 다른 두 가지 행동 특성을 비슷한 것으로 생각해서 평정하는 경향을 말한다.
• 후광 효과(halo effect)는 평정대상에 대해 가지고 있는 특정 인상을 토대로 또 다른 특성을 좋게 또는 나쁘게 평정하는 경향을 말한다.
• 집중경향의 오류(error of central tendency)는 아주 높은 점수나 낮은 점수는 피하고 평정이 중간 부분에 지나치게 자주 모이는 경향을 말한다.

828 ④

③ 근접의 오류는 시간적으로나 공간적으로 가까이 존재하는 대상들에 대해 비슷하게 평가하는 오류를 말한다.
⑤ 집중화 경향의 오류란 아주 높은 점수나 낮은 점수는 피하고 평정이 중간 부분에 모이는 경향을 의미한다.

**829.** 다음은 무엇에 관한 설명인가?  2009년 국가직 7급

> ○ 학습자가 과제를 수행하면서 보이는 반응을 평가자가 관찰하거나 그 수준에 대한 판단을 내릴 때 사용하는 수행기준이다.
> ○ 우리나라에서는 수행평가를 강조한 7차 교육과정부터 이 도구의 개발에 관심을 보이기 시작했다.
> ○ 수행과정 혹은 과제를 해결한 후 얻은 결과를 평가하는데 사용되며, 반응의 방법과 수준을 구체적으로 제시하는 평가지침의 역할을 한다.

① 질문지(questionnaire)  ② 체크리스트(checklist)
③ 루브릭(rubric)  ④ 포트폴리오(portfolio)

■ 정답 및 해설
③ 수행평가 채점의 객관성을 높이기 위해서는 루브릭과 같은 평가척도를 사용하는 것이 적절하다. 루브릭은 수행평가 과제에 포함되어야 할 주요 요소들과 기대되는 학습자의 수행기준을 단계별로 구분하여 문장 형태로 기술한다.

**830.** 수행평가를 실시할 때 유의할 사항으로 가장 옳은 것은?  2004년 중등
① 신뢰도를 높이기 위해 채점자 사전 교육을 삼가야 한다.
② 타당도를 높이기 위해 간접적인 평가방법을 사용해야 한다.
③ 실용도를 높이기 위해 수행과제의 수를 많이 포함해야 한다.
④ 객관도를 높이기 위해 동일한 문항을 여러 명이 채점하게 한다.

■ 정답 및 해설
④ 평가자의 주관이 미치는 영향을 최소화하여 평가의 객관도를 높이기 위해서는 동일한 문항을 여러 명이 채점하게 하는 방법을 취하도록 한다.
◇ 오답 체크
① 신뢰도를 높이기 위해 채점자 사전 교육을 실시한다.
② 타당도를 높이기 위해 직접적인 평가방법을 사용한다.
③ 실용도를 높이기 위해 수행과제의 수를 많지 않게 한다.

829 ③   830 ④

## 3. 평가도구의 양호도

### 01. 타당도

**출포 262. 타당도의 개념**

🌀 기본서 378쪽

**831.** 검사도구의 타당도에 대한 옳은 설명을 다음에서 고른 것은?

2017년 지방직 9급

> ㄱ. 검사점수가 사용 목적에 얼마나 부합하는가를 의미한다.
> ㄴ. 검사대상을 얼마나 정확하게 무선오차(random error) 없이 측정하는지를 의미한다.
> ㄷ. 동일한 검사에 대한 채점자들 간 채점 결과의 일치 정도를 의미한다.
> ㄹ. 측정하고자 하는 특성을 검사점수가 얼마나 잘 나타내 주는지를 의미한다.

① ㄱ, ㄷ   ② ㄱ, ㄹ   ③ ㄴ, ㄷ   ④ ㄴ, ㄹ

■ **정답 및 해설**

② 타당도는 검사점수가 검사도구가 본래 측정하고자 하는 특성을 얼마나 잘 나타내어 주는지를 의미하는 개념으로, 검사도구가 사용 목적에 얼마나 부합하는지를 보여준다.

◇ **오답 체크**

ㄴ. 신뢰도, ㄷ. 객관도에 대한 설명이다.

**암기 POINT**

• 평가도구의 양호도 개념

| | |
|---|---|
| 타당도 | 본래 측정하고자 하는 특성을 얼마나 충실히 나타내 주는지 |
| 신뢰도 | 얼마나 안정적이고 일관성 있게, 그리고 오차없이 측정하는지 |
| 객관도 | 평가자가 얼마나 일관되게 평가하는지 (평가자의 신뢰도) |
| 실용도 | 평가과정에 소요되는 시간, 비용, 노력 측면에서 경제적인지 |

**832.** 우수한 학생을 선발하기 위한 적성검사를 제작할 때 검사의 타당성을 검증할 수 있는 방법으로 옳지 않은 것은?

2014년 국가직 7급

① 적성검사에서 높은 점수를 받은 학생이 학교에서 얼마나 우수한 성적을 보이는지 관계를 살펴본다.
② 적성검사를 받고 나서 일정 시간이 지난 다음 다시 적성검사를 실시하여 두 점수의 일치도를 살펴본다.
③ 새로 제작한 적성검사에서 높은 점수를 받은 학생이 기존의 다른 표준화된 적성검사에서도 높은 점수를 받는지 살펴본다.
④ 내용 전문가에 의해 검사가 측정하고자 하는 속성을 제대로 측정하고 있는지 그리고 내용 영역을 얼마나 잘 대표하는지를 주관적으로 판단하게 한다.

831 ②   832 ②

■ 정답 및 해설
② 동일한 검사도구를 일정한 시간 간격을 두고 두 번 실시하여 두 점수의 일치도를 살펴보는 것은 검사도구의 신뢰성을 검증하는 방법에 해당한다.
◇ 오답 체크
① 예언타당도, ③ 공인타당도, ④ 내용타당도 검증방법에 대한 설명이다.

833. 다음은 수학시험이 끝난 후에 교사와 학생이 나눈 대화의 내용이다. 학생이 제기하고 있는 검사의 양호도 판단 기준은?  2004년 중등

> 교사 : 이번 시험은 수업시간에 배운 공식만 알면 풀 수 있는 아주 쉬운 문제였지요
> 학생 : 저도 그 공식은 잘 아는데, 시험에 나온 어휘들이 너무 어려워서 문제를 이해할 수 없었어요. 이번 시험은 수학보다 국어를 잘 하는 학생한테 유리한 것 같아요.

① 신뢰도  ② 타당도  ③ 객관도  ④ 실용도

■ 정답 및 해설
② 교사는 공식을 아는지의 여부를 측정하기 위해 문제를 출제하였으나, 학생은 시험에 나온 어휘를 이해할 수 없어서 불리했다고 생각한다. 즉, 시험문제가 원래 측정하고자 바를 제대로 측정하지 못하고 있다는 점을 지적하고 있으므로 타당도를 기준으로 양호도를 판단하고 있는 것이다.

## 출포 263. 내용타당도

기본서 378~379쪽

834. 검사도구의 내용타당도를 높이기 위해 사용할 수 있는 가장 좋은 방법은?  2010년 국가직 9급
① 문항이 이원목적분류표에 의거하여 제작되었는지 전문가들을 통해 확인하였다.
② 구인들에 관한 논리적 가설을 뒷받침해주는 경험적 자료들을 수집하였다.
③ 검사를 반복적으로 시행하여 검사점수를 비교하였다.
④ 요인분석을 통하여 정의되지 않은 변수들 간의 관계를 분석하였다.

■ 정답 및 해설
① 내용타당도는 문항에서 측정하는 행동 목표와 내용 차원을 전문가가 확인하는 방식으로 검증하고 높일 수 있다.
◇ 오답 체크
②, ④ 구인타당도, ③ 신뢰도에 관한 설명이다.

833 ②  834 ①

**835.** 다음은 김 교사가 학기말 시험문제를 출제하는 과정을 진술한 것이다. 김 교사가 출제과정에서 고려한 타당도로 가장 적합한 것은? 2011년 중등

> 중학교에서 국어를 가르치고 있는 김 교사는 다음과 같은 방법으로 학기말 시험문제를 출제하였다. 우선 이원분류표에 근거하여 수업목표 및 교수·학습 과정에서 중요하게 다루었던 내용들을 확인하였으며, 이것들을 중심으로 학기말 시험문제를 출제하였다. 시험문제를 출제한 후 국어 교과 전문가와 협의하여 자신이 출제한 문항들이 대표성을 가지고 있는 문항표집인지 점검하였다.

① 내용타당도  ② 안면타당도  ③ 공인타당도
④ 구인타당도  ⑤ 예언타당도

■ 정답 및 해설
① 학기말 시험문제를 출제하면서 수업목표 및 수업내용을 확인하여 이를 모집단으로 해서 그것을 대표하는 문제들을 출제하였다는 설명이다. 즉, 검사도구가 측정하고자 하는 목표나 내용에 충실한지를 고려하는 것에 해당하므로, 내용타당도에 관한 내용에 해당한다.

**암기 POINT**
• 타당도의 종류

| | |
|---|---|
| 내용 타당도 | 교육목표와 내용에의 충실성 정도 |
| 준거 타당도 | 다른 검사의 점수를 근거로 타당도 검증 |
| 예언 타당도 | 미래 행동특성을 예언하는 정도 |
| 공인 타당도 | 이미 공인된 검사와의 일치성(유사성) |
| 구인 타당도 | 조작적으로 정의된 개념의의 충실성 |
| 결과 타당도 | 검사의 사회적·교육적 영향의 바람직성 |

**836.** 검사도구를 제작할 때 교육목표 이원분류표를 작성하는 이유로 가장 적절한 것은? 2007년 유초등
① 검사의 난이도를 높인다.
② 문항의 참신성을 높인다.
③ 채점의 정확성을 높인다
④ 검사의 내용 타당도를 높인다.

■ 정답 및 해설
④ 교육목표의 이원분류표는 교육목표의 행동 차원과 내용 차원으로 구성된다. 검사도구를 제작할 때 교육목표의 이원분류표를 작성하여 활용하는 것은 교육목표에의 달성 정도를 제대로 측정하는 문항을 개발하는 데 도움이 된다. 즉, 검사의 내용타당도를 높이기 위한 것이다.

**837.** A라는 교육목표의 달성 여부를 알아보기 위해 문항 a가 작성되었을 때, 이 문항의 내용타당도 또는 목표지향타당도의 관점에서 진술한 내용 중 가장 적절한 것은? 2007년 중등
① 문항 a를 틀린 사람은 목표 A를 달성하지 못했을 수 있다.
② 문항 a를 맞힌 사람은 목표 A를 달성했다고 말하기에 충분하다.
③ 문항 a를 맞힌 사람들이 많다면 목표 A가 교육적으로 바람직하다는 증거이다.
④ 문항 a를 틀린 사람들이 많다면 목표 A가 교육적으로 바람직하지 않다는 증거이다.

835 ①  836 ④  837 ①

■ 정답 및 해설
① 문항 a를 틀렸다고 하더라도 실수나 고의에 의한 오답을 하였을 확률이 존재하므로, 교육목표 A를 달성하지 못하였다고 단언할 수는 없다. 다만, 문항 a를 틀린 사람은 목표 A를 달성하지 못했을 가능성이 있다고 말할 수 있다.

◇ 오답 체크
② 문항 a를 맞힌 사람이 목표 A를 달성했다고 말하기에는 충분하지 않다. 실수나 우연에 의해 정답을 맞힐 확률이 존재하기 때문이다.
③, ④ 정답률 혹은 오답률이 목표의 교육적 바람직성을 보여주는 것은 아니다.

## 출포 264. 예언타당도

기본서 379쪽

**838.** 다음 설명에 해당하는 타당도는? 〔2022년 지방직 9급〕

○ 검사도구에서 구한 점수와 미래에 피험자에게 나타날 행동 특성을 수량화한 준거점수 간의 상관을 토대로 한다.
○ 선발, 채용, 배치를 목적으로 하는 적성검사나 선발시험 등에서 요구된다.

① 예언타당도　　　　② 공인타당도
③ 구인타당도　　　　④ 내용타당도

■ 정답 및 해설
① 현재 평가시점에서 측정한 평가결과가 미래에 피험자에게 나타날 행동 특성을 예측해주는지를 나타내는 개념이므로, 예언타당도에 해당한다. 예언타당도는 선발, 배치 목적의 적성검사나 선발시험 등에서 중요시된다.

**839.** 다음 내용을 올바르게 설명한 것은? 〔2007년 국가직 7급〕

대학교육에 필요한 수학능력을 측정하기 위한 시험인 대학수학능력시험이 사실상 대학 입학 후 학생들의 학업성취도에 미치는 영향이 거의 없었다.

① 대학수학능력시험의 내용타당도가 낮다.
② 대학수학능력시험의 구인타당도가 낮다.
③ 대학수학능력시험의 공인타당도가 낮다.
④ 대학수학능력시험의 예언타당도가 낮다.

■ 정답 및 해설
④ 대학수학능력시험이라는 도구가 검사를 통해 원래 예측하고자 하는 바인 대학에서의 학업성취를 보여주지 못하였다는 점을 설명하고 있으므로, 예언타당도와 관련된다.

838 ①　839 ④

## 출포 265. 공인타당도

📖 기본서 379~380쪽

**840.** (가)에 해당하는 타당도는?　　　　2024년 지방직 9급

> 새로 개발한 A시험의 ┌ (가) ┐를 구하기 위하여 기존에 타당도를 검증한 B검사의 점수와 A시험의 점수와의 상관계수를 구하였다. (단, A시험과 B검사의 점수 획득 시기가 같다)

① 공인타당도　　　　② 구인타당도
③ 내용타당도　　　　④ 예측타당도

### ■ 정답 및 해설
① 새로운 검사도구가 이미 타당성이 입증된 기존의 검사도구와 일치되는 측정결과를 나타내는 정도를 통해 평가되는 타당도 개념은 공인타당도이다.

◇ 오답 체크
② 구인타당도는 검사가 어떤 심리적 특성을 얼마나 제대로 측정하는지를 나타내는 타당도 개념으로, 비교할 준거점수를 필요로 하지 않는다.
③ 내용타당도는 검사도구가 측정하고자 하는 목표나 내용에 충실한지를 나타내는 타당도 개념으로, 전문가에 의한 주관적 평가에 의해 판단된다.
④ 예측타당도는 현재 평가시점에서 측정한 평가결과가 미래에 피험자에게 나타날 행동 특성을 예측해주는지를 나타내는 평가도 개념으로, 두 점수를 측정하는 시점 사이에 시간 간격이 존재한다.

**841.** 다음에서 공인타당도(concurrent validity)에 대한 설명으로 옳은 것을 모두 고르면?　　　2008년 유초등

> 가. 계량화되어 타당도에 대한 객관적인 정보를 제공할 수 있다.
> 나. 타당성이 입증된 기존의 검사가 없을 경우 타당도를 추정하기 어렵다.
> 다. 검사점수가 심리적 구성요인들을 제대로 측정하였는가를 요인분석을 통해 검정하는 타당도이다.
> 라. 새로 제작한 인성검사와 MMPI검사를 피험자에게 실시하여 나온 두 검사 점수의 상관계수로 타당도를 검정한 것이 그 예이다.

① 가, 나　　　　② 가, 나, 라
③ 다, 라　　　　④ 가, 나, 다, 라

840 ①　841 ②

■ 정답 및 해설
② 공인타당도는 새로운 검사도구가 이미 타당성이 입증된 기존의 검사도구와 일치되는 측정결과를 나타내는 정도를 통해 추정된다.
　가. 두 검사도구를 이용한 점수들 간의 상관분석을 통해 타당도가 추정되므로, 계량화된 객관적 정보를 제공한다.
　나. 공인타당도는 타당성이 입증된 기존의 검사가 있을 경우에만 추정이 가능하다.
　라. 새로 제작한 검사와 기존의 검사 점수의 상관계수로 타당도를 검증하므로, 제시된 예는 적절하다.
◇ 오답 체크
다. 구인타당도에 대한 설명이다.

### 출포 266. 구인타당도

기본서 380쪽

**842.** 구인타당도에 대한 설명으로 옳지 않은 것은?　　2020년 국가직 9급
① 측정을 통해 얻은 사실로 미래의 행동특성을 예견한다.
② 타당도 증거를 수집하기 위해 요인분석 등 여러 통계적 방법이 사용된다.
③ 한 검사가 어떤 심리적 개념이나 논리적 구인을 제대로 측정하는가를 검증한다.
④ 검사가 의도한 바의 특성을 측정하고 있는지에 대한 증거를 수집하는 과정이다.

■ 정답 및 해설
① 측정을 통해 얻은 사실로 미래의 행동특성을 예견할 수 있는지를 나타내는 개념은 예언타당도이다.

**843.** 인간의 심리적 특성을 규명한 후, 그 심리적 특성이 검사 도구를 통하여 제대로 측정되었는지를 검증하는 타당도는?　　2013년 국가직 7급
① 구인타당도(construct validity)　② 예측타당도(predictive validity)
③ 공인타당도(concurrent validity)　④ 내용타당도(content validity)

■ 정답 및 해설
① 검사가 어떤 심리적 특성을 얼마나 제대로 측정하는지를 나타내는 타당도 개념은 구인타당도이다. 구인타당도는 검사가 조작적으로 정의된 어떤 심리적 개념의 구인(하위 구성요인, construct)을 제대로 측정하는가를 검증하여 타당도를 추정하는 개념으로, 구성타당도라고도 한다.

842 ①　843 ①

### 출포 267. 결과타당도

📖 기본서 380~381쪽

**844.** 다음 질문에 근거해서 판단하고자 하는 타당도로 가장 적합한 것은?

2004년 유초등

> ○ 검사가 원래 의도한 것을 측정했는가?
> ○ 검사가 학생들의 학습 동기 유발에 효과가 있었는가?
> ○ 검사가 교수 학습 방법에 긍정적 변화를 유도했는가?

① 예언타당도  ② 공인타당도
③ 구인타당도  ④ 결과타당도

■ 정답 및 해설

④ 검사가 원래 의도한 것을 측정했는지는 타당도에 대한 설명이며, 그 중에서 검사가 학생들의 동기유발과 교수학습 방법에 어떤 효과나 영향을 미쳤는지를 판단하고자 하는 것은 결과타당도에 해당한다.

## 02. 신뢰도

### 출포 268. 신뢰도의 개념

📖 기본서 381~382쪽

**845.** 특정 교사가 개발한 시험에 대한 전문가들의 평가가 다음과 같은 경우, 이 시험의 양호도에 대한 설명으로 옳은 것은? 2024년 국가직 9급

> 반복 측정에서의 결과가 일관성은 있으나 측정하고자 하는 것을 충실히 측정하지 못하고 있다.

① 신뢰도는 높지만 실용도는 낮은 시험
② 신뢰도는 높지만 타당도는 낮은 시험
③ 타당도는 높지만 난이도는 낮은 시험
④ 타당도는 높지만 신뢰도는 낮은 시험

■ 정답 및 해설

② 측정의 일관성을 나타내는 양호도 개념은 신뢰도, 측정하고자 하는 것을 충실히 측정하는지를 의미하는 개념은 타당도이다. 따라서 제시된 내용은 신뢰도는 높지만 타당도는 낮다는 것을 의미한다.

844 ④  845 ②

**846.** 검사도구의 양호도에 대한 설명으로 옳은 것은?  2020년 지방직 9급
① 실용도는 시간, 비용, 노력 측면에서 검사가 얼마나 경제적인지를 나타낸다.
② Cronbach's $\alpha$계수는 재검사 신뢰도의 일종이다.
③ 객관도는 신뢰도보다는 타당도에 가까운 개념이다.
④ 높은 신뢰도는 높은 타당도가 되기 위한 충분조건이다.

■ 정답 및 해설
① 실용도는 평가 과정에서 소요되는 시간, 비용, 노력이 얼마나 경제적인지를 나타내는 개념이다.

◇ 오답 체크
② 크론바흐 알파 계수는 문항내적일관성신뢰도의 일종이다.
③ 객관도는 타당도보다는 신뢰도에 가까운 개념이다.
④ 높은 신뢰도는 높은 타당도가 되기 위한 필요조건일 뿐 충분조건이 아니다.


**847.** 평가도구의 양호도에 대한 설명으로 옳지 않은 것은?  2014년 국가직 9급
① 규준지향평가의 신뢰도에서는 원점수 자체의 의미가 중요하다.
② 평가도구의 문항 수는 신뢰도에 영향을 미친다.
③ 최근에는 타당도를 평가 결과의 해석이 얼마나 타당한가에 대한 근거를 수집하는 과정으로 본다.
④ 입학시험과 입학 이후의 학업성적과의 상관이 높다면 입학시험의 예측타당도가 높다고 할 수 있다.

■ 정답 및 해설
① 규준지향평가의 신뢰도에서는 원점수 자체의 의미가 중요하지 않다. 규준지향평가에서는 원점수보다는 상대적 서열을 중시한다. 따라서 규준지향평가의 신뢰도 에서는 원점수 보다는 규준점수(석차, 백분위, 표준점수 등)를 중요하게 본다.


**848.** '중간고사 대체용으로 활용된 표준화 검사의 신뢰도가 교사가 제작한 중간고사용 검사의 신뢰도보다 높았다.'는 진술에 대한 가장 적절한 해석은?  2010년 유초등
① 표준화 검사가 교사가 제작한 검사보다 실용적이다.
② 표준화 검사의 실시절차가 교사가 제작한 검사의 실시절차보다 간편하다.
③ 표준화 검사의 점수가 교사가 제작한 검사의 점수보다 타당한 측정치이다.
④ 표준화 검사가 교사가 제작한 검사보다 교실에서의 수업내용을 많이 반영하고 있다.
⑤ 표준화 검사가 교사가 제작한 검사보다 재고자하는 특성을 일관성 있게 측정하고 있다.

846 ① 847 ① 848 ⑤

■ 정답 및 해설
⑤ 신뢰도는 검사도구가 재고자 하는 측정을 일관성있게, 안정되게, 오차없이 측정하고 있는지를 나타내는 지표이다.

**849.** 검사도구의 양호도에 대한 진술로 적절하지 않은 것은?  `2009년 유초등`
① 높은 타당도는 높은 신뢰도의 선행조건이다.
② 검사가 너무 어렵거나 쉬우면 신뢰도는 낮아진다.
③ 타당도는 무엇을 측정하느냐의 문제로 반드시 준거의 개념이 수반된다.
④ 객관도는 채점자가 편견없이 얼마나 공정하게 채점하느냐의 문제와 관련된다.
⑤ 신뢰도는 어떻게 측정하느냐의 문제로 얼마나 오차없이 측정하고 있느냐를 뜻한다.

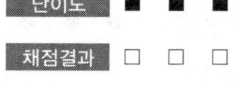

■ 정답 및 해설
① 신뢰도는 측정결과의 안정성과 일관성을 나타내며, 타당도는 측정결과가 측정목적을 제대로 반영하는지를 보여준다. 따라서 측정하고자 하는 바를 제대로 측정하는 평가도구는 언제나 그 목적을 반영하여 일관된 측정결과를 나타낼 것이므로, 타당도가 높으면 신뢰도도 높다. 반면, 일관된 측정결과를 나타내는 평가도구이더라도 그것이 바로 측정목적에 부합하는 결과라는 나타내는지를 알 수 없다. 측정목적에 부합하지 않지만 일관된 측정결과를 가질 수는 있기 때문이다. 따라서 신뢰도가 높다고 해서 항상 타당도가 높은 것은 아니다. 이상을 종합해 볼 때, 타당도와 신뢰도의 관계에 대한 옳은 진술문은 다음과 같다.
• 높은 신뢰도는 높은 타당도의 선행(필요)조건이다. (높은 타당도를 갖기 위해서 신뢰도가 높아야 한다. / 신뢰도가 낮으면 타당도도 낮다.)
• 높은 신뢰도는 높은 타당도의 충분조건이 아니다. (신뢰도가 높다고 해서 타당도가 높은 것은 아니다. / 신뢰도는 높더라도 타당도는 낮을 수 있다.)
• 높은 타당도는 높은 신뢰도의 충분조건이다. (타당도가 높으면 신뢰도도 높다.)

**암기 POINT**
• 타당도와 신뢰도의 관계
 – 높은 신뢰도는 높은 타당도의 선행조건
 – 신뢰도가 낮으면 타당도가 높을 수 없음
 – 신뢰도가 높더라도 타당도는 낮을 수 있음

**850.** 다음에서 밑줄 친 '이것'이 의미하는 것은?  `2007년 영양교사`

○ 이것은 검사가 오차없이 측정한 정도, 또는 검사가 측정하려는 것을 안정적으로 일관성 있게 측정하는 정도를 의미한다.
○ 어떤 사람의 몸무게를 동일한 체중계로 두 번 연속하여 재었을 때, 두 번 모두 70kg이 나왔다면 이 체중계는 이것이 높다고 할 수 있다.
○ 이것의 종류에는 문항내적합치도 등이 있다.

① 객관도   ② 실용도   ③ 타당도   ④ 신뢰도

849 ①  850 ④

■ 정답 및 해설
④ 검사의 측정 정도가 얼마나 일관되는지를 의미하는 개념은 신뢰도이다. 이것은 측정치의 오차가 적게 측정되는 정도를 의미하기도 한다. 신뢰도를 추정하는 방법에는 재검사, 동형검사, 반분검사, 문항내적합치도 등이 있다.

851. 다음 중 검사도구의 양호도에 대한 설명으로 적절한 것은? 2003년 유초등
① 신뢰도는 타당도의 충분조건이다.
② 반복 시행하여 일관성 있는 검사 결과를 얻었다면 타당한 검사도구이다.
③ 성취도 검사를 제작하기 전에 이원분류표를 작성하면 내용타당도를 높일 수 있다.
④ 속도검사(speed test)의 신뢰도는 검사를 전후로 분할하여 반분검사신뢰도로 추정한다.

■ 정답 및 해설
③ 평가목표의 이원분류표를 작성하는 것은 평가도구가 평가목표를 충실히 반영하고 있는지를 확인하기 위한 것이므로, 내용타당도를 높일 수 있는 방법이 된다.
◇ 오답 체크
① 신뢰도는 타당도의 충분조건이 아니다. / 신뢰도는 타당도의 선행조건이다.
② 반복 시행하여 일관성있는 검사 결과를 얻었다면 신뢰할 수 있는 검사도구이다.
④ 속도검사의 신뢰도는 검사를 전후로 분할하는 반분검사신뢰도로 추정하지 않는다.

852. 동형의 두 선택형 검사를 개발하여 임의로 선정된 5명의 학생들에게 두 검사를 모두 실시한 후, 학생들을 성적순으로 나열한 결과는 다음과 같다. 이 결과를 근거로 검사의 양호도에 대하여 할 수 있는 진술로 가장 적절한 것은? 2002년 유초등

○ 검사 1 : 김정희, 나연수, 최인철, 한인수, 박인영
○ 검사 2 : 최인철, 한인수, 나연수, 박인영, 김정희

① 타당도가 적절하다.　　　　② 실용도가 적절하다.
③ 신뢰도가 의심스럽다.　　　④ 객관도가 의심스럽다.

■ 정답 및 해설
③ 두 개의 동형검사 결과로 산출된 성적이 일관되지 않고 측정할 때마다 서로 다른 결과를 산출하였으므로, 신뢰도에 관한 문제가 있는 것으로 의심해 볼 수 있다.

## 출포 269. 신뢰도 추정 방법

🔹 기본서 382~384쪽

**853.** 검사 도구에 대한 설명으로 옳은 것만을 모두 고르면? 2023년 국가직 7급

> ㄱ. 반분검사 신뢰도는 두 부분 검사로 양분하는 방법에 따라 신뢰도가 다르게 추정된다는 단점이 있다.
> ㄴ. 내용 타당도는 내용 전문가에게 측정하려는 속성을 제대로 측정하였는지 판단하게 하여 검증한다.
> ㄷ. 각각의 문항을 하나의 검사로 간주하여 문항 간 측정의 일치성을 추정하는 방법을 검사-재검사 신뢰도라고 한다.
> ㄹ. 동형검사 신뢰도는 두 집단이 하나의 검사를 치르고 점수 간 상관계수를 통해 검사의 신뢰도를 추정한다.

① ㄱ, ㄴ   ② ㄱ, ㄷ   ③ ㄴ, ㄹ   ④ ㄷ, ㄹ

### ■ 정답 및 해설

① ㄱ. 반분검사 신뢰도는 하나의 검사를 반으로 나누어 반분된 부분을 독립된 두 개의 검사로 간주하고 이들 간의 유사도를 기초로 신뢰도를 추정한다. 하나의 검사를 구성하는 문항들은 다양하므로 두 부분 검사로 양분하는 방법에 따라 신뢰도가 다르게 추정된다는 단점이 있다.
ㄴ. 내용 타당도는 평가도구가 평가내용을 충실히 측정하고 있는지를 검증하는 타당도 개념으로, 평가내용을 잘 이해하고 있는 전문가에게 측정하려는 속성을 제대로 측정하였는지 판단하게 하여 검증한다.

◇ **오답 체크**

ㄷ. 문항내적 일관성 신뢰도에 대한 설명이다. 검사-재검사 신뢰도는 동일한 집단에 대해 하나의 검사를 두 번 실시하여 신뢰도를 추정한다.
ㄹ. 동형검사 신뢰도는 하나의 집단을 대상으로 두 개의 검사를 실시하여 신뢰도를 추정한다.

### 암기 POINT

- 신뢰도의 추정 방법

| | 검사 횟수 | 검사지 수 |
|---|---|---|
| 재검사 신뢰도 | 2회 | 1개 (반복) |
| 동형검사 신뢰도 | | 2개 (동형) |
| 반분검사 신뢰도 | 1회 | 1개 (반분) |
| 문항내적 일관성 신뢰도 | | 1개 (문항별) |

**854.** 평가도구의 신뢰도 및 타당도에 대한 설명으로 옳지 않은 것은?
2022년 국가직 9급

① 신뢰도는 얼마나 정확하게 오차 없이 측정하는가와 관련된다.
② 평가도구가 높은 타당도를 갖기 위해서는 평가도구의 신뢰도가 높아야 한다.
③ 공인타당도는 새로운 평가도구의 타당도를 기존의 타당성을 인정받고 있는 도구와의 유사성 혹은 연관성에 의해 검증한다.
④ 동형검사신뢰도는 동일한 피험자 집단에게 동일한 평가도구를 일정 간격을 두고 반복 실시한 결과로 파악한다.

853 ①  854 ④

■ 정답 및 해설
④ 제시된 내용은 재검사 신뢰도에 관한 설명이다. 동형검사신뢰도는 동일한 피험자 집단에게 특성의 비슷한 두 개의 검사를 실시하여 얻는 검사점수들 간의 상관계수에 기초하여 신뢰도를 추정하는 방법이다.

855. 다음에 해당하는 신뢰도는?　　　　　　　　2021년 국가직 7급

○ 같은 집단에 특성이 비슷한 두 개의 검사를 각각 실시하고 두 검사점수 간의 상관계수를 산출하여 신뢰도를 구한다.
○ 기억효과와 연습효과가 감소된다.

① 검사-재검사 신뢰도
② 동형검사 신뢰도
③ 반분 신뢰도
④ 문항내적 일관성 신뢰도

■ 정답 및 해설
② 검사의 내용, 형식, 길이, 난이도, 변별도 등이 비슷한 두 개의 검사를 실시하여 두 점수 간의 상관계수를 산출하여 신뢰도를 추정하는 방법을 동형검사 신뢰도라고 한다. 동형검사 신뢰도는 재검사 신뢰도를 이용하는 경우에 우려되는 문제점인 기억효과와 연습효과를 감소시킬 수 있다는 장점이 있다.

856. 검사도구의 신뢰도를 추정하기 위한 방법에 해당하지 않는 것은?
　　　　　　　　　　　　　　　　　　　2019년 지방직 9급, 질문 교정
① 새로 실시한 검사와 이미 공인된 검사 사이의 유사도를 추정한다.
② 실시한 하나의 검사를 두 부분으로 나누어 각 부분의 측정 결과 간의 유사도를 추정한다.
③ 동일한 집단에게 동일한 검사를 일정한 간격을 두고 반복 실시하여 두 검사 간의 일관성 정도를 추정한다.
④ 동일한 집단에게 검사의 특성이 거의 같은 두 개의 검사를 실시하여 두 점수 간의 유사성 정도를 추정한다.

■ 정답 및 해설
① 새로 실시한 검사와 이미 공인된 검사 사이의 유사도를 추정하는 것은 공인타당도를 추정하는 방법이다.
◇ 오답 체크
② 반분검사 신뢰도, ③ 재검사 신뢰도, ④ 동형검사 신뢰도에 대한 설명이다.

855 ②　856 ①

**857.** 20개의 문항으로 구성된 검사 도구를 앞의 10개 문항과 뒤의 10개 문항으로 나누어 반분검사신뢰도(split-half reliability)를 추정하려고 할 때, 이 검사도구가 갖추어야 할 가장 적절한 조건은?  2018년 지방직 9급

| | 문항 간 동질성 | 평가 유형 |
|---|---|---|
| ① | 낮음 | 속도검사 |
| ② | 낮음 | 역량검사 |
| ③ | 높음 | 속도검사 |
| ④ | 높음 | 역량검사 |

■ 정답 및 해설

④ 반분검사 신뢰도는 1회의 검사만으로도 신뢰도를 추정할 수 있다는 장점이 있지만, 검사가 어떻게 반분하는지에 따라 신뢰도가 달라진다는 특성에 유의하여야 한다. 검사를 반분할 때에는 반분된 검사가 동형성을 가질 수 있도록 구성되어야 진짜 신뢰도에 가깝게 신뢰도가 추정된다. 검사를 구성하는 전체 문항들이 동질적인 문항이라면 반분된 검사의 동형성을 갖추기 매우 용이하다.

검사를 반분하는 방법에는 홀수번 문항과 짝수번 문항으로 반분하는 기우법과 문항의 순서대로 전과 후로 나누는 전후법, 무작위로 분할하는 단순무작위법, 문항의 특성에 따라 반분하는 임의분할법이 있다.

피험자에게 제한된 시간에 많은 문제를 풀게 하는 속도검사인 경우에 반분검사 신뢰도를 추정할 때 전후법은 사용하지 말아야 하다. 속도검사에서 능력이 부족한 피험자는 앞부분만 응답하고 뒷부분은 응답하지 못하기 때문이다. 피험자에게 충분한 시간을 주어 능력을 최대한 발휘하게 하는 역량검사인 경우에는 전후법으로 분할하여도 문제가 되지 않는다.

**858.** 문항들 간의 동질성을 평가하기 위한 지수로 부적합한 것은?  2018년 국가직 9급

① Cronbach's 계수  ② Kuder-Richardson 20
③ Kuder-Richardson 21  ④ Kappa 계수

■ 정답 및 해설

④ Kappa 계수는 두명의 평가자 간의 일치성을 나타내는 지수로서 객관도를 나타내는 지표로 사용된다.

◇ 오답 체크

①, ②, ③ 문항들 간의 동질성을 평가하기 위한 지수는 동질성 계수를 의미하며, 이것을 기초로 신뢰도를 평가하는 방법을 문항내적일관성 신뢰도라고 한다. 즉, 하나의 검사를 구성하는 각 문항들을 독립된 하나의 검사로 보고 각 문항점수들 간의 상관분석을 실시하는 방법들이다. 이에 해당하는 것으로서 크론바흐 알파 계수, 쿠더-리차드슨 20과 21 계수, 호이트 계수 등이 존재한다.

**암기 POINT**

- 문항내적 일관성 신뢰도

| | |
|---|---|
| 개념 | 검사문항 각각을 하나의 검사로 간주하여, 문항들 간의 동질성을 평가하여 신뢰도 추정 |
| 계수 | 쿠더-리차드슨 20, 21<br>크론바흐 계수<br>호이트 계수 |

857 ④  858 ④

## 859.
동일한 집단을 대상으로 동일한 검사를 1회 실시함으로써 추정할 수 있는 신뢰도로만 짝지은 것은?

2013년 지방직 9급

① 재검사 신뢰도 – 반분검사 신뢰도
② 동형검사 신뢰도 – 재검사 신뢰도
③ 반분검사 신뢰도 – 문항 내적 일관성 신뢰도
④ 문항 내적 일관성 신뢰도 – 동형검사 신뢰도

■ 정답 및 해설
③ 재검사 신뢰도와 동형검사 신뢰도는 2회의 검사를 실시하여 신뢰도를 추정하는 방법이다. 반면, 반분검사 신뢰도와 문항내적일관성 신뢰도는 동일한 검사를 1회만 실시하여 신뢰도를 추정할 수 있다는 점이 장점이다.

## 860.
내적 일관성 신뢰도(internal consistency reliability)에 대한 설명으로 옳지 않은 것은?

2008년 중등

① 호이트(Hoyt) 신뢰도는 분산분석 방법을 사용해서 신뢰도를 추정한다.
② 검사를 한번만 실시하고도 검사의 신뢰도를 추정할 수 있는 방법이다.
③ 반분검사 신뢰도의 경우 검사를 양분하는 방법에 따라 신뢰도 계수가 다르게 추정된다.
④ 스피어만-브라운(Spearman-Brown) 신뢰도는 각각의 문항을 하나의 검사로 간주하여 문항들 간의 유사성을 측정한다.

■ 정답 및 해설
④ 스피어만-브라운 공식은 반분검사 신뢰도를 산출할 때 적용되는 공식이다. 반분검사신뢰도를 추정할 때 검사를 양분한 두 부분의 검사점수 사이의 상관계수를 구하게 되는데, 이를 그대로 사용하면 신뢰도가 과소추정된다. 원래의 검사보다 검사 문항의 수가 절반으로 줄어들기 때문이다. 이러한 문제를 해결하기 위해서, 스피어만-브라운 공식을 적용하여 검사의 길이를 두 배로 할 때의 신뢰도를 추정하게 된다.
한편, 각각의 문항을 하나의 검사로 간주하여 문항들 간의 유사성을 측정하여 신뢰도를 추정하는 것은 문항내적합치도(문항내적일관성 신뢰도)에 해당한다.

**암기 POINT**
- 반분검사 신뢰도

| 개념 | 하나의 검사를 반으로 나누어, 반분된 두 부분 간의 유사도 추정 |
|---|---|
| 주의 사항 | – 역량검사에 적합 (속도검사의 경우, 전후반분법은 피함)<br>– 쿠더-리차드슨 공식 활용하여 교정 |

**861.** 검사-재검사 신뢰도 추정과 관계 없는 것은?   2005년 중등

① 검사실시 간격에 따라 결과가 다르다.
② 기억 및 연습효과가 결과에 영향을 미친다.
③ 검사문항을 반으로 나누어 신뢰도를 추정한다.
④ 동일한 검사환경, 검사동기, 검사태도의 조성이 어렵다.

■ 정답 및 해설
③ 하나의 검사에서 검사문항을 반으로 나누어 신뢰도를 추정하는 것은 반분검사 신뢰도 추정방법이다.

## 출포 270. 신뢰도 제고 방법

기본서 384~385쪽

**862.** 검사도구의 신뢰도에 대한 설명으로 옳은 것을 모두 고르면?   2012년 국가직 7급

> ㄱ. 문항 변별도가 높을수록 신뢰도가 높아진다.
> ㄴ. 신뢰도는 타당도를 높이기 위한 필요조건이다.
> ㄷ. 난이도가 중간 수준으로 적절해야 신뢰도가 높아진다.
> ㄹ. 측정 내용의 범위가 넓고 일반적일수록 신뢰도가 높아진다.

① ㄱ, ㄹ
② ㄱ, ㄴ, ㄷ
③ ㄴ, ㄷ, ㄹ
④ ㄱ, ㄴ, ㄷ, ㄹ

■ 정답 및 해설
② ㄱ. 문항이 피험자의 능력을 구분할 수 있는 변별력이 있어야 검사의 신뢰도가 높아진다.
ㄴ. 신뢰도가 높아야 타당도가 높을 수 있다. 신뢰도가 낮으면 타당도가 높아질 수 없다. 즉, 신뢰도는 타당도를 높이기 위한 필요조건이다.
ㄷ. 문항의 난이도는 중간 수준으로 적절해야 신뢰도가 높아진다. 문항이 너무 어려우면 피험자의 검사불안이 높아지고 너무 쉬우면 부주의가 발생하여 일관성 있는 응답을 하지 못하므로, 신뢰도가 낮아진다.

◇ 오답 체크
ㄹ. 측정 내용의 범위가 좁고 문항의 내용이 특정되어서 문항의 동질성이 높아질수록 신뢰도가 높아진다.

**암기 POINT**
• 신뢰도 제고 방법
  – 시험의 문항수를 늘린다.
  – 문항의 변별도를 높인다.
  – 난이도를 적정하게 한다.
  – 시험 범위를 좁힌다.
  – 내용타당도를 높인다.

861 ③  862 ②

863. 평가의 신뢰도를 높이는 방법과 거리가 먼 것은?  2008년 국가직 9급
① 시험의 문항수를 늘린다.
② 문항의 변별도를 높인다.
③ 시험에 포함될 내용 범위를 넓힌다.
④ 문항의 난이도를 너무 어렵거나 쉽지 않게 적절한 수준으로 조정한다.

■ 정답 및 해설
③ 시험의 내용 범위가 넓어지면 문항의 동질성이 낮아져서 신뢰도가 낮아진다. 평가의 신뢰도를 높이기 위해서는 시험에 포함될 내용 범위를 좁혀서 문항의 동질성을 높여야 한다.

## 03. 객관도와 실용도

### 출포 271. 객관도

기본서 385~386쪽

864. 좋은 검사도구가 갖추어야 할 다음의 조건은?  2021년 국가직 9급

> ○ 여러 검사자(채점자)가 어느 정도로 일치된 평가를 하느냐를 의미한다.
> ○ 검사자의 신뢰도를 의미하기도 한다.

① 타당도  ② 객관도
③ 실용도  ④ 변별도

■ 정답 및 해설
② 여러 검사자가 일치된 평가를 한다는 것은 검사자가 달라지더라도 일관된 평가결과를 산출한다는 의미이므로, 검사자의 신뢰도를 의미한다. 이것은 채점자가 편견 없이 공정하게 채점하느냐의 문제와 관련되는 개념이므로 객관도에 해당한다.
◇ 오답 체크
① 타당도는 검사점수가 본래 측정하고자 하는 특성을 얼마나 충실히 나타내 주는지를 의미한다.
③ 실용도는 평가 과정에 소요되는 시간, 비용, 노력 측면에서 검사가 얼마나 경제적인지를 의미한다.
④ 변별도는 검사 문항이 학생들의 능력 수준을 얼마나 명확하게 구분해 주는지를 의미한다.

**865.** 다음 설명의 ㉠~㉢에 들어갈 개념을 바르게 연결한 것은?

2018년 국가직 7급

- ( ㉠ )란 검사 또는 측정 도구가 본래 측정하고자 하는 것을 충실히 측정하고 있는가의 문제이다.
- ( ㉡ )란 검사도구가 측정하려는 것을 안정적이고 일관성 있게, 그리고 오차 없이 측정하는가의 문제이다.
- ( ㉢ )란 검사의 채점자가 주관적 편견 없이 얼마나 공정하게 채점하느냐의 문제이다.

|   | ㉠ | ㉡ | ㉢ |   | ㉠ | ㉡ | ㉢ |
|---|---|---|---|---|---|---|---|
| ① | 타당도 | 변별도 | 객관도 | ② | 변별도 | 타당도 | 신뢰도 |
| ③ | 신뢰도 | 타당도 | 변별도 | ④ | 타당도 | 신뢰도 | 객관도 |

■ 정답 및 해설

④ ㉠ 검사도구가 본래 측정하고자 하는 것을 충실히 측정하고 있는지를 나타내는 개념은 타당도이다.
㉡ 검사도구가 측정하려는 것을 안정적으로 일관성있게, 오차없이 측정하는지를 나타내는 개념은 신뢰도이다.
㉢ 채점자의 주관적 편견의 개입이 없이 공정하게 채점을 하는지를 나타내는 개념은 객관도이다.

**866.** 한 개의 평가도구가 좋은 검사도구 또는 좋은 평가도구가 되기 위해서는 타당도, 신뢰도, 객관도와 같은 기준을 충족시켜야 한다. 이들 기준에 대한 설명으로 옳지 않은 것은?

2007년 국가직 9급

① 타당도란 한 개의 검사 도구가 측정하려고 의도하는 것을 어느 정도로 충실히 측정하고 있는가를 의미하는 것이다.
② 신뢰도란 측정하려고 하는 속성을 얼마나 오차 없이 측정하는가에 대한 개념이다.
③ 하나의 평가도구는 신뢰도가 높더라도 타당도는 낮을 수 있다.
④ 객관도란 평가대상자의 신뢰도로서 검사점수가 어느 정도 신뢰성과 일관성이 있는가에 대한 개념이다.

■ 정답 및 해설

④ 객관도란 평가자의 신뢰도로서 평가가 얼마나 주관의 개입없이 공정하게 이루어지는가에 대한 개념이다.

865 ④    866 ④

**867.** 서답형 또는 논술형 문항에 대한 바람직한 채점방식과 그 이유에 대한 설명으로 옳지 않은 것은?   2010년 국가직 9급

① 채점자의 주관이나 편견의 영향을 줄이기 위해 채점기준을 미리 정해 놓아야 한다.
② 답안 작성자에 대한 편견을 제거하기 위해 답안 작성자의 이름과 번호를 답안지와 분리해서 채점해야 한다.
③ 채점의 신뢰도를 높이기 위해 답안지를 평가문항별로 채점하지 말고 답안 작성자 단위별로 채점하는 것이 바람직하다.
④ 단독채점보다 다수의 평가자가 채점하여 평균 점수를 내는 것이 보다 바람직하다.

■ 정답 및 해설
③ 서답형 또는 논술형 문항의 채점에서는 채점자의 주관이나 편견의 영향을 제거하고 공정하고 일관된 채점결과를 산출하기 위해 노력하여야 한다. 특히, 채점의 신뢰도를 높이기 위해서는 답안지를 답안 작성자 단위별로 채점하지 말고 평가문항별로 채점하는 것이 바람직하다. 답안 작성자 단위별로 채점하는 경우에는 앞선 문항에 대한 채점결과가 이후에 오는 다른 문항의 채점에 영향을 미칠 수 있기 때문이다. 이러한 순서 효과를 예방하기 위해서는 평가문항별로 채점하는 것이 바람직하다.

**868.** 음악 경연 대회에서 5명의 심사위원이 7명의 학생을 평가하였다. 심사위원은 각 학생에게 부여한 점수 중에서 최고점과 최하점을 제외한 점수의 합을 최종 평가의 기준으로 삼았다. 이 방법을 사용한 의도는?   2003년 중등

① 변별도 제고
② 타당도 제고
③ 실용도 제고
④ 신뢰도 제고

■ 정답 및 해설
④ 5명의 심사위원의 점수 중 최고점과 최하점을 제외하고 나머지를 합산하여 최종 점수를 산출하는 것은 일부 심사위원이 보이는 편향이나 오류를 제외하기 위한 것이다. 이러한 조치를 통해 어느 정도 일관된 평가 점수를 얻을 수 있으므로 객관도를 높일 수 있다. 객관도는 검사자의 신뢰도를 의미하므로, 궁극적으로는 신뢰도를 제고하기 위한 것이다.

867 ③   868 ④

869. 김 교사는 학기말 평가의 한 부분으로 힘이 물체의 운동에 미치는 영향에 관한 보고서를 작성해 오라는 과제를 부여하였다. 보고서 평가의 타당성과 객관성을 높일 수 있는 방법으로 가장 적절한 것은? 2002년 유초등
① 소수 우수한 학생들의 보고서를 먼저 읽고 채점 기준을 개발한 후 그 기준에 따라 점수를 부여한다.
② 자신은 평가하지 않고 동료 교사가 각 보고서의 질에 따라 5점 척도로 공정하게 평가하도록 한다.
③ 보고서에 포함되어야 할 주요 요소들과 이들의 비중을 고려하여 채점 기준을 개발한 후 그 기준에 따라 점수를 부여한다.
④ 가장 우수하다고 판단되는 보고서에 최고 점수를 부여하고 이와 비교해 미흡한 만큼 조금씩 점수를 감하는 방식으로 평가한다.

■ 정답 및 해설
③ 타당도는 검사점수가 본래 측정하고자 하는 특성을 얼마나 충실히 나타내 주는지를 의미하며, 객관도는 검사자가 달라지더라도 일관된 평가결과를 산출한다는 것을 의미한다. 이와 같은 평가의 타당성과 객관성을 높이기 위해서는 채점을 하기 전에 평가기준을 엄밀하고 객관적으로 수립한 후, 그 기준에 따라 채점이 이루어질 수 있게 하여야 한다.

◇ 오답 체크
① 소수 우수한 학생들의 보고서를 바탕으로 채점기준을 개발할 경우에도 보고서에 담겨야 할 주요 요소들과 그 비중이 불명확하므로 타당성이 확보되지 않을 수 있다.
② 자신이 평가자로 참여하지 않는다거나 5점 척도를 활용한다고 해서 객관성이 확보되는 것은 아니다.
④ 가장 우수한 보고서와의 비교를 통해 점수를 부여하는 방식은 채점기준이 불명확하므로 타당성이 확보되지 않을 수 있다.

869 ③

# 4. 문항제작과 문항분석

## 01. 지필평가문항의 제작

### 출포 272. 선택형 문항과 서답형 문항

기본서 387~389쪽

**870.** A 교사는 평가문항 제작원리에 근거하여 수업시간에 다루었던 중요한 교과내용을 중심으로 다음과 같이 두 가지 유형의 시험지를 제작하고, 이 중 어느 하나로 학기말고사를 실시하려고 한다. ㉮형과 비교해 볼 때, ㉯형에 대한 설명으로 잘못된 것은?  2008년 유초등

> ㉮ 형: 30개의 문항으로 된 사지선다형(multiple-choice type) 시험
> ㉯ 형: 2개의 문항으로 된 논술형(essay type) 시험

① 문항표집의 대표성이 높다.
② 채점 시 채점자의 주관이 개입될 가능성이 높다.
③ 학생이 정답을 모를 때 추측으로 정답을 할 가능성이 거의 없다.
④ 학생의 표현력과 문장력이 평가 결과에 영향을 미칠 가능성이 높다.

■ 정답 및 해설
① 문항표집의 대표성이란 출제된 문항들이 교육과정에 포함된 교육목표의 달성 여부를 충분히 판단할 수 있도록 출제되었는지를 의미한다. 따라서 2개의 문항으로 된 논술형 시험은 30개의 문항으로 된 사지선다형에 비해 출제할 수 있는 평가요소가 한정되므로 문항표집의 대표성이 낮아지게 된다.

**871.** 다음과 같은 특징을 모두 포함하는 문항의 유형은?  2007년 영양교사

> ○ 제시된 진술문이 옳은지 그른지를 묻는 문항 형태이다.
> ○ 추측에 의하여 문항의 답을 맞힐 확률이 50%이다.
> ○ 주어진 시험시간에 많은 문항으로 검사를 실시할 수 있다.
> ○ 문항제작이 쉬워 짧은 시간에 많은 문항을 제작할 수 있다.

① 진위형   ② 선다형
③ 단답형   ④ 논술형

---

**기출플러스**
- 채점의 주관성 개입 가능성이 가장 큰 평가문항의 유형 (2015년 특채)
  - 논문형 (○)
  - 단답형
  - 선다형
  - 진위형

870 ①   871 ①

■ 정답 및 해설
① 제시된 진술문인 옳은지 그른지를 묻는 문항 형태를 진위형이라고 한다. 진위형의 문항은 가능한 답안이 2개(옳음/그름) 밖에 없으므로 추측에 의한 정답 확률이 50%가 된다. 문항의 길이가 짧으므로 문항제작이 용이하고 짧은 시간 동안 많은 수의 문항으로 검사를 실시할 수 있다는 장점이 있다. 반면, 단순 암기 위주의 학습 유도할 수 있으며, 진위형으로 출제할 수 없는 내용이 많다는 한계도 있다.

872. 다음 내용은 선다형 문항을 제작할 때 유의점이다. 공통적으로 지적하고 있는 것은?
**2006년 유초등**

○ 답지들의 형태를 유사하게 할 것.
○ 정답의 번호를 무선적으로 배열할 것.
○ 정답지와 오답지의 길이를 비슷하게 할 것.

① 문항은 주요한 학습내용을 포함해야 한다.
② 객관적 채점이 가능하도록 문항을 진술해야 한다.
③ 요령이나 추측만으로 정답을 선택할 가능성이 낮아야 한다.
④ 문항은 가능한 한 단순암기가 아닌 고등사고능력을 측정해야 한다.

■ 정답 및 해설
③ 제시된 선다형 문항의 제작시 유의할 점들은 모두 답지들이 그 자체로 정답이나 오답임을 암시하지 않도록 하는 것들이다. 즉 요령이나 추측에 의한 정답 선택 가능성을 낮추기 위한 것이다.

◇ 오답 체크
① 문항이 주요한 학습내용을 포함하도록 하기 위해서는 교육과정에 포함된 교육목표를 명세화하여 이원분류표를 작성하고 이에 근거하여 문항을 제작하는 것이 좋다.
② 선다형 문항은 채점자의 주관적 채점을 배제하는 객관식 문항에 해당하므로 주된 고려 조건이 아니다.
④ 단순암기가 아닌 고등사고능력을 측정하기 위해서는 문항의 내용이 교과서에 실린 지문을 그대로 활용하기 보다는 그 내용을 이해, 적용, 분석, 종합, 평가한 학생만이 응답할 수 있는 형태가 되게 하여야 한다.

**기출플러스**
- 선다형 문항의 제작 원리 (2003년 유초등)
  - 답지의 길이와 형태를 다양하게 만든다. (×)
  - 긍정 질문과 부정 질문은 동일한 비율로 유지한다. (×)
  - 틀린 답지에 '절대' 혹은 '항상'이라는 단어를 사용한다. (×)
  - 문항의 질문에 정답을 암시하는 내용을 포함시키지 않는다. (○)

872 ③

## 02. 문항분석의 이론과 방법

### 출포 273. 고전검사이론에 의한 문항분석 1 (이론)

◎ 기본서 390~393쪽

**873.** 고전검사이론에 대한 설명으로 옳지 않은 것은?  2023년 지방직 9급
① 문항난이도는 문항의 쉽고 어려운 정도를 나타낸다.
② 피험자의 능력과 문항의 답을 맞힐 확률 간의 관계를 나타내는 문항특성곡선을 사용한다.
③ 문항변별도는 문항이 피험자의 능력을 변별하는 정도를 나타낸다.
④ 관찰점수는 진점수와 오차점수의 합으로 가정한다.

■ 정답 및 해설
② 고전검사이론은 관찰점수는 진점수와 오차점수의 합으로 구성되었음을 가정하고 총점에 의해 문항을 분석하고 피험자의 능력을 추정하는 검사이론이라면, 문항반응이론은 문항마다의 고유한 문항특성곡선에 근거하여 문항을 분석하는 검사이론이다. 이때, 문항특성곡선은 피험자의 능력과 문항의 정답을 맞힐 확률 간의 관계를 나타내는 곡선을 말한다.

**874.** 고전검사이론에서의 문항변별도에 대한 설명으로 옳은 것을 다음에서 고른 것은?  2016년 지방직 9급

ㄱ. 문항변별도 지수는 0~100 사이의 값을 갖는다.
ㄴ. 각 문항이 학생들의 능력 수준을 구분해 주는 정도를 나타낸다.
ㄷ. 능력 수준이 다른 두 집단을 대상으로 각각 계산하더라도 문항변별도는 동일하다.
ㄹ. 검사 총점이 높은 학생이 낮은 학생에 비해 문항변별도가 높은 문항에서 정답을 맞힐 가능성이 높다.

① ㄱ, ㄷ    ② ㄱ, ㄹ    ③ ㄴ, ㄷ    ④ ㄴ, ㄹ

■ 정답 및 해설
④ 문항변별도는 검사문항이 학생들의 능력 수준을 구분해 주는 정도를 나타내는 지표이다. 즉, 문항이 검사 총점이 높은 학생과 낮은 학생을 구별해주는지를 말한다. 따라서 변별도가 높은 문항은 검사 총점이 높은 학생이 낮은 학생에 비해 정답을 맞힐 가능성이 높은 문항을 의미한다.

---

**암기 POINT**
• 고전검사이론에 따른 문항분석

| 지표 | 산출 방법 |
|---|---|
| 난이도 | 문항의 어렵고 쉬운 정도(0~1), 높을수록 쉬운 문항 |
| 변별도 | 피험자 능력을 변별하는 정도(-1~+1), 높을수록 변별력있음 |
| 추측도 | 추측으로 정답을 맞힌 피험자의 비율 |

873 ②    874 ④

◇ 오답 체크
ㄱ. 고전검사이론에서 문항변별도 지수는 -1 ~ +1 사이의 값을 갖는다.
ㄷ. 고전검사이론에서 문항변별도 지수는 피험자 집단의 특성에 따라 달라진다. 즉 능력 수준이 다른 두 집단을 대상으로 계산하면 문항변별도는 달라진다.

## 875. 변별도에 대한 설명으로 옳은 것만을 모두 고른 것은? 2016년 국가직 9급

ㄱ. 난이도가 어려울수록 변별도는 높아진다.
ㄴ. 정답률이 50%인 문항의 변별도는 1이다.
ㄷ. 모든 학생이 맞힌 문항의 변별도는 0이다.

① ㄴ
② ㄷ
③ ㄱ, ㄴ
④ ㄱ, ㄷ

■ 정답 및 해설
② ㄷ. 모든 학생이 맞힌 문항이나 틀린 문항은 상위집단과 하위집단의 능력 차이를 변별해 주는 능력이 전혀 없으므로, 변별도는 0이 된다.

◇ 오답 체크
ㄱ. 난이도와 변별도는 정의 상관관계를 갖지 않는다. 난이도는 중간 정도의 수준일 때 변별도가 가장 높고, 난이도가 너무 어렵거나 쉬워지면 변별도가 낮아진다.
ㄴ. 변별도는 상위집단과 하위집단의 정답률의 차이를 알아야 도출할 수 있다. 정답률이 50%인 경우에도 문항의 변별도는 다양할 수 있다.

## 876. 난이도와 변별도를 바르게 이해한 것은? 2015년 국가직 7급

① 변별도가 0이거나 음수인 문항은 제외해야 한다.
② 난이도는 총 피험자 중 오답을 한 피험자의 비율이다.
③ 변별도를 높이기 위해서는 문제를 가능한 한 어렵게 출제해야 한다.
④ 난이도를 조절하기 위해서는 상위집단과 하위집단의 정답률을 비슷하게 구성해야 한다.

■ 정답 및 해설
① 변별도가 0인 문항은 학습자의 능력 차이를 전혀 변별해주지 못하는 문항이다. 변별도가 음수인 문항은 총점이 높은 학습자는 틀릴 확률이 높고, 총점이 낮은 학습자는 맞힐 확률이 높은 문항이다. 즉 학습자의 능력 차이를 역으로 나타내는 문항이다. 두 경우 모두 일반적으로 검사에서 제외하는 것이 바람직하다.

◇ 오답 체크
② 난이도는 총 피험자 중 정답을 한 피험자의 비율이다.
③ 변별도를 높이기 위해서는 적절한 수준의 난이도로 출제해야 한다. 지나치게 어렵게 출제하면 모든 피험자가 오답을 하게 되므로 변별도가 0에 가까워진다.
④ 상위집단과 하위집단의 정답률을 고려하는 것은 변별도와 관련되어 있다.

**877.** 검사도구의 제작과정에서 문항의 특성과 문항분석에 대해 바르게 이해하고 활용한 사례로 가장 적절한 것은?  2010년 유초등
① 문항변별도가 음수로 나온 문항은 수정하거나 검사에서 제외시켰다.
② 문항변별도를 높이기 위해 검사 문항들을 난이도 순으로 배열하였다.
③ 검사의 변별력을 높이기 위해 문항난이도가 0과 1인 문항을 많이 포함시켰다.
④ 문항 선택지들의 매력도를 높이기 위해 특정 오답지에 반응이 집중되도록 하였다.
⑤ 정답을 추측해서 맞힐 확률은 문항 선택지가 많을수록 높아지므로 선택지의 수를 줄였다.

■ 정답 및 해설
① 문항변별도가 음수로 나온 문항은 하위집단의 수험자가 상위집단의 수험자에 비해 정답을 한 비율이 높다는 것이다. 즉 이 문항은 피험자의 능력을 변별하는 기능을 제대로 하지 못하는 문항이다. 따라서 이 문항은 수정하거나 검사에서 제외시키는 것이 옳다.

**878.** 검사 문항을 개선하기 위해 실시하는 문항 분석에 관한 설명으로 옳지 않은 것은?  2004년 중등
① 문항(답지)반응분포는 오답지 매력도에 관한 정보를 제공한다.
② 문항에 대한 정답자 비율로 산출되는 난이도 지수는 수험자 집단에 따라 변할 수 있다.
③ 한 문항에서 검사점수가 높은 상위집단과 낮은 하위집단의 수험자가 모두 정답을 골랐을 때 변별도는 1이 된다.
④ 검사점수가 낮은 하위집단이 높은 상위집단에 비해 정답을 고른 수험자의 수가 더 많을 때, 그 문항은 변별 기능을 제대로 하지 못한 것이다.

■ 정답 및 해설
③ 상위집단과 하위집단의 수험자가 모두 정답을 고른 경우 두 집단 간의 정답률의 차이는 0이 되므로, 변별도가 0이 된다. 즉 수험자의 능력 차이를 변별하는 능력이 없는 문항이라는 의미이다.

877 ①　878 ③

## 출포 274. 고전검사이론에 의한 문항분석 2 (계산)

기본서 390~393쪽

**879.** 다음 표는 학생의 문항별 정답 및 오답을 표시한 것이다. 총점에 따른 학생별 수준을 고려할 때, 문항1~문항4 중 문항변별도가 가장 높은 문항은? (단, 정답은 O, 오답은 X로 표시한다)

2016년 국가직 7급

|  | 문항1 | 문항2 | 문항3 | 문항4 | …… | 총점 | 수준 |
|---|---|---|---|---|---|---|---|
| 학생A | O | X | O | X | …… | 99 | 상위집단 |
| 학생B | O | X | O | X | …… | 95 | 상위집단 |
| 학생C | X | O | O | X | …… | 20 | 하위집단 |
| 학생D | X | O | O | X | …… | 25 | 하위집단 |
| 학생E | O | X | O | X | …… | 90 | 상위집단 |

① 문항 1  ② 문항 2  ③ 문항 3  ④ 문항 4

### ■ 정답 및 해설

① 문항변별도가 가장 높은 문항은 상위집단의 정답률과 하위집단의 정답률의 차이가 가장 큰 문항이다. 문항 1은 상위집단(학생 A, B, E)은 정답을 맞혔고, 하위집단(학생 C, D)은 틀린 문항이므로 변별도가 가장 높다.

◇ 오답 체크

② 문항 2는 상위집단은 오답을 하고 하위집단은 정답을 한 문항이므로 변별도가 음수로 나오므로, 변별도가 가장 낮다.
③, ④ 문항 3은 모든 학생이 정답을 맞힌 문항이고 문항 4는 모든 학생이 틀린 문항이므로 변별도가 0이 된다.

**암기 POINT**
• 고전검사이론에 따른 문항분석

| 지표 | 산출 방법 |
|---|---|
| 난이도 | 총 피험자 중 정답자의 비율 |
| 변별도 | 상위집단 정답률에서 하위집단 정답률을 뺀 값 |

**880.** 100명의 학생을 대상으로 수학 시험을 본 후, 시험성적을 기준으로 상위집단(상위 50%)과 하위집단(하위 50%)을 나누었다. 다음은 1번 문항에서 정답과 오답을 한 학생들의 수를 나타낸 것이다. 1번 문항의 문항난이도와 문항변별도를 올바르게 짝지은 것은?

2013년 지방직 9급

(단위 : 명)

| 구분 | 정답 | 오답 | 계 |
|---|---|---|---|
| 상위집단 | 30 | 20 | 50 |
| 하위집단 | 10 | 40 | 50 |
| 계 | 40 | 60 | 100 |

| | 문항난이도 | 문항변별도 |
|---|---|---|
| ① | 0.2 | 0.3 |
| ② | 0.4 | 0.3 |
| ③ | 0.2 | 0.2 |
| ④ | 0.4 | 0.4 |

879 ①  880 ④

■ 정답 및 해설
④ 문항난이도 = 정답자 수 / 전체 학생 수 = 40/100 = 0.4
  문항변별도 = 상위집단 정답률 – 하위집단 정답률 = 30/50 – 10/50 = 0.6 – 0.2 = 0.4

881. 다음은 한 문항의 답지 ㉮~㉲에 대한 전체응답자 200명의 반응과 이들을 상위집단 100명과 하위집단 100명으로 나누어 그들의 반응을 분석한 표이다. 분석결과에 대한 해석으로 가장 적절한 것은?  *2006년 중등*

| 답지 | 전체응답자 (200명) | 상위집단 (100명) | 하위집단 (100명) |
|---|---|---|---|
| ㉮ | 53명 | 25명 | 28명 |
| ㉯ 정답임 | 60명 | 20명 | 40명 |
| ㉰ | 30명 | 20명 | 10명 |
| ㉱ | 1명 | 0명 | 1명 |
| ㉲ | 56명 | 35명 | 21명 |

① 문항곤란도(item difficulty)가 0.6이다.
② 모든 답지가 매력적으로 잘 작성되어 있다.
③ 상위 집단에게 가장 매력적인 답지는 ㉱이다.
④ 문항변별도(item discrimination)가 낮아 문항검토가 요구되는 문항이다.

■ 정답 및 해설
④ 문항변별도는 상위 집단의 정답률과 하위 집단의 정답률의 차이로 산출한다. 문항변별도가 .30~.40 이상이면 변별력이 높은 문항으로 볼 수 있으며, .20 미만이면 변별력이 낮은 문항이므로 수정하거나 제거해야 한다. 제시된 본 문항의 변별도는 (20-40)/100 = -0.2 이므로 문항의 변별도가 낮아 문항검토가 요구된다.

◇ 오답 체크
① 문항곤란도는 전체 피험자 중 정답자의 비율로 산출한다. 본 문항의 문항곤란도는 60/200 = 0.3 이다.
② 답지 ㉱에는 응답자가 1명 밖에 분포하지 않는다. 이 답지는 매력도가 상당히 낮은 답지로 볼 수 있다.
③ 상위 집단이 가장 많이 응답한 답지는 ㉲이므로 이 답지가 가장 매력적인 답지라고 할 수 있다.

881 ④

882. A중학교 1학년 1반 30명의 사회과 기말고사 문항 중 1~4번에 대한 문항 반응이다. 학생들을 성적에 따라 상하 각각 50%로 구분하고 상위집단의 정답비율과 하위집단의 정답비율의 차이로 문항변별도를 구할 때, 문항변별도가 가장 높은 것은? 2005년 중등

| 집단 | 문항 | 1 | 2 | 3 | 4 |
|---|---|---|---|---|---|
| 상위 | 정답자수 | 10 | 8 | 12 | 13 |
| | 오답자수 | 5 | 7 | 3 | 2 |
| 하위 | 정답자수 | 5 | 9 | 9 | 4 |
| | 오답자수 | 10 | 6 | 6 | 11 |

① 문항 1
② 문항 2
③ 문항 3
④ 문항 4

■ 정답 및 해설
④ 문항변별도는 상위 집단의 정답률과 하위 집단의 정답률의 차이로 산출할 수 있다. 4번 문항의 경우, (13-4)/15 = 9/15 이므로 변별도가 가장 높다.
◇ 오답 체크
① 문항 1 : (10-5)/15 = 5/15
② 문항 2 : (8-9)/15 = -1/15
③ 문항 3 : (12-9)/15 = 3/15

## 출포 275. 문항반응이론에 의한 문항분석

기본서 393~395쪽

883. 다음의 내용과 가장 관계있는 문항반응이론의 개념은? 2009년 국가직 7급

김 교사는 인지능력검사를 제작하여 서울과 농촌지역 학생들을 대상으로 검사를 실시한 다음 이들의 문항정답률을 기초로 인지능력검사를 타당화하고자 한다. 그런데 서울과 농촌지역 학생들 간의 능력차가 문항정답률에 영향을 주지 않을까 고민하고 있다.

① 일차원성(unidimensionality)
② 정규분포성(normal distribution)
③ 지역독립성(local independence)
④ 불변성(invariance)

암기 POINT
• 문항반응이론의 전제
 - 문항 특성의 불변성
 - 피험자 특성의 불변성
 - 단일차원성
 - 지역독립성

882 ④  883 ④

■ 정답 및 해설
④ 김교사는 피험자 집단의 능력차가 문항정답률에 영향을 줄 수 있다는 점에 대해 고민하고 있다. 문항반응이론에서는 피험자 집단의 능력이 달라져도 바뀌지 않는 하나의 고유한 문항특성곡선이 추정될 수 있다고 보는 문항특성의 불변성을 전제한다. 따라서 가장 관계가 깊은 개념은 불변성이다.

◇ 오답 체크
① 일차원성은 하나의 검사는 하나의 능력 혹은 구인만을 측정하고 있다고 가정하며, 이를 기반으로 단일한 곡선 위에 피험자의 능력 수준을 표시한다.
② 정규분포성은 피험자 집단의 점수분포가 정규분포를 나타낸다는 의미이며, 이것은 문항반응이론의 기본 가정에 포함되지 않는다.
③ 지역독립성은 어떤 문항에 대한 응답은 다른 문항의 응답에 영향을 주지 않는다는 가정으로서, 각 문항에 대해 정답을 맞힐 확률은 상호독립적이라는 의미이다.

**884.** 문항반응이론(item response theory)에 대한 설명으로 옳은 것은?

2008년 국가직 9급

① 문항변별도 지수는 항상 양수이다.
② 문항특성곡선의 기울기가 가파를수록 변별력이 없는 문항이 된다.
③ 문항난이도가 0인 문항은 거의 모든 학생이 정답을 할 수 없는 문항을 말한다.
④ 피험자 집단의 능력이 달라져도 결과적으로는 하나의 고유한 문항특성곡선이 추정된다.

■ 정답 및 해설
④ 문항반응이론에서는 문항특성을 검사 총점에 의하여 분석하는 것이 아니라 문항마다 특유한 문항특성곡선에 의하여 검사결과를 분석한다. 즉 문항반응이론에서는 문항특성의 불변성을 가정하므로, 피험자 집단의 능력이 달라져도 하나의 고유한 문항특성곡선이 추정된다고 본다.

◇ 오답 체크
① 문항변별도 지수는 정답확률 0.5 지점에서의 문항특성곡선의 기울기에 해당한다. 일반적으로 0에서 +2의 값을 가진다. 즉 문항변별도 지수가 항상 양수인 것은 아니다.
② 문항특성곡선의 기울기가 가파를수록 변별도 지수가 높으며 변별력이 높은 문항이 된다.
③ 문항난이도는 문항의 답을 맞힐 확률이 0.5에 대응하는 피험자의 능력수준으로 나타내는 것으로, 문항이 어떤 능력 수준에서 기능하는지를 보여주는 지표이다. 일반적으로 -2에서 +2 사이에 위치하며 난이도 지수가 커질수록 어려운 문항에 해당한다. 문항 난이도가 0인 문항은 평균적인 능력 수준의 학생들이 50%의 확률로 정답을 할 수 있는 문항이다. 거의 모든 학생이 정답을 할 수 없는 문항은 문항난이도가 +2인 문항에 해당한다.

**암기 POINT**
• 문항특성곡선의 이해

| 개념 | 피험자의 각 능력 수준에서 정답을 맞힐 확률을 나타낸 곡선 |
|---|---|

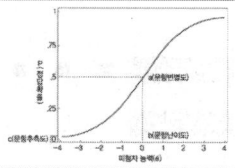

884 ④

885. 다음의 문항특성곡선들에 대한 해석으로 옳은 것은?　2008년 유초등

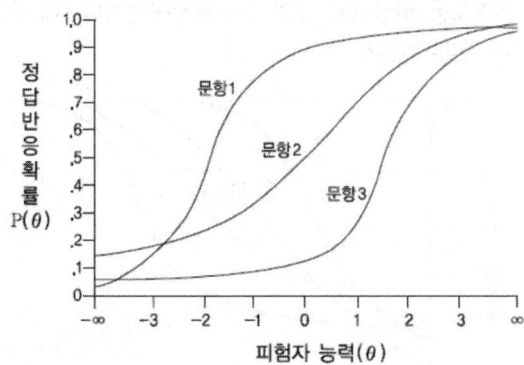

① 문항2의 문항난이도 지수는 1이다.
② 문항1이 문항2보다 문항추측도가 높다.
③ 문항2가 문항3보다 문항변별도가 낮다.
④ 문항1은 능력 수준이 높은 피험자들을 변별하는 데 적합하다.

■ 정답 및 해설
③ 문항특성곡선에서 문항변별도는 정답확률 0.5 지점에서의 문항특성곡선의 기울기에 해당한다. 이 지점에서의 문항특성곡선의 기울기가 가파를수록 문항변별도가 높은 문항이며, 완만할수록 변별도가 낮은 문항이다. 제시된 그래프에서 문항 2는 문항 3보다 완만한 기울기를 보이므로 문항변별도가 낮다고 해석할 수 있다.

◇ 오답 체크
① 문항난이도는 정답반응 확률이 0.5인 지점에 대응하는 피험자의 능력수준에 해당하는 값으로 나타낸다. 제시된 그래프에서 문항2의 난이도 지수는 0에 가깝다.
② 문항추측도는 피험자의 능력이 가장 낮은 수준에서 문항의 답을 맞히는 확률에 해당한다. 즉 문항특성곡선 그래프가 y축과 만나는 지점에서의 정답반응확률을 의미한다. 제시된 그래프에서 문항1이 문항2보다 문항추측도가 낮게 나타난다.
④ 문항1은 정답반응확률이 0.5인 지점에 대응하는 피험자의 능력수준이 약 -2에 해당한다. 즉 능력 수준이 낮은 피험자들을 변별하는 데 적합한 문항이라는 의미이다.

886. 다음 그래프는 문항반응이론의 '3-모수' 모형으로 추정한 문항 난이도, 변별도, 추측도를 바탕으로 그린 문항특성곡선이다. 네 문항의 특성에 대한 설명 중 옳은 것은?       2007년 중등

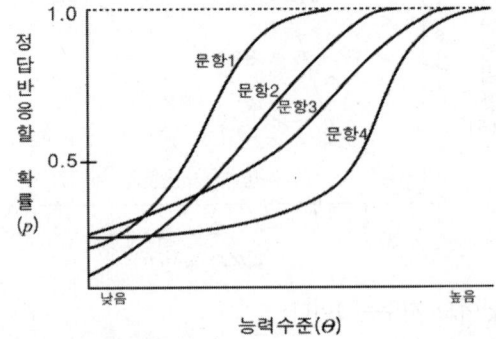

① 문항 1은 능력 수준이 중간 정도인 사람들을 변별하는 데에 적합하다.
② 문항 2는 문항 1보다 변별도가 높다.
③ 문항 3은 문항 4보다 변별도가 높다.
④ 문항 4는 능력 수준이 높은 사람들을 변별하는 데에 적합하다.

■ 정답 및 해설
④ 문항 4는 정답반응확률이 0.5인 지점에서 대응하는 피험자의 능력수준이 가장 높은 문항에 해당한다. 즉 문항 4은 능력 수준이 높은 피험자들을 변별하는 데 적합한 문항이라는 의미이다.
◇ 오답 체크
① 문항 1은 정답반응확률이 0.5인 지점에서 대응하는 피험자의 능력수준이 가장 낮은 문항에 해당한다. 즉 문항 1은 능력 수준이 낮은 피험자들을 변별하는 데 적합한 문항이라는 의미이다.
② 문항 2는 문항 1에 비해 정답반응확률이 0.5인 지점에서 그래프의 기울기가 완만하다. 즉 문항 2는 문항 1보다 변별도가 낮다는 의미이다.
③ 문항 3은 문항 4에 비해 정답반응확률이 0.5인 지점에서 그래프의 기울기가 완만하다. 즉 문항 3은 문항 4보다 변별도가 낮다는 의미이다.

886 ④

# 5. 평가결과의 통계분석

## 01. 자료의 특성

### 출포 276. 척도의 유형

기본서 395~396쪽

**887.** 다음 설명에 해당하는 척도는?　　　　2024년 지방직 9급

> ○ 사물이나 사람을 구분하거나 분류하기 위해 사용되는 척도이다.
> ○ 예를 들어 성별을 표시할 때, 여학생을 0, 남학생을 1로 표시한다.

① 명명척도　　　　　　　② 서열척도
③ 동간척도　　　　　　　④ 비율척도

■ 정답 및 해설
① 측정하고자 하는 대상의 범주를 구분하거나 분류하기 위해 사용하는 척도는 명명척도이다. 이 때, 분류의 의미로 숫자를 사용하더라도 그 숫자는 수량적 의미를 포함하지 않으며, 단지 이름을 붙인 것에 불과하다.

◇ 오답 체크
② 서열척도는 측정대상에 순위나 서열만을 부여하는 것으로, 측정 단위 사이에 등간성이 유지되지 않으므로 상대적 우열만을 나타낸다.
③ 동간척도와 ④ 비율척도는 측정대상에 등간성을 가진 수량을 나타내는 척도이다.

**888.** 교육평가를 위해 활용되는 척도에 대한 설명으로 옳지 않은 것은?
　　　　　　　　　　　　　　　　　　　　　2022년 국가직 7급

① 명명척도 - 단순히 분류하거나 범주화할 목적으로 사용하는 척도이다.
② 서열척도 - 측정대상에 순위나 서열을 부여하는 것으로, 측정단위의 간격 간에 등간성이 유지된다.
③ 등간척도 - 각 측정단위 사이의 간격이 동일한 척도로서 절대영점은 없고 임의영점은 있다.
④ 비율척도 - 분류, 순위, 등간의 속성은 물론 절대영점을 가지고 있으며 가감승제를 자유롭게 할 수 있다.

■ 정답 및 해설
② 서열척도는 측정대상에 순위나 서열만을 부여하는 것으로, 측정단위의 간격 간에 등간성이 유지되지는 않는다. 등간성이 유지되는 척도는 등간척도와 비율척도이다.

---

**암기 POINT**

• 척도의 유형

| | |
|---|---|
| 명명<br>척도 | 대상의 구분, 분류<br>질적인 의미만 존재<br>가감승제 불가능 |
| 서열<br>척도 | 순위나 서열을 부여<br>상대적 우열만 표시<br>가감승제 불가능 |
| 동간<br>척도 | 대상 특성을 동간성이 있는 수치로 표현<br>절대영점이 없어 가감 가능, 승제 불가능 |
| 비율<br>척도 | 분류, 순위, 등간, 비율의 속성 모두 지님<br>동간성과 절대영점 존재, 가감승제 가능 |

887 ① 888 ②

**889.** 다음 척도에 대한 설명으로 옳은 것은?　　　2019년 국가직 7급

> * 현재 수강 중인 과목에 어느 정도 만족하십니까?
>   ① 매우 불만　② 불만　③ 보통
>   ④ 만족　　　⑤ 매우 만족

① 측정치 사이의 크기 또는 간격이 동일한 척도로, 절대영점을 갖고 있다.
② 측정대상을 상호배타적 범주로 분류하는 측정치로, 수치의 의미가 질적 구분만 가능하다.
③ 분류, 순위, 동간성을 갖고 있는 측정치로, 가감승제가 자유로운 가장 높은 수준의 측정이다.
④ 순위 또는 상대적 중요성에 대한 정보를 갖고 있는 측정치로, 측정치가 절대량의 크기를 나타내지 않는다.

■ 정답 및 해설
④ 어떤 개념이나 대상에 대한 태도를 묻는 여러 개의 문항으로 질문지를 구성하고, 질문에 대해 긍정에서 부정 사이의 연속적인 반응 중에서 선택하도록 하는 척도는 리커트 척도이다. 리커트 척도로 측정된 값은 순위 또는 상대적 중요성을 의미할 뿐 절대적인 값을 의미하지는 않는 서열척도에 해당한다.
◇ 오답 체크
①, ③ 비율척도, ② 명명척도에 대한 설명이다.


**890.** 사물이나 사람의 특성을 측정하기 위해서는 측정단위를 설정하여야 한다. 다음 중 '절대 영점'을 포함하고 있는 척도는?　　2013년 국가직 9급
① 명명척도(nominal scale)　② 서열척도(ordinal scale)
③ 동간척도(interval scale)　④ 비율척도(ratio scale)

■ 정답 및 해설
④ '절대 영점'이란 측정의 대상이 되는 현상의 존재 자체가 없어서[無] '0'으로 표시하는 지점을 말한다. 자연적 혹은 절대적으로 정해지는 영점이라는 의미이다. 절대 영점을 갖는 측정치의 예로는 무게, 길이, 시간 등이 있다. 절대 영점을 포함하는 측정치는 비율척도 뿐이다.
　한편, '상대 영점'은 측정의 대상이 되는 현상은 존재[有]하지만 수치상으로는 '0'으로 표시되는 지점을 말한다. 상대 영점을 갖는 측정치의 예로는 온도, 시각 등이 있다. 등간척도는 절대 영점을 포함하지 않으며, 상대 영점만을 포함한다.

889 ④　890 ④

891. A 교사는 부모의 거주지역에 따라 학생들의 영어성적에 차이가 있는지를 알아보기 위하여 지역을 공업지역, 상업지역, 농업지역, 수산업지역으로 나누고 각각에 0, 1, 2, 3을 부여하였다. 부여된 수의 특징에 대한 설명으로 옳은 것은? 2011년 국가직 7급
① 수(數)들 간에 동간성이 있다.
② 0은 절대영점이다.
③ 단순한 이름에 불과하다.
④ 순위를 나타내는 수(數)이다.

■ 정답 및 해설
③ 학생들의 부모가 거주하는 지역을 구분하는 범주를 나타내기 위해 임의의 숫자를 부여한 것이므로, 명명척도에 해당한다. 명명척도에서 범주를 구분하는 명칭으로 숫자를 사용하더라도 그 숫자는 수량적 의미를 포함하지 않으며, 단지 이름을 붙인 것에 불과하다.


892. 표준점수(standard score)는 어떤 척도에 해당하는가? 2007년 국가직 9급
① 명명척도
② 서열척도
③ 동간척도
④ 비율척도

■ 정답 및 해설
④ 표준점수는 측정치들 간의 상대적 비교가 가능하도록 원점수를 변환하여 만든 점수이다. 표준점수는 규준집단의 평균과 표준편차에 근거하여 측정치를 부여한다. 이러한 과정을 통해, 원점수와 달리 절대적으로 의미가 있는 기준점을 갖게 되는 비율척도가 된다.


893. 점수 또는 순위에 대한 설명으로 바른 것은? 2005년 유초등
① 1등과 10등의 능력 차이는 41등과 50등의 차이와 같다.
② 국어 성적이 4등, 수학 성적이 10등인 학생의 평균 성적 순위는 7등이다.
③ 두 검사에서 똑같이 50점을 받았다고 하더라도 표준 점수는 다를 수 있다.
④ 수학 시험에서 80점을 받은 사람은 40점을 받은 사람보다 두 배의 수리 능력을 가지고 있다.

■ 정답 및 해설
③ 서로 다른 두 개의 검사에서 획득한 점수(50점)는 원점수이므로 검사의 난이도에 따라 그 의미가 달라질 수 있다. 표준점수는 모집단의 자료가 정규분포를 이룬다

는 가정 하에, 개별 학생의 점수가 평균으로부터 얼마나 떨어져있는지를 나타내는 상대적인 점수이다. 따라서 원점수가 같더라도 표준점수는 집단의 점수분포에 따라 다르게 나올 수 있다.

◇ 오답 체크
① 석차는 서열척도에 해당하므로, 석차의 의미는 순위의 차로만 해석되어야 한다. 즉 석차 사이의 간격에 동간성이 없기 때문에 1등과 10등의 능력 차이와 41등과 50등의 차이는 같지 않을 수 있다.
② 석차는 서열척도에 해당하므로 서로 다른 검사에서 획득한 석차 점수를 가감승제할 수 없다. 동간척도와 비율척도에서만 평균 점수가 의미를 갖는다.
④ 원점수는 동간척도에 해당하므로 상대영점만 있고 절대영점은 포함하지 않는다. 따라서 가감은 가능하지만 승제는 불가능하다.

## 출포 277. 자료의 분포와 중심경향값

기본서 396~398쪽

**894.** 최빈값, 중앙값, 평균에 대한 특성을 설명한 것 중에서 옳은 것은?

2008년 중등

① 표집에 따른 변화가 가장 작으며 안정성 있는 집중경향값은 최빈값(mode)이다.
② 점수의 분포가 정상분포(normal distribution)를 이루는 경우에는 최빈값, 중앙값, 평균이 일치한다.
③ 명명척도(nominal scale)의 속성을 가진 자료일 경우에는 평균(mean)을 집중경향값으로 사용하는 것이 바람직하다.
④ 한 전집의 추정 값으로서 표집을 통하여 그 값을 계산하는 경우에, 극단값의 영향을 가장 크게 받는 것은 중앙값(median)이다.

■ 정답 및 해설
② 점수의 분포가 정상분포를 이루는 경우에는 점수의 분포가 평균을 중심으로 좌우대칭을 이루므로 최빈값, 중앙값, 평균이 일치한다.

◇ 오답 체크
① 표집에 따른 변화가 가장 작으며 안정성 있는 집중경향값은 중앙값이다. 중앙값은 서열척도일 때 가장 적합한 집중경향값이지만, 극단의 영향을 배제하고자 할 때, 불완전한 분포가 주어졌을 때, 측정단위의 동간성이 의심될 때에도 사용된다.
③ 명명척도의 속성을 가진 자료일 경우에는 자료의 가감승제가 불가능하므로 평균을 산출하는 것이 적절하지 않다. 명명척도는 최빈값을 집중경향값으로 활용한다.
④ 극단값의 영향을 가장 크게 받는 것은 평균이다. 평균은 극단값이 존재하면 중심경향을 적절하게 나타내지 못할 수 있다. 특히 사례수가 적은 경우 극단값에 아주 큰 영향을 받기 때문에 활용에 주의하여야 한다.

---

**암기 POINT**
• 자료의 중심경향값 비교

| 구분 | 척도 | 특징 |
|---|---|---|
| 최빈값 | 명명 척도 | 표집에 따라 변동 심함 |
| 중앙값 | 서열 척도 | 안정적, 극단값 영향 작음 |
| 평균 | 등간 비율 | 널리 사용, 극단값 영향 큼 |

894 ②

**895.** 다음의 정규분포에 관한 설명 중 옳은 것끼리 묶인 것은? 2005년 중등

ㄱ. 평균이 중앙값보다 크다.
ㄴ. 평균을 중심으로 좌우대칭이다.
ㄷ. 분포 곡선은 X축과 절대로 만나지 않는다.
ㄹ. 평균을 중심으로 좌우 1표준편차 내에 약 95%가 분포한다.

① ㄱ, ㄷ    ② ㄱ, ㄹ    ③ ㄴ, ㄷ    ④ ㄴ, ㄹ

■ 정답 및 해설
③ 정규분포는 도수분포곡선이 평균값을 중심으로 하여 좌우대칭인 종 모양을 이루는 것으로(ㄴ), 정규분포곡선은 평균에서 좌우로 멀어질수록 X축에 무한히 가까워지지만 분포곡선이 X축과 절대로는 만나지는 않는다(ㄷ).

◇ 오답 체크
ㄱ. 정규분포에서는 최빈값, 중앙값, 평균이 일치한다.
ㄹ. 정규분포에서는 평균을 중심으로 좌우 1표준편차 내에 약 68%가, 좌우 2표준편차 내에 약 95%가, 좌우 3표준편차 내에 약 99%가 분포한다.

**896.** 다음은 인근한 A, B, C 세 초등학교의 4학년 학생을 대상으로 한 수학과 학업성취도 검사 점수의 분포이다. 이들 점수 분포에 대한 해석으로 옳은 것은? 2004년 유초등

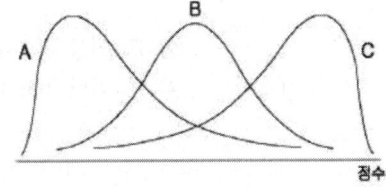

① A 학교 학생들의 점수는 부적으로 편포되어 있다.
② B 학교의 학생들의 평균점수가 가장 높다.
③ C 학교 학생들의 집중경향값 중 평균이 최빈값보다 크다.
④ A, B 학교 학생들보다 C 학교 학생들에게 쉬운 시험이다.

■ 정답 및 해설
④ C학교 학생들의 점수가 A, B학교 학생들의 점수보다 높은 점수대에 집중 분포하므로 C학교 학생들에게 더 쉬운 시험이었다고 해석할 수 있다.

◇ 오답 체크
① 편포는 분포가 대칭을 벗어나 한쪽으로 치우친 것을 말한다. 정적편포는 분포의 꼬리가 높은 점수 쪽으로 뻗어 있는 경우를, 부적편포는 분포의 꼬리가 점수의 낮은 쪽으로 뻗어 있는 경우를 말한다.

**암기 POINT**
• 점수의 분포형태와 대푯값

| 정규분포 | 최빈값=중앙값=평균 |
|---|---|
| 정적편포 | 최빈값<중앙값<평균 |
| 부적편포 | 평균<중앙값<최빈값 |

895 ③  896 ④

분포 양상은 평균(M)을 기준으로 하고 최빈치가 평균보다 큰지, 작은지에 따라 결정된다고도 할 수도 있다. 즉 평균에서 최빈치를 뺀 값(M-Mo)이 '0'이 나오면 정상분포이고, '+'이면 정적편포, '-'이면 부적편포라고 한다.

A 학교 학생들의 점수는 낮은 점수 쪽에 집중되어 있고 분포의 꼬리가 높은 점수 쪽으로 뻗어 있으므로, 최빈치가 평균보다 낮은 수준에 위치하게 된다. 평균-최빈값이 '+'가 되므로 정적으로 편포되어 있다고 한다.

② A 학교 학생들의 점수는 가장 낮은 점수대에, C 학교 학생들의 점수는 가장 높은 점수대에 집중하여 분포하므로, 평균점수가 가장 높은 학교는 C학교이다.

③ 평균은 극단적인 점수들의 크기에 의해 영향을 크게 받는 반면, 최빈값은 점수들의 분포가 집중되는 위치에 의해 영향을 받는다. 따라서 부적 편포에서 평균은 언제나 중앙값보다 작고, 중앙값은 대체로 최빈값보다 작은 위치에 있게 된다. (* 부적편포 : 평균<중앙값<최빈값).

## 02. 규준점수의 산출과 해설

### 출포 278. 원점수와 백분위점수

기본서 398~399쪽

**897.** 수학성취도 평가를 실시한 결과, 전체 학생의 수학 원점수는 평균이 70, 표준편차가 10인 정규분포를 따랐다. 원점수 80을 받은 학생이 포함된 백분위 구간은?                    2016년 국가직 9급

① 60 이상 70 미만   ② 70 이상 80 미만
③ 80 이상 90 미만   ④ 90 이상 100 미만

■ 정답 및 해설

③ 원점수를 Z점수로 변환하면 Z = (80 - 70)/10 = 1이다. Z점수 1은 백분위 84에 해당하므로, 80 이상 90 미만의 구간에 포함된다.

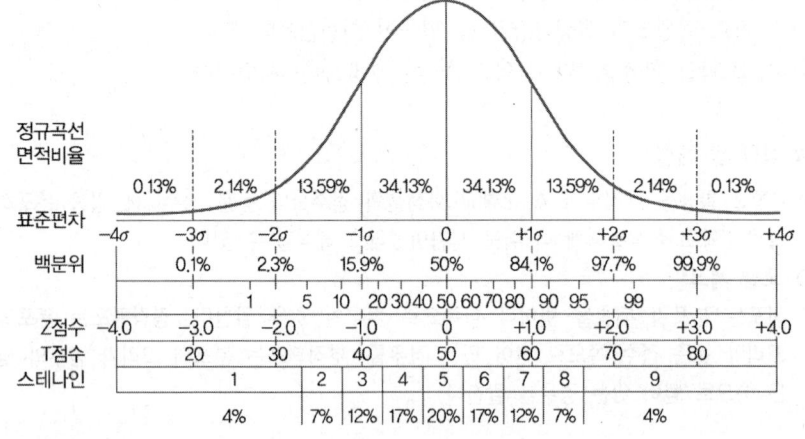

**암기 POINT**
• 원점수와 규준점수

| 원점수 | -1σ | 평균 | +1σ |
|---|---|---|---|
| Z점수 | -1 | 0 | 1 |
| T점수 | 40 | 50 | 60 |
| 백분위 | 16 | 50 | 84 |
| 스테나인 (등급) | 3구간 (7등급) | 5구간 (5등급) | 7구간 (3등급) |

897 ③

898. 어떤 지능검사가 평균이 100, 표준편차가 15인 정상분포를 이룰 때, 115의 점수를 받은 학생의 백분위(percentile rank)에 가장 가까운 값은?

2013년 국가직 7급

① 64
② 74
③ 84
④ 94

■ 정답 및 해설
③ 원점수를 Z점수로 변환하면 Z = (115 - 100)/15 = 1이다. Z점수 1은 백분위 84 정도에 해당한다.

## 출포 279. Z점수와 T점수

😊 기본서 398~401쪽

899. 다음은 지능 원점수 4개를 서로 다른 척도로 나타낸 것이다. 지능 원점수가 가장 낮은 것은? (단, 지능 원점수는 정규분포를 따른다)

2018년 국가직 9급

① Z점수 1.5
② 백분위 90
③ T점수 60
④ 스테나인 2등급

■ 정답 및 해설
③ Z점수로 변환하여 볼 때 가장 낮은 점수는 T점수 60이다.

| 구분 | Z점수 | T점수 | 백분위 | 스테나인 등급 |
|---|---|---|---|---|
| ① | 1.5 | | | |
| ② | 1 이상 | | 90 | |
| ③ | 1 | 60 | | |
| ④ | 1 이상 | | | 2등급 |

898 ③  899 ③

**난이도** ■ ■ ■
**채점결과** □ □ □

**기출플러스**
- 규준점수의 산출과 해석 (2004년 중등)

어떤 학급에서 학생들의 시험점수가 평균 70점이고 표준편차 10점인 정상분포를 나타낼 때, 다음 중 성적이 가장 높은 학생의 점수는?
① 원점수 50
② Z점수 1 (O)
③ T 점수 50
④ 백분위 50

**난이도** ■ ■ ■
**채점결과** □ □ □

**난이도** ■ ■ ■
**채점결과** □ □ □

900 ② 901 ④ 902 ④

**900.** A 학교의 수학 시험 점수의 평균이 70점이고, 표준편차가 10점일 때, 가장 높은 점수는? (단, 수학 시험 점수는 정규분포를 따른다) 2015년 국가직 7급

① 원점수 : 75
② T점수 : 65
③ Z점수 : 1
④ 백분위 : 80

■ 정답 및 해설

② Z점수로 변환하여 볼 때 가장 높은 점수는 T점수 65이다.

| 구분 | 원점수 | Z점수 | T점수 | 백분위 |
|---|---|---|---|---|
| ① | 75 | 0.5 | | |
| ② | | 1.5 | 65 | |
| ③ | | 1 | | 84 |
| ④ | | 1 이하 | | 80 |

**901.** A 학교의 국어 과목 기말고사의 평균점수가 60점이고 표준편차가 5점인데, 길동이는 원점수 70점을 받았다. 이때 길동이의 T점수는? 2012년 국가직 7급

① 40
② 50
③ 60
④ 70

■ 정답 및 해설

④ $Z = \dfrac{X - \bar{X}}{\sigma} = \dfrac{원점수 - 평균}{표준편차} = \dfrac{70-60}{5} = 2$

T = Z×10 + 50 = 2×10 + 50 = 20 + 50 = 70

**902.** 어느 학교 1학년의 학생수가 250명이다. 이 학생들의 영어시험 평균점수(M)가 81점, 표준편차(SD)가 5점이었다. 철수의 표준점수인 Z점수가 1.4라면 철수의 영어점수는 몇 점인가? 2010년 국가직 7급

① 64
② 74
③ 87
④ 88

■ 정답 및 해설

④ $Z = \dfrac{X - \bar{X}}{\sigma} = \dfrac{원점수 - 평균}{표준편차} = \dfrac{X - 81}{5} = 1.4$

X - 81 = 1.4×5 = 7
X = 7 + 81 = 88

903. 다음은 한 학생의 과목별 시험 점수와 전체 응시자의 평균 및 표준편차를 제시한 표이다. 표준점수가 가장 높은 과목은?  2008년 국가직 7급

| 과목 | 시험점수 | 평균 | 표준편차 |
|---|---|---|---|
| 국어 | 95 | 80 | 10 |
| 영어 | 84 | 69 | 6 |
| 수학 | 74 | 60 | 7 |
| 과학 | 75 | 64 | 11 |

① 국어
② 영어
③ 수학
④ 과학

■ 정답 및 해설
② Z점수 산출 결과, 표준점수가 가장 높은 과목은 영어이다.

| 과목 | 시험점수 | 평균 | 표준편차 | Z점수 |
|---|---|---|---|---|
| 국어 | 95 | 80 | 10 | (95-80)/10 = 1.5 |
| 영어 | 84 | 69 | 6 | (84-69)/6 = 2.5 |
| 수학 | 74 | 60 | 7 | (74-60)/7 = 2 |
| 과학 | 75 | 64 | 11 | (75-64)/11 = 1 |

기출플러스
• 규준점수의 산출과 해석 (2005년 유초등)
어떤 학생의 적성검사 결과표이다. 이 학생이 가장 높은 적성을 보이는 것은?

| 적성 | 원점수 | 평균 | 표준편차 |
|---|---|---|---|
| 언어 | 30 | 20 | 5 |
| 수리 | 30 | 30 | 10 |
| 공간지각 | 40 | 30 | 10 |
| 예능 | 40 | 50 | 5 |

① 언어 (O)  ② 수리
③ 공간지각  ④ 예능

904. 평균이 50점이고 표준편차가 10점인 정규분포를 이루고 있는 수학시험에서 60점을 얻은 A 학생에 대한 설명으로 옳은 것은?  2007년 중등
① z-점수는 1.0이다.
② T-점수는 40이다.
③ 60백분위에 해당한다.
④ A 학생보다 높은 점수를 얻은 학생은 10%이다.

■ 정답 및 해설
① $Z = \frac{X - \bar{X}}{\sigma} = \frac{60-50}{10} = 1$

◇ 오답 체크
② T = 10*Z + 50 = 60
③ Z점수 1은 84백분위에 해당한다.
④ A학생보다 높은 점수를 얻은 학생은 16%이다.

903 ②  904 ①

905. A 교사는 국어과 2학기 중간고사에서 60점을 받은 어떤 학생의 상대적 위치가 어느 정도인지 알고 싶어 한다. 국어과 성적은 정규분포를 따르고 평균 60, 표준편차 10 이라고 할 때, 이 학생의 상대적 위치를 나타내는 것으로 틀린 것은? 2005년 중등
① T 는 50
② Z는 1
③ 백분위는 50
④ 구간점수(stanine)는 5

■ 정답 및 해설
② $Z = \dfrac{X - \overline{X}}{\sigma} = \dfrac{60 - 60}{10} = 0$

## 출포 280. 스테나인 점수(등급)   A

기본서 398~401쪽

906. 스테나인(stanine) 척도에 대한 설명으로 적절한 것은? 2006년 유초등
① 9개의 등급으로 나누어진 척도이다.
② 준거지향평가에서 주로 사용되는 척도이다.
③ 평균을 50, 표준편차를 10으로 표준화한 척도이다.
④ 동일 등급 내 상대적 서열에 대한 자세한 정보를 제공한다.

■ 정답 및 해설
① 스테나인 척도는 표준점수를 변환하여 점수로, Z점수를 일정한 비율에 따라 총 9개의 구간으로 구분하여 1~9의 점수를 부여한 척도이다.
◇ 오답 체크
② 스테나인 척도도 표준점수의 하나이므로, 규준지향평가에서 주로 사용하는 척도이다.
③ T점수에 대한 설명이다.
④ 스테나인 척도는 구간척도이므로, 동일 등급 내 상대적 서열에 대한 자세한 정보를 제공하지 못한다.

**907.** Z점수, 스테나인, 백분위에 대한 설명으로 옳은 것만을 있는 대로 고른 것은?

2012년 중등

ㄱ. 두 과목에서 동일한 Z점수를 획득한 학생이라면 과목별 점수분포와 상관없이 백분위는 동일하다.
ㄴ. 변별력에 문제가 있는 경우, 스테나인 척도로 학생들에게 점수를 부여한다면 특정 등급에 포함된 학생이 한 명도 없는 현상이 발생하기도 한다.
ㄷ. 점수분포가 정규분포를 따르는 경우, Z점수 0점과 0.5점에 해당하는 백분위 간 차이는 Z점수 1점과 1.5점에 해당하는 백분위 간 차이보다 더 크다.

① ㄴ  ② ㄱ, ㄴ  ③ ㄱ, ㄷ
④ ㄴ, ㄷ  ⑤ ㄱ, ㄴ, ㄷ

■ 정답 및 해설
④ Z점수는 원점수가 정규분포를 따른다고 가정하고 표준 변환하여 산출한 점수이다. 과목별 점수분포가 모두 정규분포를 따른다면, Z점수가 동일한 경우 백분위도 동일하다.

◇ 오답 체크
ㄱ. 표준점수는 과목별 점수분포가 정규분포를 보인다고 전제한다. 과목별 점수분포가 정규분포를 따르지 않는 경우에는 원점수와 규준점수의 대응 관계가 성립하지 않는다.

**908.** 다음은 한 학생의 기말고사 점수와 과목별 학교(전체 시험응시집단)의 평균과 표준편차를 제시한 자료이다. 과목별 성적 분포가 모두 정상분포를 이루고 있다고 할 때, 제시된 자료를 해석한 진술로 적절하지 않은 것은?

2006년 중등

| 과목명 | 점수 | 평균 | 표준편차 |
|---|---|---|---|
| 국어 | 80점 | 63 | 8 |
| 영어 | 85점 | 85 | 6 |
| 수학 | 77점 | 72 | 10 |
| 과학 | 79점 | 70 | 12 |

① 네 과목 중 개인차가 가장 큰 과목은 과학이다.
② 영어점수를 백분위점수로 변환하면 백분위 50이 된다.
③ 수학점수를 9등급점수(9간척도, stanine점수)로 변환하면 1등급이다.
④ 네 과목의 점수를 표준점수로 변환하면 국어의 표준점수가 가장 높다.

907 ④  908 ③

■ 정답 및 해설

③ 스테나인 척도는 Z점수를 일정한 비율에 따라 총 9개의 구간으로 구분하여 1~9의 점수를 부여한 척도이다. 수학점수를 Z점수로 환산하면 0.5이며, 스테나인 점수로는 6등급이다.

◇ 오답 체크

① 네 과목 중 개인차가 가장 큰 과목은 표준편차가 가장 큰 과학이다.
② 이 학생의 영어점수는 평균점수와 일치하므로, 백분위 50이 된다.
④ 네 과목의 점수를 표준점수(Z점수)로 환산하면 다음과 같다. 국어의 표준점수가 가장 높다.

| 과목명 | (원점수-평균)/표준편차 | Z점수 |
| --- | --- | --- |
| 국어 | (80-63)/8 | 2.1 |
| 영어 | (85-85)/6 | 0 |
| 수학 | (77-72)/10 | 0.5 |
| 과학 | (79-70)/12 | 0.75 |

# 6. 교육연구

## 01. 교육연구의 패러다임

### 출포 281. 양적 연구와 질적 연구

기본서 401~403쪽

**909.** 다음 중 질적 연구에서 주로 사용하는 방법은?  2004년 유초등

가. 무선표집과 변인통제  나. 면담에 의한 자료 수집
다. 현장 조사 및 참여 관찰  라. 통계적 추리에 의한 가설 검증

① 가, 나  ② 가, 라  ③ 나, 다  ④ 다, 라

■ 정답 및 해설
③ 질적 연구에서는 면담에 의한 자료 수집(나), 현상 조사 및 참여관찰(다)을 주요 연구방법으로 사용한다.

◇ 오답 체크
가. 양적 연구방법에서 주로 사용하는 방법이다. 질적 연구에서는 의도적 표집과 자연적 관찰을 주로 사용하므로 변인을 인위적으로 통제하지 않는다.
라. 질적 연구는 가설검증에 있어서 다수의 자료를 바탕으로 하는 통계적 추리보다는 소수의 사례 연구에 기초한 귀납적 추리를 주로 사용한다.

**암기 POINT**
- 양적 연구와 질적 연구

| 양적 연구 | 질적 연구 |
|---|---|
| 논리 실증주의 | 해석학, 현상학 |
| 인과관계 일반 법칙 | 의미 이해 주관적 실재 |
| 거시적 접근 객관적 태도 | 미시적 접근 상호주관성 |
| 자료 수량화 통계적 분석 | 자연적 관찰 총체적 분석 |
| 신뢰도 중시 | 타당도 중시 |

**910.** 질적 연구 방법의 특징과 가장 가까운 것은?  2003년 유초등
① 연구결과를 일반화하기 위해 수집된 자료를 양화한다.
② 초기에 설정한 연구 가설은 연구 과정 중에 바꿀 수 없다.
③ 인간 행동을 가능한 한 행위자 외부의 객관적 관점에서 본다.
④ 연구자는 비통제적이며 자연스러운 태도를 유지하려고 노력한다.

■ 정답 및 해설
④ 질적 연구 방법은 현상학·해석학적 패러다임에 기초해서, 실제 현상을 있는 그대로 관찰하고 심층적으로 이해하는 데 목적을 두는 연구 방법이다. 주로 현장 조사 및 참여 관찰, 면담에 의해 자료를 수집하며, 수집된 자료는 연구자와 참여자의 대화를 통해 상호주관적으로 분석한다. 이제까지 연구된 적이 없었던 새로운 현상이나 소규모 현장에서 나타나는 현상의 맥락적 특성을 이해하기 위한 목적으로 사용되는 연구 방법이다. 따라서 초기에 설정된 연구 가설은 완전한 것이 아니며, 연구 과정 중에 지속적으로 수정·보완되어야 하는 것으로 본다. 연구의 전체 과정에서 연구자는 비통제적이며 자연스러운 태도를 유지하려고 노력하여야 한다.

◇ 오답 체크
①, ②, ③ 양적 연구에 대한 설명이다.

909 ③  910 ④

### 기출플러스

- 문화기술지 연구방법
  (2004년 중등)
  - 연역적 접근이 이루어지도록 한다. (×)
  - 자료의 수집은 주로 설문조사를 활용한다. (×)
  - 학생의 입장에서 현실 상황을 이해하도록 노력한다. (○)
  - 전체적인 상황을 거시적으로 파악하는 데 역점을 둔다. (×)

**911.** 학생들의 놀이에 관한 문화기술연구(ethnography)를 수행할 때, 연구 활동으로 가장 적절하지 않은 것은? 2007년 중등

① 놀이가 학생들의 일상생활과 어떻게 연결되어 있는지 그 맥락을 총체적으로 규명한다.
② 학생들이 선호하고 자주 실현하는 놀이의 방식과 종류를 학생들이 어떻게 분류하는지를 분석한다.
③ 쉬는 시간이나 청소시간에 학생들과 함께 지내면서 놀이가 학생들에게 어떤 의미를 주는지 추론한다.
④ 청소년 문화연구 및 심리학의 이론적 근거로 가설을 설정하고 놀이 관련 변인들을 조작적으로 규정한다.

■ **정답 및 해설**

④ 제시된 내용은 양적 연구방법에 대한 설명이다. 문화기술연구는 인류학에서 시작된 연구방법으로, 특정한 집단의 행동과 신념, 공유의식에 대한 미시적 기술과 심층적 해석을 목적으로 한다. 문화기술지를 연구방법으로 적용할 때에는 행위자 내부의 주관적 입장에서 현실 상황을 이해하도록 노력한다. 주로 참여관찰이나 면담을 연구방법으로 적용하며, 자료의 분석에 있어서는 행위자들의 주관적인 관점과 의미를 적극적으로 활용한다. 연구의 결론은 귀납적 접근에 의해 도출한다.

**912.** 교육과정 개발과 운영에 관한 현장연구(action research)의 특징에 대한 설명으로 가장 적절한 것은? 2005년 중등

① 교육과정 개발에서 질적 연구방법보다는 양적 연구방법에 더 큰 비중을 둔다.
② 교사는 교육학자의 이론을 교육과정 운영의 원리로 수용하고 그대로 교육현장에 적용한다.
③ 행위를 통한 성찰에 근거하여 교육과정 운영상의 특수한 문제 해결에 관심을 둔다.
④ 비판적 연구와 경험과학적 연구를 통합하여 교육과정 개발의 보편적 법칙을 발견한다.

■ **정답 및 해설**

③ 현장연구(action research)는 특정 사회적 상황에서 참여자에 의해 수행되는 자기반성적 연구로서, 실제 상황에서 제기되는 특수한 문제 해결에 관심을 둔다. 연구의 과정은 '계획-실천-모니터링-발견'의 과정이 반복되는 나선형적 연구의 과정을 통해 진행된다.

911 ④  912 ③

## 02. 연구대상의 표집

### 출포 282. 연구대상의 표집 방법

🔹 기본서 403~405쪽

**913.** 표집방법에 대한 설명으로 옳지 않은 것은?  2011년 국가직 9급

① 단순무선 표집방법(simple random sampling)은 모집단의 모든 구성원이 표집될 확률이 같도록 하는 방법이다.
② 유층 표집방법(stratified sampling)은 모집단을 다양한 하위집단으로 분할한 후에 각 하위집단으로부터 표본을 무선으로 표집하는 방법이다.
③ 편의적 표집방법(convenience sampling)은 표집의 단위가 개인이 아니라 집단을 표집단위로 표집하는 방법이다.
④ 체계적 표집방법(systematic sampling)은 모집단에 일련번호를 부여한 후에 한 번호를 선정하고 동일한 간격만큼 뛰어넘어 표집하는 방법이다.

#### ■ 정답 및 해설

③ 제시된 내용은 군집표집(cluster sampling)에 대한 설명이다. 예를 들면, 표집의 단위를 이미 집단으로 존재하는 학급이나 학교 단위로 설문조사 대상을 선정하는 경우에 해당된다.
한편, 편의적 표집은 특별한 표집의 기준 없이 연구자가 손쉽게 접근할 수 있는 대상들 중에서 표집하는 방법이다. 예를 들면, 조사자가 학교 앞에서 만날 수 있는 학생들을 설문조사 대상으로 선정하는 경우에 해당된다.

**암기 POINT**

• 연구대상의 표집 : 확률적 표집

| | |
|---|---|
| 단순무선 표집 | 모집단의 모든 구성원에서 무선 표집 |
| 체계적 표집 | 일련번호 부여, 일정한 간격으로 표집 |
| 유층 표집 | 하위집단으로 분할한 후 각 하위집단에서 무선 표집 |
| 군집 표집 | 표집 단위를 집단으로 하여 무선 표집 |

**914.** 전집의 주요 특성을 감안하여 하위집단을 나누고 각 하위집단으로부터 난수표나 제비뽑기를 이용하여 표집하는 방법은?  2002년 국가직 9급

① 유층 표집
② 단계적 표집
③ 군집 표집
④ 단순무선 표집

#### ■ 정답 및 해설

① 전집(모집단)의 주요 특성을 감안하여 하위집단을 나누고 각 하위집단으로부터 일정한 수의 조사대상을 표집하는 방법을 유층표집이라고 한다. 구분된 하위집단 내에서 최종적으로 조사대상을 선정할 때에는 난수표 등을 활용하여 무선으로 표집한다. 주요한 특성 측면에서 전집과 표집의 동질성을 확보할 수 있으므로 대표성이 높게 유지된다는 장점이 있다.

913 ③   914 ①

◇ 오답 체크
② 단계적 표집 - 모집단에서 1차 표집 단위를 뽑고 여기서 2차 표집 단위를 뽑고 여기서 다시 3차 표집 단위를 뽑아 최종 단위 표집을 할 때까지 여러 단계를 거쳐서 표본을 추출하는 방법이다.
③ 군집표집 - 이미 형성되어 있는 집단을 표집단위로 하여 연구대상을 표집하는 방법이다.
④ 단순무선 표집 - 모집단의 모든 구성원 중 난수표나 제비뽑기를 이용해서 단순 무작위로 표집하는 방법이다.

**915.** 다음 사례에서 김 교사가 사용한 표집방법으로 가장 적절한 것은?

2011년 유초등

> 유치원에 근무하고 있는 김 교사는 행동장애 유아의 특성에 관한 조사 연구를 수행하고자 한다. 김 교사는 '유치원 교사경력 5년 이상인 자로서 유아특수교육학을 전공한 석사 학위 취득자'라는 표본 선정 기준을 설정하고, 전국의 유치원 교사 중에서 이 기준을 충족한 100명의 유치원 교사를 대상으로 설문조사를 실시하였다.

① 군집 표집(cluster sampling)
② 의도적 표집(purposive sampling)
③ 체계적 표집(systematic sampling)
④ 유층 표집(stratified random sampling)
⑤ 단순무선 표집(simple random sampling)

■ **정답 및 해설**
② 연구자인 김 교사가 조사대상에 적합한 자의 기준('유치원 교사경력 5년 이상인자로서 ~ 석사 학위 취득자')을 설정하고, 이 기준에 따라 조사대상을 임의로 표집하였으므로 의도적 표집에 해당한다.

◇ 오답 체크
① 군집표집은 조사대상을 개인이 아닌 집단의 단위로 표집하는 방법이다. 제시된 사례는 개인을 단위로 표집을 선정하므로 이에 해당하지 않는다.
③ 체계적 표집은 모집단에 일련번호를 부여한 후에 한 번호를 선정하고, 일정한 간격으로 뛰어넘어 가면서 조사대상을 표집하는 방법이다.
④ 유층 표집은 모집단을 몇 개의 하위집단으로 구분하고, 각각의 하위집단에서 무선으로 조사대상을 선정하는 방법이다. 제시된 사례에는 하위집단 구분이 포함되어 있지 않다.

**암기 POINT**
• 연구대상 표집 : 비확률적 표집

| 의도적 표집 | 연구자의 주관적 판단에 따라 임의 표집 |
|---|---|
| 할당 표집 | 하위집단으로 나눈 뒤 하위집단별로 연구자가 임의로 표집 |
| 편의적 표집 | 연구자가 손쉽게 접근할 수 있는 대상 표집 |
| 눈덩이 표집 | 선택된 대상으로부터 다음 대상을 소개받음 |

915 ②

916. 다음 상황에서 김 교사가 사용한 표집방법은?  2008년 중등

김 교사는 전국의 중등교사 중에서 1,000명을 표집하여 교실환경 개선방향에 대한 의견을 조사하고 있다. 김 교사는 전국의 중등교사가 근무하는 지역을 크게 대도시, 중·소도시, 읍·면 지역으로 나눈 다음, 각 지역에 근무하는 교사수의 비율을 2 : 1 : 1로 가정하여 대도시에 소재한 학교에 근무하는 교사 500명, 중·소도시에 소재한 학교에 근무하는 교사 250명, 읍·면 지역에 소재한 학교에 근무하는 교사 250명을 표집하였다.

① 유층 표집(stratified sampling)
② 의도적 표집(purposive sampling)
③ 편의 표집(convenience sampling)
④ 체계적 표집(systematic sampling)

■ 정답 및 해설
① 김 교사는 전국의 중등교사를 근무 지역에 따라 3개의 하위집단(대도시, 중소도시, 읍면지역)으로 구분한 뒤, 각 하위집단에 속하는 교사들로부터 최종 조사대상을 선정하였다. 모집단을 몇 개의 하위집단으로 구분하고, 각 하위집단에서 무선으로 조사대상을 선정하는 방법인 유층표집에 해당한다.

◇ 오답 체크
② 의도적 표집은 연구자가 주관적으로 설정한 기준에 따라 조사대상을 표집하는 방법이다. 제시된 사례에는 연구자가 주관적으로 설정한 기준이 제시되지 않았다.

## 03. 조사연구의 유형과 방법

### 출포 283. 조사연구의 유형과 방법

기본서 405~409쪽

917. 다음 설명에 해당하는 정의적 특성 측정방법은?  2020년 국가직 9급

○ 의견, 태도, 감정, 가치관 등을 측정하기 용이하다.
○ 단시간에 다양한 자료를 수집하고 결과 또한 신속하게 처리할 수 있다.
○ 응답 내용의 진위 확인이 어려워 결과 해석에 유의해야 한다.

① 관찰법
② 사례연구
③ 질문지법
④ 내용분석법

■ 정답 및 해설
③ 의견, 태도, 감정, 가치관 등과 같이 응답자가 가진 생각을 측정하는 방법으로서, 비교적 짧은 시간 내에 자료 수집과 처리가 가능한 것은 질문지법이다. 질문지법은 조사자가 작성한 질문들에 대해 응답자가 자신의 생각을 진술하도록 하는 방법으로서, 응답자가 거짓으로 응답하는 경우를 제어하기 어렵다는 단점이 있다.

916 ①  917 ③

◇ 오답 체크
① 관찰법은 조사자가 조사대상의 행동을 직접 관찰한 자료를 토대로 측정하는 방법이다. 일반적으로 관찰법은 비교적 장기간의 조사기간을 필요로 한다. 자연적으로 발생한 그대로의 상황에서 관찰을 실시하는 경우 조사대상의 진정한 의견, 태도, 감정, 가치관 등을 반영하는 행동을 관찰할 수 있다는 장점이 있다.
② 사례연구는 특정한 개인이나 사회집단, 기관, 사건, 프로그램 등을 대상으로 그 특성을 심층적으로 조사하고 분석하는 방법이다. 하나 혹은 소수의 사례에 대한 깊이 있는 분석을 통해 유사한 상황의 다른 사례들을 이해할 수 있다는 장점이 있다.
④ 내용분석법은 조사대상에 대해 관찰이나 면접 등을 사용하는 대신에 사람들이 이미 산출해 놓은 텍스트를 체계적으로 분석하는 연구방법이다. 텍스트 자체의 특징을 발견하는 것 뿐 아니라, 맥락적 해석을 통해 숨겨진 의미를 심층적으로 이해할 수 있다는 장점이 있다.

**918.** 정의적 영역의 평가를 위한 사회성 측정법에 관한 설명으로 옳지 않은 것은?  2018년 지방직 9급
① 선택 집단의 범위가 명확해야 한다.
② 측정 결과를 개인 및 집단에 적용할 수 있다.
③ 문항 작성 절차가 복잡하고 검사 시간이 길다.
④ 집단 내 개인의 사회적 위치를 알아 낼 수 있다.

■ 정답 및 해설
③ 사회성 측정법은 모레노(J.L. Morino)에 의하여 고안된 것으로 교우관계조사법이라고도 한다. 집단의 인간관계 구조, 응집성, 안정성 등을 측정하는 방법으로, 집단 내 따돌림 현상 발견에 자주 활용된다. '누구와 함께 앉고 싶은가?' 등과 같은 간단한 문항들로 구성된 질문지를 활용하므로, 문항 작성 절차가 간단하고 검사 시간이 짧다는 장점이 있다. 응답방식은 동료 지명법, 동료 평정법, 짝진 비교법 등을 이용하며, 수집된 자료는 사회성측정행렬표나 소시오그램(교우도) 등으로 정리한다.

**919.** 다음 설명에 해당하는 정의적 특성 평가 방법은?  2017년 국가직 7급

○ 스티븐슨(Stephenson)이 개발한 것으로, 인간의 태도와 행동을 연구하는 데 유용하다.
○ 다양한 진술문을 분류하는 작업을 통해 피험자의 특정 주제에 대한 주관적 의견이나 인식의 구조를 확인할 수 있다.
○ 여러 사람의 분류에서 어떤 공통성, 차이가 있는가를 밝힐 때 혹은 한 개인의 두 장면(예컨대 치료전, 후)에서의 차이를 비교할 때 사용될 수 있다.

918 ③  919 ③

① 관찰법　　　　　　　　② 의미분석법
③ Q 분류법(Q sort)　　　　④ 사회성 측정법(Sociometry)

■ 정답 및 해설

③ 스티븐슨이 개발한 정의적 특성의 평가방법으로, 다양한 진술문을 분류하는 작업을 통해 피험자의 의견이나 인식의 구조를 파악하는 방법은 Q 분류법이다. 어떤 주제에 대한 다양한 진술문들을 제공하고 동의 여부와 정도에 따라 진술문 카드를 분류하게 하는 방식으로 실시한다. 여러 사람들 사이의 의견 차이나 한 개인의 사건 전후의 변화를 비교할 때에 사용된다. 응답자들이 진술문 카드를 분류하기가 어렵고 검사시간이 많이 걸린다는 점은 단점이다.

920. 집단역동이론에서는 감정과 욕구를 가진 개개인이 서로 영향을 주고 받으면서 변화하고 적응해가는 역동적 과정을 이해하기 위한 수단으로 이 방법을 사용한다. 집단 구성원들이 서로 좋아하고 싫어하는 개인을 지적하게 함으로써 집단의 인간관계 구조, 응집성, 안정성 등을 측정·평가하는데 활용되는 이 방법은?

2007년 국가직 7급

① 의미분석법　　　　　　② 사회성측정법
③ 장면선택법　　　　　　④ 평정기록법

■ 정답 및 해설

② 집단역동이론에 기초해서 집단 구성원들의 인간관계 구조, 응집성, 안정성 등을 측정·평가하는 방법은 모레노에 의하여 고안된 '사회성 측정법'이다. 측정 결과를 개인 및 집단에 적용하여 개인의 사회적응력 향상 및 집단의 사회구조 개선 교육에 활용한다.

◇ 오답 체크

① 의미분석법은 오스굿(Osgood) 등이 개발한 평정법으로 의미변별 척도라고도 한다. 의미분석법에서는 특정한 주제에 대한 피험자의 의견이나 태도를 서로 대비되는 형용사군 사이의 의미공간(semantic space)상에 표현하도록 한다. 수집된 자료는 평가요인, 능력요인, 활동요인의 3차원의 공간으로 점수를 집약하여 분석한다.
③ 장면선택법은 관찰대상이 잘 표현되는 장면을 선택하여 관찰하는 방법으로 장면표본법 또는 사건표본법이라고도 한다. 아동들의 사회적 행동을 연구하기 위해 놀이장면 등을 선택해 관찰하는 것이 그 예이다. 조사자가 관찰하고자 하는 사건이나 현상이 어떤 장면에서 잘 나타나는지를 알고 있어야 장면선택을 적절히 할 수 있다. 관찰단위로 선택된 장면이 자연적인 생활장면이기 때문에 인위성 없이 관찰대상을 있는 그대로 관찰할 수 있다는 장점이 있다.
④ 평정기록법은 조사대상의 행동을 기록하는 관찰법의 하나이다. 관찰기록법의 하나인 일화기록법은 자연적으로 발생한 상황을 있는 그대로 기록하되, 의미 있는 일화(에피소드)를 구체적으로 묘사하는 이야기(내러티브) 형식으로 기록하는 방법이다. 평정기록법은 관찰된 행동의 질적인 차이를 수량화된 점수나 급간에 따라 부여된 점수를 평정하여 기록하는 방법이다. 일화기록법에 비해 평정기록법은 관찰결과의 기록에 소요되는 시간이나 노력이 적다는 장점이 있지만, 관찰자의 주관적 편견이나 전문성 부족으로 인해 잘못된 평정할 있는 한계도 있다.

920 ②

921. 학급에서 집단따돌림이 발생하고 있는가를 알아보는데 가장 유용한 방법은?
2002년 중등
① 의미분석법
② 실험설계법
③ 사회성측정법
④ 주제통각검사법

■ 정답 및 해설
③ 학급에서 집단따돌림이 발생하고 있는지를 파악하기 위해서는 학급 내 학생들 간의 인간관계 구조나 집단의 응집성 등을 파악하여야 한다. 학급 내 모든 학생들의 응답을 수집하여 분석하여야 하므로, 자료 수집과 분석에 소요되는 시간과 노력이 적을수록 유용한 방법이다. 이러한 요건을 충족하는 조사방법으로 가장 적절한 것은 사회성 측정법이다.

◇ 오답 체크
① 의미분석법은 특정한 주제에 대한 개인들의 의견이나 태도를 측정하는 데 유용하다.
② 실험설계법은 변수들 간의 인과관계를 설명하기 위해 조성된 인위적인 상황에서 조사를 실시하므로 자연스러운 상황에서의 태도나 행동을 파악하기 어려우며, 비교적 많은 시간과 노력을 필요로 한다.
④ 주제통각검사법은 모호한 형태의 자극으로 구성된 흑백사진 카드를 보여주고 이야기하게 하여 피험자의 심리상태를 조사하는 방법이다. 고도의 전문성을 가진 전문가가 아니면 조사결과를 신뢰하기 어려우며 조사에 소요되는 시간이 길기 때문에 일상적인 교실 상황에서 이용하기 쉽지는 않다.

## 04. 실험연구의 절차와 방법

### 출포 284. 실험연구의 의미

기본서 410쪽

922. 교육현상과 관련하여 독립변수 X와 종속변수 Y 사이에 인과관계가 성립하기 위한 조건에 해당하지 않는 것은?
2019년 국가직 7급
① X가 Y보다 시간적으로 앞서 일어나야 한다.
② X가 변화하면 Y도 같이 변화해야 한다.
③ X와 Y 모두 연속변수로서 측정의 엄밀성을 갖추고 있어야 한다.
④ Y의 변화가 제3의 변수 또는 외생변수에 의해 설명될 가능성이 없어야 한다.

921 ③  922 ③

■ 정답 및 해설

③ 양적 연구의 맥락에서 인과관계는 회귀분석을 통해 증명된다. 다만, 인과관계는 결정론적인 관계는 아니며, 통계적으로 유의미성을 가지는 확률적 관계를 가진다는 점에 유의하여야 한다. 이와 같은 인과관계의 성립은 동시발생 조건(②), 시간적 순서 조건(①), 외생변수의 통제 조건(④)을 전제로 한다. 인과관계의 성립 조건은 실험연구 설계시 내적 타당도를 높이기 위해 고려해야 할 조건으로도 볼 수 있다. 이 때, X와 Y 변수 모두가 반드시 연속변수여야 할 필요는 없다. 예를 들면 남성과 여성의 학업성취도 차이가 인과관계를 갖는 경우, 성별은 연속변수가 아님에도 불구하고 학업성취도에 미치는 영향이 인과관계를 갖는 것으로 증명될 수 있기 때문이다.

암기 POINT
• 인과관계의 성립조건

| 동시 발생 | X가 변할 때 Y도 변화하여야 함 |
|---|---|
| 시간 순서 | X의 변화가 Y의 변화보다 먼저 발생해야 |
| 변수 통제 | Y의 변화를 설명할 수 있는 다른 변수 없음 |

**923.** 실험에서 연구자가 연구목적에 따라 체계적으로 변화시키는 변인은?

2010년 행안부 국가직 7급

① 종속변인  ② 독립변인
③ 혼합변인  ④ 가외변인

■ 정답 및 해설

② 실험은 연구자가 상정하는 독립변인이 종속변인에 미치는 영향을 증명하기 위해 설계된 연구방법이다. 독립변인은 현상의 원인이 되는 변인으로서 실험연구에서 연구자에 의해 조작되는 변인에 해당한다.

◇ 오답 체크
① 종속변인은 독립변인의 영향을 받는 변인으로서, 실험결과로 측정되는 변인을 말한다.
③ 혼합변인은 변인의 측정치에 이산적인 부분과 연속적인 부분이 혼합되어 있는 변인을 말한다.
④ 가외변인은 실험자가 조작하는 독립변인 이외의 모든 변인을 의미하는 것으로, 연구모형에 포함되지 않았으나 종속변인에 영향을 미칠 수 있는 변인을 말한다. 내적타당도가 높은 실험을 위해서는 가외변인이 혼입되지 않도록 통제하여야 하는 변인이다.

기출플러스
• 실험연구에서의 주요 변인 (2002년 유초등)

이 연구에서는 학업 성취도를 학생의 개인 배경과 학교 수업 요인으로 설명하는 모형의 회귀 분석을 시도하였다. 즉, 학업 성취도를 ( 종속 변인 )으로 두고 학생 배경 요인과 수업 요인을 ( 독립 변인 )으로 삼은 분석을 시도하였다.

**924.** 실험연구에서 연구가설에 대한 설명으로 가장 적절한 것은? 2007년 유초등
① 연구문제 해결을 위해 수집한 경험적 증거이다.
② 연구의 내적타당도를 높이기 위해 설정된 가정이다.
③ 연구자가 연구문제에 대해 잠정적으로 내린 결론이다.
④ 연구문제를 해결하기 위해 탐색해야 할 이론적 배경이다.

923 ②  924 ③

■ 정답 및 해설
③ 실험연구에서 연구가설이란 가설을 수립한 어떤 현상에 대한 일반적인 예측을 진술한 것을 의미한다. 즉 연구자가 연구문제에 대해 잠정적으로 내린 결론이다. 연구가설은 대립가설과 귀무가설로 구분된다. 대립가설(H1)은 연구가설에 따라 모집단에서 독립변수와 종속변수 사이에 어떤 특정한 관련이 있다는 내용을 구성된다. 귀무가설(H0, 영가설)은 진실성이 극히 적어 처음부터 버릴 것이 예상되는 가설로서, 당초 수립한 연구가설과 달리 독립변수와 종속변수 사이에 어떤 관련도 없다는 내용을 구성된다. 연구의 결론은 귀무가설(영가설)을 기각함으로써 받아들여지는 반증의 과정을 거쳐 증명된다.

◇ 오답 체크
① 자료, ② 가외변인 통제, ④ 선행연구에 대한 설명이다.

### 출포 285. 실험연구의 타당도와 실험설계

기본서 411~413쪽

**925.** 다음의 (가)에 들어갈 말로 가장 적절한 것은?   2006년 유초등

> 실험연구에서 독립변인 이외의 다른 변인들이 종속변인에 미치는 영향을 잘 통제한다면, 연구 결과의 ___(가)___ 가 높아질 것이다.

① 내적 타당도  ② 외적 타당도
③ 일반화가능도  ④ 내적 일관성 신뢰도

■ 정답 및 해설
① 실험연구에서 독립변인 이외의 다른 변인들이 종속변인에 미치는 영향을 통제하는 것은 독립변인이 종속변인에 미치는 영향만을 파악해 내기 위한 것이다. 이와 같이 실험결과가 연구자가 의도한 대로 독립변인과 종속변인 사이의 관계를 제대로 보여주는 실험을 '내적 타당도'가 높은 실험이라고 한다.

◇ 오답 체크
②, ③ '외적 타당도'란 실험결과의 '일반화 가능성'을 따지는 개념으로서, 실험결과를 다른 상황에서 실시했을 때에도 같은 결과를 얻을 수 있는가를 의미한다. 실험의 외적 타당도를 높이기 위해서는 실험의 대상, 환경, 시기, 방법 등이 현실적인 환경과 유사하여야 한다.
④ 내적일관성 신뢰도란 검사를 구성하고 있는 문항간의 일관성을 측정하여 검사도구의 신뢰도를 추정하는 것을 말하는 개념이다. 내적일관성 신뢰도 추정 방법에는 반분검사 신뢰도, Kuder-Richardson 20, Kuder-Richardson 21, Hoyt 신뢰도, Cronbach α 등이 있다.

925 ①

**926.** 실험연구의 내적타당도 저해요인에 대한 설명으로 옳지 않은 것은?

2022년 국가직 7급

① 성숙 - 시간 흐름에 따른 피험자의 내적 변화가 종속변수에 영향을 미치게 된다.
② 통계적 회귀 - 극단적인 측정값을 보인 사례를 다시 측정하면 실험처치와 무관하게 덜 극단적인 측정값으로 회귀하는 경향이 있다.
③ 반복검사 - 사전검사와 사후검사가 동일한 경우 사전검사가 사후검사에 영향을 미치게 된다.
④ 피험자 탈락 - 실험집단과 통제집단을 구성할 때 무작위배치를 하지 않음으로써 두 집단 간의 동질성이 결여된다.

■ 정답 및 해설
④ 실험연구의 내적타당도 저해요인 중 '피험자 탈락'이란 실험이 진행되는 과정 중에 일부 대상자가 중도 탈락함으로써 실험결과에 영향을 주는 효과를 말한다. 실험집단과 통제집단을 무작위 배치하지 않음으로써 동질성이 결여되어 발생하는 효과는 '피험자 선발' 효과라고 한다.

**927.** 실험결과의 내적 타당도(internal validity)를 위협하는 요인과 그에 대한 설명으로 옳지 않은 것은?

2008년 중등

① 피험자의 선발 : 실험집단과 비교집단의 피험자들을 선발할 때 동질성이 결여되어 나타나는 영향을 말한다.
② 통계적 회귀 : 한 피험자가 여러 가지 실험처치를 받음으로써 이전의 처치 경험이 이후의 처치 효과에 미치는 영향을 말한다.
③ 성숙 : 실험처치 이외에 시간의 흐름에 따라 나타나는 피험자의 신체적·정신적 변화가 피험자의 반응에 영향을 주는 것을 말한다.
④ 측정도구 : 사전검사와 사후검사에서 사용한 검사도구가 달라지거나, 관찰자나 채점자의 변화로 인하여 실험에서 얻은 측정치에 변화가 생기는 것을 말한다.

■ 정답 및 해설
② 실험결과의 내적타당도 위협 요인 중 '통계적 회귀'란 극단적인 측정값을 보인 사례를 다시 측정하면 실험처치와 무관하게 덜 극단적인 측정값(평균적인 값)으로 회귀하는 경향을 말한다. 한 피험자가 여러 가지 실험처치를 받아 이전의 처치 경험이 이후의 처치 효과에 미치는 영향은 '중다처치에 의한 간섭' 효과라고 한다.

### 기출플러스

• 실험의 내적 타당도 저해 요인 최소화 또는 제거 방법 (2005년 유초등)
• 사전검사와 사후검사의 절차를 달리 하였다. (×)
• 극단적인 점수를 가진 피험자를 선정하였다. (×)
• 종속변수에 영향을 줄 수 있는 지능을 독립변수로 처리하였다. (○)
• 실험집단을 상위 능력 학생으로, 통제집단을 하위 능력 학생으로 구성하였다. (×)

**928.** 김 교사는 새로운 교수방법이 학업성취도에 미치는 영향을 탐색하기 위한 실험연구를 수행하려고 한다. 이때 지능과 같이 학업성취도에 영향을 미치는 가외변인(extraneous variables)을 통제하기 위해 사용할 수 있는 연구설계방법을 <보기>에서 모두 고른 것은?   2009년 유초등

> ㄱ. 독립변인의 측정척도를 더 세분화하였다.
> ㄴ. 피험자들을 각 실험집단에 무선적으로 배치하였다.
> ㄷ. 가외변인을 독립변인으로서 연구설계에 포함시켰다.
> ㄹ. 가외변인을 종속변인으로서 연구설계에 포함시켰다.
> ㅁ. 가외변인을 각 실험집단에서 동일 수준이 되게 하였다.

① ㄱ, ㄷ
② ㄴ, ㄹ
③ ㄱ, ㄷ, ㅁ
④ ㄴ, ㄷ, ㅁ
⑤ ㄴ, ㄹ, ㅁ

■ **정답 및 해설**
④ 연구의 내적 타당도를 높이기 위해서는 독립변인 이외의 다른 변인이 종속변인에 미치는 영향을 통제할 필요가 있다. 이를 위한 방법으로 (1) 피험자들을 각 실험집단에 무선적으로 배치하거나(ㄴ), (2) 가외변인을 독립변인이나 매개변인으로서 연구설계에 포함하거나(ㄷ), (3) 가외변인을 각 실험집단에서 동일 수준이 되도록 실험집단을 구성하거나(ㅁ), (4) 사전검사를 통해 실험군과 통제군의 차이를 확인하고 이를 통계적으로 제거하는 방법 등이 있다.

◇ **오답 체크**
ㄱ. 독립변인의 측정척도의 세분화 정도에 따라 가외변인이 통제되는 것은 아니다.
ㄹ. 가외변인은 독립변인이나 매개변인으로서 연구설계에 포함하여야 한다.

## 05. 통계적 가설검정

### 출포 286. 통계적 가설검정의 기초

기본서 413~414쪽

**929.** 통계적 가설검증에 대한 설명으로 옳지 않은 것은?   2013년 국가직 7급

① 통계적 가설은 영가설과 대립가설로 구분된다.
② 제1종 오류는 영가설이 참일 때 그것을 부정하는 오류이다.
③ 통계적 검증력이란 영가설이 참이 아닐 때 이를 기각하는 확률이다.
④ 유의수준이란 영가설이 참일 때 이를 채택하는 확률이다.

928 ④   929 ④

■ 정답 및 해설

④ 통계적 가설검증에서 유의수준이란 영가설이 참임에도 이를 기각할 확률(제1종 오류를 범할 확률)을 의미한다. 일반적으로 α=0.01 또는 0.05의 값을 가지도록 하며, 이는 1% 또는 5%의 확률로 제1종 오류를 범할 가능성이 있다는 뜻이다.

| * 영가설 : 새로운 교수법은 효과가 없다. | 영가설이 참일 때 (실제로 효과 없음) | 영가설이 거짓일 때 (실제로는 효과 있음) |
|---|---|---|
| 영가설 기각 (전면 도입) | 제1종의 오류 (α 오류) [최악의 결과] | 옳은 결정 [최선의 결과] |
| 영가설 채택 (도입 보류) | 옳은 결정 [문제 없음] | 제2종의 오류 (β 오류) [아쉬운 결과] |

암기 POINT

• 가설검정 관련 용어 정리

| 통계적 가설 | 통계적 진위 판별이 가능한 형태의 가설<br>- 영가설 : 연구에서 기각하고자 하는 가설<br>- 대립가설 : 영가설이 기각되면 남는 가설 |
|---|---|
| 유의 수준 | - 영가설이 참임에도 이를 기각할 확률<br>- 제1종 오류를 범할 확률 |
| 통계적 검증력 | - 제2종 오류를 범하지 않을 확률(1−β) |

## 출포 287. 집단 간 차이 분석 기법

◉ 기본서 414~415쪽

**930.** 초등학생들의 주당 평균 컴퓨터 사용 시간이 세 지역(대도시, 중소도시, 읍·면 지역) 학생 집단 간에 차이가 있는지를 알아보고자 한다. 가장 적합한 통계분석 방법은?                    2006년 유초등

① 변량(분산) 분석   ② 요인 분석
③ 상관계수 검정    ④ 종속표본 t검정

■ 정답 및 해설

① 학생들의 거주지역(대도시/중소도시/읍면지역)에 따라 주당 컴퓨터 사용시간이 차이가 있는지를 알아보고자 할 때에는 독립변인이 되는 거주지역이 둘 이상의 범주로 구분되어 있는 명명척도라는 점에 유의하여야 한다. 이와 같이 3개 이상의 독립표본 간이 차이를 확인하고자할 때에는 변량(분산)분석방법을 활용하여야 한다.

◇ 오답 체크

② 요인분석은 다수 변수들 사이에 내재하는 체계적 구조를 발견하기 위한 기법으로서, 연구자가 취득한 수많은 변수들 중 상관계수가 높은 변수들끼리 모아서 적은 수의 요인으로 정리하는 방법을 말한다.
③ 상관계수 검정이란 어떤 두 변수들 사이에 어떤 관계가 있는지를 판단하기 위해 실시하는 통계분석 기법으로서, 스피어만 서열상관분석, 피어슨 적률상관분석 등이 포함된다.
④ 종속표본 t검정은 서로 다른 2개의 집단 간 평균 차이를 검정하는 방법으로서, 두 집단이 독립적이지 않을 경우에 적용하는 방법을 말한다.

암기 POINT

• 통계적 분석 기법

| 구분 | 분석기법 |
|---|---|
| 집단 간 차이 분석 | t-검정, Z-검정, F-검정, 분산분석 |
| 변수 간 관계 분석 | 교차분석, 상관분석, 회귀분석, 요인분석 |

930 ①

## 출포 288. 변수 간 상관관계 분석 기법

기본서 415~416쪽

**931.** 정상분포를 다루는 모수통계와는 달리 특정 범주에 속하는 피험자 빈도의 차이에 관심을 두는 통계기법으로서, 집단의 관찰빈도와 그 집단의 기대빈도를 비교하여 검정하는 방법은?

2009년 국가직 9급

① t검정
② F검정
③ Z검정
④ $\chi^2$검정

### ■ 정답 및 해설

④ 통계학에서 모집단이 정상분포를 이룬다는 가정을 전제로 하지 않고 모집단의 형태에 관계없이 주어진 데이터에서 직접 확률을 계산하여 통계학적 검정을 하는 분석방법을 비모수통계라고 한다. 카이제곱($x^2$) 검정은 대표적인 비모수 통계분석 방법으로서, 특정 집단의 관찰빈도와 기대빈도를 비교하여 특정 범주에 속하는 피험자의 특성에 영향을 미치는 변인을 검정하는 방법이다. 주로 명명척도로 측정된 변인의 효과를 분석하는 데 사용된다. (예. 성별과 비만율 사이의 관계 분석)

### ◇ 오답 체크
①, ②, ③ t검정, F검정, Z검정은 정상분포를 가정하는 모수통계에 해당하며, 집단 간 차이를 분석하는 통계기법이다.

### 암기 POINT
• 상관관계 분석 기법

| 구분 | 변수 |
|---|---|
| 교차분석 ($\chi^2$검정) | 명목척도 |
| 스피어만 서열 상관분석 | 서열척도 |
| 피어슨 적률 상관분석 | 등간 비율 척도 |

---

**932.** 피어슨(Pearson)의 적률상관계수를 활용하여 독서량과 국어 원점수 간의 상관을 분석하는 과정에 나타날 수 있는 현상으로 옳은 것만을 모두 고르면?

2020년 지방직 9급

ㄱ. 극단한 값(outlier)의 영향을 크게 받을 수 있다.
ㄴ. 두 변수가 곡선적인 관계를 보이면 상관이 과소추정될 우려가 있다.
ㄷ. 국어 원점수를 T점수로 변환하면 두 변수 간의 상관계수는 달라진다.

① ㄱ, ㄴ
② ㄱ, ㄷ
③ ㄴ, ㄷ
④ ㄱ, ㄴ, ㄷ

### ■ 정답 및 해설
① 피어슨 적률상관계수는 변수가 등간·비율척도인 경우, 변수들 간의 상관관계 분석에 이용되는 방법이다. 피어선 적률상관분석은 두 변수의 선형적 상관관계만을 가정하므로, (ㄱ) 극단값의 영향을 크게 받으며, (ㄴ) 두 변수가 곡선적인 관계를 보일 경우 상관이 과소 추정된다.

### ◇ 오답 체크
ㄷ. 원점수를 T점수로 변환하더라도 두 변수 간의 상관계수가 달라지지는 않는다.

931 ④  932 ①

**933.** 다음의 (가)~(다)는 변인 X와 변인 Y에 대한 12명의 점수쌍을 좌표평면 위에 표시한 것이다. 피어슨 적률상관계수가 높은 상황부터 차례대로 나열한 것은? (단, 피어슨 적률상관계수는 '변인 X의 Z점수와 변인 Y의 Z점수 곱의 평균'으로 정의될 수 있다.)

2012년 중등

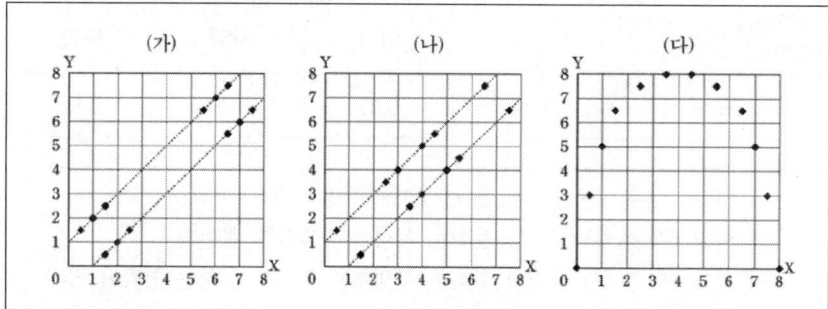

① (가) > (나) > (다)
② (가) > (다) > (나)
③ (나) > (가) > (다)
④ (나) > (다) > (가)
⑤ (다) > (나) > (가)

■ 정답 및 해설
① (가)는 (나)에 비해 극단값이 많이 포함되어 있으므로 이로 인해 피어슨 적률상관계수가 높게 나타난다. 한편, (다)는 두 변수가 곡선적인 관계를 가지는 경우 피어슨 적률상관계수는 낮게 추정된다. 따라서 피어슨 적률상관계수는 (가) > (나) > (다)의 순서로 높게 나타난다.


**934.** 상관계수에 대한 설명으로 잘못된 것은?

2010년 경남

① 상관계수는 $-1 \leq r \leq +1$의 범위를 갖는다.
② 상관계수가 0으로 나타나는 것은 상관관계가 없다는 것을 의미한다.
③ 극단적인 점수와 분포도는 상관계수에 영향을 주지 않는다.
④ +든 -든 1에 가까울수록 상관계수가 높다.
⑤ 상관계수는 공통요인의 정도를 나타낼 뿐 인과관계를 나타내지 않는다.

■ 정답 및 해설
③ 상관계수는 두 변수 사이의 통계적 관계를 표현하기 위해 그들 간의 상관관계를 수치적으로 나타낸 계수이다. 상관계수는 -1에서 +1 사이의 값을 가지며, 음수이든 양수이든 절댓값이 클수록 두 변인의 공통요인이 많다는 것을 의미한다. 다만, 상관관계가 높다는 것이 인과관계를 의미하지는 않는다. 상관계수는 개별 데이터들이 어떤 경향으로 분포하는지를 분석하여 도출하는 추세선의 기울기과 관련되므로, 극단적인 점수가 존재하는 경우 상관계수가 극단값의 영향을 크게 받는 경향이 있으므로, 이 점에 유의하여야 한다.

933 ①  934 ③

**935.** 어느 초등학교 6학년 전체 학생을 대상으로 다섯 교과의 시험을 실시한 후, 국어와 다른 네 교과 점수 사이의 상관계수를 계산하여 다음과 같은 결과를 얻었다. 이 자료에 대한 올바른 해석을 <보기>에서 모두 고르면?

2010년 유초등

| Y변인 \ X변인 | 수학 | 영어 | 사회 | 과학 |
|---|---|---|---|---|
| 국어 | 0.58 | 0.87 | 0.29 | 0.12 |

<보기>
ㄱ. 이 학교 6학년에서 국어를 못하는 학생들은 과학도 못한다.
ㄴ. 이 학교 6학년에서 국어를 잘하는 학생들은 영어도 잘하는 경향이 있다.
ㄷ. 국어점수와 통계적으로 유의미한 상관을 보이는 과목은 영어뿐이다.
ㄹ. 국어점수와 수학점수 간의 상관은 국어점수와 사회점수 간 상관의 2배이다.
ㅁ. 국어점수와 영어점수 간의 상관은 수학점수와 사회점수를 합한 점수와 국어점수 간의 상관과 같다.

① ㄱ  ② ㄴ  ③ ㄱ, ㄷ
④ ㄴ, ㄹ  ⑤ ㄹ, ㅁ

■ 정답 및 해설
② ㄴ. 제시된 자료에서 국어 점수와 영어 점수 사이의 상관계수는 0.87로 가장 높은 수준이며, 매우 강한 상관관계를 보이는 것으로 해석된다. 따라서 국어를 잘하는 학생은 영어도 잘하는 경향이 있다고 해석할 수 있다.

◇ 오답 체크
ㄱ. 국어 점수와 과학 점수 사이의 상관계수는 0.12로 다른 과목에 비해서도 가장 낮은 수준이다. 일반적으로 0.2 이하의 상관을 보이는 경우 두 변수 사이의 상관관계는 거의 없는 것으로 해석한다.
ㄷ. 산출된 상관계수가 통계적으로 유의미한지 아닌지를 나타내지는 않는다. 상관계수의 통계적 유의미성은 유의수준을 나타내는 별도의 수치(p값)으로 알 수 있다.
ㄹ, ㅁ. 상관계수는 그 자체로서만 해석하고, 추가적으로 가감승제하여 별도의 의미를 산출하지 않는다. 서로 다른 과목들 간의 상관계수를 가감승제하여 해석하는 것을 옳지 않다.

# CHAPTER 09

# 생활지도와 상담

1. 생활지도
2. 상담활동의 기초
3. 상담의 이론과 기법

# 1. 생활지도

## 01. 생활지도의 개념과 원리

### 출포 289. 생활지도의 활동 영역

📖 기본서 421~422쪽

**936.** 생활지도 활동과 적용 사례가 바르게 짝지어진 것은?  **2023년 국가직 9급**

① 학생조사 활동 – 진로 탐색을 위한 학생 맞춤형 프로그램을 실시하였다.
② 정보제공 활동 – 신입생에게 학교의 교육과정 및 특별활동에 관한 안내 자료를 배부하였다.
③ 배치(placement) 활동 – 학생들의 수업 적응 정도를 점검하고 부적응 학생을 상담하였다.
④ 추수(follow-up) 활동 – 학기 초에 학생에 관한 신체적·지적 특성과 가정환경 등 기초적인 정보를 수집하였다.

■ **정답 및 해설**
② 학생들이 직면한 다양한 문제를 해결하는 데 도움이 되는 각종 자료와 정보를 제공해주는 활동이므로 '정보제공' 활동에 해당된다.

◇ **오답 체크**
① 배치 활동, ③ 상담 활동, ④ 학생조사 활동에 대한 설명이다.

**암기 POINT**
• 생활지도의 활동 영역

| 학생조사 | 학생을 이해하기 위해 각종 정보를 수집 |
|---|---|
| 정보제공 | 학생들에게 도움이 되는 각종 정보 제공 |
| 상담 | 부적응 학생을 돕기 위한 심리적 상담 |
| 정치(배치) | 학생의 흥미나 적성에 맞는 환경에 배치 |
| 추수지도 | 1차 완료 후 학생 적응상태 점검 및 지도 |
| 위탁 | 자력해결이 어려울 때, 전문가에게 의뢰 |

**937.** (가), (나)에 해당하는 생활지도 영역을 바르게 짝지은 것은?  **2018년 지방직 9급**

(가) 생활지도 업무를 담당하는 김 교사는 학기 초에 생활지도 계획을 수립하기 위해 전교생에게 학교생활 적응검사를 실시하였다.
(나) 취업지도 업무를 담당하는 송 교사는 기업체에 취업한 졸업생들에게 전화를 걸어 직장생활에 잘 적응하고 있는지를 점검하고 격려하였다.

|   | (가) | (나) |
|---|---|---|
| ① | 조사(調査)활동 | 정치(定置)활동 |
| ② | 정보(情報)활동 | 정치(定置)활동 |
| ③ | 조사(調査)활동 | 추수(追隨)활동 |
| ④ | 정보(情報)활동 | 추수(追隨)활동 |

936 ②    937 ③

■ 정답 및 해설
③ (가) 전교생을 대상으로 학생생활 적응검사를 실시하는 것은 학생을 이해하고 지도하는 데 필요한 각종 정보와 자료를 수집하는 활동인 조사 활동에 포함된다.
(나) 졸업생들의 직장생활 적응 정도를 점검하고 격려하는 것은 생활지도를 일차 완료한 후 학생의 적응 상태와 변화 정도를 점검하고, 추가로 도움을 제공하는 활동인 추수 활동에 포함된다.

938. 생활지도의 활동 중 정치(定置) 활동으로 옳은 것을 <보기>에서 고른 것은?
2016년 지방직 9급

ㄱ. 학생의 희망 및 능력에 맞추어 동아리를 선택하도록 도와주고 배정하는 활동
ㄴ. 학생을 이해하고 지도하는 데 필요한 가정환경, 교우관계, 심리적 특성 등에 관한 기초 자료를 수집하는 활동
ㄷ. 학생이 진로를 현명하게 선택할 수 있도록 학생의 적성과 흥미 등을 고려하여 도와주거나 안내하는 활동
ㄹ. 생활지도를 일차 완료 한 후 학생의 적응 상태와 변화 정도를 점검하고, 필요하면 추가로 도움을 제공하는 활동

① ㄱ, ㄷ   ② ㄱ, ㄹ   ③ ㄴ, ㄷ   ④ ㄴ, ㄹ

■ 정답 및 해설
① ㄱ, ㄷ. 정치(배치) 활동은 학생의 희망, 적성, 흥미, 능력에 맞는 환경을 선택하도록 도와주거나 안내하는 활동을 말한다. 교과목 및 학과 선택, 진로 선택, 동아리 배정 등이 포함된다.
◇ 오답 체크
ㄴ. 학생조사 활동, ㄹ. 추수지도 활동에 대한 설명이다.

939. 다음의 생활지도 활동에 해당되는 것은?
2005년 유초등

철수는 ADHD의 증상을 자주 나타내는 아동이다. 철수의 담임 선생님은 인터넷을 통해서 그 지역의 상담 기관들을 조사해서 부모에게 알려 드렸다. 그리고 부모의 동의를 얻어 상담 기관에 철수의 지도를 요청하였다.

① 위탁 활동            ② 조사 활동
③ 정치 활동            ④ 추수지도 활동

938 ①   939 ①

### ■ 정답 및 해설

① 철수에게 전문적 도움을 줄 수 있는 상담기관을 알아보고 지도를 요청하는 것은 학교 내외부의 전문가나 전문기관에 의뢰·위탁하여 학생에게 도움을 주는 활동인 위탁 활동에 포함된다.

## 출포 290. 생활지도의 기본 원리

> 기본서 422쪽

**940.** 생활지도의 원리로 옳은 것만을 모두 고르면?　　2024년 국가직 9급

> ㄱ. 모든 학생을 대상으로 해야 한다.
> ㄴ. 치료나 교정이 아니라 예방에 초점을 두어야 한다.
> ㄷ. 인지적 발달뿐만 아니라 정의적·신체적 발달도 함께 도모해야 한다.

① ㄱ, ㄴ　　② ㄱ, ㄷ
③ ㄴ, ㄷ　　④ ㄱ, ㄴ, ㄷ

### 암기 POINT

- 생활지도의 기본 원리

| 전인성 | 지덕체 전인발달 추구<br>학교 교육과정과 통합 |
|---|---|
| 균등성 | 모든 학생을 대상으로 |
| 민주성 | 학생 개인의 인권 존중 |
| 적극성 | 치료보다 예방에 초점 |
| 과학성 | 과학적인 방법에 근거 |
| 협력성 | 교내외 주체들 간 협력 |

### ■ 정답 및 해설

④ ㄱ. 생활지도는 문제학생만을 대상으로 하는 것이 아니라 모든 학생을 대상으로 하여야 한다.(균등성)
ㄴ. 생활지도는 치료나 교정보다는 예방에 초점을 두어야 한다.(적극성)
ㄷ. 생활지도는 학생의 전인적인 발달에 추구해야 하므로, 인지적 발달뿐만 아니라 정의적·신체적 발달도 함께 도모한다.(전인성)

**941.** 학교교육에서 생활지도의 기본 원리로 옳지 않은 것은?　2014년 국가직 9급

① 치료나 교정보다 예방에 중점을 두고 있다.
② 학교 교육과정과 통합될 필요가 있다.
③ 문제유발 가능성이 없는 학생은 대상에 포함되지 않는다.
④ 개인의 권리와 존엄성 및 가치의 인정을 기초로 한다.

### ■ 정답 및 해설

③ 생활지도는 문제유발 가능성이 있는 학생만을 대상으로 하는 것이 아니라, 학교의 모든 학생을 대상으로 하여야 한다. 이와 같은 원리를 균등성의 원리라고 한다.

◇ 오답 체크
① 적극성의 원리, ② 전인성의 원리, ④ 민주성의 원리에 대한 설명이다.

940 ④　941 ③

942. 다음에서 생활지도의 원리를 바르게 실천하고 있는 예를 모두 고른 것은?
2005년 중등

ㄱ. A 교사는 담임 학급의 학생들에게 학교폭력예방을 위한 집단활동을 전개하였다.
ㄴ. B 교사는 진학지도를 위해 학생들의 적성검사와 학업성취도 검사결과를 활용하였다.
ㄷ. C 교사는 학생 개개인의 개성이나 권리보다는 학급 전체 구성원들의 집단역동에 더 많은 관심을 집중하였다.
ㄹ. D 교사는 이번 학기 들어 우울증으로 자살을 시도해 온 학생을 외부에 의뢰하지 않고 직접 지도하였다.

① ㄱ, ㄴ
② ㄷ, ㄹ
③ ㄱ, ㄴ, ㄷ
④ ㄴ, ㄷ, ㄹ

### ■ 정답 및 해설

① ㄱ. A 교사의 활동은 학교폭력 문제가 발생하기 전에 사전적인 예방에 중점을 두는 활동으로서, 적극성의 원리를 실천한 것이라 볼 수 있다.
ㄴ. B 교사의 활동은 진로지도에 과학적이며 객관적인 검사결과를 활용한 것으로서, 과학성의 원리를 실천한 것으로 볼 수 있다.

### ◇ 오답 체크

ㄷ. C 교사의 활동은 생활지도가 학생 개개인의 개성이나 권리에 관심을 가져야 한다는 민주성의 원리에 위배되는 것으로 판단된다.
ㄹ. D 교사의 활동은 생활지도가 교직원, 지역사회, 외부 전문가 및 학부모와의 유기적 연대와 협력에 기초해야 한다는 협력성의 원리에 위배되는 것으로 보인다.

### 출포 291. 종합적 학교상담 모형

기본서 423쪽

943. 다음의 종합적 학교상담 모형의 특성에 관한 설명 중, 옳은 것끼리 묶인 것은?
2005년 중등

ㄱ. '전(全) 교사의 상담교사화'를 지향한다.
ㄴ. 프로그램 중심의 접근방법을 강조한다.
ㄷ. 교육발달, 진로발달, 인성·사회성 발달 영역으로 구성된다.
ㄹ. 모든 학생들의 발달을 촉진하는 일련의 서비스 제공을 목적으로 한다.

① ㄱ, ㄴ
② ㄱ, ㄷ, ㄹ
③ ㄴ, ㄷ, ㄹ
④ ㄱ, ㄴ, ㄷ, ㄹ

942 ①   943 ③

■ 정답 및 해설

③ 미국 학교상담학회(ASCA)가 제안한 종합적 학교상담 모형에서는 학교상담을 모든 학생들의 발달을 촉진하는 일련의 서비스 제공을 목적으로 하는 활동으로 정의한다(ㄹ). 학교상담 활동은 교육발달, 진로발달, 인성·사회성 발달 영역으로 구성되며(ㄷ), 다양한 형식을 가진 프로그램 중심의 접근방법을 강조한다(ㄴ).

◇ 오답 체크

ㄱ. 이 모형에서는 학교상담이 전체적인 교육과정의 틀 속에서 계획적이고 의도적으로 이루어져야 한다고 본다. 따라서 학교상담은 전문적인 교육·훈련을 받은 전문상담교사가 주도하여야 하며, 학교마다 전문상담교사를 배치하여야 한다고 본다. 즉, '전(全) 교사의 상담교사화'를 주장할 경우 전문적인 상담교사의 역할을 경시할 수 있으므로, 이에 대해서는 부정적 입장을 취한다.

## 02. 진로지도 이론

### 출포 292. 홀랜드의 성격 및 직업흥미 이론

기본서 425~426쪽

**944.** 홀랜드(Holland)가 제안한 직업흥미유형 간 유사성이 가장 낮은 조합은?

2020년 국가직 9급

① 탐구적(I) - 기업적(E)
② 예술적(A) - 사회적(S)
③ 사회적(S) - 기업적(E)
④ 예술적(A) - 탐구적(I)

■ 정답 및 해설

① 홀랜드의 6각형 모형에서 인접한 곳에 위치한 유형들은 유사성이 높고, 대각선상에 위치한 유형들은 유사성이 낮은 조합이다. 탐구적(I) 유형과 기업적(E) 유형은 6각형 모형의 대각선상에 위치하는 가장 유사성이 낮은 조합이다.

**945.** 성격 및 직업 흥미에 관한 홀랜드(Holland)의 이론에 대한 설명으로 옳은 것은?

2019년 국가직 7급

① 개인은 일반적으로 6가지 성격(흥미) 영역 중 일부는 더 발달시키고 일부는 덜 발달시킨다.
② 6각형 성격모형은 실재적 성격, 탐구적 성격, 예술적 성격, 기업가적 성격, 자기이해적 성격, 관습적 성격으로 구성되어 있다.

③ 행동은 타고난 성격에 의해 결정되며, 직업 흥미 또한 일과 관련된 개인의 성격과 관련이 깊다고 전제한다.
④ 홀랜드 이론을 기반으로 한 진로지도는 6가지 성격(흥미) 영역 모두를 균형적으로 발달시키는 데 궁극적 목적이 있다.

■ 정답 및 해설
① 홀랜드 이론에서는 개인은 6가지 성격 유형(흥미 영역) 중 일부는 더 많이 발달시키고, 일부는 덜 발달시킨다고 보았다. 이는 각 개인이 다양한 성격 유형을 조합하여 독특한 성격을 형성하지만, 그 중에서도 특정 유형이 더 두드러진다는 관점을 반영하고 있다.

◇ 오답 체크
② 6각형 성격모형은 실재적 성격(R), 탐구적 성격(I), 예술적 성격(A), 사회적 성격(S), 기업가적 성격(E), 관습적 성격(C)으로 구성되어 있다.
③ 홀랜드는 개인의 행동은 타고난 성격에 의해 결정되는 것이 아니라, 성격과 환경의 상호작용에 의해 결정된다고 전제하였다. 따라서 개인의 성격유형에 맞는 직업환경을 선택했을 때 효과적인 직업 행동을 나타낼 것이라고 보았다.
④ 홀랜드 이론을 기반으로 한 진로지도는 개인의 성격(흥미) 유형에 맞는 직업 환경을 선택할 수 있도록 안내하는 데에 궁극적 목적이 있다.

### 암기 POINT
- 홀랜드의 성격이론
  - 성격과 직업환경 유형을 흥미를 기준으로 6가지 분류
  - 직업적 행동은 성격과 환경의 상호작용의 결과
  - 자신의 성격에 맞는 직업을 선택할 때 만족 & 성공

**946.** 홀랜드(Holland)의 인성이론에 관한 설명으로 알맞지 않은 것은?

2013년 지방직 9급

① 직업적 성격으로 현실적, 탐구적, 예술적, 사회적, 설득적, 관습적 유형이 있다고 가정한다.
② 개인의 흥미 분야를 발견하고 그것을 발휘할 수 있는 직업을 찾도록 하는 것이 진로지도의 기본 전략이다.
③ 현실적 유형은 관습적 유형과는 높은 관련성을, 사회적 유형과는 낮은 관련성을 보인다.
④ 진로정체감의 발달이 자아개념과 사회적 역할의 변화에 따라 전생애에 걸쳐 이루어진다고 본다.

■ 정답 및 해설
④ 홀랜드의 인성이론은 개인들의 성격 및 직업흥미 유형을 분류하는 데에 관심을 두었다. 진로정체감의 전생애적 발달과정을 자아개념과 관련지어 설명하는 이론은 수퍼의 진로발달이론이다. 그는 진로를 단순한 직업 선택의 과정이 아니라, 개인의 자아개념이 직업적 경험을 통해 구체화되는 과정으로 보았다. 따라서, 자아개념과 사회적 역할이 생애에 걸쳐 변화하고 발전하는 것처럼, 진로정체감도 전생애적 발달 과정을 거친다고 보았다.

946 ④

제9장 생활지도와 상담 633

## 강서연 교육학

**암기 POINT**
- 홀랜드의 성격유형 분류

| 유형 | 흥미 유형 |
|---|---|
| 실재적 | 기계조작, 신체활동 |
| 탐구적 | 지적 호기심, 분석적 |
| 예술적 | 다양성 선호, 창의적 |
| 사회적 | 어울리기, 도와주기 |
| 기업가적 | 지도력, 설득하기 |
| 관습적 | 계획적, 문서 정리 |

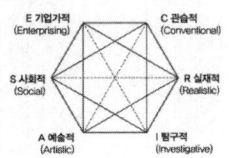

### 947. 홀랜드(Holland)의 진로이론에 대한 설명으로 옳지 않은 것은?
2012년 국가직 9급

① 대부분의 사람들은 실재적, 탐구적, 예술적, 사회적, 기업가적인 다섯 가지 유형 중의 하나로 분류될 수 있다.
② 실재적 유형은 기계, 전기 등과 같이 옥외에서 하는 육체노동에 관련된 직업을 선택하는 경향이 높다.
③ 사회적 유형과 예술적 유형은 매우 높은 상관이 있다.
④ 진로의식의 핵심요소로 직업흥미를 중시한다.

■ **정답 및 해설**
① 홀랜드의 진로이론에서는 사람들의 진로흥미(성격) 유형을 6가지 유형으로 분류한다. 즉, 대부분의 사람들은 실재적(R), 탐구적(I), 예술적(A), 사회적(S), 기업가적(E), 관습적(C) 유형 중의 하나로 분류될 수 있다고 본다.

### 948. 홀랜드(J. Holland)의 진로이론에 관한 설명으로 옳은 것만을 다음에서 있는 대로 고른 것은?
2013년 중등

> ㄱ. 직업적 행동은 성격과 환경의 상호작용의 결과이다.
> ㄴ. 직업을 선택할 때 자신의 태도와 가치관에 맞는 직업환경을 선호한다.
> ㄷ. 직업적 성격유형 중 실재형(realistic type)에 해당하는 사람이 선택하는 대표적인 직업으로는 정치가, 판사, 관리자 등이 있다.
> ㄹ. 직업환경을 실재적(realistic), 탐구적(investigative), 예술적(artistic), 사회적(social), 설득적(enterprising), 관습적(conventional) 환경으로 분류한다.

① ㄱ, ㄷ  ② ㄴ, ㄹ  ③ ㄱ, ㄴ, ㄹ
④ ㄴ, ㄷ, ㄹ  ⑤ ㄱ, ㄴ, ㄷ, ㄹ

■ **정답 및 해설**
③ ㄱ. 홀랜드는 개인의 직업적 행동은 성격과 환경의 상호작용의 결과로, 개인의 성격유형에 맞는 직업을 선택했을 때 높은 성과와 만족감을 얻을 수 있다고 하였다.
ㄴ. 홀랜드는 성격이나 직업 선택을 흥미의 관점에서 접근한 학자로, 사람들은 자신의 능력과 기술을 발휘하고 태도와 가치관를 표현하며 자신에게 맞는 역할을 수행할 수 있는 직업환경을 선호한다고 보았다.
ㄹ. 홀랜드는 개인의 성격 유형 및 직업환경 유형을 모두 실재적(realistic), 탐구적(investigative), 예술적(artistic), 사회적(social), 설득적(enterprising), 관습적(conventional) 유형으로 분류하였다.

947 ① 948 ③

◇ 오답 체크
ㄷ. 실재형(R)에 해당하는 사람이 선택하는 대표적인 직업으로는 전기기계 기술자, 조종사, 항해사, 농부, 운동선수 등이 있다. 정치가, 판사, 관리자 등은 기업가형(E)에 해당하는 사람이 선택하는 직업들이다.

**949.** 홀랜드(J. Holland)의 직업 성격 여섯 가지 유형 중 실재적(realistic) 유형에 대한 진술로 가장 적절한 것은?  2012년 유초등
① 호기심이 많고 분석적이며 논리적인 활동을 선호한다.
② 지구력이 있으며 기계와 도구에 관한 체계적인 조작 활동을 선호한다.
③ 세밀하고 조심성이 많으며 자료를 기록, 정리, 조직하는 활동을 선호한다.
④ 이해심이 많고 다른 사람과 함께 일하거나 다른 사람을 돕는 활동을 선호한다.
⑤ 통솔력이 있으며 조직의 목적을 달성하기 위해 사람을 관리하는 활동을 선호한다.

■ 정답 및 해설
② 실재적 유형은 기계를 조작하는 것을 좋아하며, 몸을 움직이는 활동을 선호하는 유형이다. 사물을 다루는 활동을 선호하며, 구체적이며 체계적인 활동을 좋아한다. 이러한 활동에 필요한 운동신경과 지구력이 발달되어 있다.
◇ 오답 체크
① 탐구적(I) 유형, ③ 관습적(C) 유형, ④ 사회적(S) 유형, ⑤ 기업가적(E) 유형에 대한 설명이다.

**950.** 최 교사는 학생들의 진로지도를 위하여 홀랜드(J. Holland)의 진로탐색검사를 실시하였다. 검사 결과, 영철이의 직업적 성격 유형은 다음 그림의 ㉠과 ㉡에 해당되는 것으로 나타났다. 영철이의 직업적 성격 특성을 가장 잘 설명하는 것은?  2009년 중등

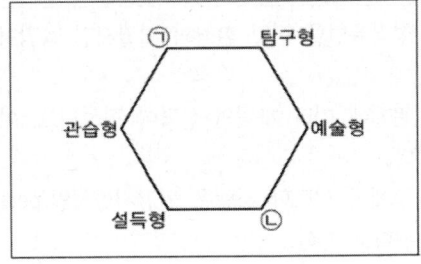

949 ② 950 ⑤

| ㉠ | ㉡ |
|---|---|
| ① 다른 사람들과 어울리는 것을 좋아하고, 다른 사람들을 도와주는 활동을 선호한다. | 계획에 따라 일하기를 좋아하며, 계산적인 능력을 발휘하는 활동을 선호한다. |
| ② 지도력과 통솔력이 있으며, 말을 잘하고 다른 사람들을 관리하는 활동을 선호한다. | 기계를 만지거나 조작하는 것을 좋아하며, 몸을 움직이는 활동을 선호한다. |
| ③ 정확하고 분석적이며, 지적 호기심이 많고 체계적인 활동을 선호한다. | 변화와 다양성을 좋아하고, 자유롭고 창의적인 활동을 선호한다. |
| ④ 계획에 따라 일하기를 좋아하며, 계산적인 능력을 발휘하는 활동을 선호한다. | 지도력과 통솔력이 있으며, 말을 잘하고 다른 사람들을 관리하는 활동을 선호한다. |
| ⑤ 기계를 만지거나 조작하는 것을 좋아하며, 몸을 움직이는 활동을 선호한다. | 다른 사람들과 어울리는 것을 좋아하고, 다른 사람들을 도와주는 활동을 선호한다. |

■ **정답 및 해설**

⑤ ㉠은 실재형(R)이다. 실재형은 기계를 만지거나 조작하는 것이나 몸을 움직이는 활동을 선호한다.
㉡은 사회형(S)이다. 사회형은 다른 사람들과 어울리거나 도와주는 활동을 선호한다.

◇ **오답 체크**

① ㉠은 사회형(S), ㉡은 관습형(C), ② ㉠은 설득형(E), ㉡은 실재형(R), ③ ㉠은 탐구형(I), ㉡은 예술형(A), ④ ㉠은 관습형(C), ㉡은 설득형(E)에 대한 설명이다.

### 출포 293. 로우의 욕구이론

기본서 424쪽

**951.** 로우(A. Roe)의 욕구이론에 관한 설명으로 옳은 것을 다음에서 고른 것은?

2011년 중등

ㄱ. 개인의 직업적 성격유형을 직업 환경과 연결시킨 육각형 모형에 기반하고 있다.
ㄴ. 부모와 자녀의 관계에 따라 자녀의 성격이 형성되고, 이는 직업선택에 영향을 준다고 본다.
ㄷ. 냉담한 양육 환경에서 성장한 사람은 인간지향적인(person-oriented) 직업을 선택하게 된다고 본다.
ㄹ. 새로운 직업분류체계를 개발함으로써 직업선호도검사, 직업흥미검사, 직업명 사전 개발에 영향을 주었다.

951 ④

① ㄱ, ㄴ　　　　　② ㄱ, ㄷ　　　　　③ ㄴ, ㄷ
④ ㄴ, ㄹ　　　　　⑤ ㄷ, ㄹ

### ■ 정답 및 해설

④ ㄴ. 로우의 욕구이론은 인생 초기에 경험하는 부모의 양육태도(부모-자녀 관계)에 따라 자녀의 성격이 형성되고, 이것이 직업선택에 중요한 영향을 준다고 본다.
　　ㄹ. 로우는 흥미에 기초해서 직업을 일반문화직, 과학직, 옥외활동직, 기술직, 단체직, 비즈니스직, 서비스직, 예능직 등 8가지로 분류하여 새로운 직업 분류표를 만들었다. 이를 기초로, 직업선호도검사, 직업흥미검사, 직업명 사전 개발에 영향을 주었다.

### ◇ 오답 체크

ㄱ. 홀랜드의 진로이론에 대한 설명이다.
ㄷ. 냉담한 양육 환경에서 성장한 사람은 비인간지향적인 직업을 선택하게 된다고 본다. 로우는 인간지향적인 성격의 사람들은 서비스직, 비즈니스직, 단체직, 일반문화직, 예능직을 선택하는 경향이 있으며, 비인간지향적인 성격의 사람들은 기술직, 옥외활동직, 과학직을 선호한다고 보았다.

### 암기 POINT

• 로우의 욕구이론

| 부모의 양육 | 성격 유형 |
|---|---|
| 온정적 분위기 | 인간지향적 성격 |
| 냉담한 분위기 | 비인간지향적 성격 |

---

**952.** 다음은 교사가 학생들에게 진로지도 활동을 시작하면서 소개한 내용의 일부이다. 이 내용에 가장 적합한 진로이론은?　　**2005년 중등**

> 인생 초기에 어떤 방식으로 양육되었고, 어떤 경험을 했느냐는 여러분이 장차 어떤 직업을 택하게 되는가에 중요한 영향을 미칩니다. 부모가 자녀를 대하는 양상에 따라 세 가지 심리적 환경이 조성됩니다. 냉담한(cold) 가정분위기, 온정적 또는 냉담한(warm or cold) 가정분위기, 온정적(warm) 가정분위기가 그 것들입니다. - <중략> - 수용이나 거부 또는 과잉보호나 과잉요구에 대한 여러분의 감정이 인간지향적이거나 비인간지향적인 생활양식을 발전시키게 됩니다. 이는 결국 여러분들로 하여금 특정한 직업을 선택하도록 하는 진로지향성을 형성하도록 합니다.

① 수퍼(D. Super)의 발달이론　　② 홀랜드(J. Holland)의 성격이론
③ 로우(A. Roe)의 욕구이론　　　④ 파슨스(F. Parsons)의 특성요인 이론

### ■ 정답 및 해설

③ 직업선택을 부모-자녀 관계에서 형성된 개인의 욕구구조에 의해 설명하는 이론은 로우의 욕구이론이다. 로우는 성격과 직업 특성을 인간지향성과 비인간지향성으로 구분한다.

952 ③

### 출포 294. 블로의 사회학적 이론

> 기본서 426쪽

**953.** 진로이론에 대한 설명 중 옳은 것을 다음에서 고른 것은? **2010년 중등**

ㄱ. 수퍼(D. Super)의 발달이론에서는 직업 선택이 부모-자녀관계에서 형성된 개인의 성격과 욕구구조에 의해서 결정된다고 본다.
ㄴ. 홀랜드(J. Holland)의 인성이론에서는 성격유형과 직업환경을 각각 6가지로 분류하고, 개인의 성격유형에 맞는 직업환경을 찾아야 한다고 본다.
ㄷ. 파슨스(F. Parsons)의 특성요인이론에서는 자아개념을 중요시하며, 진로선택을 타협과 선택이 상호작용하는 적응 과정으로 본다.
ㄹ. 블로(P. Blau)의 사회학적 이론에 따르면 가정, 학교, 지역사회 등의 사회적 요인이 직업 선택에 큰 영향을 미친다.

① ㄱ, ㄴ  ② ㄱ, ㄷ  ③ ㄴ, ㄷ
④ ㄴ, ㄹ  ⑤ ㄷ, ㄹ

■ 정답 및 해설

④ ㄴ. 홀랜드의 인성이론은 흥미를 중심개념으로 해서 성격유형과 직업환경 유형을 6가지로 분류하고, 개인의 성격유형에 맞는 직업환경을 찾을 때 직업적 성과와 만족감이 높아질 수 있다고 보았다.
ㄹ. 블로의 사회학적 이론에서는 사회계층에 따라 교육받은 정도, 직업 수준, 일반 지능수준 등이 상이하며, 이것은 개인의 행동에 영향을 미치는 심리적 환경으로 작동한다고 보았다. 따라서 가정, 학교, 지역사회 등의 사회적 요인이 직업 선택에 큰 영향을 미친다고 보았다.

◇ 오답 체크
ㄱ. 직업선택을 부모-자녀 관계에서 형성된 개인의 성격과 욕구구조에 의해 설명하는 이론은 로우의 욕구이론이다. 그에 따르면, 온정적 분위기에서 성장한 사람은 인간지향적 성격을, 냉담한 분위기에서 성장한 사람은 비인간지향적 성격을 가지게 되며, 각기 자신의 성격지향성에 부합하는 직업을 선택한다는 것이다.
ㄷ. 수퍼의 진로발달이론에 대한 설명이다. 그에 따르면, 진로선택은 한 번의 결정으로 끝나는 것이 아니라 전 생애에 걸쳐 이루어진다. 이 과정에서 인간은 개인의 흥미, 욕구, 능력 등을 고려하여 직업을 선택하면서도 직업의 요구조건, 교육기회 등과 같은 현실적인 요인들과 타협하면서 진로를 결정한다. 즉, 진로선택을 타협과 선택이 상호작용하는 적응 과정으로 본다. 이 과정 속에서 인간은 자신의 자아 개념을 발달시키며, 자신의 자아 개념에 일치하는 직업을 선택하고 적응한다.
파슨스의 특성요인이론은 개인의 고유한 특성(흥미, 적성)과 직업적 특성이 일치할수록 개인적인 만족과 성공적인 직업수행의 가능성이 커진다고 보는 이론이다. 과학적이고 객관적인 방법을 통해 개인의 특성과 각 직업의 직무를 이해하고, 개인의 특성에 가장 적합한 직업을 선택하도록 조언할 것을 강조하였다.

953 ④

## 출포 295. 크럼볼츠의 사회학습이론

🌐 기본서 427쪽

**954.** 영철이의 진로 선택 요인을 가장 잘 설명해 주는 상담이론은?

2011년 유초등

> 김 교사는 '진로와 직업'이라는 집단상담 프로그램을 학생들에게 실시하였다. 김 교사는 학생들에게 직업카드를 보여주고 좋아하는 직업을 선택하게 한 후 그 이유를 발표하게 하였다. 변호사 카드를 선택한 영철이는 변호사가 되어 억울한 사람을 도와주고 싶다고 말하였다. 영철이는 최근 아버지가 친구의 빚보증을 섰다가 억울하게 법적 소송에 휘말려 어려움을 겪고 있는 사정을 이야기하였다.

① 로우(A. Roe)의 욕구 이론
② 홀랜드(J. Holland)의 인성 이론
③ 파슨스(F. Parsons)의 특성-요인 이론
④ 크럼볼츠(J. Krumboltz)의 사회학습 이론
⑤ 해켓과 베츠(G. Hackett & N. Betz)의 자기효능감 이론

■ 정답 및 해설

④ 제시된 사례에서 영철이는 변호사라는 직업을 선택한 이유를 아버지가 겪은 경험을 바탕으로 설명하고 있다. 이와 같이 직업선택에 있어서 개인이 가진 직·간접적인 경험이 중요한 영향을 미친다고 보는 이론은 크럼볼츠의 사회학습 이론이다. 인간은 성장 과정에서 겪는 다양한 경험을 속에서 자기 자신과 직업에 대한 특정한 신념을 형성하게 되며 이것이 직업선택에 주된 영향을 미친다는 것이다. 그에 따르면, 진로상담은 학생의 직업에 대한 신념과 그것에 영향을 미친 학습경험을 재검토해 볼 것을 제안하며, 학생의 진로의사결정 기술을 향상시킬 필요에 대해서도 강조하여야 한다.

◇ 오답 체크

⑤ 해켓과 배츠의 자기효능감 이론은 반두라의 사회학습이론을 진로의사결정 과정에 적용하여 자기효능감의 역할을 강조한 이론이다. 이들은 진로선택에 있어서 나타나는 성별의 차이를 특별히 강조하였다.

**암기 POINT**

• 크럼볼츠의 사회학습이론

| 개요 | 개인의 경험이 진로의 사결정에 영향 미침 |
|---|---|
| 진로 의사 결정 영향 요인 | 유전적 재능과 능력 |
| | 환경적 조건과 사건 |
| | 직간접적인 학습경험 |
| | 과제접근기술 |

**955.** 진로상담에 관련된 설명으로 옳지 않은 것은?

2008년 중등

① 진로를 결정한 학생도 진로상담의 대상이다.
② 누구에게나 한 가지 이상의 직업적성과 직업흥미가 있다.
③ 홀랜드(J. L. Holland)는 진로발달에서 자아개념을 가장 중시하였다.
④ 크럼볼츠(J. D. Krumboltz)는 진로의사결정에 영향을 미치는 요인들의 상호작용을 중시하였다.

954 ④  955 ③

■ 정답 및 해설

③ 진로발달에서 자아개념을 중시하는 이론은 수퍼(Super)의 진로발달이론이다. 수퍼의 진로발달이론에서는 전 생애에 걸쳐 자아개념이 형성·전환·실천되는 과정을 생애진로 무지개(life-career rainbow) 모델로 제시하였다. 수퍼의 이론에 의하면, 진로선택은 자아개념을 실천하는 과정에 해당한다.

◇ 오답 체크
① 학교 진로상담에서는 일회적인 진로선택을 안내하는 활동을 넘어서, 장기적인 안목을 갖추고 자발적이고 지속적으로 진로를 개발할 수 있는 역량을 향상시키는 것이 중요하다. 진로결정은 진로탐색 → 잠정적인 진로결정 → 진로계획 수립 → 진로계획 검토 및 수정의 과정을 거치는데, 이 과정은 순환적인 구조임을 이해하는 것이 중요하다. 즉, 진로를 결정한 이후에도 진로대안이 만족스럽지 못하다면 언제든지 진로탐색 단계로 돌아가 다른 대안을 찾아볼 수 있도록 하여야 한다.
② 홀랜드 이론의 4가지 기본 가정 중의 하나이다.
④ 크럼볼츠의 사회학습이론에서는 진로의사결정에 영향을 미치는 다양한 요인들의 상호작용을 밝히는 데 초점을 둔다. 즉, 진로의사결정에 영향을 미치는 요인들에는 유전적 재능과 특별한 능력, 환경적 조건과 사건, 직간접적인 학습경험, 과제접근 기술 등이 있으며, 이러한 결정요인들이 특정한 방식으로 상호작용한 결과로 개인들의 진로의사결정이 이루어진다고 본다.

## 출포 296. 타이드만과 오하라 및 수퍼의 진로발달이론

기본서 427~429쪽

**956.** 진로이론에 대한 설명 중 옳은 것을 다음에서 고른 것은? 2012년 중등

> ㄱ. 홀랜드(J. Holland)의 진로이론 : 성격 유형과 환경 유형을 각각 6가지로 구분하고, 책무성 수준에 따라 직업 분류 체계를 만들었다.
> ㄴ. 로우(A. Roe)의 진로이론 : 흥미에 기초해서 직업분야를 8개의 군집으로 나누고, 직업군의 선택은 부모-자녀 관계 속에서 형성된 도구적 학습경험에 의해서 결정된다.
> ㄷ. 수퍼(D. Super)의 진로이론 : 진로발달은 인간의 전 생애 걸쳐서 이루어지며, 15~17세 시기는 자신의 욕구, 흥미, 능력 등을 고려하여 잠정적인 진로를 선택하는 탐색기에 해당된다.
> ㄹ. 타이드만과 오하라(D. Tiedeman & R. O'Hara)의 진로이론 : 직업발달이란 직업 자아정체감을 형성해 나가는 계속적 과정이며, 직업 자아정체감은 의사결정을 되풀이 하는 과정에서 성숙된다.

① ㄱ, ㄴ   ② ㄱ, ㄷ   ③ ㄴ, ㄷ
④ ㄴ, ㄹ   ⑤ ㄷ, ㄹ

956 ⑤

■ 정답 및 해설

⑤ ㄷ. 수퍼의 진로이론은 진로선택을 타협과 선택이 상호작용하는 적응 과정으로 본다. 즉 인간은 개인의 흥미, 욕구, 능력 등을 고려하여 직업을 선택하면서도, 직업의 요구조건, 교육기회 등과 같은 현실적 요인들과 타협하면서 진로를 결정한다. 수퍼는 진로발달의 단계를 성장기, 탐색기, 확립기, 유지기, 쇠퇴기로 구분한다. 이 중 탐색기는 15~24세의 기간이며, 탐색기는 다시 잠정기(15~17세), 전환기(18~21세), 시행기(22~24세)로 구분된다. 탐색기는 자신의 욕구, 흥미, 능력 등을 고려하여 잠정적인 진로를 선택하는 시기이며, 전환기는 현실적 조건을 중시하여 미래 직업을 위해 필요한 교육이나 훈련을 받는 단계이고, 시행기는 일단 직업을 선택해서 실제로 직업세계에 종사하기 시작하는 단계에 해당한다.

ㄹ. 타이드만과 오호라의 이론에 따르면, 직업발달이란 직업적 자아정체감을 형성해 나가는 계속적 과정이며, 의사결정을 되풀이하는 과정에서 직업적 자아정체감이 성숙된다. 진로발달의 과정은 예상기와 적응기로 구분하였다.

◇ 오답 체크

ㄱ. 홀랜드의 진로이론이 성격 유형과 환경 유형을 각각 6가지로 구분한 육각형 모형을 제시한 것은 옳다. 다만, 책무성 수준에 따라 새로운 직업분류체계를 개발한 학자는 로우(Roe)이다.

ㄴ. 로우는 미네소타 직업평가 척도를 바탕으로 '흥미'에 기초해서 직업을 8개의 군집으로 나누고 각 군집에 해당하는 직업들의 목록을 작성하였다. 이후 곤란도와 책무성을 고려하여 각 직업에서의 6가지 단계를 구분하여, 8×6의 직업분류체계를 만들었다.

| 8가지 직업군집<br>(흥미에 기초) | 직업군집의 6단계<br>(책무성의 정도에 기초) |
|---|---|
| ① 서비스직<br>② 비즈니스직<br>③ 단체직 (예. 행정공무원)<br>④ 기술직<br>⑤ 옥외활동직<br>⑥ 과학직<br>⑦ 일반문화직 (예. 교사)<br>⑧ 예능직 | ① 전문적 관리 단계 1<br>② 전문적 관리 단계 2<br>③ 준전문적 소규모 사업단계<br>④ 숙련직 단계<br>⑤ 반숙련직 단계<br>⑥ 비숙련직 단계 |

암기 POINT

• 전생애적 진로발달이론

| 학자 | 주요 내용 |
|---|---|
| 타이드만과 오하라 | 직업적 의사결정 과정 속에서 자아정체감의 발달 |
| | 예상기 → 적응기 |
| 수퍼 | 다양한 생애역할을 거치면서 자아개념 발달, 진로 성숙 |
| | 성장기→탐색기→확립기→유지기→쇠퇴기 |

# 03. 청소년 비행 이론

## 출포 297. 머튼의 아노미 이론

기본서 429~432쪽

**957.** 다음 설명에 해당하는 청소년 비행 관련 이론은?  2023년 국가직 9급

- 뒤르켐(Durkheim)의 이론을 발전시켜 머튼(Merton)이 정립하였다.
- 문화적인 가치와 사회적 수단 간의 불일치로 인한 사회·심리적 긴장 상태에서 벗어나고자 비행을 시도한다.

① 낙인 이론  ② 사회통제 이론
③ 아노미 이론  ④ 합리적 선택 이론

### ■ 정답 및 해설

③ 청소년 비행을 설명하는 이론들 중에서 머튼이 제안한 이론은 아노미 이론이다. 머튼의 아노미 이론은 뒤르켐의 아노미 개념을 발전시켜 만든 이론으로서, 청소년 비행의 원인을 문화적 가치와 사회적 수단 간의 불일치로 인한 사회·심리적 긴장 상태를 벗어나기 위한 행동으로 설명한다. 아노미 이론은 문화적 가치를 가진 목표를 달성하는 데 필요한 적법한 사회적 수단이나 기회가 주어지지 않는 하위계층의 비행을 설명하는 데 자주 적용된다.

**암기 POINT**
- 머튼의 아노미 이론

| 아노미 | 문화적 가치와 사회적 수단 간의 불일치 |
|---|---|
| 비행의 원인 | 아노미로 인한 사회심리적 긴장 상태를 벗어나기 위한 시도 |

## 출포 298. 허쉬의 사회통제 이론

기본서 430쪽

**958.** 다음 설명에 해당하는 청소년 비행 관련 이론은?  2023년 지방직 9급

- 일탈행위가 오히려 정상행동이며, 규범준수행위가 비정상적인 행동이다.
- 인간의 본성은 악하기 때문에 사람은 항상 규범을 위반할 수 있으며, 개인과 사회 간의 결속이 약화될수록 일탈할 확률이 높아진다.

① 낙인이론  ② 사회통제이론
③ 아노미이론  ④ 차별접촉이론

### ■ 정답 및 해설

② 사회통제 이론에서는 인간의 본성은 기본적으로 악하기 때문에 모든 청소년들이 비행을 저지를 수 있는 가능성을 가지고 있다고 본다. 개인의 일탈행위를 억제하는 장치는 개인과 사회를 연결시키는 기제들이며, 개인과 사회 간의 결속이 약화될 때 비행행동

**암기 POINT**
- 허쉬의 사회통제이론

| 전제 | 인간은 누구나 비행 잠재성을 가지고 있음 |
|---|---|
| 비행원인 | 사회통제가 약해질 때 억제력이 제거되면서 비행 발생 |
| 사회통제 | 개인과 사회의 연계고리 애착, 관여, 참여, 신념 |

957 ③  958 ②

이 나타날 가능성이 높아진다고 설명한다. 일탈행위를 억제하는 사회통제의 요소에는 의미있는 타인들에 대한 애착, 자신이 현재 하고 있는 일에 대한 관여, 일상적인 활동에의 참여, 사회적 규칙과 가치 및 규범에 대한 신념 등이 포함된다.

959. 다음 사례의 박 교사와 같이 청소년 비행에 접근하는 이론으로 가장 적절한 것은?
2009년 중등

> A중학교에서 박 교사가 맡고 있는 반의 많은 학생들은 지각과 무단결석을 일삼고 학교폭력을 비롯한 크고 작은 말썽을 피웠다. 문제의 원인을 찾던 박 교사는 다른 아이들과는 달리 문제행동을 일으키지 않는 재민이를 주목하였다. 관찰 결과 박 교사는 재민이가 교우관계가 좋고 부모와의 관계도 친밀할 뿐만 아니라 이웃과도 사이좋게 지낸다는 것을 알게 되었다. 이에 박 교사는 재민이 주변에 있는 좋은 친구와 부모, 이웃이 재민이가 문제행동을 자제하도록 하는 데 중요한 역할을 하고 있다고 생각하게 되었다.

① 낙인 이론(labelling theory)
② 편류 이론(drift theory)
③ 아노미 이론(anomie theory)
④ 문화 일탈 이론(cultural departure theory)
⑤ 사회 통제 이론(social control theory)

■ 정답 및 해설
⑤ 박 교사는 자신이 맡고 있는 반의 많은 학생들과 달리 재민이가 특별히 문제를 일으키지 않는 이유에 주목하였다는 점에서 비행행동을 정상적인 행동으로, 규범준수 행위를 비정상 행동으로 보는 관점을 가지고 있다. 더 나아가, 박 교사는 재민이가 문제행동을 저지르지 않는 이유를 교우관계, 부모와의 관계, 이웃과의 관계 속에서 찾고 있는데, 이것은 사회통제이론에서 말하는 개인과 사회의 결속이 비행행동을 억제하는 역할을 한다는 주장과 일치된다.

◇ 오답 체크
① 낙인이론은 주변의 타인이 어떤 사람을 비행자로 취급하면 그의 자기기대가 부정적으로 변화되면서 비행행동을 지속하게 된다고 보는 이론이다.
② 편류이론은 비행청소년들이 특별한 집단이라는 주장을 거부하며, 청소년기의 비행을 일시적인 표류로 설명하는 이론이다.
③ 아노미이론은 비행행동을 문화적 가치와 사회적 수단 사이의 불일치로 인한 사회·심리적 긴장 상태(아노미 상태)에서 벗어나기 위한 행동으로 보는 이론이다.
④ 문화일탈이론은 하위문화이론으로도 불리는데, 하류계층의 청소년들은 정당한 방법으로 성공할 수 없는 제한된 조건 속에서 놓여 있다는 점에 주목한다. 그러한 제한된 조건 속에서 좌절을 겪게 되며 불법적 행위를 통해 목표를 성취하고자 하는 하위문화가 형성·습득되어 상습적 비행을 저지르게 된다고 보는 이론이다.

959 ⑤

## 출포 299. 사이크스와 맛짜의 중화이론

🌐 기본서 431쪽

**960.** 청소년 비행이론 중에서 중화이론을 설명한 것은?　2014년 지방직 9급

① 지배적인 가치가 중산층 기준에 의해 형성되어 있기 때문에 하층계급 자녀들은 상대적으로 불리한 입장에 처하게 되어 비행을 저지르게 된다.
② 특정 개인은 유전 또는 취향이 일탈 행위자와 관계를 맺도록 형성되어 있으며, 법을 위반하는 비슷한 심리상태를 가진 사람들과 접촉하면서 범죄기술을 학습하게 된다는 것이다.
③ 청소년 비행은 모방이나 모델링을 통해 학습되며, TV, 영화 등을 통해서 동기나 정서의 영향을 받아 비행이 이루어진다.
④ 자신의 잘못된 행위를 주변환경을 탓하거나 피해자가 유혹하였다는 등 타인에게 책임을 지워 자신의 잘못을 경감시키고자 한다.

■ **정답 및 해설**

④ 중화이론에서는 비행청소년들은 비행행동가 자아에게 갖는 의미를 희석시키고 죄의식을 마비시키는 중화의 기술을 가지고 있다고 본다. 그들은 자신의 잘못된 행위를 주변환경의 탓이나 피해자의 탓으로 돌리면서 별다른 죄의식 없이 비행을 저지른다고 본다.
사이크스와 맛짜가 제안한 중화이론은 이후 표류이론으로 정립되었다. 표류이론은 비행청소년들이 특정한 하위문화에 지배되어 지속적으로 비행행동을 하는 집단이 아니라, 비행과 무비행의 생활양식 사이에서 표류(편류, drift)하는 존재라고 보는 이론이다.

◇ **오답 체크**
① 아노미이론, ② 차별접촉이론, ③ 사회학습이론에 대한 설명이다.

## 출포 300. 레머트와 베커의 낙인이론

🌐 기본서 432쪽

**961.** 낙인이론(labeling theory)에 관한 설명 중 옳지 않은 것은?　2008년 중등

① 낙인은 추측→고정화→정교화의 순서로 이루어진다.
② 낙인의 주요 요인에는 성, 인종, 외모, 경제적 배경 등이 있다.
③ 낙인에 따른 교사의 차별적인 기대는 학생의 자기지각에 영향을 준다.
④ 낙인이론은 학교에서 교사와 학생 간의 상호작용을 연구하는 데 활용된다.

■ **정답 및 해설**

① 하그리브스 등에 따르면, 낙인은 추측(첫인상) → 정교화(확인, 수정) → 고정화(안정적 인식)의 순서로 이루어진다.

---

**암기 POINT**
• 청소년 비행 이론

| 이론 | 비행의 원인 |
|---|---|
| 중화이론 | 자신의 잘못된 행위의 의미를 중화시키는 기술 활용 |
| 차별접촉이론 | 비행 행위자와 자주 접촉하면서 범죄기술을 학습 |
| 사회학습이론 | TV 등을 통해 타인의 행동을 모방 |

960 ④　961 ①

## 962. 다음에서 설명하는 이론은?

2007년 영양교사

> 일시적이거나 우연히 가벼운 문제를 일으킨 청소년에 대해 주위 사람들이 일탈 청소년으로 규정하면 실제로 일탈 청소년이 될 수 있다.

① 아노미이론  ② 갈등이론
③ 낙인이론  ④ 차별교제이론

### ■ 정답 및 해설

③ 주변의 다른 사람들이 어떤 청소년을 일탈 청소년으로 규정하면 실제로 일탈 청소년이 된다고 보는 이론은 낙인이론이다. 즉, 타인의 부정적 기대가 낙인을 받은 사람의 자기기대를 부정적으로 변화시켜 비행행동을 지속하게 된다고 보는 이론이다. 상징적 상호작용론의 관점에서 청소년 비행을 설명하는 이론으로서 비행행동이 개인의 내재적 속성이나 사회구조에 의해서 결정되는 것이 아니라, 개인들 간의 사회적 상호작용 과정에서 만들어진다고 보는 이론이다.

### 암기 POINT

- 낙인이론

| | |
|---|---|
| 비행의 원인 | 타인이 자신을 비행자로 취급하면 자아정체감이 변화되면서 지속적 비행 행동 |
| 낙인의 과정 | 모색 → 명료화 → 공고화 (레머트) |

## 2. 상담활동의 기초

### 01. 상담의 개념과 원리

**출포 301. 상담의 기본 원리와 요건**

기본서 433~434쪽

**963.** 상담자가 촉진적 의사소통을 위해 견지해야 할 태도인 '무조건적 존중'에 대해 가장 잘 설명한 것은?  2008년 국가직 7급
① 상담자는 내담자가 표현하는 감정과 경험을 분명하고 정확하게 이해한다.
② 상담자는 내담자를 있는 그대로 수용하며 한 인간으로 배려한다.
③ 상담자는 자신의 부정적 감정을 솔직하게 표현하되 비파괴적으로 표현한다.
④ 상담자는 내담자의 문제점을 명료하게 지적하고 무조건 수용한다.

■ 정답 및 해설
② 상담자의 태도로서 '무조건적 존중'이란 상담자는 내담자가 어떤 문제를 안고 있든지 간에 내담자를 있는 그대로 인정하며 한 인간으로 배려하는 마음 자세이자, 상담자가 내담자의 행동, 태도, 가치관 등을 비판하거나 일방적으로 판단하려는 자세를 삼가는 태도를 의미한다.

**964.** 다음은 교사와 학생과의 상담과정에서 일어날 수 있는 대화의 일부이다. 가장 바람직하지 않은 것은?  2002년 중등
① "안녕하세요? 무슨 일로 찾아 왔나요? 무슨 걱정이라도 있나요?"
② "오늘 상담은 오후 3시까지 약 50분간 합니다."
③ "내가 도움을 줄 수는 있지만, 최종적인 문제해결은 학생 스스로가 해야 합니다."
④ "너무 걱정하지 말아요. 솔직하게 말해 주기만 하면 내가 해결해줄 겁니다."

■ 정답 및 해설
④ 상담과정에서의 기본 원칙은 내담자가 스스로 자기가 나아갈 방향을 선택·결정할 수 있도록 하는 데 있다. 상담자의 지도와 충고를 무조건 따르게 하거나 상담자가 내담자의 문제를 모두 해결해 줄 것이라는 기대를 갖게 하는 것은 적절하지 않다.

963 ② 964 ④

◇ 오답 체크
① 내담자가 상담을 요청하거나 참여한 의도를 파악하기 위한 질문으로서 내담자를 존중하는 태도를 보여준다.
② 상담을 구조화하기 위한 언급으로서 상담자는 내담자에게 상담시간 약속, 상담자와 내담자의 행동, 태도와 역할, 비밀보장 조건 등 상담 체계와 방향에 대해 알려주어야 한다.
③ 상담의 목표를 설정하는 언급으로서 상담자와 내담자가 함께 상담과정을 통해 변화의 방향과 정도를 설정하고, 내담자가 문제해결의 주체가 되어야 한다는 점을 숙지시켜야 한다.

## 출포 302. 상담의 기본 절차와 윤리

기본서 434~436쪽

**965.** 상담을 구조화하기 위해 상담교사가 학생에게 하는 말로 적절한 것을 다음에서 모두 고르면?　　　　2010년 유초등

ㄱ. 상담은 40분에서 50분 정도 하게 될 거고, 일주일에 한 번씩 약 네 번쯤 만나게 될 거야.
ㄴ. 나는 진심으로 너를 도와줄 생각이야. 그러니까 힘든 일이 있을 때는 언제든지 나를 찾아와도 돼.
ㄷ. 이 시간은 훈계를 듣는 시간이 아니니까 네가 생각하고 느끼는 것을 솔직하게 이야기하는 게 무엇보다 중요하단다.
ㄹ. 여기서 하는 이야기는 모두 비밀이야. 하지만, 너나 다른 사람에게 해로울 수 있는 내용에 대해서는 예외가 있을 수 있지.
ㅁ. 우선 이렇게 시작하지만, 혹시 힘든 점이 있으면 중간에라도 이야기해주면 좋겠구나. 어떤 식으로 할지는 다시 정할 수 있으니까.

① ㄱ, ㄴ　　② ㄱ, ㄷ, ㅁ　　③ ㄴ, ㄷ, ㅁ
④ ㄱ, ㄷ, ㄹ, ㅁ　　⑤ ㄱ, ㄴ, ㄷ, ㄹ, ㅁ

■ 정답 및 해설
④ ㄱ. 상담시간 약속, ㄷ. 상담자와 내담자의 행동과 태도, ㄹ. 비밀보장 조건 ㅁ. 상담진행 방식을 안내하는 내용이므로 상담의 구조화에 적절한 진술이다.

◇ 오답 체크
ㄴ. '힘든 일이 있을 때는 언제든지 나를 찾아와도 돼.'와 같은 표현은 내담자에게 상담자가 모든 문제를 해결해 주리라는 비현실적 기대를 갖게 하므로 적절하지 않다.

### 암기 POINT
• 상담의 기본 절차

| 단계 | 주요 활동 |
|---|---|
| 1 | 내담자 문제의 인식<br>협력적 관계(라포) 형성 |
| 2 | 상담의 목표 설정<br>상담과정의 구조화<br>문제해결 노력 재검토 |
| 3 | 합리적 사고 촉진<br>실천가능한 행동 계획 |
| 4 | 상담성과 평가 및 종결 |

965 ④

**966.** 다음의 대화에 나타난 상담교사의 상담행위를 가장 적절하게 표현한 것은?   2007년 유초등

> 아  동 : 상담실에는 매일 와야 해요?
> 상담교사 : 상담은 보통 1주일에 한 번 하는데, 필요하다면 더 자주 할 수도 있단다.
> 아  동 : 그런데, 제가 선생님한테 말씀드리는 거 우리 엄마한테 말씀하실 건가요?
> 상담교사 : 아니란다. 네가 여기서 말하는 것은 선생님만 알고 있을 거야. 하지만, 네가 너 자신이나 다른 사람에게 해가 되는 일을 한다고 생각이 들면 부모님께 말씀 드릴 수도 있어.

① 직면
② 상담목표 설정
③ 상담의 구조화
④ 상담자의 자기노출

■ 정답 및 해설

③ 상담시간 약속, 비밀보장 조건 등을 안내하여 상담이 이루어지는 과정과 방식을 알려주는 표현이므로, 상담을 구조화하기 위한 진술이다.

**967.** 교사는 상담을 통해 알게 된 학생에 관한 사적인 정보를 원칙적으로 유출해서는 안 되지만 예외적인 경우가 있다. 다음에서 비밀보장의 원칙을 파기할 수 있는 상황을 모두 고른 것은?   2004년 중등

> ㄱ. 법정의 요구가 있을 때
> ㄴ. 내담 학생이 성 학대받은 사실을 알게 되었을 때
> ㄷ. 내담 학생이 스스로에게 해를 입히려는 의도를 밝혔을 때
> ㄹ. 내담 학생이 부모에게 상습적으로 매를 맞는다는 사실을 알게 되었을 때

① ㄱ
② ㄴ, ㄹ
③ ㄴ, ㄷ, ㄹ
④ ㄱ, ㄴ, ㄷ, ㄹ

■ 정답 및 해설

④ 제시된 내용들은 모두 상담의 비밀보장의 원칙을 파기할 수 있는 상황에 해당한다. 제시된 경우 이외에도, 내담자가 타인에게 해를 입히려는 의도를 밝혔을 때 또는 내담자가 스스로 비밀 공개를 허락했을 때에도 비밀보장의 원칙을 파기할 수 있다.

---

**암기 POINT**
- 상담자의 윤리

| 이중적 관계 회피 | 상담자와 내담자의 관계에 충실 |
|---|---|
| 사적 정보 보호 | (예외) 법정의 요구, 범죄 피해 확인, 자신과 타인 가해 우려 등 |

966 ③  967 ④

## 02. 심리검사의 활용

### 출포 303. 심리검사의 활용

기본서 438~439쪽, 446~447쪽

**968.** 심리검사에 대한 설명으로 옳지 않은 것은?　2017년 국가직 7급

① MMPI, MBTI는 자기보고식 성격검사이다.
② 웩슬러(Wechsler) 지능검사는 언어성 검사 이외에 동작성 검사를 포함하고 있다.
③ 투사적 성격검사는 구조화되지 않은 모호한 자극 제시를 통해 내적 심리상태를 파악한다.
④ 로르샤흐(Rorschach) 잉크반점검사는 융의 성격유형을 근거로 한 16가지 성격 유형 분류에 활용된다.

#### ■ 정답 및 해설

④ 로르샤흐 잉크반점검사는 잉크나 물감을 이용하여 우연하게 만들어진 반점 카드 10매를 보여주고 피험자에게 무엇이라고 생각하는지 이야기하게 한 뒤 그 반응을 분석하는 검사이다. 전문가가 응답자의 반응 내용뿐 아니라 검사과정에서 보인 행동 등을 분석하여 심리상태를 해석해 낸다. 주로 우울이나 정신분열증, 강박증 등의 정신건강을 진단하는 데 사용되며, 사고의 융통성과 같은 사고기능 검사, 감정 조절방식이나 정서 상태, 대인관계, 자아상 등을 확인하는 데도 활용된다.
한편, 융의 성격유형 분류를 근거로 성격유형을 16가지로 구분하는 검사는 MBTI(Myers-Briggs Type Indicator, 마이어스-브릭스 성격유형지표) 검사이다.

**암기 POINT**

- 심리검사의 종류

| 자기보고검사 | 구조화된 질문지 형식 검사 및 채점 간단<br>미네소타 다면적 인성검사(MMPI), 마이어와 브릭스 성격유형검사(MBTI) |
|---|---|
| 투사적검사 | 모호한 자극 제시하여 응답 유도<br>전문가에 의한 해석 필요, 심층 이해<br>로르샤흐 잉크반점 검사, 주제통각검사(TAT) |

**969.** 상담에서 활용되는 심리검사와 관련된 진술로 옳은 것은?　2010년 유초등

① 문장완성검사는 투사법 검사의 일종이다.
② 아동용 회화통각검사(TAT)는 성격평가를 위한 표준화 검사이다.
③ MBTI는 성격문제의 원인과 증상 정도를 평가하는 임상진단 검사이다.
④ MMPI는 성격유형의 장단점을 밝혀줌으로써 진로결정 등에 도움을 준다.
⑤ 개인용 지능검사는 주로 영재판별 목적으로 쓰이며, 상담교사라면 실시와 해석이 가능하다.

#### ■ 정답 및 해설

① 문장완성검사는 투사법 검사의 일종으로서, 구조화되지 않은 모호한 자극(완성되지 않은 문장의 일부분)을 제시하고 이에 대해 반응하게 하여 피험자의 내적 심리상태를 파악하는 방법에 해당한다.

◇ 오답 체크
② 아동용 회화통각검사는 투사법 검사의 일종으로서, 애매모호한 내용을 담은 30매의 흑백사진과 1매의 백지로 구성된 카드를 보여주고 이야기하게 방식으로 진행한다. 표준화 검사는 누가 사용하더라도 검사의 실시, 채점 및 결과의 해석이 동일하도록 절차와 방법을 일정하게 만들어 놓은 검사를 말하는데, 투사법 검사들은 전문가가 피험자의 반응을 주관적으로 해석하므로 검사 실시자가 누군지에 따라 다른 결과가 도출될 수 있으므로 표준화 검사에 해당하지 않는다.
③은 MMPI, ④는 MBTI에 대한 설명이다.
⑤ 지능검사는 본래 학습부진아를 선별하기 위해 만들어진 검사로서, 전문가에 의해 실시와 해석이 이루어지는 것이 바람직하다. 지능검사를 영재판별 목적에 활용될 수는 있지만 지능검사만으로 영재를 선별하는 것은 적절하지 않다.

**970.** 다음의 ㉠, ㉡, ㉢에 나타난 A 학생의 문제를 진단하기 위한 심리검사로 가장 적절한 것은?   2009년 중등

중학교 1학년인 A 학생은 학교생활이 즐겁지 않다. 초등학교 때부터 ㉠학습 부진 문제를 겪었던 A 학생은 중학교에 올라 오면서 공부가 더 어렵게 느껴지고 수업 내용도 따라가기 힘들다. ㉡친구들과의 관계에서도 놀림과 따돌림을 당하기 일쑤이며, 혼자 배회하거나 책상에 엎드려 있는 경우가 많다. 최근에는 좋아하던 미술 시간에도 흥미를 보이지 않고, 자주 ㉢우울감을 호소하기도 한다.

|   | ㉠ | ㉡ | ㉢ |
|---|---|---|---|
| ① | HTP | MMPI | MBTI |
| ② | MMPI | K-WISC-Ⅲ | TAT |
| ③ | TAT | MBTI | HTP |
| ④ | K-WISC-Ⅲ | TAT | MMPI |
| ⑤ | MBTI | HTP | K-WISC-Ⅲ |

■ 정답 및 해설
④ ㉠ K-WISC Ⅲ(웩슬러 검사)는 대표적인 지능검사이다. 지능검사 도구는 학습부진아를 판별하기 위해 개발되었다.
㉡ TAT(주제통각검사)는 30매의 흑백사진과 1매의 백지로 구성된 카드를 보여주고 이야기하게 하는 검사로, 주로 우울, 불안 등 심리적 갈등 상황에 있는 학생을 대상으로 실시한다. 친구들과의 관계에서 어려움을 겪는 학생들의 심리적 문제를 분석하는 데 활용될 수 있다.
㉢ MMPI(미네소타 다면적 인성검사)는 성격문제의 원인과 증상 정도를 평가하는 임상진단 검사로서, 우울, 불안, 낮은 포부, 정신이상, 행동장애 등의 문제를 발견하는 데 활용된다.

970 ④

◇ 오답 체크

③, ⑤ HTP(집-나무-사람 검사)는 투사법 검사의 일종으로서, 집, 나무, 사람과 같이 친숙한 소재를 주고 자유롭게 그림으로 표현해 보게 한 뒤, 그림에 관해 이야기를 나누면서 피험자의 성격이나 심리상태를 파악하기 위한 검사이다.

## 04. 상담대화의 기법

### 출포 304. 관계형성 기법

기본서 439~440쪽

**971.** (가)~(다)와 개인상담 기법을 바르게 연결한 것은? 2024년 지방직 9급

(가) 내담자가 하는 말의 이면에 담겨 있는 의미와 내면의 감정에까지 귀 기울이는 것을 의미한다.
(나) 내담자의 감정상태를 공감하여, 그 공감내용을 내담자에게 다시 되비쳐 주는 기법이다.
(다) 정보수집을 위한 기능 외에도 내담자가 자신의 내면을 탐색하도록 자극하거나 유도하는 기능을 한다.

|     | (가) | (나) | (다) |
| --- | --- | --- | --- |
| ① | 감정 반영 | 재진술 | 직면 |
| ② | 경청 | 감정 반영 | 질문 |
| ③ | 주의집중 | 감정 반영 | 구조화 |
| ④ | 주의집중 | 재진술 | 질문 |

■ 정답 및 해설

② (가) 내담자가 하는 말을 단순히 주의집중하는 것을 너머서 그 이면에 담긴 의미와 감정에 집중하는 것은 경청이다. 경청은 상담자가 자신의 선입견, 편견, 고정관념에서 벗어나 내담자의 생각, 감정, 입장까지 생각하면서 듣는 것을 의미한다.
(나) 내담자의 감정상태를 공감하며 상담자가 이해한 내담자의 감정을 내담자에게 다시 되돌려 주는 것은 감정의 반영이다. 재진술은 내담자의 말 중에서 주목할만한 말을 그대로 되풀이하는 것으로 상담자가 들은 말의 내용을 되돌려 주는 것을 말한다.
(다) 내담자에게 정보를 수집하거나 내면을 탐색하도록 자극하기 위한 기법으로 질문이 있다.

◇ 오답 체크

① 직면은 정보내담자가 모르고 있거나 인정하기를 거부하는 생각과 느낌에 대하여 주목하게 하는 방법으로, 내담자로부터 정보를 수집하기 위한 기법은 아니다.
③ 구조화는 내담자와 상담자가 상담의 목표 설정, 상담의 진행방식, 상담시간 약속, 상담자와 내담자의 행동과 태도, 비밀보장 조건 등을 안내하는 활동을 말한다.

암기 POINT

• 상담대화의 기법 I

| 경청 | 내담자의 이야기에 귀 기울이기 |
| --- | --- |
| 수용 | 내담자의 생각을 무조건적으로 존중 |
| 공감 | 내담자의 감정을 자기 것처럼 느낌 |
| 명료화 | 내담자가 보다 구체적으로 말하게 도움 (질문, 재진술 등) |
| 자기개방 | 상담자 자신의 경험이나 생각을 표현 |

971 ②

**972.** 상담면접기법과 상담자 반응의 연결이 옳은 것은?  `2014년 국가직 7급`

① 수용 – "네, 정말 그런 마음이 드실 수 있겠네요."
② 해석 – "무척 속이 상하다고 하시면서 웃으시네요."
③ 직면 – "오늘 우리가 나눈 이야기를 좀 정리해 볼까요?"
④ 요약 – "지금 답답한 느낌이라고 하셨는데 좀 더 말씀해 주시겠어요?"

■ 정답 및 해설
① 내담자의 생각을 존중하고 긍정적으로 인정하는 반응을 간단한 형식으로 나타내고 있으므로 '수용'에 해당한다.

◇ 오답 체크
② 내담자의 말과 행동에서 나타나는 모순을 지적함으로써 스스로 모르고 있거나 인정하기를 거부하는 생각과 느낌에 대하여 주목하게 하고 있으므로 '직면'에 해당한다.
  '해석'은 내담자가 보이는 행동의 원인이나 의미를 상담자의 시각에서 수립한 가설의 형태로 설명하는 것으로서, 내담자가 과거의 생각과는 다른 시각으로 자신의 문제를 바라볼 수 있도록 돕는 기법이다.
③ 상담 동안 내담자가 표현했던 이야기를 상담자가 종합하여 정리하려고 하고 있으므로 '요약'에 해당한다.
④ 내담자의 진술내용이 모호하거나 분명하지 않은 경우 그 내용을 찾아 지적하고, 그것을 내담자로 하여금 보다 구체적으로 말하도록 하고 있으므로 '명료화'에 해당한다.

## 출포 305. 탐색 및 정보제공 기법

🌐 기본서 440~441쪽

**973.** 상담기법에 대한 설명으로 옳지 않은 것은?  `2007년 국가직 9급`

① 명료화는 상담자가 상담시간, 약속, 상담자와 내담자의 행동, 역할 등 상담체계와 방향에 대해 알려주는 것이다.
② 수용은 '음', '네', '이해가 갑니다' 등의 긍정적인 언어와 비언어적 표현으로 이루어진다.
③ 반영은 내담자의 말이나 행동의 밑바탕에 흐르고 있는 감정을 정확히 파악하여 내담자에게 전달해 주는 것이다.
④ 해석은 내담자로 하여금 자기 문제를 새로운 각도에서 이해하도록 행동이나 말의 의미를 설명해 주는 것이다.

■ 정답 및 해설
① 제시된 설명은 '상담의 구조화'에 대한 내용이다. '명료화'는 내담자의 진술내용이 모호하거나 분명하지 않은 경우 그 내용을 찾아 지적하고, 그것을 내담자로 하여금 보다 구체적으로 말하도록 하는 기법이다.

974. 다음은 김 교사가 영철이를 상담하는 장면에서의 대화내용이다. <보기>에서 김 교사가 사용하는 상담기법에 대한 옳은 설명을 모두 고른 것은?

2009년 유초등

영 철 : 오늘도 지난번 그 애들이 저를 놀렸어요.
김 교사 : 네가 말한 그 애들이란 진수, 용선이, 희철이를 얘기하는 거니?

<보기>
ㄱ. 학생으로 하여금 보다 구체적으로 말하도록 돕는다.
ㄴ. 학생으로 하여금 자신의 감정을 더 많이 표현하도록 격려한다.
ㄷ. 학생의 진술내용이 모호하거나 분명하지 않은 경우에 사용한다.
ㄹ. 학생이 한 말 중에서 일관성 있게 강조되어 표현되는 내용을 확인하여 드러내는 기술이다.

① ㄱ, ㄴ
② ㄱ, ㄷ
③ ㄱ, ㄴ, ㄹ
④ ㄱ, ㄷ, ㄹ
⑤ ㄴ, ㄷ, ㄹ

**강서연 교육학**

난이도 ■ ■ □
채점결과 □ □ □

**기출플러스**
• 상담대화의 기법 : 명료화 (2006년 유초등)
아동이 "나는 태어나지 말았어야 했나 봐요."라고 말했을 때, 상담 교사가 "난 이해가 잘 안 되는데 무슨 뜻인지 자세히 설명해 줄래?"라고 반응했다.

■ **정답 및 해설**
② 김 교사는 영철이가 말한 '그 애들'의 의미가 모호하다는 점을 지적하면서, 내담자에게 그 이름을 구체적으로 호명하여 말할 것을 요청하고 있다. 이것은 '명료화' 기법에 해당한다.

◇ **오답 체크**
ㄴ. 내담자가 자신의 감정을 더 많이 표현하도록 격려하는 기법에는 경청, 수용, 공감적 이해 등이 포함된다.
ㄹ. 내담자의 표현 중에 일관되게 강조되는 내용을 드러내기 위해 사용하는 기법은 재진술이다.

### 출포 306. 통찰 유발 기법

기본서 441~442쪽

975. 상담기법에 대한 설명으로 옳지 않은 것은?    2022년 국가직 7급

① 경청 - 상담자가 자신의 선입견, 편견, 고정관념에서 벗어나 내담자의 생각, 감정, 입장까지 생각하면서 듣는 것이다.
② 질문 - 내담자의 사고·느낌·행동방식을 구체적으로 확인하는 것으로, 내담자가 새로운 시각에서 생각해 볼 수 있는 자극이 된다.
③ 반영 - 내담자의 왜곡된 사고와 신념을 논박하여 내담자가 이를 깨닫게 하는 것이다.
④ 공감 - 내담자의 내면에 있는 감정을 상담자가 자신의 감정인 것처럼 느끼면서 내담자와 소통하는 것이다.

난이도 ■ ■ ■
채점결과 □ □ □

974 ② 975 ③

## 암기 POINT
• 상담대화의 기법

| 재진술 | 내담자의 말을 그대로 되풀이하기 |
|---|---|
| 반영 | 내담자의 말이나 행동 속의 감정을 파악하여 되돌려주기 |
| 해석 | 상담자가 내담자의 문제를 새로운 각도에서 설명해주기 |
| 직면 | 내담자가 인정하기를 거부하는 생각에 주목하게 하기 |

### ■ 정답 및 해설
③ '반영'은 내담자의 말이나 행동의 밑바탕에 흐르고 있는 감정을 정확히 파악하여 내담자에게 전달해 주는 기법으로서, 감정 되돌려 주기(reflection of feeling)라고도 한다.

내담자의 왜곡된 사고와 신념을 논박하여 내담자가 이를 깨닫게 하는 기법은 논박(disputing)에 해당한다. 논박은 인지적 상담의 주요 기법에 해당한다.

### 976. 다음은 상담기법 중 무엇에 관한 내용인가? 2007년 국가직 7급

> 학생 : 저는 이 세상에서 우리 아빠를 누구보다 사랑하고 존경해요. (온몸이 경직되면서 두 주먹을 불끈 쥔다.)
> 교사 : 너는 아빠를 사랑한다고 말하면서도 그 순간 온 몸이 긴장하는구나.

① 직면(confrontation)  ② 명료화(clarification)
③ 반영(reflection)  ④ 해석(interpretation)

### ■ 정답 및 해설
① 제시된 사례에서 교사는 학생이 아빠를 사랑한다고 말하면서도 주먹을 불끈 쥐며 긴장된 행동을 보인다는 점을 지적하고 있다. 이와 같이, 내담자의 말과 행동 사이의 불일치, 모순, 생략 등을 지적함으로써 스스로 모르고 있거나 인정하기를 거부하는 생각과 느낌에 대하여 주목하게 하는 기법은 '직면'이다.

### 977. 상담면접 방법 중 '감정의 반영'에 대한 설명으로 옳은 것을 모두 고른 것은? 2010년 중등

> ㄱ. 상담자는 내담자가 진술하거나 함축적으로 표현한 감정을 내담자에게 반영해 준다.
> ㄴ. 상담자는 내담자가 자신의 문제를 새로운 관점에서 볼 수 있도록 행동, 사고, 감정의 새로운 의미를 설명해 준다.
> ㄷ. 상담자는 내담자로 하여금 자신의 감정을 알아차리고 경험하게 함으로써 문제해결에 이르도록 돕는다.

① ㄱ  ② ㄴ  ③ ㄱ, ㄷ
④ ㄴ, ㄷ  ⑤ ㄱ, ㄴ, ㄷ

976 ①  977 ③

■ 정답 및 해설
③ '감정의 반영'은 내담자의 말이나 행동의 밑바탕에 흐르고 있는 감정을 정확히 파악하여 내담자에게 되돌려 주는 기법으로서, 내담자가 자신의 감정을 알아차리도록 한다.

◇ 오답 체크
ㄴ. 내담자가 자신의 문제를 제대로 이해하지 못하고 있다고 판단될 때, 상담자가 내담자의 문제를 새로운 관점으로 그 의미를 해석하여 알려 주는 것은 '해석'이라고 한다.

978. 상담교사가 '재진술'을 사용하여 학생과 상담하려고 한다. 다음 빈칸에 들어갈 알맞은 반응은? 2008년 중등

학생 : 친구들이 저만 따돌리고, 선생님들께서도 저에게 관심이 없어요.
교사 : _____

① 친구들이 너만 따돌리고 선생님들께서도 관심이 없단 말이구나.
② 선생님도 예전에 친구들한테 따돌림을 당했을 때 몹시 힘들었단다.
③ 친구들이 너만 따돌린다는 말이 무슨 말인지 좀 더 이야기해줄 수 있니?
④ 친구들이 따돌리지 않고 선생님들도 너에게 관심을 가져주었으면 했는데, 그렇지 않아서 많이 힘들었겠다.

■ 정답 및 해설
① '재진술'은 내담자의 말을 그대로 되풀이하는 것으로, 상담자가 내담자가 말한 내용 중 일부를 반복하여 말해 줌으로써 상담의 방향을 초점화(focusing)하는 기법에 해당한다.

◇ 오답 체크
② 상담자가 자신이 겪은 경험이나 생각이나 느낌 등을 내담자에게 솔직하게 드러내 보이는 기법인 '자기개방(자기노출)'에 해당한다.
③ 아동이 말한 진술 중 모호하거나 분명하지 않은 내용을 찾아 지적하고, 그것을 보다 구체적으로 말하도록 하고 있으므로 '명료화'에 해당한다.
④ 내담자 내면에 있는 감정을 상담자가 자신의 감정인 것처럼 느끼면서 내담자와 소통하고 있으므로 '공감적 이해(공감)'에 해당한다.

978 ①

## 출포 307. 집단상담의 기법

🔵 기본서 436~438쪽

**979.** 다음 설명에 해당하는 집단상담의 기법은?　　2023년 국가직 7급

- 어떤 문제의 밑바닥에 깔린 혼란스러운 감정과 갈등을 가려내게 해 준다.
- 질문, 재진술 등의 방법을 활용한다.
- 집단 구성원이 미처 생각하지 못했던 측면을 다시 생각하도록 해 주는 자극제의 역할을 한다.

① 해석　　　　　　　　② 명료화
③ 피드백 교환　　　　　④ 공감적 반응

### ■ 정답 및 해설

② 집단상담이란 비교적 심리적 문제가 심각하지 않은 사람들이 모여 집단을 형성하고 서로를 신뢰하고 자신을 개방하는 분위기 속에서 상호작용함으로써 상담을 진행하는 방법이다. 집단상담에서는 개인상담에서 활용되는 상담기술을 적용하되, 집단이라는 맥락 안에서 개인들 간의 상호작용이 치료적 요인이 될 수 있도록 돕는 데 중점을 둔다. 이를 위한 기법으로는 (1) 관심 기울이기, (2) 적극적 경청, (3) 공감적 반응, (4) 반영하기, (5) 명료화, (6) 해석, (7) 상호작용 촉진, (8) 참여 유도하기, (9) 피드백 교환, (10) 비생산적인 행동 제한 등이 있다.
이 중 질문이나 재진술 등의 방법을 통해 어떤 문제의 밑바닥에 깔린 혼란스러운 감정과 갈등을 가려내게 하고, 집단 구성원이 미처 생각하지 못했던 측면을 다시 생각해 보게 하는 상담 기법은 '명료화'에 해당한다.

### ◇ 오답 체크

① '해석'은 집단의 행동이나 증상의 배후에 대해 설명해 줌으로써 무의식적 동기나 갈등을 의식화할 수 있도록 돕는 것을 말한다. 해석은 집단원 자신은 모르고 있거나 인정하기를 거부하는 명확한 모순에 대해 알게 하고 받아들이게 하려는 상담기법에 해당한다.
③ '피드백 교환'은 타인의 행동이나 발언에 대해 집단원들이 자신의 의견을 솔직하게 이야기해 주는 과정을 말한다. 집단상담에서의 피드백은 타인이 자기를 어떻게 보고 있으며, 또 어떻게 반응하는지를 학습할 기회를 제공해 준다.
④ '공감적 반응'은 현재 이야기하고 있는 집단원의 마음을 감지하여 이를 그대로 공유하고 의사소통하는 기술을 말한다. 경청, 반영, 재진술과 같은 기법들과 함께 사용되며, 집단원의 감정을 정확히 이해하는 데 가운데 공감하는 태도를 취한다. 집단 내에서 서로 안전하게 자신의 감정을 표현할 수 있는 분위기를 만들어, 집단원들이 자신의 감정을 더 깊이 탐구하고 솔직하게 표현할 수 있도록 돕는 기법이다.

979 ②

# 3. 상담의 이론과 기법

## 01. 정신분석적 상담이론

### 출포 308. 프로이트의 정신분석 상담이론

📖 기본서 444~446쪽

**980.** 프로이트(S. Freud)의 정신분석학적 상담이론에 대한 설명으로 옳지 않은 것은? **2017년 지방직 9급**

① 내담자는 합리적으로 불안을 조절할 수 없을 때 자아방어기제에 의존한다.
② 상담자는 내담자의 불안을 초래한 행동자극을 분석하고 체계적 둔감법을 활용한다.
③ 상담자는 내담자의 저항과 전이 감정을 분석하여 무의식적 갈등을 해결하도록 돕는다.
④ 내담자의 행동은 무의식 속에 억압된 과거의 경험과 심리성적인 에너지에 의해서 결정된다.

■ 정답 및 해설
② 제시된 내용은 행동주의 상담이론에 대한 설명이다. 프로이트의 정신분석학적 상담이론에서 상담자는 내담자의 불안을 초래하는 무의식적 갈등을 분석하여 내담자의 무의식 세계를 의식화하고 자아의 문제해결 기능을 강화하도록 돕는 데 관심을 두어야 한다.

### 암기 POINT
• 프로이트의 정신분석 상담이론

| 문제의 원인 | 자아, 원초아, 초자아의 갈등으로 인한 불안(무의식적 충동을 억압한 결과) |
|---|---|
| 상담의 목표 | 무의식 세계의 의식화, 자아의 문제해결기능 강화 |
| 상담 기법 | 자유연상, 꿈·전이·저항의 분석, 해석 |

**981.** 정신분석 상담의 주요 기법에 해당하지 않는 것은? **2023년 국가직 9급**

① 전이 분석          ② 저항의 분석
③ 자유연상법        ④ 비합리적 신념 논박

■ 정답 및 해설
④ 정신분석이론에 기초한 상담기법에는 자유연상, 꿈의 분석, 전이의 분석, 저항의 분석, 해석 등이 있다.
비합리적 신념 논박은 엘리스가 제안한 합리적 정서·행동 상담이론에 기초한 상담기법이다.

980 ②   981 ④

**982.** 정신분석이론에 기초한 상담기법이 아닌 것은?  2015년 국가직 9급

① 자유연상   ② 꿈의 분석
③ 전이의 분석   ④ 무조건적인 긍정적 수용

■ 정답 및 해설

④ 정신분석이론에 기초한 상담기법에는 자유연상, 꿈의 분석, 전이의 분석, 저항의 분석, 해석 등이 있다. 내담자의 무의식 속에 억압되어 있는 충동과 욕망, 기억을 드러내고, 저항과 전이 감정을 분석하여, 무의식적 갈등을 명확하게 인식하고 이를 해결하는 데 초점을 두는 기법들이다.
무조건적인 긍정적 수용은 로저스가 제안한 인간중심 상담이론에 기초한 상담자의 태도(기법)에 해당한다.

## 출포 309. 프로이트의 자아방어기제

기본서 444~445쪽

**983.** 다음 설명에 해당하는 방어기제는?  2022년 국가직 7급

○ 욕구 충족이 어려운 상황에서 참된 이유가 아니라 그럴듯한 이유를 찾아 자신의 행동을 정당화시킨다.
○ 자신이 바라는 것을 얻지 못하였을 때 그것의 가치를 평가절하하는 신포도 기제가 활용될 수 있다.
○ 자신이 인정하고 싶지 않은 상황을 할 수 없이 받아들여야 할 때 그것이 마치 바라던 일인 것처럼 과대평가하는 단레몬 기제를 동원할 수 있다.

① 투사(projection)   ② 반동형성(reaction formation)
③ 억압(repression)   ④ 합리화(rationalization)

■ 정답 및 해설

④ 자신의 욕구가 충족되기 어려운 상황에서 그럴듯한 가짜 이유를 찾아서 자신의 행동을 정당화시키는 방어기제를 합리화라고 한다. 신포도 기제나 단레몬 기제가 합리화의 대표적인 형태이다. 신포도 기제는 자신이 바라는 것을 얻지 못하였을 때 그것의 가치를 평가절하하여 자신을 방어하는 기제이다. 단레몬 기제는 자신의 욕구가 충족되기 어려운 상황에서 그럴듯한 가짜 이유를 찾아서 자신의 행동을 정당화시키는 합리화 방식이다.

---

**기출플러스**

• 자아방어기제 : 합리화
 (2005년 중등)

보람이는 학급 임원으로 선출되기를 기대했다. 그러나 아무도 추천하지 않아 후보에도 오르지 못했다. 선거가 끝난 후 보람이는 스스로에게 다음과 같이 말하였다. "임원이 되면 공부할 시간이 없을 텐데, 잘 된 거야."

---

982 ④   983 ④

## 984. 다음 설명에 해당하는 방어기제는?

2019년 국가직 9급

○ 사회적으로 용인될 수 없는 충동을 정반대의 말이나 행동으로 표출하는 과정
○ 친구를 좋아하면서도 표현하기가 힘든 아이가 긴장된 상황에서 '난 네가 싫어!'라고 말하는 것

① 억압(repression)  
② 반동형성(reaction formation)  
③ 치환(displacement)  
④ 부인(denial)

### ■ 정답 및 해설
② 자신이 가진 충동이나 욕구가 사회적으로 용납될 수 없는 것일 때, 그것을 숨기기 위해서 정반대의 말이나 행동을 나타내는 것을 반동형성이라고 한다.

### ◇ 오답 체크
① 억압은 외면하고 싶은 충동, 욕구, 기억을 의식 밖으로 몰아내서 무의식에 머무르게 해서 자신을 방어하는 기제이다.
③ 치환이란 어떤 대상에 대한 충동이나 욕망을 그 대상에게 표출할 수 없을 때, 자신에게 덜 위험한 다른 대상에게 그 감정을 전이시켜 표출하는 것을 말한다. 회사의 상사에게 지적을 당한 후, 집에 와서 동생에게 화풀이 하는 것이 그 예이다.
④ 부인은 불쾌한 충동, 생각, 경험 등을 있는 그대로 받아들이기를 거부하고 사실을 왜곡하거나 공상적으로 인지하는 방어기제를 의미한다. 불치병 진단을 받은 환자가 그런 병에 걸렸다는 사실을 받아들이기를 부인하는 것이 그 예이다.

---

### 암기 POINT
• 프로이트의 자아방어기제

| | |
|---|---|
| 억압 | 기억을 의식 밖으로 몰아내어 무의식화 |
| 부인 | 현실을 있는 그대로 받아들이지 않으려 함 |
| 투사 | 자신의 감정을 다른 사람에게 귀속시킴 |
| 동일시 | 타인의 특성을 자신의 것으로 받아들임 |
| 퇴행 | 만족스러웠던 이전의 시기로 돌아감 |
| 반동형성 | 자신의 욕구와 반대되는 행동을 보임 |
| 치환 | 덜 위험한 상대에게 감정을 전이시켜 표출 |
| 합리화 | 그럴듯한 이유를 대어 자신의 행동을 정당화 (신포도, 단레몬) |
| 승화 | 보다 가치있는 일을 통해 욕구 충족 |

---

## 985. 프로이드(S. Freud)의 자아방어기제 중 자신의 용납할 수 없는 충동, 생각 혹은 행동들을 무의식적으로 다른 사람에게 귀속시킴으로써 자신을 방어하는 기제는?

2013년 국가직 7급

① 억압  
② 투사  
③ 승화  
④ 반동형성

### ■ 정답 및 해설
② 자신의 용납할 수 없는 충동, 생각, 행동들을 다른 사람에게 귀속시킴으로써 자신을 방어하는 기제는 투사이다.

### ◇ 오답 체크
① 억압은 외면하고 싶은 충동, 욕구, 기억을 의식 밖으로 몰아내서 무의식에 머무르게 해서 자신을 방어하는 기제이다.
③ 승화는 사회적으로 가치 있는 일을 성취하려고 노력함으로써 자신이 억압당하고 있는 욕구를 만족시키려는 자아방어기제이다.
④ 반동형성은 사회적으로 용납될 수 없는 욕구나 충동을 숨기기 위해 그것과 반대되는 말이나 행동을 보이는 것을 말한다.

---

### 기출 플러스
• 자아방어기제 : 투사 (2008년 유초등)

• 민수는 진영이가 싫지만 오히려 진영이가 자기를 싫어한다고 생각한다.
• 승희는 밤길을 무서워한다. 어느 날 밤, 엄마가 심부름을 시키자 언니에게 함께 나가자고 하면서 "언니, 무섭지? 내가 같이 가니까 괜찮지?"라고 말한다.

984 ② 985 ②

**986.** 스트레스에 대처하는 다양한 방어기제들에 대한 설명으로 옳지 않은 것은?

2012년 국가직 9급

① 퇴행 – 만족이 주어졌던 발달 초기의 수준으로 돌아가 미숙한 반응을 나타내어 불안을 극복하려는 것
② 합리화 – 사회적으로 용납될 수 없거나 수치스러운 욕구가 외부로 나타나지 않도록 욕구와 반대되는 행동과 태도를 보이는 것
③ 승화 – 사회적으로 가치있는 일을 성취하려고 노력함으로써 자신이 억압당하고 있는 욕구를 만족시키는 것
④ 동일시 – 다른 사람의 행동특성이나 심리특성을 자신의 특성처럼 받아들여 불안을 극복하려는 것

■ 정답 및 해설
② 제시된 내용은 반동형성에 대한 설명이다. 합리화는 자신의 욕구가 충족되기 어려운 상황에서 그럴듯한 가짜 이유를 찾아서 자신의 행동을 정당화시키는 방어기제를 말한다.

**987.** 다음의 사례에 나타난 방어기제는?

2011년 유초등

> 초등학교 3학년인 민호에게 동생이 태어났다. 동생이 태어난 이후로 민호는 나이에 어울리지 않게 손가락을 빨고, 바지에 오줌을 싸는 등의 행동을 다시 하게 되었다.

① 퇴행   ② 억압   ③ 투사
④ 부인   ⑤ 동일시

■ 정답 및 해설
① 민호는 동생이 태어난 이후 자신의 존재가 부모에게 잊혀질지도 모른다는 불안에 시달렸을 것으로 짐작된다. 이러한 불안을 해소하기 위해 부모의 관심을 한 몸에 받으며 만족스러웠던 어린 시절로 돌아가 그 때의 행동을 보이고 있다. 이와 같이 만족이 주어졌던 발달 초기의 수준으로 돌아가 미숙한 반응을 나타내어 불안을 극복하려는 방어기제를 퇴행이라고 한다.

**988.** 다음의 사례에 해당하는 프로이드(S. Freud)의 방어기제는?  `2006년 중등`

> 외아들인 기수는 형제가 있는 친구들을 볼 때마다 매우 부러워했다. 특히 학교를 가지 않는 날이면 외롭고 쓸쓸하였다. 그래서 기수는 시(市)에서 운영하는 청소년단체에 가입해서 나이가 서로 다른 사람들과 어울림으로써 외로움을 많이 달랬고, 그 결과 사교성도 발달하였다.

① 승화  ② 투사
③ 치환  ④ 합리화

■ 정답 및 해설
① 기수는 청소년단체 활동을 통해 자신의 외로움을 달래고 있다. 이와 같이 사회적으로 가치 있는 활동을 통해 자신의 충족되지 못하고 억압당하고 있는 욕구를 만족시키려는 자아방어기제를 승화라고 한다.

## 출포 310. 융의 분석심리학적 상담이론
기본서 446~447쪽

**989.** 상담이론에 대한 설명 중 옳은 것을 고른 것은?  `2012년 중등`

> ㄱ. 프로이드(S. Freud)의 정신분석 상담이론은 집단 무의식을 강조하며, 주요한 상담기법 중의 하나로 자유연상을 사용한다.
> ㄴ. 엘리스(A. Ellis)의 합리·정서·행동 상담이론(REBT)은 신념 체계를 강조하며, 주요한 상담기법 중의 하나로 논박을 사용한다.
> ㄷ. 번(E. Berne)의 교류분석 상담이론은 세 가지 자아상태(부모, 성인, 아동)를 강조하며, 주요한 상담기법 중의 하나로 구조분석을 사용한다.
> ㄹ. 글래서(W. Glasser)의 현실주의 상담이론은 인간의 5가지 기본 욕구(소속감, 힘, 즐거움, 자유, 생존)를 강조하며, 주요한 상담기법 중의 하나로 생활양식을 분석한다.

① ㄱ, ㄴ  ② ㄱ, ㄷ  ③ ㄴ, ㄷ
④ ㄴ, ㄹ  ⑤ ㄷ, ㄹ

■ 정답 및 해설
③ ㄴ. 엘리스의 합리·정서·행동 상담이론은 인간의 정서적 문제의 원인을 비현실적이고 비합리적인 신념 때문이라고 가정하며, 논박을 주요 상담기법으로 사용한다.

988 ①　989 ③

ㄷ. 번의 교류분석 상담이론은 개인의 성격과 행동을 구성하는 자아상태를 부모 자아, 성인 자아, 아동 자아로 나누어 볼 것을 강조하며, 주요한 상담기법의 하나로 구조분석을 사용한다. 구조분석은 개인의 자아 상태를 분석하는 것을 말한다.

◇ **오답 체크**
ㄱ. 프로이트의 정신분석 상담이론은 개인 무의식을 강조한다. 집단 무의식을 강조한 것은 융(Jung)의 분석심리학적 상담이론이다. 집단 무의식이란 개인들의 마음 속에 존재하는 인류 보편적 심리적 성향과 구조를 의미하는 것으로서, 무의식의 건설적이며 창조적인 측면을 부각한 개념이라고 볼 수 있다.
ㄹ. 글래서의 현실주의 상담이론이 인간의 5가지 기본 욕구를 강조한 것은 옳다. 하지만, 주요한 상담기법의 하나로 생활양식을 분석하는 것은 아들러의 개인심리 상담이론이다.

### 990. 다음의 내담자에게 실시된 심리검사의 이론적 기초가 되는 상담접근은?

2007년 유초등

> 내담자 : 선생님, 제 성격유형은 어떻게 나왔어요?
> 상담자 : INFJ로 나왔어요. 성격이 외향적이기보다는 내향적이고, 사실보다는 직관에 의존하고, 정서적이며, 정보에 기초해서 판단하려는 경향이 강하다는 의미죠.

① 프랭클(V. Frankl)의 의미 치료
② 펄스(F. Perls)의 게슈탈트 치료
③ 융(C. Jung)의 분석심리학적 치료
④ 엘리스(A. Ellis)의 인지·정서·행동 치료

■ **정답 및 해설**
③ 성격유형을 요약하는 4개의 문자로 결과를 제시하며, 4개 영역에 대한 선호방향을 의미하는 성격 검사는 MBTI(마이어스-브릭스 성격유형지표) 검사이다. MBTI 검사는 융의 분석심리학에 이론적 기초를 두고 있다.

[MBTI 성격유형 분류]

| 기준 | 분류지표 | |
| --- | --- | --- |
| 관심세계 | 내향 (Introversion) | 외향 (Extroversion) |
| 인식형태 | 직관 (iNtuition) | 감각 (Sensing) |
| 판단기준 | 감정 (Feeling) | 사고 (Thinking) |
| 생활양식 | 인식 (Perceiving) | 판단 (Judging) |

990 ③

## 출포 311. 아들러의 개인심리 상담이론

> 기본서 447~448쪽

**991.** 상담에서 다음의 내용을 강조한 인물은?　2007년 유초등

○ 열등감　　　　　　○ 생활양식
○ 사회적 관심　　　　○ 허구적 최종 목적론

① 버언(E. Berne)　　　② 아들러(A. Adler)
③ 로저스(C. Rogers)　　④ 프로이드(S. Freud)

### ■ 정답 및 해설

② 개인의 '사회적 관심'과 '생활양식'을 밝히는 데에 초점을 두고, '열등감'의 극복을 강조하는 상담이론은 아들러의 개인심리 상담이론이다. 그에 따르면, 인간은 태어날 때부터 사회적 존재로서, 우월성 추구를 통해 자기완성과 자기실현에 근접해 나가고자 한다. 열등감은 모든 인간이 가진 보편적 감정으로, 정상적인 수준의 열등감은 인간의 자기발전을 위한 원동력으로 작용하지만, 열등감 극복에 실패하면 콤플렉스에 빠질 수 있다고 전제한다.

아들러는 상담의 목표를 내담자의 열등감으로 인한 비효율적인 생활양식을 사회적으로 유용한 생활양식으로 재정향하는 데에 둔다. 사회적으로 유용한 생활양식을 위해서는 개인이 추구하는 삶의 목적이 허구적이라 할지라도 현실적으로는 유용할 수 있다고 보는 '허구적 최종 목적론'을 제시하였다.

### 암기 POINT
- 아들러의 개인심리 상담이론

| 문제의 원인 | 보편적 감정인 열등감 극복에 실패할 경우 문제 발생 |
|---|---|
| 상담의 목표 | 사회적으로 유용한 생활양식 개발을 통해 열등감 극복 |
| 상담 기법 | 격려, 역설, 단추누르기, 내담자 수프에 침뱉기, '마치~인 것처럼' 행동하기 |

**992.** 다음은 교칙을 위반한 학생의 문제행동의 원인에 대해 설명한 상담기록의 일부이다. 여기에 적용된 상담 접근방법은?　2004년 중등

상습적으로 다른 학생들에게 폭력을 휘두르는 영철이의 행동은 자신의 열등감을 극복하고 우월해지고자 하는 동기가 표출된 결과이다. 이러한 행동은 자신을 알아주지 않는 주위 사람들에 대해 공격성을 나타냄으로써 자신도 중요한 사람이 될 수 있을 것으로 여기는 문제행동으로 볼 수 있다.

① 행동주의적 접근　　　② 인간중심적 접근
③ 개인심리학적 접근　　④ 인지행동주의적 접근

### ■ 정답 및 해설

③ 인간은 본질적으로 우월해지고자 하는 욕구를 가지고 있으며, 인간의 행동은 열등감을 극복하고자 하는 동기가 표출된 결과라고 보는 관점은 아들러의 개인심리학적 접근이다.

991 ②　992 ③

# 02. 행동주의 상담이론

## 출포 312. 행동주의 상담이론

기본서 448쪽

**993.** 정신분석 상담과 행동주의 상담의 공통점에 해당하는 것은?

2018년 국가직 9급

① 상담과정에서 과거 경험보다 미래 경험을 중시한다.
② 상담기법보다는 상담자의 인간적 자질과 진솔한 태도를 중시한다.
③ 인간의 행동을 인과적 관계로 해석하는 결정론적 관점을 가진다.
④ 비합리적 신념을 인식하고 수정하는 논박 과정을 중시한다.

### ■ 정답 및 해설

③ 정신분석 상담에서는 인간의 행동이 아동기의 경험에 의해 결정된다고 전제하며, 행동주의 상담에서는 인간의 행동이 환경의 자극에 의해 결정된다고 전제한다. 따라서 두 상담이론은 인간의 행동이 어떤 특정한 원인에 의해 결정되는 결과라고 보는 관점을 공유하고 있다고 볼 수 있다.

### ◇ 오답 체크

① 정신분석 상담에서는 상담과정에서 미래 경험보다 과거 경험을 파악하려고 노력한다.
② 상담기법보다는 상담자의 인간적 자질과 진솔한 태도를 중시하는 것은 인간중심 상담의 특징이다.
④ 비합리적 신념에 대한 논박을 중시하는 것은 합리적 정서·행동 상담의 특징이다.

### 암기 POINT

• 행동주의 상담이론

| 문제의 원인 | 과거의 경험을 통해 부적응 행동이 학습된 결과 |
|---|---|
| 상담의 목표 | 부적응 행동의 감소, 적응 행동의 강화 |
| 상담 기법 | 체계적 둔감법, 강화기법, 관찰학습, 사고정지, 행동계약 |

## 출포 313. 행동주의 상담의 기법

기본서 449~450쪽

**994.** 행동치료의 방법 중 체계적 둔감법에 대한 설명으로 옳은 것은?

2020년 국가직 7급

① 처음부터 강한 불안을 유발하는 자극에 노출하고 불안이 감소될 때까지 노출을 계속하는 방법이다.
② 바람직한 행동을 했을 때 토큰을 나누어 주어 일정한 개수가 모이면 실제적인 강화물로 교환해 줌으로써 바람직한 행동을 유도하는 방법이다.
③ 근육을 이완시킨 상태에서 불안을 유발하는 상황을 약한 것에서부터 강한 것까지 차례로 경험시킴으로써 특정 사태에 대한 불안을 제거하는 방법이다.
④ 부적응적인 행동에 대해서는 강화물을 제거하고, 새로운 적응적 행동에 대해서는 긍정적 강화를 줌으로써 문제행동을 교정하고 바람직한 행동을 습득하게 하는 방법이다.

993 ③   994 ③

■ 정답 및 해설
③ 체계적 둔감법은 불안자극에의 점진적인 노출과 의도적인 이완 훈련을 결합하여 불안을 제거하는 방법이다.

◇ 오답 체크
① 노출법의 한 유형인 홍수법, ② 토큰 강화, ④ 선택적 강화에 의한 행동수정기법에 대한 설명이다.

**기출플러스**

- 행동주의적 상담 기법 – 시험불안 증세의 학생 (2007년 중등)
- 시험불안과 관련된 내담자의 방어기제를 해석한다.
- 불안 위계 목록을 작성하고 단계적으로 둔감화시킨다. (○)
- 내담자가 말하는 내용 속에 다른 숨은 의도가 있는지 분석한다.
- 내담자에 대한 상담자의 생각과 감정을 솔직하게 이야기해 준다.

**995.** 조건형성 원리에 기초한 상담기법을 다음에서 고른 것은?

2018년 지방직 9급

```
ㄱ. 상담자는 내담자에게 상담 약속을 이행할 때마다 칭찬 스티커를 주고 그
   것을 다섯 개 모으면 즐거운 게임을 함께 하였다.
ㄴ. 상담자는 '두 개의 빈 의자'를 사용하여 대인갈등 상황에서 내담자가 경험
   하는 자신의 숨은 욕구와 감정을 자각하도록 촉진하였다.
ㄷ. 집단상담자는 '타임아웃(time-out)'을 적용하여 집단원이 집단상담 규칙을
   어길 때마다 지정된 공간에서 3분간 머물게 하여 참여를 제한하였다.
ㄹ. 집단상담자는 집단원에게 "기적이 일어나서 각자의 소망이 이루어진다면
   여러분의 삶은 어떻게 달라질까요?"라고 질문하여 변화에 대한 욕구를 확
   인하였다.
```

① ㄱ, ㄴ  ② ㄱ, ㄷ
③ ㄴ, ㄹ  ④ ㄷ, ㄹ

■ 정답 및 해설
② 조건형성 원리에 기초한 상담기법은 자극과 반응의 연합관계에 기초하여 인간의 행동에 영향을 미치는 자극의 조절이나 강화나 벌의 기법을 사용한다.
  ㄱ. 정적 강화의 일종인 토큰 강화 기법을 적용하여, 상담 약속을 이행하는 행동을 강화하고자 한다.
  ㄷ. 제거성 벌의 일종인 타임아웃 기법을 적용하여, 집단상담 규칙을 어기는 행동을 제거하고자 한다.

◇ 오답 체크
  ㄴ. '두 개의 빈 의자' 기법은 내담자의 숨은 욕구와 감정에 대한 자각에 중점을 두는 게슈탈트 상담의 기법이다.
  ㄹ. '기적 질문'을 통해서 내담자가 가진 변화에 대한 욕구를 확인하는 것은 해결중심 상담의 기법이다.

995 ②

**996.** 다음 글의 (가)~(다)에서 김 교사가 학생들의 문제를 해결하기 위해 활용한 상담기법을 올바르게 짝지은 것은?

`2011년 중등`

> (가) 기훈이는 공부한 만큼 성적이 나오지 않는 편이라 공부 방법을 개선하고 싶어한다. 김 교사는 기훈이가 효과적인 공부 방법을 사용할 수 있을 때까지 적절한 공부 방법을 알려주고 사용해 보도록 한 후, 피드백을 제공하였다.
>
> (나) 수정이는 시험 때가 되면 너무 예민해지고 압박감을 많이 느낀다. 김 교사는 이완훈련과 불안위계를 사용하여 수정이의 시험불안을 줄이고자 하였다.
>
> (다) 철수는 기말고사를 앞두고 '이번 시험은 틀림없이 망칠 것이고, 난 결국 인생의 실패자가 될 거야'라고 생각하고 있다. 김 교사는 철수에게 왜 이번 시험을 망칠 것이라고 확신하는지, 또 시험에 한두 번 실패 안 해 본 사람이 어디 있으며, 설령 시험성적이 원하는 만큼 나오지 않는다고 해도 그것이 어떻게 인생의 실패와 관련되는지를 생각해 보도록 하여 합리적인 신념을 갖게 하고자 하였다.

| | (가) | (나) | (다) |
|---|---|---|---|
| ① | 행동시연 | 체계적 둔감법 | 역설적 기법 |
| ② | 행동시연 | 체계적 둔감법 | 논박하기 |
| ③ | 행동시연 | 용암법(fading) | 논박하기 |
| ④ | 자극포화법 | 용암법(fading) | 역설적 기법 |
| ⑤ | 자극포화법 | 용암법(fading) | 논박하기 |

■ **정답 및 해설**

② • 행동시연 : 내담자에게 기대되는 바람직한 행동을 일부 시도해보고, 그 결과를 평가하면서 내담자의 인지도식을 확인하고 검증해 보는 방법으로, 행동실험이라고도 한다.
• 체계적 둔감법 : 상호제지의 원리를 활용하여, 이완훈련과 불안위계를 동시에 활용함으로써 불안자극에 둔감해지도록 훈련하는 기법이다. 불안을 느끼는 상황은 약한 자극에서부터 강한 자극 순으로 점진적으로 진전되게 한다.
• 논박하기 : 상담자가 논리성, 현실성, 실용성에 근거하여 내담자의 비합리적 신념을 비판하여 기존의 신념을 합리적인 신념을 갖게 하는 합리적 상담 기법이다.

◇ **오답 체크**
• 자극포화법 : 행동수정 기법 중 하나로, 특정 자극에 대해 반복적이고 지속적인 노출을 통해 학습자가 해당 자극에 대해 무관심하거나 반응하지 않도록 만드는 기법이다. 예를 들어, 특정 물체나 상황에 대한 공포를 가진 환자를 반복적으로 해당 자극에 노출함으로써 공포 반응을 약화시키는 기법이다.
• 용암법 : 행동수정 기법 중 하나로, 학습자가 새로운 기술이나 행동을 습득할 때, 처음에는 외부적인 도움이나 지시를 제공하다가, 점차 그 도움을 줄여가면서 자연스럽게 독립적으로 행동할 수 있도록 하는 기법이다. 예를 들어, 자폐 아동에

게 새로운 기술을 가르칠 때 처음에는 손을 잡아주는 신체적 도움을 주고, 그 후에 신체적 도움을 줄이면서 언어적 지시만 주는 방식으로 진행하여 아동이 독립적으로 행동을 수행할 수 있도록 돕는 방법이다.
- 역설적 기법 : 내담자가 두려워하거나 회피하려고 하는 행동을 의도적으로 수행하도록 권장하는 방법으로, 결국 내담자가 자신의 행동을 통제하고 선택할 수 있다는 것을 깨닫게 하는 기법이다. 특히 불안이나 강박 행동, 공포증 치료에서 효과적으로 사용된다. 예를 들어, 발표를 두려워하는 내담자에게 의도적으로 실수를 하도록 지시하는 것이 이러한 방법에 해당된다.

**997.** 수업에서 활용한 상담기법을 옳게 제시한 것은? <sub>2008년 중등</sub>

> 김 교사는 수학시간에 ㉠ 일차 방정식을 푸는 과정을 보여 주고 학생들에게 그 방법을 적용하여 문제를 따라서 풀어보도록 하였다. 그리고 ㉡ 학생들이 문제를 맞게 풀 때마다 칭찬을 하고 스티커 한 장을 주며 네 장 이상 모으면 자기가 하고 싶은 활동을 해도 좋다고 허락하였다. ㉢ 문제를 풀지 않고 떠들거나 다른 행동을 하는 학생에게는 교실 뒤편에 서서 김 교사가 풀어 놓은 방정식을 보도록 하였다.

|   | ㉠ | ㉡ | ㉢ |
|---|---|---|---|
| ① | 모델링 | 부적강화 | 자극통제 |
| ② | 모델링 | 토큰강화 | 타임아웃 |
| ③ | 조성법 | 토큰강화 | 자극통제 |
| ④ | 조성법 | 부적강화 | 타임아웃 |

■ 정답 및 해설
② ㉠ 교사가 학생들에게 과제를 수행하는 과정을 보여줌으로써 그것을 따라 할 수 있는 기회를 제공하는 활동이므로, 모델링에 해당된다.
㉡ 학생들이 문제를 맞게 풀었을 때마다 이차 강화물인 스티커를 나누어 주고 일정 수가 모이면 일차 강화물인 자기가 하고 싶은 활동을 허락하는 것은 토큰강화의 기법에 해당한다. 토큰 강화는 정적 강화에 해당한다.
㉢ 수업 중에 떠드는 행동을 하는 학생에게 교실 뒤편에 서 있게 하는 것은 학생의 그런 행동을 유발할 수 있는 자극을 차단하여 떠드는 행동을 감소시키는 기법이므로 타임아웃에 해당한다. 타임아웃은 제거성 벌에 해당한다.

◇ 오답 체크
- 조성법이란 학생들에게 목표행동을 세부적인 단계로 나누어 제시하고, 단계별로 점진적·차별적으로 강화함으로써 최종적인 목표행동을 학습하게 하는 방법이다.
- 자극통제은 특정 자극에 대해서 반응이 일어나고, 다른 자극에 대해서는 반응이 일어나지 않게 하는 상담기법을 말한다. 자극통제를 위해서는 자극변별-반응-강화의 과정을 반복함으로써 특정 자극에 대해 기대되는 반응을 학습하게 한다.

## 03. 인간중심 상담이론

### 출포 314. 로저스의 인간중심 상담이론 A

기본서 450~451쪽

**998.** 다음의 특징을 가진 상담기법은?　　2019년 지방직 9급

> ○ 비(非)지시적 상담이라는 별칭을 갖고 있다.
> ○ 상담자와 내담자 사이의 촉진적 관계를 강조한다.
> ○ 인간은 합목적적이고 건설적이며 선한 존재라고 가정한다.
> ○ 상담의 목표는 내담자가 자신의 모습대로 살아가게 하고 잠재력을 실현하도록 하는 데 있다.

① 인지적 상담기법　　② 행동주의 상담기법
③ 인간중심 상담기법　　④ 정신분석 상담기법

■ 정답 및 해설

③ 비지시적 상담으로서 상담자와 내담자의 촉진적 관계를 강조하며, 상담의 목표를 내담자 자신의 모습대로 살아가며 잠재력을 실현하도록 하는 데 두는 상담은 인간중심 상담이다. 즉 내담자가 자기존중을 회복하고 왜곡된 자기개념을 수정함으로써 자신의 자아를 실현할 수 있도록 돕는 것이다.

◇ 오답 체크

① 인지적 상담에서는 내담자의 비합리적 신념을 합리적인 신념으로 수정, 변화, 재구성하는 데 목표를 둔다.
② 행동주의 상담에서는 내담자의 부적응 행동을 약화·제거하고 적응 행동을 형성·강화시키는 데 목표를 둔다.
④ 정신분석 상담에서는 내담자의 무의식 세계를 의식화하여 무의식적 갈등을 해소하고 자아의 문제해결기능을 강화하는 데 목표를 둔다.

**999.** 로저스(C. Rogers)의 인간중심 상담이론에 대한 설명으로 적절하지 않은 것은?　　2017년 국가직 9급

① 인간에게는 선천적으로 자아실현의 경향이 있다고 본다.
② 내면의 경험을 자각하고 수용할 수 있도록 하기 위해 지금-여기보다 과거에 더 주목한다.
③ 상담자가 갖추어야 할 중요한 태도로 진솔성, 무조건적 긍정적 존중, 공감적 이해를 제안하였다.
④ 외적으로 부여된 가치의 조건화가 주관적인 경험을 왜곡하고 부정할 때 문제가 발생한다고 본다.

---

**암기 POINT**

• 로저스의 인간중심 상담이론

| 문제의 원인 | 이상적 자아와 현실적 자아의 불일치 (외적으로 부여된 가치의 조건화가 주관적 경험을 왜곡) |
|---|---|
| 상담의 목표 | 심리적 성숙을 통해 내담자 자신의 모습으로 자아실현 추구 |
| 상담 기법 | 진실성(진솔함) 무조건적 존중(수용) 공감적 이해 |

998 ③　999 ②

■ 정답 및 해설
② 인간중심 상담이론에서는 인간의 행동은 개인이 지각하는 '주관적 현실'에 의해 이해되어야 한다고 본다. 내면의 주관적 경험을 자각하고 수용할 수 있도록 하기 위해서는 과거보다는 지금-여기에 더 주목한다. 더 나아가, 인간은 자아실현적이며 목적적인 존재이므로 인간의 행동을 설명하기 위해서는 행동의 원인보다는 목적에, 과거보다는 미래에 주목하여야 한다고 본다.

**1000.** 다음 내용과 가장 관련이 깊은 상담이론가는?  `2015년 지방직 9급`

- 비지시적 상담 혹은 내담자 중심 상담을 제안하였다.
- 인간의 잠재력과 성장 가능성을 신뢰하며, 상담자와 내담자 사이의 인간관계를 중시하였다.
- 상담자의 자세로 진실성(congruence), 무조건적인 긍정적 존중, 공감적 이해를 강조하였다.
- 충분히 기능하는 인간(fully functioning person)이 되는 것을 상담의 목표로 하였다.

① 올포트(G. Allport)  ② 로저스(C. Rogers)
③ 프랭클(V. Frankle)  ④ 매슬로우(A. Maslow)

■ 정답 및 해설
② 비지시적 상담 혹은 내담자 중심의 상담이론을 주장한 학자는 로저스이다.
◇ 오답 체크
① 올포트 - 특질이론(성격심리학)을 주장한 학자이다.
③ 프랭클 - 실존주의 상담이론을 주장한 학자이다.
④ 매슬로우 - 욕구위계이론을 주장한 학자이다.

**기출플러스**
- 인간중심적 상담 (2007년 영양)
- 로저스(C. Rogers)에 의해 창시된 이론이다.
- 내담자의 자아실현을 돕는 것에 초점을 맞추고 있다.
- 내담자에 대한 공감적 이해와 조건 없는 긍정적 존중을 중시한다.

**1001.** 인간중심 상담이론에 대한 설명으로 옳지 않은 것은? `2013년 국가직 7급`
① 초기의 명칭은 비지시적 상담이었으며, 대표적인 학자는 칼 로저스(C. Rogers)이다.
② 상담의 과정에서 내담자에게 위협적이지 않은 수용적인 환경을 제공한다.
③ 인간의 정서적 문제의 원인은 비현실적이고 비합리적인 신념 때문이라고 가정한다.
④ 내담자가 주도적으로 상담의 과정에 참여할 때 문제해결이 효과적이다.

1000 ②  1001 ③

■ 정답 및 해설

③ 인간중심 상담에서는 인간의 정서적 문제의 원인은 타인, 특히 부모의 가치 기준을 아동에게 강요하여 아동이 무조건적인 긍정적 존중을 받고자 하는 욕구가 좌절되고 부정적인 자아개념이 형성되었기 때문이라고 가정한다.
한편, 인간의 정서적 문제의 원인을 비현실적이고 비합리적인 신념 때문이라고 가정하는 것은 엘리스의 합리적 정서·행동 상담이론이다.

1002. 내담자 중심 상담이론으로 볼 수 없는 것은?  2010년 국가직 9급
① 인간에 대한 결정론적 관점에 반대하고 인간의 자유의지를 중요시한다.
② 인간주의 심리학을 기반으로 하고 있으며, 대표적인 학자로는 매슬로우(Maslow), 로저스(Rogers) 등이 있다.
③ 자아실현을 강조하고, 인간행동을 설명할 때 원인보다는 목적, 과거보다는 미래에 관심을 갖는다.
④ 개인의 심리적 특징과 성공적 작업행동 요인에 중점을 두는 상담이론으로 대표적 학자는 윌리엄슨(Williamson)이 있다.

■ 정답 및 해설

④ 특성-요인 상담이론에 대한 설명이며, 이 이론에서는 상담자가 내담자의 문제와 해결방법에 대한 정보와 조언을 제공할 것을 강조한다는 점에서 지시적 상담이론이라고도 한다.

### 출포 315. 인간중심 상담의 태도

기본서 451쪽

1003. 로저스(Rogers)의 인간중심적 상담에서 상담자에게 필요한 태도로 옳지 않은 것은?  2022년 지방직 9급
① 체계적 둔감  ② 공감적 이해
③ 일치성  ④ 무조건적 긍정적 존중

■ 정답 및 해설

① 체계적 둔감은 행동주의 상담기법에 해당한다. 로저스의 인간중심 상담에서 강조하는 상담자의 태도에는 무조건적인 긍정적 존중, 공감적 이해, 일치성(진실성) 등이 포함된다.

1004. 로저스(C. Rogers)의 인간중심 상담이론에 따른 상담자의 태도로서 공감(empathy), 수용(unconditional positive regard), 진정성(genuineness)에 관한 설명으로 옳지 않은 것은?  2013년 중등

① 진정성은 자신의 감정과 경험을 주관적으로 표현하는 것이다.
② 공감, 수용, 진정성을 내담자에게 얼마나 잘 지각하게 하느냐가 중요하다.
③ 공감은 객관적인 현실보다 내담자가 지각한 현실에 초점을 두는 것이다.
④ 공감, 수용, 진정성은 함께 행해지는 것보다 각각 행해질 때에 더 효과적이다.
⑤ 수용은 내담자의 '자기실현 경향성(self-actualization tendency)'을 인정하고 신뢰하는 것이다.

■ 정답 및 해설
④ 공감, 수용, 진정성은 각각 행해질 때보다 함께 행해질 때에 더 효과적이다.


1005. 인간중심 치료적 접근을 하는 상담자가 상담 장면에서 가장 중점적으로 취하는 행동은?  2006년 유초등

① 내담자의 자아 상태, 교류, 개인, 각본 등을 분석한다.
② 내담자의 경험과 감정을 정확하게 공감하고 반영해준다.
③ 자유연상을 통해 내담자의 무의식 속에 억압된 욕구들을 찾아낸다.
④ 내담자의 역기능적인 행동을 소거시키고 효과적인 행동을 학습시킨다.

■ 정답 및 해설
② 인간중심 상담에서 강조하는 상담자의 태도에는 무조건적인 긍정적 존중, 공감적 이해, 일치성(진실성) 등이 포함된다. 내담자의 경험과 감정을 정확하게 공감하고 반영해주는 것은 공감적 이해에 해당한다.
◇ 오답 체크
① 교류분석 상담, ③ 정신분석 상담, ④ 인지행동 상담에 대한 설명이다.

## 04. 인지주의 상담이론

### 출포 316. 엘리스의 합리적-정서적 행동 상담이론

기본서 451~453쪽

**1006.** 인지상담이론 중 합리적 정서 치료 이론에 대한 설명으로 옳은 것은?

2023년 국가직 7급

① 불안은 잘못된 학습의 결과이므로, 재학습을 통해 교정하면 사라진다.
② 심리적 문제는 어린 시절 경험을 억압하기 때문에 나타나게 된다.
③ 이상적 자아와 현실적 자아 간의 간극으로 인해 심리 문제가 발생한다.
④ 부정적 정서나 행동은 비합리적 신념에 의해 발생한다.

■ **정답 및 해설**

④ 엘리스가 제안한 합리적 정서 치료 이론은 정서적 또는 행동적 문제의 원인을 비합리적 신념체계에서 찾는다. 부정적 정서나 행동은 비합리적 신념에 의해 발생하는 것으로 보고, 상담의 기법으로 비합리적 신념의 논박을 활용한다.

◇ **오답 체크**
① 행동주의 상담, ② 정신분석 상담, ③ 인간중심 상담에 대한 설명이다.

**1007.** 다음 설명에 해당하는 상담은?

2022년 지방직 9급

○ 엘리스(Ellis)가 창시자이다.
○ 상담과정은 A(Activating events, 선행사건) → B(Beliefs, 신념) → C(Consequences, 결과) → D(Disputing, 논박) → E(Effects, 효과) 과정으로 진행된다.
○ 자신, 타인, 세상에 대한 비현실적인 기대와 요구를 합리적으로 변화시키는 데 초점을 둔다.

① 합리적·정서적 행동 상담
② 게슈탈트 상담
③ 개인심리학적 상담
④ 정신분석적 상담

■ **정답 및 해설**

① 엘리스가 창시한 이론으로 자신, 타인, 세상에 대한 현실적이며 합리적인 기대와 요구를 형성하는 데 초점을 두는 이론은 합리적·정서적 행동 상담이다. 상담과정은 ABCDE 모형을 제시된다.

---

**암기 POINT**

- 엘리스의 합리적 정서적 행동 상담 이론

| 문제의 원인 | 내담자의 비합리적 신념으로 인해 부적응적 감정과 행동 |
|---|---|
| 상담의 목표 | 비합리적 신념을 합리적 신념으로 변화 |
| 상담 기법 | 비합리적 신념의 논박(ABCDE 모형) 수치감-공격 연습 |

1006 ④  1007 ①

1008. 상담이론에 대한 설명으로 옳은 것은?  2020년 지방직 9급
① 내담자 중심 상담 - 미해결 갈등을 이해하는 것이 개인의 정신역동을 이해하는 방법이다.
② 행동주의 상담 - 인간의 행동을 개인이 선택한 것으로 바라보며 행동의 원인보다는 목적에 더 주목하면서 자아실현을 강조한다.
③ 의사교류분석 - 가족치료에서 시작된 이론으로 내담자의 욕구를 파악한 후 현실과 맞서도록 심리적인 힘을 개발할 수 있도록 돕는다.
④ 합리적·정서적 행동 상담 - 인간의 감정, 즉 정서적 문제의 원인이 비합리적 신념임을 가정하고 이를 합리적 신념으로 변화시키기 위한 치료기법을 개발하였다.

■ 정답 및 해설
④ 엘리스가 제안한 합리적 정서 치료 이론은 정서적 또는 행동적 문제의 원인을 비합리적 신념체계에서 찾는다. 부정적 정서나 행동은 비합리적 신념에 의해 발생하는 것으로 보고, 상담의 기법으로 비합리적 신념의 논박을 활용한다.
◇ 오답 체크
① 게슈탈트 상담, ② 내담자(인간) 중심 상담에 대한 설명이다.
③ 앞부분은 해결중심 상담, 뒷부분은 현실치료 상담에 대한 설명이다.

1009. 다음 설명에 해당하는 상담이론은?  2018년 국가직 7급

○ 엘리스(A. Ellis)는 사람들이 정서적 문제를 겪는 이유를 비합리적 사고방법으로 사건을 해석하기 때문이라고 설명한다.
○ 상담의 강조점은 감정 표현보다는 사고와 행동에 있다.

① 인지행동 상담  ② 정신분석 상담
③ 행동주의 상담  ④ 내담자중심 상담

■ 정답 및 해설
① 엘리스가 제안한 이론으로 정서적 문제의 원인을 비합리적 사고에서 찾으며, 상담의 강조점을 감정보다는 사고와 행동에 두는 상담이론은 인지행동 상담이론이다.

1008 ④  1009 ①

1010. 엘리스(A. Ellis)의 합리적·정서적 상담에 대한 설명으로 옳은 것은?

2016년 지방직 9급

① 내담자의 이상적 자아와 현실적 자아의 일치를 정신건강의 지표로 간주한다.
② 주요 상담기법으로 자유연상, 꿈의 분석, 전이의 분석, 저항의 해석이 있다.
③ 상담자는 내담자로 하여금 자신의 문제가 왜곡된 지각과 신념에 기인한 것임을 깨닫도록 논박한다.
④ 내담자는 부모, 어른, 아이의 세 가지 자아를 필요에 따라 적절하게 사용할 수 있는 능력을 갖추는 것이 중요하다.

■ 정답 및 해설
③ 엘리스의 합리적·정서적 상담에서는 내담자의 왜곡된 지각과 신념을 인식하고 이를 재구성하기 위한 과정으로서 비합리적 신념에 대한 논박을 강조한다.
◇ 오답 체크
① 로저스의 인간중심 상담, ② 프로이트의 정신분석 상담, ④ 번의 교류분석 상담에 대한 설명이다.

1011. 다음 설명에 해당하는 상담이론으로 가장 적절한 것은?

2013년 국가직 9급

> 내담자의 사고 과정을 수정 또는 변화시켜 정서적 장애와 행동적 장애를 극복하게 하는 데 상담의 중점을 둔다. 정서적 장애는 주로 비적응적인 사고 과정의 결과로서, 이 잘못된 사고 과정을 재구성하는 것이 상담의 주요 과제라고 본다.

① 인지적 상담　　　　　② 행동 수정 상담
③ 인간 중심 상담　　　　④ 의사결정적 상담

■ 정답 및 해설
① 내담자의 부적절한 정서와 행동의 원인을 사고과정의 문제로 보는 관점은 인지적 상담이론이다. 인지적 상담이론에서는 인간의 감정과 행동은 개인의 내적 정신과정인 사고, 가치, 신념 등에 의해 결정된다고 전제한다. 즉, 인간의 정서적·행동적 문제의 원인은 사건 자체가 아니라 비합리적인 신념에 있다는 것이다. 따라서 내담자의 비합리적인 신념체계를 합리적으로 재구성하는 데 상담의 목표를 둔다.

1010 ③　1011 ①

**1012.** 다음에서 무단결석을 한 철수의 문제행동에 대한 박 교사의 생각인 (가)에 가장 부합하는 상담이론은?　　2011년 유초등

> 철　수 : 어제 늦잠을 잤어요. 아무리 서둘러도 1교시 수업에 늦을 것 같아 '지각할 바에는 학교에 가서 뭐하나' 하는 생각을 했어요.
> 박 교사 : 음, 그래서 결석을 했구나! …… 그런데 조금 늦게라도 학교에 왔으면 좋지 않았을까?
> 철　수 : 어차피 수업에 늦을 바에는 학교에 안 가는 게 나을 것이라고 생각했어요.
> 박 교사 : 지각할 바에는 결석하는 게 낫다고 생각했구나.
> (가) (박 교사는 철수의 무단결석이 흑백 논리적 사고 때문이라고 보고, 그가 보다 합리적으로 사고할 수 있도록 도와주어야겠다고 생각하였다.)

① 인지행동 이론　　② 교류분석 이론
③ 게슈탈트 이론　　④ 정신분석 이론
⑤ 실존주의 이론

■ **정답 및 해설**

① (가)에서 박 교사는 철수의 무단결석이 흑백논리적 사고 때문이라고 보고, 합리적으로 사고할 수 있도록 돕는 데 상담의 목표를 두고자 하는 시각을 보여준다. 이와 같이, 심리적 문제의 원인을 부정적인 '자동적 사고'를 유발하는 역기능적 인지 도식으로 인해 발생하는 인지적 오류(과대 일반화, 임의적 추론, 이분법적 사고, 낙인찍기 등)때문이라고 보는 관점은 벡(Beck)의 인지치료 이론이다. 인지치료 이론은 인지적 측면의 합리성과 정의적 측면의 정서, 행동주의의 원리를 절충한 상담이론인 인지행동 이론에 해당된다.

**1013.** 상담이론에 대한 설명으로 옳은 것을 고른 것은?　　2010년 중등

> ㄱ. 합리적 정서적 행동치료(REBT)에서는 정서적 문제를 유발하는 원인이 사건 자체가 아니라 그 사건에 대한 비합리적인 신념 때문이라고 본다.
> ㄴ. 인간중심 상담이론에서는 성장을 위한 적절한 조건이 갖추어지면 누구나 자아실현을 이룰 수 있다고 본다.
> ㄷ. 정신분석 상담이론에서는 '지금-여기'에 초점을 두며 접촉을 통한 자각으로 통합을 이루게 된다고 본다.
> ㄹ. 게슈탈트 상담이론에서는 죽음과 비존재, 실존적 불안, 삶의 의미를 강조한다.

① ㄱ, ㄴ　　② ㄱ, ㄹ　　③ ㄴ, ㄷ
④ ㄴ, ㄹ　　⑤ ㄷ, ㄹ

■ 정답 및 해설
① ㄱ. REBT(합리적 정서적 행동치료)는 엘리스가 개발한 상담 이론으로, 정서적 문제의 원인을 사건 자체가 아닌, 그 사건에 대해 개인이 가지는 비합리적인 신념 때문이라고 본다. 이러한 비합리적인 신념을 합리적인 신념으로 바꾸면 정서적 문제가 해결된다고 설명한다.
ㄴ. 인간중심 상담이론은 로저스가 제시한 이론으로, 인간은 본래 자아실현을 향한 성향을 가지고 있으며, 성장을 위한 적절한 환경만 주어진다면 누구나 자아실현을 이룰 수 있다고 본다. 로저스는 무조건적인 긍정적 존중, 공감, 진실성을 이러한 성장을 위한 적절한 조건으로 제시한다.

◇ 오답 체크
ㄷ. 게슈탈트 상담이론에 대한 설명이다. 정신분석 상담이론은 인간의 행동과 문제를 주로 과거 경험과 무의식에서 기인한다고 본다.
ㄹ. 실존주의 상담이론에 대한 설명이다. 게슈탈트 상담은 지금-여기에서의 자각과 통합을 중시한다.

### 출포 317. 합리적-정서적 행동 상담의 기법

기본서 452~453쪽

**1014.** 다음의 대화에서 합리적-정서적 행동치료의 ABCDE 상담 모형 중 B단계에 해당하는 것은?  
2008년 유초등

가. 교사 : 어떤 이야기를 하고 싶니?
   아동 : 너무 화가 나서 죽겠어요.
나. 교사 : 무슨 일이 있었길래 그러니?
   아동 : 호영이가 다른 애랑만 놀아요.
다. 교사 : 어떤 생각이 들어 화가 난 걸까?
   아동 : 호영이는 나랑만 놀아야 해요.
라. 교사 : 호영이는 정말 너랑만 놀아야 될까?
   아동 : 꼭 그렇지는 않지만……. 나랑 많이 놀면 좋겠어요.

① 가　　② 나　　③ 다　　④ 라

■ 정답 및 해설
③ B는 신념의 단계로 내담자가 문제 장면에 대해 해석하고 판단내리는 데 사용하는 비합리적인 사고방식과 신념체계를 확인하는 단계이다. '다'에서 교사는 학생에게 화가 난 이유를 묻고 있는데, 이것은 내담자가 가지고 있는 신념(B)을 확인하기 위한 과정으로 보인다. (가)는 부적절한 정서와 행동의 확인, (나)는 선행사건의 확인(A), (다)는 신념체계의 확인(B), (라)는 비합리적 신념의 논박(D)에 해당한다.

**1015.** 다음에서 합리적-정서적 상담의 기법을 골라 바르게 묶은 것은?

2005년 유초등

| 가. 전이의 분석 | 나. 역설 의도법 |
| --- | --- |
| 다. 사고 정지법 | 라. ABCDE의 적용 |
| 마. 수치감- 공격 연습 | 바. 부적절한 정서와 행동의 확인 |

① 가, 나, 다
② 나, 다, 라
③ 다, 라, 마
④ 라, 마, 바

■ 정답 및 해설

④ 라. ABCDE 의 적용 : A(선행사건) → B(신념) → C(결과) → D(논박) → E(효과) 과정으로 상담을 진행하는 기법이다.
  마. 수치감-공격 연습 : 내담자가 부끄러워서 하지 못하는 어떤 행동을 과감히 해 보도록 하고 다른 사람들이 큰 관심을 갖지 않는다는 것을 알게 하는 기법으로, 수치감-제거 연습이라고도 한다.
  바. 부적절한 정서와 행동의 확인 : 합리적-정서적 상담에서는 내담자가 가진 부적절한 정서와 행동을 분명하게 밝히고 구체적으로 인식하는 과정으로부터 출발한다.

◇ 오답 체크

가. 전이의 분석 : 내담자가 묻어두었던 감정을 상담자에게 표현하게 하고 이를 분석하는 기법으로, 정신분석적 상담의 기법에 해당된다.
나. 역설 의도법 : 내담자가 표현하기를 두려워하는 행동이나 사고를 의도적으로 과장하여 행동하게 하는 기법으로, 아들러의 개인심리 상담의 기법에 해당한다.
다. 사고 정지법 : 내담자가 비생산적이고 자기파괴적인 생각에 지나치게 사로잡혀 있는 경우, 내담자에게 생각하는 것을 멈추게 하여 자신의 사고와 마음을 통제할 수 있도록 하는 방법으로, 내적인 행동수정 기법으로서 행동주의 상담에 포함된다.

## 출포 318. 벡의 인지행동 치료이론

기본서 453~454쪽

**1016.** 상담 교사는 다음에 제시된 아동의 반응을 '자동적 사고'로 해석하고, 과대 일반화·임의적 추론·낙인찍기의 개념을 사용하여 아동과 상담하였다. 상담 교사가 취한 상담 접근은?

2006년 유초등

애들이 모두 저를 따돌려요. 오늘은 교문에서 미성이가 저를 못 본 체하고 가 버렸어요. 애들이 저를 왕따시키는 것 같아요.

① 교류분석
② 의미치료
③ 인지치료
④ 현실치료

■ 정답 및 해설

③ 심리적 문제의 원인을 부정적인 '자동적 사고'를 유발하는 역기능적 인지도식으로 인해 발생하는 인지적 오류(과대 일반화, 임의적 추론, 흑백논리적 사고, 낙인찍기 등)때문이라고 보는 관점은 벡(Beck)의 인지치료 이론이다.

인지치료에서는 부정적 자동적 사고를 유발하는 역기능적 인지도식을 재구성하여 긍정적 사고를 유발하는 현실적이며 실용적인 인지도식으로 변화시키는 데 상담의 목표를 둔다. 상담의 기법으로는 재귀인하기, 재정의하기, 절대적 언어를 변경하기, 사고중지, 행동실험 등을 적용한다.

## 05. 게슈탈트 상담이론

### 출포 319. 펄스의 게슈탈트 상담이론

🌐 기본서 455~456쪽

**1017.** 상담이론과 그 특징으로 옳지 않은 것은?  2015년 국가직 7급

① 정신분석상담은 무의식 세계를 의식화하여 자아의 문제해결기능을 강화하는 것이 목표이다.
② 행동적 상담에서는 부적응 행동을 약화·제거하고 적응 행동을 형성·강화하는 체계화된 학습이론을 적용한다.
③ 내담자 중심 상담이론에서는 불안을 유발하는 비합리적 신념을 변화시키고 문제를 해결할 수 있도록 상담자의 중재를 강화한다.
④ 형태주의 상담에서는 지금 상황에서 무엇을 경험하는 지를 중시하며 내적 욕구와 외적 욕구에 따라 전경과 배경이 바뀐다는 것에 주목한다.

■ 정답 및 해설

③ 제시된 설명은 상담자 중심의 상담이론에 해당하는 인지행동 상담이론에 대한 것이다. 내담자 중심 상담이론에서는 내담자를 무조건적으로 수용, 인정, 존중하는 심리적 환경을 조성하여 내담자 스스로 문제를 해결하도록 돕는 데 초점을 둔다.

**1018.** 게슈탈트(Gestalt) 상담이론의 특징은?  2008년 중등

① 자유와 책임, 삶의 의미, 죽음과 비존재, 진실성을 강조한다.
② 미해결사태를 해결하기 위해 전경과 배경의 자연스러운 교체를 강조한다.
③ 개인의 사회적 관심과 생활양식에 초점을 두고, 열등감의 극복을 강조한다.
④ 자아 상태를 부모 자아, 성인 자아, 어린이 자아로 나누고, 세 가지 자아 상태의 균형을 강조한다.

1017 ③  1018 ②

**암기 POINT**
• 펄스의 게슈탈트 상담이론

| 문제의 원인 | 불완전한 게슈탈트로 인해 미해결 과제가 많아져 욕구해소 실패 |
|---|---|
| 상담의 목표 | 전경과 배경의 자연스러운 교체를 통해 통합된 자아를 형성 |
| 상담 기법 | 지금-여기의 욕구, 감정, 감각의 자각 빈 의자 기법, 과장하기, 상전-하인 기법 |

■ 정답 및 해설
② 펄스의 게슈탈트 상담이론은 미해결 과제를 자각하고 이를 해결하는 데 초점을 두는 상담이론이다. 여기에서 미해결 과제란 자신의 욕구나 감정을 게슈탈트로 형성하지 못했거나, 형성된 게슈탈트가 어떤 요소의 방해로 배경으로 사라지지 못한 것을 말한다. 미해결 과제는 해소되지 않은 혹은 불완전하게 충족된 욕구를 포함하므로, 짜증, 분노, 고통, 불안, 죄의식, 회한, 등의 형태로 나타난다. 미해결 과제는 게슈탈트의 구성요인인 전경과 배경을 제대로 구분하지 못하여 자신의 욕구를 명확히 알아차리지 못하고 결과적으로 욕구 충족에 실패하게 될 때 만들어진다. 따라서, 미해결 과제를 해결하기 위해서는 전경과 배경의 자연스러운 교체를 통해 지금-여기에서의 상황을 분명하게 자각하는 것이 중요하다.

◇ 오답 체크
① 실존주의 상담이론, ③ 개인심리 상담이론, ④ 교류분석 상담이론에 대한 설명이다.

## 출포 320. 게슈탈트 상담의 기법

기본서 456~457쪽

**1019.** 다음 대화에서 최 교사가 활용하고 있는 상담기법과 가장 밀접한 상담이론에 대한 설명으로 옳은 것은? **2011년 중등**

민  영 : 예전에는 정말 친했는데 요즘은 영주를 보면 섭섭한 마음이 들어요.
최 교사 : 요즘 영주와 얘기를 잘 안하는 이유가 뭐니? 여기 의자가 두 개 있는데 먼저 네가 앉고 싶은 곳에 앉고, 나머지 의자에는 영주가 앉아 있다고 상상해 보렴. 자, 지금부터 네가 영주에게 원하는 것이 무엇이고, 어떤 감정을 느끼고 있는지 영주에게 직접 얘기해 보겠니?
민  영 : 무엇을 말해야 할지 모르겠어요.
최 교사 : 그럼 '내가 너에게 무엇부터 말해야 할지 잘 모르겠어'라고 말해 보렴.
민  영 : 영주야. 무슨 말부터 해야 할지 잘 모르겠지만……. 난 너와 계속 좋은 친구로 지내면 좋겠어. 그런데 요즘 넌 나한테 신경을 너무 안 쓰는 것 같아. 내가 말을 걸면 대꾸도 잘 안 해서 너무 속상해. (후략)

① 미해결 과제는 현재에 대한 자각(awareness)을 방해한다고 본다.
② 상담자의 진솔성, 무조건적인 긍정적 존중, 공감적 이해를 강조한다.
③ 자아가 무의식적 충동을 조절하기 위해 방어기제를 사용한다는 점을 강조한다.
④ 3R(책임감, 현실, 옳고 그름)을 강조하며, 책임감 있는 사람이 정신적으로 건강하다고 본다.
⑤ 상담자로 하여금 내담자가 최종목표행동에 도달하도록 행동조형(shaping)을 사용할 것을 강조한다.

1019 ①

■ 정답 및 해설

① 제시된 대화에서 최 교사는 민영이가 중요한 사람(영주)이라고 생각하는 사람이 빈 의자에 앉아있다고 상상하고 그 사람에게 하고 싶은 말을 하게 하는 방법인 빈 의자 기법을 사용하고 있다. 빈 의자 기법은 내담자가 경험하는 자신의 숨은 욕구와 감정을 자각하도록 촉진하는 기법으로서, 게슈탈트 상담이론에서 주로 사용되는 기법이다. 게슈탈트 상담이론에서는 현재의 상황에서의 욕구를 알아차리고 이를 충복시키는 것을 방해하는 미해결 과제를 자각하는 것의 중요성을 강조한다.

**1020.** 다음 진술의 내용과 관련된 상담이론에서 주로 적용하는 상담 기법은?

2007년 중등

> 상담은 내담자가 알아차림(awareness)을 통해 '지금-여기'의 감정에 충실하거나 미해결 과제를 자각하고 표현하게 하여 비효율적인 감정의 고리에서 벗어나도록 돕는 것을 목표로 삼는다.

① 빈의자 기법   ② 자유연상
③ 합리적 논박   ④ 체계적 둔감법

■ 정답 및 해설

① '지금-여기'에서의 욕구, 감정, 감각을 충실하게 이해함으로써 아직 해소되지 못한 미해결 과제를 자각하고 비효율적인 감정의 고리에서 벗어나도록 돕는 데 초점을 두는 상담이론은 퍼스의 게슈탈트 상담이론이다. 게슈탈트 상담이론에서는 빈의자 기법, 꿈작업, 현재화기법, 역할놀이, 과장하기 등을 통해 내담자가 자신의 숨은 욕구와 감정을 자각하도록 이끄는 상담기법을 활용한다.

### 출포 321. 실존주의 상담이론

기본서 457쪽

**1021.** 다음의 특징을 지닌 상담이론과 가장 관련이 깊은 교육사조는?

2011년 국가직 7급

> ○ 개인은 현실을 경험하고 지각하는 대로 반응한다.
> ○ 내담자가 감정을 자유롭게 표현하도록 북돋아 준다.
> ○ 진실성, 온정, 공감, 존경 등을 중시한다.

① 실존주의   ② 본질주의
③ 항존주의   ④ 실용주의

1020 ①  1021 ①

■ 정답 및 해설

① 실존주의 상담에서는 내담자가 자신의 현실을 있는 그대로 경험하면서, 진정한 삶의 의미를 찾아 자아실현을 할 수 있도록 돕는 데 목표를 둔다. 내담자의 감정과 욕구를 자유롭게 표현하도록 북돋아 주는 상담기법을 활용하며, 상담자의 태도로서 진실성, 온정, 공감, 존경 등을 중시하는 내담자 중심의 접근을 취한다.

## 06. 교류분석 상담이론

### 출포 322. 교류분석 상담이론

기본서 457~460쪽

**1022.** 상담이론에 대한 설명으로 옳지 않은 것은?   2012년 국가직 9급

① 프로이드(Freud) 정신분석이론의 핵심개념은 무의식으로, 상담의 목표는 무의식을 의식화하는 것이다.
② 글레이서(Glasser)의 현실주의 이론은 책임있는 행동이 성공적인 자아정체의식을 효과적으로 형성한다고 가정한다.
③ 엘리스(Ellis)의 합리적-정서적 치료이론은 인지적 측면의 합리성과 정의적 측면의 정서, 행동주의의 원리를 절충한 방법이다.
④ 번(Berne)의 교류분석이론은 인간을 원본능, 자아, 초자아의 세 가지 자아상태로 구성된 존재로 간주한다. 이에 인간이 가진 신체적 욕구와 심리적 욕구들은 다른 사람과의 교류를 통해서만 충족될 수 있다고 강조한다.

■ 정답 및 해설

④ 인간을 원본능(원초아), 자아, 초자아의 세 가지 자아로 구성된 존재로 간주하는 것은 프로이트의 정신분석이론이다. 번의 교류분석이론에서는 개인의 자아상태가 부모 자아(P), 성인 자아(A), 어린이 자아(C)로 구분된다고 보았다.

**기출플러스**

• 상담의 이론과 기법 (2007년 유초등)

• 인지치료 — 왜곡된 사고를 찾아내어 보다 현실적인 사고로 대체시킨다. (O)
• 정신분석 — 꿈의 내용을 분석하여 무의식 속에 억압된 욕구를 파악한다. (O)
• 현실치료 — 현재의 행동이 소망하는 것을 달성시키고 있는지 파악하게 한다. (O)
• 교류분석 — 불안을 느끼는 상황을 상상하게 하면서 동시에 이완훈련을 시킨다. (×)

1022 ④

**1023.** 교류분석(Transactional Analysis) 상담이론에 관한 진술로 옳지 않은 것은?
2012년 유초등

① 각본분석은 내담자를 조력하기 위해 사용되는 방법 중의 하나다.
② 어른자아(Adult ego)는 현실을 검증하고 문제를 해결하는 합리적이고 객관적인 기능을 한다.
③ 자기긍정-타인긍정의 생활자세를 갖는 아동은 자신과 타인에 대한 긍정적인 삶의 태도를 갖는다.
④ 구조분석을 통해 내담자는 자신의 세 가지 자아상태가 어떻게 구성되어 있는지 알 수 있다.
⑤ 상보교류(complementary transaction)는 두 사람이 대화할 때 상대방이 기대하는 욕구가 무시되거나 잘못 이해되는 경우에 나타나는 교류 유형이다.

### ■ 정답 및 해설
⑤ 제시된 설명은 교차교류에 대한 것이다. 상보교류는 두 사람이 동일한 자아 상태에서 혹은 상호보완적인 자아상태에서 자극과 반응을 주고받는 교류 유형을 말한다. 의사소통이 원활하며, 참여자들 간의 갈등이 유발되지 않는 건전한 교류 유형에 해당된다.

## O7. 현실치료 상담이론

### 출포 323. 현실치료 상담이론
기본서 460~462쪽

**1024.** 다음 설명에 해당하는 상담이론은?
2021년 지방직 9급

> 이 상담이론에서는 인간이 통제력 또는 선택할 수 있는 능력을 갖고 있으므로, 궁극적으로 자기 삶에 책임을 가져야 한다고 주장한다. 상담의 목표는 내담자로 하여금 책임 있는 행동을 학습하여 성공정체감을 발달시키게 하는 것이다. 따라서 상담자는 내담자에게 '원하는 게 무엇인지를 확인한 후 지금부터 계획을 세우자'고 유도함으로써 내담자가 변명이나 구실을 찾지 못하게 하고 자신의 감정이나 행동에 책임을 지도록 도와준다.

① 인간중심 상담
② 정신분석적 상담
③ 행동주의 상담
④ 현실 요법

### ■ 정답 및 해설
④ 인간은 자기 삶에 책임을 가져야 한다고 주장하며, 내담자가 책임 있는 행동을 통해 성공정체감을 발달시키는 데 상담의 목표를 두는 상담이론은 현실 요법이다.

**1025.** 다음에서 글래서(W. Glasser)의 현실치료 이론에 대한 옳은 설명을 모두 고른 것은?

2009년 유초등

ㄱ. 인간은 기본적으로 생존, 자유, 힘, 즐거움, 소속의 욕구를 가지고 있다.
ㄴ. 인간은 행동을 선택할 수 있고 이미 행한 모든 행동은 선택에 의해서 이루어진 것이다.
ㄷ. 인간은 행동을 선택할 때 자신의 욕구를 최대한으로 충족시키기 위해서 자신을 통제한다.
ㄹ. 전행동(total behavior)은 활동(acting), 생각(thinking), 느낌(feeling), 신체반응(physiology)의 네 가지로 구성된다.
ㅁ. 전행동 중에서 인간이 통제할 수 있고, 행동의 방향을 잡아주는 것은 활동과 신체반응이다.

① ㄱ, ㄴ
② ㄱ, ㄷ, ㄹ
③ ㄷ, ㄹ, ㅁ
④ ㄱ, ㄴ, ㄷ, ㄹ

### ■ 정답 및 해설
④ 글래써의 현실치료 이론에서는 인간의 선천적인 기본 욕구의 존재(ㄱ)와 이를 충족하기 위한 행동에 대한 선택 및 통제 능력(ㄴ, ㄷ)을 전제한다. 이 때, 인간의 행동은 전행동으로서 활동, 생각, 느낌, 신체반응을 모두 포함한다(ㄹ).

### ◇ 오답 체크
ㅁ. 현실치료에서는 전행동 중에서 인간이 통제할 수 있고, 행동의 방향을 잡아주는 것으로서 '활동'이나 '생각'을 중시한다. 이에 비해 느낌이나 신체반응은 통제하기 어렵고 활동이나 생각의 영향을 받는 것으로 본다.

## 출포 324. 현실주의 상담의 기법

기본서 461~462쪽

**1026.** 다음의 상담기법이 활용되는 상담이론은?

2023년 지방직 9급

○ 숙련된 질문 기술    ○ 적절한 유머
○ 토의와 논쟁        ○ 직면하기
○ 역설적 기법

① 게슈탈트 상담
② 인간중심 상담
③ 행동주의 상담
④ 현실치료

1025 ④   1026 ④

■ 정답 및 해설

④ 현실치료 상담에서는 숙련된 질문 기술과 적절한 유머를 통해 내담자가 원하는 것이 무엇인지를 확인하고, 토의와 논쟁 및 직면하기를 통해 내담자가 원하는 것과 행동 사이의 불일치와 모순을 파악하게 한다. 역설적 기법으로서 내담자가 달성하려는 목표에 반대되는 행동을 일부러 해 보게 하고 내담자가 자신의 행동을 통제하고 선택할 수 있다는 점을 깨닫게 해보게도 한다.

---

**기출플러스**

- 현실요법의 상담 기법 (2006년 중등)
- 단계 1 : 김 교사는 내담자인 선미가 무엇을 원하는지 그리고 상담을 통하여 무엇을 기대하는지를 물었다. 이에 선미는 급우들의 따돌림에서 벗어나 좋은 관계를 맺고 싶다고 답하였다.
- 단계 2 : 김 교사는 선미가 급우들에게 무슨 행동을 어떻게 하고 있는지를 탐색하였다.
- 단계 3 : 김 교사는 선미에게 급우관계를 개선하기 위해 얼마나 노력했는지, 급우를 대하는 자신의 행동이 얼마나 적절했는지 등을 스스로 평가해 보도록 도왔다.
- 단계 4 : 김 교사는 선미의 급우관계를 개선하기 위해 선미가 앞으로 실천해야 할 구체적 방안과 계획을 수립하도록 도왔다.

---

**1027.** 글래서(W. Glasser)와 우볼딩(R. Wubbolding)의 현실주의 상담에서 사용되는 다음의 4단계 상담과정을 순서대로 옳게 배열한 것은?

2013년 중등

> ㄱ. 내담자의 책임 있는 행동 계획하기
> ㄴ. 내담자의 욕구 파악하기
> ㄷ. 내담자의 현재행동 탐색하기
> ㄹ. 내담자 자신의 행동 평가하기

① ㄱ - ㄴ - ㄷ - ㄹ
② ㄱ - ㄷ - ㄴ - ㄹ
③ ㄱ - ㄹ - ㄷ - ㄴ
④ ㄴ - ㄷ - ㄹ - ㄱ
⑤ ㄴ - ㄹ - ㄷ - ㄱ

■ 정답 및 해설

④ 글래써의 현실치료 이론에 기초를 두고 제안된 우볼딩의 현실주의 상담에서 사용되는 WDEP 기법의 순서는 다음과 같다.

ㄴ. 내담자의 욕구 파악하기 (W) : 내담자가 자신이 원하는 바가 무엇인지를 파악하는 단계로, 기본욕구들의 크기와 우선순위를 살펴보는 활동을 한다.

ㄷ. 내담자의 현재행동 탐색하기 (D) : 내담자가 자신의 욕구 충족을 위해 현재 무엇을 하고 있는지를 전체 행동의 관점에서 탐색해 보는 단계이다.

ㄹ. 내담자 자신의 행동 평가하기 (E) : 내담자의 행동과 욕구 사이의 관계를 점검하고 스스로 평가해 보는 단계, 욕구 충족 방법의 적절성과 효과성 등을 기준으로 평가해 본다.

ㄱ. 내담자의 책임 있는 행동 계획하기 (P) : 내담자의 욕구를 충족시킬 수 있는 구체적인 계획을 수립하는 단계로, 수립된 계획을 실천하는 과정을 통해 성공적인 자아정체감을 기르는 데 중점을 둔다.

1027 ④

## 08. 해결중심 상담이론

### 출포 325. 해결중심 상담이론

🌐 기본서 462~463쪽

**1028.** 다음에서 김 교사가 사용한 해결중심 상담의 질문기법으로 가장 적절한 것은?　　　　　　　　　　　　　　　　　　　　　2012년 유초등

(철수 어머니는 학교를 방문하여, 철수의 문제행동에 대해 김 교사와 상담하였다. 어머니는 철수 아버지가 교통사고로 갑자기 돌아가신 후 혼자서 철수를 힘들게 키워온 이야기를 하였다.)

철수 어머니 : 철수가 내 말은 이제 전혀 듣지 않아요. 정말 제 나름대로는 최선을 다해 왔는데… 왜 이렇게 계속해서 힘든 일들이 생기는지 모르겠어요. 이제는 지치네요.

김　　교　사 : 고생을 많이 하셨겠군요. 그래도 철수 어머니께서 그렇게 힘든 상황에서도 포기하지 않고 지금까지 버틸 수 있게 해 준 것은 무엇이었나요.

철수 어머니 : 철수 아버지가 부모 없이 자라서 늘 입버릇처럼 철수가 하고 싶은 건 다 해주고 싶다고 하셨거든요. 전 정말 그 바람을 지켜 드리고 싶어요.

① 기적 질문　　　② 척도 질문　　　③ 관계 질문
④ 대처 질문　　　⑤ 악몽 질문

■ 정답 및 해설
④ 김 교사는 철수 어머니에게 그렇게 힘든 상황 속에서도 포기하지 않고 어떻게 버틸 수 있었는지를 묻는 질문, 즉 '대처 질문'을 함으로써, 내담자가 가지고 있는 자원과 강점을 발견하도록 돕고 있다.

**1029.** 시험불안 증상이 있는 학생과의 상담에서 해결중심(solution focused) 상담이론의 전형적인 질문의 예시라고 할 수 없는 것은? 2010년 유초등
① 시험을 볼 때마다 불안하다고 했는데, 혹시 불안하지 않은 적은 없었니?
② 만약 오늘 밤 기적이 일어난다면, 내일 아침 무슨 일이 일어나 있을 것 같니?
③ 그렇게 불안해 하면서도 어떻게 그 동안 결석 한번 없이 학교를 잘 다닐 수 있었니?
④ 시험을 앞두고 매 번 반복적으로 떠오르는 생각이 있니? 그렇게 생각하는 근거는 뭐지?
⑤ 가장 불안할 때를 10점, 전혀 불안하지 않을 때를 0점이라고 한다면, 지금은 몇 점 정도 될까?

### 암기 POINT
• 해결중심 상담이론

| 개요 | 내담자의 성공경험을 통해 강점을 발견하고 확대하여 문제해결 |
|---|---|
| 상담 기법 | 예외질문, 기적질문, 척도질문, 대처질문, 간접적 칭찬 |

■ 정답 및 해설

④ 제시된 질문은 내담자가 가지고 있는 신념이나 자동적 사고와 그 근거를 파악하기 위한 것이다. 결국 내담자가 가지고 있는 비합리적인 신념이나 인지도식을 평가하고 논박을 전개해 나가기 위한 질문이므로, 합리적 상담이론에서 사용하는 질문의 예시라고 할 수 있다.

◇ 오답 체크

해결 중심 상담이론은 내담자가 호소하는 문제의 원인을 밝히려는 노력보다는 내담자와 협력하여 해결책을 찾는 데 중점을 두는 상담이론이다. 내담자들이 스스로 문제를 해결할 의지와 능력을 가지고 있다고 전제하고, 여러 가지 질문을 통해 내담자의 적극적인 협력을 이끌어 내고자 한다. ① 예외 질문, ② 기적 질문, ③ 대처 질문, ⑤ 척도 질문 등을 통해 내담자의 경험으로부터 해결책을 찾고자 한다. 그 외에도, 관계성 질문, 악몽 질문, 간접적 칭찬 등의 방법을 활용한다.

**1030.** 다음 대화에서 김 교사가 적용한 상담이론은? 〔2008년 중등〕

> 철 수 : 인터넷 게임을 너무 많이 하고 지각을 자주 하니까 성적이 말이 아니에요.
> 김 교사 : 그래, 인터넷 게임 시간을 줄이고, 지각을 하지 않았으면 좋겠단 말이지? 그런데 게임 시간과 지각을 줄일 자신이 있니? 완전히 줄일 수 있는 것을 100점으로 하면 몇 점을 줄 수 있어?
> 철 수 : 인터넷 게임 줄이기는 80점 정도 자신 있고요, 지각 안 하기는 95점 정도 자신 있어요.
> 김 교사 : 철수야, 네가 원하는 대로 이루어진다면 너에게 어떤 일이 일어날 것 같아?
> 철 수 : 당연히 성적이 오르겠죠. 부모님이 제일 좋아하실 것 같아요. 요즘 집안 분위기가 별로 안 좋아요. 그런데 제가 성적이 오르고, 게임도 덜 하고, 부모님이 기뻐하실 것 같아요.

① 인지치료 상담   ② 해결중심 상담
③ 현실요법 상담   ④ 합리적·정서적 행동 상담

■ 정답 및 해설

② 김 교사는 철수가 해결하고자 하는 문제의 초점을 명확히 하고, 문제해결을 위한 목표를 함께 수립한다. 또, 목표의 성공가능성에 대한 자신감을 숫자로 표현하게 하는 '척도질문'과 문제가 해결된 상황을 상상해 보게 하는 '기적질문'을 사용하고 있다. 이와 같은 질문 기법을 활용해서 내담자가 호소하는 문제에 대하여 내담자와 협력하여 해결책을 찾는 데 중점을 두는 상담이론은 해결중심 상담이론이다.

1030 ②

# CHAPTER 10

# 교육행정의 이론

1. 교육행정의 개념과 원리
2. 교육행정 이론의 발달
3. 조직 이론
4. 직무동기 이론
5. 지도성 이론
6. 교육기획과 교육정책

# 1. 교육행정의 개념과 원리

## 01. 교육행정의 개념

### 출포 326. 교육과 행정의 관계

📖 기본서 467쪽

**1031.** 교육행정의 개념을 '교육을 위한 행정'과 '교육에 관한 행정'으로 구분할 때, '교육에 관한 행정'에 대한 설명으로 타당한 것은?    2008년 국가직 9급
① 행정보다 교육을 강조하는 입장이다.
② 행정의 지원적 성격에 초점을 맞추고 있다.
③ 교육행정을 행정의 하위영역으로 간주하면서 행정의 종합성을 강조하려는 입장이다.
④ 교육의 본질과 자주성을 중시하는 입장이다.

■ **정답 및 해설**
③ '교육에 관한 행정'은 교육행정을 행정의 한 분야로 간주하면서, 국가통치 작용의 한 분야로서 교육행정을 이해한다. 즉, 교육행정은 교육 관련 법규에 따라 교육에 관한 정책을 수립하고 집행하는 공권력의 작용으로 이해한다. 따라서 교육행정도 다른 분야의 행정과 함께 유기적으로 작동하는 종합성을 가진다는 점이 강조된다.

◇ **오답 체크**
①, ②, ④는 '교육을 위한 행정'에 대한 설명이다. 이와 달리, '교육에 관한 행정'은 교육보다 행정을 강조하는 입장이며, 행정의 통제적 성격에 초점을 맞추고 있다. 행정의 관료적 효율성과 획일성을 중시하는 입장이다.

---

**암기 POINT**
• 교육행정의 개념 I

| 교육에 관한 행정 | 교육을 위한 행정 |
|---|---|
| 국가통치권론 (법규해석론) | 조건정비론 (기능주의론) |
| 국가 권력의 작용인 행정의 하위영역 | 교육목표 달성을 위한 조건 정비 |
| 행정의 통제성, 획일성, 효율성 강조 | 교육의 본질, 자주성, 전문성 강조 |

---

**1032.** 다음 제도개혁의 취지에 부합하는 '교육행정에 대한 관점'을 설명한 내용으로 가장 적절한 것은?    2013년 중등

> 최근 지방교육행정조직에서 '지역교육청'의 명칭을 '교육지원청'으로 변경하고 그 역할에 있어서도 변화를 꾀하였다. 이를 통해 행정의 기능을 종래의 '관리·점검' 중심에서 '일선 학교의 교육활동에 대한 지원 강화' 중심으로 새롭게 정립하고자 하였다.

① 교육행정을 '교육에 관한 행정'으로 보는 입장이다.
② 자율적 행정지원보다 관료적 효율성을 강조한 관점이다.
③ 교육의 자주성·전문성 측면보다 행정의 통제성·획일성 측면을 강조한 관점이다.

1031 ③    1032 ⑤

④ 교육 관련 법규에 따라 교육정책을 집행하는 공권적 작용을 강조하는 입장이다.
⑤ 교육행정을 교육목표의 효과적 달성에 필요한 조건을 정비·확립하는 수단적 활동으로 보는 입장이다.

■ 정답 및 해설
⑤ '지역교육청'의 명칭을 '교육지원청'으로 변경하고 그 기능을 '관리·점검' 중심에서 '일선 학교의 교육활동에 대한 지원' 중심으로 재편한 것은 교육행정의 관료적 성격은 약화시키고 지원적 성격을 강화한 것으로 볼 수 있다. 즉, 교육행정을 '교육에 관한 행정'으로 보는 관점에서 '교육을 위한 행정'으로 보는 관점으로 전환한 것이다. 이러한 변화는 교육의 자주성과 전문성을 강조하며, 교육행정을 교육활동을 개선하는 데 필요한 조건을 정비하는 활동으로 보는 관점에 기초해 있다.

◇ 오답 체크
①, ②, ③, ④는 개편 이전('지역교육청')의 교육행정에 대한 관점인 '교육에 관한 행정' 또는 국가통치권론 관점을 설명한 것에 해당한다.

1033. '교육을 위한 행정'이라는 입장에서 교육행정의 기능을 올바르게 설명한 것은?
2002년 유초등
① 운영에 있어서 권력적·강제적 요소를 강조한다.
② 교육 법규를 해석하고 그대로 집행하는 데 중점을 둔다.
③ 교수-학습 과정을 개선하는 데 필요한 조건의 지원에 중점을 둔다.
④ 공식적 교육 조직에서 상급자의 명령에 절대적인 복종을 요구한다.

■ 정답 및 해설
③ 교육행정을 '교육을 위한 행정'으로 보는 입장에서는 행정의 지원적 성격을 강조한다. 행정보다는 교육을 강조하는 관점으로, 교육행정은 교수-학습 과정을 개선하는 데 필요한 조건의 지원에 중점을 두는 활동으로 정의된다.

◇ 오답 체크
①, ②, ④는 교육행정을 '교육에 관한 행정'으로 보는 관점에 대한 설명이다.

1033 ③

## 출포 327. 교육행정에 대한 이론적 관점

🌐 기본서 468~469쪽

**1034.** 다음 글은 교육행정을 정의하는 관점 중 어느 것에 근거한 것인가?

**2011년 국가직 9급, 개정사항 반영**

> 광복 직후 우리나라에는 오늘날의 교육부와 같은 독자적인 중앙교육행정조직이 없었다. 그 대신 내무부 산하의 학무국이 중앙교육행정조직이었으며, 여기에는 비서실 외에 6과가 편성되어 있었다.

① 조건정비론  ② 행정과정론
③ 협동행위론  ④ 국가통치권론

■ 정답 및 해설
④ 중앙교육행정조직이 내무부 산하의 학무국으로 존재하였던 것은 교육행정을 일반행정의 한 분야로 간주하였음을 보여준다. 이러한 조직구조는 교육행정을 '교육에 관한 행정'으로 보는 관점에 기초한 것으로, 이론적으로는 국가통치권론에 근거를 두고 있다.

**1035.** 다음의 진술 내용과 가장 관련이 많은 교육행정에 대한 관점은?

**2007년 중등**

> ○ 교육행정은 교육자와 학생 간에 이루어지는 교육활동을 지원하기 위한 보조적 활동이다.
> ○ 교육행정은 근본적으로 교육의 기본 목표를 보다 능률적으로 달성토록 하기 위한 일련의 지원활동이다.
> ○ 교육행정은 그 자체에 목적이 있는 것이 아니라 교수-학습을 통해 교육목표를 달성하도록 돕는 수단이다.

① 행정과정론  ② 조건정비론
③ 협동행위론  ④ 사회과정론

■ 정답 및 해설
② 교육행정을 교육활동을 지원하는 보조적 활동으로 보고, 교육의 목표 달성에 궁극적 목적을 두는 것은 교육행정을 '교육을 위한 행정'으로 보는 관점이다. 이러한 관점은 행정의 지원적 성격을 강조하는 조건정비론에 근거를 두고 있다.

1034 ④  1035 ②

**1036.** 행정행위설(또는 경영설)에서 강조되고 있는 교육행정의 정의는?

2004년 유초등

① 수업이 잘 이루어지도록 도와주는 수단적 활동이다.
② 교육에 필요한 인적 물적 조건을 정비해 주는 조장활동이다.
③ 법규에 따라 교육활동이 이루어지도록 감독하는 통제활동이다.
④ 교육체제에 작용하는 여러 변인을 합리적으로 조정하는 활동이다.

### ■ 정답 및 해설

④ 행정행위설(경영설)에서는 교육행정을 교육목적을 효과적으로 달성하기 위한 집단적 협동행위로 전제한다. 집단적 협동행위는 합리적이고 체계적으로 이루어질 때 공동의 목표를 달성할 수 있다고 본다. 이렇게 볼 때, 교육행정은 교육목적 달성을 위해 교육체제에 작용하는 여러 변인을 합리적으로 조정하는 활동으로 정의된다.

### ◇ 오답 체크

①, ② 조건정비론, ③ 국가통치권론에서 강조되는 정의이다.

**암기 POINT**

• 교육행정의 개념 II

| 행정<br>과정론 | 교육목적 달성을 위해 행정조직을 체계적으로 운영하는 일 |
|---|---|
| 행정<br>행위론 | 교육체제에 작용하는 여러 변인을 합리적으로 조정하는 활동 |
| 정책<br>실현론 | 교육과 관련된 정책을 수립하고 수행하는 전반적인 과정 |

## 02. 교육행정의 성격과 원리

### 출포 328. 교육행정의 성격

◉ 기본서 470쪽

**1037.** 교육행정의 특성으로 옳은 것은?

2014년 국가직 9급

① 교육행정은 조직, 인사, 내용, 운영 등에서의 자율성과 민주성을 중요시한다.
② 교육행정은 교육과 행정을 구분하기 때문에 정치적 측면에 강조점을 두지 않는다.
③ 교육이 전문적 활동이기 때문에 이를 지원하는 교육행정은 특별한 훈련 없이도 수월하게 이루어질 수 있다.
④ 교육행정은 교수-학습 활동의 감독을 중요한 출발점으로 한다.

### ■ 정답 및 해설

① 현대 사회에서 교육행정은 행정은 일반적인 성격과 함께 '교육을 위한 행정'으로서의 성격을 가진다. 이러한 맥락에서 교육행정은 조직, 인사, 내용, 운영 등의 측면에서 자율성과 민주성을 확보할 것이 중시된다. 자율성이란 교육행정이 일반 행정과 구분되어 교육의 본질적 목적을 추구하며, 교육의 자주성과 중립성을 보장하여야 한다는 것이다. 민주성이란 교육행정이 교육주체들의 의사를 반영하고 의사결정 과정에의 참여를 보장하는 방식으로 이루어져야 한다는 것이다.

**암기 POINT**

• 교육행정의 성격(특성)

| 공공적 | 국민 대상, 공익적 |
|---|---|
| 봉사적 | 교육 활동을 지원 |
| 전문적 | 교육은 전문적 영역 |
| 민주적 | 관련 당사자의 참여 |
| 정치적 | 교육과 정치는 유관 |

1036 ④  1037 ①

◇ 오답 체크
② 교육은 국가발전 및 체제안정에 기여하는 제도로서, 교육과 정치는 밀접한 관련성을 갖고 있다. 따라서 교육행정은 정치적 측면에서도 중요성을 갖는다.
③ 교육은 전문적 활동이기 때문에 이를 지원하는 교육행정도 고도의 전문성을 필요로 하며, 전문적인 교육행정 요원을 길러내기 위한 특별한 훈련이 요구된다.
④ 교육행정은 교수-학습 활동을 지원·조장하기 위한 활동을 중요한 출발점으로 한다.

## 출포 329. 교육행정의 원리 : 합법성의 원리

◎ 기본서 471쪽

**1038.** 다음 내용에 해당하는 교육행정의 원리는?  2017년 지방직 9급

○ 이 원리를 지나치게 강조하면 교육행정의 전문성이 경시될 수 있다.
○ 이 원리로 공무원의 부당한 직무수행과 행정 재량권의 남용을 방지할 수 있다.
○ 이 원리에 따라 교육공무원으로서의 신분을 보장받아서 업무를 소신 있게 수행할 수 있다.

① 수월성   ② 능률성
③ 효과성   ④ 합법성

### 암기 POINT
• 교육행정의 원리 I : 법제면

| | |
|---|---|
| 기회균등 | 모든 국민의 교육받을 권리 보장 |
| 합법성 | 법률에 근거, 부당한 직무수행과 재량권 남용 방지 |
| 전문성 | 교육의 본질과 특수성을 이해하는 전문가가 수행 |
| 자주성 | 일반 행정과의 분리·독립, 독자성 |
| 중립성 | 정치와 종교로부터의 중립성 유지 |
| 적도집권 | 중앙정부와 시도교육청 사이의 적절한 권한 배분 |

■ **정답 및 해설**
④ 공무원의 부당한 직무수행과 행정 재량권 남용을 방지하기 위해서는 모든 행정행위는 법률에 근거하여 법이 정하는 범위 내에서 이루어져야 한다는 합법성의 원리에 따라야 한다. 다만 합법성의 원리가 지나치게 강조되면 교육행정의 전문성이 경시되며, 형식적이고 경직된 행정을 초래할 우려도 존재한다.

◇ 오답 체크
② 능률성의 원리는 최소의 비용으로 최대의 효과 달성을 추구하여야 한다는 것으로, 효율성의 원리라고도 한다.
③ 효과성의 원리는 교육행정이 교육의 목적을 달성하는 부합하여야 한다는 것으로, 타당성의 원리라고도 한다.

1038 ④

## 출포 330. 교육행정의 원리 : 전문성, 중립성, 자주성의 원리

기본서 471~472쪽

**1039.** 교육정책에 요구되는 원칙에 대한 설명으로 옳지 않은 것은?

2022년 국가직 7급

① 민주성의 원칙 – 민주적 절차와 참여가 중요하다는 것으로 공청회·입법예고 등의 행정절차와 관련이 있다.
② 중립성의 원칙 – 정책 대상의 본질과 중요도를 분별하여 우선순위를 밝히는 것을 요구한다.
③ 합리성의 원칙 – 정책에 과학성을 부여하는 것으로 과학적 분석에 기초한 정책 형성을 추구한다.
④ 효율성의 원칙 – 비용과 효과의 비교를 통해 최소한의 시간과 인적·물적 자원을 들여 최대의 성과를 거두는 것을 의미한다.

■ 정답 및 해설
② 제시된 설명은 타당성의 원리에 관한 것이다. 교육의 목적 달성에 부합하도록 하여 목적과 수단 사이의 괴리가 없어야 한다는 것을 의미한다. 합목적성의 원리라고도 한다.
중립성의 원칙이란 교육이 특정한 정치적 견해나 종교를 전파하기 위한 수단이 되어서는 아니 되고, 중립적 위치를 유지해야 한다는 것을 말한다.

**1040.** 교육행정의 원리에 대한 설명으로 옳지 않은 것은? 2021년 지방직 9급

① 안정성의 원리는 교육정책을 일관되고 지속적으로 추진해야 한다는 것이다.
② 효율성의 원리는 교육에 투입되는 비용을 상대적으로 적게 하면서 교육목표를 달성하려는 것이다.
③ 자주성의 원리는 지역의 특수성과 다양성을 반영하여 주민의 적극적인 의사와 자발적인 참여를 강조하는 것이다.
④ 민주성의 원리는 이해당사자들의 의사를 적극적으로 반영하고 그들을 의사결정과정에 적절하게 참여시켜야 한다는 것이다.

■ 정답 및 해설
③ 제시된 내용은 지방분권의 원리에 대한 설명이다. 자주성의 원리는 교육행정이 일반 행정에서 분리·독립되어야 하며, 이를 위하여 정치와 종교로부터 중립성을 유지해야 한다는 점을 강조하는 것이다.

1039 ② 1040 ③

**1041.** 다음 「교육기본법」 제6조의 내용과 관계가 깊은 교육행정의 원리는?

2016년 국가직 9급

> 교육은 교육 본래의 목적에 따라 그 기능을 다하도록 운영되어야 하며, 정치적·파당적 또는 개인적 편견을 전파하기 위한 방편으로 이용되어서는 아니 된다.

① 자주성의 원리  ② 합법성의 원리
③ 기회균등의 원리  ④ 지방분권의 원리

■ 정답 및 해설
① 교육이 정치적·개인적 편견을 전파하기 위한 수단이 아니라 교육 본래의 목적을 추구하여야 한다는 것은 교육의 자주성을 중시하는 관점이다. 이러한 자주성의 원리를 위해서는 교육행정이 일반 행정에서 분리·독립되어야 하며, 정치와 종교로부터도 중립성을 유지해야 한다.

### 출포 331. 교육행정의 원리 : 적도집권

기본서 472쪽

**1042.** 교육행정의 원리 중 지방분권과 중앙집권의 적정한 균형을 유지하려는 것과 가장 관계가 깊은 원리는?

2021년 국가직 7급

① 민주성의 원리  ② 적도집권의 원리
③ 자주성의 원리  ④ 합법성의 원리

■ 정답 및 해설
② 적도집권의 원리란 특정 조직, 집단, 개인에게 권한이 집중되지 않고 중앙집권과 지방분권이 적절하게 균형을 이루어야 한다는 원리를 말한다. 구체적으로는 중앙교육행정조직과 지방교육행정조직 및 단위학교 간의 권한의 배분이 조화와 균형을 이루어야 한다는 것을 말한다.

1041 ①  1042 ②

1043. 교육행정의 원리에 대한 설명으로 옳지 않은 것은?

**2012년 국가직 7급**

① 지방분권의 원리가 강화되는 것은 최근의 세계적 현상이다.
② 교육의 전문성과 정치적 중립성은 교육의 자주성을 확보하기 위한 전제가 된다.
③ 효율성의 원리는 민주행정의 원리와 충돌할 가능성이 있다.
④ 법치행정의 원리는 행정재량권의 남용을 방지하고자 하는 의도를 포함하고 있다.

■ 정답 및 해설
① 최근 교육의 책무성에 대한 요구가 증가하면서 국가에 의한 교육의 성과 관리 및 질 관리에 대한 요구가 증가되고 있다. 한편으로는 교육과정 및 수업의 운영 측면에서는 지역 및 학교의 특성과 학생들의 요구를 반영하여야 한다는 요구도 여전히 중시되고 있다. 따라서 지방분권의 원리가 강화된다기보다는 중앙집권과 지방분권이 조화를 이루는 적도집권의 원리가 강조되는 것이 최근의 세계적 추세라고 할 수 있다.

**암기 POINT**
• 교육행정의 원리들 간 관계

| 합법성 | ↔ | 전문성 |
| 효율성 | ↔ | 민주성 |
| 안정성 | ↔ | 적응성 |

## 출포 332. 교육행정의 원리 : 민주성

◆ 기본서 472~473쪽

1044. 교육행정의 원리에 대한 설명으로 옳지 않은 것은? **2020년 국가직 7급**
① 효율성의 원리를 지나치게 강조하면 교육의 본질이 손상될 수 있다.
② 민주성의 원리를 지나치게 강조하면 기회균등의 원리를 저해할 수 있다.
③ 합법성의 원리를 지나치게 강조하면 형식적이고 경직된 행정을 초래할 수 있다.
④ 자주성의 원리는 교육이 일반행정에서 분리·독립되고 정치·종교로부터 중립성을 유지해야 한다는 것이다.

■ 정답 및 해설
② 교육행정에서 민주성의 원리란 교육행정에서 교육과 관련된 국민들의 의견을 수렴하여 행정에 반영하며 의사결정과정에 국민이 참여할 기회를 제공하여야 한다는 의미이다. 다만, 교육행정에서 민주성의 원리를 지나치게 강조하면 의견수렴 및 의사결정 과정에 많은 시간과 노력이 소요되므로, 효율성의 원리를 저해할 수 있다는 한계도 있다.
기회균등의 원리란 모든 국민이 능력에 따라 균등하게 교육받을 기회를 보장하여야 한다는 의미로, 민주성의 원리와 대립되지 않는다.

**암기 POINT**
• 교육행정의 원리 II : 운영면

| 민주성 | 관련 당사자의 정책 결정과정에의 참여 |
| 효율성 | 투입되는 비용을 최소화하여 목표 달성 |
| 타당성 | 정책의 목적과 수단 간 괴리가 없도록 |
| 안정성 | 일관되게 지속적으로 추진, 장기효과 |
| 적응성 | 새로운 환경변화에 신축적으로 대응 |
| 책무성 | 주어진 교육적 성과를 달성하여야 함 |
| 균형성 | 다양한 가치와 원리를 균형적으로 고려 |

1043 ① 1044 ②

**1045.** 다음은 학교장이 교직원들에게 당부한 내용이다. 이 내용과 가장 부합하는 교육행정의 원리는?

<sub>2015년 지방직 9급</sub>

> 학교의 주요 결정에 교육 주체의 참여를 보장하고, 공익에 초점을 두면서 행정의 과정을 공개하며, 학교 내 다른 부서들과 이해와 협조를 바탕으로 사무를 집행해 주기를 바랍니다.

① 민주성의 원리
② 자주성의 원리
③ 합법성의 원리
④ 효율성의 원리

■ **정답 및 해설**
① 교육행정의 주요 과정에 교육 주체의 참여를 보장하고 이를 위해 정보를 공개하고 내부 부서들 간의 협조를 강조하는 것은 민주성의 원리에 관련된다.

---

**1046.** 교육행정의 원리로서 '민주성의 원리'를 가장 잘 표현한 것은?

<sub>2013년 국가직 9급</sub>

① 교육행정은 일반행정으로부터 분리·독립되고 정치와 종교로부터 중립성을 유지해야 한다.
② 다양한 구성원들의 의사를 반영하기 위해 위원회, 협의회 등을 둔다.
③ 가계가 곤란한 학생이 능력이 있을 경우 장학금을 지급하여 교육기회를 제공한다.
④ 교육행정 활동에서는 최소한의 인적·물적 자원과 시간을 들여서 최대의 성과를 거두도록 해야 한다.

■ **정답 및 해설**
② 민주성의 원리를 구현하기 위한 방법으로서 다양한 구성원들이 참여하여 의견을 표명하고 대안을 제시하는 위원회와 협의회 등을 운영하고 있다.

◇ **오답 체크**
① 자주성, ③ 기회균등, ④ 효율성의 원리에 대한 설명이다.

---

**기출플러스**
• 교육행정의 기본 원리
  - 민주성의 원리
  (2004년 중등)
• 중학교 무상 의무교육 실시
• 고교평준화 정책의 기본 골격 유지
• 선택과 집중에 의한 대학 재정 지원
• 정책결정 과정에 국민의 참여기회 확대 (○)

1045 ①  1046 ②

## 출포 333. 교육행정의 원리 : 효율성과 타당성

📖 기본서 473쪽

**1047.** 다음에서 설명하는 교육행정의 기본원리는?  `2024년 지방직 9급`

> ○ 교육활동에 투입되는 인적·물적 자원에 대한 교육산출의 비율을 최대한 높이는 것이다.
> ○ 예를 들어 국가재정의 한계로 인해 학급당 학생 수를 늘리는 것이다.

① 민주성의 원리
② 합법성의 원리
③ 효율성의 원리
④ 기회균등의 원리

### ■ 정답 및 해설
③ 교육행정에 투입되는 자원에 대한 산출의 비율을 최대한 높이는 것은 효율성의 원리를 말한다. 즉 최소 비용으로 최대 효과 달성을 추구하여야 한다는 의미이다.

#### ◇ 오답 체크
① 민주성의 원리는 교육행정에서 교육과 관련된 국민들의 의견을 수렴하여 행정에 반영하며 의사결정과정에 국민이 참여할 기회를 제공하여야 한다는 의미이다.
② 합법성의 원리는 모든 행정행위는 법률에 근거하여 법이 정하는 범위 내에서 이루어져야 한다는 것이다. 공무원의 부당한 직무수행과 행정 재량권 남용을 방지하기 위한 원리이다.
④ 기회균등의 원리는 교육행정을 통해 모든 국민이 능력에 따라 균등하게 교육받을 기회를 보장하여야 한다는 의미이다.

---

## 출포 334. 교육행정의 원리 : 적응성과 안정성

📖 기본서 473쪽

**1048.** 새로운 환경변화에 신축적으로 대응하고 능동적으로 대처함으로써 변화를 주도해 나가야한다는 교육행정의 원리는?  `2022년 지방직 9급`

① 민주성의 원리
② 안정성의 원리
③ 전문성의 원리
④ 적응성의 원리

### ■ 정답 및 해설
④ 교육행정이 새로운 환경변화에 적응하며 변화를 주도해 나가야 한다는 원리를 적응성의 원리라고 한다. 이와 반대로, 교육행정은 급격한 변화를 경계하고 일관되고 지속적으로 추진해야 한다는 원리를 안정성의 원리라고 한다. 일반적으로 교육행정은 안정성의 원리와 적응성의 원리를 균형있게 추구해야 한다고 본다.

**1049.** 다음과 가장 관계가 깊은 교육행정의 원리는?　　2015년 특채

> ○ 교육정책은 장기적 관점에서 계속성과 일관성을 유지해야 한다.
> ○ 교육은 오랜 시간이 흐른 뒤에 그 효과가 나타나는 장기적 활동이다.
> ○ 교육행정은 사람들이 장기적 비전과 안목을 갖고 체계적으로 자신들의 소양과 능력을 발휘할 수 있도록 도와주어야 한다.

① 민주성의 원리　　② 효율성의 원리
③ 안정성의 원리　　④ 자율성의 원리

■ 정답 및 해설
③ 교육의 장기적 성격을 강조하면서 교육정책의 계속성과 일관성을 강조하는 원리는 안정성의 원리이다.

### 출포 335. 교육행정의 원리 : 책무성

◎ 기본서 474쪽

**1050.** 다음의 교육정책에서 공통적으로 강조되고 있는 것은?　　2012년 유초등

> ○ 학교정보 공시제 도입
> ○ 에듀파인 학교회계 시스템 도입
> ○ 학교평가 및 학교장 중임심사 강화
> ○ 국가수준 학업성취도평가의 전수 실시 및 결과 공개

① 교육의 자주성　　② 교육의 책무성
③ 교육의 지방분권　　④ 지역교육의 특수성
⑤ 교육의 정치적 중립성

■ 정답 및 해설
② 학교정보 공시제, 학교회계 시스템, 학교평가, 학업성취도평가의 도입 및 강화 조치 등은 모두 학교의 교육적 성과 관리를 위한 정보를 체계화하고 이를 대중에게 공개하기 위한 것이다. 이러한 조치들은 학교가 주어진 교육적 성과를 달성해야 하는 사회적 책임을 다하고 있는지를 점검하기 위한 것으로, 교육의 책무성 개념에 기초해 있다. 교육의 책무성은 최근 신자유주의적 교육개혁이 확산되면서 교육행정의 원리로 강조되고 있다.

1049 ③　1050 ②

## 2. 교육행정 이론의 발달

### O2. 교육행정학의 발달과정

출포 336. 교육행정학의 발달과정   C

📖 기본서 474~475쪽

**1051.** 20세기 교육행정 이론의 핵심 주장을 등장 시기순으로 바르게 나열한 것은?   2021년 국가직 7급

> (가) 학생의 표준화, 교수방법의 표준화, 교사의 자격 강화 및 훈련의 과학화
> (나) 동기유발, 정확하고 신속한 의사소통, 민주적인 권력구조, 고도로 앙양된 사기
> (다) 학교조직 목적의 불분명함, 교사·행정가·장학 요원이 사용하는 기술의 불명확성, 참여자의 유동성

① (가) → (나) → (다)
② (가) → (다) → (나)
③ (나) → (가) → (다)
④ (다) → (가) → (나)

■ 정답 및 해설
① (가) 학생의 표준화, 교수방법의 표준화, 교사의 자격 강화 및 훈련의 과학화, 교육행정의 효율화 등을 강조한 과학적 관리론은 20세기 초에 등장하였다.
  (나) 조직 구성원의 동기유발, 구성원들 간의 원만한 인간관계, 신속하고 정확한 의사소통, 민주적인 권력구조 등을 강조한 인간관계론은 1930년대에 등장하였다.
  (다) 학교조직 목적의 불분명함, 교사·행정가·장학 요원이 사용하는 기술의 불명확성, 참여자의 유동성 등은 학교를 조직화된 무질서 조직으로 바라보는 관점으로, 1950년대 이후 등장한 사회체제이론적 접근에 의해 제기된 주장이다.

---

**암기 POINT**

• 교육행정이론의 발달과정

| 구분 | 주요 이론 | 발달 시기 |
|---|---|---|
| 고전 이론 | 과학적 관리론 행정과정론 관료제론 | 1910~30년대 |
| 인간 관계론 | 인간관계론 | 1930~50년대 |
| 행동 과학론 | 조직행동론 상황적응론 사회체제론 | 1950년대~ |
| 대안적 관점 | 해석론, 비판론 포스트모더니즘 | 1970년대~ |

1051 ①

**1052.** 다음의 내용을 교육행정 이론의 시대적 변천 순으로 올바르게 배열한 것은?

2011년 중등

> ㄱ. 효과적인 의사결정을 위해 제한된 합리성을 토대로 하는 행정적 인간형이 필요하다는 주장과 더불어 교육행정의 이론화에 크게 영향을 주었다.
> ㄴ. 교직원들의 사회적·심리적 여건과 비공식 집단의 사회규범이 생산성에 중요하게 영향을 미친다는 주장과 더불어 교육행정의 민주화에 크게 공헌하였다.
> ㄷ. 작업과정의 표준화를 통해 교직원의 작업 능률을 최대한 유지하면서 학교의 비효율과 낭비를 제거하여야 한다는 주장과 더불어 교육행정의 효율화를 극대화하였다.

① ㄱ→ㄴ→ㄷ  ② ㄱ→ㄷ→ㄴ  ③ ㄴ→ㄱ→ㄷ
④ ㄷ→ㄱ→ㄴ  ⑤ ㄷ→ㄴ→ㄱ

■ 정답 및 해설

⑤ ㄷ. 작업과정의 표준화, 작업 능률의 최대화, 비효율과 낭비의 제거 등을 통한 교육행정의 효율화를 강조한 것은 1910~1930년대를 주도한 과학적 관리론이다.
ㄴ. 사회적·심리적 여건과 비공식 집단이 생산성에 미치는 영향을 주장하면서 교육행정의 민주화를 강조한 것은 1930~1950년대를 주도한 인간관계론이다.
ㄱ. 효과적인 의사결정을 위해서는 제한된 합리성을 토대로 만족을 추구하는 행정적 인간형이 필요하다고 주장한 것은 행동과학을 대표하는 사이먼(Simon)이다. 인간 행동을 과학적으로 규명하여 일반법칙으로 정립하고자 하는 학문인 행동과학은 1950년대 이후 등장하여 교육행정의 이론화에 기여하였다.

## 02. 고전이론

### 출포 337. 과학적 관리론과 교육행정

기본서 475~477쪽

**1053.** 과학적 관리론이 교육행정에 적용된 내용으로 옳지 않은 것은?

2023년 국가직 7급

① 보비트(F. Bobbitt)는 과학적 관리기법을 학교경영에 종합적으로 적용해야 한다고 주장했다.
② 학교를 공장에 비유하고 있다는 점에서 공장제 모델(factory model)로 비판받기도 하였다.
③ 과학적 연구방법을 활용한 사실 관찰 중심의 교육행정이론 개발이 활성화되었다.
④ 스폴딩(F. Spaulding)은 교육행정의 비효율성을 극복하기 위해서는 학교행정에도 기업경영의 원리를 적용해야 한다고 주장하였다.

1052 ⑤  1053 ③

### 정답 및 해설

③ 과학적 관리론은 산업 현장이나 조직 활동의 효율성과 생산성을 중시하는 이론으로, 교육행정 실무시대인 1950년대 이전의 교육행정학 연구 경향으로 교육행정 실무를 개선하는 데 중점을 두었다. 한편, 과학적 연구방법을 통한 교육행정 이론 개발이 활성화된 것은 1950년대 이후 등장한 교육행정 연구의 새로운 경향으로, '새로운 운동'으로 불린다. 교육행정 이론 개발을 활성화시킨 이론은 조직행동론, 사회체제이론 등의 행동과학론이다.

**1054.** 보비트(Bobbit)가 학교행정에 적용한 과학적 관리의 원칙으로 옳지 않은 것은?   2022년 국가직 9급

① 교육에서의 낭비를 최대한 제거한다.
② 가능한 모든 시간에 교육시설을 활용한다.
③ 교직원의 작업능률을 최대한 유지하고 교직원 수를 최소화 한다.
④ 교원은 학생을 가르치는 일과 함께 학교행정의 책임도 져야 한다.

### 정답 및 해설

④ 과학적 관리의 원칙에 따르면, 교원은 학생을 가르치는 일에 집중하고, 학교행정은 교장 등 관리자와 행정직원이 책임지는 것이 바람직하다.

**1055.** 과학적 관리론을 학교 상황에 적용한 것으로 가장 적절한 것은?   2016년 지방직 9급

① 학교장은 구성원들의 동기를 파악하여, 내재적 동기를 적극적으로 유발한다.
② 학교장은 학교조직을 개방체제로 파악하고, 학교 문제 해결을 위해 학부모들의 요구를 적극 반영한다.
③ 교사들 간의 적절한 갈등은 학교의 발전에 도움이 된다고 보고, 학교장은 적절한 갈등 자극 전략을 사용한다.
④ 교사는 교수자로서 학생을 가르치는 데 전념하고, 학교장은 관리자로서 학교행정을 책임지는 일에 집중한다.

### 정답 및 해설

④ 과학적 관리론은 조직의 능률과 생산성 극대화를 위해서는 관리 기능과 수행 기능을 분리하여 관리자와 노동자가 각자의 역할에 맞는 전문적 직무를 수행하여야 한다고 본다. 학교에 적용하면, 학교장은 관리자로서 학교행정을 책임지고, 교사는 교수자로서 학생을 가르치는 일에 전념하도록 한다.

◇ **오답 체크**
① 인간관계론, ② 체제이론, ③ 갈등이론을 적용한 것이다.

---

**암기 POINT**
- 과학적 관리론의 주요 원리
  - 과학적 직무 분석
  - 작업과정의 표준화
  - 과학적 선발과 훈련
  - 차별적 성과급 제도
  - 관리와 수행의 분리
  - 기능적 관리제 도입
  - 협력적 관리 방식

난이도
채점결과 □ □ □

**암기 POINT**
- 보비트의 학교행정론
  - 학생의 표준화와 교수방법의 표준화
  - 교사의 자격 강화와 훈련의 과학화
  - 교사는 교육에 전념, 학교행정은 행정가가 책임
  - 성과에 따른 보수 차등화
  - 교육시설의 최대활용 등 낭비요소 제거

난이도
채점결과 □ □ □

1054 ④   1055 ④

## 강서연 교육학

**기출플러스**

- 테일러의 과학적 관리론에 따른 학교경영 방침 (2006년 중등)
- 학교관리에 있어 비용-편익의 효율성을 강조한다. (O)
- 학교 구성원간의 사회·심리적 관계를 우선시한다.
- 학교운영에 관한 모든 일을 교사 및 학생들과 긴밀하게 협의하여 결정한다.
- 교사의 교육 전문성을 중시하기 때문에 일반 관리 업무와 사무에도 교사를 적극 활용한다.

**1056.** 다음 중 테일러(F. Taylor)가 주장한 과학적 관리론의 원리를 적용한 학교경영 방침은?  　2013년 국가직 7급

① 학교 내의 비공식 조직의 중요성을 인정하고 이들과 협력한다.
② 교원의 성과에 따라 보수를 차등적으로 지급한다.
③ 학생들이 스스로 학습에 재미를 느끼고 공부할 수 있는 환경을 조성한다.
④ 지역사회의 중요성을 인식하고 기업, 상급학교, 교육청 등에 학교를 적극적으로 홍보한다.

■ **정답 및 해설**

② 과학적 관리론에서는 인간은 경제적 존재이기 때문에 금전적 보상이나 처벌의 위협에서 일할 동기를 얻는다고 본다. 구체적으로는 표준 작업량을 초과하는 정도에 따라 성과급을 차별적으로 지급하는 제도를 적용하는 것이 효과적이라고 본다. 이를 학교에 적용하면, 교원의 보수는 성과에 따라 차등적으로 지급하는 것이 바람직하다.

◇ **오답 체크**

① 인간관계론, ③ 학습동기이론, ④ 체제이론을 적용한 것이다.

**1057.** 다음과 같은 원칙을 제시하고 있는 교육행정이론은?  　2008년 유초등

> ○ 교육에서의 낭비 요소를 최대한 제거하여야 한다.
> ○ 가능한 모든 시간에 모든 교육시설을 활용하여야 한다.
> ○ 교직원의 작업 능률을 최대로 유지하며, 교직원의 수를 최소로 감축하여야 한다.
> ○ 교사들에게 학교행정을 맡기기보다는 학생들을 가르치는 데에 전념하도록 한다.

① 행동과학론　　　　　② 인간관계론
③ 과학적 관리론　　　 ④ 사회체제론

■ **정답 및 해설**

③ 교육행정에 있어서 생산성과 능률 및 비용-편익의 효율성을 중시하는 관점으로, 자원을 최대한으로 활용할 것과 교수활동과 학교행정을 분리할 것 등을 강조한 이론은 과학적 관리론이다. 보비트는 「교육에서의 낭비 제거」(1912)라는 논문을 통해 과학적 관리론을 학교행정에 도입할 것을 주장하였고, 제시된 내용은 이 논문에서 주장된 내용에 해당한다.

1056 ②　1057 ③

1058. 과학적 관리론이 근거하고 있는 인간관을 가장 바르게 설명한 것은?

2003년 중등

① 인간은 스스로 동기 부여와 자기 규제를 할 수 있는 존재이다.
② 인간은 금전적 보상이나 처벌의 위협에서 일할 동기를 얻는다.
③ 인간은 어떠한 환경에도 적응할 수 있는 유연성을 지니고 있다.
④ 인간은 관리자의 통제보다는 집단의 일체감이나 소속감에 더 잘 감응한다.

■ 정답 및 해설
② 과학적 관리론에서는 인간은 경제적 존재이기 때문에 금전적 보상이나 처벌의 위협에서 일할 동기를 얻는다고 본다.

◇ 오답 체크
① 과학적 관리론에서는 인간은 스스로 동기부여나 자기규제를 할 수 없는 존재로 보기 때문에, 과학적 관리와 통제의 필요성을 강조한다.
③ 과학적 관리론에서는 인간을 주어진 업무만을 수동적으로 수행하는 존재로 본다.
④ 인간관계론이 근거하고 있는 인간관에 대한 설명이다.


## 출포 338. 행정과정론과 교육행정

기본서 477~479쪽

1059. 다음 설명에 해당하는 교육행정의 과정은?   2023년 국가직 9급

> 조직의 목표를 설정하고 목표 달성에 필요한 수단을 선택하여 미래의 행동을 준비한다.

① 기획(planning)
② 자극(stimulating)
③ 조정(coordinating)
④ 평가(evaluating)

■ 정답 및 해설
① 조직의 목표를 설정하고 목표 달성을 위한 수단을 선택하여 미래의 행동을 준비하는 단계는 미래를 예측하고 그에 대비한 합리적 계획을 수립하는 단계인 '기획(planning)'의 단계에 해당한다.

◇ 오답 체크
② '자극(stimulating)'은 조직 구성원들이 자발적으로 과업수행을 할 수 있도록 간접적인 방법으로 영향을 주는 과정을 말한다. 캠벨(Campbell) 등이 1950년대에 제안한 모델에 포함된 단계이다. 행정과정에 관한 초기 모델에서 지시, 명령, 통제 등을 중시한 것과 달리, 후기의 모델에서는 의사결정, 자극, 평가 등을 강조하였는데, 이는 교육행정의 민주화 흐름과 관련된 것이다.
③ '조정(coordinating)'은 부서별 업무 수행의 관계를 상호 관련시키고 원만하게 통합·조절하여, 다양한 작업 단위 및 프로세스의 상호 연결을 촉진하는 과정을 말한다.

암기 POINT
• 교육행정의 과정(파욜 모델)

| 기획 | 목표설정, 계획수립 |
|---|---|
| 조직 | 자원 배치, 구조화 |
| 명령 | 과업 지시, 충성 유도 |
| 조정 | 통합, 상호조정, 협력 |
| 통제 | 활동성과평가, 피드백 |

1058 ②  1059 ①

④ '평가(evaluating)'는 행정조직의 업무수행 과정과 그 결과를 체계적으로 추적하는 활동으로서, 기존의 모델들에 포함된 통제의 과정을 대체하는 단계이다. 즉, '평가'는 관리자에 의한 타율적인 통제를 체계적인 평가를 통한 자율적인 통제로 대체하였다는 점에서 의의가 있다.

### 1060. 다음 설명에 해당하는 교육행정 과정의 요소는?  <small>2020년 국가직 9급</small>

> ○ 각 부서별 업무 수행의 관계를 상호 관련시키고 원만하게 통합, 조절하는 일이다.
> ○ 이것이 잘 이루어지면 노력·시간·재정의 낭비를 막고, 각 부서 간의 부조화 및 직원 간의 갈등을 예방할 수 있다.

① 기획　　② 명령
③ 조정　　④ 통제

■ 정답 및 해설

③ 파욜의 행정과정 모델은 기획 → 조직 → 명령 → 조정 → 통제 순으로 전개된다. 이 중 각 부서별 업무 수행을 상호 관련시키고 조절하여 낭비를 막고 부서 간 부조화와 갈등을 예방하는 단계는 '조정'의 단계이다.

◇ 오답 체크
① 기획은 행정의 첫 단계로서 미래를 예측하고 그에 대비한 조직의 목표를 설정하고 목표달성에 필요한 수단을 선택하여 미래 행동을 준비하는 단계이다.
② 명령은 조직 구성원들에게 최선을 다해 과업을 수행하도록 구체적인 업무 지시와 감독을 부여하는 단계이다.
④ 통제는 조직의 활동 결과를 검토하고 평가하는 과정으로서 행정과정의 문제를 발견하고 교정하는 단계이다.

### 1061. 굴릭(Gulick)과 어윅(Urwick)의 일반행정 과정과 시어스(Sears)의 교육행정 과정에서 공통적인 요소는?  <small>2011년 인천</small>

① 기획, 통제　　② 조직, 조정
③ 인사, 지시　　④ 조정, 통제

■ 정답 및 해설

② 굴릭과 어윅의 일반행정 과정 모델은 POSDCoRB 모델이라고도 하는데, 행정과정의 요소로 '기획(Planning) → 조직(Organizing) → 인사배치(Staffing) → 지시(Directing) → 조정(Coordinating) → 보고(Reporting) → 예산편성(Budgeting)'를 제시한다.

1060 ③　1061 ②

시어스의 교육행정 과정 모델은 파욜(Fayol)의 산업관리론에 기초한 모델로서, 교육행정 과정을 '기획 → 조직 → 지시 → 조정 → 통제'로 제시하였다. 시어스는 파욜의 모델에서 '명령(commanding)'을 '지시(directing)'로 대체함으로써, 구체적인 업무 지시와 감독보다는 동기유발을 통해 조직구성원들이 자발적으로 과업에 충실하게 하는 리더십의 역할을 강조하였다.

이상 두 모델에서 공통적으로 포함되는 교육행정 과정의 요소는 기획, 조직, 지시, 조정이다. 그 외, 인사배치, 보고, 예산편성, 통제는 공통적이지 않은 요소들이다.

## 출포 339. 관료제론과 교육행정

기본서 479~480쪽

**1062.** 학교 조직이 갖고 있는 관료제의 특성에 해당하지 않는 것은?

2019년 국가직 9급

① 교장 - 교감 - 교사의 위계구조
② 과업수행의 통일성을 기하기 위한 규정과 규칙
③ 연공서열과 업적에 의해 결정되는 승진 체계
④ 인간적인 감정 교류가 중시되는 교사 - 학생의 관계

■ 정답 및 해설

④ 관료제의 특성은 분업과 전문화, 몰인정지향성, 권위의 위계, 규정과 규칙, 경력지향성 등이다. 이에 따르면 학교에서의 교사-학생의 관계는 인간적인 감정 교류에 기초하기 보다는 개인적인 감정에 치우치지 않고 차별없이 균등하게 이루어지는 것이 바람직하다고 본다.

**암기 POINT**

• 관료제의 특성과 학교행정

| 관료제 | 학교행정 |
|---|---|
| 권위의 위계 | 교장-교사 위계 |
| 규정과 규칙 | 법률과 지침 |
| 몰인정성 | 연고주의 배제 |
| 분업과 전문화 | 교과, 담임, 부서 |
| 경력지향성 | 호봉제 임금 |

**1063.** 베버(M. Weber)의 관료제 특성과 순기능 및 역기능을 연결한 것으로 옳지 않은 것은?

2018년 국가직 9급

| 관료제 특성 | 순기능 | 역기능 |
|---|---|---|
| ① 분업과 전문화 | 전문성 | 권태 |
| ② 몰인정성 | 합리성 | 사기저하 |
| ③ 규정과 규칙 | 계속성과 통일성 | 경직성, 본말전도 |
| ④ 경력지향성 | 유인체제 | 의사소통 저해 |

■ 정답 및 해설

④ 경력지향성은 관료의 승진과 보수산정에 직무경력을 중요하게 반영한다는 것을 의미한다. 이러한 특성에 따른 순기능은 한 조직에서 오랫동안 근무하게 하며 조직에 대한 충성심을 유발하는 유인체계가 된다는 것이다. 반대로, 역기능은 업무능력이나 실적에 따른 평가를 소홀히 하여 실적과 연공의 갈등이 유발될 수 있다는 것이다.

1062 ④    1063 ④

## 암기 POINT
• 관료제의 역기능

| 관료제 | 역기능 |
|---|---|
| 권위의 위계 | 의사소통 저해 |
| 규정과 규칙 | 경직성, 본말전도 |
| 몰인정성 | 비인간화, 사기저하 |
| 분업과 전문화 | 권태감 유발 |
| 경력지향성 | 실적-연공 갈등 |

**1064.** 다음에 나타난 관료제의 역기능은?    2015년 국가직 9급

> 김 교장은 교사들이 수업을 충실하게 진행하도록 유도하기 위해 모든 수업에 대한 지도안을 사전에 작성하여 제출하도록 하였다. 그 후로 교사들이 수업지도안을 작성해서 제출하느라 수업 시간에 늦는 사례가 빈발했다.

① 권태
② 인간 경시
③ 실적과 연공의 갈등
④ 목표와 수단의 전도

■ 정답 및 해설
④ 제시된 사례는 김 교장이 설정한 규칙을 지키느라 본래의 업무 목적에는 소홀히 하게 되었다는 내용이다. 이는 수업을 보다 충실하게 하고자 하는 목표와 수업지도안 작성 및 제출이라는 수단 사이에서 수단이 목표보다 중시된 경우를 보여준다. 이와 같은 특징을 '목표와 수단의 전도'라고 한다.

◇ 오답 체크
① 권태는 '분업과 전문화'의 역기능, ② 인간 경시는 '몰인정성'의 역기능, ③ 실적과 연공의 갈등은 '경력지향성'의 역기능이다.

**1065.** 학교조직에서 관료제의 특징과 설명의 연결이 옳지 않은 것은?    2014년 국가직 9급

① 몰인정지향성 - 개인적인 감정에 좌우되지 않고 원리원칙에 의해 조직을 운영한다.
② 경력지향성 - 조직 구성원의 직무경력을 중요하게 여겨 한 조직에 오랫동안 남게 하는 유인이 된다.
③ 분업과 전문화 - 과업을 효율적으로 수행하기 위하여 직위 간에 직무를 적정하게 배분하고 전문화를 도모한다.
④ 규칙과 규정 - 모든 직위가 공식적 명령계통을 중심으로 계층구조를 가지고 있어 부서 및 개인 활동의 조정이 용이하다.

■ 정답 및 해설
④ 제시된 내용은 관료제의 특징 중 '권위의 위계'에 대한 설명이다. '규칙과 규정'은 조직원의 활동을 통일된 직무수행 기준에 따라 엄격하게 통제하는 것과 관련되어 있다.

1064 ④    1065 ④

**1066.** 학교조직이 관료제적 특성을 지니고 있다는 설명과 가장 거리가 먼 것은?

2004년 중등

① 학교조직에는 직제상 명확하고 엄격한 권위의 위계가 있다.
② 학교는 효율적인 교육을 위해 전문화와 분업의 체제를 갖추고 있다.
③ 학교는 독립된 조직단위로 운영되고, 교사의 주요 교육활동은 교실에서 이루어진다.
④ 학교조직은 교직원의 행동을 일관되게 통제하기 위하여 규칙과 규정을 제정·활용한다.

■ 정답 및 해설
③ 제시된 내용은 이완결합체로서의 학교조직의 특성에 관한 것이다. 관료제적 특성을 가진 조직으로서의 학교는 긴밀하게 연계된 하나의 조직으로 운영된다. 이를 위해 학교가 담당하는 과업의 효율적 수행을 위해 직위 간에 직무를 적정하게 배분하고 전문화를 도모하되, 전체 조직 내에서 각 직무 간의 유기적 통합성을 추구한다.

## 03. 인간관계론

### 출포 340. 인간관계론과 교육행정    C

기본서 481~483쪽

**1067.** 교육행정의 접근에서 인간관계론의 관점으로 보기 어려운 것은?

2021년 국가직 9급

① 개인은 적극적이며 능동적인 존재이다.
② 경제적 유인가가 유일한 동기유발 요인은 아니다.
③ 고도의 전문화가 집단을 가장 효율적인 조직으로 이끈다.
④ 생산 수준은 개인의 능력이 아니라 비공식 집단의 사회적 규범에 따라 결정된다.

■ 정답 및 해설
③ 조직의 업무를 분업화하여 각 단위의 업무를 고도로 전문화, 표준화, 단순화할 때 효율적으로 조직이 운영된다고 보는 관점은 과학적 관리론에 해당한다.

◇ 오답 체크
①, ②, ④ 인간관계론은 조직 내 인간적 요인이 생산성에 영향을 미친다는 주장이 제기되면서 등장한 접근방법이다. 메이요와 뢰슬리스버거의 호손 실험에서 확인된 바에 따라 인간행동의 사회적, 심리적, 비공식적인 요인을 우선시하는 조직 운영을

암기 POINT
• 인간관계론과 교육행정

| 배경 | 호손 공장 실험을 통해 과학적 관리론 비판 |
|---|---|
| 개요 | 심리적 보상에 의한 동기유발, 조직의 비공식적 측면 중시 |
| 의의 | 인간의 사회적·심리적 측면 부각<br>행정의 민주화에 기여 |
| 한계 | 경제적 동기 경시<br>조직의 공식적 측면 경시<br>외부 환경의 영향 무시 |

1066 ③    1067 ③

제10장 교육행정의 이론 **707**

강조한다. 즉, 경제적 유인가가 유일한 동기유발 요인이 아니며, 사랑과 존경 등의 사회적·심리적 욕구 충족을 통한 동기유발을 중시한다. 인간은 적극적이며 능동적인 존재로 전제되며, 조직 구성원들이 자율적이며 전문적인 능력을 발휘하도록 허용하는 조직관리의 인간화가 모색된다.

**1068.** 인간관계론이 교육행정에 준 영향으로 옳지 않은 것은?

2016년 국가직 7급

① 교육행정의 과정에서 교사의 참여를 중시한다.
② 교장의 비억압적이고 비지시적인 지도력을 강조한다.
③ 학교 안 공식적 조직의 역할과 기능이 부각된다.
④ 교육행정의 과정에서 명령, 지시보다는 동기유발, 직무만족감 증진 등이 강조된다.

■ 정답 및 해설
③ 교육행정 분야에 인간관계론이 도입되면서 심리적 보상에 의한 동기유발, 비공식 조직과의 협력, 교육행정의 민주화, 교사의 행정 참여, 교장의 지도력 발휘 등이 강조되었다. 즉, 인간관계론은 학교 안 비공식적 조직의 역할과 기능을 부각시켰으며, 학교의 의사결정과정에 이들을 참여시키도록 할 것을 강조하였다.

**1069.** 교육행정 이론에서 과학적 관리론과 인간관계론의 공통점으로 옳은 것만을 있는 대로 고른 것은?

2012년 중등

ㄱ. 공식 조직보다 비공식 조직의 중요성을 더 강조한다.
ㄴ. 조직 외부 환경과의 상호작용보다 조직 내부 문제에 더 관심을 갖는다.
ㄷ. 구성원의 동기 유발을 위해 사회·심리적 보상보다 경제적 보상을 더 강조한다.

① ㄱ　　　　　　② ㄴ　　　　　　③ ㄱ, ㄷ
④ ㄴ, ㄷ　　　　⑤ ㄱ, ㄴ, ㄷ

■ 정답 및 해설
② ㄴ. 교육행정 이론에서 과학적 관리론과 인간관계론은 모두 조직 내부에서 일어나는 문제에 대한 주로 관심을 가진다. 인간관계론 이후 도입된 사회체제이론에서는 조직 외부 환경과의 상호작용 문제에도 관심을 가진다.
◇ 오답 체크
ㄱ. 비공식 조직의 중요성을 강조하는 것은 인간관계론의 특징이다.
ㄷ. 동기유발을 위해 경제적 보상의 중요성을 강조하는 것은 과학적 관리론의 특징이다.

1068 ③　1069 ②

**1070.** 다음은 어떤 교육행정이론에 대한 설명이다. 이 이론을 적용한 학교 행정의 특징으로 옳은 것을 <보기>에서 모두 고른 것은?　　　2010년 중등

- 교육행정의 민주화에 공헌하였다.
- 비공식 집단의 중요성을 강조한다.
- 인간은 경제적 유인보다는 사회적·심리적 요인으로 동기유발된다.

<보기>
ㄱ. 조직 구성원 간의 권위의 위계가 명확하다.
ㄴ. 동료 교사 간의 인간관계와 교사의 개인적 사정에 대한 배려를 중시한다.
ㄷ. 교사와 행정직원의 역할 구분이 명확하여 교사는 가르치는 일에 전념한다.
ㄹ. 교장은 의사결정 과정에 교사 친목회, 교사 동호회의 의견을 반영한다.
ㅁ. 교원 평가 결과를 바탕으로 성과 상여금을 지급한다.

① ㄱ, ㄷ　　② ㄱ, ㅁ　　③ ㄴ, ㄹ
④ ㄱ, ㄷ, ㄹ　　⑤ ㄴ, ㄹ, ㅁ

■ **정답 및 해설**
③ 비공식집단의 중요성 강조, 사회적·심리적 요인에 의한 동기유발 등을 통해 교육행정의 민주화에 공헌한 교육행정이론은 인간관계론이다.
　ㄴ. 인간관계론에서는 조직 구성원들 사이에 원만한 인간관계를 형성·유지하는 것을 중시하므로, 동료들 간의 인간관계와 개별적 배려를 중시할 수 있도록 한다.
　ㄹ. 인간관계론에서는 비공식집단의 사회규범이 개인의 행동에 중요한 영향을 미친다고 본다. 따라서 교사 친목회나 동호회와 같은 비공식집단이 의사결정 과정에 참여할 수 있도록 하는 통로를 마련할 것을 중시한다.

◇ **오답 체크**
　ㄱ. 조직 구성원 간에 권위의 위계를 명확히 할 것을 강조하는 이론은 관료제론이다.
　ㄷ. 직무의 분업화와 전문화를 강조하는 이론은 과학적 관리론이다.
　ㅁ. 경제적 보상에 의한 동기유발을 강조하는 이론은 과학적 관리론이다.

**1071.** 메이요(E. Mayo)와 뢰슬리스버거(F. Roethlisberger)가 호손(Hawthorne) 공장에서 수행한 실험연구를 통해 정립된 이론에 근거하여 학교행정을 가장 잘 설명하고 있는 것은?　　　2007년 중등
① 학교행정은 계획, 조직, 명령, 조정, 통제의 과정을 거쳐 이루어져야 한다.
② 학교행정가는 구성원의 참여를 보장하고 교직원의 사기와 인화를 촉진해야 한다.
③ 학교행정가는 학교를 하나의 사회체제로 파악하여 체제적 관점에서 접근해야 한다.
④ 학교의 비효율과 낭비를 제거하고 관리의 효율성을 극대화하기 위해서는 학교 구성원 및 과업에 대한 체계적인 관리가 필요하다.

1070 ③　1071 ②

■ 정답 및 해설
② 메이요와 뢰슬리스버거가 호손공장에서 수행한 실험연구는 인간 행동에 있어서 사회적·심리적 욕구 충족의 중요성, 비공식적 조직의 영향력, 인간의 적극성과 능동성을 보여준다. 이러한 실험연구의 결과를 바탕으로 행정이론의 접근방법으로서 인간관계론이 정립되었다. 인간관계론에서는 구성원들의 참여를 보장하는 민주적인 행정과 함께, 사기와 인화와 같은 심리적·사회적 요인을 강조하는 행정을 중시한다.

◇ 오답 체크
① 행정과정론, ③ 사회체제이론, ④ 과학적 관리론에 대한 설명이다.

## 04. 행동과학론

### 출포 341. 사회체제이론과 교육행정

 기본서 484~487쪽

**1072.** 호이(Hoy)와 미스켈(Miskel)의 학교조직에 대한 관점에 해당하지 않는 것은?　　　　　　　　　　　　　　　2021년 국가직 7급

① 학교는 하나의 개방된 사회체제이다.
② 학교에서는 환경의 영향을 받으며 각종 투입이 이루어지고, 몇 가지 하위체제를 통해 전환이 일어난다.
③ 학교의 하위체제로는 기획·조직·명령·조정·통제 체제가 있다.
④ 학교의 산출로는 성취, 직무 만족, 출석(결석률), 중도탈락 등이 있다.

■ 정답 및 해설
③ 호이와 미스켈은 학교조직을 하나의 개방된 사회체제로 이해하는 관점을 가지고 있다. 따라서 학교 조직에 미치는 환경의 영향을 고려하며, 학교 내 하위체제들 사이의 관계를 중시한다. 이들의 학교체제 모델에서 제시된 하위체제에는 구조체제, 문화체제, 정치체제, 개인체제가 포함된다.
한편, 기획, 조직, 명령, 조정, 통제는 행정과정론에서 제시되는 교육행정의 과정 요소들이다.

1072 ③

**1073.** 겟젤스(Getzels)와 구바(Guba)가 제시한 사회체제 모형에 대한 설명으로 알맞지 않은 것은? `2013년 지방직 9급`

① 학교조직이 위기상황에 처하게 되면 역할보다 인성의 지배를 더 많이 받는다.
② 심리적 차원에서 인성이란 그 사람의 행위에 영향을 주는 일련의 특이한 욕구성향을 의미한다.
③ 인간의 행동은 사회조건들로 이루어진 조직적 차원과 개인의 인성적 특성으로 이루어진 심리적 차원의 기능적 관계에서 나타난다.
④ 조직적 차원은 개인의 행동이 사회규범에 순응하도록 하는 것이며, 그 구성요소는 제도, 역할, 행동에 대한 역할기대이다.

■ 정답 및 해설
① 겟젤스와 구바의 사회체제 모형은 역할과 인성의 상호작용 개념을 기반으로 인간의 행동을 설명하는 모델이다. 즉, 인간의 행동을 조직적 차원과 심리적 차원의 기능적 관계 속에서 종합적으로 이해하는 모델이다. 이 모델에 의하면, 일반적으로 학교는 조직 내 역할과 개인의 인성이 균형적으로 영향을 미치는 조직에 해당된다. 다만, 학교조직이 위기상황에 처할 시에는 개인의 인성보다 조직에서 부여하는 역할의 중요성이 더 커지는 경향성이 존재한다.

**1074.** 다음과 가장 부합하는 교육행정이론은? `2009년 유초등`

> ○ 학교 구성원들은 역할과 인성의 상호작용을 통해 행동한다.
> ○ 학교는 지역사회의 가치, 정치 및 역사 등에 의해 영향을 받는다.
> ○ 학교의 주요 목적은 학생들에게 성인의 역할을 하도록 준비시키는 것이다.
> ○ 학교 구성원들의 적절한 행동은 공식적 규칙과 비공식적 규범에 의해 이루어진다.

① 비판이론  ② 인간관계론  ③ 행정과정론
④ 사회체제이론  ⑤ 과학적 관리론

■ 정답 및 해설
④ 학교 구성원들이 조직 내에서 취하는 행동은 사회적으로 부여된 역할과 개인의 인성 사이의 상호작용을 통해 형성된다고 보는 이론은 사회체제이론이다. 그에 따르면, 학교 구성원들은 공식적 규칙과 비공식적 규범 사이에서 적절한 행동을 취하게 되며, 이 과정 속에서 다양한 요소들의 영향을 다차원적으로 받게 된다. 사회체제이론은 고전이론과 인간관계론을 종합하고 이를 극복하고자 하는 접근으로서, 학교 밖의 가치, 정치, 역사 등이 학교의 활동에 미치는 영향까지도 고려하는 이론틀을 제시한다.

**암기 POINT**
• 사회체제론과 교육행정

| 개요 | 조직을 사회체제로 보고, 개인과 조직 및 환경의 관련성에 주목 |
|---|---|
| 주요 이론 | 겟젤스와 구바의 사회과정 모형(폐쇄체제)<br>호이와 미스켈의 학교체제 모형(개방체제) |

1073 ①  1074 ④

1075. 학교에 대한 브루코버(W. B. Brookover)와 그 동료들의 사회체제 접근 모형에 관한 설명으로 옳은 것을 다음에서 모두 고른 것은?  2009년 중등

ㄱ. 학교의 사회·심리적 풍토를 강조한다.
ㄴ. 학교사회에 대한 거시적 접근방식을 취한다.
ㄷ. 교장, 교사, 직원의 배경 요인을 과정 변인으로 설정한다.
ㄹ. 학교를 분석하기 위해 투입-과정-산출 모형을 도입한다.
ㅁ. 학교 구성원 상호 간의 역할 지각, 기대, 평가 등을 강조한다.

① ㄱ, ㄴ　② ㄱ, ㄹ, ㅁ　③ ㄴ, ㄷ, ㅁ
④ ㄷ, ㄹ, ㅁ　⑤ ㄱ, ㄴ, ㄹ, ㅁ

■ 정답 및 해설
② 브루코버 등이 제시한 사회체제 접근 모형은 학교를 분석하기 위해 투입-과정-산출 모형을 도입하였다. 학교의 사회·심리적 풍토를 강조한 접근으로, 구성원 상호 간의 역할지각, 기대, 평가 등을 강조한 모형이다.

◇ 오답 체크
ㄴ. 교장, 교사, 직원의 배경 요인은 투입 요인으로 설정되었다.
ㄷ. 학교 내부에서 일어나는 과정에 주목하는 접근으로 미시적 접근방식이라고 할 수 있다.

## 05. 대안적 관점

### 출포 342. 대안적 관점

기본서 487~489쪽

1076. 교육행정 관련 이론과 그 이론이 교육행정에 미친 영향을 잘못 짝지은 것은?  2008년 국가직 7급
① 행정관리론 - 계획, 조직, 지시, 조정, 통제 등 교육행정의 과정요소를 제안
② 인간관계론 - 구성원 참여의 확대와 같은 민주적인 원리를 적용해 교육행정의 발전과 민주화에 기여
③ 해석론 - 교육의 실제에 기초해 설정된 가설을 양적 연구를 통해 과학적으로 검증하고, 결과를 해석하려는 노력의 확대
④ 과학적 관리론 - 학교의 비효율과 낭비를 제거하고 효율성을 극대화하기 위한 체계적인 관리의 도입 및 적용

■ 정답 및 해설
③ 해석론은 질적 연구방법을 통해 특수한 상황을 해석하고 이해하려는 접근방법을 취한다. 기존 답지에 제시된 설명은 실증주의에 대한 것이다.

---

**암기 POINT**
• 대안적 관점과 교육행정

| | |
|---|---|
| 배경 | 주류 행정이론의 실증주의적 접근에 대한 비판 |
| 출발 | 실천철학으로서 가치판단 활동 중시(핫킨슨) |
| 개요 | 교육행정 현상을 분석하기 위해 주관성, 불확정성, 비합리성 등 제시 |
| 주요 이론 | 해석학, 비판이론, 포스트모더니즘, 문화이론 |

1075 ②　1076 ③

1077. 1970년대부터 교육행정에 대한 과학적 접근의 대안으로 철학적 접근이 대두되어 왔다. 교육행정은 실천철학이라고 주장하는 핫킨슨(Hodgkinson)의 견해와 맥을 같이 하는 것은? 2003년 유초등
① 교육행정은 가치판단 활동이다.
② 교육행정의 본질은 정책 집행이다.
③ 교육행정은 효율성을 목표로 삼는다.
④ 교육행정의 주 연구 대상은 조직이다.

■ 정답 및 해설
① 교육행정에 대한 과학적 접근이란 교육행정에 관한 객관적이며 보편적인 지식을 추구하는 활동으로 보는 관점이다. 이에 대한 대안으로 등장한 철학적 접근이란 교육행정을 실천철학으로 주장하며, 바람직한 행정 행위에 대한 가치판단 활동을 핵심에 두어야 한다고 보는 접근을 말한다.

1077 ①

## 3. 조직 이론

### 01. 조직의 개념과 운영원리

**출포 343. 조직의 형태**

🌐 기본서 490~491쪽

**1078.** 참모조직과 계선조직에 대한 설명으로 옳은 것은?
① 참모조직은 전문적인 지식과 기술을 활용하여 직접적인 명령, 집행, 결정을 행사한다.
② 계선조직은 권한과 책임의 한계가 불명확하여 능률적인 업무 수행이 어려운 한계가 있다.
③ 참모조직은 계선조직이 원활하게 역할을 수행하도록 연구, 조사, 계획 등의 기능을 수행한다.
④ 계선조직은 횡적 지원을 하는 수평적 조직인 반면, 참모조직은 계층적 구조를 갖는 수직적 조직이다.

■ **정답 및 해설**
③ 참모조직은 전문적 지식과 기술을 활용하여 계선조직이 원활하게 목적을 달성하도록 지원·보조해 주는 조직이다.

◇ **오답 체크**
① 참모조직은 전문적 지식과 기술을 활용하여 계선조직을 지원·보조해주는 조직이다. 직접적인 명령, 집행, 결정을 행사하는 조직은 계선조직이다.
② 계선조직은 권한과 책임이 명확하여 능률적인 업무 수행이 용이한 조직이다. 제시된 내용은 참모조직의 한계를 설명한 것이다.
④ 계선조직은 계층적 구조를 갖는 수직적 조직인 반면, 참모조직은 횡적 지원을 하는 수평적 조직이다.

---

**암기 POINT**
• 조직의 형태(구조)

| 계선조직 | 참모조직 |
|---|---|
| 계층적 구조, 수직적 조직 | 횡적 지원, 수평적 조직 |
| 조직의 목적 달성, 집행 | 전문적 권고, 지원, 보조 |
| 직접적 권한과 책임 | 간접적 권한과 책임 |
| 통일성, 능률성, 책임성 제고 | 전문성, 합리성, 개혁성 제고 |

1078 ③

## 출포 344. 교육행정조직의 운영 원리

기본서 491~492쪽

**1079.** 학교조직의 운영 원리에 대한 설명으로 옳지 않은 것은?

2024년 국가직 9급

① '적도집권의 원리'는 분권을 중심으로 학교조직을 운영하는 것이다.
② '분업의 원리'는 조직의 업무를 직능 또는 특성별로 구분하여 한사람에게 동일한 업무를 분담시키는 것이다.
③ '조정의 원리'는 조직의 목표 달성을 위해서 구성원의 노력을 집결시키고 업무 간·집단 간 상호관계를 조화롭게 유도하는 것이다.
④ '계층의 원리'는 조직의 목표를 달성하기 위한 업무를 수행함에 있어 권한과 책임의 정도에 따라 직위를 수직적으로 서열화·등급화하는 것이다.

■ 정답 및 해설

① '적도집권의 원리'란 특정 조직, 집단, 개인에게 권한이 집중되지 않고 중앙집권과 지방분권이 적절하게 균형을 이루어야 한다는 원리를 말한다. 예를 들어, 교육부와 시·도 교육청 사이에 권한과 업무 배분이 조화를 이루어야 한다는 것을 말한다. 분권을 중심으로만 학교조직을 운영하는 것은 분권의 원리에 대한 설명일 수는 있으나, 적도집권의 원리에 대한 옳은 설명이라고 보기 어렵다.

### 암기 POINT
• 행정조직의 운영 원리

| | |
|---|---|
| 계층 | 권한과 책임의 수직적 서열화 |
| 명령 통일 | 명령과 보고 계통의 단일화 |
| 통솔 한계 | 관리하는 직원의 수를 적정 범위로 |
| 분업 | 특성별로 구분하여 업무 분담 |
| 조정 | 업무간 집단간 통합, 조절, 협동 |
| 적도 집권 | 상급-하급기관 간 권한의 적절한 배분 |

**1080.** 다음 설명에 해당하는 교육행정 조직의 원리는?

2017년 국가직 7급

> 공동목표를 달성하기 위해 조직의 직무를 권한과 책임의 정도에 따라 수직적으로 조직화한다.

① 계층의 원리
② 기능적 분업의 원리
③ 명령 통일의 원리
④ 통솔 한계의 원리

■ 정답 및 해설

① 조직의 직무를 권한과 책임에 따라 분화시키고 수직적으로 조직화는 것에 관한 원리는 계층의 원리에 해당한다.

◇ 오답 체크

② 기능적 분업의 원리는 조직의 업무를 직능이나 성질별로 구분하여 한 사람에게 동일한 업무를 적정하게 분담시키는 원리를 말한다.
③ 명령 통일의 원리는 조직의 하급 직원은 단일한 상사(관리자)에게 명령과 지시를 받고 그에게만 보고하도록 해야 한다는 원리를 말한다.
④ 통솔 한계의 원리는 한 명의 관리자가 직접 통솔할 수 있는 하급 직원의 수에는 한계가 있어야 한다는 원리를 말한다.

1079 ① 1080 ①

1081. 교육행정의 기본원리 중 교육부와 시·도 교육청의 조화와 관련된 것은?  
    2003년 경북
① 기회균등의 원리  ② 자주성 존중의 원리
③ 적도집권의 원리  ④ 법치행정의 원리
⑤ 민주성의 원리

■ 정답 및 해설
③ 교육부와 시·도 교육청이 조화되기 위해서는 교육부의 권한과 시·도 교육청이 권한이 적절한 정도로 균형을 이루어야 하므로, 적도집권의 원리와 가장 관련이 깊다.

## 02. 학교조직의 성격

### 출포 345. 칼슨의 봉사조직 유형 분류

기본서 493~494쪽

1082. 칼슨(Carlson)의 봉사조직 유형론에 대한 설명으로 옳지 않은 것은?  
    2022년 국가직 7급

① 조직의 고객선택권과 고객의 참여결정권은 교사와 학생의 적응에 영향을 미치는 중요 변인이다.
② 야생조직(wild organization)에 속하는 학교는 학생 유치를 위해 다른 학교와 경쟁해야 한다.
③ 사육조직(domesticated organization)에 속하는 학교에 대한 학생의 학교선택권은 폭넓게 인정된다.
④ 조직은 고객선택권을 갖지만 고객은 참여결정권이 없는 유형에 속하는 조직은 실제로 찾아보기 어렵다.

■ 정답 및 해설
③ 사육조직에 속하는 학교에 대해 학생은 학교선택권을 갖지 못한다. 사육조직에 속하는 학교의 경우, 학생은 교육행정기관에서 배정한 학교를 다니도록 규정된다.

**암기 POINT**
- 칼슨의 봉사조직 유형론

|  |  | 고객의 참여선택권 | |
|---|---|---|---|
|  |  | 있음 | 없음 |
| 조직의 고객선발권 | 있음 | 야생조직 | 강압조직 |
|  | 없음 | 적응조직 | 온상조직 |

1081 ③   1082 ③

**1083.** 칼슨(Carlson)의 분류에 따를 때, 공립학교가 해당되는 유형은?

2020년 지방직 9급

| 조직의 고객선택권 \ 고객의 참여결정권 | 유 | 무 |
|---|---|---|
| 유 | 유형 I | 유형 III |
| 무 | 유형 II | 유형 IV |

① 유형 I
② 유형 II
③ 유형 III
④ 유형 IV

■ 정답 및 해설

④ 공립학교의 학생들은 거주지역에 따라 학교를 배정받으며, 학교는 배정된 학생을 입학시키고 가르쳐야 할 의무를 갖는다. 따라서 공립학교는 칼슨의 조직유형 분류표에서 고객의 참여결정권과 조직의 고객선택권이 모두 존재하지 않는 유형 IV(사육조직)에 해당한다.

**1084.** 칼슨(Carlson)의 조직유형론에서 공립학교처럼 조직이 그 조직에 들어오는 사람을 통제할 수 없고, 조직의 고객도 그 조직에 참여하는 것을 스스로 선택할 수 없는 조직유형은?

2014년 국가직 7급

① 이완 조직
② 야생 조직
③ 사육 조직
④ 조직화된 무질서 조직

■ 정답 및 해설

③ 칼슨의 조직유형론에서 공립학교가 대표적 사례이며, 조직의 고객선택권이나 고객의 참여결정권이 모두 존재하지 않는 조직유형은 '사육조직'이다.

◇ 오답 체크
① 이완 조직은 칼슨이 분류한 조직유형에 포함되지 않는다.
② 야생 조직은 조직의 고객선택권과 고객의 참여결정권이 모두 존재하는 조직유형이다. 자율형사립고나 특수목적고가 대표적 사례이다.
④ 조직화된 무질서 조직은 칼슨이 분류한 조직유형에 포함되지 않는다.

**1085.** 다음 설명과 가장 관계가 깊은 학교조직의 유형은?  `2010년 국가직 9급`

> 학교조직의 존재와 생존은 이미 보장받은 것이고, 학교는 고객의 유치를 위해 경쟁할 필요도 없다. 이것은 학교가 전통적으로 왜 변화에 둔감한지를 잘 설명해 준다. 한편, 학교는 때때로 학교에 오기를 원하지 않는 학생도 다루어야 하고, 반대로 학교에 입학하지 말았으면 하는 학생도 가르쳐야 하는 곳이다.

① 생산조직(production organization)
② 사육조직(domesticated organization)
③ 야생조직(wild organization)
④ 공리조직(utilitarian organization)

■ 정답 및 해설
② 학생의 학교 선택권이 보장되지 않으며, 학교의 학생 선택권도 보장되지 않는 학교는 칼슨의 조직유형 중 사육조직에 해당한다. 사육조직은 조직의 존재와 생존이 이미 제도적으로 보장되어 있으므로, 고객 유치를 위해 경쟁할 필요가 없고 따라서 변화에 둔감하게 운영되는 특징을 보인다.

---

**1086.** 다음의 칼슨(R. Carlson) 모형을 적용할 때, 우리나라 평준화 지역에서의 교육정책 예시 중 Ⅱ 또는 Ⅳ 영역에서 Ⅰ영역으로 전환한 경우에 해당하는 것은?  `2011년 중등`

|  |  | 고객의 참여 선택권 | |
|---|---|---|---|
|  |  | 유 | 무 |
| 조직의 고객 선발권 | 유 | Ⅰ 영역 | Ⅲ 영역 |
|  | 무 | Ⅱ 영역 | Ⅳ 영역 |

① 사립중학교에서 공립중학교로 전환
② 사립중학교에서 사립일반계고등학교로 전환
③ 특성화고등학교에서 공립 일반계고등학교로 전환
④ 사립 일반계고등학교에서 자립형사립고등학교로 전환
⑤ 사립 일반계고등학교에서 공립 일반계고등학교로 전환

■ 정답 및 해설
④ 칼슨의 모형에서 Ⅱ 또는 Ⅳ 영역은 조직의 고객 선발권이 없는 학교를 말한다. 우리나라 평준화 지역에서 학교의 학생 선발권이 없는 학교는 국립·공립·사립 일반계고등학교이다. 이들 학교에서는 교육청에서 배정한 학생을 의무적으로 입학시켜야 한다. 반면, Ⅰ 영역은 학교의 학생 선발권과 학생의 학교 선택권이 모두 존재하는 학교이다. 자립형 사립고등학교, 특수목적고등학교, 특성화고등학교 등이 이 유형에 해당한다.

---

**기출플러스**
- 칼슨의 봉사조직 유형 – 유형 Ⅳ (사육조직) (2005년 유초등)
- 이론적으로는 가능하지만 실제로 존재하기는 어렵다.
- 조직의 일차적 수혜자가 소극적인 참여를 하는 구성원들이다.
- 고객의 참여 결정권이 없어 치열한 경쟁을 해야만 하는 조직이다.
- 대체로 그 존립을 법적으로 보장 받고 있는 조직들이 여기에 속한다. (○)

1085 ②   1086 ④

◇ 오답 체크
①, ②, ⑤ Ⅱ 또는 Ⅳ 영역에서 변화가 없는 경우이다.
③ Ⅰ 영역에서 Ⅱ 또는 Ⅳ 영역으로 전환한 경우이다.

## 출포 346. 에치오니의 순응 유형 분류

 기본서 494쪽

**1087.** 초·중등학교 조직의 특성에 대한 설명으로 옳지 않은 것은?

2018년 국가직 7급

① 학교는 웨익(K. E. Weick)이 말하는 느슨한 결합조직으로서 빠르고 체계적으로 변화하지 않는 현상을 보인다.
② 학교는 칼슨(R. O. Carlson)의 구분에 따른 사육조직으로서 학생의 독특한 적응 방식(상황적 은퇴, 반항적 적응, 부수적 보상 적응)에 직면한다.
③ 학교는 민츠버그(H. Mintzberg)의 구분에 따른 전문적 관료제로서 교사는 교육의 자율성과 관련한 역할갈등을 경험한다.
④ 학교가 에치오니(A. Etzioni)의 구분에 의한 공리조직의 성격이 강할 때 구성원은 헌신적 참여를 한다.

■ 정답 및 해설
④ 에치오니의 구분에 의하면 공리조직은 보상적 권력에 의해 통제되며, 구성원은 타산적 참여를 하는 조직을 말한다. 학교조직의 구성원이 헌신적 참여를 하는 경우는 학교가 규범적 권력에 의해 통제되는 규범조직의 성격이 강할 때이다.

**1088.** 다음은 에치오니(Etzioni)의 조직유형론의 기준과 예시를 나타낸 것이다. ㉠~㉣에 들어갈 내용을 바르게 연결한 것은?

2017년 국가직 7급

| 권력＼참여 | 소외 | 타산 | ( ㉠ ) |
|---|---|---|---|
| 강제 | ( ㉡ ) | | |
| ( ㉢ ) | | ( ㉣ ) | |
| 규범 | | | 학교 |

|   | ㉠ | ㉡ | ㉢ | ㉣ |   | ㉠ | ㉡ | ㉢ | ㉣ |
|---|---|---|---|---|---|---|---|---|---|
| ① | 보상 | 군대 | 친밀 | 종합병원 | ② | 헌신 | 교도소 | 보상 | 일반회사 |
| ③ | 몰입 | 복지기관 | 통합 | 종교단체 | ④ | 협동 | 소방서 | 지원 | 전문대학 |

1087 ④  1088 ②

### 암기 POINT
• 에치오니의 조직유형론

| | 통제<br>권력 | 참여<br>수준 |
|---|---|---|
| 강제적 조직 | 강제 | 소외 |
| 공리적 조직 | 보상 | 타산 |
| 규범적 조직 | 규범 | 헌신 |

### 정답 및 해설
② 조직구성원들의 참여 유형은 '소외 - 타산 - (㉠ 헌신)'으로 구분된다.
조직의 구성원들에 대한 통제 권력 유형은 '강제 - (㉢보상) - 규범'으로 분류된다.
강제적 권력과 소외된 참여로 구성된 것은 강제조직이며 (㉡ 교도소)가 그 예이다.
보상적 권력과 타산적 참여로 구성된 것은 공리조직이며 (㉣ 일반회사)가 예이다.

**1089.** 다음 중 학교의 조직적 특성을 설명한 것으로 바르게 짝지어진 것은?

2004년 유초등

> 가. 규범적 힘으로 통제되는 규범조직  나. 느슨하게 결합된 이완결합체제
> 다. 참여자 모두가 이익을 보는 호혜조직  라. 조직화된 무정부 상태의 조직
> 마. 일반대중의 이익을 위한 공익조직

① 가, 나, 라  ② 가, 다, 라
③ 나, 다, 마  ④ 다, 라, 마

### 정답 및 해설
① 가. 에치오니에 의하면, 학교는 규범조직이다.
나. 웨익에 따르면, 학교는 이완결합체제이다.
라. 코헨 등에 따르면, 학교는 조직화된 무정부 조직이다.

◇ 오답 체크
다, 마. 블라우와 스콧에 따르면, 학교는 호혜조직이나 공익조직이 아니라, 조직과 직접 접촉하는 고객에게 서비스를 제공하는 '봉사조직'이다.

## 03. 학교조직의 구조

### 출포 347. 호이와 미스켈의 이중조직 이론

기본서 495~496쪽

**1090.** 학교조직의 특성으로 옳지 않은 것은?   2022년 지방직 9급
① 중심적 활동인 수업에 대한 교사의 재량권이 발휘되는 이완조직이다.
② 통일된 직무수행 기준에 따라 엄격하게 통제되는 순수한 관료제 조직이다.
③ 불분명한 목표, 불확실한 기술, 유동적인 참여를 특징으로 하는 조직화된 무질서 조직이다.
④ 느슨한 결합구조와 엄격한 결합구조를 동시에 가지고 있는 이중조직이다.

1089 ①  1090 ②

■ 정답 및 해설

② 학교조직은 순수한 관료제 조직이라기 보다는 관료제 조직의 성격과 전문가 조직의 성격이 공존하는 '이중조직'으로 볼 수 있다. 즉 학교는 수업의 운영 측면에서는 교사의 전문적 기술과 자율성이 요구되는 전문지향적 특성이 강조되는 한편, 수업 이외의 운영 측면에서는 위계적 계층구조와 엄격한 규칙과 절차가 강조되는 관료지향적 특성을 갖는다. 전문지향적 조직은 고객인 학생과 학부모의 이익을 위해 봉사하며, 전문적 지식과 기술을 활용하여 과업을 수행하며, 현업 종사자의 의사결정의 자율성이 보장되는 조직이다.

기출플러스
- 학교 조직의 전문지향적 특성 (2003년 중등)
  - 계층 구조
  - 고객 봉사 (O)
  - 전문적 지식 (O)
  - 의사결정의 자율성 (O)

1091. 다음은 홀(R. H. Hall)의 교육조직구조 유형을 나타낸 것이다. (나)에 대한 설명으로 가장 올바른 것은?　　2008년 유초등

| 관료성 정도 | | 전문성 정도 | |
|---|---|---|---|
| | | 높음 | 낮음 |
| | 높음 | (가) | (나) |
| | 낮음 | (다) | (라) |

① 일상적 운영에서 혼돈과 갈등이 전형적으로 나타나는 구조이다.
② 의사결정의 실질적인 권한이 교사들에게 위임되어 있는 구조이다.
③ 규칙과 절차가 인정에 얽매이지 않고 일관성 있게 적용되는 구조이다.
④ 베버(M. Weber)가 주장한 이상적 관료제의 모습과 가장 유사한 구조이다.

■ 정답 및 해설

③ 홀은 교육조직은 관료적 특성과 전문적 특성을 동시에 갖는다고 보고, 각 특성이 어떤 수준으로 나타나는지에 따라 학교조직의 유형을 구분하였다. 제시된 표에서 (가)는 베버형, (나)는 권위주의형, (다)는 전문형, (라)는 혼돈형에 해당한다. 이 중 (나) 권위주의형은 관료적 권위의 강조, 규칙과 절차에 대한 순응, 몰인정성, 일관성 등이 조직운영의 기본원리로 작동하는 조직 유형에 해당한다.

◇ 오답 체크
① (라) 혼돈형, ② (다) 전문형, ④ (가) 베버형에 해당하는 설명이다.

1091 ③

## 출포 348. 민츠버그의 전문적 관료제 이론

기본서 496~497쪽

**1092.** 다음의 내용과 같은 특징을 지니고 있는 민츠버그(H. Minzberg)의 조직구조 기본 유형은?  
2007년 유초등

> ○ 조직의 주요 부분은 핵심 작업층이다.
> ○ 조직의 주요 조정 기제는 기술의 표준화이다.
> ○ 조직의 설계에서는 훈련과 수평적 직무 전문화가 주요하게 고려된다.
> ○ 조직의 구조는 복잡하면서도 안정적인 환경이나 비규제적 환경에 적합하다.

① 임시구조　　　　　　　　② 사업부제 구조  
③ 기계적 관료구조　　　　　④ 전문적 관료구조

■ **정답 및 해설**

④ 민츠버그의 조직구조 유형 중 핵심 작업층이 조직의 주요 부분이 되며, 기술의 표준화를 통해 주요한 조정이 이루어지는 조직은 전문적 관료구조 조직이다. 이러한 조직에서는 수평적 직무 전문화를 바탕으로 조직의 설계가 되는 것이 바람직하다.

**1093.** 민츠버그(Mintzberg)의 조직이론에 비추어 볼 때, 다음과 같은 특성을 보이는 학교의 조직 형태는?  
2002년 중등

> 학교장은 민주적인 방식으로 학교를 운영하고 있으며, 교직원들은 교육과정 운영 및 제반 학교운영 관련 업무를 권한과 책임을 가지고 처리하고 있다.

① 단순구조　　　　　　　　② 임시조직  
③ 전문적 관료제　　　　　　④ 기계적 관료제

■ **정답 및 해설**

③ 민츠버그는 조직을 통제하는 핵심적인 조정기제에 따라 조직의 유형을 다섯 가지로 구분하였다. 단순구조, 기계적 관료제, 전문적 관료제, 사업부제, 임시조직 구조가 그에 포함된다. 이 중 현업에 종사하는 실무자인 교직원들이 학교 운영에 관해 자율적으로 업무를 처리할 권한과 책임을 가지며, 중간관리자인 교장은 교직원을 지원하는 역할을 담당하는 조직은 전문적 관료제 조직에 해당한다.

1092 ④　1093 ③

## 출포 349. 와익의 이완결합체제

🔵 기본서 498쪽

**1094.** 학교조직의 특성에 대한 설명으로 옳은 것은?      2016년 국가직 7급

① 마이어(Meyer)와 로완(Rowan)은 학교조직의 이완결합성이 신뢰의 논리를 전제로 한다고 가정하였다.
② 조직화된 무질서로서의 학교조직은 하위조직들이 서로 연결은 되어 있으나 독자성을 유지하면서 어느 정도 분리되어 있는 모습을 말한다.
③ 이완결합체제로서의 학교조직은 목표의 모호성, 불분명한 과학적 기법, 유동적 참여 등의 특징을 가지고 있다.
④ 분업과 전문화, 몰인정성, 규칙과 규정, 경력지향성 등은 전문적 성격으로서의 학교조직의 특징이다.

■ 정답 및 해설
① 이완결합체로서의 학교조직은 신뢰의 논리에 따라 운영될 때 보다 효과적으로 운영된다고 본다.

◇ 오답 체크
② 이완결합체, ③ 조직화된 무질서, ④ 관료제적 성격으로서의 학교조직의 특징이다.

---

**1095.** 다음과 같은 학교조직의 특성을 나타내는 말은?      2015년 국가직 9급

> ○ 교원의 직무수행에 대한 엄격하고 분명한 감독이나 평가방법이 없다.
> ○ 교사들의 가치관과 신념, 전문적 지식, 문화·사회적 배경에 따라 교육내용에 대한 해석이나 교수방법이 다르다.
> ○ 체제나 조직 내의 참여자에게 보다 많은 자유재량권과 자기결정권을 제공한다.

① 관료체제      ② 계선조직
③ 비공식조직      ④ 이완결합체제

■ 정답 및 해설
④ 학교는 교원의 직무 수행을 엄격한 기준에 따라 감독하거나 평가하기 보다는 교사들의 가치관과 신념, 전문적 지식에 따라 자율적으로 결정하고 수행하도록 허용한다. 이러한 특징은 학교조직이 상호 독립적이며 이질적인 요소들이 공존하면서 느슨하게 연결된 구조를 갖기 때문이다. 이러한 특징을 보이는 조직을 '이완결합체제'라고 한다.

---

**기출플러스**

• 이완결합조직으로서의 학교조직의 특성(2007년 중등)
 • 학교 구성원들에게 더 많은 자유재량과 자기결정권을 부여한다.
 • 각 부서 및 학년 조직의 국지적(局地的) 적응을 허용하고 인정한다.
 • 환경 변화에 적응하기 위해 학교조직에서 이질적인 요소들이 공존하는 것을 허용한다.

1094 ①   1095 ④

◇ 오답 체크
① 관료체제에서는 교원의 직무수행을 규정과 규칙, 권위의 위계 등에 따라 엄격하게 감독하고 평가한다.
② 계선조직은 수직적인 상하 위계 속에서 지휘와 명령계통에 따라 움직이는 조직을 말한다. 업무의 통일성, 능률성, 책임성을 중시한다.
③ 비공식조직은 조직 구성원들 간의 소속감과 정서적 유대 등에 의해 형성되는 자연발생적 조직을 말한다. 비공식조직은 사적인 조직으로서 비가시적으로 존재하며, 합리성보다는 감정의 논리에 따라 운영된다.

**1096.** 이완결합체(loosely coupled system)로서 학교조직의 특성에 대한 설명으로 가장 타당한 것은? **2008년 국가직 9급**

① 교사들은 자신이 학급에서 하는 수업에 대하여 상당한 정도의 자율성을 지니고 있다.
② 교사들은 휴게실 등에서 비공식적으로 정보와 지식을 공유한다.
③ 교사들과 학생들의 관계는 배려와 헌신의 원리에 기초를 두고 있다.
④ 교사들은 학칙에 따라 학생들을 징계한다.

■ 정답 및 해설
① 이완결합체 조직의 하위체제들은 서로 연결되어 있으나 어느 정도는 분리되어 있는 '느슨하게 결합되어 있는 체제'의 특성을 가진다. 학교에서 교사들은 교육의 전문가로서 대우받으며 자신이 학급에서 하는 수업에 대해서 상당한 정도의 자율성을 갖는다. 이러한 특성은 학교가 이완결합체 조직으로서의 성격을 갖게 되는 이유가 된다.
◇ 오답 체크
② 학교 내 비공식 조직의 특징, ③ 규범조직으로서의 학교의 특성, ④ 관료제 조직으로서의 학교의 특성에 대한 설명이다.

**암기 POINT**
• 이완결합체로서 학교의 특성
 - 이질적 요소들의 공존
 - 서로 느슨하게 연결
 - 독립성과 자유재량권 보유
 - 직무수행 통제의 어려움
 - 상호신뢰에 기반한 운영

**1097.** 다음 진술과 가장 관련이 깊은 학교조직의 특성은? **2011년 국가직 7급**

○ 이질적이거나 성격이 다른 요소들이 공존하며 상호간에 영향력이 약하다.
○ 교육행정가가 교육과정, 교육평가, 교수방법, 교육권 등을 관리·통제하는 데에 제한적인 위치에 있다.
○ 조직의 효율적인 운영을 위해서는 신뢰의 원칙이 중요하다.

① 이완조직
② 전문적 관료제 조직
③ 이중조직
④ 조직화된 무질서 조직

1096 ①  1097 ①

■ 정답 및 해설
① 이질적인 요소들이 각자 정체성, 독자성, 독립성을 유지하면서 상호 공존하는 조직으로서, 상호 간에 어느 정도 분리되어 있어 영향력이 약한 조직을 '이완조직(이완결합체)'라고 한다. 이완조직의 특성상 행정가에 의한 관리와 통제는 쉽지 않으며, 오히려 신뢰의 원칙에 따를 때 조직이 효율적으로 운영된다.

◇ 오답 체크
② 전문적 관료제 조직은 현업 핵심층이 조직의 핵심 주체가 되며, 직무기술의 표준화를 통해 과업이 조정된다는 특징을 갖는다. 즉, 학교는 교사는 교육활동의 전문가로서 학교 운영에 있어 핵심적 역할을 담당하게 하며, 교사의 활동은 전문자격 인증, 표준화된 교육과정과 교과서, 학업성취에 대한 평가 등을 통해 통제된다.
③ 이중조직이란 조직 내의 업무 영역에 따라 서로 다른 운영원리가 작동되는 조직을 말한다. 학교는 수업 이외의 학교 운영의 측면은 관료제 조직의 특성을 가지며, 수업의 측면에서는 전문가 조직으로서의 특성을 가진다.

## 출포 350. 코헨의 조직화된 무정부 조직

◉ 기본서 499쪽

**1098.** 조직화된 무질서 조직(Organized Anarchy)으로 학교조직의 특징을 설명하는 내용으로 옳지 않은 것은? **2023년 국가직 7급**
① 학교조직의 목적이 구체적이지 못하고 분명하지 않다.
② 어떤 방법과 자료를 활용해야 학습자가 목표에 도달할 수 있을지 합의된 견해가 없다.
③ 학생은 입학한 후 일정 기간이 지나면 졸업하고, 교사와 행정가도 이동하며, 학부모와 지역사회도 필요시에만 참여한다.
④ 강제적 권력과 소외적 참여를 특징으로 한다.

■ 정답 및 해설
④ 조직화된 무질서 조직에서는 강제적인 권력이 지배적이지 않고, 오히려 참여자들이 자율적으로 참여하는 특성이 두드러진다. 한편, 조직의 유형 분류에 있어서 조직의 통제권력과 구성원의 순응 유형을 기준을 한 것은 에치오니의 분류이다. 여기에서 강제적 권력과 소외적 참여를 특징으로 하는 조직은 강제적 조직이다.

**암기 POINT**
- 조직화된 무정부 조직

| | |
|---|---|
| 유동적 참여 | 구성원 변화 잦음 유동적이며 간헐적으로 참여 |
| 불분명한 목표 | 구체적이지 않으며 목표, 상호 모순되기도 함 |
| 불분명한 기술 | 목표 달성을 위한 수단과 방법에 대한 합의 불충분 |

1098 ④

**1099.** 다음과 같은 학교조직의 특성에 가장 부합하는 조직 유형은?

2021년 국가직 9급

> 학교의 목적은 구체적이지도 않고 분명하지도 않다. 비록 그 목적이 명료하게 나타나 있다고 하더라도 그 해석은 사람마다 다르며, 그것을 달성할 수단과 방법도 분명하게 제시하기 어렵다. 또한 학교의 구성원인 교사와 행정직원들은 수시로 학교를 이동하며, 학생들도 일정한 시간이 지나면 졸업하여 학교를 떠나게 된다.

① 야생 조직(wild organization)
② 관료제 조직(bureaucratic organization)
③ 조직화된 무질서(organized anarchy) 조직
④ 온상 조직(domesticated organization)

■ 정답 및 해설
③ 추상적이며 불분명한 목표와 해석에 대한 합의 부재, 목표 달성을 위한 수단과 방법의 불확실성, 구성원들의 유동적이며 간헐적인 참여 등은 '조직화된 무질서 조직'의 특징이다.

**1100.** 다음 글에서 설명하고 있는 교육조직은?

2011년 국가직 9급

> ○ 대학을 대상으로 연구한 결과에 기반하고 있으며, 주로 고등교육조직을 설명할 때 많이 활용된다.
> ○ 의사결정이 주먹구구식으로 이루어진다고 하여 쓰레기통(garbage can) 모형이라고 한다.
> ○ 학교조직 참여자들이 유동적이며 추상적 목표에 대한 해석이 달라 상충을 일으키기도 한다.

① 조직화된 무정부조직(organized anarchy)
② 이완결합조직(loosely coupling organization)
③ 전문관료제(professional bureaucracy)
④ 사육조직(domesticated organization)

■ 정답 및 해설
① 고등교육 조직일수록 조직 내 구성원들이 유동적이며 간헐적으로 참여하며, 조직의 목표는 추상적이며 이에 대한 해석도 다양하며, 목표 달성 방법이나 조직 운영 기술도 불확실하다. 조직 내에서의 의사결정은 권위의 위계나 규칙을 따르기 보다는, 주먹구구식으로 이루어진다. 이러한 특징을 보이는 조직을 '조직화된 무정부 조직'이라고 한다.

1101. '조직화된 무질서(organized anarchy)'로 설명되는 교육조직의 특징으로 옳지 않은 것은?     2009년 국가직 7급
① 학교 구성원들의 참여가 유동적이고 간헐적이다.
② 교육조직의 목적은 구체적이지 못하며 명료하지도 않다.
③ 학교의 각 하위체제들은 수직적인 위계 특성을 지니고 있다.
④ 학교운영 기술뿐만 아니라 교수 – 학습기술이 분명하지 않다.

■ 정답 및 해설
③ '조직화된 무질서 조직'의 특징은 유동적 참여, 불분명한 목표, 불확실한 기술로 요약된다. 이러한 조직에서 학교의 하위체제들은 수직적인 위계 특성이 약한 특성을 보인다.


1102. 학교조직에 대한 학자들의 설명으로 옳지 않은 것은?     2010년 중등
① 코헨(M. Cohen) 등에 의하면, 학교는 구성원들의 참여가 고정적이고 조직의 목표와 기술이 명확한 조직이다.
② 민츠버그(H. Mintzberg)에 의하면, 학교는 전문적 성격이 강하지만 관료적 성격도 동시에 지니는 전문적 관료제 조직이다.
③ 에치오니(A. Etzioni)의 순응에 기반한 조직 분류에 의하면, 학교는 규범적 권력을 사용하여 구성원들의 높은 헌신적 참여를 유도하는 규범 조직이다.
④ 파슨스(T. Parsons)의 사회적 기능에 따른 조직 분류에 의하면, 학교는 유형 유지 조직에 속하며 체제의 문화를 유지하고 새롭게 하는 기능을 수행한다.
⑤ 와익(K. Weick)에 의하면, 학교는 조직 구조 연결이 자체의 정체성과 독립성을 가지고 있어서 다른 조직에 비해서 구조적으로 느슨하게 결합되어 있는 조직이다.

■ 정답 및 해설
① 코헨 등에 의하면, 학교는 외형상 체계적인 형태로 조직화되어 있는 것처럼 보이지만, 실제로는 매우 혼란스럽고 통제되지 않는 특징이 있는 조직이다. 즉, 학교는 구성원들의 참여가 유동적이며 조직의 목표와 기술이 불분명한 조직으로서, '조직화된 무정부(무질서) 조직'으로 표현된다.

### 출포 351. 센지의 학습조직

📚 기본서 500쪽

**1103.** 다음 글에서 푸른초등학교가 지향하는 학교조직으로 가장 적합한 것은?

2009년 유초등

> 푸른초등학교에 교장과 교사들은 계속적인 대화를 통해 서로 인식의 차이를 인정하고 학교를 발전시킬 비전을 공동으로 설정하였다. 학교문제 해결을 위해 여러 팀을 구성하여 교사들이 전체 상황과 연계시켜 체계적으로 사고할 수 있도록 하였으며, 이 과정에서 교사 상호간에 존중하면서 배우는 문화가 정착되었다. 교장은 교사들을 개별적으로 배려하면서 참신하고 비판적인 사고를 할 수 있는 개인적 역량을 고취시켰다. 그 결과 교사들로부터 신뢰와 존경을 얻었으며, 전반적인 학생들의 학업 분위기가 개선되었다.

① 야생조직(wild organization)
② 학습조직(learning organization)
③ 조직화된 무정부(organized anarchy)
④ 이완결합조직(loosely coupled system)
⑤ 전문적 관료조직(professional bureaucracy)

■ 정답 및 해설

② 제시된 글에서 푸른초등학교는 구성원들과의 대화를 통해 공유된 비전을 설정하며, 팀을 구성하여 문제를 해결하고, 업무 과정에서 서로 배우는 문화를 정착시켜 개인적인 역량을 고취시키는 데 관심을 가지는 조직이다. 이러한 특성을 가진 조직은 일상적인 업무 과정 속에서도 새로운 지식을 창출하여 환경변화에 적응해 나갈 수 있는 조직이 되는데, 센지 등은 이를 일컬어 '학습조직'이라고 명명하였다.

1103 ②

## 04. 학교의 조직풍토와 문화

### 출포 352. 핼핀과 크로프트의 학교풍토 유형 분류

🌐 기본서 501~502쪽

1104. 핼핀(A. Halpin)과 크로프트(D. Croft)는 교장과 교사의 행동 특성을 결합하여 학교 조직풍토 유형을 여섯 가지로 제시하였다. 다음은 어느 유형에 가장 가까운 설명인가? 　　　2007년 중등

> 교사들의 사기와 교장의 추진력 지수는 높고, 방관(disengagement), 방해(hindrance) 등의 지수는 낮으며, 친밀성과 인화(consideration) 지수는 보통 수준을 유지한다. 교장은 매사에 융통성을 보이며, 교사들이 자발적으로 협동하면서 만족감을 갖고 어려움을 극복하도록 격려한다.

① 개방적 풍토(open climate)
② 친교적 풍토(familiar climate)
③ 친권적 풍토(paternal climate)
④ 자율적 풍토(autonomous climate)

■ 정답 및 해설
① 교장은 매사에 융통성을 보이며, 교사들은 자발적으로 협동하면서 만족감을 갖고 어려움을 극복하려 하므로 활기차고 생기 있는 조직풍토는 '개방적 풍토'이다.
◇ 오답 체크
② 친교적 풍토는 교장과 교사들이 우호적 관계를 형성하였으나, 조직의 목적 달성을 위한 활동은 부족한 풍토이다.
③ 친권적(간섭적) 풍토는 교장이 교사들에게 과업만을 강조하여 과업성취나 사회적 욕구 충족 모두에 부적합한 풍토를 말한다.
④ 자율적 풍토는 교장이 교사들에게 협동적인 활동 구조와 사회적 욕구 충족을 위한 방법을 모색하도록 보장하는 풍토이다.

### 암기 POINT

• 핼핀과 크로프트의 학교풍토론

| 구분 | 교장 | 교사 |
|---|---|---|
| 개방적 풍토 | 추진력 | 사기 |
| 자율적 풍토 | 원리원칙 | 사기<br>친밀성 |
| 통제적 풍토 | 원리원칙<br>실적중시 | 방해<br>사기 |
| 친교적 풍토 | 인화 | 방관<br>친밀성 |
| 간섭적 풍토 | 실적중시<br>인화 | 방관 |
| 폐쇄적 풍토 | 원리원칙<br>실적중시 | 방관<br>방해 |

1104 ①

1105. 핼핀(Halpin)과 크로프트(Croft)가 교사 행동과 교장 행동의 결합을 토대로 제시하고 있는 학교 조직 풍토에 비추어 볼 때, '가', '나'의 조직 풍토를 바르게 나타낸 것은?　　　　2002년 유초등

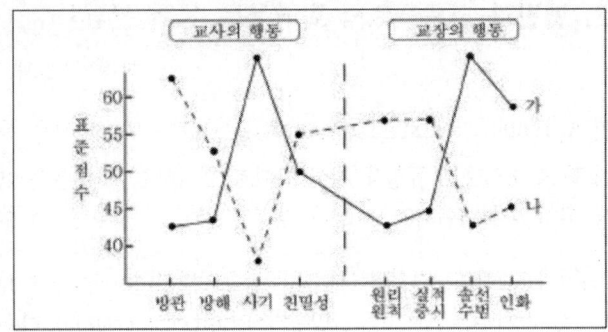

① 가 - 개방적 풍토　　나 - 친교적 풍토
② 가 - 통제적 풍토　　나 - 폐쇄적 풍토
③ 가 - 개방적 풍토　　나 - 폐쇄적 풍토
④ 가 - 친교적 풍토　　나 - 개방적 풍토

■ 정답 및 해설
③ 가. 교사들의 사기와 교장의 솔선수범(추진력) 지수는 높고, 교사들의 친밀성과 교장의 인화 지수는 보통 수준을 유지하며, 교사들의 방관과 방해의 지수는 낮은 조직 풍토는 '개방적 풍토'에 해당된다.
　나. 교사들의 사기가 낮고, 교장의 솔선수범(추진력)과 인화 지수가 낮으며, 교사들의 방관과 방해 지수 및 교장의 원리원칙과 실적중시 지수가 중간 이상의 수준을 보이는 조직 풍토는 '폐쇄적 풍토'에 해당된다.

### 출포 353. 호이와 미스켈의 학교풍토 유형 분류

🌐 기본서 503쪽

1106. 호이(Hoy)와 미스켈(Miskel)이 구분한 학교풍토의 네 가지 유형에 대한 설명으로 옳지 않은 것은?　　　2022년 국가직 9급
① 개방풍토 - 교장은 교사들의 의견과 전문성을 존중하고, 교사들은 과업에 헌신한다.
② 폐쇄풍토 - 교장은 일상적이거나 불필요한 잡무만을 강요하고, 교사들은 업무에 대한 관심과 책임감이 없다.
③ 몰입풍토 - 교장은 효과적인 통제를 시도하지만, 교사들은 낮은 전문적 업무 수행에 그친다.
④ 일탈풍토 - 교장은 개방적이고 지원적이지만, 교사들은 교장을 무시하거나 무력화하려 하고 교사 간 불화와 편견이 심하다.

1105 ③　1106 ③

■ 정답 및 해설
③ 호이와 미스켈의 학교풍토 유형에서 '몰입풍토'는 교장은 비효과적인 통제를 시도하지만, 교사들이 높은 전문성을 바탕으로 업무를 효과적으로 수행하는 풍토를 말한다.

1107. 호이와 미스켈(W. Hoy & C. Miskel)의 학교풍토 유형에서 (가)에 대한 설명으로 옳은 것은?    2011년 유초등

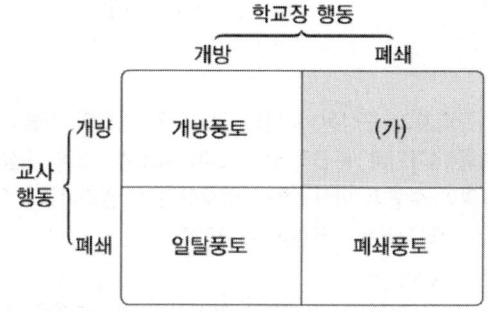

① 학교장의 관리가 비효율적이지만, 교사들의 업무 수행은 효율적으로 이루어지는 풍토이다.
② 학교장과 교사들 사이에 신뢰는 있지만, 교사들의 전문적인 업무 수행은 미흡한 풍토이다.
③ 교사에 대한 학교장의 관심과 지원이 미흡하여 교사들이 업무 수행을 태만하게 하는 풍토이다.
④ 학교장은 교사들의 제안을 잘 받아들이고, 교사들은 업무 달성을 위해 매우 헌신하는 풍토이다.
⑤ 학교장이 불필요한 업무만을 강조하기 때문에 교사들이 반감을 가지고 업무를 태만히 하는 풍토이다.

■ 정답 및 해설
① 호이와 미스켈의 학교풍토 유형에서 (가)는 '몰입풍토'에 해당한다.
◇ 오답 체크
② 일탈풍토, ④ 개방풍토, ③, ⑤ 폐쇄풍토에 대한 설명이다.

## 출포 354. 리커트의 관리체제 유형

> 기본서 504쪽

**1108.** 리커트(R. Likert)의 관리 체제 유형 중 다음의 내용과 가장 일치하는 유형은?  
2007년 유초등

> 이 학교는 학교 구성원들 간에 폭넓은 참여적 의사결정과 수평적 의사소통이 이루어지고 있다. 또한 학교경영층은 전적으로 교사들을 신뢰하고 참여와 보상을 주요 동기 요인으로 사용하며, 학교통제권이 분산되어 있다.

① 체제 1유형  
② 체제 2유형  
③ 체제 3유형  
④ 체제 4유형

■ **정답 및 해설**

④ 리커트는 조직의 관리자와 구성원 사이의 권한위임 정도와 자율성 부여의 정도에 따라 조직의 유형을 4가지로 분류하였다. 그에 따르면, 조직 구성원들 사이의 폭넓은 의사결정 참여와 수평적 의사소통이 이루어지며, 관리자들은 교사를 신뢰하며 통제권을 분산하는 관리체제는 4유형에 해당한다.

◇ **오답 체크**

① 1유형은 관리자는 조직구성원을 전적으로 불신하며 의사결정은 조직의 상층에 집중되어 있으며, 조직 구성원들의 참여를 배제하고 하향적으로만 의사소통을 하는 조직이다.
② 2유형은 조직의 통제권이 약간은 위임되지만 여전히 엄격한 통제는 유지되는 조직으로서, 구성원들 사이의 의사소통의 유형은 대체로 하향적인 조직에 해당된다.
③ 3유형은 조직 전반에 관한 의사결정은 상부에서 이루어지지만, 일상적인 의사결정 권한을 상당수 위임하는 조직으로서, 조직 내 의사소통이 활발하고 의사결정 참여도 널리 인정되는 조직 유형이다.

**암기 POINT**

- 리커트의 관리체제 유형

| 체제 1 | 수탈적 권위형 |
|---|---|
| 체제 2 | 온정적 권위형 |
| 체제 3 | 협의적 민주형 |
| 체제 4 | 참여적 민주형 |

## 출포 355. 학교문화의 유형

> 기본서 505~506쪽

**1109.** 다음 사례와 가장 관계가 깊은 스타인호프(C. Steinhoff)와 오웬스(R. Owens)의 학교문화 유형은?  
2007년 상담교사

> B 고등학교 교장은 학생들을 일류 대학교에 많이 진학시키는 것을 학교경영 목표로 하고 있다. 이를 위해 교장은 교사가 학생들을 열심히 가르치고 지도하기를 기대한다. 성적이 올라가는 학급의 담임교사에게 포상을 주어 학급 성적을 계속 향상시키도록 독려한다.

① 가족문화(family culture)  
② 기계문화(machine culture)  
③ 공연문화(cabaret culture)  
④ 공포문화(horrors culture)

1108 ④  1109 ②

■ 정답 및 해설
② 스타인호프와 오웬스가 구분한 학교문화 유형에서 학교의 목표를 일류대학 진학에 두고, 목표 달성을 위해 구성원들을 독려하는 문화는 마치 학교를 일류 대학의 입학생을 만들어내는 기계와 같이 이해하는 문화이므로 '기계문화'라고 한다.

◇ 오답 체크
① 가족문화는 학교의 구성원 모두를 가족의 한 구성원으로 이해하며, 서로에 대한 애정, 우정, 협동을 강조한다.
③ 공연문화는 학교를 공연장으로 간주하여, 공연의 청중인 학생들의 반응에 관심을 가지며, 교수의 예술적 질을 강조하는 문화이다.
④ 공포문화는 학교가 전쟁터나 교도소 같은 것에 비유되며, 구성원들 간의 비난과 적대가 일상적인 문화이다.

암기 POINT
- 스타인호프와 오웬스의 학교문화 유형

| | |
|---|---|
| 가족 문화 | 학생에 대한 헌신과 관심, 서로에 대한 애정 |
| 기계 문화 | 학생 성적의 향상 추구 조직유지 위한 노력 |
| 공연 문화 | 학생의 반응에 초점, 교수의 예술적 질 강조 |
| 공포 문화 | 학교는 교도소 같은 곳, 구성원 간 비난, 적대적 |

**1110.** 다음은 교육 조직의 발전 전략에 대한 글에서 일부를 발췌한 것이다. ㉠~㉢에 들어갈 가장 적합한 단어를 차례대로 나열한 것은?

2010년 국가직 7급

( ㉠ )는 조직 구성원들의 행동을 변화시킬 수 있는 조직발전 전략의 하나로 새롭게 주목받고 있다. 전통적인 조직운영 방법인 지시, 명령, 통제, 감독, 규정과 절차, 즉 ( ㉡ )적 방법보다는 조직 구성원들이 공유하고 있는 규범, 가치관 등의 ( ㉢ )적 요소가 구성원들의 더욱 적극적인 참여와 헌신을 유도하고 창의적인 업무 수행을 자극할 수 있다.
최근 교육개혁에서는 근대적 과학주의, 합리주의에 바탕을 둔 하향식 접근(top-down approach)보다는 교직사회에 공유되고 있는 광범위한 의식, 신념, 가치 등을 포함하는 ( ㉢ )적 요소를 변화시키려는 ( ㉢ )적 접근방법이 중시되고 있다.

|   | ㉠ | ㉡ | ㉢ |   | ㉠ | ㉡ | ㉢ |
|---|---|---|---|---|---|---|---|
| ① | 조직 풍토 | 관료 | 윤리 | ② | 조직 풍토 | 위계 | 문화 |
| ③ | 조직 문화 | 위계 | 문화 | ④ | 조직 문화 | 관료 | 윤리 |

■ 정답 및 해설
③ 최근의 교육개혁에서는 조직 구성원들이 공유하고 있는 규범, 가치관 등의 문화적 요소의 변화를 통해 구성원들의 적극적인 참여와 헌신을 유도하며, 창의적인 업무 수행을 자극하는 문화적 접근방법이 중시되고 있다. 문화적 방법은 기존의 위계적 방법에 비해 상향적 접근을 취한다.

## 05. 조직의 갈등관리

### 출포 356. 토마스의 갈등관리 전략

기본서 507~508쪽

**1111.** 토마스(K.Thomas)의 갈등관리이론에 근거할 때, 다음 모든 상황에서 가장 효과적인 갈등관리의 방식은?    2015년 지방직 9급

- 조화와 안정이 특히 중요할 때
- 자신이 잘못한 것을 알았을 때
- 다른 사람에게 더 중요한 사항일 때
- 패배가 불가피하여 손실을 극소화할 필요가 있을 때

① 경쟁    ② 회피    ③ 수용    ④ 타협

**■ 정답 및 해설**

③ 토마스의 갈등관리이론에서 제시된 상황들에서는 자신의 이익과 관심은 포기한 채로, 상대방의 이익과 관심을 우선시하는 협상 전략을 채택하게 된다. 이러한 협상 전략을 수용형이라고 한다.

**1112.** 아래 <그림>은 제미슨(D. Jamieson)과 토마스(K. Thomas)의 갈등해결 모형을 나타낸 것이다. 제V유형에 대한 진술로 가장 옳은 것은?    2006년 유초등

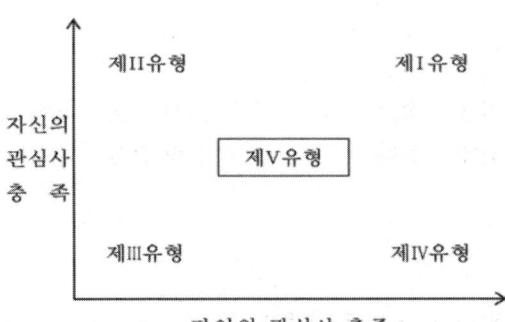

① 상대방을 압도하여 갈등을 해결하는 유형이다.
② 가능한 한 갈등을 무시하고 회피하는 유형이다.
③ 상호 희생과 타협을 통해 갈등을 해소하는 유형이다.
④ 상대의 주장에 따름으로써 갈등을 해소하는 유형이다.

**암기 POINT**

• 토마스의 갈등관리 전략

| | 조직의 상황 |
|---|---|
| 경쟁형 | 어려운 조치가 필요 |
| 수용형 | 조화와 안정이 중요 |
| 회피형 | 쟁점이 사소한 경우 |
| 협력형 | 통합적 해결책 필요 |
| 타협형 | 당사자 주장이 대립 |

**기출플러스**

• 토마스의 상황에 따른 갈등관리 전략 : 회피 전략
(2007년 중등)
• 다른 사람의 관심을 이해할 시간적 여유가 없을 때
• 해당 문제가 다른 문제들의 해결로부터 자연스럽게 해결될 수 있을 때
• 갈등해소에 따른 부작용이 너무 클 때

1111 ③    1112 ③

■ 정답 및 해설
③ 제Ⅴ유형은 '타협형'에 해당한다. 자신의 이익과 상대방의 이익을 중간 정도 수준에서 절충하는 유형으로, 상호 희생과 타협을 통해 갈등을 해소하는 유형이다.

◇ 오답 체크
① 제Ⅱ유형(경쟁형), ② 제Ⅲ유형(회피형), ④ 제Ⅳ유형(수용형)에 해당한다.

## 06. 조직 내 의사소통

### 출포 357. 조직 내 의사소통의 원칙

◎ 기본서 510~511쪽

**1113.** 다음은 교장과의 의사소통에 곤란을 겪고 있는 교사들의 대화 내용이다. 각각의 경우에 교사들이 교장에게 기대하는 교육조직에서의 의사소통 원리를 옳게 짝지은 것은? **2010년 유초등**

> 박 교사 : 교장 선생님은 부장 선생님에게만 말씀하시면 그것으로 다 됐다고 생각하시나 봐요. 어제는 나를 보자마자 지난번에 말한 일은 어떻게 됐냐고 하시지 뭐예요. 글쎄 알아보니 부장 선생님께만 말씀하셨던 모양이에요. 그렇게 중요한 일이면 저에게도 알려주셨어야죠.
> 최 교사 : 그랬어요? 저도 지난 주 운동회 진행하느라 정신없이 바쁜데, 운동장에서 다음 달에 있을 학교평가를 앞두고 준비할 일을 자세하게 말씀하셔서 힘들었어요. 그런 일이면 조용할 때 교장실에서 말씀하시면 좋잖아요.

|     | 박 교사 | 최 교사 |     | 박 교사 | 최 교사 |
|-----|--------|--------|-----|--------|--------|
| ①   | 분포성  | 적응성  | ②   | 적량성  | 명료성  |
| ③   | 일관성  | 적응성  | ④   | 적응성  | 명료성  |
| ⑤   | 분포성  | 일관성  |     |        |        |

■ 정답 및 해설
① 박 교사는 교장 선생님이 최종적으로 업무를 수행해야 하는 자신에게까지 의사를 전달하지 않고, 중간에 있는 부장에게만 정보를 전달한 것에 대해 불만족을 표현하고 있다. 이것은 의사소통의 시작점에서 목적지까지 모든 정보가 의사소통의 대상에게 골고루 도달되어야 한다는 것을 의미하는 '분포성'의 원리에 해당된다.
최 교사는 교장 선생님이 운동회를 하느라 바쁜 상황에서 다음 달에 있을 학교평가에 관한 이야기를 꺼낸 것에 대해 적절하지 않다고 생각하였다. 이것은 의사소통의 내용과 방식은 그것이 이루어지는 상황에 적합해야 한다는 것을 의미하는 '적응성'의 원리와 관련된다.

1113 ①

## 출포 358. 조하리의 창에 따른 의사소통 분석

기본서 511~512쪽

**1114.** 조하리(Johari)의 창에 따른 의사소통 모형에서 다음에 해당하는 것은?

2024년 국가직 9급

> ○ 마음의 문을 닫고 자기에 관해서 남에게 노출하기를 원치 않는다.
> ○ 자기의 생각이나 감정은 표출시키지 않으면서 상대방으로부터 정보를 얻기만 하려고 한다.
> ○ 자기 자신에 대하여 다른 사람들은 전혀 모르고 있고, 본인만이 알고 있는 정보로 구성되어 있다.

① 개방(open) 영역
② 무지(blind) 영역
③ 미지(unknown) 영역
④ 은폐(hidden) 영역

### ■ 정답 및 해설

④ 조하리의 창은 자아개방과 피드백이라는 두 가지 개념을 기초로 의사소통 유형을 분석하는 틀이다. 자아개방은 상대방에게 자신을 내보이는 것을, 피드백은 상대방으로부터 나에 대한 정보를 얻으려는 것을 의미한다. 이러한 두 가지 기준에 따라 4가지 유형의 의사소통 유형이 구분된다.
이 중 자신의 생각이나 감정은 표출하지 않으면서도 상대방으로부터 피드백 정보를 얻으려고만 하는 유형은 '은폐(비밀, hidden)의 영역'에 해당된다. 만약 조직 내 의사소통에 있어서 이런 은폐의 영역이 차지하는 비중이 높다면 조직 구성원 간에 신뢰를 쌓지 못하여 의사소통이 원활하게 이루어지지 못한다. 조직 내 관계 개선을 위해서는 구성원 각자가 자기 자신의 생각과 감정을 표출하도록 노력하여야 할 것이다.

| 피드백<br>자아개방 | 상대방으로부터 피드백을 받음 | 상대방으로부터 피드백을 받지 않음 |
|---|---|---|
| 자신에 관한 정보를 알려줌 | 개방(open)의 영역<br>(민주적 의사소통) | 무지(blind)의 영역<br>(독단적 의사소통) |
| 자신에 관한 정보를 알리지 않음 | 은폐(hidden)의 영역<br>(과묵형 의사소통) | 미지(unknown)의 영역<br>(폐쇄형 의사소통) |

1114 ④

### 암기 POINT

• 의사소통 유형 : 조하리의 창

| 개방<br>(민주적) | 자신의 생각 표출,<br>타인의 피드백 수용 |
|---|---|
| 무지<br>(독단적) | 자신의 생각 표출,<br>타인 피드백 무관심 |
| 은폐<br>(과묵형) | 자신의 생각은 숨김,<br>타인의 생각에 관심 |
| 미지<br>(폐쇄형) | 자신의 의견 숨김,<br>타인 의견도 무관심 |

1115. 다음은 타인과 의사소통을 할 때 영향을 주는 네 가지 유형의 정보를 나타내는 '조하리 창'(Johari window)이다. '조하리 창'에서 <보기>의 교사가 속한 영역은?  
2004년 중등

|  | 자신에 관한 정보가<br>자신에게 알려짐 | 자신에 관한 정보가<br>자신에게 알려지지 않음 |
|---|---|---|
| 자신에 관한 정보가<br>타인에게 알려짐 | I 영역 | II 영역 |
| 자신에 관한<br>정보가 타인에게<br>알려지지 않음 | III 영역 | IV 영역 |

<보기>
○ 자기 이야기는 많이 하면서 상대방의 이야기에는 귀를 기울이지 않는다.
○ 인간관계 개선을 위하여 다른 사람들로 하여금 자신에 대한 생각과 감정을 노출시키도록 격려할 필요가 있다.

① I 영역  ② II 영역
③ III 영역  ④ IV 영역

■ 정답 및 해설
② 조하리의 창에서 자기 이야기는 많이 하면서 상대방의 이야기에는 귀를 기울이지 않으면, 자신에 관한 정보가 타인에게는 알려지는 반면, 자신에 관한 정보를 자신은 갖지 못하는 II 영역에 속하게 된다. 이 경우, 자신의 의사는 전달할 수 있지만, 그에 대한 피드백은 되지 않아 원활한 의사소통이 이루어지지 않는다. 따라서 이 경우는 보다 자신의 생각과 감정을 노출하여야 할 필요가 있다.

# 4. 직무동기 이론

## 01. 동기의 내용이론

**출포 359. 매슬로우의 욕구위계이론**

기본서 514쪽

**1116.** 매슬로우(Maslow)의 욕구계층이론에 대한 설명으로 옳은 것으로만 묶인 것은?  2007년 국가직 7급

> ㄱ. 욕구순서는 생리적 욕구 → 안전욕구 → 소속과 사랑의 욕구 → 존경의 욕구 → 자아실현의 욕구로 계층화된다.
> ㄴ. 모든 욕구의 완전한 충족이란 있을 수 없기 때문에 욕구의 충족은 상대적이다.
> ㄷ. 일단 충족된 욕구는 동기유발 요인으로서 의미가 대체로 약화된다.
> ㄹ. 욕구계층이론은 모든 사람과 상황에 보편적으로 적용된다.

① ㄱ, ㄴ, ㄷ  
② ㄱ, ㄴ, ㄹ  
③ ㄴ, ㄷ, ㄹ  
④ ㄱ, ㄴ, ㄷ, ㄹ

■ **정답 및 해설**

① 매슬로우는 인본주의적 관점에서 인간의 욕구과 동기를 이해하고자 하는 이론이다. 매슬로우의 욕구계층이론은 인간의 선천적인 욕구가 동기유발의 주요 요인이며, 욕구에는 우선순위가 있어서 위계적 계층구조를 이룬다고 보는 이론이다. 하위의 욕구가 충족되면 더 높은 수준의 상위 욕구가 동기화된다는 것이다.

◇ **오답 체크**

ㄹ. 매슬로우는 대체로 보편적으로 인간이 소유하는 욕구의 위계구조를 제시하였지만, 그것이 절대적인 것이 아니라고 본다. 즉, 욕구의 위계는 얼마든지 예외가 있을 수 있고, 일부 욕구가 충족되지 않더라도 상위단계의 욕구로 옮겨갈 수 있다는 것이다. 인간은 수동적으로 행동하는 존재가 아니라 능동적으로 자아실현을 위해 노력하는 존재이기 때문이다. 실증적 연구를 통해 욕구의 위계가 개인의 상황과 배경에 따라서 변화될 수 있는 것으로 입증된 바도 있다.

**1117.** 매슬로우(Maslow)의 욕구위계이론상 욕구를 결핍 욕구와 성장 욕구로 구분할 때, 성장 욕구에 해당하는 것은?  2021년 국가직 7급

① 안전의 욕구  
② 소속과 애정의 욕구  
③ 자존의 욕구  
④ 자아실현의 욕구

---

**암기 POINT**

- 매슬로우의 욕구위계이론

| 개요 | -욕구의 위계에 따라 순차적으로 추구<br>-충족되지 않은 상위의 욕구 자극 필요 | |
|---|---|---|
| 욕구<br>위계 | 결핍<br>욕구 | 생리적 욕구<br>안전 욕구<br>소속감 욕구<br>자존 욕구 |
| | 성장<br>욕구 | 지적 욕구<br>심미적 욕구<br>자아실현 욕구 |

1116 ① 1117 ④

■ 정답 및 해설

④ 매슬로우의 욕구위계이론에서는 생리적 욕구, 안전욕구, 소속과 애정의 욕구, 자존과 존경의 욕구는 충족되지 못하여 결핍되면 그것의 충족이 필요하다고 느끼게 되는 결핍 욕구이다. 반면, 자아실현의 욕구는 결핍으로 동기화되지 않으며, 자신의 고유한 잠재력을 실현하려는 능동적인 욕구인 성장 욕구로 분류된다. 매슬로우의 후기 연구들에서는 성장의 욕구에 자아실현 욕구 이외에도, 지적 욕구와 심미적 욕구를 추가로 포함시켰다.

**1118.** 매슬로우(Maslow)의 이론에서 성장욕구에 해당되지 않는 것은?

2003년 유초등

① 인지 욕구  ② 자존 욕구
③ 심미 욕구  ④ 자아실현 욕구

■ 정답 및 해설

② 매슬로우의 욕구위계이론은 원래 5단계로 욕구를 구분하였으나, 후기 연구들에서는 7단계로 욕구를 구분하였다. 7단계 구분에 따르면, 생리적 욕구, 안전욕구, 소속과 애정의 욕구, 자존과 존경의 욕구는 충족되지 못하여 결핍되면 그것의 충족이 필요하다고 느끼게 되는 결핍 욕구이다. 반면, 인지 욕구, 심미 욕구, 자아실현의 욕구는 결핍으로 동기화되지 않으며, 자신의 고유한 잠재력을 실현하려는 능동적인 욕구인 성장 욕구로 분류된다.

### 출포 360. 앨더퍼의 생존-관계-성장(ERG) 이론

기본서 515쪽

**1119.** 인간의 행동을 유발하는 요인에 대한 매슬로우(A. H. Maslow)의 욕구계층이론, 알더퍼(C. P. Alderfer)의 ERG 이론, 허즈버그(F. Herzberg)의 동기위생이론의 공통적 특징으로 옳지 않은 것은? 2010년 국가직 7급

① 인간의 욕구는 목표지향적인 행동을 창출하고 유지하는 주요 요인이다.
② 타인으로부터 존경받으려는 욕구가 가장 높은 단계의 욕구이다.
③ 대인관계나 소속감과 같은 사회성을 무시한다면 조직의 효과를 기대할 수 없다.
④ 조직의 효과성을 위해 구성원의 성장과 자아실현에 대한 욕구를 충족시키는 풍토를 조성해야 한다.

1118 ② 1119 ②

**암기 POINT**

• 앨더퍼의 ERG 이론

| 개요 | −욕구위계에 따라 추구<br>−둘 이상 동시 추구, 욕구 퇴행도 가능 |
|---|---|
| 욕구<br>위계 | − 생존 욕구 : 자원 확보<br>− 관계 욕구 : 사회관계<br>− 성장 욕구 : 자기실현 |

### ■ 정답 및 해설

② 매슬로우는 인간의 욕구를 생리적 욕구, 안전욕구, 소속과 애정의 욕구, 자존과 존경의 욕구, 자아실현의 욕구로 구분하였으며, 그 중에서 자아실현의 욕구가 가장 높은 단계의 욕구라고 하였다.

앨더퍼의 ERG 이론에서는 인간의 욕구를 생존(E), 관계(R), 성장(G)의 욕구로 구분하였으며, 그 중에서 성장의 욕구가 가장 높은 단계의 욕구라고 하였다.

허즈버그의 동기위생이론에서는 동기요인과 위생요인을 구분하였으나, 이 둘은 서로 다른 차원의 요인이므로 그 중 어떤 것이 더 높다고 말할 수 없다.

---

**1120.** 매슬로우(Maslow)와 앨더퍼(Alderfer)의 욕구이론을 비교할 때, 앨더퍼의 주장에 해당하는 것만을 골라 묶은 것은?　　　2011년 경남

> ㄱ. 상위수준의 욕구가 좌절될 때 그보다 낮은 하위수준의 욕구의 중요성이 커진다.
> ㄴ. 2~3가지 욕구가 한 번에 충족될 수 있다.
> ㄷ. 하위욕구가 충족되어야만 상위욕구가 발생한다.
> ㄹ. 성장욕구에는 자아실현 욕구, 지적 욕구, 심미적 욕구가 있다.

① ㄱ, ㄴ　　② ㄴ, ㄷ　　③ ㄷ, ㄹ
④ ㄱ, ㄴ, ㄷ　　⑤ ㄱ, ㄴ, ㄷ, ㄹ

### ■ 정답 및 해설

① 앨더퍼의 ERG이론은 매슬로우 이론과 유사하지만, 욕구들의 구체적 내용과 동기의 이동 방향에 대해서는 차별적이다. 매슬로우는 생리적 욕구, 안전의 욕구, 소속감과 애정의 욕구, 자아존중과 존경의 욕구, 성장의 욕구로 욕구의 위계를 구분하였다. 이후, 매슬로우는 성장의 욕구를 자아실현 욕구, 지적 욕구, 심미적 욕구로 구분하였다(ㄹ). 반면, 앨더퍼는 욕구위계를 생존-관계-성장의 욕구로 구분하였다.

매슬로우는 하위 수준의 충족되어야 그 다음 단계인 상위의 욕구가 발생한다고 보았다(ㄷ). 앨더퍼는 하위 수준의 욕구가 충족되지 않은 상태에서도 상위 욕구가 발생할 수도 있으며, 따라서 2~3가지 욕구가 한 번에 추구될 수 있다고 보았다(ㄴ). 즉 두 가지 이상의 욕구가 동시에 작용하여 복합적인 하나의 행동을 유발한다고 보았다.

한편, 매슬로우는 하위의 욕구가 충족된 다음 상위 수준의 욕구를 추구해 간다고 보는 만족-전진법을 주장하였다. 앨더퍼는 상위 수준의 욕구가 좌절될 때에는 하위의 욕구의 중요성이 커지며, 하위의 욕구 충족을 통해 보상받으려고 한다고 보는 불만족-퇴행법도 가능하다는 점을 제시하였다(ㄱ).

즉, ㄱ과 ㄴ은 앨더퍼의 주장이며, ㄷ과 ㄹ은 매슬로우의 주장이다.

1120 ①

## 출포 361. 허즈버그의 동기-위생 이론

기본서 516쪽

**1121.** 허즈버그(Herzberg)의 동기-위생이론에서 교사의 직무만족을 가져다 주는 동기요인에 해당하는 것만을 모두 고르면?　　2023년 지방직 9급

ㄱ. 근무조건　　　　　ㄴ. 동료와의 관계
ㄷ. 가르치는 일 자체　　ㄹ. 발전감

① ㄱ, ㄴ　　② ㄱ, ㄹ　　③ ㄴ, ㄷ　　④ ㄷ, ㄹ

**난이도** ■ ■ ■
**채점결과** □ □ □

### ■ 정답 및 해설

④ 허즈버그의 동기-위생이론에서는 직무 만족과 직무 불만족은 서로 독립되어 별개의 차원으로 존재하며, 각 차원에 영향을 미치는 요인 역시 독립적으로 존재한다고 본다. 동기요인은 직무를 통해 개인의 성장과 자기실현을 가능하게 하는 요인들로서 직무에 대한 만족감을 유발한다. 위생요인 또는 환경요인은 불쾌한 상황을 제거하여 양호한 환경을 유지하게 하는 요인들로써 직무 불만족을 감소시키는 역할을 한다.
제시된 보기 중 ㄷ과 ㄹ은 동기요인에 해당하며, ㄱ과 ㄴ은 위생요인에 해당한다.

| 동기요인 | 위생요인 |
|---|---|
| • 충족 → 만족 증가 | • 충족 → 불만족 감소(만족 증가 ×) |
| • 미충족 → 만족 감소(불만족 증가 ×) | • 미충족 → 불만족 증가 |
| - 일 자체에서의 성취 | - 조직의 관리와 통제 |
| - 성취에 대한 인정 | - 동료들과의 관계 |
| - 일에 대한 책임감 | - 급여(보수) |
| - 성장과 발전 | - 근무조건 |
| - 승진 등 | - 직업안정성 등 |

### 암기 POINT
• 허즈버그의 동기위생이론

| 동기요인 | 위생요인 |
|---|---|
| 직무 만족에 영향 | 직무 불만족에 영향 |
| 일 그 자체, 책임감, 성취의 인정, 성장과 발전 | 관리와 통제, 대인관계, 근무조건, 급여, 안정성 |

**1122.** 다음과 가장 관계가 깊은 이론은?　　2021년 국가직 9급

직무 만족과 직무 불만족은 서로 독립된 별개의 차원이며, 각 차원에 작용하는 요인 역시 별개이다. 직무 만족을 가져다주는 요인에는 성취, 책임감 등이 있으며, 충족되지 않으면 직무 불만족을 가져오는 요인에는 대인관계, 근무조건 등이 있다.

① 허즈버그(Herzberg)의 동기-위생이론
② 매슬로우(Maslow)의 욕구위계이론
③ 맥그리거(McGregor)의 X-Y이론
④ 헤크만과 올드함(Hackman & Oldham)의 직무특성이론

**난이도** ■ ■ ■
**채점결과** □ □ □

1121 ④　1122 ①

■ 정답 및 해설
① 직무 만족과 직무 불만족은 별개의 차원으로 존재하며, 각 차원에 영향을 미치는 요인 역시 독립적으로 존재한다고 보는 이론은 허즈버그의 동기-위생이론이다. 이에 따르면 직무 만족을 가져다주는 요인에는 일 그 자체에서의 성취, 일에 대한 책임감, 성장과 발전(승진) 등이 있다. 또한 직무 불만족을 가져오는 요인은 조직의 관리와 통제, 급여, 근무조건, 직업안정성, 동료와의 관계 등이 있다.

◇ 오답 체크
② 매슬로우의 욕구위계이론은 일련의 욕구위계 선상에서 그것의 충족 여부에 따라 만족과 불만족이 결정된다고 보기 때문에, 직무 만족과 직무 불만족이 별개의 차원이 아니라고 본다.
③ 맥그리거의 X-Y 이론은 조직의 관리자가 가지고 있는 인간관을 분류한 이론으로, 관리자가 조직을 관리하고 동기를 부여하는 방식을 설명하고 있다.
④ 헤크만과 올드햄의 직무특성이론은 특정한 직무의 특성이 개인의 특정한 심리 상태를 유발하고 이것이 다시 직무 성과와 연관되는데, 이때 종업원의 개인차가 이러한 일련의 과정에 영향을 줄 수 있다는 이론이다.

**1123.** 다음은 어떤 이론을 학교에 적용한 내용이다. 이 내용에 가장 부합하는 (가) 이론과 (나) 제도를 바르게 짝지은 것은? 2012년 중등

○ 교사가 더 큰 내적 만족을 얻을 수 있도록 직무를 재설계하는 방법을 모색한다.
○ 교사의 동기는 보수 수준이나 근무 조건의 개선보다 가르치는 일 그 자체의 성취감 등을 통해 더욱 강화된다.
○ 교사에게 직무 수행상의 책임을 증가시키고, 자신의 능력을 발휘할 수 있도록 기회와 재량권을 부여하여 심리적 보상을 얻게 한다.

|  | (가) | (나) |
|---|---|---|
| ① | 공정성이론 | 학습연구년제 |
| ② | 공정성이론 | 수석교사제 |
| ③ | 목표설정이론 | 교원성과급제 |
| ④ | 동기-위생이론 | 수석교사제 |
| ⑤ | 동기-위생이론 | 교원성과급제 |

■ 정답 및 해설
④ (가) 교사의 동기는 보수나 근무조건의 개선보다는 가르치는 일 자체의 성취감 등을 통해 더욱 강화된다고 보는 이론은 직무의 만족 요인과 불만족 요인을 구분해서 보는 동기-위생이론이다.
(나) 동기-위생이론에 기초하여 교사의 직무 수행상의 책임과 재량권을 증가시키고 능력 발휘의 기회를 부여하여 심리적 만족을 추구하는 제도는 수석교사제이다.

1123 ④

## 1124. 다음의 연구 결과를 통해 볼 때, 만족 요인과 불만족 요인에 관련이 깊은 것을 가장 바르게 짝지은 것은?

2006년 유초등

직무 만족과 불만족은 연속선상의 양극단에 위치하는 일차원적인 개념이 아니라, 별개로 존재하는 상호 독립적인 개념이다. 그래서 조직생활에서 만족 요인이 많으면 만족감이 커지지만, 그것이 없다고 해서 불만족감이 높아지는 것은 아니다. 또한, 불만족 요인이 많으면 불만족감이 높아지지만, 그것이 없다고 해서 만족감이 높아지는 것은 아니다.

|   | 만족요인 | 불만족요인 |
|---|---|---|
| ① | 동기요인 | 위생요인 |
| ② | 회피요인 | 접근요인 |
| ③ | 위생요인 | 동기요인 |
| ④ | 동기요인 | 접근요인 |

### ■ 정답 및 해설
① 제시된 내용은 허즈버그의 동기위생이론에 대한 설명이다. 이 이론에서는 직무 만족감에 기여하는 요인은 동기요인, 직무 불만족에 영향을 주는 요인은 위생요인으로 구분하였다.

## 1125. 허즈버그(Herzberg)의 동기위생이론에 비추어볼 때, 충족되는 경우에 교사의 직무만족감 증진에 가장 크게 기여하는 것은?

2002년 중등

① 보수　　　　　　　　② 근무조건
③ 학생의 존경　　　　　④ 동료와의 관계

### ■ 정답 및 해설
③ 허즈버그의 동기위생이론에서는 직무 만족감 증진에 기여하는 요인은 동기요인, 직무 불만족 증가에 기여하는 요인은 위생요인으로 구분하였다. 동기요인에는 일 자체에서의 성취, 성취에 대한 인정, 일에 대한 책임감, 성장과 발전, 승진 등이 포함된다. 위생요인에는 조직의 관리와 통제, 동료들과의 관계, 급여(보수), 근무조건, 직업안정성 등이 포함된다.
'학생의 존경'은 교사의 직무수행에 대한 조직 내 구성원의 인정에 해당하므로 동기요인으로 볼 수 있다.

◇ 오답 체크
①, ②, ④는 직무 불만족에 영향을 미치는 위생요인에 해당한다.

1124 ①　1125 ③

## 출포 362. 맥그리거의 X-Y 이론

> 기본서 517쪽

**1126.** (가), (나)에 들어갈 말을 바르게 연결한 것은? | 2023년 국가직 9급

○ 허즈버그(Herzberg)는 직무 불만족을 야기하는 근무조건, 직업안정성, 보수 등을 ＿(가)＿ 으로 보았다.
○ 맥그리거(McGregor)는 적절하게 동기부여가 되면 누구나 자율적이고 창의적으로 행동한다는 관점을 ＿(나)＿ 로 불렀다.

| | (가) | (나) | | (가) | (나) |
|---|---|---|---|---|---|
| ① | 동기요인 | 이론 X | ② | 동기요인 | 이론 Y |
| ③ | 위생요인 | 이론 X | ④ | 위생요인 | 이론 Y |

### ■ 정답 및 해설

④ (가) 허즈버그의 동기-위생이론에서 직무 불만족을 야기하는 요인은 위생요인이며, 위생요인에는 조직의 관리와 통제, 동료들과의 관계, 근무조건, 직업안정성, 보수 등이 포함된다.
(나) 맥그리거의 X-Y 이론에서 인간은 누구나 동기부여가 되면 자율적이고 창의적으로 행동한다는 관점은 Y이론에 해당한다. 반대로, 인간은 천성적으로 일하기를 싫어하며 타율적이며 지시받은 대로만 행동한다고 보는 관점은 X이론에 해당한다.

**1127.** 맥그레거(D. M. McGregor)의 Y이론을 지지하는 교육행정가의 행동으로 적절하지  않은 것은? | 2018년 국가직 7급

① 차등성과급을 이용하여 조직구성원의 동기를 조절하려고 한다.
② 조직구성원은 맡은 일을 수행하기 위하여 자기지시와 자기통제를 행사할 수 있다고 보고 지원한다.
③ 조직구성원의 잠재력이 원활하게 발휘될 수 있도록 지원한다.
④ 조직구성원에게 잠재하는 높은 수준의 상상력, 독창성, 창의성을 발휘할 기회를 부여한다.

### ■ 정답 및 해설

① 맥그레거의 Y이론에서는 인간은 본질적으로 자아실현적 존재로서, 자율적이며 자기통제적인 환경에서 직무동기가 유발된다고 본다. 차등성과급을 이용하여 조직구성원의 동기를 조절하는 것은 외재적 보상을 통해 동기를 자극하는 방식이므로 테일러식의 과학적 관리론적 조직운영방식이며, 맥그레거의 X이론에 따른 행동이다.

---

**암기 POINT**
- 맥그리거의 X-Y이론

| X이론 | Y이론 |
|---|---|
| 인간은 일하기 싫어함 | 인간은 일하는 것을 좋아함 |
| 타율적 통제, 지시와 명령, 금전적 유인 | 자율적 통제, 권한 위임, 인정과 성장 |

1126 ④  1127 ①

1128. 다음 사례와 같은 학교장의 경영방침과 관련 있는 학자의 이론은?

2009년 국가직 9급

> A교장은 평소 학교경영에서 명령이나 통제 대신에 교사 개개인의 자발적인 근무 의욕과 동기유발을 위해 노력하고 있다. 그의 교사들에 대한 기본 입장은 교사들이 타인의 간섭 없이도 자발적으로 일을 하고 싶어 하는 성향이 있다는 것이다.

① 맥그리거(McGregor)의 Y이론
② 테일러(Taylor)의 과학적 관리이론
③ 애덤스(Adams)의 공정성이론
④ 허즈버그(Herzberg)의 위생이론

■ 정답 및 해설

① 맥그리거는 테일러의 과학적 관리이론을 비판하면서 자발적 동기부여 이론을 주장하였다. 그는 기존의 테일러식의 경영이론에서는 인간을 무책임하고 수동적인 존재로 이해하며, 따라서 조직의 목표 달성을 위해서는 개인에 대한 명령이나 통제를 통해 조직을 관리해야 한다고 보았다고 지적한다. 이러한 관점을 X이론이라고 명명하였다. 이에 반해, 맥그리거는 인간은 자아실현적 존재로서 자율적이며 창의적인 방식으로 일하기를 좋아하므로, 자발적이고 자기통제적인 직무 환경을 조성하는 것이 보다 효과적이라고 보았다. 이러한 관점을 Y이론이라고 명명하였다.

위 내용에서 A교장은 교사의 자발적인 근무 의욕과 동기를 존중하고, 타인의 간섭 없이 자발적으로 일하려는 성향이 있다고 본다는 점에서 Y이론에 해당한다.

◇ 오답 체크

② 테일러의 과학적 관리론은 인간은 본래 일하기를 싫어하고 수동적인 존재로서, 금전적 보상이나 처벌의 위협에서 일할 동기를 얻는다고 보는 X이론에 기초하고 있다.
③ 애덤스의 공정성이론에서는 인간은 사회적 존재로, 자신이 다른 사람에 비해 얼마나 공정한 대우를 받고 있다고 느끼는지가 동기에 중대한 영향을 미친다고 본다.
④ 허즈버그의 위생이론에서는 명령이나 통제 대신에 자발적으로 일하는 근무환경을 조성하는 것이 직무 불만족을 감소시킬 수 있다고 본다. 그러나 이러한 위생요인이 자발적으로 일하고자 하는 적극적 동기를 낳는 것은 아니기 때문에, 제시된 내용을 설명하기에는 충분하지 않다.

1128 ①

## 출포 363. 아지리스의 미성숙-성숙 이론

🔹 기본서 518쪽

**1129.** 아지리스(C. Argyris)의 교육조직에 관한 주장으로 (가)와 (나)에 들어갈 적합한 말은?

2014년 지방직 9급

> 교사와 같은 전문직 종사자는 ⎡ (가) ⎦ 인간으로 대우받고 싶어 하지만 대부분의 현대 조직은 관료적 가치체계를 따르고 있기 때문에 그들의 잠재력을 최대한으로 활용하지 못하고 있다. 사람들은 ⎡ (나) ⎦ 인간으로 취급받게 되면 공격적이게 되거나 냉담한 반응을 나타내게 되고, 그에 따라 관리자는 더욱 통제를 가하게 되어 결과적으로 조직의 효율성이 저하된다. 따라서 조직관리자는 구성원을 ⎡ (가) ⎦ 인간으로 대우하고 그러한 조직문화 풍토를 조성하는 데 최선의 노력을 기울여야 한다.

|   | (가) | (나) |   | (가) | (나) |
|---|---|---|---|---|---|
| ① | 자율적 | 타율적 | ② | 성숙한 | 미성숙한 |
| ③ | Y이론적 | X이론적 | ④ | 평등한 | 불평등한 |

### ■ 정답 및 해설

② 아지리스는, 맥그리거 이론과 유사하게, 인간에 대한 관점을 기초로 조직관리 방식을 분류하였다. 그에 따르면, 조직구성원을 '미성숙한' 존재로 취급하는 조직은 조직의 요구와 개인들의 심리적 욕구가 불일치되어 사기저하, 공격적 태도, 불화가 발생하여 조직의 효율성이 감소한다. 따라서 조직의 목표를 효율적으로 달성하기 위해서는 조직 구성원을 자아의식을 가진 '성숙한' 인간으로 취급하는 문화풍토를 조성하여야 한다.

**암기 POINT**

• 아지리스의 미성숙-성숙이론

| 미성숙이론 | 성숙이론 |
|---|---|
| 수동적, 의존적, 단순한, 단기적 | 능동적, 독립적, 다양한, 지속적 |
| 표준화, 명령 | 협동, 신뢰 |
| X이론 | Y이론 |

**1130.** 다음의 대화에서 추론할 수 있는 전임교장과 신임교장의 학교경영 관점을 가장 바르게 짝지은 것은?

2006년 유초등

> 장 교사: 새로 오신 교장 선생님 정말 좋지?
> 송 교사: 그래, 전임 교장 선생님은 일방적인 지시만 해서 싫었는데, 새 교장 선생님은 모든 일을 자율적으로 할 수 있도록 하니까 참 좋아.
> 최 교사: 그렇지만, 나는 전임 교장 선생님의 경영방식이 더 효과적이라고 생각해. 그러지 않으면 편하려고만 하는 게 사람 생리인데, 누가 알아서 일 하겠어?

1129 ② 1130 ①

|     | 전임교장 | 신임교장 |     | 전임교장 | 신임교장 |
| --- | --- | --- | --- | --- | --- |
| ① | X이론 | Y이론 | ② | Y이론 | X이론 |
| ③ | X이론 | Z이론 | ④ | Z이론 | Y이론 |

■ **정답 및 해설**

① 대화 속에서 전임 교장은 일방적인 지시를 통해 일하게 하는 성향이 있으며, 신임 교장은 모든 일을 자율에 맡겨 두는 성향이 있는 것으로 설명된다. 이를 맥그레거의 X-Y이론에 적용하면, 전임 교장은 인간은 본성적으로 일하기를 싫어 하며, 엄격한 관리와 통제를 통해 일하게 해야 한다는 관점을 갖고 있으므로 X이론의 관점을 가진 것으로 볼 수 있다. 신임 교장은 인간은 자율적인 환경에서 창조적이며 자기통제적으로 일하기를 좋아 한다는 관점을 가진 것으로 보이므로 Y이론의 관점을 갖고 있다고 볼 수 있다.

## 출포 364. 동기유발을 위한 직무설계 방법

기본서 518~519쪽

**1131.** 다음에서 권 교사에게 해당하는 직무설계 방법으로 가장 올바른 것은?

2007년 유초등

> 초등학교 정보부장인 권 교사는 할당된 업무를 충실하게 수행한다고 인정받고 있었다. 최근 학교장은 그 동안 자신이 수행하던 정보 관련 대외 업무를 권 교사에게 일임하고 정기적으로 보고 받는 방식으로 직무를 재설계 하였다. 권 교사는 자신에게 위임된 업무에 대해 책임감을 갖고 자율적으로 수행하게 되었으며, 이로 인해 직무 만족도가 높아지고 교직 전문성도 향상되었다.

① 직무 순환(job rotation)  ② 직무 풍요화(job enrichment)
③ 직무 공학화(job engineering)  ④ 직무 단순화(job simplification)

■ **정답 및 해설**

② 사례에서 권 교사는 자신에게 할당된 업무에 대해 권한과 자율성을 부여받았다. 이를 통해 업무에 대한 책임감이 높아지고, 직무 만족도와 전문성이 향상되었다. 직무의 범위를 수직적으로 확대하여 직무에 대해 권한을 일임하고 자유재량권과 독립성을 보장하여 책임감을 갖게 하는 직무설계 방법을 '직무 풍요화'라고 한다.

◇ **오답 체크**

① '직무 순환'은 한 구성원이 조직 내의 여러 직무를 차례로 경험하도록 하는 직무설계 방법이다..
③ '직무 공학화'는 생산성 증진을 위하여 직무의 범위와 구조를 체계적으로 구조화하고 설계하는 것을 말한다.
④ '직무 단순화'는 직무를 가능한 한 세분화하여 담당할 과업의 수를 줄이는 것으로, 단순화, 표준화, 전문화, 분업화를 핵심요소로 하는 직무설계 방법이다.

## 02. 동기의 과정이론

### 출포 365. 브룸의 기대이론

기본서 519~520쪽

**1132.** 브룸(Vroom)의 기대이론에 대한 설명으로 옳지 않은 것은?

2022년 국가직 7급

① 유인가(valence), 성과기대(expectancy) 및 보상기대(instrumentality)를 중심으로 동기유발을 설명한다.
② 유인가는 보상에 대하여 가지는 매력 혹은 인지된 가치를 말한다.
③ 유인가와 보상기대는 높고 성과기대는 낮을 경우 최고 수준의 동기를 유발할 수 있다.
④ 동일한 성과상여금 기준을 적용받는 교직원 간에 동기유발 효과는 다를 수 있다.

■ **정답 및 해설**

③ 브룸의 기대이론에 의하면, 성과기대, 보상기대, 유인가가 모두 높을 때 최고 수준의 동기가 유발될 수 있다. 즉 특정한 행동이 특정한 성과를 가져올 것이라는 기대가 높고, 특정한 성과가 특정한 보상을 가져올 것이라는 기대가 높으며, 그 보상이 가진 주관적 가치나 선호가 높을 때 최고 수준의 동기가 유발되는 것이다.

**암기 POINT**
• 브룸의 기대이론

| 주요 변인 | 유인가(유의성, V) 보상기대(수단성, I) 성과기대(기대감, E) |
|---|---|
| 동기 유발 | 노력에 따른 성과와 보상에 대한 기대가 높고, 보상의 유인가가 높을 때 동기유발 |

---

**1133.** 교사의 동기과정이론에 대한 설명으로 옳은 것은?

2021년 지방직 9급

① 목표설정 이론은 직무에서 만족을 주는 요인과 불만족을 주는 요인을 독립된 별개의 차원으로 본다.
② 공정성 이론은 보상의 양뿐 아니라 그 보상이 공정하다고 지각하는 정도가 만족을 결정한다고 본다.
③ 기대 이론은 동기를 개인의 여러 가지 자발적인 행위 중에서 자신의 선택을 지배하는 과정으로 본다.
④ 성과-만족 이론은 자신이 투자한 투입 대 결과의 비율을 타인의 그것과 비교하여 공정성을 판단한다고 본다.

■ **정답 및 해설**

③ 기대 이론에서는 인간을 합리적 존재이자 쾌락을 추구하는 존재라고 본다. 따라서 자신의 인지적 사고과정을 통해 자신에게 긍정적 결과를 가져올 수 있을 것이라 기대되는 행동을 자발적으로 선택하여 행한다고 본다. 이러한 개인의 자발적 행위 선택의 과정에서 동기는 결정적이며 지배적인 역할을 한다고 전제된다.

◇ **오답 체크**
① 동기위생이론, ② 성과-만족이론, ④ 공정성이론에 대한 설명이다.

**암기 POINT**
• 포터와 롤러의 성과-만족이론

| 주요 변인 | 성과기대, 보상기대 내재적·외재적 보상 보상의 공정성 지각 만족 |
|---|---|
| 동기 유발 | 보상의 양 뿐 아니라 보상이 공정하다고 지각할 때 만족하며, 만족할 때 동기유발 |

1132 ③  1133 ③

**1134.** 다음 설명에 해당하는 동기이론은?    2019년 지방직 9급

> ○ 동기 행동이 유발되는 과정에 초점을 맞춘다.
> ○ 유인가, 성과기대, 보상기대의 세 가지 기본 요소를 토대로 이론적 틀을 구축하였다.
> ○ 개인의 가치와 태도는 역할기대, 학교문화와 같은 요소와 상호작용하여 행동에 영향을 미친다고 가정한다.

① 브룸(V. H. Vroom)의 기대이론
② 허즈버그(F. Herzberg)의 동기-위생이론
③ 아담스(J. H. Adams)의 공정성이론
④ 알더퍼(C. P. Alderfer)의 생존-관계-성장이론

■ 정답 및 해설
① 동기 행동이 유발되는 과정에 초점을 맞춘 동기과정이론 중의 하나로서, 유인가, 성과기대, 보상기대의 개념을 통해 동기 유발의 과정을 설명하는 이론은 브룸의 기대이론이다. 인간의 동기는 특정한 행위가 특정한 결과를 가져올 것이라는 성과기대, 그 성과가 특정한 보상을 가져올 것이라는 보상기대, 그러한 성과와 보상의 주관적 유인가에 의해 결정된다고 보는 이론이다. 이 때, 성과나 보상에 대한 개인의 주관적 평가나 선호가 영향을 미치는데, 이것은 개인의 가치와 태도, 역할기대, 학교문화와 같은 요소들과 상호작용하여 동기와 행동에 영향을 미치게 된다.


**1135.** 다음 내용에 가장 부합하는 동기이론은?    2012년 유초등

> ○ 최 교장은 교사들이 노력만 하면 성과를 얻을 수 있다는 믿음을 주기 위해서 교사를 위한 훈련프로그램, 안내, 지원, 후원, 참여 등을 강화하였다.
> ○ 최 교장은 교사들의 성과와 보상의 연결 정도를 분명히 하였다.
> ○ 최 교장은 교사들이 생각하는 보상에 대한 유인가를 증진시키기 위해 교사들이 더 매력적으로 생각하는 보상내용을 파악하고 그들이 바라는 보상을 적절히 제공하였다.

① 브룸(V. Vroom)의 기대 이론
② 허즈버그(F. Herzberg)의 동기-위생 이론
③ 아지리스(C. Argyris)의 미성숙-성숙 이론
④ 알더퍼(C. Alderfer)의 생존-관계-성장 이론
⑤ 로크(E. Locke)와 라탐(G. Latham)의 목표설정 이론

■ 정답 및 해설
① 최 교장은 교사들이 노력만 하면 성과를 얻을 수 있을 것이라는 믿음, 즉 성과기대를 증가시키고자 하였다. 또, 성과와 보상의 연결 정도를 분명히 함으로써, 보상

기대를 증가시키고자 하였다. 교사들이 매력적으로 생각하는 보상을 제공하고자 함으로써, 보상의 유인가를 증가시키고자 하였다. 이상의 내용을 종합해 보면, 최 교장의 행동은 성과기대, 보상기대, 유인가의 개념을 통해 직무동기를 설명하는 브룸의 기대이론에 가장 부합한다.

### 출포 366. 아담스의 공정성 이론

기본서 521~523쪽

**1136.** 동기이론 중 공정성 이론에 대한 설명으로 옳지 않은 것은?

2023년 국가직 7급

① 한 개인이 타인에 비해 얼마나 공정한 대우를 받고 있는가에 초점을 둔 사회적 비교이론이다.
② 개인의 동기를 유발하는 기저 요인은 절대적인 가치에 의해 좌우된다.
③ 개인이 불공정성을 인식하였을 때, 투입이나 성과를 조정하여 공정한 균형상태를 이루고자 노력한다.
④ 공정성의 정도를 지각하는 데 있어 고려하는 투입 요인으로 직무수행과 관련된 노력, 교육 경험을 들 수 있다.

■ **정답 및 해설**

② 아담스의 공정성 이론에서 동기는 절대적인 가치보다는 상대적인 비교에 의해 결정된다. 즉, 개인은 자신의 투입과 성과를 다른 사람과 비교하면서 공정성 여부를 판단하고, 그에 따라 동기가 유발되므로 보상의 절대적인 양이나 가치보다는 보상의 상대적 가치가 중요한 요인으로 지각된다.

**1137.** 다음 내용과 밀접한 관련이 있는 동기이론에 대한 설명으로 옳은 것은?

2018년 국가직 7급

> 투입 조정, 성과 조정, 비교대상의 변경, 투입과 성과에 대한 인지적 왜곡, 조직 이탈

① 직무만족에 기여하는 요인과 직무불만족에 기여하는 요인은 별개로 존재한다.
② 한 개인이 다른 사람에 비해서 얼마나 공정한 대우를 받고 있다고 느끼는가에 초점을 두고 있다.
③ 하나의 욕구가 충족되면 다음 단계에 있는 다른 욕구가 나타나서 그것의 충족을 요구하는 체계를 이루고 있다.
④ 사람은 자신의 노력에 따른 성과와 보상에 대한 주관적 기대치를 바탕으로 어떻게 행동할지를 선택한다.

---

**암기 POINT**
• 아담스의 공정성이론

| 주요<br>변인 | 공정성 지각<br>(자신의 성과/투입 vs.<br>타인의 성과/투입) |
| --- | --- |
| 동기<br>유발 | 조직 내 다른 사람들에 비해 공정한 대우를 받고 있다고 느낄 때 만족, 동기유발 |
| 공정성<br>회복<br>행동 | 과다보상, 과소보상<br>(자신의 투입이나 성과 조정 등) |

1136 ② 1137 ②

■ 정답 및 해설

② 제시된 내용들은 공정성이론에서 설명하는 불공정한 상황에서 나타나는 공정성 회복 행동의 유형들을 제시한 것이다. 공정성이론에 따르면, 개인은 자신이 받은 성과와 자신이 투자한 투입의 비율을 타인의 것과 상대적으로 비교하여 공정성을 판단하며, 그 비율이 불균형을 이루면 불공정하다고 생각하게 되며, 직무 불만과 심리적 긴장을 겪게 된다. 개인은 자신의 투입이나 성과를 조정하거나, 비교대상을 변경하거나, 투입과 성과에 대한 인지적 왜곡을 통해, 보다 근본적으로는 조직이탈을 통해 이러한 심리적 긴장을 해소하고자 한다. 이상의 과정에서 동기 발생의 과정에서의 초점은 한 개인이 다른 사람에 비해서 얼마나 공정한 대우를 받고 있다고 느끼는가에 있다고 할 수 있다.

◇ 오답 체크

① 동기위생이론, ③ 욕구위계이론, ④ 기대이론에 대한 설명이다.

1138. 동기 이론에 대한 설명으로 옳지 않은 것은? 2015년 국가직 7급

① 아담스(Adams)의 공정성이론에 따르면 사람이 다른 사람과 비교해서 과소보상을 느끼면 직무에 시간과 노력을 더 많이 투입한다.
② 로크(Locke)의 목표설정이론에서는 대부분의 인간 행동은 유목적적이며 행위는 목표와 의도에 따라 통제되고 유지된다고 본다.
③ 브룸(Vroom)의 기대이론에서 유인가(valence)는 목표, 결과, 보상 등에 대해서 개인이 갖는 선호도를 말한다.
④ 허츠버그(Herzberg)의 동기-위생이론에 따르면 동기추구자는 욕구체계에서 주로 성취, 인정, 발전 등 상위 욕구에 관심을 둔다.

■ 정답 및 해설

① 아담스의 공정성이론에 따른 어떤 사람이 다른 사람과 비교해서 과소보상을 느끼면 자신의 노력을 감소시키거나 성과를 증가시켜 공정성을 회복하려고 한다. 따라서 자신의 투입-성과 비율을 증가시키기 위해서는 직무에 시간과 노력을 더 적게 투입하게 될 것이다.

$$\text{과소보상 상황:} \frac{\text{자신의 성과}}{\text{자신의 투입}} < \frac{\text{타인의 성과}}{\text{타인의 투입}}$$

암기 POINT

• 로크의 목표설정이론

| 주요 변인 | 개인이 의식적으로 성취하려는 목표 |
|---|---|
| 동기 유발 | 목표의 구체성과 난이도, 목표설정에의 참여, 노력에 대한 피드백, 동료 간 경쟁이 있을 때 동기유발 |

1138 ①

**1139.** 다음 글은 어느 동기이론에 관한 설명인가?  `2013년 국가직 9급`

- A교사는 평소 수업 준비 및 연수에 많은 시간과 열정을 쏟아온 결과, 학생들의 성적 및 수업 만족도가 높은 편이다. 반면 같은 학교 동료교사 B는 그동안 수업 준비나 연수에 시간과 열정을 훨씬 더 적게 쏟는 편이어서 늘 학생들의 성적이나 수업 만족도가 낮았다.
- 그런데 최근 실시한 연구수업에서 동료교사 B가 학교장과의 관계가 좋다는 이유로 A자신보다 더 높은 학교장의 평가를 받은 것으로 보였다. 그 일 이후 A교사는 수업에 대한 열정에 회의를 느끼면서 수업 준비를 위한 시간이나 연수 시간을 현저히 줄이게 되었다.
- 이처럼 사람들은 자신의 노력에 대한 성과의 비율과 타인의 노력에 대한 성과의 비율을 비교하여 같지 않다고 느낄 경우 원래의 동기를 변화시키게 된다.

① 목표설정이론  ② 동기위생이론
③ 공정성이론  ④ 기대이론

■ 정답 및 해설
③ 제시된 사례 속에서 A교사는 B교사에 비해 훨씬 더 많은 시간과 열정을 쏟았고 더 높은 성과를 보였음에도 불구하고, 공정한 대우를 받지 못하고 있다고 생각하였다. 그로 인해 A교사는 동기 수준이 현격하게 저하되었다. 이와 같이 동기는 한 개인이 조직 내의 다른 사람들에 비해 얼마나 공정하게 대우받고 있다고 지각하는지에 의해 결정된다고 보는 이론은 공정성이론이다.

◇ 오답 체크
① 목표설정이론은 인간은 유목적적인 존재라는 전제 하에, 개인이 의식적으로 성취하려고 하는 목표가 강력한 동기유발 요인이 된다고 보는 이론이다.

**1140.** 동기부여에 관한 아담스(J. S. Adams)의 '공정성 이론'에서 가장 중시하는 인간의 욕구는?  `2008년 중등`

① 정서적 유대를 위한 소속의 욕구  ② 타인과의 비교를 통한 형평의 욕구
③ 기본적 생존을 위한 생물학적 욕구  ④ 조직의 목표 설정에 대한 참여의 욕구

■ 정답 및 해설
② 아담스의 공정성이론은 한 개인이 다른 사람에 비해 얼마나 공정한 대우를 받고 있다고 느끼는가에 따라 동기가 결정된다고 본다. 즉, 아담스의 이론에서는 타인과의 비교에서 공정한 대우를 받고자 하는 형평의 욕구가 가장 중요시되고 있다.

1139 ③  1140 ②

# 5. 지도성 이론

## 01. 상황적 지도성 이론

### 출포 367. 상황적 지도성 이론 개관

기본서 526~530쪽

**1141.** 다음 설명에 해당하는 지도성이론은?   2012년 국가직 9급

- 대표적 학자에는 하우스(House), 허시(Hersey)와 블랜차드(Blanchard) 등이 있다.
- 지도자의 행동은 사회적 맥락에 따라 유동적이고 지도성의 효과도 다르다.
- 레딘(Reddin)의 삼차원 지도성 유형을 예로 들 수 있다.

① 특성적 지도성이론
② 행동적 지도성이론
③ 변혁적 지도성이론
④ 상황적 지도성이론

■ 정답 및 해설

④ 지도성 이론은 특성적 지도성 이론 → 행동적 지도성 이론 → 상황적 지도성 이론 → 변혁적 지도성 이론 순으로 발달해 왔다. 이 중 지도자의 행동은 사회적 맥락에 따라 유동적이고 지도성의 효과도 다르다고 보는 관점은 상황적 지도성이론에 해당된다. 이러한 관점은 이전 시기의 지도성 이론이 유능한 지도자의 공통적 특성을 탐구하거나, 지도자 행동을 구성하는 차원을 확인하려는 연구 경향과 대비된다. 상황적 지도성 이론에서는 효과적인 지도성은 지도자의 개인적 특성, 지도자의 행위, 지도성 상황 요인들 간의 상호작용에 의해서 결정된다고 본다. 이러한 상황적 지도성 이론에는 피들러의 상황적합성 이론, 허시와 블랜차드의 상황적 지도성 이론, 하우스의 경로-목표 이론, 레딘의 삼차원적 지도성 이론이 포함된다.

### 암기 POINT

- 지도성 이론 개관

| 구분 | 주요 학자 |
|---|---|
| 행동적 지도성이론 | 레빈, 할핀, 블레이크와 머튼 |
| 상황적 지도성이론 | 피들러, 하우스, 레딘, 허시와 블랜차드, |
| 대안적 지도성이론 | 번스와 배스, 엘모어, 그론, 맨즈와 심스, 서지오바니 |

### 출포 368. 피들러의 상황적 지도성 이론

기본서 526~527쪽

**1142.** 피들러(Fiedler)의 리더십 상황 이론에서 강조하는 '상황' 요소에 포함되지 않는 것은?   2021년 국가직 9급

① 구성원의 성숙도
② 과업의 구조화 정도
③ 지도자와 구성원의 관계
④ 지도자가 구성원에 대해 가지고 있는 영향력의 정도

1141 ④    1142 ①

## 암기 POINT

- 피들러의 상황적 지도성이론

| 상황<br>변수 | −과업구조<br>−지도자의 지위권한<br>−지도자와 구성원의 관계 |
|---|---|
| 지도성<br>유형 | −과업지향형 지도성<br>−관계지향형 지도성 |

■ 정답 및 해설

① 피들러의 상황적응 지도성이론에서 상황의 호의성 변수에는 지도자와 구성원 간의 관계, 과업구조, 지도자의 지위권력이 포함된다. 지도자와 구성원의 관계는 지도자가 조직구성원들로부터 얼마나 수용되거나 존경을 받는지를 의미한다. 과업구조는 과업이 얼마나 구체적인 목표, 방법, 성과기준을 가지고 구조화되어 있는지를 의미한다. 지도자의 지위권력이란 조직이 지도자에게 부여하는 권한의 정도로서 지도자가 구성원에 대해 가지고 있는 영향력의 정도를 말한다.

한편, 구성원의 성숙도는 허시와 블랜차드의 지도성이론에서 중요시하는 상황적 변수이다.

## 기출플러스

- 피들러의 상황 지도성 이론
  - 상황 요소
  (2007년 유초등)
- 구성원들의 직무수행 능력 정도 (×)
- 지도자가 구성원들로부터 수용되고 존경받는 정도 (○)
- 과업 수행을 목적으로 조직이 지도자에게 부여하는 권한 정도 (○)
- 과업이 명료하게 구체화된 목표, 방법, 성과 기준을 가지고 있는 정도 (○)

**1143.** 피들러(F. Fiedler)의 상황적응 지도성이론을 학교상황에 적용했을 때 상황 호의성 변수가 아닌 것은?   2011년 국가직 9급

① 교장과 교사의 관계  ② 과업구조
③ 교사의 성숙도  ④ 교장의 지위 권력

■ 정답 및 해설

③ 피들러의 상황적응 지도성이론에서 상황의 호의성 변수에는 지도자와 구성원 간의 관계, 과업구조, 지도자의 지위권력이 포함된다. 교장과 교사의 관계는 교장이 교사들로부터 수용되고 존경받는 정도를 의미한다. 과업구조는 과업이 명료하게 구체화된 목표, 방법, 성과기준을 가지고 있는 정도를 의미한다. 교장의 지위 권력은 과업 수행을 목적으로 조직이 교장에게 부여하는 권한의 정도를 뜻한다.

한편, 교사의 성숙도는 허시와 블랜차드의 지도성이론에서 중요시하는 상황적 변수이다.

**1144.** 다음 송 장학사의 진술에서 피들러(F. Fiedler)의 상황적 지도성 모형에 근거할 때, '상황' 요소에 해당하는 내용으로 옳은 것만을 있는 대로 고른 것은?   2013년 중등

> 송 장학사는 A중학교의 학교경영 컨설팅 의뢰에 따라 학교를 방문하여 학교 현장을 분석하고 그 결과를 다음과 같이 진술하였다. A중학교는 ㉠ 교장과 교사가 서로 신뢰하며 존중하고 있었다. ㉡ 교사들은 교육에 대한 열의가 높았고, 업무능력도 탁월했다. 또한 ㉢ 교사들의 관계도 좋은 편이었다. ㉣ 교사들이 학교에서 하는 업무들은 구조화·체계화되어 있었고, ㉤ 교장이 교사들에게 행사할 수 있는 지위권력 수준은 낮은 편이었다.

① ㉠, ㉣, ㉤   ② ㉡, ㉢, ㉣
③ ㉢, ㉣, ㉤   ④ ㉠, ㉡, ㉢, ㉤

1143 ③  1144 ①

■ 정답 및 해설
① 피들러의 상황 지도성이론에서 중시하는 상황 변수에는 ㉠ 지도자와 구성원 간의 관계, ㉣ 과업구조, ㉰ 지도자의 지위권력이 포함된다.

◇ 오답 체크
㉡ 구성원들의 성숙도를 의미하는 내용으로서 피들러 이론의 상황 요소에 포함되지 않는다. 구성원의 성숙도는 허시와 블랜차드의 지도성 이론에서 중시하는 변수이다.
㉢ 피들러의 이론에서는 교장과 교사들 간의 관계를 중시하지만, 교사들 간의 관계는 상황 요소로 포함하지 않는다.

## 출포 369. 허시와 블랜차드의 상황적 지도성 이론

기본서 528~529쪽

**1145.** 구성원의 성숙도를 지도자 행동의 효과성에 영향을 주는 주요 요인으로 보는 리더십 이론에 대한 설명으로 옳은 것은? 2019년 국가직 9급
① 조직의 상황과 관련 없이 최선의 리더십 유형이 있다고 본다.
② 허시(P. Hersey)와 블랜차드(K. Blanchard)의 상황적 리더십 이론이 대표적이다.
③ 블레이크(R. Blake)와 모튼(J. Mouton)에 의해 완성된 리더십 이론이다.
④ 유능한 지도자는 환경보다는 유전적인 특성에 달려 있다고 본다.

■ 정답 및 해설
② 구성원의 성숙도를 지도자 행동의 효과성에 영향을 주는 주요 요인으로 보는 이론은 허시와 블랜차드의 상황적 리더십 이론이다.

◇ 오답 체크
① 상황적 리더십 이론은 조직의 상황과 관련 없이 언제나 효과적인 최선의 리더십 유형이 존재한다는 관점을 부정한다.
③ 블레이크와 모튼에 의해 완성된 리더십 이론은 관리망 이론으로서, 행동적 지도성 이론에 포함된다. 블레이크와 모튼의 관리망 이론에서는 리더십을 구성하는 두 가지 차원을 생산에 대한 관심과 인간에 대한 관심으로 구분하고, 전형적인 리더십 스타일을 5가지로 제시하였다. 그 중에서 가장 효과적인 리더십 유형을 생산과 인간 모두에게 관심을 가지는 팀형 리더십으로 구분해 내었다.
④ 유능한 지도자는 유전적인 특성에 달려 있다고 보는 이론은 특성적 지도성이론이다.

암기 POINT
• 허시와 블랜차드의 상황적 지도성이론

| 상황 변수 | 구성원의 성숙도 (직무 능력+태도) |
|---|---|
| 지도성 유형 | (1) 지시형(설명형) (2) 지도형(설득형) (3) 지원형(참여형) (4) 위임형 |

1145 ②

1146. 허시(P. Hersey)와 블랜차드(K. Blanchard)의 상황적 지도성(situational leadership) 이론에 따를 때, 교장이 효과적인 지도성을 발휘하기 위해 가장 중요하게 고려해야 할 점은?   2010년 국가직 7급
① 교직원들의 성숙도에 따른 지도성을 강조한다.
② 업무 성과에 따른 보상을 강조한다.
③ 독특한 학교문화를 강조한다.
④ 솔선수범과 헌신적인 봉사를 강조한다.

■ 정답 및 해설
① 허시와 블랜차드의 상황적 지도성 이론은 구성원의 성숙도를 지도자 행동의 효과성에 영향을 주는 가장 중요한 요인으로 본다. 따라서 교장은 교직원들의 성숙도에 따라 그에 적합한 지도성을 발휘하는 것이 필요하다.
◇ 오답 체크
② 업무 성과에 따른 보상을 강조하는 지도성은 거래적 지도성 이론이며, 과학적 관리론에서 강조하는 점이다.
③ 독특한 학교문화를 강조하는 것은 서지오바니의 문화적 지도성 이론이다.
④ 솔선수범과 헌신적인 봉사를 강조하는 것은 배스의 변혁적 지도성 이론이다.

1147. 허시(Hersey)와 블랜차드(Blenchard)의 지도성 유형에 대한 설명으로 옳은 것은?   2017년 국가직 7급
① 참여형(participating) - 높은 과업행동과 낮은 관계행동에 적합하다.
② 위임형(delegating) - 낮은 과업행동과 높은 관계행동에 적합하다.
③ 설득형(selling) - 높은 과업행동과 높은 관계행동에 적합하다.
④ 지시형(telling) - 낮은 과업행동과 낮은 관계행동에 적합하다.

■ 정답 및 해설
③ 설득형 지도성은 지도형 지도성이라고도 하는데, 과업의 방향을 제시하고 구성원들이 지도자의 결정을 수용하도록 설득하는 지도성 유형이다. 구성원들의 성숙도가 중간보다 약간 낮은 수준으로, 과업행동과 관계행동이 모두 높은 수준으로 요구되는 상황에 적합하다.
◇ 오답 체크
① 참여형 지도성은 지원형 지도성이라고도 하는데, 지도자가 방향을 제시하기 보다는 구성원들을 의사결정에 참여시켜 동기화하는 지도성 유형이다. 구성원들의 성숙도가 중간보다 약간 높은 수준으로, 과업행동은 낮게, 관계행동은 높게 유지되어야 하는 상황에 적합하다.

1146 ①   1147 ③

② 위임형 지도성은 조직구성원에게 과업에 대한 책임과 권한을 위임하는 지도성 유형이다. 구성원들의 성숙도가 매우 높은 수준으로, 과업행동과 관계행동이 모두 낮게 요구되는 상황에 적합하다.
④ 지시형 지도성은 설명형 지도성이라고도 하는데, 지도자가 구성원의 역할과 과업을 구체적으로 지시하는 지도성 유형이다. 구성원들의 성숙도가 매우 낮아서, 과업행동은 높은 수준으로, 관계 행동은 낮은 수준으로 요구되는 상황에 적합하다.

**1148.** 다음은 허시(P. Hersey)와 블랜차드(K. H. Blanchard)의 상황적 지도성 이론을 그림으로 나타낸 것이다. 그림의 ㉠, ㉡, ㉢, ㉣에 해당하는 지도자 유형으로 올바르게 제시된 것은? 2008년 국가직 9급

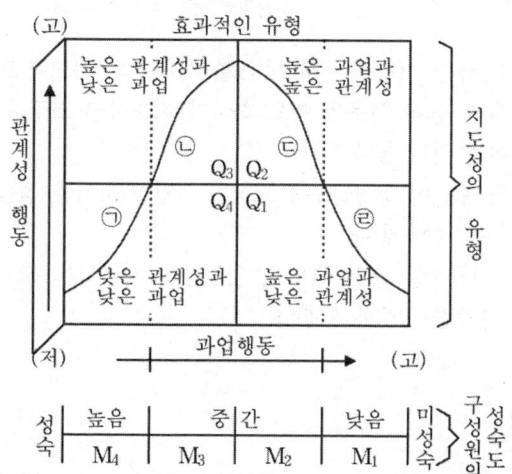

|   | ㉠ | ㉡ | ㉢ | ㉣ |
|---|---|---|---|---|
| ① | 지시적 | 참가적 | 설득적 | 위임적 |
| ② | 지시적 | 설득적 | 참가적 | 위임적 |
| ③ | 위임적 | 설득적 | 참가적 | 지시적 |
| ④ | 위임적 | 참가적 | 설득적 | 지시적 |

■ 정답 및 해설
④ 허시와 블랜차드의 상황적 지도성이론에서는 구성원의 성숙도에 따라 효과적인 지도자 유형이 달라진다고 본다. 구성원의 성숙도가 가장 낮은 상황(M1)에서는 높은 과업 행동과 낮은 관계성 행동을 보이는 지시적 지도성(Q1)이 효과적이다. 구성원의 성숙도가 중간보다 약간 낮은 상황(M2)에서는 높은 과업 행동과 높은 관계성 행동을 보이는 설득적 지도성(Q2)이 효과적이며, 중간보다 약간 높은 상황(M3)에서는 높은 관계성 행동과 낮은 과업 행동을 보이는 참가적 지도성(Q3)이 효과적이다. 마지막으로 구성원의 성숙도가 가장 높은 상황(M4)에서는 낮은 과업 행동과 낮은 관계성 행동을 보이는 위임적 지도성(Q4)이 효과적이다.

1148 ④

1149. 다음은 허시(P. Hersey)와 블랜차드(K. H. Blanchard)의 '상황적 지도성 이론'에 관한 모형이다. 이 모형을 학교의 교원조직에 적용하여 가장 잘 해석한 것은?

2008년 중등

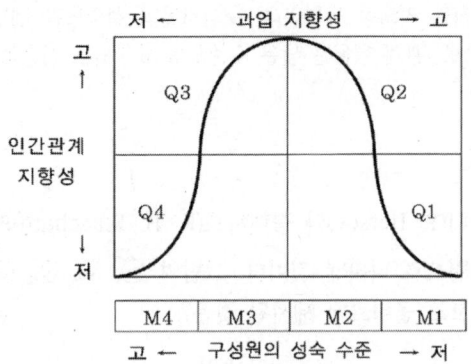

① 교사들의 성숙 수준이 M1이나 M4에 있을 때 교장의 지도력 효과는 가장 낮다.
② 교사들이 의욕과 능력 가운데 어느 하나가 저조하면 교장은 Q1 또는 Q4의 지도력을 보이는 것이 좋다.
③ 교사들의 성숙 수준이 향상될수록 교장은 과업 지향성을 점점 낮추어가는 지도력을 발휘하는 것이 좋다.
④ 교장이 과업 지향성을 중간 정도로, 인간관계 지향성을 최고로 지닐 때, 교사들의 성숙 수준은 정점에 이른다.

■ 정답 및 해설
③ 허시와 블랜차드의 상황적 지도성 이론에서는 구성원들의 성숙도가 높아질수록 지도자의 과업지향성 행동을 낮추어야 오히려 효과적인 지도성이 된다고 본다.
◇ 오답 체크
① 교장의 지도력 효과는 교사들의 성숙 수준에 적합한 지도성을 보이는지의 여부에 따라 달라진다.
② 교사들이 의욕과 능력 가운데 어느 하나가 저조하면 구성원의 성숙도는 M2나 M3의 수준에 있는 것이므로, 이 때 교장은 Q2나 Q3의 지도력을 보이는 것이 좋다.
④ 이 이론은 교사들의 성숙 수준에 따라 교장이 어떤 지도성을 보이는 것이 좋은지를 시사한다. 따라서, 교사들의 성숙수준이 정점에 이를 때, 교장은 낮은 과업 지향성과 낮은 인간관계 지향성을 지니는 것이 효과적이라고 말할 수 있다.

1149 ③

## 출포 370. 리더십 대용 상황 이론

🔗 기본서 529~530쪽

**1150.** 가을초등학교에서 김 교장이 직면한 사태를 설명할 수 있는 리더십 이론으로 가장 적절한 것은?  *2011년 유초등*

> 김 교장은 9월에 여름초등학교에서 가을초등학교로 전보 발령을 받았다. 그는 여름초등학교에서 리더십이 뛰어나 학교를 크게 발전시켰다는 평을 들었었다. 그러나 중진 교사들이 대부분인 가을초등학교에서는 리더십을 발휘해도 별다른 성과를 거두지 못했다. 교사들이 "몇 년 후에 승진을 해야 하는데 교장이 내게 해 줄 수 있는 것이 아무 것도 없다."라고 하면서, 김 교장의 지시를 따르지 않고 승진 점수를 취득하는 일에만 몰두했기 때문이다. 그의 리더십도 승진 앞에서는 무용지물이 되어 버린 것이다.

① 슈퍼 리더십 이론
② 리더십 특성 이론
③ 변혁적 리더십 이론
④ 서번트 리더십 이론
⑤ 리더십 대용 상황 이론

### ■ 정답 및 해설

⑤ 지도자의 지도성이 불필요한 것으로 인식되고 구성원에 의해 대체되거나 또는 무력화될 수 있다고 보고, 그러한 사태의 성격을 규명하고자 하는 이론은 '리더십 대용 상황 이론'이다. 그에 따르면, 조직 구성원들의 경험이 풍부하고 업무 능력이 뛰어날 때, 업무의 절차가 명확하고 일상적인 업무일 때, 피드백이 업무 자체로 가능할 때, 지도자가 구성원들에게 보상을 제공할 능력이나 권한이 없을 때, 조직 구성원들 간의 응집력이 강할 때 등의 상황에서는 관리자의 리더십이 효과를 발휘하지 못하고 무력화 되는 경우가 나타난다.

1150 ⑤

## 02. 대안적 지도성 이론

### 출포 371. 변혁적 지도성 이론

기본서 530~531쪽

**1151.** 변혁적 지도성(transformational leadership)에 대한 설명으로 옳지 않은 것은?  2023년 국가직 7급

① 지도자가 구성원들로부터 신뢰와 존경을 받고 이상적인 영향력을 행사한다.
② 구성원의 기대와 동기를 지속적으로 자극하여 높은 수행과 발전을 유도한다.
③ 봉사와 그 대가인 보상을 상호 교환함으로써 구성원을 보다 많이 동기화시킨다.
④ 일상적인 생각에 대해 의문을 제기하고 문제들을 재구조화하여 구성원이 혁신적이고 창의적이 되도록 유도한다.

**■ 정답 및 해설**

③ 변혁적 지도성은 지도자가 구성원들에게 영감을 주고, 동기를 자극하며, 그들이 높은 성과와 성장을 이룰 수 있도록 돕는 지도성 유형이다. 변혁적 지도성을 가진 지도자는 단순히 일상적인 관리나 보상을 넘어서, 구성원의 내적 동기를 자극하고 조직의 변화를 이끌어내는 데 초점을 맞춘다. 이와 대비되는 개념으로, 거래적 지도성(교환적 지도성, transactional leadership) 개념이 있다. 거래적 지도성은 구성원들에게 명확한 목표와 보상을 제시하고, 성과에 따른 보상으로 동기를 유발하는 방식의 지도성 유형이다. 제시된 내용은 거래적 지도성에 대한 설명이다.

**1152.** 다음에 해당하는 리더십 유형은?  2022년 국가직 9급

> ○ 구성원으로 하여금 조직 목적에 헌신하도록 하고, 의식과 능력 향상을 격려함으로써 자신과 타인의 발전에 보다 큰 책임감을 갖고 조직을 변화시키고 높은 성취를 이루도록 유도한다.
> ○ 이상적 영향력, 영감적 동기화, 지적 자극, 개별적 고려 등의 특징을 갖는다.

① 변혁적 리더십
② 문화적 리더십
③ 도덕적 리더십
④ 슈퍼 리더십

**■ 정답 및 해설**

① 이상적 영향력, 영감적 동기화, 지적 자극, 개별적 고려 등의 특징을 갖는 리더십은 변혁적 리더십이다.

---

**암기 POINT**

• 번스와 배스의 변혁적 지도성

| 개요 | 거래적 지도성 개념에 대비되는 개념 |
|---|---|
| 핵심 요소 | -이상화된 영향력 : 도덕적·윤리적 모범<br>-영감적 동기화 : 가치와 비전 제시<br>-지적 자극 : 업무방식의 혁신 자극<br>-개별적 배려 : 개인의 능력과 필요 관심 |

1151 ③  1152 ①

◇ 오답 체크
② 문화적 리더십은 학교의 독특한 문화와 정체성 형성을 위해 도덕적 가치와 믿음, 관점을 창조하고 강화·유지하는 것을 중시하는 리더십이다.
③ 도덕적 리더십은 지도자가 조직의 과업수행을 위해 요구되는 규범이나 가치를 내면화함으로써 영향력이 발휘되게 하는 리더십을 말한다. 서지오반니가 제안한 개념으로, 기존의 리더십이 강조하는 리더가 다른 사람을 위해 솔선수범하고 봉사하는 것을 포함하여, 구성원들을 도덕적 리더로 양성하여 이들 모두가 공동체적 규범과 이상에 봉사하도록 만드는 리더십이다.
④ 슈퍼 리더십은 조직구성원들을 지도자로 변화시켜 '지도자들의 지도자'가 되려고 하는 지도성을 말한다.

**1153.** 배스(Bass)의 변혁적 리더십 요인에 대한 설명으로 옳지 않은 것은?
2020년 지방직 9급

① 지적 자극 - 기존 상황에 새롭고 개방적인 방식으로 접근함으로써 구성원이 혁신적이고 창의적이 되도록 유도한다.
② 개별적 배려 - 구성원의 개인적 성장 욕구에 세심한 관심을 기울이고 학습 기회를 만들어 그들의 잠재력을 발전시킨다.
③ 추진력 - 결단력과 업무 추진력으로 조직을 변혁하고 높은 성과를 유도해야 한다.
④ 이상화된 영향력 - 구성원으로부터 신뢰와 존경을 받고 동일시와 모방의 대상이 되어 이상적인 영향력을 행사한다.

■ 정답 및 해설
③ 배스는 변혁적 리더십 요인으로 이상화된 영향력, 영감적 동기화, 지적 자극, 개별적 배려 등을 제시하였다. 선지에서 설명하고 있는 '추진력'은 변혁적 리더십 요인에 포함되지 않는다.

**1154.** 학교장의 변혁적 지도성 행동으로 볼 수 없는 것은? 2016년 지방직 9급
① 학교구성원이 혁신적이고 창의적으로 사고하고 행동하도록 유도한다.
② 높은 기준의 도덕적 행위를 보여 줌으로써 학교구성원의 신뢰를 얻는다.
③ 학교구성원이 원하는 보상을 제공하고 그 대가로 주어진 과업을 달성하도록 한다.
④ 학교구성원과 더불어 학교의 비전을 설정하고 공유하여 학교의 변화를 도모한다.

1153 ③   1154 ③

■ 정답 및 해설
③ 거래적 지도성은 구성원들이 원하는 다양한 보상을 제공하는 대가로 주어진 과업을 달성하도록 하는 지도성을 말한다. 거래적 지도성은 인간에 대한 불신, 규정과 규칙, 보상의 제공, 지도자의 합리성 중시, 조직이 부여한 지위 권한의 사용 등을 특징으로 한다.

◇ 오답 체크
① 지적 자극, ② 이상적 영향력, ④ 영감적 동기화 등은 변혁적 지도성 행동으로 볼 수 있다.

**1155.** 다음의 교장상과 일치하는 지도성 이론은?　　2009년 국가직 7급

> ○ 교사들에게 도덕적, 윤리적으로 모범을 보여야 한다.
> ○ 교사 개개인의 요구에 대해 민감하고 세심한 관심을 기울여야 한다.
> ○ 교사들에게 학교경영에 대한 비전을 제시하고 사명감을 고취시켜야 한다.
> ○ 교사들이 전문성을 계속 개발할 수 있도록 지적 자극과 지원을 제공해야 한다.

① 상황적 지도성 이론　　② 변혁적 지도성이론
③ 관리망 지도성 이론　　④ 지도자 특성이론

■ 정답 및 해설
② 제시된 내용은 이상적 영향력, 개별적 고려, 영감적 동기화, 지적 자극을 특징으로 하는 지도성에 대한 설명이다. 이런 특징을 갖는 지도성은 변혁적 지도성이다.

◇ 오답 체크
① 상황적 지도성 이론은 조직의 상황적 특징에 따라 효과적인 지도성이 달라질 수 있다는 점을 강조한다.
③ 관리망 지도성 이론은 지도성 행동의 2가지 차원을 생산에 대한 관심과 인간에 대한 관심으로 분류하며, 가장 효과적인 지도성 유형을 제시한다.
④ 지도자 특성이론은 유능한 지도자들이 공통적으로 가지는 선천적 자질과 능력을 확인하는 데 초점을 둔다.

1155 ②

1156. 학교장의 변혁적 지도성을 가장 올바르게 기술한 것은?

**2007년 국가직 9급**

① 교사에게 요구 사항의 완성에 대해 보상과 칭찬을 약속함으로써 과업을 수행한다.
② 교사에게 비전과 임무를 제시하고 신뢰와 자긍심을 유발한다.
③ 교사에게 책임을 전가하지 않고 감독과 관찰을 주요 역할로 수행한다.
④ 교사에 대해 개별적으로 관심을 기울이기보다는 전체 학교 성과에 주안점을 둔다.

### ■ 정답 및 해설
② 변혁적 지도성은 이상적 영향력, 영감적 동기화, 지적 자극, 개별적 고려 등을 특징으로 한다. 이상적 영향력이란 지도자가 구성원들에게 도덕적으로 모범을 보이며 구성원들의 신뢰와 존경을 받는다는 의미이며, 영감적 동기화란 조직의 가치와 비전을 제시하고 사명감을 고취시키는 지도성을 말한다. 지적 자극이란 구성원들에게 전문성을 계속 개발할 수 있도록 지적 자극과 지원을 제공한다는 의미이며, 개별적 고려란 구성원 개개인의 요구에 대해 민감하고 세심한 관심을 기울인다는 의미이다. 교사에게 비전과 임무를 제시하고 신뢰와 자긍심을 유발하는 것은 변혁적 지도성의 특성에 부합하는 설명이다.

◇ **오답 체크**
①, ③, ④는 거래적 지도성에 대한 설명이다.

**기출플러스**
- 변혁적 지도성 이론 (2005년 중등)
  - 교사들에게 학교경영의 비전을 제시하고 사명감을 고취시킨다.
  - 교사 개인의 능력, 배경, 필요에 대해 민감하고 세심한 관심을 기울인다.
  - 일상적 수업, 생활지도, 학급경영의 의미를 새롭게 해석해 보도록 지적으로 자극한다.
  - 근무평정과 성과급 등 보상을 통한 교환관계를 초월하여 인격적 교화를 통해 영향력을 행사한다.

---

1157. 다음의 대화에서 김교사의 생각과 가장 일치하는 지도성 이론은?

**2005년 유초등**

이 교사 : 난 교장 선생님의 경영 방침이 마음에 들어.
김 교사 : 왜?
이 교사 : 우리 학교의 여건과 실정에 맞는 학교 경영을 하시잖아.
김 교사 : 글쎄…… 내 생각은 좀 다른데…… 학교장이라면 주어진 여건을 뛰어넘는 경영 능력을 보여주는 것이 필요하지 않을까?

① 상황적 지도성 이론
② 변혁적 지도성 이론
③ 행로-목표 지도성 이론
④ 관리망 지도성 이론

### ■ 정답 및 해설
② '주어진 여건을 뛰어넘는 경영 능력을 보여주는 것'은 구성원들의 가치나 비전을 제시하면서 구성원들의 능력을 변화시켜 조직의 변화를 추구하는 지도성을 의미하므로, 변혁적 지도성에 부합한다.

1156 ② 1157 ②

◇ 오답 체크
① 상황적 지도성 이론에서 조직의 현재 상황에 적합한 지도성 유형을 강조한다.
③ 행로-목표 지도성 이론은 상황적 지도성 이론의 한 유형으로서, 지도자가 보상(목표)을 받게 되는 구성원들의 행동(행로)을 명확히 제시해 줄 것을 강조하는 지도성 이론이다.
④ 관리망 지도성 이론은 행동적 지도성 이론의 한 유형으로서, 리더십을 구성하는 두 가지 차원(생산과 인간)을 구분하면서, 가장 효과적인 리더십 유형을 제시하는 이론이다.

## 출포 372. 분산적 지도성 이론

기본서 532~533쪽

**1158.** 다음에 해당하는 지도성 유형은?  2023년 국가직 9급

> ○ 지도성에 대한 중앙집권적 사고를 부정한다.
> ○ 학교 구성원 모두가 공동의 지도성을 실행하면서 학교 조직의 효과성을 극대화하는 것을 목표로 한다.
> ○ 학교 조직이 크고 업무가 복잡하므로 조직 내 다양한 자원을 적극 활용하는 것을 강조한다.

① 분산적 지도성  ② 상황적 지도성
③ 거래적 지도성  ④ 변혁적 지도성

■ 정답 및 해설
① 지도성에 대한 중앙집권적 사고를 부정하는 것으로부터 출발하며, 학교 구성원 모두가 공동의 지도성을 실행할 것을 강조하는 지도성은 분산적 지도성이다. 분산적 지도성은 조직 내 다양한 자원을 활용할 것을 강조하는데, 이러한 지도성은 조직이 크고 업무가 복잡한 조직에서 보다 효과적이다.

**암기 POINT**
• 분산적 지도성

| 개요 | 중앙집권적 지도성에 대비되는 개념 |
|---|---|
| 핵심 요소 | 지도자 확대<br>구성원들의 상호의존<br>협력적 조직문화<br>인공적 장치의 활용 |

**1159.** 지도성 이론에 관한 설명으로 옳지 않은 것은?  2012년 중등

① 분산적 지도성(distributed leadership) : 인간관계, 동기화 능력 등을 강조하고, 참여적 의사결정을 통해 구성원의 사기를 높인다.
② 변혁적 지도성(transformational leadership) : 구성원의 개인적 성장에 관심을 보이며, 비전을 공유하고 지적 자극을 촉진한다.
③ 초우량 지도성(super leadership) : 지도자의 특성이나 능력보다 구성원 스스로가 지도자로서의 능력을 계발하고 활용할 수 있도록 한다.

1158 ①  1159 ①

④ 카리스마적 지도성(charismatic leadership) : 지도자의 비범한 능력과 개인적 매력 등을 통해 구성원의 헌신적 복종과 충성을 이끌어낸다.
⑤ 문화적 지도성(cultural leadership) : 가치와 의미 추구 욕구를 만족시킴으로써 구성원을 조직의 주인으로 만들고 조직의 제도적 통합을 가능하게 한다.

### ■ 정답 및 해설
① 제시된 내용은 인간관계론에 바탕으로 둔 민주적 지도성에 대한 설명이다. 한편, 분산적 지도성이란 지도성에 대한 중앙집권적 사고를 부정하며, 학교 구성원 모두가 공동의 지도성을 실행할 것을 강조하는 지도성이다. 분산적 지도성은 조직 내 다양한 자원을 활용할 것을 강조한다.

## 출포 373. 수퍼(초우량) 지도성

🔵 기본서 533쪽

**1160.** 다음 특징을 가진 학교장의 지도성 이론으로 가장 적절한 것은?

2011년 중등

- 학교조직 내의 모든 교원을 각각 지도자로 성장시킨다.
- 교원들이 자신을 스스로 이끌 수 있는 능력을 개발하도록 한다.
- 교원들이 자율적으로 팀을 형성하고 협력적으로 직무를 수행할 수 있는 조직문화를 만든다.

① 교환적 지도성
② 과업지향 지도성
③ 관계지향 지도성
④ 초우량(super) 지도성
⑤ 카리스마적(charismatic) 지도성

### ■ 정답 및 해설
④ 조직 내 모든 구성원을 각각 지도자로 성장시켜 이들 간의 팀 형성과 협력적 직무 수행의 조직문화를 만드는 데 중점을 두는 지도성을 초우량(슈퍼) 지도성이라고 한다.

◇ 오답 체크
① 교환적 지도성은 보상과 복종 사이의 교환 관계를 바탕으로 하는 지도성이다.
② 과업지향 지도성은 구체적인 과업 목표 설정과 과업지시를 중점으로 하는 지도성이다.
③ 관계지향 지도성은 지도자가 구성원들과 원활한 인간적 관계를 맺는 데 중점을 두는 지도성이다.
⑤ 카리스마적 지도성은 지도자의 비범한 능력과 개인적 매력을 바탕으로 미래 비전의 제시, 인상 관리, 자기희생을 통해 구성원들의 헌신적 복종과 충성을 이끌어내는 지도성을 말한다.

---

**암기 POINT**

- 맨즈와 심스의 초우량 지도성

| 개요 | 지도자들의 지도자가 되려는 지도성 |
|---|---|
| 핵심 요소 | 셀프 지도성 개발 보상과 처벌, 팀워크 긍정적 조직문화 창출 |

1160 ④

## 출포 374. 서지오바니의 지도성 이론

기본서 533~534쪽

**1161.** 서지오반니(Sergiovanni)가 제시한 문화적 지도성을 가진 지도자의 특징과 가장 관계가 깊은 것은?     2021년 국가직 7급

① 학교 구성원의 기대와 동기를 지속적으로 자극하여 높은 수행과 발전을 유도한다.
② 학교로 하여금 독특한 정체성을 갖게 만드는 가치와 믿음, 관점을 창조하고 강화·유지하는 것을 중요시한다.
③ 미래 비전의 제시, 인상 관리, 자기희생 등을 통해 학교의 과업 수행과 관련된 구성원들의 강한 동기를 유발한다.
④ 학교 구성원 각자가 자율적으로 자신의 지도력을 발휘하여 조직의 생산성을 제고하는 방향으로 일하게 한다.

### ■ 정답 및 해설

② 서지오반니의 문화적 지도성은 학교 구성원들에게 독특한 정체성을 갖도록 하는 학교문화를 창조하고 강화·유지하는 것을 중요시하는 지도성이다. 학교문화는 도덕적 가치와 믿음, 관점을 창조하는 것을 핵심으로 한다. 문화적 지도성은 이완결합체로서의 학교에 적합한 지도성으로, 장기적이며 지속적인 변화를 가능하게 하는 지도성이다.

### ◇ 오답 체크

① 배스의 변혁적 지도성, ③ 하우스 등의 카리스마적 지도성, ④ 맨즈와 심스의 슈퍼지도성에 대한 설명이다.

**1162.** 다음은 서지오바니(Sergiovanni)의 도덕적 지도성 이론에 따라 분류한 네 가지 학교 유형이다. (가)에 해당하는 것은?     2024년 지방직 9급

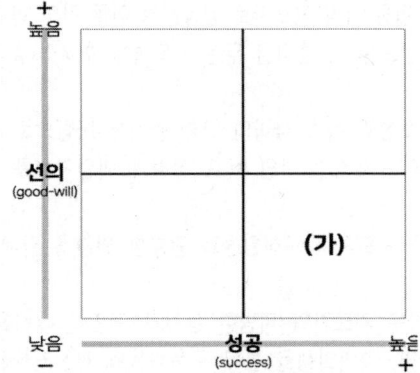

① 도덕적인 학교
② 정략적인 학교
③ 도덕적이고 효과적인 학교
④ 비도덕적이고 비효과적인 학교

**암기 POINT**

• 서지오바니의 문화적 지도성

| 개요 | 조직문화의 형성, 관리, 변화에 중점 |
|---|---|
| 지도성 유형 분류 | -기술적 지도성<br>-인간적 지도성<br>-교육적 지도성<br>-상징적 지도성<br>-문화적 지도성(*) |
| 핵심 요소 | 학교의 정체성, 가치와 믿음, 관점 창조 |

1161 ②   1162 ②

■ 정답 및 해설

② 서지오바니가 제시한 도덕적 지도성이란 지도자가 조직구성원들의 과업 수행 과정에서 요구되는 규범이나 가치 등을 내면화함으로써 지도성이 발휘되게 하는 영향력을 의미한다. 서지오바니는 도덕적 지도성의 중요성을 설명하면서, 학교를 도덕적 측면에서의 선의(good will)와 관리적 측면에서의 성공(success)이란 두 가지 차원을 조합해서 네 가지 유형으로 분류하였다. 이에 따르면, 선의의 수준은 낮고, 성공의 추구는 높은 학교는 '정략적인 학교'이다.

서지오바니는 '도덕적인 학교'는 단기적으로는 성공적이지 못할 수도 있지만, 장기적으로는 교직원들이 교장의 선의를 이해하게 되면서 '도덕적이고 효과적인 학교'가 될 수 있으므로, 성공보다는 도덕적 선의에 의한 지도성을 지향해야 한다고 주장하였다.

| 암기 POINT |  |
|---|---|
| • 서지오바니의 도덕적 지도성 | |
| 개념 | 지도자가 조직구성원에게 요구되는 규범과 가치를 내면화 |
| 학교<br>유형 | - 도덕적인 학교(*)<br>- 도덕적이고 효과적인 학교(**)<br>- 비도덕적이고 비효과적인 학교<br>- 정략적인 학교 |

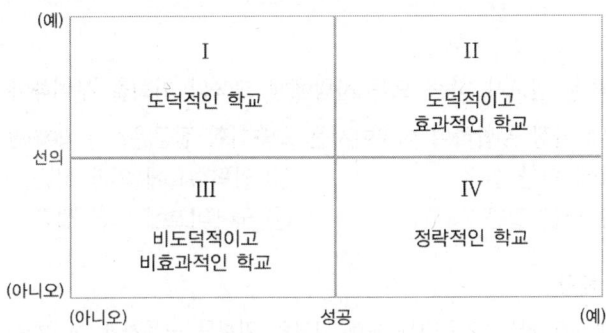

[서지오바니의 학교 유형 분류]

# 06. 교육기획과 교육정책

## 01. 교육기획

### 출포 375. 교육기획의 접근방법

🔵 기본서 537~539쪽

**1163.** 교육기획의 접근방법 중 사회수요에 의한 접근법(social demand approach)에 대한 설명으로 가장 적절한 것은? **2013년 국가직 7급**

① 사회의 교육적 수요에 부응함으로써 정치·사회적 안정과 불만 해소를 도모할 수 있다는 장점이 있다.
② 1960년대 인적자본론의 영향으로 특히 개발도상국에서 유행하였던 방법으로서 교육과 취업, 경제성장을 긴밀하게 연계하려고 하였다.
③ 목표연도의 경제성장에 필요한 인력수요를 추정한 다음 그것을 교육자격별 인력수요 자료로 전환하는 과정을 거친다.
④ 국가나 개인이 투입한 교육비용이 얼마나 수익을 가져왔느냐를 분석할 수 있기 때문에 비용-수익 분석이라고도 한다.

1163 ①

## 강서연 교육학

**암기 POINT**
- 교육기획의 접근방법

| 사회수요 접근법 | 교육받고자 하는 사회수요에 부응 |
|---|---|
| 인력수요 접근법 | 경제성장을 뒷받침하기 위한 인력수요에 맞게 교육 |
| 교육수익률 접근법 | 교육투자의 경제적 수익률에 따라 우선순위 결정 |
| 국제비교 접근법 | 선진국의 경험과 교육체제를 모방 |

■ **정답 및 해설**

① 교육기획의 접근방법 중 사회수요에 의한 접근법은 교육을 받고자 하는 모든 사람에게 교육의 기회를 부여해야 한다는 원칙에 따라 교육의 양을 증대시켜 나가려는 접근방법이다. 구체적으로는 인구증가 추세 등을 기초로 교육수요를 예측하여 교육계획을 수립하는 방법이다. 이러한 접근방법에 의하면 교육에 대한 사회적 요구에 부응하여 충분한 교육기회를 제공하므로, 교육기회 제한으로 인한 사회적 불만을 해소하고 정치·사회적 안정을 도모할 수 있다는 장점이 있다.

◇ **오답 체크**

②, ③ 인력수요에 의한 접근법, ④ 교육수익률에 의한 접근법에 대한 설명이다.

---

**1164.** 교육을 받고자 하는 모든 사람에게 교육의 기회를 부여해야 한다는 원칙에 가장 부합하여 이루어지는 교육기획 접근은?  *2009년 국가직 7급*

① 사회수요에 의한 접근
② 인력수요에 의한 접근
③ 수익률에 의한 접근
④ 국제비교에 의한 접근

■ **정답 및 해설**

① 교육을 받고자 하는 모든 사람에게 교육의 기회를 균등하게 보장하는 데 중점을 두는 교육기획의 접근법은 사회수요에 의한 접근이다. 기획의 과정이 비교적 단순하고 국민들의 교육적 요구를 충족시킬 수 있는 장점이 있다. 다만, 교육에 대한 사회적 수요와 산업계의 인력수요가 불일치할 경우에는 교육기회의 과다/과소 현상이 발생할 수 있으며, 현대 사회에서 교육에 대한 사회적 수요가 급증하면서 정부의 재정적 부담을 과도하게 가져온다는 점에서 한계가 있다.

---

**1165.** '인력수요 접근법(manpower approach)'에 의한 교육계획의 수립 절차를 순서대로 바르게 나열한 것은?  *2008년 중등*

> ㄱ. 교육자격별 노동력의 부족분 계산
> ㄴ. 인력수요 자료의 교육수요 자료로의 전환
> ㄷ. 학교수준 및 학교종류(학과)별 적정 양성규모 추정
> ㄹ. 기준연도와 추정연도의 산업부문별, 직종별 인력 변화 추정

① ㄱ→ㄷ→ㄴ→ㄹ
② ㄱ→ㄹ→ㄷ→ㄴ
③ ㄹ→ㄴ→ㄱ→ㄷ
④ ㄹ→ㄷ→ㄴ→ㄱ

■ **정답 및 해설**

③ 교육계획에 있어서 인력수요 접근법은 교육과 취업, 경제성장을 긴밀하게 연계시키고자 하는 접근방법으로, 경제성장을 뒷받침하기 위해 필요한 인력수요를 예측하여 이에 부응할 수 있도록 분야별·자격별 교육기회를 조절하는 방법이다. 인력수요 접근법에 의해 교육 계획을 수립하는 절차는 다음과 같다.

1164 ① 1165 ③

ㄹ. 인력수요 접근법의 가장 첫 단계는 기준연도와 추정연도 사이에서 경제성장의 추이를 분석하여 미래의 산업부문별·직종별 인력수요 변화를 추정하는 것이다. 기준연도는 시간 경과에 따른 경제성장을 측정하는 기준점 역할을 하는 시점이다. 추정연도는 인력수요를 예측하고자 하는 미래의 시점을 말하며, 목표연도라고도 한다.
ㄴ. 추정된 인력수요 자료는 교육수요 자료로 전환하여야 한다. 즉, 필요한 인력수요 중 타 산업에서의 이동, 인구의 자연증감 등에 의한 충원을 제외하고, 교육훈련을 통해 양성해야 할 수요(교육수요)를 산출하는 것이다.
ㄱ. 그런 다음, 교육훈련을 통해 양성하여야 할 노동력을 교육자격별로 세분화하여 그것의 부족분이나 잉여분을 계산하여야 한다.
ㄷ. 최종적으로 학교수준 및 학교종류(학과)별 적정 양성규모를 추정하고, 그 결과에 따라 학교나 학과를 신설·확대하거나 반대로 축소·폐지하도록 한다.

## 02. 교육정책

### 출포 376. 교육정책의 유형

기본서 540~541쪽

**1166.** 로위(Lowi)가 제시한 정책의 유형과 그에 해당하는 교육정책의 사례를 바르게 연결한 것은?  2019년 국가직 7급

| 유형 | 사례 |
|---|---|
| ① 구성 정책 | 사립학교 설립 인가 |
| ② 규제 정책 | 두뇌한국(BK)21 사업 |
| ③ 배분 정책 | 교육공무원 보수 및 연금 관련 법령 정비 |
| ④ 재분배 정책 | 취약 지역에 기숙형 공립고등학교 집중 설립 |

### ■ 정답 및 해설

④ 로위는 정책의 핵심적 특징은 정부가 강제력을 행사한다는 점에 착안하여, 강제력의 행사방법(직접/간접)과 강제력의 적용영역(개별/환경)을 기준으로 정책의 유형을 분류하였다. 강제력의 행사방법은 정부가 정책집행 과정에 얼마나 직접 관여하는지의 여부에 따라 구분한다. 강제력의 적용영역은 정책의 영향을 받는 집단이 얼마나 구체적으로 특정되는지에 따라 구분된다. 일반적으로 정책의 갈등적 요소가 많을수록 정부의 직접적인 강제력 행사가 요청된다.

'재분배 정책'은 돈이나 재산, 권력 등을 많이 소유하고 있는 집단으로부터 그렇지 못한 집단으로 이전시켜 부와 권력의 재분배를 목적으로 하는 정책으로서, 개인들의 행위의 환경에 직접적으로 영향을 미치는 정책이다. 고소득자일수록 높은 세율을 부과하는 누진세 제도와 저소득층을 위한 복지 분야 지출을 감당하는 정책이 일반적인 사례이다. 이들 정책은 계층-대립적 성격을 가지므로 정부가 강력한 통제력을 직접 행사하며, 불특정한 사회적 계층을 대상으로 하는 정책이다.

**암기 POINT**

• 교육정책의 유형

| | | 정책의 대상 | |
|---|---|---|---|
| | | 개별 행위 | 행위 환경 |
| 강제력 행사 | 직접 | 규제 정책 | 재분배 정책 |
| | 간접 | 배분 정책 | 구성 정책 |

1166 ④

◇ 오답 체크

① '구성 정책'은 정부의 새로운 조직을 설립하거나 관련된 법과 제도를 수립하는 정책으로서, 정책에 영향을 미치는 환경에 광범위한 변화를 유발할 수 있도록 간접적인 방식으로 영향을 미치는 정책이다. 공직자 보수 및 연금 관련 법령을 정비하는 것(③)이 대표적 사례이다.

② '규제 정책'은 정책문제와 관련된 개인이나 집단의 자유나 권리 행사에 구속하는 정책으로서, 개별적 행위에 대해 정부가 직접적으로 영향력을 행사하는 정책이다. 사립학교 설립 인가(①) 관련 정책이 대표적 사례이다.

③ '배분 정책'은 정부가 국민들에게 금전적 이익이나 서비스를 분배하는 것과 관련된 정책으로서, 정책에 관련된 개별 행위자들이 적극적으로 행위하며 정부는 간접적으로만 영향력을 행사하는 정책이다. 두뇌한국(BK) 21 사업(②)이 대표적인 사례이다. 이 사업은 정부가 석·박사급 연구 인력을 양성하는 연구프로젝트를 지원하는 사업으로, 연구프로젝트 추진계획 및 중간평가를 통해 지원대상을 선정한다.

## 출포 377. 교육정책의 과정

기본서 541~544쪽

**1167.** 교육문제에 대한 정책이 이루어지는 과정을 순서대로 바르게 나열한 것은?

2020년 국가직 7급

| ㄱ. 사회적 이슈화 | ㄴ. 정책결정 |
| ㄷ. 정책의제설정 | ㄹ. 정책집행 |
| ㅁ. 정책평가 | |

① ㄱ → ㄷ → ㄴ → ㄹ → ㅁ
② ㄱ → ㅁ → ㄷ → ㄴ → ㄹ
③ ㄷ → ㄴ → ㄹ → ㄱ → ㅁ
④ ㄷ → ㅁ → ㄱ → ㄴ → ㄹ

### 암기 POINT
- 교육정책의 과정

| 사회적 이슈화 | 사회적 관심의 대상으로 부각 |
| 정책의제 설정 | 정부의 정책문제로 채택 |
| 정책결정 | 정책대안의 개발, 분석, 최종 선택 |
| 정책집행 | 정책의 내용 실현, 문제해결 |
| 정책평가 | 정책의 효과성, 효율성 등 평가 |

1167 ①

### ■ 정답 및 해설

① ㄱ. 사회적 이슈화 - 교육문제와 같은 일상적 문제가 정책의 영역으로 들어가기 위해서는 특정 시기에 사회적 쟁점(이슈)으로 부각되는 과정이 필요하다.

ㄷ. 정책의제 설정 - 사회적으로 이슈화된 문제를 해결하기 위해서 정부가 어떤 정책을 취해야 하는 문제인지를 심각하게 검토하는 과정이다.

ㄴ. 정책 결정 - 정책의제를 해결하기 위해 정책대안을 개발하고 예상되는 대안을 검토하여 최종적인 대안을 선택하는 과정이다.

ㄹ. 정책 집행 - 선택된 정책대안을 구체적으로 실현시켜 제기된 교육문제를 해결하려고 노력하는 과정이다.

ㅁ. 정책 평가 - 교육정책이 집행된 이후에 본래 의도했던 정책의 목표에 비추어 정책의 집행과정이나 정책결과를 검토하는 과정이다.

**1168.** 캠벨(R. Campbell)의 교육정책 수립 단계 중에서 다음 글에 해당하는 것은?
2011년 국가직 9급, 개정사항 반영

> 교육부 산하 자문위원회 또는 각종 연구소나 전문기관이 작성한 보고서를 통해서 교육정책이 제안된다.

① 기본적인 힘(basic forces)
② 선행운동(antecedent movements)
③ 정치적 활동(political action)
④ 입법화(formal enactment)

■ 정답 및 해설
② 캠벨에 의하면, 교육정책 수립 단계는 '기본적인 힘 → 선행운동 → 정치적 활동 → 입법화' 순으로 전개된다. 제시된 내용은 교육에 관련된 각종의 사회적 운동이 교육정책 수립에 영향을 주는 과정으로서 '선행운동'에 해당한다.

◇ 오답 체크
① '기본적 힘'이란 교육정책 수립에 영향을 주는 정치적, 경제적, 사회적 사건이나 상황을 말한다.
③ '정치적 활동'이란 교육부, 국회, 정당 등과 같은 정부 내외에서 진행되는 교육정책의 의제에 관한 토의나 논쟁의 과정을 의미한다.
④ '입법화'란 정책수립의 최종 단계로서, 국회나 관계부처, 또는 지방정부나 지방의회 수준에서 법률, 시행령, 조례, 정부정책 지침 등이 공식 수립되는 단계이다.

## 출포 378. 교육정책의 평가

기본서 543쪽

**1169.** 던(Dunn)의 정책 평가기준과 그에 대한 설명으로 옳은 것은?
2015년 국가직 7급

① 능률성(efficiency)은 정책의 목표를 얼마나 달성했느냐를 평가하는 것이다.
② 효과성(effectiveness)은 정책목표를 달성하기 위하여 투입한 노력의 정도를 평가하는 것이다.
③ 충족성(adequacy)은 정책목표의 달성이 문제해결에 어느 정도 공헌하고 있는가를 평가하는 것이다.
④ 적합성(appropriateness)은 정책의 결과가 특정 집단의 요구, 선호, 가치 등에 어느 정도 부합하느냐를 평가하는 것이다.

1168 ② 1169 ③

암기 POINT
• 던의 정책평가 기준

| 효과성 | 정책목표의 달성 정도 |
| --- | --- |
| 능률성 | 비용대비 효과의 비율 |
| 공평성 | 정책효과과 비용 배분 |
| 대응성 | 수혜집단의 요구 부합 |
| 적합성 | 목표의 사회적 바람직 |
| 충족성 | 문제 해결에의 공헌 |

■ 정답 및 해설

③ 던은 정책평가를 위한 기준으로 효과성(effectiveness), 능률성(efficiency), 공평성(equity), 대응성(responsiveness), 적합성(적절성, appropriateness), 충족성(adequacy)을 제시하였다. '충족성'은 정책목표의 달성이 문제해결에 어느 정도 공헌하고 있는가를 평가하는 것이다. 한편, '공평성'이란 사회집단 간 정책효과와 정책비용 배분이 얼마나 공평한가를 평가하는 것이다. '적합성'은 정책의 목표가 과연 사회적으로 바람직한가의 정도를 평가하는 것이다.

◇ 오답 체크
① 효과성, ② 능률성, ④ 대응성에 대한 설명이다.

**1170.** 다음 글에서 설명하는 교육정책평가의 방법은?  2007년 국가직 9급

교육정책의 집행과정이나 집행 후 정책내용의 진도나 성과에 대해 정책의 영향을 받는 수혜자나 정책에 관심을 가지는 주민들로부터 직접 정보를 수집하는 방법

① 실험적 방법  ② 비교분석
③ 모니터링  ④ 전문가에 의한 판단

■ 정답 및 해설

③ 모니터링은 정책의 집행 과정에서 정책의 영향을 받는 수혜자나 관심을 가진 사람들을 대상으로 정책의 성과에 관한 여러 정보를 수집하는 방법이다. 정책평가의 시기에 있어서는 진행평가(형성평가)의 대표적인 방법으로서, 정책 집행 이전의 상황과 이후의 상황을 비교하는 데 중점을 둔다. 일회적 평가가 아닌 계속적 평가방법이라는 특징을 갖는다.

◇ 오답 체크
① 실험적 방법 – 주로 정책 집행 후, 실험의 형식을 통해 정책수단과 정책효과 사이의 인과관계에 관한 과학적이며 체계적인 정보를 수집하는 방법이다. 조사대상은 처치집단(실험집단)과 통제집단(비교집단)으로 구분한다.
② 비교분석 – 비실험적 방법의 하나로서, 계량적 기법을 이용하여 주어진 데이터를 분석하여 정책효과를 평가하는 방법이다. 즉, 정책이 실행되지 않았을 때 나타날 것으로 예상되는 가상의 상황과 정책실행으로 인해 나타난 실제 상황 사이의 차이를 비교하여 정책효과를 추정한다.
④ 전문가에 의한 판단 – 비실험적 방법의 하나로서, 계량적인 평가로 의미 있는 결론을 도출할 수 없는 경우, 전문가의 주관적인 판단에 의해 정책의 성과를 평가하는 정성적인 평가방법이다. 정책성과가 나타나기 위해서는 장기간의 시간이 필요한 사업인 경우 정량적인 평가보다는 전문가에 의한 판단이 적절한 평가방법일 수 있다.

1170 ③

[정책평가의 유형 분류]

| 평가시기 | 의미 |
|---|---|
| 사전평가 | 정책결정 전에 정책의 효과를 미리 추정하는 평가<br>(예. 예비타당성 평가, 환경영향평가) |
| 진행평가<br>(형성평가) | 정책 집행 도중에 집행 과정을 개선하기 위한 평가<br>(예. 정책 모니터링) |
| 사후평가<br>(총괄평가) | 정책 집행 종료 후 정책의 효과와 영향을 판단하는 평가<br>(예. 정책성과 종합평가) |

| 평가목적 | 평가방법 |
|---|---|
| 현황 파악 | 평가지표, 계량분석 |
| 집행과정 분석 | 시범 프로젝트, 모니터링 |
| 인과관계 규명 | 실험적 방법, 비실험적 방법 |

## 03. 의사결정(정책결정) 이론

### 출포 379. 의사결정에 대한 관점

기본서 544~546쪽

**1171.** 다음에서 설명하는 교육정책 의사결정 관점은? 　2024년 지방직 9급

- 관료제, 중앙집권적 조직에 적합하다.
- 조직목표 달성이 의사결정의 목적이다.
- 목표 달성을 극대화하는 최적의 대안을 선택하는 것이 가능하다고 본다.

① 우연적 관점　　　　② 정치적 관점
③ 참여적 관점　　　　④ 합리적 관점

■ **정답 및 해설**

④ 교육정책 의사결정을 활동으로 보는지에 따라 관점을 분류한 것이다. 다양한 관점들 중에서 조직의 목표 달성을 위해 최적의 대안을 선택하는 과정으로 보는 관점은 합리적 관점이다. 합리적 관점은 인간의 이성적 판단과 과학적 분석을 중시하므로, 조직적으로는 중앙집권적인 관료제 조직의 의사결정을 이해하는 데 적합하다.

◇ **오답 체크**

① 우연적 관점은 의사결정을 수많은 요소들이 우연히 조합된 결과로 나타나는 우연적 결과로 본다. 공동의 목표와 가치에 대한 인식이 불분명한 조직에 적합하다.
② 정치적 관점은 의사결정을 이질적 목표를 위해 경쟁하는 이해집단들 간의 협상과 타협의 결과로 본다. 사회적으로 민감하고 이해관계가 복잡하며 갈등이 상존하는 열린 조직의 의사결정을 설명하는 데 적합하다.

**암기 POINT**

- 의사결정에 대한 관점

| 합리적<br>관점 | 합리성 신뢰<br>최적의 대안 선택<br>대규모 관료제 조직 |
|---|---|
| 참여적<br>관점 | 공동의 목표 달성<br>당사자 간의 합의<br>소규모 전문가 조직 |
| 정치적<br>관점 | 이질적 목표 경쟁<br>이해집단 간 타협<br>개방체제, 환경변화 |
| 우연적<br>관점 | 수많은 요소들의 우연적 결합으로 결정<br>무질서 조직 |

1171 ④

③ 참여적 관점은 의사결정을 공동의 목표를 달성하기 위해 관련 당사자들이 논의를 통해 합의에 이르는 과정으로 본다. 공동의 목표에 대한 합의가 존재하며 구성원들이 전문적 식견과 경험을 가진 소규모 조직이나 수평적인 전문가 조직에 적합한 관점이다.

**1172.** 다음 설명에 해당하는 교육정책 형성의 관점은?  `2023년 지방직 9급`

- 공동의 목표가 있고 이를 달성하기 위해 최선의 선택을 하며, 체제 내의 작용에 의해 의사결정이 이루어진다.
- 의사결정을 관련 당사자 간의 논의를 통한 합의의 결과로 이해한다.
- 폐쇄적 체제로, 환경의 다양한 변화에 민감하게 반응하지 않는다.
- 관료제 조직보다 전문직 조직에 적합하다.

① 합리적 관점  ② 참여적 관점
③ 정치적 관점  ④ 우연적 관점

■ 정답 및 해설
② 의사결정을 공동의 목표 달성을 위해 관련 당사자들의 논의를 통해 합의를 도출하는 과정으로 이해하는 관점은 참여적 관점이다. 관료제 조직보다는 전문적 조직에서의 의사결정을 이해하는 데 적합한 관점이다. 참여적 관점에서는 의사결정 체제를 폐쇄적 체제로 보기 때문에, 외부 환경의 변화에는 민감하게 반응하지 않으며 안정되어 있다는 특징이 있다.
◇ 오답 체크
① 합리적 관점은 대규모 관료제적 조직에서의 의사결정에 더 적합하다.
③, ④ 정치적 관점과 우연적 관점은 의사결정 과정에 조직 외부의 환경이 복합적으로 영향을 미친다고 본다. 즉, 의사결정 체제를 개방체제로 이해한다.

**1173.** 다음 설명에 해당하는 의사결정의 관점은?  `2019년 국가직 7급`

- 관료제적 조직보다는 관련자의 능력과 자율이 보장되는 전문직 조직에 더 적합하다.
- 소규모 조직이나 대규모 조직 산하 전문가 집단의 결정 행위를 분석하는 데 적합하다.
- 공동의 가치에 대한 인식, 전문가의 식견에 대한 신뢰 등이 전제되고 있다.

① 참여적 관점  ② 정치적 관점
③ 우연적 관점  ④ 합리적 관점

1172 ②  1173 ①

■ 정답 및 해설
① 전문가 집단 조직은 구성원들이 충분한 능력과 식견을 가지고 있으며, 구성원들이 공동의 가치와 목표를 공유하고 있다고 본다. 따라서 전문직 조직에서의 의사결정은 공동의 목표를 달성하기 위해 관련 당사자들이 논의를 통해 합의에 이르는 과정으로 이해된다. 즉, 전문직 조직에 적합한 의사결정 관점은 '참여적 관점'이다.

◇ 오답 체크
② 정치적 관점은 의사결정을 이질적 목표를 위해 경쟁하는 이해집단들 간의 협상과 타협의 결과로 본다.
③ 우연적 관점은 의사결정을 수많은 요소들이 우연히 조합된 결과로 나타나는 우연적 결과로 본다. 공동의 목표와 가치에 대한 인식이 불분명한 조직에 적합하다.
④ 합리적 관점은 의사결정을 수많은 대안들 중에서 최적의 대안을 선택하는 이성적 판단의 과정으로 본다.

> 기출플러스
> · 의사결정의 '참여적' 관점 (2004년 중등)
> · 의사결정을 이성적 판단보다는 관련 당사자 간의 논의를 통한 합의의 결과로 본다.
> · 관료제적 조직보다는 의사결정 관련자의 능력과 자율이 인정되는 전문직 조직에 더 적합하다.

**1174.** 다음의 과정을 거쳐 교원양성체제가 개편된다고 가정할 때, 이러한 정책결정과 관련된 설명으로 가장 적절한 것은? 　　　2005년 중등

○ 사범대 가산점 위헌결정 후속조치 계획수립
○ 교원양성체제 개편 추진단 구성 운영
○ 정책연구 위탁
○ 관련기관 대표 및 외부기관 의견 수렴
○ 교원양성체제 개편 방안(시안)의 발표
○ 공청회를 통한 여론 수렴
○ 최종안 확정

① 정치적 속성보다 비정치적 속성이 강하게 나타난다.
② 문제해결 혹은 타협점을 찾는 과정에서 정책이 형성되는 경향이 있다.
③ 전문가 집단과 다양한 이해집단의 민감한 반응은 정책결정의 합리성 촉진요인이 된다.
④ 사회적으로 민감하고 이해관계가 복잡한 사안은 점증모형보다 합리모형에 의해 정책이 결정될 가능성이 높다.

■ 정답 및 해설
② 제시된 사례에서 교원양성체제 개편에 관한 의사결정은 기존 체제에 대해 불만을 가진 이해집단들의 위헌소송 제기와 그로 인한 판결로부터 시작되었다. 위헌결정에 대한 후속조치로서 다양한 이해집단들의 의견을 수렴하기 위해 정책연구, 의견 수렴, 공청회 실시 등과 같은 과정이 전개되었다. 이러한 과정은 정책에 관한 의사결정은 해당 문제에 관해 서로 다른 목표를 가진 이해집단들이 서로 경쟁하며 타협하는 과정에서 만들어진다고 보는 관점을 전제로 한다.

1174 ②

◇ 오답 체크
① 제시된 사례에서 정책결정은 정치적 과정으로 이해되며, 정치적 속성이 강하게 나타난다.
③ 다양한 이해집단의 민감한 반응이 정책결정의 주요 요인으로 작용하는 상황을 정책결정의 정치화라고 하며, 이 경우 관료제가 지향하는 정책결정의 안정성, 합리성, 효율성을 저해하는 요인이 될 수 있다.
④ 사회적으로 민감하고 이해관계가 복잡한 사안은 정치적 성격을 가지는 문제이므로, 합리모형보다 점증모형에 의해 정책이 결정될 가능성이 높다.

## 출포 380. 의사결정 모형 : 합리 모형

기본서 546쪽

**1175.** 다음과 같은 내용을 간과하고 있다고 비판받는 교육정책결정 모형은?

2009년 유초등

> ○ 인간은 감정을 가진 심리적·사회적 동물이다.
> ○ 실제 교육정책결정 상황에서는 가치와 사실이 불가분의 관계에 있다.
> ○ 인간은 전지전능하지 못하고 문제 분석 능력에 한계를 가질 수밖에 없다.
> ○ 대안을 과학적으로 비교 평가하는 데 요구되는 정보를 충분히 구하지 못하는 경우가 많다.

① 점증 모형　　　　　　② 혼합 모형
③ 만족화 모형　　　　　④ 합리성 모형
⑤ 쓰레기통 모형

■ 정답 및 해설
④ 인간은 전지전능한 능력을 가진 존재로 가정하며, 정책결정시 가치와 사실을 구분하고, 감정을 고려하지 않는 정책결정 모형은 합리성 모형이다.

1175 ④

## 출포 381. 의사결정 모형 : 만족 모형

🔹 기본서 547쪽

**1176.** 교육정책 결정 모형에 대한 설명으로 옳은 것은? **2022년 국가직 9급**

① 혼합 모형은 만족 모형의 이상주의와 합리성 모형의 보수주의를 혼합하여 발전시킨 모형이다.
② 점증 모형은 인간의 이성과 합리적 행동에 대한 믿음을 바탕으로 가장 합리적인 최선의 대안을 찾고자 하는 모형이다.
③ 만족 모형은 최선의 결정은 이론적으로 가능할 뿐이며 실제로는 제한된 범위 안에서의 합리성만 추구할 수 있다고 본다.
④ 합리성 모형에서는 기존의 정책 대안과 경험을 기초로 약간의 개선을 도모할 수 있는 제한된 수의 대안을 검토하여 현실성 있는 정책을 선택한다.

### ■ 정답 및 해설
③ 만족 모형은 인간의 심리적·인지적 한계 및 시간, 비용, 자원의 한계로 인해 제한된 범위 안에서의 합리성에 기초하여 판단을 내리게 된다는 점을 기초로 한다.

### ◇ 오답 체크
① 혼합 모형은 합리성 모형의 이상주의와 점증 모형의 보수주의를 결합하여 발전시킨 모형이다.
② 합리성 모형, ④ 점증 모형에 대한 설명이다.


**1177.** 교육정책 결정 모형에 대한 설명으로 옳은 것은? **2012년 국가직 7급**

① 합리성 모형은 이성적인 판단과 함께 감성적인 심리작용을 고려한다.
② 만족화 모형은 객관적 상황보다는 주관적 입장에서 정책결정자의 행동에 주목한다.
③ 점증주의 모형은 개혁이나 혁신적인 의사 결정에 적합하다.
④ 혼합 모형은 기본적 결정은 만족화 모형을, 세부적 결정은 점증주의 모형을 활용할 것을 권장한다.

### ■ 정답 및 해설
② 만족화 모형은 인간은 완전무결한 최선의 대안을 탐색하기보다는 현실적으로 만족할만한 수준에서 목표를 달성할 수 있는 대안을 선택한다고 보는 모형이다. 따라서 객관적 상황보다는 의사결정자의 주관적 입장에서 정책결정자의 행동에 주목하며, 의사결정자의 이성적 판단과 함께 정서적인 측면을 고려한다.

### ◇ 오답 체크
① 합리성 모형은 이성적 판단에 의해 정책결정이 이루어져야 한다고 본다. 합리성 모형에서는 감성적인 심리작용을 배제하고자 한다.
③ 점증주의 모형은 기존 정책이 유지해 온 목표의 틀 내에서 다소 향상된 대안만을 추구하는 모형으로서, 개혁이나 혁신적인 의사결정에는 적합하지 않다.
④ 혼합 모형은 기본적 결정은 합리성 모형을, 세부적 결정은 점증주의 모형을 활용할 것을 권장한다.

1176 ③   1177 ②

## 출포 382. 의사결정 모형 : 점증 모형

기본서 547~548쪽

**1178.** 다음 설명에 해당하는 교육정책 결정모형은?　　2018년 국가직 7급

- 연속적인 제한적 비교 접근법을 통해 결정 대안을 도출한다.
- 안정적인 정책 결정과 집행, 실현 가능성이 높은 대안 선택, 대중의 폭넓은 지지 획득의 가능성 등이 장점으로 인정받는다.
- 지나치게 보수적이고 대중적인 모형이라는 평가를 받기도 한다.

① 최적화 모형　　② 만족화 모형
③ 점증 모형　　④ 혼합 모형

■ 정답 및 해설
③ 연속적인 제한적 비교 접근법이란 소수의 대안들을 놓고 그 예상 결과들에 대한 계속적인 비교를 통해 최종 대안을 선택하는 방법을 말한다. 이렇게 기존 정책이 유지해 온 목표의 틀 내에서 다소 향상된 정책결정을 추구하는 모형으로서, 안정적인 정책 결정과 집행, 실현가능성이 높은 대안 선택, 대중의 폭넓은 지지 획득 가능성 등을 장점으로 하는 정책결정 모형은 점증 모형이다.

**1179.** 다음에서 설명하는 정책결정모형은?　　2014년 지방직 9급

- 정책결정 과정에서 선택되는 대안은 대체로 기존 정책의 문제점을 개선해 나가는 것이라는 전제에서 출발한다.
- 첨예한 갈등이나 문제를 야기하지 않고 안정적인 정책결정과 집행을 할 수 있다.
- 정책에 대한 폭넓은 지지를 받기 쉽고 실현 가능성이 높은 대안을 선택할 수 있다는 장점을 지닌다.

① 합리 모형　　② 점증 모형
③ 만족 모형　　④ 최적 모형

■ 정답 및 해설
② 기존 정책이 유지해 온 목표의 틀 내에서 다소 향상된 정책결정을 추구하는 모형으로, 안정적인 정책 결정과 집행, 실현가능성이 높은 대안 선택, 대중의 폭넓은 지지 획득 가능성 등을 장점으로 하는 정책경정 모형은 점증 모형이다.

---

**암기 POINT**
- 정책 의사결정 모형 II

| 점증 모형 | 현실적, 보수적 접근<br>현재보다 다소 향상된 대안 속에서 선택<br>제한된 합리성, 매몰비용, 실현가능성 고려 |
|---|---|
| 혼합 모형 | 합리성 모형과 점증모형의 결합<br>기본적 정책방향은 합리성 모형, 세부적 문제해결은 점증모형 적용 |

**기출플러스**
- 교육정책 결정 모형
  - 점증주의 모형
    (2002년 유초등)
- 현재 처해 있는 상황이나 현실을 인정한다.
- 현재보다는 다소 향상된 대안을 모색한다.
- 제한된 합리성, 매몰 비용(sunk cost), 정책 실현 가능성을 고려한다.

1178 ③　1179 ②

## 1180. 다음 내용에 부합하는 교육정책결정 모형은?  
`2009년 국가직 7급`

> ○ 획기적인 대안의 선택보다는 기본적인 목표의 틀 속에서 다소 향상된 정책결정에 만족하는 모형이다.
> ○ 구체적이고 실제적인 대안들을 계속적으로 비교하므로 온건지향적이고 보수적인 조직에서 환영받는 정책결정 모형이다.
> ○ 개혁이나 혁신적인 정책결정에는 부적합하다.

① 합리 모형  ② 점증 모형
③ 만족 모형  ④ 최적 모형

■ 정답 및 해설
② 기존 정책이 유지해 온 목표의 틀 내에서 다소 향상된 정책결정을 추구하는 모형으로서, 온건지향적이고 보수적인 정책결정모형은 점증 모형이다.

◇ 오답 체크
① 합리 모형은 인간의 합리성을 바탕으로 가능한 모든 대안들을 검토하여 가장 합리적인 최선의 대안을 선택하여야 한다고 보는 모형이다.
③ 만족 모형은 제한된 합리성의 개념을 바탕으로, 완전무결한 최선의 대안을 탐색하기보다는 현실적으로 만족할 만한 수준에서 목표를 달성할 수 있는 대안을 선택하여야 한다고 보는 모형이다.
④ 최적 모형은 일회적인 결정만이 아니라, 결정이 이루어진 후의 평가와 피드백을 통해 최적 수준에 도달하려는 모형으로서, 직관, 창의력, 영감과 같은 초합리성도 정책결정에 중요한 요인이라고 보는 모형이다.

## 1181. 다음의 내용을 특징으로 하는 의사결정 모형은?  
`2007년 유초등`

> ○ 대안의 탐색은 현존 상황에 관련된 것으로 제한한다.
> ○ 대안의 예상 결과에 대한 분석은 현존 상황과의 차이에 초점을 둔다.
> ○ 목적 설정과 대안 개발이 동시에 이루어지므로 목적-수단 분석은 적절하지 않은 것으로 간주한다.
> ○ 현존 상황과 관련된 소수의 대안과 그 예상 결과들에 대한 계속적인 비교를 통하여 행동 방안을 결정한다.

① 최적(optimal) 모형  ② 점증(incremental) 모형
③ 합리성(rational) 모형  ④ 만족화(satisfying) 모형

■ 정답 및 해설
② 현존 상황과 관련된 소수의 대안과 그 예상 결과들에 대한 비교를 통하여 행동 방안을 결정하는 모형은 점증 모형이다.

1180 ②　1181 ②

## 출포 383. 의사결정 모형 : 혼합 모형

🌐 기본서 548~549쪽

**1182.** 교육정책 형성의 기본모형에 대한 설명으로 옳지 않은 것은?

2009년 국가직 9급

① 최적 모형 : 정책결정이 합리성으로만 이루어지는 것이 아니며, 때때로 초합리적인 것과 같은 잠재적 의식이 개입되어 이루어진다.
② 만족 모형 : 부분적인 정보와 불확실한 결과를 지닌 복잡한 문제를 해결할 때 사용하며, 최선의 해결책보다는 만족스러운 대안을 찾는다.
③ 점증 모형 : 문제가 복잡하고 불확실하며 갈등이 높을 때 사용되며, 기존 상황과 유사한 대안에 대해 지속적으로 비교함으로써 의사결정을 내린다.
④ 혼합 모형 : 단순하고 확실한 결과를 가진 문제를 해결하기 위해 최적 모형과 만족 모형을 결합한 접근방법이다.

### ■ 정답 및 해설
④ 혼합 모형은 복잡하고 불확실한 상황에서의 의사결정을 위해 합리 모형과 점증 모형을 결합한 접근방법이다. 기본적인 정책 방향의 설정과 전체적인 윤곽은 합리모형을 통해 결정하며, 방향설정 후 세부적인 문제해결을 위해서는 점증모형을 통해 결정하는 방식으로 두 모형의 장점을 결합하는 모형이다.

## 출포 384. 의사결정 모형 : 최적 모형

🌐 기본서 549쪽

**1183.** 다음 설명에 해당하는 교육정책 결정 모형은?

2023년 국가직 7급

> ○ 정책 결정이 합리성에만 근거해서 이루어지는 것이 아니라 때로는 직관, 창의 등에 의해 이루어진다.
> ○ 혁신적인 정책 결정에 도움을 주지만, 비현실적이고 이상적이라는 비난을 받는다.

① 최적 모형(optimal model)    ② 만족 모형(satisfying model)
③ 점증 모형(incremental model)    ④ 혼합 모형(mixed-scanning model)

### ■ 정답 및 해설
① 최적 모형은 드로어(Dror)가 주장한 것으로, 기존의 모형들과 달리 정책결정이 항상 합리적으로 이루어지는 것은 아니라고 보는 비정형적인 정책결정 모형이다. 정책결정에서의 초합리성의 중요성, 최적 결정의 가능성, 상위정책결정과 환류과정의 설정 등을 주요 특징으로 한다. 창의적인 정책 결정에 도움을 주지만, 너무 이상에만 치우치거나 비현실적일 수 있다는 비판을 받는다.

1184. 다음 내용에 가장 부합하는 교육정책 결정 모형은?     2011년 유초등

- 정책결정이 항상 합리적으로 이루어지는 것은 아니다.
- 부족한 자원, 불충분한 정보, 불확실한 상황 등이 정책의 합리성을 제약한다.
- 때때로 직관이나 초합리적인 생각도 정책을 결정하는 데 중요한 요인이 된다.
- 창의적인 정책 결정에 도움을 주지만, 너무 이상에만 치우칠 수 있다는 비판을 받는다.

① 최적 모형(optimal model)
② 만족 모형(satisfying model)
③ 점증 모형(incremental model)
④ 혼합 모형(mixed-scanning model)
⑤ 쓰레기통 모형(garbage can model)

■ 정답 및 해설
① 부족한 자원과 정보, 불확실한 상황 속에서 합리성이 제약될 때, 때때로 직관, 창의력, 영감과 같은 초합리적인 생각도 정책결정에 중요한 요인이 된다고 보는 모형은 최적 모형이다. 최적 모형은 일회적인 결정만이 아니라, 결정이 이루어진 후의 평가와 피드백을 통해 최적 수준에 도달하려고 하며, 정책결정 체제 전체의 합리적 운영에 관심을 가진다.

### 출포 385. 의사결정 모형 : 쓰레기통 모형

◉ 기본서 550쪽

1185. 다음 설명에 해당하는 교육정책 결정 모형은?     2020년 국가직 9급

- 의사결정은 합리성보다는 우연성에 의존한다.
- 문제와 해결책이 조화를 이룰 때 좋은 의사결정이 이루어진다.
- 조직의 목적은 사전에 설정되는 것이 아니라 자연스럽게 나타난다.
- 높은 불확실성을 경험하고 있는 조직에서 가장 많이 일어나는 정책결정 모형이다.

① 합리 모형
② 만족 모형
③ 점증 모형
④ 쓰레기통 모형

■ 정답 및 해설
④ 조직의 의사결정이 합리성 보다는 우연성에 의존하며, 문제와 해결방안들 사이의 혼란스러운 상호작용 속에서 의사결정이 이루어진다고 보는 모형은 쓰레기통 모형이다. 코헨(Cohen), 마치(March), 그리고 올센(Olsen) 등이 고등교육 수준의 교육기관의 의사결정 과정을 연구하면서 발전시킨 모형으로, 학교와 같이 조직의 응집성이 아주 약하며 높은 불확실성을 경험하고 있는 조직(조직화된 무정부상태의 조직)에서 가장 많이 나타나는 의사결정 행태를 설명하는 모형이다.

**1186.** 교육정책결정에 대한 이론모형 중 '쓰레기통 모형'에 대한 설명으로 옳은 것만을 모두 고른 것은?   2015년 국가직 7급

> ㄱ. 인간은 인간의 심리적, 인지적 한계를 고려하여 제한된 합리성에 기초하여 정책을 결정한다.
> ㄴ. 불안정하고 비합리적인 상황 하에서 의사결정은 날치기 통과 등의 방식으로 이루어진다.
> ㄷ. 의사결정에 참여하는 개인은 상당히 유동적이고 부분적인 참여를 한다.
> ㄹ. 정책이 실제 상황에서 점증적으로 결정되거나 결정되어야 한다고 본다.
> ㅁ. 정책결정은 문제, 해결책, 의사결정권을 가진 참여자, 결정의 기회라는 네 요소가 우연한 계기에 한 곳에 모두 모이게 될 때 이루어진다.
> ㅂ. 코헨(Cohen), 마치(March), 그리고 올센(Olsen) 등이 제시한 모형이다.

① ㄱ, ㄷ, ㄹ  
② ㄱ, ㄴ, ㅂ  
③ ㄷ, ㅁ, ㅂ  
④ ㄴ, ㄷ, ㅁ, ㅂ  

■ **정답 및 해설**

④ 쓰레기통 모형은 코헨, 마치, 올센 등이 제시한 정책결정 모형으로서(ㅂ), 정책결정은 문제와 해결책, 참여자와 결정의 기회가 우연히 한 곳에 모이게 될 때 이루어진다고 본다(ㅁ). 이러한 의사결정은 불안정하고 비합리적인 상황 하에서 자주 나타나며 날치기 통과나 진빼기 결정 등의 방식으로 이루어진다(ㄴ). 의사결정에 참여하는 개인들은 유동적이고 부분적인 참여를 하며(ㄷ), 이러한 특성은 조직화된 무질서 조직에서 자주 나타난다.

◇ **오답 체크**

ㄱ. 만족 모형, ㄹ. 점증 모형에 대한 설명이다.


**1187.** 다음에 해당하는 의사결정모형은?   2014년 국가직 9급

> 학교 조직의 의사결정은 다양한 문제와 해결 방안들 사이의 혼란스러운 상호작용 속에서 비합리적이고 우연적 방식으로 이루어진다.

① 혼합 모형  
② 만족 모형  
③ 최적화 모형  
④ 쓰레기통 모형  

■ **정답 및 해설**

④ 조직의 의사결정이 다양한 문제와 해결방안들 사이의 혼란스러운 상호작용 속에서 비합리적이고 우연적인 방식으로 이루어진다고 보는 모형은 쓰레기통 모형이다. 쓰레기통 모형에 의한 의사결정은 학교와 같은 조직화된 무질서 조직에서 자주 나타난다.

◇ **오답 체크**

① 혼합 모형은 기본적인 정책 방향의 설정과 전체적인 윤곽은 합리모형을 통해 결정하며, 세부적인 문제는 점증모형을 통해 결정하는 방식으로 두 모형의 장점을 결합한 모형이다.

1188. 교육정책 결정 모형에 대한 설명으로 옳은 것만을 있는 대로 고른 것은?　2013년 중등

ㄱ. 쓰레기통 모형(garbage-can model)은 조직화된 무질서(organized anarchies) 상태에서 정책 결정이 우발성에 기초하여 이루어지고 있음을 강조한 모형이다.
ㄴ. 점증모형(incremental model)은 합리모형의 비현실성을 극복하기 위해 제안된 것으로, 기존의 정책 틀을 기반으로 하여 현재보다 다소 개선된 수준의 대안을 선택해 나가는 모형이다.
ㄷ. 최적모형(optimal model)은 정책 결정이 합리성에만 근거해서 이루어지는 것은 아니며, 때때로 직관 등 초합리성이 개입되어 이루어짐을 주장한 모형이다.
ㄹ. 혼합모형(mixed-scanning model)은 정책 결정을 기본적인 결정과 세부적인 결정으로 나누고 전자는 합리모형을, 후자는 만족모형을 활용하는 모형이다.

① ㄱ, ㄷ
② ㄱ, ㄴ, ㄷ
③ ㄱ, ㄴ, ㄹ
④ ㄴ, ㄷ, ㄹ
⑤ ㄱ, ㄴ, ㄷ, ㄹ

■ 정답 및 해설
② ㄱ. 쓰레기통 모형은 조직화된 무질서 상태에서 정책 결정이 합리성 보다는 우발성에 기초하여 이루어지고 있음을 강조한 모형이다. 목표, 참여자, 문제, 해결책이 동시에 뒤섞여 쓰레기통처럼 우연히 결정되는 과정을 설명한다.
ㄴ. 점증모형은 기존 정책을 조금씩 점진적으로 수정해 나가는 방식의 정책결정 모형이다. 합리모형이 지나치게 이상적이고 비현실적이라는 비판에 따라 현실적 대안으로 제시되었으며, 기존의 정책 틀을 크게 벗어나지 않고 다소 개선된 대안을 선택하는 방식으로 결정된다.
ㄷ. 최적모형은 부족한 자원, 불충분한 정보, 불확실한 상황 등이 정책 결정의 합리성을 제약하기 때문에 정책 결정이 합리성에만 근거해서 이루어지는 것은 아니라고 본다. 때때로 직관, 창의성, 영감 등과 같은 초합리성이 개입되어 정책 결정이 이루어짐을 주장한 모형이다.

◇ 오답 체크
ㄹ. 혼합 모형은 정책 결정을 기본적인 결정과 세부적인 결정으로 나누고 전자는 합리모형을, 후자는 점증모형을 활용하는 모형이다.

## 출포 386. 의사결정의 참여 모형

기본서 551~553쪽

**1189.** 브리지즈(Bridges)의 참여적 의사결정 모형에 대한 설명으로 옳지 않은 것은?
2016년 국가직 7급

① 수용영역이란 구성원이 상급자의 어떤 의사결정에 대해서 의심 없이 기꺼이 받아들이는 영역을 말한다.
② 구성원들이 수용영역의 안에 있는 경우 모두 참여시키는 것이 효과적이다.
③ 적절성(relevance) 검증이란 결정할 사안에 대하여 구성원이 개인적인 이해관계가 있는가를 따지는 것이다.
④ 전문성(expertise) 검증이란 구성원이 결정에 기여할 수 있는 충분한 지식과 경험을 갖고 있는가를 따지는 것이다.

### ■ 정답 및 해설

② 브리지즈의 참여적 의사결정 모형은 의사결정에 구성원을 참여시키는 기준을 제시한 모형으로서, 어떤 문제의 의사결정이 수용영역 범위 안에 있는지의 여부에 따라 구성원의 참여 여부를 결정해야 한다고 본다.
이에 따르면, 구성원들이 수용영역 안에 있는 경우에는 상급자의 의사결정을 기꺼이 받아들이고자 하므로 구성원의 참여는 오히려 비효과적이라고 본다.

**1190.** 다음 그림은 호이와 타터(W. K. Hoy & C. J. Tarter)가 제시한 참여적 의사결정의 규범 모형이다. 이 모형에서 교장은 특정 사안에 대한 교사의 관련성과 전문성을 확인하여 해당 교사가 속한 수용영역(zone of acceptance)을 판단하며, 이에 따라 의사결정에 대한 교사의 참여 정도를 다양하게 결정한다. ㉠, ㉡, ㉢의 경우에 해당하는 학교장의 역할이 바르게 나열된 것은?
2009년 중등

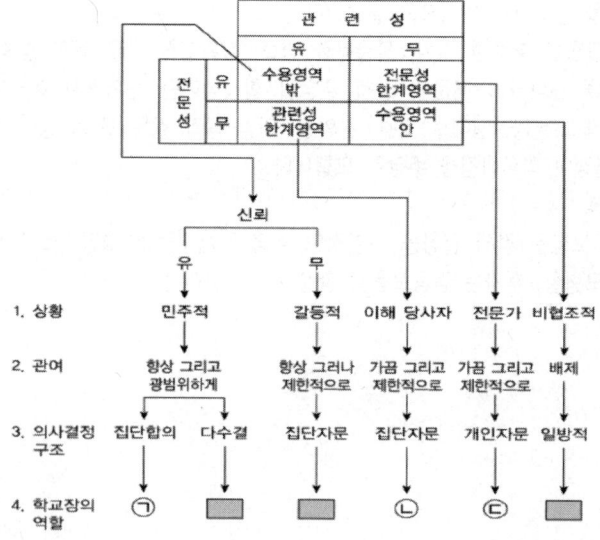

|   | ㉠ | ㉡ | ㉢ |   |   | ㉠ | ㉡ | ㉢ |
|---|---|---|---|---|---|---|---|---|
| ① | 통합자 | 교육자 | 간청자 | | ② | 간청자 | 지시자 | 교육자 |
| ③ | 교육자 | 통합자 | 간청자 | | ④ | 통합자 | 지시자 | 교육자 |
| ⑤ | 간청자 | 통합자 | 지시자 | | | | | |

■ 정답 및 해설

① 호이와 타터의 참여적 의사결정 모형은 브리지즈의 모형을 발전시킨 것으로, 의사결정 문제에 대한 구성원들의 관련성과 전문성 및 구성원의 헌신성 수준에 따라 구성원들의 참여 수준을 결정하여야 한다고 보는 모형이다. 각각의 경우 의사결정에 대한 교사의 참여 정도 및 학교장이 수행해야 할 역할은 다음과 같다.

㉠ 의사결정 문제가 수용영역 밖에 있으며, 구성원들에 대한 신뢰가 존재할 때에는 구성원들을 의사결정과정에 광범위하게 참여시켜야 한다. 이 때, 의사결정 구조를 집단합의의 방식으로 구성할 경우, 학교장의 역할은 다양한 의견과 관점을 조화시켜 합의를 이끌어 내는 '통합자'로서의 역할이 적합하다.

㉡ 의사결정 문제가 관련성 한계영역에 있을 때에는 이해당사자들을 중심으로 제한적으로 참여시키는 것이 바람직하다. 구성원들은 집단자문의 형태로 의사결정에 참여하며, 학교장은 구성원들에게 의사결정 문제와 제약요인을 설명하고 저항을 줄이는 '교육자' 역할을 하여야 한다.

㉢ 의사결정 문제가 전문성 한계영역에 있을 때에는 전문성을 가진 구성원들을 중심으로 제한적으로 참여시키는 것이 바람직하다. 구성원들은 개인자문의 형태로 참여하며, 학교장은 구성원들에게 조언을 구한 후 결정을 내리는 '간청자'의 역할을 하는 것이 적절하다.

# CHAPTER 11

# 교육행정의 실제

1. 교육법과 학교제도
2. 교육행정조직
3. 교육인사행정
4. 장학행정
5. 교육재정
6. 학교경영

# 1. 교육법과 학교제도

## 01. 교육법 이해의 기초

### 출포 387. 교육법의 주요 원리

> 기본서 557쪽

**1191.** 교육법의 주요원리에 해당하지 않은 것은?  `2012년 국가직 9급`

① 법률주의의 원리
② 효과성의 원리
③ 자주성존중의 원리
④ 기회균등의 원리

■ 정답 및 해설

② 교육법의 주요 원리에는 법률주의, 기회균등, 자주성 존중, 중립성, 전문성, 민주성의 원리 등이 포함된다.
한편, 효과성의 원리는 어떤 정책이 수립된 목표를 성취하는 데 기여할 수 있어야 한다는 것으로서, 교육법의 주요 원리에 포함되지 않는다.

### 출포 388. 법의 존재형식과 적용원칙

> 기본서 558쪽

**1192.** 교육법의 존재형식과 그 구체적인 예의 연결이 옳지 않은 것은?  `2020년 국가직 9급`

① 법률 - 초·중등교육법
② 조약 - 유네스코 헌장
③ 법규명령 - 고등교육법시행령
④ 규칙 - 학생인권조례

■ 정답 및 해설

④ 교육법의 존재형식 중 '규칙'은 자치법규에 속하는 것으로 지방자치단체 등이 법령의 범위 안에서 정하는 규정에 해당된다. 자치법규는 다시 조례, 규칙, 교육규칙으로 구분되는데, 조례는 지방의회가, 규칙은 자치단체장이, 교육규칙은 교육감이 결정 권한을 가지고 있다. 제시된 학생인권조례는 지방의회가 의결하는 자치법규로서, 조례에 해당한다.

---

**암기 POINT**
- 법 적용의 원칙

| 상위법 우선 | 헌법-법률-명령-자치법규 순으로 |
|---|---|
| 신법 우선 | 최근에 개정된 법을 적용 |
| 특별법 우선 | 일반법-특별법 충돌시, 특별법 우선 |

1191 ② 1192 ④

1193. 법 적용의 우선원칙에 대한 설명으로 옳은 것은?     2019년 국가직 9급
① 「지방자치법」과 「지방교육자치에 관한 법률」이 충돌할 경우 전자를 우선적으로 적용한다.
② 「초·중등교육법」과 「초·중등교육법 시행령」이 충돌할 경우 후자를 우선적으로 적용한다.
③ 「노동조합 및 노동관계조정법」과 「교원의 노동조합 설립 및 운영 등에 관한 법률」이 충돌할 경우 후자를 우선적으로 적용한다.
④ 신법과 구법이 충돌할 때에는 먼저 제정된 법을 우선적으로 적용한다.

■ 정답 및 해설
③ 일반적인 노동조합법과 교원에게만 해당하는 교원노조법이 충돌하는 경우, '특별법 우선'의 원칙에 따라 후자를 우선적으로 적용한다.
◇ 오답 체크
① 특별법 우선 원칙에 따라 후자를 우선적으로 적용한다.
② 상위법 우선 원칙에 따라 전자를 우선적으로 적용한다.
④ 신법 우선 원칙에 따라 나중에 제정된 법을 우선적으로 적용한다.

## 02. 헌법과 교육기본법

### 출포 389. 헌법 제31조

🌐 기본서 559~560쪽

1194. 교육과 관련하여 우리나라 헌법에 명문화되어 있지 않은 내용은?     2024년 국가직 9급
① 국가는 평생교육을 진흥하여야 한다.
② 모든 국민은 능력에 따라 균등하게 교육을 받을 권리를 가진다.
③ 교육의 자주성·전문성·정치적 중립성 및 대학의 자율성은 법률이 정하는 바에 의하여 보장된다.
④ 국가는 특별한 교육적 배려가 필요한 사람의 교육을 지원하기 위하여 필요한 시책을 수립·실시하여야 한다.

■ 정답 및 해설
④ '국가는 특별한 교육적 배려가 필요한 사람의 교육을 지원하기 위하여 필요한 시책을 수립·실시하여야 한다.'는 규정은 특수교육에 관한 내용으로서 교육기본법에 포함되어 있다.

기출플러스
• 우리나라 헌법의 교육 관련 명문화 내용
(2005년 유초등)
• 교육의 전문성 (O)
• 대학의 자율성 (O)
• 특수교육의 진흥 (×)
• 평생교육의 진흥 (O)

1193 ③   1194 ④

◇ 오답 체크

교육에 관한 내용을 규정하고 있는 헌법 제31조에 포함되어 있는 내용은 제1항 균등하게 교육받을 권리(②), 제2항 의무교육의 기간, 제3항 의무교육의 무상교육화, 제4항 교육의 자주성 등의 보장(③), 제5항 국가의 평생교육 진흥 의무(①), 제6항 교육제도 등의 법정주의에 관한 것이다.

**1195.** 헌법 제31조에서 규정하고 있는 교육에 관한 내용으로 옳지 않은 것은?

2019년 지방직 9급

① 균등하게 교육 받을 권리
② 고등학교까지의 의무교육 무상화
③ 교육의 정치적 중립성
④ 교육제도의 법정주의

■ 정답 및 해설

② 헌법 제31조에서는 초등교육과 법률이 정하는 교육을 의무교육으로 하고, 의무교육은 무상화한다고 규정하고 있다. 아직까지 고등학교는 의무교육의 범위에 포함되어 있지 않다.

**1196.** 헌법 제31조의 일부이다. ㉠~㉢에 들어갈 용어를 바르게 묶은 것은?

2016년 국가직 7급

① 모든 국민은 능력에 따라 ( ㉠ )하게 교육을 받을 권리를 가진다.
② 모든 국민은 그 보호하는 자녀에게 적어도 ( ㉡ )교육과 ( ㉢ )이 정하는 교육을 받게 할 의무를 진다.
③ 의무교육은 무상으로 한다.
④ 교육의 자주성·전문성·정치적 중립성 및 대학의 자율성은 ( ㉢ )이 정하는 바에 의하여 보장된다.

|   | ㉠ | ㉡ | ㉢ |   |   | ㉠ | ㉡ | ㉢ |
|---|---|---|---|---|---|---|---|---|
| ① | 평등 | 초등 | 교육법 | | ② | 평등 | 중등 | 법률 |
| ③ | 균등 | 중등 | 교육법 | | ④ | 균등 | 초등 | 법률 |

■ 정답 및 해설

④ 헌법 제31조에서는 교육에 관한 기본 이념을 제시한다.
- 제1항 모든 국민은 능력에 따라 균등하게 교육을 받을 권리를 가진다.
- 제2항 모든 국민은 그 보호하는 자녀에게 적어도 초등교육과 법률이 정하는 교육을 받게 할 의무를 진다.
- 제4항 교육의 자주성·전문성·정치적 중립성 및 대학의 자율성은 법률이 정하는 바에 의하여 보장된다.

1195 ② 1196 ④

1197. 헌법 제31조에 규정되어 있는 조항을 모두 고른 것은?  2010년 중등

ㄱ. 모든 국민은 능력에 따라 균등하게 교육을 받을 권리를 가진다.
ㄴ. 모든 국민은 그 보호하는 자녀에게 적어도 초등교육과 3년의 중등교육을 받게 할 의무를 지닌다.
ㄷ. 교육의 자주성·전문성·정치적 중립성 및 대학의 자율성은 법률이 정하는 바에 의하여 보장된다.
ㄹ. 국가는 특수교육을 진흥하여야 한다.
ㅁ. 학교교육 및 평생교육을 포함한 교육제도와 그 운영, 교육재정 및 교원의 지위에 관한 기본적인 사항은 법률로 정한다.

① ㄱ, ㄷ, ㅁ
② ㄴ, ㄷ, ㄹ
③ ㄴ, ㄹ, ㅁ
④ ㄱ, ㄴ, ㄷ, ㄹ
⑤ ㄱ, ㄴ, ㄷ, ㅁ

■ 정답 및 해설
① ㄱ. 우리나라 헌법 제31조에는 균등하게 교육받을 권리, ㄷ. 교육의 자주성, 전문성, 중립성 등, ㅁ. 교육제도와 그 운영, 교육재정 및 교원 지위의 법정주의에 관한 규정이 포함되어 있다.

◇ 오답 체크
ㄴ. 헌법에서는 의무교육을 '초등교육과 법률이 정하는 교육'으로 규정하고 있다. '3년의 중등교육'을 명시하는 규정은 교육기본법에 포함되어 있다.
ㄹ. 헌법 제5항에서는 국가가 평생교육을 진흥하여야 한다고 규정하고 있다. 특수교육에 대한 진흥 의무는 교육기본법에 포함되어 있다.

1198. 다음에 제시하고 있는 헌법의 교육관계조항의 변화를 시기 순으로 바르게 나열한 것은?  2010년 국가직 9급

ㄱ. 대학의 자율성 보장을 추가하였다.
ㄴ. 교육의 자주성과 정치적 중립성 보장을 추가하였다.
ㄷ. 의무교육의 범주를 법률이 정하는 교육으로 확대하였다.
ㄹ. 교육의 전문성, 국가의 평생교육진흥 의무, 교육재정 및 교원지위 법정주의를 포함시켰다.

① ㄷ → ㄴ → ㄹ → ㄱ
② ㄴ → ㄱ → ㄷ → ㄹ
③ ㄷ → ㄴ → ㄱ → ㄹ
④ ㄴ → ㄷ → ㄹ → ㄱ

1197 ① 1198 ④

## 강서연 교육학

**암기 POINT**
- 헌법 제31조 개정 과정

| 시기 | 주요 내용 |
|---|---|
| 제헌헌법 (1948) | 교육의 기회균등<br>초등교육의 의무무상화<br>교육제도의 법정주의 |
| 5차 (1962) | 교육의 자주성, 정치적 중립성 보장 |
| 7차 (1972) | 의무교육의 범위 확대<br>(법률이 정하는 교육) |
| 8차 (1980) | 교육의 전문성 보장<br>평생교육 진흥 의무<br>교육재정 및 교원의 지위의 법정주의 |
| 9차 | 대학의 자율성 보장 |

### ■ 정답 및 해설

④ 1948년 제정된 제헌헌법의 교육관계조항에는 균등하게 교육받을 권리, 초등교육에 대한 의무교육, 교육제도의 법정주의, 교육기관에 대한 국가의 감독 권한 등이 명시되어 있었다. 이후 몇 차례의 헌법 개정 과정 속에서 일부 내용이 수정되거나 추가되었다.
ㄴ. 1962년 개정을 통해 교육의 자주성과 정치적 중립성 보장 규정이 추가되었으며, 교육기관에 대한 국가의 감독 권한은 삭제되었다.
ㄷ. 1972년 개정을 통해 의무교육의 범주를 법률이 정하는 교육으로 확대하였다.
ㄹ. 1980년 개정을 통해 교육의 전문성, 국가의 평생교육진흥 의무, 교육재정 및 교원지위 법정주의가 포함되었다.
ㄱ. 1987년 개정을 통해 대학의 자율성 보장이 추가되었다.

## 출포 390. 교육기본법

기본서 560~562쪽

**1199.** 교육기본법 제2조에 명시된 교육이념이 아닌 것은?   2015년 국가직 7급
① 홍익인간의 이념
② 창의 인재 양성
③ 자주적 생활능력 함양
④ 민주시민으로서 필요한 자질 함양

### ■ 정답 및 해설

② 「교육기본법」 제2조(교육이념) 교육은 홍익인간(弘益人間)의 이념 아래 모든 국민으로 하여금 인격을 도야(陶冶)하고 자주적 생활능력과 민주시민으로서 필요한 자질을 갖추게 함으로써 인간다운 삶을 영위하게 하고 민주국가의 발전과 인류공영(人類共榮)의 이상을 실현하는 데에 이바지하게 함을 목적으로 한다.

**암기 POINT**
- 우리나라의 교육이념 및 목적 (교육기본법 제2조)

| 이념 | 홍익인간 |
|---|---|
| 직접적 목적 | 인격도야<br>자주적 생활능력<br>민주시민 자질 |
| 간접적 목적 | 인간다운 삶 영위<br>민주국가의 발전<br>인류공영 이상 실현 |

**1200.** 우리나라 교육기본법 제2조에 제시되어 있는 교육이념이 아닌 것은?
2007년 국가직 9급
① 인격 도야
② 창의적 능력 발휘
③ 민주시민의 자질 구비
④ 인류공영의 이상 실현

### ■ 정답 및 해설

② 「교육기본법」에서는 홍익인간의 이념을 가장 상위의 교육이념으로 제시하고, 그 아래에서 인격도야, 자주적 생활능력 함양, 민주시민으로서 필요한 자질 함양을 직접적 교육이념으로 제시하고 있다. 또한 이를 통해 인간다운 삶 영위, 민주국가 발전, 인류공영의 이상 실현을 간접적 교육이념으로 언급하고 있다.

1199 ② 1200 ②

**1201.** 현행 교육기본법에 규정된 교육에서의 차별금지 이유에 해당되지 않는 것은?  
2009년 국가직 7급

① 신념  ② 인종
③ 학벌  ④ 성별

■ 정답 및 해설

③ 「교육기본법」에서는 능력과 적성에 따른 교육의 차별은 인정하지만, 성별, 종교, 신념, 인종 등과 같이 개인의 능력에 관한 것이 아닌 것에 의한 교육의 차별은 금지하고 있다.

> 「교육기본법」
> 제3조(학습권) 모든 국민은 평생에 걸쳐 학습하고, 능력과 적성에 따라 교육 받을 권리를 가진다.
> 제4조(교육의 기회균등 등) ① 모든 국민은 성별, 종교, 신념, 인종, 사회적 신분, 경제적 지위 또는 신체적 조건 등을 이유로 교육에서 차별을 받지 아니한다.

**1202.** 우리나라 현행 교육관계법의 기본 정신이나 이념에 관한 설명으로 바르지 않은 것은?  
2007년 중등

① 모든 국민은 평생에 걸쳐 학습하고, 능력과 적성에 따라 교육받을 권리가 있다.
② 모든 국민은 성별, 종교, 신념, 사회적 신분, 경제적 지위 또는 신체적 조건 등을 이유로 교육에서 차별받지 않는다.
③ 학교운영의 자율성은 존중되며, 교직원·학생·학부모 및 지역주민 등은 법령이 정한 바에 의하여 학교운영사항을 심의·의결한다.
④ 국가 및 지방자치단체는 교육의 자주성 및 전문성을 보장하여야 하며, 지역의 실정에 맞는 교육의 실시를 위한 시책을 수립·실시하여야 한다.

■ 정답 및 해설

③ 「교육기본법」 제5조 제1항에 따르면, 교직원·학생·학부모 및 지역주민 등은 법령으로 정하는 바에 따라 학교운영에 참여할 수 있도록 하고 있지만, 학교운영사항을 심의·의결하도록 하고 있지는 않다.
다만, 「초중등교육법」에 의하면, 학교의 자율성을 높이고 지역의 실정과 특성에 맞는 다양하고도 창의적인 교육을 할 수 있도록 학교운영위원회를 설치하여 학교운영에 관한 사항을 심의·자문하도록 하고 있다. 단, 학교운영위원회의 구성은 그 학교의 교원 대표, 학부모 대표 및 지역사회 인사로 구성하도록 하여, 학생은 포함되지 않고 있다.

1201 ③  1202 ③

「교육기본법」 제5조(교육의 자주성 등)
① 국가와 지방자치단체는 교육의 자주성과 전문성을 보장하여야 하며, 국가는 지방자치단체의 교육에 관한 자율성을 존중하여야 한다. <신설 2021. 9. 24.>
② 국가와 지방자치단체는 관할하는 학교와 소관 사무에 대하여 지역 실정에 맞는 교육을 실시하기 위한 시책을 수립·실시하여야 한다. <개정 2021. 9. 24.>
③ 국가와 지방자치단체는 학교운영의 자율성을 존중하여야 하며, 교직원·학생·학부모 및 지역주민 등이 법령으로 정하는 바에 따라 학교운영에 참여할 수 있도록 보장하여야 한다. <개정 2021. 9. 24.>

「초중등교육법」 제31조(학교운영위원회의 설치)
① 학교운영의 자율성을 높이고 지역의 실정과 특성에 맞는 다양하고도 창의적인 교육을 할 수 있도록 초등학교·중학교·고등학교·특수학교 및 각종학교에 학교운영위원회를 구성·운영하여야 한다. <개정 2022. 10. 18.>
② 국립·공립 학교에 두는 학교운영위원회는 그 학교의 교원 대표, 학부모 대표 및 지역사회 인사로 구성한다.

「초중등교육법」 제2절 학교운영위원회 제32조(기능)
① 학교에 두는 학교운영위원회는 다음 각 호의 사항을 심의한다. 다만, 사립학교에 두는 학교운영위원회의 경우 제7호 및 제8호의 사항은 제외하고, 제1호의 사항에 대하여는 자문한다. <개정 2021. 9. 24.>

## 04. 교육제도에 관한 법

### 출포 391. 의무교육제도에 관한 내용

기본서 562~563쪽

**1203.** 우리나라 의무교육 제도에 대한 설명으로 옳은 것은? 2022년 국가직 7급
① 교육을 받을 권리를 실효성 있게 보장하기 위하여 의무교육을 헌법에 명문화하였다.
② 취학의무의 이행을 독려 받고도 취학의무를 이행하지 아니한 자에 대한 벌금제도를 두었다.
③ 처음 의무교육이 도입된 이후 의무교육기간은 늘어나지 않았다.
④ 초등학교, 중학교, 고등학교를 대상으로 총 12년간의 의무교육을 시행한다.

1203 ①

■ 정답 및 해설
① 우리나라 헌법에서는 모든 국민에게 교육받을 권리를 실효성있게 보장하기 위해 의무교육을 명문화하고 있다.

◇ 오답 체크
② 취학 의무의 이행을 독려받고도 취학 의무를 이행하지 않은 자에 대해서는 과태료를 부과한다.
③ 의무교육제도가 처음 도입된 당시에는 초등교육만을 포함하였으나, 1972년 개헌을 통해 '법률이 정하는 교육'으로까지 그 기간이 늘어났다.
④ 현재 우리나라는 초등학교와 중학교를 대상으로 총 9년간의 의무교육을 시행한다.

**암기 POINT**
- 의무교육제도에 관한 법률 규정
  - 교육권은 기본권
  - 의무교육은 무상교육
  - 국가와 지자체의 교육기회 제공 의무
  - 보호자의 아동 취학 의무
  - 초등 + 중학 9년의 기간
  - 의무교육단계는 퇴학 불가

**1204.** 우리나라 의무교육제도에 대한 설명으로 옳지 않은 것은?

2017년 국가직 9급

① 지방자치단체는 국립 또는 사립의 초등학교·중학교 또는 특수학교에 일부 의무교육대상자에 대한 교육을 위탁할 수 있다.
② 지방자치단체로부터 의무교육 대상자의 교육을 위탁받은 사립학교의 설립자·경영자는 의무교육을 받는 사람으로부터 수업료와 학교운영지원비를 받을 수 있다.
③ 모든 국민은 그 보호하는 자녀에게 6년의 초등교육과 3년의 중등교육을 받게 할 의무를 진다.
④ 취학아동명부의 작성을 담당하는 읍·면·동의 장은 입학연기신청서를 제출받은 경우 입학연기대상자를 취학아동명부에서 제외하고, 입학연기대상자 명단을 교육장에게 통보하여야 한다.

■ 정답 및 해설
② 국립·공립·사립학교의 설립자·경영자는 의무교육을 받는 사람으로부터 비용을 받을 수 없다. 의무교육 대상자로부터 받을 수 없는 비용에는 입학금, 수업료, 학교운영지원비, 교과용 도서 구입비가 포함된다.

**1205.** 우리나라 의무교육제도에 대한 설명으로 타당한 것은? 2008년 국가직 9급
① 의무교육제도는 교육이 권리가 아니라 특권이라는 개념에 근거를 두고 있다.
② 초·중등교육법에 비추어 볼 때, 의무교육제도는 취학의무가 아니라 교육의무를 의미한다.
③ 현행 교육법제에서는 의무교육제도의 실효성을 보장하기 위하여 보호자와 국가에게 그 책임을 부과하고 있다.
④ 의무교육단계에서도 학생들이 학교규칙을 현저히 위반하였을 때에는 퇴학이 가능하다.

1204 ② 1205 ③

### 정답 및 해설
③ 의무교육 제도의 실효성 보장을 위해 보호자와 국가에 그 책임을 부과하여 이루어지게 하고 있다.

◇ 오답 체크
① 의무교육제도는 교육이 특권이 아니라 인간의 기본적 권리라는 개념에 근거를 두고 있다.
② 초중등교육법에서는 의무교육제도는 보호자가 그가 보호하는 아동을 학교에 취학시킬 의무로 규정하고 있다. 따라서 학생이 교육받을 의무가 아니라 보호자가 아동을 취학시킬 의무를 의미한다.
④ 의무교육단계에서는 학생들이 학교규칙을 현저히 위반하였을 때에도 퇴학시킬 수 없도록 규정되어 있다.

## 출포 392. 우리나라의 학교제도

기본서 579~581쪽

**1206.** 우리나라의 학제와 관련된 설명으로 옳지 않은 것은? 2011년 국가직 7급
① 기본적으로 단선형 학제이다.
② 방송대학은 방계(특별)학제에 포함된다.
③ 기간(기본)학제는 정규학교제도를 의미한다.
④ 유치원은 기간학제에 포함되지 않는다.

### 정답 및 해설
④ 우리나라 학제는 기본적으로 단선형 학제로서, 기본학제와 특별학제 간 상호이동이 가능하도록 구조화되어 있다. 기본(기간)학제는 정규학교제도를 의미하며, 유치원, 초등학교, 중학교, 고등학교, 대학을 포함한다. 특별(방계)학제는 정규 교육을 보완하는 학교제도로 고등공민학교, 고등기술학교, 방송통신대학 등이 포함된다.

| 학교제도 (교육부 산하) ||학교 외 제도|
|---|---|---|
| 기본(기간)학제 | 특별(방계)학제 | |
| 유치원 | | |
| 초등학교(6년) | 공민학교(폐지) | 교육부 이외의 부처가 관장하는 학교 |
| 중학교(3년) | 고등공민학교(1~3년) | |
| 고등학교(3년) | • 고등기술학교(1~3년)<br>• 방송통신고교 | • 국방대학교, 삼군사관학교(국방부) |
| • 대학교(4년) - 대학, 교육대학<br>• 전문대학(2년) | • 방송통신대학<br>• 산업대학<br>• 기술대학 | • 기능대학(고용노동부)<br>• 경찰대학(경찰청)<br>• 사법연수원(사법부) |
| 자율학교 | 특수학교<br>각종학교(대안학교) | |

1206 ④

**1207.** 다음의 (가)와 (나)에 적합한 용어로 짝지어진 것은?  2006년 유초등

> 학제의 구조는 ☐(가)☐ 와 ☐(나)☐ 에 따라 구성된다. 여기서 ☐(가)☐ 은 어떠한 교육을 하고 있는가, 또는 어떠한 계열의 학생들을 대상으로 하고 있는가를 나타내며, ☐(나)☐ 은 어느 정도의 교육을 받은 상태인가, 혹은 어떠한 연령층을 대상으로 하는가를 나타낸다.

① 계통성-단계성
② 단계성-계통성
③ 특수성-보편성
④ 연속성-특수성

■ 정답 및 해설
① 학제의 구조는 계통성과 단계성으로 구성된다. 계통성은 학제의 횡적 구조로서, 어떠한 교육을 하고 있는가, 어떠한 계열의 학생들을 대상으로 하는가 등에 대한 것으로, 계열별 학교들 간의 관계나 학교와 학교 외 교육 간의 연결 관계를 의미한다. 단계성이란 학제의 종적 구조로서, 어느 정도의 교육을 받은 상태인가, 혹은 어떠한 연령층을 대상으로 하는가 등에 대한 것으로 교육단계 간의 접속 관계를 의미한다.

## 출포 393. 고등학교의 유형 (초중등교육법 및 시행령)

📖 기본서 581~584쪽

**1208.** 현행 고등학교 유형에 대한 설명으로 옳지 않은 것은? 2013년 국가직 7급
① 고등학교 유형에는 크게 일반고, 특수목적고, 특성화고, 자율고가 있다.
② 특수목적고에는 과학고, 외국어고, 국제고, 예술고, 체육고 등이 있다.
③ 특성화고는 특정 분야의 인재양성을 목적으로 하는 교육 또는 자연현장실습 등 체험위주의 교육을 전문적으로 실시하는 고등학교를 말한다.
④ 자율고는 자율형 사립고와 자율형 공립고로 구성되는데, 3년마다 교육감이 평가 후 그 지정을 취소할 수 있다.

■ 정답 및 해설
④ 자율고에 대한 평가 및 지정 취소는 5년을 주기로 시행 가능하다.

> 「초중등교육법 시행령」
> 제76조의3(고등학교의 구분) 고등학교는 교육과정 운영과 학교의 자율성을 기준으로 다음 각 호의 학교로 구분한다. <개정 2011. 12. 30., 2020. 2. 28., 2024. 1. 23.>
>   1. 일반고등학교(특정분야가 아닌 다양한 분야에 걸쳐 일반적인 교육을 실시하는 고등학교를 말하되, 제2호부터 제4호까지의 규정에 따른 고등학교에 해당하지 않는 고등학교를 포함한다. 이하 같다)
>   2. 제90조에 따른 특수목적고등학교

### 암기 POINT

• 고등학교의 종류 (초중등교육법 시행령)

| | |
|---|---|
| 일반 고등학교 | 다양한 분야에서 일반적 교육 실시 |
| 특수목적 고등학교 | 특수분야의 전문적 교육 목적<br>-과학계열<br>-외국어·국제계열<br>-예술·체육계열<br>-산업수요맞춤형 |
| 특성화 고등학교 | 특정분야 인재양성 목적 또는 자연현장 실습 등 체험위주 교육의 전문적 실시 |
| 자율 고등학교 | -자율형 사립고<br>-자율형 공립고 |

1207 ① 1208 ④

3. 제91조에 따른 특성화고등학교
4. 자율고등학교(제91조의3에 따른 자율형 사립고등학교 및 제91조의4에 따른 자율형 공립고등학교를 말한다)

제90조(특수목적고등학교) ① 교육감은 다음 각 호의 어느 하나에 해당하는 학교 중에서 특수분야의 전문적인 교육을 목적으로 하는 고등학교(이하 "특수목적고등학교"라 한다)를 지정·고시할 수 있다. 다만, 제10호의 학교 중 국립의 고등학교는 교육부장관이 지정·고시한다. <개정 2001. 1. 29., 2001. 3. 2., 2007. 5. 16., 2010. 6. 29., 2013. 3. 23., 2020. 2. 28., 2024. 1. 23.>

1~4, 8~9. 삭제 <2010. 6. 29.>

5. 과학 인재 양성을 위한 과학계열의 고등학교
6. 외국어에 능숙한 국제적인 인재양성을 위한 외국어·국제계열의 고등학교
7. 예술인 양성을 위한 예술계열의 고등학교와 체육인 양성을 위한 체육계열의 고등학교
10. 산업계의 수요에 직접 연계된 맞춤형 교육과정을 운영하는 고등학교(이하 "산업수요 맞춤형 고등학교"라 한다)

제91조(특성화고등학교) ① 교육감은 소질과 적성 및 능력이 유사한 학생을 대상으로 특정분야의 인재양성을 목적으로 하는 교육 또는 자연현장실습 등 체험위주의 교육을 전문적으로 실시하는 고등학교(이하 "특성화고등학교"라 한다)를 지정·고시할 수 있다. <개정 2001. 1. 29., 2001. 10. 20.>

② 특성화고등학교 지정 신청서의 제출, 교육감의 해당 학교 평가에 따른 지정 취소에 관하여는 제90조제2항 및 같은 조 제4항제5호를 준용한다. 이 경우 "특수목적고등학교"는 "특성화고등학교"로 본다. <개정 2014. 2. 18., 2014. 12. 9.>

③ 제1항 및 제2항에서 규정한 사항 외에 특성화고등학교의 지정 및 운영에 필요한 사항은 시·도 교육규칙으로 정한다. <신설 2010. 6. 29.>

**1209.** 현행 초·중등교육법 시행령의 고등학교 구분에서 특성화 고등학교에 해당하는 것은? 2011년 국가직 9급, 개정사항 반영

① 자연현장실습 등 체험위주의 교육을 전문적으로 실시하는 고등학교
② 특수 분야의 전문적인 교육을 목적으로 하는 고등학교
③ 학교 또는 교육과정을 자율적으로 운영할 수 있는 고등학교
④ 특정분야가 아닌 다양한 분야에 걸쳐 일반적인 교육을 실시하는 고등학교

■ 정답 및 해설
① 특성화고등학교는 소질과 적성 및 능력이 유사한 학생을 대상으로 특정분야의 인재양성을 목적으로 하는 교육 또는 자연현장실습 등 체험위주의 교육을 전문적으로 실시하는 고등학교로서, 교육감이 지정·고시할 수 있다.

◇ 오답 체크
② 특수목적고등학교, ③ 자율고등학교, ④ 일반고등학교에 대한 설명이다.

1209 ①

**1210.** 현재 우리나라 고등학교 운영에 관한 설명으로 옳은 것은? 2005년 중등
① 학교운영위원회를 구성 운영하도록 법적으로 의무화하여 학교운영의 자율성을 높이고 있다.
② 국가 수준의 초·중등학교 종합평가제도가 법제화됨으로써 모든 고등학교는 5년마다 평가를 받아야 한다.
③ 실업계 고등학교의 경우 국민공통 기본교육과정이 적용되지 않으므로 전문교과 교육과정의 충실한 운영이 가능하다.
④ 일반계 고등학교의 경우 자율학교, 자립형 사립학교, 특수목적고, 대안학교, 특성화고교 등 다양한 유형의 학교를 운영하여 학교선택권을 잘 보장해 주고 있다.

■ 정답 및 해설
① 「초중등교육법」에서는 학교운영의 자율성을 높이고 지역의 실정과 특성에 맞는 다양하고도 창의적인 교육을 할 수 있도록 국공사립의 모든 고등학교에 학교운영위원회를 구성·운영하도록 하며 법적 의무화하고 있다.

◇ 오답 체크
② 국가 수준의 초중등학교 종합평가제도는 법적 의무 사항이 아니다. (「초중등교육법」 제9조)
③ 국민공통 기본교육과정은 제7차 교육과정 시기에 1학년부터 10학년까지 적용되는 교육과정으로서, 실업계 고등학교에서도 운영되었다.
④ 일반계 고등학교는 특수목적고등학교, 특성화고등학교, 자율고등학교에 해당하지 않는 고등학교를 말한다. (「초중등교육법 시행령」 제76조의3)

---

「초중등교육법」 제9조(학생·기관·학교 평가)
① 교육부장관은 학교에 재학 중인 학생을 대상으로 학업성취도를 측정하기 위한 평가를 할 수 있다. <개정 2013. 3. 23.>
② 교육부장관은 교육행정을 효율적으로 수행하기 위하여 특별시·광역시·특별자치시·도·특별자치도 교육청과 그 관할하는 학교를 평가할 수 있다. <개정 2013. 3. 23.>
③ 교육감은 교육행정의 효율적 수행 및 학교 교육능력 향상을 위하여 그 관할하는 교육행정기관과 학교를 평가할 수 있다.
④ 제2항 및 제3항에 따른 평가의 대상·기준·절차 및 평가 결과의 공개 등에 필요한 사항은 대통령령으로 정한다.
⑤ 평가 대상 기관의 장은 특별한 사유가 있는 경우가 아니면 제1항부터 제3항까지의 규정에 따른 평가를 받아야 한다.
⑥ 교육부장관은 교육감이 그 관할 구역에서 제3항에 따른 평가를 실시하려는 경우 필요한 지원을 할 수 있다. <개정 2013. 3. 23.> [전문개정 2012. 3. 21.]

1210 ①

**1211.** 다음은 「초·중등교육법 시행령」 제91조의 규정이다. ㉠과 ㉡에 들어갈 말은?  *2010년 국가직 9급, 개정사항 반영*

> ___㉠___ 은 소질과 적성 및 능력이 유사한 학생을 대상으로 특정 분야의 인재양성을 목적으로 하는 교육 또는 자연현장실습 등 체험위주의 교육을 전문적으로 실시하는 고등학교(이하 "___㉡___"라 한다)를 지정·고시할 수 있다.

| | ㉠ | ㉡ |
|---|---|---|
| ① | 교육부장관 | 전문계 고등학교 |
| ② | 교육부장관 | 특성화 고등학교 |
| ③ | 교육감 | 전문계 고등학교 |
| ④ | 교육감 | 특성화 고등학교 |

■ 정답 및 해설
④ 소질과 적성 및 능력이 유사한 학생을 대상으로 특정분야의 인재양성을 목적으로 하는 교육 또는 자연현장실습 등 체험위주의 교육을 전문적으로 실시하는 고등학교는 특성화 고등학교로서, 교육감이 지정·고시할 수 있다.

**1212.** 현재 운영 중인 우리나라의 자율형 사립고등학교에 대한 설명으로 옳지 않은 것은?  *2010년 국가직 7급, 개정사항 반영*

① 사립고등학교 가운데 교육감이 추천하여 교육부장관이 지정·고시한다.
② 국가 또는 지방자치단체로부터 지방교육재정교부금법 시행령에 따른 교직원 인건비 및 학교·교육과정운영비를 지급받지 않아야 한다.
③ 교육부령으로 정하는 법인전입금기준 및 교육과정 운영기준을 충족하여야 한다.
④ 5년 이내로 지정·운영하되, 시·도 교육규칙으로 정하는 바에 따라 5년의 범위에서 연장할 수 있다.

■ 정답 및 해설
① 자율형 사립고등학교는 법인 또는 학교의 장의 신청을 받아 교육감이 지정·고시하되, 미리 교육부장관의 동의를 받아야 한다.

1211 ④  1212 ①

## 출포 394. 자율학교와 대안학교

기본서 582~583쪽

**1213.** 「초·중등교육법 시행령」상 교육감이 자율학교로 지정·운영할 수 있는 학교만을 모두 고르면?   2019년 국가직 7급, 개정사항 반영

> ㄱ. 특성화 중학교
> ㄴ. 산업수요 맞춤형 고등학교 및 특성화 고등학교
> ㄷ. 학업에 어려움을 겪는 학생에 대한 교육을 실시하는 학교
> ㄹ. 「농어업인 삶의 질 향상 및 농어촌지역 개발촉진에 관한 특별법」 제3조 제4호에 따른 농어촌학교

① ㄱ, ㄴ
② ㄷ, ㄹ
③ ㄱ, ㄴ, ㄹ
④ ㄱ, ㄴ, ㄷ, ㄹ

■ 정답 및 해설
④ 자율학교는 「초중등교육법」 제61조, 「초중등교육법 시행령」 제105조에 따라 학교 또는 교육과정을 자율적으로 운영할 수 있는 학교이다. 자율학교로 지정·운영할 수 있는 경우는 제시된 경우 이외에도, '2. 개별학생의 적성·능력 개발을 위한 다양하고 특성화된 교육과정을 운영하는 학교', '3. 학생의 창의력 계발 또는 인성함양 등을 목적으로 특별한 교육과정을 운영하는 학교', '7. 그 밖에 교육감이 특히 필요하다고 인정하는 학교' 등이 포함된다.

### 암기 POINT
- 자율학교 (초중등교육법 제61조)

| | |
|---|---|
| 개념 | 학교 또는 교육과정을 자율적으로 운영할 수 있는 학교 |
| 절차 | 교육감이 지정권자 (* 국립은 교육부장관과 사전 협의) |
| 대상 | 학습부진 학생을 위한 교육, 특성화된 교육과정 운영, 특성화중, 특성화고, 농어촌학교 등 |

**1214.** 초·중등교육법 및 동법 시행령상 학교에 대한 설명으로 옳지 않은 것은?   2015년 국가직 9급
① 자율고등학교는 자율형 사립고와 자율형 공립고, 자율학교로 구분된다.
② 교육감이 특성화중학교를 지정·고시하고자 하는 경우에는 미리 교육부장관의 동의를 받아야 한다.
③ 교육감이 특성화중학교의 지정을 취소하는 경우에는 미리 교육부장관의 동의를 받아야 한다.
④ 교육감이 외국어 계열의 특수목적고등학교를 지정·고시하고자하는 경우에는 미리 교육부장관의 동의를 받아야 한다.

■ 정답 및 해설
① 자율고등학교는 「초중등교육법 시행령」 제91조의3, 4(2020. 2. 28. 삭제, 2025. 3. 1. 시행)에 따라 설치·운영되는 고등학교로서, 「초중등교육법」 제61조에 따라 학교 또는 교육과정을 자율적으로 운영할 수 있는 고등학교에 해당한다. 제91조의3 자율형 사립고와 제91조의3 자율형 공립고로 구분된다. 한편, 자율학교는 「초중등교육법」 제61조, 「초중등교육법 시행령」 제105조에 따라 학교 또는 교육과정

1213 ④   1214 ①

을 자율적으로 운영할 수 있는 학교로서 국립·공립·사립의 초등학교·중학교·고등학교 및 특수학교를 대상으로 한다.

◇ **오답 체크**

②, ③, ④ 교육감이 특성화중학교나 특수목적고등학교를 지정·고시하거나 지정 취소를 하고자 하는 경우에는 미리 교육부장관의 동의를 받아야 한다.

---

「초중등교육법 시행령」

제105조(학교 및 교육과정 운영의 특례) ① 교육감은 다음 각 호의 어느 하나에 해당하는 국립·공립·사립의 초등학교·중학교·고등학교 및 특수학교를 대상으로 법 제61조에 따라 학교 또는 교육과정을 자율적으로 운영할 수 있는 학교(이하 "자율학교"라 한다)를 지정·운영할 수 있다.
1. 학업에 어려움을 겪는 학생에 대한 교육을 실시하는 학교
2. 개별학생의 적성·능력 개발을 위한 다양하고 특성화된 교육과정을 운영하는 학교
3. 학생의 창의력 계발 또는 인성함양 등을 목적으로 특별한 교육과정을 운영하는 학교
4. 특성화중학교
5. 산업수요 맞춤형 고등학교 및 특성화고등학교
6. 「농어업인 삶의 질 향상 및 농어촌지역 개발촉진에 관한 특별법」 제3조제4호에 따른 농어촌학교
7. 그 밖에 교육감이 특히 필요하다고 인정하는 학교

---

**1215.** 다음 설명에 해당하는 학교의 형태는?

2009년 교육사무관 5급, 개정사항 반영

> 학업을 중단하거나 개인적 특성에 맞는 교육을 받으려는 학생을 대상으로 현장 실습 등 체험 위주의 교육, 인성 위주의 교육 또는 개인의 소질·적성 개발 위주의 교육 등 다양한 교육을 하는 학교이다. (「초중등교육법」 제60조의3)

① 특성화학교    ② 대안학교    ③ 각종학교
④ 자율학교    ⑤ 특수목적학교

■ **정답 및 해설**

② 대안학교는 「초중등교육법」 제60조의 3에 규정된 학교로서, '학업을 중단하거나 개인적 특성에 맞는 교육을 받으려는 학생을 대상으로 현장 실습 등 체험 위주의 교육, 인성 위주의 교육 또는 개인의 소질·적성 개발 위주의 교육 등 다양한 교육을 하는 학교로서 각종학교에 해당하는 학교'를 말한다.

**1215** ②

「초중등교육법」 제60조의3(대안학교)
① 학업을 중단하거나 개인적 특성에 맞는 교육을 받으려는 학생을 대상으로 현장 실습 등 체험 위주의 교육, 인성 위주의 교육 또는 개인의 소질·적성 개발 위주의 교육 등 다양한 교육을 하는 학교로서 각종학교에 해당하는 학교(이하 "대안학교"라 한다)에 대하여는 제21조제1항, 제23조제2항·제3항, 제24조부터 제26조까지, 제29조 및 제30조의4부터 제30조의7까지를 적용하지 아니한다.
② 대안학교는 초등학교·중학교·고등학교의 과정을 통합하여 운영할 수 있다.
③ 대안학교의 설립기준, 교육과정, 수업연한, 학력인정, 그 밖에 설립·운영에 필요한 사항은 대통령령으로 정한다.
[전문개정 2012. 3. 21.]

**1216.** 우리나라 대안학교의 성격 및 형태와 가장 거리가 먼 것은? 2002년 중등
① 주로 노작교육과 생태교육을 강조한다.
② 일반학교에 비해 교육과정을 자유롭게 운영할 수 있다.
③ 관련 법령에 의해 일부 대안학교는 특성화학교로 전환되었다.
④ 대안학교 졸업자가 상급학교에 진학하려면 검정고시에 합격해야 한다.

■ 정답 및 해설
④ 「대안학교의 설립·운영에 관한 규정」에 의해 대안학교를 졸업한 자는 초·중·고등학교의 학력을 인정받는다.

「대안학교의 설립·운영에 관한 규정」
제6조(학력인정) 국·공립 대안학교를 졸업한 자와 제4조에 따라 설립인가를 받은 대안학교를 졸업한 자는 국·공립 대안학교의 설립 시 계획된 학교 급별 또는 사립 대안학교의 설립인가 시 표시된 인정학력에 따라 법 제2조의 초등학교·중학교 또는 고등학교 졸업 학력이 있는 것으로 본다.
[전문개정 2009. 11. 5.]

## 03. 학교교육에 관한 법

### 출포 395. 초·중등교육법

> 기본서 564~565쪽, 584~585쪽

**1217.** 「초·중등교육법」에 포함되어 있는 것으로만 묶인 것은? 2011년 국가직 7급

> ㄱ. 의무교육대상자의 범위
> ㄴ. 교원의 자격에 관한 일반 기준
> ㄷ. 기초자치단체의 학교 설립 기준
> ㄹ. 사립학교 설립 및 폐지의 인가 주체

① ㄱ, ㄴ, ㄷ   ② ㄱ, ㄴ, ㄹ   ③ ㄱ, ㄷ, ㄹ   ④ ㄴ, ㄷ, ㄹ

■ 정답 및 해설

② 「초중등교육법」에서는 의무교육대상자의 범위(ㄱ), 교원의 자격에 관한 일반 기준(ㄴ), 사립학교 설립 및 폐지의 인가 주체(ㄹ)에 관한 사항을 명시하고 있다.

◇ 오답 체크

ㄷ. 학교 설립은 국가, 지방자치단체, 법인이나 개인으로 한정되므로, 기초자치단체는 학교 설립의 주체가 아니다. 따라서 기초자치단체의 학교 설립 기준은 「초중등교육법」에 포함되어 있지 않다.

---

「초중등교육법」 제3조(국립·공립·사립 학교의 구분)

제2조 각 호의 학교(이하 "학교"라 한다)는 설립주체에 따라 다음 각 호와 같이 구분한다. <개정 2013. 12. 30.>

1. 국립학교 : 국가가 설립·경영하는 학교 또는 국립대학법인이 부설하여 경영하는 학교
2. 공립학교 : 지방자치단체가 설립·경영하는 학교(설립주체에 따라 시립학교·도립학교로 구분할 수 있다)
3. 사립학교 : 법인이나 개인이 설립·경영하는 학교(국립대학법인이 부설하여 경영하는 학교는 제외한다)

[전문개정 2012. 3. 21.]

---

「초중등교육법」 제4조(학교의 설립 등)

① 학교를 설립하려는 자는 시설·설비 등 대통령령으로 정하는 설립 기준을 갖추어야 한다.
② 사립학교를 설립하려는 자는 특별시·광역시·특별자치시·도·특별자치도 교육감(이하 "교육감"이라 한다)의 인가를 받아야 한다.
③ 사립학교를 설립·경영하는 자가 학교를 폐교하거나 대통령령으로 정하는 중요 사항을 변경하려면 교육감의 인가를 받아야 한다.

[전문개정 2012. 3. 21.]

---

**암기 POINT**

• 「초·중등교육법」의 내용
  - 학교의 종류와 운영에 관한 기본 사항
  - 의무교육 대상자의 범위, 취학의무 등에 관한 규정
  - 학생과 교직원의 권리, 임무, 자격 등에 관한 규정
  - 학교의 교육과정, 수업, 평가, 행정 등에 관한 규정

1217 ②

**1218.** 「초·중등교육법」 및 동법 시행령상 학생 징계의 종류 중 징계처분을 받은 학생 또는 그 보호자가 시·도학생징계조정위원회에 재심을 청구할 수 있는 것은?

2018년 지방직 9급

① 사회봉사
② 출석정지
③ 퇴학처분
④ 특별교육이수

### 난이도 ■■■
### 채점결과 □ □ □

### 암기 POINT
• 학생의 징계
 - 교내봉사 ~ 퇴학
 - 의무교육 대상자 퇴학 불가
 - 퇴학 조치에 대한 재심 청구 (시·도 학생징계조정위원회)

■ 정답 및 해설

③ 「초중등교육법」 및 동법 시행령에 의하면, 학교의 장은 교육을 위해 필요한 경우 법령과 학칙으로 정하는 바에 따라 학생을 징계할 수 있다. 징계의 종류에는 교내봉사, 사회봉사, 특별교육이수, 출석정지, 퇴학처분이 포함된다. 이 중 시도학생징계조정위원회에 재심을 청구할 수 있는 것은 퇴학처분 뿐이다.

「초중등교육법」
제18조(학생의 징계) ① 학교의 장은 교육을 위하여 필요한 경우에는 법령과 학칙으로 정하는 바에 따라 학생을 징계할 수 있다. 다만, 의무교육을 받고 있는 학생은 퇴학시킬 수 없다. <개정 2021. 3. 23., 2022. 12. 27.>
② 학교의 장은 학생을 징계하려면 그 학생이나 보호자에게 의견을 진술할 기회를 주는 등 적정한 절차를 거쳐야 한다.

제18조의2(재심청구) ① 제18조 제1항에 따른 징계처분 중 퇴학 조치에 대하여 이의가 있는 학생 또는 그 보호자는 퇴학 조치를 받은 날부터 15일 이내 또는 그 조치가 있음을 알게 된 날부터 10일 이내에 제18조의3에 따른 시·도학생징계조정위원회에 재심을 청구할 수 있다.
② 제18조의3에 따른 시·도학생징계조정위원회는 제1항에 따른 재심청구를 받으면 30일 이내에 심사·결정하여 청구인에게 통보하여야 한다.
③ 제2항의 심사결정에 이의가 있는 청구인은 통보를 받은 날부터 60일 이내에 행정심판을 제기할 수 있다.
④ 제1항에 따른 재심청구, 제2항에 따른 심사 절차와 결정 통보 등에 필요한 사항은 대통령령으로 정한다.

「초중등교육법 시행령」
제31조(학생의 징계 등) ① 법 제18조제1항 본문의 규정에 의하여 학교의 장은 교육상 필요하다고 인정할 때에는 학생에 대하여 다음 각 호의 어느 하나에 해당하는 징계를 할 수 있다. <개정 2011. 3. 18.>
1. 학교내의 봉사
2. 사회봉사
3. 특별교육이수
4. 1회 10일 이내, 연간 30일 이내의 출석정지
5. 퇴학처분

1218 ③

## 1219. 「초·중등교육법」상 괄호 안에 공통적으로 들어갈 말은?

**2016년 국가직 7급, 개정사항 반영**

> 학교의 장은 학업에 어려움을 겪는 학생에게 학업 중단에 대하여 충분히 ( )할 기회를 주어야 한다. 이 경우 학교의 장은 그 기간을 출석으로 인정할 수 있다.

① 상담  ② 생각  ③ 지연  ④ 대체

### ■ 정답 및 해설

② 「초중등교육법」 제28조에서는 '학업에 어려움을 겪는 학생'에 관한 규정을 제시하고 있다. 이 중 학업 중단의 징후가 발견되거나 학업 중단의 의사를 밝힌 학생에게 학업 중단에 대하여 충분히 생각할 기회를 주고, 그 기간을 출석으로 인정할 수 있도록 하는 일명 '학업중단숙려제'에 관한 사항을 포함하고 있다.

---

「초중등교육법」 제28조(학업에 어려움을 겪는 학생에 대한 교육)

① 국가와 지방자치단체는 다음 각 호의 구분에 따른 학생들(이하 "학업에 어려움을 겪는 학생"이라 한다)을 위하여 대통령령으로 정하는 바에 따라 수업일수와 교육과정을 신축적으로 운영하는 등 교육상 필요한 시책을 마련하여야 한다. <개정 2016. 2. 3., 2022. 12. 27.>

　1. 성격장애나 지적(知的) 기능의 저하 등으로 인하여 학습에 제약을 받는 학생 중 「장애인 등에 대한 특수교육법」 제15조에 따른 학습장애를 지닌 특수교육대상자로 선정되지 아니한 학생

　2. 학업 중단 학생

　3. 학업 중단의 징후가 발견되거나 학업 중단의 의사를 밝힌 학생 등 학업 중단 위기에 있는 학생

⑦ 학교의 장은 제1항제3호에 해당하는 학업에 어려움을 겪는 학생에게 학업 중단에 대하여 충분히 생각할 기회를 주어야 한다. 이 경우 학교의 장은 그 기간을 출석으로 인정할 수 있다. <신설 2016. 12. 20., 2021. 3. 23., 2022. 12. 27.>

⑧ 제1항제3호에 해당하는 학업에 어려움을 겪는 학생에 대한 판단기준 및 제7항에 따른 충분히 생각할 기간과 그 기간 동안의 출석일수 인정 범위 등에 필요한 사항은 교육감이 정한다. <신설 2016. 12. 20., 2021. 3. 23., 2022. 12. 27.>

⑨ 교육부장관 및 교육감은 제7항 및 제8항에 따른 기간 동안 학생이 교육과 치유를 위한 다양한 활동을 할 수 있도록 지원하여야 한다. <신설 2022. 12. 27.>

1219 ②

1220. 중등학교의 교육과 학교행정에 관한 현행 우리나라 법률의 내용으로 옳은 것을 모두 고른 것은?　　2009년 중등

> ㄱ. 모든 국민은 6년의 초등교육과 3년의 중등교육을 받을 권리를 가진다.
> ㄴ. 학생의 자치활동은 권장·보호되며, 그 조직 및 운영에 관한 기본적인 사항은 법률로 정한다.
> ㄷ. 학교의 설립자·경영자와 학교의 장은 헌법과 국제인권조약에 명시된 학생의 인권을 보장하여야 한다.
> ㄹ. 학생의 진급 또는 졸업은 학기제에 의한다. 그러나 학교의 장은 필요한 경우 자율적으로 학년제를 채택할 수 있다.
> ㅁ. 학교의 장은 교육상 필요할 때에는 법령 및 학칙이 정하는 바에 의하여 학생을 징계하거나 기타의 방법으로 지도할 수 있다. 다만, 의무교육과정에 있는 학생을 퇴학시킬 수 없다.

① ㄱ, ㄷ
② ㄴ, ㄹ
③ ㄱ, ㄷ, ㅁ
④ ㄱ, ㄴ, ㄹ, ㅁ
⑤ ㄴ, ㄷ, ㄹ, ㅁ

■ 정답 및 해설

③ ㄱ. 우리나라 의무교육 연한은 6년의 초등학교와 3년의 중등교육으로 한다.
　ㄷ. 헌법과 국제인권조약에 명시된 학생의 인권을 학교에서 보장하도록 하고 있다.
　ㅁ. 학교의장은 법령과 학칙에 따라 학생을 징계하거나 지도할 권리를 가지고 있다. 다만, 의무교육과정에 있는 학생에게는 퇴학의 징계를 내릴 수 없다.

◇ 오답 체크
　ㄴ. 학생의 자치활동은 권장·보호되며, 그 조직과 운영에 관한 기본적인 사항은 학칙으로 정한다. (초중등교육법 제17조)
　ㄹ. 학생의 진급이나 졸업은 학년제로 한다. 그러나 필요한 경우 학교의 장은 관할청의 승인을 받아 학년제 외의 제도를 채택할 수 있다. (초중등교육법 제26조)


1221. 다음 내용을 모두 규정하고 있는 현행 법률은?　　2008년 중등

> ○ 학교운영위원회의 기능
> ○ 학교운영위원회의 설치 목적
> ○ 학교운영위원회 위원 정수의 범위
> ○ 학교운영위원회를 설치하는 학교의 종류

① 지방자치법
② 교육공무원법
③ 초·중등교육법
④ 지방교육자치에 관한 법률

1220 ③　1221 ③

■ 정답 및 해설
③ 학교운영위원회는 초등학교·중학교·고등학교·특수학교 및 각종학교에 설치하도록 하고 있다. 따라서 학교운영위원회의 기능, 설치 목적, 위원 정수의 범위, 설치하여야 하는 학교의 종류 등을 모두 규정하고 있는 법은 이들 학교에 관한 법인 「초중등교육법」이다.

## 출포 396. 고등교육법

기본서 565~566쪽

**1222.** 「고등교육법」상 고등교육기관이 아닌 것은?  2020년 국가직 7급
① 기술대학
② 산업대학
③ 시민대학
④ 사이버대학

■ 정답 및 해설
③ 우리나라의 「고등교육법」상의 고등교육기관에는 1. 대학, 2. 산업대학, 3. 교육대학, 4. 전문대학, 5. 방송대학·통신대학·방송통신대학 및 사이버대학(이하 "원격대학"), 6. 기술대학, 7. 각종학교가 포함된다.
한편, 시민대학은 지방자치단체 등에서 지역주민의 평생학습권 보장을 위해 운영하는 대학 형태를 따라 만든 평생교육기관의 한 유형이다. 법적으로 규정된 기관의 명칭은 아니다.

## 출포 397. 사립학교법

기본서 566~568쪽

**1223.** 「사립학교법」의 내용으로 옳지 않은 것은?  2023년 지방직 9급
① 학교법인의 설립 당초의 임원은 정관으로 정하여야 한다.
② 기간제교원의 임용기간은 1년 이내로 하되, 필요한 경우 4년의 범위에서 그 기간을 연장할 수 있다.
③ 사립학교 교원은 권고에 의하여 사직을 당하지 아니한다.
④ 각급 학교의 장은 해당 학교를 설치·경영하는 학교법인 또는 사립학교경영자가 임용한다.

1222 ③  1223 ②

■ 정답 및 해설
② 사립학교에서 기간제교원의 임용기간은 1년으로 하되, 필요한 경우 3년의 범위에서 그 기간을 연장할 수 있도록 규정하고 있다. (「사립학교법」 제54조의4 제3항)

---

「사립학교법」 제54조의4(기간제교원)
① 각급 학교 교원의 임용권자는 다음 각 호의 어느 하나에 해당하는 사유가 있을 때에는 교원자격증을 가진 사람 중에서 기간을 정하여 임용하는 교원(이하 "기간제교원"이라 한다)을 임용할 수 있다. 이 경우 임용권자는 학교법인의 정관 등으로 정하는 바에 따라 그 권한을 학교의 장에게 위임할 수 있다.
  1. 교원이 제59조제1항 각 호의 어느 하나에 해당하는 사유로 휴직하여 후임자의 보충이 불가피할 때
  2. 교원이 파견·연수·정직·직위해제 또는 휴가 등으로 1개월 이상 직무에 종사할 수 없어 후임자의 보충이 불가피할 때
  3. 파면·해임 또는 면직 처분을 받은 교원이 「교원의 지위 향상 및 교육활동 보호를 위한 특별법」 제9조제1항에 따라 교원소청심사위원회에 소청심사를 청구하여 후임자의 보충발령을 하지 못하게 되었을 때
  4. 특정 교과를 한시적으로 담당할 교원이 필요할 때
② 기간제교원에 대해서는 제56조, 제58조제2항, 제58조의2, 제59조, 제61조, 제61조의2, 제62조, 제62조의2, 제63조, 제64조, 제64조의2, 제65조, 제66조, 제66조의2, 제66조의3제2항·제3항 및 제66조의4를 적용하지 아니하며, 임용기간이 만료되면 당연히 퇴직된다.
③ 기간제교원의 임용기간은 1년 이내로 하되, 필요한 경우 3년의 범위에서 그 기간을 연장할 수 있다.
④ 기간제교원의 임용에 관하여는 제54조의3제5항 및 제6항을 준용한다.
[전문개정 2020. 12. 22.]

---

**1224.** 현행 제도상 개별학교의 운영에서 최종적인 의결권을 행사할 수 있는 기구는?　　　　　　　　　　　　　　　　　　　　　2008년 중등
① 사립학교의 이사회　　　　　② 국립학교의 전체 교직원회
③ 공립학교의 학교운영위원회　　④ 자율학교의 학교운영위원회

■ 정답 및 해설
① 학교법인이 설립한 사립학교에서는 이사회가 최종적인 의사결정권을 행사하는 최고 기구이다.
◇ 오답 체크
② 교직원 회의는 교무에 관하여 교직원 상호간에 의견을 교환하는 의사소통의 장이다. 학교장의 자문·집행기구 및 학교운영위원회의 사전 심의 역할을 담당한다.
③, ④ 학교운영위원회는 학교 운영에 관한 사항을 심의·자문하는 기구로서 최종적인 의사결정 권한은 학교의 장이 행사한다.

1224 ①

> 「사립학교법」 제16조(이사회의 기능)
> ① 이사회는 다음 각 호의 사항을 심의·의결한다.
>   1. 학교법인의 예산·결산·차입금 및 재산의 취득·처분과 관리에 관한 사항
>   2. 정관 변경에 관한 사항
>   3. 학교법인의 합병 또는 해산에 관한 사항
>   4. 임원의 임면에 관한 사항
>   5. 학교법인이 설치한 사립학교의 장 및 교원의 임용에 관한 사항
>   6. 학교법인이 설치한 사립학교의 경영에 관한 중요 사항
>   7. 수익사업에 관한 사항
>   8. 그 밖에 법령이나 정관에 따라 그 권한에 속하는 사항
> ② 이사장 또는 이사가 학교법인과 이해관계가 상반될 때에는 그 이사장 또는 이사는 해당 사항에 관한 의결에 참여할 수 없다.

**난이도** ■ ■ ■
**채점결과** □ □ □

**1225.** 현행 「사립학교법」에서 언급하고 있는 내용이 아닌 것은? `2006년 중등`
① 사학의 공공성
② 사립학교의 학생 선발
③ 학교의 장의 임면(任免)
④ 학교법인 및 사립학교경영자

**암기 POINT**
• 사립학교법의 내용
 - 학교법인 및 사립학교 경영자의 설립, 재산과 회계, 지원과 감독 등에 관한 규정
 - 사립학교 교직원의 자격, 임면, 복무, 신분보장, 징계 등에 관한 규정

■ **정답 및 해설**
② 「사립학교법」에서는 학생의 선발에 관한 사항을 별도로 명기하고 있지 않다. 학생의 선발에 관한 사항은 「초중등교육법」 및 관련 시행령에서 다룬다. 「사립학교법」의 주요 내용은 다음과 같다.

| 제1장 총칙 | |
|---|---|
| 제2장 학교법인 | 제1절 통칙<br>제2절 설립<br>제3절 기관<br>제4절 재산과 회계<br>제5절 해산과 합병<br>제6절 지원과 감독 |
| 제3장 사립학교경영자 | |
| 제4장 사립학교 교원 | |
| 제5장 보칙<br>제6장 벌칙 | |

1225 ②

## 05. 기타 학교교육 관련 법률

### 출포 398. 학교폭력예방 및 대책에 관한 법률

기본서 568~573쪽

**1226.** 「학교폭력예방 및 대책에 관한 법률」상 학교폭력의 예방 및 대책에 대한 설명으로 옳지 않은 것은?　　**2023년 국가직 9급**
① 학교 안뿐만 아니라 학교 밖에서 발생한 학생 간의 상해, 폭행, 협박, 따돌림 등도 이 법의 적용대상이다.
② 경미한 학교폭력사건의 경우 가해학생 및 그 보호자가 학교폭력대책심의위원회의 개최를 원하지 않으면 학교의 장은 자체적으로 해결할 수 있다.
③ 학교의 장은 학교폭력의 예방 및 대책 등을 위한 교직원 및 학부모에 대한 교육을 학기별로 1회 이상 실시하여야 한다.
④ 피해학생의 보호를 위한 조치에는 학내외 전문가에 의한 심리상담 및 조언, 일시보호, 치료 및 치료를 위한 요양, 학급교체 등이 있다.

■ **정답 및 해설**
② 경미한 학교폭력사건의 경우, 피해학생 및 그 보호자가 심의위원회의 개최를 원하지 아니하면 학교의 장은 학교폭력사건을 자체적으로 해결할 수 있다. 이 경우 학교의 장은 지체 없이 이를 심의위원회에 보고하여야 한다. 이 때, 경미한 학교폭력사건이라 함으로 아래의 모든 조건을 충족한 경우를 말한다.
1. 2주 이상의 신체적·정신적 치료가 필요한 진단서를 발급받지 않은 경우
2. 재산상 피해가 없는 경우 또는 재산상 피해가 즉각 복구되거나 복구 약속이 있는 경우
3. 학교폭력이 지속적이지 않은 경우
4. 학교폭력에 대한 신고, 진술, 자료제공 등에 대한 보복행위(정보통신망을 이용한 행위를 포함한다)가 아닌 경우

**1227.** 학교폭력예방 및 대책에 관한 법률의 내용으로 옳지 않은 것은?　　**2023년 국가직 7급**
① 교육부장관은 학교폭력의 예방 및 대책에 관한 기본계획을 5년마다 수립하고 시행해야 한다.
② 학교폭력의 예방 및 대책에 관한 기본계획의 수립 및 시행에 대한 평가 등을 심의하기 위하여 국무총리 소속으로 학교폭력대책위원회를 둔다.
③ 교육감은 시·도교육청에 학교폭력의 예방과 대책을 담당하는 전담부서를 설치하고 운영하여야 한다.
④ 학교폭력대책심의위원회는 의무교육과정에 있는 가해학생일지라도 그 가해 정도가 심각한 경우에는 그 학생에 대해 퇴학처분의 조치를 취할 수 있다.

**암기 POINT**

• 학교폭력사안의 처리 (학교폭력예방법)

| 학교폭력대책심의위원회 | 교육지원청에 설치 학교폭력 발생시, 학교장은 심의위원회에 보고하여야 함 심의위원회 개최하여 사안조사, 조치 결정 |
|---|---|
| 학교장의 자체해결 | 경미한 학교폭력 + 피해학생 및 보호자가 심의위원회 개최를 원하지 않을 때 (서면확인 필수) |

1226 ②　1227 ④

■ 정답 및 해설

④ 학교폭력대책심의위원회는 가해학생에 대하여, 1. 피해학생에 대한 서면사과, 2. 피해학생 및 신고·고발 학생에 대한 접촉, 협박 및 보복행위(정보통신망 이용행위 포함) 금지, 3. 학교에서의 봉사, 4. 사회봉사, 5. 학내외 전문가, 교육감이 정한 기관에 의한 특별 교육이수 또는 심리치료, 6. 출석정지, 7. 학급교체, 8. 전학, 9. 퇴학처분의 조치를 내릴 수 있다. 다만, 의무교육과정에 있는 학생에게는 퇴학처분의 조치를 취할 수 없다.

1228. 「학교폭력예방 및 대책에 관한 법률」상 중학교에서 발생한 학교폭력 문제 처리과정에서 중학생인 가해학생에 대해 취할 수 있는 조치가 아닌 것은?　　2019년 지방직 9급
① 출석정지
② 학급교체
③ 전학
④ 퇴학처분

■ 정답 및 해설

④ 가해학생에 대해 취할 수 있는 조치 중 퇴학처분은 의무교육과정에 있는 학생에 대하여는 적용하지 아니한다.

1229. 「학교폭력 예방 및 대책에 관한 법률」의 내용으로 옳지 않은 것은?　　2018년 국가직 7급, 개정사항 반영
① 학교폭력 현장을 보거나 그 사실을 알게 된 자는 학교 등 관계 기관에 이를 즉시 신고하여야 한다.
② 국가는 학교폭력 예방 및 근절을 위하여 학교폭력 업무 등을 전담하는 경찰관을 둘 수 있다.
③ 학교폭력대책심의위원회는 가해학생이 특별교육을 이수할 경우 해당 학생의 보호자도 함께 교육을 받게 하여야 한다.
④ 학교폭력대책심의위원회는 가해학생에 대한 퇴학처분을 학교운영위원장에게 요청하여야 한다.

■ 정답 및 해설

④ 학교폭력대책심의위원회는 교육지원청에 설치하므로, 심의위원회가 결정한 피해학생의 보호와 가해학생의 선도·교육을 위한 조치는 해당 교육지원청의 장인 교육장에게 요청하여야 한다.

**1230.** 학교폭력예방 및 대책에 관한 법령상 학교폭력대책심의위원회(이하 심의위원회)에 대한 설명으로 옳지 않은 것은?

2016년 국가직 7급, 개정사항 반영

① 심의위원회의 위원장은 위원 중에서 교육장이 임명하거나 위촉한다.
② 심의위원회는 위원장 1인을 포함하여 5인 이상 10인 이하의 위원으로 구성하되, 교육감이 임명하거나 위촉한다.
③ 심의위원회는 학교폭력의 예방 및 대책 등을 위하여 피해학생과 가해학생 간의 분쟁조정 사항을 심의한다.
④ 심의위원회는 해당 지역에서 발생한 학교폭력에 대하여 학교장 및 관할 경찰서장에게 관련 자료를 요청할 수 있다.

### ■ 정답 및 해설
② 학교폭력대책 심의위원회는 위원장 1인을 포함하여 10명 이상 50명 이내의 위원으로 구성하되, 해당 교육지원청의 교육장이 임명하거나 위촉한다.

### 암기 POINT
• 학교폭력대책심의위원회

| 설치 | 교육지원청(심의기구) |
|---|---|
| 심의 사항 | 학교폭력 피해학생 보호, 가해학생 교육 및 징계, 분쟁조정 등 |
| 구성 | 10~50명 이내의 위원으로 구성(3분의 1 이상은 학부모로 위촉) |

**1231.** 「학교폭력예방 및 대책에 관한 법률」상 내용으로 옳은 것은?

2014년 국가직 9급, 개정사항 반영

① 학교폭력 가해 중학생의 경우 퇴학처분이 가능하다.
② 학교의 장은 학교폭력과 관련한 개인정보 등을 경찰청장, 지방경찰청장, 관할 경찰서장 및 관계 기관의 장에게 요청할 수 없다.
③ 교육감은 학교폭력의 실태를 파악하고 학교폭력에 대한 효율적인 예방대책을 수립하기 위하여 학교폭력 실태조사를 연 2회 이상 실시하여야 한다.
④ 교육감은 학교폭력대책심의위원회가 처리한 학교의 학교폭력 빈도를 학교의 장에 대한 업무수행 평가에 부정적 자료로 사용할 수 있다.

### ■ 정답 및 해설
③ 교육감은 학교폭력의 실태를 파악하고 학교폭력에 대한 효율적인 예방대책을 수립하기 위하여 학교폭력 실태조사를 연 2회 이상 실시하고 그 결과를 공표하여야 한다. (제11조 제8항)

### ◇ 오답 체크
① 의무교육단계에서는 학생들이 학교규칙을 현저히 위반하였을 때에도 퇴학시킬 수 없도록 규정되어 있다. 중학생은 의무교육 대상 학생에 속하므로 학교폭력 가해학생이라 하더라도 퇴학처분이 불가능하다.
② 학교의 장은 학교폭력과 관련한 개인정보 등을 경찰청장, 지방경찰청장, 관할 경찰서장 및 관계 기관의 장에게 요청할 수 있다.
④ 교육감은 학교폭력대책심의위원회가 처리한 학교의 학교폭력 빈도를 학교의 장에 대한 업무수행 평가에 부정적 자료로 사용하여서는 아니 된다.

1230 ② 1231 ③

## 출포 399. 학교안전사고 예방 및 보상에 관한 법률

📖 기본서 573~575쪽

**1232.** 「학교안전사고 예방 및 보상에 관한 법률」상 학교안전사고 및 예방교육에 대한 설명으로 옳은 것은?   2020년 국가직 7급

① 교원은 학교안전교육의 대상이 아니다.
② 등·하교 시 발생하는 사고는 학교안전사고에 포함된다.
③ 학교안전교육은 교원자격증을 갖춘 자가 실시해야 한다.
④ 성매매 예방교육은 학교장이 실시해야 하는 학교안전교육에 포함되지 않는다.

### 난이도 ■ ■ □
### 채점결과 □ □ □

### 암기 POINT
• 학교안전사고예방법
  - 학교의 교육활동 중에 발생한 사고(등·하교 포함)
  - 학기별로 학교안전교육 실시
  - 전문기관 등에 위탁 가능

### ■ 정답 및 해설

② 「학교안전사고 예방 및 보상에 관한 법률」은 학교안전사고를 예방하고, 학생·교직원 및 교육활동참여자가 학교안전사고로 인하여 입은 피해를 신속·적정하게 보상하기 위한 학교안전사고보상공제 사업의 실시에 관하여 필요한 사항을 규정함을 목적으로 하는 법이다(제1조).
등하교시 발생하는 사고의 경우에도 학교의 교육활동을 위해 필수적인 과정 중의 사고에 해당하므로 법 적용의 대상이 된다.

### ◇ 오답 체크

① 학생, 교직원, 교육활동참여자를 법 적용의 인적 범위로 하고 있으므로, 교원은 학교안전교육의 대상에 포함된다.
③ 학교안전교육은 다음에 명시된 안전교육 및 안전에 관한 전문교육기관·단체 또는 전문가가 실시하도록 위탁할 수 있다. 이 경우 교원자격증을 갖춘 자가 실시해야 한다는 규정은 존재하지 않는다.
  1. 국가·지방자치단체 소속의 안전교육 과정을 운영하는 교육기관(소속 직원을 포함한다. 이하 이 항에서 같다.)
  2. 「도로교통법」 제120조에 따른 도로교통공단
  3. 「소방기본법」 제40조에 따른 한국소방안전협회
  4. 그 밖에 교육부장관 및 교육감이 안전교육 운영에 적합하다고 인정하는 안전체험시설 및 안전교육기관
④ 학교안전교육의 내용에는 다음의 내용이 포함된다. 즉 성매매 예방교육도 학교안전교육 내용에 포함된다.
  1. 「아동복지법」 제31조에 따른 교통안전교육, 감염병 및 약물의 오남용 예방 등 보건위생관리교육 및 재난대비 안전교육
  2. 「학교폭력 예방 및 대책에 관한 법률」 제15조에 따른 학교폭력 예방교육
  3. 「성폭력방지 및 피해자보호 등에 관한 법률」 제5조에 따른 성폭력 예방에 필요한 교육
  4. 「성매매방지 및 피해자보호 등에 관한 법률」 제5조에 따른 성매매 예방교육
  5. 「초·중등교육법」 제23조에 따른 교육과정이 체험중심 교육활동으로 운영되는 경우 이에 관한 안전사고 예방교육
  6. 그 밖에 안전사고 관련 법률에 따른 안전교육

1232 ②

## 출포 400. 교육환경 보호에 관한 법률

🔖 기본서 575~576쪽

**1233.** 교육환경보호구역을 바르게 설명한 것은?   2004년 유초등, 개정사항 반영
① 절대보호구역은 학교경계선으로부터 직선거리로 50미터까지의 지역이다.
② 교육환경보호구역은 학교장이 관리하며, 도축장은 교육감의 허가로 설치할 수 있다.
③ 교육환경보호구역은 학교의 보건·위생 및 학습과 교육환경을 보호하기 위해 설정한 구역이다.
④ 상대보호구역은 학교출입문으로부터 직선거리로 200미터까지의 지역으로 절대보호구역을 제외한 지역이다.

■ 정답 및 해설
③ 교육환경보호구역은 학교의 보건·위생 및 학습과 교육환경을 보호하기 위해 설정한 구역으로 교육감은 이 구역을 설정·고시하여야 한다.

◇ 오답 체크
① 절대보호구역은 학교출입문으로부터 직선거리로 50미터까지인 지역(학교설립예정지의 경우 학교경계로부터 직선거리 50미터까지인 지역)이다.
② 교육환경보호구역은 교육감이 관리하며, 도축장은 교육환경보호구역 내에 설치를 허가할 수 없는 시설이다.
④ 상대보호구역은 학교경계등으로부터 직선거리로 200미터까지인 지역 중 절대보호구역을 제외한 지역이다.

**암기 POINT**
- 교육환경보호구역
  - 시·도 교육감이 설정
  - 절대보호구역 : 학교 출입문으로부터 50m 이내
  - 상대보호구역 : 학교경계로부터 200m 이내

## 출포 401. 공교육정상화법

🔖 기본서 576~577쪽

**1234.** 「공교육 정상화 촉진 및 선행교육 규제에 관한 특별법」에서 금지하는 행위에 포함되지 않는 것은?   2016년 국가직 9급
① 지필평가, 수행평가 등 학교 시험에서 학생이 배운 학교교육과정의 범위와 수준을 벗어난 내용을 출제하여 평가하는 행위
② 각종 교내 대회에서 학생이 배운 학교교육과정의 범위와 수준을 벗어난 내용을 출제하여 평가하는 행위
③ 「영재교육 진흥법」에 따른 영재교육기관에서 학교교육과정의 범위와 수준을 벗어난 내용으로 영재교육을 실시하는 행위
④ 대학의 입학전형에서 고등학교 교육과정의 범위와 수준을 벗어난 내용을 출제 또는 평가하는 대학별고사를 실시하는 행위

1233 ③   1234 ③

**암기 POINT**
- 공교육정상화법
  - 학교의 선행교육 금지
  - 학교의 지필평가, 수행평가, 각종 대회, 대학 등의 입학 전형에서 실시하는 대학별 고사에서 학교 교육과정을 벗어난 내용 출제 금지
  - 학원 등의 선행학습 유발 광고 행위 금지

■ 정답 및 해설

③ 「영재교육 진흥법」에 따라 설치된 영재교육기관에서 실시하는 영재교육은 그 내용이 학교교육과정의 범위와 수준을 벗어난 내용이라 할지라도 선행교육 규제의 대상이 되지 않는다. 영재교육은 평균적인 수준 이상의 능력을 가진 학생들을 대상으로 하는 특수교육이기 때문이다.

## 출포 402. 기초학력 보장법

기본서 577~578쪽

**1235.** 기초학력 보장 정책과 관련된 내용으로 옳지 않은 것은?

2022년 국가직 7급

① 기초학력을 갖추지 못한 학습지원 대상 학생에게 맞춤형 교육을 실시한다.
② 학교 교육과정을 통하여 갖추어야 하는 최소한의 성취기준을 충족하는지 진단한다.
③ 진로 개척 역량을 길러주기 위해 과목 선택제를 도입한다.
④ 학습결손 보충을 위한 학교 안팎의 프로그램을 활성화한다.

**암기 POINT**
- 기초학력 보장법
  - 학교 교육과정의 최소 성취기준을 충족하지 못한 경우, 학습지원대상학생으로 선정
  - 개인의 상황과 특성에 맞는 맞춤형 학습지원교육 실시

■ 정답 및 해설

③ 기초학력 보장 정책이란 「초·중등교육법」 제2조에 따른 학교의 학생이 대통령령으로 정하는 바에 따라 학교 교육과정을 통하여 갖추어야 하는 최소한의 성취기준을 충족하는 학력을 획득할 수 있도록 지원하는 정책을 말한다.
과목 선택제는 고등학교 학생들이 다양한 적성과 진로를 개척할 수 있도록 다양한 과목을 선택하여 학습할 수 있도록 하는 제도이므로, 기초학력 보장정책에 관한 내용이 아니다.

1235 ③

## 2. 교육행정조직

### 01. 지방교육자치제도의 이해

**출포 403. 지방교육자치의 개념과 원리**

기본서 586~587쪽

**1236.** 지방교육자치제의 기본 원리 가운데 헌법 제31조 제4항에 규정된 내용이 아닌 것은?   2014년 지방직 9급
① 지방분권  ② 자주성
③ 정치적 중립성  ④ 전문성

■ 정답 및 해설
① 대한민국 「헌법」 제31조 제4항에서는 "교육의 자주성·전문성·정치적 중립성 및 대학의 자율성은 법률이 정하는 바에 의하여 보장된다"고 규정하고 있다.
지방분권의 원리는 「헌법」 제117조 제1항에서 "지방자치단체는 주민의 복리에 관한 사무를 처리하고 재산을 관리하며, 법령의 범위 안에서 자치에 관한 규정을 제정할 수 있다."라고 규정되어 있다.

**암기 POINT**
• 지방교육자치의 원리

| 지방분권 | 중앙과 지방의 권한을 적절하게 배분 |
|---|---|
| 주민자치 | 지역주민들이 교육정책 결정에 참여 |
| 자주성 존중 | 교육행정을 일반 행정과 분리·독립 |
| 전문적 관리 | 교육 및 교육행정의 전문가가 관리 |

**1237.** 현행 법령에 따르면, 교육감 후보자의 자격은 교육경력 또는 교육행정 경력이 3년 이상이거나 두 경력을 합하여 3년 이상인 자로 제한되어 있다. 이와 가장 관련이 깊은 교육자치의 원리는?   2011년 국가직 7급, 개정사항 반영
① 지방분권의 원리  ② 자주성 존중의 원리
③ 민중통제의 원리  ④ 전문적 관리의 원리

■ 정답 및 해설
④ 교육감 후보자의 자격에 대한 제한 규정을 두는 것은 교육행정은 교육 및 교육행정에 대한 깊은 이해와 고도의 전문성을 갖춘 사람들이 관리·운영해야 한다는 원리, 즉 전문적 관리의 원리에 해당된다.

◇ 오답 체크
① 지방분권의 원리는 지방 교육행정 기관이 중앙 정부로부터 권한을 위양 받아 그 권한을 독자적, 자율적, 창의적으로 행사해야 한다는 원리를 말한다.
② 자주성 존중의 원리는 교육행정은 일반 행정으로부터 분리·독립하여야 한다는 원리로서, 교육의 정치적 중립성 보장의 의미를 포함한다.
③ 민중통제의 원리는 지역주민들이 교육행정에 직접 참여하여야 한다는 원리로서, 교육감을 주민의 보통·평등·직접·비밀 선거에 따라 선출하는 것과 관련이 깊다.

1236 ①   1237 ④

**1238.** 다음의 내용이 설명하는 제도는?  　　　　　　　　　　　2007년 영양교사

> ○ 16개 시·도의 광역단위로 실시되고 있다.
> ○ 궁극적인 목적은 지방교육의 발전에 있다.
> ○ 교육의 자주성 및 전문성과 지방교육의 특수성을 살리기 위한 제도이다.

① 지방교육자치제도　　　　② 학교운영위원회제도
③ 학교단위 예산제도　　　　④ 학교단위 책임경영제도

■ **정답 및 해설**
① 교육의 자주성 및 전문성과 지방교육의 특수성을 살리기 위해 지방자치단체의 교육·과학·기술·체육 그 밖의 학예에 관한 사무를 관장하는 기관의 설치와 그 조직 및 운영 등에 관한 사항을 규정함으로써 지방교육의 발전에 이바지함을 목적으로 하는 법률은 「지방교육자치에 관한 법률」이다.

**1239.** 다음에서 설명하는 교육자치제의 원리는?  　　　　　　　　　1998년 중등

> ○ 교육활동의 자율성을 보장해 준다.
> ○ 교육을 일반 행정으로부터 분리·독립시키기 위한 것이다.
> ○ 교육의 본질을 추구하고, 정치적 중립성을 보장하도록 해준다.

① 지방분권　　② 자주성 존중　　③ 주민통제　　④ 전문적 관리

■ **정답 및 해설**
② 교육자치제의 원리 중 교육을 일반 행정과 분리·독립시켜 교육활동의 자율성과 정치적 중립성을 보장하는 원리는 자주성 존중의 원리이다.

## 02. 우리나라 지방교육자치제도

### 출포 404. 교육감 (교육자치법 등)

기본서 589~591쪽

**1240.** 「지방교육자치에 관한 법률」상 교육감과 관련된 규정으로 옳지 않은 것은?　　　　　　　　　　　　　　　　　　　　　　　　2023년 국가직 7급

① 교육감은 학생통학구역에 관한 사항을 담당 지역 교육장이 그 사무를 관장하도록 권한을 위임하여야 한다.
② 교육감은 교육과 학예에 관한 소관 사무로 인한 소송이나 재산의 등기에 대하여 해당 시·도를 대표한다.

1238 ①　1239 ②　1240 ①

③ 교육감은 소관 사무 중 시·도의회의 의결이 필요한 사항에 대하여 학생의 안전과 교육기관 등의 재산 보호를 위하여 긴급하게 필요한 사항으로서 시·도의회에서 의결이 지체되어 의결되지 아니한 때에는 선결처분을 할 수 있다.
④ 교육감 후보자가 되려는 자는 해당 시·도지사의 피선거권이 있는 사람으로서 후보자등록신청개시일로부터 과거 1년 동안 정당의 당원이 아닌 사람이어야 한다.

### ■ 정답 및 해설

① 학생통학구역은 특정 지역 거주 취학 대상자가 특정한 초등학교에 가도록 지정해 놓은 구역을 말한다(초·중등교육법 시행령 제16조). 교육감은 조례 또는 교육규칙으로 정하는 바에 따라 그 권한에 속하는 사무의 일부를 보조기관, 소속교육기관 또는 하급교육행정기관에 위임할 수 있다(지방교육자치법 제26조). 이에 따라 교육감은 학생통학구역에 관한 사무를 지역 교육장에게 위임할 수 있다. 이에 대한 위임의 의무가 있는 것은 아니며, 사무의 위임 여부는 교육감의 재량에 달려 있다.

| 교육감의 관장 사무<br>(지방교육자치법 제20조) | 교육장의 분장 사무<br>(지방교육자치법 시행령 제6조) |
|---|---|
| 1. 조례안의 작성 및 제출에 관한 사항<br>2. 예산안의 편성 및 제출에 관한 사항<br>3. 결산서의 작성 및 제출에 관한 사항<br>4. 교육규칙의 제정에 관한 사항<br>5. 학교, 그 밖의 교육기관의 설치·이전 및 폐지에 관한 사항<br>6. 교육과정의 운영에 관한 사항<br>7. 과학·기술교육의 진흥에 관한 사항<br>8. 평생교육, 그 밖의 교육·학예진흥에 관한 사항<br>9. 학교체육·보건 및 학교환경정화에 관한 사항<br>10. <u>학생통학구역에 관한 사항</u><br>11. 교육·학예의 시설·설비 및 교구(敎具)에 관한 사항<br>12. 재산의 취득·처분에 관한 사항<br>13. 특별부과금·사용료·수수료·분담금 및 가입금에 관한 사항<br>14. 기채(起債)·차입금 또는 예산 외의 의무부담에 관한 사항<br>15. 기금의 설치·운용에 관한 사항<br>16. 소속 국가공무원 및 지방공무원의 인사관리에 관한 사항<br>17. 그 밖에 해당 시·도의 교육·학예에 관한 사항과 위임된 사항 | 1. 교수학습활동, 진로지도, 강사 확보·관리 등 교육과정 운영에 관한 사항<br>2. 과학·기술교육의 진흥에 관한 사항<br>3. 특수교육, 학교 부적응 학생 교육, 저소득층 학생 지원 등 교육복지에 관한 사항<br>4. 학교체육·보건·급식 및 학교환경정화 등 학생의 안전 및 건강에 관한 사항<br>5. <u>학생통학구역에 관한 사항</u><br>6. 학부모의 학교 참여, 연수·상담, 학교운영위원회 운영에 관한 사항<br>7. 평생교육 등 교육·학예 진흥에 관한 사항<br>8. 그 밖에 예산안의 편성·집행, 수업료, 입학금 등 각급학교의 운영·관리에 관한 지도·감독 사항 |

> **암기 POINT**
>
> • 지방교육자치제도
>
> | 의결<br>기관 | 시·도 지방의회<br>(상임위원회로 교육위원회 설치) |
> |---|---|
> | 집행<br>기관 | 시·도 교육감<br>(부교육감, 교육청) |

## 1241. 「지방교육자치에 관한 법률」상 교육감에 대한 설명으로 옳지 않은 것은?
**2022년 지방직 9급**

① 시·도의 교육·학예에 관한 사무의 집행기관이다.
② 교육·학예에 관한 교육규칙의 제정에 관한 사항을 관장한다.
③ 교육감후보자가 되려면 교육경력과 교육행정경력을 각각 최소 1년 이상 갖추어야 한다.
④ 주민은 교육감을 소환할 권리를 가진다.

■ 정답 및 해설
③ 교육감후보자가 되려면 후보자등록신청개시일을 기준으로 교육경력이나 교육행정경력 중 어느 하나의 경력이 3년 이상이거나 이 두 경력을 합한 경력이 3년 이상이어야 한다.

## 1242. 우리나라 지방교육자치제도에 대한 설명으로 옳지 않은 것은?
**2019년 지방직 9급**

① 시·도의 교육·학예에 관한 경비를 따로 경리하기 위하여 당해 지방자치단체에 교육비특별회계를 둔다.
② 정당은 교육감선거에 후보자를 추천할 수 없다.
③ 지방자치단체의 교육·학예에 관한 사무를 효율적으로 처리하기 위하여 지방교육행정협의회를 둔다.
④ 시·도의 교육·학예에 관한 사무의 심의기관으로 교육감을 둔다.

■ 정답 및 해설
④ 교육감은 시·도의 교육·학예에 관한 사무의 집행기관이며, 시·도의 교육·학예에 관한 사무의 심의·의결기관은 시·도 의회이다. 시·도 의회 내에는 소관 의안과 청원 등을 심사·처리하는 상임위원회로 교육위원회를 둘 수 있다.

## 1243. 지방교육자치에 관한 법령상 교육감에 대한 설명으로 옳은 것만을 모두 고른 것은?
**2017년 국가직 9급**

ㄱ. 교육규칙의 제정에 관한 사항은 교육감의 관장사무에 해당한다.
ㄴ. 주민은 교육감을 소환할 권리를 가진다.
ㄷ. 시·도의회에 제출할 교육·학예에 관한 조례안과 관련하여 심의·의결할 권한을 가진다.
ㄹ. 교육감의 임기는 4년으로 하며, 교육감의 계속재임은 3기에 한한다.

1241 ③  1242 ④  1243 ③

① ㄱ, ㄴ  ② ㄷ, ㄹ
③ ㄱ, ㄴ, ㄹ  ④ ㄱ, ㄴ, ㄷ, ㄹ

■ 정답 및 해설
③ ㄱ. 교육규칙은 교육·학예에 관한 집행기관인 교육감이 법령 또는 조례의 범위안에서 그 권한에 속하는 사무에 관하여 제정하는 규범이다. 교육감은 교육규칙의 제정 권한을 가진다.
ㄴ. 지방자치법에 따라 주민은 교육감을 소환할 권리를 가진다. 교육감의 주민소환에 관하여는 「주민소환에 관한 법률」의 시·도지사에 관한 규정을 준용한다.
ㄹ. 교육감의 임기는 4년으로 하고, 교육감이 계속재임은 3기에 한정한다.

◇ 오답 체크
ㄷ. 교육감은 시·도의회에 제출할 교육·학예에 관한 조례안과 관련하여 작성·제출할 권한을 가지며, 제출된 조례안을 심의·의결할 권한은 시·도 의회에 있다.

**암기 POINT**
• 교육감
 - 성격 : 지방교육의 집행기관
 - 권한 : 사무집행권, 교육규칙 제정권, 대표권 등
 - 선출 : 주민직선제로 선출, 주민 소환권 존재
 - 임기 : 임기 4년, 계속재임 3기 한정
 - 후보자 자격 : 교육경력 또는 교육행정경력 각각 또는 합산 3년 이상

**1244.** 우리나라의 지방교육자치제에 대한 설명으로 옳지 않은 것은?
2015년 국가직 9급

① 교육지원청에 교육장을 두되 장학관으로 보한다.
② 교육감은 시·도의 교육·학예에 관한 사무의 집행기관이다.
③ 교육감의 임기는 4년으로 하며, 교육감의 계속재임은 2기에 한한다.
④ 부교육감은 당해 시·도의 교육감이 추천한 자를 교육부 장관의 제청으로 국무총리를 거쳐 대통령이 임명한다.

■ 정답 및 해설
③ 교육감의 임기는 4년이고, 계속 재임은 3기에 한정한다.

**1245.** 지방교육자치제도에 대한 설명으로 옳은 것은?
2014년 국가직 7급

① 교육위원회는 시·도의회와는 독립하여 구성된다.
② 교육감의 임기는 4년이고, 계속 재임은 2기에 한한다.
③ 교육감은 집행기관으로서 교육규칙제정권을 갖고 있지 않다.
④ 교육감 후보자가 되려는 사람은 당해 시·도지사의 피선거권이 있는 사람으로서 후보자 등록신청 개시일부터 과거 1년 동안 정당의 당원이 아닌 사람이어야 한다.

■ 정답 및 해설
④ 교육감의 정치적 중립성을 확보하기 위해 제한을 두고 있다.
◇ 오답 체크
① 교육위원회는 시·도 의회 내의 상임위원회로 설치한다.
② 교육감의 임기는 4년이고, 계속 재임은 3기에 한한다.
③ 교육감은 집행기관으로서 교육규칙 제정권을 갖고 있다.

1244 ③  1245 ④

1246. 현재 우리나라에서 시행되고 있는 지방교육자치제도에 대한 설명으로 옳은 것은?  2013년 국가직 9급
① 교육위원회는 집행기관이고, 교육감은 의결기관이다.
② 교육위원회는 지방의회와 독립되어 있다.
③ 교육감의 임기는 4년으로 하며, 교육감의 계속재임은 3기에 한한다.
④ 교육감은 학교운영위원에 의한 간선제로 선출된다.

■ 정답 및 해설
③ 교육감의 임기는 4년으로 하고, 계속 재임은 3기에 한한다.
◇ 오답 체크
① 교육위원회는 의결기관에 속하며, 교육감은 집행기관이다.
② 교육위원회는 시·도 의회 내에 상임위원회로 설치된다.
④ 교육감은 주민의 보통·평등·직접·비밀선거에 따라 직선제로 선출된다.


1247. 다음 중 교육감의 임기와 자격에 대한 설명으로 옳지 않은 것은?  2012년 국가직 9급, 개정사항 반영
① 교육감후보자가 되려는 사람은 당해 시·도지사의 피선거권이 있는 사람으로서 후보자등록신청개시일부터 과거 1년 동안 정당의 당원이 아닌 사람이어야 한다.
② 교육감후보자가 되려는 사람은 후보자등록신청개시일을 기준으로 「지방교육자치에 관한 법률」 제24조 제2항에 따른 교육경력 또는 교육행정경력이 3년 이상 있거나 양 경력을 합한 경력이 3년 이상 있는 사람이어야 한다.
③ 임기는 4년으로 하되 재임은 2기에 한한다.
④ 국회의원·지방의회의원·국가공무원·지방공무원·사립학교 교원 및 사립학교 경영자 등은 겸직할 수 없다.

■ 정답 및 해설
③ 교육감의 임기는 4년이고, 계속 재임은 3기에 한한다.


1248. 현행 지방교육자치에 대한 내용으로 옳은 것은?  2012년 국가직 7급
① 교육감후보자는 후보자등록신청개시일로부터 과거 2년 동안 정당의 당원이 아니어야 한다.
② 주민은 교육감을 소환할 수 없다.
③ 교육감의 임기는 4년이며, 계속 재임은 3기에 한한다.
④ 지방의회의원이 교육감후보자가 되려고 할 때 그 직을 가지고 입후보할 수 있다.

1246 ③  1247 ③  1248 ③

■ 정답 및 해설
③ 교육감의 임기는 4년이며, 계속 재임은 3기에 한한다.

◇ 오답 체크
① 교육감후보자는 후보자등록신청개시일부터 과거 1년 동안 정당의 당원이 아닌 사람이어야 한다.
② 주민은 교육감을 소환할 수 있다.
④ 지방의회의원이 교육감후보자가 되려고 할 때에는 그 직을 사직하여야 입후보할 수 있다. (「공직선거법」)

**1249.** 각 시·도의 교육·학예에 관한 사무를 집행하는 장(長)인 교육감에 관한 설명으로 옳은 것은?   2009년 국가직 9급

① 학교운영위원들이 선출한다.
② 10년 이상의 교육 경력과 교육행정 경력이 있어야 한다.
③ 교육규칙을 제정할 수 없다.
④ 임기는 4년이며 계속 재임은 3기에 한한다.

■ 정답 및 해설
④ 교육감의 임기는 4년이며, 계속 재임은 3기에 한한다.

◇ 오답 체크
① 교육감은 해당 시·도의 주민이 직선제로 선출한다.
② 3년 이상의 교육경력이나 교육행정 경력 또는 양자를 합산한 경력이 있어야 한다.
③ 교육규칙을 제정할 수 있는 권한을 갖고 있다.

## 출포 405. 지방교육행정기관 (지방교육자치법 등)

기본서 591~592쪽

**1250.** 우리나라의 현행 지방교육자치제도에 대한 설명으로 옳은 것은?   2021년 지방직 9급

① 부교육감은 대통령이 임명한다.
② 교육감의 임기는 4년이며 2기에 걸쳐 재임할 수 있다.
③ 지방교육자치제의 실시 단위는 시·군·구 기초자치단체를 단위로 한다.
④ 시·도 교육청에 교육위원회를 두고 교육의원은 주민이 직접 선거하여 선출한다.

■ 정답 및 해설
① 부교육감은 교육감을 보좌하여 사무를 처리하는 기관으로서, 교육감 소속하에 국가 공무원인 고위공무원단에 속하는 일반직공무원 또는 장학관으로 보한다. 부교육감은 해당 시·도의 교육감이 추천한 사람을 교육부장관의 제청으로 국무총리를 거쳐 대통령이 임명하도록 하고 있다.

암기 POINT
• 부교육감
 - 역할: 교육감 보좌
 - 임용: 고위직 일반직공무원 또는 장학관으로 보함
 - 절차: 교육감 추천 → 교육부장관 제청 → 국무총리 → 대통령 임명

1249 ④   1250 ①

◇ 오답 체크
② 교육감의 임기는 4년이며 3기에 걸쳐 계속 재임할 수 있다.
③ 지방교육자치제의 실시 단위는 시·도 지방자치단체를 단위로 한다.
④ 시·도 교육위원회는 시·도 의회 내 상임위원회로 설치하고 교육위원은 시·도 의회 의원 중에 배정한다.

1251. 현행 지방교육행정조직에 대한 설명으로 옳지 않은 것은?

2020년 국가직 7급

① 정당은 교육감 선거에 후보자를 추천할 수 없다.
② 교육감의 임기는 4년으로 하며, 교육감의 계속 재임은 3기에 한한다.
③ 부교육감은 고위공무원단에 속하는 일반직공무원 또는 장학관으로 보한다.
④ 특별시·광역시·도의 교육·학예에 관한 사무를 분장하기 위하여 시·군 및 자치구를 관할구역으로 하는 하급 교육행정기관으로서 지역교육청을 둔다.

■ 정답 및 해설
④ 시·도 교육청의 사무를 분장하기 위해 시·군 및 자치구를 관할구역으로 하여 설치하는 하급교육행정기관은 '교육지원청'이다.

1252. 지방교육행정기관에 대한 설명으로 옳은 것은?

2014년 국가직 7급, 개정사항 반영

① 시·도 교육청의 장을 교육장이라 한다.
② 시·도교육청 산하의 하급교육행정기관은 지역교육청이다.
③ 본청에 두는 실·국의 설치 및 그 사무분장은 교육규칙으로 정한다.
④ 지방교육행정기관은 소관 사무를 효율적으로 수행할 수 있도록 지역 여건, 업무의 성질과 양 등에 따라 정원을 적정하게 관리하여야 한다.

■ 정답 및 해설
④ 지방교육행정기관은 소관 사무를 효율적으로 수행할 수 있도록 지역 여건, 업무의 성질과 양 등에 따라 정원을 적정하게 관리하여야 한다.
◇ 오답 체크
① 시·도 교육청의 장은 교육감이라 하고, 교육지원청의 장은 교육장이라 한다.
② 시·도 교육청 산하의 하급교육행정기관의 명칭은 교육지원청이다.
③ 본청에 두는 실·국의 설치 및 그 사무분장은 해당 시·도의 조례로 정하는 바에 따른다. 한편, 본청의 과·담당관 및 교육지원청의 국·과·센터의 설치 및 사무분장은 교육규칙으로 정한다.

1251 ④  1252 ④

**1253.** 현행 우리나라의 지방교육자치에 대한 설명으로 옳지 않은 것은?

2010년 국가직 7급, 개정사항 반영

① 주민은 교육감을 소환할 권리를 가진다.
② 부교육감은 당해 시·도 교육감이 추천한 자를 교육부 장관이 임명한다.
③ 교육감은 주민의 보통·평등·직접·비밀선거에 따라 선출한다.
④ 교육감후보자가 되려는 사람은 후보자등록신청개시일을 기준으로 교육경력 또는 교육행정경력이 각각 3년 이상이거나 합산하여 3년 이상이어야 한다.

■ 정답 및 해설
② 「지방교육자치에 관한 법률」 제30조에 따라 부교육감은 교육감을 보좌하여 사무를 처리하는 기관으로서, 해당 시·도의 교육감이 추천한 사람을 교육부장관의 제청으로 국무총리를 거쳐 대통령이 임명하도록 하고 있다.


**1254.** 2010년에 발표된 '지역교육청 기능 및 조직 개편방안'에 관한 진술로 옳은 것을 모두 고르면?

2012년 유초등

> ㄱ. 지역교육청은 유치원과 초등학교 사무만 관장한다.
> ㄴ. 특정 지역교육청의 명칭은 '~교육지원청'이라 한다.
> ㄷ. 담임장학을 강화하여 교사의 수업 역량을 제고한다.
> ㄹ. 학부모가 단위 학교의 교육활동 및 의사결정 과정에 적극 참여할 수 있도록 지원을 강화한다.

① ㄱ, ㄴ   ② ㄱ, ㄷ   ③ ㄴ, ㄹ
④ ㄱ, ㄴ, ㄹ   ⑤ ㄴ, ㄷ, ㄹ

■ 정답 및 해설
③ 교육지원청은 시·도교육청의 사무를 분장하기 위해 설치한 하급교육행정기관으로, 1개 또는 2개 이상의 시·군 및 자치구를 관할구역으로 하여 설치한다.
교육지원청은 기존 '지역교육청'의 기능을 관리·감독 위주에서 학생, 학부모, 학교 현장 지원 위주의 기능으로 개편하면서 명칭을 변경한 것이다.

◇ 오답 체크
ㄱ. 교육지원청의 사무 범위는 유치원부터 초등학교, 중학교, 고등학교에 관한 사무를 포함한다.
ㄷ. 교육지원청은 현장 지원을 중심으로 하므로, 교육청의 관리·감독 중심의 담임장학은 약화되고, 학교나 교사 중심의 자율장학이나 학교 컨설팅을 강화한다.

1253 ②   1254 ③

# 3. 교육인사행정

## 01. 교직원의 분류

**출포 406. 교직원의 신분 구분**

기본서 592~593쪽

**1255.** 초·중등학교에 근무하는 교원과 직원의 신분에 대한 설명으로 옳은 것은?　　　　　　　　　　　　　　　　　　2019년 국가직 9급
① 수석교사는 교육전문직원이다.　② 공립학교 행정실장은 교육공무원이다.
③ 교장은 별정직 공무원이다.　　④ 공무원인 교원은 특정직 공무원이다.

■ 정답 및 해설
④ 공무원인 교원은 교육공무원이며, 교육공무원은 교육이라는 특정한 업무를 담당하는 특정직 공무원에 해당한다.

◇ 오답 체크
① 수석교사는 교원이다. 교원에는 교장, 교감, 수석교사, 교사 등이 포함된다.
② 공립학교 행정실장은 일반직 공무원으로서, 교육행정 직렬로 분류된다.
③ 교장은 교원에 포함되며, 국·공립학교에 근무하는 경우 교육공무원으로서 특정직 공무원에 해당한다.
한편, 별정직 공무원은 특수경력직공무원으로서, 비서관·비서 등 보좌업무 등을 수행하거나 특정한 업무 수행을 위하여 법령에서 별정직으로 지정하는 공무원을 말한다.

### 암기 POINT
- 국공립학교 교직원의 신분

| 종류 | 신분 |
|---|---|
| 교장,<br>교감,<br>수석교사,<br>교사 | 경력직 공무원<br>└특정직 공무원<br>　└교육공무원<br>　　└교원 |
| 행정직원 | 경력직 공무원<br>└일반직 공무원 |

**1256.** 임용후보자 선정 경쟁시험을 거쳐 임용되는 공립 유치원·초등학교·특수학교 교사의 신분에 관한 설명으로 옳은 것은?　　2010년 유초등
① 특수경력직공무원으로서 국가공무원의 신분을 갖는다.
② 복무에 관해서는 국가공무원법의 규정을 적용받지 않는다.
③ 법관·검사·경찰공무원·군인과 함께 특정직공무원으로 분류된다.
④ 형의 선고를 제외하고는 본인의 의사에 반하여 면직당하지 않는다.
⑤ 교육감과 임용계약 관계에 있는 고용직공무원으로서 지위를 갖는다.

■ 정답 및 해설
③ 임용시험을 거쳐 임용되는 공립학교의 교사는 교육공무원 중 교원에 해당하는 자로서, 경력직 공무원 중에서도 교육 분야에 종사하는 특정직공무원으로 분류된다.

1255 ④　1256 ③

◇ 오답 체크
① 경력직공무원으로서 국가공무원의 신분을 갖는다.
② 복무에 관해서는 국가공무원법의 규정을 적용받는다. 교육공무원에 대한 특례에 관해서는 교육공무원법의 규정을 적용받기도 한다.
④ 교육공무원법 및 국가공무원법에서 교육공무원 및 국가공무원은 '형의 선고나 징계처분 또는 법에서 정하는 사유에 의하지 아니하고는 본인의 의사에 반하여 강임·휴직 또는 면직을 당하지 아니한다'고 규정하고 있다. 따라서, 형의 선고 이외에도 징계처분이나 법에서 정하는 사유에 의해서도 본인의 의사에 반하는 면직을 당할 수 있다.

**1257.** 현행 법령상 교원을 모두 고른 것은?    2018년 지방직 9급

| ㄱ. 교장 | ㄴ. 교감 |
| ㄷ. 행정실장 | ㄹ. 교육연구사 |

① ㄱ, ㄴ    ② ㄱ, ㄷ    ③ ㄴ, ㄹ    ④ ㄷ, ㄹ

■ 정답 및 해설
① 교육공무원은 특정직 공무원으로서, 교원과 교육전문직으로 구분된다. ㄱ, ㄴ. 교원에는 교장, 교감, 수석교사, 교사가 포함된다.
◇ 오답 체크
ㄷ. 행정실장은 일반직 공무원, ㄹ. 교육연구사는 교육전문직이다.

**암기 POINT**
• 교육공무원의 분류

| 교원 및 조교 | (초중등학교 기준) 교장, 교감, 수석교사, 교사 |
| 교육 전문직원 | 장학관, 장학사 |
| | 연구관, 연구사 |

## 출포 407. 교직원의 임무 (초·중등교육법)

기본서 593쪽

**1258.** 「초·중등교육법」상 교직원의 임무에 대한 설명으로 옳지 않은 것은?    2022년 국가직 7급

① 교사는 법령에서 정하는 바에 따라 학생을 교육한다.
② 수석교사는 교장을 보좌하여 교무를 관리하고, 교사의 교수·연구 활동을 감독한다.
③ 교장은 교무를 총괄하고, 소속 교직원을 지도·감독하며, 학생을 교육한다.
④ 행정직원 등 직원은 법령에서 정하는 바에 따라 학교의 행정사무와 그 밖의 사무를 담당한다.

■ 정답 및 해설
② 수석교사는 교사의 교수·연구 활동을 지원하며, 학생을 교육한다. 한편, 교감은 교장을 보좌하여 교무를 관리하는 일을 하는 사람은 교감이다.

1257 ①    1258 ②

* 최근 개정 사항 〈개정 2023. 9. 27.〉
③ 교장은 교무를 총괄하고, 민원처리를 책임지며, 소속 교직원을 지도·감독하고, 학생을 교육한다.

**난이도** ■ ■ ■
**채점결과** □ □ □

**암기 POINT**
• 교직원의 임무

| 교장 | 교무 총괄, 민원처리 책임, 교직원 지도·감독, 학생교육 |
|---|---|
| 교감 | 교장 보좌, 교무 관리, 학생 교육, 유사실 교장 직무 대행 |
| 수석교사 | 교사의 교수·연구활동 지원, 학생 교육 |
| 교사 | 법령에서 정하는 바에 따라 학생 교육 |
| 직원 | 법령에서 정하는 바에 따라 학교 사무 담당 |

## 1259. 「초·중등교육법」상 수석교사의 역할을 모두 고른 것은?

2018년 지방직 9급

ㄱ. 학생을 교육한다.
ㄴ. 교사의 교수·연구 활동을 지원한다.
ㄷ. 교무를 통할하고, 소속 교직원을 지도·감독한다.

① ㄱ
② ㄱ, ㄴ
③ ㄴ, ㄷ
④ ㄱ, ㄴ, ㄷ

■ 정답 및 해설
② ㄱ, ㄴ. 수석교사의 역할은 교사의 교수·연구 활동을 지원하며, 학생을 교육하는 것이다.

◇ 오답 체크
ㄷ. 교무를 총괄하고, 소속 교직원을 지도·감독하는 것은 교장의 역할이다.

**난이도** ■ ■ ■
**채점결과** □ □ □

## 1260. 교직원에 관한 현행 법률 조항으로 옳지 않은 것은?

2012년 중등, 개정사항 반영

① 교사는 교장의 명에 따라 학생을 교육한다.
② 교장은 교무를 총괄하고, 소속 교직원을 지도·감독하며, 학생을 교육한다.
③ 행정직원 등 직원은 법령에서 정하는 바에 따라 학교의 행정사무와 기타의 사무를 담당한다.
④ 교원은 현행범인 경우를 제외하고는 소속 학교의 장의 동의 없이 학원 안에서 체포되지 아니 한다.
⑤ 교원은 특정한 정당이나 정파를 지지하거나 반대하기 위하여 학생을 지도하거나 선동하여서는 아니 된다.

■ 정답 및 해설
① 교사는 교장의 명에 따라서가 아니라, 법령에서 정하는 바에 따라 학생을 교육하도록 규정되어 있다.

1259 ②  1260 ①

1261. 현행 초·중등교육법에 명시된 교직원의 임무를 바르게 설명한 것은?

2007년 중등

① 교사는 교장의 명을 받아 학생을 교육한다.
② 교감은 교장을 보좌하여 교무를 관리하고 학생을 교육한다.
③ 행정직원은 행정실장의 명을 받아 학교의 행정사무를 담당한다.
④ 교장은 교육감의 명을 받아 교무를 통할하고, 소속 교직원을 지도·감독하며, 학생을 교육한다.

■ 정답 및 해설
② 교감은 교장을 보좌하여 교무를 관리하고 학생을 교육하며, 교장이 부득이한 사유로 직무를 수행할 수 없을 때에는 교장의 직무를 대행한다.

◇ 오답 체크
① 교사는 법령에서 정하는 바에 따라 학생을 교육한다.
③ 행정직원 등 직원은 법령에서 정하는 바에 따라 학교의 행정사무와 그 밖의 사무를 담당한다.
④ 교장은 교무를 총괄하고, 민원처리를 책임지며, 소속 교직원을 지도·감독하고, 학생을 교육한다. 교장은 법령에서 정하는 바에 따라 직무를 수행하여야 한다.

## 출포 408. 교원의 자격 구분 및 기준 (초중등교육법)

기본서 593~595쪽

1262. 다음은 「초·중등교육법」상의 교원 자격 기준에 관한 설명이다. ㉠ ~ ㉣에 들어갈 숫자를 모두 합하면?

2013년 국가직 7급

○ 2급 정교사가 1급 정교사가 되기 위해서는 ( ㉠ )년 이상의 교육경력을 가지고 소정의 재교육을 받거나, 교육대학원에서 석사학위를 받고 ( ㉡ )년 이상의 교육경력이 있어야 한다.
○ 교감이 되기 위해서는 정교사(1급) 자격증을 가지고 ( ㉢ )년 이상의 교육경력과 소정의 재교육을 받아야 한다.
○ 교장이 되기 위해서는 교감 자격증을 가지고 ( ㉣ )년 이상의 교육경력과 소정의 재교육을 받아야 한다.

① 10    ② 15    ③ 20    ④ 30

■ 정답 및 해설
① • 2급 정교사가 1급 정교사가 되기 위해서는 3년 이상의 교육경력을 가지고 소정의 재교육을 받거나, 교육대학원에서 석사학위를 받고 1년 이상의 교육경력이 있어야 한다. 일정 범위의 연구경력은 교육경력으로 인정받을 수 있기 때문이다.

1261 ②  1262 ①

- 교감이 되기 위해서는 정교사(1급) 자격증을 가지고 3년 이상의 교육경력과 소정의 재교육을 받아야 한다. 정교사(2급) 자격증을 가지고 있는 경우에는 6년 이상의 교육경력이 필요하다.
- 교장이 되기 위해서는 교감 자격증을 가지고 3년 이상의 교육경력과 일정한 재교육을 받아야 한다.

**1263.** 현행 「초·중등교육법」에 교사 자격의 명칭으로 제시되지 않은 것은?

2007년 영양교사

① 보건교사  ② 부장교사
③ 영양교사  ④ 사서교사

■ 정답 및 해설

② 교사의 자격은 정교사(1급, 2급), 준교사, 전문상담교사(1급, 2급), 사서교사(1급, 2급), 실기교사, 보건교사(1급, 2급), 영양교사(1급, 2급)로 구분된다.
부장교사는 보직교사의 명칭으로서, 교사의 법적 자격 명칭이 아니다.

**1264.** 교육공무원의 자격에 관해 바르게 설명한 것은?

2003년 중등

① 보직 교사는 법적으로 규정된 자격이다.
② 교사 자격증이 없어도 기간제 교사로는 임용될 수 있다.
③ 교원의 종별과 자격은 초 중등교육법에 명시되어 있다.
④ 장학사로 임용되기 위해서는 법정 교육 전문직 자격증이 필요하다.

■ 정답 및 해설

③ 교원의 종별과 자격은 「초중등교육법」에 명시되어 있다. 교원에는 교장, 교감, 교사, 수석교사가 포함된다. 교사의 자격은 정교사(1급, 2급), 준교사, 전문상담교사(1급, 2급), 사서교사(1급, 2급), 실기교사, 보건교사(1급, 2급), 영양교사(1급, 2급)로 구분된다.

◇ 오답 체크
① 부장교사와 같은 보직교사는 법적으로 규정된 자격이 아니라, 학교의 실무적 운영을 위해 업무를 분담한 것의 명칭이다.
② 기간제 교사는 교사자격증을 가진 자를 임용하여야 한다.
④ 장학사로 임용되기 위해서 별도의 전문직 자격증이 필요한 것은 아니다.

1263 ②  1264 ③

## 출포 409. 수석교사 제도

기본서 595~596쪽

**1265.** 수석교사 제도에 대한 설명으로 옳지 않은 것은?  2014년 국가직 7급

① 수석교사는 임용 이후 3년마다 재심사를 받는다.
② 수석교사는 임기 중에 교장 자격을 취득할 수 없다.
③ 수석교사는 교사의 교수·연구 활동을 지원하며, 학생을 교육한다.
④ 수석교사가 되려면 15년 이상의 교육경력(교육전문직 근무경력 포함)을 필요로 한다.

■ 정답 및 해설
① 수석교사는 교사 자격증을 소지한 사람으로서 15년 이상의 교육경력(교육전문직 근무경력 포함)을 가지고 교수·연구에 우수한 자질과 능력을 가진 사람 중에서 선발한다. 최초 임기는 4년으로 하고 4년마다 재심사의 과정을 거쳐 연임할 수 있다.

### 암기 POINT
- 수석교사제도
  - 자격: 교사 자격증 + 15년 교육경력 + 연수 검정
  - 임기: 최초 4년, 4년마다 재심사
  - 제한: 교장, 교감 자격 취득 불가(근무평정 대상에서 제외)

**1266.** 교원인사제도에 대한 설명으로 옳지 않은 것은?  2012년 국가직 7급

① 공립학교 교장의 임기는 4년이고, 한 번만 중임할 수 있다.
② 교원이 장학사가 되는 경우 전직에 해당한다.
③ 수석교사도 임기 중에 교장 또는 교감 자격을 취득할 수 있다.
④ 실기교사도 교사자격증이 필요하다.

■ 정답 및 해설
③ 수석교사제도 일원적·수직적인 교원승진체계에서 벗어나 다원적 승진체계를 만들기 위해 신설한 제도이다. 수석교사는 전문적으로 교수·연구 활동을 담당하며, 수석교사 임기 중에 교장·원장 또는 교감·원감 자격을 취득할 수 없다.

**1267.** 현행 초·중등교육법 및 동법시행령에 근거할 때, 다음 대화에서 수석교사제도에 대한 설명으로 옳은 것만을 있는 대로 고른 것은?  2013년 중등

> 김 교사: 이번에 최 선생님이 수석교사가 되셨더군요.
> 이 교사: ㉠ 수석교사가 되려면 최소 20년 이상의 교육경력이 있어야 하는데 최 선생님이 그렇게 되셨군요. 이제 최 선생님은 ㉡ 동료 선생님들의 교수·연구 활동을 지원하시겠네요. 그런데 학급 담당은 어떻게 되시나요? 수석교사는 학급을 담당하지 않죠?
> 김 교사: ㉢ 원칙적으로 학급을 담당하지는 않지만, 학교 여건에 따라서 학급을 담당하게 될 수도 있죠.

1265 ① 1266 ③ 1267 ④

① ㉡　　　　　② ㉢　　　　　③ ㉠, ㉡
④ ㉡, ㉢　　　⑤ ㉠, ㉡, ㉢

■ 정답 및 해설
④ 수석교사는 교사의 교수·연구 활동을 지원하며, 학생을 교육하는 역할을 담당한다.
◇ 오답 체크
㉠ 수석교사가 되기 위해 필요한 최소 교육경력은 15년이다.

## 03. 교원의 지위와 권리

### 출포 410. 교직관과 교원의 지위　　C

기본서 596~597쪽

**1268.** 학생 체벌을 찬성하는 논리 중에서 '사랑의 매'는 교사의 권위 중 어느 것에 해당하는가?　　2009년 국가직 9급
① 제도적 권위　　　　　② 지적 권위
③ 도덕적 권위　　　　　④ 기술적 권위

■ 정답 및 해설
③ 학생 체벌을 '사랑의 매'라고 부르는 것은 체벌이 아동의 잘못을 교정하는 기능을 갖고 있으며, 교사는 아동을 사랑하는 방법으로서 체벌을 사용한다는 의미를 갖고 있다. 이러한 교육방법은 교사는 아동보다 도덕적으로 우월한 위치에 있는 도덕적 권위를 가진 존재이며, 체벌이 아동의 인격적 성장을 돕는 방법이라는 주장을 바탕으로 한다. 참고로, 페스탈로치는 제한된 범위에서 사랑의 매를 허용하는 관점을 가졌다고 알려져 있다.
◇ 오답 체크
① 제도적 권위는 사회적으로 합의된 법과 제도에 의해 보장되는 권위를 말한다.
② 지적 권위는 교사가 전문적 지식을 가지고 있다는 점에 근거한 권위를 말한다.
④ 기술적 권위는 교육과정 운영이나 교수학습 방법에 전문적 기술을 가지는 것으로부터 나오는 권위를 말한다.

1268 ③

**1269.** 교직관에 대한 설명으로 가장 적절한 것은?

2011년 유초등

① 노동직관은 일부에서 주장되고 있지만 아직은 법적으로 전혀 인정되지 않고 있다.
② 전문직관은 교원양성기관의 설립과 자격제도의 도입으로 설명될 수 있는 교직관이다.
③ 성직관은 성직자가 교직을 담당하였던 것에서 유래한 것으로, 오늘날 전면 부정되고 있다.
④ 공직관은 국가공무원 신분에 근거한 것이므로 공·사립학교 교원에게는 해당되지 않는다.
⑤ 성직관, 전문직관, 노동직관, 공직관은 상호 배타적이기 때문에 한 시대에 공존할 수 없다.

■ 정답 및 해설
② 전문직관은 오늘날 일반적으로 받아들여지고 있는 교직관으로서, 교직을 전문적 지식과 기술 및 고도의 책임감과 윤리의식을 토대로 하는 전문적 성격의 직업으로 보는 관점이다. 직문직관은 교사양성기관의 설립과 자격제도를 도입하는 주요 근거로 작용한 관점이다.

◇ 오답 체크
① 노동직관의 도입에 의해 교사의 노동권을 보장하기 위한 법적 조치들이 이루어지고 있다. 대표적으로 「교원의 노동조합 설립 및 운영 등에 관한 법률」이 이미 1999년에 제정되었다.
③ 성직관은 교사의 사회봉사적 기능과 윤리적 성격을 강조하는 관점으로서 현재까지도 교직관의 하나로 받아들여지고 있다.
④ 공직관은 학교는 공공성을 지닌 조직이며, 교사는 공공의 이익을 위해 일하는 사람이라고 보는 관점에 기초해 있다. 따라서 국가공무원인 교원 이외에도 공·사립학교의 교원에게도 모두 해당된다.
⑤ 성직관, 전문직관, 노동직관, 공직관은 상호 연관되어 있으므로 한 시대에 공존할 수 있다.

암기 POINT
• 교직관과 교사의 지위

| 성직관 | 높은 도덕적 수준, 정신적 활동에 전념 |
|---|---|
| 노동직관 | 근로자로서의 보상과 권리 보장 필요 |
| 공직관 | 사회적 공익 또는 국가를 위해 일하는 자 |
| 전문직관 | 전문적 지식과 기술 및 책임감과 윤리의식 |

**1270.** 다음의 내용이 공통적으로 설명하고 있는 교원의 지위는?

2007년 영양교사

○ 학교는 공공성을 지닌 조직이다.
○ 교원의 신분은 법적으로 보장된다.
○ 의무교육기관의 교원은 국민 전체에 대한 봉사자이다.
○ 공공의 이익을 위하여 교원의 기본권은 제한될 수 있다.

① 전문가로서의 지위
② 인격자로서의 지위
③ 근로자로서의 지위
④ 공직자로서의 지위

1269 ②　1270 ④

■ 정답 및 해설
④ 학교는 공공성을 지닌 조직이며, 교사는 공공의 이익을 위해 봉사하는 사람이라고 보는 관점은 교원의 공직자로서의 지위를 설명하는 내용이다. 이러한 공직으로서의 교사의 신분은 법적으로 보장되는 한편, 공공의 이익을 위해서는 일부 기본권을 제한할 수 있도록 한다.

## 출포 411. 교원의 의무 (헌법, 교육기본법, 교육공무원법 등)

기본서 599쪽

**1271.** 현행법상 교육의 중립성에 대한 설명으로 옳지 않은 것은?

2022년 지방직 9급

① 교육은 정치적·파당적 또는 개인적 편견을 전파하기 위한 방편으로 이용되어서는 아니 된다.
② 교원노동조합은 정치활동을 할 수 없다.
③ 교원은 특정한 정당이나 정파를 지지하거나 반대하기 위하여 학생을 지도하거나 선동하여서는 아니 된다.
④ 공립학교에서는 학교운영위원회의 동의가 있는 경우 특정한 종교를 위한 종교교육을 할 수 있다.

■ 정답 및 해설
④ 「교육기본법」 제6조 제2항 '국가와 지방자치단체가 설립한 학교에서는 특정한 종교를 위한 종교교육을 하여서는 아니 된다'는 규정에 근거하여, 학교운영위원회의 동의가 있는 경우일지라도 공립학교에서는 특정한 종교를 위한 종교교육을 할 수 없다.

◇ 오답 체크
① 교육은 교육 본래의 목적에 따라 그 기능을 다하도록 운영되어야 하며, 정치적·파당적 또는 개인적 편견을 전파하기 위한 방편으로 이용되어서는 아니 된다. (「교육기본법」 제6조 제1항)
② 교원의 노동조합은 어떠한 정치활동도 하여서는 아니 된다. (「교원노조법」 제3조)
③ 교원은 특정한 정당이나 정파를 지지하거나 반대하기 위하여 학생을 지도하거나 선동하여서는 아니 된다. (「교육기본법」 제14조 제4항)

1271 ④

1272. 초·중등학교 교원의 정치적 중립성에 대한 설명으로 옳은 것은?

2018년 국가직 7급

① 의무교육기관이 아니라면 교원이 특정한 정당을 지지·반대하기 위한 학생 지도를 할 수 있다.
② 교원은 정당이 아닌 정치단체에 가입하도록 권유 운동을 할 수 있다.
③ 교원의 노동조합은 정치활동이 넓게 허용된다.
④ 사립학교 교원도 선거에서 특정 정당을 지지하기 위한 행위가 금지된다.

■ 정답 및 해설
④ 「사립학교법」 제55조에서는 '사립학교 교원의 복무에 관하여는 국립학교·공립학교 교원에 관한 규정을 준용'하도록 하고 있다. 「국가공무원법」 제65조 제2항에서는 '공무원은 선거에서 특정 정당 또는 특정인을 지지 또는 반대하기 위한 행위를 하여서는 아니 된다'고 규정하고 있다. 따라서 사립학교의 교원도 선거에서 특정 정당을 지지하기 위한 행위가 금지된다.

◇ 오답 체크
① 「교육기본법」 제14조 제4항에서는 '교원은 특정한 정당이나 정파를 지지하거나 반대하기 위하여 학생을 지도하거나 선동하여서는 아니 된다'고 규정하고 있다. 이 규정은 의무교육기관이 아니더라도 모든 초·중등학교 교원에게 적용된다.
② 「국가공무원법」 제65조(정치운동의 금지)에 근거하여, '공무원은 정당이나 그 밖의 정치단체의 결성에 관여하거나 이에 가입할 수 없다'. 따라서 공무원인 교원도 정치단체에 가입하도록 권유하는 운동을 할 수 없다.
③ 「교원의 노동조합 설립 및 운영 등에 관한 법률」(교원노조법) 제3조 '교원의 노동조합은 어떠한 정치활동도 하여서는 아니 된다.'는 규정에 근거하여, 교원의 노동조합은 정치활동이 엄격하게 금지된다.

### 출포 412. 국가공무원으로서의 의무 (국가공무원법)

기본서 598~599쪽

1273. 현행 「국가공무원법」에 근거할 때, 교육공무원의 의무가 아닌 것은?

2015년 지방직 9급

① 종교에 따른 차별 없이 직무를 수행하여야 한다.
② 직무를 수행할 때 소속 상관의 직무상 명령에 복종하여야 한다.
③ 국민 전체의 봉사자로서 친절하고 공정하게 직무를 수행하여야 한다.
④ 직무의 전문성을 높이기 위해서 자기 개발과 부단한 연구를 하여야 한다.

1272 ④    1273 ④

**암기 POINT**
- 국가공무원으로서의 의무
  - 적극적 의무 : 선서, 성실, 복종, 친절·공정, 종교중립, 비밀엄수, 청렴, 품위유지
  - 소극적 의무 : 정치운동, 집단행위, 영리업무 및 겸직, 직장이탈, 영예의 제한

■ 정답 및 해설
④ 교육공무원이 직무의 전문성을 높이기 위해서 자기 개발과 부단한 연구를 하여야 한다는 것은 「교육기본법」 제14조 제2항 "교원은 교육자로서 갖추어야 할 품성과 자질을 향상시키기 위하여 노력하여야 한다"는 규정에 근거한 것으로 볼 수 있다. 따라서 「국가공무원법」에 근거한 의무는 아닌 것으로 볼 수 있다.

◇ 오답 체크
① 종교중립의 의무, ② 복종의 의무, ③ 친절·공정의 의무는 「국가공무원법」에 근거한 공무원의 의무에 해당한다.

**1274.** 다음 교사들이 공통적으로 위반하고 있는 교원의 의무는? 2012년 유초등

> ○ 김 교사는 실험수업 중 안전조치를 하지 않아 학생들이 화상을 입었다.
> ○ 최 교사는 수업 중에 수업내용과 무관하게 개인적 일로 통화를 하였다.
> ○ 박 교사는 중간고사에서 과반수 이상을 작년의 기출문제와 동일하게 다시 출제했다.

① 성실의 의무　　② 친절의 의무　　③ 공정의 의무
④ 비밀엄수의 의무　　⑤ 겸직금지의 의무

■ 정답 및 해설
① 제시된 내용들은 「국가공무원법」에 규정된 "모든 공무원은 법령을 준수하며 성실히 직무를 수행하여야 한다"는 규정을 위반한 것으로 볼 수 있다.

◇ 오답 체크
② 친절의 의무, ③ 공정의 의무 - 공무원은 국민 전체의 봉사자로서 친절하고 공정하게 직무를 수행하여야 한다. (「국가공무원법」 제59조)
④ 비밀엄수의 의무 - 공무원은 재직 중은 물론 퇴직 후에도 직무상 알게 된 비밀을 엄수하여야 한다. (「국가공무원법」 제60조)
⑤ 겸직금지의 의무 - 공무원은 공무 외에 영리를 목적으로 하는 업무에 종사하지 못하며 소속 기관장의 허가 없이 다른 직무를 겸할 수 없다. (「국가공무원법」 제64조)

**1275.** 국·공립 유·초·중등학교 교원에게 적용되는 「국가공무원법」상 복무규정에 관한 설명으로 옳은 것은? 2011년 유초등
① 소속 기관장의 허가 없이 다른 직무를 겸할 수 없다.
② 퇴직 후에는 직무상 알게 된 비밀을 엄수할 의무가 없다.
③ 직무상 관계가 없는 경우 그 소속 상관에게 증여할 수 있다.
④ 직무 외적인 경우에는 품위 유지의 의무가 적용되지 않는다.
⑤ 외국 정부로부터 증여를 받을 경우에는 대통령의 허가가 필요하나 영예의 경우는 불필요하다.

1274 ①　1275 ①

■ 정답 및 해설
① 「국가공무원법」제64조 제1항에서는 '공무원은 … 소속 기관장의 허가 없이 다른 직무를 겸할 수 없다'고 규정하고 있어 공무원의 겸직금지 의무를 명시하고 있다.
◇ 오답 체크
② 공무원은 재직 중은 물론 퇴직 후에도 직무상 알게 된 비밀을 엄수하여야 한다. (제60조)
③ 공무원은 직무상의 관계가 있든 없든 그 소속 상관에게 증여하거나 소속 공무원으로부터 증여를 받아서는 아니 된다. (제61조 제2항)
④ 공무원은 직무의 내외를 불문하고 그 품위가 손상되는 행위를 하여서는 아니 된다. (제63조)
⑤ 공무원이 외국 정부로부터 영예나 증여를 받을 경우에는 대통령의 허가를 받아야 한다. (제62조)

1276. 현행 교육공무원법을 위반한 내용이 포함된 사례를 모두 고른 것은?

**2009년 유초등**

> ㄱ. 사립학교에 근무하는 박 교사는 교장실로 호출당했다. 박 교사는 수업에 대한 학생과 학부모들의 불만으로 인해 주의를 심하게 받았다. 이후에도 이런 일들이 빈번하게 발생되면서 학교를 그만두라는 교장의 말에 못 이겨 결국 사표를 냈다.
> ㄴ. 최 교사는 어제 동료들과 회식 자리를 함께 하였다. 울적한 기분에 과음을 하였고, 취중에 운전을 하다가 사고를 냈다. 다음 날 학교에서 수업 중 경찰관이 교실로 들어와 체포하여 연행하였다.
> ㄷ. 윤 교사는 4살짜리 아이를 둔 남자 교사이다. 자녀 양육을 위해 1년간의 육아휴직을 신청하였고, 요즘 휴직상태에서 아이 키우는 재미에 푹 빠져 있다.
> ㄹ. 김 교사는 갑자기 건강이 좋지 않아 병원을 찾았다. 김 교사는 장기요양이 필요하다는 병원 진단 결과가 나왔다. 임용권자는 직권으로 김 교사에게 휴직을 명하였다.

① ㄱ, ㄴ  ② ㄱ, ㄹ  ③ ㄴ, ㄷ
④ ㄷ, ㄹ  ⑤ ㄱ, ㄴ, ㄹ

■ 정답 및 해설
① ㄱ. 박 교사가 교장의 권고에 의해 사표를 낸 사례이다. 「교육공무원법」제43조 제3항 '교육공무원은 권고에 의하여 사직을 당하지 아니 한다.'는 규정을 위반한 것으로 볼 수 있다.
ㄴ. 최 교사가 음주운전 사고를 낸 이유로 그 다음 날 학교에서 체포된 사례이다. 「교육공무원법」제48조 '교원은 현행범인인 경우를 제외하고는 소속 학교의 장의 동의 없이 학원 안에서 체포되지 아니한다.'는 규정을 위반한 것으로 볼 수 있다.
◇ 오답 체크
ㄷ. 만 8세 이하 또는 초등학교 2학년 이하의 자녀를 양육하기 위해 필요한 경우 남·녀 공무원 모두 각 자녀당 3년 이내의 육아휴직을 신청할 수 있으며, 임용권자는 그 신청에 따라 휴직을 명해야 한다.
ㄹ. 신체상·정신상의 장애로 장기요양이 필요한 경우 임용권자는 직권으로 휴직을 명령할 수 있다.

1276 ①

**1277.** 현행 법령상 국가공무원인 교원의 복무 규정으로 잘못된 것은?

2008년 유초등

① 근무 중 그 품위를 유지할 수 있는 단정한 복장을 착용하여야 한다.
② 겸임 근무하는 자는 복무에 관하여 본직 기관의 장의 지휘·감독을 받는다.
③ 다른 기관에 파견 근무하는 자는 복무에 관하여 원 소속 기관의 장의 지휘·감독을 받는다.
④ 국민 전체의 봉사자로서 직무를 민주적이고 능률적으로 수행하기 위하여 창의와 성실로써 맡은 바 책임을 완수하여야 한다.

■ **정답 및 해설**
③ 다른 기관에서 파견근무하는 사람은 복무에 관하여 파견받은 기관의 장의 지휘·감독을 받는다. (「국가공무원 복무 규정」 제7조(파견근무))

◇ **오답 체크**
① (제1항) 공무원은 근무 중 그 품위를 유지할 수 있는 단정한 복장을 하여야 한다. (제2항) 공무원은 직무를 수행할 때 근무기강을 해치는 정치적 주장을 표시하거나 상징하는 복장 또는 관련 물품을 착용해서는 아니 된다. (「국가공무원 복무 규정」 제8조의 2(복장 및 복제 등))
② 겸임 근무하는 사람은 복무에 관하여 본직기관의 장의 지휘·감독을 받는다. 다만, 겸임 업무와 관련한 복무에 관하여는 겸임기관의 장의 지휘·감독을 받는다. (「국가공무원 복무 규정」 제6조의 2(겸임근무))
④ 공무원은 국민 전체의 봉사자로서 직무를 민주적이고 능률적으로 수행하기 위하여 창의와 성실로써 맡은 바 책임을 완수하여야 한다. (「국가공무원 복무 규정」 제2조의 2(책임완수))

**1278.** 다음의 내용에 공통적으로 나타나 있는 교원의 의무는? 2005년 유초등

> ○ 교원은 모든 학생을 똑같이 대한다. 입학 허가, 성적 부여, 교육상의 모든 서류의 작성이 친소 관계와 물질적 보상, 개인적인 이해 관계로 좌우되어서는 안 된다.
> ○ 교원은 인종, 성, 종교, 신념 등을 이유로 특정한 학생에게 이익을 주어서는 안 된다.
> ○ 교원은 부모의 경제적·사회적 지위를 함부로 이용하지 않으며, 이에 좌우되지 않는다.

① 공정의 의무
② 청렴의 의무
③ 선서의 의무
④ 품위 유지의 의무

1277 ③  1278 ①

■ 정답 및 해설
① 교원은 학생들을 대할 때, 친소관계와 물질적 보상, 개인적 이해관계에 따라 달리 대하거나, 인종, 성, 종교, 신념 등을 이유로 특정 학생에게 이익을 주거나, 부모의 경제적·사회적 지위에 의해 좌우되지 않는다는 것은 '공정의 의무'에 관한 것이다.

◇ 오답 체크
② 청렴의 의무 – (제1항) 공무원은 직무와 관련하여 직접적이든 간접적이든 사례·증여 또는 향응을 주거나 받을 수 없다. (제2항) 공무원은 직무상의 관계가 있든 없든 그 소속 상관에게 증여하거나 소속 공무원으로부터 증여를 받아서는 아니 된다. (「국가공무원법」 제61조)
③ 선서의 의무 – 공무원은 취임할 때에 소속 기관장 앞에서 대통령령등으로 정하는 바에 따라 선서(宣誓)하여야 한다. 다만, 불가피한 사유가 있으면 취임 후에 선서하게 할 수 있다. (「국가공무원법」 제55조)
④ 품위 유지의 의무 – 공무원은 직무의 내외를 불문하고 그 품위가 손상되는 행위를 하여서는 아니 된다. (「국가공무원법」 제63조)

## 출포 413. 교원의 권리 (교육기본법, 교육공무원법, 교원지위법)

기본서 600~601쪽

**1279.** 「교육기본법」에 명시된 교원에 관한 규정이 아닌 것은?

2017년 국가직 9급

① 교원은 법률로 정하는 바에 따라 다른 공직에 취임할 수 있다.
② 교원은 특정한 정당이나 정파를 지지하거나 반대하기 위하여 학생을 지도하거나 선동하여서는 아니 된다.
③ 교사는 전문성을 바탕으로 학생을 교육한다.
④ 교원은 교원의 경제적·사회적 지위를 향상시키기 위하여 각 지방자치단체와 중앙에 교원단체를 조직할 수 있다.

■ 정답 및 해설
③ 「교육기본법」에는 교원의 전문성을 존중한다는 내용이 있지만 '교사는 전문성을 바탕으로 학생을 교육한다'는 규정은 명시되어 있지 않다.
참고로, 「초·중등교육법」에서는 "교사는 법령에서 정하는 바에 따라 학생을 교육한다"(제20조 제4항)고 규정하고 있다.

「교육기본법」 – 교원 및 교원단체에 관한 규정
제14조(교원) ① 학교교육에서 교원의 전문성은 존중되며, 교원의 경제적·사회적 지위는 우대되고 그 신분은 보장된다.
② 교원은 교육자로서 갖추어야 할 품성과 자질을 향상시키기 위하여 노력하여야 한다.

**암기 POINT**
- 교원의 권리(전문성 존중)
 – 교원의 전문성 존중
 – 정년 보장(62세)
 – 경제적·사회적 지위 우대
 – 법률이 정한 공직 취임 가능

1279 ③

③ 교원은 교육자로서 지녀야 할 윤리의식을 확립하고, 이를 바탕으로 학생에게 학습윤리를 지도하고 지식을 습득하게 하며, 학생 개개인의 적성을 계발할 수 있도록 노력하여야 한다.
④ 교원은 특정한 정당이나 정파를 지지하거나 반대하기 위하여 학생을 지도하거나 선동하여서는 아니 된다.
⑤ 교원은 법률로 정하는 바에 따라 다른 공직에 취임할 수 있다.
⑥ 교원의 임용·복무·보수 및 연금 등에 관하여 필요한 사항은 따로 법률로 정한다.

제15조(교원단체) ① 교원은 상호 협동하여 교육의 진흥과 문화의 창달에 노력하며, 교원의 경제적·사회적 지위를 향상시키기 위하여 각 지방자치단체와 중앙에 교원단체를 조직할 수 있다.
② 제1항에 따른 교원단체의 조직에 필요한 사항은 대통령령으로 정한다.

## 1280. 교원에 대한 설명으로 옳은 것은?  2017년 국가직 7급

① 교육공무원법상 초·중등 교원의 정년은 60세이다.
② 교원의 지위 향상 및 교육 활동 보호를 위한 특별법상 교원은 현행범인인 경우 외에는 소속 학교의 장의 동의없이 학원 안에서 체포되지 아니한다.
③ 교원의 노동조합 설립 운영 등에 관한 법률상 교원에게는 단결권, 단체교섭권, 단체행동권이 각각 보장된다.
④ 교육기본법상 교원은 대통령령으로 정하는 바에 따라 다른 공직에 취임할 수 있다.

### ■ 정답 및 해설

② 교원의 지위 향상 및 교육 활동 보호를 위해 교원의 불체포 특권을 인정하고 있다. (「교육공무원법」 제48조, 「교원지위법」 제4조)

◇ 오답 체크
① 교육공무원법상 초·중등 교원의 정년은 62세로 한다.
③ 교원노조법상 교원의 단결권과 단체교섭권은 보장되지만, 단체행동권은 보장되지 않고 있다. 「교원노조법」 제8조에서 '노동조합과 그 조합원은 파업, 태업 또는 그 밖에 업무의 정상적인 운영을 방해하는 어떠한 쟁의행위도 하여서는 아니 된다'고 규정하고 있다.
④ 교육기본법상 '교원은 법률로 정하는 바에 따라 다른 공직에 취임할 수 있다.' (제14조 제5항)

1280 ②

1281. 현행 교육 관련법에서 교원에 대하여 규정하고 있는 내용으로 옳지 않은 것은?
           2013년 국가직 9급
① 교원은 교육자로서 갖추어야 할 품성과 자질을 향상시키기 위하여 노력하여야 한다.
② 교권은 존중되어야 하며, 교원은 그 전문적 지위나 신분에 영향을 미치는 부당한 간섭을 받지 아니한다.
③ 교원은 특정한 정당이나 정파를 지지하거나 반대하기 위하여 학생을 지도하거나 선동하여서는 아니 된다.
④ 교원은 어떠한 경우에도 소속 학교의 장의 동의 없이 학원 안에서 체포되지 아니한다.

■ 정답 및 해설
④ 「교육공무원법」 제48조와 「교원지위법」 제4조는 '교원은 현행범인인 경우 외에는 소속 학교의 장의 동의 없이 학원 안에서 체포되지 아니한다'고 규정하고 있다. 따라서 현행범인 경우에는 불체포특권이 보장되지 않으므로, 소속 학교의 장의 동의 없이도 학원 안에서 체포될 수 있다.

### 기출플러스
- 교원의 권리·의무 및 직무수행에 관한 법규의 내용 (2005년 중등)
- 교사와 직원은 교장의 명을 받아 직무를 수행한다. (×)
- 사립학교 교원은 권고에 의하여 사직을 당하지 아니한다. (○)
- 교원은 현행범인인 경우를 제외하고는 소속 학교의 장의 동의 없이 학원 안에서 체포되지 아니한다. (○)
- 학교교육에서 교원의 전문성은 존중되며, 교원의 경제적·사회적 지위는 우대되고 그 신분은 보장된다. (○)

1282. 우리나라 국·공립 중등학교 교원에 관한 설명으로 옳은 것을 모두 고른 것은?
           2009년 중등

ㄱ. 교원은 법률이 정하는 바에 따라 다른 공직에 취임할 수 있다.
ㄴ. 교원은 현행범인 경우를 제외하고는 소속 학교의 장의 동의 없이 학원 안에서 체포되지 아니한다.
ㄷ. 교원은 경제적·사회적 지위를 향상시키기 위하여 각 지방자치단체와 중앙에 교원단체를 조직할 수 있다.
ㄹ. 각급학교 교원의 임용권자는, 교육공무원이었던 자의 지식이나 경험을 활용할 필요가 있을 때, 교원의 자격증을 가진 자 중에서 기간제 교원을 임용할 수 있다.

① ㄱ, ㄴ
② ㄴ, ㄷ
③ ㄱ, ㄷ, ㄹ
④ ㄴ, ㄷ, ㄹ
⑤ ㄱ, ㄴ, ㄷ, ㄹ

■ 정답 및 해설
⑤ ㄱ. 「교육기본법」 제14조 제5항에서 규정하고 있다.
   ㄴ. 「교육공무원법」 제48조에서 규정하고 있다.
   ㄷ. 「교육기본법」 제15조 제1항에서 규정하고 있다.
   ㄹ. 「교육공무원법」 제32조에서 규정하고 있다.

1281 ④  1282 ⑤

## 04. 교원단체 및 교원노동조합

### 출포 414. 교원단체 (교육기본법, 교육지위법)

◉ 기본서 604쪽

**1283.** 「교원지위 향상을 위한 특별법」에서 보장되는 교원의 권리에 대한 내용으로 옳지 않은 것은? **2007년 유초등**

① 교원은 현행범인인 경우를 제외하고는 소속 학교의 장의 동의 없이 학원 안에서 체포되지 아니한다.
② 교원은 교직단체를 통하여 교원의 전문성 신장과 지위의 향상을 위하여 교육장 또는 단위학교장과 교섭·협의한다.
③ 교원은 형의 선고, 징계처분 또는 법률이 정하는 사유에 의하지 아니하고는 그 의사에 반하여 휴직·강임 또는 면직을 당하지 아니한다.
④ 교원이 징계처분 그 밖에 그 의사에 반하는 불리한 처분에 대하여 불복이 있을 때에는 그 처분이 있은 것을 안 날부터 30일 이내에 심사위원회에 소청심사를 청구할 수 있다.

■ 정답 및 해설

② 「교육기본법」 제15조 제1항에 따라 교원은 각 지방자치단체와 중앙에 교원단체를 조직할 수 있다. 이렇게 결성된 교원단체는 「교원지위법」 제11조에 따라 교원의 전문성 신장과 지위 향상을 위하여 시·도 교육감이나 교육부장관과 교섭·협의한다.

1283 ②

## 출포 415. 교원노동조합 (교원노조법)

📖 기본서 605~606쪽

**1284.** 우리나라 교원노동조합에 대한 설명으로 옳은 것은? 2010년 국가직 9급
① 기초자치단체인 시·군·구 단위에서 설립할 수 있다.
② 교원은 임용권자의 허가가 있는 경우에는 노동조합의 업무에만 종사할 수 있다.
③ 전문상담순회교사는 조합원이 될 수 없다.
④ 수업에 지장이 없는 한 정치활동을 할 수 있다.

■ 정답 및 해설
② 노동조합 전임자의 지위에 관한 설명이다. 교원은 임용권자의 동의를 받아 노동조합 전임자가 되면 노동조합으로부터 급여를 지급받으면서 노동조합의 업무에만 종사할 수 있다. 허가받은 노동조합의 전임자는 전임 기간 중 휴직명령을 받은 것으로 보며, 전임자임을 이유로 승급 또는 그 밖의 신분상의 불이익을 받지 아니한다.

◇ 오답 체크
① 유치원 및 초중등학교 교원의 노동조합은 전국 단위나 지방자치단체인 시·도 단위에서 설립할 수 있다.
③ 교원의 노동조합에 가입할 수 있는 사람의 범위는 교원이거나, 교원으로 임용되어 근무하였던 사람으로서 노동조합 규약으로 정하는 사람을 포함한다. 초중등교육법 제19조의 2에 규정된 전문상담교사나 전문상담순회교사도 조합원이 될 수 있다.
④ 교원노동조합은 일체의 정치활동이 금지되어 있다.

**1285.** 「교원의 노동조합 설립 및 운영 등에 관한 법률」에 의할 때 단체교섭의 대상이 될 수 없는 의제는? 2008년 국가직 7급
① 교원보수체계의 개편
② 교육과정의 개정
③ 학교급별 교원의 근무조건
④ 초등교원과 중등교원 간의 수당차이 해소

■ 정답 및 해설
② 노동조합의 단체교섭의 대상이 되는 것은 노동조합 또는 조합원의 임금, 근무 조건, 후생복지 등 경제적·사회적 지위 향상에 관한 것으로 한정한다. 예를 들면, 교원의 보수체계, 학교급별 교원의 근무조건, 초등교원과 중등교원의 수당차이 해소 등은 단체교섭의 대상이 된다. 하지만, 교육기관 운영이나 교육정책이나 교육과정 개정 등에 관한 사항은 단체교섭의 대상으로 할 수 없다.

---

**암기 POINT**
• 교원노동조합

| | |
|---|---|
| 목적 | 교원의 경제적·사회적 지위 향상 |
| 법률 | 교원노조법, 노조법 |
| 설립 | 유초중등 : 시도, 전국<br>대학 : 학교, 시도, 전국 |
| 가입 대상 | 교원<br>(제외 대상 : 교장, 교감, 비정규직의 전문상담 및 산학겸임교사, 평생교육사 등) |
| 단체 교섭 | 임금, 근무조건, 후생복지 등에 관한 사항<br>(교육기관 운영 및 교육과정에 관한 사항 제외) |
| 금지 행위 | 일체의 정치활동 금지<br>파업, 태업 등 일체의 쟁의행위 금지 |

1284 ②  1285 ②

## 강서연 교육학

**난이도** ■ ■ ■
**채점결과** □ □ □

### 기출플러스

- 교원단체 및 교원노동조합 (2002년 중등)
- 교원단체는 교원의 전문성 신장과 지위 향상을 위해 교섭·협의할 수 있다. (○)
- 교원단체는 교육기관의 관리·운영에 관한 사항을 교섭·협의할 수 있다. (×)
- 교원노동조합은 조합원의 경제적·사회적 지위 향상에 관한 사항을 교섭할 수 있다. (○)
- 교원노동조합은 정치활동을 할 수 있다. (×)

**1286.** 교원단체와 교원노동조합 모두에 적용되는 진술은?

<small>2010년 유초등, 개정사항 반영</small>

① 학교의 장과 대학의 교원은 가입할 수 없다.
② 파업 및 태업 등 일체의 쟁의행위를 할 수 없다.
③ 교육감 또는 교육부 장관과 단체협약서를 작성한다.
④ 교육기본법에 근거하여 지방자치단체와 중앙에 조직할 수 있다.
⑤ 사립학교 설립·경영자는 전국 또는 시·도 단위로 연합하여 교섭해야 한다.

■ **정답 및 해설**

② 교원은 국민 전체의 봉사자로서 정치적 중립의 의무를 가진다. 따라서 교원단체와 교원노동조합은 모두 일체의 정치활동을 하는 것이 금지되며, 파업, 태업 또는 그 밖에 업무의 정상적인 운영을 방해하는 일체의 쟁의행위를 하는 것 또한 금지되고 있다. (교원노조법 제3조, 제8조 등)

---

**난이도** ■ ■ ■
**채점결과** □ □ □

**1287.** 다음에서 설명하는 교직단체는?

<small>2007년 영양교사</small>

- 1999년에 법제화되었다.
- 일체의 쟁의행위와 정치활동이 금지된다.
- 근로2권(단결권·단체교섭권)을 보장받는다.

① 교사협의회　　② 교장협의회
③ 교원노동조합　　④ 교원단체

■ **정답 및 해설**

③ 1999년에 법제화되었으며, 근로2권을 보장받는 교직단체는 교원노동조합이다.

◇ **오답 체크**

①, ②, ④는 교원의 전문성 신장을 위해 설립된 단체들로서 교원노동조합의 법제화 이전에 만들어졌다.

---

**난이도** ■ ■ ■
**채점결과** □ □ □

**1288.** 우리나라의 교(직)원노동조합에 관한 설명으로 바른 것은?

<small>2006년 유초등</small>

① 우리나라 교(직)원노동조합은 비법정 임의 단체이다.
② 교장, 교감, 부장교사는 교(직)원노동조합의 조합원이 될 수 없다.
③ 단체 교섭권은 인정되나 단결권과 단체 행동권은 인정되지 않고 있다.
④ 교원은 임용권자의 허가를 받아 노동조합의 업무에만 종사할 수 있다.

---

1286 ②　1287 ③　1288 ④

■ 정답 및 해설
④ 교원은 임용권자의 허가를 받아 노동조합의 업무에만 종사할 수 있다.

◇ 오답 체크
① 교원노동조합은 법에 근거한 법정 단체이다.
② 교장과 교감은 관리자로서 노동조합의 조합원이 될 수 없지만, 부장교사는 교사이므로 조합원이 될 수 있다.
③ 우리나라 교원 노동조합은 단결권과 단체 교섭권은 인정되나, 단체 행동권은 인정되지 않는다.

## 05. 교육공무원의 임용

### 출포 416. 교육공무원 임용의 기초 (교육공무원법)

기본서 607~608쪽

**1289.** 현행 교육공무원법에 규정된 용어의 정의로 옳지 않은 것은?

2017년 지방직 9급

① 직위란 1명의 교육공무원에게 부여할 수 있는 직무와 책임을 말한다.
② 전직이란 교육공무원의 종류와 자격을 달리하여 임용하는 것을 말한다.
③ 강임이란 교육공무원의 직렬을 달리하여 하위 직위에 임용하는 것을 말한다.
④ 전보란 교육공무원을 같은 직위 및 자격에서 근무기관이나 부서를 달리하여 임용하는 것을 말한다.

■ 정답 및 해설
③ 강임이란 '교육공무원을 같은 직위 및 자격에서 하위 직위에 임용하는 것'을 말한다. (「교육공무원법」 제2조 제10항)

**1290.** 전직에 해당하지 않는 것은?

2020년 국가직 9급

① 초등학교 교감이 장학사가 되었다.
② 초등학교 교사가 중학교 교사가 되었다.
③ 중학교 교장이 교육장이 되었다.
④ 중학교 교사가 특성화 고등학교 교사가 되었다.

■ 정답 및 해설
④ 중학교 교사와 특성화 고등학교 교사는 모두 중등교사에 해당하므로, 같은 종류의 직위나 자격에서 근무기관만을 변경하는 전보에 해당한다.

1289 ③  1290 ④

## 강서연 교육학

**암기 POINT**
• 전직과 전보

| 전직 | - 교사, 교감, 교장 ⇌ 장학사, 연구사<br>- 장학관, 장학사 ⇌ 교육연구관, 연구사<br>- 초등학교 교사 ⇌ 중, 고등학교 교사 |
|---|---|
| 전보 | - A 중학교 교사 ⇌ B 고등학교 교사<br>- A교육청 장학사 ⇌ B교육청 장학사 |

---

**1291.** 「교육공무원법」상 교원의 전보에 해당하는 것은?  2015년 국가직 9급

① 교사가 장학사로 임용된 경우
② 도교육청 장학관이 교장으로 임용된 경우
③ 중학교 교사가 초등학교 교사로 임용된 경우
④ 교육지원청 장학사가 도교육청 장학사로 임용된 경우

■ **정답 및 해설**

④ 전보는 같은 종류의 직위나 자격에서 근무기관이나 부서를 달리하는 것을 의미한다. 교육지원청 장학사와 도교육청 장학사는 모두 교육전문직에 속하므로 전보에 해당한다.

◇ **오답 체크**
① 교원이 교육전문직으로 변경되었으므로 전직에 해당한다.
② 교육전문직이 교원으로 변경되었으므로 전직에 해당한다.
③ 중학교 교사와 초등학교 교사는 자격을 달리 하므로 전직에 해당한다.

---

**1292.** 다음은 어느 교육청의 인사발령에 관한 내용이다. (ㄱ)~(ㅁ) 중 전직(轉職)에 해당하는 것을 모두 고른 것은?  2010년 중등

(ㄱ)교육청 중등교육과장(장학관)이 A중학교의 교장으로 부임하였고, (ㄴ)이전 교장은 인근 고등학교의 교장으로 이동하였다. 한편 (ㄷ)관내 초등학교 교사가 A중학교 국어교사로 부임하였고, (ㄹ)이전 국어교사는 교육청의 장학사로 이동하였다. 또한 (ㅁ)교육청 중등교육과장(장학관)에는 교육연수원에 근무하던 교육연구관이 임용되었다.

① (ㄱ), (ㄹ)   ② (ㄴ), (ㅁ)   ③ (ㄴ), (ㄷ), (ㅁ)
④ (ㄱ), (ㄴ), (ㄷ), (ㄹ)   ⑤ (ㄱ), (ㄷ), (ㄹ), (ㅁ)

■ **정답 및 해설**

⑤ (ㄱ) 교육전문직에서 교원으로 전직한 것이다.
  (ㄷ) 초등학교 교사와 중학교 교사는 자격을 달리하므로, 전직에 해당한다.
  (ㄹ) 교사에서 교육전문직으로 전직한 것이다.
  (ㅁ) 교육전문직은 장학직과 교육연구직으로 구분되며, 제시된 사례는 장학직에서 교육연구직으로 전직한 것이다.

◇ **오답 체크**
  (ㄴ) 같은 직위에서 근무기관만 변경한 전보에 해당한다.

1291 ④   1292 ⑤

1293. 교원의 인사행정과 관련된 진술로 옳은 것은?  2011년 유초등
① 국·공·사립학교 교원의 신분은 교육공무원이다.
② 공립학교 교사의 임용권은 대통령으로부터 교육감에게 위임되어 있다.
③ 교육공무원인 교원의 임용은 자격·재교육성적·근무성적 기타 능력의 실증에 의하여 행한다.
④ 초·중등교육법에 규정된 교원의 자격은 교장, 교감, 수석교사, 부장교사, 정교사(1급·2급)로 구분된다.
⑤ '음주운전'은 파면·해임된 뒤 다시 신규 또는 특별 채용될 수 없는 사유의 하나로 교육공무원법과 사립학교법에 규정되어 있다.

■ 정답 및 해설
③ 교육공무원의 임용은 그 자격, 재교육성적, 근무성적, 그 밖에 실제 증명되는 능력에 의하여 한다. (「교육공무원법」 제10조)

◇ 오답 체크
① 국·공립학교 교원만 교육공무원이고, 사립학교 교원의 신분은 교육공무원이 아니다. 다만 사립학교 교원의 처우에 있어서는 국공립 학교의 교원에 준하도록 한다.
② 공립학교 교사의 임용권은 교육부장관으로부터 교육감에게 위임되어 있다.
④ 초·중등교육법에 규정된 교원의 자격은 정교사(1급·2급), 준교사, 전문상담교사(1급·2급), 사서교사(1급·2급), 실기교사, 보건교사(1급·2급) 및 영양교사(1급·2급) 및 교장, 교감, 수석교사로 구분된다. 부장교사는 보직교사일 뿐 별도의 자격이 아니다.
⑤ '음주운전'은 교육공무원에서 파면·해임된 뒤 다시 신규 또는 특별 채용될 수 없는 사유에 해당하지 않는다. 「성폭력범죄의 처벌 등에 관한 특례법」 제2조에 따른 미성년자 및 성인에 대한 성폭력범죄 행위나 「아동·청소년의 성보호에 관한 법률」 제2조 제2호에 따른 아동·청소년대상 성범죄 행위를 한 경우는 교육공무원 채용의 결격사유이다. 그 외에도, 금품 수수 행위, 시험문제 유출 및 성적조작 등 학생 성적 관련 비위 행위, 학생에 대한 신체적 폭력 행위 등은 제한사유로서, 교육공무원징계위원회에서 해당 교원의 반성 정도 등을 고려하여 교원으로서 직무를 수행할 수 있다고 의결한 경우에는 채용이 가능하다.


1294. 교육공무원인 공립학교 교사의 임용에 관한 설명으로 옳지 않은 것은?  2010년 유초등
① 임용은 자격·재교육성적·근무성적 기타 능력의 실증에 의한다.
② 능력에 따라 균등한 임용의 기회를 보장하는 것이 임용의 원칙이다.
③ 임용에는 신규채용 외에도 승진, 전직, 전보, 휴직, 해임 등이 포함된다.
④ 교사의 승진은 상위직인 부장교사, 교감, 교장으로 임용되는 것을 말한다.
⑤ 전직은 종별과 자격을 달리하는 것으로, 교사가 장학사로 임용되는 것이 한 예이다.

1293 ③  1294 ④

■ 정답 및 해설
④ 교사의 승진은 상위직인 교감, 교장이나 수석교사로 임용되는 것을 말한다. 부장교사는 특정한 보직을 맡은 교사를 지칭할 뿐, 특정한 자격이나 직위를 의미하는 것이 아니므로, 부장교사가 되는 것은 승진에 해당하지 않는다.

## 출포 417. 교원의 종류별 임용

⊕ 기본서 609~610쪽

**1295.** 국·공립학교 교장 임용과 관련된 설명 중 옳은 것으로만 묶인 것은?

2011년 국가직 7급, 개정사항 반영

> ㄱ. 교육부 장관의 제청으로 대통령이 임용한다.
> ㄴ. 임기는 4년이며 1회에 한해 중임할 수 있다.
> ㄷ. 교장공모제의 유형에는 초빙형, 내부형, 개방형이 있다.
> ㄹ. 초빙교장의 임기도 임기횟수에 산입된다.

① ㄱ, ㄴ, ㄷ  ② ㄱ, ㄴ, ㄹ
③ ㄱ, ㄷ, ㄹ  ④ ㄴ, ㄷ, ㄹ

■ 정답 및 해설
① ㄱ. 국공립학교 교장의 임용 권한은 대통령에게 있다.
  ㄴ. 교장의 임기는 4년으로, 1회만 중임할 수 있다.
  ㄷ. 교장공모제의 유형에는 초빙형, 내부형, 개방형이 있다.

| 유형 | 자격 기준 | | 대상 학교 |
|---|---|---|---|
| 초빙형 | 교장자격증 소지자(교육공무원) | | 일반학교 |
| 내부형 | 교장자격 요구 | 교장자격증 소지자(교육공무원) | 자율학교, 자율형공립고 |
| | 교장자격 미요구 (50% 이내) | - 교장자격증 소지자(교육공무원) 또는<br>- 초·중등학교 교육경력 15년 이상인 교육공무원 또는 사립학교 교원 | |
| 개방형 | - 교장자격증 소지자(교육공무원) 또는<br>- 해당학교 교육과정에 관련된 기관 또는 단체에서 3년 이상 종사한 경력이 있는 자(교장자격증 미소지자) | | 자율학교로 지정된 특성화중·고, 특목고, 예·체능계고 |

◇ 오답 체크
ㄹ. 공모로 임용되는 초빙교장의 임기는 4년으로 하되, 공모 교장으로 재직하는 횟수를 제한하지 아니한다.

1295 ①

1296. 「교육공무원법」상 고등학교 이하 각급학교 기간제교원으로 임용할 수 있는 경우가 아닌 것은?　　　　　　　　　　　　　　2019년 지방직 9급
① 교원이 병역 복무를 사유로 휴직하게 되어 후임자의 보충이 불가피한 경우
② 특정 교과를 한시적으로 담당하도록 할 필요가 있는 경우
③ 유치원 방과후 과정을 담당하도록 할 필요가 있는 경우
④ 학부모의 요구가 있는 경우

### 정답 및 해설
④ 기간제 교원의 임용은 학교 및 교육과정 운영상의 필요에 따라 이루어지는 것이지, 학부모의 요구에 의해 이루어지는 것이 아니다. 「교육공무원법」상 기간제 교원은 ①, ②, ③에 제시된 경우 이외에도, 교원이 파견·연수·정직·직위해제 등으로 직무를 이탈하여 후임자 보충이 불가피한 경우 또는 교육공무원이었던 사람의 지식이나 경험을 활용할 필요가 있는 경우에 임용할 수 있다.

1297. 초·중등학교의 기간제교원에 대한 설명으로 옳지 않은 것은?
　　　　　　　　　　　　　　　　　　　　　　　　　　2014년 국가직 7급
① 퇴직 교원을 임용할 수 있다.
② 교원 자격증을 가진 사람을 임용하여야 한다.
③ 정규 교원 임용에서 우선권을 인정할 수 있다.
④ 교원의 휴직, 파견, 연수 등으로 후임자의 보충이 불가피한 경우 임용할 수 있다.

### 정답 및 해설
③ 기간제 교원은 교원의 휴직, 파견, 연수 등으로 후임자의 보충이 불가피한 경우나 특정 교과를 한시적으로 담당할 필요가 있을 때 등에 임용한다. 교원 자격증을 가진 사람을 임용하여야 하므로, 퇴직 교원도 임용할 수 있다. 기간제 교원으로 임용되었다 할지라도, 정규 교원의 임용에서 어떠한 우선권도 인정되지 않는다.

**암기 POINT**
- 기간제교원의 임용
  - 임용사유: 휴직 등 직무이탈, 특정 교과 한시적 담당, 유치원 방과후과정 담당 등
  - 자격: 교원자격증 필수
  - 기간: 1년, 최대 3년 연장
  - 임용권자: 학교장

1298. 교육과정운영상 필요한 경우, 정규교원 이외에 학교에 둘 수 있도록 초·중등교육법 제22조에 규정되어 있지 않은 자는?　　2009년 국가직 7급
① 산학겸임교사　　　　② 명예교사
③ 기간제교사　　　　　④ 강사

1296 ④　1297 ③　1298 ③

■ 정답 및 해설

③ 교육과정 운영상 필요한 경우 정규교원 이외에 학생의 교육을 위해 임용하는 자에는 산학겸임교사, 명예교사, 영어회화전문강사, 다문화언어 강사, 강사가 포함된다. 기간제 교사는 교원의 휴직, 파견, 연수 등으로 후임자의 보충이 불가피한 경우나 특정 교과를 한시적으로 담당할 필요가 있을 때 등에 임용하는 교원으로서, 정규교원의 범위에 해당한다. 기간제 교사는 「교원노조법」상 교원에 해당하므로 교원노조에도 가입할 수 있다.

## 출포 418. 교원의 연수 (교원 등의 연수에 관한 규정)

◎ 기본서 612~613쪽

**1299.** 2급 정교사인 사람이 1급 정교사가 되고자 할 때 받아야 하는 연수는?

2019년 국가직 9급

① 직무연수
② 자격연수
③ 특별연수
④ 지정연수

■ 정답 및 해설

② 1급 정교사와 2급 정교사는 구분되는 자격이므로, 새로운 자격을 취득하기 위한 연수인 자격연수를 받아야 한다.

**암기 POINT**

• 교원 연수의 종류
 : 연수기관의 종류에 따라

| 자격연수 | 특정한 자격 취득을 위한 연수 |
|---|---|
| 직무연수 | 직무수행을 위한 능력 배양 연수 |
| 특별연수 | 학습연구년제, 장단기 체험연수 등 |

**1300.** 교원의 특별연수에 해당하는 것은?

2018년 지방직 9급

① 박 교사는 특수분야 연수기관에서 개설한 종이접기 연수에 참여하였다.
② 황 교사는 교육청 소속 교육연수원에서 교육과정 개정에 따른 연수를 받았다.
③ 최 교사는 학습연구년 교사로 선정되어 대학의 연구소에서 1년간 연구 활동을 수행하였다.
④ 교직 4년차인 김 교사는 특수학교 1급 정교사 자격증을 취득하기 위한 연수에 참여하였다.

■ 정답 및 해설

③ 특별연수는 「교육공무원법」 제40조에 따라 국가나 지방자치단체가 교육공무원을 국내외의 교육기관 또는 연구기관에서 일정 기간 연수를 받게 하는 것을 말한다. 학습연구년제나 해외 장단기 체험연수 등이 포함된다. 학습연구년제는 교육경력 10년 이상(잔여경력 5년) 이상인 교사 중 우수교사를 선발하여 교원이 자기개발을 위하여 학습 및 연구에 전념하게 하는 제도이다.

◇ 오답 체크

①, ② 직무연수, ④ 자격연수에 해당한다.

1299 ② 1300 ③

## 1301. 다음 내용에 해당하는 교원인사제도는?   2012년 유초등

- 교원들의 전문성을 향상시키기 위하여 교원들로 하여금 일정 기간 동안 학교에 복무하지 않고 소속 학교 외에서 연구활동을 할 수 있도록 지원한다.
- 특별연수의 일환으로 시행하므로 연수 종료 후에는 연수기간과 동일한 기간을 연수분야와 관련된 직무분야에서 복무하여야 한다.

① 수석교사제  ② 직무연수제  ③ 보직교사제
④ 순환근무제  ⑤ 학습연구년제

### ■ 정답 및 해설
⑤ 교원들의 전문성 향상을 위한 연수제도의 하나로서 교원들이 일정 기간 동안 연구활동에만 전념할 수 있게 하는 제도는 '학습연구년제'이다.

### ◇ 오답 체크
② 직무연수제는 교육공무원법 제38조에 따라 교육공무원은 그 직책을 수행하기 위하여 끊임없이 연구와 수양에 힘써야 하며, 교육공무원법 제39조에 따라 교육공무원의 재교육과 연수는 '교원 등의 연수에 관한 규정'에 따라, 맡은 바 직무를 성실히 수행하기 위해 연수를 받도록 하는 제도를 말한다.


## 1302. 다음 사례에서 김 교사가 계획한 연수는?   2011년 유초등

김 교사는 프로그램을 개발하고 시행하는 과정에서 자신이 이 분야에 대한 전문성이 부족하다는 점을 절감하였다. 그래서 다문화 교육 관련 학술서적을 찾아 공부하는 한편, 좀 더 체계적으로 연구하기 위해 그동안 미루어 두었던 대학원 석사과정에 자비로 진학하기로 결심하였다.

① 위탁 연수  ② 자격 연수  ③ 자기 연수
④ 지정 연수  ⑤ 직무 연수

### ■ 정답 및 해설
③ 김 교사가 자비를 들여 학위취득을 위해 진학을 한 것이므로, 자기연수에 해당한다.

### ◇ 오답 체크
① 위탁 연수는 교육연수원 등에서 실시하는 연수의 일부를 다른 연수기관, 교육기관 또는 교육행정기관에 위탁하여 실시하는 경우를 말한다.
② 자격 연수는 특정한 교원의 자격을 취득하기 위해 실시하는 연수를 말한다.
④ 지정 연수는 교육연수원 등이 실시할 수 없는 특수 분야의 연수를 위해 특정기관을 지정하여 실시하는 경우를 말한다.
⑤ 직무 연수는 직무수행능력의 향상을 위해 실시하는 연수를 말한다.

1301 ⑤   1302 ③

**1303.** 현행 교원능력개발평가(대통령령 제22676호, '교원 등의 연수에 관한 규정'에 근거)에 관한 설명으로 옳은 것만을 고른 것은?  
2012년 중등

> ㄱ. 도입 취지는 승진을 위한 인사 자료 활용에 있다.
> ㄴ. 교장 및 교감은 학교경영에 관한 능력을 평가받는다.
> ㄷ. 교사는 학습지도 및 생활지도 등에 관한 능력을 평가받는다.
> ㄹ. 평가결과는 익명성 보장 차원에서 본인에게만 통보되고 자기 점검을 위한 피드백 자료로 활용된다.

① ㄱ, ㄴ ② ㄴ, ㄷ ③ ㄴ, ㄹ
④ ㄱ, ㄷ, ㄹ ⑤ ㄴ, ㄷ, ㄹ

■ 정답 및 해설
② 교원능력개발평가는 「교원 등의 연수에 관한 규정」에 따른 연수자를 선발하기 위한 목적으로 실시하는 평가이다. 교장 및 교감은 학교경영에 관한 능력을 평가하며(ㄴ), 교사는 학습지도 및 생활지도 등의 능력을 평가한다(ㄷ).

◇ 오답 체크
ㄱ. 도입 취지는 연수자 선발 등을 위한 것으로서, 승진을 위한 인사 자료로 활용하지는 않는다.
ㄹ. 평가결과는 해당 교원과 해당 교원이 근무하는 학교의 장에게 통보한다.

### 출포 419. 교원의 휴직 (교육공무원법)

기본서 614~615쪽

**1304.** 「교육공무원법」상 임용권자가 교육공무원 본인의 의사와 관계없이 휴직을 명하여야 하는 경우는?  
2019년 국가직 7급

① 신체상·정신상의 장애로 장기요양이 필요할 때
② 학위취득을 목적으로 해외유학을 하거나 외국에서 1년 이상 연구 또는 연수를 하게 된 경우
③ 「공무원연금법」 제25조에 따른 재직기간 10년 이상인 교원이 자기개발을 위하여 학습·연구 등을 하게 된 경우
④ 만 8세 이하 또는 초등학교 2학년 이하의 자녀를 양육하기 위하여 필요하거나 여성 교육공무원이 임신 또는 출산하게 된 경우

■ 정답 및 해설
① 공무원 본인의 의사와 관계없이 휴직을 명하는 것을 직권휴직이라 한다. 질병, 병역, 생사불명, 법정의무수행 등으로 인한 휴직에 해당한다.

◇ 오답 체크
②, ③, ④ 본인의 의사에 따라 휴직을 명하는 것으로, 유학, 고용, 육아, 연수, 간병 등으로 인해 당사자가 휴직을 신청하는 경우에 해당한다.

---

**암기 POINT**
• 교원의 휴직 종류

| | |
|---|---|
| 직권<br>휴직 | 질병 장기요양, 병역의 의무, 생사나 소재 불명, 노조전임자 등 |
| 청원<br>휴직 | 해외유학, 국내외 임시 고용, 연수, 학습연구년제(재직 10년 이상), <u>육아 및 출산, 입양, 불임 치료, 간병, 동반유학</u> 등<br>(* <u>청원시 허가 필수</u>) |

1303 ② 1304 ①

**1305.** 현행 교육공무원법상 교육공무원 본인의 의사에 불구하고 임용권자가 휴직을 명해야 하는 경우에 해당하는 것은?

2011년 중등, 개정사항 반영

① 국제기구, 외국기관, 재외국민교육기관에 임시로 고용된 경우
② 1세 미만 자녀의 양육이나 여자 교육공무원이 임신 또는 출산하게 된 경우
③ 교육부 장관이 지정하는 국내의 연구기관이나 교육기관에서 연수하게 된 경우
④ 학위취득을 목적으로 해외 유학을 하거나 외국에서 1년 이상 연구 또는 연수하게 된 경우
⑤ 「교원의 노동조합 설립 및 운영 등에 관한 법률」 제5조의 규정에 의하여 노동조합 전임자로 종사하게 된 경우

■ 정답 및 해설
⑤ 공무원 본인의 의사와 관계없이 휴직을 명하는 것을 직권휴직이라 한다. 노동조합 전임자로 종사하게 된 경우는 직권휴직의 사유에 해당하는 것으로 본다.

**1306.** 교원 본인이 원하면 휴직을 명해야 하는 경우는?

2004년 유초등

① 유니세프(UNICEF)에 임시 고용된 교원
② 학위취득을 위해 해외유학을 하려는 교원
③ 1세 미만의 자녀를 양육하고자 하는 남자교원
④ 남편의 해외지사근무에 동반을 원하는 여자교원

■ 정답 및 해설
③ 교원 본인의 의사에 따라 휴직을 명하는 것을 청원휴직이라고 한다. 청원휴직을 할 수 있는 경우 중에서도 (1) 만 8세 이하 또는 초등학교 2학년 이하의 자녀를 양육하기 위하여 필요하거나 여성 교육공무원이 임신 또는 출산하게 된 경우(육아휴직), (2) 만 19세 미만의 아동(육아휴직의 대상이 되는 아동은 제외)을 입양하는 경우, (3) 불임·난임으로 인하여 장기간의 치료가 필요한 경우에는 본인이 원하면 임용권자가 반드시 휴직을 명해야 하는 경우로 지정되어 있다.

1305 ⑤   1306 ③

## 출포 420. 교원의 징계 (국가공무원법, 교원지위법)

기본서 615~616쪽

**1307.** 교육공무원의 징계 효력에 대한 설명으로 옳은 것은? 2016년 지방직 9급
① 정직된 자는 직무에는 종사하지만 3개월간 보수를 받지 못한다.
② 견책된 자는 직무에는 종사하지만 6개월간 승진과 승급이 제한된다.
③ 해임된 자는 공무원 신분은 보유하나 3개월간 직무에 종사할 수 없다.
④ 파면된 자는 공무원 관계로부터 배제되고 1년간 공무원으로 임용될 수 없다.

### 암기 POINT
- 교육공무원의 징계

| 구분 | | 종류 |
|---|---|---|
| 배제징계 | 중징계 | 파면 |
| | | 해임 |
| 교정징계 | | 강등 |
| | | 정직 |
| | 경징계 | 감봉 |
| | | 견책 |

■ 정답 및 해설
② 견책된 자는 징계처분의 집행이 끝난 날부터 6개월간 승진과 승급이 제한된다. (공무원 임용령 제32조)
◇ 오답 체크
① 정직된 자는 1~3개월간 직무에 종사하지 못하며, 해당 기간 보수를 받지 못한다.
③ 해임된 자는 공무원 관계로부터 배제되어 공무원 신분을 보유하지 못하며, 3년간 공무원으로 임용될 수 없다.
④ 파면된 자는 공무원 관계로부터 배제되고 5년간 공무원으로 임용될 수 없다.

**1308.** 각급학교 교원이 징계처분을 받았을 경우, 이에 불복하여 심사 및 구제절차를 요청할 수 있는 기관은? 2009년 국가직 9급
① 헌법재판소
② 교원소청심사위원회
③ 고충처리위원회
④ 교원징계재심위원회

■ 정답 및 해설
② 「교원지위법」에 따라 교원이 징계처분을 받은 경우, 이를 불복하고자 할 때에는 교원소청심사위원회에 심사 및 구제절차를 요청할 수 있다.
◇ 오답 체크
③ 고충처리위원회는 정부에 대한 민원을 접수·상담·처리하기 위하여 설치한 합의제 행정기관으로, 2008년 국가청렴위원회·국무총리 행정심판위원회와 통합돼 국민권익위원회가 되었다.
④ 교원징계재심위원회는 2005년에 교원소청심사위원회로 그 명칭이 변경되었다.

1307 ② 1308 ②

**1309.** 공무원으로서 직무상의 의무를 위반한 교원에게 교정 징계 처분을 내리려고 할 때에 해당되는 조치는?  
2004년 유초등
① 해임  ② 감봉
③ 경고  ④ 직위해제

■ 정답 및 해설
② 교정징계는 공무원의 신분을 보유하면서 신분상·보수상 이익의 일부를 제한하는 것으로, 강등, 정직, 감봉, 견책이 이에 해당한다.

◇ 오답 체크
① 파면과 해임은 배제징계로서, 공무원의 신분을 완전히 해제하는 것을 말한다.
③ 경고, 계고, 주의 등은 문책일 뿐, 징계에 해당하지 않는다.
④ 직위해제는 직위를 계속 유지시킬 수 없는 사유가 있는 경우 일시적으로 직위를 부여하지 아니하여 직무에 종사하지 못하도록 하는 것으로, 징벌적 성격의 징계에 해당하지 않는다. 다만, 직위해제 처분을 받은 자는 직무에 종사하지 못할 뿐만 아니라 승급, 보수 등에서 불이익한 처우를 받게 되므로 '인사상 불이익한 처분'에 해당한다.

**1310.** 교육공무원의 징계에 관하여 바르게 설명한 것은?  
2003년 중등
① 견책은 경징계에 해당된다.
② 정직 처분을 받은 기간은 경력 평정에서 제외되지 않는다.
③ 정직은 1월 이상 3월 이하의 기간 보수의 3분의 1을 감한다.
④ 견책의 징계 처분을 받은 사람은 승진 임용의 제한을 받지 않는다.

■ 정답 및 해설
① 견책과 감봉은 경징계에 해당한다. 정직, 강등, 해임, 파면은 중징계에 해당된다.

◇ 오답 체크
② 정직 처분을 받은 경우, 정직 처분을 받은 기간은 경력평정에서 제외한다.
③ 정직은 1월 이상 3월 이하의 기간 동안 직무에 종사하지 못하며, 해당되는 처분기간 동안 보수 전액을 감액한다.
④ 견책의 징계 처분을 받은 사람은 6개월 간 승진 임용의 제한을 받는다.

1309 ②  1310 ①

# 4. 장학행정

## 01. 장학 개념의 발달과정

### 출포 421. 장학 개념의 발달과정

1311. 장학개념의 변천에 대한 설명으로 옳은 것은?  **2020년 국가직 9급**

① 관리장학은 학문중심 교육과정으로 인해 등장하였다.
② 협동장학은 조직의 규율과 절차, 효율성을 강조하였다.
③ 수업장학은 교육과정의 개발과 수업효과 증진을 강조하였다.
④ 아동 중심 교육이 강조되던 시기에 발달장학이 널리 퍼졌다.

■ 정답 및 해설
③ 수업장학은 장학의 목표가 교육과정의 개발과 수업효과 증진이라는 본연의 목표에 집중되면서, 학문중심 교육과정의 영향으로 교과의 전문가들이 장학사의 역할을 담당하였다. 행동과학론의 영향으로 수업의 과정에 대한 분석이 중시되면서 마이크로티칭 기법과 임상장학이 강조되었다.

◇ 오답 체크
① 관리장학은 과학적 관리론의 영향으로 등장하였다. 학문중심 교육과정은 수업장학의 등장에 영향을 미쳤다.
② 협동장학은 조직 내 인간관계와 민주성을 강조하였다. 조직의 규율과 절차, 효율성을 강조한 것은 관리장학이다.
④ 아동 중심 교육이 강조되던 시기에는 협동장학이 발달되었다. 한편, 발달장학은 관리장학과 협동장학의 장점을 접목하여, 교사의 발달 정도에 따라 장학방법을 달리 적용하여 교사를 발전시키는 장학이다. 발달 수준이 낮은 교사에게는 지시적 장학을, 발달 수준이 높은 교사에게는 비지시적 장학을 적용한다.

### 암기 POINT
• 장학의 개념 변화

| 장학형태 | 장학 활동 |
|---|---|
| 관리장학 | 과학적 장학<br>관료적 장학 |
| 협동장학 | 협동적 장학 |
| 수업장학 | 교육과정 개발<br>임상장학 |
| 발달장학 | 인간자원 장학<br>신과학적 장학 |

1312. 다음 설명에 해당하는 교내 자율장학의 형태는?  **2021년 지방직 9급**

○ 교사들의 교수-학습 기술 향상을 위해 교장·교감이나 외부 장학요원, 전문가, 자원인사 등이 주도하는 개별적이고 체계적인 성격이 강한 조언 활동이다.
○ 주로 초임교사, 저경력교사 등을 대상으로 진행된다.
○ 구체적인 형태로는 임상장학, 마이크로티칭 등이 있다.

① 동료장학
② 발달장학
③ 수업장학
④ 자기장학

1311 ③  1312 ③

■ 정답 및 해설
③ 교사의 교수-학습 기술 향상을 위한 체계적인 성격의 조언 활동으로서, 임상장학과 마이크로티칭 등의 방법을 취하는 장학은 수업장학이다.

◇ 오답 체크
④ 자기장학은 교사 개인이 스스로 계획을 세우고 실천해 나가는 자율적인 장학의 형태이다. 학생의 수업평가 결과 활용, 전문서적 탐독, 대학원 진학, 각종 연수 및 세미나 참여 등의 방법을 활용한다.

**1313.** 서지오바니(T. J. Sergiovanni)의 인적자원론적 장학의 관점을 가장 잘 나타낸 것은?  2009년 유초등
① 교사의 만족도가 증가하면 학교의 효율성이 증가하고, 이를 통해 공동의 의사결정이 달성된다.
② 교사의 만족도가 증가하면 공동의 의사결정이 달성되고, 이를 통해 학교의 효율성이 증가된다.
③ 학교의 효율성이 증가하면 교사의 만족도가 증가하고, 이를 통해 공동의 의사결정이 달성된다.
④ 공동의 의사결정을 도입하고 나면 학교의 효율성이 증가하고, 이를 통해 교사의 만족도가 증가한다.
⑤ 공동의 의사결정을 도입하고 나면 교사의 만족도가 증가하고, 이를 통해 학교의 효율성이 증가한다.

■ 정답 및 해설
④ 서지오바니의 인간자원론적 장학에서는 인간은 기본욕구 외에 목표달성에 기여하려는 욕구가 있고, 창의력과 책임감이 있다고 본다. 따라서 교사의 학교 의사결정 참여를 확대하면 인간자원이 개발·활용되어 학교의 효율성이 증가하고, 그 결과 조직의 목표가 달성되고 교사의 만족도가 증가한다고 본다. 결국 조직 내 개인의 성장과 조직의 성장이 선순환을 이루는 구조를 만드는 데 초점을 두는 접근법이다. 인간관계론에 기초한 협동장학이 경영자의 입장에서 조직의 목표달성을 위해 인간에 관심을 가졌다면, 인간자원론적 장학은 학교의 목표실현을 통해 교사의 만족을 최종 목적으로서 추구한다는 점에서 차이가 있다.

1313 ④

## 02. 장학의 유형 및 형태

### 출포 422. 교육행정기관 주도의 장학

📖 기본서 618~619쪽

**1314.** 장학의 유형에 대한 설명으로 옳지 않은 것은?   2018년 국가직 9급

① 임상장학 – 학급 내에서 수업의 질을 개선하기 위한 것으로, 교사와 학생 사이에서 이루어지는 상호작용에 초점을 둔다.
② 약식장학 – 평상시에 교장 및 교감의 계획과 주도 하에 이루어지는 것으로, 다른 장학형태의 보완적인 성격을 지닌다.
③ 동료장학 – 수업전략을 개발하기 위한 것으로, 교사 간에 상호협력하는 장학형태이다.
④ 요청장학 – 교내 자율장학으로, 사전 예방차원에서 전문적이고 집중적인 지원이 필요한 경우 이루어지는 장학형태이다.

■ **정답 및 해설**
④ 요청장학은 교육행정기관이 주도하는 장학의 형태로, 일선 학교가 장학의 필요성을 느껴 교육청의 장학 담당자를 초빙하여 실시하는 장학을 말한다. 일반적으로, 학교에 특정한 문제나 요구가 확인된 후 사후 대처의 차원에서 실시된다.
사전 예방차원에서 전문적이고 집중적인 지원이 필요한 경우 이루어지는 장학은 특별장학이라고 한다.

**암기 POINT**
- 장학의 형태 I
: 교육행정기관 주도의 장학

| 종합장학 | 학교경영 전반에 대한 종합적 지도 |
| --- | --- |
| 특별장학 | 특별한 문제발생시 또는 우려될 때 실시 |
| 담임장학 | 지역의 담당 장학사가 수시로 지도 |
| 확인장학 | 이전 장학시 요청사항의 이행여부 확인 |
| 요청장학 | 학교가 교육청의 담당자를 초빙해 실시 |

**1315.** 다음과 같은 특징을 갖고 있는 장학의 유형은?   2009년 국가직 9급

> ○ 지역 교육청의 학교 담당 장학사가 중심이 되어 실시한다.
> ○ '학교 현황 및 장학록'을 작성하여 누가적으로 기록함으로써 학교교육 평가에 활용하기도 한다.
> ○ 교육과정의 운영, 생활지도, 도의교육, 과학·실업교육, 보건·체육교육 등 학교교육 전반에 걸쳐 전문적이고 지속적인 지원을 제공한다.

① 동료장학
② 요청장학
③ 담임장학
④ 임상장학

■ **정답 및 해설**
③ 지역 교육청의 학교 담당 장학사가 학교교육 전반을 지속적으로 관찰하고 전문적인 지원을 제공하는 장학을 '담임장학'이라고 한다.

1314 ④   1315 ③

◇ 오답 체크
① 동료장학은 교사들이 공동과제 및 관심사에 대한 협의·연구·추진 등을 통해 상호 협력하면서 서로 가르치고 배우는 형태의 장학을 말한다.
② 요청장학은 일선 학교가 장학의 필요성을 느껴 교육청의 장학 담당자를 초빙하여 실시하는 장학을 말한다.
④ 임상장학은 교사의 수업기술 향상을 주요 목적으로 하여, 장학담당자와 교사의 긴밀한 상호작용을 통해 체계적이고 집중적인 지도·조언을 제공하는 장학방법이다.

## 출포 423. 임상장학

◉ 기본서 620쪽

**1316.** 다음 설명에 해당하는 장학의 유형은?　　2023년 국가직 7급

> ○ 학급에서 교사와 학생 사이에 이루어지는 상호작용에 초점이 맞춰진 장학 활동이다.
> ○ 장학활동이 이루어지는 당사자 간에 상하관계보다는 쌍방적 관계를 지향한다.
> ○ 교사와 학생 간의 상호작용 및 수업과 관련된 교사의 지각·신념·태도·지식에 대한 정보를 중심으로 수업의 개선을 도모한다.

① 임상장학　　② 약식장학
③ 동료장학　　④ 지방장학

### ■ 정답 및 해설

① 임상장학은 수업장학의 유형 중 하나로 교사의 수업기술 진단 및 개선을 위한 장학을 주목적으로 한다. 장학담당자는 교사와 쌍방적 관계를 형성하고, 수업계획 협의, 수업관찰, 관찰 후 협의회의 과정 등을 통해 수업에서 개선할 점을 점검하고 대안을 모색하는 데 중점을 둔다.

◇ 오답 체크
② 약식장학은 교장이나 교감이 교실을 평상시에 짧은 시간 동안 방문하거나 수업을 참관하여 수업 및 학급 활동에 대해 지도하는 장학방법이다.
③ 동료장학은 교사들끼리 서로 협력하여 장학을 실시하는 것으로, 교사들이 서로 피드백을 주고받으며 수업 개선을 도모하는 장학방법이다.
④ 지방장학은 지방교육청에서 실시하는 장학으로, 주로 행정적인 감독과 지도 역할을 하는 데 중점을 둔다.

---

**암기 POINT**

• 장학의 형태 II
: 학교현장 주도, 선택적 장학

| | |
|---|---|
| 임상 장학 | 교사의 수업기술 향상 목적, 체계적이고 집중적인 장학 활동 |
| 동료 장학 | 교사들의 상호협력을 통해 공동과제 개선 |
| 자기 장학 | 교사 개인이 스스로 실천해 나가는 장학 |
| 약식 장학 | 교장 등이 평상시에 교실 관찰하여 지도 |

1316 ①

**1317.** 장학의 유형과 그에 대한 설명으로 옳지 않은 것은? <sub>2012년 국가직 9급</sub>

① 자기장학 – 교수활동의 전문성을 반영한 장학형태이다.
② 동료장학 – 인적자원활용의 극대화라는 측면에 장점이 있다.
③ 임상장학 – 학교운영 전반에 대한 진단 및 임상적 처방이 목적이다.
④ 약식장학 – 교장이나 교감 등 주로 학교의 관리자에 의하여 이루어진다.

■ 정답 및 해설
③ 임상장학은 실제 수업에서 이루어지는 교수·학습 활동에 대한 진단 및 임상적 처방을 주요 목적으로 한다.
학교운영 전반에 대한 진단 및 평가를 목적으로 하는 장학은 종합장학이라고 한다.

**1318.** 임상장학의 특징으로 옳지 않은 것은? <sub>2007년 국가직 7급</sub>

① 교사의 수업기술 향상이 주된 목적이다.
② 교사와 장학담당자 간의 대면적 관계와 상호작용을 중시한다.
③ 일련의 체계적이고 집중적인 지도·조언의 과정이다.
④ 자아실현의 욕구가 강한 능력 있는 교사들에게 효과적이다.

■ 정답 및 해설
④ 임상장학은 교사의 수업기술 향상을 주요 목적으로 하여, 장학 담당자와 교사의 긴밀한 상호작용을 통해 체계적이고 집중적인 지도와 조언을 제공하는 장학의 방법이다. 따라서 임상장학은 주로 초임교사, 저경력교사, 수업기술 향상이 필요한 교사에게 효과적이다.

**1319.** 교사의 수업 전문성 향상을 목적으로 다음과 같이 진행되는 수업은?

<sub>2008년 유초등</sub>

○ 모의 수업을 실시하고 이를 비디오로 녹화한다.
↓
○ 비디오를 반복적으로 보면서 수업 내용을 관찰·분석한다.
↓
○ 분석 내용을 토대로 수업 실시자에게 피드백을 제공한다.

① 팀 티칭(team teaching)   ② 마이크로 티칭(micro teaching)
③ 상보적 수업(reciprocal teaching)   ④ 프로그램 수업(programmed teaching)

1317 ③   1318 ④   1319 ②

■ 정답 및 해설

② 실제의 수업 상황보다 축소된 상황(교수시간, 내용, 기능, 학습자 수, 교실 크기 등)에서 모의 수업을 실시하고 이를 녹화하여 수업내용을 면밀히 관찰·분석하고, 이를 토대로 수업의 문제를 진단하고 개선하기 위한 수업기술 개선을 위한 훈련방법을 마이크로티칭이라고 한다. 교사의 수업기술 개선을 목적으로 하는 임상장학을 위한 수업기법으로 개발된 것으로 교사교육의 목적으로 사용되기도 한다.

## 출포 424. 동료장학

◉ 기본서 620쪽

**1320.** 다음 설명에 해당하는 것은?  2020년 지방직 9급

- 학교교사가 공동으로 노력하도록 함으로써 장학활동을 위해 학교의 인적자원을 최대한 활용할 수 있다.
- 수업개선 전략에 대한 책임감을 부여함으로써 수업개선에 기여할 수 있다는 성취감을 갖게 할 수 있다.
- 교사관계를 증진할 수 있고, 학교 및 학생 교육에 대한 적극적인 자세와 전문적 신장을 도모할 수 있다.

① 임상장학  ② 동료장학
③ 약식장학  ④ 자기장학

■ 정답 및 해설

② 학교 교사가 공동으로 노력함으로써 수업개선에 기여하며 장학의 방법으로, 교사관계 증진과 전문성 신장에 기여하는 장학 형태는 동료장학이다.

**1321.** 선택적 장학 중 동료장학의 주요 특징을 모두 고르면?  2007년 유초등

가. 교사의 자율성과 협동성을 기초로 한다.
나. 원칙적으로 교장이나 교감의 계획과 주도 하에 전개된다.
다. 간헐적이고 짧은 시간 동안의 학급 순시와 감독을 중심활동으로 한다.
라. 학교의 형편과 교사들의 필요와 요구에 기초하여 다양하고 융통성있게 운영된다.

① 가, 나  ② 가, 라
③ 나, 다  ④ 다, 라

1320 ②  1321 ②

■ 정답 및 해설
② 가. 동료장학은 교사의 자율성과 협동성을 기초로 하여, 교사들이 서로 가르치고 배우는 관계를 형성한다.
　라. 동료장학은 정해진 형식이 있지 않으며, 학교의 형편이나 교사들의 필요나 요구에 따라 다양하고 융통성있게 운영될 수 있다.

◇ 오답 체크
　나, 다. 약식장학에 대한 설명이다.


## 출포 425. 자기장학

> 기본서 621쪽

**1322.** 다음에 해당하는 장학의 유형은?　　2016년 국가직 9급

- 학생들의 수업평가 결과 활용
- 자신의 수업을 녹화하여 분석·평가
- 대학원에 진학하여 전공 교과 또는 교육학 영역의 전문성 신장

① 약식 장학　　　　② 자기 장학
③ 컨설팅 장학　　　④ 동료 장학

■ 정답 및 해설
② 학생의 수업평가 결과 활용, 자신의 수업에 대한 분석 및 평가, 대학원 진학 등을 통한 전문성 신장의 방법을 활용하여, 교사 개인이 스스로 실천해 나가는 자율적인 장학의 형태는 자기장학이다.

## 출포 426. 약식장학

기본서 621쪽

**1323.** 김 교장이 실시하고자 하는 장학의 종류는?     2018년 지방직 9급

> 김 교장 : 교사들이 좀 더 수업을 잘 하도록 지원하기 위해서는 수업 장면을 살펴봐야겠습니다.
> 박 교감 : 공개수업을 참관해 보면 미리 짠 각본처럼 준비된 수업을 하니 정확한 실상을 알기가 어렵습니다.
> 김 교장 : 교사들이 거부반응을 보일지 모르지만 복도에서라도 교실 수업 장면을 살펴보고 필요한 조언을 해야겠습니다.

① 약식장학   ② 자기장학
③ 중앙장학   ④ 확인장학

■ 정답 및 해설
① 평상시에 교장이나 교감이 학교를 순시하면서 잠깐 동안의 수업 참관 등을 통해 교사에게 수업 및 교육활동에 대해 지도·조언하는 장학을 약식장학이라고 한다.
◇ 오답 체크
③ 중앙장학이란 중앙의 교육행정기관인 교육부에 의해 이루어지는 장학활동을 말한다. 중앙장학은 정책과제 중심의 장학, 교육제도 점검을 통한 장학, 연구학교 운영을 통한 장학 등의 방식으로 이루어진다.
④ 확인장학은 각 학교의 담당 장학사가 이전 장학지도 시 시정·보완을 요청한 지시사항에 대한 이행 여부를 확인하기 위해 실시하는 장학을 의미한다.

**1324.** 다음 글에서 선택적 장학 중 약식장학의 주요 특징만 묶은 것은?

2007년 국가직 9급

> ㄱ. 교사의 자율성과 협동성을 기초로 한다.
> ㄴ. 다른 장학형태에 대하여 보완적이고 대안적인 성격을 갖는다.
> ㄷ. 교사들 간에 동료적인 관계 속에서 서로 가르치고 배운다.
> ㄹ. 간헐적이고 짧은 시간 동안의 학급 순시나 수업참관을 중심 활동으로 한다.

① ㄱ, ㄴ   ② ㄱ, ㄷ
③ ㄴ, ㄹ   ④ ㄷ, ㄹ

1323 ①    1324 ③

### ■ 정답 및 해설

③ ㄴ. 약식장학은 간헐적이며 비공식적인 형태의 장학으로 중심적인 장학 활동이라기보다는, 보완적이고 대안적인 성격의 장학 활동으로 보아야 한다.

ㄹ. 약식장학은 평상시에 교장이나 교감이 학교를 순시하면서 잠깐 동안의 학급 순시나 수업 참관 등을 통해 교사에게 수업 및 교육활동에 대해 지도·조언하는 장학을 말한다.

### ◇ 오답 체크

ㄱ, ㄷ. 동료장학의 주요 특징에 대한 설명이다. 약식장학은 교장과 교감이 주도하며 교사 개개인에 대하여 지도와 조언을 제공하는 장학 활동이다.

---

## 출포 427. 컨설팅 장학

🌐 기본서 621~622쪽

**1325.** 다음 설명에 해당하는 학교컨설팅의 원리는?    2024년 지방직 9급

> ○ 학교 컨설턴트가 의뢰인을 대신하여 교육활동을 전개하거나 학교를 경영하지 않아야 한다.
> ○ 컨설팅 결과에 대한 최종 책임은 의뢰인에게 있다.

① 자문성의 원리    ② 자발성의 원리
③ 전문성의 원리    ④ 한시성의 원리

### 임기 POINT

• 컨설팅 장학의 원리

| | |
|---|---|
| 자발성 | 교사의 자발적 요청 및 상호합의로 시작 |
| 전문성 | 의뢰 문제에 대한 실제적 전문가가 참여 |
| 자문성 | 컨설턴트는 자문만, 변화의 결정은 교사가 |
| 독립성 | 컨설턴트는 학교와 독립적 위치에서 활동 |
| 한시성 | 문제해결 및 협약기간 종료시 컨설팅 종료 |
| 학습성 | 컨설턴트와 의뢰인 모두에게 학습의 과정 |

### ■ 정답 및 해설

① 학교컨설팅은 학교교육을 개선하기 위해 일정한 전문성을 갖춘 사람들이 학교와 학교구성원들의 요청에 따라 제공하는 독립적이며 전문적인 자문활동을 의미한다. 학교컨설팅의 원리에는 자발성, 전문성, 자문성, 독립성, 한시성, 학습성 등의 원리가 포함된다. 이 중 컨설턴트가 직접 교육활동을 전개하거나 학교경영에 참여하지는 않으며, 최종 책임은 의뢰인이 진다는 것은 학교컨설팅이 자문에 그친다는 것을 의미하므로, 자문성의 원리에 해당된다.

### ◇ 오답 체크

② 자발성의 원리란 전문가의 도움을 필요로 하는 교사가 자발적으로 전문가에게 도움을 요청함으로써 시작되며, 컨설턴트와 의뢰인의 상호합의와 계약이 있어야 성립된다는 것을 말한다.
③ 전문성의 원리란 컨설턴트가 교사가 의뢰한 문제를 해결하는 데 도움이 되는 전문성을 갖춘 실제적 전문가여야 한다는 것을 말한다.
④ 한시성의 원리란 학교컨설팅은 협약 기간 동안 이루어지는 일시적 활동이므로, 의뢰한 과제가 해결되면 컨설팅은 종료되어야 한다는 것을 의미한다.

1325 ①

1326. 컨설팅장학의 특징으로 옳지 않은 것은?     **2012년 국가직 7급**

① 공식적 컨설팅 관계는 컨설턴트와 의뢰인의 상호합의와 계약이 있어야 성립된다.
② 컨설턴트는 변화에 관한 결정을 내리거나 집행하는 권한을 가지고 있지 않다.
③ 의뢰한 문제가 해결되었다고 컨설팅 관계가 종료되어서는 안 된다.
④ 학교 조직의 내부인보다는 외부인이 컨설턴트로 활동하는 데 유리한 면이 있다.

■ 정답 및 해설
③ 컨설팅 장학은 협약 기간 동안 이루어지는 일시적 활동이므로, 의뢰한 과제가 해결되면 컨설팅은 종료되어야 한다. (한시성의 원리)


1327. 장학의 유형 중 컨설팅장학의 특징을 가장 잘 설명한 것은?     **2008년 유초등**

① 교육청이 주제별로 학교를 무선 표집하여 주제 활동을 점검한다.
② 장학지도반이 교육청의 시책에 대한 학교별 추진사항을 파악하고 평가한다.
③ 각 학교 담당 장학사가 이전 장학지도 시의 지시사항에 대한 이행 여부를 확인한다.
④ 교원의 의뢰에 따라 전문성을 갖춘 장학요원들이 교원들의 직무상 문제를 진단하고 해결을 위한 대안 마련 및 실행 과정을 지원한다.

■ 정답 및 해설
④ 컨설팅 장학은 교원의 의뢰에 따라 교내외 전문성을 갖춘 사람들이 교사의 직무상 문제를 진단하고 해결을 위한 대안 마련 및 실행 과정을 지원하는 활동이다.
◇ 오답 체크
① 표집장학, ② 종합장학, ③ 확인장학에 대한 설명이다.

1326 ③    1327 ④

**1328.** 다음의 대화에서 세 교사가 언급하고 있는 장학지도 유형을 가장 바르게 짝지은 것은?

2012년 중등

> 김 교사 : 금년에 발령받은 최 교사는 수업의 질이 낮아 학생과 학부모의 불만이 많습니다. 그의 수업 전문성을 향상시키기 위해서는 전문성을 갖춘 교내 교원의 개별적 도움이 필요합니다. 최 교사의 수업을 함께 계획하고, 실제 수업을 관찰, 분석, 피드백 해줄 필요가 있습니다.
>
> 박 교사 : 김 선생님, 저도 초임 때는 그런 경험이 있었어요. 이제 중견교사가 되고 보니 그 동안의 노력과 경험으로 수업에 대한 자신감이 생기긴 했어요. 그래도 더 좋은 수업을 위해 제가 필요하다고 생각하면 대학원에도 다니고 각종 연수에도 적극 참여하려고 합니다.
>
> 이 교사 : 부족한 부분을 채워야 하겠다는 자발적 의지가 중요해요. 학교에서 일상적으로 이루어지는 장학 활동보다는 내가 모르는 것을 교내·외의 유능한 전문가에게 의뢰하고 체계적인 도움을 받았으면 해요. 때로는 누군가가 전문가를 소개해 주었으면 해요.

|    | 김 교사 | 박 교사 | 이 교사 |
|----|--------|--------|--------|
| ① | 동료장학 | 자기장학 | 약식장학 |
| ② | 동료장학 | 요청장학 | 컨설팅장학 |
| ③ | 임상장학 | 자기장학 | 컨설팅장학 |
| ④ | 임상장학 | 동료장학 | 자기장학 |
| ⑤ | 요청장학 | 약식장학 | 자기장학 |

■ 정답 및 해설

③ • 김 교사 : 교사의 수업 전문성 향상을 위해 전문성을 갖춘 장학자가 개별적이며 체계적으로 돕는 장학의 방법으로서, 수업계획 협의-수업 관찰 및 분석 - 피드백의 과정으로 이루어지는 장학 활동은 임상장학이다.
• 박 교사 : 교사 스스로가 자신에게 필요한 전문성 향상 계획을 수립하고 실천하는 장학의 형태로, 대학원 진학, 연수 참여 등을 통한 장학은 자기장학이다. 대체로 경력이 많고 자아실현 욕구마 많은 교사에게 효과적이다.
• 이 교사 : 교사가 스스로 교내외의 전문가에게 문제를 의뢰하고 체계적인 도움을 제공받는 형태의 장학을 컨설팅 장학이라고 한다.

# 5. 교육재정

## 01. 교육비의 분류

**출포 428. 교육비의 개념과 분류**

📚 기본서 623~624쪽

**1329.** 간접교육비에 대한 설명으로 옳지 않은 것은?    2024년 지방직 9급

① 학생이 학교에 다니기 때문에 취업할 수 없는 데서 오는 유실소득을 포함한다.
② 비영리기관인 학교에 대해 세금을 면제해주는 면세의 비용을 포함한다.
③ 학교건물과 장비 사용에 따라 발생하는 감가상각비와 이자도 포함된다.
④ 유아의 어머니가 취업 대신 자녀 교육을 위해 가정에 머물면서 포기된 소득은 제외한다.

### ■ 정답 및 해설

④ 콘은 교육비를 직접교육비와 간접교육비로 분류하였다. 직접교육비는 교육목적 달성을 위해 교육활동에 직접 투입되는 경비로서 명시적 비용에 해당하며, 간접교육비는 교육활동을 위해 포기한 수익으로서 묵시적 비용 혹은 기회비용에 해당한다. 유아의 어머니가 자녀 교육을 위해 취업을 하지 않아 포기된 소득도 간접교육비에 포함된다.

**암기 POINT**

• 교육비의 분류

| 관련성 | 운영 | 부담주체 |
|---|---|---|
| 직접 교육비 | 공교육비 | 공부담 공교육비 |
| | | 사부담 공교육비 |
| | 사교육비 | 사부담 사교육비 |
| 간접 교육비 | | 공부담 간접교육비 |
| | | 사부담 간접교육비 |

**1330.** 교육재정의 구조와 배분에 대한 설명으로 옳지 않은 것은?    2023년 지방직 9급

① 학생이 교육을 받는 기간 동안 미취업에 따른 유실소득은 공부담 교육기회비용에 해당된다.
② 국가는 지방교육재정상 부득이한 수요가 있는 경우, 국가예산으로 정하는 바에 따라 보통교부금과 특별교부금 외에 따로 증액교부할 수 있다.
③ 시·도 및 시·군·자치구는 관할구역에 있는 고등학교 이하 각급학교의 교육경비를 보조할 수 있다.
④ 시·도의 교육·학예에 필요한 경비는 해당 지방자치단체의 교육비특별회계에서 부담한다.

### ■ 정답 및 해설

① 학생이 교육을 받는 기간 동안 미취업에 따른 유실소득은 교육받는 기간 동안 취업을 할 수 없기 때문에 포기해야 하는 소득을 말한다. 이것은 학생이 부담해야 하는 교육의 기회비용으로서 사부담 간접교육비에 해당된다.

1329 ④    1330 ①

**1331.** 우리나라 교육비 분류에 대한 설명으로 옳지 않은 것은?

2022년 국가직 7급

① 교육비는 직접교육비와 간접교육비로 구분할 수 있다.
② 직접교육비는 공교육비와 사교육비로 구분되고, 공교육비는 공공의 회계 절차를 거쳐 지출되는 경비이다.
③ 학부모가 부담하는 학교의 입학금·수업료는 사부담(私負擔) 사교육비에 해당한다.
④ 교육기관이 누리는 면세의 가치는 공부담(公負擔) 간접교육비에 해당한다.

■ 정답 및 해설
③ 학부모가 부담하는 학교의 입학금·수업료는 학교라는 공적 주체가 관리하는 공공의 회계절차를 거치므로, 사부담 공교육비에 해당한다.

**1332.** 학부모가 지출한 교재비를 교육비의 기준에 따라 분류할 때, 옳은 것으로만 묶은 것은?

2020년 국가직 9급

① 직접교육비, 사교육비, 공부담 교육비
② 직접교육비, 사교육비, 사부담 교육비
③ 간접교육비, 공교육비, 공부담 교육비
④ 간접교육비, 공교육비, 사부담 교육비

■ 정답 및 해설
② 학부모가 지출한 교재비는 직접적인 교육활동에 투입되는 경비이므로 직접교육비이고, 민간 주체인 서점이나 출판사가 해당 비용을 사용하므로 사교육비이며, 사적 주체인 학부모가 부담하므로 사부담 교육비에 해당한다.

**1333.** 공·사교육비를 '공공의 회계절차를 거치는가'에 따라 분류할 때, 공교육비에 해당하지 않는 것은?

2019년 지방직 9급

① 학생이 학교에 내는 입학금
② 학생이 사설학원에 내는 학원비
③ 학부모가 부담하는 학교운영지원비
④ 학교법인이 부담하는 법인전입금

■ 정답 및 해설
② 학생이 사설학원에 내는 학원비는 사설학원이라는 민간주체의 회계절차에 의해 처리되므로 사교육비에 해당한다.
◇ 오답 체크
①, ③ 사부담 공교육비, ④ 공부담 공교육비에 해당한다.

1331 ③  1332 ②  1333 ②

**1334.** 국내의 교육비 분류방식을 따를 때 공교육비와 사교육비에 대한 설명으로 옳은 것은? <u>2015년 국가직 7급</u>

① 학교운영지원비는 공부담사교육비에 해당한다.
② 학생이 학교에 낸 '방과후학교' 수강비가 학교회계절차를 거쳐 지출되면 이는 사부담공교육비에 해당한다.
③ 각급 학교법인이 지출하는 교육비는 사부담공교육비에 해당한다.
④ 학부모가 지출하는 학생등록금은 사부담사교육비에 해당한다.

■ 정답 및 해설
② 국내의 교육비 분류방식에서는 교육비의 운영형태에 따라 공교육비와 사교육비를 구분한다. 즉, 교육비가 공공의 회계절차를 거쳐 교육에 투입되면 공교육비, 그렇지 않으면 사교육비로 구분된다. 이에 따라 국가, 지방자치단체 및 학교법인이 지출·관리하는 모든 비용은 공교육비로, 학교 밖에서 이루어지는 개인적인 교육활동에 사용되는 경비는 사교육비로 분류된다.
이에 따르면, 학생이 학교에 낸 '방과후학교' 수강비가 학교회계절차를 거쳐 지출되면 사부담 공교육비에 해당한다.

◇ 오답 체크
①, ④ 사부담 공교육비, ③ 공부담 공교육비에 해당한다.

**1335.** 콘(Cohn)의 교육비 분류에 대한 설명으로 옳은 것은? <u>2014년 국가직 7급</u>

① 건물과 장비의 감가상각비는 직접교육비에 속한다.
② 비영리 교육기관에 부여되는 면세의 가치는 기회비용에 속한다.
③ 학부모가 부담하는 입학금은 공공회계 절차를 거치므로 간접교육비에 속한다.
④ 교육받는 기간 동안 취업할 수 없는 데에서 오는 포기된 소득은 직접교육비에 속한다.

■ 정답 및 해설
② 콘은 교육비를 직접교육비와 간접교육비로 분류하였다. 직접교육비는 교육목적 달성을 위해 교육활동에 직접 투입되는 경비로서 명시적 비용에 해당하며, 간접교육비는 교육활동을 위해 포기한 수익으로서 묵시적 비용 혹은 기회비용에 해당한다. 비영리 교육기관에게 세금을 면제해 주는 만큼의 가치는 국가 또는 지자체가 교육활동을 위해 세금수입을 포기한 것이므로, 공부담 교육기회비용에 해당한다.

◇ 오답 체크
① 건물과 장비의 감가상각비는 직접 교육활동에 투입되는 경비는 아니지만, 여타의 활용을 통해 얻을 수 있을 것으로 기대되는 수익만큼을 교육활동을 위해 포기한 것에 해당하므로 간접교육비에 속한다.

③ 학부모가 부담하는 입학금은 직접 교육활동에 투입되는 경비이므로 직접교육비에 해당된다. 또 공공회계 절차를 거치므로 공교육비에 속한다.
④ 교육받는 기간 동안 취업할 수 없는 데에서 오는 포기된 소득은 학생이 지불해야 하는 기회비용으로서 간접교육비에 속한다.

**1336.** 우리나라에서의 교육비 분류방식에 대한 설명으로 옳지 않은 것은?

2010년 국가직 9급

① 간접교육비는 교육기간 동안 취업할 수 없는 데서 오는 손실로서의 유실소득과 비영리교육기관이 향유하는 면세의 가치이다.
② 직접교육비는 교육활동에 직접적으로 투입되는 경비로서 사교육비는 제외된다.
③ 공교육비는 공공의 회계절차를 거쳐 교육에 투입되는 교육비로서 수업료를 포함한다.
④ 공부담 교육비는 국가나 지방자치단체 및 학교법인이 부담하는 경비로서 학교운영지원비는 제외된다.

■ 정답 및 해설
② 직접교육비는 교육활동에 직접적으로 투입되는 경비로서 사교육비를 포함한다.

**1337.** 다음은 가상으로 제시한 국가 수준 교육비의 내역이다. 우리나라 교육비 분류체계(한국교육개발원 기준)에 근거할 때, 공교육비의 총 금액에 해당하는 것은?

2011년 중등

| 구분 | 학교법인부담 전입금 | 학부모 부담 학교수업료 | 학부모 부담 사설학원비 | 학교시설 감가상각비 |
|---|---|---|---|---|
| 금액 | 5조원 | 11조원 | 13조원 | 2조원 |

① 5조원
② 7조원
③ 16조원
④ 18조원

■ 정답 및 해설
③ 공교육비는 직접교육비 중에서 공공의 회계절차를 거치는 비용을 말한다. 따라서 학교부담 전입금(5조원)과 학부모 부담 학교수업료(11조원)를 합한 16조원이 공교육비의 총 금액이다. 학부모 부담 사설학원비는 사교육비이며, 학교시설 감가상각비는 간접교육비이므로 여기에 포함하지 않는다.

1336 ② 1337 ③

## 출포 429. 교육비의 배분 기준

🌐 기본서 624~625쪽

**1338.** 다음 설명에 해당하는 것은?  2024년 국가직 9급

> ○ 일정 규모의 단위학교가 현재 교육목표 및 교육과정 등 제반 교육체제를 유지한다는 전제하에서 정상적인 교육 활동을 수행하는 데 필요한 최소한의 교육비를 의미한다.
> ○ 최저소요교육비라고도 한다.

① 간접교육비
② 직접교육비
③ 표준교육비
④ 공부담교육비

### ■ 정답 및 해설

③ 단위학교의 정상적인 교육 활동을 수행하는 데 필요한 최소한의 교육비를 의미하는 용어는 '표준교육비'이다. 광의의 표준교육비는 운영비, 인건비, 시설비 등을 포함하지만, 경우에 따라서는 최저소요 운영비, 즉 교수·학습경비(교과활동 경비, 특별활동 경비)와 학교공통 운영경비(일반용품·비품비, 인쇄·도서비, 학생복지비, 사용료, 수수료 등)만으로 규정되기도 한다. 표준교육비는 학교회계의 세입과 세출을 결정하는 데 기준으로서의 역할을 한다.

### ◇ 오답 체크

① 간접교육비는 교육활동으로 인해 포기한 활동으로부터 얻을 수 있는 이익으로서 기회비용에 해당한다. 사적인 차원에서는 학생이 학교에 다님으로 인하여 교육을 받는 동안에 직업을 가질 수 없는데서 오는 포기된 소득을, 공적인 차원에서는 비영리기관인 교육기관에 부여하는 면세의 가치, 건물과 장비의 감가상각비, 이자 등이 포함된다.

② 직접교육비는 교육목적 달성을 위해 교육활동에 직접 투입되는 경비를 말한다. 직접교육비는 공공의 회계절차를 통해 교육에 투입되는 경비인지의 여부에 따라 공교육비와 사교육비로 구분된다.

④ 공부담교육비는 교육에 소요되는 경비를 누가 부담하는지에 따라 구분하는 개념이다. 국가, 지방자치단체 및 학교법인이 부담하는 경비는 공부담교육비라고 하고, 학부모가 부담하는 경비는 사부담교육비라고 한다.

1338 ③

## 02. 교육재정의 개념과 운영원리

### 출포 430. 교육재정의 특성

📖 기본서 625~626쪽

**1339.** 교육재정의 특성으로 옳지 않은 것은?   2019년 국가직 9급

① 재정은 공공의 이익을 도모하는 국가활동과 정부의 시책을 위해 사용되어야 한다는 공공성이 있다.
② 공권력을 통하여 기업과 국민 소득의 일부를 조세를 통해 정부의 수입으로 이전하는 강제성을 가지고 있다.
③ 수입이 결정된 후에 지출을 조정하는 양입제출(量入制出)의 원칙이 적용된다.
④ 존속기간이 길다고 하는 영속성을 특성으로 한다.

■ **정답 및 해설**
③ 교육재정은 먼저 필요한 지출의 규모를 결정한 후에 이에 상응하는 수입을 확보하는 양출제입(量出制入)의 원칙이 적용된다.

**암기 POINT**
• 교육재정의 특성

| 목적 | 공공성(후생극대화) |
|---|---|
| 조달 | 강제의 원칙 |
| 회계 | 양출제입의 원칙 |
| 수지 | 균형의 원칙 |
| 기간 | 영속성 |
| 보상 | 일반보상 |

**1340.** 민간경제와 교육재정의 특성을 비교한 설명으로 옳은 것은?

2013년 국가직 9급

① 민간경제는 등가교환 원칙에 의하여 수입을 조달하지만, 교육재정은 합의의 원칙에 의한다.
② 민간경제는 수입과 지출이 균형을 유지해야 하는 특성을 가지고 있는 반면, 교육재정은 항상 잉여획득을 기본 원칙으로 하여 거래가 이루어지고 있다.
③ 민간경제는 존속기간이 영속성을 가지고 있는 데 비해, 교육재정은 단기성을 가진다.
④ 민간경제는 양입제출의 회계원칙이 적용되는 데 반해, 교육재정은 양출제입의 원칙이 적용된다.

■ **정답 및 해설**
④ 민간경제는 정해진 수입의 범위 내에서 지출을 조정하는 양입제출(量入制出)의 원칙에 따라 운영되지만, 교육재정은 먼저 필요한 지출의 규모를 결정하고 이에 상응하는 수입을 확보하는 양출제입(量出制入)의 원칙이 적용된다.

◇ **오답 체크**
① 민간경제는 등가교환의 원칙, 즉 합의의 원칙에 의하여 수입을 조달하지만, 교육재정은 강제의 원칙에 의한다.
② 민간경제는 항상 잉여획득을 기본 원칙으로 하여 거래가 이루어지는 반면, 교육재정은 수입과 지출이 균형을 유지해야 하는 특성을 가지고 있다.
③ 민간경제는 존속기간이 단기성을 가지고 있는 데 비해, 교육재정은 영속성을 가진다.

1339 ③  1340 ④

## 출포 431. 교육재정의 운영 원리

> 기본서 626~627쪽

**1341.** 다음 (가)~(다)에 들어갈 말로 옳은 것은?  2013년 중등

교육재정의 운영은 재정의 '확보 → 배분 → 지출 → 평가'의 과정으로 이루어진다. 확보, 배분, 지출, 평가의 각 단계에는 중요하게 요구되는 원리가 있다. '확보' 단계에서 요구되는 원리 중 (가) 는 교육활동을 운영하는 데 필요한 재원을 충분히 확보해야 한다는 것이고, '배분' 단계에서 요구되는 원리 중 (나) 는 최소한의 재정투자로 최대한의 교육성과를 이룰 수 있도록 교육재정을 사용해야 한다는 것이다. '평가' 단계에서 요구되는 원리 중 (다) 는 사용한 경비에 대해서는 납득할 만한 이유를 제시할 수 있고 책임을 질 수 있어야 한다는 것이다.

|    | (가)      | (나)      | (다)      |
|----|-----------|-----------|-----------|
| ①  | 안정성의 원리 | 자율성의 원리 | 효과성의 원리 |
| ②  | 안정성의 원리 | 효과성의 원리 | 적정성의 원리 |
| ③  | 자구성의 원리 | 효율성의 원리 | 효과성의 원리 |
| ④  | 충족성의 원리 | 효과성의 원리 | 책무성의 원리 |
| ⑤  | 충족성의 원리 | 효율성의 원리 | 책무성의 원리 |

### ■ 정답 및 해설

⑤ (가) 확보 단계에서는 충족성과 안정성의 원리가 중시되는데, 이 중 교육활동을 운영하는 데 필요한 재원을 충분히 확보해야 한다는 것은 충족성의 원리에 해당한다.
(나) 배분 단계에서는 효율성과 공평성의 원리가 중시되는데, 이 중에서 최소한의 재정투자로 최대한의 교육성과를 이룰 수 있도록 교육재정을 사용해야 한다는 것은 효율성의 원리에 해당한다.
(다) 평가 단계에서는 효과성과 책무성의 원리가 중시되는데, 이 중에서 사용한 경비에 대해서는 납득할만한 이유를 제시할 수 있고 책임을 질 수 있어야 한다는 것은 책무성의 원리에 해당한다.

### ◇ 오답 체크

① 안정성의 원리는 교육활동의 일관성을 유지하기 위해 안정적인 재원을 확보할 수 있어야 한다는 것이다. 자율성의 원리는 지출 단계에서 요구되는 원리이다. 효과성의 원리는 사전에 명시된 정책 목표 달성을 위해 재정지원이 이루어졌는지를 평가해야 한다는 것이다.
② 효과성의 원리는 평가 단계에서 요구되는 원리이다. 적정성의 원리는 지출 단계에서 요구되는 원리이다.
③ 자구성의 원리는 필요한 재원을 스스로 확보할 수 있도록 재원 확보 방안을 제도적으로 마련해야 한다는 것이다.

### 암기 POINT

• 교육재정의 운영 원리

| 단계 | 운영원리 |
|------|----------|
| 확보 | 충족성, 안정성, 자구성 |
| 배분 | 효율성, 평등성, 공정성 |
| 지출 | 자율성, 투명성, 적절성 |
| 평가 | 책무성, 효과성 |

1341 ⑤

**1342.** 교육재정 운영을 확보-배분-지출-평가 단계로 구분할 때, 지출단계에서 상대적으로 더 중시되는 준거는?  
                                                                                        2005년 중등
① 효과성과 책무성  ② 효율성과 공평성
③ 자율성과 투명성  ④ 충족성과 안정성

■ 정답 및 해설
③ 교육재정의 지출단계에서 중시되는 준거는 자율성과 투명성이다. 자율성은 단위 기관(교육청 등)이 자율적으로 교육재정을 지출할 수 있는지를 의미한다. 투명성은 교육재정 운영에 대한 정보가 일반 대중에게 공개되어 공적인 감시를 받을 수 있는지와 관련된다. 그 외에도, 의도한 교육결과를 산출하는 데 필요한 활동에 적절하게 지원되는지에 관한 적정성의 준거가 중시된다.

◇ 오답 체크
① 효과성과 책무성은 평가 단계에서 중시된다.
② 효율성과 공평성은 배분 단계에서 중시된다.
④ 충족성과 안정성은 확보 단계에서 중시된다.

## 03. 교육재정의 구조와 흐름

### 출포 432. 교육재정의 구조와 특성

기본서 627~628쪽, 631쪽

**1343.** 우리나라의 현행 교육재정의 구조에 대한 설명으로 옳지 않은 것은?  
                                                                            2021년 국가직 9급
① 국가가 지방자치단체에 교부하는 교부금은 보통교부금과 특별교부금으로 나눈다.
② 교육부의 일반회계와 특별회계는 정부가 교육과 학예 활동을 위해 투자하는 예산을 말한다.
③ 교육부 일반회계의 세출 내역 중에서 가장 규모가 큰 것은 지방교육재정교부금이다.
④ 시·도 교육비 특별회계의 세입 중에서 가장 큰 비중을 차지하는 것은 지방자치단체 일반회계로부터의 전입금이다.

암기 POINT
• 국가교육재정의 구조(교육부)

| 일반회계 | -지방교육재정교부금 (가장 큰 비중 차지)<br>-국고보조금 |
|---|---|
| 특별회계 | -유아교육지원특별회계<br>-고등·평생교육지원특별회계 |

1342 ③  1343 ④

■ 정답 및 해설

④ 시·도 교육비 특별회계의 세입 중에서 가장 큰 비중을 차지하는 것은 중앙정부로부터의 이전수입(지방교육재정 교부금과 국고보조금)이며, 그 중 지방교육재정 교부금이 가장 큰 비중을 차지한다.

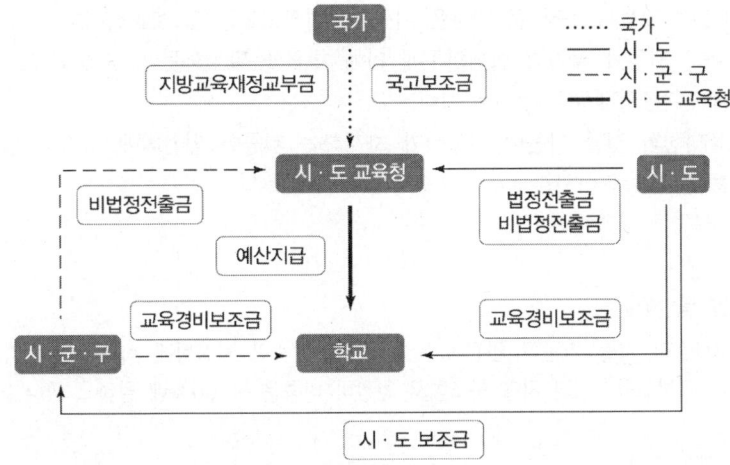

[지방교육재정의 흐름도]

1344. 「지방교육자치에 관한 법률」상 지방교육자치제에 대한 설명으로 옳은 것은?     2015년 국가직 7급
① 지방자치단체의 교육·과학·기술·체육 그 밖의 학예에 관한 사무는 특별시·광역시 및 도·시·군·구의 사무로 한다.
② 정당은 교육감선거에 후보자를 추천할 수 있다.
③ 특별시·광역시 및 도의 교육·학예에 관한 경비를 따로 경리하기 위하여 당해 지방자치단체에 교육비 특별회계를 둔다.
④ 교육위원회는 법령 또는 조례의 범위 안에서 그 권한에 속하는 사무에 관하여 교육규칙을 제정할 수 있다.

■ 정답 및 해설

③ 교육의 자주성을 확보하고 지역의 특수성에 맞는 교육을 실시하기 위해 지방자치단체에 교육비 특별회계를 두고 있다.

◇ 오답 체크
① 지방자치단체의 교육·과학·기술·체육 그 밖의 학예에 관한 사무는 특별시·광역시 및 도(이하 "시·도")의 사무로 한다.
② 정당은 교육감선거에 후보자를 추천할 수 없다.
④ 교육규칙 제정 권한은 교육감에게 있다.

암기 POINT

• 지방교육재정(교육비특별회계)의 재원구조

| 중앙정부 이전수입 | 지자체 이전수입 | |
|---|---|---|
| (지방교육재정 교부금, 국고보조금) | 자체 수입 | 차입 및 기타 |

1344. ③

### 1345. 우리나라 교육재정에 대한 설명으로 옳지 않은 것은?

2014년 국가직 9급

① 공교육비는 공부담 교육비와 사부담 교육비로 나뉘는데, 학생납입금은 사부담 교육비에 해당된다.
② 지방교육재정의 가장 큰 재원은 지방교육재정교부금 및 보조금이다.
③ 국가의 재정이 국민의 납세의무에 의해 재원을 확보하듯이 교육예산도 공권력에 의한 강제성을 전제로 한다.
④ 교육재정의 지출 가운데 시설비가 차지하는 비중이 인건비에 비해서 상대적으로 크다.

■ 정답 및 해설
④ 교육재정의 지출 가운데 인건비가 차지하는 비중이 시설비에 비해서 상대적으로 크다. 지방교육재정의 지출 구조에서 인건비 비중은 약 60%에 달하고 있다.

### 1346. 우리나라 교육재정이 안고 있는 문제점이 아닌 것은?

2003년 유초등

① 교육자치단체의 재정 자립도가 너무 낮다.
② 교육세가 목적세로서의 역할을 다하지 못하고 있다.
③ 담배세와 주세에 교육세를 부과함으로써 세원이 안정적이지 못하다.
④ 지방교육재정교부금법이 지방자치단체 간의 교육비 불균형을 심화시키고 있다.

■ 정답 및 해설
④ 지방교육재정교부금법은 교육의 균형있는 발전을 도모하기 위한 것으로, 지방의 재정 자립도나 빈부격차로 발생하는 교육기회 불균등 및 교육의 질적 격차를 해소하기 위해 제정되었다. 특히 지방교육재정교부금 보통교부금은 기준재정수입액이 기준재정수요액에 미달하는 지방자치단체에 그 미달액을 기준으로 하여 교부하므로, 지방자치단체 간 교육격차를 해소하고 일정 수준의 교육서비스를 유지하는 데 기여한다. 즉, 지방교육재정교부금법은 지방자치단체 간의 교육비 불균형을 완화시키고 있다고 볼 수 있다.

1345 ④   1346 ④

## 출포 433. 지방교육재정 (교육자치법, 지방자치법)

기본서 628~631쪽

**1347.** 「지방교육자치에 관한 법률」 및 「지방자치법」상 지방교육자치에 대한 설명으로 옳지 않은 것은? **2022년 국가직 7급**

① 지방자치단체의 교육·학예에 관한 경비 중 의무교육에 관련되는 경비는 국가가 모두 부담하여야 한다.
② 주민의 권리 제한 또는 의무 부과에 관한 사항이나 벌칙을 정하는 교육조례는 법률의 위임이 있어야 한다.
③ 교육조례안의 의결이 법령에 위반되거나 공익을 현저히 해친다고 판단되면 교육부장관은 교육감에게 재의를 요구하게 할 수 있다.
④ 교육부장관의 직무이행명령에 대해 이의가 있으면 교육감은 대법원에 소를 제기할 수 있다.

### ■ 정답 및 해설

① 「지방교육자치에 관한 법률」 제37조에 근거하여, 의무교육에 관련되는 경비는 「지방교육재정교부금법」에서 정하는 바에 따라 국가 및 지방자치단체가 함께 부담한다. 참고로, 의무교육 외의 교육에 관련되는 경비는 국가·지방자치단체 및 학부모 등이 부담한다.

---

「지방교육자치에 관한 법률」
제37조(의무교육경비 등)
① 의무교육에 종사하는 교원의 보수와 그 밖의 의무교육에 관련되는 경비는 「지방교육재정교부금법」에서 정하는 바에 따라 국가 및 지방자치단체가 부담한다.
② 제1항의 규정에 따른 의무교육 외의 교육에 관련되는 경비는 「지방교육재정교부금법」에서 정하는 바에 따라 국가·지방자치단체 및 학부모 등이 부담한다.

[지방교육재정교부금법]
제11조(지방자치단체의 부담) ① 시·도의 교육·학예에 필요한 경비는 해당 지방자치단체의 교육비특별회계에서 부담하되, 의무교육과 관련된 경비는 교육비특별회계의 재원 중 교부금과 제2항에 따른 일반회계로부터의 전입금으로 충당하고, 의무교육 외 교육과 관련된 경비는 교육비특별회계 재원 중 교부금, 제2항에 따른 일반회계로부터의 전입금, 수업료 및 입학금 등으로 충당한다.
② 공립학교의 설치·운영 및 교육환경 개선을 위하여 시·도는 다음 각 호의 금액을 각각 매 회계연도 일반회계예산에 계상하여 교육비특별회계로 전출하여야 한다. 추가경정예산에 따라 증감되는 경우에도 또한 같다.
1. 「지방세법」 제151조에 따른 지방교육세에 해당하는 금액
2. 담배소비세의 100분의 45[도(道)는 제외한다]
3. 서울특별시의 경우 특별시세 총액의 100분의 10, 광역시 및 경기도의 경우 광역시세 또는 도세 총액의 100분의 5, 그 밖의 도 및 특별자치도의 경우 도세 또는 특별자치도세 총액의 1천분의 36

1347 ①

## 암기 POINT

• 시도 교육비 특별회계의 재원

| 중앙정부 | 지방교육재정교부금 | 내국세 총액의 20.79% |
|---|---|---|
| | | 국세교육세 수입의 일부 |
| | 국고보조금 | |
| 지방자치단체 | 지방교육세 전입금<br>담배소비세 전입금<br>시·도세 전입금<br>학교용지 부담금 등 | |
| 자체수입 | 학생납입금 재산수입, 사용료, 수수료 등 | |
| 기타 | 지방교육채 등 | |

---

**1348.** 우리나라의 지방교육재정에 대한 설명으로 옳은 것은? [2015년 국가직 9급]

① 교육세는 지방교육재정교부금의 재원에 포함되지 않는다.
② 광역시는 담배소비세의 100분의 45에 해당하는 금액을 교육비 특별회계로 전출하여야 한다.
③ 교육부장관은 특별교부금의 사용에 관하여 조건을 붙이거나 용도를 제한할 수 없다.
④ 시·군·자치구는 고등학교 이하 각급학교의 교육에 소요되는 경비를 보조할 수 없다.

■ **정답 및 해설**

② 특별시와 광역시는 담배소비세의 100분의 45에 해당하는 금액을 교육비 특별회계로 전출해야 하며, 이것은 지방자치단체 일반회계로부터의 전입금에 해당한다.

◇ **오답 체크**

① 지방교육재정교부금의 재원은 내국세와 국세교육세로 이루어져 있다. 따라서 교육세는 지방교육재정교부금의 재원에 포함된다.
③ 교육부장관은 특별교부금의 사용에 관하여 조건을 붙이거나 용도를 제한할 수 있다.
④ 시·군·자치구는 고등학교 이하 각급학교의 교육에 소요되는 경비를 보조할 수 있다.

---

**1349.** (가)~(마) 중에서 현재 시·도 교육청의 세입 재원이 아닌 것은? [2011년 유초등]

시·도 교육청의 예산은 중앙정부로부터의 재정 지원이 대부분을 차지하지만, 지방자치단체로부터의 재정 지원도 적지 않은 비중을 차지하고 있다. 즉, 중앙정부로부터의 (가)<u>보통교부금</u>, (나)<u>특별교부금</u>, (다)<u>봉급교부금</u>, (라)<u>국고보조금</u>뿐만 아니라 (마)<u>지방자치단체로부터의 전입금</u> 등이 그 세입 재원을 이루고 있는 것이다. 따라서 교육자치와 일반자치는 재정적 측면에서도 동반자 관계를 맺고 있다고 할 수 있다.

① (가)  ② (나)  ③ (다)
④ (라)  ⑤ (마)

■ **정답 및 해설**

③ 시·도 교육청의 세입 재원은 중앙정부로부터 이전되는 지방교육재정교부금과 국고보조금, 지방자치단체로부터의 전입금, 교육비 특별회계의 자체 수입 등으로 구성된다. 이중 지방교육재정교부금은 보통교부금과 특별교부금으로 구성된다.
(다) 봉급교부금은 의무교육을 담당하는 교원의 봉급을 별도로 관리하는 항목으로 존재하였으나, 2004년 이후부터는 보통교부금으로 통합하여 지급하고 봉급교부금이라는 명칭을 사용하지 않는다.

1348 ②  1349 ③

## 출포 434. 지방교육재정교부금 (지방교육재정교부금법)

기본서 629~631쪽

**1350.** 지방교육재정교부금에 대한 설명으로 옳지 않은 것은?

2022년 지방직 9급

① 교육의 균형 있는 발전을 목적으로 확보·배분된다.
② 지방자치단체 교육비특별회계의 세입 재원에 포함되지 않는다.
③ 국가는 회계연도마다 「지방교육재정교부금법」에 따른 교부금을 국가예산에 계상(計上)하여야 한다.
④ 「지방교육재정교부금법」상 지방자치단체에 교부하는 교부금은 보통교부금과 특별교부금으로 나눈다.

■ 정답 및 해설
② 시·도 교육청의 세입 재원은 중앙정부로부터 이전되는 지방교육재정교부금과 국고보조금, 지방자치단체로부터의 전입금, 교육비 특별회계의 자체 수입 등으로 구성된다. 지방교육재정 교부금은 지방자치단체 교육비 특별회계의 세입 재원 중 가장 큰 비중을 차지한다.

**1351.** 지방교육재정교부금제도에 대한 설명으로 옳지 않은 것은?

2018년 국가직 9급

① 기준재정수입액은 교육·학예에 관한 지방자치단체 교육비특별회계의 수입예상액으로 한다.
② 기준재정수입액을 산정하기 위한 각 측정단위의 단위당 금액을 단위비용이라 한다.
③ 교육부장관은 기준재정수입액이 기준재정수요액에 미치지 못하는 지방자치단체에 대해서는 그 부족한 금액을 기준으로 하여 보통교부금을 총액으로 교부한다.
④ 특별교부금은 지방교육행정 및 지방교육재정의 운용실적이 우수한 지방자치단체에 재정지원이 필요할 때 교부한다.

■ 정답 및 해설
② 기준재정수요액을 산정하기 위한 각 측정단위의 단위당 금액을 단위비용이라 한다. 기준재정수요액은 각 측정항목별로 측정단위의 수치를 그 단위비용에 곱하여 얻은 금액을 합산한 금액으로 한다. 측정항목에는 교직원 수, 학교 수, 학급 수, 토지면적, 건축연면적 등이 포함된다.

**암기 POINT**

• 지방교육재정교부금

| | |
|---|---|
| 보통 교부금 | 기준재정수입액이 기준재정수요액에 미달하는 지자체에 그 미달액을 총액으로 교부 |
| 특별 교부금 | 국가적 시책사업, 우수지방자치단체 지원, 지역현안사업, 재해대책 등 장관은 그 사용에 관한 조건이나 용도를 제한 가능 |

1350 ②  1351 ②

**1352.** 「지방교육재정교부금법」상 지방교육재정교부금에 대한 설명으로 옳지 않은 것은?　　　　　　　　　　　2015년 국가직 7급

① 지방교육재정교부금의 목적은 지방자치단체가 교육기관 및 교육행정기관을 설치·경영함에 필요한 재원의 전부 또는 일부를 국가가 교부하여 교육의 균형 있는 발전을 도모하는 것이다.
② 국가가 지방자치단체에 교부하는 교부금은 이를 보통교부금과 특별교부금으로 나눈다.
③ 교육부장관은 특별교부금을 기준재정수입액이 기준 재정수요액에 미달하는 지방자치단체에 총액으로 교부한다.
④ 교육부장관은 특별시·광역시·도 및 특별자치도의교육행정기관의 장이 교부된 특별교부금을 2년 이상 사용하지 않는 경우에는 그 반환을 명할 수 있다.

■ **정답 및 해설**

③ 보통교부금은 기준재정수입액이 기준재정수요액에 미달하는 지방자치단체에 총액으로 교부하여, 지역의 실정에 맞게 자율적으로 교육재정을 운용하도록 한다. 특별교부금은 시책사업, 우수지방자치단체지원, 지역현안사업, 재해대책 등의 특별한 재정수요가 있을 때 교부한다. 교육부장관은 시·도의 교육감이 특별교부금을 신청하면 그 내용을 심사한 후 교부하며, 특별교부금의 사용에 관하여 조건을 붙이거나 용도를 제한할 수 있다.

**1353.** 현행 지방교육재정교부금 제도에 대한 설명으로 옳지 않은 것은?　　　　　　　　　　　2010년 중등

① 지방교육재정교부금은 보통교부금과 특별교부금으로 나누어진다.
② 지방교육재정교부금의 목적은 지방교육의 균형있는 발전을 도모함에 있다.
③ 특별교부금은 시책사업수요, 지역교육현안수요, 재해대책수요가 있을 때 교부한다.
④ 의무교육기관 교원에 대한 종전의 봉급교부금은 보통교부금에 통합되어 있다.
⑤ 보통교부금의 재원은 내국세 총액의 20% 해당액과 교육세 세입액 전액을 합한 금액이다.

■ **정답 및 해설**

⑤ 중앙정부로부터 이전되는 보통교부금의 재원은 내국세 총액의 20.79%의 100분의 97에 해당하는 금액과 국세 교육세의 일부를 합한 금액이다. 내국세 총액의 20.79%의 100분의 3에 해당하는 금액은 특별교부금의 재원이다.
국세 교육세는 보통교부금, 유아교육지원특별회계, 고등·평생교육지원특별회계(2023년 신설)으로 배분된다. 국세 교육세 세입 중 유아교육(취학 직전 3년의 교육) 지원을 위해 해당 회계연도의 예산으로 정하는 금액을 배분한다. 국세 교육세 세입 중 유아교육지원특별회계에서 정하는 금액을 제외한 금액에서 100분의 50은 지방자치단체의 교육비 특별회계에 보통교부금으로 배분하고, 나머지 100분의 50은 고등·평생교육지원특별회계로 이전하여 교육부가 직접 관리한다.

1352 ③　1353 ⑤

1354. 현행 지방교육재정교부금에 대한 설명으로 옳은 것은?　　2008년 유초등

① 특별교부금은 당해연도 교육세 세입액 전액으로 한다.
② 재원은 내국세 총액의 100분의 25에 해당하는 금액으로 한다.
③ 기준재정수요액은 일반회계 전입금 등 교육과 학예에 관한 지방자치단체 교육비특별회계의 수입예상액으로 한다.
④ 보통교부금은 기준재정수입액이 기준재정수요액에 미달하는 지방자치단체에 그 미달액을 기준으로 하여 총액으로 교부한다.

■ 정답 및 해설
④ 보통교부금은 기준재정수입액이 기준재정수요액에 미달하는 지방자치단체에 그 미달액을 기준으로 하여 총액으로 교부한다.

◇ 오답 체크
① 특별교부금은 내국세 총액의 20.79%의 100분의 3에 해당하는 금액으로 한다.
② 지방교육재정교부금의 재원은 내국세 총액의 20.79%와 국세 교육세의 일부를 합한 금액으로 한다.
③ 기준재정수요액은 지방교육 및 그 행정 운영에 관한 재정수요를 충족하기 위한 금액으로, 각 측정항목별로 측정단위의 수치를 그 단위비용에 곱하여 얻은 금액을 합산한 금액으로 한다.

## 04. 학교회계

### 출포 435. 학교회계의 운영 원칙 및 절차

기본서 631~634쪽

1355. 공립의 초등학교·중학교·고등학교 및 특수학교의 학교회계제도에 대한 설명으로 옳은 것은?　　2018년 국가직 7급

① 학교운영지원비뿐만 아니라 수업료도 당해 학교에 설치된 학교회계의 세입항목에 포함된다.
② 교직원은 예산요구서를 작성하여 제출하는 방식으로 학교 예산안을 편성하는 과정에 참여할 수 있다.
③ 초·중등교육법 제30조에 따른 통합운영학교라고 해도 학교회계는 학교별로 설치하여야 한다.
④ 학교자율화 정책에 따라 교육감이 학교회계 예산편성기본지침을 학교의 장에게 시달하는 것은 금지되었다.

1354 ④　1355 ②

**암기 POINT**
- 학교회계의 운영

| 설치<br>단위 | 국공립의 유초중등 학교별로 설치 (통합운영학교는 통합 가능) |
|---|---|
| 회계<br>연도 | 매년 3월 1일부터 다음해 2월 말일까지 |
| 예산<br>편성 | 학교 구성원들의 요구 수렴하여 학교장 편성<br>학교운영위원회 심의 |
| 결산<br>심의 | 회계연도 종료 후 2개월 이내에 학교장이 결산서 작성<br>학교운영위원회 심의 |

난이도
채점결과

■ **정답 및 해설**

② 학교회계의 예산안을 편성할 때, 학교장은 교직원, 학부모 및 학생의 의견을 수렴하여 반영하도록 한다. 학부모와 학생의 의견은 학부모회 및 학생회 등을 통해 수렴한다. 교직원으로부터는 교육과정 및 학교운영을 위하여 필요한 경비를 기재한 예산요구서를 부서별로 제출받아 그 의견을 최대한 반영하여 예산안을 편성한다.

◇ **오답 체크**

① 학부모가 부담하는 경비 중 학교운영지원비는 학교회계의 세입항목에 포함되지만, 학부모가 납입하는 수업료는 학교회계의 세입항목이 아니라 지방교육재정(교육비특별회계)의 세입항목으로 포함된다.
③ 초중등교육법 제30조에 따른 통합운영학교(학교의 시설·설비 및 교원 등을 통합하여 운영하는 경우)는 학교회계도 통합하여 하나로 설치·운영할 수 있다.
④ 교육감은 예산편성기본지침을 작성하여 회계연도 개시 3개월 전까지 학교의 장에게 통보하여야 한다.

**1356.** 「초·중등교육법」에 근거할 때, 학교회계에 대한 설명으로 옳은 것은?

2016년 지방직 9급

① 단위 학교 행정실장이 학교회계 세입세출예산안을 편성한다.
② 학교회계 세입세출예산안은 학교운영위원회의 심의를 거쳐야 한다.
③ 학교회계의 회계연도는 매년 1월 1일에 시작하여 12월 말일에 종료된다.
④ 학교발전기금으로부터 받은 전입금은 학교회계의 세입으로 할 수 없다.

■ **정답 및 해설**

② 학교회계 세입세출예산안은 학교운영위원회의 심의를 거쳐야 한다. 학교장은 학교운영위원회의 심의를 거친 예산안을 확정하고 이를 학교회계시스템(에듀파인)과 학교 홈페이지 등을 통해 공개하여야 한다.

◇ **오답 체크**

① 학교회계의 세입세출예산안을 편성하는 책임은 학교장에게 있다.
③ 학교회계의 회계연도는 매년 3월 1일에 시작하여 다음 해 2월 말일에 종료된다.
④ 학교회계의 세입에는 국가나 지방자치단체로부터의 전입금, 학부모가 부담하는 경비, 학교발전기금으로부터의 전입금, 학교 자체수입 등이 포함된다. 즉, 학교발전기금으로부터의 전입금은 학교회계의 세입으로 할 수 있다.

1356 ②

1357. 학교회계의 운영과 관련하여 「초·중등교육법」에 명시된 내용으로 옳지 않은 것은?  2014년 국가직 7급
① 학교회계의 회계연도는 매년 3월 1일에 시작하여 다음해 2월 말일에 끝난다.
② 학교운영위원회는 학교회계 세입세출 예산안을 회계연도가 시작되기 5일 전까지 심의하여야 한다.
③ 학교장은 회계연도마다 학교회계 세입세출 예산안을 편성하여 회계연도가 시작되기 10일 전까지 학교운영위원회에 제출하여야 한다.
④ 새로운 회계연도가 시작될 때까지 예산안이 확정되지 않을 경우, 학교장은 학교시설의 유지관리비를 전년도 예산에 준하여 집행할 수 있다.

■ 정답 및 해설
③ 학교장은 회계연도마다 학교회계 세입세출예산안을 편성하여 회계연도 개시 30일 전까지 학교운영위원회에 제출하여야 한다. 학교운영위원회는 제출된 학교회계 세입세출예산안을 회계연도가 시작되기 5일 전까지 심의하여야 한다.


1358. 학교회계의 운영에 관한 내용으로 옳지 않은 것은?  2011년 국가직 7급
① 회계연도는 매년 3월 1일에 시작하여 다음해 2월 말일에 종료한다.
② 학교운영위원회는 학교회계 세입세출예산안을 회계연도 개시 5일 전까지 심의해야 한다.
③ 학교장은 결산서를 작성하여 회계연도 종료 후 2월 이내에 해당 시·도교육청에 제출해야 한다.
④ 학교시설의 유지관리비는 예산안이 확정되지 아니한 때에도 전년도 예산에 준하여 집행할 수 있다.

■ 정답 및 해설
③ 학교장은 회계연도마다 결산서를 작성하여 회계연도가 끝난 후 2개월 이내에 학교운영위원회에 제출하여야 한다. 학교운영위원회를 회계연도 종료 후 3개월 이내에 결산 심의결과를 학교장에게 통보하여야 하며, 심의결과 통보일로부터 10일 이내에 결산심의 결과를 관할 교육청에 제출하여야 한다.

1357 ③   1358 ③

**1359.** 단위학교의 자율화를 효과적으로 추진하기 위하여 새로운 '학교회계제도'가 도입·운영되고 있다. 새로운 '학교회계제도'의 주요 내용으로 옳지 않은 것은?　　　　　　　　　　　　　　　2007년 국가직 7급

① 일상경비와 도급경비의 구분 없이 표준교육비를 기준으로 총액을 배부한다.
② 재원에 따른 사용목적 구분 없이 학교 실정에 따라 자율적으로 세출예산을 편성할 수 있다.
③ 교육비 특별회계의 회계연도는 1월 1일부터 12월 31일까지이고, 학교운영지원회계의 회계연도는 3월 1일부터 2월 말일까지이다.
④ 집행잔액 발생시 다음 회계연도로 이월이 가능하다.

### ■ 정답 및 해설

③ 학교회계제도는 2001년 3월부터 초·중등학교에 도입되어 시행되고 있다. 학교회계제도가 시행 전에는 재원에 따라 교육비특별회계와 학교운영지원회계를 분리하여 관리하였다. 당시 교육비특별회계의 회계연도는 1월 1일부터 12월 31일까지로 하고, 학교운영지원회계의 회계연도는 3월 1일부터 다음 해 2월 말일까지로 하였다. 그러나 학교회계제도의 시행에 따라 교육비특별회계와 학교운영지원회계를 통합하여 하나의 학교회계로 관리하게 되었다. 통합된 학교회계의 회계연도는 3월 1일부터 다음 해 2월 말일까지로, 학년도와 일치되게 하였다.

[참고] 과거의 회계제도와 새로운 학교회계제도

| 구분 | 과거의 회계제도 | 현재의 학교회계제도 |
| --- | --- | --- |
| 회계연도 | • 교육비특별회계 : 1.1~12.31<br>• 학교운영지원회계 : 3.1~2월 말 | 학교회계로 통합 : 3.1~2월 말<br>(학년도에 일치) |
| 예산배부 방식 | 일상경비와 도급경비로 구분하여 사용목적을 정하여 배부 | 일상경비와 도급경비의 구분없이 표준교육비를 기준으로 총액 배부 |
| 예산배부 시기 | 수시 배부 | 학교회계연도 개시 전에 일괄 배부 |
| 세출예산 편성 | 세입재원별로 사용목적에 따라 세출예산 편성 | 재원에 따른 사용목적 구분없이 학교실정에 따라 자율적으로 세출예산 편성(보조금 제외) |
| 사용료 등 수입처리 | 학교시설 사용료, 수수료 수입 등을 국고 및 교육비특별회계 금고로 납입 | 학교시설 사용료 및 수수료 수입 등을 학교 자체 수입으로 처리 |
| 자금의 이월 | 일상경비의 경우 잔액(불용액) 발생시 관할청에 모두 반납 | 집행잔액(불용액)은 자동적으로 이월 |
| 자금관리 | 국고 및 교육비특별회계 금고 이용 | 학교 자율로 금융기관 지정 이용 |

1359 ③

# 출포 436. 학교회계의 예산 구조

📖 기본서 634~637쪽

**1360.** 국·공립 초·중등학교의 학교회계에 대한 설명으로 옳지 않은 것은?

2022년 국가직 7급

① 도입 취지는 단위학교 경영책임제의 활성화에 있다.
② 학교운영위원회 심의를 거쳐 학부모가 부담하는 경비는 학교회계의 세입에 포함되지 않는다.
③ 학교의 장은 회계연도마다 결산서를 작성하여 회계연도가 끝난 후 2개월 이내에 학교운영위원회에 제출하여야 한다.
④ 학교회계는 학교 운영과 학교시설의 설치 등을 위하여 필요한 모든 경비를 세출로 한다.

■ 정답 및 해설
② 학교회계의 세입에는 국가나 지방자치단체로부터의 전입금, 학부모가 부담하는 경비, 학교발전기금으로부터의 전입금, 학교 자체수입 등이 포함된다.

**암기 POINT**

• 학교회계의 세입 항목

| 이전수입 | 중앙정부 보조금<br>지방자치단체 전입금<br>지방교육행정기관 전입금(학교운영비 등)<br>학교발전기금 전입금 |
|---|---|
| 자체수입 | 학부모부담 수입(학교운영위원회 심의 필요)<br>행정활동 수입(수수료, 사용료 등) |
| 기타 | 전년도 이월금 등 |

**1361.** 교육재정 제도와 정책에 대한 설명으로 옳지 않은 것은?

2021년 지방직 9급

① 사립학교의 재원은 학생 등록금, 학교 법인으로부터의 전입금 두 가지로만 구성된다.
② 학부모 재원은 수업료, 입학금, 기성회비 혹은 학교 운영 지원비로 구분할 수 있다.
③ 국세교육세는 「교육세법」에 의하여 세원과 세율이 결정되고, 지방교육세는 「지방세법」에 의하여 세원과 세율이 결정된다.
④ 중앙정부가 부담하는 지방교육재정 교부금 재원은 교육세 세입액 중 일부와 내국세의 일정 비율에 해당하는 금액으로 구성된다.

■ 정답 및 해설
① 사립학교의 재원에는 학생 등록금과 학교 법인 전입금 이외에도, 교육청재정보조금, 학부모 부담경비(입학금·수업료, 학교운영지원비, 수익자부담경비), 자체수입(재산임대료, 사용료, 기타 수입) 등이 포함된다.

1360 ②  1361 ①

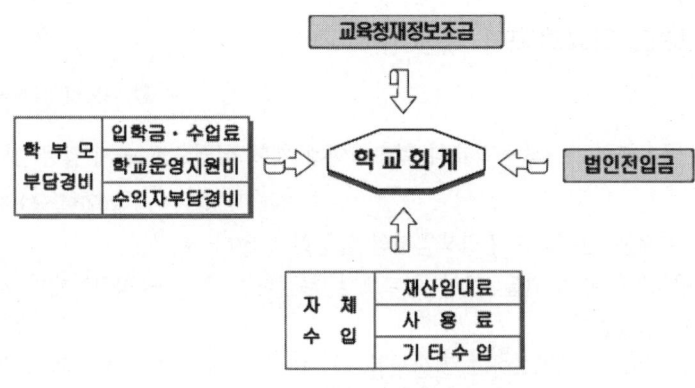

[사립학교의 재원 구조]

**1362.** 「초·중등교육법」상 국·공립학교 학교회계의 세입(歲入)에 해당하지 않는 것은?
2019년 국가직 9급
① 지방자치단체의 교육비특별회계로부터 받은 전입금
② 학교발전기금으로부터 받은 전입금
③ 사용료 및 수수료
④ 지방교육세

■ 정답 및 해설
④ 지방교육세는 학교회계의 세입항목이 아니라, 지방교육재정(교육비 특별회계)의 세입항목이다.

**기출플러스**
- 국공립학교 학교회계 상의 세입에 포함되는 수입
  (2004년 중등)
  - 국가의 일반회계 또는 지방자치단체의 교육비 특별회계로부터의 전입금
  - 학교운영지원비와 학교발전기금으로부터의 전입금
  - 국가 또는 지방자치단체의 보조금 및 지원금
  - 사용료 및 수수료

**1363.** 「초·중등교육법」상 우리나라 국·공립 초등학교·중학교·고등학교 및 특수학교의 학교회계제도에 대한 설명으로 옳지 않은 것은?
2017년 국가직 9급
① 학교회계의 회계연도는 매년 3월 1일에 시작하여 다음해 2월 말일에 끝난다.
② 학교운영위원회 심의를 거쳐 학부모가 부담하는 경비는 학교회계의 세입으로 한다.
③ 학교의 장은 회계연도마다 학교회계 세입세출예산안을 편성하여 학교운영위원회에 제출하여야 한다.
④ 지방자치단체의 교육비특별회계의 전입금은 학교회계의 세입항목이 아니다.

1362 ④   1363 ④

■ 정답 및 해설

④ 학교회계의 세입에는 국가나 지방자치단체로부터의 전입금, 학부모가 부담하는 경비, 학교발전기금으로부터의 전입금, 학교 자체수입 등이 포함된다. 국가나 지방자치단체로부터 받는 전입금에는 국가 일반회계로부터의 전입금(국고보조금), 지자체 일반회계로부터의 전입금(급식비보조금, 교육시설개선비 등), 지자체 교육비특별회계로부터의 전입금(학교기본운영비, 목적사업비, (사립학교의 경우) 사립학교 재정결함 보조금 등), 국가나 지방자치단체(시·도 및 시·군·구)의 보조금 및 지원금 등이 포함된다. 즉, 지방자치단체 교육비특별회계로부터의 전입금은 학교회계의 세입항목에 해당한다.

1364. 다음 중 각 공립학교에서 운영비를 확보하는 방식을 바르게 설명한 것을 모두 고른 것은?  
2008년 중등

ㄱ. 수업료 등 학생 납입금액은 각 학교가 자체적으로 결정하여 징수한다.
ㄴ. 학교별로 배분되는 운영비가 부족할 경우 각 학교는 공채를 발행하여 보충한다.
ㄷ. 교육세로 확보한 재정은 각 지방자치단체에 배분되고, 각 지방자치단체는 그 재정을 공립학교에 배분한다.
ㄹ. 지방교육재정교부금의 대부분은 내국세의 법정 비율로 확보되어 각 지방자치단체를 통해 공립학교로 배분된다.

① ㄱ, ㄷ  ② ㄷ, ㄹ
③ ㄱ, ㄴ, ㄹ  ④ ㄴ, ㄷ, ㄹ

■ 정답 및 해설

② ㄷ. 교육세로 확보한 재정은 지방교육재정교부금의 보통교부금의 형태로 각 지방자치단체에 배분되고, 각 지방자치단체는 그 재정을 공립학교에 배분한다.
ㄹ. 지방교육재정교부금 대부분은 내국세의 법정 비율(현재 20.79%)로 확보된다.

◇ 오답 체크
ㄱ. 공립학교 수업료 등 학생납입금액은 법령 및 학칙에 따라 결정하여 징수한다.
ㄴ. 단위 학교는 공채를 발행할 수 있는 주체가 아니다.

## 05. 예산 편성·관리 기법

### 출포 437. 품목별 예산제도

🌀 기본서 637~638쪽

**1365.** 다음 내용을 특징으로 하는 학교관리기법으로 가장 적절한 것은?

2011년 중등

- 차기 예산을 편성하는 데 필요한 정보를 얻는다.
- 세출 예산에 대한 엄격한 사전·사후 통제가 가능하다.
- 회계 책임을 분명하게 하고, 예산 담당자의 자유재량 행위를 제한한다.
- 지출대상을 인건비, 시설비, 운영비 등과 같이 세분화하여 금액으로 표시한다.

① 목표관리
② 품목별 예산제도
③ 기획예산제도
④ 영기준 예산제도

**■ 정답 및 해설**

② 회계 책임을 분명하게 하고, 예산 담당자의 자유재량 행위를 제한하기 위해 도입한 예산제도로서, 지출대상을 인건비, 시설비, 운영비 등과 같이 세분화하여 금액으로 표시하는 방식은 품목별 예산제도이다.

### 출포 438. 성과주의 예산제도

🌀 기본서 638쪽

**1366.** 다음에 해당하는 학교예산 편성 기법은?

2022년 국가직 9급

- 달성하려는 목표와 사업이 무엇인가를 표시하고 이를 달성하는 데 필요한 비용을 명시해 주는 장점이 있다.
- 예산 관리에 치중하여 계획을 소홀히 하거나 회계 책임이 불분명한 단점도 있다.

① 기획 예산제도
② 성과주의 예산제도
③ 영기준 예산제도
④ 품목별 예산제도

**■ 정답 및 해설**

② 달성하려는 목표에 따른 사업계획과 사업계획별 활동내용과 단위 비용을 명시해 주는 예산제도는 성과주의 예산제도이다. 예산관리에만 치중하거나 회계책임이 불분명해지는 단점이 있다.

---

**암기 POINT**

• 예산 편성·관리 기법

| | |
|---|---|
| 품목별 예산 | 지출대상을 품목별로 분류하고 예산 배정 (부정 및 손실 예방) |
| 성과주의 예산 | 기능별·사업별로 예산을 편성하여 관리 (성과관리, 융통성) |
| 기획 예산 | 장기계획과 단기예산을 유기적으로 결합 (장기사업의 신뢰성) |
| 영기준 예산 | 전년도 사업에 구애되지 않고 모든 사업을 새롭게 검토해서 편성 (창의적, 신축적 예산) |

1365 ②  1366 ②

## 출포 439. 영기준 예산제도

🔵 기본서 639쪽

**1367.** 두 교사의 대화에서 나타나는 교장의 생각과 일치하는 예산편성 기법은?

2020년 국가직 7급

> 김 교사 : 내년에 우리 학교가 지역사회와 함께하는 마을공동체 한마당 대축제를 추진한다는 얘기를 들었어요.
> 이 교사 : 아니, 그런 행사를 추진할 돈이 어디 있어요? 금년 예산을 보면 가능한 일인가요?
> 김 교사 : 글쎄요. 교장 선생님이 일단 금년 예산은 생각하지 말고 계획을 세우라고 했어요.
> 이 교사 : 그렇군요. 그럼 금년 예산에 구애받지 않고 계획을 세워도 되겠네요.

① 기획 예산제도
② 성과주의 예산제도
③ 영기준 예산제도
④ 품목별 예산제도

■ 정답 및 해설

③ 금년 예산에 구애받지 말고 새로운 사업계획을 구상하고 예산을 수립하라고 하였으므로, 영기준 예산제도에 해당한다.

**1368.** 학교예산 편성 기법 중 영기준 예산제도(Zero Based Budgeting System)의 장점으로 볼 수 없는 것은?

2016년 국가직 9급

① 우선순위가 높은 사업에 대한 집중 지원이 가능하다.
② 학교경영에 구성원의 폭넓은 참여를 유도할 수 있다.
③ 점증주의적 예산 편성 방식을 통해 시간과 노력의 부담을 경감할 수 있다.
④ 학교경영 계획과 예산이 일치함으로써 교장의 합리적이고 과학적인 학교경영을 지원할 수 있다.

■ 정답 및 해설

③ 영기준 예산제도 전년도의 예산에 구애되지 않고 신년도의 사업계획을 새롭게 수립하고 채택된 사업과 활동에 한해서 예산을 편성하는 방법이다. 점증주의적인 예산 편성 방식에서 벗어나 혁신적인 사업 구상과 실행을 촉진하기 위해 도입된 방식이다. 영기준 예산제도는 사업 구상과 검토를 위해 많은 시간과 노력이 소요될 수 있다.

1367 ③  1368 ③

**1369.** 다음의 특징과 가장 일치하는 학교예산편성제도는?  `2015년 지방직 9급`

> ○ 전년도 예산 편성과 상관없이 신년도 사업을 평가하여 예산을 결정한다.
> ○ 창의적이고 자발적인 사업의 구상과 실행을 유도할 수 있다.
> ○ 사업이 기각되거나 평가 절하 되면 비협조적 풍토가 야기될 수 있다.

① 기획 예산제도  
② 품목별 예산제도  
③ 영기준 예산제도  
④ 성과주의 예산제도

■ **정답 및 해설**

③ 전년도의 예산에 구애되지 않고 신년도의 사업계획을 새롭게 수립하고 채택된 사업과 활동에 한해서 예산을 편성하는 방법은 영기준 예산제도이다. 창의적이며 자발적인 사업 구상과 실행을 유도하는 반면, 논의 과정에서 제안된 사업이 기각될 경우에는 해당 사업을 제안한 구성원들에 의해 비협조적 풍토가 야기될 수도 있다.

**1370.** 예산편성기법에 대한 설명으로 옳은 것은?  `2010년 국가직 7급`

① 품목별 예산제도는 정책이나 계획수립이 용이하고 집행에 있어서도 융통성을 기할 수 있다.
② 성과주의 예산제도는 공무원의 재량권을 제한하기 위해 만든 제도이다.
③ 기획 예산제도는 단기적인 예산편성을 실행계획과 연결시켜 1년 단위의 예산제도를 기본으로 한다.
④ 영기준 예산제도는 점증주의적 예산과정을 탈피하여 경기변동에 신축성 있게 대응할 수 있다.

■ **정답 및 해설**

④ 영기준 예산제도는 점증주의적 예산과정을 탈피하여 경기변동에 신축성 있게 대응할 수 있다.

◇ **오답 체크**

① 성과주의 예산제도에 대한 설명이다.
② 품목별 예산제도에 대한 설명이다.
③ 기획 예산제도는 1년 단위로 수립되는 전통적인 예산제도를 탈피하여 중장기적인 예산편성을 실행계획과 연결시켜 다년도 단위의 예산제도를 기본으로 한다.

1369 ③  1370 ④

**1371.** 다음 내용에 해당하는 교육예산 편성기법은?   2008년 국가직 9급

> 전년도의 사업, 목표, 방법, 배정금액에 구애되지 않으면서 모든 업무 계획을 새롭게 수립하고 채택된 사업과 활동에 한해서 예산을 편성하는 방법으로, 학교의 모든 사업을 총체적으로 분석하여 우선순위를 결정한 뒤 예산을 편성한다.

① 품목별 예산제도  ② 성과주의 예산제도
③ 기획 예산제도   ④ 영기준 예산제도

■ 정답 및 해설
④ 전년도의 예산에 구애되지 않고 신년도의 사업계획을 새롭게 수립하고 채택된 사업과 활동에 한해서 예산을 편성하는 방법은 영기준 예산제도이다.


**1372.** 다음의 학교예산 편성 과정에 활용한 예산편성 기법으로 가장 적절한 것은?   2009년 중등

> 올해 9월 A 중학교에 부임한 김 교장은 금년도 예산에 구애받지 않고 모든 사업과 활동을 전면적으로 재검토하여 내년도 사업계획안을 마련하였다. 그리고 교직원 회의를 거쳐 사업의 우선순위를 결정한 다음, 김 교장은 이에 근거하여 한정된 예산을 우선순위에 따라 배분하는 내년도 예산안을 편성하여 학교운영위원회의 심의를 거쳐 확정하였다.

① 목표관리 제도    ② 기획 예산제도
③ 품목별 예산제도   ④ 영 기준 예산제도
⑤ 성과주의 예산제도

■ 정답 및 해설
④ 금년도 예산에 구애받지 않고 모든 사업과 활동을 전면적으로 재검토하여 내년도 사업계획안을 마련하였으므로, 영기준 예산제도에 해당한다.

1371 ④  1372 ④

# 06. 학교경영

## 01. 학교경영 기법

### 출포 440. 카우프만의 체제접근 모형

기본서 640~641쪽

**1373.** 학교현장에서 직면한 문제 해결을 위해 '카우프만(R. Kaufman)의 체제 접근'을 시도하고자 한다. 체제 접근의 문제확인 단계에서 활용하기에 가장 적합한 것은?
2004년 중등

① 목표관리  ② 요구분석
③ 비용-효과분석  ④ 사업평가검토기법

■ **정답 및 해설**

② 카우프만의 체제 접근은 학교를 역동적인 사회체제로 보고 시스템을 구성하고 있는 요소들을 유기적으로 연결하여 생산성을 향상시키고자 하는 접근을 말한다. 학교 현장의 문제해결 절차는 '문제확인 → 대안결정 → 해결전략 선정 → 해결전략 시행 → 성취효과 결정 → 피드백' 순으로 진행된다. 이 중 문제확인 단계에서는 요구분석이 활용된다.

◇ **오답 체크**

① 목표관리기법(MBO)은 대안 결정 단계, ③ 비용-효과 분석은 해결전략 선정 단계, ④ 사업평가검토기법(PERT)은 해결전략 시행 단계에서 활용된다.

**암기 POINT**

• 학교경영기법 I
  – 카우프만의 체제접근 모형

| | |
|---|---|
| 요구분석 | 해결해야 할 문제 확인, 문제해결조건 서술 |
| 목표관리 기법 (MBO) | 명확한 목표 설정, 권한의 위임과 책임 규정, 구성원 참여, 동기부여 |
| 사업평가 검토기법 (PERT) | 과업 달성을 위한 세부단계와 활동 세분화, 플로우차트 작성 및 작업일정 관리 |

### 출포 441. 목표관리기법(MBO)

기본서 641~624쪽

**1374.** 목표관리기법(MBO)의 절차를 다음과 같이 4단계로 구분할 때, ( ) 에 들어갈 활동으로 가장 적합한 것은?
2015년 지방직 9급

○ 1단계 : 전체 교육목적을 명확하게 개발한다.
○ 2단계 : 직위별로 성취해야 할 목표를 정한다.
○ 3단계 : 서로 다른 목표들을 전체 목적에 따라 조정하고 통합한다.
○ 4단계 : ( )

① 의사결정의 목록을 작성한다.
② 세부 사업 계획 및 소요 예산을 산출한다.

1373 ②  1374 ④

③ 활동에 걸리는 기대 소요 시간을 산정한다.
④ 성과 및 결과를 측정할 수 있는 방법을 개발한다.

### ■ 정답 및 해설
④ 목표관리기법은 드러커(Druker)가 개발한 민주적 조직관리 기법으로서, 목표설정이론을 조직경영에 적용하여 합의된 목표 설정을 통해 조직을 경영하는 기법이다. 조직경영의 절차는 '(1) 조직의 전체목적 설정 → (2) 직위별 개별목표 설정 → (3) 목표들 간의 조정과 통합 → (4) 성과 평가와 피드백'으로 전개된다. ( )에 들어갈 활동은 평가와 피드백에 관한 활동으로서, 조직 활동의 성과와 결과를 측정할 수 있는 방법을 개발하는 활동을 포함한다.

### ◇ 오답 체크
① 합리적 의사결정을 위한 과정의 하나로서, 영기준 예산제도에 의해 예산을 수립할 때 포함되는 절차이다.
② 성과주의 예산제도에 의해 예산을 수립하는 과정에 포함되는 절차이다.
③ 프로그램 평가 검토 기법(PERT) 기법의 절차에 포함되는 단계이다.

---

**1375.** 다음에서 공통적으로 설명하고 있는 학교경영 관리 기법은? 2010년 중등

> ○ 드러커(P. Drucker)가 소개하고, 오디온(G. Odiorne)이 체계화하였다.
> ○ 조직 구성원의 전체적인 참여와 합의를 중시한다.
> ○ 활동의 과정과 결과에 대해 평가하며 수시로 피드백 과정을 거친다.
> ○ 학교운영의 분권화와 참여를 통해 관료화를 방지할 수 있다.

① 델파이기법(Delphi Technique)
② 비용-수익분석법(Cost-Benefit Analysis)
③ 목표관리기법(Management by Objectives)
④ 영기준예산제(Zero-Base Budgeting System)
⑤ 정보관리체제(Management Information System)

### ■ 정답 및 해설
③ 드러커가 소개한 경영·관리 기법으로서, 조직 구성원의 전체적 참여와 합의를 중시하는 민주적 경영기법은 '목표관리기법(MBO)'이다. 명확한 목표 설정과 성과 평가 및 피드백의 과정을 중심으로 한다. 조직 내 권한의 위임을 통해 학교운영의 분권화를 촉진하며 관료화를 방지할 수 있다.

### ◇ 오답 체크
① 델파이기법은 전문가들의 의견수렴을 위하여 개발된 조사 방법이다. 특정 주제에 대하여 전문가 집단을 대상으로 설문을 반복적으로 실시하는 과정을 통해 합의를 도출하는 방식으로 진행된다는 점에서 '전문가 합의법'이라고도 부른다.
② 비용-수익분석법은 정책 등의 의사결정을 할 때 비용과 수익을 따져 여러 대안들 중 최적의 대안을 선정하는 기법을 말한다.

④ 영기준예산제는 전년도의 사업계획이나 예산에 구애되지 않고 신년도 모든 사업계획을 새롭게 수립하여 예산을 배분하는 방식을 말한다.
⑤ 정보관리체제(경영정보체제)는 의사결정자가 합리적인 결정을 내릴 수 있도록 필요한 정보를 적시에 신속하고 정확하게 제공하는 체제를 의미한다.

## 출포 442. 프로그램 평가검토기법(PERT)

◉ 기본서 642~643쪽

**1376.** 다음의 내용들을 실현하는 데 가장 적합한 학교 경영 관리 기법은?

2007년 유초등

> ○ 효율적인 예산 통제가 가능하며, 최저 비용으로 일정 단축이 가능하다.
> ○ 작업 요소별로 책임부서가 명확해짐으로써 원만한 작업수행이 가능하다.
> ○ 작업 과정의 작성에 관계자들이 참여하게 되므로 구성원들의 참여 의식이 높아진다.
> ○ 작업 과정의 전모를 파악할 수 있기 때문에 작업 추진에 앞서 애로사항을 파악할 수 있다.
> ○ 특정한 과업을 추진하기 위한 세부 작업 활동의 순서와 상호관계를 유기적으로 파악할 수 있다.

① 정보관리체제(MIS)  ② 목표관리기법(MBO)
③ 기획예산제도(PPBS)  ④ 과업평가계획기법(PERT)

### ■ 정답 및 해설

④ 과업평가계획기법(PERT)은 프로젝트 관리 기법 중의 하나로, 프로젝트 전체 과정을 작업 내용과 순서를 기초로 하여 네트워크상으로 파악하여 작업 과정을 평가하고 검토하는 기법이다. 특정 과업 추진을 위한 세부 작업 활동의 순서와 상호관계를 유기적으로 파악하여, 작업 추진에 앞서 애로사항에 대비하고 최저 비용으로 일정 단축이 가능하다.

◇ 오답 체크
① 정보관리체제(경영정보체제)는 의사결정자가 합리적인 결정을 내릴 수 있도록 필요한 정보를 적시에 신속하고 정확하게 제공할 수 있게 한다.
② 목표관리기법은 조직의 목표 설정 과정에 구성원들의 참여와 합의를 중시하며, 조직의 활동을 목표에 집중시킴으로써 관료화를 방지하고 효율성을 제고해 준다.
③ 기획예산제도는 사업계획과 예산편성을 유기적으로 연결하여 주기 때문에 자원배분이 합리적으로 이루어지며, 장기사업계획에 대한 신뢰성을 높일 수 있다.

**기출플러스**

• 학교경영기법
 – 사업평가검토기법(PERT)
  (2004년 유초등)
부장교사인 김 교사는 '과학의 날 행사'를 일정에 맞게 차질없이 추진하기 위해 행사와 관련된 세부적인 작업 활동과 단계 및 상호관계, 소요시간과 경비 등을 검토하여 플로차트(flow chart)를 작성하고 이에 따라 업무를 추진하였다.

1376 ④

## 출포 443. 총체적 질 관리 기법(TQM)

> 기본서 643쪽

**1377.** 다음의 내용을 특징으로 하는 학교 경영 기법은? 〔2002년 유초등〕

> ○ 수요자 중심  ○ 학교 구성원의 헌신
> ○ 지속적인 개선  ○ 총체적 참여
> ○ 학교장의 강력한 지도성

① 총체적 질 관리(TQM)  ② 정보 관리 체제(MIS)
③ 사업 평가 검토 기법(PERT)  ④ 목표에 의한 관리(MBO)

■ 정답 및 해설

① 수요자가 만족하는 교육을 위해 학교 구성원의 총체적 참여를 통해 지속적인 품질 개선을 추구하는 학교 경영 기법은 '총체적 질 관리 기법'이다. 이 기법은 고객 만족을 최우선으로 하고, 장기적인 성공을 목표로 하며, 전체적인 조직 차원에서 품질을 관리하고 개선하는 데 중점을 둔다. 총체적 질 관리 기법의 성공적 시행을 위해서는 학교장의 강력한 지도성과 함께 학교 구성원의 헌신을 필요로 한다.

## 출포 444. 학교단위 책임(자율)경영제도(SBM)

> 기본서 644쪽

**1378.** 현행 우리나라의 학교단위 책임경영 제도에 대한 설명으로 옳은 것을 모두 고른 것은? 〔2009년 중등〕

> ㄱ. 단위학교의 자율성·창의성·책무성을 강조한다.
> ㄴ. 학교운영위원회를 설치하여 단위학교 내 의사결정의 분권화를 추구하고 있다.
> ㄷ. 단위학교 예산은 예산과목인 '장·관·항·세항·목'으로 편성·집행되는 예산방식을 취한다.
> ㄹ. 교육청에 의한 규제와 지시 위주의 학교경영 방식을 지양하고, 학교경영에 대한 권한을 단위학교에 부여한다.

① ㄱ, ㄴ  ② ㄱ, ㄷ  ③ ㄷ, ㄹ
④ ㄱ, ㄴ, ㄹ  ⑤ ㄴ, ㄷ, ㄹ

■ 정답 및 해설

④ ㄱ. 학교단위 책임경영 제도는 학교의 특성과 상황에 맞게 교육을 운영할 수 있도록 권한과 책임을 학교 단위로 부여하는 제도로, 단위학교의 자율성, 창의성, 책무성을 강조한다.
ㄴ. 학교운영위원회는 학부모, 교원, 지역인사가 의사결정 과정에 참여하게 함으로써 단위학교 내 의사결정의 분권화를 추구한다.

1377 ①  1378 ④

ㄹ. 학교단위 책임경영 제도는 교육청에 의한 규제와 지시 위주의 학교경영 방식을 지양하고, 학교경영에 대한 권한을 단위학교에 부여하는 제도이다. 즉 민주적인 절차를 통해 학교 구성원들이 스스로 학교의 중요한 사항을 심의·결정함으로써 교육자치를 구체적으로 실현하는 제도이다.

◇ 오답 체크

ㄷ. 단위학교의 세입예산은 재원의 성질과 기능에 따라 장·관·항·목으로 구분하지만, 세출예산은 단위학교에서 자율적으로 수행하는 사업이나 목표에 따라 자율적으로 편성할 수 있도록 하였다.

## 03. 학교운영위원회

### 출포 445. 학교운영위원회의 목적 및 구성

기본서 644~646쪽

**1379.** 초·중등교육법령상 학교운영위원회의 구성 및 운영에 대한 설명으로 옳은 것만을 모두 고르면? 2021년 국가직 7급

> ㄱ. 국립·공립학교에 두는 학교운영위원회는 그 학교의 교원 대표, 학부모 대표 및 지역사회 인사로 구성한다.
> ㄴ. 국립·공립학교뿐만 아니라 사립학교도 학교운영위원회를 구성·운영하여야 한다.
> ㄷ. 국립·공립학교의 학교운영위원회는 학교 교육과정의 운영 방법 및 교과용 도서의 선정 등을 심의한다.
> ㄹ. 학생회는 법적 기구가 아니므로 학교운영위원회는 학생 대표 등을 회의에 참석하게 하여 의견을 들을 수 없다.

① ㄱ, ㄴ
② ㄱ, ㄹ
③ ㄱ, ㄴ, ㄷ
④ ㄴ, ㄷ, ㄹ

■ 정답 및 해설

③ ㄱ. 국공립 및 사립학교의 학교운영위원회는 학교 구성원의 대표로서, 그 학교의 교원 대표, 학부모 대표, 지역사회 인사로 구성한다.
ㄴ. 학교운영위원회는 1996년에 국공립학교부터 설치되었으며, 2000년부터는 사립학교에도 의무적으로 구성·운영하도록 하고 있다.
ㄷ. 학교 교육과정의 운영 방법 및 교과용 도서의 선정 등은 국공립 및 사립학교 모두에서 학교운영위원회의 심의사항에 해당한다.

◇ 오답 체크

ㄹ. 학교운영위원회는 학생 대표 등을 회의에 참석하게 하여 의견을 들을 수 있다. (초중등교육법 시행령 제59조의4)

---

**암기 POINT**

• 학교운영위원회

| 설치목적 | 학교운영의 자율화<br>학교교육의 다양화<br>학교운영의 민주화 |
|---|---|
| 성격 | 심의 기구<br>(초중등 의무 설치) |
| 구성 | −학부모위원 : 학부모 전체회의에서 선출<br>−교원위원 : 교장 당연직, 그 외 교직원전체회의에서 선출<br>−지역위원 : 학부모/교원위원의 추천·선출 |

1379 ③

「초중등교육법 시행령」
제59조의4(의견 수렴 등)
② 국·공립학교에 두는 운영위원회는 다음 각 호의 어느 하나에 해당하는 사항을 심의하기 위하여 필요하다고 인정하는 경우 학생 대표 등을 회의에 참석하게 하여 의견을 들을 수 있다. <개정 2022. 3. 22.>
  1. 법 제32조제1항제1호(학교헌장과 학칙의 제정 또는 개정), 제6호(정규학습시간 종료 후 또는 방학기간 중의 교육활동 및 수련활동) 또는 제10호(학교급식)에 해당하는 사항
  2. 그 밖에 학생의 학교생활에 밀접하게 관련된 사항
③ 국·공립학교에 두는 운영위원회는 국립학교의 경우에는 학칙으로, 공립학교의 경우에는 시·도의 조례로 정하는 바에 따라 학생 대표가 학생의 학교생활에 관련된 사항에 관하여 학생들의 의견을 수렴하여 운영위원회에 제안하게 할 수 있다.

**1380.** 학교운영위원회에 대한 설명으로 옳지 않은 것은?    2018년 국가직 9급
① 위원 수는 5명 이상 20명 이하의 범위에서 학교의 규모 등을 고려하여 교육부령으로 정한다.
② 국립·공립 학교의 경우 학교의 예산안과 결산, 학교교육과정의 운영방법, 학교급식 등을 심의한다.
③ 국립·공립 학교의 경우 「교육공무원법」 제29조의3 제8항에 따른 공모 교장의 공모 방법, 임용, 평가 등을 심의한다.
④ 학교운영의 자율성을 높이고 지역의 실정과 특성에 맞는 다양하고도 창의적인 교육을 할 수 있도록 하는 데 그 목적이 있다.

■ 정답 및 해설
① 학교운영위원회의 위원 수는 5명 이상 15명 이하의 범위에서 학교의 규모 등을 고려하여 대통령령으로 정한다.

「초중등교육법」
제31조(학교운영위원회의 설치) ③ 학교운영위원회의 위원 수는 5명 이상 15명 이하의 범위에서 학교의 규모 등을 고려하여 대통령령으로 정한다.

「초중등교육법 시행령」
제58조(국·공립 학교운영위원회의 구성) ①법 제31조의 규정에 의한 학교운영위원회에 두는 학교운영위원회 위원의 정수는 다음 각 호의 구분에 의한 범위 안에서 학교의 규모 등을 고려하여 당해 학교의 학교운영위원회규정으로 정한다.
  1. 학생수가 200명 미만인 학교 : 5인 이상 8인 이내
  2. 학생수가 200명 이상 1천명 미만인 학교 : 9인 이상 12인 이내
  3. 학생수가 1천명 이상인 학교 : 13인 이상 15인 이내

1380 ①

**1381.** 국·공립학교의 학교운영위원회에 대한 옳은 설명만을 있는 대로 고른 것은?  
2017년 지방직 9급

ㄱ. 학칙의 제정 또는 개정 사항을 심의한다.  
ㄴ. 학교운동부의 구성·운영 사항을 심의한다.  
ㄷ. 학부모위원은 교직원전체회의에서 선출한다.  
ㄹ. 학교의 장은 운영위원회의 당연직 교원위원이다.

① ㄱ, ㄷ  
② ㄱ, ㄴ, ㄹ  
③ ㄴ, ㄷ, ㄹ  
④ ㄱ, ㄴ, ㄷ, ㄹ

■ 정답 및 해설  
② ㄱ. 학칙의 제정 및 개정 사항은 국공립학교 운영위원회의 심의사항에 해당한다.  
ㄴ. 학교운동부의 구성·운영 사항은 국공립 및 사립학교 운영위원회의 심의사항이다.  
ㄹ. 학교의 장은 학교운영위원회의 당연직 교원위원으로 참여한다.

◇ 오답 체크  
ㄷ. 학부모위원은 당해 학교에 자녀를 둔 학부모(자녀의 졸업, 휴학, 전학, 퇴학시 자격 상실)로서, 학부모 전체회의에서 민주적 대의 절차에 의해 직접 선출한다. 직접투표, 가정통신문에 대한 회신 또는 우편투표, 전자적 방법 등 위원회 규정으로 정하는 방법 및 절차에 따라 투표가 가능하다.

**1382.** 우리나라 학교운영위원회의 구성 및 운영에 대한 설명으로 옳은 것은?  
2015년 국가직 9급

① 국·공립학교의 교감은 운영위원회의 당연직 교원위원이 된다.  
② 국·공립학교에 두는 운영위원회의 회의는 학교장이 소집한다.  
③ 국·공립학교에 두는 운영위원회는 학교교육과정의 운영방법에 대해서 심의한다.  
④ 사립학교에 두는 운영위원회는 학교발전기금의 조성·운용 및 사용에 관한 사항을 심의할 수 없다.

■ 정답 및 해설  
③ 국·공립학교에 두는 운영위원회는 학교교육과정의 운영방법에 대해서 심의한다.

◇ 오답 체크  
① 운영위원회의 당연직 교원위원은 교장이다.  
② 운영위원회 회의는 운영위원회의 장이 소집한다. 운영위원회의 장은 교원위원이 아닌 위원 중에서 선출한다.  
④ 학교발전기금의 조성·운용 및 사용에 관한 사항은 국공사립학교 모두에서 운영위원회의 심의·의결 사항이다.

1381 ② 1382 ③

**1383.** 다음은 어느 공립 중학교의 학교운영위원회 구성·운영 사례이다. 현행 초·중등교육법 및 동법시행령에 근거할 때, 옳지 않은 것은?

2013년 중등

> ㉠ 학교의 교원대표·학부모대표 및 지역사회 인사로 학교운영위원회를 구성하였다. 교장을 제외한 교원위원은 교직원 전체회의에서 선출되었고, 학부모위원은 학부모 전체회의에서 직접 선출되었으며, ㉡ 학부모위원 및 교원위원이 지역위원을 선출하였다. 이번 회의의 주요 ㉢ 안건은 학칙의 개정에 관한 사항이었고, 이를 심의하였다. 이번 회의에 ㉣ 교감은 부위원장으로 참여하였다. 다음 회의에는 ㉤ 학교발전기금에 관한 사항을 심의·의결하기로 하였다.

① ㉠  ② ㉡  ③ ㉢
④ ㉣  ⑤ ㉤

■ 정답 및 해설
④ ㉣ 학교운영위원회에는 위원장과 부위원장 각 1인을 두되, 교원위원이 아닌 위원 중에서 무기명 투표로 선출한다.

**1384.** 현행 학교운영위원회 규정의 내용으로 옳은 것은?    2007년 유초등

① 학교장과 교감은 학교운영위원회의 당연직 교원위원이 된다.
② 국·공립 초·중등학교의 학교운영위원회 위원 중에서 학부모위원을 100분의 50 이상으로 한다.
③ 학교운영위원회의 위원장과 부위원장은 각 1인을 두되, 교원위원 중에서 무기명투표로 선출한다.
④ 학교운영위원회의 정원 정수는 5인 이상 15인 이내의 범위 안에서 학교의 규모 등을 고려하여 당해 학교의 학교운영위원회 규정으로 정한다.

■ 정답 및 해설
④ 학교운영위원회의 정원 정수는 5인 이상 15인 이내의 범위 안에서 학교의 규모 등을 고려하여 당해 학교의 학교운영위원회 규정으로 정한다.
◇ 오답 체크
① 학교운영위원회의 당연직 교원위원은 교장이 한다.
② 국·공립 초·중등학교의 학교운영위원회 위원 중 학부모 위원은 100분의 40 내지 100분의 50으로 한다.
③ 학교운영위원회의 위원장과 부위원장은 각 1인을 두되, 교원위원이 아닌 위원 중에서 무기명투표로 선출한다.

1383 ④   1384 ④

「초중등교육법 시행령」
제58조(국·공립 학교운영위원회의 구성)
② 국·공립학교에 두는 운영위원회 위원의 구성비율은 다음 각호의 구분에 의한 범위내에서 위원회규정으로 정한다. <개정 2011. 3. 18.>
  1. 학부모위원 : 100분의 40 내지 100분의 50
  2. 교원위원 : 100분의 30 내지 100분의 40
  3. 지역위원(당해 학교가 소재하는 지역을 생활근거지로 하는 자로서 예산·회계·감사·법률 등에 관한 전문가 또는 교육행정에 관한 업무를 수행하는 공무원, 당해 학교가 소재하는 지역을 사업활동의 근거지로 하는 사업자, 당해 학교를 졸업한 자 기타 학교운영에 이바지하고자 하는 자를 말한다. 이하 이 절에서 같다) : 100분의 10 내지 100분의 30
③ 제2항의 규정에 불구하고 국립·공립의 제90조제1항제10호의 산업수요 맞춤형 고등학교 및 제91조제1항에 따른 특성화고등학교(자연현장실습 등 체험위주의 교육을 전문으로 실시하는 고등학교는 제외한다) 운영위원회 위원의 구성비율은 다음 각호의 구분에 의한 범위내에서 위원회규정으로 정할 수 있다. 이 경우 지역위원중 2분의 1 이상은 제2항제3호의 규정에 의한 사업자로 선출하여야 한다. <개정 2007. 4. 12., 2010. 6. 29.>
  1. 학부모위원 : 100분의 30 내지 100분의 40
  2. 교원위원 : 100분의 20 내지 100분의 30
  3. 지역위원 : 100분의 30 내지 100분의 50

## 출포 446. 학교운영위원회의 성격 및 기능

기본서 646~647쪽

**1385.** 「초·중등교육법」상 학교운영위원회의 심의사항에 해당하지 않는 것은?

2023년 국가직 9급

① 학교급식
② 자유학기제 실시 여부
③ 교과용 도서와 교육 자료의 선정
④ 대학입학 특별전형 중 학교장 추천

■ 정답 및 해설

② 자유학기제는 초중등교육법 시행령에서 실시를 의무화하고 있으므로, 학교운영위원회의 심의 사항에 해당하지 않는다.

「초중등교육법 시행령」
제44조(학기) ③ 중학교 및 특수학교(중학교의 과정을 교육하는 특수학교로 한정한다)의 장은 제1항에 따른 학기(특수학교의 경우에는 중학교의 과정을 교육하는 학기로 한정한다) 중 한 학기 또는 두 학기를 자유학기로 지정해야 한다. 이 경우 지정 대상 학기의 범위 등 자유학기의 지정에 관한 세부 사항은 교육부장관이 정한다.

---

**암기 POINT**
• 학교운영위원회 심의사항

| 의결사항 | 학교발전기금 조성 및 운용에 관한 사항 |
|---|---|
| 심의사항 | 학교헌장과 학칙 제정* |
| | 학교의 예산안, 결산안 |
| | 학교교육과정 운영방법 |
| | 교과용 도서 선정 |
| | 교복 등 학부모 부담경비 |
| | 공모교장 공모방법 등** |
| | 초빙교사의 추천** |
| | 학교급식 |
| | 대학입학 특별전형 중 학교장 추천 |
| | 학교운동부 구성·운영 등 |

*사립은 자문, **사립은 제외

1385 ②

1386. 학교운영위원회의 의결 사항은?  2014년 국가직 7급
① 교과용 도서 및 교육 자료의 선정에 관한 사항
② 학교발전기금의 조성·운용 및 사용에 관한 사항
③ 학교헌장과 학칙의 제정 또는 개정에 관한 사항
④ 교복·체육복·졸업앨범 등 학부모가 경비를 부담하는 사항

■ 정답 및 해설
② 학교발전기금의 조성·운용 및 사용에 관한 사항은 학교운영위원회의 의결 사항이다. 나머지는 심의 사항이다.


1387. 학교운영위원회에 대한 설명으로 옳지 않은 것은?  2013년 국가직 7급
① 교원위원, 학부모위원, 지역위원으로 구성된다.
② 국·공립학교의 장은 당연직 위원이다.
③ 사립학교 학교운영위원회는 학교의 예산안과 결산에 대한 의결권을 가진다.
④ 학교운영의 자율성을 높이고 지역의 실정과 특성에 맞는 다양하고도 창의적인 교육을 하기 위한 것이다.

■ 정답 및 해설
③ 국공립 및 사립학교 학교운영위원회는 학교의 예산안과 결산에 대한 심의권만을 가지며, 의결권은 갖지 않는다.


1388. 현행 학교운영위원회에 대한 설명으로 옳지 않은 것은?
2012년 국가직 7급, 개정사항 반영
① 학교운영위원회의 법적 근거는 「초·중등교육법」에 명시되어 있다.
② 국·공립학교와 사립학교 모두에서 심의기구의 역할을 수행한다.
③ 사립학교에서 학칙을 개정하기 위해서는 학교운영위원회에서 논의해야 한다.
④ 학교운영위원회는 학교발전기금을 조성할 수 있다.

■ 정답 및 해설
③ 사립학교에서는 학교헌장 및 학칙의 제정 또는 개정에 관한 사항은 심의 사항이 아니라, 자문사항이다. 사립학교의 학칙 개정은 학교가 학교운영위원회에 요청할 경우 학교운영위원회에서 논의하여 의견을 제시하는 자문 사항에 해당한다.

1386 ② 1387 ③ 1388 ③

**1389.** 학교운영위원회에 대한 설명으로 옳지 않은 것은? `2010년 국가직 9급`

① 국·공립학교에서는 대학입학과 관련된 사항을 심의할 수 없다.
② 학교발전기금을 조성할 수 있다.
③ 사립의 특수학교도 구성·운영하여야 한다.
④ 15인을 초과하여 구성할 수 없다.

■ 정답 및 해설
① 대학입학 특별전형 중 학교장 추천 관련 사항은 학교운영위원회의 심의 사항에 포함되므로, 대학입학과 관련된 사항을 심의할 수 있다.

◇ 오답 체크
④ 「초중등교육법」에서는 학교운영위원회의 위원 수는 5명 이상 15명 이하의 범위에서 학교의 규모 등을 고려하여 대통령령으로 정한다. 개별 학교의 위원 정수는 대통령령에서 제시된 범위 내에서 당해 학교의 학교운영위원회 규정으로 정한다.

**1390.** 현행 국·공립학교의 학교운영위원회와 관련된 진술로 옳지 않은 것은?
`2012년 유초등`

① 당연직 교원위원을 제외한 교원위원은 교원 중에서 선출하되, 교직원전체회의에서 무기명투표로 선출한다.
② 교장은 학교운영위원회의 심의·의결로 학교발전기금을 조성한 후 학교회계에 통합하여 운영하여야 한다.
③ 지역위원은 학부모위원 또는 교원위원의 추천을 받아 학부모위원 및 교원위원이 무기명 투표로 선출한다.
④ 학교운영위원회 위원장은 회의 일시를 일과 후, 주말 등 위원들이 참석하기 편리한 시간으로 정하여야 한다.
⑤ 교장은 학교운영위원회의 심의결과와 다르게 시행하고자 하는 경우에는 이를 학교운영위원회와 관할청에 서면으로 보고하여야 한다.

■ 정답 및 해설
② 학교발전기금은 운영위원회 위원장의 명의로 조성·운용하여야 한다. 학교발전기금은 개인이나 기업체 등이 지원하는 기부금 성격의 지원금이므로 학교회계와 구분하여 별도의 발전기금 회계로 관리하여야 한다. 발전기금은 학교운영위원회의 심의를 거쳐 학교회계로 전출시킬 수 있다. 다만, 발전기금의 관리 및 집행 업무의 일부를 당해 학교장에게 위탁할 수 있다.

1389 ①  1390 ②

1391. 초·중등학교에 설치된 학교운영위원회의 성격 및 주된 기능을 바르게 설명한 것은?
2007년 영양교사, 최근 개정사항 반영

① 국·공·사립학교의 경우 모두 필수적인 자문기구이다.
② 국·공·사립학교의 경우 모두 필수적인 심의기구이다.
③ 국·공립학교에서는 심의기구, 사립학교에서는 자문기구이다.
④ 국·공립학교에서는 필수기구, 사립학교에서는 임의기구이다.

■ 정답 및 해설
② 학교운영위원회 제도의 도입 초기에는 국공립학교에서는 심의기구, 사립학교에서는 자문기구로 설치되었다. 이후 법 개정을 거쳐 현행 법에 의하면, 학교운영위원회는 국공립학교 및 사립학교 모두에서 필수적으로 설치하여야 하는 심의기구로서의 성격 및 기능을 갖는다.

## 04. 학급경영

### 출포 447. 학급경영의 영역

⊙ 기본서 647쪽~648쪽

1392. 학급담임제와 교과담임제에 대한 설명으로 옳지 않은 것은?
2008년 국가직 7급

① 교과담임제는 초등학교 6학년부터 적용되고 있다.
② 학급담임제는 생활지도 면에서 더 효과적이다.
③ 학급담임제는 초등학교 저학년에 더 적합하다.
④ 교과담임제는 교과의 전문적 지도 면에서 더 효과적이다.

■ 정답 및 해설
① 교과담임제는 초등학교 3학년부터 체육, 음악, 미술, 영어 및 기타 교과에 적용되고 있다. 학급담임제는 한 사람의 교사가 한 학급을 담당하고 대부분의 교과를 지도하는 것이다.

## 출포 448. 학급경영의 원리

> 기본서 647쪽

**1393.** 학급경영의 주체를 다음과 같이 파악하고 있는 교사들이 학급경영 과정에서 보이는 행동 특성을 <보기>에서 모두 고르면?  
<small>2010년 유초등</small>

> 교육의 목적은 학생들이 민주 사회의 시민으로 성장하도록 돕는 데 있다. 자율적으로 자신의 책임을 다하는 시민만이 민주 사회에서 바람직한 삶을 영위할 수 있다. 학급경영에서도 마찬가지이다. 학생들이 학급 공동체를 구성하고, 자율적으로 학급 내의 문제를 발견하고 해결할 권리와 책임이 있다.

<보기>
ㄱ. 학생들의 개인차를 중시한다.
ㄴ. 학급 내의 의사결정에서 학생에게 재량과 자유를 충분하게 부여한다.
ㄷ. 학급경영에 소요되는 시간을 의미 있고 생산적인 것으로 활용한다.
ㄹ. 학급경영 과정에서 스티커 제도를 활용하는 등 보상적 권한을 자주 행사한다.
ㅁ. 문제행동을 할 때, 예상되는 결과의 경중에 따라 학생이 자연적 결과를 경험하도록 지켜보기도 한다.

① ㄴ, ㄹ  ② ㄱ, ㄴ, ㄷ  ③ ㄱ, ㄷ, ㄹ
④ ㄱ, ㄴ, ㄷ, ㅁ  ⑤ ㄱ, ㄴ, ㄷ, ㄹ, ㅁ

### ■ 정답 및 해설

④ 학급경영의 주체를 학생들이라고 보는 관점으로 민주성의 원리에 따라 학생중심으로 학급을 경영하는 것에 해당한다.

◇ 오답 체크

ㄹ. 행동주의 학습원리에 따라 교사 중심으로 학급을 경영하는 것에 해당한다. 행동주의 학습이론에서는 학습자를 수동적 존재로 간주하기 때문에, 민주성의 원리와는 거리가 멀다.

**1394.** 어떤 교사가 민주적으로 학급을 운영하고자 한다. 이 교사가 학생들에게 자율적으로 청소를 하게 할 때 교사가 해야 할 일로 가장 중요한 것은?  
<small>2005년 중등</small>

① 학생들의 활동을 잘 관찰할 수 있는 위치를 확보한다.
② 청소와 관련된 규칙을 만들 때부터 학생들이 참여하도록 한다.
③ 먼저 청소의 모범을 보여 학생들을 감동시키도록 노력한다.
④ 학생들 각자가 맡은 청소구역을 보다 구체적으로 제시하고 책임을 분명히 한다.

■ 정답 및 해설
② 민주적 학급 운영을 위해서는 학생들이 학급 내 의사결정에서 재량과 자율성을 가지도록 하여야 한다. 학급규칙을 만들 때부터 학생들이 참여하도록 하면 협력적 태도를 이끌어 낼 수 있다.

1395. 성공적인 학급 경영을 위해서는 학부모의 적극적인 참여를 유도해야 하지만, 학부모 참여를 제한해야 할 사항도 있다. 이에 해당하는 것은?

2003년 유초등

① 수업 방식 결정
② 학급 경영 방침 자문
③ 학급 경영에 필요한 자원 제공
④ 학급 단위의 교사·학부모 협의회 운영 계획 수립

■ 정답 및 해설
① 학부모의 참여는 학급 경영의 방침에 대한 자문이나 필요한 자원 제공, 협의회 운영계획 수립 등에서 적극 유도된다.
다만, 교사의 수업방식 결정은 교사의 전문적인 판단에 의해 이루어져야 한다.

# CHAPTER 12
# 평생교육

1. 평생교육 이론
2. 평생교육의 실제

# 1. 평생교육 이론

## 01. 평생교육의 기초

### 출포 449. 학습의 유형 분류와 평생교육

기본서 653~654쪽

**1396.** 다음에 해당하는 교육 개념은?   2022년 국가직 9급

- 정규 학교교육 체제 밖에서 이루어지는 조직적 교육활동이다.
- 교수자의 자격 요건이나 교육 방법이 프로그램의 상황과 조건에 따라 유동적인 경우가 많다.

① 형식 교육
② 비형식 교육
③ 무형식 교육
④ 우연적 학습

■ **정답 및 해설**
② 정규 학교교육 체제 밖에서 이루어지는 조직적 교육활동을 일컫는 개념은 비형식 교육이다. 비형식 교육은 교수자의 자격 요건이나 교육방법을 프로그램의 상황이나 조건에 따라 유동적인 경우가 많다.

◇ **오답 체크**
① 형식교육은 정규 학교교육 체제 안에서 이루어지는 조직적 교육활동을 일컫는 개념이다. 형식교육은 교수자의 자격 요건이나 교육방법을 엄격하게 관리한다.
③ 무형식 교육은 일상적인 상황에서 개인의 자발적 노력에 의해 자연스럽게 이루어지는 학습을 말한다. 정해진 교육과정이나 체계가 존재하지 않는 교육을 의미한다.
④ 우연적 학습은 무형식 교육에 포함된다.

**암기 POINT**
- 학습의 유형과 평생교육

| 형식 학습 | 표준화된 교육과정, 학습결과 공식 인정 |
| --- | --- |
| 비형식 학습 | 유연한 교육체제, 학습결과 인정 없음 |
| 무형식 학습 | 개인의 자발적 학습, 우연적 학습 |

**1397.** 형식학습과 비교한 비형식 학습에 대한 설명으로 옳지 않은 것은?   2020년 국가직 9급

① 시간 - 단기간 및 시간제 학생
② 목적 - 일반적인 목적 및 학위수여
③ 내용 - 개인화된 내용 및 학습자가 입학조건 결정
④ 전달방식 - 자원의 절약 및 유연한 체제

■ **정답 및 해설**
② '일반적인 목적 및 학위수여'를 목적으로 하는 학습은 형식학습이다. 비형식 학습은 특정한 영역의 목적을 추구하며, 공식적인 학위가 부여되지 않는다.

1396 ②  1397 ②

1398. 다음은 학습의 공식성과 형식성의 차원에 따라 학습유형을 분류하여 나타낸 것이다. '사내대학'의 학습결과가 공식학력으로 인정받게 되는 과정을 바르게 제시한 것은?
2008년 중등

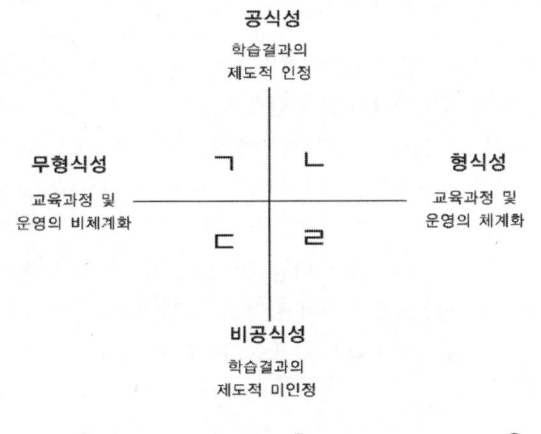

① ㄷ→ㄱ   ② ㄷ→ㄴ   ③ ㄹ→ㄱ   ④ ㄹ→ㄴ

■ 정답 및 해설
④ '사내대학'의 학습결과가 제도적으로 인정받지 못하였던 상황이 제도적으로 인정받는 상황으로 변화된 것을 의미한다. 한편, 교육과정 및 운영은 체계화되어 있었다는 점에서 형식성은 변화의 전이나 후 모두에서 존재하였던 것으로 볼 수 있다. 따라서 이 변화는 ㄹ→ㄴ의 과정으로 말할 수 있다.


1399. 평생교육 관련 개념에 대한 설명으로 적절하지 않은 것은?
2007년 유초등

① 무형식 학습은 정규 학교교육과 우연적 학습을 제외한 모든 형태의 학습이다.
② 성인기초교육은 학교교육을 받지 못했던 사람을 대상으로 하는 문해교육과 생활 기능 교육을 포함하는 삶의 기본교육이다.
③ 인적자원개발은 개인, 조직 및 경력 개발에 대한 내용을 포함하는 개념으로 기업뿐 아니라 국가적 수준에서도 이루어진다.
④ 지역사회교육은 지역 주민들의 성장, 지역 문제의 해결 및 지역사회의 발전을 위해 이루어지는 다양한 형태의 교육이다.

■ 정답 및 해설
① 형식 학습은 정규 학교교육으로, 무형식 학습은 우연적 학습으로 대표된다. 이렇게 볼 때, 비형식 학습은 정규 학교교육과 우연적 학습을 제외한 모든 형태의 학습이라고 말할 수 있다.

1398 ④   1399 ①

## 출포 450. 평생교육의 등장 배경

🌐 기본서 654쪽

**1400.** ㉠, ㉡에 들어갈 말로 옳은 것은?  2014년 국가직 7급

> 사회 변화에 따른 직업의 변화, 작업환경의 변화는 ( ㉠ )을 요청하고 있다. 과학기술의 발달, 경제적 여유, 노동시간의 단축 등으로 여가를 통해 자아실현을 추구하려는 경향이 나타나고 있다. 또 노령화 사회로 접어들면서 노인들의 적극적 사회경제활동 참여와 늘어난 노년기를 효율적이고 유익하게 보내려는 교육수요가 점증하고 있다. 이와 관련하여 1970년 유네스코는 장차 세계의 교육은 학교중심 교육에서 벗어나 ( ㉡ )의 방향으로 나아갈 것이므로 각국은 이를 교육제도 개혁과 교육정책 수립의 기본방향으로 잡아야 한다고 권고하였다. 이후 우리나라를 비롯한 세계 각국은 이것을 교육개혁의 목표로 추진하고 있다.

|   | ㉠ | ㉡ |   | ㉠ | ㉡ |
|---|---|---|---|---|---|
| ① | 취업교육 | 직업능력개발 | ② | 순환교육 | 노인교육 |
| ③ | 원격교육 | 지식정보화 | ④ | 계속교육 | 평생학습 |

■ 정답 및 해설

④ ㉠ 제시된 사회경제적 변화는 정규학교교육 이후에도 성인들이 수시로 다시 교육을 받을 수 있게 할 것을 요청하고 있다. 이와 같이, 성인이 정규학교를 졸업한 이후 직업적 능력 향상 및 자아실현을 위해 다시 교육을 받도록 하는 것을 '계속교육' 또는 '순환교육'이라고 한다.
㉡ 성인들의 교육적 수요 증가에 부응하여 1970년대 유네스코는 학교중심 교육에서 벗어나 '평생학습'의 방향으로 나아갈 것이 권고되고 있다.

**1401.** 평생교육의 중요성이 강조되는 사회적 배경으로 적절하지 않은 것은?  2006년 중등

① 지식과 정보가 폭발적으로 증가하고 있다.
② 지식의 생성과 소멸 주기가 짧아지고 있다.
③ 학력(學歷)을 중시하는 학력주의 사회로 나아가고 있다.
④ 다양한 직업이 등장하고, 평생직장의 개념이 약화되고 있다.

■ 정답 및 해설

③ 평생교육의 중요성이 강조되는 사회적 배경으로는 과학기술의 변화와 지식정보사회로의 전환 및 그로 인한 직업적 변화 등이 언급되고 있다.
한편, 학력(學歷)을 중시하는 학력주의 사회로의 진전은 고등교육에 대한 수요 증가 현상으로 나타난다.

1400 ④  1401 ③

## 출포 451. 평생교육의 개념

🔹 기본서 654~656쪽

**1402.** 평생교육체제의 특징에 대한 설명으로 옳지 않은 것은?

2013년 국가직 9급

① 인간의 통합적이고 유기적인 발달을 고려하여 여러 교육 간의 연계와 결합을 추구한다.
② 때와 상황에 따라 사회 전 영역에서 교육의 기회가 제공될 수 있어야 한다고 본다.
③ 지식, 인격, 이성이 변증법적으로 생성될 수 있다는 관점을 가지고 있다.
④ 교육은 문화 유산의 전달 수단이 되고, 인재선별의 기능을 한다.

### ■ 정답 및 해설

④ 평생교육은 개인과 사회의 삶의 질 향상을 추구하며, 모두에게 교육기회를 개방하고자 한다. 따라서 평생교육체제는 학교교육과 학교 밖 교육을 모두 인정하며, 이들을 통합하고자 한다. 다양한 교육여건을 조성하여 모든 학습자에게 교육받을 권리를 평등하게 보장하고자 한다. 특정한 기술이나 지식만을 전달하기 보다는 학습자들이 삶의 의미와 가치를 깨닫고, 전인격적으로 성장할 수 있도록 지원하는 데 초점을 둔다. 따라서, 문화유산의 전달이나 인재선별의 기능은 전통적인 학교교육에 국한된 기능이라고 보아야 할 것이지, 평생교육체제의 관점에서 본 교육의 기능이라고 보기 어렵다.

### 암기 POINT
- 평생교육의 기본적 성격

| 교육시기 연장 | 유아부터 노년까지 전생애 걸쳐 |
|---|---|
| 교육장 확대 | 학교 뿐 아니라 학교밖 교육도 통합 |
| 교육제도 개방 | 다양한 교육활동의 제도적 인정 |
| 삶의 질 향상 | 개인적, 사회적 차원의 삶의 질 향상 |

**1403.** 평생학습사회에 대한 설명으로 적절하지 않은 것은?  2010년 국가직 9급

① 사회자체가 변화에 대해 총체적이고 장기간에 걸친 자기혁신을 통해 새로운 생존방식을 추구하는 일련의 작동기제이다.
② 학습에 대한 결정이 주로 학습자들에게 위임되고, 모든 종류의 조직적, 비조직적 사회활동 속에서 일어나는 학습혁명의 사회이다.
③ 학습의 총량이 증대됨에 따라 해당 사회가 정체되지 않고 스스로 자기주도적 성장을 도모할 수 있는 여건을 조성하는 사회이다.
④ 사회가 학습해야 한다고 요구하는 것을 학습하고, 같은 연령의 학습자가 연령에 따라 단계적으로 표준화된 교육과정으로 학습하는 사회이다.

### ■ 정답 및 해설

④ 평생학습사회는 언제 어디서나 누구나 자신이 원하는 교육을 받을 수 있는 사회를 말한다. 평생학습사회에서는 연령에 따라 단계적으로 표준화된 교육과정을 학습하는 것이 아니라, 학습자 자신이 직면한 문제를 해결하는 데 필요한 개별화된 교육과정으로 학습하는 사회이다.

**1404.** 평생교육의 개념에 어긋나는 것은?   2007년 국가직 9급

① 평생교육은 개인적 차원 및 사회공동체 차원에서 인간의 '삶의 질' 향상을 목적으로 하고 있다.
② 평생교육은 계획적인 학습과 우발적인 학습을 모두 포함한다.
③ 평생교육에서는 발달과업의 학습을 중시한다.
④ 평생교육에서는 학교가 교육을 독점하는 것은 인정하나, 학교교육이 지니는 의미를 평생교육의 관점에서 찾으려 한다.

### ■ 정답 및 해설

④ 평생교육은 학교가 교육을 독점하는 것이 되어서는 안 되며, 모든 사람에게 교육 기회를 개방할 수 있도록 다양한 시간과 공간 속으로 교육이 확대되어야 한다고 본다. 이러한 관점에서 평생교육은 학교교육이 지니는 의미를 평생교육의 관점에서 찾으려 한다. 즉, 제시된 선지의 뒷부분은 옳은 진술이지만, 앞부분은 잘못된 설명이다.

## 출포 452. 평생교육 관련 개념들

◉ 기본서 654쪽

**1405.** 다음 글에서 설명하는 용어는?   2012년 국가직 9급

> ○ 조직 및 개인의 목표달성을 위하여 사람들의 직무관련 능력을 조직적으로 확장하는 수단이며, 행동변화를 목적으로 특정 기간 내에 실시하는 일련의 조직적 활동이다.
> ○ 개인, 집단 및 조직의 효율성 향상을 위한 훈련과 개발, 조직개발 및 경력개발을 통합한 의도적인 학습활동이다.
> ○ 개인의 성장과 개발, 조직의 성과향상, 지역사회의 개발과 발전, 국가의 발전과 국민복지의 향상을 달성하기 위한 조직화된 활동 또는 시스템이다.

① 인적자원개발     ② 직무분석
③ 조직혁신         ④ 총체적 질 경영(TQM)

### ■ 정답 및 해설

① 기업뿐 아니라 국가적 수준에서 이루어지는 생산성 향상을 위한 교육 및 훈련을 지칭하는 개념으로서, 직업능력 향상을 위한 훈련과 개발 및 조직개발과 경력개발을 포함하는 학습을 '인적자원개발'이라고 한다.

---

**암기 POINT**

• 평생교육 관련 개념

| 계속교육 | 성인이 학교로 돌아와 교육받는 것 |
| --- | --- |
| 순환교육 | 직업에 종사하는 성인이 수시로 재교육 |
| 사회교육 | 지역주민의 삶의 질 개선을 위한 교육 |
| 인적자원개발 | 기업이나 국가수준에서 생산성 향상을 위한 교육 및 훈련 |

1404 ④   1405 ①

1406. 우리나라의 인적자원개발정책에 관련된 설명으로 가장 적절하지 않은 것은?   2003년 중등

① 인적자원은 국민 개개인·사회 및 국가의 발전에 필요한 지식·기술·태도 등 인간이 지니는 능력과 품성이다.
② 인적자원개발은 인적자원을 양성 배분 활용하고, 이와 관련되는 사회적 규범과 네트워크를 형성하기 위한 제반 활동이다.
③ 인적자원개발정책은 국민의 삶의 질 향상과 국가경쟁력 강화에 이바지함을 목적으로 추진된다.
④ 인적자원개발에 대한 종합적 시책은 국가에서 마련해야 하나, 그에 필요한 행·재정적 지원은 민간이나 기업이 담당해야 한다.

■ 정답 및 해설
④ 2002년 제정된 「인적자원개발 기본법」에 따라 국가 및 지방자치단체의 정부는 국민의 삶의 질 향상과 국가경쟁력강화에 이바지하기 위하여 인적자원개발에 관한 중·장기 정책목표 및 방향을 설정하고, 이에 따른 인적자원개발기본계획을 세우고 추진하여야 한다.

## 출포 453. 평생교육 학습자의 이해

기본서 655쪽

1407. 평생교육 참여의 장애요인 중 크로스(Cross)가 분류한 세 가지 요인에 해당하지 않는 것은?   2024년 지방직 9급

① 기질적(dispositional) 요인
② 상황적(situational) 요인
③ 기관적(institutional) 요인
④ 정보적(informational) 요인

■ 정답 및 해설
④ 크로스(Cross)는 평생학습 참여 장애요인을 기질적 요인, 상황적 요인, 기관적(제도적) 장애요인으로 구분하여 설명하였다. 기질적 장애요인은 학습자로서 자신에 대한 태도, 자아상 및 학습에 대한 태도와 관련된다. 상황적 장애요인은 한 개인의 생활상황에 관련된 것으로 돈, 시간, 가사일, 회사업무 등이 해당된다. 기관적 장애요인은 성인학습자에게 학습기회를 제공하는 기관, 절차 및 정책들과 관련된 요인들을 말한다.
한편, 정보적 장애요인은 평생교육 기관이 사람들에게 학습기회에 관한 정보를 제대로 제공하지 못할 때 일어나는 장애요인으로, 다큰왈드와 메리엄(Darkenwald & Merriam)이 추가한 요인이다.

암기 POINT
• 평생교육의 장애요인(크로스)

| | |
|---|---|
| 상황적 요인 | 개인의 생활환경이나 조건(예. 시간부족) |
| 성향적 요인 | 자아와 학습에 대한 부정적 가치와 태도 (예. 자신감 부족) |
| 제도적 요인 | 학습을 지원하지 않는 정책이나 제도들 (예. 학교운영시간) |
| 정보적 요인 | 평생교육에 대한 정보 부족(예. 홍보) |

1406 ④   1407 ④

### 출포 454. 평생교육제도 모형

기본서 655~656쪽

**1408.** 다음 설명에 해당하는 평생교육제도 모형은? 　　2010년 중등

○ 사상적 기초는 개인주의이다.
○ 교육에 드는 비용은 학습자가 주로 부담한다.
○ 교육에 대한 국가 통제력은 약하다.

① 시장 모형　　② 통제 모형　　③ 복지 모형
④ 발전주의 모형　　⑤ 사회주의 모형

■ 정답 및 해설

① 평생교육 제도 모형은 교육활동에 대한 국가의 통제 수준과 평생학습비 부담의 주체에 따라 구분된다. 제시된 내용과 같이 교육비는 주로 학습자가 부담하며, 교육에 대한 국가 통제력은 약한 제도는 '시장 모형'에 해당한다.

**암기 POINT**

• 평생교육 제도 모형

|  |  | 교육비 부담 | |
|---|---|---|---|
|  |  | 사부담 | 공부담 |
| 국가의 통제 | 강함 | 통제 모형 | 사회주의 모형 |
|  | 약함 | 시장 모형 | 복지 모형 |

## O2. 평생교육 논의의 발전과정

### 출포 455. 유네스코의 평생교육 논의 : 렝그랑

기본서 656~657쪽

**1409.** 다음 설명에 해당하는 평생교육 문헌은? 　　2020년 국가직 9급

○ 국제교육의 해와 개발연대를 맞아서 전 세계적으로 보급되었다.
○ 평생교육 개념 확산에 크게 기여하였다.
○ 평생교육의 개념 정립보다는 평생교육의 대두 배경을 제시한 입문서로 볼 수 있다.

① 렝그랑(Lengrand)의 『평생교육에 대한 입문』
② 포르(Faure)의 『존재를 위한 학습』
③ 다베(Dave)의 『평생교육과 학교 교육과정』
④ OECD의 『순환교육 보고서』

■ 정답 및 해설

① '국제교육의 해'(1970)를 기념하여 전 세계적으로 보급되었으며, 평생교육 개념 확산에 크게 기여한 책은 렝그랑의 『평생교육에 대한 입문』이다. 렝그랑은 "인간은 태어나서 죽을 때까지 평생을 통해 교육받을 권리가 보장되어야 한다."는 의미에서

'평생교육(평생학습, lifelong learning)'이라는 용어를 제안하였다. 주요 내용은 평생교육의 구체적인 방법론을 제시하기 보다는 평생교육의 대두 배경을 제시한 것이다. 렝그랑이 제시한 평생교육의 대두 배경은 급속한 사회변화와 인구증가, 과학기술의 발달, 생활양식과 인간관계의 균형상실 등이다.

## 1410. 렝그랑(P. Lengrand)의 평생교육에 대한 견해와 가장 거리가 먼 것은?
*2018년 국가직 9급*

① 학교교육과 학교 외 교육의 시간적·공간적 분리를 강조한다.
② 개인에게 사회의 발전에 충분히 참여할 수 있게 하는 교육이다.
③ 평생을 통해 개인이 가진 다방면의 소질을 계속적으로 발전시키는 교육이다.
④ 급속한 사회변화와 인구증가, 과학기술의 발달, 생활양식과 인간관계의 균형상실 등이 그 필요성을 증가시킨 배경이다.

### ■ 정답 및 해설
① 렝그랑은 평생교육이 앎과 삶의 통합을 위한 교육이 되어야 한다고 강조하였다. 전통문화의 전달보다는 끊임없는 자기발전을 중시하고, 개인에게 사회 발전에 참여할 기회를 제공하는 데 중점을 두었다. 이를 위하여 학교교육과 학교 외 교육의 시간적·공간적 통합을 강조하였다.

**암기 POINT**
• 유네스코의 평생교육 보고서

| | |
|---|---|
| 렝그랑 (1965) | 평생교육이라는 개념 확산의 계기 |
| | 평생교육의 대두 배경 제시 |
| | '앎과 삶의 통합'을 위한 교육 강조 |
| 포르 (1972) | 새 교육의 방향으로 '학습사회' 제시 |
| | 학습사회의 학습은 '존재하기 위한 학습' |
| 다베와 스캐거 (1973) | 평생교육을 위한 교육개혁 방향 제시 |
| | 총체성, 통합성, 유연성, 민주성, 교육가능성 |

## 1411. 평생교육에 대한 설명으로 옳지 않은 것은?
*2016년 국가직 7급*

① 평생교육 논의가 본격화된 데에는 유네스코의 역할이 컸다.
② 유네스코는 평생교육의 기본적 성격을 교육시기의 연장과 교육장의 확대 등에서 찾으려 했다.
③ 우리나라 헌법은 국가의 평생교육 진흥 의무를 규정하고 있다.
④ 학교교육을 지원하는 데 주목적을 두고 지식과 이론 중심으로 교육대상을 선발하여 가르친다.

### ■ 정답 및 해설
④ 평생교육은 모두에게 평등한 학습기회를 제공할 수 있도록 교육의 시기를 연장하고, 교육의 장을 확대하며, 교육제도를 통합하고자 하는 교육의 새로운 방향을 제시하는 개념이다. 이를 위하여 학교교육 이외의 다양한 교육기회를 창출하고 학습자의 자발적인 요구를 바탕으로 실제적인 내용을 중심으로 교육한다.

1410 ① 1411 ④

난이도

**1412.** 평생교육에 대한 랑그랑(P. Lengrand)의 견해와 가장 부합하는 것은?

2006년 유초등

① 직업교육을 제외한 성인교육이다.
② 사회 전체가 교육의 기회를 제공한다.
③ 기존의 문화유산 전달을 주목적으로 한다.
④ 필요한 인재를 선발하고 배치하는 데 중점을 둔다.

■ 정답 및 해설

② 랑그랑은 "인간은 태어나서 죽을 때까지 평생을 통해 교육받을 권리가 보장되어야 한다."고 주장하였다. 이를 위하여 평생교육 시스템의 구축을 주장하였는데, 이것은 모든 교육의 형태를 유기적으로 통합하는 것을 의미한다. 수직적 차원에서는 전 생애를 통한 계속적인 교육을 위해 학교교육과 성인교육의 통합이 강조되었다. 수평적 차원에서는 계획적·의도적인 학습뿐만 아니라 우발적인 학습도 중시하였으며, 사회 전체가 교육의 기회를 제공할 수 있는 체제로 변화되어야 한다고 주장하였다.

◇ 오답 체크
① 기존의 성인교육에 대한 관점이다.
③, ④ 학교교육에 대한 설명이다.

### 기출플러스
- 랑그랑(P. Lengrand)의 평생교육에 관한 견해
 (2005년 중등)
  - 계획적·의도적인 학습뿐만 아니라 우발적인 학습도 중시한다. (O)
  - 교사의 권위에 의존하기보다는 학생의 주도성을 중시한다. (O)
  - 전통문화의 전달보다는 끊임없는 자기발전을 중시한다. (O)
  - 학교교육과는 분리된 형태의 성인교육을 중시한다. (×)

---

## 출포 456. 유네스코의 평생교육 논의 : 랑그랑 외

기본서 657쪽

난이도

**1413.** 다음은 유네스코의 21세기 국제교육위원회에서 제시한 21세기를 준비하는 4가지 학습이다. 이 내용을 담고 있는 보고서는?

2016년 국가직 9급

○ 알기 위한 학습(learning to know)
○ 행하기 위한 학습(learning to do)
○ 존재하기 위한 학습(learning to be)
○ 함께 살기 위한 학습(learning to live together)

① 만인을 위한 평생학습(Lifelong Learning for All)
② 학습 : 감추어진 보물(Learning : The Treasure Within)
③ 지구 지식경제에서의 평생학습(Lifelong Learning in the GlobalKnowledge Economy)
④ 순환교육 : 평생학습을 위한 전략(Recurrent Education:A Strategy for Lifelong Learning)

### 기출플러스
- 유네스코(UNESCO) 보고서 『학습: 내재된 보물』(1996)
 – 평생교육의 '네 가지 기둥'
 (2008년 유초등)
  - 알기 위한 학습 (learning to know) (O)
  - 존재하기 위한 학습 (learning to be) (O)
  - 행동하기 위한 학습 (learning to do) (O)
  - 활력화를 위한 학습 (learning to empower) (×)
  - 함께 살기 위한 학습 (learning to live together) (O)

1412 ②  1413 ②

■ 정답 및 해설

② 21세기를 준비하는 4가지의 학습 목표(알기, 행동하기, 존재하기, 함께 살기 위한 학습)를 제시한 보고서는 들로어(Delors)의 「학습: 감추어진 보물(Learning : The Treasure Within)」(1996)이다.

◇ 오답 체크

① 「만인을 위한 평생학습(Lifelong Learning for All)」은 OECD가 1996년에 발간한 보고서이다.
③ 「지구 지식경제에서의 평생학습(Lifelong Learning in the Global Knowledge Economy)」은 세계은행(World Bank)가 2003년 발간한 보고서이다.
④ 「순환교육 : 평생학습을 위한 전략(Recurrent Education:A Strategy for Lifelong Learning)」은 OECD에서 1973년에 발간한 보고서이다.

**암기 POINT**

- 들로어 보고서 : 21세기 교육의 4가지 기둥(목표)

| 알기 | 살아있는 지식 습득 |
|---|---|
| 행동하기 | 창조적 대응 능력 |
| 함께 살기 | 타인과의 공존, 협력 |
| 존재하기 | 개인의 전인적 발전 |

---

**1414.** 데이브(R. Dave)와 스캐거(R. Skager)가 제시한 평생교육의 개념적 특징 중 다음 글과 가장 관련이 있는 것은? 2011년 국가직 9급

> 최대의 학습효과를 올리기 위하여 자기주도학습을 도모하되, 이를 위하여 학습방법, 체험의 기회, 평가방법 등의 개선에 주목한다.

① 전체성(totality)
② 융통성(flexibility)
③ 기회와 동기부여(opportunity and motivation)
④ 교육 가능성(educability)

■ 정답 및 해설

④ 다베(Dave')와 스캐거(Skager)는 「평생교육과 학교 교육과정」(1973)이란 보고서를 통해 평생교육을 위한 교육개혁의 5가지 이념(목표)을 제시하였다. 총체성, 통합성, 유연성, 민주성, 교육가능성이 그것이다. 이 중 최대의 학습효과를 위해 자기주도학습 추구하며, 학습방법·체험의 기회·평가방법 등의 개선 노력을 강조하는 이념은 '교육가능성'이다. 참고로, 총체성은 학교 안과 밖의 교육 중시, 통합성은 교육기회의 수직적·수평적 통합, 유연성은 다양한 여건과 제도의 활용, 민주성은 모두에게 평등한 기회 제공을 의미한다.

1414 ④

**1415.** 다음은 평생교육의 발전에 공헌한 학자들의 주장이다. (가)~(다)에 들어갈 말을 올바르게 짝지은 것은?  `2011년 중등`

> ○ 랑그랑(P. Lengrand) : 「평생교육(L'éducation permanente)」(1965)을 통해 평생교육은 학습자가 필요로 할 때 언제든지 접근할 수 있어야 하며, (가) 이 통합된 학습을 지원하는 것을 강조하였다. 이를 위해 분절되었던 각 교육제도들을 연계하고 통합하는 사회적 시스템의 필요성을 역설하였다.
> 
> ○ 포르(E. Faure) : 「존재를 위한 학습(Learning To Be)」(1972)을 통해 새 시대 교육제도의 개혁방향으로 ' (나) 건설'을 제안하였다. 이 보고서는 초·중등 및 고등교육 제도와 교육의 틀을 개혁함으로써 교육의 지평을 넓힐 것을 강조하였다.
> 
> ○ 들로어(J. Delors) : 「학습 ; 그 안에 담긴 보물(Learning: The Treasure Within)」(1996)을 통해 21세기를 준비하는 네 개의 학습 기둥을 제시했다. 네 개의 학습 기둥은 알기 위한 학습, 행동하기 위한 학습, 존재하기 위한 학습, (다) 위한 학습이다.

|   | (가) | (나) | (다) |
|---|---|---|---|
| ① | 앎과 삶 | 학습사회 | 함께 살기 |
| ② | 여가와 노동 | 학습사회 | 성찰하기 |
| ③ | 여가와 노동 | 민주사회 | 함께 살기 |
| ④ | 여가와 노동 | 민주사회 | 성찰하기 |
| ⑤ | 앎과 삶 | 학습사회 | 성찰하기 |

■ 정답 및 해설

① (가) 랑그랑은 평생교육을 통해 '앎과 삶'이 통합된 학습을 지원할 것을 강조하였다.
(나) 포르는 기존의 학교 중심이 교육제도를 개혁함으로써 새 시대에 맞는 '학습사회'를 건설할 것을 제안하였다. 기존의 산업사회는 주로 사회적 지위나 권력, 물질적 부를 '소유하기 위한 학습'을 추구해온 반면, 새로운 학습사회에서는 끊임없이 성장하는 '존재가 되기 위한 학습'을 추구해야 한다고 주장하였다.
(다) 들로어는 21세기를 준비하는 교육의 목표를 '4가지 기둥'으로 제시하였다. 네 개의 학습 기둥은 알기, 행동하기, 존재하기, '함께 살기' 위한 학습을 의미한다. 함께 살기 위한 학습이란 공동체 속에서 타인과의 조화와 공존, 협력을 이끌어 낼 수 있는 능력의 학습을 의미한다.

1415 ①

## 출포 457. OECD의 평생교육 논의

🌐 기본서 658쪽

**1416.** 경제협력개발기구(OECD)에 의하여 구상된 혁신적 교육프로그램으로, 사회에 진출한 사람들을 다시 정규교육 기관에 입학하게 하여 재학습의 기회를 주는 교육은?     2021년 지방직 9급

① 계속교육  ② 생애교육
③ 성인교육  ④ 순환교육

■ 정답 및 해설
④ 경제협력개발기구(OECD)에 의해 제안된 개념인 '순환교육(recurrent education)'은 사회에 진출한 사람들을 다시 정규교육 기관에 입학하게 하여 재학습의 기회를 주는 교육을 의미한다.

◇ 오답 체크
① 계속교육(continuing education)은 19세기 말 미국에서 사용되기 시작한 용어로서, 학교교육을 마친 성인들이 직장에서 업무 수행능력을 향상시키기 위하여 학교교육에 돌아와 교육을 지속하는 것을 말한다.
② 생애교육(평생교육, lifelong education)은 탄생으로부터 죽음에 이르기까지 인간의 전 생애를 통해서 실시되는 계속적·종합적인 교육을 의미하는 개념으로 유네스코에서 렝그랑(P. Lengrand)이 제안한 개념이다.
③ 성인교육(adult education)은 유네스코에서 제안된 용어로서, 학교교육을 수료한 성인을 대상으로 하는 교육활동을 총칭하는 개념이다.

### 암기 POINT
• OECD의 평생교육 : 순환교육

| 배경 | 세계화, 정보화, 지식기반사회, 노령화 등 |
|---|---|
| 목적 | 성인의 생산성 및 고용가능성 증진 |
| 방법 | 직업-교육-여가에서의 학습이 상호보완적으로 연계되도록 교육체제를 통합 개편 |

**1417.** 경제협력개발기구(OECD)가 제안한 순환교육에 대한 설명으로 옳지 않은 것은?     2019년 지방직 9급

① 의무교육과 같은 정규교육 영역을 중심으로 제안한 전략이다.
② 사적 영역에서 이루어지고 있는 직무교육을 포함한다.
③ 교육은 개인의 전 생애 동안 순환적인 방법으로 배분될 수 있다고 가정한다.
④ 교육과 일, 자발적 비고용 기간, 은퇴가 서로 교차할 수 있다는 것을 기본 원리로 삼는다.

■ 정답 및 해설
① 순환교육은 의무교육과 같은 정규교육 과정을 마친 성인들을 대상으로 하는 교육 전략으로서, 직무능력 향상을 위해 일과 학습이 전 생애 동안 순환적으로 이루어질 수 있게 하는 것을 기본 원리로 한다.

1416 ④   1417 ①

1418. 다음 내용에 해당하는 평생교육 관련 개념은?   2008년 국가직 9급

- OECD가 1973년에 제안함.
- 핵심개념은 교육기회가 일생 전체에 걸쳐 있어야 함을 강조함.
- 학교교육을 마치고 직업생활에 종사하는 성인들에게 수시로 적절한 시기를 택하여 계속적인 재교육을 하는 것이 필요하다는 견해에서 비롯됨.
- 직업 – 교육, 일 – 여가를 교대로 반복하는 상호교환 작용을 전제하여 직업현장과 교육제도 및 방법의 근본적인 재개편을 요구하는 개념임.

① 교정교육
② 순환교육
③ 기업교육
④ 민중교육

### 정답 및 해설
② 경제협력개발기구(OECD)에 의해 제안된 개념으로서, 학교교육을 마치고 사회에 진출한 사람들을 다시 정규교육 기관에 입학하게 하여 계속적인 재교육의 기회를 제공하는 것을 의미하는 개념은 '순환교육'이다.

◇ 오답 체크
① 교정교육은 범죄자의 교정·교화하여 선량한 시민으로 복귀시키는 데 목적을 두고 실시하는 교육을 말한다.
③ 기업교육은 기업체에서 구성원의 지식, 기능, 태도, 행동을 변화시키기 위하여 실시하는 모든 교육을 말한다.
④ 민중교육은 덴마크의 그룬트비히(N.F.S. Grundvig)에 의해 창시된 개념으로, 경제·사회적으로 열악한 처지에 있는 민중을 대상으로 실시하는 교육을 말한다. 일반적으로 민중의 계몽과 사회변화를 그 목적으로 추구한다.

1419. 평생교육제도로서의 순환교육(recurrent education)에 대한 설명으로 잘못된 것은?   2008년 유·초등
① 유급 교육휴가제는 순환교육 제도 가운데 하나이다.
② 학교에서의 학습과 일터에서의 학습이 상호 보완적으로 이루어진다.
③ 유네스코(UNESCO)에서 저개발국의 교육 발전을 지원하기 위한 목적으로 제안하였다.
④ 경제협력개발기구(OECD)의 『순환교육 : 평생학습의 전략』 보고서 이후 순환교육의 개념이 널리 사용되었다.

### 정답 및 해설
③ 유네스코가 저개발국의 교육 발전을 지원하기 위한 목적으로 제안한 개념은 '평생교육'이다.

1418 ②  1419 ③

### 출포 458. 유럽연합의 평생교육 논의

기본서 658쪽

**1420.** 유럽연합(EU)의 최근 평생학습 동향과 가장 거리가 먼 것은?

2007년 국가직 9급

① 시민사회 형성을 위한 적극적 시민정신 육성
② 지식경제에 대응한 고용가능성 제고
③ 일반교양교육 강조
④ 인간에 대한 투자

■ 정답 및 해설
③ 유럽연합은 지식경제에 대응한 고용가능성 제고 및 시민사회 형성을 위한 적극적 시민정신 양성을 위한 인간에 대한 투자로서 평생교육을 강조하고 있다.


## 03. 평생교육의 방법론

### 출포 459. 노울즈의 안드라고지 이론

기본서 659~660쪽

**1421.** 노울즈(Knowles)가 강조하는 성인 학습자의 특징으로 옳지 않은 것은?

2021년 국가직 7급

① 사회적으로 풍부한 경험을 바탕으로 학습한다.
② 아동·청소년과 달리 내적 동기만이 학습의 원동력이 된다.
③ 사회적 지위와 역할에 따라서 학습 준비도가 결정된다.
④ 아동기의 수동적·의존적 자아개념에서 점차 주도적·독립적 자아개념으로 변화한다.

■ 정답 및 해설
② 성인학습자는 자신의 필요와 욕구에 따라 학습하는 자기도적 학습자이다. 따라서 학습의 원동력은 주로 외재적인 요인보다는 내재적인 요인에 의해 유발된다. 그렇다고 해서 주변 사람들의 칭찬이나 인정, 높은 성적, 상과 벌 등과 같은 외적 동기 요인이 전혀 영향을 미치지 않는 것이 아니므로, 내적 동기만이 학습이 원동력이 된다는 설명은 옳지 않다.

**암기 POINT**

• 노울즈의 안드라고지
 : 성인학습자의 특성

| | |
|---|---|
| 학습자관 | 자기주도적 존재 |
| 학습동기 | 주로 내재적 동기 |
| 학습경험 | 학습자의 경험이 중요한 자원 |
| 학습지향 | 실생활, 과업, 문제중심의 학습 |

1420 ③  1421 ②

**1422.** 평생교육에 이론적 기초를 제공한 학자와 그가 주장한 핵심개념이 올바르게 연결된 것은?  
2015년 지방직 9급

① 일리치(I.Illich) - 인간자본론
② 랑그랑(P.Lengrand) - 순환교육
③ 허친스(R.Hutchins) - 문화재생산이론
④ 놀스(K.Knowles) - 안드라고지(andragogy)

■ **정답 및 해설**
④ 노울즈는 안드라고지의 개념을 통해 성인학습의 특징을 설명하였다.
◇ **오답 체크**
① 일리치-탈학교론, ② 랑그랑-평생교육, ③ 허친스-학습사회론이 핵심개념이다.


**1423.** 성인학습(andragogy)의 특성으로 옳지 않은 것은?
2015년 국가직 7급

① 교과중심의 학습보다는 생활문제 중심의 학습을 선호한다.
② 성인의 경험은 계속 축적되며, 그 축적된 경험은 학습자원으로 활용된다.
③ 학습동기는 내재적인 요인보다 외재적인 요인에 의해 유발된다.
④ 교육자와 학습자의 협의를 통해 교육계획을 설정하고 학습내용을 평가한다.

■ **정답 및 해설**
③ 성인학습자는 자신의 필요와 욕구에 따라 학습하는 자기도적 학습자이다. 따라서 학습동기는 주로 외재적인 요인보다는 내재적인 요인에 의해 유발된다. 즉, 교사의 칭찬이나 성적, 상과 벌에 의한 동기화 보다는, 자기만족감, 자아존중감, 성취욕구 등 내재적인 요인에 의해 학습동기가 유발된다.


**1424.** 성인교육(andragogy)에 대한 설명으로 옳지 않은 것은?
2010년 국가직 9급

① 학습자의 경험을 유용한 교육자원으로 활용한다.
② 학습자가 자기 주도적이라는 것을 전제로 한다.
③ 현재의 실생활에 적용할 수 있도록 학습하게 하므로 성과지향적이다.
④ 문제중심학습보다는 과목중심학습을 추구한다.

■ **정답 및 해설**
④ 성인학습자는 현실세계에서 다양한 삶의 문제들을 해결해 나가기 위해 학습에 참여하는 경향이 있다. 따라서 성인교육에서는 과목중심 학습을 하기보다는 실생활에 적용할 수 있는 생활·과업·문제중심 학습을 하는 것이 바람직하다.

1422 ④  1423 ③  1424 ④

**1425.** 노울즈(M. Knowles)가 말한 안드라고지(andragogy)의 기본 가정에 해당하는 것을 모두 고르면?

2010년 유초등

ㄱ. 학습자의 학습 성향은 생활·과업·문제 중심적이다.
ㄴ. 학습은 내적 동기보다 외적 동기에 의해 이루어진다.
ㄷ. 학습자는 자신의 결정과 삶에 대하여 책임지려고 한다.
ㄹ. 학습자는 학습하기 전에 학습할 필요가 있는지 알고자 한다.
ㅁ. 학습자의 경험은 학습자원으로 중요하게 간주되지 않는다.

① ㄱ, ㄴ, ㄷ    ② ㄱ, ㄷ, ㄹ    ③ ㄴ, ㄷ, ㅁ
④ ㄷ, ㄹ, ㅁ    ⑤ ㄱ, ㄴ, ㄹ, ㅁ

■ 정답 및 해설

② ㄱ. 노울즈의 안드라고지에서 성인학습자는 지식과 이론을 학습하기 보다는 생활, 과업, 문제 중심적 학습을 하고자 하는 성향을 보인다.
　ㄷ. 성인학습자는 자기주도성을 가진 존재로 자신의 삶에 대해 스스로 결정하고 이를 책임지려 하는 성향을 보인다.
　ㄹ. 아동기의 학습에서는 학습자의 경험이 중요한 학습자원으로 간주되지 않지만, 성인학습자에게 있어서 경험은 중요한 학습자원으로 간주된다.

◇ 오답 체크

ㄴ. 노울즈의 안드라고지에서 성인학습자의 학습은 외적 동기보다는 내적 동기에 의해 주로 이루어진다.
ㅁ. 노울즈의 안드라고지에서 학습은 학습자의 삶과 실제, 문제에 기반하여 이루어지므로, 학습자의 경험은 학습자원으로 중요하게 간주된다.

기출플러스
- 노울즈의 자기주도적 학습 (2005년 중등)
- 초인지 학습전략을 적용한다. (O)
- 성인을 위한 학습전략으로 시작되었다. (O)
- 개별학습 또는 협동학습 방법을 사용한다. (O)
- 학습자가 학습의 주도권을 가지나 평가는 교사가 한다. (×)

## 출포 460. 린드만의 성인학습 이론

기본서 660쪽

**1426.** 성인학습에 대한 린드만(Lindeman)의 설명으로 옳지 않은 것은?

2023년 지방직 9급

① 성인학습자의 개인차는 나이가 들수록 감소한다.
② 경험은 성인학습의 중요한 자원이다.
③ 토론은 성인교육의 실천적 방법이다.
④ 성인학습은 삶 혹은 현장 중심적이다.

■ 정답 및 해설

① 린드만은 듀이의 경험이론을 성인교육에 적용한 학자이다. 즉, 린드만은 성인교육을 삶, 생활, 생애의 관점에서 파악하며, 변화하는 환경에 끊임없이 적응하면서 성

1425 ②　1426 ①

장해 나가는 것이 삶이자 생활이자 학습이라고 본다. 즉 인간은 끊임없이 다른 존재가 되고자 하는 성장의 본능에 이끌려 학습을 지속한다.

이러한 맥락에서 성인 학습은 삶 혹은 현장 중심적이며, 이와 같은 학습에서 학습자의 경험은 중요한 자원이 된다. 학습자의 경험은 삶의 과정을 통해 축적되므로, 학습자의 개인차는 나이가 들수록 증가하게 된다.

## 출포 461. 메지로우의 전환학습 이론

기본서 660~662쪽

**1427.** 다음 설명에 해당하는 성인학습 유형은?   2017년 국가직 7급

> ○ 개인이 주변 현실을 지각하고, 이해하고, 느끼는 방식에 대한 극적이고 근본적인 변화에 관한 학습이다.
> ○ 기존에 겪은 경험의 의미를 재해석하고 새로운 의미를 만들어가는 비판적 성찰을 필수적인 과정으로 본다.
> ○ 주장에 대한 논쟁과 증거를 검토하는 담론 과정과 학습에서 습득한 결과를 행동으로 옮기는 과정을 중시한다.

① 자기주도학습(Self-directed learning)
② 상황학습(Situated learning)
③ 우연학습(Incidental learning)
④ 전환학습(Transformative learning)

■ 정답 및 해설

④ 개인이 주변 현실을 지각하고 이해하고 느끼는 일정한 방식을 근본적으로 변화시키는 학습을 일컬어 메지로우는 전환학습(transformational learning)이라고 하였다. 전환학습의 과정은 경험의 비판적 성찰을 핵심 과정으로 한다. 즉 경험을 해석하는 기존의 신념과 가치를 비판적으로 검토하고 새로운 관점을 행동으로 옮기는 과정을 통한 변화를 추구한다.

◇ 오답 체크

① 자기주도학습은 타인의 도움없이 학습자 스스로 학습요구를 진단하고, 학습목표를 설정하며, 학습자원을 선택하고, 학습전략을 수립하여 학습을 실행하며, 자신의 학습을 평가하는 학습을 말한다.
② 상황학습은 지식이 활용되는 상황 맥락을 제시하고 그 맥락 속에서 정보를 찾고 문제를 해결해가면서 지식을 형성해가도록 함으로써 실제적 지식의 습득 및 적용 능력을 향상시키는 학습을 말한다.
③ 우연학습은 어떤 것을 학습하고자 하는 의도나 동기 없이 무의도적으로 일어나는 학습으로서, 우발학습 또는 무의도 학습이라고도 한다.

1427 ④

**1428.** 평생교육에서 강조하는 학습이론과 그 이론을 주창하고 체계화한 학자를 바르게 연결한 것은?  2008년 국가직 7급

① 의식화학습(conscientization) - 콜브(Kolb)
② 자기주도학습(self-directed learning) - 애들러(Adler)
③ 경험학습(experiential learning) - 피터스(Peters)
④ 전환학습(transformative learning) - 메지로우(Mezirow)

■ 정답 및 해설
④ 평생교육에서 강조하는 학습이론은 주로 성인의 학습과정에 대해 다루고 있다. 삶에서의 경험을 다른 사람들과 공유하고 비판적으로 성찰함으로써 삶에 대한 관점을 근본적으로 전환하는 과정을 강조하는 전환학습 이론을 주장한 학자는 메지로우이다.

◇ 오답 체크
① 의식화학습 이론은 프레이리가 주창하였다.
② 자기주도학습 이론은 노울즈가 체계화하였다.
③ 경험학습 이론은 콜브가 체계화하였다. 콜브는 경험을 학습을 위한 원천으로 보고, 경험에 기초한 학습의 과정을 이론적으로 설명하였다. 그에 따르면, 경험학습의 과정은 네 가지 학습의 순환 과정으로 설명된다. 실제적 경험을 관찰하고 판단하는 구체적 경험(Concrete Experience : CE)의 단계, 다양한 관점에서 구체적 경험을 반추하는 성찰적 관찰(Reflective Observation : RO)의 단계, 성찰적 관찰을 일반화하고 원리로 체계화하는 추상적 개념화(Abstract Conceptualization : AC)의 단계, 추상적 이론을 다른 구체적인 상황에서 행동/실천으로 검증하는 능동적 실험(Active Experimentation : AE)의 단계로 나아간다. 또, 학습의 순환과정을 통해 경험을 포착하고 변형해 가면서 서로 다른 양상의 지식이 형성된다.

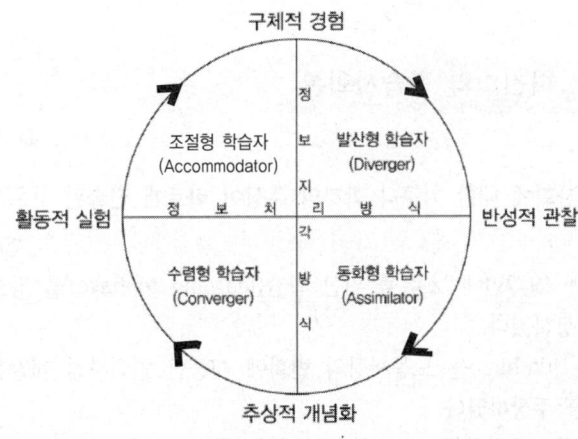

**1429.** 성인학습 이론 중 다음의 특성에 가장 부합되는 이론은?  `2008년 중등`

> ○ 경험, 비판적 성찰, 발달이 핵심 요소이다.
> ○ 학습자의 내부에서 발생하는 인지적 과정을 집중적으로 규명한다.
> ○ 자신을 구속하는 자기 신념, 태도, 가치로부터 자신을 해방시킨다.

① 실천학습(action learning)
② 경험학습(experience learning)
③ 전환학습(transformative learning)
④ 자기주도학습(self-directed learning)

■ **정답 및 해설**
③ 경험에 대한 비판적 성찰과 새로운 관점의 행동을 통한 발달을 핵심 요소로 하며, 학습자의 신념, 태도, 가치의 변화를 통해 자신을 해방키는 학습을 일컬어 '전환학습'이라고 한다.

◇ **오답 체크**
① 실천학습(액션러닝)은 '행동을 통해 배운다(learning by doing)'는 원리에 기초를 두는 학습으로서, 학습자집단이 조직이 직면하는 현실적인 문제들을 해결가는 과정에서 일어나는 학습을 의미한다. 인적자원개발 및 직업훈련 분야에서 사용되는 액션러닝은 교육과 업무가 분리되지 않고 함께 이루어질 수 있으며, 개인 학습과 팀 학습을 동시에 할 수 있다는 장점이 있다. 더 나아가 조직의 현실적인 문제들을 해결하는 데에도 도움이 된다.

### 출포 462. 허친스의 학습사회론

기본서 661쪽

**1430.** 학습사회에 대한 기구나 학자의 주장이 바르게 진술된 것은?  `2007년 유초등`

① 유네스코는 1972년에 '소유를 위한 학습(learning to have)'을 강조하는 학습사회를 주장하였다.
② 허친스(R. Hutchins)는 노동시장의 변화에 대응한 인적자원 개발을 강조하는 학습사회를 주장하였다.
③ 카네기 고등교육위원회는 1973년에 직업교육보다 개인의 자아실현을 강조하는 학습사회를 주장하였다.
④ 일리치(I. Illich)는 학습자원을 쉽게 활용할 수 있도록 지역 차원의 연계된 학습망에 기초한 학습사회를 주장하였다.

1429 ③  1430 ④

■ 정답 및 해설
④ 일리치는 산업사회의 학교교육의 한계를 신랄하게 비판하면서, 교육체제를 학습자원의 공유와 활용에 초점을 두고 지역 차원의 연계된 학습망에 기초한 학습사회로 재편할 것을 주장하였다.

◇ 오답 체크
① 유네스코는 1972년 포르 보고서를 통해 '존재를 위한 학습(learning to be)'을 강조하는 학습사회를 주장하였다.
② 허친스는 합리적 지성의 계발을 통해 인간다움을 실현하는 것을 교육의 목적으로 보고, 이를 위해 교양교육을 강조할 것을 주장하였다. 또, 이러한 맥락에서 모든 사회 구성원에게 자유로운 학습 기회를 제공하는 학습사회를 주장하였다.
③ 카네기 고등교육위원회는 1973년에 제시한 고등교육 개혁안을 통해 직업교육 뿐 아니라, 개인의 자아실현도 함께 강조하는 학습사회를 주장하였다.

## 출포 463. 일리치의 탈학교론 B

기본서 661~662쪽

**1431.** 의무교육의 대안으로 '학습망(learning web)'이라는 개념을 제시한 학자는?  2023년 지방직 9급
① 영(Young)
② 일리치(Illich)
③ 지루(Giroux)
④ 프레이리(Freire)

■ 정답 및 해설
② 의무교육을 해체하고 그 대안으로 '학습망'에 기초한 학습사회 건설을 주장한 학자는 일리치이다.

◇ 오답 체크
① 영은 지식사회학을 교육과정 연구에 도입할 것을 주장한 학자이다
③ 지루는 비판이론에 기초하여 교육사회학을 연구한 학자로서, 학교에서 비판적 저항 이데올로기를 구축할 것을 주장하였다.
④ 프레이리는 비판적 관점에서 성인문해교육을 연구한 학자로서, 은행예금식 교육을 비판하고 문제제기식 교육을 통해 의식화 교육을 추구할 것을 주장하였다.

### 암기 POINT
• 일리치의 탈학교론

| | |
|---|---|
| 문제 의식 | 의무교육제도는 학교와 교육을 동일시 학교는 학습을 증진하는 제도가 아님 |
| 개혁 방향 | 의무교육제도 폐지, 학습망에 기초한 학습사회 구성 주장 |
| 학습 망 | 누구나 언제든지 학습자원을 쉽게 활용할 수 있도록 지역적으로 연계된 네트워크 학습자, 학습자료, 동료, 교육자를 연결 |

1431 ②

**1432.** 일리치(Illich)의 탈학교론에 대한 설명으로 옳은 것은? `2021년 국가직 7급`

① 1990년대 초 학교교육에 대한 비판과 함께 처음 등장하였다.
② 학습망(learning webs)을 통한 의무교육의 실현을 제안하였다.
③ 학교제도 자체의 폐지를 주장하지는 않았다.
④ 학습이 학교에 의해서만 이루어지는 것은 아니며, 학교가 반드시 학습의 증진을 가져다 주는 것도 아니라고 강조한다.

■ **정답 및 해설**

④ 일리치는 의무교육 제도가 학교에 다니는 일과 학습을 하는 일을 동일시하는 '학교화'를 통해 사람들에게 스스로 성장할 힘을 포기시키는 일종의 '정신적 자살'을 강요해 왔다고 비판한다. 일리치는 학습이 학교에 의해서만 이루어지는 것은 아니고, 학교가 반드시 학습의 증진을 가져다주는 것도 아니라고 강조하면서 대안적 교육체제 건설을 주장하였다.

**1433.** 다음과 같이 주장한 사람은? `2015년 국가직 9급`

> ○ 학습이 학교에 의해서만 이루어지는 것은 아니고, 학교가 반드시 학습의 증진을 가져다주는 것도 아니다.
> ○ '조작적 제도'에 대치되는 것으로 '상호친화적 제도'를 만들어야 한다.
> ○ 기존의 학교제도를 대신해 '학습을 위한 네트워크'를 만들어야 한다.

① 일리치(I. Illich)
② 라이머(E. Reimer)
③ 프레이리(P. Freire)
④ 슈타이너(R. Steiner)

■ **정답 및 해설**

① 기존의 학교제도를 '조작적 제도'라고 비판하면서, 기존의 학교제도를 대신할 '상호친화적 제도'로서 '학습을 위한 네트워크'를 만들 것을 주장한 사람은 일리치이다.

◇ **오답 체크**

② 라이머는 『학교는 죽었다』(1982)라는 책을 통해 국가가 학교를 독점하면서 학교가 사회의 모든 가치와 규범을 규정하는 재판소나 교회와 같은 기능을 하고 있다고 본다. 학교는 인간의 잠재력을 성장시키는 본래의 사명을 상실하였다는 의미에서 학교는 죽었다고 비판한 것이다.
④ 슈타이너는 발도르프 학교의 창시자로서, 인지적 영역에 치우친 교육에 반대하고, 신체와 정신적 성장에 맞춘 의지, 감각, 사고의 조화로운 발달을 통한 전인교육을 추구하였다. 발도르프 학교는 전인교육을 위한 에포크(주기집중) 수업, 성적이 없는 성적표, 교과서 없는 수업 등을 특징으로 한다.

1432 ④  1433 ①

**1434.** 일리치(I. Illich)는 탈학교사회에서 실행할 수 있는 4가지 학습통로 또는 학습교환 방법을 '학습의 기회망'이라는 개념으로 설명하고 있다. 이에 해당되지 않는 것은?　　　　　　　　　2008년 국가직 9급

① 학습에 필요한 정보나 자료를 도서관, 박물관, 극장, 농장, 공장, 공항 등에 비치하여 원하는 사람에게 제공한다.
② '기술보유 인명록'을 제작, 비치하여 기술보유자와의 접촉방법, 기술 제공에 필요한 조건 등을 알려줌으로써 기술교환,기술공유를 활성화시킨다.
③ 다양한 분야의 활동기록을 축적, 보존하여 해당 영역에서 탐구의 동료를 찾고자 하는 이들을 위한 의사소통망을 형성한다.
④ 정부 혹은 지방 공공단체가 '교육비 지불 보증서'를 발급해 줌으로써 원하는 교육기관을 자유롭게 선택하게 하고 교육비 부담도 덜어주는 지원역할을 담당하도록 한다.

■ **정답 및 해설**
④ 정부 혹은 지방 공공단체가 발급하는 '교육비 지불 보증서'를 '교육 바우처'라고 한다. 교육 바우처 발급을 통해 수요자의 교육비 부담도 덜어주면서도 교육기관의 선택을 자유롭게 해 주어야 한다고 주장하는 쪽은 밀턴 프리드만의 경제학 이론에 기초한 신자유주의 학자들이다.

◇ **오답 체크**
4가지 학습통로 중 ① '학습자료', ② '기술교환', ③ '학습동료'에 관한 설명이다.


**1435.** 다음 내용을 공통으로 포함하는 개념과 그 개념을 제안한 학자로 옳은 것은?　　　　　　　　　2013년 중등

> ○ 학습자가 학습에 필요한 자료에 쉽게 접근할 수 있도록 한다.
> ○ 함께 학습하기를 원하는 학습동료를 쉽게 찾을 수 있도록 지원한다.
> ○ 학습자가 원하는 전문가, 준전문가, 프리랜서 등 교육자들의 인명록을 갖추어 놓는다.
> ○ 기능을 가지고 있는 사람들의 인명록을 비치하여 기능 교환이 이루어질 수 있도록 한다.

① 학습망(learning webs) - 일리치(I. Illich)
② 학습망(learning webs) - 프레이리(P. Freire)
③ 학습망(learning webs) - 허친스(R. Hutchins)
④ 학습공동체(learning community) - 프레이리(P. Freire)
⑤ 학습공동체(learning community) - 허친스(R. Hutchins)

1434 ④　1435 ①

■ 정답 및 해설

① 학습자가 학습자료, 학습동료, 교육자, 기능교환에 접근할 수 있는 '학습망'을 구축함으로써 스스로 성장할 수 있도록 돕는 학습사회를 구축할 것을 주장한 학자는 '일리치'이다.

**1436.** 일리치(Illich), 라이머(Reimer) 등이 제기한 탈학교론의 주장에 가장 가까운 것은?　　　　2002년 유초등

① 학교 교육을 통한 국가 발전의 약속은 제3세계에서나 실현될 수 있다.
② 학교 교육을 통한 성공의 신화를 깨기 위하여 학교 교육을 해체하여야 한다.
③ 학교 사회에서의 폭력이나 소외는 교육의 순기능을 능가하는 부작용을 낳고 있다.
④ 정보 통신 기술을 활용하는 개별 학습이 일반화되면서 학교체제는 존립 위기에 처해 있다.

■ 정답 및 해설

② 일리치와 라이머 등이 제기한 탈학교론에서는 학교교육이 학습을 성공적이게 한다는 주장은 조작된 신화일 뿐이며, 진정한 학습을 되살리기 위해서는 학교를 해체하여야 한다고 주장한다.

## 출포 464. 프레이리의 의식화 이론

◉ 기본서 662쪽

**1437.** 다음에 해당하는 학자는?　　　　2021년 국가직 7급

○ 기존의 교육을 은행예금식 교육으로 비유하면서, 기존의 교육이 피억압자들을 수동적으로 만들고 비인간화한다고 비판한다.
○ 대화의 교육방식을 통해 불평등한 사회구조를 타파하고 인간해방을 지향하는 문제제기식 교육을 할 것을 주장한다.

① 지루(Giroux)　　② 프레이리(Freire)
③ 애플(Apple)　　④ 잭슨(Jackson)

**암기 POINT**
• 프레이리의 의식화 이론

| 문제의식 | 기존의 학교교육은 '은행예금식 교육', '침묵의 문화' 형성 |
| 개혁방향 | 대화적 관계를 통해 학습자를 의식화하고 사회변화에 참여하게 하는 '문제제기식 교육' 교육 필요 |
| 문해교육 | 일상적 용어 활용을 통해 자신의 삶 성찰, 비판적 의식 형성 |

■ 정답 및 해설

② 프레이리는 기존의 교육은 학생들에게 지식을 수동적으로 수용하게 하여 침묵의 문화를 만드는 교육이므로 '은행예금식 교육'이라고 명명하였다. 피억압자들을 위한 진정한 교육은 교사와 학습자의 대화적 관계 형성을 통해서 사회의 억압적 구조를 타파하고 인간해방을 지향하는 '문제제기식 교육'이 되어야 한다고 주장하였다.

1436 ②　1437 ②

**1438.** 다음 내용과 관련이 있는 학자는?

2017년 지방직 9급

○ 문해교육에서는 성인 각자의 삶이 반영된 일상 용어를 활용해야 효과적이다.
○ 진정한 교육은 학습자가 탐구(inquiry)와 의식적 실천(praxis) 활동을 하는 것이다.
○ 교육은 주어진 지식을 전달하는 은행저금식이 아니라 문제제기식으로 이루어져야 한다.

① 일리치(I. Illich)
② 프레이리(P. Freire)
③ 노울즈(M. Knowles)
④ 메지로우(J. Mezirow)

■ 정답 및 해설
② 기존의 학교교육을 '은행저금식 교육'으로 규정하고 대안적 교육으로서 '문제제기식 교육'을 주장한 학자는 프레이리이다. 프레이리는 진정한 교육은 학습자로 하여금 자신의 삶에 대한 비판적으로 탐구하며 의식적 실천(프락시스)을 통해 사회구조 변화와 인간해방을 추구하는 것이라고 보았다. 이러한 관점에서 문해교육은 성인 각자의 삶에 반영된 일상 용어를 활용하는 것으로 시작하며, 자신의 삶에 대한 비판적 탐구와 실천으로 나아가게 하는 것이 효과적이라고 보았다.

◇ 오답 체크
① 일리치의 탈학교론은 기존의 학교교육을 학습연결망으로 대체할 것을 주장하였다.
③ 노울즈는 성인 학습자의 특성을 설명하면서 자기주도학습의 개념을 체계화하였다.
④ 메지로우는 학습자가 자신의 삶을 해석하는 관점을 근본적이고 극적으로 전환하는 학습인 전환학습에 관한 이론을 제시하였다.


**1439.** 프레이리(P. Freire)의 문제제기식 교육에 대한 설명으로 옳지 않은 것은?

2011년 중등

① 학생은 비판적으로 사고하는 사람으로 육성되어야 한다고 하였다.
② 학생의 탐구를 막는 것은 마치 폭력을 행사하는 것과 같다고 본다.
③ 학생에게 지식을 수동적으로 축적하게 하는 교육 방식을 비판하였다.
④ 학교에서는 경쟁을 통해 사회 적응력을 키우는 교육을 해야 한다고 본다.
⑤ 학생이 역사적 맥락에서 자신의 삶을 파악할 수 있게 교육하는 것이 중요하다고 본다.

■ 정답 및 해설
④ 문제제기식 교육은 교사와 학습자의 대화적 관계를 통해 학습자 스스로 억압의 요소를 깨닫고 의식화 과정을 통해 사회 변화에 참여하게 하는 교육을 말한다. 경쟁을 통해 사회 적응력을 키우는 교육은 기존 사회의 불평등한 질서에 순응하는 인간을 길러내는 교육이므로 문제제기식 교육과는 거리가 멀다.

1438 ② 1439 ④

# 2. 평생교육의 실제

## 01. 평생교육법의 기초

**출포 465. 평생교육의 개념과 영역**

기본서 664~665쪽

**1440.** 「평생교육법」상 (가), (나)에 들어갈 말을 바르게 연결한 것은?

2024년 지방직 9급

> "평생교육"이란 학교의 정규교육과정을 ┌(가)┐ 학력보완교육, 성인 문해교육, 직업능력 향상교육, 성인 진로개발역량 향상교육, 인문교양교육, 문화예술교육, 시민참여교육 등을 포함하는 모든 형태의 ┌(나)┐ 교육활동을 말한다.

|   | (가) | (나) |   | (가) | (나) |
|---|---|---|---|---|---|
| ① | 포함한 | 조직적인 | ② | 포함한 | 비조직적인 |
| ③ | 제외한 | 조직적인 | ④ | 제외한 | 비조직적인 |

### 암기 POINT
· 평생교육의 개념(법 제2조)

| 개념 | 정규교육과정을 제외한 모든 형태의 조직적인 교육활동 |
|---|---|
| 주요 영역 | 학력보완교육, 성인문해교육, 직업능력향상교육, 성인진로개발역량향상교육, 인문교양교육, 문화예술교육, 시민참여교육 등 |

■ 정답 및 해설
③ 우리나라의 「평생교육법」에서는 "평생교육"을 학교의 정규교육과정을 '제외한' 모든 형태의 '조직적인' 교육활동으로 정의한다. 이는 학교교육과 평생교육을 구분하여 그것의 관리주체와 운영의 원칙 등을 따로 적용하기 위한 것이다.

**1441.** 평생교육의 6대 영역 중 인문교양교육에 해당하는 것은?

2020년 지방직 9급

① 건강심성 프로그램
② 시민참여활동 프로그램
③ 생활문화예술 프로그램
④ 레저생활스포츠 프로그램

■ 정답 및 해설
① 평생교육의 6대 영역 중 인문교양교육은 전인적인 성품과 소양을 개발하고 배움 자체를 목적으로 하는 교육 프로그램을 말한다. 제시된 답지 중 이에 해당하는 프로그램은 '건강심성 프로그램'이다.
◇ 오답 체크
②는 시민참여 교육, ③와 ④는 문화예술 교육에 해당한다.

1440 ③  1441 ①

## 1442. 다음은 평생교육법 조항의 일부이다. 괄호 안에 공통으로 들어가는 말은?

2015년 국가직 9급

> 제2조(정의) 이 법에서 사용하는 용어의 정의는 다음과 같다.
> 1. "평생교육"이란 학교의 정규교육과정을 제외한 학력보완교육, 성인 (　　)교육, 직업능력향상교육, 인문교양교육, 문화예술교육, 시민참여교육 등을 포함하는 모든 형태의 조직적인 교육활동을 말한다.
> 제39조 … ① 국가 및 지방자치단체는 성인의 사회생활에 필요한 (　　)능력 등 기초능력을 높이기 위하여 노력하여야 한다.

① 취업
② 문자해득
③ 의사소통
④ 정보통신

### ■ 정답 및 해설

② 「평생교육법」에서 제시하는 평생교육의 영역에는 학력보완교육, 성인 문자해득교육, 직업능력 향상교육, 성인 진로개발역량 향상교육, 인문교양교육, 문화예술교육, 시민참여교육 등이 포함된다. (2023. 6. 13. 개정)
성인 문자해득교육은 성인의 사회생활에 필요한 문해능력 등 기초능력을 높이기 위한 교육을 말한다.

### 기출플러스

- 평생교육의 유형
  - 기능문해교육
    (2004년 유초등)

저개발국 발전을 위한 교육사업으로 시작되었으며, 교육을 제대로 받지 못한 사람들에게 일상생활에 필요한 기초능력을 두루 갖추게 하자는 데 그 의의가 있다. 최근에는 성인 기초교육이라는 말로도 사용되고 있다.

## 1443. 다음의 평생교육법 내용에 관한 진술 중 옳은 것으로만 묶인 것은?

2007년 중등

> ㄱ. 학원의 설립 및 운영에 관한 사항을 규정하고 있다.
> ㄴ. 직장인의 재교육을 위한 학습휴가제를 도입하고 있다.
> ㄷ. 국가가 평생교육을 진흥해야 할 법률적 근거를 마련하고 있다.
> ㄹ. 평생교육은 가정교육, 학교교육, 사회교육을 포함한 모든 형태의 조직적인 교육활동이다.

① ㄱ, ㄴ
② ㄱ, ㄹ
③ ㄴ, ㄷ
④ ㄷ, ㄹ

### ■ 정답 및 해설

③ ㄴ. 평생교육법에서는 국가·지방자치단체와 공공기관의 장 또는 각종 사업의 경영자가 소속 직원에게 유·무급의 학습휴가제를 실시할 수 있도록 하고 있다.
ㄷ. 평생교육법은 헌법에 규정된 국가의 평생교육 진흥 의무를 구체화하는 법률이다.

◇ 오답 체크
ㄱ. 학원의 설립 및 운영에 관한 사항을 규정하고 있는 법률은 「학원의 설립·운영 및 과외교습에 관한 법」이다.
ㄹ. 「평생교육법」에 규정된 평생교육은 '학교의 정규 교육과정을 제외한 모든 형태의 조직적인 교육활동'으로서 가정교육과 학교교육은 포함하지 않는다.

1442 ②　1443 ③

**1444.** 우리나라 평생교육법의 특징을 바르게 지적한 것은?   2002년 유초등

① '사회교육법'의 상위 법률로 제정되었다.
② 교육기본법과 대등한 지위를 지니고 있다.
③ 원격 대학에 관한 조항을 포함하고 있지 않다.
④ 학교와 대학 교육 외의 교육에 대하여 규정하고 있다.

■ 정답 및 해설
④ 「평생교육법」에서는 평생교육을 '학교의 정규 교육과정을 제외한 모든 형태의 조직적인 교육활동'으로 정의하고 있다.
◇ 오답 체크
① 1999년 「사회교육법」이 「평생교육법」으로 개정되었다.
② 「교육기본법」이 상위법이다.
③ '원격대학 형태의 평생교육시설'에 관한 규정이 있다.

### 출포 466. 평생교육의 이념 (제4조)

기본서 664~665쪽

**1445.** 평생교육법 제4조에 규정된 평생교육의 이념에 해당하지 않는 것은?   2017년 국가직 7급

① 일정한 평생교육 과정을 이수한 자에게는 그에 상응하는 자격 및 학력 인정 등 사회적 대우를 부여하여야 한다.
② 평생교육은 학습자의 자유로운 참여와 자발적인 학습을 기초로 이루어져야 한다.
③ 평생교육은 정치적·개인적 편견의 선전을 위한 방편으로 이용되어서는 아니 된다.
④ 평생교육은 학습자의 필요와 실용성을 존중하여야 한다.

■ 정답 및 해설
④ 「평생교육법」 제4조에서 규정하는 평생교육의 이념은 기회균등, 자발성, 중립성, 사회적 대우에 관한 것이다. ①은 사회적 대우, ②는 자발성, ③은 중립성에 대한 규정이다. 기회균등의 이념에 대해서는 '모든 국민은 평생교육의 기회를 균등하게 보장받는다.'라고 규정하고 있다.

---

**암기 POINT**

• 평생교육의 이념(법 제4조)

| 기회균등 | 모든 국민에게 교육기회 균등 보장 |
|---|---|
| 자발성 | 자유로운 참여와 자발적 학습에 기초 |
| 중립성 | 정치적·개인적 편견의 선전에 이용 × |
| 사회적 대우 | 평생교육이수자에게 자격 및 학력 인정 |

1444 ④   1445 ④

## 출포 467. 평생교육사

> 기본서 671~672쪽

**1446.** 다음 중 우리나라의 현행 평생교육사 제도에 대한 설명으로 옳은 것만을 모두 고르면?

2021년 국가직 9급

> ㄱ. 평생교육사의 등급은 1급부터 3급까지로 구분한다.
> ㄴ. 평생교육사 2급은 대학 수준에서, 평생교육사 3급은 전문대학 수준에서 각각 양성한다.
> ㄷ. 「학점인정 등에 관한 법률」에 따라 평가인정을 받은 학습과정을 운영하는 교육훈련기관에서도 평생교육사 자격 취득에 필요한 학점을 이수할 수 있다.

① ㄱ
② ㄱ, ㄷ
③ ㄴ, ㄷ
④ ㄱ, ㄴ, ㄷ

### ■ 정답 및 해설

② 평생교육사 2급은 대학원 수준에서, 평생교육사 3급은 대학 수준에서 각각 양성한다. 다만, 대학이나 대학원과 같은 수준 이상의 학력이 있다고 인정되는 기관, 평생교육사 양성기관, 학점은행기관에서 평생교육 관련 교과목을 일정 학점 이상 이수한 사람에게도 자격이 주어진다.

**암기 POINT**

• 평생교육사(법 제24~27조)

| | |
|---|---|
| 정의 | 평생교육의 기획·진행·분석·평가 및 교수업무를 수행하는 전문 인력 |
| 자격요건 | 대학 등의 고등교육기관, 학점은행기관 등에서 평생교육 관련 교과목을 일정 학점 이상 이수한 자 |
| 구분 | 1급~3급으로 구분 |
| 배치 | 각종 평생교육기관에 1명 이상 배치 의무화 |

---

**1447.** 평생교육과 관련된 제도와 그에 대한 설명으로 옳지 않은 것은?

2012년 중등

① 평생교육사 : 평생교육의 기획, 진행, 분석, 평가, 교수 업무를 수행하는 전문 인력
② 학점은행제 : 학교 내외에서 이루어지는 다양한 학습활동을 학점으로 인정하여 학위 취득을 가능하게 하는 제도
③ 학습계좌제 : 평생교육을 촉진하고 인적자원의 개발·관리를 위하여 개인의 학습경험을 종합적으로 관리하는 제도
④ 전문인력정보은행제 : 평생교육기관의 전문 인력을 선발하는 데 필요한 문제은행을 만들어 체계적으로 제공·관리하는 제도
⑤ 학습휴가제 : 국가·지방자치단체와 공공기관의 장 또는 각종 사업의 경영자가 소속 직원의 평생학습 기회 확대를 위해 유급 또는 무급의 학습휴가를 실시하는 제도

### ■ 정답 및 해설

④ 전문인력정보은행제는 평생교육에 관한 전문성을 가진 인적자원(강사)을 활용할 수 있도록 정보를 수집·제공하는 제도이다. (평생교육법 제22조 제2항, 평생교육법 시행령 제13조)

1446 ② 1447 ④

**1448.** 현행 평생교육법 시행령에 명시된 평생교육사의 직무범위에 해당되지 않는 것은?   2009년 국가직 7급

① 평생교육 프로그램의 요구분석·개발·운영·평가·컨설팅
② 프로그램에 소요되는 인적·물적 자원과 예산확보
③ 학습자에 대한 학습정보 제공, 생애능력개발 상담·교수
④ 평생교육 진흥관련 사업계획 업무

■ 정답 및 해설

② 평생교육사의 직무범위는 「평생교육법 시행령」 제17조에서 규정하고 있다. 1. 평생교육 프로그램의 요구분석·개발·운영·평가·컨설팅, 2. 학습자에 대한 학습정보 제공, 생애능력개발 상담·교수, 3. 그 밖에 평생교육 진흥 관련 사업계획 등 관련 업무가 그에 포함된다.
평생교육사는 평생교육의 기획·진행·분석·평가 및 교수업무를 수행하는 전문인력으로서, 프로그램에 소요되는 인적·물적 자원과 예산확보에 관한 직무는 담당하지 않는다.

## 02. 평생교육기관 및 시설

### 출포 468. 평생교육기관 개관

기본서 668쪽

**1449.** 「평생교육법」에 근거할 때, 평생교육기관이 아닌 것은?   2016년 지방직 9급

① 교육감에게 등록된 학교교과교습학원
② 관할청에 보고된 대학 부설 평생교육원
③ 교육감에게 신고된 시민사회단체의 평생교육시설
④ 교육부장관의 인가를 받은 사업장 부설 사내대학

■ 정답 및 해설

① 「평생교육법」에 의한 평생교육기관은 평생교육법」에 따라 인가·등록·신고된 시설·법인 또는 단체, 평생직업교육을 실시하는 학원, 그 밖에 다른 법령에 따라 평생교육을 주된 목적으로 하는 시설·법인 또는 단체이다. 단, 「학원의 설립·운영 및 과외교습에 관한 법률」에 따른 학원 중 학교교과교습학원은 평생교육기관에서 제외된다.

## 출포 469. 학교의 평생교육

🌐 기본서 668~670쪽

**1450.** 학교의 평생교육을 규정한 「평생교육법」 제29조에 대한 설명으로 옳지 않은 것은?
*2024년 국가직 9급*

① 학교의 평생교육을 실시하기 위하여 각급학교의 교실·도서관·체육관, 그 밖의 시설을 활용하여야 한다.
② 학교의 장은 학교를 개방할 경우 개방시간 동안의 해당 시설의 관리·운영에 필요한 사항을 정할 수 있다.
③ 각급학교의 장은 해당 학교의 교육여건을 고려하여 학생·학부모와 지역 주민의 요구에 부합하는 평생교육을 직접 실시하거나 지방자치단체 또는 민간(영리를 목적으로 하는 법인 및 단체는 제외)에 위탁하여 실시할 수 있다.
④ 「초·중등교육법」 및 「고등교육법」에 따른 각급학교의 장은 평생교육을 실시하는 경우 평생교육의 이념에 따라 교육과정과 방법을 수요자 관점으로 개발·시행하도록 하며 학교를 중심으로 공동체 및 지역문화 개발에 노력하여야 한다.

■ 정답 및 해설
② '학교의 평생교육'은 「초·중등교육법」및「고등교육법」에 따른 각급학교의 장이 직접 또는 위탁하여 실시하는 평생교육을 말한다. 평생교육법 제29조 제4항에서는 학교의 평생교육을 위하여 학교의 장이 학교를 개방할 경우 개방시간 동안의 해당 시설의 관리·운영에 필요한 사항은 해당 지방자치단체의 조례로 정하도록 하고 있다.

### 암기 POINT
• 학교의 평생교육

| 실시 주체 | 초중등교육법 및 고등교육법에 따른 각급 학교의 장 |
|---|---|
| 실시 방식 | 직접 실시, 지방자치단체/민간에 위탁 (영리목적 법인이나 단체는 제외) |
| 시설 활용 | 각급학교의 교실, 도서관, 체육관 등의 시설을 활용하여야 함 |

**1451.** 「초·중등교육법」에 따른 각급학교의 장이 「평생교육법」에 의거하여 학교의 평생교육을 실시하고자 할 때, 그 방법으로 옳지 않은 것은?
*2016년 국가직 9급*

① 평생교육을 직접 실시하거나 영리를 목적으로 하는 법인 및 단체에 위탁하여 실시할 수 있다.
② 학교의 평생교육을 실시하기 위하여 각급학교의 교실·도서관·체육관, 그 밖의 시설을 활용하여야 한다.
③ 평생교육을 실시함에 있어서 평생교육의 이념에 따라 교육과정과 방법을 수요자 관점으로 개발·시행하도록 한다.
④ 학교를 개방할 경우 개방시간 동안의 해당 시설의 관리·운영에 필요한 사항은 해당 지방자치단체의 조례로 정한다.

■ 정답 및 해설
① 「초중등교육법」에 따른 각급 학교의 장이 학교의 시설을 활용하여 평생교육을 실시하고자 할 경우 민간에 위탁하여 실시할 수 있다. 단, 영리 목적의 법인이나 단체에는 교육 실시를 위탁할 수 없다는 점에 유의하여야 한다.

1450 ② 1451 ①

**1452.** 현행 평생교육법에 명시된 학교의 평생교육 실시에 대한 규정으로 옳은 것만을 모두 고른 것은?  *2011년 중등*

> ㄱ. 학교에서 평생교육을 실시할 경우, 각급학교의 장은 각급학교의 교실·도서관·체육관, 그밖의 시설을 활용하여야 한다.
> ㄴ. 각급학교의 장은 학생·학부모와 지역주민을 대상으로 교양의 증진 또는 직업교육을 위한 평생교육 시설을 설치·운영할 수 있다.
> ㄷ. 평생교육 실시를 위해 학교를 개방할 경우, 개방시간 동안의 해당 시설의 관리·운영에 필요한 사항은 해당 지방자치단체의 조례로 정한다.
> ㄹ. 각급학교의 장은 해당 학교의 교육여건을 고려하여 학생·학부모와 지역주민의 요구에 부합하는 평생교육을 직접 실시하거나 영리를 목적으로 하는 법인 및 단체에 위탁하여 실시할 수 있다.

① ㄱ, ㄷ  ② ㄱ, ㄹ  ③ ㄴ, ㄷ
④ ㄱ, ㄴ, ㄷ  ⑤ ㄴ, ㄷ, ㄹ

■ **정답 및 해설**

④ ㄱ. 평생교육법 제29조 제3항, ㄴ. 제2항, ㄷ. 제4항의 내용이다.

◇ **오답 체크**
ㄹ. 각급학교의 장은 해당 학교의 교육여건을 고려하여 학생·학부모와 지역 주민의 요구에 부합하는 평생교육을 직접 실시하거나 지방자치단체 또는 민간에 위탁하여 실시할 수 있다. 다만, 영리를 목적으로 하는 법인 및 단체는 제외한다. (평생교육법 제29조 제2항)

### 출포 470. 학교 부설 평생교육시설

🌐 기본서 668쪽

**1453.** 평생교육법 제30조 학교 부설 평생교육시설에 관한 규정으로 옳지 않은 것은?  *2007년 국가직 7급, 개정사항 반영*

① 각급 학교의 장은 당해 학교의 교육환경을 고려하여 그 특성에 맞는 평생교육을 실시할 수 있다.
② 각급 학교의 장은 평생교육 실시자가 당해 학교의 도서관, 박물관, 기타 시설을 이용하고자 하더라도 사정이 여의치 않을 경우 이를 거부할 수 있다.
③ 대학의 장은 대학생 또는 대학생 외의 자를 대상으로 자격취득을 위한 직업교육과정 등 다양한 평생교육과정을 운영할 수 있다.
④ 각급 학교의 시설은 다양한 평생교육을 실시하기에 편리한 형태의 구조와 설비를 갖추어야 한다.

1452 ④  1453 ②

■ 정답 및 해설

② 학교 부설 평생교육시설은 각급 학교의 장이 설치·운영한다. 따라서 각급 학교의 장이 시설의 사용을 거부한다는 것은 논리적으로 뜻이 통하지 않는 말이다. 이에 더해, 「평생교육법」제7조에서는 '① 평생교육을 실시하는 자는 평생교육을 위하여 공공시설을 그 본래의 용도에 지장이 없는 범위 안에서 관련 법령으로 정하는 바에 따라 이용할 수 있다. ② 제1항의 경우 공공시설의 관리자는 특별한 사유가 없으면 그 이용을 허용하여야 한다.'고 규정하고 있으므로, 이에 비추어 보아도 제시된 내용은 적절하지 않은 진술이다.

**암기 POINT**

• 평생교육시설의 종류

| 학력 인정 | 학교형태 평생교육시설 (고등학교 이하의 학력, 교육감 인가) |
| | 사내대학 형태의 - (대학 수준의 학력, 교육부장관 인가) |
| | 원격대학 형태의 - (대학 수준의 학력, 교육부장관 인가) |
| 학력 미인정 | 학교의 평생교육 학교부설 평생교육시설 사업장부설, 시민단체부설, 언론기관부설, 지식인력개발관련 시설 |

**1454.** 평생교육법 제30조의 학교부설 평생교육시설에 규정된 내용과 거리가 먼 것은?                    2004년 중등, 개정사항 반영

① 각급 학교의 장은 관할 관청의 허가를 받아 평생교육 시설을 설치할 수 있다.
② 각급 학교의 장은 당해 학교의 교육환경을 고려하여 그 특성에 맞는 평생교육을 실시할 수 있다.
③ 각급 학교의 장은 평생교육 실시자가 당해 학교의 기타 시설을 이용하고자 할 경우, 적극 협조해야 한다.
④ 각급 학교의 장은 학생, 학부모 및 지역주민들을 대상으로 교양 증진 또는 직업교육을 위한 평생교육 시설을 설치·운영할 수 있다.

■ 정답 및 해설

① 학교부설 평생교육시설을 설치하는 경우 각급학교의 장은 관할청에 보고하여야 할 뿐이지, 관할 관청의 허가를 따로 받아야 하는 것은 아니다.

**출포 471.** 학교·사내대학·원격대학 형태의 평생교육시설

기본서 669~670쪽

**1455.** ㉠, ㉡에 들어갈 말로 옳은 것은?                2014년 국가직 7급

○ 평생교육법 상 ( ㉠ )은 학교형태의 평생교육시설 중 일정 기준 이상의 요건을 갖춘 평생교육시설에 대하여는 이를 고등학교졸업 이하의 학력이 인정되는 시설로 지정할 수 있다.
○ 평생교육법 시행령 상 학력인정시설로 지정된 기관은 관할청의 승인을 받아 매 학년도를 ( ㉡ )로 나누어 운영할 수 있다.

1454 ① 1455 ④

|   | ㉠ | ㉡ |
|---|---|---|
| ① | 교육부장관 | 4학기 |
| ② | 교육부장관 | 3학기 |
| ③ | 교육감 | 4학기 |
| ④ | 교육감 | 3학기 |

■ 정답 및 해설

④ ㉠ 학교형태의 평생교육시설은 교육감에게 등록하면 설치·운영할 수 있다. 교육감은 그 중 일정 기준 이상의 요건을 갖춘 시설을 고등학교 졸업 이하의 학력이 인정되는 시설로 지정할 수 있다.
㉡ 평생교육법 시행령 상 학력인정시설로 지정된 기관은 관할청의 승인을 받아 매학년도를 3학기로 나누어 운영할 수 있다. 이 경우 수업연한은 초등학교과정은 2년, 중학교 및 고등학교과정은 1년의 범위에서 단축할 수 있도록 하되, 단축된 고등학교과정에 입학할 수 있는 자는 원래 본 시설에의 입학자격을 갖춘 자 중에서 다음 각 호의 어느 하나에 해당하는 자로 한다. (평생교육법 시행령 제27조)
1. 만 16세를 넘은 자
2. 고등학교 입학 후 퇴학 등의 사유로 학업을 중단한 자
3. 산업체에 근무하는 청소년

1456. 현행 평생교육법의 내용과 부합하지 않는 것은? 2006년 유초등
① 평생교육은 학습자의 자유로운 참여와 자발적인 학습을 기초로 이루어져야 한다.
② 평생교육단체는 평생교육을 주로 하는 법인·단체를 말한다.
③ 일정한 평생교육과정을 이수한 자에게는 그에 상응한 사회적 대우를 부여하여야 한다.
④ 학교 형태 평생교육시설의 설치·운영은 법으로 금지한다.

■ 정답 및 해설

④ '학교 형태의 평생교육시설'은 평생교육시설의 하나로 「평생교육법」 제31조에 관련 규정이 제시되어 있다.

1456 ④

1457. 현행 「평생교육법」에 의하여 학력이 인정되는 평생교육시설 유형은?

2010년 중등

① 사업장 부설 평생교육시설
② 사내대학 형태 평생교육시설
③ 언론기관 부설 평생교육시설
④ 시민사회단체 부설 평생교육시설
⑤ 지식·인력개발사업 관련 평생교육시설

■ 정답 및 해설
② 「평생교육법」에 의한 학력이 인정되는 평생교육시설은 교육감에게 등록된 학교형태 평생교육시설, 교육부장관의 인가를 받은 사내대학 형태의 평생교육시설 및 원격대학 형태 평생교육시설이다. 그 외의 평생교육시설은 학력이 인정되지 않는다.

## 출포 472. 사업장 부설 평생교육시설 등

기본서 670쪽

1458. 「평생교육법」상 평생교육시설에 대한 설명으로 옳은 것은?

2019년 국가직 7급

① 학교 부설 평생교육시설은 대학을 제외한 각급학교의 장이 설치·운영할 수 있다.
② 학교형태의 평생교육시설을 설치·운영하고자 하는 자는 대통령령으로 정하는 시설·설비를 갖추어 교육부장관에게 등록하여야 한다.
③ 사내대학형태의 평생교육시설은 해당 사업장에 고용된 종업원만을 대상으로 한다.
④ 사업장 부설 평생교육시설은 대통령령으로 정하는 규모 이상 사업장의 경영자가 해당 사업장의 고객 등을 대상으로 설치·운영할 수 있다.

■ 정답 및 해설
④ 사업장 부설 평생교육시설은 해당 사업장의 고객 등을 대상으로 하는 시설이다.
◇ 오답 체크
① 학교 부설 평생교육시설은 초·중·고등학교 뿐 아니라, 대학에도 설치·운영할 수 있다. 고등학교 이하의 시설은 교육감에게 보고하여야 하며, 대학교 이상의 시설은 교육부장관에게 보고하여야 한다.
② 학교형태의 평생교육시설을 설치·운영하고자 하는 자는 대통령령으로 정하는 시설·설비를 갖추어 교육감에게 등록하여야 한다.
③ 사내대학형태의 평생교육시설은 해당 사업장에 고용된 종업원뿐만 아니라 관련있는 업체의 종업원을 대상으로 교육을 실시할 수 있다.

1457 ② 1458 ④

## 03. 평생교육 제도

### 출포 473. 평생교육제도 개관

기본서 672~677쪽

**1459.** 학습경험의 평가인증방안에 대한 설명으로 옳지 않은 것은?

2011년 국가직 7급

① 학점은행제는 학교 내·외에서 이루어지는 다양한 형태의 학습경험과 자격을 학점으로 인정하고 기준이 충족되면 학위취득이 가능한 제도이다.
② 독학학위제는 학습자의 자기주도적 학습 정도가 학사학위 취득의 수준에 도달하였는지를 평가하여 국가가 학위를 수여하는 제도이다.
③ 학습계좌제는 국민의 개인적 학습경험을 국가가 집중적으로 관리하는 제도로 평생교육과 인적자원 개발을 위한 제도이다.
④ 국가직무능력표준은 직무 수행에 필요한 지식·기술·소양 등의 표준을 국가가 규정한 것으로 개인의 학력과 경력을 기초로 작성된다.

■ 정답 및 해설
④ 국가직무능력표준(National Competency Standards)은 산업현장의 직무 수행에 요구되는 직무능력(지식, 기술, 태도)의 표준을 국가가 규정한 것으로, 과학적이고 체계적인 연구 및 이해관계자들과의 협의를 통해 작성된다.

**1460.** 평생학습사회에서 학력은 전통적인 학교체제를 통해서 뿐만 아니라 다양한 학습과 경험을 통해서도 얻을 수 있다. 우리나라가 시행하고 있는 평생학습인증 시스템이 아닌 것은?

2013년 국가직 9급

① 학점은행제
② 평생교육사 자격제
③ 독학학위제
④ 문하생 학점·학력인정제

■ 정답 및 해설
② 전통적인 학교체제 바깥에서 이루어지는 다양한 학습과 경험을 통한 학습을 인증해주는 시스템으로 우리나라에서 적용되고 있는 제도에는 학점은행제, 독학학위제, 문하생 학점·학력 인정제, 민간자격인증제 등이 있다.
평생교육사 자격제는 평생교육을 기획, 시행, 분석 및 평가하고 강의할 수 있는 전문 인력에 관한 제도를 말한다.

1459 ④ 1460 ②

## 1461. 평생학습 결과를 인정하는 우리나라의 학습인증 시스템에 속하지 않는 것은?
2009년 국가직 9급

① 민간자격인증제
② 성인학습인증제
③ 학점은행제
④ 독학학위제

### ■ 정답 및 해설
② 우리나라에서 적용되고 있는 평생학습 결과 인정 제도에는 학점은행제, 독학학위제, 문하생 학점·학력 인정제, 민간자격인증제 등이 있다.
성인학습인증제는 성인 학습자들이 정규 교육 과정이 아닌 비공식적 학습 활동을 통해 습득한 지식과 경험을 인증하는 제도이다. 이 제도는 성인 학습자들이 일터에서 얻은 경험, 직무 관련 훈련, 개인적 학습 활동 등을 통해 쌓은 역량을 공식적으로 인정받을 수 있도록 한다는 데 의의를 두고 있다. 우리나라에서는 아직 이 제도는 도입되지 않고 있다.

## 출포 474. 학점은행제 (학점인정 등에 관한 법률)

기본서 672~673쪽

## 1462. 「학점인정 등에 관한 법률」상 교육부장관이 그에 상당하는 학점을 인정할 수 있는 자에 해당하지 않는 것은?
2022년 국가직 9급

① 외국이나 군사분계선 이북 지역에서 중등교육에 상응하는 교육과정을 마친 자
② 대통령령으로 정하는 자격을 취득하거나 그 자격 취득에 필요한 교육과정을 마친 자
③ 「고등교육법」 제36조제1항, 「평생교육법」 제32조 또는 제33조에 따라 시간제로 등록하여 수업을 받은 자
④ 「무형문화재 보전 및 진흥에 관한 법률」 제17조에 따라 국가무형문화재의 보유자로 인정된 사람과 그 전수교육을 받은 사람으로서 대통령령으로 정하는 사람

### ■ 정답 및 해설
① 학점인정법은 평가인정을 받은 학습과정을 마친 자 등에게 학점인정을 통하여 학력인정과 학위취득의 기회를 줌으로써 평생교육의 이념을 구현하고 개인의 자아실현과 국가사회의 발전에 이바지함을 목적으로 한다. 즉 학점인정을 통해 대학이나 전문대학 졸업자에 준하는 학위를 취득할 수 있게 하는 제도이다. 따라서 외국이나 군사분계선 이북지역에서 '대학교육'에 상응하는 교육과정을 마친 자에 한해서 학점을 인정한다.

---

**암기 POINT**

• 학점은행제(학점인정법)

| | |
|---|---|
| 목적 | 평생교육을 통해 학력인정과 학위취득의 기회 제공, 개인의 자아실현과 국가사회의 발전에 이바지 |
| 학점 인정 | 평가인정을 받은 학습과정을 마친 자(학점은행기관의 평생교육 이수자)<br>학교 또는 평생교육시설에서 교육과정 이수<br>외국이나 이북지역에서 대학 교육과정 이수<br>대학에서 시간제 등록<br>대통령령으로 정하는 자격 취득, 시험 합격<br>국가무형문화유산의 보유자 및 전수교육 이수 |
| 학력 인정 | 대학(140학점) 또는 전문대학(80학점) 학력 |

1461 ② 1462 ①

**1463.** 다음 설명에 해당하는 평생교육제도는?  `2020년 국가직 7급`

> 학교 안팎에서 이루어지는 다양한 형태의 학습경험과 자격을 학점으로 인정하여, 일정 기준을 충족하면 대학졸업학력 또는 전문대학졸업학력을 인정하는 제도

① 독학학위제  ② 학점은행제
③ 평생학습계좌제  ④ 국가직무능력표준제

■ 정답 및 해설
② 학교 안팎에서 이루어지는 다양한 학습경험과 자격을 학점으로 인정하여 일정 기준을 충족하면 대학 및 전문대학 졸업의 학력을 인정하는 제도는 학점은행제이다.

**1464.** 학점은행제에 대한 설명으로 옳은 것은?  `2012년 국가직 9급`

① 평가인정의 기준, 학점인정의 기준, 학위 수여요건에 대한 사항은 기관운영의 편이성 차원에서 해당 대학의 장이 정한다.
② 평생교육훈련기관이나 독학사 시험 및 독학시험 면제교육과정 이수 등의 학습경험을 학점으로 인정하지만, 국가기술자격은 학점으로 인정하지 않는다.
③ 표준교육과정은 학위의 종류에 따른 전공별로 정하되, 전문학사과정의 학위 취득 최소이수학점은 140학점이다.
④ 학교뿐 아니라 학교 밖에서 이루어지는 다양한 형태의 학습경험을 제도적 인정기준과 절차에 따라 평가하여 학점이나 학력 또는 국가자격 등과 같이 사회적으로 공인된 교육결과를 인정하는 제도이다.

■ 정답 및 해설
④ 학교뿐 아니라 학교 밖에서 이루어지는 다양한 형태의 학습경험을 제도적 인정기준과 절차에 따라 평가하여 학점이나 학력 또는 국가자격 등과 같이 사회적으로 공인된 교육결과를 인정하는 제도이다.
◇ 오답 체크
① 평가인정의 기준, 학점인정의 기준, 학위수여요건 등에 관한 사항은 대통령령으로 정한다.
② 국가기술자격에 합격한 자(기술사 45학점, 기능장 39학점, 기사1급 30학점 등)에 대해서도 학점을 인정한다.
③ 학위취득을 위한 최소이수학점은 전문학사학위 과정은 80학점, 학사학위과정은 140학점이다.

1463 ②  1464 ④

**1465.** 우리나라의 학점은행제에 대한 설명으로 옳지 않은 것은? 2006년 중등

① 평생학습사회를 구현하기 위해 마련된 제도이다.
② 학위를 취득하려면 대학에서 최소 두 학기 이상의 과정을 이수해야 한다.
③ 대학 이외의 교육훈련기관에서도 평가인정 학습과목을 운영할 수 있다.
④ 기준 학점을 취득하면 전문학사 또는 학사 학위를 받을 수 있다.

■ 정답 및 해설
② 우리나라의 학점은행제는 학교 안팎에서 이루어지는 다양한 학습경험과 자격을 학점으로 인정하기 때문에 대학에서 반드시 학습과정을 이수해야 하는 것은 아니다.

### 출포 475. 독학학위제 (독학에 의한 학위취득에 관한 법률)

기본서 674쪽

**1466.** 다음 설명에 해당하는 우리나라의 평생교육 제도는? 2023년 국가직 7급

○ 학습자가 자기 주도적으로 공부한 정도가 학사학위를 취득할 수 있는 수준에 이르렀는지를 오직 시험만으로 평가해 국가가 학위를 수여하는 제도이다.
○ 학위취득을 위해서 교양과정 인정시험, 전공기초과정 인정시험, 전공심화과정 인정시험, 학위취득 종합시험을 모두 거쳐야 한다.
○ 7급 이상의 공무원 공개경쟁 채용시험 합격자, 국가기술자격 취득자, 공인회계사, 세무사, 관세사, 유치원·초중등학교 준교사 및 특수학교 교사 등과 같이 일정한 자격이나 면허를 취득한 자에게는 시험 일부를 면제할 수 있다.

① 검정고시
② 독학학위제
③ 학점은행제
④ 평생학습계좌제

■ 정답 및 해설
② 자기주도적 학습자가 오직 시험을 통해 학사학위를 취득할 수 있는 제도는 독학학위제이다. 독학학위제는 독학자(獨學者)에게 학사학위 취득의 기회를 줌으로써 평생교육의 이념을 구현하고 개인의 자아실현과 국가·사회의 발전에 이바지하기 위해 만들어진 제도이다. 학위취득 종합시험을 제외한 과정별 인정시험은 독학학위법 및 교육부령에 따라 일정한 자격이나 면허를 취득한 자에게 전부 또는 일부 면제할 수 있도록 하고 있다.

### 암기 POINT

• 독학학위제(독학학위법)

| | |
|---|---|
| 목적 | 독학자에게 학사학위 취득 기회 제공 |
| 응시 자격 | 고등학교 졸업이나 이에 준하는 학력자 |
| 독학 학위 취득 시험 | - 과정별 시험 : 교양, 전공기초, 전공심화 (전부 또는 일부 면제 가능)<br>- 학위취득 종합시험 : 최종 단계(면제 불가능) |
| 시험 실시 | 교육부장관이 평생교육진흥원에 위탁 실시 |
| 학위 수여 | -교육부장관이 수여<br>-국가평생교육진흥원장이 증명서 발급 |

1465 ② 1466 ②

**1467.** 「독학에 의한 학위취득에 관한 법률」의 내용으로 옳지 않은 것은?

2023년 지방직 9급

① 국가는 독학자가 학사학위를 취득하는 데에 필요한 편의를 제공하여야 한다.
② 학위취득시험에 응시할 수 있는 사람은 고등학교 졸업이나 이와 같은 수준 이상의 학력이 있다고 인정된 사람이어야 한다.
③ 일정한 학력이나 자격이 있는 사람에 대하여는 학위취득 종합시험을 면제할 수 있다.
④ 교육부장관은 학위취득 종합시험에 합격한 사람에게는 학위를 수여한다.

■ 정답 및 해설
③ 독학학위제도는 독학자가 오직 시험을 통해 학사학위를 취득할 수 있도록 하는 제도이다. 과정별 시험은 일정한 학력이나 자격이 있는 사람에 대하여 일부 또는 전부를 면제할 수 있지만, 최종 단계인 학위취득 종합시험은 어떤 누구에게도 면제가 불가능하다.

**1468.** 평생교육 제도에 대한 설명으로 옳지 않은 것은?

2022년 지방직 9급

① 학습휴가제 - 평생학습 기회를 확대하기 위하여 소속 직원에게 유급 또는 무급의 학습휴가를 실시할 수 있다.
② 평생교육이용권 - 국민에게 평생교육의 기회를 제공하기 위하여 신청을 받아 평생교육이용권을 발급할 수 있다.
③ 학습계좌제 - 평생교육을 촉진하고 인적자원의 개발·관리를 위해 국민의 개인적 학습경험을 종합적으로 집중 관리한다.
④ 독학학위제 - 고등학교 졸업이나 이와 같은 수준 이상의 학력을 인정받지 못한 경우에도 학사학위 취득시험의 응시자격이 있다.

■ 정답 및 해설
④ 독학학위제는 시험을 통해 학사학위를 취득할 수 있게 하는 제도이다. 따라서 독학학위제 시험에 응시하기 위해서는 고등학교 졸업이나 이와 같은 수준 이상의 학력을 인정받아야 한다.

1467 ③   1468 ④

**1469.** 우리나라 평생교육제도에 대한 설명으로 옳지 않은 것은?

2017년 국가직 9급

① 국가무형문화재의 보유자로 인정된 사람과 그 전수교육을 받은 사람으로서 대통령령으로 정하는 사람은 그에 상당하는 학점을 인정받을 수 있다.
② 헌법은 "국가가 평생교육을 진흥하여야 한다"라고 규정하고 있다.
③ 평생교육사는 평생교육의 기획·진행·분석·평가 및 교수 업무를 수행한다.
④ 대표적인 평생교육제도인 독학학위제, 학점은행제, 평생학습계좌제, 내일배움카드제는 국가평생교육진흥원에서 운영하고 있다.

■ **정답 및 해설**
④ 국가평생교육진흥원에서는 교육부장관으로 권한을 위임받아 다양한 평생교육제도를 실시하고 있다. 다만, 내일배움카드제는 고용노동부에서 시행하는 고용훈련제도이다.

**1470.** 우리나라의 독학자 학위취득시험 단계에서 □에 들어갈 것은?

2015년 국가직 9급

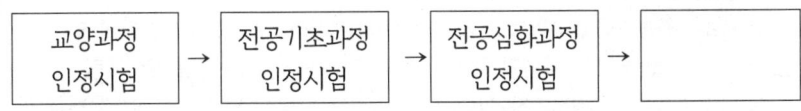

① 심층면접
② 학위취득 종합시험
③ 실무능력 인정시험
④ 독학능력 인정시험

■ **정답 및 해설**
② 독학자 학위취득시험의 마지막 단계에 치러지는 시험의 명칭은 '학위취득 종합시험'이다.

**1471.** 독학학위제에 대한 설명으로 옳은 것만을 모두 고른 것은?

2018년 국가직 9급

ㄱ. 교양과정, 전공기초과정, 전공심화과정 등의 3개 인정시험을 통과하면, 학사학위를 수여하는 제도이다.
ㄴ. 학점은행제로 취득한 학점은 일정 조건을 갖추게 되면, 독학학위제의 시험 응시자격에 활용될 수 있다.
ㄷ. 특성화고등학교를 졸업한 사람은 독학학위제에 응시할 수 없다.
ㄹ. 교육부장관은 독학학위제의 시험 실시 권한을 평생교육진흥원장에게 위탁하고 있다.

① ㄱ, ㄷ
② ㄱ, ㄹ
③ ㄴ, ㄷ
④ ㄴ, ㄹ

1469 ④  1470 ②  1471 ④

■ 정답 및 해설

④ ㄴ. 독학에 의한 학위취득에 관한 법률 시행령 제7조에 따라 학점은행제로 취득한 학점이 105학점 이상인 경우, 독학학위제의 최종 시험인 학위취득종합시험의 응시자격으로 활용할 수 있다.
ㄹ. 독학학위법 시행령 제4조에 따라, 교육부장관은 독학학위제의 시험 실시에 관한 권한을 평생교육진흥원장에게 위탁하고 있다.

◇ 오답 체크

ㄱ. 독학학위제 시험은 교양과정, 전공기초과정, 전공심화과정 및 학위취득 종합시험 등 4개의 인정시험을 통과해야 학사학위를 수여하는 제도이다.
ㄷ. 독학학위제 시험은 고등학교 졸업자 및 그에 준하는 자격을 갖춘 자면 응시할 수 있다. 특성화고등학교는 고등학교의 한 유형이므로 이를 졸업한 사람도 독학학위제에 응시할 수 있다.

---

「독학에 의한 학위취득에 관한 법률 시행령」
제7조(응시자격) ① 과정별 인정시험에 대한 응시자격은 다음 각 호와 같다. <개정 2015. 9. 25.>
1. 교양과정 인정시험, 전공기초과정 인정시험 및 전공심화과정 인정시험에 응시할 수 있는 사람은 다음 각 목의 어느 하나에 해당하는 사람으로 한다.
   가. 고등학교 졸업자
   나. 「초·중등교육법 시행령」 제98조제1항에 따라 상급학교의 입학에 있어 고등학교를 졸업한 사람과 같은 수준의 학력이 있다고 인정되는 사람
   다. 「평생교육법」 제31조제2항에 따라 지정된 학력이 인정되는 학교형태의 평생교육시설에서 고등학교 교과과정에 상응하는 교육과정을 마친 사람
   라. 「보호소년 등의 처우에 관한 법률」 제29조에 따른 소년원학교에서 고등학교 교육과정을 마친 사람
2. 삭제 <2015. 9. 25.>
3. 삭제 <2015. 9. 25.>
4. 학위취득 종합시험에 응시할 수 있는 사람은 다음 각 목의 어느 하나에 해당하는 사람으로 하되, 나목부터 마목까지의 규정에 해당하는 사람은 취득하려는 학위분야와 전공분야가 같아야 한다.
   가. 교양과정 인정시험, 전공기초과정 인정시험 및 전공심화과정 인정시험에 합격한 사람
   나. 대학(「고등교육법」 제2조제2호·제3호 및 제5호에 따른 학교와 다른 법령에 따라 설립된 대학을 포함한다) 및 이에 준하는 각종학교(학력인정학교로 지정된 학교만 해당한다)에서 3년 이상의 교육과정을 수료하였거나 105학점 이상을 취득한 사람
   다. 수업연한이 3년인 전문대학을 졸업한 사람 또는 이와 같은 수준의 자격이 있다고 인정되는 사람
   라. 「학점인정 등에 관한 법률」 제7조에 따라 105학점 이상을 인정받은 사람
   마. 외국에서 15년 이상의 학교교육 과정을 수료한 사람

**1472.** 우리나라 평생교육제도에 대한 설명으로 옳은 것은? 2012년 국가직 7급

① 학점은행제에서는 표준교육과정을 정하고 있지 않다.
② 독학학위제에서는 일정한 학습 수준을 보장할 수 있는 자격이나 학점을 취득한 경우 부분적으로 시험을 면제받을 수 있다.
③ 평생교육사 자격증은 평생교육 업무를 전문적으로 수행하는 데 필요한 자격이지만, 국가에서 부여하는 자격증은 아니다.
④ 우리나라 평생학습도시 운동은 중앙정부 수준에서 먼저 진행되었다.

■ 정답 및 해설
② 독학학위제 시험의 과정별 시험은 일정 수준의 자격이나 학점을 취득한 경우 일부나 전부를 면제할 수 있다. 학위취득 종합시험은 면제가 불가능하다.

◇ 오답 체크
① 학점은행제에서는 표준교육과정을 교육부령으로 정하고 있다.
③ 평생교육사 자격증은 국가에서 부여하는 자격증이다.
④ 우리나라 평생학습동시 운동은 경기도 광명시에서 최초로 시작되었으며, 2001년에서야 중앙정부 수준에서 참여하였다.

## 출포 476. 평생학습계좌제 (평생교육법)

🌐 기본서 675쪽

**1473.** 다음에 해당하는 우리나라의 평생교육 제도는? 2021년 국가직 9급

> ○ 국민의 학력·자격이수 결과에 대한 사회적 인정 및 활용기반을 확대하기 위한 제도이다.
> ○ 학교교육, 비형식교육 등 국민의 다양한 개인적 학습경험을 학습이력관리시스템으로 누적·관리한다.

① 학습휴가제
② 학습계좌제
③ 시간제 등록제
④ 평생교육 바우처

■ 정답 및 해설
② 인적자원의 개발·관리를 위하여 국민의 개인적 학습경험을 종합적으로 집중 관리하는 제도는 '학습계좌제'이다.

**암기 POINT**

• 평생학습계좌제(법 23조)

| | |
|---|---|
| 목적 | 개인의 학습경험을 종합적으로 관리 |
| 학습경험기록 | 국내외 취득 학력, 근무경력, 자격, 학점은행제, 독학학위제, 검정고시 연계과정 이수 등 |
| 계좌관리 | 본인이나 본인의 위임을 받은 자가 개설, 열람, 증명서 발급 신청 |

1472 ② 1473 ②

**1474.** 평생교육을 촉진하고 인적자원의 개발·관리를 위하여 국민의 개인적 학습경험을 종합적으로 집중 관리하는 제도는?  
<sub></sub>2018년 국가직 7급

① 입학사정관제  ② 학습계좌제
③ 편입학제도   ④ 조기이수제

■ 정답 및 해설
② 평생교육을 촉진하고 인적자원의 개발·관리를 위하여 국민의 개인적 학습경험을 종합적으로 집중 관리하는 제도는 '학습계좌제'이다.

---

**1475.** 다음 (가), (나)의 내용에 해당하는 평생교육제도를 바르게 짝지은 것은?  
2016년 지방직 9급

(가) 개인의 다양한 학습경험을 공식적인 이력부에 종합적으로 누적·관리하고 그 결과를 학력이나 자격 인정과 연계하거나 고용 정보로 활용하는 제도이다.
(나) 학교에서뿐만 아니라 학교 밖에서 이루어지는 다양한 형태의 학습경험 및 자격을 학점으로 인정하고, 학점이 누적되어 일정 기준을 충족하면 학위취득을 가능하게 하는 제도이다.

|   | (가) | (나) |
|---|---|---|
| ① | 평생학습계좌제 | 학점은행제 |
| ② | 문하생학력인정제 | 학점은행제 |
| ③ | 평생학습계좌제 | 독학학위제 |
| ④ | 문하생학력인정제 | 독학학위제 |

**기출플러스**

• 평생교육 제도: 학습계좌제 (2011년 유초등)

새봄초등학교에서는 학부모와 지역 주민을 대상으로 방과 후와 주말에 평생교육 프로그램을 운영하고 있다. 학부모와 지역 주민들이 프로그램에 참여하는 주된 목적은 취미와 여가를 위한 것이다. 주민들은 자신들의 평생교육 경험이 체계적으로 누적되어 사회적으로 인정받을 수 있도록 국가가 관리하고 인증해 주기를 바라고 있다.

■ 정답 및 해설
① (가) 국민들의 학습경험을 종합적·체계적으로 집중 관리하는 제도는 '(평생)학습계좌제'이다. 평생학습계좌제는 개인의 평생학습 기록의 누적 관리에 중점을 두는 제도로, 학위취득을 가능하게 하는 제도는 아니다.
(나) 학교 안팎에서 이루어지는 다양한 학습경험과 자격을 학점으로 인정하여 일정 기준을 충족하면 대학 및 전문대학 졸업의 학력을 인정하는 제도는 '학점은행제'이다. 독학학위제는 시험만으로도 학사학위를 취득할 수 있게 하는 반면, 학점은행제는 학점이수를 통해 학력 및 학위를 취득하게 하는 제도이다. 다만, 두 제도 사이에는 상호 인정되는 부분이 다수 존재한다.

1476. 현행 평생교육법 과 평생교육법 시행령 에 규정된 '학습계좌' 제도에 대한 설명으로 옳지 않은 것은? 2010년 국가직 7급, 개정사항 반영

① 국민의 평생교육을 촉진하고 인적자원의 개발·관리를 위하여 국민의 개인적 학습경험을 종합적으로 집중 관리하는 제도이다.
② 교육부장관은 학습계좌에서 관리할 학습과정을 교육부령으로 정하는 바에 따라 평가인정할 수 있다.
③ 학습계좌의 개설은 본인 또는 본인의 위임을 받은 자가 신청한 경우에만 할 수 있다.
④ 학습계좌에 수록된 정보의 열람 또는 증명서의 발급신청은 본인 또는 본인의 위임을 받은 자만 할 수 있다.

■ 정답 및 해설
② 교육부장관은 학습계좌에서 관리할 학습과정을 대통령령([평생교육법 시행령])으로 정하는 바에 따라 평가인정할 수 있다. (평생교육법 제23조 제2항)

「평생교육법 시행령」
제14조의2(평가인정) ① 법 제23조제2항에 따른 학습과정의 평가인정(이하 "평가인정"이라 한다)을 받으려는 평생교육기관은 교육부령으로 정하는 바에 따라 평가인정신청서와 관련 서류를 갖춰 교육부장관에게 제출하여야 한다.
② 평가인정의 기준은 다음 각 호와 같다. 이 경우 교육부장관은 평가인정 대상의 특성을 고려하여 평가인정의 기준을 세분하여 적용할 수 있다.
  1. 교육시설 및 설비    2. 교수과정
  3. 교원·강사          4. 학습자 지원 및 관리 체제
  5. 그 밖에 교육부장관이 학습과정 운영에 필요하다고 인정하는 사항
③ 교육부장관은 평가인정을 실시하는 경우에는 그 기준, 대상, 절차, 방법 등 평가인정에 필요한 구체적인 사항을 정하여 평가인정신청서 접수일의 1개월 전까지 공고하여야 한다.
④ 교육부장관은 제1항에 따라 평가인정을 신청한 학습과정이 제2항에 따른 기준에 적합한지를 검토하여 그 결과를 신청인에게 통보하여야 한다.
⑤ 평가인정의 유효기간은 평가인정을 통보받은 날부터 5년으로 한다.

1477. 학습계좌제에 대한 설명으로 가장 적절한 것은? 2009년 유초등, 개정사항 반영

① 학습자 스스로 독학을 하여 일정 시험을 통과한 자에게 학사 학위를 부여하는 제도이다.
② 여러 직종에서 공통적으로 요구되는 직무기초소양과 직무수행능력을 평가하여 인증하는 제도이다.

1476 ② 1477 ④

③ 저소득층 성인의 직업능력개발을 장려하기 위해 교육비를 지원하는 제도로서 일종의 평생교육복지제도이다.
④ 인적 자원의 효율적 개발·관리를 위해 개인의 일생에 걸친 총체적 학습경험을 종합적으로 누적하여 집중 관리하는 제도이다.
⑤ 학교 안팎의 다양한 학습경험과 자격을 학점으로 인정하고 학점이 누적되어 일정기준을 충족하면 학위취득을 가능하게 하는 제도이다.

■ 정답 및 해설
④ 인적 자원의 효율적 개발·관리를 위해 개인의 일생에 걸친 총체적 학습경험을 종합적으로 누적하여 집중 관리하는 제도이다.
◇ 오답 체크
① 독학학위제, ② 직업능력인증제, ③ 평생교육이용권제도, ⑤ 학점은행제에 대한 설명이다.

### 출포 477. 기타 평생학습인증제도

기본서 675~676쪽

**1478.** 평생교육 제도에 대한 설명으로 옳은 것은?  2014년 국가직 9급
① 학점은행제는 다양한 학습 경험을 학점으로 인정하나 학위취득은 불가능한 제도이다.
② 학습계좌제는 학습자에게 교육비를 무상으로 지원해주기 위한 제도이다.
③ 시간제 등록제는 대학의 입학 자격이 있는 사람이 시간제로 등록하여 수업을 받을 수 있게 하는 제도이다.
④ 산업대학은 원격교육을 통해 정식 학위를 수여하는 제도이다.

■ 정답 및 해설
③ 시간제 등록제는 「고등교육법」에 따른 대학(산업대학, 전문대학 및 원격대학 포함) 및 「평생교육법」에 따른 사내대학 및 원격대학 형태의 평생교육시설에 입학자격이 있는 사람에게 시간제로 등록하여 그 대학의 수업을 받을 수 있게 하는 제도이다.
◇ 오답 체크
① 학점은행제는 다양한 학습경험을 학점으로 인정하여 학위취득을 가능하게 하는 제도이다.
② 학습계좌제는 학습자들의 다양한 학습경험을 누적하여 기록·관리하는 제도이다.
④ 산업대학은 일정한 학교교육을 마쳤거나 중단한 근로 청소년·직장인·시민들에게 교육 및 평생교육의 기회를 주어서 대학과정을 이수하게 하는 제도이다.
원격교육을 통해 정식 학위를 수여하는 기관은 방송대학·통신대학·방송통신대학 및 사이버대학("원격대학"이라 한다)이다.

1478 ③

## 출포 478. 학습휴가제 등 (평생교육법)

🌀 기본서 676쪽

**1479.** 「평생교육법」상 학습휴가제에 대한 설명으로 옳은 것은?

2018년 지방직 9급

① 도서비·교육비·연구비 등 학습비를 지원할 수 있다.
② 공공기관 소속 직원의 경우에는 무급으로만 가능하다.
③ 100인 이상의 사업장에서는 의무적으로 실시해야 한다.
④ 지방자치단체 소속 직원의 경우에는 적용 대상에서 제외한다.

■ **정답 및 해설**
① 국가·지방자치단체와 공공기관의 장 또는 각종 사업의 경영자는 소속 직원의 평생학습기회를 확대하기 위하여 도서비·교육비·연구비 등 학습비를 지원할 수 있다. (평생교육법 제8조)

◇ **오답 체크**
② 국가·지방자치단체와 공공기관 및 각종 사업의 장은 소속 직원들에게 유급 또는 무급의 학습휴가를 실시할 수 있다.
③ 의무적으로 실시해야 하는 제도는 아니다.
④ 지방자치단체의 소속 직원들도 적용 대상이 된다.

### 암기 POINT
• 평생학습지원(평생교육법)

| | |
|---|---|
| 학습휴가 및 학습비 보조 (법 제8조) | 국가, 지방자치단체 및 공공기간의 장 또는 각종 사업의 경영자가 소속 시관의 직업에게 평생학습을 위한 휴가 제공 및 학습비 지원 가능 |
| 평생교육 이용권 (제16조의 2, 3) | 국가 및 지방자치단체가 국민에게 평생교육이용권 발급 가능 |
| 평생교육 종합정보 시스템 (제18조의 2) | 국민의 평생교육 참여 확대를 위해 평생교육 관련 정보를 체계적·효율적으로 관리하는 종합정보시스템 |

## 출포 479. 평생학습도시 (평생교육법)

🌀 기본서 677쪽

**1480.** 「평생교육법」상 평생학습도시에 대한 설명으로 옳지 않은 것은?

2021년 지방직 9급

① 평생학습도시의 지정 및 지원에 필요한 사항은 교육부장관이 정한다.
② 전국평생학습도시협의회의 구성 및 운영에 필요한 사항은 교육부령으로 정한다.
③ 평생학습도시 간의 연계·협력 및 정보교류의 증진을 위하여 전국평생학습도시협의회를 둘 수 있다.
④ 국가는 지역사회의 평생교육 활성화를 위하여 시·군 및 자치구를 대상으로 평생학습도시를 지정 및 지원할 수 있다.

■ **정답 및 해설**
② 전국평생학습도시협의회의 구성 및 운영에 관한 사항은 대통령령으로 정한다.

1479 ①   1480 ②

## 강서연 교육학

**암기 POINT**
- 평생학습도시(법 제15조)

| 목적 | 지역사회의 평생교육 활성화 |
|---|---|
| 지정 | 시·군·구 단위로 지정 |
| 주체 | 교육부 장관 |

### 1481. 평생학습도시에 대한 설명으로 옳은 것은?   2011년 국가직 9급

① 평생학습도시의 효시는 1968년에 애들러(M. Adler)가 학습사회론을 제창하면서부터이다.
② 1979년에 평생학습도시를 최초로 선언한 도시는 영국의 뉴캐슬이다.
③ 평생학습도시의 유형 중 '산업혁신형'은 지방자치단체의 종합적이고 광범위한 재생 전략을 기본 특징으로 하는 도시이다.
④ 우리나라의 경우 1999년에 경기도 광명시가 최초로 평생학습도시를 선언한 후 국가 단위의 학습도시사업이 전개되고 있다.

■ 정답 및 해설

④ 우리나라의 경우 1999년에 경기도 광명시가 최초로 평생학습도시를 선언한 후 국가 단위의 학습도시사업이 전개되고 있다.

◇ 오답 체크
① 평생학습도시 프로그램은 허친스의 학습사회론에서 출발한 것으로 본다.
② 평생학습도시를 최초로 선언한 도시는 일본의 카케가와이다.
③ 평생학습도시의 산업혁신형은 기업체가 주도하며 산업복합단지 혁신을 주요 전략으로 한다. 제시된 설명은 지역사회재생형에 해당한다.

### 1482. 다음 내용이 설명하고 있는 것은?   2008년 국가직 9급

> - 1968년 허친스(R. M. Hutchins)의 학습사회론 이후 발전된 개념이다.
> - 학습공동체 건설을 도모하는 총체적 도시 재구조화 운동이다.
> - OECD의 한 보고서는 지식기반 경제시대를 맞아 도시 및 지역에서의 학습, 생산성, 혁신, 경제 등을 증진시키는 데에 이것의 운영이 매우 긍정적인 작용을 한 것으로 평가한다.
> - 산업 혁신형, 학습 파트너형, 지역사회 재생형, 이웃공동체 형성형 등으로 구분할 수 있다.

① 기업도시          ② 혁신도시
③ 평생학습도시      ④ 행정도시

■ 정답 및 해설

③ 허친스의 학습사회론에 기초하여 학습공동체 형성을 도모하는 도시 재구조화 운동은 평생학습도시 운동이다.

1481 ④   1482 ③

강서연 교육학

# 부록

한 눈에 보는 출제 포인트

## • 부록 • 한 눈에 보는 출제 포인트

### 1. 교육철학
출포 1. 교육의 정의 방식 ········· 12
출포 2. 교육의 비유적 정의 ········· 13
출포 3. 피터스의 교육 개념 ········· 15
출포 4. 교육의 목적과 가치 ········· 17
출포 5. 교육학의 성격 ········· 19
출포 6. 교육철학의 이해 ········· 20
출포 7. 진보주의 교육의 원리 ········· 22
출포 8. 듀이의 교육사상 ········· 24
출포 9. 항존주의 교육철학 ········· 27
출포 10. 본질주의 교육철학 ········· 30
출포 11. 재건주의 교육철학 ········· 33
출포 12. 실존주의 교육철학 ········· 35
출포 13. 부버의 교육철학 ········· 38
출포 14. 분석적 교육철학 ········· 39
출포 15. 허스트의 교육철학 ········· 42
출포 16. 비판적 교육철학 ········· 44
출포 17. 프랑크푸르트 학파의 비판이론 ········· 46
출포 18. 포스트모더니즘 교육철학 ········· 48
출포 19. 푸코, 데리다, 리오타르의 포스트모더니즘 ······ 52

### 2. 서양교육사
출포 20. 고대 그리스의 교육 ········· 56
출포 21. 소크라테스의 교육사상 ········· 58
출포 22. 플라톤의 교육사상 ········· 61
출포 23. 아리스토텔레스의 교육사상 ········· 63
출포 24. 고대 로마의 교육 ········· 65
출포 25. 중세의 교육 ········· 67
출포 26. 중세 대학의 발달 ········· 68
출포 27. 인문주의 교육사상 ········· 69
출포 28. 종교개혁기의 교육 ········· 71
출포 29. 실학주의 교육사상 개관 ········· 73
출포 30. 실학주의 교육의 유형 ········· 74
출포 31. 코메니우스의 교육사상 ········· 76
출포 32. 계몽주의 교육사상 ········· 78
출포 33. 로크의 교육사상 ········· 80
출포 34. 자연주의 교육사상 ········· 81

출포 35. 루소의 교육사상 ········· 81
출포 36. 신인문주의 교육사상 개관 ········· 85
출포 37. 페스탈로치의 교육사상 ········· 87
출포 38. 헤르바르트의 교육사상 ········· 89
출포 39. 근대 공교육체제의 성립 ········· 92

### 3. 한국교육사
출포 40. 시대별·국가별 교육기관 개관 ········· 96
출포 41. 고구려의 교육 ········· 98
출포 42. 백제의 교육 ········· 99
출포 43. 신라의 교육 ········· 101
출포 44. 발해의 교육 ········· 104
출포 45. 고려의 관학 ········· 105
출포 46. 고려의 사학 ········· 107
출포 47. 고려의 과거제도 ········· 110
출포 48. 조선의 성균관 ········· 112
출포 49. 조선의 학당 ········· 116
출포 50. 조선의 향교 ········· 118
출포 51. 조선의 잡학교육 ········· 121
출포 52. 조선의 서원 ········· 122
출포 53. 조선의 서당 ········· 125
출포 54. 서당의 교재 ········· 126
출포 55. 조선의 과거제도 ········· 129
출포 56. 성리학과 교육 개관 ········· 132
출포 57. 이황과 이이의 교육사상 ········· 134
출포 58. 실학사상과 교육 ········· 136
출포 59. 개화기의 신식학교 ········· 139
출포 60. 고종의 교육입국조서 ········· 141
출포 61. 갑오개혁기의 교육개혁 성과 ········· 143
출포 62. 일제강점기의 교육정책 ········· 145
출포 63. 항일민족교육운동 ········· 148
출포 64. 해방 이후의 교육 ········· 149

### 4. 교육심리학
출포 65. 발달의 일반적 원리 ········· 152
출포 66. 발달 연구의 최근 동향 ········· 153
출포 67. 피아제 이론의 개요 ········· 156
출포 68. 피아제의 인지발달기제 ········· 157

출포 69. 피아제의 인지발달단계 ·················· 159
출포 70. 비고츠키 이론의 개요 ···················· 165
출포 71. 근접발달영역에서의 인지발달 ········ 166
출포 72. 언어와 인지발달 ····························· 169
출포 73. 피아제와 비고츠키 이론의 비교 ····· 171
출포 74. 프로이트의 성격 구조 ······················ 175
출포 75. 프로이트의 성격 발달단계 ·············· 177
출포 76. 에릭슨의 성격 발달단계 ·················· 178
출포 77. 프로이트와 에릭슨 이론의 비교 ····· 181
출포 78. 마샤의 정체성 지위 이론 ··············· 184
출포 79. 청소년기의 심리적 발달 특징 ········ 185
출포 80. 콜버그의 도덕성 발달이론 ·············· 187
출포 81. 콜버그의 도덕성 발달단계 ·············· 189
출포 82. 스피어만의 일반요인설 ··················· 191
출포 83. 카텔의 위계적 요인설 ····················· 192
출포 84. 가드너의 다중지능 이론 ·················· 194
출포 85. 스턴버그의 삼원(성공)지능 이론 ···· 197
출포 86. 가드너와 스턴버그 이론의 비교 ····· 199
출포 87. 지능지수의 개념 ····························· 201
출포 88. 지능검사의 종류 ····························· 204
출포 89. 영재와 영재교육 ····························· 205
출포 90. 특수학습자와 특수교육 ··················· 207
출포 91. 창의성의 개념과 측정 ····················· 210
출포 92. 창의적 사고 기법 ··························· 211
출포 93. 위트킨의 인지양식 분류 ·················· 213
출포 94. 기타 인지양식 유형 구분 ················ 217
출포 95. 학습동기의 유형 ····························· 219
출포 96. 데시의 자기결정 이론 ····················· 221
출포 97. 드웩의 목표지향성(성취목표) 이론 ··· 223
출포 98. 와이너의 귀인 이론 ························ 228
출포 99. 앳킨슨의 기대-가치 이론 ················ 230
출포 100. 코빙턴의 자기가치 이론 ················ 232
출포 101. 켈러의 학습동기 설계이론(ARCS 모형) ····· 233
출포 102. 행동주의와 인지주의 학습이론 비교 ··· 236
출포 103. 고전적 조건화의 기본 원리 ·········· 237
출포 104. 고전적 조건화 원리를 적용한
         행동치료 기법 ······························ 239
출포 105. 쏜다이크의 자극-반응 연합설 ······ 241
출포 106. 조작적 조건화의 기본 원리 ·········· 242
출포 107. 강화계획 ········································· 244
출포 108. 조작적 조건화 원리를 활용한
         행동수정 기법 ······························ 245
출포 109. 사회학습이론의 기본 원리 ············ 249
출포 110. 반두라의 관찰학습 모형 ················ 253

출포 111. 자기효능감과 자기조절학습 ·········· 254
출포 112. 톨만의 목적적 행동주의 ················ 256
출포 113. 형태주의(게슈탈트) 심리학 ············ 258
출포 114. 쾰러의 통찰학습 이론 ···················· 261
출포 115. 정보저장소의 특징과 학습전략 ····· 262
출포 116. 정보처리과정의 특징과 학습전략 ···· 265
출포 117. 메타인지(상위인지) ························ 271
출포 118. 학습의 전이 유형 ··························· 273
출포 119. 학습의 전이 이론 ··························· 274

## 5. 교육사회학

출포 120. 교육사회학의 발달 과정 ················ 278
출포 121. 기능론적 교육사회학의 관점 ········ 279
출포 122. 갈등론적 교육사회학의 관점 ········ 283
출포 123. 기능론적 관점의 주요 이론 ·········· 286
출포 124. 갈등론적 관점의 주요 이론 ·········· 288
출포 125. 뒤르켐의 도덕사회화 이론 ············ 292
출포 126. 파슨스의 역할사회화 이론 ············ 294
출포 127. 드리븐의 규범사회화 이론 ············ 295
출포 128. 보울즈와 긴티스의 경제적 재생산이론 ····· 296
출포 129. 부르디외의 문화적 재생산이론 ···· 298
출포 130. 알튀세의 이데올로기적 재생산이론 ······ 304
출포 131. 신교육사회학의 이해 ····················· 306
출포 132. 교육과정사회학 개관 ····················· 309
출포 133. 번스타인의 교육과정사회학
         (문화전수이론) ······························ 310
출포 134. 애플의 교육과정사회학
         (문화적 헤게모니 이론) ··············· 311
출포 135. 애니언의 교육과정사회학 ·············· 313
출포 136. 왈라스의 교육과정사회학 ·············· 314
출포 137. 교실사회학의 접근방법 ·················· 315
출포 138. 윌리스의 반학교문화 연구 ············ 317
출포 139. 시험의 사회적 기능 ······················· 319
출포 140. 교육선발의 유형 ···························· 320
출포 141. 기능론적 관점(평등화 기여론) ····· 321
출포 142. 갈등론적 관점(불평등재생산론) ···· 324
출포 143. 학업성취격차의 영향 요인 ············ 327
출포 144. 학업성취격차 설명 모형 개관 ······ 328
출포 145. 문화실조론(문화결핍론) ················· 329
출포 146. 교사의 기대와 자기충족예언 효과 ····· 332
출포 147. 번스타인의 사회언어학적 연구 ···· 333
출포 148. 기능론적 관점 ································ 335
출포 149. 갈등론적 관점 ································ 337
출포 150. 교육평등의 원리 ···························· 340
출포 151. 교육기회의 허용적 평등 ················ 342

출포 152. 교육기회의 보장적 평등 ·············· 344
출포 153. 교육조건의 평등(과정적 평등) ········ 345
출포 154. 교육결과의 평등(보상적 평등) ········ 346
출포 155. 콜맨 보고서 개관 ······················ 351
출포 156. 콜맨의 사회자본론 ····················· 354
출포 157. 다문화교육 ······························ 357
출포 158. 교육개혁의 방향 ······················· 359
출포 159. 신자유주의 교육개혁 ·················· 360

## 6. 교육과정

출포 160. 교육과정의 개념 ······················· 364
출포 161. 교육과정의 존재양태 구분 ············ 365
출포 162. 잠재적 교육과정 ······················· 366
출포 163. 영 교육과정 ···························· 370
출포 164. 교육과정 연구의 패러다임 변화 ······ 373
출포 165. 재개념주의 교육과정 연구 ············ 375
출포 166. 파이너의 교육과정 연구방법론 ······· 377
출포 167. 교과중심 교육과정의 특징 ············ 379
출포 168. 형식도야이론과 교과중심 교육과정 ·· 380
출포 169. 경험중심 교육과정의 특징 ············ 382
출포 170. 중핵 교육과정 ·························· 385
출포 171. 학문중심 교육과정의 특징 ············ 387
출포 172. 브루너의 교육과정 이론 ··············· 390
출포 173. 인간중심 교육과정 ····················· 392
출포 174. 최근의 교육과정 유형 ················· 394
출포 175. 스펜서의 교육과정 연구 ··············· 395
출포 176. 보빗의 교육과정 연구 ················· 396
출포 177. 타일러의 교육과정 개발 모형 개관 ·· 397
출포 178. 타일러의 교육목표 설정 절차 ········ 400
출포 179. 블룸의 교육목표 분류학 ··············· 401
출포 180. 타일러의 학습경험 선정 원리 ········ 404
출포 181. 타일러의 학습경험 조직 원리 ········ 405
출포 182. 교육내용 조직의 일반적인 원리 ······ 409
출포 183. 타바의 귀납적 교육과정 개발 모형 ·· 411
출포 184. 스킬벡의 학교중심 교육과정 개발 모형 ··· 413
출포 185. 위긴스와 맥타이의 백워드 설계 모형 ···· 415
출포 186. 워커의 교육과정 개발 모형 ··········· 417
출포 187. 아이스너의 교육과정 개발 모형 ······ 420
출포 188. 스나이더의 교육과정 실행 관점 ······ 423
출포 189. 교육과정 개발 체제의 이해 ··········· 425
출포 190. 교육과정 개정 시기별 특징 ··········· 427
출포 191. 교육과정 구성의 방향 ················· 430
출포 192. 학교 교육과정 설계와 운영 ··········· 432
출포 193. 교육과정 편성·운영의 기준: 기본사항 ··· 433
출포 194. 초등학교 교육과정 편성·운영의 기준 ······ 435
출포 195. 중학교 교육과정 편성·운영의 기준 ········· 437
출포 196. 고등학교 교육과정 편성·운영의 기준 ······ 438
출포 197. 학교 교육과정 지원 ···························· 439

## 7. 교수설계와 교육공학

출포 198. 교수설계이론의 성격 ························· 444
출포 199. 라이겔루스의 교수설계이론 ················· 444
출포 200. 행동주의 교수설계 원리 ····················· 446
출포 201. 캐롤의 학교학습 모형 ························ 447
출포 202. 스키너의 프로그램 학습 이론 ·············· 450
출포 203. 인지주의 교수설계 원리 ····················· 451
출포 204. 브루너의 발견학습 이론 ····················· 452
출포 205. 오수벨의 유의미학습 이론 ·················· 454
출포 206. 가네의 학습결과 유형 분류 ················· 456
출포 207. 가네의 9가지 수업사태 모형 ················ 459
출포 208. 메릴의 내용요소 제시 이론 ················· 463
출포 209. 라이겔루스의 정교화 이론 ·················· 465
출포 210. 구성주의 교수설계 원리 ····················· 466
출포 211. 조나센의 구성주의 학습환경 설계 모형 ··· 472
출포 212. 인지적 도제학습이론 ························· 473
출포 213. 상보적 교수 모형 ······························ 476
출포 214. 레이브와 웽거의 상황학습이론 ············· 477
출포 215. 인지적 유연성 이론 ··························· 480
출포 216. 문제중심학습(PBL) ···························· 481
출포 217. 강의법과 질문법 ······························· 486
출포 218. 토의법 ············································ 488
출포 219. 협동학습의 일반 원리 ························ 490
출포 220. 협동학습의 모형 ······························· 491
출포 221. 개별화 수업 ····································· 496
출포 222. 적성-처치 상호작용 모형 ···················· 497
출포 223. 교육공학의 정의와 구성요소 ··············· 499
출포 224. 교육공학적 접근의 특징 ····················· 500
출포 225. 글레이저의 교수설계 모형 ·················· 501
출포 226. 일반적 교수체제설계(ADDIE) 모형 ······· 501
출포 227. 딕과 캐리의 교수체제설계 모형 ··········· 504
출포 228. 교수매체의 선정과 활용(ASSURE) 모형 ··· 509
출포 229. 교수매체의 개념 ······························· 512
출포 230. 교수매체의 유형 분류 ························ 513
출포 231. 교수매체 연구의 유형 ························ 515
출포 232. 매체 커뮤니케이션에 관한 이론 ·········· 517
출포 233. 아날로그 매체의 종류와 특징 ············· 518
출포 234. 디지털 매체의 종류와 특징 ················ 520
출포 235. 학습 보조도구로서의 컴퓨터 활용(CAI) ··· 521

출포 236. 학습 지원도구로서의 컴퓨터 활용 ……… 524
출포 237. 원격교육의 개념과 특징 ……… 524
출포 238. 이러닝의 개념과 특징 ……… 525
출포 239. 스마트러닝의 유형과 특징 ……… 527
출포 240. 이러닝 활용 동향 ……… 529
출포 241. 멀티/하이퍼미디어 자료의 특성과 활용 …… 530
출포 242. 컴퓨터 화면의 설계 원리 ……… 531
출포 243. 코스웨어 개발의 절차 ……… 534
출포 244. Big 6 Skills 모형 ……… 535
출포 245. 웹퀘스트 수업 모형 ……… 536
출포 246. 목표기반 시나리오 ……… 538
출포 247. 블렌디드 러닝과 플립 러닝 ……… 539
출포 248. 교사의 수업 전문성 ……… 541

## 8. 교육평가와 교육연구

출포 249. 목표중심 평가 모형 ……… 544
출포 250. 가치판단 평가 모형 ……… 545
출포 251. 의사결정 평가 모형 ……… 546
출포 252. 규준참조평가와 준거참조평가 ……… 548
출포 253. 성장참조평가와 능력참조평가 ……… 552
출포 254. 진단평가 ……… 556
출포 255. 형성평가 ……… 557
출포 256. 총괄평가 ……… 559
출포 257. 표준화 검사와 교사제작 검사 ……… 560
출포 258. 속도검사와 역량검사 ……… 561
출포 259. 수행평가의 개념 및 특징 ……… 562
출포 260. 수행평가 과제의 개발 ……… 565
출포 261. 수행평가 과제의 채점 ……… 566
출포 262. 타당도의 개념 ……… 569
출포 263. 내용타당도 ……… 570
출포 264. 예언타당도 ……… 572
출포 265. 공인타당도 ……… 573
출포 266. 구인타당도 ……… 574
출포 267. 결과타당도 ……… 575
출포 268. 신뢰도의 개념 ……… 575
출포 269. 신뢰도 추정 방법 ……… 579
출포 270. 신뢰도 제고 방법 ……… 583
출포 271. 객관도 ……… 584
출포 272. 선택형 문항과 서답형 문항 ……… 588
출포 273. 고전검사이론에 의한 문항분석 1(이론) …… 590
출포 274. 고전검사이론에 의한 문항분석 2(계산) …… 593
출포 275. 문항반응이론에 의한 문항분석 ……… 595
출포 276. 척도의 유형 ……… 599
출포 277. 자료의 분포와 중심경향값 ……… 602

출포 278. 원점수와 백분위점수 ……… 604
출포 279. Z점수와 T점수 ……… 605
출포 280. 스테나인 점수(등급) ……… 608
출포 281. 양적 연구와 질적 연구 ……… 611
출포 282. 연구대상의 표집 방법 ……… 613
출포 283. 조사연구의 유형과 방법 ……… 615
출포 284. 실험연구의 의미 ……… 618
출포 285. 실험연구의 타당도와 실험설계 ……… 620
출포 286. 통계적 가설검정의 기초 ……… 622
출포 287. 집단 간 차이 분석 기법 ……… 623
출포 288. 변수 간 상관관계 분석 기법 ……… 624

## 9. 생활지도와 상담

출포 289. 생활지도의 활동 영역 ……… 628
출포 290. 생활지도의 기본 원리 ……… 630
출포 291. 종합적 학교상담 모형 ……… 631
출포 292. 홀랜드의 성격 및 직업흥미 이론 ……… 632
출포 293. 로우의 욕구이론 ……… 636
출포 294. 블로의 사회학적 이론 ……… 638
출포 295. 크럼볼츠의 사회학습이론 ……… 639
출포 296. 타이드만과 오하라 및
          수퍼의 진로발달이론 ……… 640
출포 297. 머튼의 아노미 이론 ……… 642
출포 298. 허쉬의 사회통제 이론 ……… 642
출포 299. 사이크스와 맛짜의 중화이론 ……… 644
출포 300. 레머트와 베커의 낙인이론 ……… 644
출포 301. 상담의 기본 원리와 요건 ……… 646
출포 302. 상담의 기본 절차와 윤리 ……… 647
출포 303. 심리검사의 활용 ……… 649
출포 304. 관계형성 기법 ……… 651
출포 305. 탐색 및 정보제공 기법 ……… 652
출포 306. 통찰 유발 기법 ……… 653
출포 307. 집단상담의 기법 ……… 656
출포 308. 프로이트의 정신분석 상담이론 ……… 657
출포 309. 프로이트의 자아방어기제 ……… 658
출포 310. 융의 분석심리학적 상담이론 ……… 661
출포 311. 아들러의 개인심리 상담이론 ……… 663
출포 312. 행동주의 상담이론 ……… 664
출포 313. 행동주의 상담의 기법 ……… 664
출포 314. 로저스의 인간중심 상담이론 ……… 668
출포 315. 인간중심 상담의 태도 ……… 670
출포 316. 엘리스의 합리적-정서적 행동 상담이론 …… 672
출포 317. 합리적-정서적 행동 상담의 기법 ……… 676
출포 318. 벡의 인지행동 치료이론 ……… 677

출포 319. 펄스의 게슈탈트 상담이론 ······················ 678
출포 320. 게슈탈트 상담의 기법 ··························· 679
출포 321. 실존주의 상담이론 ······························· 680
출포 322. 교류분석 상담이론 ······························· 681
출포 323. 현실치료 상담이론 ······························· 682
출포 324. 현실주의 상담의 기법 ·························· 683
출포 325. 해결중심 상담이론 ······························· 685

## 10. 교육행정의 이론

출포 326. 교육과 행정의 관계 ······························· 688
출포 327. 교육행정에 대한 이론적 관점 ················ 690
출포 328. 교육행정의 성격 ··································· 691
출포 329. 교육행정의 원리 : 합법성의 원리 ··········· 692
출포 330. 교육행정의 원리 :
전문성, 중립성, 자주성의 원리 ··········· 693
출포 331. 교육행정의 원리 : 적도집권 ··················· 694
출포 332. 교육행정의 원리 : 민주성 ······················ 695
출포 333. 교육행정의 원리 : 효율성과 타당성 ········ 697
출포 334. 교육행정의 원리 : 적응성과 안정성 ········ 697
출포 335. 교육행정의 원리 : 책무성 ······················ 698
출포 336. 교육행정학의 발달과정 ·························· 699
출포 337. 과학적 관리론과 교육행정 ····················· 700
출포 338. 행정과정론과 교육행정 ·························· 703
출포 339. 관료제론과 교육행정 ····························· 705
출포 340. 인간관계론과 교육행정 ·························· 707
출포 341. 사회체제이론과 교육행정 ······················ 710
출포 342. 대안적 관점 ·········································· 712
출포 343. 조직의 형태 ·········································· 714
출포 344. 교육행정조직의 운영 원리 ····················· 715
출포 345. 칼슨의 봉사조직 유형 분류 ···················· 716
출포 346. 에치오니의 순응 유형 분류 ···················· 719
출포 347. 호이와 미스켈의 이중조직 이론 ············· 720
출포 348. 민츠버그의 전문적 관료제 이론 ············· 722
출포 349. 와익의 이완결합체제 ····························· 723
출포 350. 코헨의 조직화된 무정부 조직 ················ 725
출포 351. 센지의 학습조직 ··································· 728
출포 352. 핼핀과 크로프트의 학교풍토 유형 분류 ··· 729
출포 353. 호이와 미스켈의 학교풍토 유형 분류 ······ 730
출포 354. 리커트의 관리체제 유형 ························ 732
출포 355. 학교문화의 유형 ··································· 732
출포 356. 토마스의 갈등관리 전략 ························ 734
출포 357. 조직 내 의사소통의 원칙 ······················· 735
출포 358. 조하리의 창에 따른 의사소통 분석 ········· 736
출포 359. 매슬로우의 욕구위계이론 ······················ 738

출포 360. 앨더퍼의 생존-관계-성장(ERG) 이론 ········ 739
출포 361. 허즈버그의 동기-위생 이론 ···················· 741
출포 362. 맥그리거의 X-Y 이론 ···························· 744
출포 363. 아지리스의 미성숙-성숙 이론 ················· 746
출포 364. 동기유발을 위한 직무설계 방법 ············· 747
출포 365. 브룸의 기대이론 ··································· 748
출포 366. 아담스의 공정성 이론 ··························· 750
출포 367. 상황적 지도성 이론 개관 ······················· 753
출포 368. 피들러의 상황적 지도성 이론 ················ 753
출포 369. 허시와 블랜차드의 상황적 지도성 이론 ··· 755
출포 370. 리더십 대용 상황 이론 ·························· 759
출포 371. 변혁적 지도성 이론 ······························· 760
출포 372. 분산적 지도성 이론 ······························· 764
출포 373. 수퍼(초우량) 지도성 ······························ 765
출포 374. 서지오바니의 지도성 이론 ····················· 766
출포 375. 교육기획의 접근방법 ····························· 767
출포 376. 교육정책의 유형 ··································· 769
출포 377. 교육정책의 과정 ··································· 770
출포 378. 교육정책의 평가 ··································· 771
출포 379. 의사결정에 대한 관점 ··························· 773
출포 380. 의사결정 모형 : 합리 모형 ····················· 776
출포 381. 의사결정 모형 : 만족 모형 ····················· 777
출포 382. 의사결정 모형 : 점증 모형 ····················· 778
출포 383. 의사결정 모형 : 혼합 모형 ····················· 780
출포 384. 의사결정 모형 : 최적 모형 ····················· 780
출포 385. 의사결정 모형 : 쓰레기통 모형 ·············· 781
출포 386. 의사결정의 참여 모형 ··························· 784

## 11. 교육행정의 실제

출포 387. 교육법의 주요 원리 ······························· 788
출포 388. 법의 존재형식과 적용원칙 ····················· 788
출포 389. 헌법 제31조 ········································· 789
출포 390. 교육기본법 ··········································· 792
출포 391. 의무교육제도에 관한 내용 ····················· 794
출포 392. 우리나라의 학교제도 ····························· 796
출포 393. 고등학교의 유형
(초중등교육법 및 시행령) ···················· 797
출포 394. 자율학교와 대안학교 ····························· 801
출포 395. 초·중등교육법 ······································· 804
출포 396. 고등교육법 ··········································· 808
출포 397. 사립학교법 ··········································· 808
출포 398. 학교폭력예방 및 대책에 관한 법률 ········ 811
출포 399. 학교안전사고 예방 및 보상에 관한 법률 ··· 814
출포 400. 교육환경 보호에 관한 법률 ··················· 815

출포 401. 공교육정상화법 ················· 815
출포 402. 기초학력 보장법 ················· 816
출포 403. 지방교육자치의 개념과 원리 ········· 817
출포 404. 교육감(교육자치법 등) ············· 818
출포 405. 지방교육행정기관(지방교육자치법 등) ······· 823
출포 406. 교직원의 신분 구분 ················· 826
출포 407. 교직원의 임무(초·중등교육법) ········· 827
출포 408. 교원의 자격 구분 및 기준
         (초중등교육법) ················· 829
출포 409. 수석교사 제도 ················· 831
출포 410. 교직관과 교원의 지위 ················· 832
출포 411. 교원의 의무
         (헌법, 교육기본법, 교육공무원법 등) ········· 834
출포 412. 국가공무원으로서의 의무(국가공무원법) ······ 835
출포 413. 교원의 권리
         (교육기본법, 교육공무원법, 교원지위법) ···· 839
출포 414. 교원단체(교육기본법, 교육지위법) ········· 842
출포 415. 교원노동조합(교원노조법) ············· 843
출포 416. 교육공무원 임용의 기초(교육공무원법) ······ 845
출포 417. 교원의 종류별 임용 ················· 848
출포 418. 교원의 연수
         (교원 등의 연수에 관한 규정) ············· 850
출포 419. 교원의 휴직(교육공무원법) ············· 852
출포 420. 교원의 징계(국가공무원법, 교원지위법) ····· 854
출포 421. 장학 개념의 발달과정 ················· 856
출포 422. 교육행정기관 주도의 장학 ············· 858
출포 423. 임상장학 ················· 859
출포 424. 동료장학 ················· 861
출포 425. 자기장학 ················· 862
출포 426. 약식장학 ················· 863
출포 427. 컨설팅 장학 ················· 864
출포 428. 교육비의 개념과 분류 ················· 867
출포 429. 교육비의 배분 기준 ················· 871
출포 430. 교육재정의 특성 ················· 872
출포 431. 교육재정의 운영 원리 ················· 873
출포 432. 교육재정의 구조와 특성 ················· 874
출포 433. 지방교육재정(교육자치법, 지방자치법) ······· 877
출포 434. 지방교육재정교부금
         (지방교육재정교부금법) ················· 879
출포 435. 학교회계의 운영 원칙 및 절차 ········· 881
출포 436. 학교회계의 예산 구조 ················· 885
출포 437. 품목별 예산제도 ················· 888
출포 438. 성과주의 예산제도 ················· 888
출포 439. 영기준 예산제도 ················· 889
출포 440. 카우프만의 체제접근 모형 ············· 892

출포 441. 목표관리기법(MBO) ················· 892
출포 442. 프로그램 평가검토기법(PERT) ········· 894
출포 443. 총체적 질 관리 기법(TQM) ············· 895
출포 444. 학교단위 책임(자율)경영제도(SBM) ········· 895
출포 445. 학교운영위원회의 목적 및 구성 ········· 896
출포 446. 학교운영위원회의 성격 및 기능 ········· 900
출포 447. 학급경영의 영역 ················· 903
출포 448. 학급경영의 원리 ················· 904

## 12. 평생교육

출포 449. 학습의 유형 분류와 평생교육 ········· 908
출포 450. 평생교육의 등장 배경 ················· 910
출포 451. 평생교육의 개념 ················· 911
출포 452. 평생교육 관련 개념들 ················· 912
출포 453. 평생교육 학습자의 이해 ················· 913
출포 454. 평생교육제도 모형 ················· 914
출포 455. 유네스코의 평생교육 논의: 렝그랑 ········· 914
출포 456. 유네스코의 평생교육 논의: 렝그랑 외 ······· 916
출포 457. OECD의 평생교육 논의 ················· 919
출포 458. 유럽연합의 평생교육 논의 ············· 921
출포 459. 노울즈의 안드라고지 이론 ············· 921
출포 460. 린드만의 성인학습 이론 ················· 923
출포 461. 메지로우의 전환학습 이론 ············· 924
출포 462. 허친스의 학습사회론 ················· 926
출포 463. 일리치의 탈학교론 ················· 927
출포 464. 프레이리의 의식화 이론 ················· 930
출포 465. 평생교육의 개념과 영역 ················· 932
출포 466. 평생교육의 이념(제4조) ················· 934
출포 467. 평생교육사 ················· 935
출포 468. 평생교육기관 개관 ················· 936
출포 469. 학교의 평생교육 ················· 937
출포 470. 학교 부설 평생교육시설 ················· 938
출포 471. 학교·사내대학·원격대학 형태의
         평생교육시설 ················· 939
출포 472. 사업장 부설 평생교육시설 등 ········· 941
출포 473. 평생교육제도 개관 ················· 942
출포 474. 학점은행제(학점인정 등에 관한 법률) ········ 943
출포 475. 독학학위제
         (독학에 의한 학위취득에 관한 법률) ········· 945
출포 476. 평생학습계좌제(평생교육법) ············· 949
출포 477. 기타 평생학습인증제도 ················· 952
출포 478. 학습휴가제 등(평생교육법) ············· 953
출포 479. 평생학습도시(평생교육법) ············· 953

## 강서연

**주요 약력**
- 서울대학교 사범대학 학사·석사·박사 졸업
- (현) 해커스 공무원학원 교육학 전임강사
- (전) 박문각 임용고시학원 교육학 전임강사
  서울대, 이화여대, 부산대 등 강사

**주요 저서**
강서연 교육학 이론서(미래가치, 2023~)
강서연 교육학 기본이론 복습노트(미래가치, 2024)

**인터넷 강의**
해커스 공무원(gosi.hackers.com)

### 7·9급 강서연 교육학
### 기출문제

인  쇄 : 2024년 11월  7일
발  행 : 2024년 11월 15일
편저자 : 강서연
발행인 : 강명임 · 박종윤
발행처 : (주) 도서출판 미래가치
등  록 : 제2011-000049호
주  소 : 서울시 영등포구 선유로130 에이스하이테크시티3 511호
전  화 : 02-6956-1510
팩  스 : 02-6956-2265

ⓒ 강서연, 2024 / ISBN 979-11-6773-479-2  13370
- 낙장이나 파본은 교환해 드립니다.
- 이 책의 무단 전재 또는 복제 행위는 저작권법 제136조에 의거하여 처벌을 받게 됩니다.

정가 42,000원